国家出版基金项目
NATIONAL PUBLICATION FOUNDATION

ZHONGGUO MINZU XUEKE
FAZHAN 70 NIAN

中国民族学科发展 70 年

◎ 主编　达力扎布　彭勇

（1949.10—2019.10）

中国民族史研究

70 年

中央民族大学出版社
China Minzu University Press

图书在版编目（CIP）数据

中国民族史研究 70 年／达力扎布，彭勇主编. —北京：中央民族
大学出版社，2022.11 （2023.3重印）
（中国民族学科发展 70 年丛书）
ISBN 978-7-5660-1910-3

Ⅰ.①中⋯　Ⅱ.①达⋯ ②彭⋯　Ⅲ.①中华民族-民族历史-研究
Ⅳ.①K28

中国版本图书馆 CIP 数据核字（2021）第 021444 号

中国民族史研究 70 年

主　　编	达力扎布　彭　勇
总 策 划	赵秀琴　李苏幸
责任编辑	黄修义
封面设计	舒刚卫
出版发行	中央民族大学出版社

北京市海淀区中关村南大街 27 号　　邮编：100081
电话：(010)68472815(发行部)　　传真：(010)68932751(发行部)
　　　(010)68932218(总编室)　　　　　(010)68932447(办公室)

经 销 者	全国各地新华书店
印 刷 厂	北京鑫宇图源印刷科技有限公司
开　　本	787×1092　　　1/16　　　印张：47.25
字　　数	980 千字
版　　次	2022 年 11 月第 1 版　2023 年 3 月第 2 次印刷
书　　号	ISBN 978-7-5660-1910-3
定　　价	198.00 元

前　言

在中华人民共和国成立 70 周年之际，为全面回顾中国少数民族研究学科 70 年的发展历程，展示其丰硕的研究成果，中央民族大学出版社组织出版"中国民族学科发展 70 年丛书"，本书即此丛书之一种。本书对 70 年来中国民族史研究的进展情况进行了综合叙述。除中国古代民族史和现代各少数民族史的研究综述之外，也包括了对汉民族形成和中国民族史重要理论问题的研究综述。

中华人民共和国成立以来的民族史研究大体经历了两个重要的发展阶段，第一阶段为 20 世纪 50—60 年代中期。第二阶段为 20 世纪 70 年代末至今。在"文化大革命"（1966—1976 年）期间民族史研究处于停滞状态。

一、20 世纪 50—60 年代中期的民族史研究

中华人民共和国成立之后，在中国共产党的领导下，全面落实民族平等和民族团结政策，先后在各少数民族地区建立民族自治地方，使各族人民实现了当家做主的愿望。国家空前统一的新形势和民族工作的迫切需要，促进了中国民族史研究。这时期开展了大规模的少数民族社会历史调查和民族识别工作，编写了各民族的《简史》和《简志》初稿；在民族史专题研究方面也取得了丰硕的成果。

1950—1952 年，中共中央和政务院先后派出民族访问团赴西南、中南、东北和内蒙古等少数民族地区慰问，宣传和落实党的民族政策，进行民族调查和识别工作。1956 年由全国人民代表大会民族事务委员会组织了全国规模的少数民族社会历史调查，先后有 16 个组、1000 多人参加，至 1964 年结束。经过深入细致的调查研究，识别和确定了 53 个少数民族。至 1979 年 55 个少数民族全部确定。在深入调查的基础上，编写了少数民族《简史》《简志》和民族自治地方《概况》"三套丛书"的初稿。1956—1960 年还进行了民族语言调查，为民族识别工作和研究少数民族历史提供了重要依据。在 50—60 年代，由于多次政治运动和"左"倾思潮的干扰，在社会历史调查的指导思想和资料整理方面都存在一些缺点和不足。但是，大规模深入各少数民族地区调查取得的第一手资料，包括文献资料、口碑资料和影视资料都具有重要的学术价值，为下一阶段的研究打下了基础。在民族识别和调查工作实践中培养了大量民族史研究人才，这些人成为后来民族史研究的骨干力量。

这时期的民族调查和民族识别工作，也促进了对马克思主义民族理论的探讨。如学术界对"民族"一词概念、民族特征、斯大林对民族的定义、民族平等、民族战争与民族英雄、民族同化与融合、中国统一多民族国家的形成及中国统一多民族国家的疆域等问题，都进行了较为深入的讨论。尽管对一些问题存在不同的看法，但是对中国是统一多民族国家，各民族都为祖国的创建和发展做出了贡献等许多重要问题达成了共识。民族平等和民族团结的思想深入人心，成为每个史学工作者自觉遵守的原则。这时期在调查研究的基础上，撰写了 55 个少数民族的《简史》《简志》和各民族自治地方《概况》初稿。使中国每一个少数民族都有了一部自己的《简史》和《简志》，对一些民族来讲，这是第一次有了系统记载本民族历史的著作。

20 世纪 50—60 年代，在民族史专题研究方面也取得了很大成绩。中华人民共和国成立后，史学工作者努力学习马克思主义唯物史观，并自觉地以马克思主义理论指导自己的研究工作。在包括汉民族形成、少数民族族源、社会性质、历史上的民族关系、民族英雄、各民族人民的反帝反封建斗争等研究领域发表了大量论著。但是，这时期的中国民族史研究与中国史学的大环境密不可分，受"左"倾思潮影响，强调和突出阶级斗争；受教条主义思想的束缚，存在将马克思主义理论公式化、简单化的倾向。此时民族史学科还处于初步发展阶段，又受到政治运动和意识形态影响，因此研究范围比较狭窄。研究选题主要集中在各民族族源、社会形态、经济、阶级斗争、各族人民反帝反封建斗争、民族英雄等方面，而未能深入社会政治、法律、宗教、文化、风俗等各个方面。加之中华人民共和国成立初期受到帝国主义国家的经济文化封锁，与西方的学术文化交流极少，使学术研究的发展和学术成果的质量都受到了很大的影响。

"文化大革命"期间，受极"左"思潮的影响，史学工作者丧失了学术自由，有些人受到政治迫害。"影射"史学盛行，史学成为政治斗争的工具，偏离了正常的轨道，民族史研究工作也全面停滞。

二、20 世纪 70 年代末至今的民族史研究

这时期中国民族史研究得到空前的发展和繁荣。1978 年中共十一届三中全会以后，党的工作中心开始从"以阶级斗争为纲"转向"以经济建设为中心"。随着改革开放政策的实施和实事求是思想路线的恢复，有了比较宽松的政治环境，思想得到解放，民族史研究也进入了蓬勃发展时期。七八十年代，恢复和新建了许多研究机构，建立了大量的民间学术团体，研究论著的数量也迅速增长。国际国内的学术交流增多，研究领域不断扩大，研究水平迅速提高。1979 年开始，在国家民委的主持下，修订出版了少数民族《简史》《简志》和各民族自治地方《概况》，整理出版了少数民族社会历史调查报告，1981 年又出版《中国少数民族》一书，合称"民族问题五套丛书"，即《中国少数民族社会历史调查资料丛刊》《中国少数民族简

史》《中国少数民族简志》《中国少数民族语言简志》《中国少数民族》。2009年国家民委又组织修订"民族问题五套丛书",于2008—2009年在民族出版社全部出版,这时期民族史学的发展又可以分为两个阶段。20世纪70—80年代,在60年代的基础上得到了恢复和发展。但是,在很长一段时间内难以完全摆脱"左"倾思想的束缚,社会形态、阶级斗争等方面的内容仍受到一定程度关注。选题方面,评论历史人物和事件的论著较多。中苏关系的恶化,使北方分居两国的民族及历史疆域的研究成为一个热点。

大约从90年代开始,民族史研究的面貌又发生了显著变化。随着改革开放力度的加大,思想进一步解放。学术界在坚持马克思主义理论的同时,借鉴和吸收国外相关理论和研究方法,使研究领域进一步拓宽,水平得到提高。选题方面深入了社会经济史、文化史、宗教史、风俗、少数民族文献、非物质文化等方面,而对阶级斗争、社会性质等方面问题的讨论则相对减少。近现代民族史和现实民族问题的研究得到普遍重视,并取得了引人注目的成绩。

进入21世纪,中国民族史研究在中华民族认同研究方面取得重大进展,包括对中华民族多元一体格局的阐释和再研究,对中华民族交往交流交融史研究,中国历代治理研究以及边疆开发与经略史等研究,以及铸牢中华民族共同体意识等方面的研究明显加强。我们有理由相信,在未来的5—10年时间里,将会出现一批重大的标志性成果。

这时期民族史研究取得的成就主要表现在以下几个方面:

(1) 史料的搜集、整理和翻译取得了显著进展。整理出版了大量汉文和少数民族文字古籍文献、口碑史料。整理出版了满、蒙古、藏等多种文字档案。翻译了大量西方文献史料和研究论著,学术研究逐渐与国际接轨。考古学、古文字学、文献学研究取得很大进展,为民族史研究提供了大量史料。20世纪五六十年代的少数民族社会历史调查报告相继出版,"文化大革命"以后进行的一些社会历史及现实问题调查的研究报告也不断面世。

(2) 实事求是的马克思主义理论和思想方法得以恢复,思想得到解放,科学、严谨的治学态度得到提倡。"极左"思潮及把马克思主义公式化、简单化的倾向被逐步克服。

(3) 国际国内的学术交流得到加强。对外开放和技术手段的进步,使史学工作者能够充分吸收国内外研究成果,研究水平得到提高,涌现出一批优秀成果。

(4) 改革开放后各高校和科学研究单位培养了一批从事民族史研究和教学的人才,特别是少数民族史学工作者逐渐成长,成为中国民族史研究领域的一支重要力量。

(5) 各学科间的协作加强,历史学、语言学、民族学、地理学甚至自然科学的研究方法和手段都得到应用,促进了民族史研究的深入。毋庸讳言,在新形势下也出现了一些新问题,学术管理行政化,学术评价体系不合理,助长了学术浮躁之风。

表现为急功近利，片面追求数量，轻视质量，重复劳动多，甚至抄袭剽窃现象时而发生。

认真总结中国民族史学科 70 年发展的成绩和经验教训，有助于学科的发展，是一项具有重要学术意义的课题。而本书仅仅对 70 年来中国民族史研究的进展情况进行综述，并且非常粗浅，因此系统地研究和总结的工作，将有待来者。

以下就本书做几点说明：

1. 除了第一章民族史理论问题之外，本书分七章综述了中华人民共和国成立以来的中国民族史研究状况，采取了划分地区的同时照顾各民族间的族属关系的叙述方式。例如，为了照顾族属关系，将今黔东南、黔西南地区的民族没有放在第七章西南地区，而是划入第八章中东南地区进行论述。

2. 土司制度主要实行于我国南方和西北少数民族地区，为叙述方便，我们将土司制度安排在第七章"西南民族史研究"部分进行了集中论述。

3. 本书中所引用的各大专院校学报，凡未注明为自然科学版者，均为哲学社会科学版或人文社会科学版。

4. 本书的增补保留了原书体例，各章编委负责该章的组稿、审阅和撰写该章的通论。全书最后由彭勇统稿。

本书在《中国民族史研究 60 年》一书的基础上增补了近十年的研究成果，虽然字数已达到 90 多万字，仅仅勾勒出中华人民共和国成立 70 年以来中国民族史研究的一个梗概，对于整个学术发展的脉络和理论性问题的归纳和总结不够全面和深入。由于编写时间短促，篇幅有限，难免有挂一漏万和综述不够准确之处，敬请读者谅解，并提出宝贵意见。

达力扎布

2021 年 6 月 27 日

目 录

第一章　中国民族史理论问题的探讨

通　论

中国民族史理论由于它具有引导该学科研究方向的重要作用而备受关注，1949年中华人民共和国成立以后确立了以马克思主义理论为指导思想的原则，民族史领域内的相关理论亦得以建构与确立。其主要内容包括民族识别、民族平等、民族战争、民族英雄、民族同化与融合、多民族国家形成、多民族国家疆域、中华民族形成等方面的理论。

民族识别既是理论问题，又是具体的实践活动，更确切地说是因现实需要而引发生成的相关理论的总结。中华人民共和国成立之后在国家与民族发展的问题上面临的首要任务，就是建立各民族的平等关系，而民族平等的前提则是民族体系的确定。这就引生一个现实的、迫切需要解决的课题：什么是民族？

现代意义上的"民族"概念源自西方，中国历史上同样存在民族实体，但这些实体与民族概念有诸多差异，特别是当时盛行的斯大林的民族概念随着学习苏联而在中国学术界有广泛的影响，所以在考察与识别中国境内各个族群的具体实践活动中，对民族的认识，从实践上升到理论总结，又从理论指导具体实践，形成了一个互动环节。这个互动本质上反映了近代西方民族观念与中国本土民族群体相互衔接的认识过程。这是中国有关民族问题的一个现实切入点。

正是在现实生活的要求下，中国民族理论的研究正式步入主流的历史学领域。

所谓"民族平等"的问题，是在马克思主义出现之后才具有实际意义。按照马克思主义理论的解释，民族政治上的平等，是以私有制消除为前提的。在社会主义之前的时代，民族与民族之间的关系，本质上是剥削与被剥削、压迫与被压迫的关系，虽然民族平等的概念出现于资产阶级革命时代，但是其真正意义上的实现，则是在社会主义阶段。中国古代民族间的关系，在儒家思想意识形态的指导下，生发出诸如"华夷一家""华夷之辨""华夷格局""内中国，外夷狄"等不同的认识和议论，甚至发展出唐太宗之"独爱之（夷狄）如一"的议论，[1] 强调华夏与蛮夷戎

---

[1]　见《资治通鉴》卷198唐太宗贞观二十一年五月庚辰条，北京：中华书局，1956年，第6247页。

狄的一致性，但本质属性上仍旧维系的是华夏居先、夷狄居后的思维定式，民族关系上的平等及其实践的兑现，只有在消除私有制之后的社会主义时代才能真正完成；民族平等理论的成熟，也只有在 1949 年之后成为学术研究的主流。

"民族战争"与"民族英雄"是两个既相互联系又独立的概念。说其关联，表现在前者直接引发出后者，后者多出自民族战争，虽然战争只是导引民族英雄的一个因素。历史上的民族之所以存在，与中国文明起源、产生有直接的关系。中国文明的产生和发展，是在不断融合与调整各个不同的民族群体的过程中实现的。在这个过程中，甲民族与乙民族之间，乃至众多的民族之间，因其所处的位置差异、发展进化的先后、势力的大小、文化的强弱等诸多因素的影响，各民族之间的关系十分复杂，大体来说，以华夏/汉民族为主所形成的中原王朝自古以来就在诸民族中处于主导地位，中国文明史的发展进程，主要展现的就是华夏/汉民族与众多其他民族所结成的诸种关系的过程。其中民族间发生的冲突与战争，是一个不容忽视的内容，为本民族发展、进步做出重要贡献的人物，被整个民族视为英雄，就成为古代各民族自我激励、自我弘扬本民族精神的手段，此属自然之举。但问题是，处在争执双方的各自的民族英雄，恰恰是带领本民族反抗或与外族冲突的代表，他（她）在对方的视野里，则是攻击者和反叛者的形象，这类在古代属于针锋相对的人物，在今日一统之下的中国则衍变成了这样的认识逻辑：古代各民族的英雄人物，既是本民族的英雄，也是整个中华民族的英雄，因为今日中国已经包括古代各民族在内，所以这些古代的民族英雄，理应属于中华民族英雄的范畴。

如果说民族战争及其衍生的民族英雄所表现的是民族间的差别甚至对立的现象，那么民族融合与同化，则表现出各民族相互之间政治、经济、文化、婚姻上的联系。民族之间的同化或融合，是古今社会的常象。与其他文明势力相比，中国古代社会的民族融合与同化，似乎更多地体现出华夏/汉民族与其他民族之间的交往，融合、同化的方式具有以文化统合为基础所形成的核心属性。这是因为，历史上的华夏/汉民族所处的地区是农业文明的中心，其周边则是游牧或半农半牧地区，农业核心具有吸引周边的强大内涵，非汉群体朝向中原文明呈现出强烈的汇聚趋势，这是各族之间融合、统合乃至同化的内在动力，易言之，文化的融合，是中国古今民族交往汇合的特征和本质。

与此相关的另几个概念，如多民族国家的疆域、多民族国家形成、中华民族形成等问题，则是学术界持续讨论的话题，形成了影响当代学术乃至整个社会的话语体系。

有关民族国家疆域的讨论，学者们从各自采择的资料出发，对这个问题的认识和理解均有所不同，有主张以现今中华人民共和国疆域为主而叙述中国各民族和国家发展历程的，也有以中国历史上各个民族所生活的地理范围为宗旨的，尽管争论分歧，但对中国历史上国家疆域问题讨论的突破，不再仅仅限于汉族王朝的疆域体系，而是包含了活跃在各自领域之内、被视为中国古今各民族（势力）活动的疆土范围，已成为今日学术的鲜明特征。从这个角度讲，中国历史上国家疆域表现的特点，就是不断地变迁和衍生，先秦时期以黄河中游或下游为中心，到秦始皇统一农耕地区，再到清朝中叶大一统王朝盛世覆盖的疆土，达到了封建时期的兴盛局面。这样的认识，虽说并不能获得每个人的首肯，但成为学界基本认识则无可置疑了。

　　"多民族国家形成"与"中华民族形成"也是两个关系密切而不相同的概念。前者重在国家构建的本质属性，后者重点是民族群体的特质。从二者建构的逻辑关系讲，多民族的构成引发出多民族的国家建设。但在历史的实践中，二者呈现的则是相辅相成的关系。就民族角度而言，从多民族到中华民族的形成，恰是历史在中国社会族群群体演变的一个趋势。所谓中国自古以来就是多民族构成的国家组织，其基本含义则是：中国至少在新石器时代的考古发掘已经清晰地展示，不同的族群生活在大江南北，足迹遍布各地，考古学家用"满天星斗"的词语比喻①，形象地刻画出早期族群分布的特征，此后随着中原步入国家的进程，逐步而持续地吸纳周边各民族，成"滚雪球"式的发展壮大。于是，中国国家多民族起源、多民族共同发展和创造中国的文化与构建东方文明，共同建设王朝国家，以至共同进入现代民族国家的行列，就成为中国民族国家发展的特征，也成为学术界的共识。到 20 世纪80—90 年代，民族学、民族史学界以费孝通为代表的学者提出"中华民族多元一体格局"的理论②，其内涵是：中国自古以来多民族发展的倾向，就是从多元走向一体。中国民族的内涵由三个层次构建：其一是汉族、藏族、回族这些传统衍变形成的 56 个实体，是民族内涵的核心；其二是这些民族内部的支系划分，如藏族的藏、安多、康巴等；其三则是在 56 个民族之上所形成的中华民族整体，这个整体与中国国家相对应，是政治性的归纳。因为多民族起源、多民族共同发展，所以中国自古以来所构建的国家属性，也是以多民族为基础的，这就是中国国家建设的特性。这个特性即使步入现代民族国家的行列之后，仍在发挥重要的作用和产生重大的影响。这就是学术界所理解的中国民族与国家特征的根源。

第一节　民族识别问题研究

　　中国自古就是一个多民族的国家，在长期的历史发展进程中，一直有众多民族此消彼长，不断分化、融合，这一方面与主体民族汉族一道，共同构成了我们统一多民族国家形成与发展的图景，另一方面，历史上各民族在分布区域以及族称、族体等方面的演变，也使得中国的民族构成极为复杂。中华人民共和国成立前，由于缺乏正确的理论指导和科学的调查研究方法，在民族问题上形成了族称众多、支系繁杂、族属混淆不清的状况和局面。

　　1949 年中华人民共和国成立后，中国共产党确立和实行了民族平等政策。与以

---

① 苏秉琦：《中国文明起源新探》，北京：生活·读书·新知三联书店，1999 年，第 102—127 页。
② 费孝通主编：《中华民族多元一体格局》（修订本），北京：中央民族大学出版社，1999 年。

往对少数民族进行歧视和压迫相比，这一政策保障了中华人民共和国各族人民的利益和共同繁荣与进步，在客观上促进了少数民族民族自觉意识的提高，这特别表现在他们在族别意识方面的觉醒。在 1953 年全国第一次人口普查中，全国范围内自报登记的民族名称有 400 多种，其中仅云南一省就有 260 多个民族名称。在这种民族状况不清、民族认同混乱的情况之下，为落实党的平等、团结、共同繁荣发展的民族政策，在民族地区推行区域自治，以帮助和保障少数民族地区政治、经济、文化等各方面的发展，针对这些自报登记的众多族体进行民族成分和民族名称的识别、认定，就成为中华人民共和国民族工作中一项重要而紧迫的任务。[①]

事实上，国家对民族识别工作的开展早在中华人民共和国成立伊始就已经开始。1950—1952 年，中央先后派出民族访问团赴西南、西北、中南、东北和内蒙古等少数民族地区进行慰问，同时宣传贯彻党的民族政策，在这个过程中就已经初步接触到许多民族识别问题，如土家人问题、海南苗族问题等。1954 年全国人民代表大会第一次会议前，经过对全国第一次人口普查中自报登记的民族名称进行识别和归并，确认了蒙古、回、藏、维吾尔、苗、瑶、彝、朝鲜、满、黎、高山、壮、布依、侗、白、哈萨克、哈尼、傣、傈僳、佤、东乡、纳西、拉祜、水、景颇、柯尔克孜、土、塔吉克、乌孜别克、塔塔尔、鄂温克、保安、羌、撒拉、俄罗斯、锡伯、裕固、鄂伦春等 38 个少数民族。

与此同时，对其他民族的识别与认定工作自 1953 年起开始大规模展开。1953 年，中央民族事务委员会派出以中央民族学院研究部的研究人员为主的畲民识别调查小组，对福建、浙江等地的畲民进行了为期三个多月的调查；1955 年，又派出广东畲民调查组到广东进行了调查。经过上述两次对畲民的实地调查，在相关文献记载和实际情况综合比较研究的基础上，调查研究人员提出应将畲民认定为单一民族，并于 1956 年得到国务院的正式确定。也是在 1953 年，受中央民族事务委员会的派遣，中央民族学院组成达斡尔族识别调查小组赴黑龙江、内蒙古等地进行达斡尔民族的识别调查，并确认达斡尔族为单一民族，而非蒙古族。[②] 土家族的识别问题，在中华人民共和国成立之初就被提出，中央及中南地区曾多次组织识别调查小组进行调查研究，潘光旦还以古代的巴人与土家族的历史关系为中心写成著名的《湘西北的"土家"与古代的巴人》一文。[③] 在多方调查、反复论证的基础上，到 1956 年，国务院正式确认土家族为单一少数民族。1954 年，

[①] 1956 年，费孝通、林耀华发表《当前民族工作提给民族学的几个任务》一文，提出当时民族学研究的四项任务：关于少数民族族别问题的研究、关于少数民族社会性质的研究、关于少数民族文化和生活的研究以及关于少数民族宗教信仰的研究，民族识别问题被列为首位。此文后改称《中国民族学当前的任务》，1957年由民族出版社出版单行本。参见林耀华：《民族学研究》，北京：中国社会科学出版社，1985 年。

[②] 傅乐焕：《关于达呼尔的民族成分识别问题》，中央民族学院研究部编《中国民族问题研究集刊》第 1 辑，1955 年；又载《民族学论文选（1951—1983）》（下），北京：中央民族学院出版社，1986 年。

[③] 潘光旦：《湘西北的"土家"与古代的巴人》，中央民族学院研究部编《中国民族问题研究集刊》第 4 辑，1955 年；又载《潘光旦民族研究文集》，北京：民族出版社，1995 年。

中央民族事务委员会派出规模较大的云南民族识别调查组，主要对彝族、壮族、哈尼族、白族、傣族等民族的不同支系进行归并和识别，最终将云南的 260 多个不同名称的族体归并为 22 个民族，共识别了 68 个民族单位。1955 年，中央民族事务委员会派遣贵州识别调查组调查贵州地区的民族情况，将穿青人识别为汉族，同时提出将仡佬族认定为单一民族的意见，并于 1956 年得到国家确认。广西壮族自治区的民族识别，也是自 1953 年开始，调查组对境内的壮族、瑶族、仫佬族、毛难（毛南）族、京族等进行了民族识别和调查，先后确认了毛难（毛南）族、仫佬族和京族。

经过上述较大规模的民族识别调查研究，至 1964 年全国第二次人口普查时，新确认了土家、畲、达斡尔、仡佬、仫佬、布朗、阿昌、普米、怒、崩龙（今德昂）、京、独龙、赫哲、门巴、毛难（今毛南）等 15 个少数民族，并将 74 种不同名称的民族单位归并入已经确认的 53 个少数民族之中。至此，全国第一次人口普查中自报登记的 400 多种民族名称中的绝大部分都得到了识别。此后，1965 年珞巴族被确认为单一的少数民族；1979 年，确认基诺族为单一的少数民族。至 1990 年全国第四次人口普查时，我国由主体民族汉族与 55 个少数民族共同构成的民族格局已完全确立、定型，各民族的族属和民族成分、族称等基本状况也得到廓清。[①] 中华人民共和国民族识别工作的成就和意义不仅表现在政治上以及民族工作的实践中，同时这项被称为中国民族学的创举的活动也引发了很多的理论思考。对"民族"一词概念和内涵的明确认识是民族识别工作开展的基础和依据。我国的古代文献中虽早已出现"民"或"族"，但其所指并无抽象的概念，而均为某一具体的族体。根据学者的相关考证，"民族"一词是一个外来词，是近代自日本转译过来的，于 20 世纪初被普遍使用。民族的概念极为复杂，包含有不同的层次，特别是现代"民族—国家"（nation-state）体系建立后，nation 本身就含有国家的意思。韩锦春、李毅夫对汉文"民族"一词有详细考证，章鲁（牙含章）、林耀华对"民族"一词的翻译及使用也进行了专门探讨。[②] 中国的民族识别的主要依据和原则包括民族特征和尊重本民族意愿等方面。对民族特征问题的认识，同斯大林有关"民族"的定义密切相

①　黄光学、施联朱主编的《中国的民族识别》一书，由长期从事民族研究的专家和学者合作编著，对我国民族识别工作的进程进行了全面而深入的总结。北京：民族出版社，1995 年，2005 年修订再版。其他的总结性研究还可参见费孝通：《关于我国民族的识别问题》，《中国社会科学》1980 年第 1 期；林耀华：《中国西南地区的民族识别》，《云南社会科学》1984 年第 2 期；李绍明：《我国民族识别的回顾与前瞻》，《思想战线》1998 年第 1 期；陈连开：《历时 40 年的民族大识别》，《瞭望·新闻周刊》1999 年第 26 期，等等。此外，一些以回顾中华人民共和国民族学发展的研究作品中也都涉及民族识别这一内容，主要如王建民、张海洋、胡鸿保著：《中国民族学史》（下），昆明：云南教育出版社，1998 年；宋蜀华、满都尔图主编：《中国民族学五十年》，北京：人民出版社，2004 年，等等。

②　韩锦春、李毅夫：《汉文"民族"一词考源资料》，中国社会科学院民族研究所民族理论研究室印，1985 年；章鲁：《关于"民族"一词的使用和翻译情况》，《中国民族》1962 年第 7 期；林耀华：《关于"民族"一词的使用和译名问题》，《历史研究》1963 年第 2 期，又载其著《民族学研究》，北京：中国社会科学出版社，1985 年。

关。1913 年，斯大林根据欧洲各民族的形成，指出"民族是人们在历史上形成的一个有共同语言、共同地域、共同经济生活以及表现于共同文化上的共同心理素质的稳定的共同体"，第一次全面、系统地提出了"民族"的定义。① 中国的民族识别工作是在中华人民共和国成立初期全面学习苏联模式的大背景下开展和进行的，但在实际工作中，相关学者和工作人员意识到进行中国的民族识别不能简单地套用斯大林的概念，由于我国各民族历史发展条件不同，共同语言、共同地域、共同经济联系、共同心理素质等民族特征在不同民族中的发展不平衡，在识别中应该结合中国的具体情况加以分析。1956 年 8 月 10 日，费孝通、林耀华在《人民日报》发表《关于少数民族识别问题的研究》一文，针对斯大林民族概念所涉及的四个特征进行了深入探讨，并指出"我们体会到不可能在语言、地域、经济联系和心理素质等方面之外去找到一个简单的标志来解决族别问题，同时也不应当用近代民族的标准来要求前资本主义时期和资本主义萌芽时期的人们共同体。我们只有就具体问题进行具体分析"。1997 年，费孝通在总结其个人民族研究经历时，再次谈到了对民族识别的依据和标准的认识，认为斯大林所论民族的四个特征对中国的民族识别工作只能起到参考的作用，而不应当生搬硬套，"共同语言"共同到什么程度的问题，以"民族聚居区"的概念补充、修正甚至代替"共同地域"的特征，中国少数民族在中华人民共和国成立前只有相同或相似的（而不是共同的）经济生活，所谓民族心理素质其实就是民族认同意识等。②

民族识别工作中另一个重要依据和原则是尊重本民族人民的意愿，即充分考虑各民族的群众意愿和群体意识。在具体的族称确定中遵循"名从主人"的原则，既符合科学的客观依据，也尊重本民族的意愿。③

此外，由于中国民族发展所具有的独特性，各民族都具有较长的社会历史发展进程，因此民族识别工作还注意到了各民族名称的历史内涵及其来源与分流的历史渊源等历史依据。在具体的方法上，除了实地调查，还充分利用丰富的历史典籍等文献记载、民间传说以及各种有关资料。④

进入 20 世纪八九十年代以来，有更多学者对民族识别及其相关理论问题进行总结和思考。主要的有：黄淑娉的《民族识别及其理论意义》一文，对民族识别进行了再认识，认为民族学学者在民族识别中坚持了科学精神，对于预设的理论作了重大调整，其中包含了涉及民族学根本问题的理论胚芽，同时指出民族识别在将研究

① 斯大林：《马克思主义和民族问题》，《斯大林全集》第 2 卷，北京：人民出版社，1953 年，第 294 页。

② 费孝通：《简述我的民族研究经历和思考》，《北京大学学报》1997 年第 2 期。

③ 林耀华：《中国西南地区的民族识别》，《云南社会科学》1984 年第 2 期；李绍明：《我国民族识别的回顾与前瞻》，《思想战线》1998 年第 1 期；黄光学、施联朱主编：《中国的民族识别》，北京：民族出版社，2005 年，第 102—103 页。

④ 林耀华：《中国西南地区的民族识别》，《云南社会科学》1984 年第 2 期；李绍明：《我国民族识别的回顾与前瞻》，《思想战线》1998 年第 1 期；黄光学、施联朱主编：《中国的民族识别》，北京：民族出版社，2005 年，第 84—87 页。

重心由民族社会形态研究转向民族文化研究以及加强民族学的理论研究两方面对民族学的发展予以启示。① 纳日碧力戈在《从中国民族识别看"家系类似性"的方法论意义》中指出中国的民族识别的过程，既反映人类的普遍认知心理，也反映许多历史和地方特色，观察和研究中国的 56 个民族，要注重历史上有关概念的产生、发展和变化，也要注意这些概念所指的社会事实的产生、发展和变化，同时注意"分类者"的不同地位、身份和不同需要。② 王兰永的《民族识别的两个问题刍议》，通过分析民族识别中的一些误识，引出了对带有建构性质的民族识别与民间本土的认同之间关联的思考以及对民族识别的叙事反思。③ 胡鸿保、张丽梅的《民族识别原则的变化与民族人口》，以近年贵州黎族的生成及对穿青人身份归属的一种建言为切入点，探讨了两个不同时代民族识别标准的差异，指出当前工作中观念已经发生很大变化，"主观意愿"的权重相对于"客观标准"而言，有上升的迹象，这对人口的族际变动产生了较大的影响。④ 邓思胜、王菊在《斯大林的"民族"定义对中国的"民族识别"影响研究》中认为斯大林关于"民族"的定义影响中国民族识别工作，并成为识别族群身份、划分族群族属的重要标准，但"民族识别""族群认同"和"国家认同"在现代国家是相关但并非相同的概念，需要分别研究。⑤ 王希恩在《中国民族识别的依据》中指出民族识别的现实依据是民族工作的需要和民族自觉的要求，2005 年中央关于民族理论和政策基本观点"十二条"中对民族概念的阐述，是新阶段民族识别的理论依据，要求在民族识别标准上增加主观认同的权重，遵守"有利于民族团结和民族自身发展""特点和地域相近"的原则。⑥ 蒲跃、谷家荣的《民族识别与主体自觉》通过回顾过往民族识别实践中身份确认的"主观盲从"和"被动赋予"问题，指出费孝通先生总结的"文化自觉"概念在解决当代民族识别问题中具有充分解释力。⑦ 祁进玉的《中国的民族识别与民族分类学体系化初探》一文梳理了民族识别工作的理论来源，除苏联民族理论外，还受到英法学者对"民族分类"的学术影响。⑧

　　针对民族特征中的某一项进行专门探讨的，如徐志森在《民族识别中的语言调查》一文中对在民族识别中进行语言调查的方法、遇到的问题以及如何利用调查材料进行民族识别等问题进行了讨论；⑨ 周庆生的《语言与民族识别问题》，通

　　① 黄淑娉：《民族识别及其理论意义》，《中国社会科学》1989 年第 1 期。

　　② 纳日碧力戈：《从中国民族识别看"家系类似性"的方法论意义》，《云南民族学院学报》1999 年第 6 期。

　　③ 王兰永：《民族识别的两个问题刍议》，《江苏社会科学》2007 年第 1 期。

　　④ 胡鸿保、张丽梅：《民族识别原则的变化与民族人口》，《西南民族大学学报》2009 年第 4 期。

　　⑤ 邓思胜、王菊：《斯大林的"民族"定义对中国的"民族识别"影响研究》，《广西民族研究》2010 年第 1 期。

　　⑥ 王希恩：《中国民族识别的依据》，《民族研究》2010 年第 5 期。

　　⑦ 蒲跃、谷家荣：《民族识别与主体自觉》，《中央社会主义学院学报》2012 年第 6 期。

　　⑧ 祁进玉：《中国的民族识别与民族分类学体系化初探》，《中央民族大学学报》2016 年第 4 期。

　　⑨ 徐志森：《民族识别中的语言调查》，《贵州民族研究》1983 年第 3 期。

过研究 20 世纪五六十年代在中国进行的民族识别工作，讨论了语言、民族和认同的关系，指出语言与民族之间大致存在三种对应关系即"一族一语""一族多语"和"多族一语"对应，在我国，第一种对应是一种基本的、稳定的、主要的语言民族对应，第二、三种对应则体现了语言、民族和民族认同之间的变异性或不一致性，在我国是次生的、变化的、非主流的对应。① 关于民族的心理素质问题，有韩忠太的《共同心理素质不能作为民族识别的标准》，通过分析、总结"共同心理素质"这一标准在民族识别实践中缺乏可操作性，以及包括作者在内的相关学者从民族理论、心理学等角度的研究，得出"共同心理素质"不能作为民族识别的标准的结论。②

还有学者以个人的具体研究为基础，对某一具体（或地区）民族的识别进行了相应的总结和反思，其代表如杜玉亭的《基诺族识别四十年回识——中国民族识别的宏观思考》，概括总结了其对基诺族 40 年追踪研究的概况，并就民族识别命题从理论依据、政治目标以及人与民族两个概念等角度提出新的认识。③ 施联朱在《关于台湾少数民族识别问题的研究》中对台湾地区的民族识别相关问题作了较为全面的梳理；④ 王文光、田琬婷的《台湾少数民族识别问题述论》在分析前人研究成果的基础上讨论了台湾岛上的少数民族情况，并对其族属进行了探源。⑤ 王文光、尤伟琼的《新中国成立以来云南民族识别的认识与反思》肯定云南地区的民族识别工作加强民族团结、维护边疆稳定，从理论和实践层面超越斯大林的民族理论，但存在不足，如调查材料不够深入，个别地方未能看到云南民族内部的复杂性，以某个民族的某部分作为整体的识别标准，而且当时民族识别工作按省级行政区进行，使得不同行政区的同一民族有不一样的识别结果。⑥ 张艳菊的《试论民族识别与归属中的认同问题》通过分析云南克木人、莽人、老品人、八甲人民族归属工作，指出民族识别和归属问题的核心是认同问题，即本人认同（名从主人）、归属民族认同、邻里认同、专家认同和法律认同。⑦ 祁进玉的《名从主人：20 世纪 50 年代土族民族识别的口述史研究》以文献和实地调查所获的口述史资料，分析中华人民共和国成立后青藏高原东部的"土人"从文化和族群概念蜕变为具有政治内涵的自治实体

① 周庆生：《语言与民族识别问题》，《中国社会科学院研究生院学报》2006 年第 2 期。
② 韩忠太：《共同心理素质不能作为民族识别的标准》，《民族研究》1996 年第 6 期。
③ 杜玉亭：《基诺族识别四十年回识——中国民族识别的宏观思考》，《云南社会科学》1997 年第 6 期。
④ 施联朱：《关于台湾少数民族识别问题的研究》，《福建师范大学学报》1994 年第 4 期。
⑤ 王文光、田琬婷：《台湾少数民族识别问题述论》，《思想战线》1999 年第 6 期。
⑥ 王文光、尤伟琼：《新中国成立以来云南民族识别的认识与反思》，《云南民族大学学报》2010 年第 3 期。后续相关研究有：王文光、段红云等：《当代云南民族识别的学术回顾》，《思想战线》2011 年第 1 期；王文光、李艳峰：《当代云南彝族识别的回顾与反思》，《思想战线》2011 年第 5 期；王文光、段红云：《中国古代的民族识别》，昆明：云南大学出版社，2011 年；尤伟琼：《云南民族识别研究》，北京：民族出版社，2013 年。
⑦ 张艳菊：《试论民族识别与归属中的认同问题》，《广西民族研究》2013 年第 4 期。

"土族"，这种转变被体制化、合法化并相对固化。① 卢露的《从桂省到壮乡：现代国家构建中的壮族研究》从"民族识别"和"广西壮族自治区"的设置为切入点，考察"民族结构"问题在"国家政权建设"中的地位，以及由此在社会心理、公民身份认同等方面造成的长期影响，讨论问题集中在国家政权建设、壮族知识体系生产过程及壮族族群身份认同三个维度。②

由于近年来境外民族分裂势力引发的民族地区冲突，以及外国学者对中国民族识别政策的批评研究（如李福瑞的《他者中国——瑶族与民族归属政治》、白荷婷《创造壮族——中国的族群政治》等），为了在学术研究层面予以回应，我国学者在民族识别理论和以往实践反思研究中进行了诸多研究。如祁进玉在《中国的民族识别及其理论构建》中肯定民族识别工作保障了少数群体权利，认为其理论支撑是基于苏联的民族工作经验，借鉴斯大林的"民族"概念，同时根据当时国情采取了灵活变通的方法。③ 来仪、蔡华等的《民族政策体系视野下的民族识别及其解读》总结学术界对于以往民族识别工作的争论，认为当代学者应在进一步研究各个社会主义国家民族政策体系下的民族识别范式的基础上，分析以往和当今中国民族情况，需要一定时间的观察方能对民族识别工作作出客观评价。④ 雷勇在《西方中心主义视野下的中国民族识别》中指出，部分西方学者对于中国少数民族的研究存在认识论上的偏见和方法论上的误解，将在西方社会文化与生活语境下形成的观念、理论和方法套用在中国少数民族研究上，未能认真分析中国与西方之间在社会历史方面存在的差异性，体现出后现代主义和后殖民主义的理论工具和研究思路在解释中国民族识别中的局限性和不适用性。⑤ 纳日碧力戈的《重观民族识别：综合与变通》认为民族识别是一项综合性国家工程，不是所谓"苏联模式"，也不是所谓"英国模式"，而是各个模式在中国实践中变通，"洋为中用""古为今用"的"中国模式"。⑥ 秦和平在《"56个民族的来历"并非源于民族识别——关于族别调查的认识与思考》中认为中国各民族是在长期历史过程中形成的，中华人民共和国成立后部分省区对部分族体的族别调查工作不是全国性的民族识别，而是对已调查对象统一及确认族称，归并族体明确少数民族身份，不能认为"56个民族的来历"源于民族识别。⑦

针对马戎在民族识别政策回顾反思研究里提出的以"中华民族56个族群"的

---

① 祁进玉：《名从主人：20世纪50年代土族民族识别的口述史研究》，《西北民族研究》2014年第4期。相关研究参见祁进玉：《历史记忆与认同重构：土族民族识别的历史人类学研究》，北京：学苑出版社，2015年。

② 卢露：《从桂省到壮乡：现代国家构建中的壮族研究》，北京：社会科学文献出版社，2016年。

③ 祁进玉：《中国的民族识别及其理论构建》，《中央民族大学学报》2010年第2期。

④ 来仪、蔡华等：《民族政策体系视野下的民族识别及其解读》，《青海社会科学》2011年第6期。

⑤ 雷勇：《西方中心主义视野下的中国民族识别》，《广西民族研究》2012年第4期。

⑥ 纳日碧力戈：《重观民族识别：综合与变通》，《中央民族大学学报》2012年第6期。

⑦ 秦和平：《"56个民族的来历"并非源于民族识别——关于族别调查的认识与思考》，《民族学刊》2013年第5期。

称谓代替"56 个民族"、以"文化化"取代"政治化"的观点，唐建兵在《也议"民族识别"与中国民族问题》的商榷文章里指出"民族识别"作为辨识族体的方式，并非中华人民共和国独创，且整体工作进程细致缜密、并非出于识别主体的主观臆断、人为"创造"民族，当今的民族意识增强和民族问题凸显是诸多因素合力的结果，将责任归咎于"民族识别"有失公允。① 哈正利、张福强的《论中国民族识别工作的三种解读模式》将目前对民族识别问题的讨论总结为典范模式、局部修正模式和完全解构模式三种，认为应当正视民族识别结果的既定事实，充实肯定综合主义研究方法，客观地对每一民族的识别过程作精细深入的历史民族志研究，在此基础上展开识别模式的准确总结。② 祁进玉主编的《中国的民族识别及其反思：主位视角与客位评述》收录了近年来不同学者对民族识别诸问题的思考和讨论，集中展现这一学术领域的代表性成果。③

港台地区学者的相关研究，主要如香港中文大学谢剑的《试论中国大陆的民族识别工作及其问题》，以人类学观点对内地自中华人民共和国成立以来的民族识别工作及其所引发的问题进行探讨，特别是识别工作的理论架构和实际的运作方法。④ 此文发表后，内地学者龚永辉与之进行了商榷和对话，一一指出彼此在相关问题上的不同认识，并指出不同意识形态背景的学术同行间进行广泛而深入的对话的必要性。⑤ 台湾学者王明珂改变了以往从民族内部的特征来识别民族的思路，提出民族史研究中的"边缘理论"，转而通过划分民族的边缘界限达到民族的认同，除散见于各处的学术论文外，其主要观点和认识在《华夏边缘——历史记忆与族群认同》及《羌在汉藏之间》等著作中有较为全面的论述。⑥ 他的《蛮子、汉人与羌族》以羌族的民族识别过程为中心，探讨生活在川西岷江上游的族群"蛮子""尔玛""汉人"如何被识别为羌族，及在羌族认同下，人们如何重塑本族历史或神话、界定共同母语、建构本土文化。⑦ 连瑞枝的《边疆与帝国之间：明朝统治下的西南人群与历史》以地方人群的流动与阶层重组、口传到文字书写、正统仪式权与历史话语权

---

① 唐建兵：《也议"民族识别"与中国民族问题》，《西南民族大学学报》2014 年第 1 期。马戎的研究参见马戎：《中国民族问题的历史与现状》，《云南民族大学学报》2011 年第 5 期；《中国的民族问题与 20 世纪 50 年代的"民族识别"》，《西北民族研究》2012 年第 3 期。

② 哈正利、张福强：《论中国民族识别工作的三种解读模式》，《中南民族大学学报》2017 年第 4 期。

③ 祁进玉主编：《中国的民族识别及其反思：主位视角与客位评述》，北京：社会科学文献出版社，2016 年。

④ 谢剑：《试论中国大陆的民族识别工作及其问题》，《中国文化研究所学报》1990 年第 21 卷，香港中文大学。

⑤ 龚永辉：《也谈中国民族识别工作及其问题——与一位香港同行的对话》，《广西民族学院学报》1996 年第 1 期。

⑥ 王明珂：《华夏边缘——历史记忆与族群认同》，台北：允晨图书出版公司，1997 年；简体版于 2006 年由社会科学文献出版社出版，增订版于 2013 年由浙江人民出版社出版；《羌在汉藏之间》，北京：中华书局，2008 年。

⑦ 王明珂：《蛮子、汉人与羌族》，台北：三民书局，2001 年、2016 年。

等角度，讨论大理地区族群政治流变与族群形塑的历史进程。[①]

第二节　民族平等问题研究

所谓"民族平等"，指各民族在一切权利与事实上的平等。它是马克思主义解决民族问题的根本原则之一，也是中国共产党处理国内民族问题的一项基本原则。自中华人民共和国成立以来，学者们对民族平等这一问题进行了深入研究，并取得了丰硕的成果。

一、民族平等理论与实践的探讨

（一）中国共产党的民族平等思想

有关毛泽东民族平等思想的研究，主要包括杨进铨的《毛泽东的民族平等思想》、王戈柳的《试论毛泽东的民族平等民族团结思想》、郝时远的《毛泽东对解决中国民族问题的历史贡献》等文，[②] 比较深入地探讨了毛泽东民族思想中的平等原则及其为解决中国民族问题所做出的巨大贡献。马进卫的《浅析周恩来的民族观》一文指出，[③] 周恩来的民族观是以"民族平等"作为基础，将马克思主义民族理论与中国民族问题实际相结合，丰富、补充了毛泽东的民族理论。关于邓小平的民族平等思想的研究，主要有金安江的《论邓小平关于民族问题的思想》，[④] 文中涉及民族平等与各民族社会主义一致性的相互联系，认为没有社会主义的一致性，就不可能实现真正的民族平等；匡自明、杨正权的《邓小平关于民族平等的思想论析》，[⑤]强调民族平等理论是邓小平建设有中国特色社会主义理论的重要组成部分，是对马克思主义民族理论的丰富和发展，也是我党在改革开放的大潮中解决民族问题的一项重要原则。

（二）民族平等理论

就民族理论层面研究民族平等，以往学者着重将民族平等问题与马克思主义理论及中国共产党的指导思想、政策方针结合起来。

---

① 连瑞枝：《僧侣·士人·土官：明朝统治下的西南人群与历史》，北京：社会科学文献出版社，2020 年。
② 杨进铨：《毛泽东的民族平等思想》，《民族论坛》1993 年第 4 期；王戈柳：《试论毛泽东的民族平等民族团结思想》，《广西大学学报》1993 年第 5 期；郝时远：《毛泽东对解决中国民族问题的历史贡献》，《民族研究》1993 年第 5 期。
③ 马进卫：《浅析周恩来的民族观》，《云南社会科学》1999 年第 1 期。
④ 金安江：《论邓小平关于民族问题的思想》，《贵州民族学院学报》1995 年第 3 期。
⑤ 匡自明、杨正权：《邓小平关于民族平等的思想论析》，《思想战线》1996 年第 1 期。

　　郝时远的《论民族平等与民族团结的关系——兼与李家秀同志商榷》一文指出，① 民族平等是人类社会民族过程的主题，造成民族不平等的根源是以私有制为基础的阶级统治，而这种不平等正是民族过程中社会不平等的集中反映；熊锡元在《民族平等——马克思主义民族纲领的基石》中，② 认为"民族平等是马克思主义民族纲领的基石"，通过比较研究，论证了民族平等原则的重要性；此外，吴家麟、汤翠芳的《论民族平等》，③ 强调它是马克思主义处理民族问题的基本原则，中华人民共和国成立后，党和政府为实现民族平等采取的一系列措施，是促使我国进入民族平等新阶段的重要因素。

　　（三）民族平等实践

　　周昆云的《20 世纪争取中国各民族平等的三次探索："五族共和"—民族区域自治—各民族共同繁荣》一文认为，④ 20 世纪以孙中山为代表的民主革命者，以毛泽东、邓小平为代表的第一、二代共产党人，先后为实现民族平等进行了三次伟大探索；王铁志的《市场经济条件下的民族平等问题》一文则探讨了新经济形势下存在的民族平等若干问题；⑤ 杨顺清的《实现民族平等、走向共同繁荣——民族工作的世纪回眸与展望》，⑥ 简要回顾了中国共产党 80 年民族工作的成就，展望了 21 世纪民族工作的前景；盖世金的《论新形势下的民族平等》从民族平等与国际政治、民族区域自治、发展差距、市场经济四个方面，探讨了新形势下的民族平等若干理论与现实问题，并驳斥了民族分裂主义势力对中国共产党民族平等政策的歪曲与诘难。⑦

二、历史上的民族平等问题

　　就历史上的民族平等问题，王锺翰主编的《中国民族史》一书认为："民族平等是资产阶级革命开始提出的口号，后来无产阶级革命才实行真正的民族平等。所以，封建社会及其以前的社会，都不存在民族平等，各个朝代都是实行的民族歧视压迫政策。"⑧ 翁独健主编的《中国民族关系史纲要》一书也说："在阶级社会，民族之间的关系之所以不平等，是由当时的阶级关系决定的，是由社会分为剥削与被剥削、统治与被统治的阶级决定的。……只有随着阶级和人剥削人的社会消灭，才

---

　　① 郝时远：《论民族平等与民族团结的关系——兼与李家秀同志商榷》，《民族研究》1995 年第 4 期。

　　② 熊锡元：《民族平等——马克思主义民族纲领的基石》，《民族研究》1997 年第 4 期。

　　③ 吴家麟、汤翠芳：《论民族平等》，《宁夏大学学报》1997 年第 1 期。

　　④ 周昆云：《20 世纪争取中国各民族平等的三次探索："五族共和"—民族区域自治—各民族共同繁荣》，《广西民族研究》1996 年第 2 期。

　　⑤ 王铁志：《市场经济条件下的民族平等问题》，《民族研究》2000 年第 5 期。

　　⑥ 杨顺清：《实现民族平等、走向共同繁荣——民族工作的世纪回眸与展望》，《贵州民族研究》2001 年第 4 期。

　　⑦ 盖世金：《论新形势下的民族平等》，《新疆大学学报》2002 年第 1 期。

　　⑧ 王锺翰主编：《中国民族史》，北京：中国社会科学出版社，1994 年，第 18 页。

能消灭民族间的不平等。"① 换言之，在古代中国社会，并不存在真正意义上的民族平等，古代民族观的核心内容，是在传统儒学影响下形成的"夷夏观"与"大一统"等思想。

（一）中国传统的民族观

1. "华夷之辨"与"华夷一统"：黄纯艳的《论华夷一统思想的形成》，② 探讨了"华夷一统"思想的萌芽、成长与形成的历史过程及其对统一多民族国家形成、巩固、发展所起到的巨大作用；姜建设的《夷夏之辨发生问题的历史考察》，③ 将"夷夏之辨"理解为华夏民族主体性自觉形成的一种表征；王俊拴的《中国古代夷夏观的价值取向》，④ 指出中国传统夷夏观包含"夷夏有别"和"夷夏一家"两个命题，认为两者拥有共同的政治价值取向；刘锋焘的《艰难的抉择与融合——浅论"华夷之辨"观念对中华民族史的负面影响》，⑤ 着重讨论了"华夷之辨"观念对中华民族融合史所产生的消极、负面的影响；李云泉的《夏夷之辨观念的嬗变及其时代特征》的文章，⑥ 讨论了"夏夷之辨"的演变过程及其时代性的特征；张星久的《政治情境中的"华夷之辨"——秦汉以后"华夷之辨"的历史语境与意义生成》⑦，认为"华夷之辨"在儒家经典话语中表现为"华""夷"文化高下之分，区域分布内外之别以及族群之分，在秦汉后的不同历史语境下，存在对经典话语的四种具体表达形态和意义类型，而政治斗争情境，特别是统治者的合法化策略实际主宰"华夷之辨"的意义生成和知识生产。

2. 儒家思想与传统民族观：周伟洲的《儒家思想与中国传统民族观》，⑧ 着重探讨了中国古代民族观及其指导下的民族政策以及儒家思想对传统民族观的重要影响等问题；吴贤哲的《儒家思想与民族政策》，⑨ 指明民族问题是一个重要的政治问题，古代各民族政权的儒学化、封建化进程促成了民族融合、民族团结与统一多民族国家格局的形成；程举在《儒家民族观的几个范畴》一文里剖析了儒家民族观的内涵与外延；⑩ 黄德昌的《儒家与夷夏之辨》则揭示"华夷之辨"的文化内涵，强调"夷夏之别"主要标志并非种族地域的分布差异，而在于以周礼为基准划分的文

① 翁独健主编：《中国古代民族关系史》，北京：中国社会科学出版社，2005 年，第 8—9 页。
② 黄纯艳：《论华夷一统思想的形成》，《思想战线》1995 年第 2 期。
③ 姜建设：《夷夏之辨发生问题的历史考察》，《史学月刊》1998 年第 5 期。
④ 王俊拴：《中国古代夷夏观的价值取向》，《贵州民族研究》1999 年第 1 期。
⑤ 刘锋焘：《艰难的抉择与融合——浅论"华夷之辨"观念对中华民族史的负面影响》，《文史哲》2001 年第 1 期。
⑥ 李云泉：《夏夷之辨观念的嬗变及其时代特征》，《河北师范大学学报》2003 年第 1 期。
⑦ 张星久：《政治情境中的"华夷之辨"——秦汉以后"华夷之辨"的历史语境与意义生成》，《武汉大学学报》2015 年第 5 期。
⑧ 周伟洲：《儒家思想与中国传统民族观》，《民族研究》1995 年第 6 期。
⑨ 吴贤哲：《儒家思想与民族政策》，《西南民族学院学报》2002 年第 1 期。
⑩ 程举：《儒家民族观的几个范畴》，《西南民族学院学报》2002 年第 6 期。

化高下;① 陈玉屏在《儒家民族观的基本内容和历代王朝民族政策遵循的基本原则》中总结儒家民族观的基本内容包含"五方之民"一统于天子、礼别华夷、由"三世说"和"五服论"构成的时空观、王者爱及四夷、夷夏大防、尊王攘夷与用夏变夷等，历代民族政策的基本原则包括大一统、体现怀柔为主的羁縻和重义轻利、剥削从轻;② 邵方的《儒家民族观影响下的中国古代民族法制》梳理了历代王朝治边政策，认为其主要遵循两种原则，"用夏变夷"与"因俗而治"，目的是实现儒家倡导的"王者无外""华夷一体"的大一统。③

（二）历史上的民族平等问题

1. 先秦：龚荫在《先秦民族政策概说》中论述了夏、商、周三朝施行的民族政策;④ 徐兴祥的《先秦时期的民族思想》认为早在孔子以前，就产生了含有歧视"四夷"内容的民族思想，这种思想的核心是"以夏变夷";⑤ 范业红在《特殊的夷狄论——试析〈春秋公羊传〉中的华夷观》中指出《公羊传》的夷夏之辩在继承儒家以文化礼仪作区分的夷夏观之外，表现较为开放的精神，既肯定以夏化夷、变夷为夏，还将违背礼仪的华夏之国贬斥为夷狄;⑥ 朱圣明的《现实与思想：再论春秋"华夷之辨"》认为春秋时期的"华夷之辨"在现实和思想层面存在一定的断裂，从长时段、宏观层面来看，天下人群无外华夏与夷狄，二者可相互转换，在短时间、微观层面，春秋时期人群身份华夷互换过程里存在介于"华夷之间"的族群;⑦ 陈霞、黄怀信的《〈中庸〉"南方之强"诠说——兼谈孔子的夷夏观》认为孔子推崇"南方"即素来被称为"蛮夷之地"的江汉流域，盖因此地形成以中和、宽厚为特点的德性之强，体现孔子以文化而不以地域、种族为标准来区分诸夏与夷狄的夷夏观。⑧

2. 秦汉魏晋：杨秀实的《论黄老思想时期民族关系的特点》一文强调以道家黄老思想指导下产生的和睦相处的民族政策与平等的民族观念，成就了两汉初期国内政局的稳定与民族关系的和谐;⑨ 王宗维的《汉武帝的民族思想和政策》认为,⑩汉武帝统治时期，吸收以董仲舒为代表的儒家学说，形成处理民族问题的大一统思想和政策，将统一推向了高峰; 孔毅的《北魏前期北方民族"以夏变夷"的历程》

---

① 黄德昌：《儒家与夷夏之辨》，《四川大学学报》2003 年第 4 期。
② 陈玉屏：《儒家民族观的基本内容和历代王朝民族政策遵循的基本原则》，《西南民族大学学报》2011 年第 6 期。
③ 邵方：《儒家民族观影响下的中国古代民族法制》，《中国法学》2018 年第 3 期。
④ 龚荫：《先秦民族政策概说》，《西南民族学院学报》1995 年第 1 期。
⑤ 徐兴祥：《先秦时期的民族思想》，《民族研究》1999 年第 2 期。
⑥ 范业红：《特殊的夷狄论——试析〈春秋公羊传〉中的华夷观》，《兰州学刊》2014 年第 3 期。
⑦ 朱圣明：《现实与思想：再论春秋"华夷之辨"》，《学术月刊》2015 年第 5 期。
⑧ 陈霞、黄怀信：《〈中庸〉"南方之强"诠说——兼谈孔子的夷夏观》，《甘肃社会科学》2019 年第 5 期。
⑨ 杨秀实：《论黄老思想时期民族关系的特点》，《中南民族学院学报》1997 年第 3 期。
⑩ 王宗维：《汉武帝的民族思想和政策》，《西北大学学报》1995 年第 1 期。

指出，北魏前期，北方世族自觉不自觉地走上"以夏变夷"的道路，推进了北方民族融合的进程；① 汪高鑫的《司马迁与董仲舒夷夏观之比较》，对董仲舒和司马迁的夷夏观进行了比较，分析了二人思想存在的差异及其原因；② 赵红梅的《前燕慕容廆君臣的华夷观》认为慕容廆君臣从意图冲破"华夷秩序"、漠视"华夷之辨"到认识"华夷理殊"，恢复与西晋的朝贡册封关系，推行"勤王杖义"政策；③ 袁宝龙的《秦汉时期民族观的嬗变》认为春秋时期大一统理论产生的同时促生"华夷一统"思想，此时民族观呈现积极的转化趋势，而秦汉时期随着华夷之间实力变化，民族观表现出时而保守时而开放的态势，至两汉承续，民族观大体向保守嬗变，华夷之辨思想占据主流；④ 同作者的《魏晋民族史观语境下的苻坚民族思想》指出以天下观与民族观的统一和柔性民族政策是苻坚民族思想的主要特点，以柔性政策取代征战杀伐理念，在当时是积极的尝试；⑤ 胡岩涛、徐卫民的《论夷夏观与汉武帝时期的汉匈战争》指出夷夏观在汉朝处理与匈奴的关系以及制定对匈政策中发挥着重要的作用，汉武帝根据战争态势调整策略，使用夷夏观不同内容用刚柔并济手段处理夷夏关系；⑥ 段锐超的《北朝君臣对儒家华夷认同思想的汲引、发挥与运用》认为北朝君臣通过对儒家"以夏变夷"的民族观、"夷可主夏"的正统观、华夏文化正统观、中原地域正统观及华夷民族统一观等一系列思想观念的汲引与发挥，推动北朝以拓跋鲜卑为主的少数民族与汉民族的统一与融合；⑦ 徐莹的《贾谊夷夏观探析》认为贾谊上汉文帝的"三表五饵"的"战德"策体现出"华夷一体""尊王攘夷""用夏变夷"的夷夏观，以物质为载体，向匈奴输出汉朝的华夏文明。⑧

3. 隋唐：崔明德的《述评唐太宗的民族关系理论》，⑨ 分析了唐太宗处理民族关系理论的主要内容、理论基础及理论渊源，分析的同时予以作者的评价；李鸿宾的《论唐朝的民族观念》一文，⑩ 指出唐代民族观念处于变动之中，存在由"华夷一家"到"华夷有别"的前后变化，并将这种转变与唐代民族形势的变迁结合起来；孙鸿亮的《论唐代服饰及夷夏观的演变》主要从唐代服饰的变化窥探唐代夷夏观的变革；⑪ 崔明德、马晓丽的《隋唐民族关系思想史》是综合分析隋唐时期民族关系思想的研究内容、范围、方法，梳理汉族和少数民族各类人物的民族关系思想，

① 孔毅：《北魏前期北方民族"以夏变夷"的历程》，《中国史研究》1998年第2期。
② 汪高鑫：《司马迁与董仲舒夷夏观之比较》，《云南民族大学学报》2003年第4期。
③ 赵红梅：《前燕慕容廆君臣的华夷观》，《学习与探索》2010年第5期。
④ 袁宝龙：《秦汉时期民族观的嬗变》，《中国社会科学院研究生院学报》2014年第5期。
⑤ 袁宝龙：《魏晋民族史观语境下的苻坚民族思想》，《武陵学刊》2014年第3期。
⑥ 胡岩涛、徐卫民：《论夷夏观与汉武帝时期的汉匈战争》，《内蒙古社会科学》2015年第6期。
⑦ 段锐超：《北朝君臣对儒家华夷认同思想的汲引、发挥与运用》，《山东师范大学学报》2016年第2期。
⑧ 徐莹：《贾谊夷夏观探析》，《史林》2018年第3期。
⑨ 崔明德：《述评唐太宗的民族关系理论》，《中国边疆史地研究》1995年第2期。
⑩ 李鸿宾：《论唐朝的民族观念》，《内蒙古社会科学》2001年第5期。
⑪ 孙鸿亮：《论唐代服饰及夷夏观的演变》，《唐都学刊》2001年第3期。

构建了比较完整的学科研究框架和研究范式；① 李传军的《汉唐"风土记"中的西域风土映像——兼论华夷文化观在汉唐时期的转变》认为僧俗士人的西域行纪，为中原人介绍异域风俗，促进西域文化的传播，使中原士人传统华夷文化观念发生微调，变得更加开放；② 杨铭的《唐代吐蕃与西北民族关系史研究》是近年来这一领域研究的综合之作，分析了吐蕃同西北民族的政治军事、经济文化交往，在这过程里吐蕃与西北诸族相互借鉴、吸取对方先进的物质文化、制度文化、精神文化，促进本民族社会、经济、文化进步；③ 许殿才的《魏晋南北朝隋唐正史民族史撰述与统一多民族国家的整合》通过分析正史民族史部分记载，认为当时民族史撰述的发展源于史学服务实际政治需要，体现隋唐初期"天下一家"认识，并担负宣讲"以夏变夷"的文化教育意义，秉承中原王朝统治者以文教德化治理周边族群的意志；④ 刘顺中《典范的变故：中唐文儒历史记忆之书写》指出中唐社会巨变，唐人对华夷之辨的认知变化表现在民族关系层面，"王化无外"、修德安远的早期心态被"此疆彼界"的边界意识取代；⑤ 孙玉荣的《论唐代民族关系变化对公主和亲的影响》以安史之乱为分界线，指出由于前后期民族关系发生较大变化，唐朝对外和亲政策受到影响，表现在和亲次数和对象、和亲目的、和亲公主出身及和亲公主际遇方面；⑥ 南晓民、刘妍君的《论唐代诗文中的吐蕃异称——兼论唐朝的民族政策与"吐蕃"读音》通过梳理文献里的"吐蕃"的"音同形近""义同形异"词，指出"蕃"读 fan 音而非 bo 音，指其为唐朝西方蕃国，不是刻意侮辱性称呼，反映了唐朝和吐蕃的密切关系；⑦ 王成龙的《唐后期朝廷和士人对少数民族的心理变化》认为安史乱后朝廷对北方少数民族的心理由之前的"爱之如一"转为较严格的不信任，士人对少数民族的心理有排斥，也有认同，是"夷夏之辨"的明晰化；⑧ 毛朝晖、潘普文等的《华夷之辨与会昌毁佛关系检论》认为经济因素是唐武宗朝毁佛的直接原因，"华夷之辨"反映的传统思想与外来思想斗争是深层原因；⑨ 孙玮冉的《从李谨行行迹看唐代民族政策》以活跃在 7 世纪后半期的唐朝靺鞨裔蕃将李谨行仕唐的政治活动观察当时唐朝开放包容的民族政策；⑩ 杨平平的《从献俘礼看唐代的民族政策》指出针对周边少数民族的献俘是唐代献俘礼主要环节，在唐前期这种仪式彰显唐王

① 崔明德、马晓丽：《隋唐民族关系思想史》，北京：人民出版社，2010 年。

② 李传军：《汉唐"风土记"中的西域风土映像——兼论华夷文化观在汉唐时期的转变》，《西域研究》2011 年第 1 期。

③ 杨铭：《唐代吐蕃与西北民族关系史研究》，兰州：兰州大学出版社，2012 年。

④ 许殿才：《魏晋南北朝隋唐正史民族史撰述与统一多民族国家的整合》，《求是学刊》2012 年第 2 期。

⑤ 刘顺：《典范的变故：中唐文儒历史记忆之书写》，《河北师范大学学报》2013 年第 4 期。

⑥ 孙玉荣：《论唐代民族关系变化对公主和亲的影响》，《兰台世界》2013 年第 27 期。

⑦ 南晓民、刘妍君：《论唐代诗文中的吐蕃异称——兼论唐朝的民族政策与"吐蕃"读音》，《西藏大学学报》2015 年第 3 期。

⑧ 王成龙：《唐后期朝廷和士人对少数民族的心理变化》，《烟台大学学报》2016 年第 2 期。

⑨ 毛朝晖、潘普文等：《华夷之辨与会昌毁佛关系检论》，《唐都学刊》2016 年第 5 期。

⑩ 孙玮冉：《从李谨行行迹看唐代民族政策》，《乾陵文化研究》2018 年。

朝礼治天下、德化天下、宣扬国威，反映此时期唐朝处理民族事务的宽容开朗、怀柔羁縻的民族政策。[①]

4. 宋辽金元：刘浦江的《金朝的民族政策与民族歧视》指出封建时代民族平等的相对性与民族歧视的绝对性，探讨了金朝内部民族关系中包含的民族不平等、民族歧视、民族压迫等问题；[②] 姚继荣的《略论元朝仕进制度中的民族歧视政策》、朱玉宝的《古代官制中的民族歧视问题》二文则探讨了历史上民族政权为维护本民族特权所实行的民族歧视政策的现象及缘由；[③] 郭康松的《辽朝夷夏观的演变》、齐春风的《论金朝华夷观的演化》则揭示辽、金统治时期贵中华、贱夷狄之"华夷之辨"观念的转变过程；[④] 黄纯艳的《"汉唐旧疆"话语下的宋神宗开边》指出宋朝在华夷正朔观念和现实政治的交互作用下处理与周边政权和民族的关系，太祖朝和太宗前期意图建立以宋朝为中心的天下秩序而使用华夷一统的话语，澶渊之盟宋、辽正式互认二元并存的天下秩序，"汉唐旧疆"成为宋朝处理对外事务的主导话语；[⑤] 刘俊的《元代"华夷之辨"的特质、缘由及影响》总结"华夷之辨"在元代呈现三大特质，即南北不同、政冷民热和文化为据，这是由元代多元文化政策、南北学术不同取向和差异化的种族制度造就的，导致一方面元代对"华夷大防"的恪守与突破并立对峙，另一方面元代社会从统治者到士人的分裂和矛盾；[⑥] 孔令洁的《宋金元时期民族观念的演化》认为宋代士人继承隋唐以来的民族观念，以文化区分华夷，金、元易代以及宋、元鼎革时期，传统纲常的忠君思想渐渐凌驾于华夷大防上，到由元入明，决定士人政治抉择的主要因素已是君臣大义而非华夷之辨，华夷之间的界限呈现逐渐模糊的趋势。[⑦]

5. 明清：郑传斌的《从思想史角度论明清之际夷夏观念的嬗变》，[⑧] 认为明清之际的社会变革是促成传统夷夏观念发生转变的重要原因等。清朝是多民族统一政权，围绕清朝民族关系，刘正寅的《清朝前期民族观的嬗变》梳理了从努尔哈赤建国到乾隆朝近二百年间统治者的民族观念及变化，指出随着政权发展和疆域扩大，清统治者面对的民族问题不断变化，其民族观相应改变，具有一定历史阶段性；[⑨] 李治亭的《明清鼎革与华夷之辨》认为清太宗首倡"满蒙汉一体"的新民族观，具

①　杨平平：《从献俘礼看唐代的民族政策》，《四川省社会主义学院学报》2018 年第 1 期。

②　刘浦江：《金朝的民族政策与民族歧视》，《历史研究》1996 年第 3 期。

③　姚继荣：《略论元朝仕进制度中的民族歧视政策》，《青海社会科学》1996 年第 3 期；朱玉宝：《古代官制中的民族歧视问题》，《临沂师范学院学报》1999 年第 5 期。

④　郭康松：《辽朝夷夏观的演变》，《中国史研究》2001 年第 2 期；齐春风：《论金朝华夷观的演化》，《社会科学辑刊》2002 年第 2 期。

⑤　黄纯艳：《"汉唐旧疆"话语下的宋神宗开边》，《历史研究》2016 年第 1 期。

⑥　刘俊：《元代"华夷之辨"的特质、缘由及影响》，《社会科学战线》2018 年第 4 期。

⑦　孔令洁：《宋金元时期民族观念的演化》，《西南大学学报》2019 年第 4 期。

⑧　郑传斌：《从思想史角度论明清之际夷夏观念的嬗变》，《河南大学学报》2003 年第 6 期。

⑨　刘正寅：《清朝前期民族观的嬗变》，《史学集刊》2014 年第 4 期。

有时代意义,为清入关及创建"大一统"的多民族国家奠定思想与理论基础。① 针对雍正时期曾静案和《大义觉迷录》问题,衣长春的《论清雍正帝的民族"大一统"观——以〈大义觉迷录〉为中心的考察》指出雍正在《大义觉迷录》中对秉持儒家传统"华夷之辨"的曾静等辩论华夷、正统、君臣、封建等问题,突破华夷观下的民族界限,提出合中外为一家的新"大一统"理论,推动多民族统一国家发展;② 佟宝锁的《雍正民族关系思想述论》认为雍正民族关系思想主要由"天下一统,华夷一家""因俗而治,恩威并用"和"武力为主,抚绥为辅"三部分构成,通过编纂《大义觉迷录》为清朝统治合法性寻找理论依据。③

6. 近代:主要集中于孙中山民族平等思想的研究的方面。如邓辉的《从"民族同化"到"民族平等、自决"——论孙中山晚年的民族统一思想》一文说,由"民族同化"到"民族平等、自决"的转变,反映了孙中山晚年民族统一思想发生的重大转折;④ 李永伦的《试析孙中山民族平等的思想》、陈金龙的《论孙中山的民族平等思想》和郑晓云的《孙中山的民族平等思想与民族发展》等文章,⑤ 都揭示出"民族平等"是孙中山民族主义的基本思想与核心内容,它是民族间和平共处、共同繁荣的基础,也是正确理解孙中山民族主义特殊内涵的关键所在;李凤凤的《从"驱除鞑虏"到"五族共和"——革命宣传中的传统性与现代性调适》认为从"驱除鞑虏,恢复中华"到"五族一家,不分种族"是革命党人民族国家观念由传统族类意识转变为现代政治国家观念的历程,"排满"内涵亦由作为族类的满人转变为清政府的专制统治;⑥ 陈义报的《从"满汉"到"中西":民初清遗民视野中的"华夷之辨"》指出民国建立后,清遗民反对基于清末满汉对立思潮形成的"华夷之辨",在为清朝统治正统性辩护、强调君臣大义外,将民国后国内外混乱归咎于西学,将"华夷之辨"易位于"中西之辩"。⑦

港澳台地区涉及民族平等问题的研究论著较少,与之相关的研究成果多以台湾地区为主。论著方面,主要包括安国楼的《宋朝与周边民族研究》、⑧ 陈国栋主编的

① 李治亭:《明清鼎革与华夷之辨》,《清史论丛》2015 年第 2 期。

② 衣长春:《论清雍正帝的民族"大一统"观——以〈大义觉迷录〉为中心的考察》,《河北学刊》2012 年第 1 期;衣长春:《论雍正帝边疆民族"大一统"观及政治实践》,《云南师范大学学报》2012 年第 2 期。

③ 佟宝锁:《雍正民族关系思想述论》,《民族史研究》(第十五辑),北京:中央民族大学出版社,2019 年。

④ 邓辉:《从"民族同化"到"民族平等、自决"——论孙中山晚年的民族统一思想》,《中南民族学院学报》1996 年第 5 期。

⑤ 李永伦:《试析孙中山民族平等的思想》,《云南教育学院学报》1996 年第 4 期;陈金龙:《论孙中山的民族平等思想》,《民族研究》1997 年第 1 期;郑晓云:《孙中山的民族平等思想与民族发展》,《云南社会科学》1997 年第 1 期。

⑥ 李凤凤:《从"驱除鞑虏"到"五族共和"——革命宣传中的传统性与现代性调适》,《华中师范大学研究生学报》2012 年第 3 期。

⑦ 陈义报:《从"满汉"到"中西":民初清遗民视野中的"华夷之辨"》,《宁波大学学报》2019 年第 4 期。

⑧ 安国楼:《宋朝与周边民族研究》,台北:扬智文化,1998 年。

《汉文化与周边民族：第三届国际汉学会议论文集》① 等；学术论文主要有萧亚谭的《孙文的民族论述分析》，② 探讨了孙中山一生对民族、民族主义的理解与论述；陈昭扬的《金代汉族士人的地域分布——以政治参与为中心的考察》，③ 分析了北方汉族士人在金宋对峙时期的地域分布及其成因；时培磊的《试论元代官方史学的双重体制》，④ 指出元代的官方史学，受到蒙古史学传统与中原王朝史学的双重影响；寥伯源在《论汉廷与匈奴关系之财政问题》一文中，⑤ 着重探讨了中原汉王朝与游牧民族匈奴的交往关系。旅日学者王柯的《中国，从天下到民族国家》认为中国民族思想源自华夷观，分析了民族歧视的构造"四夷"和"礼"。⑥ 张崑将主编的《东亚视域中的"中华"意识》收录来自东亚各国文史哲领域的专家学者对"中华""中国"意识或概念之于自身和周边的演变的探讨，如清代《大义迷觉录》和华夷关系等。⑦

第三节 民族战争问题研究

一、对民族战争性质的研究

关于民族战争的认识，老一辈历史学家进行过系统的论述。1960 年翦伯赞发表《关于处理中国史上的民族关系问题》，认为民族战争与融合是民族关系中不可分割的两个方面。⑧ 吴晗在《历史教材和历史研究中的几个问题》中指出要正视民族战争的客观性和进步作用，只讲民族间的友好相处和只讲民族战争同样是不妥当的。⑨ 范文澜在《中国历史上的民族斗争与融合》中指出，不能回避民族战争，因为其持续过程贯穿各民族发展始终，割据分裂是暂时的，战争与融合同时进行，战争的结果就是融合。⑩

"文革"结束以后，对于民族战争的研究也进入了一个新的阶段。王锺翰主编

① 陈国栋主编：《汉文化与周边民族：第三届国际汉学会议论文集》，台北："中央研究院"历史语言研究所，2003 年。

② 萧亚谭：《孙文的民族论述分析》，《中山人文社会科学期刊》2007 年第 1 期。

③ 陈昭扬：《金代汉族士人的地域分布——以政治参与为中心的考察》，《汉学研究》2008 年第 1 期。

④ 时培磊：《试论元代官方史学的双重体制》，《汉学研究》2008 年第 2 期。

⑤ 寥伯源：《论汉廷与匈奴关系之财政问题》，《中国文化研究所学报》2008 年总 48 期。

⑥ 王柯：《中国，从天下到民族国家》，台北：政大出版社，2014 年；《中国，从"天下"到民族国家》（增订版），台北：政大出版社，2017 年。引进大陆后更名出版，《从"天下"国家到民族国家：历史中国的认知与实践》，上海：上海人民出版社，2020 年。

⑦ 张崑将主编：《东亚视域中的"中华"意识》，台北：台湾大学人文社会高等研究院东亚儒学研究中心，2017 年。

⑧ 翦伯赞：《关于处理中国史上的民族关系问题》，《翦伯赞历史论文选集》，北京：人民出版社，1980 年。

⑨ 吴晗：《历史教材和历史研究中的几个问题》，《人民教育》1961 年第 9 期。

⑩ 范文澜：《中国历史上的民族斗争与融合》，《历史研究》1980 年第 1 期。

的《中国民族史》对民族战争的观点是，战争有正义与非正义之分，只要反抗民族征服和压迫，实现本民族统一与平定叛乱即可视为正义战争。另外，统一全国的战争也应该视为正义战争。"对正义战争的肯定，是对其性质的肯定，并非对这些战争所造成、所带来的不公正和种种苦难也同样予以肯定，相反，对它应持批判态度"。根据列宁"主要问题是要弄清楚这个战争是由什么引起的，它是由哪些阶级准备和进行的"的观点，中国古代可以视为正义的民族战争诸如汉与匈奴、羌人反抗东汉压迫、唐与东突厥、宋抗金、清与准噶尔、罗卜藏丹津、大小和卓木等，非正义战争有唐（周）进攻奚与契丹、唐攻南诏、扬州十日、嘉定三屠等。① 翁独健主编的《中国民族关系史纲要》认为"民族间的战争，是民族矛盾斗争的最高形式"。战争在带来灾难的同时也起着某种促进社会发展的作用，"是民族之间的政治关系的一个重要内容，也是经济、文化交往的一种重要手段和方式"，通常由于正常的交往方式受阻而产生。要正视民族战争存在的事实，"研究民族战争不能单单提出民族间的相互残杀和危害，重要的是按照历史唯物主义的理论和方法，揭露其产生的根源和实质"。民族战争存在正义与非正义之分，主要有两种类型：第一类是"在一个国家内统治民族的统治阶级对被统治民族实行压迫政策而激起被统治民族的反抗和遭到统治民族镇压的斗争"，这种战争"具有明显的反对阶级压迫和民族压迫的性质"，所以"被压迫民族的反抗和起义是正义的、进步的；统治民族的统治阶级对这种反抗和起义的镇压是非正义的、反动的"；第二类是"我国领域内由不同民族建立的不同国家之间的战争"，"评定这类战争的性质，就应该看谁先发动战争，谁侵占和掠夺别国的领土和人民，谁对社会和人民带来的危害大"，谁先入侵，"发动和挑起战争者，就应该否定；反对和抵御者，就应该肯定"。②

关于民族战争的实质，孙代尧在《解释民族冲突的三种理论图式》中概括了马克思"阶级冲突实质"、亨廷顿"文明冲突实质"和宁骚提出的"民族国家构建与族体自身发展之间的矛盾结果"三种解释民族冲突性质的观点。③

根据翁独健对于民族战争的分类，70 年来内地学者的研究可以分成两类：一类是关于民族起义反抗压迫斗争的研究，另一类是有关民族政权间战争的研究。

二、关于民族起义反抗压迫斗争的研究

关于南方少数民族起义的研究，首先有侬智高问题，1961 年 7 月 31 日，陈维刚、李干芬、李维信在《广西日报》发表《侬智高起兵性质问题的讨论》，认为其起兵是"落后的奴隶制反对宋的先进的封建制度"，"是历史上的一股逆流"，如果最终成功则会将岭南拖回奴隶社会，使壮族从国家分离出去。王克荣、邱钟伦在同年 10 月 23 日同报上发表《略论侬智高起兵的性质》，指出战争是奴隶制社会发展

---

① 王锺翰主编：《中国民族史》（绪论），北京：中国社会科学出版社，1994 年。
② 翁独健主编：《中国民族关系史纲要》（绪论），北京：中国社会科学出版社，2001 年第 2 版。
③ 孙代尧：《解释民族冲突的三种理论图式》，《贵州民族研究》1999 年第 3 期。

的产物，具有掠夺性和非正义性，没有进步作用。相反的观点有，范宏贵在同年 9 月 25 日同报上发表《侬智高起兵反宋不是历史上的一股逆流——与陈维刚等同志商榷》，指出壮族已具备封建社会一般特征，主要矛盾是阶级和民族矛盾，汉人黄师宓等人作为参谋参与战争所以超出了狭隘的落后战争，客观上促进了壮族社会的发展。1962 年 4 月 2 日，黄现璠在同报上发表《侬智高起兵反宋是正义的战争》，从原因上看，其屡求内附遭拒，要求互市不遂，发三解不得志，是宋统治者执行其对外屈辱、对内压迫的反动政策的必然结果。从影响上看，促进了岭南壮族地区的发展，解放了生产力，加速了民族融合，因此是正义的。莫家仁在《侬智高：沸沸扬扬的千古议题》中指出，[1] 对其否定的意见缘于封建正统思想，焦点在于侬智高的国籍和起兵性质，其人乃广源州蛮首领，宋史记载"自交织蛮据有安南，而广源州虽称邕管羁縻州，实服役于交趾"，所以断其为安南人，其反宋即为侵华。这种观点的错误在于侬智高虽为交趾奴役，但不断反抗，且多次要求宋朝共同御敌，表明其内心认同为宋人。侬智高是在外受交趾压迫，内附宋朝几番遭拒的情况下才反宋。认为其起兵是简单的奴隶制反对封建制的倒退观点错误在于落后民族为生存而反压迫、反歧视的斗争，无论何时何地都具有正义性质。起义虽失败，但对壮族社会发展和宋朝改善边疆民族地区的统治方式都起到积极推动作用。杜树海的《北宋侬智高起事再研究——以起事前后广西左、右江上游区域历史的转变为中心》认为侬智高在北宋、交趾两王朝间，尤其在面临交趾强势扩张时，曾经想自立建国，失败后其原有区域被两王朝瓜分。[2] 蓝武在《侬智高起事影响下宋王朝在岭南地区治策的调整》中指出侬智高起事动摇宋朝在南疆地区的统治根基，使宋朝不得不相应调整其在岭南的治理策略。[3] 黄金东的《论侬智高屡求内属的原因及性质》认为侬智高屡求内属是其让广源州及其部族摆脱交趾奴役、发展经济的现实需要，也是他实践和维护中华大一统的外在表现。[4]

其次是关于苗民起义，吴曦云在《乾嘉苗民起义加快了民族融合》中指出起义迫使统治者改变治苗方略，加快民族融合，促进苗族社会与文化发展，具有积极意义。[5] 孙秋云的《文明传播视野下的雍乾、乾嘉苗民起义》认为在清代中叶以前，汉文明和苗文明是中华文明体系内的两支亚文明，18 世纪雍乾、乾嘉苗民起义不是以往研究所谓反抗民族压迫和阶级剥削的斗争，而是苗文明对中央专制王朝以"改土归流"和"开辟苗疆"为手段进行汉文明强烈传播和文明整合所作的拒斥性回

① 莫家仁：《侬智高：沸沸扬扬的千古议题》，《广西民族研究》2000 年第 2 期。

② 杜树海：《北宋侬智高起事再研究——以起事前后广西左、右江上游区域历史的转变为中心》，《广西民族研究》2012 年第 1 期。

③ 蓝武：《侬智高起事影响下宋王朝在岭南地区治策的调整》，《广西师范大学学报》2016 年第 6 期。

④ 黄金东：《论侬智高屡求内属的原因及性质》，《广西民族研究》2019 年第 6 期；参见黄金东：《侬智高请求内属事实梳理——兼论侬智高从未向交趾求援》，《广西民族研究》2019 年第 3 期。

⑤ 吴曦云：《乾嘉苗民起义加快了民族融合》，《吉首大学学报》1997 年第 4 期。

应。① 吴倩华在《用赫克特理论释读雍乾、乾嘉苗民起义带来的困境》中指出来自美国社会学的赫克特理论中多民族国家内部发达的核心地区和欠发达的边缘地区之间的发展扩散模式和内部殖民模式适用于工业化进程中现代国家的发展，用于解释18 世纪清朝"改土归流"及其汉苗文明传播与碰撞现象似乎过于牵强。② 刘雪莲、李远达的《"乾嘉苗民起义"的多民族文学叙述与建构》指出不同民族的文学作品如征苗纪事诗、笔记小说、苗族民间故事及起义民歌等构成对此事件的不同的文学叙述和战争记忆，这些差异化的叙述态度体现各民族的叙事立场和自身身份认同。③

关于西北回族起义的研究，杨怀中在《十八世纪哲赫林耶穆斯林的起义》④ 中指出，1781 年苏四十三、田五德起义是宗教形式掩盖下回、撒拉农民争取民族解放而对本族地主与清统治者的武装斗争，它缘于乾隆中后期西北社会尖锐的民族矛盾和社会矛盾。霍维洮在《同治年间甘肃回族反清运动性质再认识》中指出该起义同时具有反抗民族压迫和回族社会组织化运动的性质。⑤ 吴一文在《文化冲突与张秀眉起义之关系》中指出，回民起义过程的研究不能忽视因为文化差异造成的冲突。⑥林幹的《清代回民起义》一书研究了顺治年间米喇印、丁国栋起义到光绪年间马永琳历次起义，指出这一过程中伊斯兰教的影响不断深入，门宦教派制度不断完善。⑦吴万善在《1862—1873 年的西北回民起义》中探讨了起义兼有的民族斗争性质和宗教色彩，在《清代西北回民起义研究》中研究了伊斯兰教及不同教派在起义中的影响。⑧ 李范文、余振贵的《西北回民起义研究资料汇编》，⑨ 荆德新的《云南回民起义史料》，⑩ 邵宏谟、韩敏的《陕西回民起义史》⑪ 都从民族和宗教结合的方面分析了这类起义和其他起义相比具有的时代特征。马霄石的《西北回族革命简史》研究了1862—1877 年间西北回族革命与太平天国和捻军相互策应的过程，指出其兼具反帝反封建和反民族压迫的性质。⑫ 冯增烈在《清代同治年间陕西回民起义研究》中指出起义性质是反封建的农民起义，也是反民族压迫的民族斗争和民族自卫。⑬ 马建春、徐虹的《清末西人笔下的咸同回民起义》研究当时在华西人留下的社会调查

① 孙秋云：《文明传播视野下的雍乾、乾嘉苗民起义》，《中南民族大学学报》2007 年第 3 期。

② 吴倩华：《用赫克特理论释读雍乾、乾嘉苗民起义带来的困境》，《西南民族大学学报》2011 年第 5 期。

③ 刘雪莲、李远达：《"乾嘉苗民起义"的多民族文学叙述与建构》，《民族文学研究》2019 年第 1 期。

④ 杨怀中：《十八世纪哲赫林耶穆斯林的起义》，《宁夏大学学报》1981 年第 1 期。

⑤ 霍维洮：《同治年间甘肃回族反清运动性质再认识》，《近代史研究》1990 年第 4 期。

⑥ 吴一文：《文化冲突与张秀眉起义之关系》，《贵州民族研究》1999 年第 4 期。

⑦ 林幹：《清代回民起义》，上海：新知识出版社，1957 年。

⑧ 吴万善：《清代西北回民起义研究》，兰州：兰州大学出版社，1991 年。

⑨ 李范文、余振贵：《西北回民起义研究资料汇编》，银川：宁夏人民出版社，1988 年。

⑩ 荆德新：《云南回民起义史料》，昆明：云南民族出版社，1986 年。

⑪ 邵宏谟、韩敏：《陕西回民起义史》，西安：陕西人民出版社，1992 年。

⑫ 马霄石：《西北回族革命简史》，上海：东方书社，1951 年。

⑬ 冯增烈：《清代同治年间陕西回民起义研究》，西安：三秦出版社，1990 年。

和记述，指出这些文献可以提供中文史籍未有的视角，为考察清末回民起义提供资料。[①]

关于杜文秀的研究，吴乾就在《关于杜文秀的评价问题》中否定了认为杜文秀勾结英法、接受他们提供的军火和军工厂、自称苏丹、建伊斯兰教"独立国"，是祖国和起义军的叛卖者的观点。[②] 田汝康的《有关杜文秀对外关系的几个问题》[③]和荆德新《杜文秀起义》[④] 都对杜文秀给予肯定评价。2009—2010 年宁夏社会科学院《回族研究》开辟的"杜文秀研究""杜文秀'卖国说'辩诬"专栏连载一系列相关文章，反驳杜文秀"遣使卖国"，肯定大理政权反抗清朝压迫的意义。[⑤]

关于新疆地区农民起义的研究，纪大椿在《1864 年新疆农民起义》中指出该起义推翻了军府、伯克制度，促进封建徭役制向租佃制发展，为新疆建省扫清了障碍，局限性在于忽视了战争的另一个敌人即满族统治者，战争兼有民族解放的性质。[⑥]张国杰的《1864 年伊犁维吾尔回族农民起义》对伊犁农民起义的原因作了较全面的介绍，认为清政府、王公伯克、宗教上层的剥削是起义爆发的主要原因。[⑦] 阿合买提江·艾海提在《伊斯兰教和一八六四年新疆反清起义》从宗教角度出发，分析伊斯兰教在起义中起了发动、组织和号召作用的原因，并指出其消极作用。[⑧] 陈理的《略论 1864 年新疆各民族人民反清斗争的性质》认为伊犁起义的性质比较复杂，应分阶段看待。[⑨]

三、民族政权之间的战争研究

王锺翰主编的《中国民族史》认为："民族政权间的战争除少数偶然外，大多是双方军事、政治、经济、文化及其基础社会生产力发达与否所形成的综合力量的较量。"[⑩]

关于长城与民族战争的关系问题，白音查干在《战国时期燕、赵、秦长城新论》中指出中原地区的分裂状态与兼并战争促使三国修建东段和南端的长城，中原势力发展和农牧界线北移促使三国修建北段长城。长城修建仅仅为了抵御匈奴，在

---

① 马建春、徐虹：《清末西人笔下的咸同回民起义》，《中南民族大学学报》2015 年第 2 期。
② 吴乾就：《关于杜文秀的评价问题》，《学术月刊》1961 年创刊号。由于吴乾就是第一位为杜文秀辩诬的学者，《回族研究》开设"杜文秀'卖国说'辩诬"专栏时删节刊布该文，见《回族研究》2009 年第 3 期。
③ 田汝康：《有关杜文秀对外关系的几个问题》，《历史研究》1963 年第 4 期。
④ 荆德新：《杜文秀起义》，《云南师范大学学报（对外汉语教学与研究版）》1990 年第 3 期。
⑤ 参见林荃：《杜文秀大理政权与刘道衡出使英国——兼对刘道衡〈上英皇表〉辨伪》，《回族研究》2009 年第 1 期；罗尔纲：《杜文秀"卖国说"辟缪》，《回族研究》2009 年第 2 期；林荃：《杜文秀大理政权是"封建割据政权"吗?》，《回族研究》2010 年第 1 期，等等。
⑥ 纪大椿：《1864 年新疆农民起义》，《民族研究》1979 年第 2 期。
⑦ 张国杰：《1864 年伊犁维吾尔回族农民起义》，《中央民族学院学报》1983 年第 3 期。
⑧ 阿合买提江·艾海提：《伊斯兰教和一八六四年新疆反清起义》，《新疆师范大学学报》1986 年第 1 期。
⑨ 陈理：《略论 1864 年新疆各民族人民反清斗争的性质》，《中央民族学院学报》1988 年第 2 期。
⑩ 王锺翰主编：《中国民族史》（绪论），北京：中国社会科学出版社，1994 年。

相持过程中始终起着重要作用的观点不准确。① 王绍东的《从汉匈战争看大规模战争对游牧民族的负面影响》认为长城修筑后，游牧民族骑兵优势被限制，战争规模扩大，伤亡人数变多，使得游牧民族在获取战争利益的同时，影响牧业生产，造成牧业劳动力损伤，甚至造成游牧政权的衰落。②

关于唐代民族战争策略的研究，崔明德在《论隋唐时期的"以夷攻夷""以夷制夷"和"以夷治夷"》中指出利用周边民族钳制和收买内部反叛势力是隋唐两代政府对突厥的重要策略，它对于两代暂无力进攻突厥的阶段争取了有利条件。③ 宋玉祥在《渤海与契丹"世仇"之浅见》中提出由于武则天政权的收买，靺鞨酋长乞四比羽没支持契丹李尽忠反唐到底，中途东奔，从而与契丹结怨。李尽忠战败后为报复靺鞨而起兵灭渤海。④ 柏松的《东北少数民族政权渤海国与唐朝战争探源》通过分析渤海国对唐朝主动进攻的登州之役，认为其表面原因是唐朝和黑水靺鞨部的友好交往同渤海大武艺的扩张政策产生矛盾，在东亚地区政治局势层面分析，是渤海和周边地区矛盾冲突的直接体现，也是渤海转变外交政策、主动扩张并凸显外交手腕的具体表现。⑤

关于南诏问题，余和祥在《论唐末南诏战争之起因》中认为不能忽视唐末中央虽弱，但对西南仍然具有控制力、对南诏仍具备主动攻势的因素。⑥ 方铁在《论南诏与唐朝关系的性质》中指出唐虽三次征讨南诏，但南诏始终奉唐为正朔，双方共有 108 年不和或交兵，却有 146 年友好。⑦ 李何春的《唐代吐蕃和南诏的制盐技术比较分析——兼论吐蕃东扩之原因》从经济因素分析吐蕃境内盐业资源有限和制盐技术落后驱动吐蕃东扩，同唐朝、南诏在"昆明池"不断发生争夺盐池的军事博弈。⑧

关于高句丽问题，王力平在《隋朝的边疆经略》中指出隋与高丽的战争仍属国内民族战争的范畴。⑨ 张碧波在《高句丽研究中的误区》中指出隋唐政府与高句丽的战争不是侵略与反侵略的关系。⑩

关于唐朝和吐蕃的关系，杨志玖在《唐朝是否征服过吐蕃》中指出，事实上唐朝政府对于吐蕃政权未能进行有效控制，从政治和军事角度上看吐蕃相较于其他民

① 白音查干：《战国时期燕、赵、秦长城新论》，《内蒙古社会科学》1999 年第 5 期。
② 王绍东：《从汉匈战争看大规模战争对游牧民族的负面影响》，《内蒙古师范大学学报》2019 年第 2 期。
③ 崔明德：《论隋唐时期的"以夷攻夷""以夷制夷"和"以夷治夷"》，《中央民族大学学报》1994 年第 3 期。
④ 宋玉祥：《渤海与契丹"世仇"之浅见》，《北方文物》1995 年第 4 期。
⑤ 柏松：《东北少数民族政权渤海国与唐朝战争探源》，《贵州民族研究》2018 年第 5 期。
⑥ 余和祥：《论唐末南诏战争之起因》，《中南民族学院学报》1993 年第 3 期。
⑦ 方铁：《论南诏与唐朝关系的性质》，方铁主编：《西南边疆民族研究》第 2 辑，昆明：云南大学出版社，2003 年。
⑧ 李何春：《唐代吐蕃和南诏的制盐技术比较分析——兼论吐蕃东扩之原因》，《云南民族大学学报》2015 年第 5 期。
⑨ 王力平：《隋朝的边疆经略》，《中国边疆史地研究》1999 年第 1 期。
⑩ 张碧波：《高句丽研究中的误区》，《中国边疆史地研究》1999 年第 3 期。

族政权对于唐朝保持较高的独立性，唐蕃战争中吐蕃多次居于主动地位。[①] 陈楠在《公元七世纪后期唐蕃双方关于吐谷浑的争夺》中对大非川、青海和素罗汗山等战役作了系统论述，指出吐蕃利用唐周政权交替不稳的机会以吐谷浑为跳板试探唐朝在西北地区的军力。[②]

关于宋、辽、西夏的关系，杜建录在《西夏与周边民族关系史》中指出夏辽结盟以图宋，宋夏关系缓和则辽夏关系紧张，宋夏发生冲突则夏辽和好，彼此互相制衡。[③] 王天顺主编的《西夏战史》中指出881—1227年西夏（早期是党项）与后唐、北宋、辽、金、蒙古之间都发生过战争，由于各阶段西夏的经济、政治水平和民族政策的不同，使得战争呈现不同的特点。[④]

关于宋金战争的研究逐渐打破了避谈民族压迫的束缚，张天佑在《论宋金盟好的破坏与北宋的覆亡》中指出宋金盟好的破坏与北宋统治集团目光短视、背信弃义、授金以口实有关。[⑤] 顾文壁在《关于宋金战争的原因和性质》中认为周谷城在其《中国通史》中为秦桧、张邦昌等翻案，歪曲了宋金战争的阶级根源和性质，不应忽视金统治者在战争过程中的掠夺的非正义性，可以视为"侵略"。[⑥] 谢志诚在《对女真、蒙古初入中原的杀掠应做具体分析》中指出，这些落后民族在进入中原初期利用野蛮的征服方式是非正义的，不应忽视和回避，与其全面入主中原后汉化程度加深而采取的政策要区别对待。[⑦]

关于清初为维护统一多民族国家而与民族割据政权进行的战争的研究，邓锐龄在《1720年清军进入西藏的经过》中指出，[⑧] 此次入藏驱走盘踞拉萨等地3年的准噶尔部，护送达赖喇嘛胡必尔汗登上布达拉宫禅榻，改变了清廷通过蒙古和硕特部汗王间接控制西藏的方式。此后凡西藏地方行政机构设置及其任职官员、中央驻军将领、全藏军政大员人选全由中央决定。战争的胜利在于康熙帝决断正确，统帅选人得当，后勤供应充分，册封青海灵童在政治上取得优势，获得西藏上层人士和百姓的支持。该文驳斥了伯戴克的《十八世纪前期的中国与西藏》中"中国人征服西藏"的观点。刘锦的《策妄阿拉布坦与康熙末期的准噶尔政策》指出由于清朝劝导策妄阿拉布坦率准噶尔归顺清朝未果，且策妄阿拉布坦势力向青藏高原渗透，威胁清朝西北边界的稳定，康熙朝采取汉代赵充国治羌政策解决准噶尔问题，策妄阿拉

① 杨志玖：《唐朝是否征服过吐蕃》，《历史教学》1955年第12期。
② 陈楠：《公元七世纪后期唐蕃双方关于吐谷浑的争夺》，陈梧桐主编：《民大史学》第1辑，北京：中央民族大学出版社，1996年。
③ 杜建录：《西夏与周边民族关系史》，兰州：甘肃文化出版社，1995年。
④ 王天顺主编：《西夏战史》，银川：宁夏人民出版社，1993年。
⑤ 张天佑：《论宋金盟好的破坏与北宋的覆亡》，《东海学报》1972年第7期。
⑥ 顾文壁：《关于宋金战争的原因和性质》，《历史教学》1964年第11—12期合刊。
⑦ 谢志诚：《对女真、蒙古初入中原的杀掠应作具体分析》，《北方民族》1991年第1期。
⑧ 邓锐龄：《1720年清军进入西藏的经过》，《民族研究》2000年第1期。

布坦侵扰哈密事件意味着清朝与准噶尔关系的决裂。①

四、港台学者的研究

70 年来，港台学者对于民族战争的研究也有成效。归纳起来，研究主要集中在两个方面：第一，新研究视角的提出，代表人物是王明珂，他在《华夏边缘——历史记忆与族群认同》② 中利用考古学的知识，揭示了民族间的冲突和战争源自于资源和人口的稀缺，同时为了争夺生产方式和文化习俗相近的边缘地区而产生，民族战争是应对危机的积极方式，对于各民族特别是边缘地区的发展具有重要影响；第二，对于具体史实研究的不断深入。港台学者更长于建构理论体系，随着内地一些档案资料的解密以及内地与港台文化交流的深入，港台学者发表了很多有价值的研究成果，如毛汶的《金人反辽之背景与动机》，③ 认为金人反辽早有计划，在等待辽国政局不稳、国力衰弱的有利时机，与宋的联盟也在这个计划之中。丁实存的《清圣祖驱准保藏用兵始末》，④ 也是以独特的视角分析了康熙对准噶尔用兵和保卫西藏的意图。朱振宏的《隋唐政治、制度与对外关系》和《西突厥与隋朝关系史研究（581—617）》是台湾学界研究东西突厥势力同隋唐王朝战和关系和政治事件的代表性成果。⑤ 林冠群着力耕耘吐蕃史和唐蕃关系史，使用敦煌古藏文卷子、吐蕃时期的碑刻、吐蕃简牍等唐代吐蕃第一手史料，以及历代藏人所撰写的史籍等非中原王朝书写的史料，在《玉帛干戈：唐蕃关系史研究》中探讨吐蕃和唐朝的复杂变化的和战关系。⑥

五、70 年民族战争研究特点

70 年来，对于民族战争的研究经历了不断深入的发展过程，在此过程中体现了以下几个特点：

第一，解放思想，打破禁区，不再避谈民族战争。70 年来，特别是改革开放 40 年来，学术界在思想上不断排除"左"的干扰，正视民族战争的存在及其进步作用，客观分析其原因和性质，评价其影响和结果，为当前民族关系的处理和民族政策的制定提供借鉴，从思想上维护民族间的团结和稳定。

第二，关于民族战争正义标准的界定，逐渐打破了完全以促进经济发展和政治统一的教条，对于屠杀平民和掠夺财富的一面予以揭露和批判。对于少数民族起义

---

① 刘锦：《策妄阿拉布坦与康熙末期的准噶尔政策》，达力扎布主编：《中国边疆民族研究》第 6 辑，北京：中央民族大学出版社，2012 年。

② 王明珂：《华夏边缘——历史记忆与族群认同》，北京：社会科学文献出版社，2006 年。

③ 毛汶：《金人反辽之背景与动机》，《学风》1959 年第 1 期。

④ 丁实存：《清圣祖驱准保藏用兵始末》，《康导月刊》 年第 6 卷第 57 期。

⑤ 朱振宏：《隋唐政治、制度与对外关系》，台北：文津出版社，2010 年；朱振宏：《西突厥与隋朝关系史研究（581—617）》，台北：稻乡出版社，2015 年。

⑥ 林冠群：《玉帛干戈：唐蕃关系史研究》，台北：联经出版公司，2016 年。

的研究打破了唯先进经济论和对起义领袖的脸谱化，肯定了反抗民族压迫的战争，对民族平等的实现具有重要意义。

第三，重视宗教和文化在民族战争中的作用。民族战争的起因之一缘于文化差异和冲突未能得到妥善解决，在战争中不同文化影响着双方交战的心理特点和战略制定，最终结果从某种程度上具有有利于民族间文化的进一步交流的因素，是民族融合的重要方面。

第四，研究的史实具体化，很多细节性的史料被广泛运用，研究的对象细化到一个具体的人物和战役。

第五，其他民族之间的战争的研究也在不断深入，这使得只注重研究汉族与其他民族之间战争的倾向被改变。根据陈寅恪先生在《唐代政治史述论稿》中的观点，民族政权之间存在连环性，彼此相互影响。只有全面分析所有相关民族政权之间的战争，才能客观评价其兴亡得失。

第六，关于民族区域问题的专题研究深入，这有利于更明确地把民族战争与对外战争区别开来，同时带动对相同地域的其他相关研究，逐渐实现民族学与史学的交叉发展。

第七，内地与港台地区的研究互动不断增强，资源和成果进一步共享。

第四节　民族英雄问题研究

民族英雄是和民族战争相伴而生的一个问题。如何评价和理解历史上的民族英雄也一直是学界的一个关注点。70 年年来，产生了各类研究文章 5500 余篇。其中，较为集中的研究分为三个阶段。

第一个阶段是 20 世纪五六十年代。伴随着新型民族关系的确立，众多著名学者如翦伯赞、周一良、吕振羽、白寿彝、岑家梧、何兹全等都参与了民族英雄问题的研究和探讨，一批有代表性的理论文章也就应运而生。如翦伯赞的《关于历史人物评论中的若干问题》及《关于处理中国历史上的民族关系问题》认为，① 在民族战争与民族融合过程中产生的民族英雄代表了整个中华民族的利益。但是，在阶级社会的历史条件下，民族英雄要受到阶级性和时代性的限制，各民族人民共同承认的民族英雄只有在社会主义社会的历史条件下才能出现。周一良在《推进爱国主义历史教育的几个具体问题》中，② 分析了中国历史上的多次反民族压迫的战争，认为民族英雄的产生与反民族压迫战争直接相关。奚风的《试谈本学期有关宋辽金元历

---

① 翦伯赞：《关于历史人物评论中的若干问题》，《新建设》1952 年 9 月号，总第 48 期；《关于处理中国历史上的民族关系问题》，翦伯赞：《翦伯赞史学论文集》第 3 辑，人民出版社，1980 年，文章完成时间为 1962 年 6 月。

② 周一良：《推进爱国主义历史教育的几个具体问题》，《历史教学》1951 年第 5 期。

史教学上的几个问题》，① 论述了宋辽金元这一历史时期的经济、文化发展状况，提到数次民族间的战争，指出民族英雄在战争中的作用，而且涉及了宋辽金元时期民族英雄的评价问题，指出这一问题在历史教学中应该谨慎处之。李光璧、赖家度的《北方忠义军和岳飞的北伐》，② 从民族战争的角度切入，叙述民族英雄岳飞的英勇事迹，指出两个兄弟民族间的相互摩擦反映出爱国英雄事迹的人民性。值得注意的是，这一时期对于民族英雄问题的研究与讨论虽处在上升阶段，但学者受当时社会环境与意识形态的影响较深，所以对此问题的研究视角比较单一，大部分学者站在阶级立场上去看待、评价民族英雄。这种现象主要体现在对于单个民族英雄的评价上。有代表性的文章有漆侠的《关于史可法的评价问题》。③ 文章主张站在无产阶级的立场上去看待历史人物。作者指出对史可法的评价要全面：不但要看到史可法镇压农民起义，更应看到史可法的抗清事迹。该文认为，史可法为了实现把自己的祖国从危难中解救出来的理想而不惜牺牲自己的生命的事迹，充分证明了他无愧为中华民族的民族英雄。其他类似文章还有秦文兮的《岳飞到底算不算民族英雄》、元真的《岳飞是民族英雄》、邢汉三的《岳飞到底是不是民族英雄》、④ 陈天启的《岳飞的民族英雄本色》、丁正华的《史可法是民族英雄吗》、艾思奇的《岳飞是不是一个爱国者》、⑤ 赖家度、李光璧的《明代民族英雄于谦》、钱君晔的《郑成功驱逐荷兰侵略者收复台湾的斗争》，⑥ 等等。

第二阶段是 20 世纪 80 年代至 90 年代末。20 世纪 80 年代以后，随着学术界的拨乱反正，对民族英雄问题的探讨也重新进入了学者们的视野。1981 年，邓广铭、张希清发表的《略论爱国主义和民族英雄》，⑦ 揭开了这一时期民族英雄问题研究的序幕。文章认为，反抗外国民族侵略压迫的杰出人物固然是全中华民族的英雄，但是，历史上发生在中华民族内部的民族战争，其中产生的英雄人物也应该是整个中华民族的英雄。这是因为，他们的正义行动，不仅符合本族人民的利益，而且也符合整个中华民族的人民的利益。此后，探讨这一问题的论文还有陈梧桐的《论我国历史上的爱国主义与民族英雄》、罗仲辉的《民族英雄问题浅议》、⑧ 黎邦正的《试论历史上的民族英雄、民族气节与爱国主义》、段生农的《也论爱国主义和民族英

① 奚风：《试谈本学期有关宋辽金元历史教学上的几个问题》，《历史教学》1955 年第 4 期。

② 李光璧、赖家度：《北方忠义军和岳飞的北伐》，《历史教学》1951 年第 5 期。

③ 漆侠：《关于史可法的评价问题》，《历史教学》1952 年第 12 期。

④ 秦文兮：《岳飞到底算不算民族英雄》，《历史教学》1951 年第 5 期；元真：《岳飞是民族英雄》，《历史教学》1951 年第 7 期；邢汉三：《岳飞到底是不是民族英雄》，《历史教学》1951 年第 7 期。

⑤ 陈天启：《岳飞的民族英雄本色》，《历史教学》1951 年第 9 期；丁正华：《史可法是民族英雄吗》，《历史教学》1952 年第 5 期；艾思奇：《岳飞是不是一个爱国者》，《历史教学》1951 年第 6 期。

⑥ 赖家度、李光璧：《明代民族英雄于谦》，《历史教学》1962 年第 1 期；钱君晔：《郑成功驱逐荷兰侵略者收复台湾的斗争》，《历史教学》1961 年第 7 期。

⑦ 邓广铭、张希清：《略论爱国主义和民族英雄》，《人民日报》1981 年 12 月 8 日。

⑧ 陈梧桐：《论我国历史上的爱国主义与民族英雄》，《中央民族学院学报》1982 年第 3 期；罗仲辉：《民族英雄问题浅议》，《中国社会科学院研究生院学报》1982 年第 6 期。

雄》、李桂海的《评价民族英雄的三个层次》、① 史苏苑的《关于民族关系和民族英雄的几点认识》、任崇岳的《关于民族英雄评价的几个问题》、魏千志的《关于中国历史上的民族英雄问题》，② 等等。这些文章都对五六十年代学者们对此问题的研究做了理论上的归纳与总结，不但吸收了前人的一些观点，比如评价民族英雄要有一定的阶级立场，评价历史人物要结合当时的时代背景，判定一个历史人物是否为民族英雄时，要全面分析历史人物的生平事迹，然后得出结论等，更重要的是开始突破思想上的束缚，针对民族英雄问题展开深入剖析，不再一味寻求意识上的统一，呈现出一种新的格局。除了上述研究文章外，孙祚民的专著《中国古代民族关系问题探究》也专章探讨了民族英雄问题，对此前的学术成果作了进一步梳理。③ 这一时期关于民族英雄问题的代表性看法仍应首推王锺翰先生主编的《中国民族史》一书绪论部分的总结。文中列举了对民族英雄认定过程中比较通行的两类看法。一种看法认为，凡能对本民族社会的发展、对促进民族地区经济文化交流有重大贡献的人物就是民族英雄；另一种看法则认为，只有代表中华民族的利益，在反抗民族压迫和外国侵略的斗争中做出过重大贡献，有利于维护祖国的统一，促进我国社会经济发展的人物，才能称为民族英雄。针对这两种看法，书中强调："我们认为，凡是中国某一个民族的民族英雄，也就是中华民族的民族英雄。"④ 另外，翁独健主编的《中国民族关系史纲要》一书中也持相似观点。⑤

在进行理论探讨的同时，这一时期学术界对具体英雄人物的研究成果也颇为丰富，产生了数部有影响的专著及千余篇文章。代表作如王曾瑜的专著《岳飞新传》以及增订版《尽忠报国——岳飞新传》、⑥《岳飞和南宋前期政治与军事研究》。⑦ 论文有王振仁的《民族英雄郑成功大事简表》、王椿梧的《略论我国古代民族英雄——兼谈岳飞抗金的重大意义》、⑧ 任崇岳的《论宋代民族英雄谢枋得》、朱天运的《岳飞是民族英雄吗》⑨ 等。这些学者以一个特定历史人物为切入点来论证民族英雄在我国多民族国家形成和发展过程中的意义，从而引出对民族英雄评价标准问

---

① 黎邦正：《试论历史上的民族英雄、民族气节与爱国主义》，《求是学刊》1983 年第 5 期；段生农：《也论爱国主义和民族英雄》，《西北民族大学学报》1983 年第 4 期；李桂海：《评价民族英雄的三个层次》，《内蒙古社会科学》1985 年第 4 期。

② 史苏苑：《关于民族关系和民族英雄的几点认识》，《郑州大学学报》1985 年第 4 期；任崇岳的《关于民族英雄评价的几个问题》，《中州学刊》1986 年第 3 期；魏千志：《关于中国历史上的民族英雄问题》，《史学月刊》1989 年第 2 期。

③ 孙祚民：《中国古代民族关系问题探究》，郑州：河南大学出版社，1992 年。

④ 王锺翰主编：《中国民族史》绪论，北京：中国社会科学出版社，1994 年。

⑤ 翁独健主编：《中国民族关系史纲要》，北京：中国社会科学出版社，1990 年。

⑥ 王曾瑜：《岳飞新传》，上海：上海人民出版社，1983 年；《尽忠报国——岳飞新传》，上海：上海人民出版社，1983 年河北人民出版社，2001 年、2007 年再版。

⑦ 王增瑜：《岳飞和南宋前期政治与军事研究》，郑州：河南大学出版社，2005 年。

⑧ 王振仁：《民族英雄郑成功大事简表》，《历史教学》1982 年第 2 期；王椿梧：《略论我国古代民族英雄——兼谈岳飞抗金的重大意义》，《衡阳师范学院学报》1984 年第 1 期。

⑨ 任崇岳：《论宋代民族英雄谢枋得》，《商丘师范学院学报》1995 年第 1 期；朱天运：《岳飞是民族英雄吗》，《运城学院学报》1998 年第 2 期。

题的探究。

第三阶段是 21 世纪初至现在。2002 年，媒体盛传教育部新版中学历史教学大纲中，岳飞将不再被称为民族英雄。这一说法立刻引起轩然大波，从而引发了学术界对民族英雄问题的新一轮探讨。代表作品如王曾瑜的《岳飞文天祥不该成为民族英雄吗》、① 《民族英雄与爱国正气》、② 俞兆鹏《文天祥研究》、③ 李炳华《可爱的青原：民族英雄文天祥的故乡》、④ 梁衡的《岳飞文天祥是不是民族英雄》⑤ 等都有专门性的讨论。其他针对某一民族英雄评价的专著还有安作璋主编的《中华民族英雄》⑥ 以及陈碧笙《郑成功历史研究》⑦ 等。

赵永春、孙婉婷在《民族英雄评价问题学术讨论》中认为可以将中国历史上的"民族英雄"区分为"广义"和"狭义"两种。"广义的民族英雄"不仅体现在民族之间，也可以体现在民族内部，标准是为本民族的发展作出重要贡献的人物；而"狭义的民族英雄"则体现在民族之间，只有在民族关系中（其中主要表现民族战争等方面）才能产生狭义的民族英雄，其中分为两个层次，即在反抗外国侵略斗争中涌现出的杰出人物称为中华民族的民族英雄，在国内正义的民族斗争中涌现出的英雄人物称为某一民族或他们所代表政权的民族英雄。⑧ 郭辉在《抗战时期"成吉思汗"纪念及其形象塑造》中指出蒙古族英雄成吉思汗在抗战时期转变为中华民族英雄，是出于抵御外侮、团结全民族的实际需要，来构建具有包容性和广泛性的民族英雄系谱，成吉思汗作为文化符号的转变同不同时期政治文化需求密切相关。⑨ 管彦波的《中国古代民族关系、民族战争与民族英雄研究的考察》通过梳理以往民族关系的基本内涵、民族关系的主流以及相关的民族战争与民族英雄问题的讨论，指出客观综合地分析评论以上问题是当今学术研究的立论根基，而民族英雄问题同民族关系、民族战争问题密切相关，具体情况复杂，尚未达成共同认识，有待进一步探讨。⑩

综上所述，由于多民族国家的特性，学术界对民族英雄的界定以及评价都充满了分歧。主要分歧可以概括为两点：一是民族英雄的判断标准问题；二是民族英雄的性质判定问题，也即各民族自己的民族英雄是否也可归为整个中华民族的民族英雄问题。这两个分歧不仅涉及民族问题的基本理论，也涉及对许多具体英雄人物的认定。后者尤其容易引发争议。目前，相关争论还在继续之中，没有得出统一的结论。

17 世纪以后，中国开始了反抗外来民族压迫的斗争。对于在反抗外来势力过

---

① 王曾瑜：《岳飞文天祥不该成为民族英雄吗》，《人民日报》2006 年 7 月 24 日。
② 王曾瑜：《民族英雄与爱国正气》，《北京日报》2006 年 7 月 24 日。
③ 俞兆鹏：《文天祥研究》，北京：人民出版社，2008 年。
④ 李炳华：《可爱的青原：民族英雄文天祥的故乡》，南昌：江西人民出版社，2002 年。
⑤ 梁衡：《岳飞文天祥是不是民族英雄》，《新闻实践》2009 年第 1 期。
⑥ 安作璋主编：《中华民族英雄》，北京：学习出版社，2004 年。
⑦ 陈碧笙：《郑成功历史研究》，北京：九州出版社，2001 年。
⑧ 赵永春、孙婉婷：《民族英雄评价问题学术讨论》，《黑龙江民族丛刊》2011 年第 2 期。
⑨ 郭辉：《抗战时期"成吉思汗"纪念及其形象塑造》，《福建论坛》2017 年第 5 期。
⑩ 管彦波：《中国古代民族关系、民族战争与民族英雄研究的考察》，《中国史研究动态》2017 年第 2 期。

程中诞生的民族英雄，学者们都能站在中华民族大立场上去审视，特别是对近现代史上的民族英雄问题已有清晰了解。对近代以来反抗帝国主义侵略斗争的研究成果较多，如内地学者的成果有：喻盘庚《左宗棠是民族英雄》、[①] 王炜常《民族英雄葛云飞》、[②] 谈风、薛文茹《民族英雄马本斋》、[③] 金宇钟《民族英雄赵尚志（续）》、[④] 周星《谈谈民族英雄与民族领袖》、刘德贵《历史上的"爱国主义"与"民族英雄"》、[⑤] 朱洁操《论爱国志士和民族英雄》、李彬《略论爱国主义与民族英雄》、谢从戎《民族英雄，对孙中山的科学定位》[⑥] 等。

台湾地区对郑成功的研究颇具规模，如颜兴《郑成功克台及登陆地点考》、[⑦] 黄玉斋《明延平王郑成功复台经纬》、[⑧] 廖汉臣《延平王东征始末》、[⑨] 方豪《郑成功复台的最终目的》及《明郑的海权掌握和对外关系》、[⑩] 吴秀钟《光复台湾的民族英雄郑成功》、[⑪] 陈伟士《郑成功及台湾先民的拓荒精神》[⑫] 等，不一而足。关于郑成功的专著也有李树桐《郑成功》、[⑬] 金宇璋《郑成功传》、[⑭] 陈致平《郑成功与台湾》、[⑮] 纪详、黄天健《海天孤愤——郑成功复国史事》[⑯] 等 20 余种，反映出两岸在历史研究中的一致性。

第五节 民族同化与民族融合问题研究

迄今，学界就民族同化与民族融合问题的研究已逾 70 年。截至目前，学者们对此发表的论著、论文数量逾万。由此我们便可明了这一问题的受关注程度。综览前人著述，学界就此问题的研究大体可以分为三个阶段。

① 喻盘庚：《左宗棠是民族英雄》，《求索》1986 年第 2 期。

② 王炜常：《民族英雄葛云飞》，《浙江学刊》1989 年第 6 期。

③ 谈风、薛文茹：《民族英雄马本斋》，《瞭望》1984 年第 6 期。

④ 金宇钟：《民族英雄赵尚志（续）》，《社会科学辑刊》1979 年第 5 期。

⑤ 周星：《谈谈民族英雄与民族领袖》，《新疆大学学报》1990 年第 1 期；刘德贵：《历史上的"爱国主义"与"民族英雄"》，《南昌教育学院学报》2002 年第 1 期。

⑥ 朱洁操：《论爱国志士和民族英雄》，《黑龙江农垦师专学报》1994 年第 4 期；李彬：《略论爱国主义与民族英雄》，《晋阳学刊》1995 年第 5 期；谢从戎：《民族英雄，对孙中山的科学定位》，《宁德师专学报》2007 年第 3 期。

⑦ 颜兴：《郑成功克台及登陆地点考》，《台南文化》1954 年第 4 卷第 1 期。

⑧ 黄玉斋：《明延平王郑成功复台经纬》，《台湾文物》1960 年第 9 卷第 10 期。

⑨ 廖汉臣：《延平王东征始末》，《台湾文献》1962 年第 12 卷第 2 期。

⑩ 方豪：《郑成功复台的最终目的》，《明郑的海权掌握和对外关系》，收入方豪：《方豪六十自定稿》，台北：台湾学生书局，1969 年。

⑪ 吴秀钟：《光复台湾的民族英雄郑成功》，《中央月刊》1978 年第 10 期。

⑫ 陈伟士：《郑成功及台湾先民的拓荒精神》，《大陆杂志》总第 102 期，1977 年。

⑬ 李树桐：《郑成功》，台湾：华国出版社，1953 年。

⑭ 金宇璋：《郑成功传》，台北：台湾文化书店，1952 年。

⑮ 陈致平：《郑成功与台湾》，台中：台湾文化出版社，1953 年。

⑯ 纪详、黄天健：《海天孤愤——郑成功复国史事》，台北：正中书局，1958 年。

第一个阶段是 20 世纪五六十年代。对于民族同化与民族融合问题的关注肇始于中华人民共和国建立之初。梁漱溟在《中国文化要义》中指出:"中国有三大特征:一、广土众民,为一大特征;二、偌大民族之同化融合,为一大特征;——如苏联亦广土众民,然其同化融合,在过去似不逮我;三、历史长久,并世中莫与之比,为一大特征。"① 该书一经问世即引发学界强烈震动,一场关于民族同化与民族融合问题的大讨论也就此拉开序幕。其后,随着新型民族关系的逐渐厘定,一批理论文章便由此产生。其中具有代表性的著述有吕振羽《关于历史上的民族融合问题》②一文。该文认为:首先民族同化和民族融合是民族关系发展过程中两种不同的情况;其次民族同化和民族融合这两种情况在中国历史上都出现过,并指出民族同化是王朝巩固统治、实行的一个强制手段;最后阐述民族同化与民族融合的区别与联系,指出民族同化虽与民族融合相对立,但它却在一定程度上促进了民族融合的发生。针对同一问题,章鲁在《谈谈民族同化和民族融合的区别问题》③一文中,指出民族同化不单指暴力同化。他将民族同化分为两种:一种是具有暴力强迫性质的刻意同化;另一种则是民族交流之间的自然同化。虽然民族同化与民族融合实质上是民族消亡问题,但民族同化的结果只是一个民族变作另外一民族,而民族融合的最高目的则是实现全世界范围内的民族最终整合为一个整体。翦伯赞在《关于处理中国史上的民族关系问题》④ 和《怎样处理历史上的民族关系和阶级关系》⑤ 两篇文章中指出,民族同化和民族融合是有区别的,但在阶级社会的历史时代,只有民族同化,没有民族融合。因为民族融合的结果是几个民族在经济基础和思想基础上相互影响形成新的民族,而这种情形在阶级社会里是根本无法实现的。范文澜《中国历史上的民族斗争与融合》⑥ 一文则指出,民族融合的现象在历史上还是存在的,在中国历史的混乱时期,斗争与融合相伴而生。经济文化发展水平较低的民族融合到经济文化水平较高的民族里面具有进步的性质。

总结 20 世纪 50、60 年代关于此问题的研究特点,不难看出学界在民族同化与民族融合问题上存在诸多分歧。这些分歧集中在:(1) 民族同化与民族融合有无区别,若有,区别在哪里;(2) 在中国历史上,民族同化与民族融合是否都曾出现过;(3) 民族同化与民族融合的类型区分。

对民族同化与民族融合问题研究的第二个阶段是 20 世纪 80 年代至 90 年代初。学术界的拨乱反正再次激发出学者们的探讨热情。1980 年,范文澜遗作《中国历史上的民族斗争与融合》的发表,促发了学界对民族同化与民族融合问题的研究高

---

① 梁漱溟:《中国文化要义》,上海:上海人民出版社,1949 年。
② 吕振羽:《关于历史上的民族融合问题》,《历史研究》1959 年第 4 期。
③ 章鲁:《谈谈民族同化和民族融合的区别问题》,《新建设》1962 年第 6 期。
④ 翦伯赞:《关于处理中国史上的民族关系问题》,收入《历史问题论丛》(增补本),《翦伯赞全集》第 4 卷,石家庄:河北教育出版社,2007 年。
⑤ 翦伯赞:《怎样处理历史上的民族关系和阶级关系》,《文汇报》1962 年 5 月 18 日。
⑥ 范文澜:《中国历史上的民族斗争与融合》,《历史研究》1980 年第 1 期(原稿完成于 1962 年)。

潮。这一阶段的主要代表性作品有田继周的《我国民族史研究中的几个问题》① 一文。作者否定了前人在此问题上的两种观点：一种是为了迎合所谓"民族感情"，在谈民族关系时只用融合，不用同化；另一种是认为历史上只有民族同化而无民族融合。该文认为："民族融合是历史发展的必然趋势，是进步的现象。民族同化，虽然采取的强制手段是应该反对的和指责的，但也是历史发展中不可避免的。"此文一出即引发学界的争论。王勋铭的《民族研究中的一个原则问题——与田继周同志商榷》② 一文便是其中较有代表性的一例。王文认为在民族问题研究中应当遵循某种原则，不应想当然地泛引经典，而应当看清国情，从不同情况入手去考虑该问题存在的各个方面。翁独健主编《中国民族关系史纲要》③ 一书也对民族融合与同化问题有专门阐释。该书提出，民族同化与民族融合是历史上一个民族合于另一个民族的两种不同方式。这一阶段，学者们对于民族同化和民族融合问题的理论性研究成果还有李增贵《关于民族融合问题》④、刘成《试论民族同化和民族融合》⑤、王国栋《民族同化与民族融合》⑥、杨建新《关于历史上民族关系的几个问题》⑦、李振宏《中国历史上的民族和民族关系问题研究概况（下）》⑧、杨申《关于民族融合时态说——学习列宁有关论述一得》⑨、陶懋炳《中国古代民族融合发展阶段初探》⑩、马平《关于"民族同化"理论的再探讨》⑪、陈元煦《关于中国史教学中的几个民族问题》⑫、谷苞《在我国历史上有为数众多的汉人融合于少数民族》⑬、陈通明《中国历史上的民族融合与民族同化》⑭，等等。

　　除上述理论性研究成果外，有些学者还在前人研究成果基础上，深入研究，以求推陈出新。陈亚飞的《简谈民族风俗习惯》⑮ 一文从民族风俗习惯的形成、发展角度来看待民族同化及民族融合问题。张雄的《汉初越人北徙及其江淮、沔北苗裔考》⑯ 一文着眼于越人族群发展案例，以实例与理论相结合的方式来探讨民族同化及民族融合问题。周光大的《民族是个变动的实体——兼论历史上的民族异化、民

① 田继周：《我国民族史研究中的几个问题》，《文史哲》1981 年第 3 期。
② 王勋铭：《民族研究中的一个原则问题——与田继周同志商榷》，《广西民族学院学报》1983 年第 3 期。
③ 翁独健主编：《中国民族关系史纲要》，北京：中国社会科学出版社，1990 年。
④ 李增贵：《关于民族融合问题》，《广西民族学院学报》1981 年第 4 期。
⑤ 刘成：《试论民族同化和民族融合》，《内蒙古大学学报》1983 年第 3 期。
⑥ 王国栋：《民族同化与民族融合》，《中国民族》1983 年第 12 期。
⑦ 杨建新：《关于历史上民族关系的几个问题》，《兰州大学学报》1983 年第 1 期。
⑧ 李振宏：《中国历史上的民族和民族关系问题研究概况（下）》，《青海社会科学》1985 年第 5 期。
⑨ 杨申：《关于民族融合时态说——学习列宁有关论述一得》，《外国问题研究》1984 年第 3 期。
⑩ 陶懋炳：《中国古代民族融合发展阶段初探》，《湖南师范大学社会科学学报》1988 年第 2 期。
⑪ 马平：《关于"民族同化"理论的再探讨》，《西北民族大学学报》1988 年第 4 期。
⑫ 陈元煦：《关于中国史教学中的几个民族问题》，《福建师范大学学报》1989 年第 1 期。
⑬ 谷苞：《在我国历史上有为数众多的汉人融合于少数民族》，《新疆社会科学》1989 年第 4 期。
⑭ 陈通明：《中国历史上的民族融合与民族同化》，《云南社会科学》1993 年第 2 期。
⑮ 陈亚飞：《简谈民族风俗习惯》，《西南民族学院学报》1981 年第 1 期。
⑯ 张雄：《汉初越人北徙及其江淮、沔北苗裔考》，《中南民族学院学报》1986 年第 1 期。

族同化与民族融合》① 一文引入民族异化的概念，认为"民族是个变动的实体"，从不同角度来探讨民族同化与民族融合问题。万利生的《试论冯冼夫人促进汉越民族融合的历史功绩》② 一文以历史人物为切入点，结合史实来分析汉越两大族群间的同化、融合现象。林幹的《古代北方民族的同化、汉化及汉人的北方民族化》③ 一文就北方历史上的民族同化问题展开讨论，并力图从双向同化的角度思考民族同化问题。

第三个阶段则为 20 世纪 90 年代中后期至今。随着改革开放在思想学术领域的不断深入，学界对民族同化与民族融合问题的研究也呈现出新气象。较之前一阶段，这一时期的研究思路更加开阔，跨学科讨论更加普遍。这一时期的作品就其研究内容及着眼点不同可划分为三大类型：

一、旨在总结、分析、辨别前人研究理论的文章。主要代表作有：刘弋《关于民族同化、民族融合问题的几点思考》④，钱宗范《关于民族史教学和研究中的几个问题》⑤，孙正己《论民族融合的不同类型及中华民族融合的不同状况》⑥，陈克进《中国古代民族关系几个问题讨论述略》⑦，石涵月《民族同化及民族大融合现象的思考》⑧，管彦波《中国古代史上的民族融合问题（上、下）》⑨，周祥《浅谈我国古代历史上的民族融合问题》⑩，张二平《陈寅恪民族融合与国家凝成思想试析》⑪，等等。学者们在前人的基础上对民族同化与民族融合问题进行再探讨、再分析，把相关议题的研究进一步推向深入。

二、以民族融合的几大分期为切入点进行理论探讨的著述。代表作有：郑希《〈诗经〉所反映的华夏早期民族融合》⑫，刘举、顾丽华《从民族融合看春秋战国中原地区收继婚俗的兴衰》⑬，贺科燕《西汉初期的南北民族融合》⑭，贾小军、刘永刚《魏晋南北朝时期北方民族融合诸层次述论》⑮，许敏《唐朝贞观时期的民族融

---

① 周光大：《民族是个变动的实体——兼论历史上的民族异化、民族同化与民族融合》，《贵州民族研究》1988 年第 4 期。

② 万利生：《试论冯冼夫人促进汉越民族融合的历史功绩》，《湖北师范学院学报》1985 年第 2 期。

③ 林幹：《古代北方民族的同化、汉化及汉人的北方民族化》，《内蒙古大学学报》1993 年第 2 期。

④ 刘弋：《关于民族同化、民族融合问题的几点思考》，《民族研究》1997 年第 1 期。

⑤ 钱宗范：《关于民族史教学和研究中的几个问题》，《河池师专学报》2001 年第 1 期。

⑥ 孙正己：《论民族融合的不同类型及中华民族融合的不同状况》，《史学集刊》2003 年第 1 期。

⑦ 陈克进：《中国古代民族关系几个问题讨论述略》，《云南社会科学》2004 年第 3 期。

⑧ 石涵月：《民族同化及民族大融合现象的思考》，《延安大学学报》2005 年第 3 期。

⑨ 管彦波：《中国古代史上的民族融合问题（上、下）》，《历史教学》2001 年第 8 期、第 9 期。

⑩ 周祥：《浅谈我国古代历史上的民族融合问题》，《滁州学院学报》2008 年第 4 期。

⑪ 张二平：《陈寅恪民族融合与国家凝成思想试析》，《北方民族大学学报》2009 年第 1 期。

⑫ 郑希：《〈诗经〉所反映的华夏早期民族融合》，《黑龙江民族丛刊》2007 年第 4 期。

⑬ 刘举、顾丽华：《从民族融合看春秋战国中原地区收继婚俗的兴衰》，《黑龙江民族丛刊》2009 年第 1 期。

⑭ 贺科燕：《西汉初期的南北民族融合》，《凯里学院学报》2009 年第 1 期。

⑮ 贾小军、刘永刚：《魏晋南北朝时期北方民族融合诸层次述论》，《河西学院学报》2006 年第 6 期。

合与民族和谐》①，任崇岳《试论五代十国时期中原地区的民族融合及其措施》②，索端智《元明以来隆务河流域的民族融合与文化共享》③，王景译《清初八旗内部的民族融合》④，等等。这些文章把民族融合与民族同化问题的研究回溯到历史上的几大民族融合时期，通过分析具体时期内的民族关系发展现象，试图对历史时期的民族融合作出带有规律性质的总结。

三、以新思路、新角度来探讨民族同化与民族融合问题的作品。这类研究在近年来学界有关民族同化与民族融合研究成果中，讨论最多也最为充分，充分显示出历史学与社会科学等学科的交融与发展。张之佐的《从传统的中国西北民族关系看西北地区的现代化》⑤ 一文将历史上的民族融合与同化问题与民族的现代化发展联系起来进行综合论述。徐黎丽的《蒙元时期中亚诸民族在中国的民族过程》⑥ 一文探讨了元朝时期中亚诸民族的发展过程，并结合史实阐述民族涵化、分化和异向的特点。陈春霞的《孝文帝改革后的民族融合与北朝文学研究》⑦ 一书比较系统地探讨了北魏孝文帝汉化改革后的文化变迁与文学关系。该书最大的特点是采用民族学、社会学与文学研究的多重视角，综合传世文献、出土文献与域外文献，通过文献研读与文化批评等方法，对北魏社会孝文帝改革后不同族群的文化认同与文学转型进行研究。该书既注重作品的创作，又对文学活动加以探讨，同时以此为基础对北魏的民族融合予以揭示。但由于北朝的文学史料本身不多，导致这一研究无法深入文学演进与民族融合的具体脉络之中，但这一研究所采取视角和思路无疑给民族融合的研究提供了有益的启示。白文煜主编的《民族融合与发展：纪念八旗制度创建400周年学术研讨会论文集》⑧ 一书是沈阳故宫博物院在八旗建制400周年之际，主持召开的学术研讨会的论文汇编。该书以八旗建制与清初政治经济发展为主题，围绕该主题对清初的政治、经济、社会、文化等诸多方面进行了论述和研究。对明末清初的女真政权的发展与演进，进行了深入浅出的论述。还有其他从移民史的角度来探讨民族同化与民族融合问题的论著，如吴松弟在其博士论文基础上出版的专著《北方移民与南宋社会变迁》⑨ 等。

近十年来，有关民族同化与融合的研究受到时代变迁的影响，更加注重探讨不同民族之间的相互交往与交融，从而对"中华民族共同体"的形成过程进行梳理与

---

① 许敏：《唐朝贞观时期的民族融合与民族和谐》，《中央社会主义学院学报》2007年第5期。

② 任崇岳：《试论五代十国时期中原地区的民族融合及其措施》，《郑州大学学报》2006年第1期。

③ 索端智：《元明以来隆务河流域的民族融合与文化共享》，《青海民族研究》2001年第3期。

④ 王景译：《清初八旗内部的民族融合》，《北方文物》2001年第4期。

⑤ 张之佐：《从传统的中国西北民族关系看西北地区的现代化》，《青海民族研究》2003年第1期。

⑥ 徐黎丽：《蒙元时期中亚诸民族在中国的民族过程》，《兰州大学学报》2002年第1期。

⑦ 陈春霞：《孝文帝改革后的民族融合与北朝文学研究》，北京：中国社会科学出版社，2011年。

⑧ 白文煜主编：《民族融合与发展：纪念八旗制度创建400周年学术研讨会论文集》，沈阳：辽宁民族出版社，2016年。

⑨ 吴松弟：《北方移民与南宋社会变迁》，台北：文津出版社，1993年。

分析。颜世安的《春秋战国时代的"诸夏"融合与地域族群》① 一文对学界研究较为薄弱的先秦时期的民族融合问题进行了探讨,指出春秋以后地域国家的形成和发展,既是华夏融合的推动力,又促成了国家本位的族群聚合。但地域国家的发展最终没有形成地方民族,颜氏认为其中一个重要原因便是西周所立的封国大多由外来移民统治地方世居居民,各国统治集团在文化上轻视和疏离地方经验,难以形成国家本位的族群融合。随着一批考古资料的出土与公布,有关中古时期"汉化"与"胡化"的议题受到了学界的广泛关注。由高荣、贾小军、濮仲远合著的《汉化与胡化:汉唐时期河西的民族融合》② 一书以历史上多民族繁衍生息的河西之地作为个案,结合最新研究成果重点分析了汉唐时期大规模人口流动、迁徙、交往、通婚所形成的"汉化"与"胡化"现象。受到海外"新清史"围绕清朝"汉化"所展开争论的影响,中国学界也对清朝的"汉化"问题予以了较多关注。张佩国、张晋的《"汉化"抑或民族融合:清前期边疆治理中的杀虎口》③ 一文择取清前期中原与塞外之间的重要连接通道——杀虎口作为研究个案,将其置于明清时期北疆防务的体系之中,动态地呈现出"汉化"兼容并蓄的过程,并指出"汉化"乃是中国历代王朝边疆治理和民族融合过程中的应有之义。关注历史上非汉民族势力建立政权之下的民族融合问题,亦成为学界的另一研究重点。孙昌武的《北方民族与佛教:文化交流与民族融合》④ 一书集中探讨了南下的北方民族势力(十六国诸胡政权、北魏、西夏、金、元、清)的佛教活动,包括佛教政策、佛教发展状况以及佛教在文化交流、民族融合方面所起的作用。黄崑威的《十六国北朝时期民族融合与佛教》⑤ 一文分析了中国化的佛教在民族融合与文化交融中所起到的中介与枢纽作用。段锐超的《北朝民族认同研究》⑥ 围绕民族认同这一主题,分析了北朝民族认同的思想资源与理论动力和语言文字基础,并结合具体史实分析了民族文化认同与民族身份认同之关系、制度文化认同与精神文化认同的过程。此后他又在《路径特征、推动因素与历史意义:对北朝民族认同的反思性考察》⑦ 一文中对北朝民族认同予以总结和反思,指出其进路既具有民族认同的共性,又呈现出统治民族及统治者的主动性、坚定性与创造性等鲜明个性,堪称历史时期中华民族认同的典范。吴洪琳的《合为一家:十六国北魏时期的民族认同》⑧ 一书分为"十六国时期的民族认同"与"北魏造像中的民族认同"两大部分,讨论了十六国北魏时期非汉族群利用

① 颜世安:《春秋战国时代的"诸夏"融合与地域族群》,《民族研究》2020 年第 2 期。
② 高荣、贾小军、濮仲远:《汉化与胡化:汉唐时期河西的民族融合》,北京:中国社会科学出版社,2018 年。
③ 张佩国、张晋:《"汉化"抑或民族融合:清前期边疆治理中的杀虎口》,《思想战线》2020 年第 3 期。
④ 孙昌武:《北方民族与佛教:文化交流与民族融合》,北京:中华书局,2015 年。
⑤ 黄崑威:《十六国北朝时期民族融合与佛教》,《西南民族大学学报》2020 年第 10 期。
⑥ 段锐超:《北朝民族认同研究》,郑州大学博士论文,2014 年。
⑦ 段锐超:《路径特征、推动因素与历史意义:对北朝民族认同的反思性考察》,《思想战线》2016 年第 5 期。
⑧ 吴洪琳:《合为一家:十六国北魏时期的民族认同》,北京:社会科学文献出版社,2020 年。

"汉化"这一政治手段实现各族群之间相互认同的历史过程，其中关于赫连勃勃的民族心态，云冈、龙门等石窟造像中所表现出来的胡汉服饰、姓氏、供养人形象的相互渗透等内容的讨论较有新意。

有关民族同化和民族融合问题的论述，台湾地区学者中最具代表性的是王明珂，他的几部专著及数篇论文都曾涉及该问题。在两部专著《羌在汉藏之间：一个华夏边缘的历史人类学研究》①《华夏边缘——历史记忆与族群认同》② 中，作者引入人类学的诸多概念来阐释我国历史上族群边界、族群认同、文化影响等问题。此外，他在《游牧者的抉择：面对汉帝国的北亚游牧民族》③ 一书中，运用边界反思学理论对汉代的民族边界、民族演进、民族间的相互影响等问题进行再探讨。王氏还发表了大量与此相关的研究论文，如《中国古代姜、羌、氐羌的研究》④《集体历史记忆与族群认同》⑤《民族史的边缘研究：一个史学与人类学的中介点》⑥《什么是民族：以羌族为例探讨一个民族志与民族史研究上的关键问题》⑦《食物、身体与族群边界》⑧《黑水藏族的语言、文化与民族认同》⑨《在文本与情境之间：历史人类学的研究方法反思》⑩ 等。这些研究最大的特色就是从人类学的角度，引入族群的概念来探讨群体认同、语言同化与民族发展的关系。此外，黄宽重《高丽与金宋的关系》⑪、刘淑芬《从民族史的角度看太武灭佛》⑫ 等文章，从政权关系、民族史与佛教史相交融的角度来民族融合及同化问题。

第六节　统一多民族国家形成问题研究

中国长期以来都是一个多民族的国家，各民族的历史都是中国历史的组成部分，这是中华人民共和国成立后，大多数史学工作者在马克思主义史学理论指导下对一

---

① 王明珂：《羌在汉藏之间：一个华夏边缘的历史人类学研究》，台北：联经出版事业股份有限公司，2003 年。

② 王明珂：《华夏边缘——历史记忆与族群认同》，北京：社会科学文献出版社，2006 年。

③ 王明珂：《游牧者的抉择：面对汉帝国的北亚游牧民族》，桂林：广西师范大学出版社，2008 年。

④ 王明珂：《中国古代姜、羌、氐羌的研究》，台湾师范大学历史研究所硕士论文，1983 年。

⑤ 王明珂：《集体历史记忆与族群认同》，《当代》1993 年第 91 期。

⑥ 王明珂：《民族史的边缘研究：一个史学与人类学的中介点》，《新史学》1993 年第 4 卷第 2 期。

⑦ 王明珂：《什么是民族：以羌族为例探讨一个民族志与民族史研究上的关键问题》，《"中央"研究院历史语言研究所集刊》1994 年第 65 本第 4 分。

⑧ 王明珂：《食物、身体与族群边界》，《第六届中国饮食文化学术研讨会论文集》，台北：中国饮食文化基金会，2000 年。

⑨ 王明珂：《黑水藏族的语言、文化与民族认同》，《当代藏学学术研讨会论文集》，台北"蒙藏委员会"，2004 年。

⑩ 王明珂：《在文本与情境之间：历史人类学的研究方法反思》，《青海民族大学学报》2015 年第 2 期。

⑪ 黄宽重：《高丽与金宋的关系》，（韩国江原）《亚细亚学报》1986 年第 1 期。

⑫ 刘淑芬：《从民族史的角度看太武灭佛》，《"中央"研究院历史语言研究所集刊》2002 年第 72 本第 2 分。

些基本历史观点取得的共识之一①。学者们认识到，要正确、全面叙述统一多民族中国的历史，有必要对各民族的历史和各民族之间的相互关系进行阐述。1950年，范文澜在《中华民族的发展》② 一文中指出中国及其历史是构成中华民族的各族男女劳动人民长期共同创造的成果。翁独健则认为："为了更好地做到中国通史正确反映各族人民在共同缔造祖国的事业上的贡献，和他们在中国历史上应有的地位，除了研究各民族包括汉族和少数民族的历史以外，我们还应该特别注意关于历史上各民族相互关系的研究。"③

中华人民共和国成立后出版的各家通史，如范文澜《中国通史简编》④、郭沫若主编《中国史稿》⑤、翦伯赞主编《中国史纲要》⑥ 等，都以一定篇幅叙述历代民族史的内容，注意到了各民族共同缔造统一国家的历史事实。20 世纪 80 年代末，白寿彝主编多卷本《中国通史》陆续出版，内容上更加关注统一多民族中国的整体发展，指出统一的多民族国家是逐渐形成起来的，并在理论上提出了统一的四个类型，即单一民族内部的统一、区域性多民族的统一、全国性多民族的统一和社会主义的全国性多民族的统一⑦。90 年代以后更有综合性中国民族史著作出版，如江应樑主编《中国民族史》⑧、王锺翰主编《中国民族史》⑨ 以及陈连开主编《中国民族史纲要》⑩ 等，这些作品都力求在全面反映各民族历史基本面貌的同时，从总体上叙述中国古今众多的民族如何形成统一的多民族国家。

中华人民共和国成立后，随着民族识别工作的深入展开，为弄清各主要少数民族的情况，搜集和积累中国民族问题研究所必需的资料，从 1956 年开始，在全国范围内展开了大规模的少数民族社会历史调查工作。这项工作最初由全国人民代表大会民族委员会主持，中央民族事务委员会和中央民族学院协同工作，组织了内蒙古、新疆、西藏、云南、贵州、四川、广东、广西等 8 个调查组；1958 年，改由中国科

---

① 林甘泉：《二十世纪的中国历史学》，《历史研究》1996 年第 2 期。

② 范文澜：《中华民族的发展》，《学习》1950 年第 3 期。

③ 翁独健：《关于中国少数民族历史的情况和问题》，中央民族学院研究部编：《中国民族问题研究集刊》第 5 辑，北京：中央民族学院研究部，1956 年（内部刊物）。另请参看白寿彝：《论爱国主义思想教育和少数民族史的结合》，《光明日报》1951 年 3 月 23 日；贾敦芳：《关于研究祖国各民族历史的几点意见》，《民族研究》1958 年第 2 期；陶明：《试论我国是一个统一的多民族国家》，《历史研究》1959 年第 9 期。

④ 此书最早于 1942 年在延安出版。中华人民共和国成立后，从 1953 年始由人民出版社以分编的形式出版修订本。至"文革"结束，1978 年再易名为《中国通史》，分 10 册陆续出版。

⑤ 从 1976—1987 年，已由人民出版社出版了前 6 册。前 3 册郭沫若主持定稿。该书从 1958 年开始编写，其中第 1、2 册曾于 1962 年作为大学文科试用教材印行过。

⑥ 1961 年高等学校文科教材编选计划会议委托翦伯赞主编此书，作为高校文科中国通史教材之用，1962—1966 年由人民出版社先后出版了第三、第四和第二册，1979 年在邓广铭主持下全书四册一并印行，1982 年改为上下二册出版，1994 年修订再版。2006 年第二次修订，并改由北京大学出版社出版。

⑦ 白寿彝主编：《中国通史》第一卷《导论》，第一章"统一的多民族的历史"，上海：上海人民出版社，1989 年，第 1—98 页。该书共 12 卷（22 册），截至 1999 年全部出版。

⑧ 江应樑主编：《中国民族史》，北京：民族出版社，1990 年。

⑨ 王锺翰主编：《中国民族史》，北京：中国社会科学出版社，1995 年。

⑩ 陈连开主编：《中国民族史纲要》，北京：中国财政经济出版社，1999 年。

学院哲学社会科学部（今中国社会科学院前身）民族研究所主持，并新设了甘肃、青海、宁夏、辽宁、吉林、黑龙江、湖南、福建等 8 个调查组；到 1964 年，调查任务基本结束。据不完全统计，历时近 10 年的这项调查工作共完成调查报告 340 多种，计 2900 多万字；整理档案资料和文献摘录 100 多种，计 1500 多万字；拍摄少数民族科学纪录片十几部。此外还搜集了一批少数民族的历史文物。

在此基础上，国家民委组织编纂了《中国民族问题五种丛书》①，其中特别是《中国少数民族简史丛书》，分别论述了各个民族的族源、族称、历史发展、社会经济形态、文化艺术、宗教信仰、风俗习惯以及在历史上对缔造统一的多民族国家做出的贡献等，成为族别史研究成果的大宗。以此为起点，史学界更为深入地开展了对包括汉民族在内的中国各民族历史的研究，70 年来取得了丰硕的成果（详情见本书相关章节）。

更有学者专注于少数民族对中国历史与文化发展的贡献，如齐思和的《少数民族对于中国文化的伟大贡献》②，从农业、饮食、服装、居住、战术、音乐、美术、语言、科学、思想等方面讨论了历史上少数民族对中国文化的贡献。1983 年，陈连开的《我国少数民族对祖国历史的贡献》一书出版。作者将少数民族对祖国的历史贡献大体分为四个方面：中华各民族的祖先共同开发和巩固了祖国广大的疆域；在反帝斗争中，中华各民族共同保卫了祖国的统一与领土基本完整，并且在中国共产党领导下共同缔造了统一多民族的社会主义国家；在经济领域中，自古以来在社会经济各方面，少数民族都做了很大的贡献；在文学艺术科学等文化领域中，少数民族也为中华文化宝库增添了不少宝贵财富③。上述这些研究成果不但廓清了中国各少数民族的发展历史，而且充分肯定和证实了他们在统一多民族国家形成和发展过程中所起到的作用和做出的贡献，从少数民族历史发展的角度进一步反映和阐明了统一的多民族中国历史进程的全貌。

中国历史上各民族之间的关系，是统一多民族中国形成问题研究中的另一个重要内容。20 世纪 50 年代末 60 年代初，很多学者关注于此，对中国民族关系史的许多问题进行了研究，主要成果有赵华富《为正确阐明我国历史上的民族关系而斗争》④、翦伯赞《对处理若干历史问题的初步意见》⑤、吕振羽《论我国历史上民族关系的基本特点》⑥《中国历史上民族关系的几个问题》⑦、岑家梧《在教学上如何

---

① 即《中国少数民族》《中国少数民族简史丛书》《中国少数民族社会历史调查资料丛刊》《中国少数民族自治地方概况丛书》《中国少数民族语言简志丛书》。2006 年开始，国家民委组织专家学者对五种丛书进行修订，相关研究成果已陆续出版。

② 齐思和：《少数民族对于中国文化的伟大贡献》，《历史教学》1953 年第 7 期。

③ 陈连开：《我国少数民族对祖国历史的贡献》，北京：书目文献出版社，1983 年。

④ 赵华富：《为正确阐明我国历史上的民族关系而斗争》，《山东大学学报》1959 年第 2 期。

⑤ 翦伯赞：《对处理若干历史问题的初步意见》，《光明日报》1961 年 12 月 22 日。此文后又发表于《人民教育》1961 年第 9 期、《北京大学学报》1978 年第 3 期。

⑥ 吕振羽：《论我国历史上民族关系的基本特点》，《学术月刊》1961 年第 6 期。

⑦ 吕振羽：《中国历史上民族关系的几个问题》，《学术月刊》1963 年第 1 期。

处理祖国历史上的民族关系》①、周乾溁《我国历史上民族关系的几个问题》② 等。这些研究对中国历史上民族关系的主流、疆域、民族之间战争的性质、民族矛盾和阶级矛盾、民族斗争和阶级斗争的关系、民族融合和民族同化、民族平等与汉民族的主导作用等问题进行了热烈讨论③。这一时期的讨论取得了一定的成绩，但未能深入下去。

截至 20 世纪 70 年代末 80 年代初，民族关系史的研究迅速发展。1981 年 5 月，中国社会科学院和中国民族研究学会在北京联合举办了全国第一次中国民族关系史研究学术座谈会，对中华人民共和国成立以来民族关系史研究的状况作了回顾，对民族关系史上一些重大学术问题，特别是怎样理解历史上的中国和什么是中国历史上民族关系等问题进行了热烈而深入的研讨，并取得了较为一致的看法和认识：历史上的中国不仅包括中原王朝，而且包括中原王朝以外的由少数民族建立的国家和政权；中国早在秦汉时期就形成了统一的多民族国家，少数民族的历史应该是中国历史的组成部分；各民族间相互依存、逐步接近，经过共同努力不断将历史推向前进是中国历史上民族关系的主流④。白寿彝、翁独健还分别在会上作了题为《关于中国民族关系史上的几个问题》⑤ 和《民族关系史研究中的几个问题》⑥ 的讲话，会议论文集《中国民族关系史研究》也于 1984 年出版⑦。此后，1984 年在广州又召开了中国古代民族关系史学术讨论会⑧，进一步对民族关系史研究中的一些相关问题进行讨论，并于会后出版了论文选集⑨。

1990 年，翁独健主编《中国民族关系史纲要》⑩ 出版，这是我国第一部关于中国民族关系史的综合性学术著作。全书以中国有史以来的少数民族为主，联系华夏汉民族的产生、形成与发展，既记述各民族自身的生成与演化，又叙述各民族之间政治、经济、文化的交往与融合，同时概括出了各个民族盈虚消长和兴衰治乱的特点和规律。其他的代表性研究成果还有国家民族事务委员会政策研究室编《中国民族关系史论文集》（北京：民族出版社，1982 年），王辅仁等《蒙藏民族关系史略》（北京：中国社会科学出版社，1985 年），卢明辉等《中国北方民族关系史》（北京：中国社会科学出版社，1987 年），木芹《两汉民族关系史》（成都：四川民族

① 岑家梧：《在教学上如何处理祖国历史上的民族关系》，《历史教学》1962 年第 9 期。

② 周乾溁：《我国历史上民族关系的几个问题》，《天津日报》1962 年 6 月 20 日。

③ 李金狮：《关于中国历史上民族关系问题的讨论情况简介》，《历史教学》1963 年第 7 期。

④ 史闻：《开展中国民族关系史研究的一个新起点——中国民族关系史研究学术座谈会简记》，《民族研究》1981 年第 5 期；罗贤佑：《中国民族史研究二十年》，《民族研究》1998 年第 5 期。

⑤ 白寿彝：《关于中国民族关系史上的几个问题——在中国民族关系史座谈会上的讲话》，《北京师范大学学报》1981 年第 6 期。

⑥ 翁独健：《民族关系史研究中的几个问题》，《中央民族学院学报》1981 年第 4 期。

⑦ 翁独健主编：《中国民族关系史研究》，北京：中国社会科学出版社，1984 年。

⑧ 闵丁：《中国古代民族关系史学术讨论会简记》，《民族研究》1985 年第 3 期。

⑨ 朱绍侯主编：《中国古代民族关系史研究》，福州：福建人民出版社，1989 年。

⑩ 翁独健主编：《中国民族关系史纲要》，北京：中国社会科学出版社，1990 年。2000 年、2005 年均再版。

出版社，1988 年），杨建新等《西北民族关系史》（北京：民族出版社，1990 年），杨学琛《清代民族关系史》（长春：吉林文史出版社，1991 年），侯绍庄等《贵州古代民族关系史》（贵阳：贵州民族出版社，1991 年），吴永章等《中南民族关系史》（北京：民族出版社，1992 年），樊保良《蒙藏关系史研究》（西宁：青海人民出版社，1992 年），杜建录《西夏与周边民族关系史》（兰州：甘肃文化出版社，1995 年），杨策等《中国近代民族关系史》（北京：中央民族大学出版社，1999 年），杜家骥《清朝满蒙联姻研究》（北京：人民出版社，2003 年），任一飞等《中华人民共和国民族关系史研究》（沈阳：辽宁民族出版社，2003 年），练铭志等《广东民族关系史》（广州：广东人民出版社，2004 年），王文光等《中国西南民族关系史》（北京：中国社会科学出版社，2005 年），蒋炳钊等《中国东南民族关系史》（厦门：厦门大学出版社，2007 年），杨铭《唐代吐蕃与西北民族关系史研究》（兰州：兰州大学出版社，2012 年），等等。这些研究从不同的侧面、不同程度上推进了民族关系史的研究。至于发表的相关论文，更是数量巨大，不胜枚举。

1988 年，费孝通提出了"中华民族多元一体格局"理论，对中华民族的结构特点作了高层次的概括，从而推动了对中华民族整体进行综合性的研究[①]。1992 年，邱久荣的《中国统一多民族国家的形成》[②] 一书出版。作者指出中国几千年的历史发展过程即是中国统一多民族国家形成的过程，并将中国民族发展过程分为统一多民族国家的孕育（先秦时期）、统一多民族国家的开端（秦汉至魏晋南北朝时期）、统一多民族国家的发展（隋唐至五代辽宋夏金时期）、统一多民族国家的确立（元明清时期）几个阶段，探讨了中国统一多民族国家的形成过程。白寿彝在《关于"统一的多民族国家"的几点体会》[③] 一文中就"统一的多民族国家"这一概念出发，讨论了统一规模的发展、统一意识的传统以及"一"和"多"的辩证关系等问题；陈连开的系列论著和文章将中华民族的研究与统一多民族国家的形成研究结合起来，成果颇丰[④]；孙祚民的《中国古代民族关系问题探究》[⑤] 一书收入作者撰写于 50 年代中期至 90 年代的论文多篇，虽然结集出版较晚，但基本内容却带有鲜明的时代色彩。还有学者对我国统一多民族国家形成的原因进行探索，如王茹春《中国古代统一多民族国家形成与发展历史原因浅析》[⑥]、田卫疆《关于我国统一多民族国家形成原因的探索》[⑦] 等文章。陈通明的《试析中国统一的多民族国家的发展历

① 费孝通主编：《中华民族多元一体格局》，北京：中央民族学院出版社，1989 年、1999 年修订本。
② 邱久荣：《中国统一多民族国家的形成》，沈阳：辽宁民族出版社，1992 年。
③ 白寿彝：《关于"统一的多民族国家"的几点体会》，《史学史研究》1991 年第 2 期。
④ 陈连开：《中华民族研究初探》，北京：知识出版社，1994 年；《求同初阶——陈连开学术论文集》，北京：中央民族大学出版社，2008 年，作者另撰写有系列文章。
⑤ 孙祚民：《中国古代民族关系问题探究》，北京：中国社会科学出版社，2016 年。
⑥ 王茹春：《中国古代统一多民族国家形成与发展历史原因浅析》，《辽宁师专学报》2001 年第 1 期。
⑦ 田卫疆：《关于我国统一多民族国家形成原因的探索》，《新疆社会科学》2004 年第 6 期。

程》① 一文则对统一多民族国家形成过程的性质进行了讨论；孙进己在《我国统一多民族国家的形成和发展》② 一文中对我国多民族国家形成的方式、过程与起点，多民族国家的发展前途、格局以及形成过程的分期等问题了较为全面的讨论。

伴随着近年中国国内大规模城市建设的展开，考古工作者抢救发掘了大量墓葬，其中出土的不少文物为历史时期民族关系的研究提供了新的资料。程旭的《唐韵胡风：唐墓壁画中的外来文化因素及其反映的民族关系》③ 一书在对唐墓壁画资料系统收集整理的基础上，着重分析了唐墓壁画中的外来文化因素，以及所反映的民族关系思想与实践的动态演变脉络、唐代民族交往所带来的多向文化辐射等问题。孙占鳌、张瑛的《河西汉简所见汉代西北民族关系研究》④ 一书把汉代西北民族关系作为研究对象，以河西简牍为主要材料，结合传世文献予以整理。在具体分析时，作者注重从纵向和横向两个方面展开论述，既注重从整个中国历代王朝民族关系史的角度把握汉代的时代特征，又留意同时期民族关系与政治、经济、文化的相互影响。但从总体来看，这些论著在学术史与资料的收集整理方面十分到位（有些论著还披露了一些尚未正式发表的材料），但分析力度似可再深入。另有一些论著在比较全面把握历史时期民族关系史的情况下，希冀从中获取有益的历史经验和教训，为当下民族关系的政策提供借鉴和启示，如赵海霞《清代新疆民族关系研究》⑤ 一书。一些学者继承中国史学的传统，以文献细读作为基础，以问题意识为导向，对经典文献做出了别具新意的解读和分析，刘复生的《西南古代民族关系史稿》⑥ 一书可作为这方面研究的代表。

除从一般意义上对民族关系予以论述和研究之外，另有一些论著试图开辟新的研究领域。烟台大学崔明德主持完成的《隋唐民族关系思想史》⑦ 一书，是国内外第一部系统梳理和全面研究隋唐时期民族关系思想的学术专著，拓展了学术界的研究领域，推进了民族史与思想史的研究。

近十年来，有关民族关系史的论著，基本沿着费孝通所提出的"中华民族多元一体格局"进行深入探索和分析，同时在尊重各民族"多元"的前提下，更加强调统一多民族国家中"一体"的重要性。但是这里面始终存在两个悬而未决的问题。其一，什么是"民族问题"？更为本质的追问，则是"民族"究竟是什么？如果这个问题认识不清，则无法对"民族关系"作出符合史实和逻辑的说明。龚永辉的《关于民族问题的两重属性——三十年来民族问题概念广义、狭义之争的

① 陈通明：《试析中国统一的多民族国家的发展历程》，《固原师专学报》1992 年第 1 期。
② 孙进己：《我国统一多民族国家的形成和发展》，《史学集刊》2001 年第 3 期。
③ 程旭：《唐韵胡风：唐墓壁画中的外来文化因素及其反映的民族关系》，北京：文物出版社，2015 年。
④ 孙占鳌、张瑛：《河西汉简所见汉代西北民族关系研究》，北京：社会科学文献出版社，2019 年。
⑤ 赵海霞：《清代新疆民族关系研究》，北京：民族出版社，2014 年。
⑥ 刘复生：《西南古代民族关系史稿》，上海：上海古籍出版社，2020 年。
⑦ 崔明德：《隋唐民族关系思想史》，北京：人民出版社，2010 年。

学理反思》① 一文试图对"民族问题"的概念进行学理反思，但在论述方面更凸显"民族问题"的政治性而非学理性。其二，"多元一体格局"究竟是已经形成的历史还是正在进行中的现实？葛兆光在一次学术演讲中就表示，在当下的中国，"多元"是无可非议的历史与现实，而"一体"尚在形成之中②。关于这两个问题，马戎做出了与学界通行看法相迥异的研究成果，为民族关系史的研究提供了新的研究视角。在《中国的民族问题与 20 世纪 50 年代的"民族识别"》③ 一文中，马戎讨论了中国民族问题面临的四个难题，即研究对象的悠久历史和复杂多元的内在结构，没有大家公认的、适用的核心概念和理论工具，外来势力的多头干预与各地区认同意识和行政交往的动态演变，理解和处理中国民族问题的基本理论、处理民族问题的基本制度在前后两个时期的表里矛盾与内外冲突。作者利用自己民族学、人类学的学术训练背景，对 20 世纪五六十年代的"民族识别"工作展开口述史研究，希冀以此作为切入点，理解和反思中国的族群问题。《中国民族关系现状与前景》④ 一书则是马戎关于中国民族关系现状与发展前景的一部精选集，其中包含了他对民族问题基本理论的再思考，值得读者参考。谢立中编的《理解民族关系的新思路：少数族群问题的去政治化》⑤ 一书以马戎代表作《理解民族关系的新思路——少数族群问题的"去政治化"》⑥ 一文为主，其他关于一些学者对马戎所倡理论的反应的文章及马戎对部分批评意见的回应文为辅，可以说是一部双方论战文章的汇编。马戎的研究虽然不直接涉及历史时期具体的民族关系问题，但他的研究具有鲜明的历史学意识，善于从历时性的角度对民族、民族主义、民族观念等问题进行分析，又以苏联、美国、印度等国的情形作为参照系，对研究统一多民族国家的形成问题颇有助益。虽然学者对"族群问题去政治化"这一观点褒贬不一，但综合双方讨论可以发现，民族问题的症结在于"政治化"，但民族问题的形成本身就是政治化的过程，民族问题的本质也就是政治化。因此"去政治化"的观点可以说直指民族问题的核心和本质。故而这也提示我们，在理解历史时期统一多民族国家的形成等问题上，政治势力的裹挟与参与是不可忽视的。权力、族群的互动，在统一多民族国家的疆域问题上表现得更为充分。关于这一点，下节还将展开具体论述，这里就不再赘言了。

---

① 龚永辉：《关于民族问题的两重属性——三十年来民族问题概念广义、狭义之争的学理反思》，《民族研究》2010 年第 1 期。

② 葛兆光：《什么时代中国要讨论"何为中国"？——在云南大学的演讲记录》，《思想战线》2017 年第 6 期。相同的观点，葛兆光在 2016 年 10 月 23 日于北京师范大学举办的"思想与方法——变动的秩序，交错的文明：历史中国的内与外"学术会议上也曾表达过。

③ 马戎：《中国的民族问题与 20 世纪 50 年代的"民族识别"》，《西北民族研究》2012 年第 3 期。

④ 马戎：《中国民族关系现状与前景》，北京：社会科学文献出版社，2014 年。

⑤ 谢立中编：《理解民族关系的新思路：少数族群问题的去政治化》，北京：社会科学文献出版社，2010 年。

⑥ 马戎：《理解民族关系的新思路——少数族群问题的"去政治化"》，原载《北京大学学报》2004 年第 6 期．

台湾地区学者的主要相关研究成果有罗香林《中国民族史》①、胡耐安《中国民族志》②、吴主惠《汉民族的研究》③、刘义棠《中国边疆民族史》④，等等，这些著述对中华民族内部古今各族的分合演变进行了详尽的论述，同时也提出了不少新论点。在各民族专史如突厥史、回纥史、蒙古史、满洲史、藏族史、西南地区少数民族史等领域的研究也都有相当丰富的成果⑤。

第七节　统一多民族国家的疆域问题研究

20 世纪 30—40 年代，面对外敌入侵、国土残缺不保的历史局面，学者爱国情被激发出来，开始对中国疆域史进行研究，使国人面对国土沦亡的局面不至于"数典忘祖，随声附和"⑥。这一时期出版的著作，如葛绥成《中国近代边疆沿革考》⑦，顾颉刚、史念海《中国疆域沿革史》⑧，夏威《中国疆域拓展史》⑨，童书业《中国疆域沿革略》⑩，都有对古代中国疆域形成的具体论述。这些著作的出版可谓开中国疆域研究之先河。但值得注意的是，这些研究的视角多不是从多民族国家的角度来看待中国疆域问题，基本上局限于阐述历代王朝的疆域形成和发展，严格意义上讲还不是对统一多民族国家疆域的研究。

1949 年中华人民共和国成立后，学界对统一多民族国家疆域问题的研究有了长足发展。初期研究主要集中于对中国历史疆域范围确定原则问题的探讨，到目前更加注重对统一多民族国家疆域构成及形成规律的研究，推出了一批丰硕的成果。从总体上看，中华人民共和国成立 70 年来学界对统一多民族国家疆域问题的研究，大致可分为三个阶段：20 世纪 50 年代至 60 年代是第一阶段，20 世纪 70 年代末至 80 年代末是第二个阶段，20 世纪 90 年代至目前为第三阶段。前两个阶段学界关注的主要是中国历史疆域的范围如何确定问题，学者们从不同角度进行阐述，不仅出现众多有影响的观点，而且也使该问题的研究成为历史研究的热点问题之一。后一阶段在前两个阶段探讨的基础上，一方面出现了多部对统一多民族国家疆域形成和发

① 罗香林：《中国民族史》，台北：中华文化出版事业社，1953 年。
② 胡耐安：《中国民族志》，台北：商务印书馆，1964 年。
③ 吴主惠：《汉民族的研究》，台北：商务印书馆，1968 年。
④ 刘义棠：《中国边疆民族史》，台北：中华书局，1969 年。
⑤ 参见许木柱：《台湾民族学研究的回顾与展望》，（台湾）《政治大学民族学报》1993 年第 20 卷；林冠群：《台湾的少数民族史研究与教学》，载《海峡两岸中国少数民族研究与教学研讨会论文集》，台湾中国边政协会，1996 年；李亦园：《台湾汉族研究的回顾与前瞻》，《广西大学学报》1998 年第 6 期。
⑥ 顾颉刚、史念海：《中国疆域沿革史》，第 1 章"序论"，北京：商务印书馆，1999 年。
⑦ 葛绥成：《中国近代边疆沿革考》，上海：中华书局，1934 年。
⑧ 顾颉刚、史念海：《中国疆域沿革史》，上海：商务印书馆，1938 年。
⑨ 夏威：《中国疆域拓展史》，桂林：文化供应社，1941 年。
⑩ 童书业：《中国疆域沿革略》，上海：开明书店，1946 年。

展进行系统阐述的著作，另一方面关于统一多民族国家疆域形成规律问题的研究得到了重视，研究不断深入。

一、20世纪50年代到60年代初的研究

20世纪50年代至60年代初，学界关注统一多民族国家的疆域问题是从探讨如何确定历史上中国的疆域范围开始的，初衷是要打破传统的汉族中心主义历史观，确立历史上统一多民族国家疆域的范围。1951年5月，白寿彝在《光明日报》发表了《论历史上祖国国土问题的处理》[1] 一文，认为如何处理历史上的国土范围是历史研究与教学中急需提出来的问题。因为"一直到现在，我们历史工作者对这个问题的处理，似乎都还在历代皇朝的疆域里兜圈子"，"以历代皇朝的疆域为历代国土的范围，因皇权统治范围的不同而历代国土有所变更或伸缩"是错误的，而"用中华人民共和国的国土范围来处理历史上的国土问题是正确的办法"。该文遂成为讨论的导火线。

对白寿彝的观点，有学者表示赞同。何兹全在《光明日报》发表的《中国古代史教学中存在的一个问题》[2] 一文中指出，以今天中华人民共和国的疆域为范围来处理中国史这一原则没有任何问题，但在历史撰述和教学中很多人却往往又背离了这一原则。在他自己的著作中就有"匈奴侵略中国"的例子，而在其他著述中每每出现"契丹族侵扰中国""中国人民坚持抗击金人的侵略""蒙古人侵入中国"之类的叙述，还把匈奴、西域和我国、中国对称，把少数民族建立的政权放在中国以外，说成是外族对中国的入侵。他认为造成这种情况的原因是，对中国史范围的概念模糊不清，往往不自觉地以汉族史代替中国史，而过去中国史著述中根深蒂固的王朝史体系，助长了这种模糊认识。

也有学者提出了反对意见。孙祚民在1961年发表了《中国古代史中有关祖国疆域和少数民族的问题》[3] 一文，认为以今天中华人民共和国的国土范围来处理历史上中国疆域的方法忽略了一个国家疆域的发展过程。"任何一个国家和民族都有其形成和发展的历史，而不是、也不可能是从一开始出现就成为一个永远不变的'定型'。"他主张以我国历史上历代皇朝的疆域为历代国土的范围，因皇朝统治范围不同而国土有所变更、伸缩，认为把女真侵略宋朝说成是"女真侵略中国"是可以的，"'以汉族代替中国'或'以宋朝代替中国'，乃是客观历史的必然结果"。

很多学者都参与了这次大讨论，多数与白寿彝的观点较为一致。翦伯赞、范文澜也撰写了文章，但发表是在20世纪70年代末以后。翦伯赞在《关于处理中国史

---

① 白寿彝：《论历史上祖国国土问题的处理》，《光明日报》1951年5月5日。
② 何兹全：《中国古代史教学中存在的一个问题》，《光明日报》1959年7月5日。
③ 孙祚民：《中国古代史中有关祖国疆域和少数民族的问题》，《文汇报》1961年11月4日。白寿彝、何兹全、孙祚民撰写的三篇文章后均收入国家民族事务委员会政策研究室编《中国民族关系史论文集》（上集），北京：民族出版社，1982年。

上的民族关系问题》一文中反驳了将边疆民族并入汉族王朝以前不能视为中国人的观点，认为"在中国这块土地上除了汉族以外，还有很多民族……他们的祖先自古以来就生活在中国这块土地上，怎么能说他们和汉族王朝发生从属关系以前不算中国人呢?"① 范文澜在《中国历史上的民族斗争与融合》一文中认为历史上"作为敌对的民族或国家，经常残酷地进行过斗争，今天看来，却是兄弟阋墙，家里打架。我们不能否认他们当时是敌对民族或敌国，但也不能强调不同的民族或国家而有所偏袒"②。方国瑜在《论中国历史发展的整体性》一文中认为，"王朝的疆域，并不等于中国的疆域"，如果以历代王朝疆域为国土范围，强调变更伸缩，"将至某些地区的历史，有时在中国历史之内，有时在中国历史之外，岂不把这些地区的历史斩断，如何能作系统的阐述呢?""总之，中国历史，既是生活在这块土地上各族人民的历史，就应该包括他们的全体历史，不能'变更伸缩'"③。吕振羽的《论我国历史上民族关系的基本特点》一文认为："有的史学家把历史上早已成为祖国的组成成员的某些兄弟民族看作'外国'，把国内各民族间的关系作为敌国的关系处理。这基本上是承袭了某些地主阶级历史家的大汉族主义观点。"④ 吴晗、岑家梧、刘大年等学者也参与了讨论⑤。

　　20 世纪 50 年代到 60 年代初的这次大讨论，是关于统一多民族国家历史疆域问题讨论的第一阶段⑥。尽管没有形成统一的意见，但大体形成了两种不同的观点：一种是以今天中华人民共和国的国土范围为框架，以此上溯去框定整个历史时期统一多民族国家的疆域范围；另一种则强调中国统一多民族国家的疆域有一个历史发展过程，是不断变化的，各历史时期的中国疆域只能以当时的皇朝统治范围来确定⑦。前者体现了统一多民族国家历史疆域的视角，得到了多数学者的认同，但其中有些问题仍有待于进一步讨论。

　　毋庸讳言，近代以来中国在构建现代民族国家（nation-state）的过程中，在对历史的认识上，往往将汉族历史视为中国历史，这样一种汉族主义史观与中国统一

　　① 该文 1960 年初稿，1962 年 6 月 5 日修订，《中央民族学院学报》1979 年增刊发表。
　　② 此文 1962 年夏交给《历史研究》编辑部，后发表于《历史研究》1980 年第 1 期。
　　③ 方国瑜：《论中国历史发展的整体性》，《学术研究》1963 年第 9 期，后收入《方国瑜文集》第 1 辑，昆明：云南教育出版社，2001 年。
　　④ 吕振羽：《论我国历史上民族关系的基本特点》，《学术月刊》1961 年第 6 期，后收入国家民族事务委员会政策研究室编《中国民族关系史论文集》（上集）。
　　⑤ 参见李金狮：《关于中国历史上民族关系问题的讨论情况简介》，《历史教学》1963 年第 7 期。
　　⑥ 以往论者也按照时间将该讨论大致分为 50 年代到 60 年代初、70 年代末到 80 年代末、90 年代至今这样三个阶段。如有学者谈到这一大讨论经历了"50 年代末到 60 年代初"和"文革后十几年"两次高潮，进入90 年代后，讨论的重点转移到中华民族的形成问题，参见陈克进：《历史上中国和中华民族的形成与发展问题讨论述略》，《云南社会科学》2003 年第 4 期。也有学者认为这场讨论经历了三次高潮，参见孙进己：《我国历史上疆域形成、变迁的理论研究》，《中南民族学院学报》2003 年第 2 期。
　　⑦ 也有学者使用"上溯法""下叙法"来区分，参见陈玉屏：《关于我国古代民族关系的一个重要理论问题》，《烟台大学学报》2005 年第 4 期；芈一之：《从实际出发研讨中国民族关系史中几个问题》，翁独健主编：《中国民族关系史研究》，北京：社会科学出版社，1984 年。

多民族国家的现实并不协调。早在 1936 年就有人指出，"我们讲中国历史，应该是包括全中国各民族的历史；而事实上，所有的旧历史材料和历来的习惯，都以汉族的历史为中国的历史"①。传统的汉族主义史观可谓根深蒂固，在中华人民共和国建立以后并未改变。白寿彝掀起的这场讨论，目的就是想打破这种汉族主义史观，将边疆少数民族纳入中国历史中去，正确阐述统一多民族国家的历史。因此当时提出的历史上中国的疆域问题与历史上的民族关系问题实际上是一个问题的两个方面，是对同一问题的不同表述。在这一大讨论中也涉及了历史上的民族关系、民族斗争、民族融合等主题，虽然多与统一多民族国家的疆域有关，但因为其他部分有专门介绍，此不赘述。

二、20 世纪 70 年代末到 80 年代末的研究

随着"文革"结束，在经过一段时间的停顿之后，关于历史上统一多民族国家疆域问题的讨论再次展开。1981 年，在北京香山召开的"中国民族关系史研究学术座谈会"上，"怎样理解历史上的中国和什么是民族关系的主流"等问题成为座谈会上讨论的重点，白寿彝、谭其骧、翁独健等著名学者纷纷对统一多民族国家历史疆域问题发表看法，形成了一些有重要影响的主张。之后，学者们对这一问题的讨论一直延续到 20 世纪 80 年代末。我们可以将这段时间的讨论看作是关于历史上统一多民族国家疆域问题讨论的第二个阶段。在这一阶段，学者们在前一阶段"中华人民共和国疆域说"和"汉族王朝疆域说"基础上，又提出了"1840 年前的清朝疆域说""各民族共同活动范围说"和"中原统一王朝疆域说"等不同主张，探讨的深度和广度都有了很大发展。在"中国民族关系史研究学术座谈会"上，谭其骧提出："中华人民共和国的学者不能再学杨守敬的样儿仅仅以中原王朝的版图作为历史上中国的范围。我们伟大的祖国是各族人民包括边区各族所共同缔造的，不能把历史上的中国同中原王朝等同起来。"这与白寿彝的基调是一致的，但鉴于近代以来帝国主义对中国领土大面积侵占，谭先生并没有采取以中华人民共和国国土范围作为中国统一多民族国家历史疆域的主张，而是主张："我们是拿清朝完成统一以后，帝国主义侵入中国以前的清朝版图，具体说，就是从 18 世纪 50 年代到 19 世纪 40 年代鸦片战争以前这个时期的中国版图作为我们历史时期的中国的范围。所谓历史时期的中国，就以此为范围。不管是几百年也好，几千年也好，在这个范围之内活动的民族，我们都认为是中国史上的民族；在这个范围之内所建立的政权，我们都认为是中国史上的政权。"谭先生特别强调历史上的中国不能等同于中原王朝，甚至也没必要与中原王朝扯上关系。"有些同志总觉得只有这么一条不够，总想找到第二条、第三条，想要加一两条跟中原王朝的关系，总觉得应该跟中原王朝有一

① 吴玉章：《中国历史教程·序论》，北京：新华书店 1949 年排印本，第 94 页。转引自方国瑜：《论中国历史发展的整体性》，《方国瑜文集》第 1 辑，昆明：云南教育出版社，2001 年，原文载《学术研究》1963 年第 9 期。

点什么关系，如果没有关系，怎么能说是历史上的中国？""实际上，很对不起，还是大汉族主义。这个思想一定要坚决打破。""我们只能认为吐蕃、匈奴、突厥、回纥是历史上中国的一部分，但不能说它们是汉唐王朝的一部分。"① 陈连开《论中国历史上的疆域与民族》② 一文也认为，"1840 年以前的疆域是中国确定无疑的历史疆域"，并从马克思列宁主义关于殖民地民族解放理论出发，认为各国都是"将资本帝国主义破坏其独立以前的疆域确定其历史疆域的，中国自然也应该如此"。中国在遭受帝国主义侵略以前是有明确疆域和边界的统一国家，其主权和疆域的完整性受到马列主义创始人的关注。当西方各国形成统一民族国家的时候，它们便称中国为"中国"或"中华帝国"。陈梧桐在《论中国的历史疆域与古代民族战争》③一文中同样指出，1840 年西方资本主义国家侵略中国以前的清朝疆域，就是中国确定无疑的历史疆域。

有些学者虽不主张将历史上中国的疆域范围固定化，但强调历史上中国的疆域应当包括我国各民族在历史上的活动范围，可称之为"多民族共同范围说"。在"中国民族关系史研究学术座谈会"上，翁独健认为："历史上的中国包含什么？我们认为，不能把历史上的中国与历代封建王朝，更不能与汉族王朝。""关于疆域问题，我们是一个统一的多民族国家，我们国家的历史是各族人民共同缔造的，各族人民的历史，不管他们在历史上处于什么地位，也不论处于什么情况，属于中原王朝一部分也好，独立于中原王朝之外也好，都应该是中国历史的组成部分。是否也可以说，各族人民在历史上曾活动过的地区，都可以算是我国不同时期的疆域范围。"并指出蒙古时期稍有不同，由此可见历史上的疆域不是固定不变的，"这应该成为我们理解我国历史上疆域的总的原则"④。也有学者以今天国内各族人民在历史上的活动范围为中国的历史疆域，并强调历史上这些边疆民族政权疆域的变更和伸缩就是中国历代疆域的变更和伸缩⑤。

孙祚民以汉族王朝代表历史上中国的观点虽然遭到多数学者的反对，但其主张我国统一多民族国家疆域有一个历史发展过程的观点却得到了很多学者的认同。在此基础上，有学者提出了以中原统一王朝代表历史上中国的观点，可以称之为"中原统一王朝疆域说"。如杨建新《历史上中国的疆域问题》⑥ 一文认为，以今天中国

---

① 谭其骧的讲话后来以《历史上的中国和中国历代疆域》为题先后发表于《中国边疆史地研究导报》1988 年第 3 期、《中国边疆史地研究》1991 年第 1 期。

② 陈连开：《论中国历史上的疆域与民族》，《中央民族学院学报》1981 年第 4 期。

③ 陈梧桐：《论中国的历史疆域与古代民族战争》，《求是学刊》1982 年第 4 期。

④ 翁独健：《民族关系史研究中的几个问题》，《中央民族学院学报》1981 年第 3 期，又载于翁独健《中国民族关系史研究》，北京：中国社会科学出版社，1984 年。

⑤ 参见赵永春、王松龄：《关于处理中国历史上民族政权之间关系的几点看法》，《四平师院学报》1981 年第 4 期。

⑥ 原文题为《沙俄最早侵占的中国领土和历史上中国的疆域问题》，收入中国社会科学院近代史研究所编《中俄关系史论文集》，兰州：甘肃人民出版社，1979 年。本文题目为节选题目，收入《中国民族关系史论文集》（上集），北京：民族出版社，1982 年。

的疆域范围确定历史上中国疆域的范围是有局限性的，不能反映历史上中国的疆域变化，有削足适履之弊。历史上有些少数民族领地并不局限于今天中国疆域之内，因此这种方法不仅不能反映多民族国家形成的历史，也不能反映沙俄侵占中国领土的史实。作者进而提出三项原则来确定历史上中国的疆域范围：一是以秦、汉、隋、唐、元、明、清这些统一王朝为基础；二是以行政管辖来确定历史上中国的疆域范围，但行政管辖不能仅仅拘泥于某些形式；三是既然古代缺少明确边界，应以边疆游牧民族长期固定的传统游牧地为准。此文强调了中国疆域的历史发展过程，但摒弃了以汉族王朝代表中国的观点，主张以任何中原统一王朝的疆域为当时中国的疆域范围。周伟洲《历史上的中国及其疆域、民族问题》[①] 一文也主张以中原统一王朝代表中国，认为"历史上的祖国不是一片相当于今天的地域，而是同今天中国一样是一个国家；或者是统一的国家（统一时期），或者是由这个统一的国家分裂为几个国家（分裂时期）……那种以地域和文化的概念调换国家概念的论证方法是不能令人信服的"。进而指出历史上的中国应指历史上我国统一的多民族国家，当时汉族或其他民族建立的统一多民族政权即是中国。当这一政权分裂时，分裂出的民族和地区政权仍是中国，同时还应兼顾中国历史发展的整体性。确定某一民族或地区是否属于历史上的中国，只能用行政管辖的标准。譬如"只有在南匈奴降汉以后，这部分匈奴人及所居的漠南地区才属于当时的中国"。

这一时期关于历史上中国疆域的讨论不断深入，讨论的结果也影响到了学者对统一多民族国家历史的阐述。在有关中国通史的著作中，以白寿彝主编《中国通史》[②] 为代表，体现了多民族国家疆域问题的讨论成果在通史撰著中的应用。白寿彝在该书第一卷中明确阐述了其所主张的原则：中华人民共和国的疆域是我国境内各民族及其先民活动的历史舞台，是中国通史撰写所贯穿的历史疆域范围，必须摆脱皇朝疆域的圈子，不能将少数民族的历史排挤出去。在民族关系史的撰著中，翁独健主编的《中国民族关系史纲要》一书是改革开放后第一部系统阐述我国古代民族关系史的专门性著作。该书绪论明确提出："不能再像古代史学家那样把中国的范围局限于夏族或汉族建立的国家，也不能再把它与汉族居住区等同起来了，而应该从我国多民族出发，从我国今日的领域出发。"[③] 该书虽然没有对中国的疆域形成进行专门论述，但却将秦汉、唐、元、清四个王朝作为实现中国疆域统一的王朝，并以远古到秦汉、魏晋南北朝到隋唐、五代到元朝、明清四个阶段来划分中国古代民族关系史。该书的这种划分代表了民族史研究领域多数学者的普遍认识。

---

① 周伟洲：《历史上的中国及其疆域、民族问题》，《云南社会科学》1989 年第 2 期。
② 白寿彝主编：《中国通史》，上海：上海人民出版社，1989 年。
③ 翁独健主编：《中国民族关系史纲要》，北京：中国社会科学出版社，1990 年，第 6 页。

三、20 世纪 90 年代到 21 世纪前 20 年的研究

进入 20 世纪 90 年代以后，有关历史上中国的疆域范围的讨论大为减少①，但学界对于统一多民族国家疆域的研究并没有停止，而且出现了几个显著的特点：一是系统阐述统一多民族国家疆域形成和发展的专门性著作开始出版；二是在延续以往讨论的基础上开始针对统一多民族国家疆域的形成、发展规律进行探讨；三是围绕历史上某些具体的边疆民族及其政权的归属问题展开讨论，标志着学界对统一多民族国家疆域的研究在不断深入。

系统阐述统一多民族国家疆域形成和发展的专门性著作是上一时期相关大讨论影响的延续。刘宏煊的《中国疆域史》是改革开放后第一部系统阐述中国统一多民族国家疆域形成和发展历史的专著。作者将鸦片战争以前的清朝疆域界定为正式形成的中国历史疆域，认为历史上中国的疆域形成在"上下 6000 年、方圆 1300 多万平方公里的历史时限和地理空间内"，凡是此范围内生活过的民族都是中华民族先民，存在过的政权及其统治区域都是中国的疆域的范围，试图突破中国疆域是由中原"墨迹发散式"的发展观。该书将中国疆域的形成过程划分为五个时期：中国疆域的准备时期（从传说中的炎黄战争到西周）；中国疆域初步形成时期（从春秋战国到东汉王朝末年）；中国疆域发展时期（从三国到唐朝末年）；中国历史疆域正式形成时期（元明清大统一）；保卫中国疆域完整统一而奋斗时期（从鸦片战争至今）。②

葛剑雄的《中国历代疆域的变迁》③ 是一部普及性的著作。作者在书中强调了中国历史疆域的一些原则问题。葛剑雄认为讨论历史上的中国应该以"清朝所达到的稳定的最大疆域为范围"，因为这一范围全面反映了中国疆域的发展结果，而该书所论的疆域变迁就是以这样一个历史中国为基本范围的。该书还阐明了疆域与现代领土观念的区别，疆域并不是指一个国家，中国历史上存在的地区性、民族性政治实体及其范围都是中国疆域。同作者所著《统一与分裂——中国历史的启示》④以及《历史上的中国：中国疆域的变迁》⑤ 也表达了类似的观点。

马大正总主编的《中国边疆通史丛书》⑥ 分设《中国边疆经略史》《东北通史》《北疆通史》《西域通史》《西藏通史》《西南通史》《中国海疆通史》，论述了多民族国家历史疆域的发展过程。这种以地区为别的边疆通史，避免了以朝代为序的疆域史著作对边疆地区的忽略，是中国疆域史研究的重要成果。

---

① 孙进己：《我国历史上疆域形成、变迁的理论研究》，《中南民族学院学报》2003 年第 2 期。
② 刘宏煊：《中国疆域史》，武汉：武汉出版社，1995 年。
③ 葛剑雄：《中国历代疆域的变迁》，北京：中共中央党校出版社，1991 年。
④ 葛剑雄：《统一与分裂——中国历史的启示》，北京：生活·读书·新知三联书店，1994 年。
⑤ 葛剑雄：《历史上的中国：中国疆域的变迁》，上海：上海画报出版社，2007 年。
⑥ 郑州：中州古籍出版社，2000—2003 年先后出版。

林荣贵主编的《中国古代疆域史》① 是我国统一多民族国家疆域史研究的重要成果。全书共分为上、中、下三卷，分装 4 册，共计 161 万字，是自民国以来，篇幅最长、内容最为翔实的疆域史著作。该书首先注重边疆地区，打破以往疆域史类同王朝沿革地理的局限；注重疆域构成的不同层次，将边疆民族纳入历代疆域范围之内，打破了大汉族主义的藩篱；由于站在多民族国家的立场上，该书强调中国古代疆域的"发展"而非"扩展"；该书还从现代领土观念出发，将海疆纳入疆域史研究中去。

专门性著作的出版并没有终结学者们对历史上中国疆域范围的讨论，20 世纪 90 年代以后仍有学者发文探讨。赵永春的《关于中国历史上疆域问题的几点认识》② 一文认为，今天中国疆域所包括的民族以及历史上在此疆域内曾经存在的民族在历史上活动的地区及其建立政权的疆域也都是历史上中国疆域的组成部分，这是作者对 20 多年前观点的一个更加完整的重述③。陈玉屏的《关于我国古代民族关系的一个重要理论问题》④ 一文认为，西方的现代民族国家先后形成时，中华各族这个事实上的"天下"也最终定型，形成了空前大一统的国家，这就是 1840 年前的中国。在这一历史疆域内的各民族的先民当时在中华大地上所建立的与中原政权并立的政权，和中原政权一样，都是中国的一部分。田澍、杨军辉的《古代西北疆域研究若干问题的思考》⑤ 一文认为，研究历史上中国疆域必须承认其不断消长变化的过程，历史上的中国就是指占据中原地区的各个政权。韩茂莉的《历史时期中国疆域伸缩的地理基础》⑥ 一文则从历史地理学的角度讨论了地理环境在中国疆域扩展中的基础地位。

1983 年，中国社会科学院成立了中国边疆史地研究中心。2014 年 10 月，中心更名为中国边疆研究所。这一研究机构在国内发起和推动了古代疆域形成理论的研究，涉及古代天下观、治边观、华夷观、大一统观、羁縻政策、宗藩观、宗藩体制、朝贡册封体制以及国外学界关于中国边疆理论研讨等内容。这一机构创办有学术季刊《中国边疆史地研究》，学术集刊《中国边疆学》，陆续推出《中国边疆史地丛书》《中国边疆研究文库》等系列学术著作，积极推动中国边疆学的相关研究与讨论。该机构不仅举办了多期"中国疆域理论研究论坛"，而且举办了以疆域理论为主题的"第三届中国边疆史地学术研讨会"，《中国边疆史地研究》自 2004 年以来也先后刊发了多篇专题论文。这些论文虽有在以往观点基础上的完善，但更多的是

---

① 林荣贵主编：《中国古代疆域史》，哈尔滨：黑龙江教育出版社，2007 年。
② 赵永春：《关于中国历史上疆域问题的几点认识》，《中国边疆史地研究》2002 年第 3 期。
③ 赵永春、王松龄：《关于处理中国历史上民族政权之间关系的几点看法》，《四平师院学报》1981 年第 4 期。
④ 陈玉屏：《关于我国古代民族关系的一个重要理论问题》，《烟台大学学报》2005 年第 4 期。
⑤ 田澍、杨军辉：《古代西北疆域研究若干问题的思考》，《中国边疆史地研究》2006 年第 3 期。
⑥ 韩茂莉：《历史时期中国疆域伸缩的地理基础》，《中国文化研究》2016 年夏之卷。

新的探讨。如杨建新的《"中国"一词和中国疆域形成再探讨》① 一文认为，我国统一多民族国家的疆域发展是以中原地区为中心，以"开拓式"和"嵌入式"两种模式在历史的长期发展中逐渐扩展到其他周边地区。马大正的《中国疆域的形成与发展》② 一文认为，中国疆域形成经历了数千年的时间，可分为秦汉时期中国疆域的形成、隋唐至元时期中国疆域的发展、清代中国疆域的奠定、19 世纪中叶以后至民国时期中国疆域的变迁四个阶段。厉声的《先秦国家形态与疆域、四土刍见——以殷商国家叙述为主》③ 一文对先秦时期的疆域结构、形成特点以及历史影响进行了论述。于逢春的《构筑中国疆域的文明板块类型及其统合模式序说》④ 一文认为，中国疆域由大漠游牧文明板块、泛中原农耕文明板块、东北渔猎耕牧文明板块、雪域牧耕板块、海上文明板块这 5 大文明板块构成。在历史长河中，这些文明板块先后相互统合在一起，最终构成了中国疆域。李大龙的《传统夷夏观与中国疆域的形成——中国疆域形成理论探讨之一》⑤《不同藩属体系的重组与王朝疆域的形成——以西汉时期为中心》⑥《"中国"与"天下"的重合：古代中国疆域形成的历史轨迹——古代中国疆域形成理论研究之六》⑦《关于藩属体制的几个理论问题——对中国古代疆域理论发展的理论阐释》⑧ 等系列论文则试图从民族观、边疆民族对"中国"的认同以及藩属体制的形成和发展角度，对统一多民族国家疆域的形成规律进行探讨，提出了一些新的看法。同作者所著《从"天下"到"中国"：多民族国家疆域理论解构》⑨ 一书试图突破传统以中原王朝为核心的"王朝国家"的论述框架，动态地描述和分析多民族国家形成的复杂过程。但遗憾的是，上述论文和著作虽然在作者经营多年的藩属问题上讨论颇多，但对藩属体系的论述，仍然着眼于中原王朝本身，缺少域外的视角和观点。李鸿宾的《疆域·空间：唐朝权力博弈的场所》⑩ 一文以唐朝为例，从理论层面讨论了疆域、权力、人群之间的互动关系，认为人群的活动只有进入国家政权建设的层面，疆域、空间才引起了人们的倍加关注。新近

① 杨建新：《"中国"一词和中国疆域形成再探讨》，《中国边疆史地研究》2006 年第 2 期。

② 马大正：《中国疆域的形成与发展》，《中国边疆史地研究》2004 年第 3 期。

③ 厉声：《先秦国家形态与疆域、四土刍见——以殷商国家叙述为主》，《中国边疆史地研究》2006 年第 3 期。

④ 于逢春：《构筑中国疆域的文明板块类型及其统合模式序说》，《中国边疆史地研究》2006 年第 3 期。

⑤ 李大龙：《传统夷夏观与中国疆域的形成——中国疆域形成理论探讨之一》，《中国边疆史地研究》2004 年第 1 期。

⑥ 李大龙：《不同藩属体系的重组与王朝疆域的形成——以西汉时期为中心》，《中国边疆史地研究》2006 年第 1 期。

⑦ 李大龙：《"中国"与"天下"的重合：古代中国疆域形成的历史轨迹——古代中国疆域形成理论研究之六》，《中国边疆史地研究》2007 年第 3 期。

⑧ 李大龙：《关于藩属体制的几个理论问题——对中国古代疆域理论发展的理论阐释》，《学习与探索》2007 年第 4 期。

⑨ 李大龙：《从"天下"到"中国"：多民族国家疆域理论解构》，北京：人民出版社，2015 年。

⑩ 李鸿宾：《疆域·空间：唐朝权力博弈的场所》，《民族史研究》第 13 辑，北京：中央民族大学出版社，2017 年。

出版的论文集《疆域·权力·人群：隋唐史诸题专论》① 收入李氏撰写的论文和书评 18 篇，集中于唐朝这一个案，围绕着疆域、权力（国家）、人群（族群）这三者及其关系进行了深入讨论。

进入 21 世纪以后，随着中国综合国力的增强以及在世界舞台上发挥着日益重要的作用，"何为'中国'"这一议题逐渐为学界所关注并引发热烈讨论。葛兆光先后推出《宅兹中国：重建有关"中国"的历史论述》②《何为"中国"？——疆域、民族、文化与历史》③《历史中国的内与外：有关"中国"与"周边"概念的再澄清》④ 三部有关东亚与中国研究系列论著，试图对"中国"这一概念以及古代中国向现代中国的转变过程予以梳理、分析和澄清。这三部论著的撰写，始于 2006 年葛兆光受聘并组建复旦大学文史研究院，带领研究院同人发起和推动了"从周边看中国"的研究计划。葛兆光认为，当我们讨论"何为'中国'"时，不可避免地涉及我们的邻居——朝鲜、韩国、越南和日本，也有可能涉及西方世界。现代中国生活在一个互相联系又互相依赖的世界里，迅速膨胀的中国与亚洲及世界，究竟该如何在政治、经济、文化上共处？于是，如何认识"中国"与"周边"及其相互关系，就成为这三本著作讨论的核心议题。这三部论著出版后在海内外学界引发了热烈的反响和讨论，有关"中国"的论著层出不穷。考古学家许宏撰有《最早的中国》⑤《何以中国：公元前 2000 年的中原图景》⑥，寓居海外的华人学者许倬云出版了《说中国：一个不断变化的复杂共同体》⑦，曾任新加坡国立大学东亚研究所所长的王赓武推出了 Renewal：The Chinese State and the New Global History 一书⑧，一向以研究"三古"见长的学者李零推出了系列书籍《我们的中国》⑨，长期在日本执教的学者王柯也重新出版了他的著作《从"天下"国家到民族国家——历史中国的认知与实践》⑩。上述著作都从不同的角度探讨"中国"这样一个概念及复杂共同体的演变过程。葛氏的研究之所以引发广泛关注讨论，主要是由于他力图通过改变研究视野、研究立场以及研究方法，来开拓传统文史研究的新局面，并充分利用日本、韩国、越南等地保存的有关中国史的"新材料"，提供了一系列重新认识东亚和中国的多

① 李鸿宾：《疆域·权力·人群：隋唐史诸题专论》，北京：人民出版社，2020 年。
② 葛兆光：《宅兹中国：重建有关"中国"的历史论述》，北京：中华书局，2011 年。
③ 葛兆光：《何为"中国"？——疆域、民族、文化与历史》，Hong Kong：Oxford University Press，2014 年。
④ 葛兆光：《历史中国的内与外：有关"中国"与"周边"概念的再澄清》，香港：香港中文大学出版社，2017 年。
⑤ 许宏：《最早的中国》，北京：科学出版社，2009 年。
⑥ 许宏：《何以中国：公元前 2000 年的中原图景》，北京：生活·读书·新知三联书店，2014 年。
⑦ 许倬云：《说中国：一个不断变化的复杂共同体》，桂林：广西师范大学出版社，2015 年。
⑧ Wang Gungwu, Renewal：The Chinese State and the New Global History，Hong Kong：The Chinese University of Hong Kong，2013.
⑨ 该书分为 4 册，副标题分别为《茫茫禹迹》《周行天下》《大地文章》《思想地图》，由生活·读书·新知三联书店于 2016 年推出。
⑩ 王柯：《从"天下"国家到民族国家——历史中国的认知与实践》，上海：上海人民出版社，2020 年。

重视角与观点①。这与以往局限在传统中国史概念和范畴之内的"中国"研究形成了鲜明的对比。葛氏打破了原有文史研究的鸿沟，将原本分属中外关系史、中国民族史（包括"边疆民族"）、历史地理学（包括"边疆史地"）、全球史（包括区域史）等各学术领域的资料和方法融会贯通、融为一体，在文史研究中开拓出了一片新的天地。因此尽管论者对葛氏的观点不尽认同，但这一系列研究无疑在国内乃至国际学界引发了巨大的反响，也为重新认识统一多民族国家的疆域问题提供了新的视角与方法。

如同上文所述，近年来"中国"逐渐成为一个热门话题，这反映出现代中国作为一个日益强大的政治体在当下的世界里愈加关注全球化时代自身的内外与认同问题②。这也反映出长期以来中国学术界关于"统一多民族国家疆域"问题的研究，始终处于"自说自话"的境地，未能充分关照和审视周边国家乃至西方世界对中国疆域问题的研究成果。可喜的是近年来中国学者的研究，开始从以往就"中国疆域"论"中国疆域"的传统框架中脱离出来，并不断强调运用本民族、多语种的史料来研究疆域问题，尝试援引中国古代的话语体系以及重新发掘 20 世纪三四十年代的边疆学资源，对中国疆域话语体系进行建构。

2017 年，《学术月刊》杂志组织了一场题为"边疆中国：知识话语与历史书写"的专题讨论，发表了冯建勇、李鸿宾、姚大力、高亚滨等学者的一组文章。其中冯建勇的《中国历史疆域的形态与知识话语》③ 一文认为西方世界"民族国家"的话语体系不适合中国的历史与现实，他试图从中国古典王朝时期的思想资源中寻找解决当下"中国"认同的"良方"，指出传统国家"天下主义"的疆域观更为尊重中国的历史、传统和文化，更具有合理性。孙勇的《关于建构边疆学体系的体系思考——代〈边疆学导论〉之绪论》④ 一文讨论了边疆学的研究对象、主要问题、有关概念、基本研究方法、边疆研究的共性与个性、跨学科边疆学的解悖问题等议题。值得注意的是，发表此文的《华西边疆评论》杂志⑤，本身就是应当前中国边疆问题面临的严峻现实而创办的，其目的是"集合各方力量、深入研究边疆问题的历史与现实、理论与实践，实现理论创新，为国家的边疆治理提供'思想'和政策支持，为民众提供更多的边疆理论和边疆知识，为边疆问题的研究提供交流平台"，具有鲜明的政治导向和突出的现实关怀。赵现海的《中国古代的"天下秩序"与

---

① 葛兆光：《预流、立场与方法——追寻文史研究的新视野》，《复旦学报》2007 年第 2 期。

② 葛兆光：《什么时代中国要讨论"何为中国"？——在云南大学的演讲记录》，《思想战线》2017 年第 6 期。

③ 冯建勇：《中国历史疆域的形态与知识话语》，《学术月刊》2017 年第 2 期。

④ 孙勇：《关于建构边疆学体系的体系思考——代〈边疆学导论〉之绪论》，《华西边疆评论》第 5 辑，北京：民族出版社，2018 年。

⑤ 该刊物的英文名称为 West-China Borderland Review，由四川大学社会发展与西部开发研究院依托中国西部边疆安全与发展战略协同创新中心的平台创办。

"差序疆域"》① 一文指出，一部中国史可以视作是在"王者无外"的天下观念下，差序疆域格局内部不断整合转变为"均质疆域"，而外部不断向外延伸与扩展的历史。从而对中国古代的"天下秩序""差序疆域"观念给予了盖度评价，并认为它们可以为解决当前的族群冲突、宗教对立等问题提供有益的启示和参考。李大龙、铁颜颜的《"有疆无界"到"有疆有界"：中国疆域话语体系建构》② 一文以《尼布楚条约》的签订作为划分中国疆域从传统王朝国家"有疆无界"向现代民族国家"有疆有界"转变的标志，并认为历代王朝的疆域是中国疆域的组成部分，边疆地区存在的众多族群及其所建政权的疆域"自古以来"也是中国疆域的重要组成部分。赵永春的《从复数"中国"到单数"中国"：中国历史疆域理论研究》③ 一书对中国历史疆域理论问题进行了探讨，核心观点便是"中国"是一个从复数向单数演进的过程，主张以中国的各个民族共同代表中国。作者还提出了历史共享、最早发现和占有、行政管辖、民族自我认同和民族发展变化等具体原则来认识中国历史各个时期的疆域。同作者所著《历史上的"中国"与中国历史疆域研究》④ 一书则是一部论文集，讨论了中国古代的"国号"与历史上的"中国"，中国古代的"中国"与"国号"的分离与重合，中国古代"中国"国家观念的演进等议题。孙喆、王江的《边疆、民族、国家：〈禹贡〉半月刊与 20 世纪 30—40 年代的中国边疆研究》⑤ 一书对 20 世纪 30—40 年代中国边疆研究第二次高潮中的重要学术期刊《禹贡》半月刊进行了系统的梳理和研究，试图为当下的边疆学研究提供学术史的资源与参考。

2016 年，上海《东方早报·上海书评》编辑部组织编辑出版了《殊方未远：古代中国的疆域、民族与认同》⑥ 一书，汇集了葛兆光、徐文堪、汪荣祖、姚大力、张帆、罗新、沈卫荣、钟焓、狄宇宙、欧立德、杉山正明等 20 位中外著名学者的文章。这些文章虽然不是正式的学术论文，但兼具学术性与可读性，特别是汪荣祖与姚大力的论战文章，一度引起学术界和社会的高度关注。这些文章反映出在新视角与新理论的冲击下，中国史特别是疆域史的研究正在发生着深刻的变化，特别是对"元朝、清朝究竟是不是中国的王朝"，"新清史"、内亚史在海内外的影响和回应等热点问题进行了回答。这里所说的"新视角与新理论"，主要是指西方学者特别是欧美和日本的研究成果被大量译介到国内，以"新清史"、内亚史为代表的一系列

---

① 赵现海：《中国古代的"天下秩序"与"差序疆域"》，《江海学刊》2019 年第 3 期。

② 李大龙、铁颜颜：《"有疆无界"到"有疆有界"：中国疆域话语体系建构》，《思想战线》2020 年第 3 期。

③ 赵永春：《从复数"中国"到单数"中国"：中国历史疆域理论研究》，哈尔滨：黑龙江教育出版社，2014 年。

④ 赵永春：《历史上的"中国"与中国历史疆域研究》，长春：吉林大学出版社，2017 年。

⑤ 孙喆、王江：《边疆、民族、国家：〈禹贡〉半月刊与 20 世纪 30—40 年代的中国边疆研究》，北京：中国人民大学出版社，2013 年。

⑥ 《东方早报·上海书评》编辑部编《殊方未远：古代中国的疆域、民族与认同》，北京：中华书局，2016 年。

理论与方法对原有的学术范式产生了强烈的冲击。比如中国学界对拉铁摩尔的重新"发现"，便是其中非常明显且极具代表性的一个例子。2010 年，唐晓峰全文翻译出版了拉铁摩尔的名著《中国的亚洲内陆边疆》① 一书。该书从生态环境、民族、生产方式、社会形态、历史演进等方面对内陆亚洲的四个地区（东北、新疆、内蒙古、西藏）进行了深入的考察和探索，揭示了中国内地与内亚亚洲边疆地区各自不同的互动依存关系，展现了中国内陆边疆历史的丰富多样性。此书一经出版便受到高度关注，并先后多次再版重印。随即由巴菲尔德撰写的、被誉为在中国边疆史研究领域内由"重新发现"拉铁摩尔到新的"边疆范式"形成的过渡时期的代表性作品《危险的边疆》② 也被翻译出版。此后出版的有关拉铁摩尔的研究著作，还有袁剑《边疆的背影：拉铁摩尔与中国学术》③，唐晓峰、姚大力等人合著的论文集《拉铁摩尔与边疆中国》④ 等。前者对相关研究与拉氏生平学术做了较为详细的梳理，后者所收文章虽然质量参差不齐，但可以作为一部导读性质的书籍，对于了解拉铁摩尔其人其学颇有助益。长期"消失"在中国学界目光之内的拉铁摩尔的"再发现"与"再研究"，这一现象本身就值得学界研究和反思。它既反映出当下中国学术界渴望建立中国边疆学理论体系的迫切心态，又折射出当前既有理论框架无法对中国历史与现实作出较为圆满解释的尴尬困境。

综合分析以上有关近年来学界对中国疆域问题的重新关注与热烈讨论，可以发现一个非常明显的特点，那就是所谓的"内亚视角"在相关研究中得到大量应用，学者对中国疆域的探索，已经突破了以往仅以汉族和汉文化作为中心视角的研究框架。同样是打破"汉民族中心主义史观"，近年来的突破与前两个阶段的突破相比，其鲜明特点即表现在：第一，它不再是局限于"中国史"内部的一种叙事，而是把视野放宽到内亚史乃至世界史的格局之中，比较充分地利用汉文以外的史料重新对中国疆域的形成与变迁作出解读；第二，这种变化与突破又和西方学术界观点、理论、方法的引入存在密切的关联，这一点与中国学界以往主要关注中国学者的研究并在此基础上作出叙事的方式迥然有别。

但在利用新资料、新视角、新方法对中国疆域的形成与变迁进行重构的时候，部分论著也还存在一定的问题。这些问题突出地表现在三个方面：第一，对"民族"概念的理解不清。在有关"统一多民族国家认同问题的研究"一节中，笔者已经指出了这一点。因为中国的边疆地区大多也是多民族聚居地区，因此"疆域"与"民族"问题往往交织在一起，难解难分。职是之故，对"民族"概念的不同理解，必然会对"边疆""疆域"等概念的理解造成影响。特别是学者在使用"民族"这

---

① ［美］拉铁摩尔（Owen Lattimore）：《中国的亚洲内陆边疆》，唐晓峰译，南京：江苏人民出版社，2010 年。

② ［美］托马斯·巴菲尔德（Thomas Barfield）：《危险的边疆：游牧帝国与中国》，袁剑译，南京：江苏人民出版社，2011 年。

③ 袁剑：《边疆的背影：拉铁摩尔与中国学术》，北京：社会科学文献出版社，2016 年。

④ 唐晓峰、姚大力等：《拉铁摩尔与边疆中国》，北京：生活·读书·新知三联书店，2017 年。

一术语去描述历史时期的不同政治联合体时，往往套用今人所定义的"民族"概念去阐释历史，不仅造成了古今穿越与认知偏差，还常常把历史与现实混为一谈。第二，对时人所遗留的文献过分轻信，缺少深入的辨析。学者在利用文献探讨国家认同、疆域等问题时，往往只注意到文献"说了什么"，却较少措意文献"是怎么说的"以及"为什么要这样说"。质言之，就是对话语背后隐藏的叙述方式缺乏必要的分析，以至于某些论著轻信古人之言，成为为古人辩护的"代言人"。第三，特别是怎么强调"天下秩序""王者无外"的叙述过程中，有意无意地忽视了非汉民族的中心意识与思想观念，在本质上仍然落入了"以自我为中心"的窠臼之中。

上述三个方面问题的出现，追根溯源是因为疆域问题并非一个单纯的学术问题，而是与现实政治紧密相关。在相关研究中，作为"身在此山中"的中国学者，既要恪守学术原则，又无法与现实中国完全分割，处在其间左右为难。在中国这样一个有着悠久且连续历史记录的国家，历史问题往往又会与现实问题纠缠在一起。尽管很多学者尝试援引中国古代的"天下"话语体系对中国疆域话语体系进行建构，但不得不指出，古代的"天下观"毕竟与当下现实的民族国家认同是有着本质区别的，古代中国的"天下"王朝认同并不能和现代中国的"民权"国家认同（这也就意味着古代的"疆域"与现代的"领土"在本质上并非一回事），否则就会落入"某地自古以来就是中国的"悖论之中①。传统的"天下"王朝认同虽然有可能对当下的认同建设提供思想资源，但传统的"天下"王朝认同怎么和现代的"中国"国家认同以及国际主流的"民族国家"认同实现"无缝对接"，显然是学术界至今无法解决的一个难题。政治与学术、历史与现实的纠葛，在中国疆域的讨论中显得再明显不过了。如何将历史资源、域外视角与中国立场结合在一起，对中国疆域问题作出阐释并建构出一套较为完整、符合现代学术价值和理念的中国边疆话语体系，仍然有待于学者的共同努力。

至于对历史上某些具体边疆民族及其政权归属问题的探讨，主要是围绕我国东北地区的一些古代民族及其政权，尤其是高句丽政权的归属展开。有关情况在高句丽历史研究部分将有详细阐述，此不赘述。

第八节　中华民族形成问题研究

20世纪中国史学发展的一项重要成就就是民族史学的发展与成熟。中华人民共和国成立以后，中国民族史的发展主要可以概括为三个阶段：1950—1966年夏以"族别史"研究为主的阶段、1978—1988年地区民族史和民族关系史等综合研究蓬

---

① 葛兆光就多次提示，千万不要轻易说"某地自古以来就是中国的"这样的话语。参看葛兆光：《什么时代中国要讨论"何为中国"？——在云南大学的演讲记录》，《思想战线》2017年第6期。

勃发展的阶段以及 1988 年以来对中华民族进行整体研究的阶段①。这三个阶段是互相联系、层层推进的，正是在前两个阶段取得丰富研究成果的基础上，才出现对于中华民族形成问题的整体研究。

以下就 70 年来学界关于中华民族形成问题的研究成果与讨论情况作一简要综述。

一、中华民族形成问题研究概况

早在 19 世纪末 20 世纪初，对于中华民族形成的研究就已开始。梁启超认为，中国要想抵御帝国主义列强的侵略，必须"合汉合满合蒙合回合苗合藏，组成一大民族"②，"现今之中华民族自始本非一族，实由多数民族混合而成"③；孙中山在建立中华民国过程中提出"五族共和"原则，号召以民族平等、民族团结来达到"民族之统一"④；抗日战争开始后，顾颉刚等强调"中华民族是一个"，不必再分本部或属部，共同抵御日本帝国主义的侵略⑤。不过，严格来说，上述关于中华民族形成的说法，更多是响应了时局诉求，而缺少系统的学术思考与讨论。

中华人民共和国成立后，随着马克思主义民族观和中国共产党民族政策的成熟，中国民族史的研究越来越受到重视。但是，最初学术界关于民族史的研究，主要是围绕各民族内部特质进行的族别史研究，以及关于地区民族史和民族关系史的综合研究。1950 年 10 月，范文澜在《学习》第 3 卷第 1 期发表《中华民族的发展》一文，通过对汉民族形成过程的初步考察，提出中国自秦统一开始就建立了民族国家，并强调"祖国的悠久历史是各民族共同创造的"。这一观点实际上指明了对中华民族进行整体研究的方向。但是，由于缺乏族别史研究、地区民族史和民族关系史研究的基础，关于中华民族形成的整体研究在以后的很长时间内都未能得到推进。

20 世纪 80 年代初期，中国民族关系史逐步成为一门相对独立的史学分支。以翁独健为首的中国社会科学院民族研究所、中央民族学院（今中央民族大学前身）历史系等单位的学者们承担了创建该学科的任务。1981 年，在翁独健、白寿彝等学者的主导下，"中国民族关系史学术座谈会"在北京召开，正是在这个会上将民族关系史作为民族史研究的一项主要内容提了出来。此后，中国社会科学院民族研究所等单位陆续推出民族关系史系列专著，相关研究十分活跃。

1984 年，费孝通在国家民委民族问题五种丛书工作会议上发表讲话指出："中华民族是一个不可分割的整体。中华民族这个整体又是由许多相互不能分离的民族

① 陈连开：《中国民族史研究的特点与发展三阶段》，乔健主编《社会学、人类学在中国的发展》，香港：香港中文大学出版社，1998 年。

② 梁启超：《政治学大家伯伦知理之学说》，《饮冰室合集·文集》之十三，北京：中华书局，1989 年，第 75、76 页。

③ 梁启超：《历史上中国民族之观察》，《新民丛报》1905 年第 65、66 期。

④ 孙中山：《临时大总统宣言书》，《孙中山全集》第 2 卷，北京：中华书局，1962 年，第 2 页。

⑤ 顾颉刚：《中华民族是一个》，《益世报·边疆周刊》1939 年第 9 期。

组成。组成部分之间的关系密切，有分有合，有分而未断，合而未化，情况复杂。这个变化过程正是我们要研究的民族历史。"① 以后，谷苞接连发表了《论中华民族的共同性》②《再论中华民族的共同性》③ 两篇文章，论述了中国 56 个民族的政治、经济、文化、社会生活各方面所共同具有的特点，即中华民族的共同性。

20 世纪 80 年代后期，在族别史研究、地区民族史和民族关系史研究已经取得丰富成果的基础上，中国民族史讨论的重点开始放在中华民族的形成、发展及其凝聚力等问题上。1987 年，陈连开发表《关于中华民族的含义和起源的初步探讨》④ 一文，较早涉及对中华民族形成问题的研究。以后，在《中国·华夷·蕃汉·中华·中华民族———一个内在联系发展被认识的过程》⑤ 一文里，陈连开又较为系统地考察了关于"中国""番汉""华夷""中华""中华民族"等名称的由来和在不同历史时期的含义。1988 年秋，费孝通在香港中文大学参加学术会议期间，发表了在国际人类学、民族学、社会学界引起巨大反响的著名论文《中华民族的多元一体格局》。这篇论文提出的中华民族多元一体格局理论对中华民族的形成及其结构特点作了高层次的理论概括，奠定了中国民族史研究的整体史观。从此，中国民族史学研究进入了对中华民族进行整体研究的新阶段。

1989 年，费孝通主编《中华民族多元一体格局》由中央民族学院出版社出版，这是社会学、人类学、历史学学者共同研究中华民族的第一部论著，在学术界、思想界等引起了广泛影响。1999 年，《中华民族多元一体格局》（修订本）由中央民族大学出版社出版。修订本《中华民族多元一体格局》围绕中华民族多元一体格局这一核心理论，对中华民族的起源与形成，中华民族形成史的分期，中华民族的结构等问题，在不同层面上进行了更加深入的研究。

在中华民族多元一体格局理论发表以后的 30 年时间里，学术界围绕这一理论对中华民族形成问题进行了广泛的探讨与研究，学术成果层出不穷。1990 年，民族研究国际学术讨论会在北京举办，来自中国内地和香港等地以及日、美、英等国家的40 多位民族学、人类学、历史学、考古学学者，对"中华民族多元一体格局"进行了专题学术讨论，并出版了《中华民族研究新探索》⑥ 一书。此后，1993 年在香港中文大学举办的"人类学、社会学在中国"的学术讲座及第四届"现代化与中国文化"学术研讨会，同年在北京举办的海峡两岸中国民族史学术研讨会，1996 年在日本国立民族学博物馆举办的"中华民族多元一体论"研讨会，1997 年中国炎黄研究会与中国社会科学院民族研究所在北京举办的"炎黄文化研讨会"，都对中华民族

① 费孝通：《在国家民委民族问题五种丛书工作会议上的讲话》，《民族研究动态》1984 年第 12 期。

② 谷苞：《论中华民族的共同性》，《新疆社会科学》1985 年第 3 期。

③ 谷苞：《再论中华民族的共同性》，《新疆社会科学》1986 年第 1 期。

④ 陈连开：《关于中华民族的含义和起源的初步探讨》，《民族论坛》1987 年第 3 期。

⑤ 陈连开：《中国·华夷·蕃汉·中华·中华民族———一个内在联系发展被认识的过程》，费孝通主编：《中华民族多元一体格局》，北京：中央民族学院出版社，1989 年，第 113 页。

⑥ 费孝通主编：《中华民族研究新探索》，北京：中国社会科学出版社，1991 年。

多元一体格局理论和中华民族形成问题，进行了认真而深入的研讨。进入 21 世纪后，相关的学术研讨会主要有：2000 年中国汉民族学会与福建社科联在泉州举办的"汉民族研究"国际学术研讨会；2001 年中国汉民族学会与澳门社会科学学会在澳门举办的"澳门文化、汉文化、中华文化"国际研讨会，2002 年由中国社会科学院在贵阳主办的海峡两岸"中华文化多元一体架构"研讨会，2015 年中国民族史学会和中南民族大学在武汉主办的中国民族史学会第十八次学术研讨会暨"交融与认同：中华民族共同体的历史演进学术研讨会"等。这些学术研讨都是在中华民族多元一体格局理论的推动下，继续深入探讨中华民族形成与发展问题的重要学术活动。

总的来说，中华民族多元一体格局理论的提出，不仅扩大了中国民族学、人类学、考古学、民族史学等学科的研究视野，促进了社会学科的发展，还为中华民族的整体性研究指明了方向，使中华民族在文化上、学术上获得了广泛的认同，为增强中华民族的凝聚力，维护国家的统一作出了重大的贡献。多年来，中华民族多元一体格局理论为国内许多学者接受，并运用于民族学、考古学、社会学等不同学科领域的学术研究中，产生了丰富的研究成果。而不同领域的研究成果也使这一理论得到充实、完善。在这一理论的指导下，从整体角度研究和阐释中华民族的起源、形成和发展过程及其客观规律性的专门史——中华民族形成史的研究不断深入，并取得一系列成果。

二、中华民族多元一体格局理论的主要内容与学术探讨

1988 年，费孝通应香港中文大学邀请，在国际著名的学术讲演活动之一"泰纳讲演"（Tanner Lecture）会上发表了《中华民族的多元一体格局》[①] 的著名论文。这篇讲话的主要论点是：第一，中华民族是包括中国境内 56 个民族的民族实体，并不是把 56 个民族加在一起的总称，因为这些加在一起的 56 个民族已结合成相互依存的、统一而不能分割的整体，在这个民族实体里所有归属的成分都已具有高一层次的民族认同意识，即共休戚、共存亡、共荣辱、共命运的感情和道义。这个论点费孝通引申为民族认同意识的多层次论。多元一体格局中，56 个民族是基层，中华民族是高层。第二，形成多元一体格局有个从分散的多元结合成一体的过程，在这过程中必须有一个起凝聚作用的核心。汉族就是多元基层中的一元，由于它发挥凝聚作用把多元结合成一体，这一体不再是汉族而成了中华民族，一个高层次认同的民族。第三，高层次的认同并不一定取代或排斥低层次的认同，不同层次可以并存不悖，甚至在不同层次的认同基础上可以各自发展原有的特点，形成多语言、多文化的整体。所以高层次的民族可说实质上是个既一体又多元的复合体，其间存在相对立的内部矛盾，是差异的一致，通过消长变化以适应于多变不息的内外条件，而

---

① 费孝通：《简述我的民族研究经历和思考》，《北京大学学报》1997 年第 2 期。后又以《简述我的民族研究经历与思考》为名发表于《中央民族大学学报》2000 年第 1 期。

获得这共同体的生存和发展。

1988 年以来，中华民族多元一体格局理论在提出后不断得到丰富和完善。对于这一理论的学术贡献，中国学术界进行了高度评价。林耀华认为，费孝通"提出并通过论证确立了'多元一体'这个核心概念在中华民族构成格局中的重要地位，从而为我们认识中国民族和文化的总特点提供了一件有力的认知工具和理解全局的钥匙"①。宋蜀华认为费孝通的研究"不仅创造性地引出了一个符合客观实际的崭新理论，而且是一项极重大的发现，是认识中华民族整体结构的一把钥匙"②。陈连开在《中华民族多元一体格局》（修订本）的《跋》中说："《中华民族多元一体格局》是费老对中华民族结构的高层次概括，是对中华民族形成研究的开拓，并已为此项研究创立了核心理论"，"为我们开拓了中华民族形成的研究新领域。"③ 中华民族多元一体格局理论的提出，在文化上、学术上获得了广泛的认同，但与此同时，对于这一理论的理解，仍然存在许多争议。例如，在如何理解"中华民族"这个称谓的内涵与外延上面，就有不同的看法。一种看法认为："56 个民族称民族，中华民族也称民族，不好理解；尤其是译成外文，中华民族不用多数格，与 56 个民族一样用单数格，外国人无法理解。"④ 还有的学者提出："在制定政策和宣传中，不要把中华民族说成是一个民族，这样可能在少数民族中引起误解，以为是用中华民族掩盖了少数民族的存在。"甚至有的学者认为："中华是国家的名称；中华民族过去与汉族是同义词，现在用来指中国各民族，应该是中国各民族的意思。在国外，华人和华侨认为自己是中华民族，其中包括少数民族，他们也觉得不好理解。所以，中华民族是一个政治的概念，指中国各民族组成的统一多民族国家的不可分割性，而不是一个民族学上的名称。"⑤ 另外一种观点则认为，"中华民族，既是指中国各民族统一国家不可分割性，是属于政治范畴，同时也是民族学的范畴。两者是没有矛盾的"⑥。

如何理解"多元"与"一体"的关系，是学术界讨论的又一个焦点。一些学者认为：中华民族的"多元"是指当代中国的 56 个兄弟民族，但中华民族还没有一个民族，不能称为一体。如果是指祖国的统一不可分裂，中华各民族都要为祖国的完全统一而奋斗，大陆上各民族都要支持党的领导与社会主义道路，那么改为"中华各民族的多元一体""中国各民族的多元一体"或"中华各民族的多元一统"就比较好懂一些，也确切些，说"中华民族的多元一体"，"一体"的具体含义难以理

---

① 费孝通主编：《中华民族多元一体格局》（修订本），北京：中央民族大学出版社，1999 年，第 297 页。
② 宋蜀华：《认识中华民族构成的一把钥匙——〈中华民族多元一体格局〉读后》，《中央民族大学学报》2000 年第 3 期。
③ 费孝通主编：《中华民族多元一体格局》（修订本），第 365 页。
④ 费孝通主编：《中华民族多元一体格局》（修订本），第 299—300 页。
⑤ 费孝通主编：《中华民族多元一体格局》（修订本），第 300 页。
⑥ 费孝通主编：《中华民族多元一体格局》（修订本），第 300 页。

解①。另外一种理解则认为，仅提"中华民族一体"不确切，但"中华民族的多元一体"可以辩证地表述中华民族的"多元"与"一体"的关系，是很恰当的表述②。

对上述围绕"中华民族多元一体格局"理论产生的争论，费孝通表达了自己的看法。他说："中华民族多元一体格局的问题提出来了，但不是一下子就能解决的。"并对民族的整体概念和中华民族多元与一体做了说明："名称和概念的含义是随时代发展、事物发展、学科发展而发展的，最重要的是要把握中华民族和 56 个民族发展的客观科学内容，已有的概念在不断思考中更新。科学的概念，不要作表决，不急于取得一致。关键在于它是否有利于促进社会发展，是否有利于促进学科发展。"他同时指出："民族也是有发展的，有量变，有质变，中国各民族是客观的存在，实际生活中产生的整体认同意识也是客观存在，用'多元'与'一体'来概括，这是名与实的辩证关系，不能离开这个哲学基础。中华民族已有长期发展的历史，今后还会既有各民族的繁荣发展，又有中华民族的共同发展，同和异还会长期存在，不是说'同'就完全一样，说'异'就大家分开。各民族的差异和中华民族的共同发展是辩证的统一关系。"③

经过讨论，学术界在对如何理解"中华民族多元一体格局"理论上取得了一定的共识，即明确了"'多元'是指各兄弟民族各有其起源、形成、发展的历史，文化、社会也各具特点而区别于其他民族；'一体'是指各民族的发展相互关联，相互补充，相互依存，与整体有不可分割的内在联系和共同的民族利益。这种一体性，集中表现为祖国的统一和整个中华民族的大团结，表现为共同关心与争取祖国的完全统一与繁荣富强，大陆上各民族坚持党的领导和社会主义道路。所以，中华民族的'一体'，是指各兄弟民族的'多元'中包含不可分割的整体性，而不是其中某个民族同化其他民族，更不是汉化，或者马上实行'民族融合'"④。

三、专题综述

（一）关于"中华民族"含义的研究

"中华民族"的称谓出现于 20 世纪初期，起初是指汉族，辛亥革命以后逐渐演变成为对包括少数民族在内的中国各民族的总称。中华人民共和国成立后，学界长期偏重于对少数民族的研究，而对汉族及各民族之间关系的整体研究相对薄弱，相应地对"中华民族"这一概念的内涵未做深入阐释。

20 世纪 80 年代中期以来，学界开始对"中华民族"一词进行新的诠释，主要

---

① 费孝通主编：《中华民族多元一体格局》（修订本），第 304—305 页。
② 费孝通主编：《中华民族多元一体格局》（修订本），第 305 页。
③ 费孝通主编：《中华民族多元一体格局》（修订本），第 310 页。
④ 费孝通主编：《中华民族多元一体格局》（修订本），第 309 页。

有以下几种观点。

第一种观点认为中华民族是中国现有各民族的总称。这是中华人民共和国成立至 20 世纪 80 年代末最为流行的观点，为绝大多数人所接受。例如，谷苞在《论中华民族的共同性》一文中就指出："目前，中国境内有 56 个民族，每个民族都有着各自的族名，同时，56 个民族又有一个共同的族名，即中华民族。"①

第二种观点则认为中华民族是中国古今各民族的总称。陈连开就认为："中华民族，是中国古今各民族的总称；是由众多民族在形成统一国家的长期历史发展过程中逐渐形成的民族集合体。"②

第三种观点是将中华民族作为一个民族实体看待。这种观点以费孝通中华民族多元一体格局理论为代表，认为中华民族是"用来指现在中国疆域里具有民族认同的 11 亿人民。它所包括的 50 多个民族单位是多元，中华民族是一体，它们虽则都称'民族'，但层次不同"③。这种观点第一次明确提出中华民族是一个民族实体的命题，并将中华民族和它所包括的 50 多个民族之间的关系用多元一体格局理论进行了高屋建瓴式的概括。

针对上述观点，一些学者也提出了不同的看法。周建新指出，"中华民族"这一概念是近代的产物，是在近代与西方列强的对抗中开始的"自觉"，而不是自古就有的，因此不能把"中国古今各民族"都包罗入"中华民族"之列。另外，他认为"中华民族"概念内涵有广义和狭义之分。广义"中华民族"的内涵较为宽泛和抽象，其包含的内容更为丰富，不一定强求严谨；而狭义"中华民族"的内涵就务必要严谨准确。他认为，费孝通、谷苞和陈连开等人的"中华民族"概念都属广义上的概念④。

值得注意的是，新近由北京师范大学出版社推出的《重塑中华：近代中国"中华民族"观念研究》⑤一书，是作者黄兴涛从概念史出发、积近 20 年功力研究"中华民族"观念的一部力作。该书对现代中华民族观念的孕育、形成、发展及其内涵进行了较为系统和深入的研究。这部书虽然出自"新文化史"研究的著名学者之手，但却并不完全转向社会下层的国族意识，而是既体现了"新文化史"的旨趣和追求，又尤为注意传统精英思想史的阐发，将二者冶为一炉。与以往的研究不同的是，该书不仅注重概念的分析，也注重历史脉络的梳理和典型文本的解读，更留意国家体制、政党政策、关键人物和重大事件对"中华民族"观念的影响，故而把"中华民族"观念的研究向前推进了一大步。

---

① 谷苞：《论中华民族的共同性》，《新疆社会科学》1985 年第 6 期。

② 陈连开：《中国·华夷·蕃汉·中华·中华民族——一个内在联系发展被认识的过程》，费孝通主编：《中华民族多元一体格局》，第 113 页。

③ 费孝通主编：《中华民族多元一体格局》（修订本），第 3 页。

④ 周建新：《关于"中华民族"称谓的思考》，《贵州民族研究》2000 年第 3 期。

⑤ 黄兴涛：《重塑中华：近代中国"中华民族"观念研究》，北京：北京师范大学出版社，2017 年。该书同时还由三联书店（香港）有限公司推出了繁体版。

（二）关于中华民族的起源和发展问题的研究

关于中华民族的起源和发展问题，中华人民共和国成立后，诸多学者从地理、政治、经济、文化等角度进行了许多研究，积累了丰富的成果。关于中华民族的起源，长期存在本土说和外来说、多元论（"满天星斗"说）和一元论（"中原中心"说）的争论。针对上述争论，20 世纪 80 年代后期，一些学者运用中国古人类学和旧、新石器时代考古学的发现和研究成果，对这一问题进行总结。1988 年，陈连开发表的《中华新石器文化的多元区域性发展及其汇聚与辐射》① 一文，通过对中华新石器文化的区系类型研究和中华远古各部落集团的研究得出结论。他认为：（一）中华文化、中华民族的起源具有鲜明的本土特点，整个中华民族与大多数中国的兄弟民族，从总体上看皆是由起源于中华大地并继续在中华大地上创造历史的人们形成的；（二）中华民族及其中的主体民族和一些分布较广的少数民族，其起源是多元的。特点是多元起源，多区域不平衡发展，而又反复汇聚与辐射。往往在同一民族中，也是既存在广泛的认同，同时又存在明显的区域文化特点。以后，费孝通在中华民族的多元一体格局理论里进一步指出，中国考古学发现的各进化阶段的人体化石足以说明，中国大陆是人类起源的中心之一，因此否定了中华民族起源的"外来说"。另外，这些时代的人体化石分布极广和考古学上有关新石器时代的丰富资料，有力地表明当时已出现了地方性的多种文化区，这些都足以肯定了中华民族起源的"多元说"。"一元说"的观念显然是缺乏根据的。

关于中华民族的形成和发展过程，一些学者从思想文化方面进行了研究。马大正认为："大一统"思想在秦汉时期变成了现实，也成为中国社会占主导地位的政治思想之一。它是一种无形的强大的向心力，几千年来浸润着我国人民的思想感情。以国家统一为乐，以河山分裂为忧，是中华民族永恒的政治价值取向。"大一统"思想在推动中国古代统一多民族国家的形成和发展中起到了积极的促进作用。②

1994 年，陈连开的论文集《中华民族研究初探》出版，汇集了作者在中华民族形成问题上多年来的研究成果。在该书中，陈连开指出："在统一多民族中国的形成与发展过程中，中国各民族的内在联系与整体不可分割性客观地在形成与发展着。也就是说，中国各民族既是各自在形成发展，又客观地在统一的多民族国家里逐步融入中华民族的整体，只是在古代历史条件下，这种客观实际未能成为自觉的民族意识。因为在中国古代，没有真正遇到来自中华大地以外的威胁，而历代民族之间的战争和王朝所推行的民族压迫制度所造成民族之间的歧视与隔阂，又掩盖着中华民族客观存在的整体利益一致和不可分割的联系。"③

在中华民族的形成和发展问题上，费孝通结合自己半个多世纪的思考，广泛吸

---

① 陈连开：《中华新石器文化的多元区域性发展及其汇聚与辐射》，《北方民族》1988 年第 1 期。
② 马大正：《中国古代的边疆与边疆政策》，《光明日报》2001 年 2 月 13 日。
③ 陈连开：《中华民族研究初探》，北京：知识出版社，1994 年，第 20 页。

纳学术界新成果，高屋建瓴地提出了中华民族多元一体格局的新观点，并在海内外引起了巨大反响。他说："中华民族作为一个自觉的民族实体，是近百年来中国和西方列强对抗中出现的，但作为一个自在的民族实体则是几千年的历史过程所形成的。"① "中华民族成为一体的过程是逐步完成的。看来先是各地区分别有它凝聚中心，而各自形成了初级的统一体。比如在新石器时期在黄河中下游都有不同的文化区，这些文化区逐步融合出现汉族的前身华夏的初级统一体，当时长城外牧区还是一个以匈奴为主的统一体和华夏及后来的汉族相对峙。经过多次北方民族进入中原地区及中原地区的汉族向四方扩散，才逐步汇合了长城内外的农牧两大统一体。又经过各民族流动、混杂、分合的过程，汉族形成了特大的核心，但还是主要聚居在平原和盆地等适宜发展农业的地区。同时，汉族通过屯垦移民和通商在各非汉民族地区形成了一个点线结合的网络，把东亚这一片土地上的各民族串联在一起，形成了中华民族自在的民族实体，并取得大一统的格局。"② 因此，关于中华民族的形成和发展过程，费孝通形象地总结说："距今 3000 年前，在黄河中游出现了一个由若干民族集团汇集和逐步融合的核心，被称为华夏，像滚雪球一般地越滚越大，把周围的异族吸收进入了这个核心。它在拥有黄河和长江中下游的东亚平原之后，被其他民族称为汉族。汉族继续不断吸收其他民族的成分而日益壮大，而且渗入其他民族的聚居区，构成起着凝聚和联系作用的网络，奠定了以这个疆域内许多民族联合成的不可分割的统一体的基础，成为一个自在的民族实体，经过民族自觉而称为中华民族。"③

此外，关于中华民族起源和形成问题的研究成果还包括潘龙海、陈连开、金炳镐《中华民族学初探》④、张博泉《中华一体的历史轨迹》⑤、萧君和等主编《中华民族史》⑥、田晓岫《中华民族发展史》⑦ 等。

（三）关于中华民族认同问题的研究

中华民族的形成过程，同时也是中华民族认同与凝聚力的形成过程。而近代外族的入侵，则直接激发了中华民族强大的凝聚力和生命力。1988 年，费孝通在《中华民族的多元一体格局》的演讲中，谈到中华民族从作为一个"自在的民族实体"到一个"自觉的民族实体"的变化时，就涉及了中华民族认同问题。他强调："民族是一个具有共同生活方式的人们共同体，必须和'非我族类'的外人接触才发生

---

① 费孝通主编：《中华民族多元一体格局》（修订本），第 3 页。
② 费孝通主编：《中华民族多元一体格局》（修订本），第 35 页。
③ 费孝通主编：《中华民族多元一体格局》（修订本），第 4 页。
④ 潘龙海、陈连开、金炳镐：《中华民族学初探》，延边：延边大学出版社，1992 年。
⑤ 张博泉：《中华一体的历史轨迹》，沈阳：辽宁人民出版社，1995 年。
⑥ 萧君和等主编：《中华民族史》，哈尔滨：黑龙江教育出版社，2000 年。
⑦ 田晓岫：《中华民族发展史》，北京：华夏出版社，2001 年。

民族的认同，也就是所谓民族意识，所以有一个从自在到自觉的过程。"① 费孝通认为："所谓民族心理素质其实就是民族认同意识。民族认同意识并不是空洞的东西，我们每个人可以通过自己的反省体会民族认同意识是什么，因为当今之世每个人都有自己所属的民族，都有民族意识。"② 而中华民族"这个自在的民族实体"正是"在共同抵抗西方列强的压力下形成了一个休戚与共的自觉的民族实体"③。具体在中华民族多元一体格局理论里，则包含了三个层次的民族认同：其一，中华民族的整个认同，是中国最高层次的民族认同，无论属于中国哪个民族，都是中国人，中国各民族既是平等的兄弟民族，又结成了不可分割的整体，荣辱与共，休戚相关，体现主权和领土完整的民族实体，即中华民族；其二，构成中华民族的 56 个兄弟民族，他们都是平等的，享有同等的政治权利；其三，56 个民族中又有若干具有地区性语言、文化等特点的群体。在此基础上构成了一个具有强大凝聚力的民族实体——中华民族。

1997 年，费孝通在反思 1988 年提出的中华民族多元一体格局理论的时候说："重读我这篇讲稿，我觉得理论上值得进一步论证的是以民族认同意识为民族这个人们共同体的主要特征，进而引申到民族认同意识的多层次性。"④ 再次强调了对中华民族认同问题和凝聚力问题研究的重要性。

20 世纪 90 年代以后，关于中华民族认同问题和凝聚力问题的研究逐渐为学界重视，并取得了丰富的成果⑤。陈育宁、汤晓芳在研究这个问题的时候认为，中华民族凝聚力的形成有四个基本的历史要素：多源多流、源流交错是中华民族凝聚力形成的历史前提；共同开发、共同创造是中华民族凝聚力形成的历史基础；迁徙流动、汇聚融合是中华民族形成的历史途径；互相联系、互相依存是中华民族凝聚力形成的历史根源⑥。此后，也有学者认为"凝聚力"中的"凝"字不能确切地表述中华民族历史的发展动态，因而主张使用"聚合力"。陈育宁主编的《中华民族凝聚力的历史探索》⑦ 一书对这一问题进行了进一步的研究。此外，对中华民族认同问题和凝聚力问题研究的主要成果还有：张磊、孔庆榕主编的《中华民族凝聚力学》⑧，马戎、周星主编的《中华民族凝聚力形成与发展》⑨，卢勋、杨保隆主编的

① 费孝通主编：《中华民族多元一体格局》，第 7 页。
② 费孝通：《简述我的民族研究经历和思考》，《北京大学学报》1997 年第 2 期。
③ 费孝通主编：《中华民族多元一体格局》，第 33 页。
④ 费孝通：《简述我的民族研究经历和思考》，《北京大学学报》1997 年第 2 期。
⑤ 陈连开：《中华民族研究初探》，第 276 页。
⑥ 陈育宁、汤晓芳：《中华民族凝聚力形成的历史要素》，中国民族史学会编：《中国民族史学会第四次学术讨论会论文集》，北京：中央民族学院出版社，1993 年，第 1、2 页。
⑦ 陈育宁主编：《中华民族凝聚力的历史探索》，昆明：云南人民出版社，1994 年。
⑧ 张磊、孔庆榕主编：《中华民族凝聚力学》，北京：中国社会科学出版社，1999 年。
⑨ 马戎、周星：《中华民族凝聚力形成与发展》，北京：北京大学出版社，1999 年。

《中华民族凝聚力的形成与发展》①，伍雄武《中华民族的形成与凝聚新论》② 等。这些研究大部分都运用了费孝通的"多元一体"理论，并对中华民族由多元到一体的过程及其凝聚力的形成与发展进行了深入的探讨。

总的来说，上述成果大多注重对历史时期"中华民族"含义、起源和形成问题进行探讨和理论概括，虽然取得了一定的成果，但研究者似乎没有意识到，"中华民族"作为 20 世纪初期才出现的一个词，它的起源与发展虽然有着漫长的历史，但它的应用与影响却是在 20 世纪初期以后。因此探讨"中华民族"形成问题，不仅要关注历史时期（即通常认为的 1840 年以前的"中国古代史"），更要关注近现代以来的情形。在这种情况下，加上国内外学术思潮的刺激，民国时期"中华民族"的形成与发展就受到了学界的关注。郑大华的《论晚年孙中山"中华民族"观的演变及其影响》③ 一文对孙中山的民族观重新进行了分析，认为孙中山的民族观可以分为前后两期：前期为 1919—1922 年，孙氏的"中华民族"观是一种以同化为基础的一元一体的"中华民族"观；后期为 1923 年到孙氏病逝，其"中华民族"观是一种以平等为基础的多元一体的"中华民族"观。前期思想为国民党和蒋介石所继承发展，后期思想则为共产党和毛泽东所继承发展。李帆的《再谈辛亥革命前后的中华民族认同》④ 一文认为，作为一个"政治民族"概念，"中华民族"是在民族危机达于顶点之时出现的，但其根基却是"文化民族"认同。文化认同虽然是民族认同和国家认同的基础，但却无法完全把民族认同和国家认同统一起来。这一概念在此后建设现代民族国家的进程、特别是在受到外来侵略、民族主义空前高涨的历史过程中，才逐渐变得清晰和明确，并被赋予了现代性的内涵⑤。

更为学界所瞩目的，当是 20 世纪三四十年代顾颉刚与费孝通之间关于"中华民族"的争论。1939 年，著名历史学家顾颉刚在《益世报·边疆周刊》发表了题为《"中国本部"一名亟应废弃》《中华民族是一个》的文章，明确提出中国只存在一个"中华民族"，把中国的汉、满、蒙古、回、藏等群体都称为"民族"，是帝国主义分化和瓦解中国的策略和阴谋，"伪满洲国"即是一例。该文发表后引发了关于"中华民族"定义的激烈争论。其中反对最力者当属费孝通。随着 20 世纪 80 年代末以来费氏"中华民族多元一体格局"的理论逐渐被官方和学界所普遍接受和承认，当年的这场论战似乎已经被学界所遗忘。然而，费氏"中华民族多元一体格局"的理论虽然在理论上解答了很多疑问，却并非十全十美。时至今日，中国的"民族构建"究竟应该以"中华民族"作为单元，还是以 56 个"民族"作为单元，并未得到根本性的解决。王铭铭的《超越"新战国"：吴文藻、费孝通的中华民族

① 卢勋、杨保隆主编：《中华民族凝聚力的形成与发展》，北京：民族出版社，2000 年。

② 伍雄武：《中华民族的形成与凝聚新论》，昆明：云南人民出版社，2000 年。

③ 郑大华：《论晚年孙中山"中华民族"观的演变及其影响》，《民族研究》2014 年第 2 期。

④ 李帆：《再谈辛亥革命前后的中华民族认同》，《河北学刊》2015 年第 4 期。

⑤ 郑大华：《中国近代民族主义与中华民族自我意识的觉醒》，《民族研究》2013 年第 3 期；俞祖华：《民国时期中华民族共同体意识的成长》，《河北学刊》2018 年第 4 期。

理论》① 一书试图通过回顾和梳理吴文藻与费孝通的民族思想，重新思考"民族""国家""世界"之间的关系。王氏认为中国是一个超民族、超社会的国家，其核心因素是一种"面子制度"、一种交往的文明，其产生的前提是自我约束、自我贬低，以此为手段来保住自己的"面子"，以及超过他国的地位。王氏指出中国的道路与西方不同，确是远见卓识，但中国的所谓"特色"，究竟是真正的"特色"，还是拒绝西方普世价值与文明的"借口"？马戎主编的《"中华民族是一个"：围绕 1939 年这一议题的大讨论》② 一书，汇集了当年论战双方的重要论文以及回顾这一论战的文章，对了解当年大讨论的原貌以及认识当下的民族问题极有助益。汤莹的《顾颉刚"中华民族是一个"理论再探》③ 对顾氏这一理论的渊源进行了考察，指出顾氏不仅从前人如梁启超的民族论述中得到了一定的启发，更在于他能把"考究典籍"和"实地调查"相结合起来，从而提出了这一历史论断。赵梅春的《西北考察与顾颉刚"中华民族是一个"理论的建构》④ 一文也充分关注到了 1937 年西北考察对顾氏的重大影响。的确，回顾顾氏与费氏在将近一个世纪前的争论，可以充分感受到二者的争辩并非严格意义上的学术辩论，而是始终在政治与学术之间纠葛不清。杜玉芳的《中国共产党中华民族观的调整与抗日"民族"统一战线的形成》⑤ 一文也强调了日本侵华、民族危机日益加剧对中国共产党中华民族观的影响。

由此看来，尽管在"中华民族多元一体格局"理论的指导下，学界对"中华民族"形成问题做出了大量讨论和研究，但如何认识"民族"和"中华民族"这两个概念仍然困扰着众多学者。更为重要的是，理论虽然对具体研究具有指导作用，但在历史研究中，过分依赖理论、径直依据理论展开研究，必然导致"理论先行"、以论代史，从而影响到对具体历史情景的认知。这提示我们，费孝通的"中华民族多元一体格局"理论不应当成为终结学术思考的"终点"，而应当成为进一步深入研究和讨论的"起点"。

---

① 王铭铭：《超越"新战国"：吴文藻、费孝通的中华民族理论》，北京：生活·读书·新知三联书店，2012 年。

② 马戎主编：《"中华民族是一个"：围绕 1939 年这一议题的大讨论》，北京：社会科学文献出版社，2016 年。

③ 汤莹：《顾颉刚"中华民族是一个"理论再探》，《思想战线》2018 年第 1 期。

④ 赵梅春：《西北考察与顾颉刚"中华民族是一个"理论的建构》，《青海民族研究》2018 年第 2 期。

⑤ 杜玉芳：《中国共产党中华民族观的调整与抗日"民族"统一战线的形成》，《中央社会主义学院学报》2015 年第 4 期。

第二章　汉民族形成研究

通　论

汉民族是中国 56 个民族中人口最多的民族，2020 年第七次全国人口普查的数据显示，汉族人口总数为 1286311334 人，占到全国总人口的 91.11%。汉族也是世界上第一大民族。汉族对于中国历史的发展作出了重要的贡献，历史学家白寿彝指出：汉族是中国历史上的主体民族，汉族在全国各民族中，无论在哪个时期，都是人数最多、生产水平和文化水平最高的民族，汉族在全国各民族中，始终成为我们国家的稳定力量。中国历史几千年连续不断，在世界史上是少有的，这个功劳汉族应居第一位。[①]

汉民族是在几千年漫长的历史发展过程中，由许多的民族融合而成。从 20 世纪 50 年代开始，我国学术界围绕汉民族的形成问题展开了热烈的讨论，被称为中华人民共和国史学发展上的"五朵金花"之一。汉民族形成问题的研究不仅促进了我国学术界对于马克思主义民族理论的认识，而且推动了中国民族关系史的讨论，对 20 世纪下半叶以来中国民族史的研究产生了深远的影响。[②]

中华人民共和国成立以来的 70 年间，汉民族形成问题的研究经历过三个阶段。

[①] 白寿彝：《关于中国民族关系史上的几个问题——在中国民族关系史座谈会上的讲话》，《白寿彝民族宗教论集》，北京：北京师范大学出版社，1992 年，第 56—57 页。

[②] 关于汉民族形成问题的讨论，已有一些学者写过学术综述。写于 50 年代的有：蔡美彪《汉民族形成的问题》《科学通报》1955 年第 2 期，综述了中国科学院历史研究所第三所就范文澜文章展开的讨论；林征：《关于汉民族形成问题的讨论》，《新建设》1955 年第 10 期，综述了学术界在这一问题上的学术争鸣。新时期以来学术界发表的综述有：宋德金：《关于汉民族形成问题的不同见解》，载《历史研究》编辑部：《建国以来史学理论问题讨论举要》，济南：齐鲁书社，1983 年；周朝民、庄辉明、李向平编著：《中国史学四十年》，南宁：广西人民出版社，1989 年，第一编第二章，《古史研究中的"五朵金花"》第五小节《汉民族形成问题和民族关系问题引人注目》；李振宏：《民族和民族关系问题讨论综述》第一小节"关于汉民族的形成"，载朱绍侯主编：《中国古代史研究入门》，郑州：河南人民出版社，1989 年；桂遵义《马克思主义史学在中国》一书 1992 年由山东人民出版社出版，该书第十二章第一节第二小节总结汉民族形成问题的研究，标题是"关于汉民族形成问题的讨论"；陈连开：《20 世纪汉民族研究概述》，《西南民族学院学报》1998 年第 6 期；胡阳全：《近年来国内汉民族研究综述》，《中国史研究动态》2001 年第 4 期；陈礼贤：《近二十年来中国汉民族起源形成研究综述》（一）（二）（三），《广西右江民族师专学报》2001 年第 4 期，2002 年第 1 期、第 2 期。本章写作时参考了上述成果。

第一阶段是 20 世纪 50 年代汉民族形成问题的讨论。

20 世纪 50 年代初，中国内地知识界开始学习马克思主义理论，汉民族形成问题作为一个重要问题被提了出来，引起学者们的重视。苏联学者叶菲莫夫发表了讨论中国民族形成问题的文章，他根据斯大林的民族理论，认为中国民族是在 19 世纪到 20 世纪之间形成的，范文澜则著文阐发汉民族形成于秦汉时代的观点，他们的文章引发了我国学术界围绕汉民族形成问题展开的热烈的讨论。

学者们纷纷依据马克思主义经典作家关于民族形成的相关论述，对汉民族的形成问题发表了不同的意见。当时学者们讨论的问题主要涉及几个方面：一是汉民族何时形成的问题，形成了几种意见：范文澜等主张秦汉时代说，有些学者依据斯大林民族形成于资本主义上升期的理论，认为汉民族形成应在 1840 年以后的近代社会中，也有一些学者认为汉民族的形成应与中国资本主义萌芽问题相连，推断出汉民族形成始于明朝后期的结论。二是在秦汉时代构成民族的四个特征究竟有没有形成。三是汉民族作为资本主义民族和社会主义民族的形成问题。历史研究编辑部曾将当时参与讨论的重要文章结集成《汉民族形成问题讨论集》，1957 年由生活·读书·新知三联书店出版。

第二阶段是 20 世纪 60 年代关于马克思主义民族形成理论与汉民族形成问题的讨论。

在 20 世纪 50 年代关于汉民族形成问题的讨论中引发学者们争论的一个重要原因在于，学术界对于"民族"概念以及民族形成理论的认识和理解存在分歧。一方面，当时我国学术界对于马克思主义民族理论的研究还不系统和深入，未能给学术研究提供坚实的理论基础。另一方面来自译名的问题。由于中华人民共和国成立初期马克思主义经典著作的翻译过程中，对于涉及"民族"的多个词汇翻译方式存在争议，认识不统一，使得各自理解的"民族"的概念有较大差异，给民族研究带来困难。

在 20 世纪 50 年代学术争鸣的基础上，60 年代许多学者开始系统梳理马克思主义经典作家关于民族形成的相关理论。一些学者发现民族的起源与形成的客观规律马克思和恩格斯早有阐述，恩格斯在《劳动在从猿到人转变过程中的作用》一文中明确指出："部落发展成了民族和国家。"[1] 民族最初是由部落发展而成，而部落是原始社会时代的产物，说明民族最早起源和形成于原始社会的部落时代。同时他们也认为，恩格斯关于民族形成于原始社会的说法和斯大林关于民族形成于资本主义上升期的说法并不矛盾，恩格斯讲的是一般民族起源和形成的问题，而斯大林讲的是"现代民族"，亦即"资产阶级民族"形成的问题。[2]

20 世纪 60 年代学术界对于民族形成的上限提出了几种不同的观点，或认为民

---

① 《马克思恩格斯文选》两卷集，第二卷，北京：人民出版社，1961 年，第 86—87 页。

② 牙含章、孙青：《建国以来民族理论战线的一场论战——从汉民族形成问题谈起》，《民族研究》1979 年第 2 期。

族应形成于原始社会末期和阶级社会初期，或认为在蒙昧时代的高级阶段，已由部落发展成了最初的民族——蒙昧民族，或认为民族形成于阶级和国家的出现以后。也有学者坚持认为只有在资本主义上升期才能形成民族①。对应到汉民族的形成，学者们也有不同的认识。主张"从部落发展成民族"的学者，认为汉族是一个非常古老的民族，但具体到它形成的时代上又有不同见解：或认为形成于夏代，或认为始于夏代成于周朝。不过也有学者仍旧主张汉民族形成于秦汉，或者形成于近代社会中。

第三阶段是新时期以来汉民族形成问题的研究。

"文革"前，特别是 20 世纪 50 年代，中国学术界汉民族形成问题的讨论实际上是围绕着"民族"的概念和民族形成理论而展开的，斯大林关于民族的论断是学者们论争的理论依据，但同时也制约了人们的认识。通过学术争鸣和深入研究，学术界对于马克思主义民族理论有了更加深入和全面的理解。"文革"结束后，对于汉民族形成问题的研究开始摆脱"左"的思想束缚。

20 世纪 80 年代以来，我国学术界关于汉民族形成问题的研究主要体现在：汉民族形成于秦汉说得到新阐发；秦汉之前华夏族的发展史受到重视。

一些学者坚持汉民族形成于秦汉时代的观点，挖掘史料做更深入的阐发。一些学者则将研究视野伸向先秦时代，探讨华夏民族形成的历程。关于华夏族的历史，讨论热烈，一些学者认为，华夏族形成于夏代，一些学者则认为，华夏族形成于西周，还有一些学者主张形成于春秋战国时代。汉族由华夏族发展而来，而华夏族和汉族的关系，学者们也有不同的认识。一些学者认为华夏族到汉族，只是族称的变化，其本质没有发生根本性的变化，汉族是华夏族的壮大，而不是汉族形成的开始。持不同观点的学者则认为，华夏族和汉族有区别，华夏族仅仅是汉族的前身，汉民族形成于秦汉时代，此后文化传统延续不断。

汉民族研究的重要学术机构是中国民族学学会汉民族分会。该学会于 1986 年开始筹备，1994 年经民政部批准正式成立。1987 年由中国社会科学院民族研究所、广西民族学院民族研究所、广东省民族研究所、云南大学历史系在广西南宁联合举办了首届汉民族研究学术讨论会，此后又在广东汕头、云南昆明召开了两次国际汉民族学术讨论会。1994 年学会正式成立后，先后在湖南长沙、广西南宁、福建泉州、澳门等地先后举办国际汉民族学术研讨会，出版了多部由学会组编的汉民族研究的论文集②。1992 年四川民族出版社出版了徐杰舜著《汉民族发展史》，该书成为学术界第一部全面系统研究汉民族发展历程的专著，"结束了我国汉民族没有专史的历史"③，受到学术界高度重视。汉民族研究也引起了国际学术界的重视。2008 年 4

---

① 章纪：《关于民族形成问题的讨论》，《学术研究》1964 年第 2 期。

② 何星亮：《中国民族学学会汉民族分会工作报告》，《民族学通讯》第 137 期。

③ 孟凡夏、徐杰舜：《汉民族研究是一座学术宝库——徐杰舜教授访谈录》，《广西民族学院学报》1999 年第 1 期。

月，美国斯坦福大学举办了"汉民族研究反思国际学术研讨会"，来自中、美、英、法、加、澳、丹麦和比利时等国 50 余名专家学者参加会议，共提交论文 44 篇，会议围绕汉民研究的重要问题分为 10 个专场进行了大会发言和分组讨论①。

第一节　20 世纪五六十年代汉民族形成问题的讨论

一、中华人民共和国成立之初汉民族形成问题的提出

20 世纪 50 年代初中国内地知识界掀起了学习马克思主义理论的热潮，在学习过程中，汉民族形成的问题被提了出来。

1950 年的《学习》杂志第 2 卷第 1 期上，当时鲁中南区团校的张志仁提出了一个问题："斯大林说，民族是'在资本主义上升时代的历史范畴'。据此，是不是说汉民族是在近百年才形成的呢？在这以前，能不能称为民族呢？"这是一个非常重要的问题，引起了学者们的重视。该杂志同期刊发了刘桂五的解答。他指出，各民族的特征虽然是相同的，但各民族形成的过程并不是一致的，东西欧各民族都是在资本主义的上升时期形成的，所以斯大林说民族是"在资本主义上升时代形成的历史范畴"，但这并不是说在资本主义时代以前的各民族就不能称之为"民族"。林曾说过："有些民族还完全没有踏入资本主义"，因此，斯大林所说的民族特征是资本主义时代的民族特征，在资本主义时代以前的各民族虽然没有完全具备这些特征，但仍可称之为民族。对照汉民族的历史，他认为秦汉以后，汉民族的特征有的已经具备，有的正在形成过程中，"因此我们认为汉民族还可以叫作民族"，"直到鸦片战争以后，资本主义工业开始萌芽，汉族才逐渐形成资本主义时代的民族。"②

《学习》杂志同年第 12 期上，荣孟源回答了王思翔提出的问题，"斯大林在《马克思主义与民族问题》一书中论民族的特征时说：'只有一切特征通统具备时，才算是一个民族。'那末，中国今天能否说已经形成一个民族了呢？"荣孟源和刘桂五一样，先是引用了斯大林的著作，说明斯大林用过"民族"一词来指代资本主义以前的人们共同体，所以，"用这个理论来观察中华民族，那末我们可以看到汉族及回、蒙古、藏、苗、彝……各民族都可以称为民族。"接着他从共同语言、共同地域、共同的经济生活和表现在文化上的心理状态四个方面展开论述，认为"汉族早已是一个民族"③。

1950 年 10 月范文澜在《学习》第 3 卷第 1 期上发表《中华民族的发展》一文，

①　王培华、徐桂兰、(加) 伊利克 (Eric Vanden Bussche)：《汉民族研究的国际视野》，《百色学院学报》2009 年第 1 期。

②　刘桂五的解答见《学习》1950 年第 2 卷第 1 期。

③　王思翔的问题及荣孟源的解答，见《学习》1950 年第 2 卷第 12 期。

其中第二节论述"汉族是怎样形成的"。范文澜追溯了历史上汉族形成与发展，指出汉族成为巨大民族的主要原因，首先是生产力不断发展（虽然是缓慢的），人口因之繁殖，其次是文化影响不断扩大，国境内文化低的少数民族，因之逐渐被同化。汉族发源黄炎族，五千年来，吸收数以百计的大小民族，终成巨大的汉族①。

　　1951 年华岗将自己在抗日战争时期完成的《中国民族解放运动史》第一卷重新修订后出版，他在绪论中增补了"中华民族的形成和演进过程""中国近代史以前的种族斗争与民族运动"两节内容。陈郊针对书中民族问题的论述提出质疑，他在引证斯大林关于民族是资本主义上升期形成的理论后指出："中国的民族和民族解放运动，也形成和出现在外国资本主义的侵入使封建社会解体并刺激了中国资本主义成长的时期，即鸦片战争时代，而不能在它以前。"②

　　华岗对自己的观点。"斯大林是从历史观点来考察民族问题，把民族问题底理解跟社会阶级结构底变更联系起来，只说资产阶级民族是'兴盛的资本主义时代底产物'，并没有说在封建社会内就没有形成民族的可能。"另外，斯大林在说"封建制度消灭和资本主义发展底过程，同时就是人们民族底过程"的时候，他有具体所指，即西欧的民族。俄罗斯的情况不一样，中国的情况也特别。"事实上，中国自秦汉以后，由于国防的利益，即抵御外族侵略的必要，便已出现过中央集权，有了国内市场，有了经济、领土、语言、文化的共同性，因而也就出现了以汉族为主体的中华民族，有什么根据说中国民族形成和出现，是在'鸦片战争时代，而不能在它以前'呢？"③

　　陈郊和徐柏容不同意华岗的观点。从理论上讲："斯大林不但说过，而且反复地、明白地说过：'在资本主义以前时期没有并且也不能有民族存在。'"④ 具体到汉民族，他们认为中国在秦汉时代的情形不足以形成民族，"当时中央集权制、疆域的扩大和交通的便利，自然是为中国民族共同的地域、经济生活、语言和文化等创造了有利的条件，但这只能说是一个开端"，但"当时中国各族（'民族'或部族）间还是相当的隔膜，还没有造成各族较巩固的统一，反之，而是各族之间的长期战争……阻滞了生产力和中国封建社会的发展，因而资本主义没有萌芽和成长，没有建立资产阶级的联系，民族和国家也就没有完成和巩固。"⑤ "说中国在封建时期就形成了中华民族，也是站不住脚的。"⑥

　　华岗再次争辩说，从理论上讲在封建社会是存在民族的。"封建时期的经济、领土、语言、文化的共同性，和资本主义时期的经济、领土、语言、文化的共同性，有所区别，主要是前者还不会有稳固的经济联系，而后者则已有比较稳固的经济联

---

①　范文澜：《中华民族的发展》，《学习》1950 年第 3 卷第 1 期。

②　陈郊：《关于〈中国民族解放运动史〉中一个基本问题的讨论》，《新建设》1952 年 5 月号。

③　华岗：《答陈郊先生》，《新建设》1952 年 5 月号。

④　徐柏容：《关于"民族的产生"问题》，《新建设》1952 年 6 月号。

⑤　陈郊：《再谈民族问题》，《新建设》1952 年 6 月号。

⑥　徐柏容：《关于"民族的产生"问题》，《新建设》1952 年 6 月号。

系。因此，现在苏联的历史学者主张把资本主义时期以前所形成和出现的民族，称为部族或'民族'，以与资本主义时期已经完成和巩固的民族相区别。可见在封建社会时期，还是可以形成和出现'民族'，不过不像资本主义生产关系所产生的民族那样完成和巩固罢了。"他仍然坚持中国民族在封建时代早已形成的观点①。

50 年代初汉民族形成问题就已经引起学术界的重视，而中国学术界对汉民族形成问题展开热烈讨论，则是从苏联学者格·叶菲莫夫《论中国民族的形成》、范文澜《试论中国自秦汉时成为统一国家的原因》两篇文章的发表开始的。

二、20 世纪 50 年代汉民族形成问题的争鸣

格·叶菲莫夫是苏联著名的东方学家，学术专长是中国近现代史，发表著作一百余种，曾获苏联勋章和奖章多枚②。1953 年他在苏联《历史问题》杂志第 10 期上发表《论中国民族的形成》一文，该文源自 1952 年他在列宁格勒国立日丹诺夫大学举行的科学会议上所作的报告，作者曾于 1952 年访问中国，就报告中的内容同中国学者进行过讨论。不久这篇论文被译成中文，1954 年刊载于我国《民族问题译丛》第 2 辑上③。

叶菲莫夫在他的这篇论文中，依据列宁和斯大林的民族理论，结合中国历史的资料，论证了中国民族的形成问题。他引证列宁和斯大林的观点说，民族是在一定的时代中，在资本主义上升时代中所形成的一个历史的范畴，封建制度的消灭与资本主义发展的过程是和人们民族的过程同时进行的。民族作为历史上形成的稳定的人们共同体，它有以下四个特点：共同的语言、共同的地域、共同的经济生活以及表现在共同文化上的共同心理状态。叶菲莫夫根据这一理论探讨中国民族形成，他得出结论说："中国民族曾具有半殖民地国家资产阶级民族所固有的许多特点，它是在 19 世纪与 20 世纪之间形成的。"

范文澜在《历史研究》1954 年第 3 期上著文《试论中国自秦汉时成为统一国家的原因》④，他根据马克思主义的民族理论审视中国历史，认为"汉民族有它自己的发展过程，并不因为有了资本主义才开始成为民族"，在秦汉时起汉族已经初步具备了民族的四个特征，开始一个民族了。

范文澜认为：汉民族"'共同的语言'就是'书同文'。李斯作小篆，'罢其不与秦文合者'。汉时'学僮十七已上始试……书或不正，辄举劾之'。这说明自秦汉

---

① 华岗：《再答陈郊先生》，《新建设》1952 年 6 月号。

② 中国社会科学院文献情报中心编：《俄苏中国学手册》（上册），北京：中国社会科学出版社，1986年，第 283—286 页。

③ 格·叶菲莫夫：《论中国民族的形成》一文题记，见《汉民族形成问题讨论集》，北京：生活、读书、新知三联书店，1957 年，第 228 页。

④ 作者将该文收入《中国通史简编》修订本第一编绪言中，标题改为《自秦汉起中国成为统一国家的原因》，见《中国通史简编》修订本第一编，第 49—64 页，人民出版社 1955 年。《汉民族形成问题讨论集》收录该文，见第 1—16 页，生活、读书、新知三联书店，1957 年。本章所引范文澜该篇文章出自该书。

起，用以表达语言的字体全国完全一致，更不用说语法结构上的一致了。"对汉民族而言"'共同的地域'就是长城之内的广大疆域。"关于"表现于共同文化上的共同心理状态"，范文澜认为"就是'行同伦'。儒家思想的主要部分，即祖宗崇拜与孝道，是汉族的共同理。秦时'以吏为师'，汉时立太学和郡学，讲授五经，太学与郡学成为全国的大小文化中心。""以上三个特征，自秦汉时起确是具备了。在整个封建社会（包括半封建社会）时代里，本质上没有什么变化。"对于"共同的经济生活"，范文澜论证说："'车同轨'可以了解为相当于'共同经济生活''经济的联系性'这个特征。"春秋时期已有为便利交通而设的驿站制度，长江、淮水、黄河已经贯通，南北各大水都可以通舟楫。商人用舟车装运货物往来各国，不受阻碍。战国时代商业的重要性更见增加，商品生产和交换比西周和春秋时期大进一步地在社会上层起经济联系的重大作用，割据分裂也为统治阶级的人们所憎恶。秦汉时代商贾通行全国无阻。中国国内大小市场的形成，开始于战国。汉时长安、洛阳、宛、邯郸、临淄、成都为全国商业的中心大市场。其中西汉以长安，东汉以洛阳为中心大市场的中心。这些大市场与全国各郡县的中小市场联系着，不容否认当时全国经济上的联系是相当密切的。部族变成民族的原因是资本主义的出现，其具体表现是封建割据的消灭和市场的形成。在汉族历史上，自秦汉确立郡县制，封建割据基本上消灭了，大小市场也实在形成了，但是资本主义根本不存在。

　　主张汉族形成于秦汉之际，最大的问题是和斯大林阐述的民族形成理论相抵触，因为斯大林明确地说："在资本主义以前的时期是没有而且不可能有民族的，因为当时还没有市场，还没有民族的经济中心和文化中心，因而还没有那些消灭各该族人民经济的分散状态和把各该族人民历来彼此隔绝的各个部分结合为一个民族整体的因素。"①针对这一问题，范文澜使用了"独特民族"的概念，他说："汉族自秦汉以下，既不是国家分裂时期的部族，也不是资本主义时代的资产阶级民族，而是在独特的社会条件下形成的独特的民族。它不待资本主义上升而四个特征就已经脱离萌芽状态，在一定程度上变成了现实。它经历过二千余年的锻炼，具备着民族条件和民族精神。"

　　范文澜的文章在学术界产生了极大的反响。1954 年 11 月，中国科学院历史研究所第三所举行了学术讨论会。根据蔡美彪发表的会议纪要，在讨论会上，大家一致认为，范文澜的文章提出了一个很重要的问题，对于进行创造性的科学研究和开展学术讨论具有很大的启发意义，但是具体到范文澜在文章中的观点，一些同志提出了不同的意见和问题②。历史研究所第三所的讨论会之后，更多的学者就汉民族形成问题发表文章，一场热烈的学术争鸣就此展开。

---

① 斯大林：《民族问题和列宁主义》，《斯大林全集》第 11 卷，北京：人民出版社，1955 年，第 289 页。
② 蔡美彪：《汉民族的形成问题——记中国科学院历史研究所第三所的讨论》，《科学通报》1955 年第 2 期。

（一）资本主义社会之前是否存在民族

一些学者以马克思主义经典作家，特别是斯大林关于民族形成的理论为依据，坚持认为在封建社会不可能形成民族。曾文经指出，马克思主义经典作家具体分析了许多民族的形成过程，认为英法等西欧民族形成大体上和中央集权国家建立同时，而匈、奥、俄等东欧民族的形成时间略后中央集权国家的建立。马列主义在研究各民族形成过程中，常有这样的看法：决定民族形成的因素，不是中央集权国家的建立，而是封建主义的解体、资本主义的产生等。中国秦汉以来的中央集权国家政权和欧洲封建社会末期的中央集权国家政权相比有重大差别，因此不能援引欧洲的历史事例，证明汉民族在中央集权国家建立同时或稍后期间形成。他主张："汉民族只是在封建主义的解体、资本主义的出现、全国市场的形成之后才开始形成起来的。"[①] 魏明经认为，斯大林关于民族的阐述实际上包含两个层面，一个是四个特征的阐述，另一个是民族形成于资产阶级上升期，范文澜"撷取了斯大林民族四特征理论这一方面，而割去了斯大林的重要结论民族只是资本主义兴起时代的历史范畴，其实这两方面在斯大林那里是被看作马克思列宁主义民族理论的不可分割的统一体，割裂了二者，那就连他的民族四特征理论本身也给歪曲了。"[②]

赞同范文澜观点的学者则认为，斯大林说民族是资本主义时代的产物是因为在资本主义以前，民族的要素——语言、地域、共同的文化等，"是处在萌芽状态中，至多也不过是将来在某些有利条件下可以民族的一种潜在力。这种潜在力只有在资本主义上升并具备市场、经济中心和文化中心的时期才变成了现实"[③]，所以问题的实质在于形成民族的四个要素。研究汉民族何时形成，应首先考察中国秦汉以后的封建社会里是否存在这四个要素。比较中国和欧洲的情况看，欧洲封建社会的"国家分裂为各个独立的公国"，各地"彼此隔绝"的情况和中国秦汉之前极为相似，秦汉以后中国封建社会的许多重要特征，如庄园经济的消灭，中央集权制国家的存在，各地商品的交流等，都是欧洲封建时代所没有的。所以秦汉以后，市场、经济中心、文化中心的形成不能说绝对没有条件。在欧洲，资本主义、中央集权国家、民族三者可以联系起来，而在中国，可以把地主经济、中央集权国家和民族三者联系起来。[④]

（二）秦汉时代民族四要素是否已经形成

范文澜认为斯大林所说的民族四个特征，即共同语言、共同地域、共同经济生活以及表现在共同文化上的共同心理状态，在秦汉时期汉民族已经初步具备了，以

---

① 曾文经：《论汉民族的形成》，《历史研究》1955 年第 1 期。

② 魏明经：《论民族的定义及民族的实质》，《历史研究》1956 年第 4 期。

③ 斯大林：《马克思主义与民族、殖民地问题》，北京：人民出版社，1953 年，第 341 页。

④ 章冠英：《关于汉民族何时形成的一些问题的商榷》，《历史研究》1956 年第 11 期。

后则是长期继续发展着，这是汉民族不同于西方民族的特殊之处。这个问题究竟是不是事实，封建时代汉民族有无可能形成民族四要素，学者们展开争鸣。

首先是对共同语言的讨论。一些学者不同意范文澜将"书同文"作为汉民族共同语言形成的依据。曾文经认为，语言是社会交际的工具，要全社会经过几百代的努力才能创造起来，"中央集权国家的皇帝规定字体，对各地域语言的统一可以起某些作用，但要是说，国家规定统一的字体，就可以创造一种民族的共同语言来，那就是一种奇怪的说法了"①。官显指出，秦统治者统一文字是事实，但这不等于说秦统治者统一了语言，范文澜的错误就在于："把文字的统一和语言的统一混为一谈。"② 张正明认为民族共同语言的形成与市场的形成齐驱并进，他引用了苏联语言学家康拉德的研究成果，认为中国北方方言，在 15、16 世纪里才取得了后来语音面貌的基本特征，在 17、18 世纪里继续发展并在某种程度上作为汉民族的共同语言传播到全国。所谓"官话"，便是汉民族共同语言的雏形③。杨则俊指出，语言不仅指"书同文"的"文"，而且也包括口头所说的"言"。在中国语言发展中，"言"和"文"之间有很大的距离。文字可以由国家来规划统一，但民间的语言显然是不会由这种规划来统一。范文澜只是正确地说明了在秦的时候，中国的文字在一定程度上统一起来了，但是并未说明汉族民族共同语言的形成。相反的，从古代文献的记载中看到秦汉的时候还是处在部族语言阶段，还没有民族共同语言的产生④。

章冠英承认"书同文"不足以说明民族共同语言的形成，但他认为部族也可以有共同的语言，它变为民族的语言必须在共同的经济生活形成之。秦汉以后汉族是否有共同的语言关键在于那时的共同的经济生活有无形成，而按照他的论证，秦汉以后汉族形成了共同的经济生活，尽管是低级的和不完整的⑤。

其次是关于共同的地域的讨论。按照范文澜观点，秦汉以后汉民族"'共同的地域'就是长城以内的广大的疆域"，一些学者提出质疑，认为汉民族的共同地域是在长期历史发展中形成的，秦汉时代并未完成。曾文经指出，范文澜的观点存在以下问题：第一，秦汉中央集权国家征服的若干地方是其他族或部落居住着的，这些族或者部落后来还曾建立了自己的国家。第二，在某些时期，其他族或部落也曾侵入或迁入原为汉人居住的地方。第三，汉人也有迁移到原为其他族或部落居住的地方，如东北。所以曾文经认为："所有这些情形，都说明共同地域这一民族要素是在逐渐创造中。"⑥ 官显认为部族与民族都有"共同地域"，但部族比起民族，它的"共同地域"比较不稳固，呈现出分裂割据的特征，在中国历史发展过程中，整

① 曾文经：《论汉民族的形成》，《历史研究》1955 年第 1 期。

② 官显：《评"独特的民族"论》，《新建设》1955 年第 5 期。

③ 张正明：《试论汉民族的形成》，《历史研究》1955 年第 4 期。

④ 杨则俊：《关于汉民族形成问题的一些意见——与范文澜同志和格·叶菲莫夫同志商榷》，《教学与研究》1955 年第 6 期。

⑤ 章冠英：《关于汉民族何时形成的一些问题的商榷》，《历史研究》1956 年第 11 期。

⑥ 曾文经：《论汉民族的形成》，《历史研究》1955 年第 1 期。

个古代史和中世纪史充满了分裂割据的现象，这是部族"共同地域"的特征，而不是民族"共同地域"的特征①。

章冠英不同意这样的认识，他认为这显然是将共同地域与一般所说的领土完整两个概念混淆了。对于历史上汉族生活区域的变化，他认为共同的地域不等于固定不变的地域，事实上全世界没有一个部族或民族是永远固定在一个地域内的②。

再次是关于表现于共同文化上的共同心理状态（素质）的讨论。在中国科学院历史研究所第三所的讨论会上，一些学者认为，秦汉以来汉民族的共同心理素质是存在和逐渐发展着的，但范文澜所举祖宗崇拜和孝道，却不尽恰当，因为所谓共同心理素质应是全民的、民族所共有的而不是某一阶级社会中一定阶级的产物。祖宗崇拜与孝道是宗法封建制的思想表现，是用来维护封建制度的工具，不能说成民族的共同心理素质③。曾文经指出，在封建社会里，共同的文化"只能处在萌芽的状态中"，中央集权国家的建立，对于共同文化这一民族要素的逐渐创造能起一定的作用，"但只要是经济上还有分散状态存在着，政治上还有某种程度的封建割据存在着，文化中心还没有确定下来，我们就很难说，共同文化这一民族要素已经充分成熟了。"④ 官显认为："儒家思想是汉代以后变成统治阶级的意识形态，即变为上层建筑了。虽然部族或民族的'共同心理状态'都不排斥统治阶级的心理状态，但它在部族或民族的'共同心理状态'之中，是决不占主要部分的。"⑤ 有学者指出，在这些讨论中，"究竟汉民族的共同心理素质具有哪些特点，许多人并没有提出明确的意见来"。⑥

最后是关于共同经济生活的讨论。共同经济生活是民族形成的重要基础，"由于经济生活的发展，才促进了每一阶段的语言、地域、心理状态等条件的发展"⑦。曾文经认为，对于"共同的经济生活""经济的联系性"正确理解应该是：由于劳动的分工和交换的发展、全国统一市场的建立、交通的发达等，各地域之间有了经常的、正规的经济联系，成为一个经济的整体。根据这一标准来看，秦汉时期汉人并没有具备这些条件。在秦汉时代及其以后的封建社会中，在自然经济占绝对优势，劳动分工和商品交换的发展很薄弱，全国统一市场没有形成，交通不发达的条件下，各地域的人们是不会有共同的经济生活，全国各部分是不能联系成为一个经济整体的⑧。官显认为范文澜力图证明封建时代的商业资本已经把汉族人民从经济上联系

---

① 官显：《评"独特的民族"论》，《新建设》1955 年第 5 期。
② 章冠英：《关于汉民族何时形成的一些问题的商榷》，《历史研究》1956 年第 11 期。
③ 蔡美彪：《汉民族形成的问题——记中国科学院历史研究所第三所的讨论》，《科学通报》1955 年第 2 期。
④ 曾文经：《论汉民族的形成》，《历史研究》1955 年第 1 期。
⑤ 官显：《评"独特的民族"论》，《新建设》1955 年第 5 期。
⑥ 林征：《关于汉民族形成问题的讨论》，《新建设》1955 年第 10 期。
⑦ 魏明经：《论民族的定义及民族的实质》，《历史研究》1956 年第 4 期。
⑧ 曾文经：《论汉民族的形成》，《历史研究》1955 年第 1 期。

为一个民族整体了，这样的认识"把古代商业资本的作用加以夸大"，"不能客观地来研究商业资本在不同历史时期的应有的作用"。官显以中唐的庄园经济为例，说它构成了自然经济统一的整体，农民对市场没有很大的兴趣。商业资本家实际上为上层封建主服务，基本上是为以自然经济为主导的大领地经济服务。由于当时商品生产不发达，商业资本还不能提出扩大与统一全国市场的要求，还不能根本动摇自然经济的统治，打破各区域间的闭关状态。也就是说，它还不能把部族的"共同经济联系"，融合成为民族的"共同经济联系"①。魏明经则认为，我们可以说中国在资本主义产生以前已经有了高度的封建经济，而土地的自由买卖也促进了封建经济的发展，但我们无论如何不能说这种所谓的高度的经济会改变封建经济的性质，改变中国历史上封建社会的长期存在性。土地自买卖并未破坏封建经济，反而加强了封建统治，它便利了地主对土地的兼并和商人向地主的转变。商业资本和封建经济合流的结果，使得商业资本附属于封建经济。土地自由买卖不能使封建经济转为比它更高的经济，因不能成为民族产生的因素。他强调："只有资本主义在封建社会母胎内产生以后，才使这种部族共同体内部开始发生剧烈的经济变化，开始产生真正的经济中心和统一市场，开始加强全体成员之间的联系。"②

章冠英肯定秦汉以后汉民族形成了共同的经济生活，不过他也指出这种共同的经济生活同资本主义时代的共同经济生活还是有区别的，"由于地主经济制度下的商品经济没有在社会经济中占统治地位，所形成的共同经济生活是不完整的，所以秦汉以后的汉民族只能是一种低级阶段的民族。由于在中国，诸侯分立局面和庄园经济的结束，共同经济生活的形成，不是在资本主义出现以后，而是在地主经济出现以后，所以那时的汉民族只能是一种独特的民族。"③

（三）汉民族形成于何时

如前已述，范文澜和叶菲莫夫意见分歧，对于汉民族形成时间已经提出了两种观点。在学术争论中，一些学者又提出了新的认识，认为汉民族的形成始于明代后期，而这个问题实际上又和中国学术界关于资本主义萌芽问题的讨论相连④。这些学者引用斯大林关于民族形成的论断作为自己的理论依据：其一是"封建制度消灭和资本主义发展的过程同时也就是人们民族的过程。"⑤ 其二是"随着资本主义的出现、封建分割的消灭、民族市场的形成，于是部族就变成为民族"⑥。由此他们认为："民族的形成是一个过程，这个过程的起点，是资本主义的出现，这个过程的

---

① 官显：《评"独特的民族"论》，《新建设》1955 年第 5 期。

② 魏明经：《论民族的定义及民族的实质》，《历史研究》1956 年第 4 期。

③ 章冠英：《关于汉民族何时形成的一些问题的商榷》，《历史研究》1956 年第 11 期。

④ 张正明在《试论汉民族的形成》中说，50 年代关于汉民族的形成学术界存在四种意见，其中第三种是清代起形成说，见于《中国语文》1954 年 9 月号发表的苏联语言学家康拉德的一篇文章。

⑤ 斯大林：《马克思主义与民族、殖民地问题》，北京：人民出版社，1953 年，第 33—34 页。

⑥ 斯大林：《马克思主义与语言学问题》，北京：人民出版社，1953 年，第 10 页。

内容就是资本主义的逐渐发展，和在这个发展的同时，由于民族地区经济联系性的增长，使得封建的割据局面逐渐消灭，以致民族市场的形成就完成了这个民族的形成过程。"①

对照汉族的情况，杨则俊认为，在 16 世纪，特别是 16 世纪后期（明嘉靖以后），中国社会内部出现了非常重要的变化，在国内商品经济的基础上，产生了原始形态的资本主义，也就是代替封建制度的新的社会力量。16 世纪以来，手工业的发展超过了以往任何一个时代，手工业生产规模浩大，商品经济也有较大的发展，原料生产和加工过程间分工的发展以及区域分工的发展，这成为国内市场形成的起点。这种变化说明了旧的经济的分散性已经有了相当程度的克服，商品经济的进一步发展，使得汉族所居住的地域之内已经逐渐在事实上融合起来。正是由于这种情况，"自 16 世纪后期起，是汉族由部族向民族转变过程的开始"。除了共同经济生活特征之外，他认为共同语言、共同地域、表现在共同文化上的共同心理素质等民族特征也在这一时期开始出现。就共同语言来说，13 世纪以来，北京在全国政治生活及经济文化生活中的地位提供了北京方言形成共同的全民语言的条件。到 16 世纪，由于政治、经济的集中，国内经济联系的加强，同时北京又是政治、经济、文化的中心，以北京方言为基础的全民族语言开始产生。所以说汉民族共同语言在 16 世纪到 18 世纪之间形成是比较可靠的。共同地域方面，汉族所居住的地域，到明朝差不多已经固定下来，以后虽有变迁，却不太大。就表现在共同文化上的共同心理素质而言，他从陶器、墓葬、殉葬品以及建筑式样等方面说明，明以前地域色彩较重，明代出现了值得注意的现象，全国一致性的东西发展较快。他指出，在部族的共同文化时期，各个地区之间的差异很难消灭，只有部族转化为民族时，在新的经济条件下，才开始融合成民族的共同文化，之前由于交通闭塞所产生的地域特点逐渐融合到民族的共同文化中。对汉族来说，由部族文化向民族共同文化的发展，大概从明代开始的。杨则俊主张"十六世纪的末叶到二十世纪初的辛亥革命是汉民族的形成时期，辛亥革命标志着汉民族形成过程的基本完成"②。

张正明赞同杨则俊的观点。他认为，民族四要素有轻重之分，在同一人们共同体从部族到民族的转变过程中，起决定性作用的要素是民族共同经济生活，所以他着重论述了民族地区市场和民族地区经济中心的形成，也就是民族共同经济生活的形成。张正明指出，民族地区市场就是由各个不大的地方市场集中而成的统一的国内市场。明代后期的资本主义生产还是工场手工业时期，区域分工，包括各个区域之间在偏重制造不同种类产品方面的分工，以及在同一种类型产品的原料和加工制造方面的分工，是工场手工业时期国内市场的一个显著的特点。明代后期国内经济

---

① 杨则俊：《关于汉民族形成问题的一些意见——与范文澜同志和洛·叶菲莫夫同志商榷》，《教学与研究》1955 年第 6 期。
② 杨则俊：《关于汉民族形成问题的一些意见——与范文澜同志和洛·叶菲莫夫同志商榷》，《教学与研究》1955 年第 6 期。

重心是江浙一带，而江浙一带的主要经济中心是苏、松、杭、嘉、湖五个城市，北京是全国最大的政治、商业和文化的中心，但在经济上仰赖于东南地区。区域之间借互通有无的贸易关系连接成一个统一的国内市场。各城市分工明显，出现丝织、棉纺、制瓷、矿业中心。这些城市就是维系着民族地区市场的枢纽，就是民族地区经济中心，同时多数也是民族文化中心。民族地区市场和经济中心的形成，使封建割据状态趋于消灭，使国家的统一趋于巩固。明朝的政治制度体现了高度的中央集权，如果没有民族地区市场经济后盾，这样高度的中央集权是不能维持下去的。这反映出民族地区市场和经济中心所起的联系作用。因此，"民族市场和民族经济中心在明代后期已经存在，应当是无可怀疑的史实。"①

（四）关于中国资产阶级民族的形成

学术界存在不同的认识。一种观点认为，汉族始终没有资产阶级民族。范文澜即持这一观点，他说汉族在秦汉时已开始民族，近百年来，它在原来的基础上愈益加强了，但并不曾转化为资产阶级民族。农民阶级是一个民族的最大构成部分，软弱的资产阶级没有力量领导农民作斗争，因之不可能形成资产阶级的民族。由于没有资产阶级民族的形成，中国实际上是在无产阶级领导下越过资产阶级民族这个阶段，变为社会主义范畴的民族②。

另一种观点认为，中国形成过资产阶级民族。曾文经认为，汉民族是在封建主义的解体、资本主义的出现、全国市场的形成之后开始形成的。

"这种民族的命运是和资本主义的命运联系在一起的。民族联系的创立，就是资产阶级联系的创立。资产阶级及其政党是这种民族的主要领导力量。这种民族应该评定为资产阶级民族。"他质疑范文澜以资产阶级软弱等理由，来否认资产阶级的汉民族产生和存在的观点，认为资产阶级民族的形成过程在资产阶级革命之前就已经开始，当商品经济、资本主义经济发展到一定程度，共同的经济生活这一特征就大体上具备了，资产阶级民族的结合事业就已经基本上完成，资产阶级革命的完成通常只是表现为资产阶级民族形成过程的结束③。官显也认为，"把民族形成归根于资产阶级的力量强弱的观点，会使我们在复杂的历史现象中，找不到民族形成的规律。"④

章冠英同意范文澜秦汉以来汉民族是独特民族的观点，但他认为，在汉民族发展历程中，鸦片战争以后是资产阶级民族阶段。进入近代，随着资本主义在中国出现和资本主义共同经济生活的形成，独特的汉民族退位，资产阶级的汉民族出现⑤。

---

① 张正明：《试论汉民族的形成》，《历史研究》1955 年第 4 期。
② 范文澜：《试论中国自秦汉时成为统一国家的原因》，《历史研究》1954 年第 3 期。
③ 曾文经：《论汉民族的形成》，《历史研究》1955 年第 1 期。
④ 官显：《评"独特的民族"论》，《新建设》1955 年第 5 期。
⑤ 章冠英：《关于汉民族何时形成的一些问题的商榷》，《历史研究》1956 年第 11 期。

　　魏明经不同意范文澜汉民族形成于秦汉时代的观点，但他同样得出了汉民族没有资产阶级民族的结论。辛亥革命前，民族内部的资产阶级起着领导的作用，但是由于资本主义发展缓慢，资产阶级力量薄弱，民族在发展中还不可能资产阶级民族。然而"不能因中国资本主义的发展受到阻碍，连带着也说汉民族的发展受到阻碍"，"在辛亥革命前后的汉民族虽还不是资产阶级民族，但它总是一种资产阶级性的民族"。孙中山在多次革命失败后，开始接近工农，中国工人阶级的力量也日渐壮大，推动中国革命进入新阶段。孙中山主张联合工农，和中共合作，和苏联友好，说明中国资产阶级已经接受无产阶级思想领导和政治领导，工人阶级已经成为民族的主力。于是汉民族，"竟然跨过了资产阶级民族这一阶段而向较高级的现代民族迈进"，"因此，说汉民族不能成为资产阶级民族，又恰是说它要转变为比资产阶级民族更高的民族。"①

（五）关于社会主义民族的形成

　　这个问题的争论实际上是上一个问题的延续。范文澜认为，汉族在中国无产阶级和中国共产党领导下，作为属于世界无产阶级社会主义革命的一部分而进行斗争，逐渐社会主义的民族，到革命胜利以后，经过一个过渡时期，它就成为完全的社会主义民族②。

　　一些学者提出不同意见。曾文经、张正明等指出，中华人民共和国的成立，标志着中国资产阶级民主革命的基本完成，社会主义革命的开始。汉民族不再属于资产阶级民族类型，而开始社会主义民族。到社会主义建成时，汉民族最后完整地社会主义民族③。主张汉民族形成三阶段论的章冠英也认为，中国人民革命胜利以后，全国达到前所未有的统一，各地联系空前的密切，全国完全融为一体，汉民族才可能逐渐地一个高级的、社会主义的民族④。

三、20 世纪 60 年代学术界关于民族形成问题的讨论

　　20 世纪 50 年代汉民族形成问题的讨论，促发学术界对于马克思列宁主义关于民族形成的理论进行更深入的研究，大家认识到，只有深刻地理解马克思列宁主义民族理论，与中国史实结合，才能正确地阐述中国各民族形成和发展的问题。

　　根据牙含章等学者的回忆，中国科学院民族研究所的学者系统地梳理了马克思、恩格斯、列宁和斯大林关于民族起源和民族形成的理论，到 1962 年，他们把这个问题基本搞清楚了：第一，民族的起源与形成的客观规律，马克思和恩格斯早已明确

　　① 魏明经：《论民族的产生及中国各民族的演变过程》，《汉民族形成问题讨论集》，北京：生活·读书·新知三联书店，1957 年。

　　② 范文澜：《试论中国自秦汉时成为统一国家的原因》，《历史研究》1954 年第 3 期。

　　③ 曾文经：《论汉民族的形成》，《历史研究》1955 年第 1 期；张正明：《试论汉民族的形成》，《历史研究》1955 年第 4 期。

　　④ 章冠英：《关于汉民族何时形成的一些问题的商榷》，《历史研究》1956 年第 11 期。

解决了，恩格斯在《劳动在从猿到人转变过程中的作用》一文中明确指出："部落发展成了民族和国家。"① 民族最初是由部落发展成的，而部落是原始社会时代的产物，说明民族最早起源和形成于原始社会的部落时代。第二，恩格斯关于民族形成于原始社会的论述和斯大林关于民族形成于资本主义上升期的理论并不矛盾，恩格斯讲的是一般民族的起源和形成的问题，而斯大林讲的是"现代民族"，亦即"资产阶级民族"形成的问题②。

民族一词的译名问题也被提出来。一些学者认为学术界在汉民族形成问题上的分歧与马克思主义经典著作中"民族"一词的中文译名有关。在英语、德语和俄语中有多个词汇可以表示"民族"，而在汉语中表示这一特定含义的只有"民族"一词，外文中这些词汇或术语间的差异，汉语中的"民族"一词难以体现。例如，在俄文中，Нация、Народ、Народность 都可以当作民族一词来使用，在列宁和斯大林的俄文原著，特别是后期的著作中，对 Нация、Народность 区分明确，用 Нация 表示现代民族，而用 Народность 代表资本主义以前的民族。这种用法在斯大林的《马克思主义和语言学问题》一书中最为典型，中文译本将 Нация 译成"民族"，而将 Народность 译成"部族"，以示区别。"这样翻译的结果是，Нация 和 Народность 这两个词的中文译名在字面上区别是有了，但是这种译法没有正确地表达出斯大林的原意，因而在我国学术界和民族研究工作中引起不必要的误解、混乱和论战。"③ 1962 年春，中国科学院哲学社会科学部和中央编译局专门召开座谈会，与会者认为应把经典著作中的中文译名统一起来，建议以后只用"民族"而不用"部族"。同年冬，中央编译局出版了《斯大林文选》，对《马克思主义和语言学问题》一文做了改动，新译文将原译"部族"一词改为"［资本主义以前的］民族（Народность）"，把"部族"后边的"民族"一词改为"［资本主义时期的］民族（Нация）"。对于统一译名的做法也有一些学者提出不同看法，争论没有取得一致性的意见④。

20 世纪 60 年代学术界对于民族形成的上限问题也提出了几种不同的观点。方德昭认为，民族是在人类社会组织结构发生根本性的改变时而产生的，代替部落组织而出现的民族是一种新的人们共同体，按照民族形成的一般历史过程，民族应该形成于原始社会末期和阶级社会初期⑤。牙含章认为恩格斯在《自然辩证法》中明

① 《马克思恩格斯文选》两卷集，第 2 卷，北京：人民出版社，1961 年，第 86—87 页。

② 牙含章、孙青：《建国以来民族理论战线的一场论战——从汉民族形成问题谈起》，《民族研究》1979 年第 2 期。

③ 牙含章、孙青：《建国以来民族理论战线的一场论战——从汉民族形成问题谈起》，《民族研究》1979 年第 2 期。

④ 宋德金：《关于汉民族形成问题的不同见解》，《建国以来史学理论问题讨论举要》，济南：齐鲁书社，1983 年，第 300 页。

⑤ 方德昭：《关于民族和民族形成问题的一些意见》，《学术研究》1963 年第 7 期；《学术研究》1963 年第 11 期《关于民族形成问题的讨论》中方德昭《覆牙含章同志》。

确指出，民族最初是由部落发展成的，部落又是由氏族组成的，而氏族又是在蒙昧时代的中级阶段产生的，由此推断，最晚也在蒙昧时代的高级阶段，已由部落发展成了最初的民族——蒙昧民族①。岑家梧、蔡仲淑则认为："'古代民族'（部族）的形成是社会生产力发展到一定水平的结果，它形成于阶级和国家的出现以后。"② 也有学者认为只有在资本主义上升时代才能形成民族③。

民族形成问题的争鸣由汉民族形成问题引发，也自然会反过来影响到对汉民族形成问题的认识。章鲁认为："汉族这个民族可能是在夏代就已经形成的一个古老民族。"④ 彭英明、徐杰舜主张，"汉民族的形成始于夏代，成于周朝"。⑤ 方德昭认为汉民族是在原始公社崩溃，阶级社会产生的时期开始形成起来的，"具体地说，我国在唐尧虞舜之时已经出现了强大的部落联盟，这是形成民族的第一步，但还不是民族。后来，以这些强大的部落联盟为核心，不断地壮大发展，不断地归并同化其他部落，经过了几百年时间，到了夏商周诸朝，才形成了民族——我国汉民族的几个族源。"⑥ 文传洋认为，"汉民族正是顺着夏、商、周这条民族发展的源流，在历史上不断的融合与民族同化的过程中，到了秦汉中央集权统一国家的建立，而正式形成的。"⑦ 岑家梧、蔡仲淑认为，汉族的出现虽在秦汉时期，但它的早期阶段华夏族则形成于西周到春秋时期⑧。坚持认为民族只能形成于资本主义上升期的学者，仍旧主张"中国资本主义因素萌芽和资本主义经济逐渐发展的过程，也就是汉民族逐步形成的过程。"⑨

第二节　20 世纪 70 年代末至 21 世纪初汉民族形成问题的研究

"文革"结束后，学术界关于汉民族的研究再次活跃起来。1987 年在广西南宁召开了首届汉民族研究学术讨论会，此后又在广东汕头、云南昆明、湖南长沙、广西南宁、福建泉州、澳门等地召开了多次国际汉民族学术研讨会，1992 年四川民族出版社出版了徐杰舜著《汉民族发展史》，该书成为学术界第一部全面系统研究汉

---

① 牙含章：《致方德昭同志》，《学术研究》1963 年第 11 期。持相同观点的还有施正一，见《论原始民族——并与方德昭同志商榷》，《学术研究》1964 年第 1 期。

② 岑家梧、蔡仲淑：《关于民族形成问题的一些意见》，《学术研究》1964 年第 4 期。

③ 杨堃：《关于民族和民族共同体的几个问题》；杨毓才：《向牙含章、方德昭二同志请教》，《学术研究》1964 年第 1 期。当时学术讨论的情况见章纪：《关于民族形成问题的讨论》，《学术研究》1964 年第 2 期。

④ 章鲁：《民族的起源和形成问题》，《人民日报》1962 年 9 月 4 日。

⑤ 彭英明、徐杰舜：《如何区别中国历史上的民族与部族》，《学术研究》1964 年第 6 期。

⑥ 方德昭：《关于民族和民族形成问题的一些意见》，《学术研究》1963 年第 7 期。

⑦ 文传洋：《不能否定古代民族》，《学术研究》1964 年第 5 期。

⑧ 岑家梧、蔡仲淑：《关于民族形成问题的一些意见》，《学术研究》1964 年第 4 期。

⑨ 熊锡元：《民族形成问题探讨》，《学术研究》1964 年第 2 期。

民族发展历程的专著，受到学术界高度重视。1994 年全国性的汉民族研究学会——中国民族学学会汉民族分会正式成立。

一、汉民族形成于秦汉说的新阐发

王雷在肯定斯大林对民族所下定义的同时，对斯大林关于民族不可能在前资本主义时期形成的论断提出异议，他的文章围绕斯大林关于民族形成的四个特征，结合中国古代政治、经济、文化发展的状况，主张汉民族在秦汉之际稳定的人们共同体。他说："汉民族文化源远流长，至秦统一时为止，华夏文化已有二千多年的历史，由于华夏地区经济的发展大大超过了周围地区，使华夏文化不断地得到扩展。西周分封后又经过春秋战国时期的长期割据，使统一渊源的华夏文化广大地区，呈现出文字、语言、服饰、衡度、风俗习惯、法令制度等方面的差异，但是基本的文化特点和心理素质，仍然是相近的。正是在这个条件下秦统一后，才能凭借中央集权国家的政令，实现了各方面的统一，从而大体上完成了民族形成所必需的四个过程（地域、语言、经济生活、文化生活）。这个过程，大约直到汉武帝时才告结束。"秦汉之际汉民族的形成过程，"使汉民族具备了民族形成的几个特征。在以后二千年的发展过程中，汉民族这个稳定的人们共同体，经历了多次巨大的动荡和变化，但是始终保持着民族的特征和稳定性。"[①]

朱绍侯认为"范老所提出的在秦统一以后，汉民族已经有了共同经济生活、共同地域、共同语言、共同的心理素质的论证，基本上是有理有据的"。他将汉民族的发展历程划分为四个阶段，第一阶段是汉民族形成的准备阶段，即中国历史上第一次民族大融合的春秋、战国时期。这次民族融合是在中国的腹心地区进行的，经过融合，形成了中华民族中的主体民族——汉民族。华夏族由夏、商、周三族融合而成，到秦统一六国后，把战国时期出现的七个大的华夏国连接起来，这样一个幅员辽阔的秦国，居住着一个有共同语言、有共同的经济生活、有共同心理素质的拥有两三千万人口的一个稳定的共同体。汉族作为一个民族的称谓，是由于"汉国"而来的，但汉族作为一个民族，则形成于秦。按照他的划分，秦汉之后其他三个阶段是：中国历史上第二次民族大融合的魏晋南北朝时期。第三次民族大融合的宋辽金元时期。第四次民族大融合时期的清代[②]。

徐杰舜认为汉民族的形成经历了三个重要的阶段。"汉民族的形成不是一蹴而就的，他经历了夏、商、周、楚、越等族从部落到民族的发展过程；又经历了夏、商、周、楚、越等族及部分蛮、夷、戎、狄溶合成华夏民族的阶段；最后形成于汉代的漫长而复杂的三个历史阶段。"他把这一发展过程称为"汉民族形成的三部

---

① 王雷：《民族定义与汉民族的形成》，《中国社会科学》1982 年第 5 期。
② 朱绍侯：《汉民族的形成和发展》，《文史知识》1984 年第 11 期。

曲"①。

陈连开认为，汉族的前身以华夏族为族称，在先秦已经历三个发展阶段，即起源阶段、民族雏形阶段与华夏民族的形成阶段。华夏民族在先秦形成了稳定的民族共同体，但地区差异还是比较明显。汉族作为统一的民族和统一的多民族中国的稳定的主体民族，其基本特征形成于秦汉时期。汉族共同体在秦汉以后有很大发展，而秦汉形成的基本特征虽得到完善与充实，却始终是沿着秦汉开辟的传统发展，文化传统从未割断②。

覃东平也论述了汉民族从炎黄时代到秦汉时期形成的历史过程，"汉族形成于秦，得名于汉。"他认为汉族的发展壮大经历过三次大的民族融合，即秦汉时代、魏晋南北朝时期、宋金元时期③。

学者们都强调民族融合在汉民族形成和发展历程中的重要作用。朱绍侯指出，回顾汉民族形成和发展的历史，可以看到，汉民族是许多少数族融合而成的，在它的发展过程中，又不断吸收各少数族的新鲜血液，像滚雪球一样，越滚越大，而成为中华民族中人口众多、文化先进的主体民族④。史继忠认为，汉族的形成与别的民族有显著的不同，如果说世界上许多民族都是走"同源异流"逐步分化的道路形成的话，汉民族则恰好相反，它走的是"异流同源"的路，融合了多种民族成分，吸收了多种民族文化，逐步成长壮大。汉民族在民族融合中形成，又在民族融合中壮大，经过一次民族大融合，人口就增加一批，经济文化就出现一次新的高潮⑤。王景义说，秦汉时期的华夏族结构发生了很大的变化，华夏族内不仅是中原地区人民，而且包括了大量的蛮、夷、戎、狄部族融入其中。地缘关系和血缘关系都发生了深刻的变化，因而东汉时期称华夏族为汉族不是简单的称呼的变化，而是有实质的内涵。汉人或汉族之称能更准确地表达和体现出汉代时期地域广阔和民族的统一，体现出以华夏族为主体多民族结合的特点。"汉族是以华夏族为主体，大量吸收蛮、夷、戎、狄等部族结合而成的相对稳定的人们共同体。"⑥

覃东平认为汉族形成的首要条件是农耕文化。在共同的经济生产条件下人们容易形成共同的社会生活、习俗和思想意识，并因共同的利益要求而产生整体意识和协作观念，如对外征战、征服自然、改造自然等。农耕经济是原始社会比较稳定的经济支柱，在此基础上产生了比较稳定的经济基础和社会生活，使得部落能够稳定地发展。汉族自炎黄时期起，其民族在农耕经济条件下，在形成的过程中波动性较小，周边民族容易被中原部落融化，就是因为自身的经济基础不牢固之故。西、北、

---

① 徐杰舜：《汉民族形成三部曲》，袁少芬、徐杰舜主编：《汉民族研究》第 1 辑，南宁：广西人民出版社，1989 年，第 162 页。

② 陈连开：《论华夏/汉民族的形成》，《中华民族研究初探》，北京：知识出版社，1994 年，第 291 页。

③ 覃东平：《试论汉民族形成的过程、特点和条件》，《贵州民族研究》1997 年第 2 期。

④ 朱绍侯：《汉民族的形成和发展》，《文史知识》1984 年第 11 期。

⑤ 史继忠：《汉族的形成及其历史地位》，《贵州民族研究》1993 年第 2 期。

⑥ 王景义：《论汉民族的形成和发展》，《学术交流》1998 年第 4 期。

东北农业生产力较低的民族特别容易受到吸引和融合，而南方中下游地区在接受中原先进的农业生产技术后，也因生产的统一性而走到一起，因此秦、楚、吴、越尽管有称霸中原的实力，却都在称霸的过程中接受了中原文化，最后融入了中原文化①。

史继忠认为中央集权政治对汉民族形成起到了推波助澜的作用。他论证说秦汉、隋唐、明清是汉族发展的三个主要阶梯，在这些时期，封建主义的中央集权政治都有较大的发展。大一统的政治局面能够为经济、文化的繁荣提供先决条件，也为民族融合创造良好的环境，人口的繁衍、物产的交流、文化的传播、习俗的形成，大抵都与安定的环境有关。凭着中央集权的强大后盾，可以统一政令，推行教化，扩展版图，移民实边，从而扩大汉民族的活动空间与汉文化传播的范围，使汉族得到充分的发展，汉民族在政治上长期处于优势，加速了民族的发展②。覃东平也认为，汉民族形成的一个重要的条件是有一个长久的中央集权国家③。

学者们同样指出，汉语和汉字文化在汉民族的形成过程中起到了积极的推动作用。史继忠说，汉族的形成并不是居于血缘的联结，而是在很大程度上以文化传播为其纽带，她靠文化来维系整个民族，所谓"汉化"，实际上是接受汉族文化的熏陶感染，共同因素增加。在汉族的形成过程中，汉语和汉字起到了积极的推动作用，汉语使各地的汉人能够交流思想，而汉字则有利于不同地区、不同方言的人产生共识，秦始皇统一文字的意义正在于此。汉文化极其丰富，形成了一个庞大的汉文化圈，把不同文化的人包容进来。"华夏"的标志是周礼和华服，汉族的形成与汉代的文化密切相关，唐宋时期文化的昌盛又促进了汉族的发展④。覃东平也认为汉文字的发展为汉族的形成创造了条件。他说，汉族的文字发展到商代已基本定型，甲骨文就是典型。文字的完善有利于文化的传播和思想意识的统一。由于文字的发展，春秋战国以来，以孔子为代表的儒家思想和以老子为代表的道家思想逐渐形成体系，首先是大一统思想被普遍接受。经过秦汉的发展，各个学派日趋完善，并为统治者所利用。汉武帝时，"罢黜百家，独尊儒术"，儒家思想取得正统的地位。魏晋时，佛教传入中国，后儒释道合一，成为汉族的统治思想，为汉族的壮大奠定了基础⑤。

汉民族族称的出现也成为认定汉民族形成于秦汉时代的重要依据。例如，徐杰舜说："华夏民族发展、转化为汉族的标志是汉族族称的确定。华夏民族统一于秦王朝，其族称曾经改为'秦人'，西域各国就有称华夏民族为'秦人'的习惯。但是秦王朝短命的国运，使'秦人'的称呼很快被人们遗忘了。而汉王朝从西汉到东汉，前后长达四百多年，为汉朝之名兼华夏民族之名提供了历史条件。另外，汉王

① 覃东平：《试论汉民族形成的过程、特点和条件》，《贵州民族研究》1997 年第 2 期。
② 史继忠：《汉族的形成及其历史地位》，《贵州民族研究》1993 年第 2 期。
③ 覃东平：《试论汉民族形成的过程、特点和条件》，《贵州民族研究》1997 年第 2 期。
④ 史继忠：《汉族的形成及其历史地位》，《贵州民族研究》1993 年第 2 期。
⑤ 覃东平：《试论汉民族形成的过程、特点和条件》，《贵州民族研究》1997 年第 2 期。

朝国势强盛，在对外交往中，其他民族称汉朝军队为'汉兵'，汉朝使者为'汉使'，汉朝人为'汉人'。于是在汉王朝通西域、伐匈奴、平西羌、征朝鲜、服西南夷、收闽粤南粤，与周边少数民族进行空前频繁的各种交往活动中，汉朝名遂被他族呼之为华夏民族之名。……总而言之，汉族之名自汉王朝始称。"①

二、关于华夏族历史的讨论

"文革"后许多学者将视线放在了秦汉时代之前，华夏民族到汉民族的演变过程成为探讨的热点问题之一。谢维扬指出："在汉族的发展史上，秦汉无疑是一个非常重要的时期。现代汉族的许多重要的特征，同汉族在这一时期的发展有十分重要的关系。五十年代关于汉族形成问题的讨论，把汉族的形成追溯到这一时期，是有其历史性贡献的。但是，十分明显的是，对于汉族的形成问题仅仅追溯到秦汉时期是远远不够的。因为秦汉时期的汉族，在其认同意识上，毫无问题是先秦时期华夏族的直接延续。……不难理解，关于汉族形成问题的讨论，最终将归结为对于先秦华夏族形成的探讨。"②

（一）华夏族何时形成

汉人之称得之于汉朝，这一族体在先秦时代称华夏。关于华夏族的形成，相当多的学者认为，是在周朝时由夏人、商人、周人融合而成的。杨荆楚认为："黄帝部落的后裔建立了夏王朝，强大的夏部落开始夏族。前后经历了夏、商、周三个朝代，十六个多世纪的漫长历史过程，进入中原（黄河流域）地区的戎、狄、夷、蛮部落逐渐与夏商族融合，史称华夏。西周时，华夏族成为稳定的人们共同体。到了汉代，华夏族始称汉族。"③ 史继忠也认为，汉族渊源于"华夏"，而"华夏"就是夏、商、周三代许多部落融合的产物。炎黄本不同族，各领许多部落，经过若干次冲突后定居于中原，联合成一体。自大禹起，夏后氏兴起于河、洛间，"会诸侯于涂山，执玉帛者万国"，又吸收东夷而成诸夏。殷商崛起后，"因于夏礼"，拓展疆土，又融合更多的周边民族。周人起于西歧，文化勃兴，礼仪、服章与周边民族迥异，自称为"华"，于是凡行周礼而著华服者都谓之"诸华"。可见，"华夏"是中国历史上一次民族大融合的产儿，它融合了夏、商、周三代的文化而形成自己的特征，不同于中原以外各族④。持相同观点的还有覃东平，他说，夏朝建立，"天下咸朝"，夏既是地名、国名，也是夏朝疆域内人民的对外称呼、族类，即在强权下一个大的人们共同体——夏开始出现，但是夏时，还存在东夷、蛮、狄等其他各族。

---

① 徐杰舜：《中国民族史新编》，南宁：广西教育出版社，1989 年，第 61 页。

② 谢维扬：《再论华夏族的形成》，袁少芬、徐杰舜主编：《汉民族研究》第 1 辑，南宁：广西人民出版社，1989 年，第 103 页。

③ 杨荆楚：《汉民族形成为世界第一大民族浅析》，袁少芬、徐杰舜主编：《汉民族研究》第 1 辑，南宁：广西人民出版社，1989 年，第 149 页。

④ 史继忠：《汉族的形成及其历史地位》，《贵州民族研究》1993 年第 2 期。

商时，也存在许多不同的族群，商朝的对外征伐使得民族融合加剧。周朝取代商朝，建立了更为强大、地域更为广阔的国家，周自称中国，或称"华""夏"，并把它的属民与周边各族区分开来以示区别，实际上一个有共同地域、共同语言、共同意识、共同习俗的人们共同体已经出现，历史上称之为"华夏"，它是汉民族的前身①。

徐杰舜主张华夏民族形成于春秋时代。春秋时期，由于民族的融合，形成了一个非夏非商非周非楚非越，又非蛮非夷非戎非狄的次生的新民族——华夏族。随着华夏民族的铸成，其与周边少数民族的民族界限更加明显，首先是基本明确，"内诸夏而外夷狄"的观念正是这个时期形成的，与"诸夏"对称的所谓蛮夷戎狄已不再是指中原地区内的少数民族，而专指中原地区以外的少数民族；其次，不同民族语言也明显区分出来，族与族之间交往需"重译而至"；最后，风俗的区别更加突出，例如华夏民族头著冠，发著笄，而戎狄"被发"，吴越"断发"或"劗发"，南方少数民族则"盘发"，所谓"尊王攘夷"，正是华夏民族形成后，民族自我意识的集中反映②。

沈长云主张华夏族形成于春秋战国之际。他指出，根据马克思、恩格斯的论述，民族的形成与文明社会及国家的产生在时间上是一致的。就中国的情况来看，华夏民族的形成，也就是华夏祖先从部落状态向国家过渡的进程，亦即华夏祖先摆脱氏族血缘联系向地域组织过渡的进程，而是否最终摆脱了血缘羁绊而实现按地区对国民的划分，则当作为华夏民族形成的标志。他强调，在我国国家的形成经历了由早期的部落国家（由氏族和部落组成的国家）到完全以地域组织为基础的国家这样两个发展阶段。夏商国家是建立在氏族联合组织而非地缘组织的基础之上的，周代，包括西周和春秋，是我国中原地区的早期国家发展为成熟的以地缘组织为基础的国家形态时期，华夏民族也是在这个时期产生和发展起来的。

他详细地论证了这一历史过程。他认为西周封建是华夏由部落状态向民族共同体演化的关键进程，因为只有西周那种封土授民式的"封建"才给我国古代部族的混居提供了广阔的机会和条件。春秋时期各族间频繁往来，既斗争又彼此融合，中原地区各古老部族已统一到少数几个大国的版图之下，周边的狄族、戎族、夷族、苗蛮等逐渐为中原王朝兼并，过去被华夏各国视为蛮夷的秦、楚二国，春秋三百年间通过政治、经济及婚姻、文化等方面的交往，自身实现了华夏化。按地区划分国民始于周代，但这个原则也经历了发展的过程，西周时除地域组织外，也存在血缘组织。促进地域关系成长的积极因素莫过于生产力的发展。春秋时期铁工具和牛耕的使用，首先导致个体家庭从血缘家族中独立出来，成为独自经营的经济单位，由于战争、徭役、赋税和天灾等原因，迫使个体劳动者不断流徙，邑里的组织还在，但其中的成员不断发生变化，开始了更小地理范围内不同血缘关系的人们的混居。

① 覃东平：《试论汉民族形成的过程、特点和条件》，《贵州民族研究》1997年第2期。
② 徐杰舜：《汉民族形成三部曲》，袁少芬、徐杰舜主编：《汉民族研究》第1辑，南宁：广西人民出版社，1989年，第170—171页。

国家为了对个体居民实行有效管理，自然要对原有的地域组织加以完善，一套自郡县到乡里的行政系统由是建立。作为一个共同民族所需的共同的语言、共同的经济生活及表现在共同文化上的共同心理素质，也在人们的混居中逐渐形成。作者得出结论："无论从哪一方面看问题，在我国春秋战国之际，以华夏为首的我国中原各古老部族已走完了自己的历程，由它们共同融铸成的华夏民族，已以其崭新的姿态出现在世界的东方。"①

田继周指出，根据摩尔根和恩格斯的观点，民族是在原始社会末期随着部落"合并"和"融合"而形成。结合中国的史实，夏族或华夏族不可能到周朝时才形成，而应该形成于我国从原始社会向阶级社会的过渡期，即传说时代的"五帝"时期。"五帝"时期传说人物的政治和军事活动，反映了部落间频繁的战争和兼并关系，从而也反映了贫富分化和阶级关系，"颛顼以来，地为国号"，颛顼高阳氏、帝喾高辛氏、尧陶唐氏、舜有虞氏，这在某种意义上反映了氏族血缘关系的解体和地缘关系的建立。在地缘关系发展的基础上，在部落战争、联合、融合以及兼并的过程中，到了"五帝"时期，我国最早的民族，不管它叫什么名称，就形成了，而夏朝的建立可以作为它形成的标志，并名之为夏族②。

周伟洲赞同华夏族作为一个"民族"（指国家建立后狭义的民族）形成于夏代的说法。他说，学术界关于华夏族形成时间有两种意见，一种认为形成于中国历史上第一个国家夏朝建立后，另一种意见认为经过了夏商周三代，至西周时才形成华夏族之雏形，夏、商、周是华夏族三支主要来源。他认为如果从现在一般使用的"民族"（即古代民族或称为狭义民族）这一概念来分析，则前一种意见较胜。因为古代民族的产生是伴随着阶级、国家的产生而出现的，恩格斯说："从部落发展成了民族和国家"，国家用各种政治、经济和文化措施，使原始社会氏族、部落或部落联盟程度不一地解体，在国家统治的一定地域内，逐渐使用同一语言和文字，过着共同的经济生活，并由此产生共同的文化和心理状态，最后狭义的民族。根据这一认识，对照中国历史可以认为，事实上黄河中下游的氏族、部落和部落联盟，发展到国家阶段时，即夏朝诞生后，华夏族也随之产生③。

谢维扬指出："正如元史学者把成吉思汗建立蒙古国家作为蒙古民族形成的标志一样，在对中国上古史的研究中，夏代国家的形成也应成为华夏族形成的标志。当然，这丝毫不是说，华夏族形成的整个过程在这时已全部完成了。对华夏族形成问题的研究来说，夏代早期国家建立以后的民族一体化进程仍然是其中有机的一个组成部分。""在夏、商、周早期国家政策的作用下，华夏族作为一个文明民族，以具有合法性的华夏国家为依托，在认同意识强化与居民的超血缘组织的发展上，逐

---

① 沈长云：《华夏民族的起源与形成过程》，《中国社会科学》1993 年第 1 期。
② 田继周：《夏族的形成及更名汉族》，《民族研究》1990 年第 4 期。
③ 周伟洲：《周人、秦人、汉人和汉族》，《中国史研究》1995 年第 2 期。

渐完成了它自身的一体化进程。"华夏族的形成与中国早期国家发展有密切关系①。付永聚认为华夏族作为一个多民族的统一体,她的形成可分为两个阶段,华夏族的形成期,"始自黄帝兼并其他部落集团,至夏朝诞生为止",华夏族的发展定型期"历经夏商周至春秋末为止"。②

(二)华夏族和汉民族的关系

华夏民族和汉民族的关系也是学者们讨论的重要问题。杨荆楚认为,汉族的先民夏族最初形成于夏代。秦汉时期中国建立了统一的多民族国家,以华夏族封建地主阶级为代表的西汉王朝,是当时中国和世界上最有影响和强大的政权,汉朝对汉族的巩固和发展起了巨大的推动作用,相邻的少数民族逐渐改称"华夏人"为"汉人"。而且,汉族形成了在长城之内广阔的共同地域和"车同轨,书同文,行同伦"等不同于其他民族的基本特征。不少人认为汉族形成于秦汉时期。"事实上,'汉族'是'夏族'或'华夏族'的发展和壮大,而不是'汉族'形成的开始。"③

田继周持同样的观点。他认为:"汉族名称的产生和从夏、华夏之称改为汉,不是这一人们共同体质的变化,更不是新民族的形成,只是名称的改变。所谓民族的质,就是它的特征,就是大家公认的有共同地域、共同语言、共同经济生活和表现在共同文化上的共同心理素质。根据这些特征衡量,夏族、华族或华夏族与汉族有什么不同呢?从民族本质上讲,没有什么不同。汉朝人与秦朝人,或汉人与秦人,难道是不同民族吗?秦朝人或秦人与战国时的'诸夏'(包括当时秦国人)难道是不同民族吗?当然不是。他们都是同一民族,只是同一民族政治的和朝代的变化。"夏或者华夏改称汉族,虽然不是这一族体本质的变化,却体现出它的发展,标志着它发展到了一个新的阶段④。

周伟洲持不同的意见。他认为,虽然"华夏族与汉族在质的方面没有根本的变化;但是,华夏族仅是汉族的前身,经过秦汉两代数百年中央集权制封建国家的统治,无论在名称及其他各方面都有所发展和变化。从这个意义上讲,汉代可以说是中国汉族正式形成的时期。""春秋战国时的华夏族分裂为各个诸侯国,各国有大致相同,但又有区别的文字、度量衡和风俗,并未完全统一,甚至包括了许多不同的族体。然而,经过秦、汉的统一,诸夏族又进一步融合、同化,基本上具有共同地域(处于统一的国家之内),有相同的语言文字,共同的经济生活及表现在共同文化上的共同心理素质,成为巩固的族的共同体,有了共同的族称,正式一个强大的

---

① 谢维扬:《再论华夏族的形成》,袁少芬、徐杰舜主编:《汉民族研究》第 1 辑,南宁:广西人民出版社,1989 年,第 110 页、116 页。
② 付永聚:《华夏族形成发展新论》,《齐鲁学刊》1995 年第 3 期。
③ 杨荆楚:《汉民族形成为世界第一大民族浅析》,袁少芬、徐杰舜主编:《汉民族研究》第 1 辑,南宁:广西人民出版社,1989 年,第 150 页。
④ 田继周:《夏族的形成及更名汉族》,《民族研究》1990 年第 4 期。

民族。"① 赞成这一观点的还有王景义②。

张正明强调民族起源不同于民族形成。他说，作为族称的"汉"始于汉代，汉族的先世是华夏。作为族称的"华夏"始于西周。西周所谓华夏，是虞人、夏人、殷人、周人的总和，东周所谓华夏，添上了楚人、秦人和某些蛮夷戎狄，降至汉代，融合为汉族。汉族形成的上限，不得早于汉代。秦朝的主体民族与汉朝的主体民族相异，把汉民族形成的上限推到秦代是没有充分理由的。战国七雄是汉民族的近源，由近而远，周人、殷人、夏人、虞人是汉民族的远源，无论近源和远源，都不是汉民族形成的开端。假如说汉民族的形成始于传说时代甚至神话时代某一个或某几个部落联盟，那就失之过远了③。

三、汉民族起源问题的探讨

徐杰舜研究了汉民族多元起源问题，指出研究这一问题时，要区分主源和支源。他在接受学术访谈时说："长期以来学术界曾流行过汉民族起源于黄帝或起源于黄帝与炎帝的一元论，这个观点至今在民间仍有一定的影响，'黄帝子孙'之说，'炎黄世胄'之说仍流布于市。后汉民族起源多源说兴起，但却过于笼统，我在《汉民族发展史》中主张汉民族起源多元说，并将多元的起源又分为主源和支源两大类，认为炎黄和东夷是主源，百越、苗蛮、戎狄是支源。其区别在于前者在汉民族形成的过程中全部融于其中，而后者只是部分融于其中，还有一部分分别先后分化、融合而中国的少数民族。"④

吴广平提出了新观点，他主张："汉民族不是形成于秦汉而是形成于汉，形成汉民族的主干不是先秦北方的华夏族，而是先秦南方的楚族。"吴广文论证说，近60 年来，特别是中华人民共和国成立以来，由于考古学、人类学、血液学的重大发现，愈来愈多的人们已经认识到长江流域和黄河流域同是中华民族的摇篮。楚族是南方古老文化的集大成者，是缔造古老长江文明最重要、最杰出的主人。楚族本是非夷非夏的民族，但是它一方面同化着蛮夷，以至"蛮夷皆率服"，另一方面它又同化着华夏族，以至于"汉阳诸姬，楚实尽之"。楚人可以说亦夷亦夏，楚国成为我国南方各族融合的中心。楚族之所以成为先秦时民族同化的主干，主要是它有"抚有蛮夷""训及华夏"的正确的民族思想指导，相比之下，当时的华夏族却采取"尊王攘夷"的政策，故华夏民族不能成为民族同化的主干。春秋战国时代，楚国的经济文化都是很发达的，使楚族具有了同化别的民族的优越条件。秦朝统一中国，但是这并没有阻碍、遏制楚族同化华夏族的历史进程。结果"楚虽三户，亡秦必

---

① 周伟洲：《周人、秦人、汉人和汉族》，《中国史研究》1995 年第 2 期。
② 王景义：《论汉民族的形成和发展》，《学术交流》1998 年第 4 期。
③ 张正明：《汉民族形成的反思》，《国际汉民族研究》，南宁：广西人民出版社，1991 年，第 44—45 页。
④ 孟凡夏、徐杰舜：《汉民族研究是一座学术宝库——徐杰舜教授访谈录》，《广西民族学院学报》1999 年第 1 期。

楚"，楚人推翻了秦王朝，楚族同化华夏族在汉朝得到了良机。汉朝的开国皇帝是楚人，开国所封 143 为侯爵，大都为楚人，刘邦的嫡系部队都是楚人，所以楚人的民族思想在汉朝时得到继承和发扬。汉代在文化上全盘"楚化"，汉文化的精髓是楚文化，在汉时以楚文化为主干、为精髓、为灵魂的汉民族的共同文化正式形成。到汉时汉民族的四个特征可以说初步具备了。汉族是以先秦南方的楚族为主干同化北方的华夏族而形成的。由于汉朝的建立，以楚文化为主干的共同文化的形成和民族的文化中心长安的出现，使汉人用民族的纽带把历来彼此隔绝的南方楚族和北方华夏族联结为一个民族的整体，这样汉族就形成了[①]。

第三节　近 10 年以来汉民族形成研究的新成果

随着我国民族史研究继续深入，学者队伍不断扩大，历史学开始重视借鉴民族学、人类学、语言学等学科理论方法，有关汉民族形成的研究也逐渐呈现出多学科交叉的特点。近十年来，中国民族学学会汉民族分会继续发挥学术平台的交流功能，每一年或两年召开学术年会，组织国内专家研讨有关汉民族形成与发展的重要议题，为推动汉民族研究发展起到了积极作用。

一、汉民族形成研究的反思

张建军指出，20 世纪围绕"汉族在秦汉时已经开始形成民族"这一观点展开辩论的双方，对斯大林民族定义存在指向性的误解。他认为，斯大林对民族的定义产生于欧洲独特的社会背景以及民族本身与国家政权的紧密联系，一旦跳出这两个先决条件，斯大林的民族定义就不再具有普遍适用性。他通过民族文化认同的角度，重新对汉民族是否符合共同语言、共同地域、共同经济生活和共同心理素质进行了考察，认为汉人在封建地主经济条件下已经完成了民族认同的构建，这明显有别于西欧民族的形成模式，即打破分散的领主经济之后才走上资本主义大发展和缔造民族认同之路。中国与欧洲的社会历史环境不同，但两者都产生了民族认同，虽然汉民族与欧洲民族形成的前提不同，但两者都构建出民族认同，符合民族形成的本质需求，因此不应用西方概念硬套中国实情。张建军还指出斯大林民族定义里的部族概念具有特定的政治指向，汉民族不属于部族，其"于秦汉时期形成是毫无疑问的"。[②]

叶江对以往有关汉民族形成问题的讨论进行了回顾与反思，他认为参与论辩的双方皆未能全面把握斯大林和列宁所言"民族"的内涵和外延，没有理解汉语"民

---

①　吴广文：《汉民族形成新论》，《吉首大学学报》1988 年第 1 期。
②　张建军：《斯大林民族定义与汉民族形成》，《黑龙江民族丛刊》2009 年第 1 期。

族"能同时表述两个层次的人们共同体，致使有关汉民族形成的学术争论长久以来悬而未决。他指出，汉语里的"民族"表达的是一大一小两种既相区别又相联系的人们共同体，汉民族的"民族"概念是较小的层次，即"ethnic group"，中华民族的"民族"则是层次较大、内涵较深、外延较宽并且与国家有关的汉语"民族"概念，即"nation"。关于汉民族形成所涉及的学术问题至今仍具有参考价值，它不仅能够从学理上加强对中华民族既古老又年轻的认识，也可以进一步厘清中华民族与56 个民族之间的层级关系，即"中华民族人们共同体是一个由多民族（ethnic groups）共同构成的民族（nation），而汉民族与构成中华民族的其他少数民族是在同一层次上的人们共同体，相互之间既不分高下，也不分核心和边缘。"①

叶文宪认为汉民族是在秦汉时期由华夏族和蛮夷戎狄融合而成的，从现代人类学角度分析，汉民族是由东亚、南亚和北亚三个蒙古人种的亚种融合而成，它在形成之后还不断地吸收、融入周边少数民族。他指出，起初华夏的后裔不仅认黄帝和炎帝为始祖，而且还尊崇东夷的首领少昊、太昊、舜和伯益，由此反映东夷和华夏融合的时间比较早；百越、匈奴、乌桓、鲜卑融入汉族则是在汉代和南北朝以后完成的；13 世纪初，蒙古先后征服了契丹、西夏和女真人，他们的一部分后裔才逐渐融入汉民族。最后叶文宪结合人类学的研究说明，北方汉族和北方少数民族、南方汉族和南方少数民族分别同属一个集群，少数民族与汉民族血脉相连，汉民族与中华民族的形成发展是同步的。②

刘仕刚指出，汉语里的"民族"概念原本是西方"民族—国家"、苏俄"民族"与中国本土"民族"概念相互融合交汇的产物。然而一些学者缺乏对中国实际情况的了解，片面地将描述国内各民族的"族"（ethnic groups）理解成由若干"统一特征"或"共同要素"构成的国家层面的"同质体"（nation），致使他们在运用"民族"这一概念时，常常出现以"汉民族"代替"汉族"的情况。这一做法无疑使得原本清晰的概念再度模糊化，并由此引起"民族"概念的反复争论。刘仕刚进一步认为，"汉民族"是在"汉族"基础上建构出的概念，它无法准确传达中国本土的"民族"内涵。鉴于此，他赞同张海洋对使用"汉民族"一词的态度，即"叙述中国历史时，能用汉人的地方，免用汉族；叙述当前中国情况时，能用汉族的地方，免用'汉民族'。"③

曾少聪强调了从民族学视角研究汉民族的必要性，并梳理了我国汉民族研究的主要方面，据此提出如何在民族学视角下推进汉民族的研究发展。他认为，以往学界在研究汉民族与少数民族关系时，往往把汉族等同于朝廷和政府，事实上应该把汉民族作为一个民族实体进行研究；随着我国汉族与少数民族接触日益增多密切，应当重视研究当前汉族与少数民族关系新特点；探讨汉民族不能忽视对海外移民的

---

① 叶江：《对 50 余年前汉民族形成问题讨论的新思索》，《民族研究》2009 年第 2 期。
② 叶文宪：《论汉民族的形成》，《古代文明》2011 年第 3 期。
③ 刘仕刚：《"汉民族"概念初探》，《赤峰学院学报》2014 年第 3 期。

研究，需加强研究汉民族海外移民历史和现状；利用田野调查的研究方法，深化对汉民族社会的认识；汉文化是由汉族和少数民族的文化融合而成，有必要从少数民族视角研究汉民族，以达成对汉民族更加全面的认识。①

李立纲结合费孝通从事民族研究的工作经历和学术成果，把费先生对汉民族研究的看法总结为三个方面：一是对汉民族本身的看法，提出汉族是中华民族历史发展的核心；二是对汉民族与少数民族关系的看法，认为汉族与少数民族之间是平等、团结、互助和亲爱的关系；三是对汉民族研究现状的看法，指出汉族研究被忽略是受历史和政治原因的影响，建议要"平行地"对汉族和少数民族进行研究。汉族研究之所以长期未受重视，他还补充了来自社会意识方面的影响因素：一是将民族研究和历史研究、文化研究、经济研究混为一谈；二是在区别先进、后进的基础上展开民族调查与研究；三是忽略了汉族作为民族实体同样具有研究价值。②

赵永春、马溢澳指出中国历史不能被汉民族发展史代替，因为历史上的"中国"既包括华夏汉族，也涵盖少数民族及其政权。古代的"中国"概念实际上具有地域、文化和政权三层属性，它应该包括进入中原地区的少数民族、"懂礼"有文化的少数民族和受中央政权管辖的少数民族。与此同时，赵永春、马溢澳还提到要把握古代"中国"概念的继承性，即"后来政权也称历史上以中原地区为主且有相互递嬗关系或没有递嬗关系但为自己政权所继承的多个政权为'中国'。"文章进一步指出，通过"继承性中国"的视角去考察中国不同历史时期各民族的历史，即采用"倒推"历史的方法去研究中国历史，更有利于认识历史上的"中国"。③

二、汉民族形成历史的建构与书写

陈永霞认为我国民族史研究应以辛亥革命为发端，其代表是梁启超等倡导的"史界革命"，它反映了史学研究领域由过去"天下—王朝"叙事向"民族—国家"模式的转型。在当时的社会背景中，"新史学"更关注民族尤其是汉民族的发展过程，包括汉民族的起源、构成以及与其他民族交融发展等方面的内容。她认为之所以20世纪初国内兴起汉民族研究的热潮，原因在于当时的知识分子迫切希望寻得壮大民族和消除内忧外患的方法。通过研究汉民族史，他们一方面试图发掘国家落后的根源，另一方面摒弃以往史学书写传统，建立"民族—国家"式的叙事模式，为寻找政治出路奠定思想基础。"新史学"的特点表现为混用人种、种族和民族概念、认同"汉民族西来说"以及提出汉民族形成的长期性和复杂性。正因为民族观念深入"新史学"的各个方面，所以在陈永霞看来，"'新史学'从某种程度上来说就是民族主义史学"，它有力地推动了现代民族意识的形成。④

① 曾少聪：《民族学视野中的汉民族研究》，《云南民族大学学报》2014年第3期。
② 李立纲：《费孝通视野里的汉民族研究》，《广西师范学院学报》2018年第1期。
③ 赵永春、马溢澳：《中国历史不应等同于汉民族发展史》，《东岳论丛》2018年第11期。
④ 陈永霞：《辛亥革命时期汉民族史的建构》，《合肥学院学报》2012年第1期。

刘国祥提出《史记》开篇《五帝本纪》是司马迁有意建构的民族谱系，与真实历史相距甚远。然而司马迁为什么要编撰一个"混乱、错误的民族历史发展"的文本，他认为原因在于文献资料的匮乏与当时社会文化的需求。在建立大一统国家的过程中，汉武帝"罢黜百家，独尊儒术"，然而这些措施里还缺少一项重要内容，即历史上的共同祖先论，如果没有共同的祖先观，要凝聚整个国家的力量，其困难就要大得多。所以有强烈大一统思想情节的司马迁顺应了当时的社会文化大环境，建立了共同祖先论的历史观，这就是炎、黄二帝成为汉民族始祖的发端。刘国祥进一步提出："今天的中华文明既不是传说中的炎黄文明，也不是'五帝'时的有虞氏、夏后氏文明，而是西周之后，在结合殷商文化并杂有少量的有虞氏、夏后氏文化残迹的基础上发展起来的新文明。"在此观点基础上，他认为："今天的汉民族文化不是古华夏族文化的必然发展和延续，所以历史传说中的炎黄二帝是中华文化的人文始祖之观点也就不能成立了。"①

徐杰舜不完全同意刘国祥的观点，他指出先秦文献关于"五帝"的认识存在较大分歧，而司马迁编撰的《五帝本纪》是经过严谨调查写成的，因此最具权威性和可信性。但是五帝并非具体的人，因为他们的生理年龄和继承关系无法完全对应。考古学家许顺湛据此推断五帝乃是和殷、周、秦并列的朝代，徐杰舜也赞同这一观点，并提出把五帝当作一个族群、一个世系或一个"朝代"的符号来看待，或能有助了解汉民族历史的起步时代。②

2014 年 11 月，刘冰清以"汉民族研究：历史的建构与建构的历史"为主题对徐杰舜进行了学术访谈。徐杰舜指出汉民族长期被忽略的重要原因在于，中国通史常被认为就是汉民族史，研究中国通史和研究汉民族史并无区别，这种观点实质上模糊了作为政治实体的国家和作为社会实体的民族之间的界限。徐杰舜将汉族历史建构分为三种类型，即自在的汉族史、自为的汉族史和自觉的汉族史，所谓自觉者，即人类学视野的历史人类学表达。对于如何进行汉民族史的学术建构，徐杰舜提出应注重四种方法：第一是规律论，即按照民族发展规律来建构汉族史；第二是过程论，即呈现汉民族从多元走向一体的过程；第三是结构论，即认识汉族史的一体多元在线状态；第四是整体论，即在中华民族认同事业中把握汉族史。③

关于汉民族文化史分期，徐杰舜提出要把握五个原则，即注重对中国历史的观照，汉民族文化史有别于中国文化史，汉民族文化是中国文化的重要组成部分，汉民族的形成是民族文化发展的前提以及尊重民族文化的生命规律。他根据这些原则，将汉民族文化史划分为三个时代和七个时期，三个时代分别是史前汉民族文化起源、先秦华夏族文化凝聚和秦至民国汉民族文化发展时代，七个时期分别是史前文化起

① 刘国祥：《汉民族的人文始祖是炎、黄二帝吗?》，《文化与传播》2012 年第 6 期。
② 徐杰舜：《论汉民族的五帝时代》，《青海民族研究》2013 年第 4 期。
③ 刘冰清采访，徐杰舜回应，徐猛整理：《汉民族研究：历史的建构与建构的历史》，《广西民族大学学报》2015 年第 6 期。

源、先秦文化凝聚、秦汉文化定型、魏晋至隋唐文化融汇、两宋文化变古、元明文化转型和清至民国的文化接轨时期。徐杰舜最后强调，汉民族文化史分期不仅具有学术价值，也具有重要的现实意义。①

徐杰舜先后编写了两卷本《中国汉族通史》《中国汉族》和九卷本《汉民族史记》，是近十年来学界有关汉民族历史建构与书写的重要成果。2012 年，徐杰舜主编的两卷本《中国汉族通史》，由宁夏人民出版社出版。该书第一卷分为绪论和汉族全史两部分，绪论里详细考察了汉民族的概念，提出"汉族是一个'和而不同'的整体"，并利用雪球理论对汉族的形成发展作了宏观解释，同时梳理了汉族研究相关的学术史，就汉民族研究的方法论和价值意义进行深入考察。在汉族全史部分，徐杰舜将汉族历史划分为起源、形成和发展三个阶段，提出炎黄和东夷是汉族的主源，苗蛮、百越和戎狄则是其支流。随着黄河和长江流域诸民族的崛起，夏、商、周、楚、越逐渐融合成华夏族，并在"大一统"中完成了向汉族发展的转化。该书第二卷按照区域的视角，分别从华北、华中、华南、华东、东北、西北与西南论述了各地区内汉族的地理空间范围、历史发展的基本线索、族群结构和基本特征。徐杰舜认为，通过对汉族区域史的考察，可以看出汉族在形成发展过程中既有复杂性与差异性，同时也表现出高度的认同感，这实际是汉族从多元走向一体的一种文化表达。②

同年，由徐杰舜、徐桂兰编著的《中国汉族》也在宁夏人民出版社出版。该书作为《中华民族文化丛书》57 卷之一，分别从民族概况、起源形成与发展、民俗文化、民族性格等方面对汉民族进行了详细考察，并在最后一章中提出了对汉民族未来发展的预测。徐杰舜、徐桂兰认为中国民族关系发展经历了三个阶段，即先秦两汉时期、魏晋至明清时期和近代以来的时期，中国民族关系始终沿着从多元走向一体的方向前行，并最终确定了中华民族凝聚与融合这一发展方向。通过汉民族的研究案例，他们提出汉族既可以被视为中国各民族从多元走向一体、凝聚为中华民族的阶段性成果，也能够从中窥见中华民族未来将如何实现"多元一体"的发展。③在这一认识基础上，徐杰舜指出考察汉民族的形成发展过程对认知中华民族"从多元走向一体"具有重要作用，它不仅反映出民族共同体历时漫长、结构复杂的形成特点，也体现了"和而不同"的共同体内部由文化认同产生民族凝聚力的发展规律。④

在以往研究的基础上，徐杰舜经过七年多的悉心准备，于 2019 年在中国社会科学出版社出版了九卷本《汉民族史记》。该书突破历代王朝史的框架，以汉民族的

---

① 徐杰舜：《文化视野：汉民族文化史分期纲要》，《广西民族大学学报》2015 年第 6 期。

② 徐杰舜主编、杨宏峰副主编：《中国汉族通史》两卷本，银川：宁夏人民出版社，2012 年。

③ 徐杰舜、徐桂兰编著：《中国汉族》，杨宏峰主编：《中华民族全书》，银川：宁夏人民出版社，2012 年。

④ 徐杰舜：《从多元走向一体是民族过程的规律——以汉民族的民族过程为例》，《青海民族研究》2010 年第 2 期。

历史、族群、文化、风俗和海外移民为专题，对汉民族历史进行深入系统的建构与书写。九卷本中除了海外移民一卷外，历史、族群、文化和风俗各有上下两卷。其中历史卷部分延续了编者《中国汉族通史》两卷本的研究内容，族群卷、文化卷和风俗卷分别从不同角度系统梳理了有关汉民族的风俗文化与族群面貌，海外移民卷则是将历史上的汉族海外移民纳入研究视野，实现了由王朝史向民族史叙事的转向。① 九卷本《汉民族史记》一经出版，便获得学者们的高度重视。郝时远指出，该书不仅系统梳理出汉民族形成和发展的历史过程，而且反映出构成汉民族地域、语言、信仰和习俗等社会生活领域的共时性特征，对深刻理解统一多民族国家的国情，对科学认识中华民族多元一体的格局，对中华民族史研究创新和发展都具有学术价值与现实意义。②

三、影响汉民族形成的因素探究

一般认为，民族是指在语言、文化、风俗习惯以及心理认同等方面具有共同特征的人们共同体。语言、文化等因素作为区别其他民族的基本特征，在汉民族形成过程中起到了重要作用。

（一）语言因素

徐景亮运用认知语言学的转喻理论，通过分析汉语里的部分熟语，试图揭示汉民族转喻思维模式形成与发展的过程，并探析思维、语言与社会文化各自的特征及其相互之间的关系。他将汉语转喻思维划为 7 类，分别是次事件与复杂事件、行为/事件/过程与状态、总体与单个实体、原因与结果、生理反应/行为反应与情感、特征与范畴、类属与具体。由此，他提出语言的现实结构是人类心智活动产物，汉语里的转喻现象来自汉语使用者的转喻思维。这种思维是联系文化和语言的纽带，一方面文化影响语言的结构和内涵，另一方面语言也确定了思维与文化的作用范围和作用模式。③

杨波指出汉民族的共同语包括书面语和口语，口语的形成晚于书面语。他分析了汉民族共同语的形成与发展过程，认为汉语书面语和口语的发展并非协调一致，其中口语经历了由官话到国语、由国语到普通话的转变过程。汉民族口语从初级形式"官话"向高级形式"民族标准语"即普通话逐步发展，成为汉民族信息传递和文化传播的重要载体。他还总结了汉民族共同语发展的特点：第一，共同语言能够形成强大的民族凝聚力；第二，近代以前汉语书面语与口语长期脱节；第三，共同语标准音的形成前提是基础方言语音；第四，推广普通话面临某些地区存在交通不

---

① 徐杰舜主编：《汉民族史记》九卷本，北京：中国社会科学出版社，2019 年。

② 郝时远：《多学科研究认知汉民族发展史》，《中华读书报》2019 年 12 月 11 日第 10 版。

③ 徐景亮：《汉民族转喻思维模式的认知社会语言学探究》，《青海民族研究》2013 年第 4 期。

便、教育不善的限制条件。①

2016 年 6 月 11 日，清华大学语言研究中心主办"汉民族共同语研究"工作坊，分别邀请了蒋绍愚、冯胜利、方一新、真大成、汪维辉、佐藤晴彦、竹越孝、史皓元（Richard VanNess Simmons）、郭锐、张美兰、穆涌、张文等学者参与讨论，主要围绕汉民族的共同语言、20 世纪初白话作品的语言基础、今后汉民族共同语的发展方向等问题展开研讨。其中，蒋绍愚认为今后汉语民族共同语的书面语应该源于口语、高于口语，白话文的发展应当注意学习文言文的写作意境和技巧，吸取文言文中有表现力的词语；汪维辉认为历史上每个时期以首都话为基础方言的通语，是自然形成的汉民族共同语，唐代以前汉民族共同语主要是西安话、洛阳话和南京话；张文指出汉民族共同语在不同场合被称为国家通用语"普通话""汉语""国语"等，这些称谓恰恰反映了汉民族共同语所承载功能和价值属性的多样性。②

（二）族群与文化因素

李铭认为战国末期楚文化在长江以南地区占主导地位，其文化表现为自尊尚武和追求浪漫，这不同于当时北方走向严谨求实的现实主义，说明楚文化与北方文化大相径庭，呈现出独立发展的特点。秦朝统一之后，专制暴政引起楚人强烈反抗，原因在于代表自由、散漫的楚文化一时无法适应以法家思想为指导的社会秩序。秦朝二世而亡，取而代之的汉王朝则明显表现出楚化特征，比如汉初的行政建制、人才任用、服制信仰和文学表达等都与楚文化紧密相关。他指出，汉朝初期的楚化是南、北文化融汇整合的过程，为汉民族乃至中华民族的形成奠定了坚实的文化认同基础。③

叶文宪提出炎帝和黄帝是汉民族对祖先的共同记忆，他们并不是具体人物，而是记忆符号和祖先象征。由于汉民族重视追根溯源，遍布全国的尧舜禹遗迹是汉民族尊祖敬宗文化的物化表现。关于汉民族的形成过程，叶文宪强调，汉民族是许多古老部族和民族层累地融合而成的文化共同体。这一融合过程不仅造成古史系统与祖先谱系的庞杂繁复，而且反映出汉文化的兼容并蓄。④

高强认为秦人原为东夷的一支，先后经历了四次西迁，最终到达甘肃西汉水流域和渭水流域，帮助商人和周人镇守西陲。秦人群体主要由老秦人、商奄之民、西戎之人和周余民构成。在发展壮大的过程中，秦人逐步统一中国，不仅为中国各族群提供了共同的生活地域和经济环境，而且也起到了沟通东夷与西戎、促进华夏各族互相交融的重要作用。秦人完全融入汉民族之后，其多元一体的族群属性也得以

---

① 杨波：《试论汉民族共同语的源流》，《现代企业教育》2015 年第 3 期。

② 以上讨论情况经连谊慧整理，参见连谊慧：《"汉民族共同语"多人谈》，《语言战略研究》2016 年第 4 期。

③ 李铭：《西汉时期的楚化与汉民族文化认同感的形成》，《科教文汇》2009 年第 9 期。

④ 叶文宪：《略论汉民族的形成与兼容并包的汉文化》，《历史教学问题》2012 年第 3 期。

继承，这便是中华民族多元一体格局的形成基础。文末强调"如果缺少了秦人，多元统一的中国就难以形成，多元一体的中华民族也会减色不少。"[1]

曹新洲、王博基于斯大林对民族的定义提出汉民族正式形成于汉代，其标志是这一时期华夏各族形成了以儒家思想为核心、稳定持久的共同心理素质，汉族被冠之"汉"即说明它与朝代之间的紧密关系。他们认为，目前出土的汉代画像石从侧面反映了生活在两汉中心统治区（山东、江苏、安徽、陕西、河南等地）的人们具有共同的信仰和心理素质，因为这些画像石普遍呈现出汉代墓室建筑叙事宏大、画像内容丰富翔实和表现手法粗犷豪放的特点，由此亦可见汉民族自汉代起便形成了豪迈开阔的性格特征。[2]

王再承认为儒家思想是汉民族形成的思想指南，原因在于儒家思想的统治性与先进性极大促进了汉民族的形成、转化与扩展。他以天命观、贵和思想和孝道思想为切入点，探讨了这些因素是如何影响汉民族形成与发展的，具体表现在以下方面：儒家天命观是汉民族共同的信仰指南，汉民族宗教观念淡薄与天命观有直接关系；儒家贵和思想是汉代民族观的主体性思想，其核心是"和而不同"，它不仅促进了汉民族的团结共识与协和精神，还提升了汉代民族政策的宽容性；儒家孝道思想奠定了汉民族共同伦理文化，汉朝推行以孝道思想为纲领的封建伦常，在汉民族形成之际倾灌孝道观念，进一步积淀为汉民族的共同心理。王再承表明，儒教思想为汉民族的形成提供了重要滋养，成为汉民族同宗同源的思想文化和价值渊源。[3]

---

① 高强：《秦人对汉民族形成的贡献》，《宝鸡文理学院学报》2013 年第 3 期。
② 曹新洲、王博：《从汉画看汉民族的形成及其性格特征》，《济源职业技术学院学报》2015 年第 2 期。
③ 王再承：《论汉民族形成时期儒家思想的历史性影响》，《宁夏社会科学》2019 年第 4 期。

第三章 东北民族史研究

通 论

东北是许多在中国历史上产生重大影响的民族的发祥地，学界将东北地区的民族，划分为四大系统。东北的西部，曾是东胡、乌桓、鲜卑、契丹、蒙古等蒙古语族各游牧民族的发源地；南部很早就有汉人在此开垦，务农为生；东部和北部，是满—通古斯语族民族肃慎、挹娄、勿吉、靺鞨、女真、满洲、赫哲、鄂温克、鄂伦春、锡伯等民族的渔猎场所；中部及辽东一带，曾生活过夫余、高句丽诸民族。

这些民族在中华民族发展史上具有特殊的地位，对中国历史的发展进程产生过重要影响。东胡系的鲜卑人建立北魏、契丹建立辽朝、蒙古人建立蒙古帝国、大元王朝；肃慎系靺鞨人建立的渤海国、女真人建立的金朝、满洲人建立的大清王朝，其统治范围远远超过东北地区，对中华民族的形成与发展影响巨大。而高句丽人在隋朝和唐朝初期，是可与中原王朝抗衡的重要势力之一，部分高句丽人迁出辽东半岛后，也对朝鲜半岛的开发起到了至关重要的作用。

因东胡系民族西迁后，成为蒙古高原的主体民族，在史学研究上，已将其列为北方民族研究系列中，故本章所涉及的东北民族，基本为曾居住于东北或至今仍为东北地区少数民族的夫余系、肃慎系的民族。为论述方便将肃慎系民族史分为肃慎系民族、女真、满洲及通古斯语族诸部落等三个发展阶段来分别论述。明代及清中期以前即有少量朝鲜人陆续迁入东北地区，但多被融合于汉人、满洲人之中。其大量迁入并形成中国的朝鲜族是晚清以后。当代中国的朝鲜族虽然与历史上的夫余没有直接的渊源联系，因其主要居住在东北地区，故将朝鲜族史研究也纳入本章之中。

清代曾出现了大量研究东北地区历史的著作，内容多以研究渤海国和满洲先祖为主。我国真正全面研究东北民族的历史，是伴随近代东北地区两次边疆危机而展开的。一是清末沙俄侵占我黑龙江中下游广大地区，二是 20 世纪 30 年代日本侵占东北。两次危机引发了爱国学者自发地进行东北地区民族史地研究，以图拯救民族、维护国家的领土完整。这两次边疆史地研究的高潮，留下了很多研究成果。

前一时期的主要代表人物是曹廷杰，其著作有《东北边防辑要》《西伯利东偏纪要》《东北三省舆地图说》等。其中《西伯利东偏纪要》，是曹廷杰沿黑龙江下游沙俄境内的实地探查报告，为后人研究清末黑龙江下游的民族提供了重要资料。

后一时期，东北史和中国民族史专著迭出，如东北史著作有金毓黼的《东北通史》，傅斯年的《东北史纲》等。面对意欲割占东北的日本侵略者，二人都将"东北史与民族"结合研究，用以驳斥侵略者鼓吹"满蒙非支那论"的野心。如金毓黼所言："东北史者，东北民族活动之历史也，无东北民族，则无所谓东北史。"故两书虽名通史，实为最早的东北民族史。另外，王桐龄《中国民族史》、吕思勉《中国民族史》和林惠祥《中国民族史》，均有专章介绍东北民族历史。金毓黼收集整理东北历史文献汇编为《辽海丛书》，保留了许多珍贵的历史文献，方便了后人的研究和使用。

中华人民共和国成立 60 年来，我国的东北地区民族史研究取得了丰硕成果，无论是对东北古代各民族研究，还是对现代东北少数民族历史的研究，都取得了突飞猛进的发展。20 世纪 50—60 年代（1956—1964），国家为推行民族区域自治，掌握民族状况，开展了全国少数民族社会历史调查，参与人员之多，时间持续之久，是史无前例的。此次历时十多年的民族调查，不啻是一场中华人民共和国民族史学形成，新一代史学人才培养的过程；其间收集、整理和抢救了大量文献资料，为中华人民共和国民族史学形成和发展积淀了丰富的学术资源。在此基础上，整理出版了各少数民族的"五种丛书"，其中涉及东北少数民族历史者，如《满族简史》《赫哲族简史》《鄂伦春族简史》《鄂温克族简史》《锡伯族简史》《朝鲜族简史》等，都是东北少数民族历史研究的纲领性著作。同时在文献资料整理方面也取得了许多成果。

1966 年以后的十年"文革"，由于极"左"思潮的干扰破坏，内地学术界受到巨大摧残，许多研究项目遭到扼杀，东北民族史研究进入停滞状态，但这一时期，台湾、香港地区的学者未受影响，在东北民族史研究方面出现了一批令人瞩目的研究成果。

1977 年以后，中国的学术研究逐渐步入正轨，东北民族史研究呈现出日益发展的局面。这一时期东北民族史研究领域的特点是，导向合理，人才辈出，研究机构相继建立，研究领域不断扩展，学术成果大量涌现，中外交流空前活跃，东北民族史研究进入突飞猛进的崭新发展时期。

第一节　夫余、高句丽史研究

夫余、高句丽是我国东北地区的古老民族，曾经在汉唐时期具有较大影响。学界对于夫余的研究，由于受到资料的限制，相关的研究成果较少，专门性著作近几年才出现，相比之下，高句丽的研究尽管充满着波折，但中华人民共和国成立 70 年来还是取得了令人瞩目的成就，不仅有了众多专门性著作，而且发表了大量论文，研究的广度和深度都有了拓展，涉及了高句丽历史的方方面面。

一、夫余史研究

有关夫余历史的研究尽管在中华人民共和国成立之前出版的金毓黻著《东北通史》就有论及①，但中华人民共和国成立后专门性论文在改革开放以后才逐渐见诸报刊，而且专题性研究成果很少，至今为止从中国期刊网能够搜索到的专题论文近40篇，反映了有关夫余的研究尚未引起学者的广泛关注。

张博泉是较早关注夫余历史研究的学者之一，先后发表《夫余史地丛说》②《关于对夫余史地研究的问题——复王兆明同志》③《夫余社会与一体结构》④《夫余的地理环境与疆域》⑤《北夫余与东夫余史地考略》⑥ 等多篇专论，分别对夫余民族和政权的形成、活动地域、社会结构等做了探讨，也是夫余历史研究中着力最多、涉及面最广的学者。李健才发表了《夫余的疆域和王城》⑦《三论北夫余、东夫余即夫余的问题》⑧ 等专题论文，后收入《东北史地考略》和《东北史地考略续集》等论文集中，对夫余历史的研究也具有奠基之功。早期研究夫余历史的专论还有王兆明《东北古代夫余的活动中心及有关问题——兼与张博泉同志商榷》⑨、武国勋《夫余王城新考——前期夫余王城的发现》⑩、孙正甲《夫余源流辨析》⑪、李殿福《汉代夫余文化刍议》⑫、张昌熙《东夫余及其地望初探》⑬、吕树坤《秦、汉时代东北扶余族的音乐歌舞》⑭、三江《汉魏夫余史地考略》⑮、刘高潮等《"日种"说与匈奴之族源——兼论夫余王族属东胡系统》⑯、刘凤翥《也谈〈三国志·夫余传〉中的"名下户"》⑰ 等。仅从上述学者发表的文章名称也可以看出，初期的夫余研究在很多基础问题，诸如夫余名称的含义、分布地域、都城等众多方面都存在争议，主要原因即是史书记载的匮乏。

---

① 《东北通史》（上编），四川三台东北大学 1941 年出版，重庆五十年代出版社再版，现流行的是 1980 年《社会科学战线》杂志社翻印本。
② 《社会科学辑刊》1981 年第 6 期。
③ 《东北师大学报》1984 年第 2 期。
④ 《史学集刊》1997 年第 4 期。
⑤ 《北方文物》1998 年第 2 期。
⑥ 《史学集刊》1999 年第 4 期。
⑦ 《社会科学战线》1982 年第 4 期。
⑧ 《社会科学战线》2000 年第 6 期。
⑨ 《东北师大学报》1983 年第 4 期。
⑩ 《北方文物》1983 年第 4 期。
⑪ 《学习与探索》1984 年第 6 期。
⑫ 《北方文物》1985 年第 3 期。
⑬ 《延边大学学报》1986 年第 4 期。
⑭ 《戏剧文学》1987 年第 8 期。
⑮ 《北方文物》1988 年第 1 期。
⑯ 《求是学刊》1988 年第 4 期。
⑰ 《社会科学战线》1989 年第 2 期。

　　进入 21 世纪之后，关于夫余的研究限于资料依然没有太大进展，但可喜的是出现了一批致力于夫余研究的学者，而且出版了专题性论文集。由董学增、仇起主编的《夫余王国论集》于 2003 年吉林文物管理处内部印行。该论集包括了中国部分历史典籍中的夫余、中国学者论夫余、外国学者论夫余三部分内容，不仅将散见于古籍中的相关记载辑录在一起，而且搜集了国内外有关论文 55 篇。2007 年 6 月董学增等再次搜集国内有关论文 29 篇，以《夫余王国论集》（续编）为名由吉林文史出版社出版。两论集的出版极大方便了学者的研究，对于夫余历史研究起到了推动作用。

　　或许正是在上述学者的积极推动下，有关夫余的专门性著作得以出现。李东著《夫余国研究》[①] 是目前国内第一部以夫余国历史为研究对象的专著。该书由 10 章构成，11 万字，从夫余族溯源、早期夫余文化的分布、两汉时期夫余国的建立、夫余国的社会、夫余国的军事和文化、夫余国与周边其他民族的关系、夫余国的灭亡、夫余始祖传说的考证、夫余的遗脉等方面，对夫余历史做了有益探索。诚如作者在结语中所阐述的："史学界在对待夫余族的源流、夫余国的疆域、夫余国的王城、夫余国与周边民族政权的关系等方面的研究都是有分歧和争议的。我们在本书中，力图将最能够立足的观点予以确定，同时兼顾其他观点，目的是将夫余当前的学术成果进行归纳，从而有一个相对科学的结论。"作者的愿望是好的，但其观点是否经得住考验还有待相关考古资料的发现以及夫余研究的深入。

　　从总体上看，夫余研究在中华人民共和国成立 60 年的时间里虽然取得了一定进展，但分歧较大，研究的深度进展缓慢，一个很重要的原因是研究资料的匮乏。史书对夫余的记载本来就很少，而且有些记载还存在差异，学者们认识出现歧义是自然的。如关于夫余的族属，尽管多数学者认同金毓黼在《东北通史》中的观点：夫余一族与秽貊有关，但对于夫余之名的含义，目前大致有 6 种不同的解释。[②] 再如关于夫余的构成，上举论文中张博泉先生认为有北夫余、南夫余、东夫余的划分，而李健才先生则认为北夫余、东夫余都是夫余，没有区分。夫余的中心区域，张博泉先生认为在黑龙江省境内，而李健才先生认为在吉林省吉林市，二位学者在很多方面的认识都存在歧义。针对这种情况，有不少学者开始利用大量的考古资料，一些考古学者也积极从事夫余历史的研究，希望夫余历史研究有所突破，但从现有的考古资料看，考古文化系谱尚不明晰，考古资料和夫余历史多数情况下也难以形成明确的对应关系，夫余历史研究的深入还需要更多考古新发现的支持。

　　近 10 年来，夫余史的研究不再局限于夫余的族源等问题，而扩展到了夫余国的制度、文化、对外关系等方面。

　　相关研究成果以论文为主。代表性的有：张芳、刘洪峰《夫余对外关系史略》

①　李东：《夫余国研究》，长春：吉林人民出版社，2006 年。
②　周向水：《夫余名义考释》，《社会科学战线》1996 年第 1 期。

一文指出，夫余与周边民族和地方政权的关系大都为军事征战关系。^① 程尼娜《夫余国与汉魏晋王朝的朝贡关系》一文指出，最迟在西汉末年，夫余国已与西汉王朝建立朝贡关系。在夫余国强盛时期，甚至建立了以自己为中心的亚朝贡体系。^② 冯恩学《夫余北疆的"弱水"考》一文论证了夫余北部的"弱水"实际上为乌裕尔河。^③ 张芳、刘洪峰《夫余王葬用玉匣考》考察了夫余王葬用玉匣设立的原因、时间以及类型。^④ 尹志超、赵志刚《夫余语与通古斯语的渊源关系——从"人"的考释谈起》将语言学和史料相结合，论证了夫余语与通古斯语具有同源关系。^⑤ 李德山、李路《夫余王城及汉文化影响论》一文梳理了学界对夫余王城地理位置的不同看法，并对王城"大体在松花江中游与嫩江之间，而夫余、农安、肇源、大安一带，是这个族居住的中心"的说法表示认同。^⑥ 孙颖、许哲《夫余陶器的特征及其文化因素分析》一文通过考古学资料，讨论了夫余的陶器特征，这对了解夫余的文化有重要意义。^⑦

主要的著作有四部。董学增的《夫余史迹研究》是我国第一部以夫余王国史迹为研究课题的论文、报告集。^⑧ 全书有 31 篇文章，共计 36 万字。其内容涉及夫余的族源和民族构成、夫余王国前期王城的地理位置与建立时间、夫余文化的内涵及命名、夫余王国奴隶制度的形成及基本面貌、夫余王国不同时期的疆域、夫余王国与中原王朝的关系、夫余王国的经济形态、夫余人的物质生活、夫余人的风俗习尚以及其夫余灭亡的原因等问题，其中不乏新资料和新观点。

范恩实的《夫余兴亡史》是一部专门性研究著作。^⑨ 本书在利用传统史料和相关碑刻资料的基础上，民族学等方法，对夫余国的兴起、夫余与两汉的关系、夫余国的政治体系及灭亡等问题展开深入探讨。其中，在夫余的族系和族源、夫余的政治结构特征等问题上，作者有所突破。

《夫余历史研究文献汇编》一部研究夫余历史与考古的大型工具书。^⑩ 全书收录了自 1930—2013 年间中国学者和部分外国学者发表在我国报刊和著作中有关夫余的绝大部分文章，共计 257 篇（其中论文 164 篇，考古调查、发掘和研究报告 93 篇），此外还收录了中国历代（战国、两汉至唐、宋）典籍（包括正史和别史 27 部）有关夫余的记载。该书为学人研究夫余的历史提供了极大的便利。

---

① 《黑龙江民族丛刊》2011 年第 3 期。
② 《求是学刊》2014 年第 4 期。
③ 《中国边疆史地研究》2015 年第 4 期。
④ 《学习与探索》2015 年第 7 期。
⑤ 《满语研究》2015 年第 2 期。
⑥ 《吉林大学社会科学学报》2018 年第 3 期。
⑦ 《北方文物》2011 年第 3 期。
⑧ 董学增：《夫余史迹研究》，长春：吉林文史出版社，2011 年。
⑨ 范恩实：《夫余兴亡史》，北京：社会科学文献出版社，2013 年。
⑩ 刘信君、于波：《夫余历史研究文献汇编》，哈尔滨：黑龙江人民出版社，2015 年。

郑丽娜、姜维公的《夫余历史编年》① 一书以正史为主，辅以编年史、纪事本末、别史、杂史、类书、总集、正典、地理志等，不仅将史料以编年的形式加以整理，而且进行了分门别类的区分。本书是研究夫余历史重要的史料来源。

此外，还涌现出了一批硕博论文。如李贺《夫余移民研究》②、王俊铮《两汉时期夫余王城研究》③、刘翀《夫余文化的渊源与夫余文化分期研究》④ 等，这些成果都不同程度补充了夫余史的研究。

二、高句丽史研究

高句丽政权立国于公元前 37 年，先后建都于纥升骨城（今辽宁桓仁五女山城）、丸都城（今吉林集安市国内城、丸都山城），427 年迁都平壤（今朝鲜平壤），668 年为唐朝灭亡，唐设安东都护府辖其地，高句丽部众或被迁徙中原，或南下投入新罗，或融入突厥、靺鞨等。关于高句丽的研究，尽管我国史书自《后汉书》到《旧唐书》《新唐书》的正史都有《高句丽传》或《高丽传》，《魏略》《唐会要》《通典》《资治通鉴》《册府元龟》等史书也有大量记载，但真正的研究则是始于 1877 年好太王碑的发现，至今已百年有余。综观高句丽研究，大致可以分为三个不同的时期：1877—1949 年为开创期；1949—1980 年为积累期；1981 年以后为发展期。限于本书主旨，以下主要对积累期和发展期高句丽历史研究做概要介绍。

（一）积累期的高句丽历史研究

开创期的高句丽历史研究以 1877 年好太王碑的发现为开端，主要集中在好太王碑碑文的考释以及立碑年代和有关史实的考证等方面，如罗振玉等大家都曾经撰文对此进行研究，而这一时期标志性的成果则是金毓黼著《东北通史》上编的出版，该书虽然不是研究高句丽历史的专著，但其中对高句丽民族和政权历史的阐述可以视为开创了我国高句丽历史研究的先河。

中华人民共和国成立后直至 1980 年，是高句丽历史研究的积累期。之所以称之为积累期，是因为在这一时期，不仅没有出现有关高句丽历史研究的专门性著作，甚至也少有专门性论文发表，但是高句丽遗址、遗迹的发掘与研究却得到了一定程度的发展，为其后高句丽历史研究的发展奠定了牢固的资料基础。

这一时期学界对高句丽历史的阐述只存在于一些通史或断代史著作之中，大部分属于简单的描述，而且将高句丽历史纳入世界史中，作为朝鲜半岛古代三国之一进行叙述，是这些著作的共同特点。如韩国磐的《隋唐五代史纲》⑤ 是将高句丽纳

---

① 郑丽娜、姜维公：《夫余历史新编》，北京：科学出版社，2016 年。
② 东北师范大学硕士学位论文，2011 年。
③ 大连大学硕士学位论文，2017 年。
④ 南京大学硕士学位论文，2014 年。
⑤ 韩国磐：《隋唐五代史纲》，北京：生活·读书·新知三联书店，1972 年。

入中国古代王朝的对外关系中进行阐述的；杨志玖《隋唐五代史纲要》①、章群《唐史》② 等尽管将高句丽历史与突厥、吐谷浑等中国古代边疆民族并列，但也是放到隋唐对外关系的大背景下进行阐述。翦伯赞主编的《中外历史年表》③ 也将高句丽历史记事全部纳入外国史编年中，而范文澜主编的《中国通史》④ 则将隋唐对高句丽的战争定性为"侵略"。唯有郭沫若《中国史稿》⑤ 将隋唐和高句丽的关系定位为"朝贡关系"。造成这种状况的原因是多方面的，但顾及中朝之间的友好关系而没有开展基础研究是重要原因之一。

相对于历史研究，高句丽遗迹和遗址的考古发掘与研究则没有停滞，而是有计划地进行了一系列的保护、调查和发掘，主要集中在好太王碑的保护和研究、墓葬和城址的调查与发掘方面。1961 年，包括好太王碑在内的洞沟古墓群被列入国务院公布的第一批重点文物保护单位，由此开始了对好太王碑的保护和研究，王健群即是其中的代表人物，其《好太王碑研究》尽管是在 1984 年由吉林人民出版社出版，但可以视为是这一时期关于好太王碑研究的代表性成果。墓葬的调查和发掘主要集中在辽宁省桓仁、抚顺和吉林省集安，陈大为《桓仁县考古调查发掘简报》、⑥ 王增新《辽宁抚顺市前屯、洼浑木高句丽墓发掘简报》、⑦ 吉林省博物馆《吉林集安五盔坟四号和五号墓清理略记》⑧ 等是这一时期调查和发掘的代表性成果。城址的调查与发掘以集安国内城、丸都山城和辽宁省桓仁五女山城为主，集安县文物保管所《吉林集安高句丽建筑遗址的清理》⑨ 和《集安高句丽国内城的调查与试掘》⑩ 等是这一时期的代表性成果。有计划的考古调查与发掘，一方面为其后高句丽历史研究的展开提供了资料基础，另一方面也为高句丽历史研究提供了大量人才，其后活跃在高句丽研究领域的李文信、王承礼、李殿福、王健群等都是这一时期高句丽考古调查与发掘的参加者。

（二）发展期的高句丽历史研究

改革开放之后，有关高句丽历史研究的专题论文在 1981 年以后开始出现于全国性报刊，而 1998 年 6 月全国首届高句丽学术讨论会的召开极大地推动了高句丽历史研究，2001 年国家社科基金重大项目"东北边疆历史与现状系列研究工程"的立项，一度使研究达到了高潮，研究的深度和广度都有了长足的发展，成为东北民族

---

① 杨志玖：《隋唐五代史纲要》，北京：新知识出版社，1955 年。
② 章群：《唐史》，台北：中华文化出版事业委员会，1958 年。
③ 翦伯赞主编：《中外历史年表》，北京：中华书局，1961 年。
④ 范文澜：《中国通史》，第三册，北京：人民出版社，1978 年。
⑤ 郭沫若：《中国史稿》，第四册，北京：人民出版社，1982 年。
⑥ 《考古》1960 年第 1 期。
⑦ 《考古》1964 年第 10 期。
⑧ 《考古》1964 年第 2 期。
⑨ 《考古》1961 年第 1 期。
⑩ 《考古》1984 年第 1 期。

史研究中的热点，并一直延续至今。这一时期高句丽历史研究呈现以下特点：

1. 专门性论文不断增多

这些论文的内容涉及高句丽历史的方方面面，而高句丽归属问题成为研究的热点。《世界历史》1981 年第 3 期发表的杨通方《高句丽不存在山上王延优其人》是较早公开发表的论文之一，但在 1998 年之前国内公开刊物发表的专题论文数量依然有限，从中国知网·期刊网检索到的以"高句丽"为题的论文还不到 80 篇，而且主要集中在高句丽政权发展、文化等方面，涉及高句丽和中原王朝关系"敏感"话题的论文很少。孙玉良、李殿福《高句丽和中原王朝的关系》① 全面考察高句丽和历代王朝以及东北其他民族，尤其是慕容鲜卑政权关系的专论，将高句丽和历代王朝的关系分为对两汉王朝的隶属、同曹魏的冲突、和鲜卑慕容氏的争夺、和北魏的共处、同隋唐的抗争等五个阶段，并进而对高句丽和这些王朝或政权的关系进行了探讨。李大龙《从高句丽县到安定都护府——高句丽和历代中央王朝关系述论》、②徐贵通《中原王朝对高句丽诸王的册封》、③ 张博泉《高句丽与中原文明》④ 等是全面探讨高句丽和历代中央王朝关系的专论。

1989 年 6 月，全国首届高句丽学术讨论会在吉林省通化市召开，会议规模不大，但意义深远，其后见诸报刊的论文不断增多，1999 年至今，从中国知网·期刊网可以检索到的以"高句丽"为题的论文达到了 291 篇，内容涉及高句丽历史的方方面面，而其中关于高句丽归属问题的研究成为热点之一。最早论及高句丽归属的现代学者是金毓黻，他在《东北通史》（上篇）中认为："高句丽一族本出夫余，为吾中华民族之一部分，立国于东北疆最久。"但是，这一正确认识在中华人民共和国成立后的论著中并没有得到认同，而且将高句丽和历代王朝的关系纳入对外关系中进行探讨，所以归属问题的讨论自然成为热点，2000 年吉林文史出版社出版的杨春吉、耿铁华主编《高句丽归属问题研究》即收录了 36 篇论文，学界关注的热度由此可见一斑。从改革开放以来的讨论看，国内学界大致形成了以下几种观点：

第一种观点认为高句丽自始至终都是中国历史上的边疆民族政权。持这种观点的学者占多数，其中《光明日报》发表的署名边众的《试论高句丽历史研究的几个问题》最为典型。该文从高句丽民族起源于我国东北，都城数迁但都在汉四郡范围之内，自汉至唐历代王朝都认为是藩属边疆民族政权，高句丽自身也认同藩属地位，灭亡之后部众多迁入中原等五个方面认为"高句丽是我国东北历史上的少数民族政权"。⑤

第二种观点认为可以"一史两用"。持这种观点的学者认为"高句丽的历史首

---

① 《博物馆研究》1990 年第 3 期。
② 《民族研究》1998 年第 4 期。
③ 《通化师院学报》1996 年第 1 期。
④ 《社会科学战线》1998 年第 5 期。
⑤ 《光明日报》2003 年 6 月 24 日。

先属于中国历史，但是高句丽历史又属于朝鲜历史"。① 这是新出现的观点，但受到了不少学者的激烈反对，能否得到多数学者的认同还需要不断讨论。

第三种观点认为以 427 年迁都平壤为界，之前属于中国，其后属于朝鲜历史。持这种观点的主要是谭其骧先生。他在《历史上的中国和中国历代疆域》中认为"5 世纪时它把首都搬到了平壤以后，就不能再把它看作中国境内的少数民族政权了，就得把它作为邻国处理"。② 这种观点现在基本没有学者认同了。

第四种观点认为坚持积累时期的流行观点，认为高句丽历史属于朝鲜史，持有这种观点的学者呈现减少的趋势。

2. 专门性著作大量涌现，高句丽历史研究不断深化

据统计，截止到 2008 年 12 月，出版高句丽历史研究，包括民族、文化、思想、战争等方面研究著作和个人文集 16 部；考古调查发掘报告及古城、墓葬、壁画、文物遗迹和个人文集等著作 18 部；好太王碑的研究著作 11 部；会议论文集等 7 部；普及读物 12 部。③ 这些著作对于高句丽历史研究都具有重要的推动作用，但相对而言，值得关注的是李殿福和孙玉良著《高句丽简史》④、刘子敏著《高句丽历史研究》⑤、马大正等著《古代中国高句丽历史丛论》⑥ 和《古代中国高句丽历史续论》⑦、耿铁华著《中国高句丽史》⑧、杨军著《高句丽民族与国家的形成和演变》⑨ 等。

由我国学者李殿福、孙玉良撰著的《高句丽简史》在韩国出版，这是我国学者第一部系统研究高句丽历史的专著，标志着我国学者开始系统阐述高句丽的历史。该书是用韩文出版的，后半部分影印汉文手稿，从高句丽的兴起、扩张、政治制度、同中原王朝的关系、都城、疆域、经济、文化、灭亡等方面对高句丽的历史进行了概要阐述，分为十章，并附有高句丽史事编年。作者将高句丽的历史分为初创、发展、衰落三个时期，并据此阐述高句丽的历史。

刘子敏先生撰著的《高句丽历史研究》1996 年由延边大学出版社出版。这是我国学者第二部全面系统阐述高句丽历史的专著。作者从高句丽民族的起源、在辽东的发展、高句丽国家的建立、势力的发展和扩张、高句丽国的灭亡等方面对高句丽的历史进行了探讨。作者依据大量的文献记载，结合考古资料，对不少问题的看法有自己新的见解。诸如在高句丽的名称、族源等方面即对认为高句丽源于貊的观点

① 姜孟山：《高句丽史的归属问题》，刘厚生等主编：《黑土地的古代文明》，远方出版社，2000 年，第 41 页。
② 《中国边疆史地研究》1991 年第 1 期。
③ 耿铁华：《改革开放 30 年高句丽研究成果统计与说明》，《东北史地》2009 年第 2 期。
④ 韩国：三省出版社，1990 年。
⑤ 延吉：延边大学出版社，1996 年。
⑥ 哈尔滨：黑龙江教育出版社，2001 年。
⑦ 北京：中国社会科学出版社，2003 年。
⑧ 长春：吉林人民出版社，2002 年。
⑨ 北京：中国社会科学出版社，2006 年。

提出了反驳，认为其祖先是高夷，而高夷的故地在西周时期是周"北土"的一部分，后归入燕国。

《古代中国高句丽历史丛论》由马大正、杨保隆、李大龙、华立等合著，分为民族篇、政治篇和研究篇，不仅阐述了高句丽民族的形成、发展乃至灭亡之后的流向，也系统探讨了高句丽政权和历代王朝的政治隶属关系，同时对百余年来国内外学者的高句丽研究做了概要分析。《古代中国高句丽历史续论》则是马大正、李大龙、耿铁华、权赫秀合著，分为理论篇、历史篇和研究篇，是在《丛论》基础上的进一步深化研究，从藩属的角度对高句丽政权的归属问题做了进一步阐述；从四郡建置沿革、古代中国王朝和高句丽相互政策、高句丽与中原的文化交流等方面阐述了高句丽和中原王朝的关系；对国内外高句丽考古成果、国内学者的高句丽归属问题研究、韩国和朝鲜的高句丽研究等有深入点评。

《中国高句丽史》分为 12 章，由长期从事高句丽文物保护和历史研究的学者耿铁华撰著，内容涉及高句丽历史研究的状况和研究资料；高句丽民族的形成与发展的早期历史；高句丽建国；两汉至隋唐时期的高句丽历史；高句丽的政权建设；高句丽经济发展；高句丽都城变迁和山城；高句丽与新罗、百济、倭的关系；高句丽文化等，是目前国内对高句丽历史与文化阐述最为系统的专著。

《高句丽民族与国家的形成和演变》分为上下两篇，上篇从与高句丽有关的地域概念、高句丽活动区域的世居居民、前高句丽时期的民族融合、高句丽出现前四郡的民族分布格局、高句丽族属溯源等方面，探讨了高句丽民族的形成与演变；下篇从前高句丽时期箕子朝鲜、卫氏朝鲜等政治组织形式的演变，郡县体制的影响，高句丽五部和演变，高句丽政权的中央和地方官职的演变等方面，阐述了高句丽政权的形成和演变的历史。

与此同时，其他专著，如耿铁华著《好太王碑新考》[①]、魏存成著《高句丽考古》[②]，或论文集如耿铁华等主编《高句丽研究文集》[③]、李殿福主编《高句丽文化与集安》[④]、孙进己主编《高句丽渤海研究集成》[⑤]、杨春吉等主编《高句丽历史与文化研究》[⑥]、倪军民等主编《中国学者高句丽研究文献叙录》[⑦] 等也大量出版。一些有关东北地方史的研究专著也系统阐述高句丽的历史，诸如薛虹、李澍田主编的《中国东北通史》、[⑧] 孙进己著《东北各民族文化交流史》、[⑨] 蒋秀松等著《东北民族

---

① 长春：吉林人民出版社，1994 年。
② 长春：吉林大学出版社，1994 年。
③ 延吉：延边大学出版社，1993 年。
④ 日本：六兴社，1992 年。
⑤ 哈尔滨：哈尔滨出版社，1997 年。
⑥ 长春：吉林文史出版社，1997 年。
⑦ 长春：吉林人民出版社，1998 年。
⑧ 长春：吉林文史出版社，1991 年。
⑨ 沈阳：辽宁春风文艺出版社，1992 年。

史纲》、① 孙进己等著《东北历史地理》（一、二卷）②、王景义著《东北地方简史》③、李健才著《东北史地考略》④、张博泉等著《东北古代民族·考古与疆域》⑤、佟冬主编《中国东北史》（六卷本）⑥ 等，均有阐述高句丽民族历史或高句丽政权建立、发展和消亡过程的章节。

3. 有关资料的整理取得了显著进展，不仅出版了文献整理类著作，也出版了考古资料的著作，为高句丽历史研究的深入奠定了基础

1989—1990 年，沈阳书社陆续出版了孙进己、郭守信主编的《东北古史资料丛编》（一至三卷），其中前两卷辑录了高句丽历史的文献资料。1998 年，吉林人民出版社出版了杨春吉等主编的《高句丽史籍汇要》，不仅辑录了中国史书的资料，而且也辑录了朝鲜汉文史书的资料。对于研究文献的整理也有不少著作出版，其中耿铁华、杨春吉《1950—2000 年中国学者高句丽研究文献目录》⑦、倪军民等主编《中国学者高句丽研究文献叙录》⑧ 提供了文献来源情况，孙进己等主编《高句丽渤海研究集成》⑨ 则辑录了自 1950 年以来的 400 余篇研究论文，为学者的研究提供了极大便利。考古资料的整理方面，值得特别提出的是文物出版社 2004 年出版的《集安高句丽王陵》《五女山城》《丸都山城》《国内城》，虽然是为了配合申报世界文化遗产而出版的，但也为高句丽历史研究提供了新的资料。

4. "东北边疆历史与现状系列研究工程"整合了研究队伍，但人才培养依然任重道远

2001 年，由中国社会科学院组织，东北三省参与支持的"东北边疆历史与现状系列研究工程"得以实施，对于高句丽历史研究队伍起到了整合作用，一批高句丽研究的学者参与其中，目前已经出版的《古代中国高句丽历史续论》《高句丽民族与国家的形成和演变》以及耿铁华《好太王碑一千五百八十年祭》都是其中子项目的结项成果。不过相对于国外研究队伍而言，目前我们的研究队伍依然很分散，而且也没有培养高句丽历史研究人才的专门院校或专业，加之成果目前出版困难，研究队伍后继乏人已经成为困扰高句丽历史研究深入的一个主要因素。

近年来，高句丽的史料研究有所突破。2012 年 7 月 29 日，集安市麻线乡麻线河右岸出土了一通高句丽时期的文字碑，一般称为"集安高句丽碑"（或称"麻线碑"）。它是继"好太王碑""中原高句丽碑"之后，出土的又一通高句丽时代碑

---

① 沈阳：辽宁教育出版社，1993 年。
② 哈尔滨：黑龙江人民出版社，1989 年。
③ 哈尔滨：哈尔滨工业大学出版社，1989 年。
④ 长春：吉林文史出版社，1996 年。
⑤ 长春：吉林大学出版社，1998 年。
⑥ 长春：吉林文史出版社，1998 年。
⑦ 长春：吉林文史出版社，2000 年。
⑧ 长春：吉林人民出版社，1998 年。
⑨ 哈尔滨：哈尔滨出版社，1997 年。

刻，具有重要的学术价值。关于此碑，学界先后出版了《集安高句丽碑》①、《集安麻线高句丽碑》② 两部著作进行研究。在国内相关学者的共同努力下，目前碑文的主要部分都已经释读出来。除了高句丽时代碑刻外，还有不少高句丽移民（遗民）墓志出土，成为高句丽史研究的一个新的史料来源。③

正是在这种背景下，高句丽史的研究得到了很大的发展，内容涉及高句丽的族源、政治制度、民族关系、社会文化、人口迁移等方面。

首先，专门性的论文在大规模出现。罗新在《高句丽国名臆测》一文中提出"高句丽"的语源是"山城"。④ 耿铁华在《高句丽马具寄生研究》一文中对高句丽马具寄生出现的时间、不同类型分类、考古实物的发现等做了详细考察。⑤ 程尼娜在《高句丽与汉魏晋及北族政权的朝贡关系》一文中梳理了 1—5 世纪间高句丽的朝贡活动，对我们理解高句丽如何在东北各民族中发展壮大有一定意义。⑥ 戴光宇在《高句丽语和满语的系属关系探析》一文中指出发源于我国东北腹地的夫余—高句丽语同满语的底层关系密切，却和起源于东北亚沿海及半岛南部的韩语关系疏远。⑦ 郑春颖、盛宇平在《高句丽古墓壁画所见出行图研究》一文通过分析 61 幅高句丽壁画墓中出行图的演变历程，反映出公元 4 世纪中叶至 6 世纪后半叶二百多年间高句丽统治政权下的政治基础、经济结构、族群构成、信仰观念等方面的变化。⑧ 孙炜冉、苗威在《高句丽独特丧葬习俗探析》一文中对高句丽人早期的丧葬文化进行了探讨。⑨ 王飞峰的《高句丽大型建筑址试论——从青石岭山城二号建筑址谈起》以位于辽宁省盖州市青石岭镇的青石岭二号建筑址为例，分析了高句丽大型建筑址的类型和特征、发展演变及原因。⑩ 魏存成在《申遗以来我国高句丽考古的主要发现与研究》一文中对高句丽申遗前后的考古发现及研究做了系统梳理，并指出在高句丽考古发现和研究方面，我国学术界已经占据了主导地位。⑪

其次，专题性的著作也大量涌现。2010 年，乔凤岐的《隋唐皇朝东征高丽研究》一书出版。全书分为 6 章，以隋唐王朝东征高丽为研究对象，不仅对隋唐征高句丽的历史过程进行了全面的梳理，而且对隋唐两代征伐高句丽的情况做了比较研究，并讨论了东征高句丽对隋唐政局的影响。⑫ 同年，杨秀祖的《高句丽军队与战

---

① 集安市博物馆：《集安高句丽碑》，长春：吉林大学出版社，2013 年。
② 张福有：《集安麻线高句丽碑》，北京：文物出版社，2014 年。
③ 范恩实：《2010 年以来国内学界高句丽史研究综述》，《中国边疆学》2016 年第 2 期。本节部分论述参考该文，以下不再做注。
④ 《中华文史论丛》2013 年第 1 期。
⑤ 《社会科学战线》2017 年第 5 期。
⑥ 《安徽史学》2015 年第 4 期。
⑦ 《四川大学学报》（哲学社会科学版）2019 年第 6 期。
⑧ 《南方文物》2020 年第 2 期。
⑨ 《古代文明》2015 年第 3 期。
⑩ 《北方文物》2020 年第 1 期。
⑪ 《中国边疆史地研究》2020 年第 3 期。
⑫ 乔凤岐：《隋唐皇朝东征高丽研究》，北京：中国社会科学出版社，2010 年。

争研究》一书出版。本书对高句丽军队士兵构成、武器装备、防御工事、战法以及大小数百次战斗进行了系统论述。[①]

2011 年，苗威的《高句丽移民研究》由吉林大学出版社出版。[②] 本书利用了很多新出土的墓志资料，对高句丽人向外移动的情况做了详细的梳理，包括高句丽自身的移民背景，沸流、温祚移民与百济建立，以及魏晋以后历代高句丽人外迁的情况。当然，最重要的部分仍然是高句丽亡国后，进入唐朝治下的高句丽人。类似的研究成果还有拜根兴的《唐代高丽百济移民研究》[③] 和姜清波的《入唐三韩人研究》[④] 两本书，这对我们了解高句丽 700 余年间的移民情况有很大的意义。

2012 年，耿铁华、李乐营所著的《高句丽研究史》出版。[⑤] 全书共分为 10 章，内容涉及好大王碑的发现与研究、高句丽遗迹调查、改革开放之后的高句丽研究等内容，并对本书出版之前的高句丽研究成果做了详细的统计与分析。

2013 年，李大龙的《〈三国史记·高句丽本纪〉研究》出版。[⑥] 通过史源学的分析，作者认为《三国史记·高句丽本纪》一半以上的内容是抄自中国史书，且这种抄录是有删改的，不仅造成了记事的不完整，也形成了一些新的问题。由此，作者对《三国史记·高句丽本纪》的学术价值及作者金富轼的治史态度等做了探讨。

2014 年，姜维公主编，高福顺等人著的《东北亚研究论丛（八）——高句丽官制研究》[⑦] 和杨军、高福顺等人著的《高句丽官制研究》[⑧] 的两本高句丽官制研究专著出版。次年，高福顺的《高句丽中央官制研究》接着出版。[⑨] 从内容上看，这三本著作主要讨论了高句丽王系与积年、高句丽五部与五部官、高句丽早期官制、诸加会议、爵与食邑、官等制的发展演变、兄系官位群、使者系官位群、晚期的官僚组织结构、莫离支与大对卢等有关问题，基本构建起高句丽政治制度发展演化的历史线索。

2015 年，孙颢的《高句丽陶器研究》出版。[⑩] 作为国内该项研究中的第一本专门性著作，本书将我国与朝鲜半岛出土的高句丽陶器收集和分析，为以后的研究打下了基础。同年，张芳的《〈魏书·高句丽传〉研究》出版。[⑪] 这是继朴灿奎的《〈三国志·高句丽传〉研究》、李大龙的《〈三国史记·高句丽本纪〉研究》之后，

---

① 杨秀祖：《高句丽军队与战争研究》，长春：吉林大学出版社，2010 年。
② 苗威：《高句丽移民研究》，长春：吉林大学出版社，2011 年。
③ 拜根兴：《唐代高丽百济移民研究》，北京：中国社会科学出版社，2012 年。
④ 姜清波：《入唐三韩人研究》，广州：暨南大学出版社，2010 年。
⑤ 耿铁华、李乐营：《高句丽研究史》，长春：吉林大学出版社，2012 年。
⑥ 李大龙：《〈三国史记·高句丽本纪〉研究》，哈尔滨：黑龙江教育出版社，2013 年。
⑦ 姜维公主编，高福顺、刘矩、姜维东著：《东北亚研究论丛（八）——高句丽官制研究》，长春：东北师范大学出版社，2014 年。
⑧ 杨军、高福顺、姜维公、姜维东：《高句丽官制研究》，长春：吉林大学出版社，2014 年。
⑨ 高福顺：《高句丽中央官制研究》，长春：吉林大学出版社，2015 年。
⑩ 孙颢：《高句丽陶器研究》，长春：吉林文史出版社，2015 年。
⑪ 张芳：《〈魏书·高句丽传〉研究》，哈尔滨：黑龙江大学出版社，2015 年。

学界又一部以高句丽文本文献为专门研究对象的力作。本书分为 5 章，共计 36 万字左右。在《魏书》的基础之上，作者对高句丽的民族起源、王系传承、与中原王朝关系，以及基本概况等问题进行了详细的考证。部分内容虽有欠缺，但仍不失为一部优秀的著作。①

张士东的《高句丽语研究》由吉林大学出版社出版。② 全书分为 5 章，共计 18 万字。作者以语言学的研究为重点，对高句丽语的内部构拟和外部重建进行了系统的分析，并结合历史学的方法，考察了高句丽与周边民族关系。更为重要的是，本书还运用了历史比较语言学的研究方法，明确了高句丽语同突厥语系最为相近。

郑春颖的《高句丽服饰研究》由中国社会科学出版社出版。③ 本书分为 10 章，其中收录图表 60 个，图版 111 个。在广泛收集高句丽壁画图像、出土饰物及文献记载等资料的基础之上，作者系统探讨了高句丽服饰文化的特点和演变过程。另外，作者还把高句丽的服饰文化放在整个东亚地区之内进行比较，如此一来，读者不仅能对高句丽的传统服饰有所了解，又能深刻理解高句丽在各族群服饰文化交流方面所发挥的历史作用。

2016 年，张福有与孙仁杰、迟勇合著的《高句丽古城考鉴》出版。全书共收录高句丽古城 118 座，照片数千张。可谓资料收集丰富、学术信息量大。对那些无法亲临高句丽古城的学人而言，本书的重要性不言而喻。同年，尹铉哲的《高句丽渤海国史研究文献目录》一书出版，全书收录了国内外学者出版和发表的有关高句丽和渤海国史研究的著作、论文、通信等，内容涉及政治、军事、文化、经济、考古等方面，是一本不可多得的参考书。④ 此外，还有一些专著，虽不是专门研究高句丽的历史，但对其有所涉及。比如程尼娜的《东北古代民族朝贡制度史》一书讨论了古代整个东北民族的朝贡情况，其中涉及高句丽。⑤ 王绵厚、朴文英的《中国东北与东北亚古代交通史》一书涉及高句丽内外交通的路线问题。⑥ 除这些专门研究著作之外，还有一些与高句丽相关的文集，如：梁志龙的《沸流集：高句丽及辽东史地论稿》⑦，付百臣、刘信君主编的《中国高句丽研究论文选编》⑧，魏存成的《高句丽渤海考古论集》⑨，李乐营、章永林主编的《高句丽研究论文选》⑩ 等。

除论文和专著外，不少高校和研究机构的硕士、博士研究生以高句丽的历史为

① 孙炜冉：《史志学刊》2017 年第 3 期。
② 张士东：《高句丽语研究》，长春：吉林大学出版社，2015 年。
③ 郑春颖：《高句丽服饰研究》，北京：中国社会科学出版社，2015 年。
④ 尹铉哲《高句丽渤海国史研究文献目录》，延吉：延边大学出版社，2016 年。
⑤ 程尼娜：《东北古代民族朝贡制度史》，北京：中华书局，2016 年。
⑥ 王绵厚、朴文英：《中国东北与东北亚古代交通史》，沈阳：辽宁人民出版社，2016 年。
⑦ 梁志龙：《沸流集：高句丽及辽东史地论稿》，沈阳：辽宁人民出版社，2015 年。
⑧ 付百臣、刘信君：《中国高句丽研究论文选编》，长春：吉林文史出版社，2014 年。
⑨ 魏存成：《高句丽渤海考古论集》，北京：科学出版社，2015 年。
⑩ 李乐营、章永林：《高句丽研究论文选》，长春：东北师范大学出版社，2015 年。

选题，撰写了若干篇学位论文。代表性的有：姜丽丽《高句丽与夫余文化对比研究》①、王志刚《高句丽王城及相关遗存研究》②、孙炜冉《高句丽诸王研究》③、王欣媛《高句丽"南进"研究》④、郑艳《高句丽婚姻研究》⑤。这些论文在资料收集和问题分析等方面，都有不同程度的突破和创新。

此外，近十来年，学界还多次举行了有关高句丽史研究的学术讨论会。代表性的会议有：2014 年 6 月 24 日至 26 日，由中国社会科学院边疆史地研究中心主办、吉林省社会科学院高句丽研究中心和通化师范学院高句丽与东北民族研究中心承办的"高句丽申遗 10 年暨好太王碑建立 1600 年学术研讨会"在通化师范学院成功举行。2019 年 7 月 8 日至 9 日，吉林大学高句丽渤海研究中心与韩国高句丽渤海学会在韩国城南市韩国学中央研究院共同举办了题为"高句丽·渤海的都市、文化及其世界"的国际学术会议。

第二节　肃慎系民族史研究

肃慎系民族是东北历史悠久，影响非同一般的民族群体，故见于史册早，且绵延不绝。由于东北地处边陲，近代频遭外来侵略，肃慎等东北民族史地问题很早就引起爱国学者的关注，所以对此研究历时最久。

尽管如此，分布东北地区东北部的肃慎系部落或民族，早期与中原交往有限，不唯文献记载不足，且记述零散歧异迭出，致使后人的研究无法唯凭文献；考古成果往往有，甚而解惑的作用。故不仅肃慎系，整个东北古代民族研究中，有两点不能不强调，一是文献的辑录和整理是研究的重要基础和前提。前期民族史尤是，肃慎系民族更是如此；二是民族研究离不开考古新成果。东北历史学者多考古学出身，就是这一地区史学特点的体现。本节论述金朝以前肃慎系民族史的研究。

一、中华人民共和国成立前肃慎系民族史研究之滥觞

清末和民国出现的两次东北边疆危机，引发了对肃慎系民族（部落）的研究。

清末，沙俄通过不平等条约侵占我黑龙江下游广大地区后，一些爱国学者自发地研究东北地区民族史地。这时期的主要代表是曹廷杰，他的《东北边防辑要》《西伯利东偏纪要》《东北三省舆地图说》，⑥ 都是这一时期的发奋研究之作。由于其著述的目的是有助抵御沙俄侵略东北边疆的"时务"之需，故所撰"挹娄国、越

---

① 福建师范大学硕士学位论文，2012 年。
② 吉林大学博士学位论文，2016 年。
③ 东北师范大学硕士学位论文，2016 年。
④ 东北师范大学博士学位论文，2018 年。
⑤ 延边大学硕士学位论文，2018 年。
⑥ 收入丛佩远、赵铭歧编：《曹廷杰集》（上下册），北京：中华书局，1985 年。

喜国考""黑水部考""渤海建国地方考""肃慎国考"等文的内容重在考订地点等方面①；其他如何秋涛《朔方备乘》、魏源的《圣武记》等所涉相关内容亦皆如此。但需要强调的是，曹廷杰沿黑龙江下游沙俄境内的实地探查的报告《西伯利东偏纪要》，为后人研究清末黑龙江下游的民族提供了极具学术价值的资料。

民国时期，1931 年东北沦陷后，奋起救国的爱国学者们，又掀起一波研究东北民族史地的浪潮。这一时期，东北史和中国民族史专著迭出，有关肃慎系民族的研究和文献整理都取得了成就。

如东北史著作，有金毓黻的《东北通史》，傅斯年的《东北史纲》。② 面对意欲割占东北的日本侵略者，二人都将"东北史与民族"结合研究，用以驳斥侵略者鼓吹"满蒙非支那论"的野心。如金氏言："东北史者，东北民族活动之历史也，无东北民族，则无所谓东北史。"③ 故而两书虽名通史，实为最早的东北民族史。金氏的研究方法，不仅将东北史与民族结合，还将地理与民族的分布和活动结合；他正是通过这种人地关系的考察，开创性地提出东北四大族系的观点。其族系的具体划分，尽管有学者提出异议，但还未有能取代者。金氏可以说是东北民族史的开拓者，他的东北史即民族史以及史地结合的研究方法，一直影响至今。

民族史著作，如王桐龄《中国民族史》、吕思勉《中国民族史》（第七章肃慎）、林惠祥《中国民族史》（第八章肃慎系）也有专章论述肃慎系民族。④ 由于受当时东北"时务"的局限，论述多偏重于肃慎系民族沿革变化，旨在揭示中国民族你中有我，我中有你的历史特点，以证东北民族是中国不可分割的一部分。应该说这只涉及了民族史内容的一部分。这一时期的论文也都具有相同特点，不烦赘举。

还有两部渤海国史著作，一是黄维翰《渤海国记》，"网罗群籍，旁及海外史"著成上中下三篇；⑤ 二是金毓黻的《渤海国志长编》20 卷。"此书史料丰富，叙事详尽，考据精当"，⑥ 至今仍为渤海史研究的必备之书。这一时期，金毓黻收集整理东北史文献资料成就显著。《辽海丛书》是他主编的东北古代文献汇编，所收书 87种，保留了许多弥足珍贵的历史文献，方便了后人的研究之用。

总之，先贤筚路蓝缕的开拓，奠定了中华人民共和国成立后东北史及其肃慎系民族研究的基础。

二、中华人民共和国成立后肃慎系民族史研究

中华人民共和国成立后，肃慎系民族研究以改革开放为界分前后两大时期。前

① 丛佩远、赵铭歧编：《曹廷杰集》上册，第 155、166—168 页。
② 金毓黻：《东北通史》（六卷），重庆：五十年代出版社，1943 年，1980 年《社会科学战线》杂志社翻印；傅斯年等：《东北史纲》（五册），中央研究院历史语言所，1932 年。
③ 金毓黻：《东北通史》上编，《社会科学战线》杂志社翻印，1980 年。
④ 王桐龄：《中国民族史》，北平：文化学社，1928 年；吕思勉：《中国民族史》，上海：世界书局，1934 年；林惠祥：《中国民族史》（二册），上海：商务印书馆，1936 年。
⑤ 《渤海国记》"自叙"，《辽海丛书》，第 143 页。
⑥ 蒋秀松：《东北民族史研究》，郑州：中州古籍出版社，1994 年，第 7 页。

期全国少数民族社会历史调查有力地促进了肃慎系民族研究，后期思想解放使研究更加深入。以下先介绍少数民族社会历史调查时期的研究和对后世的影响，而后对中华人民共和国成立后肃慎系民族研究的几个焦点问题进行综述。

（一）少数民族社会历史调查与肃慎系民族史研究

20 世纪 50—60 年代（1956—1964），国家为推行民族区域自治，掌握民族状况，曾开展过全国少数民族社会历史调查，参与人员之多，时间持续之久，是史无前例的。这次历时十多年的少数民族社会历史调查，也是中华人民共和国民族史学形成，新一代史学人才成长的过程。这期间收集、整理和抢救了大量历史资料，为中华人民共和国民族史学的形成和发展积淀了丰富的学术资源。

改革开放前民族史研究是在调查中进行的，因此焦点集中在现代民族的族别史方面。由于涉及民族溯源、民族形成等问题，在满族、鄂伦春、鄂温克和赫哲族简史中，都程度不同地对肃慎、挹娄、靺鞨相关问题进行了各自的阐述，不过发表的专门研究论著不多。改革开放后相关研究成果纷纷问世，这可理解为是对前期研究的厚积薄发。

（二）60 年来肃慎系民族研究的几个焦点问题

肃慎系民族从挹娄到靺鞨，正处于封建社会的前期阶段，前期资料不如后期史料丰富，处于"蛮夷"之地的东北边疆地区则更可想而知。由于史料的匮乏和相关记载语焉不详，使肃慎系民族研究难度很大，争议颇多。归纳起来有以下几个焦点问题：

1. 肃慎的分布

关于肃慎的分布，文献记载含糊不清。有记载位置在"海外"（《大戴礼记》）的，也有称在周之北方（《春秋·左传》），又或记为"不咸山"（《山海经·大荒北经》），皆泛泛而不知其处，故争议由来已久。中华人民共和国成立之后，西团山等考古文化民族属性的争议，又引发了对肃慎分布的持续讨论。这个问题可上溯到 30年代，相关论著有金毓黻《东北通史》上编卷 2[①]、傅斯年《东北史纲》初稿卷1[②]、冯家昇《述肃慎系之民族》[③]。中华人民共和国成立以来讨论更为热烈，有北大历史系考古教研室商周组编著《商周考古》[④]、郭沫若主编《中国史稿》第一册[⑤]、佟柱臣《吉林的新石器时代文化》[⑥] 及由他执笔的《吉林西团山石棺墓发掘报

① 《社会科学战线》杂志社翻印。
② 中央研究院历史语言研究所，1932 年。
③ 《禹贡》3 卷 7 期，1935 年。
④ 北京：文物出版社，1979 年。
⑤ 北京：人民出版社，1962 年。
⑥ 《考古通讯》1955 年第 2 期。

告》①、薛虹《肃慎和西团山文化》②、《肃慎的地理位置及其同挹娄的关系》③，孙秀仁《黑龙江历史考古述论（上）》④、杨保隆《肃慎考略》⑤、《关于肃慎两个基本问题的辨析——与薛虹同志商榷》⑥、张博泉《肃慎、燕亳考》⑦、《东北地方史稿》⑧、奚柳芳《肃慎东迁考》⑨、杨东晨和杨建国《论秦汉时期黑龙江地区的民族与文化》⑩、何光岳《肃慎的起源与北迁》⑪、李德山《关于肃慎族几个问题的讨论》⑫、范恩实《肃慎起源及迁徙地域略考》⑬ 等。归纳以上论著的观点有三种：一是肃慎原居山东，或辽西，或河北—辽西，后向松花江黑龙江迁徙说；二是以西团山考古文化为依据的松花江流域说；三是肃慎分布松花江到黑龙江广阔地区说，持此说的学者在四至的认定上还有些分歧，但宏观区域的认识是一致的。经过数十年的研讨和考古文化的辨析，因疑西团山考古文化为夫余系秽貊文化，影响松花江流域的观点目前已沉寂。第三种观点逐渐被多数人接受，90 年代以后，重持肃慎由山东或辽西向东北迁徙的观点又有数篇问世。

2. 肃慎与挹娄的关系

在肃慎系中，挹娄源于肃慎。在古代记载先秦史事的文献中屡见肃慎事迹，而汉兴之后却无记载。《后汉书》《三国志》始为挹娄立传，称"古肃慎之国"，而书中挹娄和肃慎之名并见；后出的《晋书》又有肃慎而无挹娄传，这就使二者的关系扑朔迷离。

这个问题早在中华人民共和国成立之前即引起丁谦⑭、傅斯年和冯家升等学者的关注。中华人民共和国成立后相关文章有孙秀仁、干志耿《"枯矢石砮"探源》⑮、杨保隆《肃慎改称挹娄考释——兼对丁谦谓挹娄为肃慎境内一部之辨释》⑯、张湘泰《从最新考古成就看历史上的肃慎人挹娄人》⑰、陈显昌《肃慎的发展和渤海

① 《考古学报》1964 年第 1 期。
② 《吉林师大学报》1979 年第 1 期。
③ 《吉林师大学报》1980 年第 2 期。
④ 《社会科学战线》1979 年第 1 期。
⑤ 《民族史论丛》1980 年。
⑥ 《吉林师大学报》1980 年第 1 期。
⑦ 《东北考古与历史》1982 年第 1 辑。
⑧ 长春：吉林大学出版社，1985 年。
⑨ 《吉林师大学报》1980 年第 2 期。
⑩ 《哈尔滨师专学报》2000 年第 12 期。
⑪ 《黑河学刊》1991 年第 2 期。
⑫ 《北方民族》1993 年第 1 期。
⑬ 《民族研究》2002 年第 3 期。
⑭ 《晋书四夷传地理考证》浙江图书馆丛书第一集，1915 年。
⑮ 《哈尔滨师范学院学报》1978 年第 4 期。
⑯ 《民族研究》1980 年第 2 期。
⑰ 《东北师大学报》1982 年第 5 期。

国的建立》①、戚玉箴、孙进己《肃慎和挹娄的考古文化》②、林沄《肃慎、挹娄与沃沮》③、魏国忠《论挹娄的考古学文化》④、李德山《有关挹娄族几个问题的探讨》⑤、张博泉《肃慎·挹娄·女真考辨》⑥、范实恩《肃慎起源及迁徙地域略考》⑦、王乐文《"肃慎族系"略论》⑧。台湾地区学者李学智亦有《肃慎与挹娄之商榷》⑨一文。上述文章的观点可以归纳为两点：一是传统的汉以后肃慎改称挹娄说；二是挹娄是肃慎中的一部，或以为肃慎和挹娄源流不同，各成一系。两说争议的分歧，除对主要史料的解读有差异外，还在肃慎和挹娄的分布是重合还是各为一区的认识不同；而分布的确认则又涉及对西团山、新开流、莺歌岭、滚兔岭等遗址民族文化属性界定的问题。目前民族史、东北史等通史类书中，基本还持传统观点，但挹娄为肃慎之一部的"民族多源多流"思维也值得考虑。

关于肃慎、挹娄考古文化，是肃慎系民族研究中不可或缺的重要内容。主要有李文信《依兰倭肯哈达的洞穴》⑩、佟柱臣《吉林的新石器时代文化》⑪、北大历史系考古教研室商周组编著《商周考古》⑫、孙秀仁《黑龙江历史考古述论》上⑬、薛虹《肃慎和西团山文化》⑭、张湘泰《最新从考古学成就看历史上的肃慎挹娄》⑮、戚玉箴、孙进己《肃慎和挹娄的考古文化》⑯、干志耿、孙秀仁《黑龙江古代民族史纲》⑰、魏国忠《论挹娄的考古学文化》⑱ 等，上述论著，通过考古资料与文献资料的研究比对，已初步理出了一个考古文化体系。

3. 勿吉与靺鞨的关系

勿吉与靺鞨和挹娄的族系关系文献皆有记载，但为何改名？这又关系到三者关系的问题。金毓黻《肃慎、挹娄、勿吉三系语义考》⑲、傅斯年《东北史纲》⑳、李

① 《学习与探索》1982 年第 4 期。
② 《学习与探索》1984 年第 5 期。
③ 《辽海文物学刊》1986 年第 1 期。
④ 《北方文化》1989 年第 3 期。
⑤ 《黑龙江民族丛刊》1990 年第 4 期。
⑥ 《史学集刊》1992 年 1 期。
⑦ 《民族研究》2002 年第 3 期。
⑧ 《历史教学》2008 年第 4 期。
⑨ 台湾《大陆杂志》第 14 卷 6 期，1953 年 3 月。
⑩ 《考古学报》1954 年第 8 期。
⑪ 《考古通讯》1955 年第 2 期。
⑫ 北京：文物出版社，1979 年。
⑬ 《社会科学战线》1979 年第 1 期
⑭ 《吉林师大学报》1979 年第 1 期。
⑮ 《东北师大学报》1982 年第 5 期。
⑯ 《学习与探索》1984 年第 5 期。
⑰ 哈尔滨：黑龙江人民出版社，1987 年。
⑱ 《北方文化》1989 年第 3 期。
⑲ 《东北集刊》1941 年第 1 期。
⑳ 《东北史纲》第 119 页。

学智《对于勿吉、靺鞨种族与名称之管见》上下①、姜守鹏《唐代黑水靺鞨》②、王承礼《靺鞨的发展和渤海国的建立》③、杨保隆《勿吉、靺鞨与挹娄的源流关系》④、干志耿和孙秀仁《靺鞨族及其诸部的分布范围》⑤、孙进己《肃慎、挹娄、勿吉为同种异族》⑥、魏国忠《关于勿吉族的几个问题》⑦、范恩实《靺鞨族称新考》⑧ 陈陶然、赵可《靺鞨族名来源新考》⑨ 的研究，对诸族的名称从词音和词义，结合分布及其文化特征的比较研究，形成了勿吉、靺鞨是挹娄的音转；勿吉之名另有所出，即为"沃沮"或"窝集"的音转两种主要观点。澄清族名之间的关系，也是解开肃慎、挹娄、勿吉和靺鞨族源关系的一种方法。

4. 渤海史研究

公元 7 世纪末建于东北的渤海国，是肃慎系民族在东北建立的第一个地方性政权。这个政权以"海东盛国"之誉引起国内外学者的关注；还因其所辖东南一隅涉及俄罗斯滨海边疆区和朝鲜半岛东北部，导致渤海史研究平添了敏感的政治因素；又因受史料匮乏，且兼有日本、朝鲜文献的记载，给资料的收集和考辨增加了难度，因而疑问争议也最多。我国的渤海国史研究起步较早，中华人民共和国成立前就有唐宴《渤海国志》（1919 年）、黄维翰《渤海国记》（1931 年）、金毓黻《渤海国志长编》（1934 年）三部著作⑩。中华人民共和国成立后的研究始于 70 年代末，迨至20 世纪末 21 世纪初，才真正进入渤海史的全面研究阶段。

总结中华人民共和国成立以来渤海史研究，可归纳为以下几方面：

（1）考古和资料整理

综观中华人民共和国成立后渤海史研究的发展，首先应当肯定考古工作的开展和文献史料的整理。

由于渤海史文献记载匮乏，地下信息就成了弥足珍贵的资料。中华人民共和国成立以来对渤海故地松花江到牡丹江流域广大地区进行了有计划大规模的考古调查和发掘。相关报告与研究有：魏存成《黑龙江东宁大城子渤海墓发掘简报》、王承礼《敦化六顶山渤海墓清理发掘记》《渤海贞孝公主墓发掘清理简报》、⑪ 中国社会科学院考古研究所《六顶山与渤海镇》等。⑫ 另外，还有徐志强《唐张建章墓志

① 《大陆杂志》15 卷 6—7 期，1957 年 9—10 月。
② 《社会科学战线》1983 年第 4 期。
③ 《吉林师范大学学报》1979 年第 3 期。
④ 《肃慎挹娄合考》第 234 页。
⑤ 《黑龙江古代民族史纲》第 228 页。
⑥ 《东北民族源流》第 176 页。
⑦ 《东北民族史研究》第 86 页。
⑧ 《北方文物》2002 年第 3 期。
⑨ 《北华大学学报》2004 年第 4 卷第 3 期。
⑩ 三书又收入《渤海国志三种》，王承礼、张忠澍点校，长春：吉林文史出版社，1992 年。
⑪ 《考古》1982 年第 3 期；《社会科学战线》1979 年第 3 期；《社会科学战线》1982 年第 1 期。
⑫ 北京：中国大百科全书出版社，1997 年。

考》、佟柱臣《〈渤海国记〉著者张建章〈墓志〉考》、王承礼《唐代渤海〈贞惠公主墓志〉和〈贞孝公主墓志〉的比较研究》等墓葬和碑刻的研究。① 上述敦化地区渤海旧都、宁安、海林石室墓群及上京城、延边和龙贞孝公主墓等发掘成果及石刻内容，对了解渤海民间和皇室的物质生活，渤海政权政治制度特点及其与唐朝政治、文化间的密切关系，甚至渤海与靺鞨一脉相承的关系等方面，都提供了丰富的实物资料。

文献是历史研究必备的条件，渤海史料不足，收集和整理各种记载就显得尤为重要。中华人民共和国成立之前金毓黻《渤海国志长编》就兼有史料辑佚考订和研究两种特点。中华人民共和国成立之后为研究需要，王承礼、张忠澍将唐宴、黄维翰、金毓黻渤海史志进行点校，编为《渤海国志三种》，② 孙文良编集《渤海史料全编》，③ 所辑史料囊括中国古代诸朝，旁及朝鲜、日本等国文献记载。还有东郭士等编辑《东北古史资料丛编》，④ 所涉史书数百种，为研究提供了便利。

（2）渤海族源、族属、政权隶属问题

渤海史研究中，有关渤海族源、族属、政权隶属等问题，国内外学术界的观点分歧最大，也是我国学者用力最深之处。80 年代以来，这方面的主要研究成果有：崔绍熹《渤海族的兴起与消亡》、王承礼《渤海的发展和渤海王国的建立》⑤、姜守鹏《从古代文献看渤海国的族属问题》、朱国忱、张泰湘、魏国忠、吴文衔《渤海国的族属问题》⑥、孙进已、艾生武、庄严《渤海的族源》、魏国忠《渤海都督长史小考》⑦、杨昭全《渤海——我国唐王朝辖属的少数民族东方政权》、佟柱臣《〈渤海记〉著者张建章〈墓志〉考》⑧、朱国忱、魏国忠、刘晓东《论渤海族源与大氏族属问题》⑨ 等文章。这些文章借助考古资料和对文献的考辨，提出渤海是多民族的政权，其中以靺鞨人为主，并包括高丽、夫余、秽貊以及汉族人，经过二百余年融合形成了渤海族的观点以及渤海政权是唐王朝管辖下少数民族地方政权的结论。俄罗斯学者则以"远东文化独立"的论点，推及渤海国也具有独立性；而朝鲜学者多将渤海史纳入朝鲜史范畴。学术观点因夹杂政治因素而益为复杂。

（3）渤海国史研究

渤海史研究受史料不足的影响，涉及的方面和文章还很有限。政治制度和经济方面的论文有魏国忠、朱国忱《渤海国政治制度述略》、陈显昌《渤海国经济试

---

① 《文献》1979 年第 2 辑；《黑龙江文物丛刊》1981 年创刊号；《社会科学战线》1982 年第 1 期。
② 长春：吉林文史出版社，1992 年。
③ 长春：吉林文史出版社，1992 年。
④ 沈阳：辽沈书社，1989 年。
⑤ 《辽宁师院学报》1979 年第 4 期；《吉林师大学报》1979 年第 3 期。
⑥ 《求是学刊》1980 年第 3 期；《学习与探索》1980 年第 5 期。
⑦ 《学习与探索》1982 年第 5 期；《北方论丛》1982 年第 2 期。
⑧ 《求是学刊》1982 年第 2 期；《黑龙江文物丛刊》创刊号。
⑨ 《高句丽渤海研究集成》渤海卷一，哈尔滨：哈尔滨出版社，1997 年。

探》、刘晓东等《渤海国货币经济初探》等文。①

文化、宗教方面有：李殿福《从考古学上看唐代渤海文化》、朱国忱、吴文衔《关于唐代渤海国的文学艺术》、李强《论渤海文字》等文。②

历史地理方面有：李建才、陈相伟《渤海的中京和朝贡道》、张湘泰《唐代渤海率宾府辨》、郑英德《唐代渤海夫余府考》、王侠《珲春的渤海遗迹与日本道》等文章，③ 还有谭其骧主编、张锡彤等著《中国历史地图集释文汇编》东北卷④、孙进己主编《东北历史地理》第二卷中的"唐代渤海国的建置"等内容。⑤ 可以说，唐代渤海史研究除族属、族源、考古和历史地理外，其他方面还未及深入。

中华人民共和国成立 70 年来，出版有关渤海史的综合性著作和论文集多部。20世纪 80 年代在金毓黻等渤海史研究的基础上，结合考古新资料形成的著作有：王承礼《渤海简史》⑥、朱国忱、魏国忠合著《渤海史稿》⑦、李殿福、孙玉良合著《渤海国》⑧ 等。20 世纪 90 年代到 21 世纪初，随着学者对渤海问题认识的深入，与国外学者交流的加强，又出版有分量的力作多部，如王承礼《中国东北的渤海国与东北亚》⑨、魏国忠、朱国忱、郝庆云《渤海国史》⑩、刘晓东《渤海文化研究——以考古发现为视角》⑪。王承礼、刘振华主编《渤海的历史与文化》⑫ 和刘晓东主编《渤海的历史与文化》第二辑⑬分别收集 1986 年前和 1987—2002 年间具有代表性的考古和史学论文近百篇。这些都可视为对中华人民共和国成立以来渤海国史研究的总结。

近 10 年来，学界对肃慎系民族史的研究有了长足的发展。主要的论文有：范恩实《论隋唐营州的靺鞨人》⑭、郭孟秀《肃慎与挹娄关系再议》⑮、赵展《对肃慎及其后裔的考证》⑯、范恩实《渤海"首领"新考》⑰、綦中明《从渤海国的君主名号

　　① 《学习与探索》1981 年第 4 期；《求是学刊》1981 年第 3 期；《北方论丛》1982 年第 2 期；《历史研究》1991 年第 2 期。

　　② 《求是学刊》1980 年第 3 期；《学习与探索》1982 年第 5 期。

　　③ 《北方论丛》1982 年第 1 期；《文物参考资料》1981 年第 4 期；《学术研究丛刊》1980 年第 1 期；《学习与探索》1982 年第 4 期。

　　④ 北京：中央民族学院出版社，1988 年。

　　⑤ 哈尔滨：黑龙江人民出版社，1989 年。

　　⑥ 哈尔滨：黑龙江人民出版社，1984 年。

　　⑦ 哈尔滨：黑龙江文物出版编辑室，1984 年。

　　⑧ 北京：文物出版社，1987 年。

　　⑨ 长春：吉林文史出版社，2000 年。

　　⑩ 北京：中国社会科学出版社，2006 年。

　　⑪ 哈尔滨：黑龙江人民出版社，2006 年。

　　⑫ 延吉：延边人民出版社，1991 年。

　　⑬ 哈尔滨：黑龙江人民出版社，2003 年。

　　⑭ 《中国边疆史地研究》2011 年第 1 期。

　　⑮ 《民族研究》2012 年第 5 期。

　　⑯ 《中央民族大学学报》（哲学社会科学版）2013 年第 4 期。

　　⑰ 《中国边疆史地研究》2014 年第 2 期。

看其文化认同》①、孙炜冉《肃慎系民族对长白山的崇拜与祭祀》②、孙昊《靺鞨族群变迁研究——以扶余、渤海靺鞨的历史关系为中心》③、郭孟秀《肃慎族系演进考》④、范恩实《渤海早期政权建设研究》⑤。这些研究成果都不同程度推动了肃慎族系的研究。

就研究著作而言，同样数量很多。主要的成果有：

马一虹的《靺鞨、渤海与周边国家、部族关系史研究》一书分为 14 章，共 45 万字左右。作者从整个东北亚的视角出发，探讨了 6—9 世纪的靺鞨、渤海政权与周边国家、部族在政治、经济、文化等各方面的交流。⑥

范恩实的《靺鞨兴嬗史研究》一书分为 5 章。本书立足于史料，并以社会学理论为切入点，对靺鞨的族源与族属、兴起与嬗变做了详细的分析。更为关键的是，还对靺鞨族群的两大支系——粟末靺鞨、黑水靺鞨的历史做了深入了考察。其中不乏创新性的观点。⑦

魏存成的《高句丽渤海考古论集》一书是高句丽和渤海专题论文集，共收录文章 48 篇。内容涉及高句丽和渤海的族源与变迁、军事与文化、墓葬与遗迹等问题。⑧

梁玉多的《渤海国经济研究》一书分为 12 章，内容涉及渤海国的经济体制、农业、畜牧业、渔猎与采集业、建筑业、交通与贸易等方面。其中，作者在渤海的经济体制、渤海人的狩猎、农作物品种及农业耕作方法等问题上有独到的见解。⑨另外，作者还著有《勿吉——靺鞨民族史论》一书，本书考察了勿吉——靺鞨这一族系从兴起到消亡的历史，涉及政治、经济、社会、文化等各方面内容。⑩

魏国忠主编的《肃慎——女真族系研究》共计 47 万字。本书将肃慎——女真族系中的各族置于整个东北亚的大框架中，立足于传统史料，对其从远古至近代的历史变迁过程进行了系统的分析，部分论证具有突破性。⑪

刘晓东、郝庆云主编的《渤海国历史文化研究》一书分为 17 章。全书以文献史料和丰富的考古材料为依托，对渤海的族属与族源、社会与文化、典章与制度、交通与贸易等方面进行了全面的论述，是研究渤海历史文化的新力作。⑫

① 《北方文物》2015 年第 3 期。

② 《中央民族大学学报》（哲学社会科学版）2017 年第 3 期。

③ 《史林》2017 年第 5 期。

④ 《学习与探索》2019 年第 5 期。

⑤ 《中国边疆史地研究》2020 年第 3 期。

⑥ 马一虹：《靺鞨、渤海与周边国家、部族关系史研究》，北京：中国社会科学出版社，2011 年。

⑦ 范恩实：《靺鞨兴嬗史研究——以族群发展、演化为中心》，哈尔滨：黑龙江教育出版社，2014 年。

⑧ 魏存成：《高句丽渤海考古论集》，北京：科学出版社，2015 年。

⑨ 梁玉多：《渤海国经济研究》，哈尔滨：黑龙江大学出版社，2015 年。

⑩ 梁玉多：《勿吉——靺鞨民族史论》，北京：社会科学文献出版社，2017 年。

⑪ 魏国忠：《肃慎——女真族系研究》，哈尔滨：黑龙江人民出版社，2017 年。

⑫ 刘晓东、郝庆云主编：《渤海国历史文化研究》，哈尔滨：黑龙江人民出版社，2017 年。

华阳主编的《中国东北考古与文物研究》一书是针对东北地区考古发现及研究的论文集，渤海国历史自然包含在其中。① 作者还与刘炬一起主编了《图说渤海国》一书，这对我们了解渤海国的历史大有裨益。②

此外，张碧波、张军所著的《渤海国外交史研究》③ 和王旭、杨舒雨所著的《渤海国兴亡史》④ 等书都具有一定的学术价值。

第三节　女真史研究

女真名称始见于辽代史籍，女真于 1115 年灭辽，建立了金政权，1234 年为蒙古汗国所灭。虽然女真立国时间短暂，但对中国历史发展进程却产生了深远的影响。本节论述辽、金、元、明时期的女真史研究。

国内的女真史研究在不同历史时期呈现了不同特点，大致可分为四个阶段：第一阶段为元明清时期。这一阶段女真史研究被约束在封建史家治史的框架内，主要是对金、元时期所记录的有关金朝历史资料进行整理、校勘、考证。这一阶段的研究确为后世研究女真史提供了基础性史料，影响重大。可是从研究范畴来看，所涉层面有限，主要集中在两方面，一是对金朝政治史的记录和考证，二是对金代诗文的整理。

第二阶段为辛亥革命至中华人民共和国成立之前。这一阶段由于受到西方史学的影响，国内出现了一批致力于民族史研究的学者，如王国维⑤、金毓黻⑥、陈述⑦、刘师陆⑧、罗福成⑨、毛汶⑩等。此时的女真史研究开始步入近代史学研究的范畴，在研究内容和方法上较之元明清时期均有突破之处，不仅有关于史料考证的著述，还形成了一些历史地理、民族关系、语言文字方面的研究成果。但此时的研究仍囿于正闰观的影响，女真史研究只是作为宋史研究的补充或与辽、元史合为一体，并未做专门研究，在研究层面和深度上未有大的进展。

第三阶段为中华人民共和国成立后至改革开放前，这一时期女真史研究在马克

---

① 华阳：《中国东北考古与文物研究》，长春：吉林文史出版社，2016 年。
② 刘炬、华阳主编：《图说渤海国》，长春：吉林人民出版社，2018 年。
③ 张碧波、张军：《渤海国外交史研究》，哈尔滨：黑龙江人民出版社，2011 年。
④ 王旭、杨舒雨：《渤海国兴亡史》，长春：吉林文史出版社，2015 年。
⑤ 王国维：《金源姓氏考》，《学衡》，1925 年；《金界壕考》，《燕京学报》1927 年第 1 期。
⑥ 金毓黻：《宋辽金史》，上海：商务印书馆，1946 年；《东北通史》，重庆：五十年代出版社，1943 年。
⑦ 陈述：《金史氏族表初稿》，《史语所集刊》，1935 年；《契丹女真汉姓考》，《东北集刊》1941 年第 2 期。
⑧ 刘师陆：《女直字碑考》，初作于 1829 年，再刊于《考古社刊》1936 年第 5 期。
⑨ 罗福成的《宴台金源国书碑考》（《国学季刊》1923 年 1 卷第 4 期）、《宴台金源国书碑释文》（《考古》1923 年第 5 期）、《女真国书碑考释》（《支那学》1929 年 5 卷 4 号）、《〈华夷译语〉中女真语音义》（《国学季刊》1932 年 1 卷 4 号）等著作，释读出了大量的女真文字。
⑩ 毛汶：《辽金史事论文集（1）》，河南商务印刷所，1935 年；《金史平议》，《国学论衡》1933 年第 2 期。

思主义史学观的指导下，取得了不同以往的成绩。研究主要集中在史料考证、政治制度、语言文学、农民起义等方面。史料考证方面的成果有：陈述《金史拾补五种》①、中华书局 1975 年出版的 8 册点校本《金史》、崔文印的《金史人名索引》②、蔡美彪编写的《中国通史》第 6 册《辽夏金卷》③。在制度研究方面，张博泉运用马克思历史唯物主义理论，撰写了《论金代猛安谋克制度的形成、发展及其破坏的原因》《论猛安谋克在女真族社会发展中的作用》④ 等文章。语言文字研究在这一阶段也取得了极大的进展，金光平、金启孮撰写了《女真语言文字研究》⑤ 等论著。中华人民共和国成立后的女真史研究，在研究层面和深度上有了一定的进步，但也存在一些问题。直到此时，女真史研究还是以对金朝政治史的研究为主要内容，与其他民族史研究相比差距较大；对女真所建立的金朝在中国历史上的贡献很少研究；女真史研究梯队的建设并不完善，许多历史工作者只是兼做女真史。这些问题的存在，使这一阶段的女真史研究仍然是中国民族史研究中的薄弱环节。

第四阶段为改革开放后至 21 世纪初期。这一阶段是跨越性发展的新阶段，女真史研究从传统正闰观的束缚下解放出来；大民族主义的传统旧观念逐渐被扬弃，统一的中华意识加强了。一些学术团体纷纷成立，1982 年 6 月中国辽金契丹女真史研究会正式成立，在历任会长陈述、孙进己、冯永谦及会员的共同努力下，定期举行年会、出版刊物《辽金史论集》十余辑，收录、发表了大量研究女真史的学术论文，极大提高了学界对女真史研究的热情。从事女真史研究的科研队伍不断扩大，国内高校陆续招收辽金史方向的研究生，为女真史研究培养了专门人才。各种学术会议相继举行，专论性著作和论文在数量、质量上均有增长和提高。此外，一些学术同人利用现代，建立网站（如周峰所建立辽金史网站：www. liaojinhistory. com），为交流、研究女真史提供了更加广阔的平台。下面就史学界在这一阶段取得的成果和存在的问题做以下几方面的汇总。

一、有关女真史研究的著作

（一）女真史、金史、辽金史专著

专门对女真史、金史进行研究的专著和论文数量不多，其中，孙进己等著《女

---

① 陈述：《金史拾补五种》，北京：科学出版社，1960 年。该书对女真部落、女真人姓名和女真家系做了系统考述，并列出了不同史料各种版本中的女真姓名的各种写法。陈述最早提出辽、金与五代、两宋的对峙，是中国历史上第二次南北朝的见解。

② 崔文印：《金史人名索引》，北京：中华书局，1980 年。

③ 蔡美彪：《中国通史》第 6 册《辽夏金卷》，北京：人民出版社，1979 年。

④ 《文史哲》1963 年 1 期；《吉林大学学报》1963 年 1 期。

⑤ 金光平、金启孮：《女真语言文字研究》，《内蒙古大学学报》1962 年专号，1980 年文物出版社正式出版，阐述了女真文字的创制、构造、读音等内容，是我国研究女真文字的第一部著作；此后，金启孮又陆续发表了《陕西碑林发现的女真文字书》（《内蒙古大学学报》1979 年 1—2 期）、《明代奴儿干永宁寺碑记校释》（《考古学报》1975 年第 2 期），对女真文字进行了深入研究。

真史》① 是第一部研究女真史的著作，论述了女真从"女真先人"到"明代女真"的历史发展过程，具有开创性意义。此外，王可宾著《女真国俗》一书，② 探讨了辽金女真婚姻和家庭形态、社会制度及社会习俗。何光岳《女真源流史》叙述了女真的来源和分布，金国的兴亡，女真姓氏，东夏国的兴亡，野人女真的分布，海西女真的兴亡等内容。③ 穆鸿利将多年来对女真、满学的研究成果汇集成册出版的《海青集》亦是一部专门对女真、满学进行研究的论文集。④

张博泉著《金史简编》⑤ 是一部系统叙述金朝全貌的断代史专著，开创了金史专著的先河。杨树森、穆鸿利主编的《辽夏宋金元史》，⑥ 介绍了辽宋夏金元各朝代的历史，对各民族内部的阶级关系以及民族间的交往进行了评价。王慎荣、赵鸣歧《东夏史》，⑦ 对蒲鲜万奴所建东夏国的政治、经济、军事及与蒙古、高丽的关系等进行系统论述。李桂枝的《辽金简史》从政治、经济、军事、文化、生活习俗和民族关系等方面全面系统地叙述了辽金两个王朝的总体情况，特别突出地介绍了契丹、女真这两个北方民族所建立的辽金两个王朝在政治统治方式上的一些特点及其在整个中华民族文明史上所做出的辉煌成就。⑧ 此外，还有何俊哲等人的《金朝史》。⑨

（二）通史中的女真史、金史内容

改革开放以后，民族史的研究开始为学界所关注，白寿彝、翁独健等史学家大力倡导民族史研究，一些重要的民族史著作相继问世，如翁独健、田继周合编《中国民族关系史纲要》、⑩ 江应樑主编的《中国民族史》、⑪ 王锺翰主编的《中国民族史》⑫、陈连开《中国民族史纲要》⑬ 等著作均为民族史研究之力著，其中亦对女真民族发展历程有专章论述。

孙进己、孙泓的《女真民族史》⑭ 一书对女真族的族源和分布、发展与变迁进行了详细考察，其中涉及政治制度、社会经济、思想文化等方面。王可宾的《女真新解——王可宾论文集》⑮ 一书收录了 30 余篇有关女真史的论文，分别探讨了女真

① 长春：吉林文史出版社，1987 年。
② 长春：吉林大学出版社，1988 年。
③ 南昌：江西教育出版社，2004 年。
④ 北京：中国国际出版社，2005 年。
⑤ 沈阳：辽宁人民出版社，1984 年。
⑥ 沈阳：辽宁教育出版社，1986 年。
⑦ 天津：天津古籍出版社，1990 年。
⑧ 福州：福建人民出版社，1996 年。
⑨ 北京：中国社会科学出版社，1992 年。
⑩ 北京：中国社会科学出版社，1990 年。
⑪ 北京：民族出版社，1990 年。
⑫ 北京：中国社会科学出版社，1994 年。
⑬ 北京：中国财政经济出版社，1999 年。
⑭ 孙进己、孙泓：《女真民族史》，桂林：广西师范大学出版社，2010 年。
⑮ 王可宾：《女真新解——王可宾论文集》，长春：吉林大学出版社，2012 年。

族的社会组织、军事制度、文化习俗等问题。滕绍箴的《明代女真与满洲文史论集》[①] 一书收录 30 篇论文，分女真民族关系论、女真社会制度论的 8 个专题论述了女真族的历史。栾凡的《明代女真文化研究》[②] 一书从渔猎形式、农耕水平、贸易情况、社会习俗等层面勾勒了明代女真族的文化面貌。孙昊的《辽代女真族群与社会研究》[③] 一书突破了以往女真史研究中单一的民族——政治体之传统研究模式，从辽代王朝中心与东北边疆区域社会的政治互动的视角出发，重新审视了辽代女真诸族群间出现的政治、社会背景，从而对辽金王朝的一些重要政治与社会现象给予了合理的解释。[④] 李玉君《金代宗室研究》[⑤] 一书以翔实的史料，从不同的视角向读者展示了一个多元交融的金代宗室群体。李秀莲的《金源女真的英雄时代》[⑥] 一书展示了女真完颜部从氏族部落到大金国的变化过程，并详细刻画了各位"英雄"在这一进程中的独特形象及历史作用。程尼娜的《金史》[⑦] 是一部断代体通史专著，分为通史、典志、传记、考异、图表五大类，集中论述了大金国的兴衰历史。武玉环的《辽金职官管理制度研究》[⑧] 一书阐述辽金职官管理中的选官、考核、监察、奖惩、俸禄、致仕等制度，并分析了辽金职官管理规律和特点。

二、女真族源研究

关于女真族的先祖源出于何处，史学界目前主要有两种认识：一种是认为女真的先祖是肃慎，两汉时被称为挹娄，南北朝时被称为勿吉，辽时广泛的称之为女真，这种认识以金毓黻[⑨]为代表。另一种是认为肃慎、挹娄、勿吉不是一个民族，而是同一种族中的不同民族，这种认识以孙进己为代表。[⑩] 此外，研究女真族源的代表性著作还有：干志耿、孙秀仁著《黑龙江古代民族史纲》[⑪]、何光岳《女真源流史》。[⑫]

关于女真名称的来源和含义一度为学界所关注，中华人民共和国成立前，韩儒林《女真译名考》是探讨女真名称来源的代表性论著。[⑬] 此后，有李桂芝《女真》、

① 滕绍箴：《明代女真与满洲文史论集》，沈阳：辽宁民族出版社，2012 年。
② 栾凡：《明代女真文化研究》，长春：吉林文史出版社，2013 年。
③ 孙昊：《辽代女真族群与社会研究》，兰州：兰州大学出版社，2014 年。
④ 高福顺、郝艾利：《族际互动与政治整合：〈辽代女真族群与社会研究〉评介》，《辽金历史与考古》（第六辑），2015 年。
⑤ 李玉君《金代宗室研究》，北京：科学出版社，2016 年。
⑥ 李秀莲：《金源女真的英雄时代》，北京：社会学科文献出版社，2018 年。
⑦ 程尼娜：《金史》，北京：中国社会科学出版社，2019 年。
⑧ 武玉环：《辽金职官管理制度研究》，北京：人民出版社，2019 年。
⑨ 金毓黻：《宋辽金史》，上海：商务印书馆，1946 年。
⑩ 孙进己：《东北民族源流》，哈尔滨：黑龙江人民出版社，1987 年。
⑪ 哈尔滨：黑龙江人民出版社，1986 年。
⑫ 南昌：江西教育出版社，2004 年。
⑬ 《中国文化研究所集刊》3 卷，1—4 期，1943 年。

王文郁《"女真"族称的由来》、苍寒《女真族名起源新说》等文章。①

张甫白《肃慎·挹娄·女真考辨》，② 用语言学的音值和追溯法，研究了肃慎、挹娄、女真名称的来源。赵振绩《女真族系源流考异》主张金代女真属东胡族系，来自北魏初之奴真、唐之挈（奴真）、五代之女真。③ 蒋秀松《女真与靺鞨》认为女真族的主源不是黑水部或狭义的黑水靺鞨，而是源于渤海统治下的靺鞨部落。④ 董万崙《完颜女真发祥黑龙江说应当重新认识》是一篇颇有创意的文章，提出完颜女真主体发祥于朝鲜半岛北部而不是黑龙江，完颜女真的主体是长白山"三十姓"女真人。⑤

这一时期关于女真族源问题的研究比之中华人民共和国成立前有明显进步，但在对族源的定义上还有待更深入的探讨，在研究方法上还有待于新的突破。

三、女真建国前历史研究

学界对女真建国前的研究主要集中在辽代女真各部发展状况的研究上，冯继钦《辽金时期的黄头室韦》、孙进已《辽代女真族的习俗及宗教艺术》、赵鸣歧《金建国前社会状况的几个问题》，分别就辽统治时期女真各部的社会生产水平和文化进行了论述。⑥ 程妮娜《辽代女真属国、属部研究》一文，研究了辽朝对女真各属国、属部的统辖关系特点。⑦ 此外还有刘子敏、金宪淑《辽代鸭绿江女真的分布》、刘子敏、金星月《辽代女真长白山居地辨》等论文。⑧

一些学者对女真建国前的社会性质提出了不同见解，赵鸣歧《金建国前社会状况的几个问题》，从土地所有制、猛安谋克组织和婚姻家庭三个方面对女真建国前的社会性质进行了分析。⑨ 韩耀宗《阿骨打建国前女真族的社会性质》，主张奴隶制说，认为至金景祖乌古乃时完成了建立女真族奴隶制国家的任务。⑩ 赵冬晖《关于生女真氏族部落的几个问题》认为生女真包含若干异姓集团，实行氏族外婚制。⑪ 李锡厚《辽金时期契丹及女真族社会性质的演变》分析了契丹及女真族由氏族社会向封建制的演变。⑫ 还有部分学者对女真建国的社会变革做了一定的探讨，如赵鸣

① 《文史知识》1983 年第 2 期；《南开史学》1980 年第 2 期；《黑龙江民族丛刊》1992 年第 1 期。
② 《史学集刊》1992 年第 1 期。
③ 《历史研究》1995 年第 5 期。
④ 《民族研究》1992 年第 3 期。
⑤ 《北方文物》2003 年第 2 期。
⑥ 《社会科学辑刊》1985 年第 1 期；《北方文物》1985 年第 4 期；《民族研究》1986 年第 3 期。
⑦ 《史学集刊》2004 年第 2 期。
⑧ 《东疆学刊》1998 年第 1 期；《延边大学学报》1998 年第 4 期。
⑨ 《民族研究》1986 年第 3 期。
⑩ 《宋辽金史论丛》第 1 辑，北京：中华书局，1985 年。
⑪ 《北方文物》1986 年第 1 期。
⑫ 《历史研究》1994 年第 5 期。

歧《辽代生女真的社会变革及金的建国》、王可宾《女真社会变革的内驱力》。①

程尼娜的《辽代生女真属部官属考论》② 和《女真和辽朝的朝贡关系》③ 两文探讨了女真与辽朝之间的往来情况。孙泓的《高丽时期女真人迁居朝鲜半岛及其影响》一文指出高丽时期有大量的女真人从今中国吉林省东部、黑龙江省南部向南迁徙入居朝鲜半岛北部，导致了辽金元明时期与高丽的边界不断发生变化。④

四、女真建国后历史研究

史料对金朝各种制度的记载较为详细，故学界研讨颇多，在此主要就与女真关系密切的政治、经济、军事、文化制度的研究成果进行汇总。

（一）建国史与社会性质研究

长期以来，学界对金朝建立的时间与《金史》所载时间意见基本一致，刘浦江撰写了《关于金朝开国史的真实性质疑》一文，⑤ 首次提出异议，认为完颜阿骨打应于 1117 年或 1118 年建立国家，国号是女真，年号为天辅，到 1122 年才改国号为大金。李秀莲在《金阿骨打称都勃极烈与金朝开国史之真伪研究》中提出，都勃极烈在女真人眼里就是"皇帝"，阿骨打称都勃极烈被说成是称皇帝，引发了金朝开国史的系统篡改。⑥

对女真社会性质的认识分歧较大，宋德金在《二十世纪中国辽金史研究》一文中将分歧归纳为三种。"一是认为女真在建国前后处于奴隶制阶段，于海陵、世宗、章宗时向封建制过渡。吕振羽《简明中国通史》下册、⑦ 张博泉《金史简编》、蔡美彪《中国通史》第 6 册等都认为女真族在章宗时或在海陵王到章宗时最后完成奴隶制向封建制的过渡。二是认为女真建国后未经奴隶制，而直接向封建制过渡。华山、王赓唐《略论女真氏族制度的解体和国家的形成》，⑧ 认为女真族在建国后不久，灭辽与北宋，受到其高度发展的封建文化影响，开始向封建制飞跃发展。张广志《女真与奴隶制》一文，⑨ 认为应把金初社会性质与金初女真族的社会性质加以区分。在女真人中，除少数高等权贵之外，奴婢数大大少于自由民，他们扮演不了社会生产主要承担者的角色。熙宗、海陵、世宗、章宗四朝的改革，无一不是围绕着消除原始的残余影响，说不上是从奴隶制到封建制的过渡。三是认为主奴矛盾始

① 《辽金史论集》第 3 辑，北京：书目文献出版社，1987 年；《辽金史论集》第 9 辑，郑州：中州古籍出版社，1996 年。

② 《兰州大学学报》（社会科学版），2020 年第 5 期。

③ 《社会科学辑刊》，2015 年第 4 期。

④ 《暨南学报》（哲学社会科学版），2016 年第 10 期。

⑤ 《历史研究》1998 年第 6 期。

⑥ 《史学月刊》2008 年第 6 期。

⑦ 北京：人民出版社，1959 年。

⑧ 《文史哲》1956 年第 6 期。

⑨ 《青海师范大学学报》1985 年第 1 期。

终是金代的重要社会矛盾，从现存史料难以找到女真族何时基本完成封建化的时间。王曾瑜《宋朝的奴婢、人力、女使和金朝奴隶制》持此说。"① 此外，伊葆力在《女真原始社会形态的思考与再认识》一文中提出新见，认为女真族在原始社会阶段中，纯粹的母系氏族社会和父系氏族社会形态是不存在的，而是处于一种父权和母权依赖共存的"混合"状态中。②

程尼娜在《是酋邦，还是国家？——再论金朝初年女真政权的国家形态》一文指出关于金朝太祖、太宗时期政治、社会制度是国家形态，还是前国家形态——酋邦（军事部落联盟、部族制），学界有两种截然不同看法。然而，学界相关研究中使用最为频繁的史料存在解读失误和运用不当的问题，金朝初年已经形成基于武力的制度化政治结构的形式和基于地缘关系的社会凝聚机制，具备了国家的基本要素。女真人建立的金朝，在太祖、太宗时期已经是一个多民族国家，不是单纯的女真人酋邦（或部族体制），也不是包含了多民族的酋邦（或部族体制，或部落联盟）。③该观点为我们提供了理解金朝初期社会形态的一个新视角。

（二）政治制度研究

对金代女真政治制度进行研究的论文主要集中在官制、军事制度、教育科举制度三方面。

1. 官制研究

金代女真官制的代表性制度有勃极烈制和猛安谋克制。20 世纪初，一批日本学者开始从事女真史的研究，三上次男发表了一系列著作和文章④，对勃极烈制和猛安谋克制均有论述。这一时期，我国学者对金代的这一特殊制度进行了更加细化和深入的研究，张博泉在《金史论稿》第 1 卷⑤中对猛安谋克制度的形成、发展及其破坏的原因；猛安谋克世袭贵族与平民；金代东北猛安谋克分布；猛安谋克与民族关系；猛安谋克与头下、八旗制度的比较；猛安谋克在女真社会发展中的作用等方面都有研究。程妮娜《金初勃堇初探》、王世莲《字堇、字极烈考释》、杨保隆《试探金代废除勃极烈制度的最初动因》、王景义《略论金代的勃极烈制度》⑥、焦慧《猛安谋克的兴衰》、关亚新《论金代女真族的村社组织——谋克》、刘庆《金代女真官制的演变道路》等论文，⑦对女真官制有所论述。金朝的近侍制度也一度引起学界关注，以李锡厚《金代的"郎君"与"近侍"》和周峰《金代近侍初探》为代

① 《文史》第 29 辑，北京：中华书局，1978 年。
② 《大连学院学报》2003 年第 3 期。
③ 《陕西师范大学学报》（哲学社会科学版），2020 年第 4 期。
④ 三上次男：《金代女真研究》，日满文化协会，东京，1937 年。
⑤ 长春：吉林文史出版社，1986 年。
⑥ 《史学集刊》1986 年第 2 期；《吉林大学社会科学学报》1987 年第 4 期；《社会科学战线》1994 年第 1 期；《社会科学辑刊》1997 年第 3 期。
⑦ 《社会科学辑刊》1990 年第 3 期；《社会科学辑刊》1997 年第 3 期；《民族研究》1987 年第 2 期。

表，探讨了实施近侍制度与金朝衰败之间的关系。[1]

2. 军事制度研究

王曾瑜的《金朝军制》[2]，系统介绍了金代军事机构、武装力量体制、金军编制、金军组成、签军和募兵制度，是金代军事制度研究的重要成果。刘浦江在《〈金朝军制〉平议——兼评王曾瑜先生的辽金史研究》一文中，[3] 不仅评述了该书的学术特色，并对若干史实作了新的考证。

程妮娜《金朝前期军政合一机构都元帅府职能探析》，认为金前期的都元帅府是金宋战争和金朝对中原地区实行全面军事统治的产物。刘庆近年来在金代军制方面的研究用力颇勤，发表了《辽金军事改革论述》等一系列文章。[4]

乣军研究是金代军制研究中争议颇多的一个课题，早在 20 世纪 50 年代陈述就这一问题已发表过文章[5]。此后，刘凤翥《关于混入汉字中的契丹大字"乣"的读音》基本解决了"乣"字的读音问题。蔡美彪《乣与乣军演变》、贾敬颜《乣军问题刍议》将乣军的发展、演变等问题进行了详细考证。[6]

3. 教育科举制度研究

都兴智对金代的教育、科举制度做了一系列研究，成果有《金初教育述论》《金代科举的女真进士科》，[7] 对金代教育、科举制度的内容和民族特点多有论证。对此，吴凤霞从不同角度也做有研究，成果为《金代女真学的兴衰及其历史意义》。[8]

宋卿在《论金代宣徽使》中阐述了宣徽使作为宣徽院的最高长官，职权在不同时期逐渐扩展，相继辖属 26 个司局，职掌国家诸礼仪，总领内廷诸事务，并具有参议朝政，出使邻国等职能。[9] 孙久龙的《金朝礼部官员民族构成初探》一文提出金朝礼部官员之民族成分涵盖金朝境内女真、契丹、奚、汉等族，而各族在金朝礼部官员之比例不尽相同，礼部长贰官整体上是以汉族为主体。[10]

（三）经济史研究

张博泉的《金代经济史略》是金代经济研究的第一部专著，对金代社会生产力发展状况、金代社会生产关系进行了论述。[11] 漆侠、乔幼梅《辽夏金经济史》的修

---

① 《社会科学辑刊》1995 年第 5 期；《内蒙古社会科学》1998 年第 2 期。

② 保定：河北大学出版社，1996 年。

③ 《历史研究》1999 年第 6 期。

④ 《史学集刊》1999 年第 2 期；《辽金史论集》第 4 辑。

⑤ 陈述：《乣军史实认证》，《史学集刊》1950 年第 6 期。

⑥ 《元史论丛》第 2 辑，北京：中华书局，1983 年；《中央民族学院学报》1980 年第 1 期。

⑦ 《辽宁师大学报》1988 年第 2 期；《黑龙江民族丛刊》2004 年第 4 期。

⑧ 《社会科学辑刊》2005 年第 4 期。

⑨ 《史学集刊》2016 年第 5 期。

⑩ 《史学集刊》2016 年第 5 期。

⑪ 沈阳：辽宁人民出版社，1981 年。

订本，① 将辽夏金三个王朝作为中国北方一个经济区域进行研究。

1. 农业、手工业

这一阶段学界对女真经济史的关注超出了其他时期，一些学者对金代的农业、手工业和商业进行了研讨，对金代的农业发展水平提出了不同意见，对金代手工业的发展做了大体的勾画。但由于资料有限，对女真建国前的农业和手工业发展情况的研究还没有突破性进展。

代表性成果有：韩茂莉著《辽金农业地理》② 一书及论文《金代东北地区的农业生产与地区开发》、王禹浪、崔广彬《金代黑龙江流域的农业和手工业》、关伯阳《金朝初期金政权对黑龙江流域农业发展的贡献》。③

2. 土地、赋税制度

关于土地制度问题的研究多集中于对女真牛头地和屯田制度方面，相关论文有：张博泉《金代女真"牛头地"问题研究》、衣保中《金代屯田制度初探》、冷鹏飞《论金代"牛头地"分配制度》。④ 刘浦江对金代土地和赋税制度及其所产生的影响进行了探讨，著有《金代土地问题的一个侧面——女真人与汉人的土地争端》《论金代的物力与物力钱》《金代"通检推排"探微》等文章。⑤

（四）文化史和社会史研究

1. 宗教

论文有：宋德金《金代宗教简述》、陈智超《金元真大道教史补》、武玉环《论金代女真的宗教信仰和宗教政策》、张国庆《古代东北地区诸民族崇尚习俗特征刍论》、⑥ 王可宾《女真萨满述论》。⑦

2. 文化

近年来学界形成了对女真文化讨论的热潮，代表性的文章有：宋德金《双陆与民族文化的交流与融合》、苍松《论女真文化体及其演进》。⑧

穆鸿利、李建勋、李成、王可宾等对发源于金上京的金源文化做了详细论述。成果有：穆鸿利《金源文化论纲》、李建勋《论金源文化》、⑨ 李成《论金源文化的影响》、王可宾《释金源文化》。⑩ 此外，张晶、董万崙、孟古托力、魏崇武、晏选

① 保定：河北大学出版社，1998 年。

② 北京：社会科学文献出版社，1999 年。

③ 《北京大学学报》2001 年第 5 期；《黑龙江民族丛刊》2005 年第 3 期；《东北史研究》2006 年第 1 期。

④ 《历史研究》1984 年第 4 期；《北方文物》1990 年第 3 期；《中国史研究》1991 年第 2 期。

⑤ 《中国经济史研究》1996 年第 4 期；《中国史研究》1995 年第 4 期。

⑥ 《社会科学战线》1986 年第 1 期；《历史研究》1986 年第 6 期；《史学集刊》1992 年第 2 期；《中央民族大学学报》1998 年第 1 期。

⑦ 《金史研究论丛》，哈尔滨：哈尔滨出版社，2000 年。

⑧ 《历史研究》2003 年第 2 期；《求是学刊》1997 年第 2 期。

⑨ 均见《金史研究论丛》，哈尔滨：哈尔滨出版社，2000 年。

⑩ 《辽宁大学学报》1999 年第 6 期；《史学集刊》2001 年第 4 期。

军、杨茂盛、关亚新等均从不同角度对女真文化所表现出来的内容、特点和影响有所论述。

王万志、程尼娜在《金初女真社会文化变迁研究》一文中阐述了金朝建国前后，女真文化已经悄然发生变化。这种变迁历程展现了女真社会经济、政治、文化层面的嬗变与他族文化之间深刻的互动关系。① 李学成的《女真姓名风俗考》一文指出金代女真人的取名习俗深受汉文化影响，同时保留了本民族的特点。②

3. 社会生活

宋德金致力于女真社会生活研究数十年，著述丰厚，有《金代的社会生活》③《金代的衣食住行》④ 等著作和论文。

刘浦江对金代捺钵进行了考证⑤。此外还有刘肃勇《浅谈辽代生女真的习俗》、景爱《金上京女真贵族的风俗》、崔广彬《金代女真人饮食习俗考》等论文。⑥

4. 语言文字

金光平、金启孮《女真语言文字研究》⑦、金启孮《女真文辞典》⑧、道尔吉、和希格《女真译语研究》⑨、孙伯君《金代女真语》⑩ 等书是研究女真语言的力作。

穆鸿利、齐木德道尔吉、和希格、王可宾、孙伯君对女真语言文字耕耘不辍，代表性著述有穆鸿利《女真语言文字概说》《女真馆来文版本及其研究》《金代昭勇大将军女真字墓碑考释》⑪、齐木德道尔吉《女真语音初探》⑫、和希格《女真馆杂字·来文研究》（同上）、王可宾《女真语言与社会历史文化》⑬、孙伯君《元明戏曲中的女真语》《宋元史籍中的女真语的标音》⑭。

刘凤翥等人编著的《女真译语校补和女真字典》是一部资料丰实周密、校勘严谨精到的工具书。⑮

---

① 《中国边疆史地研究》2020 年第 4 期。
② 《黑龙江民族丛刊》2016 年第 3 期。
③ 西安：陕西人民出版社，1988 年。
④ 《辽金史论集》第 3 辑，1987 年。
⑤ 刘浦江：《金代捺钵研究（上）》，《文史》1999 年第 4 期，中华书局；《金代捺钵研究（下）》，《文史》2000 年第 1 期。
⑥ 《黑河学刊》1986 年第 1 期；《学习与探索》1986 年第 3 期；《学习与探索》2001 年第 2 期。
⑦ 北京：文物出版社，1980 年。
⑧ 北京：文物出版社，1984 年。
⑨ 《内蒙古大学学报》1983 年增刊。
⑩ 沈阳：辽宁民族出版社，2004 年。
⑪ 《农垦师专学报》1990 年第 3 期；《古籍整理研究通讯》1984 年第 3 期；《金碑汇释》，长春：吉林文史出版社，1989 年。
⑫ 《内蒙古大学学报》，1983 年增刊。
⑬ 《辽金史论集》第六辑，2001 年。
⑭ 《民族语言》2003 年第 3 期、2004 年第 4 期。
⑮ 刘凤翥、张少珊、李春敏编著：《女真译语校补和女真字典》，上海：中西书局，2019 年。

（五）人物研究

金代的人物研究主要集中于女真皇帝和官僚的研究上，女真皇帝的研究又以对阿骨打、完颜亮、完颜雍的评述居多。

著作有：刘肃勇《金世宗传》，① 系统介绍了金世宗的施政内容和影响。景爱《皇裔沉浮——北京的完颜氏》，② 研究了完颜氏后裔保存的《长白佛满洲完颜氏东归本之系统表》和相关文献，考述完颜氏遗族留居北京的过程。北京图书馆出版社古籍影印编辑室编《辽金元名人年谱》。③

论文有：刘肃勇《阿骨打在东北地区反辽战争中对各族上层人物招抚的策略》、张博泉、程妮娜《完颜阿骨打略论》，对阿骨打进行了研究。④

罗继祖《完颜亮小议》、董克昌《谁是小尧舜》、徐松巍《对完颜亮研究的回顾与反思——兼及历史人物评价问题》等文对完颜亮进行了研究。⑤

董克昌《试析金世宗的"保境息民"政策》、王德忠《也谈金世宗的历史地位》《金世宗与宋孝宗比较研究》，对完颜雍进行了研究。⑥

张博泉《完颜娄室史事考实》、禹宏、徐蓓文《金代黑龙江的女真状元徒单镒》、郝庆云《简评金兀术的历史作用》等，对女真官僚进行了研究。⑦

（六）东夏国研究

20 世纪 80 年代以来，学界围绕东夏国的称号、建国、史事及蒲鲜万奴做了一系列研究。其中朴真奭著有《关于东夏国南京及其位置考证》⑧ 等文章。景爱就以上问题与朴真奭进行了探讨，发表了《关于东夏国都城的再探讨》⑨ 等文章。

关于蒲鲜万奴的文章有：王慎荣《蒲鲜万奴姓氏考述》、赵鸣歧《简评蒲鲜万奴》、郝庆云《蒲鲜万奴史事新编》等。⑩

（七）历史地理

金代历史地理方面的著作：谭其骧主编《中国历史地图集》第 6 册（宋辽金时

---

① 西安：三秦出版社，1987 年。
② 北京：学苑出版社，2002 年。
③ 全三册，北京：北京图书馆出版社，2005 年。
④ 《克山师专学报》1985 年第 1 期；《辽金史论集》第 1 辑，上海：上海古籍出版社，1987 年。
⑤ 《辽金史论集》第 2 辑，北京：书目文献出版社，1987 年；《民族研究》1990 年第 2 期；《北方文物》1992 年第 2 期。
⑥ 《北方文物》1985 年第 2 期；《牡丹江师院学报》1992 年第 2 期；《史学月刊》1999 年第 6 期。
⑦ 《东北地方史研究》1990 年第 3 期；《黑龙江民族丛刊》1996 年第 2 期；《哈尔滨学院学报》2003 年第 1 期。
⑧ 《延边大学学报》1981 年 1、2 期合刊。
⑨ 《延边大学学报》1981 年第 4 期。
⑩ 《社会科学辑刊》1982 年第 6 期；《北方文物》1986 年第 2 期；《金史研究论丛》，哈尔滨：哈尔滨出版社，2000 年。

期）及《中国历史地图集释文汇集·东北卷》金代部分是这方面的重要成果。李健才《东北史地考略》①对金代历史地理多有精辟考证。景爱著《关于金代蒲与路的考察》，②王禹浪著《金代黑龙江述略》，③王颋著《完颜金行政地理》。④此外，都兴智、王曾瑜、程妮娜、周峰、彭占杰、王禹浪等亦有相关考证。

五、对元明时期女真史研究

（一）元代女真研究

学界对元代女真的研究主要集中在对元代女真人的研究、对元代东北民族的研究（包括女真）以及对开元路和水达达路的研究上。

对元代女真人进行研究的文章：

> 王崇时《元代东北女真族试探》、杨保隆《浅谈元代的女真人》、罗佑贤《金元时期女真人的内迁及演变》，⑤这三篇文章是 20 世纪 80 年代学界对元代女真族的分布地域和元朝政府对女真族的管理以及女真人在金、元时期因政权的变化而发生的迁徙等方面进行研究的文章。近期对元代女真人进行研究的有，邱树森《元代的女真人》，该文阐述了元朝一部分女真人入仕蒙古，留居中原地区的女真人汉化，东北地区的女真人主要分布在辽阳行省等问题。此外，禾木《元代女真社会之考察》一文考察了女真社会在元代所发生的变化。⑥

对元代东北民族研究的文章，有姚大力《元代辽阳行省各族的分布》对元代女真人、兀者野人等部族的居地、政治、经济、文化状况进行了论证。⑦对开元路、水达达路研究的文章，对开元位于何处学界一度有较大争议⑧，谭其骧《元代的水达达路和开元路》一文，⑨提出合兰府水达达路即为女直水达达路并考察了水达达路和开元路辖境的变化。讨论开元路和水达达路的文章还有张泰湘《试论元初开元城的位置》、董万仑《元代合兰府水达达路研究》、程尼娜《元朝对黑龙江下游女真水达达地区统辖研究》等。⑩

---

① 长春：吉林文史出版社，1986 年。续集和第三集分别由吉林文史出版社于 1995 年、2001 年出版。
② 《文史》第 10 辑。
③ 哈尔滨：哈尔滨出版社，1993 年。
④ 香港：天马出版有限公司，2005 年。
⑤ 《延边大学学报》1982 年第 4 期；《民族研究》1984 年第 3 期；《民族研究》1984 年第 2 期。
⑥ 《社会科学战线》2003 年第 4 期；《长白论丛》1994 年第 2 期。
⑦ 《元史及北方民族史研究集刊》1984 年第 8 期。
⑧ 李学智：《元代设于辽东行省之开元路》，《大陆杂志》第 18 卷，第 2 期，1959 年，认为开原在俄罗斯尼里古斯克；景爱：《关于开元路的若干问题探讨》，《学习与探索》1979 年第 2 期，认为开原路辖境在不同时期有不同的变化。
⑨ 《历史地理》创刊号，上海：上海人民出版社，1981 年。
⑩ 《学习与探索》1982 年第 1 期；《北方文物》1990 年第 2 期；《中国边疆史地研究》2005 年第 2 期。

（二）明代女真研究

日本学者对明代女真研究颇为深入，代表性人物有和田清[①]和河内良弘[②]。中华人民共和国成立前我国对明代女真研究的代表性著作为孟森所著《明元清系通纪》一书。[③] 50 年代，王锺翰《明代女真人的分布》一文，[④] 是当时对明代女真人研究的重要成果。

改革开放后，学界主要对奴儿干都司、明代女真经济文化状况、女真与朝鲜和明朝的关系以及建州女真、海西女真、野人女真等方面进行了研究。

研究奴儿干都司的论著有：杨旸等著《明代奴儿干都司及其卫所研究》，[⑤] 该书对奴儿干都司的建立、机构职能和所起的作用及相关卫所做了系统阐述。论文有滕绍箴《明代奴儿干都司女真诸卫研究概述与探索》。[⑥] 研究明代女真经济、文化状况的论文有：赵毅、栾凡《文化边缘地区与边缘文化——明代女真地区文化特征探析》提出明代辽东和女真地区是边缘文化区，具有多元性的特征的观点。[⑦] 此外，栾凡对明代女真的经济、生产组织和社会的民族结构等问题进行了探讨，发表了《试论贸易对明代女真经济的影响》等文章。[⑧]

研究女真与朝鲜、明朝关系的论文有：关克笑《简论明朝对女真人的统治》，[⑨] 认为明朝对女真所执行的政策并不是纯粹的民族压迫政策，而是一种宽松的民族政策。于晓光《"以夷制夷"与"以倭攻胡"》阐述了壬辰战争期间明朝和朝鲜对女真的不同政策。[⑩] 王臻《朝鲜太宗与明朝争夺建州女真所有权述论》和《建州女真董山部与朝鲜王朝的关系述论》[⑪] 分别就朝鲜太宗阻挠女真首领猛哥帖木儿归附明朝等一系列与明争夺建州女真的行为和朝鲜与明朝对建州女真董山部的争夺进行了论述。白初一著有《试论明朝初期明廷和北元与女真地区的政治关系》《明代满蒙市场需求及文化、社会组织的相同特点》两文，[⑫] 分别就洪武、永乐、正统三个时期明、蒙古、女真之间错综复杂的关系和明代满族和蒙古族有共同的市场需求，与中原汉族地区建立贸易关系是他们的相同目的进行了论证。

对建州、海西、野人女真进行研究的论文有：蒋维忠《明代初期建州女真的社

① 和田清：《东亚史研究（满洲篇）》，东洋文库，1955 年。

② 河内良弘：《明代女真史研究》，京都同朋舍出版，1992 年。

③ 北京：中华书局，2006 年。

④ 《中国民族问题研究集刊》第 5 辑，1956 年。

⑤ 郑州：中州书画社，1982 年。

⑥ 《民族研究》1995 年第 2 期。

⑦ 《史学月刊》2000 年第 2 期。

⑧ 《延边大学学报》1996 年第 2 期。

⑨ 《满族研究》1999 年第 2 期。

⑩ 长春：吉林文史出版社，1996 年。

⑪ 《延边大学学报》2003 年第 9 期；《北方文物》2008 年第 3 期。

⑫ 《内蒙古社会科学》2006 年第 5 期；《中央民族大学学报》2007 年第 1 期。

会形态》、王景泽、张帆《野人女真南迁与赫哲族的形成》、马桂秋《"野人女真"与努尔哈赤的兴起》。①

程尼娜的《明代女真朝贡制度研究》提出明代女真朝贡制度一经建立便很快进入全面发展时期，该制度以政治功能为主、经济功能为辅。② 赵令志的《明代"野人女真"称谓刍论》一文通过爬梳史料，论证了迄今国内外学界所认为明代"野人女真"，又称"东海女真"的用法并不准确。③

六、有关女真史文献研究与考古

对历史文献进行校注和考据是历史研究得以正确开展的基础，20 世纪 80 年代以来国内对女真史的文献研究工作进展有序。

崔文印多年致力于金代历史文献的考据和校注工作，成果丰硕，对篇幅浩繁的《金史纪事本末》④《大金国志校证》⑤《归潜志》⑥ 等一一考据和校注。罗继祖、张博泉著《鸭江行部志注释》⑦、张博泉著《辽东行部志注释》⑧、董克昌主编《大金诏令释注》⑨、李澍田等辑注《金史辑佚》⑩、陈相伟等辑注《金碑汇释》⑪、赵鸣歧等汇编《东夏史料》⑫、蒋瑞兆、郭明志编《全金诗》⑬、贾敬颜著《五代宋金元人边疆行记十三种疏证稿》⑭、徐蜀编《宋辽金元正史订补文献汇编》⑮、张元济著、王绍曾等整理《百衲本二十四史校勘记：金史校勘记、新五代史校勘记》⑯、韩世明、都兴智《〈金史〉之〈食货志〉与〈百官志〉校注》⑰。

此外，吴晗的《朝鲜李朝实录中的中国史料》⑱、王锺翰辑录的《朝鲜〈李朝实录〉中的女真史料选编》⑲ 将《李朝实录》中的女真史料进行汇编，为女真史研究提供了极大的便利。

---

① 《满族研究》1995 年第 1 期，2007 年第 1 期；《黑龙江民族丛刊》1997 年第 3 期。
② 《文史哲》2015 年第 2 期。
③ 《民族研究》2019 年第 4 期。
④ 北京：中华书局，1980 年。
⑤ 北京：中华书局，1986 年。
⑥ 北京：中华书局，1983 年。
⑦ 哈尔滨：黑龙江人民出版社，1984 年。
⑧ 哈尔滨：黑龙江人民出版社，1984 年。
⑨ 哈尔滨：黑龙江人民出版社，1993 年。
⑩ 长春：吉林文史出版社，1989 年。
⑪ 长春：吉林文史出版社，1989 年。
⑫ 长春：吉林文史出版社，1990 年。
⑬ 天津：南开大学出版社，1995 年。
⑭ 北京：中华书局，2004 年。
⑮ 北京：北京图书馆出版社，2004 年。
⑯ 北京：商务印书馆，2004 年。
⑰ 北京：中国社会科学出版社，2005 年。
⑱ 北京：中华书局，1980 年。
⑲ 《清初史料丛刊》辽宁大学历史系，1980 年。

刘红宇对完颜娄室墓进行了考证，发表有《长春近郊的金代娄室墓》① 等文章。对完颜希尹碑进行考证的文章有苏立仁《金完颜希尹碑年代小考》、陈相伟《金完颜希尹碑建碑年代考》② 等。对金齐国王完颜晏墓葬进行研究的有张伟等《金源故地发现金齐国王墓》③ 等。对完颜斡鲁碑进行考证的文章有张泰湘、仇伟《阿城金源郡王神道残碑的初步研究》、王久宇《完颜斡鲁墓碑碑额考释》④ 等。

2014 年 5 月 5 日，黑龙江省宁安市建设村出土一块刻有女真文的石质残碑。研究女真文的专家称该残碑是迄今发现的少有的、女真文字数较多的、语义表达比较完整的文字碑之一。因此，该残碑不仅对进一步研究黑龙江金代历史具有重要意义，而且对女真文研究也具有重要价值。⑤

七、台湾地区研究状况

女真族汉化问题是台湾史学界研究的热点问题之一，以姚从吾、陶晋生的观点最具代表性，有姚从吾《女真汉化的分析》《金朝上京时期的女真文化与迁燕后的转变》、⑥ 陶晋生《金代初期女真人的汉化》⑦《女真史论》等著述。⑧ 此外，陶晋生还写有《金代中期的女真本土化运动》《金代中期的女真进士科》等有关女真政治制度、文化方面的文章。⑨

王明荪对女真史也颇有研究，著有《宋辽金元史》⑩《金初的功臣集团及其对金宋关系的影响》⑪ 等论著。

综观中华人民共和国成立后女真史研究的发展历程，可以看到女真史研究在改革开放以来呈现了研究层面更加丰富、研究领域更加宽广、研究方法更加多样化的新景象。从事女真史研究的学界同人，在努力吸取前辈学者所取得的显著成果的同时，还致力于前人鲜有涉足的新领域的研究工作，对女真人在科技、医学、体育等方面的发展状况进行了有益的探讨。当然，国内对女真史研究还存在诸如研究者历史文献学、历史语言学、历史地理学等交叉学科领域的知识储备欠缺，致使研究成果不够深入；对新领域的探索不多，少有创新性成果；研究团体梯队建设薄弱，研究过程时有中断；与国外学界交流少，不能及时借鉴他国的研究成果等问题，这些问题均需不断努力，才能逐一解决。

---

① 《北方文物》1986 年第 4 期。
② 《史学简报》1982 年第 6 期；《博物馆研究》1989 年第 1 期。
③ 《北方文物》1989 年第 1 期。
④ 《黑龙江民族丛刊》2004 年第 4 期；《哈尔滨学院学报》2008 年第 4 期。
⑤ 刁丽伟、赵哲夫：《黑龙江省宁安市出土女真文残碑考释》，《北方文物》2016 年第 1 期。
⑥ 《大陆杂志》第 6 卷，第 3 期，1953 年；《东北史论丛》下册，台北：中正书局，1959 年。
⑦ 《台湾大学文史哲学报》1968 年第 17 期。
⑧ 台北：食货月刊出版社，1981 年。
⑨ 《边疆史研究集》，台北：商务印书馆，1971 年；《边政研究所年报》1970 年第 1 期。
⑩ 台北：长桥出版社，1979 年。
⑪ 《政治大学边政研究所年报》1979 年第 10 期。

第四节　满族史研究

1949 年以前，满族历史研究虽然取得了一些成果，因民族偏见的影响和资料所限，研究不够全面。其后，特别是确定满族为中国的少数民族之一以后，内地学术界对满族史研究日趋活跃，成果丰硕。60 年来，内地学者对满族历史研究过程，可以划分为三个时期：

A. 1949—1965 年 启动期

B. 1966—1977 年 停滞期

C. 1978—2009 年 发展期

在启动期内，党和政府制定了妥善的民族政策，满族作为中华民族大家庭中的一员，在各方面得以享受平等待遇。党和政府十分重视民族历史和文化的研究，组织专家在满族聚居区展开了社会历史调查工作，并撰写出了满族社会历史调查报告。在此基础上编写出了《满族简史》初稿。并设立了满语文研究机构，培养研究满族历史和语言的专门人才，整理尘封多年的满文档案。国家对民族史研究的需求，使许多原来从事清史研究的学者开始转向满族史研究，很快涌现出一批优秀成果。此时，在历史学研究领域有五个热点，被称作"五朵金花"，体现在民族史研究上则是各民族的社会历史形态问题。在满族史研究上，多集中于满族入关前的社会性质，学者们对此问题展开讨论，百家争鸣，促进了对满族历史研究的深入。另外，对一些满族历史人物的研究也取得了显著成就。

1966 年以后的十年"文革"，由于极"左"思潮的干扰破坏，中国学术界受到巨大摧残，许多研究项目遭到扼杀，满族史研究进入停滞状态，有的满学人才被迫改行，但仍有一些学者设法搜集整理资料，从而为以后的研究打下了良好的基础。值得一提的是，在一些学者的提议下，得到周恩来总理批准，1975 年在故宫博物院明清档案部招收 20 名满文学员，学习满文及档案整理，这批学员目前成为研究满文档案及满族历史的骨干力量。

1977 年，中国的学术研究复入正轨，满族史研究呈现出欣欣向荣的局面。这一时期满族史研究领域的特点是，导向合理，人才辈出，研究机构相继建立，研究领域不断扩展，学术成果大量涌现，中外交流空前活跃，满族史研究进入突飞猛进的发展时期。特别是在八旗制度、满族社会史研究及满汉文资料翻译整理方面，成绩斐然，目前的绝大部分成果，都是在这个时期问世的。

综合内地及港台地区 60 年来的满族史研究成果，可分为满族社会历史研究、八旗制度研究、满族人物研究、满汉文资料整理研究等几个部分，下面将分别介绍这几个方面的研究情况。因研究满族史的论著比较多，且各有特色，而拘于篇幅，难以一一介绍，故将类别相近者，撮录一处，做简略介绍。关于满族史研究著作的具体情况，可查阅阎崇年主编的《20 世纪世界满学著作提要》①，其中著录满学著作 600 余部，较为详细地介绍了各种满族史著作的内容和特点。

一、满族社会历史研究

专门研究满族史的著作，目前除少数民族五种丛书之一的《满族简史》② 外，还有李燕光、关捷主编的《满族通史》③。前者集体编纂，提纲挈领，后者资料翔实、内容系统。两书是目前较为系统的满族史著作。除这两部集体编纂的满族史著作外，近 30 年来，许多学者出版了大量研究满族史专著，如刘小萌《满族的部落与国家》④《满族的社会与生活》⑤，滕绍箴《满族发展史初编》⑥，姚念慈《满族八旗制国家初探》⑦，定宜庄《满族妇女生活与婚姻制度研究》⑧，杜家骥《清代满蒙联姻研究》⑨，张晋藩、郭成康《清入关前法律制度史》⑩，周远廉《清朝兴起史》⑪，李鸿彬《满族崛起与清帝国建立》⑫，张佳生主编《满族文化史》⑬，张杰、张丹卉《清代东北边疆的满族》⑭ 等，从不同视角对满族的形成发展历史进行了系统研究，是我国满族社会历史研究的代表作。另外有一些满族历史论集，如莫东寅的《满族史论丛》⑮、姜相顺的《满族史论集》⑯、阎崇年的《满学论集》⑰ 及中国社会科学院民族研究所编的《满族史研究集》⑱、王锺翰主编《满族历史与文化》⑲、金基浩主编的《满族研究文集》⑳、阎崇年主编的《满学研究》（1—7 辑）等，是专门研究满族历史的结集。还有部分个人研究清史和满族史的文集，如王锺翰《清史杂考》㉑

① 北京：民族出版社，2003 年。
② 北京：中华书局，1979 年。
③ 沈阳：辽宁民族出版社，1991 年。
④ 长春：吉林文史出版社，1995 年，辽宁民族出版社，2002 年修订版。
⑤ 北京：北京图书馆出版社，1998 年。
⑥ 天津：天津古籍出版社，1990 年。
⑦ 北京：燕山出版社，1996 年。
⑧ 北京：北京大学出版社，1999 年。
⑨ 北京：人民出版社，2003 年。
⑩ 沈阳：辽宁人民出版社，1988 年。
⑪ 长春：吉林文史出版社，1986 年。
⑫ 天津：天津古籍出版社，2003 年。
⑬ 沈阳：辽宁民族出版社，1999 年。
⑭ 沈阳：辽宁民族出版社，2005 年。
⑮ 北京：人民出版社，1958 年。
⑯ 沈阳：辽宁人民出版社，1999 年。
⑰ 北京：民族出版社，1999 年。
⑱ 北京：中国社会科学出版社，1988 年。
⑲ 北京：中央民族大学出版社，1996 年。
⑳ 长春：吉林文史出版社，1990 年。
㉑ 北京：人民出版社，1957 年。

《清史新考》①《清史续考》②《清史余考》③《清史补考》④ 中，将近一半的论文和满族史有关。郑天挺的《探微集》⑤、金启孮《沈水集》⑥ 等也都有许多满族史研究的内容。

近十年来，国内满族史研究领域又出版了诸多专著，在满族社会历史研究方面主要有张杰《清朝三百年史》⑦、定宜庄《满汉文化交流史话》⑧、中国社会科学院近代史研究所政治史研究室编《清代满汉关系研究》⑨、常书红《辛亥革命前后的满族研究——以满汉关系为中心》⑩、郭美兰《明清档案与史地探微》⑪、杨珍《历程制度人：清朝皇权略探》⑫、徐凯《满洲认同"法典"与部族双重构建》⑬、刘小萌《清代北京旗人社会（修订本）》⑭、常越男《家国之间：清初满洲八"著姓"研究》⑮。

关于满族历史结集如赵志强主编《满学论丛（第 1—8 辑）》⑯，故宫出版社著《清史述论》⑰，刘小萌、王金茹主编《满学研究论集》⑱，达力扎布主编《中国边疆民族研究第（1—12 辑）》⑲。

还有出版的个人满族史研究论文集如王政尧《清史述得》⑳、滕绍箴《明代女真与满洲文史论集》㉑、张杰《清文化与满族精神：水滴石斋前集》㉒、李治亭《微言集：明清史考辨》㉓、季永海《从辉煌走向濒危：季永海满学论文自选集》㉔、陈金陵《清史浅见》㉕、关纪新《多元背景下的一种阅读满族文学与文化论稿》㉖、中央

① 沈阳：辽宁大学出版社，1990 年。
② 台北：华世出版社，1993 年。
③ 沈阳：辽宁大学出版社，2001 年。
④ 沈阳：辽宁大学出版社，2003 年。
⑤ 北京：中华书局，1980 年。
⑥ 呼和浩特：内蒙古大学出版社，1992 年。
⑦ 北京：社会科学文献出版社，2011 年。
⑧ 北京：社会科学文献出版社，2011 年。
⑨ 北京：社会科学文献出版社，2011 年。
⑩ 北京：社会科学文献出版社，2011 年。
⑪ 沈阳：辽宁民族出版社，2012 年。
⑫ 北京：学苑出版社，2013 年。
⑬ 北京：中国社会科学出版社，2015 年。
⑭ 北京：中国社会科学出版社，2016 年。
⑮ 北京：中国社会科学出版社，2019 年。
⑯ 沈阳：辽宁民族出版社，2011—2019 年。
⑰ 北京：故宫出版社，2017 年。
⑱ 北京：中国社会科学出版，2018 年。
⑲ 北京：中央民族大学出版社，2008—2019 年。
⑳ 沈阳：辽宁民族出版社，2010 年。
㉑ 沈阳：辽宁民族出版社，2012 年。
㉒ 沈阳：辽宁民族出版社，2012 年。
㉓ 沈阳：辽宁民族出版社，2012 年。
㉔ 沈阳：辽宁民族出版社，2013 年。
㉕ 沈阳：辽宁民族出版社，2013 年。
㉖ 沈阳：辽宁民族出版社，2013 年。

民族大学编《纪念王锺翰先生百年诞辰学术文集》①、徐凯《燕园明清史论稿》②、孙文良著《满族崛起与明清兴亡论稿：孙文良明清史文集》③、刘凤云主编《宏观视野下的清代中国：纪念王思治先生 85 诞辰》④、孙静《满族史论稿》⑤、南开大学历史学院编，冯尔康著《清史专题研究》⑥。

（一）满族民族成分研究

历史上满族有女真、满洲、旗人、旗族、满洲等族称，故对满族族源问题，学者众说纷纭，或言源于满洲正身旗人，或言为清代八旗后裔，或言源于清代旗人，或言为民国旗族，莫衷一是。主要成果有王锺翰《关于满族形成中的几个问题》⑦《国语骑射与满族的发展》⑧《清代八旗中的满汉民族成分问题》⑨，郑天挺《满族的统一》⑩《从〈清太祖武皇帝实录〉看满族族源》⑪，傅乐焕《关于清代满族的几个问题》⑫，朱诚如《满族共同体的形成与民族融和》⑬，孙文良《满族发展史上的几个问题》⑭，定宜庄、胡鸿保《从族谱编纂看满族的民族认同》⑮，滕绍箴《满洲满族名称辨析》⑯，徐凯《尼堪姓氏与八旗满洲旗分佐领》⑰《八旗满洲旗分佐领内高丽姓氏》⑱，马协弟《八旗制度下的满族》⑲，王彬《试论八旗制度与满族的关系》⑳，关克笑《试论满族的发展变化》㉑，杨秀石《从"佟半朝"看明末清初满汉民族融合》㉒，赵杰《论满汉民族的接触与融合》㉓，罗庆泗《皇太极与满汉民族联合体》㉔，

---

① 北京：中央民族大学出版社，2013 年。
② 沈阳：辽宁民族出版社，2014 年。
③ 沈阳：辽宁民族出版社，2016 年。
④ 北京：中国人民大学出版社，2016 年。
⑤ 北京：人民日报出版社，2018 年。
⑥ 天津：天津人民出版社，2019 年。
⑦ 《社会科学战线》1981 年第 5 期。
⑧ 《故宫博物院院刊》1982 年第 2 期。
⑨ 《民族研究》1990 年第 3、4 期。
⑩ 《南开学报》1982 年第 5 期。
⑪ 《社会科学战线》1983 年第 3 期。
⑫ 《中国民族问题研究集刊》1957 年第 6 期。
⑬ 《辽宁大学学报》1983 年第 2 期。
⑭ 《满族研究》1986 年第 2 期。
⑮ 《民族研究》2001 年第 6 期。
⑯ 《满族研究》1995 年第 3、4 期。
⑰ 《故宫博物院院刊》2000 年第 5 期。
⑱ 《中国史研究》2004 年第 1 期。
⑲ 《满族研究》1987 年第 2 期。
⑳ 《北方民族》1991 年第 1 期。
㉑ 《满族研究》1991 年第 2、3、4 期。
㉒ 《中南民族学院学报》1990 年第 3 期。
㉓ 《民族研究》1988 年第 1 期。
㉔ 《福建师范大学学报》1990 年第 3 期。

张杰《清初招抚新满洲述略》① 等。经过 60 年的研究，学界对满族与八旗的关系、清代旗人的"满化"、满族共同体内的民族成分等问题，结论基本一致，即满族是从八旗社会演变而来的，是一个以满洲人为主体，融合部分汉、蒙古、朝、维、藏等民族之人而形成的民族共同体。

刘凤云、刘云鹏编《清朝的国家认同——"新清史"研究与争鸣》② 该书汇集国内学术界对国外"新清史"研究中提到的诸多问题进行的论述与评议，对深化清代满汉双向互动和民族融合等问题的研究具有一定推动作用。姚大力著《追寻"我们"的根源：中国历史上的民族与国家意识》③ 该书考察了族群认同在回族、满族的形成以及拓跋早期历史书写之中的作用问题。

论文方面有滕绍箴《清代"三姓"形成说新探》④，杜家骥《从古代民族之私性、国家之公性谈清代满汉民族矛盾》⑤，郭孟秀《试论满族共同体形成初期的文化多元成分》⑥，关凯《满族民族性：帝国时代的政治化结构与后帝国时代的去政治化结构》⑦，陈力《近二十年关于满族形成时间研究综述》⑧，李学成《满族八大家与八大姓新考》⑨，章健《满族汉化：对新清史族群视角的质疑》⑩，张佳生《满族入关与天下一统：论清代农耕民族与游牧民族战争矛盾之终结》⑪，定宜庄《清末民初的"满洲""旗族"和"满族"》⑫，邱源媛《从旗人到满族：民间选择与官方导向的二重奏》⑬，杜家骥《清代满族与八旗的关系及民族融合问题》⑭，李治亭《清代满汉民族认同与"互化"的历史考察》⑮，吴建、王卫平《从康、乾南巡看"满族汉化"问题之争》⑯，陈鹏《清代"新满洲"融入"满洲共同体"途径探研》⑰，赵令志《明代"野人女真"称谓刍论》⑱，李学成、王焯《满族辫发渊源考辨》⑲。

① 《清史研究》1994 年第 1 期。
② 北京：中国人民大学出版社，2010 年。
③ 北京：生活·读书·新知三联书店，2018 年。
④ 《民族研究》2010 年第 3 期。
⑤ 《清史研究》2010 年第 2 期。
⑥ 《满语研究》2010 年第 2 期。
⑦ 《社会科学战线》2011 年第 8 期。
⑧ 《满族研究》2011 年第 2 期。
⑨ 《社会科学辑刊》2013 年第 6 期。
⑩ 《深圳大学学报》2013 年第 3 期。
⑪ 《黑龙江民族丛刊》2014 年第 6 期。
⑫ 《清华大学学报》2016 年第 2 期。
⑬ 《暨南学报》2017 年第 9 期。
⑭ 《社会科学战线》2016 年第 6 期。
⑮ 《云南师范大学学报》2016 年第 3 期。
⑯ 《学习与探索》2017 年第 9 期。
⑰ 《西南民族大学学报》2017 年第 10 期。
⑱ 《民族研究》2019 年第 4 期。
⑲ 《云南师范大学学报》2019 年第 3 期。

（二）满族社会形态研究

自 50 年代中叶以后，我国民族史学界掀起了对各民族社会形态问题的研究，几十年内，一直成为少数民族历史研究的主流。在满族史学界，同样掀起了对入关前满族社会性质问题研究的高潮，出现了满族进入辽沈地区之前处于原始公社父系家长制解体、阶级社会刚刚形成时期、奴隶制时期和已进入封建社会等不同意见。

较早提出此问题者为张维华，其在《满族未统治中国前的社会形态》[①] 一文中，提出清入关前，满族社会没有经过奴隶制，努尔哈赤建后金时，即已由父系家族族长制向封建制转化。到皇太极时期，已过渡到高度专制的中央集权的封建社会。莫东寅在《八旗制度——清初的社会结构》[②] 中亦主此说，认为女真人在万历年间之前仍停滞在氏族社会，努尔哈赤建立后金时，从原始社会末期急速飞跃到封建社会。另尚钺认为满族早期的渔猎生活，处于原始公社父系家长制解体、阶级社会刚刚形成时期，因受外界社会的影响，其未经过奴隶制社会，而由原始公社末期向封建制度飞跃转变。[③]

王锺翰于 1956 年发表的《满族在努尔哈齐时代的社会经济形态》[④]，从努尔哈齐时代满族奴隶制形成的物质基础和阶级结构方面进行了具体分析，认为满族在努尔哈齐时期的社会经济形态还处在奴隶制占有阶段，因此成为满族入关前为奴隶占有制说的代表。翌年发表《皇太极时代满族向封建制的过渡》[⑤]，从满族当时的生产力水平、大庄园制经济和租佃关系、社会变革中的阶级关系、政治制度等方面，对皇太极时期满族社会的发展情况，认为满族在进入辽沈地区以后大约 20 年间，由于它本身发展的固有因素，再加上不由人们意志支配的外来因素的影响，促使满族社会大踏步地、加速度地转向封建化，故至皇太极统治时期，满族社会发展开始向封建制转化，并逐渐占据主导地位。1987 年，发表《满文老档中计丁授田商榷》一文，[⑥] 是研究满族入关前社会经济形态的续作，经过核对《满文老档》原文，对各种版本"计丁授田"谕之译文进行考证，认为努尔哈齐分给八旗兵丁者为"份地"，给八旗贵族的地亩多设置庄园，份地是土地公有制或土地国有制，基本由奴隶耕种，而贵族庄园与在赫图阿拉时的农庄一样，是奴隶制庄园。修正了过去的结论，进一步丰富了入关前满族社会处于奴隶制阶段的观点。李鸿彬在《清入关前满族的社会

---

① 《文史哲》1954 年第 10 期。

② 《满族史论丛》，北京：人民出版社，1958 年。

③ 尚钺：《清代前期中国社会之停滞、变化和发展》，《教学与研究》1955 年第 6 期。

④ 《中国历史问题研究集刊》1956 年第 6 辑。笔者按：张维华：《满族未统治中国前的社会形态》、王锺翰：《满族在努尔哈齐时代的社会经济形态》、贾敬颜：《满族的兴起图》（《历史教学》1954 年第 12 期）等论文，是在满族尚未被认定为少数民族前撰写发表的，据此可窥学者们的先见之明，及中华人民共和国成立后对满族历史研究的开创之功。

⑤ 王锺翰：《清史杂考》，北京：人民出版社，1957 年。

⑥ 《民族史论丛》1987 年第 1 期。

性质》① 中提出，满族的奴隶制特点是家内种族奴隶制，真正的封建化至康熙初年才完成。何溥滢《满族入关前社会性质初探》结论与此相近。② 周远廉的《关于 16 世纪 40—80 年代初建州女真和早期满族社会性质问题》《从"诸申"身份的变化看入关前满族的社会性质》《关于满族从奴隶制向封建制过渡问题》等文，③ 也主奴隶制说，但其认为在努尔哈赤起兵前，满族还处于原始社会末期，到 1587 年，已进入奴隶制社会，进入辽沈地区始向封建制过渡。

倪近明、郑天挺 1962 年先后发表《清代入关前满洲社会性质问题》④《清入关前满洲族的社会性质》，⑤ 认为满族社会经历了原始氏族社会、奴隶社会、封建社会，到努尔哈赤时，已进入封建社会。郑氏后于 1979 年又发表《清入关前满洲族的社会性质续探》，⑥ 以新增史料，论证原有论点，结论未变，仍持封建说。

也有一些论著，是以考证满语词汇而进一步探讨入关前满族社会性质的，如王锺翰《释汗依阿玛》《释阿其那与塞思黑》⑦、汪茂和《从阿哈和诸申看进入辽沈以前的满族社会形态》《早期满族社会的阿哈身份问题》⑧、王文郁《读满文〈满洲实录〉札记》、董万崙《从满文记载看诸申的身份和地位》等。⑨

对入关后的满族社会形态研究，多侧重于对旗地的经营方式和对旗人的管理方面。以旗地经营方式的变化探讨满族社会性质的论文，如王锺翰《清代旗地性质初探》《康雍乾三朝满汉文京旗房地契约四种》⑩、傅乐焕《关于清代满族的几个问题》⑪、李华《清初的圈地运动及旗地生产关系的变化》、杨学琛《清代旗地的性质及其变化》、杨德泉《试论清初旗地的形成及其性质》⑫、徐恒晋《清初田庄性质初探》、刘守诒《清初关内官庄建立情况和性质的探讨》、王革生《清代东北八旗庄园"庄头"》、魏鉴勋《论清代庄头的社会地位》、⑬ 左云鹏《清代旗人奴仆的地位及其变化》⑭ 等，分别以旗地的发展变化研究满族社会性质及发展问题。

对旗人管理的论述，如刘小萌《关于清代八旗中"开户人"的身份问题》《八

① 《社会科学战线》1979 年第 2 期。
② 《社会科学辑刊》1979 年第 3 期。
③ 《清史论丛》1979 年；《社会科学辑刊》1979 年第 1 期；《社会科学辑刊》1979 年第 4 期。
④ 《历史研究》1962 年第 4 期。
⑤ 《历史研究》1962 年第 6 期。
⑥ 《南开大学学报》1979 年第 4 期。
⑦ 《满族研究》1987 年第 2 期；《海峡两岸中国少数民族研究与教学研讨会论文集》，1996 年。
⑧ 《南开史学》，1981 年、1982 年；《南开学报》1982 年第 5 期。
⑨ 《南开史学》，1980 年；《满语研究》1986 年第 1 期。
⑩ 《文史》第 6 辑，北京：中华书局，1979 年；《北方民族》1988 年创刊号。
⑪ 《中国民族问题研究集刊》1957 年第 6 期。
⑫ 《文史》第 8 辑，北京：中华书局，1980 年；《历史研究》1963 年第 3 期；《扬州师范学院学报》总第 19 期，1964 年。
⑬ 《民族研究》1981 年第 4 期；《清史研究集》第 3 辑，四川：四川民族出版社，1984 年；《清史研究》1992 年第 3 期；《清史国际学术讨论会论文集》，沈阳：辽宁人民出版社，1990 年。
⑭ 《陕西师范大学学报》1980 年第 1 期。

旗户籍中的旗下人诸名称考释》、① 杜家骥《清代八旗领属问题考察》、赵杰《清代
对八旗营房中旗人的束缚》② 等。自 20 世纪 90 年代以后，学术界淡化了对民族社
会形态问题的研究，对满族社会形态问题逐渐无人问津。但关于此问题的研究成果，
在满族史中是比较丰硕的，有的成果虽以研究满族的社会形态为主，亦涉及该民族
形成、发展的各个方面，因而深入研究满族史，不能忽视这部分研究成果。

（三）满族宫廷史研究

清代宫廷史，既有历代封建王朝宫廷史特征，又在礼俗、管理等方面具有满族
特色，故学者将清代宫廷史研究作为满族史的重要内容。民国以后，部分学者即开
始对清代帝后起居、内廷结构、宫闱典章、清宫掌故、宫殿园囿等进行研究，出版
了几部较有影响的著作。中华人民共和国成立后，对故宫、颐和园、圆明园、避暑
山庄等有了系统管理，随之兴起对清代宫廷史的研究。目前出版的许多专著，内容
包括皇室家族历史，宫廷内部斗争、宫廷典章制度、物质文化生活、民族风俗习惯
等方面。已经出版的专著主要有万依、王树卿、刘潞《清代宫廷史》③，万依、王树
卿等《清代宫廷生活》④，刘潞《清代皇权与中外文化——满汉融合与中西交流的时
代》⑤，祁美琴《清代内务府》⑥，李治亭主编《爱新觉罗家族全书》，刘小萌《爱新
觉罗家族全史》⑦，杨珍《清朝皇位继承制度》⑧《康熙皇帝一家》⑨，杜家骥《清皇
族与国政关系研究》⑩，常江、李理《清宫侍卫》⑪，溥仪《我的前半生》⑫，溥杰、
溥佳等《晚清帝王生活见闻》（上、下）⑬，全国政协文史资料研究委员会编《晚清
宫廷生活见闻》⑭ 等。

关于宫廷历史的结集有：铁玉钦主编《盛京皇宫》⑮，支运亭主编《清代皇宫礼
俗》，清代宫史研究会编《清代宫史探微》⑯《清代宫史求实》⑰《清代宫史丛谈》⑱

① 《社会科学战线》1987 年第 2—3 期。
② 《民族研究》1987 年第 5 期；《满族研究》1987 年第 4 期。
③ 天津：百花文艺出版社，2004 年。
④ 香港：商务印书馆香港分馆，1985 年。
⑤ 香港：商务印书馆香港有限公司，1998 年。
⑥ 北京：中国人民大学出版社，1998 年。
⑦ 长春：吉林人民出版社，1997 年。
⑧ 北京：学苑出版社，2001 年。
⑨ 北京：学苑出版社，2003 年。
⑩ 台北：五南图书出版公司，1998 年。
⑪ 沈阳：辽宁大学出版社，1993 年。
⑫ 北京：中华书局，1977 年。
⑬ 台北：聚珍书屋出版社，1984 年。
⑭ 北京：文史资料出版社，1982 年。
⑮ 北京：紫禁城出版社，1987 年。
⑯ 北京：紫禁城出版社，1991 年。
⑰ 北京：紫禁城出版社，1992 年。
⑱ 北京：紫禁城出版社，1996 年。

《清代宫史论丛》①，沈阳故宫博物馆编《沈阳故宫博物馆论文集》②，沈阳故宫博物
院编《沈阳故宫文集》③，避暑山庄研究会编《避暑山庄论丛》④，中国人民大学清
史所、故宫博物院、承德市人民政府编著《山庄研究》⑤ 等。

　　研究满族宫廷史的论文，多从细微问题入手，研究清代具有满族特色的宫廷问
题。主要有王锺翰《清代内务府考略》⑥《内务府世家考》⑦，杜家骥《也谈清代的
秘密建储制度》⑧《从内务府掌仪司档案看清代皇子的分封制度》⑨，杨珍《康熙晚
年的秘密建储计划》⑩，刘潞《清代皇后册立与八旗大姓氏族》⑪，佟永功《盛京内
务府户口册辨析》⑫《清代盛京总管内务府设置沿革考》⑬，关嘉录、佟永功《盛京
皇庄探析》⑭，祁美琴《清代内务府包衣对清代文化的贡献》⑮《内务府高氏家族
考》⑯，赵令志《论清代之选秀女制度》⑰，王佩环《清代秀女与后宫嫔妃》⑱，张玉
《清代公主的婚姻》⑲ 等。这些细微考证，澄清了有关清代宫廷历史的无稽之谈，特
别是对民国以来出现的野史、小说、趣闻等对清宫的歪曲和后来影视作品任意虚构
情节等，予以匡正，对一些有争议的问题，提出了各自的观点。

　　近十年来，宫史研究成果显著，已出版的专著主要有李国荣、宋玲平《清宫金
砖档案》⑳，邱源媛《清前期宫廷礼乐研究》㉑，金性尧《清代宫廷政变录》㉒，李宏
为《乾隆与玉》㉓，林永匡《清代宫廷文化通史》㉔，杨珍《清前期宫廷政治释
疑》㉕，冯林英《清代宫廷服饰》㉖。

---

① 北京：紫禁城出版社，2006 年。
② 沈阳：沈阳出版社，1994 年。
③ 天津：南开大学出版社，1992 年。
④ 北京：紫禁城出版社，1986 年。
⑤ 北京：紫禁城出版社，1994 年。
⑥ 《社会科学辑刊》1999 年第 3 期。
⑦ 《清史续考》，台北：华世出版社，1993 年。
⑧ 《求是学刊》1998 年第 4 期。
⑨ 《明清档案与历史研究论文集——庆祝中国第一历史档案馆成立 80 周年》，新华出版社，2008 年。
⑩ 《故宫博物院院刊》1991 年第 3 期。
⑪ 《故宫博物院院刊》1997 年第 1 期。
⑫ 《清史研究》1995 年第 2 期。
⑬ 《满族研究》2002 年第 1 期。
⑭ 《庆祝王锺翰先生八十寿辰学术论文集》，沈阳：辽宁大学出版社，1993 年。
⑮ 《内蒙古社会科学》1997 年第 3 期。
⑯ 《清史研究》2000 年第 2 期。
⑰ 《明清档案与历史研究论文集——庆祝中国第一历史档案馆成立 80 周年》，新华出版社，2008 年。
⑱ 日本《满族史研究通讯》1997 年第 26 号。
⑲ 《紫禁城》2003 年第 3 期。
⑳ 北京：紫禁城出版社，2010 年。
㉑ 北京：社会科学文献出版社，2012 年。
㉒ 上海：上海远东出版社，2012 年。
㉓ 北京：华文出版社，2013 年。
㉔ 上海：上海文艺出版社，2014 年。
㉕ 北京：中国社会科学出版社，2018 年。
㉖ 北京：学苑出版社，2019 年。

论文主要有张琼《清代皇帝大阅与大阅甲胄规制》①，祁美琴《公主格格下嫁外藩蒙古随行人员试析》②，张亚辉《清宫萨满祭祀的仪式与神话研究》③，付超《清代宫廷新疆地毯考》④，聂晓灵《论满蒙初期政治关系与孝庄文皇后》⑤，郭福祥《清宫造办处里的西洋钟表匠师》⑥，陈正宏《越南燕行使者的清宫游历与戏曲观赏》⑦，滕德永《康熙六旬万寿与南巡的关系——以康熙六旬万寿点景为中心》⑧，孟修《清代雍和宫的香灯地租》⑨，杜家骥《清代宫廷特点及其与政治的关系》⑩，杨珍《从咸安宫到郑家庄：皇太子允礽废黜之后》⑪《鳌拜罪案史料辩证——兼论清史研究中满汉史料的运用》⑫《康熙朝宦官新探》⑬，赵令志《济隆七世呼图克图入京考》⑭，祁美琴《从清代"内廷行走"看朝臣的"近侍化"倾向》⑮，李文杰《清代的"早朝"——御门听政的发展及其衰微》⑯，阿音娜、N·哈斯巴根《清代雍和宫的金瓶掣签——以雍和宫档案为例》⑰，王榆芳《清朝羽翎制度渊源考论》⑱，张涵《清代宫廷文化体系里内的哥窑》⑲，滕德永《清代中后期苏州与宫廷的飞金供应》⑳，果海英、郭福祥《清前期中西宫廷交往中的礼品考察》㉑，杜家骥《清代"铁帽子王"的册封原因及相关问题》㉒，胡哲《康熙朝恪靖公主汤沐邑的经营管理》㉓，毛立平《金枝玉叶与收支困局——清代中后期公主经济境遇考察》㉔。

（四）地方满族史志研究

1956 年，全国人大常委会民族委员会和国务院民族事务委员会组织调查组，对

① 《故宫博物院院刊》2010 年第 6 期。
② 《满族研究》2011 年第 1 期。
③ 《清史研究》2011 年第 4 期。
④ 《满族研究》2011 年第 3 期。
⑤ 《黑龙江民族丛刊》2011 年第 1 期。
⑥ 《满族研究》2012 年第 1 期。
⑦ 《故宫博物院院刊》2012 年第 5 期。
⑧ 《满族研究》2016 年第 2 期。
⑨ 《清史研究》2013 年第 1 期。
⑩ 《求索》2017 年第 12 期。
⑪ 《历史档案》2009 年第 4 期。
⑫ 《故宫博物院院刊》2015 年第 6 期。
⑬ 《清史研究》2018 年第 1 期。
⑭ 《吉林师范大学学报（人文社会科学版）》2015 年第 4 期。
⑮ 《清史研究》2016 年第 2 期。
⑯ 《故宫博物院院刊》2016 年第 1 期。
⑰ 《中国边疆史地研究》2016 年第 4 期。
⑱ 《中国国家博物馆馆刊》2014 年第 9 期。
⑲ 《南方文物》2019 年第 3 期。
⑳ 《史林》2019 年第 4 期。
㉑ 《故宫博物院院刊》2018 年第 4 期。
㉒ 《经济社会史评论》2019 年第 2 期。
㉓ 《历史档案》2019 年第 1 期。
㉔ 《历史研究》2019 年第 4 期。

各少数民族的社会历史进行调查研究。其中对满族进行的社会历史调查，涉及北京、辽宁、黑龙江、内蒙古、陕西、甘肃、宁夏、新疆、四川、山东、河北、广东12个省市自治区，并对沈阳、哈尔滨、旅大、抚顺、西安、银川、成都、广州8个地级市及新宾、凤城、爱辉、益都、易县、青龙、兴城7个县进行定点调查，完成19篇调查报告，最后汇编为《满族社会历史调查》① 一书，全面记述了调查研究成果，成为地区满族史研究的开端。此后，各地兴起研究本地区满族史热潮，出版了《北镇满族史》②《本溪县满族史》③《丹东满族——岫岩专辑》④《丹东满族——凤城专辑》⑤《沈阳满族志》⑥《黑龙江满族述略》⑦《塞北新城的满族》⑧《内蒙古的满族》⑨《广东满族志》⑩《北京郊区的满族》⑪《北京城区的满族》⑫《青龙满族》⑬ 等著作。另金启孮《满族的历史与文化——三家子屯调查报告》⑭，则是定点调查满族历史文化的成果。

研究各地区满族历史的论文，多就某地的满族历史和现状及民族意识、民族迁徙、民族融合等方面进行详细论述，考证当地满族家世及生活特点等，极大地丰富了满族史研究内容。如金启孮《北京郊区的满族》⑮《京旗的满族》⑯，姜相顺《沈阳满族变迁》⑰，杨贺春《青龙县满族源流初考》⑱，刘宗立《青龙县满族来源初考》⑲，刘小萌《关于清代新满洲的几个问题》⑳，张其卓《丹东地区满族村落的形成和命名》㉑《岫岩满族源流考》㉒《岫岩县满族的民族特点考察》㉓，周喜峰《简论

① 该调查报告于1963年付印，后经多年删改节录，于1985年由辽宁人民出版社出版。
② 沈阳：沈阳：沈沈书社，1990年。
③ 沈阳：辽宁民族出版社，1988年。
④ 沈阳：辽宁民族出版社，1991年。
⑤ 沈阳：辽宁民族出版社，1992年。
⑥ 沈阳：辽宁民族出版社，1991年。
⑦ 哈尔滨：哈尔滨出版社，2005年。
⑧ 呼和浩特：内蒙古人民出版社，1997年。
⑨ 呼和浩特：内蒙古大学出版社，1993年。
⑩ 广州：广东人民出版社，1994年。
⑪ 呼和浩特：内蒙古大学出版社，1989年。
⑫ 沈阳：辽宁民族出版社，1998年。
⑬ 北京：民族出版社，2005年
⑭ 哈尔滨：黑龙江人民出版社，1981年。
⑮ 《满族研究》1985年创刊号第2期，1986年第1、2、3期，1987年第1、2期。
⑯ 《满族研究》1988年第3期，1990年第1、2、3期。
⑰ 《东北地方史研究》1990年第1期。
⑱ 《满族研究》1987年第3期。
⑲ 《民族研究》1987年第4期。
⑳ 《满族》1987年第3期。
㉑ 《满族研究》1987年第1期。
㉒ 《满族研究》1989年第2期。
㉓ 《民族研究》1981年第3期。

清代齐齐哈尔满族》①，傅朗云《论东北亚的满洲民族》②，穆骅骏《居住在张广才岭的满族"巴拉人"》③，门育生《浅谈承德的满族》④，张璇如、尹郁山《乌拉满族足迹探源》⑤，滕绍箴《论清代宁夏八旗驻防及其历史贡献》⑥，定宜庄和胡鸿保《浅论福建满族的民族意识》⑦，张庚钰《福建省满族村的由来》⑧，程昭星《定居贵州的满族》⑨，杨昌文《贵州的满族》⑩，夯西《云南的满族》⑪，陈一石《清代成都的"满城"与旗汉分治》⑫，王端玉等《四川的满族》⑬，吴元丰《清代伊犁满营综述》⑭，佟克力《伊犁驻防满营与新满营述略》⑮ 等，分别论述各地满族历史及文化变迁，成为满族史研究的重要组成部分。

2010 年以来，地方满族志相关出版成果颇丰，主要有《五常市牛家满族镇志》⑯，张其卓《丹东满族氏志》⑰，许淑杰《吉林满族》⑱《丹东满族氏族史》⑲，苑鹏《交融与变迁：赫尔苏门满族村的民族志报告》⑳《四合永镇志》㉑，萧景全、刑启坤、金辉编《新宾满族自治县文物志》㉒，杨贺春《青龙满族志》㉓，围场满族蒙古族自治县围场镇志编纂委员会编《围场满族蒙古族自治县围场镇志》㉔，内蒙古自治区阿拉善左旗档案史志局编《清代阿拉善和硕特旗满文档案选编》㉕，陈巴尔虎部落满文历史档案编委会编《陈巴尔虎部落满文历史档案（蒙古、汉、满）》㉖，施立

---

① 《满族研究》2002 年第 1 期。
② 《黑龙江民族丛刊》1992 年第 1 期。
③ 《黑龙江文物丛刊》1984 年第 2 期。
④ 《满族研究》1988 年第 4 期。
⑤ 《四平民族研究》1988 年第 1 期。
⑥ 《北方文物》1997 年第 4 期。
⑦ 《中央民族大学学报》1993 年第 1 期。
⑧ 《满族研究》1991 年第 2 期。
⑨ 《满族研究》1991 年第 1 期。
⑩ 《贵州民族》1992 年第 1 期。
⑪ 《云南历史研究所研究集刊》1982 年第 1 辑。
⑫ 《四川大学学报》1981 年第 3 期。
⑬ 《历史知识》1982 年第 2 期。
⑭ 《满族历史与文化》，中央民族大学出版社，1996 年。
⑮ 《新疆大学学报》2004 年第 3 期。
⑯ 哈尔滨：黑龙江人民出版社，2010 年。
⑰ 沈阳：沈阳出版社，2014 年。
⑱ 沈阳：辽宁民族出版社，2016 年。
⑲ 沈阳：沈阳出版社，2017 年。
⑳ 哈尔滨：黑龙江人民出版社，2017 年。
㉑ 北京：九州出版社，2017 年。
㉒ 沈阳：辽宁民族出版社，2017 年。
㉓ 北京：民族出版社，2017 年。
㉔ 石家庄：河北人民出版社，2018 年。
㉕ 北京：国家图书馆出版社，2016 年。
㉖ 呼和浩特：远方出版社，2017 年。

学、胡冰洁编著《伊通满族史话》①，张学慧编《伊通满族历史文化研究》②。

相关论文如郭孟秀《宁安依兰岗满族关氏家族祭祀探析》③、孙玉龙、范立君《清代长白山地区移民与人参文化探源》④、蔡宏、李爱华、孙世红《吉林大学图书馆馆藏稀见满文文献述略》⑤、吴春娟《论黑龙江八旗满洲的部族渊源》⑥。

二、八旗制度研究

八旗制度是满族史研究的主要课题，20 世纪 80 年代以来，成为满族史专题研究的主要方面。内容涉及八旗起源、衍变、兵额、职官、衙署、旗地、驻防、俸饷、满城、营建等诸多方面，从不同角度、不同层面对清代满族最为重要的核心制度进行较为深入的研究。其中研究八旗政治制度的著作主要有杨学琛、周远廉《清代八旗王公贵族兴衰史》⑦，杜家骥《八旗与清朝政治论稿》⑧，姚念慈《清初政治史探微》⑨，刘小萌《八旗子弟》⑩。研究八旗土地制度的专著，主要有赵令志《清前期八旗土地制度研究》⑪、衣保中等《清代满洲土地制度》⑫、刁书仁《东北旗地研究》⑬。研究八旗社会生活的著作，主要有刘小萌《清代北京八旗社会》⑭、定宜庄《清代八旗驻防制度研究》⑮《最后的记忆：十六位旗人妇女的口述历史》⑯、支运亭主编《八旗制度与满族文化》⑰、滕绍箴《清代八旗子弟》⑱《清代八旗贤官》⑲ 等。从数量上看，在满族史研究著述中稍显薄弱，但对八旗的政治制度、旗地制度、驻防制度、社会生活等方面均有深入研究。

研究八旗制度方面的论文，多参考官修政书、驻防志书、佐领丁册及档案、谱牒、笔记等资料，对八旗形成、发展、衰落过程进行论证，内容涉及八旗内部政治、军事、经济等方面，其中涉及八旗行政制度的论文比较多。探讨八旗制度的论文主

① 沈阳：辽宁民族出版社，2018 年。
② 沈阳：辽宁民族出版社，2018 年。
③ 《黑龙江民族丛刊》2010 年第 6 期。
④ 《延边大学学报》2019 年第 14 期。
⑤ 《满族研究》2012 年第 2 期。
⑥ 《黑龙江民族丛刊》2018 年第 5 期。
⑦ 沈阳：辽宁人民出版社，1986 年。
⑧ 北京：人民出版社，2008 年。
⑨ 沈阳：辽宁民族出版社，2008 年。
⑩ 福州：福建人民出版社，1996 年。
⑪ 北京：民族出版社，2001 年。
⑫ 长春：吉林文史出版社，1992 年。
⑬ 长春：吉林文史出版社，1993 年。
⑭ 北京：中国社会科学出版社，2008 年。
⑮ 天津：天津古籍出版社，1992 年。
⑯ 北京：中国广播电视出版社，1999 年。
⑰ 沈阳：辽宁民族出版社，2002 年。
⑱ 北京：中国华侨出版公司，1989 年。
⑲ 北京：中国社会科学出版社，1992 年。

要有王锺翰《清初八旗蒙古考》①，陈佳华《八旗制度概述》②，陈佳华、傅克东《八旗汉军考略》③《八旗制度中的满蒙汉关系》④，周远廉《清代前期的八旗制度》⑤，徐凯《清代八旗制度的变革和皇权集中》⑥，姚念慈《论满族八旗制国家的建立》⑦《略论八旗蒙古和八旗汉军的建立》⑧，杜家骥《清代八旗领属问题考察》⑨《论八旗制度中的"抬旗"》⑩《清初汉军八旗都统考》⑪ 等。

研究八旗组织的论文有陈佳华、傅克东《清初满洲牛录的特征》⑫，郭成康等《清入关前满洲八旗的固山额真》⑬，李鸿彬、郭成康《清入关前八旗主旗贝勒的演变》⑭，安双成《顺康雍三朝八旗丁额浅析》⑮，刘小萌《论牛录固山制的形成》⑯，赵令志《试论八旗的社会基层组织》⑰《论清中叶八旗官员之作用》⑱ 等。

探讨八旗教育的论文主要有白新良《顺康雍时期的八旗教育述评》⑲，韩大梅《清代八旗子弟的学校教育》⑳，张永江《八旗蒙古与清代的武科翻译科考试》㉑《清代八旗蒙古官学》㉒，齐红深《清代的八旗科举》㉓，张杰《清代八旗满蒙科举世家述论》㉔ 等。

与八旗驻防相关的论文主要有马协弟《浅论清代的驻防八旗》㉕，蒙林《绥远城驻防八旗源流考》㉖，邸永军《清代荆州八旗驻防初探》㉗，谢志宁《清前期的伊犁

---

① 《清史杂考》，人民出版社，1957 年。
② 《北方文物》1993 年第 2 期。
③ 《民族研究》1981 年第 5 期。
④ 《民族研究》1980 年第 6 期。
⑤ 《社会科学辑刊》1981 年第 6 期。
⑥ 《北京大学学报》1989 年第 5 期。
⑦ 《清史论丛》，1992 年。
⑧ 《中央民族大学学报》1995 年第 6 期。
⑨ 《民族研究》1987 年第 5 期。
⑩ 《史学集刊》1992 年第 4 期。
⑪ 《历史档案》2000 年第 4 期。
⑫ 《社会科学战线》1982 年第 5 期。
⑬ 《清史论丛》，1982 年。
⑭ 《社会科学战线》1982 年第 1 期。
⑮ 《历史档案》1983 年第 2 期。
⑯ 《东北地方史研究》1990 年第 4 期。
⑰ 《民族史研究》第一辑，1999 年。
⑱ （日本）《满族史研究》2004 年。
⑲ 《中央民族大学学报》2000 年第 2 期。
⑳ 《辽宁师范大学学报》1996 年第 2 期。
㉑ 《内蒙古社会科学》1990 年第 1 期。
㉒ 《民族研究》1990 年第 6 期。
㉓ 《教育史研究》1994 年第 4 期。
㉔ 《满族研究》2002 年第 1 期。
㉕ 《社会科学战线》1986 年第 3 期。
㉖ 《满族研究》1995 年第 2 期。
㉗ 《民族史研究》第一辑，北京：民族出版社，1999 年。

设防》①，潘洪钢、郭福亮《清初福州、广州八旗驻防的哗变事件》② 等。

探讨八旗经济方面的论文，主要有韦庆远《论清代的"皇当"》③《清代雍正时期"生息银两"制度的整顿和政策演变》④《论"八旗生计"》⑤，左云鹏《论清代旗地的形成、演变及其性质》⑥，王革生《清代东北官庄的由来和演变》⑦《清代东北王庄》⑧，于德源《清代北京的旗地》⑨，关嘉录、佟永功《盛京内务府皇庄述要》⑩《盛京皇庄探析》⑪，陈峰《八旗饷制与八旗的盛衰》⑫，王贵文《浅析八旗抚恤制度》⑬，赵令志《京畿驻防旗地浅探》⑭《清代直省驻防旗地浅探》⑮《论清代的投充旗地》⑯ 等。

这些论文从不同侧面，对八旗制度内的具体问题进行考述，发掘八旗制度在保障旗人组织、维护旗人利益、约束旗人生活、促进满族认同及满族文化的独立性和民族融合等方面所起到的影响及作用，深化了满族史研究。

八旗制度是清王朝之根本制度，对八旗制度各方面探究的逐渐深化、细化是近十年来的主要研究趋势。主要著作有孙守朋《汉军旗人官员与清代政治研究》⑰、韩狄《清代八旗索伦部研究》⑱、杜家骥《清代八旗官制与行政》⑲、雷炳炎《清代社会八旗贵族世家势力研究》⑳、孙静《清代八旗汉军研究》㉑、祁美琴《清代包衣旗人研究》㉒、张永江《清代八旗蒙古制度》㉓、刁书仁《清代八旗驻防与东北社会变迁》㉔、刘蒙林《清代绥远城八旗驻防研究》㉕、朱永杰《清代满城历史地理研究》㉖、

① 《中国边疆史地研究》1993 年第 3 期。
② 《中南民族大学学报》2009 年第 2 期。
③ 《香港大学国际明清史研讨会论文集》，1985 年。
④ 《中国社会经济史研究》1987 年第 3 期。
⑤ 《社会科学辑刊》1990 年第 5、6 期。
⑥ 《历史研究》1961 年第 5 期。
⑦ 《中国社会经济史研究》1989 年第 3 期。
⑧ 《满族研究》1989 年第 1 期。
⑨ 《中国农史》1989 年第 3 期。
⑩ 《历史档案》1995 年第 1 期。
⑪ 《庆祝王锺翰先生八十寿辰学术论文集》，沈阳：辽宁大学出版社，1993 年。
⑫ 《武汉大学学报》1991 年第 2 期。
⑬ 《满族研究》1991 年第 3 期。
⑭ 《清史研究》1999 年第 3 期。
⑮ 《黑龙江民族丛刊》2001 年第 2 期。
⑯ 《河北学刊》2002 年第 1 期。
⑰ 北京：人民日报出版社，2011 年。
⑱ 北京：中国社会科学出版社，2011 年。
⑲ 北京：中国社会科学出版社，2015 年。
⑳ 北京：中国社会科学出版社，2016 年。
㉑ 北京：民族出版社，2017 年。
㉒ 北京：人民出版社，2019 年。
㉓ 呼和浩特：内蒙古人民出版社，2019 年。
㉔ 北京：科学出版社，2017 年。
㉕ 呼和浩特：内蒙古大学出版社，2017 年。
㉖ 北京：知识产权出版社，2017 年。

黄治国《漠南军府：清代绥远城驻防研究》①、卢川《荆州八旗驻防研究》②、潘洪钢《清代八旗驻防族群的社会变迁》③。

研究八旗土地制度的专著，主要有魏影《清代京旗回屯问题研究》④，定宜庄、邱源媛《近畿五百里：清代畿辅地区的旗地与庄头》⑤。

研究八旗社会生活的著作，主要有戴迎华《清末民初旗民生存状态研究》⑥、邱源媛《找寻京郊旗人社会：口述与文献双重视角下的城市边缘群体》⑦、定宜庄《八旗子弟的世界》⑧。

探讨八旗制度方面得论文比较多，其中涉及八旗行政制度的主要有戴迎华《论八旗体制的残留对民初旗民社会生存的影响》⑨，祁美琴《清代君臣语境下"奴才"称谓的使用及其意义》⑩，王丽亚《清前期八旗挑甲制度演变浅析》⑪，刘小萌《清代北京的旗民关系：以商铺为中心的考察》⑫，杜家骥《清代八旗制度中的值年旗》⑬《清初旗人的旗籍及隶旗改变考》⑭，张公政《乾隆朝八旗诸臣封爵述论》⑮，廖晓晴《清朝参务管理制度的嬗变》⑯，方华玲《清代八旗养育兵制探析》⑰，张松梅、王洪兵《清代京畿旗人司法审判体制探析》⑱，邱源媛《清代旗人户口册的整理与研究》⑲，杨春蓉《治乱兴衰的历史缩影：论成都满城的变迁》⑳，郑小悠《核心—边缘：乾隆朝"出旗为民"研究》㉑，付永正《清代吉黑地区"三音哈哈"送京备选侍卫现象初探》㉒，陈力《清朝抬旗、降旗、换旗述论》㉓，刘小萌《晚清八旗

① 北京：社会科学文献出版社，2018 年。
② 武汉：湖北人民出版社，2018 年。
③ 北京：人民出版社，2018 年。
④ 哈尔滨：黑龙江大学出版社，2010 年。
⑤ 北京：中国社会科学出版，2016 年。
⑥ 北京：人民出版社，2010 年。
⑦ 北京：北京出版社，2014 年。
⑧ 北京：北京出版社，2017 年。
⑨ 《历史教学问题》2010 年第 5 期。
⑩ 《清史研究》2011 年第 1 期。
⑪ 《历史教学》2011 年第 6 期。
⑫ 《清史研究》2011 年第 1 期。
⑬ 《历史教学》2011 年第 11 期。
⑭ 《明清论丛》2017 年第 1 期。
⑮ 《贵州民族研究》2013 年第 6 期。
⑯ 《理论学刊》2013 年第 11 期。
⑰ 《故宫博物院院刊》2014 年第 6 期。
⑱ 《东岳论丛》2014 年第 11 期。
⑲ 《历史档案》2016 年第 3 期。
⑳ 《西南民族大学学报》2015 年第 12 期。
㉑ 《文史》2016 年第 4 期。
㉒ 《江西社会科学》2016 年第 4 期。
㉓ 《历史档案》2017 年第 4 期。

会馆考》①，陈力《清初改旗制度研究》②，关康《清代优异世管佐领考——以阿什达尔汉家族佐领为中心》③，定宜庄《清末民初的北京商人与内务府——从"当铺刘"与内务府增家的口述引发的考察》④，黄丽君《八旗制度与族群认同：清前期中朝关系史中的内务府高丽佐领金氏家族》⑤，邱源媛⑥。

研究八旗组织的论文主要有乌兰《〈八旗满洲氏族通谱〉蒙古姓氏考》⑦，赵令志、细谷良夫《〈钦定拣放佐领则例〉及其价值》⑧，金鑫《清代布特哈八旗建立时间及牛录数额新考》⑨，张建《清入关前"黑营"与"汉兵"考辨》⑩，永莉娜《从王公包衣佐领的调整看雍正帝初政》⑪，哈斯巴根《宗族组织与蒙古八旗牛录——以国家图书馆藏清代满文印轴为例》⑫，李小雪《"旗""民"之间：康熙朝〈黑图档〉所见盛京上三旗包衣佐领所辖之匠役》⑬，李文益《清代辛者库身份考——以康熙时期内务府辛者库人为中心》⑭。

探讨八旗教育的论文主要有张永江、陈力《入关前八旗蒙古科举考》⑮，李林《清代武科乡试应试资格及考生来源》⑯《清代武科乡试中额及武举人群体结构试探》⑰，程伟《清代八旗进士考论》⑱，顾建娣《清代的旗人书院》⑲，马子木《翻译科与清代驻防八旗的仕进》⑳，陈鹏《清代"新满洲"八旗子弟教育研究》㉑。

与八旗驻防相关的论文主要有周喜峰《试论清前期对黑龙江各民族的行政管理》㉒，阿鲁贵·萨如拉《论清代呼伦贝尔地方的旗兵制度及其特征》㉓，潘洪钢

① 《社会科学战线》2017 年第 10 期。
② 《黑龙江民族丛刊》2017 年第 2 期。
③ 《民族研究》2017 年第 2 期。
④ 《历史教学（下半月刊）》2018 年第 5 期。
⑤ 《清史研究》2019 年第 2 期。
⑥ 《中华文史论丛》2019 年第 3 期。
⑦ 《民族研究》2011 年第 1 期。
⑧ 《清史研究》2013 年第 3 期。
⑨ 《民族研究》2012 年第 6 期。
⑩ 《中国史研究》2016 年第 4 期。
⑪ 《清史研究》2018 年第 4 期。
⑫ 《民族研究》2019 年第 4 期。
⑬ 《黑龙江民族丛刊》2019 年第 3 期。
⑭ 《中国史研究》2019 年第 1 期。
⑮ 《北方论丛》2010 年第 2 期。
⑯ 《历史档案》2015 年第 3 期。
⑰ 《史林》2016 年第 6 期。
⑱ 《福建师范大学学报》2015 年第 5 期。
⑲ 《近代史研究》2015 年第 6 期。
⑳ 《史学月刊》2017 年第 10 期。
㉑ 《西南民族大学学报》2018 年第 12 期。
㉒ 《学习与探索》2010 年第 5 期。
㉓ 《中国边疆史地研究》2010 年第 1 期。

《八旗驻防族群土著化的标志》①《杭州驻防八旗与太平天国》②，薛刚《清代珲春驻防旗官补正》③，王刚、夏维中《清中前期江宁八旗驻防新探——以档案史料为中心》④，苏奎俊《满洲八旗驻防新疆及其人口变化》⑤，陈力《康熙朝山西右卫八旗驻防时间考》⑥，黄治国《从驻防满城到里城大院：开封驻防满城的变迁》⑦，金鑫《康熙时期黑龙江驻防八旗官医制度小考》⑧《康熙朝黑龙江驻防八旗"穷索伦"、站丁牛录考》⑨，綦岩、刘小萌《清代柳条边外驻防城镇的修葺》⑩，王刚《清代绿营官兵编入八旗水师考析》⑪，白京兰、田庆锋《清代新疆八旗绿营司法职能略论》⑫，孙明《康熙时期新满洲驻防佐领编立新探》⑬，《康熙朝黑龙江博尔德城八旗驻防始末》⑭，傅林祥《清代盛京等省的"城守"与"城"》⑮。

探讨八旗经济方面的论文主要有贺飞《简析清初〈辽东招民开垦例〉》⑯，刘凤云《俸米商业化与旗人身份的错位：兼论商人与京城旗人的经济关系》⑰，陈鹏《清代东北地区"新满洲"旗地与随缺地初探》⑱，刘文华《清代内务府筹拨东三省八旗俸饷略析》⑲，刘仲华《清代骑射制度下的黑豆价值及其时代命运》⑳，王培华《清代永定河及东西淀争地矛盾的环境和社会因素》㉑。

三、满族人物研究

满族人物研究，多以帝后王公为研究对象，偶有大臣文豪。因史料丰富，体例单一，60 年来，一直为研究满族史的热点。在满族史研究著作中，人物传记几近其半。传记内容基本以传主成长、教育、机遇及政治、军事、经济、文化、民族、外交等方面的思想才能和历史贡献为主。有关满族诸帝及其先祖的主要传记有：董万

---

① 《中南民族大学学报》2011 年第 5 期。
② 《汉江论坛》2013 年第 12 期。
③ 《历史档案》2013 年第 3 期。
④ 《江苏社会科学》2014 年第 1 期。
⑤ 《西域研究》2015 年第 2 期。
⑥ 《历史档案》2015 年第 3 期。
⑦ 《中央民族大学学报》2012 年第 6 期。
⑧ 《历史档案》2013 年第 4 期。
⑨ 《民族研究》2014 年第 5 期。
⑩ 《学习与探索》2016 年第 6 期。
⑪ 《清史研究》2016 年第 1 期。
⑫ 《新疆大学学报》（哲学人文社会科学版），2018 年第 6 期。
⑬ 《社会科学战线》2018 年第 2 期。
⑭ 《中国边疆史地研究》2019 年第 1 期。
⑮ 《史学集刊》2019 年第 4 期。
⑯ 《社会科学战线》2010 年第 12 期。
⑰ 《中国人民大学学报》2012 年第 6 期。
⑱ 《满族研究》2012 年第 3 期。
⑲ 《历史档案》2017 年第 1 期。
⑳ 《史学月刊》2018 年第 11 期。
㉑ 《烟台大学学报》2019 年第 4 期。

崙《清肇祖传》①，阎崇年《努尔哈赤传》②，滕绍箴《努尔哈赤评传》③，孙文良、李治亭《清太宗全传》④，陈琬《皇太极》⑤，周远廉《顺治帝》⑥，宫宝利《顺治帝与多尔衮》⑦，白新良《康熙皇帝全传》⑧，郭松义、杨珍《康熙帝本传》⑨，孟昭信《康熙大帝全传》⑩，冯尔康《雍正传》⑪，冯尔康、许盛恒、阎爱民《雍正皇帝全传》⑫，白新良《乾隆传》⑬，孙文良、张杰、郑川水《乾隆帝》⑭，戴逸《乾隆帝及其时代》⑮，郭成康和成崇德《乾隆皇帝全传》⑯，高翔《康雍乾三帝统治思想研究》⑰，关文发《嘉庆帝》⑱，冯世钵、于伯铭《道光传》⑲，张玉芬《嘉庆道光评传》⑳，徐立亭《咸丰帝·同治帝》㉑，孙孝恩《光绪评传》㉒，冯元魁《光绪帝》㉓，徐彻《光绪帝本传》㉔，溥仪《我的前半生》㉕，王庆祥《溥仪的后半生》㉖，左步青《清代皇帝传略》㉗，阎崇年《清朝皇帝列传》㉘ 等。

后妃的主要传记为：赵毅主编《孝庄文太后传》㉙，徐彻《慈禧大传》㉚，于善浦《珍妃》㉛，王佩环《清宫后妃》㉜，满学研究会《清代帝王后妃传》㉝ 等。

① 沈阳：辽宁人民出版社，1992 年。
② 北京：北京出版社，1983 年。
③ 沈阳：辽宁人民出版社，1985 年。
④ 长春：吉林文史出版社，1983 年。
⑤ 哈尔滨：黑龙江人民出版社，1983 年。
⑥ 长春：吉林文史出版社，1993 年。
⑦ 西安：陕西人民出版社，1999 年。
⑧ 北京：学苑出版社，1994 年。
⑨ 沈阳：辽宁古籍出版社，1996 年。
⑩ 长春：吉林文史出版社，1987 年。
⑪ 北京：人民出版社，1985 年。
⑫ 北京：学苑出版社，1994 年。
⑬ 沈阳：辽宁教育出版社，1990 年。
⑭ 长春：吉林文史出版社，1993 年。
⑮ 北京：中国人民大学出版社，1992 年。
⑯ 北京：学苑出版社，1994 年。
⑰ 北京：中国人民大学出版社，1995 年。
⑱ 长春：吉林文史出版社，1993 年。
⑲ 沈阳：辽宁教育出版社，1992 年。
⑳ 沈阳：辽宁大学出版社，1991 年。
㉑ 长春：吉林文史出版社，1993 年。
㉒ 沈阳：辽宁教育出版社，1985 年。
㉓ 长春：吉林文史出版社，1993 年。
㉔ 沈阳：辽宁古籍出版社，1996 年。
㉕ 北京：群众出版社，1964 年。
㉖ 北京：东方出版社，1999 年。
㉗ 北京：紫禁城出版社，1991 年。
㉘ 北京：紫禁城出版社，2002 年。
㉙ 长春：吉林人民出版社，1995 年。
㉚ 沈阳：辽海书社，1994 年。
㉛ 北京：紫禁城出版社，1989 年。
㉜ 沈阳：辽宁大学出版社，1994 年。
㉝ 北京：中国华侨出版公司，1989 年。

满族王公大臣及文苑领袖之传记，主要有佟悦、吕霁虹《清宫皇子》①，周远廉、赵世瑜《皇父摄政王多尔衮全传》②，董守义《恭亲王奕訢大传》③，陈宗舜《末代皇父载沣》④《从皇叔到平民——中国末代皇叔载涛》⑤，溥杰《溥杰自传》⑥，佟悦《天潢贵胄》⑦，吕霁虹《凤子龙孙》⑧，支运亭、张汉杰《金枝玉叶》⑨，蒋秀松《抗俄名将萨布素》⑩，寇宗基、邸建平《纳兰性德评传》⑪，吴新雷《曹雪芹》⑫，关纪新《老舍评传》⑬ 等，对王公大臣的历史功绩及文苑人物的生平、作品进行综合评介、研究。

清史编委会所编《清代人物传稿》，内三分之一传主为满族。《清代名人传略》《清代七百名人传》等书中，大量收录了清代满族名人的传记。关于满族人物研究论文非常多，特别是研究帝王的更多，其中仅研究康熙、乾隆的论文均达百篇以上，内容多侧重于人物评价，或其在政治、经济、军事、民族、宗教等方面贡献等。关于帝后研究的论文主要有李鸿彬《论满族英雄努尔哈赤》⑭，阎崇年《论努尔哈赤》⑮，赵德贵《努尔哈赤及其时代》⑯，张玉兴《努尔哈赤与纳林布禄》⑰、金成基《论皇太极》⑱《论顺治》⑲，王锺翰《论袁崇焕与皇太极》⑳，何溥滢、谢肇华《皇太极的民族一体思想》㉑，董宝才、张孝昌《博尔济特孝庄——清杰出女政治家》㉒，王锺翰《试析康熙的农本思想》㉓，刘大年《论康熙》㉔，商鸿逵《论康熙》㉕，李燕

① 沈阳：辽宁大学出版社，1994 年。
② 长春：吉林文史出版社，1986 年。
③ 沈阳：辽宁人民出版社，1989 年。
④ 哈尔滨：北方文艺出版社，1987 年。
⑤ 北京：文化艺术出版社，1991 年。
⑥ 北京：中国文史出版社，1994 年。
⑦ 沈阳：辽宁大学出版社，1997 年。
⑧ 沈阳：辽宁大学出版社，1997 年。
⑨ 沈阳：辽宁大学出版社，1997 年。
⑩ 沈阳：辽宁人民出版社，1984 年。
⑪ 太原：山西古籍出版社，1994 年
⑫ 南京：江苏人民出版社，1988 年。
⑬ 重庆：重庆出版社，1998 年。
⑭ 《清史论丛》第二辑，1982 年。
⑮ 《中央民族学院学报》1977 年第 4 期。
⑯ 《社会科学战线》1981 年第 1 期。
⑰ 《满族研究》1988 年第 2 期。
⑱ 《中国史研究》1979 年第 4 期。
⑲ 《文史哲》1984 年第 5 期。
⑳ 《社会科学战线》1985 年第 1 期。
㉑ 《满族研究》1990 年第 3 期。
㉒ 《中央民族学院学报》1989 年第 3 期。
㉓ 《四平民族研究》1988 年第 1 期。
㉔ 《历史研究》1961 年第 3 期。
㉕ 《社会科学战线》1980 年第 2 期。

光《康熙皇帝》①，覃延欢《试论康熙的民族政策》②，樊树志《论清世宗》③，戴逸《乾隆的家庭悲剧及有关的政治风波》④，黄爱平《略说乾隆的"十全武功"》⑤，王路《乾隆皇帝与第三世章嘉活佛》⑥，李新达《乾隆帝与〈贰臣传〉》⑦，关之发《评嘉庆帝》⑧，赵凯《嘉庆皇帝与和坤》⑨，张玉芬《嘉庆述评》⑩《道光皇帝述评》⑪，王树卿《咸丰帝与恭亲王》⑫，叶林生《论光绪》⑬，杨光楣《略论光绪》⑭，谢景芳、俞炳坤《慈禧家世考》⑮，郭卫东《论慈禧的三次立嗣》⑯《记珍妃》⑰ 等。

关于研究王公大臣功绩、思想等方面的论文也比较多，主要为：冯年臻《舒尔哈齐死因新探》⑱，郑克晟《清初摄政王多尔衮》⑲，王思治《多尔衮评议》⑳，张玉兴《评摄政王多尔衮》㉑，夏东元《论奕䜣》㉒，孙文良《清开国勋臣何和礼》㉓，李林《论鳌拜》㉔，谷风《寿山》㉕，蒋秀松《萨布素》㉖，陈立英《达海评传》㉗，何溥滢《满族爱国将领彭春》㉘，文韬、郑明昭《清初满族的军事家图海》㉙，唐锡仁《满族旅行家图理琛》㉚，冯佐哲《略谈和坤出身旗籍问题》㉛，黄天骥《纳兰性德和

① 《辽宁大学学报》1983 年第 6 期。
② 《广西民族研究》1987 年第 2 期。
③ 《复旦大学学报》1979 年第 4 期。
④ 《清史研究通讯》1986 年第 1 期。
⑤ 《文史知识》1989 年第 10 期。
⑥ 《西藏研究》1987 年第 4 期。
⑦ 《中国史研究》1988 年第 4 期。
⑧ 《武汉大学学报》1984 年第 4 期。
⑨ 《南开史学》，1981 年。
⑩ 《辽宁大学学报》1986 年第 4 期。
⑪ 《史学月刊》1986 年第 4 期。
⑫ 《紫禁城》1982 年第 4 期。
⑬ 《甘肃社会科学》1981 年第 3 期。
⑭ 《中央民族学院学报》1982 年第 3 期。
⑮ 《故宫博物院院刊》1985 年特刊。
⑯ 《社会科学战线》1990 年第 1 期。
⑰ 《北方论丛》1989 年第 5 期。
⑱ 《社会科学辑刊》1985 年第 3 期。
⑲ 《文史知识》1983 年第 11 期。
⑳ 《社会科学战线》1982 年第 4 期。
㉑ 《社会科学辑刊》1981 年第 6 期。
㉒ 《华东师范大学学报》1982 年第 5 期。
㉓ 《社会科学战线》1984 年第 2 期。
㉔ 《辽宁大学学报》1981 年第 1 期。
㉕ 《黑龙江文物丛刊》1983 年第 4 期。
㉖ 《社会科学战线》1980 年第 1 期。
㉗ 《满族文学研究》1982 年第 2 期。
㉘ 《满族研究》1985 年第 2 期。
㉙ 《满族研究》1989 年第 1 期。
㉚ 《地理知识》1985 年第 3 期。
㉛ 《故宫博物院院刊》1985 年第 2 期。

他的词》①，王洪源《满族宫廷画家唐岱》②，董淑瑞《顾太清及其词作的审美特色》③，赵宗溥《曹雪芹的旗籍问题考释》④，徐立亭《论肃顺》⑤，张焕宗《荣禄》⑥ 等。

上述专题论文均考证入微，极大地丰富了满族人物研究的内容，补充了清代各种传记之阙如，探讨了这些人物在历史进程中所做出的重要贡献。

近十年来关于研究满族帝王及其先祖的专著主要有戴逸、李文海等关于清代帝后、功臣等人物的论集《清代人物研究》⑦，李治亭《努尔哈赤》⑧，廖晓晴等著《清代帝王》⑨，徐雪梅、郭信聚《康熙帝》⑩，阎崇年《康熙帝大传》⑪，"清光绪帝死因研究" 课题组编《清光绪帝死因鉴证》⑫，冯尔康著、南开大学历史学院编《雍正帝及其时代》⑬，台湾学者庄吉发编著《雍正事典》《咸丰事典》⑭。

研究后妃的专著主要有王佩环《清代后妃宫廷生活》⑮。在这方面的论文有恽丽梅《关于清代后妃册宝的几个问题》⑯。

研究其他满族人物的专著主要有孙文政主编《黑龙江将军》⑰，刘文波、张文秀《清代热河都统人物群体研究》⑱，尹永荣《清代承德满族鹰手》⑲，冯尔康《清代人物三十题》⑳，刘金德《满洲瓜尔佳氏索尔果家族研究》㉑，关纪新《旗人写家老舍的文化解析》㉒。

这方面的论文主要有杜家骥《乾隆之生母及乾隆帝的汉人血统问题》㉓，常越男

---

① 《社会科学战线》1982 年第 1 期。
② 《满族研究》1994 年第 3 期。
③ 《满族研究》1990 年第 2 期。
④ 《红楼梦学刊》1988 年第 4 期。
⑤ 《史学集刊》1986 年第 2 期。
⑥ 《历史教学》1986 年第 5 期。
⑦ 北京：故宫出版社，2013 年。
⑧ 沈阳：辽海出版社，2012 年。
⑨ 沈阳：辽宁民族出版社，2012 年。
⑩ 沈阳：辽海出版社，2012 年。
⑪ 北京：中华书局，2016 年。
⑫ 北京：北京出版社，2017 年。
⑬ 天津：天津人民出版社，2019 年。
⑭ 北京：紫禁城出版社，2010 年。
⑮ 北京：故宫出版社，2014 年。
⑯ 《满族研究》2011 年第 3 期。
⑰ 哈尔滨：黑龙江教育出版社，2013 年。
⑱ 天津：南开大学出版社，2017 年。
⑲ 北京：民族出版社，2017 年。
⑳ 长沙：岳麓书社，2012 年。
㉑ 北京：中国社会科学出版社，2019 年。
㉒ 北京：中国国际广播出版社，2019 年。
㉓ 《清史研究》2016 年第 2 期。

《清代额亦都家族军功考》①《清前中期满洲伊尔根觉罗氏的典型家族》②，李兴华《恩格德尔额驸对后金的影响——兼谈喀尔喀五部与后金的关系》③，徐广源《道光帝珍妃即常妃考》④《乾隆帝民族关系思想初探》⑤。

四、文献资料的整理出版

70 年来，国家设立国务院古籍整理出版规划小组，各省、市、自治区设置古籍规划办公室或少数民族古籍整理办公室，制定整理古籍规划，设立国家级、省部级古籍整理规划项目，大力开展古籍整理出版工作。目前，我国学者对多数重要历史典籍进行了标点、校勘、译注，许多出版社影印出版各类古籍图书，并将一些古籍做成可以自由检索的电子文本，极大地方便了利用者。

（一）整理出版汉文史料

有关满族史的汉文史料，迄今已点校出版《清史稿》《清史列传》《八旗通志》《钦定八旗通志》《八旗满洲氏族通谱》《满洲源流考》《国朝宫史》《国朝宫史续编》《清入关前史料选辑》《清史史料丛刊》（十四种）、《长白丛书》《驻粤八旗志》《荆州驻防八旗志》《杭州绥远京口福州八旗志》等，还有大量笔记小说，如《听雨丛谈》《啸亭杂录》《北游录》《永宪录》等。其中或为标点，或标点加校勘，或进行译注，对原籍中存在的异字、衍文、简错、避讳问题，一一予以标明，嘉惠后学，成为学习、研究满族史必备的资料。

相对点校出版的汉文古籍而言，影印出版的有关满族史的汉文古籍数量更为庞大，目前已经影印出《清实录》《大清会典》《盛京通志》《辽海丛书》《续辽海丛书》《吉林通志》《黑龙江志稿》《清文献通考》《清续文献通考》《清经世文编》《清续经世文编》及各种方略等大型文献。另《清入关前史料选辑》第一至三辑的整理出版，⑥ 将入关前满族的零散汉文史料，汇集成篇，方便了学者。这些文献的影印本，遍布全国各地，使满族史研究人员再无汉文史料缺乏之憾。

近十年来又有大量汉文档案资料陆续出版，由大连图书馆编《大连图书馆藏清代内务府档案》⑦，上海书店出版社编《清代档案史料选编》⑧，由中国边疆史地研究中心，新疆维吾尔自治区档案局合编《清代档案史料选辑》⑨《清代八旗史料汇

---

① 《满族研究》2011 年第 2 期。

② 《满族研究》2013 年第 4 期。

③ 《沈阳故宫博物院院刊》2017 年第 2 期。

④ 《故宫博物院院刊》2019 年第 6 期。

⑤ 《烟台大学学报》2019 年第 3 期。

⑥ 北京：中国人民大学出版社，1984 年、1989 年、1991 年。

⑦ 北京：国家图书馆出版社，2010 年。

⑧ 上海：上海书店出版社，2010 年。

⑨ 桂林：广西师范大学出版社，2012 年。

编》①，中国第一历史档案馆编《清代军机处随手登记档》②《清宫内务府奏销档》③
《清宫内务府奏案》④《清代起居注册·雍正朝》⑤，中国第一历史档案馆、北京颐和
园管理处编《清宫颐和园档案》⑥。

个人对汉文史料进行研究的有刁美林、邵岩著《故宫博物院藏清代珍本方志解
题》⑦，何晓芳、张德玉编《满族历史资料集成·民间祭祀卷》《满族历史资料集
成·民间契约卷》⑧，谭东广《清代吉林旗务史料点校》⑨。

（二）整理翻译研究满文史料

清代留下来的大量档案，是各种事件活动过程中遗留下来的文字材料，是研究
各个时期历史的珍贵资料。从档案的形式来看，无论是皇帝的诏令，还是臣工的奏
章，以及各衙署的文书往来，都有一定的格式，诏书、敕谕、诰命等文书，都加盖
御玺，有的还是皇帝亲笔书写的谕旨，或亲自批阅的奏折等；臣工的题奏以及各衙
署间的文移往来，都盖有各衙署的印章，并有主管官员的签署，因而，档案是第一
手具有凭证性历史资料，而非嗣后为某种目的而撰写的著作和编织的材料。档案不
但能够客观地反映当时的历史事实，还可以修正历史文献的曲笔，补充官修史书的
不足。

清朝是以满族为主体建立的封建王朝，故定满语为国语，称满文为清字。清初
即规定，从中央到地方的各级满族、蒙古族官员，特别是承办八旗事务、边疆事务、
北方民族事务及宫廷、陵寝事务的满族、蒙古官员，都必须用满文缮写公文，不准
擅自使用汉文，违者重则治罪，轻则训饬。因此在清代保存至今的档案中，仅中国
第一历史档案馆就存有 200 多万件满文档案。这些满文档案多出自满族官员之手，
涉及边疆、军事、民族等事务，故对研究满族历史价值更高。

我国收藏满文档案较多的机构或单位，主要是中国第一历史档案馆、辽宁省档
案馆、吉林省档案馆、内蒙古自治区档案馆、西藏自治区档案馆、台北"故宫博物
院"、国家图书馆、大连图书馆等。一些单位或个人整理编纂出《世界满文文献目
录》⑩《全国满文图书资料目录》⑪《北京地区满文图书总目》⑫《辽宁省图书馆满文

---

① 全国图书馆文献缩微复制中心，2012 年。
② 北京：国家图书馆出版社，2013 年。
③ 北京：故宫出版社，2014 年。
④ 北京：故宫出版社，2015 年。
⑤ 北京：中华书局，2016 年。
⑥ 北京：中华书局，2017 年。
⑦ 北京：紫禁城出版社，2013 年。
⑧ 沈阳：辽宁民族出版社，2016 年。
⑨ 长春：吉林人民出版社，2018 年。
⑩ 中国民族古文字研究会刊印，1983 年。
⑪ 北京：书目文献出版社，1991 年。
⑫ 沈阳：辽宁民族出版社，2008 年。

古籍图书综录》①《中国第一历史档案馆所存西藏和藏事档案目录》②《清代边疆满文档案目录》③ 等文献目录，可供检索。

目前，在内地从事整理翻译满文档案的单位，主要为中国第一历史档案馆、中国社会科学院历史研究所、民族学与人类学研究所、辽宁省档案馆、辽宁省社会科学院民族研究所、中央民族大学等，已经翻译或整理出版了《满族历史档案史料选辑》④《满文老档》⑤《清初内国史院满文档案译编》⑥《康熙朝满文朱批奏折全译》⑦《雍正朝满文朱批奏折全译》⑧《天聪九年档》⑨《崇德三年满文档案译编》⑩《雍乾两朝镶红旗档》⑪《清雍正朝镶红旗档》⑫《三姓副都统衙门满文档案译编》⑬《盛京刑部原档》⑭《盛京内务府皇庄档案汇编》⑮《盛京皇庄档案史料选编》⑯《珲春副都统衙门档案汇编》⑰《清代内阁大库散佚满文档案选编》⑱《清代内阁大库散佚档案选编·皇庄》⑲《年羹尧满汉奏折译编》⑳《清代吉林档案史料选编》㉑《兴京旗人档案史料》㉒《熬茶档译编》㉓《军机处满文准噶尔使者档译编》㉔《清代雍和宫档案史料》㉕《清代的旗地》㉖《李煦奏折》㉗《关于江宁织造曹家档案史料》㉘《明代辽东档案汇编》㉙《清代档案史料丛编》㉚ 等与满族史相关的档案资料。

① 沈阳：辽宁民族出版社，2002 年。
② 北京：中国藏学出版社，1999 年。
③ 桂林：广西师范大学出版社，1999 年。
④ 沈阳：辽宁少数民族社会历史调查组印，1963 年。
⑤ 北京：中华书局，1990 年。
⑥ 北京：光明日报出版社，1989 年。
⑦ 北京：中国社会科学出版社，1996 年。
⑧ 合肥：黄山书社，1998 年。
⑨ 天津：天津古籍出版社，1987 年。
⑩ 沈阳：辽沈书社，1988 年。
⑪ 沈阳：辽宁人民出版社，1987 年。
⑫ 长春：东北师范大学出版社，1985 年。
⑬ 沈阳：辽沈书社，1984 年。
⑭ 北京：群众出版社，1985 年。
⑮ 沈阳：辽沈书社，1993 年。
⑯ 沈阳：辽海出版社，2006 年。
⑰ 桂林：广西师范大学出版社，2007 年。
⑱ 天津：天津古籍出版社，1992 年。
⑲ 沈阳：辽宁民族出版社，1989 年。
⑳ 天津：天津古籍出版社，1995 年。
㉑ 天津：天津古籍出版社，1993 年。
㉒ 沈阳：辽宁民族出版社，2001 年。
㉓ 北京：中华书局，2009 年。
㉔ 北京：中央民族大学出版社，2009 年。
㉕ 北京：中国民族摄影艺术出版社，2004 年。
㉖ 北京：中华书局，1983 年。
㉗ 沈阳：中华书局，1976 年。
㉘ 沈阳：中华书局，1975 年。
㉙ 沈阳：辽沈书社，1985 年。
㉚ 第一至第十四辑。

研究满文档案的论文，主要有冯尔康《〈雍正朝起居注〉、〈上谕内阁〉、〈清世宗实录〉资料的异同——兼论历史档案的史料价值》，周远廉《〈满文老档〉与清朝开国史研究》①，阎崇年《论〈满文老档〉》②，佟永功《述崇谟阁〈满文老档〉》③，关孝廉《〈满文老档〉原本与重抄本比较研究》④《〈旧满洲档〉谕删秘要全译》⑤《〈满文老档〉特点及其史料价值》，刘厚生《从〈旧满洲档〉看〈满文老档〉中伪与误》⑥，季永海《〈满文老档〉的形成、内容和版本》⑦，赵志强、江桥《〈无圈点档〉及乾隆朝抄本补絮》⑧，刘子扬、张莉《〈满文老档〉综析》⑨ 等，分别研究满文档案的形成保存状况及其资料价值，为后学发掘利用满文档案研究满族史提供了经验。

十年来内地从事整理翻译满文档案的单位出版有：第一历史档案馆编《清代军机处满文熬茶档》⑩《乾隆朝满文寄信档译编》⑪《清代新疆满文档案汇编》⑫《清宫珍藏达斡尔族满汉文档案汇编》⑬，中国第一历史档案馆、中国海外汉学研究中心合编、安双成编译《清初西洋传教士满文档案译本》⑭，中国第一历史档案馆、黑龙江省档案馆、黑龙江省社会科学院历史研究所合编《黑龙江将军衙门档案》⑮，西藏自治区档案馆编《西藏自治区档案馆馆藏蒙满文档案精选》⑯，第一历史档案馆、中国人民大学国学院西域历史语言研究所、乌云毕力格、吴元丰、宝音德力根主编《清朝前期理藩院满蒙文题本》⑰。

个人对满文档案进行整理研究的主要有赵令志、鲍洪飞、刘军主编，赵令志、郭美兰、顾松洁、朱志美、关康等译《雍和宫满文档案译编》⑱，该书对雍和宫的满文档案、文献进行了系统的翻译整理，其中涉及僧俗各类事务，对研究雍和宫及清代宗教事务管理等方面提供了重要研究资料，同时对目前我国宗教事务管理及对雍

① 均见《明清档案与历史研究——中国第一历史档案馆六十周年纪念文集》，中华书局，1995 年。
② 《满学研究》第四辑，民族出版社，1998 年。
③ 《满学研究》第四辑，民族出版社，1998 年。
④ 《历史档案》1990 年第 1 期。
⑤ 《满学研究》第一辑，吉林文史出版社，1992 年。
⑥ 《清史研究》1991 年第 4 期。
⑦ 《中国典籍与文化》1996 年第 4 期。
⑧ 《历史档案》1996 年第 3 期。
⑨ 《满语研究》1992 年第 2 期。
⑩ 上海：上海古籍出版社，2010 年。
⑪ 长沙：岳麓书社，2011 年。
⑫ 桂林：广西师范大学出版社，2012 年。
⑬ 沈阳：辽宁民族出版社，2018 年。
⑭ 郑州：大象出版社，2015 年。
⑮ 哈尔滨：黑龙江人民出版社，2017 年。
⑯ 成都：四川民族出版社，2018 年。
⑰ 呼和浩特：内蒙古人民出版社，2010 年。
⑱ 北京：北京出版社，2016 年。

和官保护维修、佛教事务活动方面具有重要参考价值。吴元丰《满文档案与历史探究》①，整理讨论满文档案 19 篇，对清内阁、军机处、理藩院、归化城副都统、阿勒楚喀副都统、珲春副都统等机构档案及满文古籍文献、满文老档等进行了详尽介绍和客观评价；关于满族历史的有 22 篇，着重对伊犁将军衙门、新疆驻防八旗等民族的历史进行了深入探究。此外还有赵令志、郭美兰主编《军机处满文准噶尔使者档译编》②，赵令志《闲窗录梦译编》③《准噶尔使者档之比较》④，吴元丰《清代和布克赛尔土尔扈特满文档案全译》⑤，祁美琴、强光美编译《满文〈满洲实录〉译编》⑥，安双成编译《清初西洋传教士满文档案译本》⑦，吴忠良、赵洪祥主编《清代伯都讷满汉文档案选辑》⑧，佟永功、关嘉禄《满汉合璧档案精选释读》⑨ 等重要满文档案的译编著作。

近十年来研究满文档案的论文主要有郭美兰《乾隆朝右卫八旗官员侵贪案件满文档案》⑩《乾隆朝绥远城设立八旗官学满文档案》⑪，赵令志《满文与满文文献》⑫，祁美琴《从清代满蒙文档案看"非汉"群体的中国观》⑬ 等。

（三）整理研究满族谱牒

族谱或称家谱、宗谱、谱牒、家乘、谱书等，是一个家族或宗族记载宗族人物世系和宗族事迹的册籍。在中国传统的宗法制社会中，谱学异常兴盛，迄今保留下来的族谱非常多，成为可以补充正史、方志的重要文献。满族入关后，受中原文化的影响和八旗官兵遴选制度所需，修谱之风日盛。旗人可谓家家有谱，户户有乘。目前已发现的满族族谱数量相当可观，另外尚有许多散落民间者。满族谱牒本身就是一部家族史，对研究满族人口史、经济史、人物传记、八旗制度等问题，均具有重要价值。

70 年来，许多研究者开始搜集满族谱牒，并据此做满族史研究。一些科研单位有计划地展开了对满族族谱调查收集和整理研究工作，出现了几个研究满族谱牒和满族文化的机构。其中较有代表性的是吉林师范大学成立的"谱牒文化研究中心"，下设有"八旗谱牒馆"，专门收藏、研究、展示八旗族谱。目前已收藏八旗谱牒近

① 沈阳：辽宁民族出版社，2015 年。
② 北京：中央民族大学出版社，2010 年。
③ 北京：中央民族大学出版社，2010 年。
④ 北京：中央民族大学出版社，2015 年。
⑤ 乌鲁木齐：新疆人民出版社，2013 年。
⑥ 北京：中国人民大学出版社，2015 年。
⑦ 郑州：大象出版社，2015 年。
⑧ 北京：中国社会科学出版社，2018 年。
⑨ 沈阳：辽宁民族出版社，2018 年。
⑩ 《历史档案》2011 年第 2 期。
⑪ 《历史档案》2012 年第 2 期。
⑫ （韩国）《满洲研究》2015 年 12 期。
⑬ 《清史研究》2017 年第 4 期。

600 部，其中包括比较珍贵者，如吉林《杨氏宗谱》《常氏谱书》《爱新觉罗族谱》、宁古塔《陈满洲正白旗扎拉哩氏宗谱》《佟佳氏谱书》《瓜尔佳氏谱书》《文佳氏谱书》《他塔喇氏宗谱》《陈满洲完颜氏谱书》《叶赫那拉氏宗族谱》《索绰罗氏族宗谱》《吴西勒氏谱书》等。

目前研究和整理出版的满族谱牒方面的著作和文献有：《满族宗谱研究》①《满族家谱选》②《满族家谱研究》③《董鄂氏族史料集》④《满族佟氏史略》⑤《梅赫理氏族谱》⑥《佛满洲苏完瓜尔佳氏家谱》⑦《吉林他塔拉氏家谱》⑧ 等。

北京图书馆出版社于 2002 年整理出版《北京图书馆藏家谱丛刊·民族卷》，收录了满族家谱 40 余种，其中史料价值较高者为《爱新觉罗宗谱》《叶赫那拉氏八旗族谱》《叶赫那拉氏世系生辰谱》《正白旗满洲叶赫那喇氏宗谱》《叶赫那拉氏族谱》《赫舍里氏宗族谱书》《马佳氏族谱》《瓜尔佳氏家传》《那拉氏宗谱》《碧鲁氏通谱》《辉发纳喇氏族次房三房宗谱正册》《讷音富察氏谱传》《沙济富察氏宗谱》《辉发萨克达氏家谱》《郭氏家乘六种》《正白旗满洲三甲喇公中佐领图门氏家谱》《图门氏谱》等。所影印的谱牒保存了满族家谱的原貌，特别是一些满文家谱，可以毫无变动地呈现给读者，为研究者提供了第一手可凭据的资料。

本溪市党史地方志办公室编《辽东满族家谱选编》⑨，该书整理研究了清代辽东地区的八旗满洲、八旗汉军、盛京内务府旗人及汉军旗下人的家族谱牒。王华北主编《少数民族谱牒研究》⑩，该书从各个角度对所搜集到的谱牒进行研究，其中包含了 5 篇满族家谱研究的相关论文。戴士权、赵东升著《乌喇纳喇氏家谱研究》⑪，主要对乌拉纳喇氏家族历史、家谱以及家谱的若干相关问题进行了研究。作者收集了大量的第一手资料，对乌拉纳喇氏家谱来源、始末，家族中的重要人物进行详细梳理。周非非《东北地区满族家族与家谱研究》⑫，该书利用满文家谱文献，通过分析家族类型、家族人口结构、家族经济和满汉文化影响等方面，探究了东北地区满族家族的总体面貌，并对满族家族对东北地区社会的影响进行了初步的探讨。王俊、爱新觉罗·德崇编著《沈阳满族氏族宗谱》⑬，该书主要收录内容包括有皇族谱牒、

---

① 沈阳：辽沈书社，1992 年。
② 北京：中国社会科学出版社，1994 年。
③ 沈阳：辽宁古籍出版社，1996 年。
④ 北京满学会印，1988 年。
⑤ 抚顺市新闻出版局出版，1999 年。
⑥ 自家铅印本，2004 年。
⑦ 自家铅印本，2000 年。
⑧ 北京：中国社会科学出版社，1989 年。
⑨ 沈阳：辽宁民族出版社，2012 年。
⑩ 北京：中央民族大学出版社，2013 年。
⑪ 长春：吉林文史出版社，2017 年。
⑫ 长春：吉林大学出版社，2017 年。
⑬ 沈阳：辽宁民族出版社，2017 年。

其他氏族谱牒等共十余份。吕萍、何晓芳、张德玉《佛满洲家谱精选》①，该书对陈满洲家谱进行了全面收编，同时收录了《八旗满洲氏族通谱》《清史稿》中载录的佛满洲家谱，或地方满洲名人家谱。冯尔康著、南开大学历史学院编《清代宗族史论》②，本书为冯尔康文集丛书中的一卷，该卷不仅对清朝宗亲法、宗族特点、宗族载体进行了分析论述外，同时对清人族谱也进行了专题研究。

其他专著如佟明宽《满族佟氏家谱总汇》③，刘庆华《满族家谱序评注》④，宝力道编《札萨克图旗王氏满族研究》⑤，尹郁山、许淑杰编著《满族石姓家族全书》⑥，何晓芳主编《清代满族家谱选集》⑦。

论文方面，于鹏祥、许淑杰《中国东北满族谱牒特点研究》⑧、綦中明《从宁安地区几部谱书看家谱的史料价值》⑨、孙明《论满族家谱序言的内容及其史料价值》⑩、薛柏成《叶赫那拉氏家族史研究新证：〈叶赫呐喇氏宗谱〉述论》⑪。

五、台湾、香港地区的满族史研究

（一）整理研究满文史料

台湾"故宫博物院"藏有大量珍贵的满汉文档案，为了能够翻译利用这批珍贵资料，台湾学界较早重视满文教育。1956 年台湾大学历史系聘请广禄（新疆察布查尔锡伯族）开设满文课，旋于台湾大学成立满文研究室，由广禄主持，培养了大量研究满族历史文化的人才。广禄先生之子广定远先生继承父志，于 1981 年以后，开班授徒，并致力满语口语研究，使台湾满文教育薪火相传。台湾的满族史研究者多能够利用满文资料从事研究，与其重视满文教育密切相关。

台湾大量对满文史料的整理，始于对《旧满洲档》的影印和译注。1962 年，广禄、李学智发现《无圈点老档》，即《旧满洲档》或《老满文原档》，很快在台湾掀起译注和利用该档簿的浪潮，台北"故宫博物院"1969 年以《旧满洲档》为书名，分 10 册将该档簿影印出版。此后出版了许多与该档簿相关的研究著作，主要有广禄、李学智《清太祖朝老满文原档》⑫，李学智《老满文原档论辑》⑬《乾隆重钞

---

① 北京：人民出版社，2017 年。
② 天津：天津人民出版社，2019 年。
③ 沈阳：辽宁民族出版社，2010 年。
④ 沈阳：辽宁民族出版社，2010 年。
⑤ 呼和浩特：内蒙古文化出版社，2014 年。
⑥ 长春：吉林文史出版社，2015 年。
⑦ 沈阳：辽宁民族出版社，2016 年。
⑧ 《社会科学战线》2010 年第 4 期。
⑨ 《山西档案》2012 年第 3 期。
⑩ 《满族研究》2014 年第 4 期。
⑪ 《社会科学战线》2014 年第 5 期。
⑫ 台北"中央研究院"历史语言研究所刊，1970 年、1971 年。
⑬ 自刊铅印本，1971 年。

本满文老档签注正误》① 等。

广禄、李学智汉译了《旧满洲档》太祖朝二十册中的前两册（荒字和昃字档册），即广禄、李学智译注《清太祖朝老满文原档》二册（台北"中央研究院"历史语言研究所，1971 年）。张葳汉译了清太宗朝的内容，张葳《旧满洲档译注·清太宗朝》（一）（二）②。

此外台北"故宫博物院"还影印出版了《明清档案》《宫中档康熙朝奏折》《宫中档雍正朝奏折》《宫中档乾隆朝奏折》《宫中档光绪朝奏折》等。另出现了一些专门研究满文史料的著作，如庄吉发《故宫档案述要》③《满汉异域录校注》④《雍正朝满汉奏折校注》⑤，陈捷先《满文清本纪研究》⑥，《满文清实录研究》⑦《满洲档案资料概述》⑧，张存武、叶泉宏《清入关前与朝鲜往来国书汇编（1619—1643）》⑨，李光涛《明清档案论文集》⑩ 等。

台湾地区出版的清代汉文史料有台北"故宫博物院"出版⑪。关于台湾地区出版的满文史料研究的专著主要有庄吉发译著《〈西厢记〉满文译本研究》⑫《清语老乞大译注》⑬《〈鸟谱〉满文图说校注》（全八册）⑭、《〈兽谱〉满文图说校注》（上、下）⑮，《过阴收魂：尼山萨满的满语对话》⑯《〈满蒙汉合璧教科书〉满文选读校注》⑰《玄奘取经：〈西游记〉满文译本会话选读》⑱ 等。

（二）研究论著

台湾出版的满族史专著，主要有刘家驹《清朝初期的八旗圈地》⑲《儒家思想与

① 自刊铅印本，1982 年。
② 台北"故宫博物院"刊印，1977 年、1980 年。
③ 台北"故宫博物院"刊印，1983 年。
④ 台北：文史哲出版社，1983 年。
⑤ 台北：文史哲出版社，1984 年。
⑥ 台北：明文书局，1981 年。
⑦ 台北：大化书局，1978 年。
⑧ 英文，1988 年。
⑨ 台北：国史馆印行，2000 年。
⑩ 台北：联经出版事业公司，1986 年。
⑪ 台北："故宫博物院"，2016 年。
⑫ 台北：文史哲出版社，2016 年。
⑬ 台北：文史哲出版社，2014 年。
⑭ 台北：文史哲出版社，2017 年。
⑮ 台北：文史哲出版社，2018 年
⑯ 台北：文史哲出版社，2019 年。
⑰ 台北：文史哲出版社 2019 年。
⑱ 台北：文史哲出版社 2019 年。
⑲ 台北：文史出版社，1964 年。

康熙大帝》①，陈捷先《满洲丛考》②《清史杂笔》③，毕雪梅、侯锦郎《木兰图与乾隆秋季大猎之研究》④，罗运治《清代木兰围场的探讨》⑤，《清高宗统治新疆政策的探讨》⑥，薛文郎《清初三帝消灭汉人民族思想之策略》⑦，高阳《清朝的皇帝》⑧，庄吉发《清高宗十全武功研究》⑨，赖惠敏《天潢贵胄：清皇族的阶级结构与经济生活》⑩ 等。

台湾学者发表的满族史专题论文，如广禄《满文老档与老满文》⑪，广禄、李学智《老满文原档与满文老档之比较研究》⑫，李学智《东洋文库日译本"满文老档"未收的几件老满文》⑬《老满文原档中所载清代八旗制度创立史料之检讨》⑭，庄吉发《从朝鲜史籍的记载看清初满洲文书的翻译》⑮《清代满汉文起居注册的史料价值》⑯《谈满洲人以数目命名的习俗》⑰，陈捷先《从族谱资料看满族汉化》⑱《满文起居注考略》⑲，杨和瑨《根据满洲实录译注满文老档一六〇七——一六一一年间之证事》⑳，刘家驹《清初汉军八旗的肇建》㉑，陈文石《满族八旗牛录的构成》㉒，《满洲八旗的户口名色》㉓，罗云《清代的军令、兵制及其营规》㉔，金适《外三营述往》㉕，赵宏枢《旗人及其驻防成都八旗后裔概述》㉖ 等较有代表性。另香港陈福霖《八旗兵制考略》㉗，张茅《八旗军的牛录》㉘ 等，独树一帜，表现出香港学者研究

① 台北：学生书局，2002 年。
② 台湾大学文学院出版，1963 年。
③ 共八辑，台北：学海出版社，1977—1990 年。
④ 台北"故宫博物院"印，1982 年。
⑤ 台北：文史哲出版社，1989 年。
⑥ 台北：里仁书局，1983 年。
⑦ 台北：文史哲出版社，1989 年。
⑧ 台北：风云时代出版股份有限公司，1995 年。
⑨ 台湾"故宫博物院"印，1982 年。
⑩ 台北："中央研究院"近代史所丛刊，1997 年。
⑪ 台湾：《幼狮学报》第 1 卷第 1 期，1958 年。
⑫ 台湾：《中国东亚学术年报》第 4 期，1965 年。
⑬ 台湾：《大陆杂志》第 22 卷第 3、4 期，1961 年。
⑭ 台湾：《政治大学边政研究所年报》第 10 期，1979 年。
⑮ 《韩国学报》第 10 期，1991 年。
⑯ 台湾：《满族文化》第 7 期，1984 年。
⑰ 台湾：《满族文化》第 2 期，1982 年。
⑱ 《满学研究》第二辑，北京：民族出版社，1994 年。
⑲ 《华冈学报》第 8 期，1974 年。
⑳ 台湾：《故宫文献》第 1 卷第 1 期，1969 年。
㉑ 台湾：《大陆杂志》34 卷第 11、12 期，1967 年。
㉒ 台湾：《大陆杂志》31 卷第 9、10 期，1965 年。
㉓ 台湾：《历史语言研究所集刊》43 卷，1971 年。
㉔ 台湾：《黄埔月刊》第 294 期，1976 年。
㉕ 台湾：《满族文化》第 15 期，1991 年。
㉖ 台湾：《满族文化》第 19 期，1994 年。
㉗ 香港：《港大史学年刊》第 1 期，1960 年。
㉘ 香港：《文汇报》，1980 年 3 月 17 日。

满族史的水准。

　　台湾、香港地区的满族史研究者不多，但取得了丰硕成果，并形成了以满、汉文资料为主、结合西方史学理论的研究特色。从研究内容上看，其研究课题与内地的研究大体相同，且相互呼应，共同促进了满族历史文化领域的研究。

　　台湾出版的满族史专著主要有陈捷先《透视康熙》①《嘉庆帝与台湾》②，赖惠敏《乾隆皇帝的荷包》③，庄吉发《清史论集》④《清代史料论述》⑤《清朝奏折制度》⑥，汪荣祖主编《清帝国性质的再商榷：回应新清史》⑦。

　　近十年来台湾学者发表的满族史专题论文主要有庄吉发《翻译四书—四书满文译本与清代考证学的发展》⑧《文献足征：以康熙朝满文本〈起居注册〉为中心的比较研究》⑨，蔡名哲⑩《〈闲窗梦〉与作者的认同问题》⑪《传国玉玺传说的形成》⑫，肖宗志《晚清候补冗官研究》⑬，王见川《台湾妈祖研究新论：清代妈祖封"天后"的由来》⑭，陈葆真《乾隆皇帝对孝圣皇太后的孝行和它所显示的意义》⑮，马雅贞《皇苑图绘的新典范：康熙〈御制避暑山庄诗〉的制作及其意义》⑯，刘铮云《按季进呈御览与清代搢绅录的刊行》⑰，赖惠敏《从法律看清朝的旗籍政策》⑱《清代北京的旅蒙商》⑲，赖惠敏、苏德徵《乾隆朝宫廷镀金的材料与工艺技术》⑳，陈玉秀《「君」臣同心：慈禧太后赏「御」书的政治意涵》㉑，陈维新《鄂尔泰与雍正对云南改土归流的"君臣对话"——台北故宫博物院所藏朱批奏折选件》㉒。

① 台北：三民书局股份有限公司，2012 年。
② 台北："故宫博物院"，2016 年。
③ 台北："中央研究院"近代史研究所，2014 年。
④ 第 1—28 辑，台北：文史哲出版社，1997—2018 年。
⑤ 台北：文史哲出版社，2016 年。
⑥ 故宫出版社，2016 年。
⑦ 台北："中央大学"出版社，2014 年。
⑧ 台湾：《故宫文物月刊》2017 年第 412 期。
⑨ 《满语研究》2013 年第 1 期。
⑩ 《东吴历史学报》2016 年第 35 期。
⑪ 《史原》2014 年第 5 期复刊。
⑫ 《东华人文学报》2013 年第 23 期。
⑬ 《洛阳师范学院学报》2013 年第 3 期。
⑭ 《世界宗教文化》2012 年第 2 期。
⑮ 台湾：《故宫学术季刊》2014 年第 31 卷第 3 期。
⑯ 台湾：《故宫学术季刊》2014 年第 32 卷第 2 期。
⑰ 台湾：《"中央研究院"历史语言研究所集刊》2016 年第 2 期。
⑱ 《清史研究》2011 年第 81 卷第 1 期。
⑲ 《中国边疆史地研究》2016 年第 3 期。
⑳ 台湾：《故宫学术季刊》2018 年第 3 期。
㉑ 台湾：《故宫学术季刊》2018 年第 3 期。
㉒ 《思想战线》2018 年第 4 期。

六、研究机构

20 世纪 70 年来，北京、河北、内蒙古、辽宁、吉林、黑龙江等地相继开办了各类满文培训班，中央民族大学、黑龙江大学开设了本科的满文清史专业，中央民族大学硕士、博士研究生设有满族史清史研究方向，辽宁大学、内蒙古大学、东北师范大学等也设置了相关的培养方向，培养了一大批满文及满族历史研究人才。

1982 年，辽宁省民族研究所成立，其以研究满族历史文化为主，所办研究满族历史文化的期刊《满族研究》享誉海内外。1996 年，辽宁省社会科学院满学研究中心成立，特聘多名省外学者为研究员，发行《满学研究通讯》，组织各类学术研讨会，开展辽宁省满族自治地方的资源开发利用调查等工作。

1983 年，黑龙江省成立满语研究所，所办《满语研究》杂志，已成为满语文、满族史、满—通古斯文化研究的阵地。该研究所现并入黑龙江大学，改称黑龙江大学满族语言文化研究中心，然其研究满族语言、历史文化之宗旨未变，且已开始培养此领域的硕士研究生。

1991 年 3 月，北京市社会科学院成立满学研究所，此后，每年召开满学学术讨论会，出版《满学研究》论文集，[①] 被誉为国际满学领域的第一个专业学术丛刊，其中所录多为研究满族历史的名篇。另编写出版了《20 世纪世界满学著作提要》，收录满学著作提要 600 余种，其中与满族史相关的著作有一半以上，成为研究满族史入门之径。

1993 年中央民族大学成立满学研究所，由著名的民族史暨清史、满族史专家王锺翰教授任所长，聘任专职、兼职研究人员 20 余名，组建了一支具有较高研究水平的科研队伍。组织了"纪念满族命名 360 周年国际学术讨论会"等学术会议，出版了《满学朝鲜学论集》《满族的历史与文化——纪念满族命名 360 周年学术论文集》等。

1997 年，辽宁丹东市成立的丹东满族研究所，新宾满族自治县成立的满族研究所，是以研究满族历史和地方历史为特色的机构。

此外，还有许多满族研究会或协会等，如大连满族文化研究会、承德市满族发展协会和纳兰性德研究会等。在台湾，1981 年成立满族协会，并发行《满族文化》杂志，刊载有关满族历史、语言、文化方面的论文。

因为满族史与清史关系密切，从事清史研究的专家多兼治满族史，相关刊物如《清史研究》《清史论丛》等亦经常刊载研究满族史的论文。

各大地区高校成立的满学研究机构。主要有 2016 年东北大学秦皇岛校区成立中国满学研究院。目前已承担国家冷门绝学重大项目三项、教育部项目两项，获过中国人类学民族学会优秀论文奖，辽宁省、吉林省、秦皇岛市科研成果奖四项，出版

---

① 已编七辑，第一辑由吉林文史出版社于 1992 年出版，余六辑由民族出版社于 1994—2002 年出版。

满语、满学、渤海学、民族学、语言学等专著和论文多部（篇）。2019 年，该院主编文集《满学研究》出版。

吉林师范大学素来注重满学研究，近些年来逐渐形成以满族家谱的搜集、整理、研究为中心的研究特色。2015 年，该校举办"国际满学青年学者论坛"，议题丰富，成果丰硕。2017 年，吉林师范大学满学研究院成立，并成功举办"国际满学研讨会"，是国际满学界的一次盛会。2018 年满学研究院与学报编辑部联合举办"清代文献（档案、家谱）整理与研究"研讨会。2019 年举办"吉林师范大学第二次国际满学学术研讨会"。

2019 年，黑龙江大学成立满学研究院，其前身是黑龙江省满语研究所，于 1999 年组建成为黑龙江大学满族语言文化研究中心，为满文档案研究机构输送了大量人才。2019 年 4 月，满族语言文化研究中心改建为满学研究院。研究院基于清代满文档案，致力于黑龙江区域历史文化、黑龙江少数民族语言等方面的研究。

2019 年 6 月，中央民族大学成立"中国边疆民族历史研究院"，聘请国内外边疆民族研究领域的知名学者为研究员，侧重汉、满、蒙古、藏等多语种文献对边疆民族历史及文化进行研究，并继续主办《中国边疆民族研究》集刊。

沈阳故宫博物馆也是研究清前史、满族史和满族文化的重要机构。近年来，出版有《清朝前史》《清前历史与盛京文化》《清前史研究学术文集》等系列有关清前史研究的著作，完成了《清帝东巡研究》《沈阳故宫大辞典》《文溯阁研究》《盛京景物辑要点校研究》《沈阳故宫排水系统研究》《沈阳故宫博物院院藏精品大系》等科研项目。

第五节　通古斯语族各民族史研究

一、清代布特哈、索伦研究

清王朝建立后，东北民族的历史发展进入了新时期。对于这一时期的东北民族研究来说，布特哈和索伦是两个绕不开的关键词。中华人民共和国成立以来，对于布特哈和索伦的整体研究主要有以下一些论著。

研究著作有周喜峰《清朝前期黑龙江民族研究》[①] 一书系统论述了清朝对黑龙江民族的管理，介绍了布特哈八旗的建置沿革、社会经济、文化生活等方面内容均有研究。韩狄的《清代八旗索伦部研究——以东北地区为中心》[②] 一书通过分析索伦部由边疆部族集团到布特哈八旗的发展演变历程，探讨 17 世纪以来东北亚地区民

---

① 北京：中国社会科学出版社，2007 年。
② 北京：中国社会科学出版社，2011 年。

族历史发展的特点和规律。阿力的著作《索伦部的西征与戍边》[1] 阐述了康熙、雍正、乾隆时期索伦部族西征及其戍边的过程，为彩色插图印刷本。金鑫的《布特哈衙门军政制度沿革研究》[2] 利用档案史料，对布特哈衙门军政制度沿革进行研究，此外他还发表了数篇关于清代布特哈八旗的研究论文[3]《康熙朝黑龙江八旗官学教育释疑》《康熙时期黑龙江驻防八旗官医制度小考》《论清代前期达斡尔、鄂温克族的商品经济》《清初卜魁族属姓氏考》《清代布特哈八旗建立时间及牛录数额新考》《清代达斡尔、鄂温克两族所适用的法律》《扎兰、阿巴额数考》。

此外，还有多篇论文对布特哈、索伦的历史发展进行了论证。王学勤的学位论文《晚清民初布特哈八旗研究》[4] 探讨布特哈八旗建立、演变和衰亡的历史，此外，他还发表了数篇关于清代布特哈八旗的研究论文[5]《布特哈八旗贡貂刍议》《布特哈八旗研究述略》《试述布特哈八旗贡貂制度的历史影响》《试述布特哈八旗贡貂制度及其特征》《试论清末民初西布特哈地区的学校教育》；兰延超的学位论文《清代布特哈八旗研究》[6] 以布特哈八旗为研究对象，分析和研究其建立到消亡的过程，侧重于探讨它的管理状况、职贡差役以及布特哈八旗各族社会生活演变发展等问题。其他论文有杨余练的《简论清代康熙时期的新满洲与布特哈八旗》[7]，吕光天的《清代布特哈打牲鄂温克人的八旗结构》[8]，于学斌的《布特哈总管衙门与鄂伦春族》[9]，王咏曦的《清代布特哈的扎兰与阿巴》[10]，刘小萌的《清前期东北边疆"徙民编旗"考察》[11]，苏钦的《关于布特哈八旗的几个问题》[12]，王晓铭、王咏曦的《鄂伦春与鄂温克族同源考》[13]，周喜峰的《论清代黑龙江少数民族的萨满教信仰》[14] 和《试论

[1] 北京：中央民族大学出版社，2017 年。

[2] 呼和浩特：内蒙古大学出版社，2018 年。

[3] 《康熙朝黑龙江八旗官学教育释疑》，《满族研究》2012 年第 3 期；《康熙时期黑龙江驻防八旗官医制度小考》，《历史档案》2013 年第 4 期；《论清代前期达斡尔、鄂温克族的商品经济》2012 年第 1 期；《清初卜魁族属姓氏考》，《历史档案》2012 年第 1 期；《清代布特哈八旗建立时间及牛录数额新考》，《民族研究》2012 年第 6 期；《清代达斡尔、鄂温克两族所适用的法律》，《满语研究》2013 年第 2 期；《扎兰、阿巴额数考》，《中国边疆史地研究》2012 年第 3 期。

[4] 中央民族大学博士学位论文，2013 年。

[5] 《布特哈八旗贡貂刍议》，《黑龙江民族丛刊》2014 年第 2 期；《布特哈八旗研究述略》，《满族研究》2012 年第 1 期；《试述布特哈八旗贡貂制度的历史影响》，《黑龙江民族丛刊》2013 年第 1 期；《试述布特哈八旗贡貂制度及其特征》，《满族研究》2012 年第 4 期；《试论清末民初西布特哈地区的学校教育》，《民族教育研究》2013 年第 2 期。

[6] 东北师范大学博士学位论文，2015 年。

[7] 《社会科学战线》1980 年第 4 期。

[8] 《民族研究》1983 年第 3 期。

[9] 《黑龙江民族丛刊》1990 年第 3 期。

[10] 《黑龙江民族丛刊》1990 年第 2 期。

[11] 《满族的社会与生活》，北京：北京图书馆出版社，1998 年。

[12] 《黑龙江民族丛刊》2005 年第 2 期。

[13] 《黑龙江民族丛刊》2005 年第 2 期。

[14] 《历史教学（下半月刊）》2010 年第 11 期。

清朝前期对黑龙江各民族的行政管理》①，陈鹏的《清代东北地区布特哈八旗建立时间考辨》② 和《试论清代东北"新满洲"维护边疆稳定的历史贡献——以抗俄斗争为例》③，赵爱伦的《清末民初西布特哈地区教育问题述略——以〈档案史料选编·黑龙江少数民族〉为中心》④，金鑫的《康熙朝黑龙江驻防八旗"穷索伦"、站丁牛录考》⑤、苏柏玉的《布特哈与〈布特哈志略〉》⑥、兰延超、李德山的《孟定恭〈布特哈志略〉述评》⑦ 和《清代布特哈八旗编设的历史作用》⑧ 等。金鑫的《清准战争中的索伦、达呼尔官兵》⑨《清朝对索伦和达斡尔两族的官营贸易》⑩《索伦、达斡尔人在雅克萨之战中的活动探微》⑪。

二、赫哲族史研究

中华人民共和国成立后，赫哲族的历史研究取得了很大成绩。

（一）"文革"前的赫哲族史研究

自 1956 年始，国家组织民族史等方面的专家和学者从 1957 年 5 月到 1960 年 6 月，先后深入黑龙江省赫哲族地区进行全面的社会历史调查，收集和整理了大量的文献资料。这些文献涵盖了赫哲族的社会历史、经济、政治制度、风俗习惯、宗教信仰等方面的内容。第一次系统地完成了赫哲族民族志的描述，整理出版了赫哲族史志著作。比如，由中国科学院民族研究所、黑龙江少数民族社会历史调查组编写的《赫哲族简史简志合编（初稿）》，该书对赫哲族的政治、经济、文化等进行了系统的叙述，提出"赫哲族的族源是出自女真"的观点。⑫ 与此同时，内蒙古少数民族社会历史调查组和中国科学院内蒙古分院历史研究所共同编辑出版了《〈清实录〉达斡尔、鄂温克、鄂伦春、赫哲史料摘抄》，⑬ 为赫哲族史研究提供了丰富的资料。

---

① 《学习与探索》2010 年第 5 期。
② 《满族研究》2010 年第 1 期。
③ 《北方文物》2012 年第 3 期。
④ 《中国边疆史地研究》2011 年第 3 期。
⑤ 《民族研究》2014 年第 5 期。
⑥ 《史学史研究》2014 年第 3 期。
⑦ 《历史教学（下半月刊)》。
⑧ 《学术探索》2014 年第 6 期。
⑨ 《东北史地》2015 年第 1 期。
⑩ 《历史档案》2015 年第 4 期。
⑪ 《东北史地》2016 年第 2 期。
⑫ 中国科学院民族研究所、黑龙江少数民族社会历史调查组编写：《赫哲族简史简志合编（初稿）》，1963 年铅印本，第 7 页。
⑬ 呼和浩特：内蒙古人民出版社，1962 年。

（二）近 40 年来的赫哲族史研究

改革开放以来发表了数十篇相关学术论文，出版了多部著作，其中较有代表性的有国家民委组织编写的少数民族简史丛书之一《赫哲族简史》① 和张嘉宾的《黑龙江赫哲族》。② 张嘉宾主编的论文集《赫哲族研究》，③ 其中辑录张嘉宾、姜洪波、董少杰、吴克尧、葛若玉、刘金明、何学娟、白晓清等学者研究赫哲族的论文共 37 篇。另外，在许多民族通史著作和教材中都设有专门章节论述赫哲族。40 年来学者们研究的重点主要集中在以下几个专题。

1. 族源

1980 年赵振才发表《从民族名称看赫哲族的起源》一文指出："中华民族的成员赫哲族的远祖，是中国古代传说中的旧石器时代以燧人为徽号的远古人类群团。他与华夏先民的一支即以帝喾为代表的中原古代人类群团有共同的起源关系。"④ "通过上面对赫哲族的一些主要民族名称的探讨结果来看，一般地说，那些固有的民族名称，都起因于远古祖先的自然观。而华夏先民东方系统的日鸟崇拜传统，则是其鲜明特征。这一特征揭示出了赫哲族同华夏先民具有亲缘关系，是其入居黑龙江的同族分支。这就是我们从民族名称所看到的赫哲族的起源。"⑤ 同年，陈肃勤《"兀者"即清代的赫哲族》一文强调："兀者，也就是清代的赫哲族。兀者是赫哲族在元、明时期的称呼。"⑥ 而后，张太湘、吴文衔《赫哲族历史研究的几个问题》⑦ 着力对赫哲族史研究中的族源、赫哲人分布区域和赫哲族与渤海、女真、满族的关系等三大理论问题进行了论述。

1987 年，傅朗云的《东北少数民族源流丛考》认为"赫哲族的远古祖先应是倭人的一支"。⑧ 杨茂盛的《赫哲族的源流、分布与变迁》一文认为"赫哲族同其他满—通古斯系民族一样，也是古老的民族。根据考古资料，赫哲族古代文化'至少可以追溯到距今六千年前'的密山新开流新石器时代文化。'赫哲族文化和三江平原上新石器文化存在着悠久的渊源关系。'沿着肃慎、挹娄、勿吉、靺鞨的发展顺序而出现的黑水靺鞨应是赫哲族的直系祖先。"⑨ 施云的《赫哲族历史源流》一文，主要通过论述赫哲族先世的历史发展轨迹来阐述赫哲族的历史源流。⑩ 陈鹏的《清代前期东北地区赫哲"新满洲"形成初探》一文，对康熙至雍正时期"赫哲'新满

---

① 哈尔滨：龙江人民出版社，1984 年。

② 哈尔滨：哈尔滨出版社，2002 年。

③ 哈尔滨：哈尔滨出版社，2003 年。

④ 《求是学刊》1980 年第 1 期，第 111 页。

⑤ 赵振才：《从民族名称看赫哲族的起源（续完）》，《求是学刊》1980 年第 2 期，第 110 页。

⑥ 《社会科学战线》1981 年第 3 期，第 186 页。

⑦ 《北方文物》1982 年第 1 期。

⑧ 《黑河学刊》1987 年第 1 期，第 46 页。

⑨ 《黑龙江民族丛刊》1988 年第 2 期，第 72 页。

⑩ 《东北史地》2007 年第 1 期，第 57 页。

洲'形成问题"做了初步探讨。① 张帆的《野人女真南迁与赫哲族的形成》② 一文，论述了野人女真南迁与赫哲族形成之间的关系。贾宏斌的《赫哲族起源神话谈》一文，对赫哲族起源的神话传说进行了具体全面的论述。③ 孙小敏的《那乃族略考》一文则认为，"那乃族与赫哲族属同一民族"④。

滕绍箴《论清代"三姓"八旗设立与副都统考补》⑤ 对清初赫哲族编组佐领开始的时间问题、赫哲族大迁徙的历史背景、三姓新城建筑时间和副都统设置时间问题、副都统旗籍缺漏和署副都统补遗等问题进行了探讨。另一篇《清代"三姓"形成说新探》⑥ 则考证了三姓名称的真实来源，文章认为三姓是在康熙朝赫哲族旗籍化过程中，旗文化与赫哲族民俗文化相结合的产物。具体地说，八旗制度中的上三旗是三姓即前三姓出现的决定性因素，赫哲豪族姓氏处于辅助地位。三姓形成与赫哲诸姓豪族早来、后入此地无关。

2. 族称

傅朗云的《黑龙江少数民族族称探源》对赫哲族的族称作了深入细致的分析与论述⑦。郭燕顺的《赫哲族的名称》认为清代以来我国文献中记载的"赫哲"族名，是"下游人""下方人"之意⑧。王美娜的《赫哲族的族称由来》一文，根据现今居住在松花江流域富锦县大屯等地的赫哲人的自称和他称，从史学角度对其称谓及其境况做了较为翔实的阐述。归纳道："这里的古代居民，在先秦时称'肃慎''稷慎'，汉魏时称'挹娄'，南北朝时称'勿吉'，隋唐时称'靺鞨'。从赫哲现在所居的地域上考察，隋唐的黑水靺鞨，当为赫哲族的远祖"，"辽朝将'靺鞨'称女真"，且已有了熟女真与生女真之别。金朝建立后称赫哲的先祖为'兀的改诸野人'。元朝之初，将赫哲族的先祖称'兀的哥'人，其后称'水达达'或'硕达勒达'。到了明朝，赫哲族成了'野人'女真的一部分。清朝初期，'野人'女真分为两部：呼尔哈部和瓦尔哈部。"并对清代的赫哲族情况做了较为细致的阐述。具体指出："'下江人'是由'赫吉色勒'，即'赫真们'的'下江'或'东方'这个赫哲语转化而来，后变为'赫真'，又转音成'赫哲'。'赫真'又是'黑斤''黑津''黑金''赫金''赫斤'等名称的同音异写。'赫哲族'名称最早出现于清朝康熙初年，在《清圣祖实录》中有记载。清朝的《皇清职贡图》中亦有关于赫哲族的绘画和文字记载。在学术界普遍应用'赫哲'这一族称，是凌纯声著《松花江下

① 《史学集刊》2007 年第 6 期，第 85 页。
② 《满族研究》2007 年第 1 期。
③ 《黑龙江史志》2002 年第 5 期，第 24 页。
④ 《黑龙江史志》2005 年第 7 期，第 50 页。
⑤ 《中央民族大学学报》（哲学社会科学版）2010 年第 5 期。
⑥ 《民族研究》2010 年第 3 期。
⑦ 《北方文物》1982 年第 1 期。
⑧ 《社会科学战线》1981 年第 4 期，第 237 页。

游的赫哲族》一书后，广为传开的……"①

3. 赫哲族社会

姜黎、石一山的《兰家子陶氏族属考》一文，从史籍、家谱、语言、民俗和外貌特征诸方面，论证了三家子托扣勒哈喇（陶姓）的祖先为赫哲族绰各乐氏族，这不仅搞清了三家子陶氏等人的族源，而且丰富了赫哲族绰各乐氏族的内容。对此，草成撰写《关于赫哲族的绰各乐氏族》进行评论。② 而后，赵正明的《试论清代赫哲族的社会分化与进步》一文，对清代至民国年间赫哲族的几次重大社会分化及其进步情况做了探索。③ 张嘉宾的《依兰赫哲族三姓考》一文，论述了目前已搜集到的葛依克勒氏、努叶勒氏、舒穆鲁氏这三份古老赫哲氏族的族谱。这三份赫哲族族谱的发现，促进了赫哲族的研究和对依兰县历史的研究。④ 到1991年，刘敏的《清朝对三姓地区赫哲族的统治政策与赫哲族社会发展》一文，根据《三姓副都统衙门档案》《依兰县志》等文献资料论述了清朝对三姓地区的统治政策及其对赫哲族社会发展带来的深刻影响。⑤ 田丽华、廖怀志的《清代三姓地方各民族的形成分布及融合》一文，再对"赫哲三姓"进行了较为系统的论述。⑥ 刘敏的《试析清代至民国时期赫哲族人口锐减的原因》一文指出，20世纪30年代后日本侵略者对赫哲人实施并屯及残酷统治，是赫哲族人口减少的重要原因。⑦

4. 赫哲族文化

关于赫哲族文化有三种著作出版。黄任远、黄永刚的《赫哲族萨满文化遗存调查》⑧ 一书对赫哲族萨满教从其环境、文化遗存、文化实录三个角度进行了调查研究。于晓飞、黄任远的《赫哲族与阿伊努文化比较研究》⑨ 以及郝庆云、纪悦生的《赫哲族社会文化变迁研究》⑩ 分别从各自角度对赫哲族与阿伊努文化进行了比较分析研究。张敏杰的《赫哲族日历初考》认为："清朝末年，赫哲人与满族有共同在除夕'烧包袱''送饭'以祭奠700年前除夕晚上金朝灭亡这一习俗，从这里应该推知赫哲人早已有了历法的概念。"⑪ 于学斌的《满—通古斯语各族原始纪年纪时方法述略》一文指出，"满—通古斯语各族都程度不同地存在原始的纪年纪时方法，概括起来主要有物候纪年时、天象纪年时、生产周期纪年时和结绳、刻木、木契计

---

① 王美娜：《赫哲族的族称由来》，《黑龙江档案》2001年第2期。
② 《北方文物》1987年第1期，第75页。
③ 《民族研究》1994年第4期，第54页。
④ 《黑龙江民族丛刊》1991年第1期，第60页。
⑤ 《佳木斯大学社会科学学报》2005年第6期，第89页。
⑥ 《佳木斯大学社会科学学报》2008年第2期，第94页。
⑦ 《黑龙江社会科学》2006年第5期，第150页。
⑧ 北京：民族出版社，2009年。
⑨ 哈尔滨：黑龙江人民出版社，2002年
⑩ 北京：学习出版社，2016年。
⑪ 《北方文物》1999年第1期，第74页。

年时。这些都在一定程度上反映了人类在这一文化发展方面的共性"。① 傅朗云的《赫哲族"伊玛堪"史地考》指出："生活在黑龙江、松花江、乌苏里江流域的赫哲族人民所创造的'伊玛堪'文学,不仅蕴藏着赫哲人民的文学艺术,而且有丰富的历史和地理知识。"② 近年来,《黑龙江民族丛刊》刊发了数篇关于赫哲族伊玛堪、音乐文化、体育文化、赫哲族鱼皮文化、赫哲族伦理思想方面的文字。其中,陈伯霖的《赫哲族传统埋葬习俗中死者头西足东事象解析》③ 对赫哲族埋葬习俗中头西脚东的现象进行分析,指出这种埋葬行为是赫哲人认为灵魂不灭,日落的方向为鬼方,是亡魂最终归宿之地的观念使然。认为这种习俗本身并非孤立存在,而是一种广泛存在于世界各地不同时期、不同地域的民族中具有普遍性的文化现象。

5. 中原王朝对赫哲族的管理

付艳的《论赫哲先民与中原王朝的关系》一文,认为赫哲族及其先民在漫长的历史发展过程中,与中原王朝在政治、经济、文化等方面形成了血肉不可分割的历史联系。④ 王彬的《赫哲族与东海女真》一文,对赫哲族与东海女真的关系作了探讨。⑤ 刘忠波的《赫哲族向清王朝纳贡、收贡与停"赏乌绫"的发展过程》指出:"从十六世纪末努尔哈赤统一黑龙江流域各部始,至二十世纪初光绪末年止,赫哲族向清王朝贡貂、'赏乌绫'之典实施了三百年……这是清王朝固守边防,行使管辖权的部分体现。同时由于'赏乌绫'将中原物资文化不断输入赫哲族地区,沟通了内地与边疆的物资和文化交流,也促进了民族间的相互了解和接触,对渔猎业生产发展,守卫边防,曾起到了一定的积极作用。"⑥ 吕秀莲、王宇《清廷对赫哲族葛依克勒氏族的招抚与管理》⑦ 介绍了清代通过采取军事征讨、招抚内迁、编户贡貂赏乌绫、编旗设佐、三姓建置等各项措施,对赫哲族中比较单一的古老氏族葛依克勒氏进行的社会控制。师清芳的《试析清朝对赫哲族的统治政策及影响》⑧ 一文指出,清朝是赫哲族经济、社会和文化转型的重要时期,由于清政府采取了武力征讨、安抚羁縻、攻心为上及训迪教化等刚柔并济的统治政策,对赫哲族的长远发展和社会进步产生了深刻影响。孟祥义、王建平、牛清臣合撰的《试述清末民初赫哲族从以物易物到商品经济的演变》一文,对赫哲族在清末到民初这段时间内从以物易物到商品经济的发展和演变的过程作了详细论述。⑨ 范婷婷的《清代至民国时期赫哲族对外交换及其影响》⑩ 介绍了清代至民国时期,赫哲族与满族、汉族等周边民族

① 《北方文物》2002 年第 4 期,第 68 页。
② 《黑龙江民族丛刊》1993 年第 1 期,第 117 页。
③ 《黑龙江民族丛刊》2016 年第 2 期。
④ 《黑龙江民族丛刊》1993 年第 3 期,第 78 页。
⑤ 《中央民族大学学报》1988 年第 2 期。
⑥ 《学习与探索》1985 年第 2 期,第 139 页。
⑦ 《黑龙江民族丛刊》2009 年第 6 期。
⑧ 《黑龙江民族丛刊》2010 年第 3 期。
⑨ 《黑龙江民族丛刊》2000 年第 1 期,第 81 页。
⑩ 《黑龙江民族丛刊》2010 年第 6 期。

进行的交换活动，从而引进了先进的生产方式和生产工具，改变了赫哲族传统的渔猎生产方式和分配形式，增加了赫哲人的自主交换意识，推动了赫哲社会私有制和商品经济的发展，促进了阶级差别的逐渐产生。史骥的《民国时期东北边疆民族地区管辖述论》一文认为："民国政府对东北边疆民族采取两种民族地区建置形式，一是承用清朝以来的民族地区设置，实行特殊的行政统辖与管理制度；二是实行与邻近民族相同的县、旗制进行统辖。伪满洲国时期日伪统治者将鄂温克、鄂伦春、达斡尔、赫哲等民族单独隔离，设立特殊的统治机构，视他们为劣等民族而实施消灭政策。"[①] 杨光、高乐才《伪满洲国时期日伪对赫哲族的殖民统治》[②] 介绍了伪满洲国时期日伪对赫哲族实施的残暴统治，使赫哲族受尽奴役和摧残，民族濒临灭绝。刘敏的《清代赫哲族在捍卫建设东北边疆中的贡献》一文论述了赫哲族在捍卫、建设祖国东北边疆中的重要贡献。[③] 郑丽丽的《论赫哲族反抗外来侵略的斗争及历史贡献》[④] 对赫哲族在反抗外敌侵略的爱国传统进行了梳理，指出，赫哲族人民在反抗沙皇俄国和日本帝国主义侵略的过程中进行了不屈不挠的斗争，为维护我国的主权和领土完整做出了不可磨灭的贡献。李学成、张洁的《赫哲族爱国抗日先驱毕天民》[⑤] 则从个体出发，展示了赫哲族人民的抗日斗争实践和爱国主义精神。

6. 史料介绍

赵正明、蒋丽萍的《一部鲜为人知的赫哲谱书》对《依尔根觉罗氏家谱》作了详细介绍。[⑥] 谢亮生的《〈按属考查日记〉中的赫哲族史料》一文，对《按属考查日记》中的赫哲族史料做了介绍和论述。[⑦] 吕秀莲的《试论清代笔记、方志、宗谱对赫哲族历史研究的价值》一文指出，从清代的笔记、方志、宗谱等文献记载可以了解清代赫哲族社会、生产和生活状况，对于研究赫哲族历史有很大的帮助，但同时也存在不足之处。[⑧] 吕秀莲、田丽华的《清代东北地方志对赫哲族历史的研究价值》指出：东北地方志较全面地记述了清代对赫哲族的征服和管辖以及赫哲族所居地区的自然地理状况、物产、风俗习惯等，对研究赫哲族史有一定的参考价值。[⑨]

三、锡伯族史研究

中华人民共和国成立后，锡伯族史的研究从无到有，得到了迅速发展，以"文化大革命"为界，可以分为两个发展时期。

① 《东北史地》2008 年第 3 期，第 85 页。
② 《中央民族大学学报》（哲学社会科学版）2010 年第 2 期。
③ 《佳木斯大学社会科学学报》2004 年第 1 期，第 80 页。
④ 《黑龙江民族丛刊》2017 年第 5 期。
⑤ 《黑龙江民族丛刊》2017 年第 5 期。
⑥ 《黑龙江史志》1994 年第 4 期，第 51 页。
⑦ 《民族研究》1987 年第 3 期。
⑧ 《中国近现代史史料学国际学术讨论会论文集》，2004 年，第 287 页。
⑨ 《佳木斯大学社会科学学报》2006 年第 9 期。

（一）"文化大革命"前的锡伯族史研究

20 世纪 50 年代前，锡伯族历史研究几乎是空白。50 年代初，个别学者发表过一些介绍性的文章。50 年代末，由中国科学院民族研究所等单位组织专家开展了对锡伯族社会历史的调查工作。在此基础上于 1963 年由中国科学院民族研究所、新疆少数民族社会历史调查组编写了《锡伯族简史简志合编》初稿，由中国科学院民族研究所内部铅印。本书除利用文献档案和一些个人记载外，主要参考了对新疆和东北地区锡伯族社会历史调查的材料。内容叙述了从古代到民主革命时期的锡伯族历史以及 20 世纪 60 年代以前锡伯族的生活习俗。尽管此书的许多提法和观点不够准确，内容也不够全面，但是它对以后的锡伯族介绍和初期的研究工作起了非常重要的作用。① 1963 年，又从这次社会历史调查资料中遴选 10 余万字译成汉文，编辑成《新疆历史资料》第九辑（锡伯族专辑）。这些调查资料为后来的研究打下了良好的基础。

（二）近 40 年来的锡伯族史研究

1978 年以后，随着史学研究工作的逐步开展，相继开展了资料收集和基础性研究工作。尤其是中国第一历史档案馆的锡伯族档案史料逐步得以利用。因此，锡伯族史的研究范围和内容逐渐拓宽，出版了大量有关锡伯族的文献档案资料和有学术价值的论著。

1. 档案史料整理

80 年代初，佟克力从《清实录》中摘录有关锡伯族资料 10 余万字，肖夫从东北各地图书馆、档案馆和中国第一历史档案馆抄录档案资料一册，并在《新疆历史资料》第十三辑《锡伯族专辑》（内部铅印本）发表。肖夫整理的有关满文（锡伯文）资料集《锡伯族历史资料拾零》，于 1987 年由新疆人民出版社出版。吴元丰、赵志强将中国第一历史档案馆、辽宁省档案馆、黑龙江省档案馆、内蒙古自治区档案馆有关锡伯族的满文档案编辑成《清代锡伯族档案史料选编》（一、二，锡伯文）约计汉字 40 万字，于 1987 年由新疆人民出版社手抄影印出版。同时，吴元丰、赵志强又挑选部分满文和汉文档案编译成《锡伯族档案史料》一书，分上下两册，共计 60 万字，于 1989 年由辽宁民族出版社出版，这套锡伯族档案史料，按锡伯族在历史上的分布地区，共分为三编。这些资料的刊布使锡伯族史的研究出现了一次飞跃。

1994 年，新疆人民出版社出版了由吴元丰和赵志强依据清代档案史料编写的《锡伯营职官年表》（锡伯、汉文两体），该书具有较高的史料价值，是一部研究锡伯族历史与历史人物必备的工具书。

---

① 佟克力：《锡伯族研究资料和研究综述》，《满族研究》1989 年第 2 期。

2003 年，永志坚和张炳宇整理的《盛京移驻伊犁锡伯营镶红旗官兵三代丁册》由新疆人民出版社以满汉合璧形式整理出版。该书如实记录了锡伯营镶红旗官兵的编制、出征阵亡等情况，是清代锡伯营八旗官兵数及人口方面的第一手珍贵资料。①2004 年，贺灵、佟克力编《锡伯族古籍资料辑注》一书出版，该书内容丰富，对目前尚未公开出版而具有参考价值的资料均作了收录。此后，贺灵还整理出版了《锡伯族民间传录清代满文古典译著辑存》②《锡伯族濒危传统文化图典》③《锡伯族濒危朱伦文化遗产》④《中国新疆历史文化古籍文献资料译编·锡伯族》⑤ 等图文史料，此外，郭建中、郭超的《锡伯族历史研究相关资料及评注》⑥ 也对锡伯族历史研究相关资料进行了辨析与评注。

2. 著作

1982 年，安俊、吴元丰、赵志强三位锡伯族学者著《锡伯族迁徙考记》（锡伯文）由新疆人民出版社出版。此三位学者编写的另一著作《锡伯族简史》（锡伯文）是一部较系统、客观地论述锡伯族历史的著述；书中广泛利用原始档案材料和史书记载对锡伯族的族源、族称、政治、社会、文化诸方面作了深入浅出的论述。⑦ 锡伯族简史编写组编写的《锡伯族简史》于 1986 年由民族出版社出版，肖夫执笔。该书作为中国少数民族简史丛书之一，是在《锡伯族简史简志合编（初稿）》的基础上补充修订的，由于注意补充新史料和吸收近人研究成果，学术价值较高，影响甚大。⑧ 同年，白友寒《锡伯族源流史纲》由辽宁民族出版社出版，该书力图根据史书记载、考古发现和民间传说，溯流探源，揭示锡伯族历史发展的轨迹。1988 年，沈阳市民委民族志编纂办公室编的《沈阳锡伯族志》⑨ 出版，这是第一部锡伯族志书。该书立足于现实，结合历史资料，全面介绍了沈阳锡伯族的历史与现状。

1993 年，贺灵和佟克力编撰了 37 万字的《锡伯族史》⑩。该书的特点是系统而全面，叙论结合，资料丰富，清代锡伯族历史的部分约占全书近一半篇幅。那启明、韩启昆总主编的《中国锡伯人》⑪ 对中国锡伯族的历史和人物进行了较为全面的介绍。奇车山的《衰落的通天树：新疆锡伯族萨满文化遗存调查》⑫ 对锡伯族的萨满

---

① 贺灵、佟克力辑注：《锡伯族古籍资料辑注》，乌鲁木齐：新疆人民出版社，2004 年。

② 乌鲁木齐：新疆人民出版社，2010 年。

③ 乌鲁木齐：新疆人民出版社，2011 年。

④ 乌鲁木齐：新疆人民出版社，2011 年。

⑤ 乌鲁木齐：克孜勒苏柯尔克孜文出版社、新疆人民出版社，2016 年。

⑥ 乌鲁木齐：新疆人民出版社，2014 年。

⑦ 赵志强：《近十年锡伯族史研究综述》，载吴元丰、赵志强《锡伯族历史探究》，沈阳：辽宁民族出版社，2008 年。

⑧ 赵志强：《近十年锡伯族史研究综述》。

⑨ 沈阳：辽宁民族出版社，1988 年。

⑩ 乌鲁木齐：新疆人民出版社，1993 年。

⑪ 沈阳：辽宁民族出版社，2010 年。

⑫ 北京：民族出版社，2011 年。

文化遗存进行了调查和记述。其他专著还有：稽南、吴克尧著《锡伯族》[①]，贺灵等编《锡伯族百科全书》[②]，在区域民族研究上，有李圣植、那启明主编《丹东锡伯族志》[③]，韩恒威著《锡伯族民间美术概论》[④]，安振泰著《辽宁民族史话》[⑤]，龚义昌著《锡伯族姓氏考》[⑥]、吴克尧《黑龙江锡伯族》[⑦]，曲彦斌、朱慧主编的《沈阳锡伯族社会历史文化丛书》三种[⑧]，曹晓峰等的《辽河岸畔锡伯村》[⑨]，孙祥维、仇兴辉主编的《老人·老事·老家：沈北锡伯族老人口述史》[⑩]，张静、田磊编的《锡伯族研究》[⑪]。庄吉发校注的《锡伯族西迁与满洲语文的传承：以〈锡汉会话〉为中心》[⑫]则从民族文字的角度对锡伯族西迁进行了分析。

论文集有 7 部：辽宁省民族研究所编《锡伯族史论考》[⑬]、佟克力编《锡伯族历史与文化》[⑭]、新疆人民出版社汉文编辑室编《锡伯族研究》[⑮]、新疆人民出版社锡文室编《文集》[⑯]、永志坚主编《锡伯族研究文集》第一、第二辑[⑰]、吴元丰、赵志强著《锡伯族历史探究》[⑱]。

3. 专题研究

钦玉钦撰《沈阳太平寺锡伯碑考略》一文，[⑲] 对 1959 年在辽宁沈阳"锡伯家庙"太平寺发现的"太平寺碑"进行了考证，从而引发了对锡伯族族源、原居住地及其迁徙史的探讨。之后，随着锡伯族史料的发掘和利用，促进了研究的进展，在族源、族称、锡伯族的迁移、社会、文化等方面都取得了进展。

（1）族源、族称

有关锡伯族族源，清代史籍中有两种观点，一种认为锡伯族是鲜卑的后裔，另

---

① 北京：民族出版社，1990 年。
② 乌鲁木齐：新疆人民出版社，1995 年。
③ 沈阳：辽宁人民出版社，1998 年。
④ 沈阳：辽宁民族出版社，1997 年。
⑤ 沈阳：辽宁人民出版社，2001 年。
⑥ 乌鲁木齐：新疆人民出版社，2002 年。
⑦ 哈尔滨：哈尔滨出版社，2002 年。
⑧ 关伟：《锡伯族风俗》，沈阳：辽宁民族出版社，2011 年；李阳，王焯，董丽娟：《锡伯族文化》，沈阳：辽宁民族出版社，2011 年；吴世旭：《锡伯族西迁》，沈阳：辽宁民族出版社，2011 年。
⑨ 北京：社会科学文献出版社，2012 年。
⑩ 沈阳：辽宁民族出版社，2013 年。
⑪ 长春：吉林人民出版社，2016 年。
⑫ 台北：文史哲出版社，2016 年。
⑬ 沈阳：辽宁民族出版社，1986 年。
⑭ 乌鲁木齐：新疆人民出版社，1989 年。
⑮ 乌鲁木齐：新疆人民出版社，1990 年。
⑯ 锡伯文，乌鲁木齐：新疆人民出版社，1990 年。
⑰ 乌鲁木齐：新疆人民出版社，1998 年、2005 年。
⑱ 沈阳：辽宁民族出版社，2008 年。该书是两位学者自 20 世纪 80 年代至今 27 年间所发表的有关锡伯族史文章的汇编。
⑲ 《辽宁大学学报》1979 年第 5 期。

一种认为与满族同源。贺灵《锡伯族源考》一文赞同鲜卑说。[1] 徐恒晋、马协弟《锡伯族源考略》则认为锡伯人不是鲜卑遗民，而是女真的后裔。[2] 赵展《锡伯族源考》认为源自室韦。[3] 有关讨论文章还有：杨茂盛《锡伯族源与分布考述》[4]，贺灵《锡伯族源资料、研究成果及新信息》[5]，玛纳《锡伯族早期历史初探——关于历史起源问题》[6]，瀛云萍《从四部宗谱看锡伯族源》[7]，杨中华《锡伯族源流新考》[8]，那启明、韩启昆《锡伯族叶赫那拉氏的由来》[9]，朱在宪《吉林省锡伯族源流》[10]，都兴智《锡伯族源出女真论》[11]，文言《锡伯族源再探》[12]，乌云达赉《锡伯族的起源》[13]，吴克尧《历代古籍中透析出的锡伯族族源、族称》[14]，温玉成《论锡伯族源自高车色古尔氏》[15] 等。

（2）锡伯族原居住地

对锡伯族原居住地的讨论，是 20 世纪 80 年代较为热门的问题。主要依据即沈阳锡伯家庙——太平寺碑文。如王锺翰《沈阳锡伯家庙碑文浅释》[16]，赵志强、吴元丰《锡伯家庙碑文考》[17]，李勤璞《盛京太平寺新研究》等。[18] 虽然，诸学者对碑文中的"扎拉托罗河"是今嫩江支流绰尔河还是洮儿河有分歧，但是明末清初的锡伯族居于嫩江流域已成为定论。

（3）锡伯族编旗与迁移分布

这一专题的研究，吴元丰和赵志强两位学者依据档案考证的成果最为丰富。如《锡伯族西迁概述》[19]《锡伯族南迁概述》[20]《锡伯族迁居云南考》[21]《吉林乌拉锡伯世管佐领源流考》[22]《锡伯族由科尔沁蒙古旗编入满洲八旗始末》[23]《黑龙江地区锡

[1] 《新疆大学学报》1981 年第 4 期。
[2] 载《锡伯族史论考》，沈阳：辽宁民族出版社，1986 年。
[3] 《社会科学辑刊》1980 年第 3 期。
[4] 《民族丛刊》1989 年第 2 期。
[5] 《新疆社会科学》1990 年第 4 期。
[6] 《满族研究》1990 年第 4 期。
[7] 《满族研究》1992 年第 3 期。
[8] 《黑龙江民族丛刊》1994 年第 2 期。
[9] 《满族研究》1996 年第 4 期。
[10] 《社会科学战线》1994 年第 6 期。
[11] 《吉林大学社会科学学报》1997 年第 2 期。
[12] 《辽宁大学学报》1994 年第 3 期。
[13] 《黑龙江民族丛刊》2000 年第 3 期。
[14] 《黑龙江民族丛刊》2002 年第 4 期。
[15] 《新疆大学学报》（哲学·人文社会科学版）2011 年第 1 期。
[16] 《清史论丛》，第 2 辑，北京：中华书局，1980 年。
[17] 《社会科学辑刊》1984 年第 4 期。
[18] 《中国历史博物馆馆刊》1998 年 2 期。
[19] 《民族研究》1981 年第 2 期
[20] 《历史档案》1981 年第 4 期。
[21] 《历史档案》1982 年第 2 期。
[22] 《历史档案》1983 年第 4 期。
[23] 《民族研究》1984 年第 5 期。

伯族的历史变迁》[①] 等。

其他有吴克尧《齐齐哈尔锡伯族迹探略》[②]，佟克力《伊犁锡伯营概述》[③]，肖夫《略谈锡伯族的西迁及其历史贡献》[④]，何荣伟、周凤敏《锡伯索伦的形成及其历史作用》[⑤]，杨茂盛《清初锡伯族编旗与居地考》[⑥]，张雷军《迁徙对锡伯族历史发展的影响》[⑦]，杜家骥《清代东北锡伯族的编旗及其变迁》[⑧] 等，张燕、王友文《试论清代伊犁将军与锡伯军民西迁的关系》[⑨]，王友富、栾燕云《锡伯族的历史偶然：从渔猎习俗到农耕习俗的变迁》[⑩]。

（4）社会经济

专门研究锡伯族经济的论文不多。吴克尧的《古代锡伯族社会性质浅析》[⑪] 对锡伯族社会性质的研究具有开创性，作者对锡伯族社会发展阶段作了时间上的划分，并逐一进行了分析。赵志强、吴元丰的《试论 16 世纪末至 18 世纪初锡伯族的社会经济》[⑫]，吴克尧的《锡伯族鳇鱼差述略》[⑬] 这两篇论文弥补了锡伯族社会经济研究方面的不足。

（5）中央王朝对锡伯族的统治其及与周邻民族的关系

中央政府在不同时期对锡伯族实行的统治政策各有不同，加之锡伯族的不断迁移，使其在不同时期有不同的历史遭遇。此专题的研究有白凤岐《清代蒙古族与锡伯族的关系》[⑭]、赵志强《北塔法轮寺与蒙古族满族锡伯族关系述论》[⑮]、吴元丰《清政府对锡伯族的统治政策》[⑯]、赵天《沙俄占领伊犁时期锡伯族人民的反抗斗争》[⑰]、贺灵《盛世才统治时期的锡伯族》[⑱]、苏德善《伊犁辛亥革命中的锡伯族》[⑲] 等。

① 《黑龙江文物丛刊》1984 年第 3 期。
② 《黑龙江文物丛刊》1984 年第 2 期。
③ 《新疆大学学报》1985 年第 4 期。
④ 《西域史论丛》第 1 辑，1985 年。
⑤ 《满族研究》1989 年第 2 期。
⑥ 《中国边疆史地研究》1993 年第 1 期。
⑦ 《内蒙古社会科学》1994 年第 1 期。
⑧ 《求是学刊》2006 年第 3 期。
⑨ 《满族研究》2012 年第 2 期。
⑩ 《农业考古》2014 年第 1 期。
⑪ 《黑龙江文物丛刊》1982 年第 3 期。
⑫ 《北方文物》1988 年第 3 期。
⑬ 《黑龙江民族丛刊》1994 年 2 期。
⑭ 《满族研究》1990 年第 3 期。
⑮ 《满族研究》1991 年第 3 期。
⑯ 《黑龙江民族丛刊》1997 年第 1 期。
⑰ 《新疆教育学院学报》1997 年第 1 期。
⑱ 《新疆师范大学学报》1992 年第 3 期。
⑲ 《伊犁师范学院学报》1998 年第 2 期。

（6）其他

有关锡伯族家谱的研究有关鹤童《开源大湾屯锡伯族关氏氏谱及其涉及的有关问题》①、那启明《浅谈瓜尔佳氏家谱》②。难能可贵的是，对锡伯族妇女的研究也有一篇，即吴克尧《康熙朝锡伯族妇女悲惨命运述略》③。此外，对人物的探讨有舍吐肯的《论图伯特的历史贡献》④。对锡伯族教育状况的研究有包海鹰、吴克尧的《锡伯族教育发展的历史与现状》⑤ 等。

以上专题研究方面，对锡伯族族源的争议颇多。历史研究方面，赵志强、吴元丰二人的一些文章较有特色。综上所述，虽然专门研究锡伯族历史的学者数量不多，但是从目前锡伯族历史研究所取得的成果来看，可谓硕果累累。

四、鄂伦春族史研究

清代史籍关于鄂伦春族历史的最早记载，见于《清实录》《龙沙纪略》《黑龙江外记》《黑龙江述略》等。进入 20 世纪后《瑷珲县志》《黑龙江志稿》中有了详细记载。早期学者在调查基础上，发表论文数篇。如姜松年的《黑龙江鄂伦春族近日之状况》⑥、享邑的《黑龙江之鄂伦春人》⑦、步真的《狩猎民族——鄂伦春》⑧ 等，开启了鄂伦春族史研究的先河。

中华人民共和国成立后，鄂伦春族作为人口较少民族之一，得到了党和国家的特别关注和关照，鄂伦春史的研究也取得了可喜的成绩。以下分别论述。

（一）"文化大革命"前的鄂伦春族史研究

50 年代，有些学者在鄂伦春地区进行民族调查的基础上撰写了介绍鄂伦春族的著作。如杨英杰的《黑龙江边兴安岭里的鄂伦春民族》⑨、秋浦的《鄂伦春人》⑩ 等。1956 年开始，国家组织民族史学专家与学者深入大兴安岭深山老林开展了对鄂伦春社会历史的大规模调查和文献资料的收集整理工作。先后出版的调查报告有《布特哈旗鄂伦春民族乡情况》⑪《东丰养鹿场调查报告：供研究鄂伦春族经济发展方向的参考资料》⑫《黑龙江省呼玛县十八站鄂伦春民族乡情况》⑬《逊克县鄂伦春

---

① 《满族研究》1990 年第 4 期。
② 《满族研究》1992 年第 1 期。
③ 《黑龙江民族丛刊》2000 年第 4 期。
④ 《伊犁师范学院学报》1998 年第 1 期。
⑤ 《黑龙江民族丛刊》1998 年第 4 期。
⑥ 《地学杂志》第 15 卷，1924 年。
⑦ 《东省经济月刊》1930 年 11 月，9 卷 11 期。
⑧ 《社会杂志》第 1 卷 5 号，1931 年 5 月。
⑨ 沈阳：东北人民出版社，1952 年。
⑩ 北京：民族出版社，1956 年。
⑪ 内蒙古少数民族社会历史调查组铅印，1959 年。
⑫ 内蒙古少数民族社会历史调查组铅印，1959 年。
⑬ 内蒙古少数民族社会历史调查组铅印，1959 年。

民族乡情况》①《爱辉县鄂伦春民族乡情况》② 及《鄂伦春自治旗木奎高鲁、爱辉县新生村和逊克县新鄂村补充调查报告》③《鄂伦春自治旗甘奎、托札敏努图克和黑龙江省呼玛县十八站鄂伦春族社会历史补充调查报告》④《逊克县新兴村调查报告》⑤ 等。

整理出版的文献资料有，内蒙古东北少数民族社会历史调查组和内蒙古自治区达斡尔历史语言研究所编写出版的《有关达呼尔、鄂伦春和索伦族历史资料》1、2 辑。⑥《民族问题五种丛书》内蒙古编委会编《鄂伦春族社会历史调查》第 1、2 辑。⑦ 内蒙古少数民族社会历史调查组和中国科学院内蒙古分院历史研究所共同编辑出版的《〈清实录〉达斡尔、鄂温克、鄂伦春、赫哲史料摘抄》。⑧ 以上调查和整理工作，都为后来的研究奠定了基础。

在广泛开展社会历史调查和文献资料整理的基础上，中国科学院民族研究所和内蒙古少数民族社会历史调查组共同完成了《鄂伦春族简史简志合编（初稿)》。⑨ 这期间有袁天伟、邢友德、黎虎的《对解放前鄂伦春族社会性质的探讨》⑩ 和陈玉书的《关于鄂伦春族的族源》⑪、吕光天《鄂伦春人民的反帝斗争》⑫ 等论文发表。

（二）近 40 年来的鄂伦春族史研究

改革开放以后。鄂伦春民族史研究工作得以恢复和发展，除整理出版资料外，还出版了多部学术论著。在专题研究方面亦有较大发展，分述如下。

1. 专题研究

（1）族源

关于鄂伦春族的族源，目前主要有两种不同看法。

一种认为其语言属于通古斯语族，其先人源自肃慎、挹娄、勿吉、靺鞨、女真等，主要代表作有陈玉书《关于鄂伦春族的来源》⑬，孙进己《东北民族源流》⑭

---

① 内蒙古少数民族社会历史调查组铅印，1959 年。
② 内蒙古少数民族社会历史调查组铅印，1959 年。
③ 内蒙古少数民族社会历史调查组和内蒙古历史研究所铅印，1959 年。
④ 内蒙古少数民族社会历史调查组和内蒙古历史研究所铅印，1963 年。
⑤ 内蒙古少数民族社会历史调查组铅印，1963 年。
⑥ 内部铅印，1958 年。
⑦ 呼和浩特：内蒙古人民出版社，1984 年、1985 年。
⑧ 呼和浩特：内蒙古人民出版社，1962 年。
⑨ 中国科学院民族研究所铅印，1963 年。
⑩《民族研究》1959 年第 2 期。
⑪《文史哲》1962 年第 4 期。
⑫《内蒙古日报》，1964 年 4 月 22 日。
⑬《文史哲》1962 年第 4 期。
⑭ 哈尔滨：黑龙江人民出版社，1987 年，第 230 页。

《满族简史》①，韩有峰、都永浩、刘金明合著《鄂伦春族历史、文化与发展》②。

一种认为属于东胡系室韦，代表作有冯君实《鄂伦春族探源》③，赵展《对蒙兀室韦的质疑》④，干志耿、孙秀仁《黑龙江古代民族史纲》⑤《鄂伦春简史》⑥，徐芳田、孟淑卿的《鄂伦春族源流简述》⑦ 等。贾原《鄂伦春与东北古民族的族源关系》⑧ 一文认为鄂伦春和鄂温克族的先人应当为北室韦的一部分及钵室韦、深末怛室韦和大室韦。⑨

另外，吕光天在《北方民族原始社会形态研究》一书中提出，鄂伦春族起源于唐代居住在勒拿河上游维提姆河苔源森林区的鞠部。徐殿玖的《鄂伦春族族源初探》一文认为鄂伦春族源于丁零人。乌力吉图的《鄂伦春族源考略》认为鄂伦春族是索伦人之一部。⑩

王延、方征的《鄂伦春族族源的文献探析》⑪ 运用文献综述的方法，对关于鄂伦春族族源的研究成果进行分析和探讨。于秀娟的《鄂温克族鄂伦春族同源传说研究》⑫ 指出鄂温克族与鄂伦春族同源传说的内核是对于民族记忆的历史记录，其作为历史记录的同时也体现了社会文化不断发展演变的过程。

（2）社会制度

吕光天的《鄂伦春族 17 世纪后由家族公社向比邻公社的发展》探讨了 17 世纪后鄂伦春族社会发展的有关问题。⑬ 阿勇的《鄂伦春人的氏族社会》也论述了鄂伦春人的氏族社会情况。⑭ 孟祥义的《浅释鄂伦春父权制氏族社会取代母权制氏族社会的原因》一文和刘文俊的《论鄂伦春族萌芽形态的宗法制度》，认为在清朝及民国时期，由于生产力的发展，处于原始社会阶段的鄂伦春族内部的社会关系发生了变化。⑮ 唐戈的《鄂伦春族的"部落"组织——兼谈满族八旗制度对鄂伦春族社会的影响》指出，鄂伦春的"部落"组织即"某某千"在某种程度上一直保留到现在，与满族八旗制度有直接关系对鄂伦春族社会和文化影响深远。⑯ 吴扎拉克尧的

① 《满族简史》编写组：《满族简史》，北京：中华书局，1979 年，第 2 页。

② 韩有峰、都永浩、刘金明：《鄂伦春族历史、文化与发展》，哈尔滨：哈尔滨出版社，2003 年，第 1 页、第 6 页。

③ 《东北师大学报》1979 年第 2 期。

④ 《学习与探索》1982 年第 2 期。

⑤ 黑龙江省文物出版社编辑室，1982 年，第 334—335 页。

⑥ 《鄂伦春族简史》编写组：《鄂伦春族简史》，呼和浩特：内蒙古人民出版社，1983 年，第 7—8 页。

⑦ 《黑龙江民族丛刊》1986 年第 4 期。

⑧ 《前沿》2008 年第 3 期。

⑨ 《学术交流》1989 年第 2 期。

⑩ 《内蒙古社会科学》1984 年第 5 期。

⑪ 《黑龙江民族丛刊》2011 年第 2 期。

⑫ 《黑龙江民族丛刊》2011 年第 2 期。

⑬ 《中央民族学院学报》1975 年第 3 期。

⑭ 《内蒙古社会科学》1980 年第 3 期。

⑮ 《广西师范学院学报》2007 年第 2 期。

⑯ 《满语研究》2002 年第 2 期。

《清代满族与其他少数民族关系研究——以黑龙江地区为中心》一文指出黑龙江地区的满族与鄂伦春等世居少数民族的关系比较和谐。[①] 史骥的《民国时期东北边疆民族地区管辖述论》一文对民国政府的东北边疆民族的管辖进行了考察论述。[②] 赵兴州等《浅论清代鄂伦春族学校教育的类型及特点》[③] 指出，清代是鄂伦春族由传统的社会教育向近代的学校教育转型升级的关键时期，清代学校教育对鄂伦春教育、文化的培养具有重要意义。陈鹏的《清代东北地区鄂伦春编旗初探》[④] 针对鄂伦春编旗的情况进行了探究。祝坤的《清社会福利制度之一斑：鄂伦春福利制研思》[⑤] 介绍了清朝时期鄂伦春由原始氏族福利制度转向清政府福利制度的过程。王英维的《浅谈古代鄂伦春族的社会组织形式和管理方式》[⑥] 对古代鄂伦春族社会组织形式和管理方式的变迁。刘国辉的《论述后金—清政权对鄂伦春族的政制建构》[⑦] 对清政府通过运用政制建构的手段将鄂伦春族逐步纳入国家行政体制范围之内的过程和意义进行论述。

（3）文化与宗教

吕树芝的《清〈职贡图〉中的鄂伦春族人物》对职贡图中的鄂伦春族人物做了介绍，是研究鄂伦春族绘画史和人物史的重要资料。[⑧] 赵复兴的《清代鄂伦春族总管阿穆勒塔》一文对鄂伦春族的著名人物阿穆勒塔在有清一代的业绩做了阐述，对研究鄂伦春族人物史具有重要意义。[⑨] 于学斌的《满—通古斯语族原始纪年纪时方法述略》对满—通古斯语族的原始纪年纪时方法进行了综述。[⑩] 另外，李文武的《鄂伦春族实用弓出土》一文。[⑪] 对 2002 年 9 月呼玛县鄂伦春族墓地出土的"弓"进行了考证研究，对于鄂伦春族民族史亦有重要参考价值。王海冬的《鄂伦春族桦皮工艺的传承方式》一文则探讨了鄂伦春族桦皮文化及其传承。[⑫] 龚强的《黑龙江冰雪文化礼赞——鄂伦春人·游猎·民间艺术》，从三个方面对鄂伦春族的民间艺术进行了论述，对研究鄂伦春族民族文化史极具参考价值。[⑬] 赵复兴的《鄂伦春族哲学思想萌芽初探》一文，[⑭] 对中华人民共和国成立前鄂伦春族哲学思想的萌芽做了初步探讨。赵金辉、梁伟岸的《熊的风葬仪式——鄂伦春人熊图腾探析》则从风

---

① 《黑龙江民族丛刊》2007 年第 5 期。
② 《东北史地》2008 年第 3 期。
③ 《黑龙江民族丛刊》2010 年第 5 期。
④ 《东北师大学报（哲学社会科学版）》2011 年第 2 期。
⑤ 《兰台世界》2013 年第 15 期。
⑥ 《黑龙江民族丛刊》2014 年第 1 期。
⑦ 《黑龙江民族丛刊》2020 年第 2 期。
⑧ 《历史教学》1988 年第 3 期。
⑨ 《黑龙江民族丛刊》1995 年第 4 期。
⑩ 《北方文物》2002 年第 4 期。
⑪ 《黑龙江史志》2005 年第 8 期。
⑫ 《东北史地》2008 年第 6 期。
⑬ 《黑龙江史志》2006 年第 5 期。
⑭ 《黑龙江民族丛刊》1991 年第 3 期。

葬仪式的角度对鄂伦春人的熊图腾做了分析论述。① 孙晓晨、祁慧军的《清末以来鄂伦春族姓名文化的传承与变迁——以猎民村孟氏家族为个案》② 从一个鄂伦春族家族出发进行多学科、多角度的分析考察，以期探讨清末以来姓名文化传承与变迁的基本规律及其影响因素。

（4）反抗俄日帝国主义侵略

季岩的《一个老沙皇侵华分子的自白书——评马克〈黑龙江旅行记〉》指出，黑龙江流域自古是鄂伦春族劳动、生息、繁殖的地方，《瑷珲条约》以前是中国的领土。③ 1980 年张本政的《试论近代中国人民第一次抗俄斗争——黑龙江上下游少数民族抗击沙俄"考察队"的光辉业绩》一文，论述了鄂伦春族人民抗击沙俄，消灭沙俄"考察队"的英勇事迹。④ 于萍、张晓春的《少数民族英雄李英格利》一文，论述了鄂伦春族的抗日英雄李英格利的事迹。⑤ 刘德全、刘德娜、刘德莉的《浅析鄂伦春族在抗日战争中的历史地位和作用》⑥ 一文，对鄂伦春族在抗日战争中的历史地位和作用做了概括总结。刘德全的《鄂伦春人民在抗日战争中的贡献》一文指出，鄂伦春族对抗日战争的贡献很大，其历史地位应予以充分肯定。在那个年代，鄂伦春族人数本来就不多，加上日本法西斯的残害，到抗战末期只有 4000 多人了，是中国少数民族中人数最少的民族之一。但在仅仅的几千人中，能有那么多的人心向抗日，甘为革命做贡献，已经是非常难能可贵的。⑦ 梁滨久的《立言不朽之作——读〈鄂伦春人——赵凤兰回忆录〉》一文指出，该书的最大特点和价值在于以口述史和调查取证、文献印证相结合的方式，真实可靠地记录了鄂伦春人民在抗日战争中的经历和重要贡献，披露了许多鲜为人知的情节，澄清和还原了鄂伦春历史的本来面目。⑧

（5）文献档案的整理与研究

刘淑珍、苏静的《浅析清代鄂伦春满文户籍档案》一文指出，黑龙江省档案馆馆藏清代鄂伦春满文户籍档案包括户口册、三代红白册、官员名册、比丁册、牲丁册、部落花名册等种类，蕴含着大量鄂伦春人口信息。这些户籍档案反映了当时的鄂伦春民族人口发展变化及经济、军事状况，具有较高的史料价值和学术价值。⑨ 范厚德的《〈鄂伦春自治旗志（1989—1999）〉禁猎内容编后》一文对《鄂伦春自治旗志》中有关禁猎的内容做了细致的介绍，并评价了禁猎政策与社会的进步。⑩

---

① 《呼伦贝尔学院学报》2008 年第 3 期。
② 《黑龙江民族丛刊》2020 年第 2 期。
③ 《吉林大学社会科学学报》1975 年第 3 期。
④ 《求是学刊》1980 年第 2 期。
⑤ 《黑河学刊》2003 年第 1 期。
⑥ 《世纪桥》2003 年第 3 期。
⑦ 《黑龙江史志》2003 年第 5 期。
⑧ 《黑龙江史志》2003 年第 6 期。
⑨ 《满语研究》2005 年第 2 期。
⑩ 《中国地方志》2002 年第 3 期。

韩来兴、单景春编写的《明清以来黑河鄂伦春族大事记（1616 年—1956 年）》，[①] 对明清以来黑河鄂伦春族的重大历史事件做了细致的整理和条分缕析的说明。

2. 综合性著作

鄂伦春民族史研究方面主要有以下著作：

（1）《鄂伦春族简史》，1983 年内蒙古人民出版社出版，2008 年民族出版社出版了修订版，增加了中华人民共和国成立后的历史。[②]（2）秋浦《鄂伦春社会的发展》[③]。（3）郑东日《鄂伦春族社会变迁》[④]。（4）李瑛《鄂伦春族教育史稿》[⑤]。该书作者根据库玛尔路鄂伦春协领公署的大量原始档案和其他历史文献，对作为狩猎民族的鄂伦春族中华人民共和国成立前教育发展概貌及其规律探索，是一部研究鄂伦春民族教育史的重要著作。（5）白兰的《鄂伦春族》[⑥] 较详细地介绍了鄂伦春族的历史和文化。（6）赵复兴的《鄂伦春族研究》[⑦]。该书是作者研究鄂伦春民族历史的自选论文集，收入 18 篇已刊论文。（7）中华文化通志编委会编《中华文化通志·民族文化典满、锡伯、赫哲、鄂温克、鄂伦春、朝鲜族文化志》[⑧]。其中鄂伦春族部分由关捷、高景新合撰，是一部鄂伦春族文化史。（8）韩有峰的《黑龙江鄂伦春族》[⑨]。该书较全面地论述了鄂伦春族的历史和文化。（9）韩有峰、都永浩、刘金明合著的《鄂伦春族历史、文化与发展》[⑩]。（10）刘晓春著的《鄂伦春人文经济》[⑪]。

3. 史料集

2001 年由中国第一历史档案馆、鄂伦春民族研究会编辑的《清代鄂伦春族满汉文档案汇编》由民族出版社出版。该书收集自康熙二十二年九月至宣统元年二月二十六日 200 多年间有关清代鄂伦春族的咨文、奏折等满汉文档案资料达 311 篇，是研究清代鄂伦春族民族史的重要史料。该书附录"满文档案汉译文""档案出处一览表"为不懂满文的作者阅读和查找检索提供了方便。2008 年由全国政协文史和学习委员会暨内蒙古自治区、黑龙江省政协文史资料委员会编辑的《鄂伦春族百年实录》由中国文史出版社出版。该书分为上、下两册，上册分为综述、文化风情、历史风云和民族区域自治四个部分，下册包括经济社会、人物春秋及附录和编后语四个部分，充分展现了鄂伦春民族的百年发展过程。

---

① 《黑河学刊》2003 年第 6 期。
② 《鄂伦春族简史》修订本，北京：民族出版社，2008 年，第 226 页。
③ 上海：上海人民出版社，1978 年。
④ 延吉：延边人民出版社，1985 年。
⑤ 长春：吉林教育出版社，1987 年。
⑥ 北京：民族出版社，1991 年。
⑦ 呼和浩特：内蒙古人民出版社，1987 年。
⑧ 上海：上海人民出版社，1998 年。
⑨ 哈尔滨：哈尔滨出版社，2002 年。
⑩ 哈尔滨：哈尔滨出版社，2003 年。
⑪ 北京：知识产权出版社，2010 年。

五、鄂温克族史研究

鄂温克族由于历史上的不断迁徙和生态环境的变化，其经济文化类型具有多样性的特点。因此在史学研究方面亦呈现出丰富而多元的文化状态。

（一）"文革"前的鄂温克族史研究

中华人民共和国成立后，随着党的民族政策的宣传和落实，对鄂温克族的调查和研究工作也全面展开。1956 年 8 月在全国人民代表大会民族委员会和国务院民族事务委员会的领导下，组成内蒙古东北少数民族社会历史调查组，其中鄂温克族分组先于 1956 年 11 月至 1960 年 1 月深入内蒙古呼伦贝尔盟的鄂温克族地区进行调查。并于 1958 年和 1959 年先后出版了由全国人民代表大会民族委员会办公室编辑的《内蒙古自治区额尔古纳旗使用驯鹿的鄂温克人的社会情况》和中国科学院民族研究所、内蒙古少数民族社会历史调查组编辑的《内蒙古自治区陈巴尔虎旗莫尔格河鄂温克索木调查报告》。在此基础上，于 1986 年由内蒙古人民出版社正式出版了《鄂温克族社会历史调查》，作为《民族问题五种丛书》之一。内蒙古少数民族社会历史调查组和中国科学院内蒙古分院历史研究所共同编辑出版了《〈清实录〉达斡尔、鄂温克、鄂伦春、赫哲史料摘抄》[①]。同年，中华书局出版了秋浦的《鄂温克人的原始社会形态》[②] 与此同时，吕光天发表《谈鄂温克族的来源》[③] 认为北魏时，在今黑龙江流域一带出现的"室韦"所包括的若干部落与鄂温克人有密切的关系。吕光天此时期发表的数篇论文收入其论文集《北方民族原始社会形态研究》。[④]

1963 年，中国科学院民族研究所、内蒙古少数民族社会历史调查组合编的《鄂温克族简史简志合编（初稿）》铅印出版。该书由七章组成。

（二）近 40 年来的鄂温克族史研究

1978 年以来，鄂温克族史研究迎来了"百花齐放、百家争鸣"的黄金时期。以下分专题研究、综合性著作进行归纳总结。

1. 专题研究

（1）族源

乌力吉图的《鄂温克族族源略议》一文，认为："鄂温克族是肃慎的后裔、挹娄的遗部、靺鞨的近亲、女真的旁支之说，是有历史根据的。"[⑤] 王晓铭、王咏曦的《鄂伦春与鄂温克同源考》认为鄂温克族与鄂伦春族同源。[⑥] 乌云达赉的《鄂温克族

---

① 呼和浩特：内蒙古人民出版社，1962 年。

② 秋浦：《鄂温克人的原始社会形态·后记》，北京：中华书局，1962 年，第 134 页。

③ 吕光天：《谈鄂温克族的来源》，《中国民族》1962 年第 1 期。

④ 银川：宁夏人民出版社，1981 年。

⑤ 《内蒙古社会科学》1985 年第 4 期，第 63 页。

⑥ 《黑龙江民族丛刊》1987 年第 1 期。

的起源》① 一文，认为鄂温克族来源于乌苏里江、绥芬河、图们江下游等流域，他们的祖先是七部之一的安居骨部，是"向西发展"。

（2）社会制度

晓方的《鄂温克族简介》对鄂温克族详尽的介绍。② 赵复兴的《解放前辉索木鄂温克族社会形态初探》认为辉索木鄂温克族早已进入宗法封建社会，特别是到中华人民共和国成立前已同一般封建社会没有什么区别。③ 满都尔图的《鄂温克人的"乌力楞"公社》论述了"乌力楞"公社的性质。④ 吕光天的《清末鄂温克族的社会结构》《解放前鄂温克族的社会经济与文化习俗》和《清代布特哈打牲鄂温克人的八旗结构》三文，⑤ 论述了鄂温克人的部落与氏族、"毛哄"家族公社的结构、家长奴隶制、氏族贵族、自由民——八旗士兵等，探讨了鄂温克族的社会结构。麻秀荣、那晓波的《清代鄂温克族农业的发展特点》一文，⑥ 探讨了鄂温克族农业的发展特点以及农耕发展所引起的社会重大变化等问题。稍后，麻秀荣、那晓波的《清代鄂温克族狩猎生产的发展变化》一文，⑦ 认为无论从生产力发展程度还是从生产关系变革的角度来分析，清代鄂温克族的狩猎生产都获得了前所未有的发展变化。这种发展变化，不仅体现在狩猎生产工具的不断改进与更新，同时还有狩猎生产方式的不断变迁、生产关系的变革。卡丽娜的《论驯鹿鄂温克族鹿业经济的历史变迁》论述了鄂温克族鹿业经济的历史发展、对鄂温克社会经济的影响。⑧ 麻秀荣、那晓波的《清代鄂温克族对外交换的发展及其影响》一文，⑨ 认为"清代鄂温克族社会的对外交换是伴随着对外联系与交往的不断扩大而逐渐发展起来的，其发展主要表现为贡市贸易的繁荣与汉族商号贸易的兴旺、集市贸易的形成与周邻民族交换的经常化，以及因之引起的前所未有的发展动力，从而推动和促进了鄂温克社会的发展和进步。"金鑫发表了数篇关于鄂温克历史研究的论文，如《清代达斡尔、鄂温克两族所适用的法律》⑩《论清代前期达斡尔、鄂温克族的商品经济》⑪。郭军连的《清代招抚索伦部族人旗考论》⑫ 通过清代黑龙江地区驻防体制角度，对清代索伦中的鄂温克人入旗问题进行研究。包羽、刘荣臻、伊乐泰、娜仁其其格的《鄂温克族在历史上所享有的医疗服务》⑬ 介绍了鄂温克人在历史上享有各种医疗服务及

① 《内蒙古社会科学》1992 年第 4 期。
② 《内蒙古社会科学》1981 年第 2 期。
③ 《内蒙古社会科学》1981 年第 3 期。
④ 《社会科学战线》1981 年第 1 期。
⑤ 《内蒙古社会科学》1982 年第 5 期；《黑龙江文物丛刊》1983 年第 4 期；《民族研究》1983 年第 3 期。
⑥ 《黑龙江史志》1998 年第 1 期。
⑦ 《北方文物》2002 年第 2 期。
⑧ 《满语研究》2001 年第 1 期。
⑨ 《中国边疆史地研究》2008 年第 4 期。
⑩ 《满语研究》2013 年第 2 期。
⑪ 《满语研究》2012 年第 1 期。
⑫ 《满族研究》2013 年第 4 期。
⑬ 《前沿》2011 年第 9 期。

其原因。韩光明、吴天喜的《清代鄂温克族学校教育》① 对清代鄂温克族的学校教育进行了介绍。此外还有刘精忠、黄丁的《论索伦关于布伯的哈西德研究之争》②、郭海燕的《索伦兵远征廓尔喀》③、马金柱的《清代黑龙江索伦、达斡尔人留京问题刍论》④ 等。

（3）宗教文化

张友春的《鄂温克民族的宗教信仰》对中华人民共和国成立前后鄂温克族的萨满信仰及其变化进行了论述；⑤ 汪立珍的《鄂温克族萨满神歌的文化价值》一文，从宗教学、民俗学、民间文学等方面综合探讨了鄂温克族萨满神歌所蕴含的文化价值，从而进一步地论证了萨满教在鄂温克族传统文化中的地位和意义；⑥ 赵复兴的《鄂伦春族鄂温克族的火文化》从使用火的意义、火的传说、对火的崇拜、祭祀和禁忌、火的使用、取火和保存火种的方法等六个方面，对鄂温克族的火文化进行了阐述。⑦ 涂建军的《鄂温克族的节日习俗》一文，对鄂温克族的瑟宾节、敖包会、米阔鲁节、春节、斯特罗衣查节等节日进行了阐述，并从节日和宗教的关系探讨了节日的功能和文化内涵。⑧

（4）保家卫国

吕光天先后发表《清代鄂温克族在维护祖国统一和守卫边疆上的历史作用》《鄂温克族人民反抗外国侵略者的斗争》和《清朝初期的鄂温克族》三文。⑨ 重点阐述了鄂温克族人民反抗沙俄和参加雅克萨战役的历史事实，并从反击沙俄侵略者的战争，反对日本侵略者的斗争和中国共产党领导的抗日战争三大历史阶段对鄂温克族人民反抗外国侵略者的斗争论述，肯定了鄂温克族驻守东北边疆和西北边疆，在维护祖国统一方面所起的重要作用。王国柱的《日本侵略者对鄂温克人的灭绝政策》深刻地揭露了日本帝国主义的侵略罪行。⑩

2. 综合性著作

改革开放以后，涉及鄂温克族史的著作较多，专著主要有六部。（1）《鄂温克族简史》⑪，全面论述了鄂温克族的历史和现状，以及宗教文化等。该书是根据 1963 年铅印的《鄂温克族简史简志合编》（初稿）第二章《历史简述》（原 15000 多字，

① 《黑龙江民族丛刊》2009 年第 6 期。

② 《世界宗教研究》2015 年第 4 期。

③ 《理论观察》2017 年第 3 期。

④ 《北京社会科学》2020 年第 2 期。

⑤ 《理论研究》1999 年第 4 期。

⑥ 《满语研究》2000 年第 1 期。

⑦ 《黑龙江民族丛刊》1994 年第 2 期。

⑧ 《内蒙古民族大学学报》2004 年第 2 期。

⑨ 《学习与探索》1984 年第 3 期；《黑河学刊》1987 年第 1 期；《北方文物》1982 年第 3 期。

⑩ 《中央民族大学学报》2001 年第 1 期。

⑪ 呼和浩特：内蒙古人民出版社，1983 年。

执笔人吕光天）为基础增删编纂而成。① （2）《鄂温克族经济简史》②。该书对鄂温克族的人口分布、自然环境和社会经济条件、古代鄂温克族经济、清代和民国时期鄂温克族经济、人口与商品交换和与兄弟民族往来、民主改革和社会主义改造、鄂温克族自治旗及各民族乡经济的发展等作了综合论述。（3）乌云达赉的《鄂温克族的起源》③。（4）乌热尔图的《鄂温克族历史词语》④。（5）乌热尔图的《鄂温克史稿》⑤。（6）吴守贵的《鄂温克族社会历史》⑥。

另外，还有鄂温克族自治旗史志办编写的《鄂温克族自治旗三十年》⑦、关英主编的《中共鄂温克族自治旗党史大事记》⑧、关捷等合撰《满、锡伯、赫哲、鄂温克、鄂伦春、朝鲜族文化志》⑨、王希隆的《各民族共创中华东北内蒙卷上册满族、锡伯族、达斡尔族、鄂温克族、鄂伦春族、赫哲族的贡献》⑩、吴守贵的《鄂温克人》⑪、孔繁志的《敖鲁古雅鄂温克人的文化变迁》⑫。2008 年《鄂温克族百年实录》⑬ 该书是由全国政协文史委员会组织编撰的"中国少数民族文史资料书系"之一。全书由综述、民族区域自治、历史风云、当代新貌、文化纵横、民族风情、人物风采、附录 8 部分组成，共 200 余篇文章，119 万字，40 余幅图片，保留了相当重要的文化人类学、民族史学资料，为今后的研究提供了新的视角。

总之，鄂温克族和鄂温克族史学研究在中华人民共和国 70 周年的发展进程中得到了长足的发展。

第六节　朝鲜族史研究

一、朝鲜族史的研究历程与主要成果

朝鲜族在中华民族大家庭里是一个后加入的群体，朝鲜族作为一个迁入民族，有着它自身的发展历史。中华人民共和国成立后，朝鲜族史研究正式走入前台。中

---

① 《鄂温克族简史》编写组：《鄂温克族简史》，呼和浩特：内蒙古人民出版社，1983 年，第 173 页。
② 呼和浩特：内蒙古大学出版社，1995 年。
③ 呼和浩特：内蒙古大学出版社，1988 年。
④ 呼和浩特：内蒙古文化出版社，2005 年。
⑤ 呼和浩特：内蒙古文化出版社，2007 年。
⑥ 北京：民族出版社，2008 年。
⑦ 呼和浩特：内蒙古人民出版社，1998 年。
⑧ 呼和浩特：内蒙古文化出版社，1998 年。
⑨ 上海：上海人民出版社，1999 年。
⑩ 兰州：甘肃文化出版社，1999 年。
⑪ 呼和浩特：内蒙古文化出版社，2000 年。
⑫ 天津：天津古籍出版社，2002 年。
⑬ 全国政协文史和学习委员会暨内蒙古自治区、黑龙江省政协文史资料委员会编：《鄂温克族百年实录》，北京：中国文史出版社，2008 年，第 2 页。

华人民共和国走过了 70 年的历程，朝鲜族历史研究也蔚然成景。

众所周知，朝鲜族史属于一个新兴学科。首先，在名称定义上，朝鲜族同朝鲜民族区别开来，主要指的是中国境内的朝鲜民族，带有国籍划分。其次，朝鲜族史的研究和中华人民共和国紧密相连，正是在中华人民共和国的良好的民族政策下，朝鲜族才真正成为中华民族大家庭的一员，它的研究也成为国内少数民族史的一个重要组成部分。

中华人民共和国成立后，朝鲜族史研究开始起步，50 年代吕光天的《十九世纪末朝鲜族迁入延边自治州的历史背景》一文，[①] 论述了朝鲜族迁徙延边的情况。1958 年，在全国人大民族委员会的主持下开始进行少数民族的社会历史调查工作。中国科学院民族研究所、北京大学、吉林大学、延边大学等单位联合组成吉林少数民族社会历史调查组，并对中国朝鲜族的历史和现状进行了广泛的调查。在此基础上，1961 年成立了《朝鲜族简史》编写小组，1963 年《朝鲜族简史》征求意见稿问世。但是，由于"文化大革命"的影响，延至"文革"结束后的 1979 年才进行修订，并于 1986 年正式出版[②]。该书汇集了许多学者的研究成果，是我国第一部系统化的朝鲜族历史专著，它的出版标志着我国朝鲜族历史研究已经进入正规轨道。

1964 年，延边朝鲜族自治州为有效地开展朝鲜族史研究，成立了朝鲜族历史语言研究所。1981 年 12 月，朝鲜族历史语言研究所发展为延边历史研究所和延边语言研究所两个单独的研究机构。1982 年，延边大学也成立了民族研究所，延边大学作为朝鲜族为主体的民族大学，对朝鲜族史的研究拥有得天独厚的优势。1978 年获得硕士学位授予权，1979 年开始招收研究生；1993 年 12 月获得世界史—国别史专业博士学位授予权；1994 年 11 月被列为普通高等学校第一批重点学科，成为全国唯一以朝鲜（韩国）史为主要研究方向的硕、博士两个层次的学位点。在历史硕、博士学位点上，朝鲜族史专业主要致力于朝鲜族历史、古籍文献及史料方面的研究和整理。2008 年，中国朝鲜民族史学会（国家级学会）的成立，为朝鲜族史研究提供了更广阔的平台。

另外，延边历史研究所和延边大学民族研究所创办了《延边历史研究》《中国朝鲜族研究论丛》《朝鲜族历史研究论丛》等刊物，为朝鲜族历史研究向纵深发展创造了有利条件。再有，自 1981 年起，东北抗日联军史的研究受到国家高度重视，专门组织专家学者对朝鲜族抗日遗迹地进行实地勘查，邀请抗日老战士举行各种座谈会，发掘出大量有关朝鲜族史的第一手资料，并做了认真的整理工作。在此基础上，从 1881 年起陆续出版了延边朝鲜族自治州民政局编《长白勇士》1—4 册[③]，朴

---

①　《中国民族问题研究集刊》1957 年第 6 辑。

②　《朝鲜族简史》编写组：《朝鲜族简史》，延吉：延边人民出版社，1986 年。

③　延吉：延边人民出版社，1982—1990 年。

昌昱主编《朝鲜族革命烈士传》1—3 册①，韩俊光主编《中国朝鲜族人物传》② 等各种传记和朴春日口述、崔三龙整理《朴春日抗日回忆录》等 20 多部具有学术价值的革命回忆录。

20 世纪八九十年代，朝鲜族史研究突飞猛进，许多研究成果相继问世。除《朝鲜族简史》外，代表性的论著有高永一《朝鲜族历史研究》③，金昌国《南满人民抗日斗争史》④，延边大学教育学心理学研究室、延边民族教育研究所教育史研究室编《延边朝鲜族教育史》⑤，朴京洙《延边农业经济史》⑥，金东和《延边青年运动史》⑦，黄龙国等《朝鲜族革命斗争史》⑧，黄有福《中国朝鲜民族研究》⑨，赵成日等《中国朝鲜族文学史》⑩，金东勋、金昌浩《朝鲜族文化》⑪，东北朝鲜族教育史编写组《中国朝鲜族教育史》⑫，朴昌昱《中国朝鲜族历史研究》⑬，千寿山、金钟国《中国朝鲜族风俗》⑭，崔圣春主编《延边人民抗日斗争史》⑮ 等。这些专著的出版，进一步拓宽了朝鲜族史的研究领域。此外，为了普及朝鲜族历史教育，于 1989 年在延边大学专门设立"中国朝鲜民族足迹丛书编纂委员会"，至 1999 年共出版了《中国朝鲜民族足迹丛书》1—8 册⑯。它的出版不仅得到史学界的一致好评，而且对朝鲜族历史教育的普及做出了重大贡献。

进入 21 世纪，许多世界史和朝鲜族史专业的博士研究生毕业后投入研究领域，为朝鲜族史研究队伍注入了众多新鲜血液，使朝鲜族史研究跃上了新的台阶，高质量的研究成果也陆续问世。代表著作有姜龙范《近代中朝日三国对间岛朝鲜人的政策研究》⑰，金春善《延边地区朝鲜族社会的形成研究》⑱，孙春日《解放前东北朝鲜族土地政策研究》⑲，金哲洙《延边抗日史迹地研究》⑳，金成镐《东满抗日革命

---

① 沈阳：辽宁民族出版社，1983 年、1986 年、1992 年。
② 延吉：延边人民出版社，1990 年。
③ 沈阳：辽宁人民出版社，1982 年。
④ 延吉：延边人民出版社，1986 年。
⑤ 延吉：延边人民出版社，1987。
⑥ 延吉：延边人民出版社，1987 年。
⑦ 延吉：延边人民出版社，1988 年。
⑧ 沈阳：辽宁民族出版社，1988 年。
⑨ 沈阳：辽宁民族出版社，1989 年。
⑩ 延吉：延边人民出版社，1990 年。
⑪ 长春：吉林教育出版社，1990 年。
⑫ 延吉：东北朝鲜民族教育出版社，1992 年。
⑬ 延吉：延边大学出版社，1995 年。
⑭ 沈阳：辽宁民族出版社，1996 年。
⑮ 延吉：延边人民出版社，1997 年。
⑯ 北京：民族出版社，1989—1999 年。
⑰ 哈尔滨：黑龙江朝鲜民族出版社，2000 年。
⑱ 长春：吉林人民出版社，2001 年。
⑲ 延吉：吉林人民出版社，2001 年。
⑳ 延吉：延边人民出版社，2002 年。

斗争特殊性研究》①，杨昭全、金春善等《中国朝鲜族革命斗争史》②，金泰国《东北地区朝鲜人民会研究》③，金颖《近代东北地区水田农业发展史研究》④，朴今海《日本对东北朝鲜族的殖民主义教育政策研究》⑤，李洪锡《日本驻中国东北地区领事馆警察机构研究》⑥，延边日报社编的《新闻阅读新中国 60 年朝鲜族变迁史》⑦，金花善的《朝鲜族村庄变迁研究》⑧。

2011 年，由金春善主编的《中国朝鲜族通史》上下卷由延边大学出版社出版了。这是我国首次出版的有关中国朝鲜族历史的综合性书籍，共计 130 万字。融入了国内外朝鲜族学术界最新的研究成果，在尊重史实的基础上，深入系统地介绍了中国朝鲜族的发展历程，内容涉及朝鲜族政治、经济、文学、教育、宗教、艺术、体育、民俗等诸多方面。此后，关于朝鲜族历史的著作大量出版，有许青善、姜永德主编的《朝鲜族教育史》⑨，黄有福的《东北朝鲜族地区基督教传播史》⑩，李光仁、林善玉的《中国朝鲜族少年抗日英雄们》⑪，金龙男的《朝鲜族体育教育史》⑫，朴今海的《朝鲜族教育运动史》⑬，金扬的《辽宁省朝鲜族革命斗争史》⑭，孙春日主编的《日本帝国主义对东北朝鲜族的统治研究》⑮，金春善主编的《解放战争时期的中国朝鲜族》⑯，政协延边朝鲜族自治州委员会的《中国朝鲜族百年实录》（1—10卷）⑰，朴尚春的《朝鲜民族历史文化研究》⑱，朴文峰的《东北抗日战争朝鲜族人物录》⑲，《中国朝鲜族百年口述史系列丛书》⑳，金哲镐的《中国朝鲜族历史叙述》㉑等的研究成果。相对 20 世纪而言，无论从深度还是广度上都更胜一筹，令人瞩目，其特点：结构严谨、资料翔实、立论可靠、富于创见。

在史料整理方面，近年来取得了不小的成绩，金春善主编的《中国朝鲜族史料

① 哈尔滨：黑龙江朝鲜民族出版社，2006 年。
② 延吉：吉林人民出版社，2007 年。
③ 哈尔滨：黑龙江朝鲜民族出版社，2007 年。
④ 北京：中国社会科学出版社，2007 年。
⑤ 延吉：延边大学出版社，2008 年。
⑥ 延吉：延边大学出版社，2008 年。
⑦ 北京：民族出版社，2010 年。
⑧ 延吉：延边大学出版社，2011 年。
⑨ 延吉：延边教育出版社，2013 年。
⑩ 北京：中央民族大学出版社，2014 年。
⑪ 延吉：延边人民出版社，2015 年。
⑫ 延吉：延边教育出版社，2015 年。
⑬ 延吉：延边教育出版社，2015 年。
⑭ 沈阳：辽宁民族出版社，2015 年。
⑮ 北京：中国社会科学出版社，2015 年。
⑯ 延吉：延边人民出版社，2016 年。
⑰ 北京：中国文史出版社，2016 年。
⑱ 长春：吉林大学出版社，2017 年。
⑲ 北京：民族出版社，2017 年。
⑳ 延吉：延边人民出版社，2018 年。
㉑ 延吉：延边教育出版社，2018 年。

全集》①，崔三龙、许辉勋主编的《20 世纪中国朝鲜族文学史料全集》②，崔文植主编的《中国朝鲜族革命烈士传略》③，许青善、姜永德主编的《朝鲜族教育史料集》④ 等许多大部头的史料相继出版。

在此期间，还有数百篇有关朝鲜族史的研究论文刊登在国内外的学术刊物上，内容涉及朝鲜族的迁入史、社会史、抗日斗争史、政策史、经济史、思想史、文化教育、宗教、人口等方方面面，受到国内外史学界的好评。

二、朝鲜族史的研究热点

（一）朝鲜族史的上限问题

学术界对于中国朝鲜族历史上限问题，众说纷纭：朝鲜族是世居民族；朝鲜族迁入于元、明时期；朝鲜族迁入于明末清初；朝鲜族迁入于 19 世纪中叶。其中，后两种观点在学术界争论最大，双方争论的焦点在于该如何看待明末清初移居我国辽宁省盖县、本溪县和河北省青龙县等地的朴姓朝鲜人及其后裔的民族属性。经过几十年的争论，朝鲜族历史上限起自明末清初的观点成为主流。学者们认为，明末清初移居的朴姓朝鲜人及其后裔尽管早已丧失了本民族的语言，但其民族意识和民族属性依然保存下来，所以，他们先人的移居时期应被视为中国朝鲜族史的上限。

（二）朝鲜族的国籍问题与"双重使命"问题

朝鲜族自定居中国东北伊始，就遭受地方当局的封建压迫和民族歧视。光复前，中国的历代政府把业已归化入籍的朝鲜人视为垦民（即朝鲜族），而把未加入中国国籍的朝鲜人视为侨民（即朝鲜人）。⑤ 因此，一些学者便认为应当把当时加入中国国籍的朝鲜人看作朝鲜族，而未加入中国国籍的朝鲜人看作朝侨。于是，朝鲜族的国籍问题就成了朝鲜族史研究的热点。20 世纪 80 年代后期，相关方面的研究成果相继问世⑥，这些著述将中国朝鲜族的归化入籍过程分为两个阶段：第一阶段为清政府的"剃发易服"政策时期；第二阶段为中华民国的"归化入籍"政策时期。学

---

① 延吉：延边人民出版社，2011—2017 年。

② 延吉：延边人民出版社，2010—2013 年。

③ 延吉：延边人民出版社，2013—2017 年。

④ 延吉：延边教育出版社，2014 年。

⑤ 朴昌昱：《论朝鲜族的迁入及历史起点》，姜龙范、孙春日：《中国朝鲜族历史上限新探》，均见《朝鲜族研究论丛》（2），延吉：延边大学出版社，1989 年；刘秉虎：《河北省青龙县朴氏朝鲜族社会历史调查》，《朝鲜族研究论丛》（1），延吉：延边大学出版社，1987 年。

⑥ 朴昌昱：《试论朝鲜族的迁入及其历史上限问题》，《朝鲜族研究论丛》（1），延吉：延边大学出版社，1987 年；权立：《试论中国朝鲜族在历史上的法律地位问题》，《朝鲜族研究论丛》（2），延吉：延边大学出版社，1989 年；朴吉春：《从"东三省政略"看清末朝鲜族移民的法律地位》，《朝鲜族研究论丛》（3），延吉：延边大学出版社，1991 年；千寿山、洪景莲：《"九一八"事变前东北三省朝鲜人的入籍情况》，《朝鲜族研究论丛》（4），延吉：延边大学民族研究所，1995 年；金春善：《北间岛地区朝鲜族社会的形成研究》，韩国国民大学校博士论文，1999 年。

者们认为，清政府的"剃发易服"政策是封建的民族同化政策，而 1909 年《大清国籍条例》颁布后的"归化入籍"政策是近代的取得国籍的法律问题，所以，民族同化政策与法律上的入籍问题应当分别看待。另外，学者们还认为，从朝鲜半岛迁入中国东北的朝鲜人，成为中国的少数民族——朝鲜族需要漫长的历史过程，因此，不能简单地把入籍与否看作区别朝鲜族和朝鲜人的唯一标准。

众所周知，中国朝鲜族的形成，实际上就是在制度与文化乃至认同意识等多个层面由一个从外国人移民群体而逐步成为中华民族大家庭之一员的历史过程，而正是这样一种朝鲜族历史的多元与复杂特性，造就了中国朝鲜族革命斗争史的最根本特性，即"双重使命"。对此，朴昌昱教授指出："九一八"事变以后，对于中华民族成员之一的朝鲜族来说，很自然地把中华民族的共同民族意识和本民族的解放意志有机地统一起来，积极地投入抗日救国斗争。但是，对于朝鲜族来说，"为中华民族的解放而斗争"的深层内涵中，还包含着"为整个朝鲜民族的解放而战"的意旨。总之，无论他们举起"为朝鲜民族的解放而战"的旗帜，还是举起"为中华民族的解放而战"的旗帜，其内涵都是双重性的，既包含着作为朝鲜民族一员的解放，又包含着作为中华民族一员的解放[①]。这种对特定历史时期朝鲜族所肩负的"双重使命"的理论认识，还为朝鲜族史的研究提供了新的方法论，使之得以对朝鲜族历史上的具体人物、事件、团体做出实事求是的评价，进而对民族主义者、共产主义者所进行的反日运动，以及朝鲜共产主义者加入中国共产党等重大历史事件做出正确的评析，为朝鲜族史的研究做出了重大贡献。

（三）朝鲜族聚居区与朝鲜族社会形成问题

20 世纪 80 年代后期，孙春日发表硕士论文[②]，阐明了延边朝鲜族聚居区的形成问题，其结论是：由于地理条件不同以及清政府在东边道和延边地区实行的政策不同，尽管朝鲜人移居东边道地区的时间远远早于延边地区，但是延边地区却最先形成了朝鲜族聚居区。

2001 年，金春善出版了《延边地区朝鲜族社会的形成研究》专著，指出 1890 年前后清朝在延边设置的四堡三十九社，应看作朝鲜族聚居区的形成。另外，对朝鲜族社会的形成，则应以 1909 年垦民教育会的成立和 1913 年垦民会的成立为标志。也就是说，过去，学者们大多把 1885 年朝鲜族聚居区的形成视为朝鲜族社会形成的起点，而这一成果则把聚居区与朝鲜族社会区别看待，阐明聚居区的形成可以以朝鲜族住户的定居已被法律所认定为标准，而朝鲜族社会的形成则必须由其成员们以其意识和文化在社会上形成共同结合体为标准，而垦民会的成立之所以令人瞩目，

---

① 朴昌昱：《试论朝鲜族的迁入及其历史上限问题》，《朝鲜族研究论丛》（1），延吉：延边大学出版社，1987 年，第 25 页。

② 孙春日：《试论延边朝鲜族聚居区的形成》，《朝鲜族研究论丛》（2），延吉：延边大学出版社，1989 年。

正在于它意味着朝鲜族社会的正式形成。在 2010 年,《延边朝鲜族史》编写组编的《延边朝鲜族史》① 出版了。除此之外,不少民族聚居区的历史著作相继出版。有权衡益的《盘锦朝鲜族史略》②,崔锡升的《珲春朝鲜族移民史》③,李印林的《河北朝鲜族史》④,金永日的《营口朝鲜族简史》,五常市朝鲜民族事业促进会的《五常朝鲜民族志》⑤,杨凤松的《珲春朝鲜族发展史》⑥ 等。

(四)民族主义运动与武装斗争的评价问题

有关朝鲜族的反日武装斗争研究,20 世纪 80 年代出版了诸多有关朝鲜族抗日联军的史实、人物传记和大事记等著述。然而,这种研究偏重于中国共产党领导下的抗日斗争,有一定的局限性。20 世纪 80 年代后期,随着中韩文化交流日趋活跃、更多史料的发掘以及实事求是学风的贯彻,我国学术界对朝鲜民族主义者的活动也着手进行研究,从而填补了这方面的空白。

20 世纪 90 年代,学者们发表了诸多有关朝鲜民族主义反日团体的研究成果,主要观点有:1920 年日本帝国主义的"庚申讨伐"以后,民族主义运动的中心由延边地区转为"南满"地区;从民族主义运动的领导阶层、斗争方略和运动中心地等看来,"三府鼎立"时期的 20 世纪 20 年代,并不是民族主义运动的鼎盛时期,而恰恰是其衰败时期;民族主义者在"南满"地区所实行的"自治",不是真正的自治,只不过是进行独立运动的势力范围;民族主义反日团体所开展的启蒙运动和反日教育,不仅增强了朝鲜族人民的反日意识,而且为日后社会主义思想的传播奠定了思想基础。

(五)马列主义的传播与反帝反封建斗争问题

20 世纪 20 年代,马列主义开始在朝鲜族聚居区传播。史学界在此方面所持观点为:马列主义的传播与朝鲜民族解放运动的开展紧密结合,同时为日后中国共产党在东北地区建立基层党组织奠定了基础;朝鲜早期共产主义者直接与农民运动相结合,客观上为日后革命斗争的开展奠定了坚实的群众基础,为中共东北党的工作重心由城市转向农村创造了有利条件;由于当时朝鲜族聚居区接受马列主义的传播的社会阶级基础很薄弱,使得早期朝鲜共产主义团体囊括了一大批非无产阶级分子,从而产生了对"革命"的"狂热"或"盲动"倾向,其基调依然是"朝鲜革命延长论",而未能依据实际提出反帝反封建斗争纲领。

---

① 延吉:延边人民出版社,2010 年、2014 年。
② 沈阳:辽宁民族出版社,2011 年。
③ 延吉:延边教育出版社,2015 年。
④ 沈阳:辽宁民族出版社,2016 年。
⑤ 哈尔滨:黑龙江人民出版社,2017 年。
⑥ 延吉:延边大学出版社,2018 年。

三、朝鲜族史研究的课题与展望

中华人民共和国成立 70 年来的朝鲜族史研究历程，虽然硕果累累，但仍有诸多问题亟待认真研究。继续加强对朝鲜族史的研究深度，尤其是朝鲜族政治思想史和社会文化史等方面；拓宽和开辟朝鲜族史的研究范围和研究方法。对朝鲜族史的研究，不应仅限于我国朝鲜族，应当使之与我国其他少数民族以及在美国、日本、俄罗斯等国的朝鲜人历史进行比较研究，从而进一步阐明和体现中国朝鲜族的历史特点；重视和加强对东北地方史和朝鲜族史的关联性研究；将历史研究与现实问题紧密结合，阐明朝鲜族社会的发展历程，论述改革开放以来朝鲜族社会文化发展的热点问题。

第四章　北方民族史研究

通　论

我国北方草原自古是游牧民族活动的大舞台，最早在此建立北方游牧民族统一政权的是匈奴人，其后东胡系诸民族、突厥系诸民族都曾在这里居住和建立政权。本章主要论述匈奴人和东胡系的鲜卑、乌桓、室韦、柔然、蒙古，以及属于蒙古语族的达斡尔族的研究情况。突厥系诸民族的研究情况将在下一章《西北地区民族史研究》中论述。

清代西北舆地之学的兴起，使北方民族史的研究成为热点。民国时期开始进行现代意义的研究，出现了王国维、陈寅恪、陈垣等著名学者，这时期的研究为后来的发展打下了良好的基础。方壮猷、黄文弼、吕思勉、何震亚、齐思和、岑仲勉、傅斯年、金毓黻、翦伯赞、冯家升、陈述、傅乐焕、韩儒林、翁独健、邵循正等是这时期的重要学者。

中华人民共和国成立以后北方民族史研究，以"文化大革命"（1966—1976年）为界，大体上可以划分为两个时期。在"文化大革命"期间研究处于停顿状态。

五六十年代，大陆学者普遍以马克思主义唯物史观来指导研究工作，在北方民族史领域取得了很大成绩。50 年代，苏联的史学研究理论和观点对中国北方民族史研究有较大的影响。至 60 年代，中苏关系破裂，凡涉及边界和分居两国的民族问题时又受中苏关系的影响。另外受"左"的倾向、教条主义和实用主义的影响，对马克思主义历史研究的理论和方法也有简单化和公式化的倾向，动辄引用马列语录为据，评价人物事件亦有公式化的倾向。受中国史学界有关汉民族形成问题、农民起义、中国社会性质等方面讨论的影响，在研究内容方面，主要集中于族源、族称、社会性质、人民起义、人物评价等方面。

1978 年"改革开放"以后，随着思想解放和与国际交流的加强，学术研究更加自由，"左"的倾向等思想束缚得到逐步解脱，思想理论方面不仅坚持马克思主义的史学理论和方法，也充分吸收西方学术研究的成果和理论方法，学术观点更加客观、公允。大陆的北方民族史研究蒸蒸日上，无论在广度和深度上都达到了前所未有的水平。在研究内容方面，70年代末及80年代，由于思想解放刚刚开始，中苏关系还未改善，因此社会性质、农民起义、人物评价、民族关系史和反抗帝国主义侵略等课题仍是热点。90年代以后，有关社会性质、农民起义、人物评价和帝国主义侵略等方面内容逐渐减少，其中一些问题甚至已无人问津。学术研究领域扩大到经济史、法律史、文化史、宗教史、民俗史、社会生活史等各个方面。"改革开放"后基础性研究工作得到重视，整理和汉译出版大量少数民族文字文献资料，汉译出版了大量外文史料和国外研究论著。随着考古发现的增多，大量考古资料得以运用，近年生物分子学的自然科学方法亦得到较多的应用，推进了古代民族史研究的深入。民族史学者在研究中吸收民族学、社会学、政治学等多学科的理论与方法，在研究方法上呈现了多样化的趋势。语言学、民族学、地理学等其他相关学科的发展也推进了北方民族史学科的发展。

大陆北方民族史研究机构和人员目前主要集中在中国社会科学院民族学人类学所，历史所，北京大学、南京大学、复旦大学、兰州大学、南开大学、吉林大学、中央民族大学、内蒙古大学、内蒙古社会科学院、内蒙古师范大学等单位。

1949年以后，马长寿、陈经序、林幹、岑仲勉、田余庆、宿白、王仲荦、唐长孺、漆侠、冯家升、陈述、傅乐焕、蔡美彪、罗继祖、张博泉、韩儒林、翁独健、邵循正、杨志玖、贾敬颜等著名学者是学科的带头人，"改革开放"后，中华人民共和国培养的学者成长起来，逐渐成为本学科的主要研究力量。

台湾学者在20世纪70年代之前对北方民族史研究取得了显著成绩。以姚丛吾、札奇斯钦、李符桐等人为首的研究队伍，人数虽然不多，其成果可与内地比肩。之后，王明信、袁冀、王吉林、韩道诚、陶晋生、刘学铫，等等，第二代学者人数增加，成果增多。但是，近年台湾史学界受本土化因素影响，研究北方民族的学者人数减少，再加大陆相关研究的飞速发展，相形之下有些冷落。

第一节　匈奴史研究

匈奴是我国古代北方一个古老的游牧民族，兴起于公元前3世纪前后，曾经在北方草原建立起第一个强大的游牧族军事政权，称雄一时。匈奴在大漠南北活跃了近三百年后，实力逐渐衰退，并分裂为南北两大部分。南匈奴进入中原地区又活跃了近二百年（公元4—5世纪），最终销声匿迹，北匈奴则大部分西迁至中亚、欧洲。

匈奴对于中外历史产生过重大影响，19世纪以来，匈奴史研究甚至一度成为学术界关注的焦点和热点。1949年后，仍有大量学者在匈奴研究领域里做着不懈的努力和探索。

马长寿是中华人民共和国成立初期第一个用马列主义理论研究匈奴的学者，其所著《北狄与匈奴》一书是中华人民共和国第一部匈奴史研究专著。[1] 该书以唯物主义史观为指导，将考古资料与文献资料相结合，为中华人民共和国的匈奴史研究提供了一个很好的先例。

继马长寿之后，林幹在匈奴史研究上有着丰富的积累和深厚的造诣，发表有《匈奴史》《匈奴历史年表》《匈奴通史》《匈奴史料汇编（上、下）》等论著，[2] 从而成为国际著名的匈奴史研究专家。林先生在其论著中运用唯物主义的方法，对匈奴族的历史、经济、社会结构、政权组织、文化习俗、部族兴衰、政治演变及与其他各族，尤其是汉族的关系做了全面的研究，为匈奴族的历史描绘出一个基本轮廓。在林先生主编的《匈奴史论文选集》中，[3] 对 1919 年前后至 1979 年间的匈奴研究状况做过一个系统的回顾。本文将在借鉴吸收此成果的基础上对 70 年来匈奴研究做一个补充论述。

一、匈奴的族源与族属问题

匈奴的族源族属问题，国内外学术界一向争议颇多。在族源方面，主要有下列几种不同的观点：1. 传统观。认为匈奴由先秦的鬼方、畎夷、昆夷、荤粥、猃狁、山戎，北狄中的赤狄、白狄等为主演变而来的。此观点源于司马迁《史记》，近代王国维基本继承了这一观点，此后梁启超、方壮猷、冯家升、马长寿、黄烈等多采用此说。王钟翰在其主编的《中国民族史》一书中指出：匈奴族源从其名称由来便可看出，他们与殷商以来的鬼方、獯鬻、荤粥、猃狁、胡等有着密切的渊源关系。但不等于说前者是后者的翻版，而是说匈奴族是在上述诸族的基础上，吸收周围各族人民发展起来的。它是由戎、狄、胡多种民族成分组成的"民族共同体"。[4] 2. 义渠说。持这一观点的学者主要有蒙文通、黄文弼等，而且黄文弼还进一步认为，匈奴族源不仅有义渠，还应该包括林胡、楼烦，他们是战国时匈奴在内地者。[5] 3. 夏族说。主要以《史记·匈奴列传》所记"匈奴，其先祖夏后氏之苗裔"为依据。此说以何震亚的《匈奴与匈牙利》、吕思勉的《匈奴文化索隐》和金元宪的《北匈奴西迁考》为主要代表。[6] 4. 西方族源说。认为匈奴并非东方世居居民，乃来自西方之种族。岑仲勉的《伊兰之胡与匈奴之胡》和孙次舟的《匈奴出现中国边塞的时代》坚持此说。[7]

---

① 马长寿：《北狄与匈奴》，北京：生活·读书·新知三联书店出版社，1962 年。

② 林幹：《匈奴史》，呼和浩特：内蒙古人民出版社，1977 年；《匈奴历史年表》，北京：中华书局，1984 年；《匈奴通史》，北京：人民出版社，1986 年；《匈奴史料汇编（上、下）》，北京：中华书局，1988 年。

③ 林幹主编：《匈奴史论文选集》，北京：中华书局，1983 年。

④ 王锺翰主编：《中国民族史》，北京：中国社会科学出版社，1994 年。

⑤ 黄文弼：《古代匈奴民族之研究》，《边政公论》第 2 卷第 3、4、5 期，1943 年。

⑥ 何震亚：《匈奴与匈牙利》，《中外文化》第 1 卷第 1 期，1937 年；吕思勉：《匈奴文化索隐》、金元宪：《北匈奴西迁考》俱见《国学论衡》，1935 年第 5 期。

⑦ 分见《真理杂志》第 1 卷第 3 期，1944 年；《西北通讯》1947 年第 3 期。

　　至迟在 20 世纪 60 年代，有关匈奴起源问题出现了一种新观点，即北方草原民族说。1963 年 4 月 10 日曹永年在《光明日报》发表了题为《战国历史上的"匈奴"》一文，最为鲜明地提出了匈奴形成于北方草原的论点。20 世纪 80 年代以来，随着国内有关匈奴考古发掘的不断深入，考古成果的大量问世，此一观点又被重新提出。较有代表性的学者和论著有：杨建新的《中国西北少数民族史》、① 吴荣曾的《战国胡貉各族考》、② 宋新潮的《匈奴早期活动地域考》、③ 田广金的《近年来内蒙古地区的匈奴考古》、④ 郭素新的《试论汉代匈奴文化的特征》、⑤ 乌恩的《论匈奴考古研究中的几个问题》。⑥ 杨建新认为，匈奴族是以早已存在于北方的某一强大部落为主，吸收融合了从夏、商以来活动于北方的鬼方、荤粥、猃狁、狄、戎等各种部落，甚至还包括由中原北上的一部分华夏族，经过长期的融合过程，在战国后期形成的一个新的民族。从他的族源方面，可以追溯到殷商时期北方的许多部落，但作为一个民族共同体，是战国后期才形成的一个民族。⑦ 乌恩则结合了国内外考古发掘成果认为，匈奴的族源不可能是单一的，他一方面与蒙古和外贝加尔地区晚期石板文化居民有亲缘关系，另一方面又有相当部分来自中国北方的古代部落，其中较大的有林胡、楼烦等；匈奴族源的这种地域性差异不仅表现在不同地域间匈奴的文化特征上，这种文化特征甚至是导致日后匈奴分为南北两部的主要原因之一，而且还在体质人类学方面也得到足够的印证。武沐在《匈奴史研究》中，从新的角度阐述了匈奴兴起于北方草原的观点。他将商周至春秋时期居住在中国北方和西北地区的少数民族大体划分为三大类型。即西北高原羌、氐民族类型；北方草原游牧民族类型；森林草原戎、狄民族类型。通过对不同类型民族的地理环境、文化特征、生活习俗和分布空间的分析，认为以匈奴为代表的北方草原游牧民族与森林草原戎、狄等民族既没有生活在同一区域，也没有族源上的联系，更没有文化上的传承关系。⑧

　　在匈奴族属问题上，大体有蒙古人种说、突厥人种说、芬人或斯拉夫人种说等几种说法。国内大多数学者及蒙古国学者多主张匈奴为蒙古人种，如方壮猷、马长寿、黄文弼、林幹等；王国维、冯家升、岑仲勉等主张突厥人种说；郑师许、孙次舟等则赞同芬人或斯拉夫人种说。上述观点所持的依据：一是语言，二是体质和相貌。

　　就语言而言，大多数学者认为匈奴语属阿尔泰语系，只是究竟属阿尔泰语系中

①　杨建新：《中国西北少数民族史》，北京：民族出版社，2003 年。
②　吴荣曾：《先秦两汉史研究》，北京：中华书局，1995 年。
③　宋新潮：《匈奴早期活动地域考》，《民族研究》1993 年第 6 期。
④　田广金：《近年来内蒙古地区的匈奴考古》，《考古学报》1983 年第 1 期。
⑤　郭素新：《试论汉代匈奴文化的特征》，《内蒙古文物考古》1981 年创刊号。
⑥　乌恩：《论匈奴考古研究中的几个问题》，《考古学报》1990 年第 4 期。
⑦　杨建新：《中国西北少数民族史》，北京：民族出版社，2003 年，第 78 页。
⑧　武沐：《匈奴史研究》，北京：民族出版社，2005 年，第 13—32 页。

的哪一语族则分歧较大。有言突厥语族者，有言通古斯语族者，也有言蒙古语族者。主张匈奴语属蒙古语族的看法曾在 19 世纪大为流行，后来持匈奴语为突厥语族的观点占据了上风。今人亦邻真曾发表《中国北方民族与蒙古族族源》一文，认为"并不排除阿尔泰语系中原曾存在第四种语族的可能"，只是这一语族后来消失了。① 杨建新认为：匈奴语言从它与阿尔泰语系中各语族的关系看，从它所处的时代条件看，它是属于一种在阿尔泰语系三种语族规范化以前的一种阿尔泰语系的语言，我们可以把它称之为阿尔泰原语，即阿尔泰语系三种语族尚未分明时期的语言，它具有自己的特点，但又包含着其他相近语族的成分。②

匈奴语言尽管留传下来的不多，但中华人民共和国成立后在匈奴语言的研究上仍取得了不少成果，较具代表性的有：楚伦巴根《与蒙古族族源有关的匈奴若干词汇新释》、③ 乌其拉图《部分匈奴语词之复原考释——再探匈奴人语言所属》。④ 乌其拉图通过以古汉语中古拟音做为语音基础，以《蒙古秘史》为主要参照，对部分匈奴语单词、词组、短语和语法现象进行综合分析，认为匈奴人操蒙古语族语言。

在 2009—2010 年间，有关匈奴族源的问题再无新观点的提出，写作多是对原有观点的总结或再阐述，如任崇岳《匈奴族源诸说评析》一文中提出匈奴与古代的荤粥、猃狁、獯粥、鬼方、混夷是匈奴的不同称呼。⑤ 陈立柱《三十年间国内匈奴族源研究评议》一文中按考古学、人种学、语言学、史料学等多学科对近三十年匈奴族源的各种观点进行评述。⑥ 杨建华《中国北方东周时期两种文化遗存辨析——兼论戎狄与胡的关系》一文通过辨析各文化特征讨论了戎狄与匈奴的关系。⑦ 叶晓锋《匈奴语言及族源新探》一文通过对亲属名词"孤塗""阏氏""居次"的研究，认为匈奴为闪含语民族。⑧

就体质而言，20 世纪 50 年代以来，苏联学者、匈牙利学者、蒙古人民共和国学者以及中国学者先后对可能属于匈奴人的骨骼进行了研究。我国学者韩康信在其《丝绸之路古代居民种族人类学研究》一书中对苏联学者的研究成果给予了介绍和评述。⑨

我国考古工作者和人类学工作者也就有关匈奴人种的问题进行过一些研究。研究工作主要是对内蒙古伊克昭盟杭锦旗的桃红巴拉匈奴墓葬和青海大通县上孙家寨附近的东汉匈奴古墓中出土的人类骨骼进行测量。⑩ 桃红巴拉墓葬出土的人骨只有

---

① 亦邻真：《中国北方民族与蒙古族族源》，《内蒙古大学学报》1979 年第 3、4 期。
② 杨建新：《中国西北少数民族史》，北京：民族出版社，2003 年，第 273 页。
③ 楚伦巴根：《与蒙古族族源有关的匈奴若干词汇新释》，《内蒙古社会科学》1988 年第 2 期。
④ 乌其拉图：《部分匈奴语词之复原考释——再探匈奴人语言所属》，《内蒙古大学学报》1999 年第 4 期。
⑤ 任崇岳：《匈奴族源诸说评析》，《中州学刊》2010 年第 6 期。
⑥ 陈立柱：《三十年间国内匈奴族源研究评议》，《学术界》2011 年第 9 期。
⑦ 《考古学报》2009 年第 2 期。
⑧ 《中山大学学报（社会科学版）》，2018 年第 5 期。
⑨ 韩康信：《丝绸之路古代居民种族人类学研究》，乌鲁木齐：新疆人民出版社，1993 年。
⑩ 田广金：《桃红巴拉的匈奴墓》，《考古学报》1976 年第 1 期。

一具颅盖骨和面部皆残缺的头骨,而青海大通县上孙家寨附近的东汉匈奴古墓由于出土的随葬品中发现一枚刻有"汉匈奴归义亲汉长"的铜印,[1] 因此被认定是具有明确族属证据的匈奴墓葬,具有很高的参照性。据潘其风、韩康信研究,桃红巴拉墓葬出土的头骨其综合特征比较接近北亚蒙古人种类型;而青海大通匈奴墓葬的3具头骨(男1女2)其综合特征与近代蒙古族接近一些,可能与北亚蒙古人种关系更为密切,没有大人种的混血现象。[2] 由于青海大通匈奴墓中人骨的族属非常明确,因此,我们可以认定,匈奴人种最初应属于北亚蒙古人种或与北亚蒙古人种关系十分密切的人种。其北部和西段,有欧洲人种混合,这和中国史料的记载基本相符,也与鄂尔多斯青铜文化分布的特征基本吻合。

二、匈奴的社会性质和社会制度

20世纪五六十年代,匈奴的社会性质和社会制度问题曾受到学术界的普遍重视,而且争论颇多。马长寿在《论匈奴部落国家的奴隶制》一文中认为,匈奴社会的性质是奴隶制;匈奴社会是亚洲草原上最典型的一个奴隶所有者的社会。这个社会是以家畜和牧奴私有的奴隶主之畜牧经济为基础的;土地和牧场则属于部落或国家公有。一般来说,这种奴隶制最初是以家长制的家族单位为前提而进行的。自从成立了国家以后,则在家族奴隶的基础上实行了被征服的异族部落的奴隶制。匈奴的奴隶数目约有70万,占匈奴全部人口150万的50%(后又改定为奴隶50多万,占匈奴人口150万的1/3)。匈奴的丁壮全都做了"控弦之士"的骑兵,社会生产劳动主要由奴隶担任。匈奴国家的历史是奴隶与奴隶主的阶级斗争史。[3] 匈奴国家的灭亡,从它的本质来说,是亡于家族奴隶的逃亡和异族奴隶部落的反抗;亡于奴隶主国家和封建主国家的对立矛盾。[4]

欧阳熙在《匈奴社会的发展》一文中对马长寿的观点提出了异议,认为70万奴隶是匈奴一百余年掠夺得来的奴隶人口的总和,不是一个时期之内所有;匈奴的生产组织和军事组织是统一的,匈奴的丁壮既是战士,也是生产劳动者。战士是自由民,他们才是生产劳动的主要担当者,匈奴的奴隶只从事家内劳动。由于匈奴的生产条件和特点,如生产的流动性和集体性、宗法关系特别强固、使用土地不固定等,使得匈奴社会内部(内因)不可能产生奴隶制;而奴隶制的建立是不能取决于外因(掠夺)的。文中论定匈奴的社会是半家长制半封建制的性质,也就是苏联学者所说的"宗法封建关系"。文中更为详细地分析了《史记·匈奴列传》所记左、右贤王以下二十四长"各有分地"的分地就是封建的封地(即领地)。"左、右贤王、左、右谷蠡王最为大国"就是最大的封建领主。"国"就是封建庄园。千长、

---

① 青海省文物管理处考古队:《青海大通上孙家的匈奴墓》,《文物》1979年第4期。

② 潘其风、韩康信:《内蒙古桃红巴拉古墓和青海大通匈奴墓人骨的研究》,《考古》1984年第4期。

③ 参阅林幹:《匈奴史论文选集》,北京:中华书局,1983年。

④ 马长寿:《论匈奴部落国家的奴隶制》,《历史研究》1954年第5期。

百长以下各长就是上级领主的附庸。这样层层隶属就是封建等级制。"诸大臣皆世官"就是职官世袭。"中行说教单于左右疏计以计课其人众畜物"就是实行封建赋税制,是一种农奴式的剥削形态。但是由于匈奴社会还掺杂着家长奴役制和保存了许多原始社会的残余(如部落组织、原始公社),所以它不是纯粹的封建制,而是半家长制半封建制的社会。匈奴社会之所以能在原始社会瓦解后直接过渡到封建社会,主要是由于经济的发展(内因),其次是受到中原地区先进的封建制度影响(外因)。①

林幹在 1962 年发表《匈奴社会制度研究》一文。② 文中根据漠北最古的匈奴墓葬和诺颜山匈奴墓葬的出土文物,并结合文献资料,论证了匈奴在公元前 7—3 世纪是处于青铜文化时代,从公元前 3 世纪前后开始进入铁器文化时代。铁器文化推动了匈奴社会生产力的大发展,并使个人的生产和私人的占有疾速地发展起来,从而强烈地破坏了原始氏族社会的生产关系,使之转入阶级社会,并为它的强盛提供了物质的前提。关于匈奴的氏族组织,文中根据出土文物,指出匈奴在公元前 3 世纪以前氏族组织还没有解体,公元前 3 世纪前后开始由原始社会过渡到阶级社会。匈奴的氏族组织具有下列三个特点:一是牧场和游牧地的公有制与牲畜的私有制的结合;二是生产组织与军事组织的合一;三是由以血缘为基础的亲属单位转变为以地域为基础的军事行政单位。至于匈奴的人口,文中根据文献资料推算出汉初匈奴盛时人口约有 200 万;宣帝时五单于争立,人口减至 175 万左右;东汉时期人口仅存 150 万左右。匈奴有奴隶约 30 万,大体占匈奴人口的 1/7 或 1/5。这样庞大的奴隶人口,他们被迫从事畜牧业、农业和手工业的生产劳动,是毫无疑问的。但是,匈奴由于生产组织和军事组织的合一,故生产和作战都由那些"甲骑"——氏族成员担任,他们"宽则随畜因射猎禽兽为生业,急则人习战攻。"因此匈奴人虽迫使奴隶普遍地参加各部门的生产劳动,但他们自己也不脱离生产劳动,这是匈奴奴隶制的特点,与古希腊、罗马的奴隶制略有不同。林幹的这一观点被国内大多数研究者所接受,如杨建新在《中国西北少数民族史》一书中说:匈奴的奴隶制并不是那种把奴隶大量集中起来进行强迫劳动的奴隶制,而是属于适合于游牧社会生产特点的家庭奴隶制。③

随着研究的深入和扩大,与匈奴社会制度问题相关联的研究成果渐渐丰富起来。武沐近年来对匈奴的婚姻制度、单于继承制度和法律制度进行了系统研究。④ 他认为匈奴的收继婚制有着相当严格的法则和收继顺序。它不仅是一种婚姻制度,而且

---

① 欧阳熙:《匈奴社会的发展》,《华东师大学报》1958 年第 4 期。

② 内蒙古历史学会编印《纪念成吉思汗诞生八百周年蒙古史科学讨论会集刊》,1962 年。《匈奴社会制度初探》,载内蒙古语言文学历史研究所编《匈奴史论文选集》,北京:中华书局,1983 年。

③ 杨建新:《中国西北少数民族史》,北京:民族出版社,2003 年,第 83 页。

④ 武沐:《秦、西汉时期匈奴单于位继承制度考辨》,《民族研究》2003 年第 3 期;《匈奴单于继承制度突变的探讨》,《内蒙古大学学报》2004 年第 1 期;《对匈奴收继婚制度的再探讨匈奴婚姻制度研究之一》,《中国边疆史地》2005 年第 1 期;《匈奴司法制度与刑法考述》,《中南民族大学学报》2004 年第 6 期。

还是匈奴身份继承制度的重要组成部分和一种赡养制度；匈奴单于位的继承制度是一个非常庞杂的系统，但仍有章可循：在呼韩邪单于之前，它的主干是长子继承制，同时，它需要兄终弟及以及叔继侄位、侄继叔位等方式的补充。兄终弟及以及叔继侄位、侄继叔位等虽然只在特殊情况下才得以实行，但却是不可缺少的组成部分，它们在长子继承受阻碍时承担衔接和纽带功能。作者还对传弟与传子相互结合后派生出来的交叉继位的混合继承制进行了研究，认为这一制度是对此前匈奴王位继承制度的改进，它使得匈奴单于位的继承更趋规范，并对日后匈奴及北方游牧民族的继承制度有着极大的影响。

2009—2019 年期间，有关匈奴社会制度方面的研究主要有：冯世明《匈奴挛鞮氏"统治家族"地位的确立与影响》，[①] 该文论述了"挛鞮氏"是怎样一步步取得匈奴的统治地位。李春梅《论匈奴政权的分封制》[②]《匈奴政权的社会性质》[③] 等文提出匈奴为"封建制"，而不是"奴隶制"或"联邦制"。肖爱民《北方游牧民族两翼制度研究——以匈奴、突厥、契丹、蒙古为中心》一文以典籍为基础，结合出土的碑文、墓志等资料，从纵向上揭示游牧民族两翼制度的建立和发展的基本脉络。他认为这种两翼制度首见于匈奴，其后兴起于大漠南北草原上的鲜卑、柔然、突厥、回纥、契丹、蒙古等都有所继承和发展，为北方游牧政权建设中独具特色的制度。[④]

三、汉匈关系问题

1949 年前，学者们对汉匈关系的研究多集中在汉匈间的战争与和亲问题上。后论述汉匈关系的文章开始运用历史唯物主义的观点进行分析与研究。在汉匈战争问题上，1961 年冬，朱葆珊在《内蒙古日报》发表了《西汉与匈奴的战争性质和作用——兼评汉武帝对匈奴的用兵》一文，[⑤] 认为西汉初期对匈奴的战争是正义的，武帝以后对匈奴的战争是非正义的。随即内蒙古《实践》杂志和《内蒙古日报》刊载了一系列文章就这一问题组织了讨论。其中有高景新的《也评汉武帝对匈奴战争的性质和作用》，尚一的《不宜苛责匈奴——评西汉初期的汉匈关系》，冯作典的《对西汉与匈奴战争问题的补充意见》，高甫弘的《我所理解的汉匈战争》[⑥] 和林幹

---

① 冯世明：《匈奴挛鞮氏"统治家族"地位的确立与影响》，《许昌学院学报》2021 年第 1 期。

② 李春梅：《论匈奴政权的分封制》，《内蒙古社会科学》（汉文版），2014 年第 1 期。

③ 李春梅：《匈奴政权的社会性质》，《内蒙古社会科学》（汉文版），2017 年第 3 期。

④ 肖爱民：《北方游牧民族两翼制度研究——以匈奴、突厥、契丹、蒙古为中心》，中央民族大学博士论文，2004 年。

⑤ 朱葆珊：《西汉与匈奴的战争性质和作用——兼评汉武帝对匈奴的用兵》，《内蒙古大学学报》1960 年第 2 期；《内蒙古日报》1961 年 10 月 25 日。

⑥ 高景新：《也评汉武帝对匈奴战争的性质和作用》，《内蒙古日报》1962 年 8 月 3 日；尚一：《不宜苛责匈奴——评西汉初期的汉匈关系》，《内蒙古日报》1962 年 9 月 28 日；冯作典：《对西汉与匈奴战争问题的补充意见》，《内蒙古日报》1962 年 9 月 28 日；高甫弘：《我所理解的汉匈战争》《内蒙古日报》1962 年 12 月 29 日。

的《略论汉武帝对匈奴用兵的正义性质和进步作用》①。各篇主要针对汉初和亲政策的意义和效果、武帝对匈奴用兵的作用和结果、宣帝与乌孙联合攻击匈奴的责任所属、匈奴侵汉的社会历史根源等方面展开了讨论。

汉武帝时期汉匈战争的性质和作用一直是学者们争论的焦点。目前有两种意见：一种意见认为武帝对匈奴的战争是"侵略性"的非正义战争；另一种意见认为是"反侵略性"的正义战争。王连升《关于汉武帝评价的两个问题》认为，汉武帝应对汉匈战争负主要责任。② 张嘉选《如何评价汉武帝时期的汉匈战争》③ 和关宝顺《论西汉与匈奴战争的性质》④ 则认为这种提法值得商榷。杨建新认为汉武帝在公元前 119 年（武帝元狩四年）以前对匈战争是带有防御性的，具有抗击侵略意义的正义战争；而自汉武帝命李广利伐大宛并取得胜利后，武帝对匈奴的战争，性质上发生了变化，是具有掠夺性的，劳民伤财的。⑤

汉匈关系的另一个大论题就是和亲问题。史学界对于这个问题有着不同的意见：一是基本肯定，认为和亲暂时缓和了匈奴奴隶主贵族的军事进攻；二是基本否定，认为和亲是对匈奴的忍让，以至于匈奴骄横跋扈，连年入侵，和亲并没有达到换取边境安宁的目的。刘先照、韦世明《论汉朝与匈奴的和亲政策》认为，和亲是汉朝封建统治者同匈奴奴隶主统治者之间的婚姻关系，不能同汉匈两族人民之间的互通婚姻关系混为一谈。汉匈和亲导致了汉朝和匈奴政权之间、汉民族和匈奴民族之间的和好关系，有利于汉匈两族间的经济、文化交流，有利于民族融合。而因为在私有制社会里，不能有民族平等的基础，所以不能用民族平等的观念去要求和衡量和亲政策的好坏，而只能把和亲政策放在具体的历史条件下加以考察，看它是否有利于人民群众，有利于社会的进步和发展。⑥

崔明德《中国古代和亲通史》是迄今为止国内外全面贯通中国古代和亲历史的一部专著，⑦ 具有很大的开拓性和创新精神。其中第二章对西汉与匈奴的和亲状况做了专题论述，并在第四章中对北匈奴向东汉乞求和亲的史实作了论析。认为汉匈和亲在不同时期有不同的背景，但目的都是使双方有更多的回旋余地，从而尽可能地避免战争，促进双方友好关系。此外，赵志坚《西汉与匈奴前后期和亲之比较》将西汉前后期时汉匈和亲的形势与主动权，单于的作用，和亲的性质和意义、影响等方面进行了比较。⑧ 张菁《再论"汉初和亲"》、⑨ 金秀华《西汉"和亲"政

① 林幹：《略论汉武帝对匈奴用兵的正义性质和进步作用》，《内蒙古日报》1963 年 2 月 12 日。
② 王连升：《关于汉武帝评价的两个问题》，《天津社会科学》1984 年第 2 期。
③ 张嘉选：《如何评价汉武帝时期的汉匈战争》，《西北民族大学学报》1985 年第 4 期。
④ 关宝顺：《论西汉与匈奴战争的性质》，《内蒙古民族大学学报》1986 年第 1 期。
⑤ 杨建新：《中国西北少数民族史》，北京，民族出版社，2003 年，第 84 页。
⑥ 刘先照、韦世明：《论汉朝与匈奴的和亲政策》，《中央民族学院学报》1978 年第 1 期。
⑦ 崔明德：《中国古代和亲通史》，北京：人民出版社，2007 年。
⑧ 赵志坚：《西汉与匈奴前后期和亲之比较》，《烟台大学学报》1997 年第 1 期。
⑨ 张菁：《再论"汉初和亲"》，《南京师范大学学报》1997 年第 4 期。

策》、① 李桂荣的《汉初和亲政策作用简论》、② 王嵘的《西汉和亲政策与汉文化的传播》③ 等文章则针对汉朝和亲政策的内容、作用和影响等问题进行了探讨。

王昭君是汉匈和亲史上一个很典型的人物，对昭君出塞的研究也是历来研究的一个热点。1961 年北京《光明日报》发表了翦伯赞的《从西汉和亲政策说到昭君出塞》一文。之后，讨论王昭君的文章不断出现。1962 年春，林幹发表了《论昭君出塞》一文，论述了昭君出塞的时代背景、出塞的动机和效果、出塞的政治使命和出塞的历史作用等四个问题。认为昭君在巩固和加强汉匈两族团结友好的关系上作出了一定的贡献，起过一定的作用，而且还给她的亲属（如长女云、女婿须卜当等）以良好的榜样，给予汉匈两族留下了深远的影响，有很大的历史意义。舒振邦的《对林幹同志"论昭君出塞"几点意见的商榷》、朱葆珊的《论呼韩邪单于与王昭君的历史作用》、侯广峰的《也论汉匈和战与昭君出塞》等各篇也对昭君出塞的主观动机、政治使命和历史作用进行了讨论。之后，林幹又撰写了《再论昭君出塞》，并于 2004 年主编了五卷本昭君文化丛书，即《昭君文化研究》《昭君文化与民族经济》《历代昭君文学作品选》《昭君论文选》《昭君图册》。

崔明德《中国古代和亲通史》一书对王昭君的籍贯，出塞的背景、心态、出塞的路线及交通工具、昭君的生平、地位和作用以及昭君墓等一系列问题进行了详细的论述和考证，并对昭君出塞和亲的意义和价值给予了充分肯定。

桂胜、张友云《昭君出塞与汉匈社会民生之考察》④ 和郝诚之《秦代直道的和平功能与昭君出塞的旅游价值》⑤ 等文章则是从不同角度重新解读了昭君出塞。

随着汉匈关系研究的进一步深入，汉匈间经济文化的交流和影响也越来越成为汉匈关系研究中的一个重要方面，研究成果日渐增多。肖瑞玲《匈奴文化与中原文化价值观之比较》一文，从长幼人伦、婚姻家庭、义利关系等内在机制方面比较了匈奴文化与中原文化价值观的不同。汉匈文化的相互碰撞、相互交融，不同程度地提高了双方物质文化和精神文化水平，促进了社会文化的向上发展。⑥ 高红梅《汉文化对匈奴社会影响初探》一文，从语言、文字、思想、典章制度、生产技术以及社会风尚等六个层面，较详细地介绍了汉文化对匈奴社会的影响。指出汉匈两族的文化交流是双向的，汉族文化同样受到了匈奴文化的影响，并使汉族的经济文化生活更加丰富。⑦ 相形之下，王庆宪《匈奴风俗文化在中原地区的传播和影响》一文专门讨论了匈奴文化对中原文化的影响。他指出代表匈奴文化特色的鄂尔多斯青铜器，除集中出土于原匈奴驻牧的"河南地、新秦中"外，还广泛存在于今华北、西

① 金秀华：《西汉"和亲"政策》，《历史教学问题》1996 年第 6 期。
② 李桂荣：《汉初和亲政策作用简论》，《黑龙江民族丛刊》1995 年第 2 期。
③ 王嵘：《西汉和亲政策与汉文化的传播》，《新疆大学学报》2000 年第 1 期。
④ 桂胜、张友云：《昭君出塞与汉匈社会民生之考察》，《中南民族大学学报》2008 年第 4 期。
⑤ 郝诚之：《秦代直道的和平功能与昭君出塞的旅游价值》，《阴山学刊》2006 年第 1 期。
⑥ 肖瑞玲：《匈奴文化与中原文化价值观之比较》，《内蒙古师范大学学报》1995 年第 3 期。
⑦ 高红梅：《汉文化对匈奴社会影响初探》，《西北第二民族学院学报》2001 年第 4 期。

北、江苏、四川，甚至广东、广西地区；匈奴文化特色浓郁的饰牌、短剑亦被中原人使用和喜爱；游牧社会用人字形纹饰刻写动物身躯或装饰器物的表现手法，很早就被中原人借用；中原居民长襦博带的服装式样，因受胡人服饰文化影响改成上衣下裤。因此可以认为匈奴系北方民族人民与中原人民共同创造了伟大祖国的光辉历史和灿烂文明。① 宋新潮《匈奴文化及其对两汉的影响》是从巫术与信仰、军事、服饰、语言艺术方面探讨了匈奴文化对两汉的影响。②

近十年，在探讨汉匈关系方面出现了新的讨论点：有藩属体制研究、匈奴经营下的西域及交通线路等。李大龙《汉唐藩属体制研究》一文中首先讨论了"天下""夷夏""五服"以及由此建立的藩属观念。认为西汉王朝初期建立了"藩臣""外臣""敌国"等藩属体制，在武帝、昭帝、宣帝时，一套新的藩属体系建立了，其统治方式分为：郡县统治下的边疆民族；属国；特使机构管理下的边疆民族、称臣但没有直接管理的匈奴。王莽时期，在"绝域殊俗，靡不慕义"的背景下，以"改王为侯"为主要内容的调整。东汉建立后，藩属体系重建，主要体现在郡县区域内藩属体制、特设机构管理区域内的藩属关系、外围藩属区等。③ 王子今《匈奴经营西域研究》一书的前六章探讨了匈奴定西域、匈奴"赋税"西域、匈奴"兼从西国"、匈奴对西域的开发、匈奴控制西域的方式、匈奴对于西域文化的吸收等。第七章着重论述了汉匈对于西域的争夺。④ 王子今在《交通史视角的秦汉长城考察》⑤《"隔绝羌胡"与"通货羌胡"：丝绸之路河西段的民族关系》⑥《汉代河西的交通格局与民族关系》⑦ 等一系列文章中通过论述线路中的贸易、战争、维护、流通、婚姻等，探讨了汉匈通过交通线路促进了物资与文化的交流。张伟《汉代和亲诗考论》一文以和亲诗来探讨汉匈和亲。⑧ 王子今《丝绸贸易史上的汉匈关系》⑨《汉帝国交通地理的"直单于庭"》⑩，从个体角度出发，认为和亲诗中公主们所表达的哀怨，奠定了和亲以悲怨哀愁为主的感情基调，此后和亲诗虽也有歌颂和亲大业者，但以哀怜和亲公主的不幸命运为主，对后代和亲题材诗影响深远。

四、匈奴西迁问题⑪

20 世纪初期，中国学术界普遍接受了国外流行的匈奴、匈人同族论及匈奴西迁

---

① 王庆宪：《匈奴风俗文化在中原地区的传播和影响》，《黑龙江民族丛刊》2003 年第 6 期。
② 宋新潮：《匈奴文化及其对两汉的影响》，《中央民族大学学报》1994 年第 1 期。
③ 李大龙：《汉唐藩属体制研究》，北京：中国社会科学出版社，2006 年。
④ 王子今：《匈奴经营西域研究》，北京：中国社会科学出版社，2016 年。
⑤ 王子今：《交通史视角的秦汉长城考察》，《石家庄学院学报》，2013 年第 2 期。
⑥ 王子今：《"隔绝羌胡"与"通货羌胡"：丝绸之路河西段的民族关系》，《西域研究》2019 年第 1 期。
⑦ 王子今：《汉代河西的交通格局与民族关系》，《中国民族报》2018 年 11 月 2 日。
⑧ 张伟：《汉代和亲诗考论》，《湖南大学学报》（社会科学版）2019 年第 6 期。
⑨ 王子今：《丝绸贸易史上的汉匈关系》，《文史知识》2017 年第 12 期。
⑩ 王子今：《汉帝国交通地理的"直单于庭"》，《中国历史地理论丛》2020 年第 1 期。
⑪ 参阅贾衣肯：《匈奴西迁问题研究综述》（上、下），《中国史研究动态》2006 年第 9—10 期。

欧洲说。基于对此观点的认识，章太炎、梁启超、姚从吾、胡君泊、金元宪、何震亚、佟柱臣等学者各抒己见，论述了匈奴西迁欧洲经过及其影响。1958 年章巽所译的美国学者麦高文的《中亚古国史》一书出版，更是将西方有关匈奴西迁欧洲的系统论说传入国内。

中华人民共和国成立前，国内学者关于匈奴西迁问题的研究对后世的研究产生了深远影响。学者们多以匈人即匈奴及匈奴西迁欧洲之说为基点，探讨匈奴西迁欧洲的过程和具体路线。齐思和《匈奴西迁及其在欧洲的活动》将北匈奴西迁过程分为四个阶段：一、悦般时期（约公元 91—160 年）；二、康居时期（约公元 160—260 年）；三、粟特时期（约公元 260—350 年）；四、阿兰时期（约 350—374 年）。经过长途跋涉之后，北匈奴人最终出现在了欧洲东境。[①] 肖之兴则在《关于匈奴西迁过程的探讨》一文中，对齐文所涉及的悦般、康居、粟特等具体问题提出了不同的看法。[②] 郭平梁《匈奴西迁及一些问题》亦认为齐文在解决匈人、匈奴是否为同族问题上做出了贡献，同时就北匈奴西迁历程提出了自己的观点："西迁匈奴先是游牧于伊犁河流域，后又进入康居属地中亚农业地区，后又进入波斯北境，后又越过高加索山进入欧洲。"[③] 林幹的《北匈奴西迁考略》则对北匈奴西迁的路线做出了不同的考证。认为北匈奴西迁的第一站是乌孙游牧区，第二站是康居，第三站是阿兰聊（奄蔡）。其入侵欧洲主要经历了三个时期：第一期，公元 374—400 年；第二期，公元 400—415 年；第三期，公元 422—468 年。[④]

余大钧《公元 91 年后居留新疆北部一带的北匈奴》指出："留下赢弱于龟兹以北新疆北部而率领北匈奴主力西迁康居的北单于，并非公元 91 年在金微山被东汉击溃的北单于，而应是檀石槐西征时的新疆北部北匈奴单于。"[⑤] 王彦辉《北匈奴西迁欧洲的历史考察》则对北匈奴西迁始年和迁徙的路线提出了新的观点。他认为，永元三年（91 年）北单于战败后，把单于庭转移到乌孙东北部，并未正式西迁。其活动地域至少包括西起乌孙、南到天山、东至蒲类（今新疆境内巴里坤湖），北抵阿尔泰山的方圆千里之地。公元 2 世纪中叶（约 153 年），北匈奴在汉与鲜卑的夹击下，被迫西迁到乌孙西北。北匈奴自乌孙西迁康居的时间大体在公元 237—287 年间。[⑥]

关于北匈奴西迁的原因和影响。舒顺林《略论北匈奴西迁的原因》认为东汉对北匈奴的出征及东汉在"以夷伐夷"思想指导下，与南匈奴、鲜卑、乌桓、丁零等诸民族的联手出击、孤立北匈奴，是迫使北匈奴西迁的主要原因。[⑦] 吴兴勇《论匈

---

① 齐思和：《匈奴西迁及其在欧洲的活动》，《历史研究》1977 年第 3 期。
② 肖之兴：《关于匈奴西迁过程的探讨》，《历史研究》1978 年第 7 期。
③ 郭平梁：《匈奴西迁及一些问题》，《民族史论丛》第 1 辑，中华书局，1987 年。
④ 林幹：《北匈奴西迁考略》，《内蒙古社会科学》1984 年第 1 期。
⑤ 余大钧：《公元 91 年后居留新疆北部一带的北匈奴》，《中华文史论丛》1986 年第 1 期。
⑥ 王彦辉：《北匈奴西迁欧洲的历史考察》，《东北师大学报》1989 年第 3 期。
⑦ 舒顺林：《略论北匈奴西迁的原因》，《内蒙古师大学报》1986 年第 3 期。

奴人西迁的自然地理原因》则认为东汉征伐匈奴不是匈奴人西迁的决定因素。公元
2—3 世纪欧亚草原大旱灾是欧洲民族大迁徙的原因，也是匈奴西迁的动力。蒙古高
原古今地理景观的变迁是促使匈奴西迁的必然因素。[①] 闵海霞、崔明德《略论北匈
奴西迁的原因》一文除了从外部军事压力和自然地理条件对北匈奴西迁的原因进行
了分析之外，还从北匈奴统治阶级的内部矛盾和奴隶反抗斗争的阶级矛盾方面作了
深入探讨。[②] 关于北匈奴西迁的作用和影响。魏蕴华、张汉伟《匈奴的西迁及其在
欧洲历史上的作用》一文指出匈奴在西迁进入欧洲后，对欧洲的社会变革产生了很
大影响。不仅推动了欧洲的民族大迁徙，而且加速了欧洲古典奴隶制的瓦解，也促
进了欧亚文化的融合。[③] 张哲诚《匈奴西迁》一文也是在认同北匈奴西迁欧洲说的
基础上，试图通过阐述匈奴入侵欧洲前欧亚内陆民族的变迁和匈奴西迁后在欧洲的
活动，说明匈奴西迁活动对于内陆欧亚民族历史产生的影响。[④]

　　港台学者对此问题也进行了丰富的研究。林旅芝《匈奴史》分别以 "北匈奴进
军欧洲" "匈奴入据东欧" 和 "阿提拉王朝" 为标题，叙述了匈奴西迁欧洲的历
史。[⑤] 江鸿《匈奴兴亡之追踪》认为匈奴西迁三次。第一次是公元前 49 年匈奴郅支
单于迁居康居；第二次是北匈奴被东汉击败后，约在公元 90 年率余众越天山巴尔克
什湖西进，逐渐向西发展而抵里海之北；第三次是自公元 100—372 年，匈奴逐渐向
西，抵伏尔加河。[⑥] 另外，刘学铫《匈奴史论》[⑦] 专列 "北匈奴之西徙与阿提拉"
一章，论述北匈奴西迁欧洲，建立王朝始末。左文举《匈奴史》的第五篇也是专门
论述了北匈奴的西迁问题。认为北匈奴西迁，初至乌孙之地伊犁河上游，而后移居
康居（今吉尔吉斯草原），征服阿兰，入侵欧洲。文中更注重对中文史籍中相关记
载的连缀，以此证明 "西方之记载与我国古史可以完全衔接"。[⑧]

五、匈奴考古

　　中华人民共和国成立前，我国匈奴考古研究几乎是一片空白，只有在个别学者
的有关著作中才能找到些许匈奴考古发掘的片断。中华人民共和国成立后，历史文
物的收集和保管工作逐渐受到重视，考古发掘所需要的条件也基本具备。我国考古
研究工作逐步有组织、有计划的展开。在此大形势下，匈奴的遗迹、遗物不断被发
现，出土文物不断增多，考古研究随之展开，发表了大量发掘报告和考古文章。

　　1963 年 7 月和 1964 年 4 月文物出版社及内蒙古出版社出版的《内蒙古出土文

① 吴兴勇：《论匈奴人西迁的自然地理原因》，《史学月刊》1991 年第 3 期。
② 闵海霞、崔明德：《略论北匈奴西迁的原因》，《齐鲁学刊》2008 年第 3 期。
③ 魏蕴华、张汉伟：《匈奴的西迁及其在欧洲历史上的作用》，《辽宁师范大学学报》1987 年第 4 期。
④ 张哲诚：《匈奴西迁——匈奴入欧前之欧亚内陆民族变迁》，《中国边政》1989 年（105）。
⑤ 林旅芝著：《匈奴史》，香港：波文书局，1973 年。
⑥ 江鸿著：《匈奴兴亡之追踪》，台北：商务印书馆，1984 年。
⑦ 刘学铫：《匈奴史论》，台北：南天书局有限公司，1987 年。
⑧ 左文举：《匈奴史》，台北：三民书局有限公司，1977 年。

物选集》和《内蒙古文物资料选辑》中有一部分关于匈奴的出土文物。另外，中国科学院考古研究所沣西发掘队的《1955—1957 年陕西长安沣西发掘简报》一文所报道的客省庄第 140 号墓，据考古专家鉴定，是我国境内发掘出的唯——座匈奴古墓。[①] 郑隆《内蒙古扎赉诺尔古墓群调查记》[②] 及内蒙古自治区文物工作队的《1957 年以来内蒙古自治区古代文化遗址及墓葬的发现情况简报》中所指的 1957 年在内蒙古满洲里扎赉诺尔出土的文物，也有人认为是匈奴的文物，但内蒙古文物工作队认为是鲜卑族的文化遗存，应该是正确的。

目前，仍存在很大争议的问题是西岔沟的出土文物究竟属于匈奴文化还是东胡文化，其中倾向于东胡文化说法的学者居多。

值得一提的是，林幹的《匈奴墓葬简介》（1962）及《匈奴城镇和庙宇遗迹》（1962）两篇文章，对 20 世纪以来的国外匈奴考古发掘和考古研究成就做了较为详细的介绍。为我们以后在匈奴考古方面的研究提供了丰富的资料和有力的帮助。[③]

20 世纪 80 年代以来，学者们利用既有的匈奴考古成果，就匈奴的族源、文化等问题做了更为深入的探索研究，成就颇丰。乌恩是我国研究匈奴考古和介绍国外有关信息的权威专家，对匈奴考古研究作出了很大贡献。他先后发表了一系列的匈奴研究论文。其中，以《论匈奴考古研究中的几个问题》和《匈奴族源初探——北方草原民族考古探讨之一》[④] 较有代表性。此外，还有郭素新《试论汉代匈奴文化的特征》，[⑤] 田广金《近年来内蒙古地区的匈奴考古》和《匈奴墓葬的类型和年代》，[⑥] 林沄《关于中国的对匈奴族源的考古学研究》[⑦] 等论文。马利清的《原匈奴、匈奴历史与文化的考古学探索》是一部难得的从考古学的视角对匈奴的历史和文化进行全面、系统研究的著作。全书共分七章，将文献和考古资料紧密结合，透过考古材料反观历史文献，重新认识整个匈奴历史的发展规律，科学把握匈奴文化的总体特征以及发展脉络，探寻匈奴主体民族人种及其渊源，阐述匈奴各个时期的文化特点。[⑧]

2009—2019 年十年间，匈奴考古有了一系列发现。乌恩《论中国北方早期游牧人青铜带饰的起源》一文通过对各种动物、人物及几何纹样的青铜带饰进行整理，得出这类带饰有带扣与腰带装饰品的功能。认为这类带饰集中分布于匈奴统治的中心地带，起源于中国北方。这种装饰腰带的习俗，在我国北方可以追溯到青铜时代

①　中国科学院考古研究所沣西发掘队：《1955—1957 年陕西长安沣西发掘简报》，《考古》1959 年第 10 期。

②　郑隆：《内蒙古扎赉诺尔古墓群调查记》，《文物》1961 年第 9 期。

③　林幹著：《匈奴史论文选集》，呼和浩特：内蒙古人民出版社，1977 年；北京：中华书局，1983 年。

④　乌恩：《论匈奴考古研究中的几个问题》，《考古学报》1990 年第 4 期；乌恩：《匈奴族源初探——北方草原民族考古探讨之一》，《周秦文化研究》，西安：陕西人民出版社，1998 年。

⑤　郭素新：《试论汉代匈奴文化的特征》，《内蒙古文物考古》1981 年创刊号。

⑥　田广金：《近年来内蒙古地区的匈奴考古》，《考古学报》1983 年第 1 期；田广金：《匈奴墓葬的类型和年代》，《内蒙古文物考古》1983 年第 2 期。

⑦　林沄：《关于中国的对匈奴族源的考古学研究》，《内蒙古文物考古》1993 年第 1、2 期。

⑧　马利清：《原匈奴、匈奴历史与文化的考古学探索》，呼和浩特：内蒙古大学出版社，2005 年。

晚期和早期铁器时代。到了战国晚期，中国北方动物纹饰吸收了阿尔泰艺术的某些因素。[1] 马利清《包头张龙圪旦一号墓的族属及部分南匈奴墓葬辨析》一文指出虽然包头张龙圪旦一号墓的墓葬结构、形态、随葬品几乎完全汉化，但在殉牲、头向北等丧葬习俗和动物纹饰装饰品、马具、披发胡俑、金银器等随葬品中较多保留了匈奴传统文化，其可能属于汉化的匈奴降人与南匈奴人的墓葬。[2] 马利清在《通湖山摩崖石刻与南、北匈奴关系考》一文中提出通湖山摩崖石刻是纪念永初四年东汉政府调遣西北驻军平定南匈奴叛乱军事胜利而刊刻。[3] 沙颖《红山文化遗址陶人形象的"呼"与"胡"的关系及"胡"的历史沿革》一文认为西辽河流域出土的陶人、石人，其形象与该地区后来的"胡人""胡族"存在联系，展示了"胡"人与中原王朝争夺祭统权、争夺政统权时的形象。[4] 策·图尔巴图、萨仁毕力格《蒙古国境内匈奴墓葬研究概况及近年新发现》一文则总结了从 1912—2005 年，蒙古国境内发掘的匈奴墓葬概况。[5]

从简牍中研究匈奴是这十年间的一大突破。2013 年整理出版的《肩水金关汉简》和 2019 年出版的《悬泉汉简》，为研究河西地区及汉匈关系提供了新的材料。在此基础上郝树声、张德芳所著《悬泉汉简研究》对悬泉里程、西域各民族及悬泉置册书进行考述，其中《神爵二年悬泉厩佐迎送日逐王禀食册》《长罗侯费用簿》《康居王使者册》等，对研究匈奴日逐王、西域各国提供了新的视角。[6] 近年有不少以河西简牍为材料研究汉匈战争的论文，裴永亮《河西汉简所见边塞地区汉匈日常战事及其特点》[7]、马智全的《居延汉简反映的汉匈边塞战事》[8] 通过整理汉宣帝、新莽以及东汉建武初年的简牍，得出匈奴进攻的方式与特点，并整理了面对匈奴入侵汉的应对措施，如烽火制度、悬锁天田、武器武备、武官吏带兵追击等。对河西防御体系的论述有尹亮的《从河西简牍看汉代对匈奴的军事防御体系》硕士毕业论文从机构、制度、器物三个方面论述了河西防御体系，得出汉代在河西的军事防御体系除隔绝羌胡、防治匈奴南下外，还保障了丝绸之路贸易畅通与促进河西地区的农牧业开发。[9] 简牍中的"胡骑"也受到学者的关注，董永琴的《西北汉简所见"骑士"研究》一文通过对"骑士"简的梳理，提出骑士的选拔要求、从事劳务及

---

① 乌恩：《论中国北方早期游牧人青铜带饰的起源》，《文物》2002 年第 6 期。

② 马利清：《包头张龙圪旦一号墓的族属及部分南匈奴墓葬辨析》，《郑州大学学报》（哲学社会科学版）2013 年第 6 期。

③ 马利清：《通湖山摩崖石刻与南、北匈奴关系考》，《中州学刊》2019 年第 9 期。

④ 沙颖：《红山文化遗址陶人形象的"呼"与"胡"的关系及"胡"的历史沿革》，《赤峰学院学报》（汉文哲学社会科学版）2016 年第 8 期。

⑤ 策·图尔巴图、萨仁毕力格：《蒙古国境内匈奴墓葬研究概况及近年新发现》，《草原文物》2011 年第 1 期。

⑥ 郝树声、张德芳：《悬泉汉简研究》，兰州：甘肃文化出版社，2009 年。

⑦ 裴永亮《河西汉简所见边塞地区汉匈日常战事及其特点》，《湖北社会科学》2019 年第 1 期。

⑧ 马智全：《居延汉简反映的汉匈边塞战事》，《西北民族大学学报》（哲学社会科学版）2016 年第 5 期。

⑨ 尹亮：《从河西简牍看汉代对匈奴的军事防御体系》，兰州：兰州大学硕士论文，2016 年。

登记名籍等。[1] 李烨《"秦胡"别释》一文指出"胡骑"为两汉属国中的胡人骑兵。[2] 孙闻博的《秦汉边地胡骑的使用——基于新获史料与传世文献的再考察》一文指出"胡骑"后来在汉军构成中越来越重要,是技术与财政的双重考虑。[3] 有关"秦胡"身份的讨论,胡小鹏《边疆法律视野下的"秦胡"身份》[4] 一文据"建武秦胡册"提出"秦胡"是汉朝政府赋予内附属国部落的一种法律身份。秦至唐的边疆法律对归附各族的身份有着管理。

六、南匈奴研究

中华人民共和国成立后,学术界对入居中原的南匈奴的研究逐渐升温,如林幹认为,在南匈奴人入塞后,于公元90年前后出现了"胜兵"制度。胜兵就是脱离生产,只担任作战的常备兵。[5] 黄烈也认为,匈奴后期实行胜兵制度,胜兵也就是常兵,但产生的具体时间似在明、章帝之际,即公元76年前后。[6] 阿尔丁夫《"胜兵"果真是"常备兵"么?——兼谈几部辞书存在的问题》一文则对胜兵制度即为"常备兵制度"的说法提出了疑义。他指出,胜兵制度不是南匈奴人入塞以后才出现的,北匈奴在南匈奴之前就已经出现胜兵了。而且就当时社会生产水平来讲,胜兵应该不是不生产被供养的常备兵。从训诂学角度看,"胜兵"应首先解释为力能操兵的意思,其次"胜兵者"即力能操兵的人,引申为能操兵作战的人,而不是专事作战,脱离生产的常备兵。[7] 张莉《南匈奴"胜兵"性质新解》一文,从南匈奴的社会生活状况,胜兵的具体情况、供养程度以及与当时东汉政府的关系等方面对"胜兵"的性质加以分析,也认为"胜兵"不可能是不事生产、只作战的常备兵。[8]

南匈奴内附之后,在南匈奴人的安置和管理上,东汉政府实行了一系列的措施。肖瑞玲在《东汉对匈奴政策评析》一文中认为,东汉政府对南匈奴主动附汉的请求予以接纳,政治上承认并确立其藩属地位,帮助南匈奴设单于庭,并设置使匈奴中郎将加以护卫;对南匈奴等归附部众,采取因其故俗,以资安置的民族政策;经济上给予南匈奴以大量支援。[9] 罗君的《汉晋中央政府对南匈奴的管理及其影响》[10] 与王平的《论东汉对南匈奴的政策》[11] 的观点与肖文基本一致,都认为东汉对内附

① 董永琴:《西北汉简所见"骑士"研究》,西北师范大学硕士论文,2017年。

② 李烨:《"秦胡"别释》,《内江师范学院学报》2012年第5期。

③ 孙闻博:《秦汉边地胡骑的使用——基于新获史料与传世文献的再考察》,《简牍学研究》第六辑,甘肃人民出版社,2016年。

④ 胡小鹏:《边疆法律视野下的"秦胡"身份》,《社会科学战线》2017年第6期。

⑤ 林幹:《匈奴通史》,北京:人民出版社,1986年。

⑥ 黄烈:《中国古代民族史研究》,北京:人民出版社,1987年。

⑦ 阿尔丁夫:《"胜兵"果真是"常备兵"么?——兼谈几部辞书存在的问题》,《民族研究》1999年第1期。

⑧ 张莉:《南匈奴"胜兵"性质新解》,《安徽史学》1999年第4期。

⑨ 肖瑞玲:《东汉对匈奴政策评析》,《内蒙古师大学报》2000年第6期。

⑩ 罗君:《汉晋中央政府对南匈奴的管理及其影响》,《绵阳师范学院学报》2004年第1期。

⑪ 王平:《论东汉对南匈奴的政策》,《白城师范学院学报》2008年第1期。

南匈奴实行了羁縻、安抚的民族政策，并采取了政治监护、军事防护、经济援助等措施。

在十六国匈奴政权问题的研究上，罗君发表了一系列的文章，进行了深入的研究。《十六国时期匈奴四政权建立及其异同》一文试图通过对匈奴四政权建立道路的阐述，揭示其政权的建立具有乘乱而起、依靠宗亲、以部立国、建国仓促等共同特征，同时又有建国道路上起兵前效忠对象及起兵后反抗对象、起兵前形势和建国具体形式的差别。①《十六国匈奴政权特点》一文指出十六国时期，匈奴在北方建立的四个政权具有自身的特点：在职官制度上，尽量沿袭魏晋制度，同时，又保留了胡制体系；在政权形式上实行胡汉联合专政，在职能分配与权力分配上采取胡武汉文、胡重汉轻的做法，以确保匈奴贵族的支配地位；在封建礼仪上，效仿汉族政权祭天祀祖，修城池宫观，以表明其正统形象。②《十六国匈奴政权特色再探》在原来对十六国匈奴四政权特点认识的基础上，做了更进一步的研究。认为十六国的匈奴四政权既不同于以往的匈奴政权性质，也不同于同一时期其他少数民族政权，它们具有浓厚的封建性质；除汉人之外唯我独尊的民族心理；吸收汉民族表层东西多，重封建礼法制度、文化建设而轻经济建设，缺乏坚实的经济基础；其国祚短暂。③而《十六国匈奴政权短祚探缘》便是对十六国匈奴政权国祚短暂原因的探讨。文中不仅从外部动荡局面和内部统治腐朽等因素加以分析，而且从更深层次认识到：突如其来的胜利冲昏头脑，狂妄自大；在学习先进民族经验时，不加辨别，以莠为良；丢弃了本民族的优良传统，人力匮乏，素质蜕变，战斗力下降。这些致命的弱点是导致匈奴政权短祚的重要原因。通过这四篇文章，作者对十六国时期的匈奴四政权的建立及特点等方面做了系统的阐述和分析，试图将十六国匈奴政权的全景展现在我们面前。当然，其中也有不恰当之处，有待研究者做进一步的商榷。④ 另外，涉及这一问题的还有吴洪琳的《十六国时期铁弗匈奴的民族心态——以赫连勃勃为主》一文，文中探究了铁弗匈奴在逐渐南进、势力不断扩大、建立大夏政权的过程中，所表现出的极为矛盾的心理状态。一方面，他们的民族意识及民族自豪感增强，将冒姓汉朝宗室的"刘"姓改为胡族特征非常明显的"赫连"氏，刻意强调和凸显其民族特征；另一方面，面对博大精深的汉文化又表现出一种极度自卑的心理，由此导致了一些政策上的失误。⑤

探讨南匈奴相关问题的史学论文还有，李吉和《匈奴的内徙及其影响》、⑥ 王庆

---

① 罗君：《十六国时期匈奴四政权建立及其异同》，《重庆教育学院学报》2002 年第 5 期。
② 罗君：《十六国匈奴政权特点》，《西南师范大学学报》2004 年第 2 期。
③ 罗君：《十六国匈奴政权特色再探》，《重庆教育学院学报》2005 年第 2 期。
④ 罗君：《十六国匈奴政权短祚探缘》，《西华师范大学学报》2005 年第 5 期。
⑤ 吴洪琳：《十六国时期铁弗匈奴的民族心态——以赫连勃勃为主》，《陕西师范大学学报》2006 年第 5 期。
⑥ 李吉和：《匈奴的内徙及其影响》，《内蒙古社会科学》2004 年第 1 期。

宪《匈奴南下入塞原因考》、① 李春梅《匈奴政权中"二十四长"和"四角""六角"探析》② 等。

中华人民共和国成立后，国内学者翻译外国学者研究匈奴的著作，有章巽译美国学者麦高文（W. M. 麦高文）著的《中亚古国史》③，《历史研究》编辑部编译的《苏联关于游牧民族宗法封建关系问题的讨论》④，中国科学院民族研究所编译的《民族史译文集》⑤，《江上波夫日本学者研究中国史论著选译》之《匈奴的祭祀》⑥，黄宜思、黄雨石译的《罗马帝国衰亡史》⑦，余大钧所译内田吟风等著的《北方民族史与蒙古史译文集》⑧ 等。其中《中亚古国史》大部分讲匈奴，其他的著作仅是部分内容或论文涉及匈奴。

以上对中华人民共和国成立后至今近七十年来的国内研究匈奴史的大概情况作了一下简单梳理，挂一漏万。从以上匈奴研究成果的介绍中可以看出，我国研究者在匈奴研究领域作了相当大的努力，也取得了丰硕的成就，并且研究特点明显。表现在：（1）多学科交融性加强。匈奴史研究不仅涉及了历史学、政治学、民族学、民俗学、社会学、语言学、人类学、艺术学、法学等，还逐渐加入了气象学、地理学、生物学等学科因素。多学科的交叉运用，使论据更充分，论证更具说服力和可靠性。（2）研究面的进一步拓宽。近六十年来，匈奴史研究的内容更加全面细致，涉及面更加丰富广泛。除了上述几个方面外，还有不少关于匈奴的社会生活习俗（如饮食、玉器、铜镜、腰饰牌等）、宗教信仰、音乐、教育、人口等方面的专门研究。（3）考古和文献资料的更好结合。随着匈奴考古成果的不断出现，出土文物的不断增多，研究者在大量运用文献材料的同时，更注重对地下出土资料的采用，相得益彰，使研究更加深入，可信度更高。但与此同时，我们也应该认识到，匈奴史的研究中仍有许多问题如匈奴族源族属、匈奴语言文字、匈奴西迁、匈奴后裔等存有争议或未能解决，需要研究者们付出更多的心血和努力。

近十年，有关南匈奴的研究又有了不俗的表现。薛海波《南匈奴内迁与东汉北边边防新论》一文指出南匈奴内迁戍边耗资巨大，但成效不大。以保存实力为主的南匈奴，在东汉与北匈奴的战争中仅起到出兵助攻的作用，根本谈不上替东汉守卫北边。且南匈奴在北边协助东汉抗击鲜卑的同时，不断发起暴乱，对东汉北边边防乃至北方内地的安全构成了严重威胁，甚至成为东汉北边的一大边患。⑨ 冯世明的

---

① 王庆宪：《匈奴南下入塞原因考》，《黑龙江民族丛刊》2006 年第 6 期。

② 李春梅：《匈奴政权中"二十四长"和"四角""六角"探析》，《内蒙古社会科学》，2006 年第 2 期。

③ ［美］麦高文（W. M. 麦高文）著：《中亚古国史》，章巽译，北京：中华书局，1958 年。

④ 《历史研究》编辑部编译：《苏联关于游牧民族宗法封建关系问题的讨论》，北京：科学出版社，1957 年。

⑤ 中国社会科学院民族研究所编译：《民族史译文集》，北京：科学出版社，1959 年。

⑥ 《江上波夫日本学者研究中国史论著选译》之《匈奴的祭祀》，北京：中华书局，1993 年。

⑦ ［英］爱德华·吉本著：《罗马帝国衰亡史》，黄宜思、黄雨石译，北京：商务印书馆，1997 年。

⑧ ［日］内田吟风等著：《北方民族史与蒙古史译文集》，余大钧译，昆明：云南人民出版社，2003 年。

⑨ 薛海波：《南匈奴内迁与东汉北边边防新论》，《内蒙古社会科学（汉文版）》2012 年第 3 期。

《南匈奴的儒家文化教育》一文认为，随着政治、经济环境的改变，南匈奴开始逐渐接受儒家文化，由此南匈奴的社会道德规范逐渐向儒家思想靠拢，加快了汉匈民族融合的进程。① 王兴锋的《东汉南匈奴南迁及其安置新论》一文探讨了南匈奴单于庭的迁徙及对南匈奴八部的安置，并且分析了为何在南迁的四十年间，南匈奴部众增长了四倍。② 王兴锋《论东汉南匈奴单于庭驻地的四次迁徙》一文探讨了南匈奴单于庭的四度迁徙。汉朝先将南匈奴单于庭安置于距五原郡西部塞的八十里处。同年，迁入云中郡西部。之后再迁至西河郡美稷县城。至熹平元年至五年间，单于庭第三次由美稷迁至离石县域左国城。中平六年，南匈奴单于庭由左国城四迁至河东郡平阳县。③

第二节　东胡史研究

一、20 世纪国内东胡史研究的基本状况

20 世纪初期，国内学术界关于古代东胡系诸民族的研究，主要是继承考据学传统，对历史疑难以及遗留问题进行系统的考订，例如王国维《古胡服考》④、金毓黻《辽东文献征略》⑤、从周《东胡演变中之乌桓鲜卑考》⑥、冯家升《述东胡系之民族》⑦ 等。但是，随着 20 世纪 30 年代，日本军国主义侵略东北野心的日益暴露，国内学界开始纷纷从事东北古史研究，例如傅斯年等《东北史纲》5 册⑧、克凡《东胡民族考》⑨、谷霁光《东胡氏姓研究》⑩、卞宗孟《东北史研究纲要》⑪、孙天野《东胡族源流考》⑫、金毓黻《东北通史》6 卷⑬、方德修《东北地方沿革及其民族》，⑭ 等等；这些，都是从维护民族血脉与祖国领土完整之目的出发，自发地研究东北边疆史地。他们都是从整理边疆史料入手，有理有据的依据历史事实，充分展开边疆史研究的具体范围、对象与基本思路，从而奠定了中国现代史学体系中的边

①　冯世明：《南匈奴的儒家文化教育》，《苏州教育学院学报》2020 年第 6 期。
②　王兴锋：《东汉南匈奴南迁及其安置新论》，《内蒙古民族大学学报（社会科学版）》2019 年第 2 期。
③　王兴锋：《论东汉南匈奴单于庭驻地的四次迁徙》，《中国历史地理论丛》2019 年第 1 期。
④　上虞罗氏雪堂丛刻，1915 年。
⑤　《吉林》，1927 年。
⑥　《正风半月刊》第 1 卷第 8—9 期，1934 年。
⑦　《禹贡》第 3 卷，1935 年第 8 期。
⑧　"中央研究院" 历史语言研究所，1932 年。
⑨　《大夏》第 1 卷，1935 年第 8 期。
⑩　《政治经济学报》第 5 卷，1937 年第 2 期。
⑪　东北大学，1938 年。
⑫　《东北》第 4 卷，1941 年 11 月—1942 年 1 月第 3—5 期。
⑬　重庆：五十年代出版社，1943 年。
⑭　开明书店，1948 年。

疆史研究学科。

1949 年以后直到"文革"结束，边疆史学科仍然是大陆与港台学术界研究的重点。如蔡美彪《东北各少数民族的语言和文字》①，系统论述了古代东北地区分布的东胡、肃慎等族系群团的历史地位与文化成就，其中关于古代东胡系诸民族历史文化研究尤为系统、翔实。唐长孺《晋代北境各族"变乱"的性质及五胡政权在中国的统治》，② 对五胡十六国的历史形势及其性质问题作出中肯评价，表述出多民族融合的文化传统的历史意义。金宝祥《汉魏西晋时期北方各少数民族的内徙》③、吕名中《试论汉魏西晋时期北方各族的内迁》④，都从民族大融合角度，认真审视汉魏西晋时期民族融合的历史趋势，分析民族融合的具体成果，概述当时古代历史发展的基本面貌。与此同时，考古学资料也日益丰富。如李逸友《内蒙古昭乌达盟出土的铜器调查》⑤，概述内蒙古东部地区青铜时代的基本面貌；朱贵《辽宁朝阳十二台子青铜短剑墓》⑥，初步揭示了辽西地区丰富多样的青铜文化遗存。锦州博物馆《辽宁锦西县乌金塘东周墓调查记》、中国科学院考古研究所内蒙古发掘队《赤峰药王庙、夏家店遗址试掘报告》、内蒙古文物工作队《1957 年以来内蒙古自治区古代文化遗址及墓葬的发现情况简报》⑦，《内蒙古文物资料选辑》⑧、昭乌达盟文物工作站等《宁城县南山根的石椁墓（M101）》和中国科学院考古研究所内蒙古工作队《宁城南山根遗址发掘报告》⑨，这些考古新发现，无疑为古代东胡系诸民族史研究提供了更加充分而鲜活的研究资料。然而，这一时期由于国际及国内意识形态领域内的复杂形势的具体影响，导致国内学界在宏观研究方面的缓慢与停滞。范文澜先生虽曾于 60 年代北京大学讲坛发表《中国历史上的民族斗争与融合》的讲座，但也立即陷入意识形态领域的纠缠与批判，直到 80 年代初才在《新华月报》文摘版 1980 年第 5 期予以正式发表。但港台学界则在民族史研究方面取得一定的进展，与此相关的是，以姚从吾等为代表的传统学者在具体研究契丹史的过程中，提出了"站在契丹人的立场来研究契丹史"的主张，从而为边疆史研究以及民族史研究提供了新的思路与方法。

史无前例的"文化大革命"结束之后，尤其是"改革开放"的 30 年，民族史研究以及边疆史研究，都取得突飞猛进的发展成果。1979 年，王仲荦出版《魏晋南北朝史》⑩，成为此前国内外魏晋南北史研究的集成之作，同年，杜荣坤发表《试论

---

① 《中国语文》1952 年第 12 期。
② 唐长孺：《魏晋南北朝史论丛》，生活·读书·新知三联书店，1955 年。
③ 《历史教学》1956 年第 11 期。
④ 《历史研究》1965 年第 6 期。
⑤ 《考古》1959 年第 6 期。
⑥ 《考古学报》1960 年第 1 期。
⑦ 《考古》1960 年第 5 期；《考古》1961 年第 2 期；《文物》1961 年第 9 期。
⑧ 呼和浩特：内蒙古人民出版社，1964 年。
⑨ 《考古学报》1973 年第 2 期；《考古学报》1975 年第 1 期。
⑩ 上海：上海人民出版社，1979 年。

古代少数民族政权与祖国的关系》①，标志着国内学界的基本研究状况仍然承接着五六十年代学界的基本血脉。民族史研究开始不断地端正理论方面的研讨。亦邻真《中国北方民族与蒙古族族源》、郑英德《东胡系诸部族与蒙古族族源》②，都系统地论述了古代北方及东胡系诸部族的历史源流，以及蒙古族与古代东胡族系所存在的深刻的血脉联系。1981 年，张博泉先生出版《东北历代疆域史》③，与之相对应的是，贾敬颜先生发表《东北古地理古民族丛考》④，两家不谋而合，并有异曲同工之妙，共同将包括东胡史在内的古代边疆史研究推入一个新的发展阶段。此外，学术著作如雨后春笋，相继有翦伯赞《中国民族关系史论集》⑤，傅朗云、杨旸《东北民族史略》⑥，黄烈《中国古代民族史研究》⑦，内蒙古社会科学院《中国北方民族关系史》⑧，中国民族史学会《中国民族关系史论集》⑨ 等，其中，较有代表性的论著有孙进己《东北民族源流》⑩ 与林幹《东胡史》⑪，代表了当时学者群的基本研究状况与学术水平，这两部专著的共同特点是，史料翔实，论据充分，观点明确，条理分明。进入 20 世纪 90 年代后，学界研究水平不断提高。第一，东胡史研究日益精细，如林幹《东胡早期历史初探》⑫、张久和《东胡系各族综观》⑬《东胡系各族发式考辩》⑭，以及林树山《东胡系民族的族缘关系》⑮ 等。第二，学术研究领域不断向纵深发展，如林幹《关于研究古代北方民族史在方法论中的若干问题》⑯，就民族史研究的方法论问题作出理论导向的基本探讨；金岳《东胡源于土方考》⑰，刘高潮、姚东玉《"日种"说与匈奴族源——兼论夫余王族属东胡系统》⑱，《东胡之疆域及其与匈奴之关系》⑲，张亚初《从古文字谈胡、胡国与东胡》⑳，汤晓芳《我国

① 《民族研究》1979 年第 1 期。

② 《内蒙古大学学报》1979 年第 3、4 期合刊；《中国蒙古史学会论文集（1980 年）》，呼和浩特：内蒙古人民出版社，1980 年。

③ 长春：吉林人民出版社，1981 年。

④ 《文史》第 12 辑，中华书局，1981 年。

⑤ 北京：民族出版社，1982 年。

⑥ 长春：吉林人民出版社，1983 年。

⑦ 北京：人民出版社，1987 年。

⑧ 北京：中国社会科学出版社，1987 年。

⑨ 西宁：青海人民出版社，1988 年。

⑩ 哈尔滨：黑龙江人民出版社，1989 年。

⑪ 呼和浩特：内蒙古人民出版社，1989 年。

⑫ 《北方文物》1987 年第 3 期。

⑬ 《内蒙古大学学报》1990 年第 2 期。

⑭ 《内蒙古社会科学》1990 年第 5 期。

⑮ 《黑龙江民族丛刊》1990 年第 2 期。

⑯ 《甘肃民族研究》1982 年第 1—2 期。

⑰ 《民族研究》1987 年第 3 期。

⑱ 《求是学刊》1988 年第 4 期。

⑲ 《内蒙古社会科学》1989 年第 3 期。

⑳ 《文博》1992 年第 1 期。

古代少数民族的社会形态及其发展特点》①，王海城《中国马车的起源》与王铁英《马镫的起源》②。第三，考古新发现不断涌现，如中国社会科学院考古研究所东北工作队《内蒙古宁城县南山根 102 号石椁墓》③、项春松《小黑石沟发现的青铜器》④ 及《介绍一件青铜阴阳短剑》⑤。第四，文献与考古资料相结合，学术研究不断取得新的突破。如刘观民、徐光冀《内蒙古东部地区青铜时代两种文化》⑥、安路《东胡族系的覆面葬俗及其相关问题》⑦，靳枫毅《夏家店上层文化及其族属问题》⑧ 及《试论曲刃青铜短剑的文化遗存》⑨，潘其风、韩康信《东汉北方草原游牧民族人骨的研究》⑩。第五，高水平的学术研究成果集中体现，例如，翁独健《中国民族关系史纲要》⑪，江应樑《中国民族史》（上中下）⑫，马大正《中国古代边疆政策研究》⑬，佟柱臣《中国边疆民族物质文化史》⑭，马大正《边疆与民族——历史断面研究》⑮，张碧波、董国尧《中国古代北方民族文化史》民族文化卷⑯。

在游牧社会制度以及游牧文明起源方面的研究，目前国内学界着力较弱，观点也不集中，例如一般从事蒙古史研究的学者认为，蒙古汗国时代及其以后的蒙古族社会已经进入封建制时代，但高文德于 1980 年出版的《蒙古奴隶制研究》（内蒙古人民出版社），仍然存在很大的影响。关于辽朝社会制度研究，目前仍存在奴隶制与封建制的争论（以及相应的关于契丹汉化的探讨），只是近年来开始出现契丹游牧封建制的主张⑰。关于游牧文明的起源问题，主要有田广金《试析中国北方畜牧业起源问题》⑱、乔晓勤《关于北方游牧文化起源的探讨》⑲；近年来，关于游牧经济生产方式及其文明形态探讨的力作，即台湾学者王明珂撰写的《游牧者的抉

①　《内蒙古社会科学》1992 年第 2 期。

②　均载余太山主编：《欧亚学刊》第 3 期，中华书局，2002 年。

③　《考古》1981 年第 4 期。

④　《内蒙古文物资料续辑》，内蒙古自治区文物队编，1984 年。

⑤　《内蒙古文物考古》1984 年第 3 期。

⑥　《内蒙古文物考古》1981 年创刊号。

⑦　《北方文物》1985 年第 1 期。

⑧　《考古学报》1987 年第 2 期。

⑨　《学习与思考》1983 年第 1 期。

⑩　《考古学报》1982 年第 1 期。

⑪　北京：中国社会科学出版社，1990 年。

⑫　北京：民族出版社，1990 年。

⑬　北京：中国社会科学出版社，1990 年。

⑭　成都：巴蜀书社，1991 年。

⑮　哈尔滨：黑龙江教育出版社，1993 年。

⑯　哈尔滨：黑龙江人民出版社，1993 年、1995 年。

⑰　参见任爱君：《辽朝国家体制研究》，《昭乌达蒙族师专学报》1991 年第 4 期；任爱君：《契丹辽朝前期（907—982）契丹社会历史面貌解析》第五章（内蒙古大学博士学位论文，2007 年），已经明确提出支持游牧封建制度的观点。

⑱　苏赫：《中国北方古代文化国际学术研讨会论文集》，北京：文史出版社，1996 年。

⑲　《内蒙古文物考古》1992 年第 1、2 辑合刊。

择——面对汉帝国的北亚游牧部族》，① 作者认为汉朝与北方游牧部族的互动，造成了三种不同的华夏边缘——北方草原地带的匈奴、甘青高原地带的羌戎、东北森林草原地带的乌桓与鲜卑，导致后来历史上发生过的诸多模式化事件，都可以溯源于此。因此，作者自认其选题的意义也有三重目的：即"第一，提倡一种结合人类学游牧社会知识的游牧民族史研究；第二，借着中国丰富的历史文献资料，来增进我们对人类早期游牧社会的认识；第三，促进游牧及定居农业文化人群对彼此的了解，并期望因此对中华民族内的汉蒙、汉藏关系有些贡献"。全书共划分为：游牧经济与游牧社会、中国北方游牧社会的形成、草原游牧的匈奴、高原河谷游牧的西羌、森林草原游牧的乌桓与鲜卑、游牧部族与中原北疆历史及结语等七个部分，系统地阐述了游牧社会的"历史本相""历史表相"及其与农耕社会之间形成的密切的内在联系。这是一部国内学界罕见的系统研究游牧社会的力作。

二、乌桓史研究

乌桓，乃古老的东胡族系中的一支，曾在历史上持续活动五、六百年的时间。但因其独特的地理位置，即直接邻近中原政权的东北及北部边疆、鲜卑部落的南缘地区，客观上造成了被鲜卑部落与中原农耕区域"包夹"的局面。故乌桓族虽对中国古代历史产生直接而巨大的历史作用，但却未能象匈奴、鲜卑、突厥、回鹘一样，对世界格局及北亚、中亚历史发生重大影响。因而，国际学界关于乌桓族的历史发展，知之甚少，学术研究也比较薄弱。

（一）20 世纪 80 年代以前的研究状况

国内学界的乌桓史研究，也同样是伴随着 19 世纪末至 20 世纪初呈现的中国边疆危机状态，而与边疆史研究同步兴起。当时，国内著名学者丁谦首先出于史料整理的目的，对于后汉及三国时代的乌桓、鲜卑、东夷以及西戎诸部族的基本面貌以及历史地理状况进行考证，目的在于明晰历史地理的具体范围，推动疆域史及民族史研究的不断发展，以学者的尊严维护祖国与民族利益不受侵犯②。有些学者对于东胡族系演变过程中的乌桓进行研究，试图揭示乌桓族起源与形成的具体过程③。

20 世纪四五十年代，伴随着马克思主义史学体系的逐步确立，尤其是受到具体意识形态影响出现的曹操评价问题，开始出现曹操征讨辽东乌桓问题的争论与探讨，从而为中华人民共和国民族工作及其政策与理论研究提出新的课题④。60 年代，著

---

① 桂林：广西师范大学出版社，2008 年。

② 丁谦：《后汉书乌桓鲜卑传地理考证》及《三国志乌丸鲜卑东夷传附鱼豢魏略西戎传地理考证》各 1卷，均收录《这间图书馆丛刊》（蓬莱轩地理丛书）第 1 集，1915 年。

③ 从周：《东胡演变中之乌桓鲜卑考》，《正风》半月刊第 4 卷第 8—9 期，1935 年 4—5 月。

④ 冉昭德：《黄巾、乌桓与曹操》，《人文杂志》1959 年第 5 期；木羽：《曹操打乌桓是反侵略吗?》，《天津日报》1959 年 5 月 11 日；柳春藩：《曹操对三郡乌桓的战争是反对外族入侵吗》，《光明日报》1959 年 5 月 14 日；吴泽：《曹操平定三郡乌桓战争的性质和历史作用》，《文汇报》1959 年 7 月 17 日。

名学者马长寿运用历史唯物主义的基本观点，依据丰富的历史文献资料，结合当时国内外关于乌桓、鲜卑史研究的基本成果与具体动态，全面地总结和概括了乌桓、鲜卑历史的基本发展线索、面貌与主要成就①。20 世纪 60—70 年代，国内乌桓史研究的另一突出特点，就是考古学手段的不断介入，并成功地引发了几次比较重要的学术探讨，例如，1960 年揭示的辽宁省西丰县西岔沟古墓群，就成功地引发了西岔沟古墓群是乌桓遗迹还是匈奴遗迹的史学争论②；而 70 年代发现与发掘的和林格尔汉代壁画墓，则又进一步引起关于乌桓史研究的大讨论，探讨的内容已经逐渐扩展到社会生活、历史地理、古代建筑以及东汉儒学，甚至古墓断代等诸多学术领域③。然而，由于当时特殊的意识形态领域出现的严重问题，直接干预了史学研究的顺利进行，甚至影响到史学研究的健康发展，造成学术研究的停滞状态。

（二）20 世纪 80 年代以来的研究状况

"文革"结束之后，学界以饱满的激情迎接"科学春天"的到来。乌桓史研究领域继承了学界以往的研究基础，并直接延续了学界在 20 世纪 50—70 年代未能完成的几次学术讨论，譬如曹操征乌桓的历史评价问题、④ 西丰西岔沟考古学文化属性问题以及和林格尔汉墓壁画问题等⑤，从而使国内乌桓史研究在已经取得的基础上不断地深化。其后，陈国灿《魏晋间的乌丸与"护乌丸校尉"》一文首先解决魏晋时期的"乌丸"族属与构成，然后研究魏晋"护乌丸校尉"的基本结构与具体职能；吉发习、丁学芸《护乌桓校尉及其他》一文则从探讨两汉时期"护乌桓校尉"的职能、机构入手，进一步解决汉代与乌桓关系中的一些具体问题；⑥ 林幹、程尼娜等则系统地探讨了两汉时期的"护乌桓校尉"的具体职能；⑦ 何天明则探讨了

　　① 马长寿：《乌桓与鲜卑》，上海人民出版社，1962 年。
　　② 刘谦：《辽宁义县保安寺发现的古代墓葬》，《考古》1963 年第 1 期；孙守道：《"匈奴·西岔沟文化"古墓群的发现》，《文物》1960 年 8—9 期；曾庸：《辽宁西丰西岔沟古墓群为乌桓文化史迹论》。
　　③ 内蒙古文物工作队：《和林格尔发现一座重要的东汉壁画墓》，《文物》1974 年第 1 期；吴荣曾：《和林格尔汉墓壁画中所反映的东汉社会生活》，《文物》1974 年第 1 期；罗哲文：《和林格尔汉墓壁画中所见的一些古建筑》，《文物》1974 年第 1 期；黄盛璋：《和林格尔汉墓壁画与历史地理问题》，《文物》1974 年第 1 期；金维诺：《和林格尔东汉壁画墓年代的探索》，《文物》1974 年第 1 期。孙长庆、刘涛中：《从和林格尔东汉壁画墓看林彪吹捧董仲舒的反动实质》，《文物》1974 年第 3 期；吴荣曾：《从和林格尔汉墓看东汉尊儒的反动性》，《文物》1974 年第 11 期；盖山林：《和林格尔汉墓壁画宣扬的孔孟之道的反动实质》，《文物》1974 年第 11 期。
　　④ 关于曹操征乌桓问题有，周桓：《再论曹操》，《河北大学学报》1981 年第 2 期；赵昌洪：《也谈曹操平定三郡乌桓战争的目的和性质》，《上海师范大学学报》1982 年第 4 期；李大龙：《简论曹操对乌桓的征讨及其意义》，《史学集刊》2008 年第 4 期。
　　⑤ 关于西岔沟文化有，田耘：《西岔沟古墓群族属问题浅析》，《黑龙江文物丛刊》1984 年第 1 期；孙守道：《再论"匈奴·西岔沟文化"古墓群的文化内涵、族属及国别问题（摘要）》，《内蒙古文物考古》1993 年第 1、2 合刊。关于和林格尔汉代壁画墓问题：内蒙古博物馆文物工作队编著：《和林格尔汉墓壁画》，文物出版社，1978 年；李逸友：《略论和林格尔东汉墓壁画中的乌桓与鲜卑》，《文物与考古》1980 年第 2 期。
　　⑥ 武汉大学历史系编印《魏晋南北朝隋唐史料》第 1 期，1979 年；《实践》1979 年第 8 期。
　　⑦ 林幹：《两汉时期"护乌桓校尉"略考》，《内蒙古社会科学》1987 年第 1 期；程尼娜：《护乌桓校尉府探析》，《黑龙江民族丛刊》2004 年第 4 期。

"护乌桓校尉"以及与之密切相关的"度辽将军"的基本建制问题。① 张博泉则依据历史资料，客观实际地探索了乌桓的起源地，以及两汉历史中著名的赤山及赤山乌桓问题；② 田广林则对乌桓山作出解释③。

关于乌桓人的社会制度及其驻牧范围的探讨，已经成为学界研究的主要焦点。林干先生首先从乌桓人的社会经济结构入手，虽然乌桓社会也存在一定成分的农耕因素和相对发达的手工业生产水平，但游牧经济仍然是乌桓人社会经济的主要支柱。由于经济因素所起到的决定作用，乌桓人的社会发展形态正处于原始社会向阶级社会过渡的发展阶段。以财产私有为标志的社会组织形式，是直接导致"部落大人"与"邑落小帅"阶层出现的历史基础。因此，乌桓人的社会制度带有明显的奴隶制与母系残余并存的基本特点；王庆宪认为乌桓早期社会的经济结构，以游牧狩猎为主要内容，农耕生产并未占有太大的比重，其原始农业生产活动也未能形成普遍现象，必要的农业生产常识的掌握也不全面；但是，自从乌桓人入居五郡塞外之后，其经济重心也逐渐转移到农业生产方面。曾唯一、成史章则主要探讨了古代乌桓人的邑落社会、血族复仇的基本性质问题。④ 林斡干先生以东胡早期历史活动范围为参照，认为乌桓部落的最初驻牧地就在汉外长城以北的乌桓山（即今西拉木伦河以北），汉武帝元狩四年（公元前 119 年），被汉朝南迁至上谷、渔阳、右北平、辽西、辽东五郡塞外；后汉光武帝建武二十五年（49 年），伴随着东汉对北匈奴战争的全面胜利，乌桓部落全部依附汉朝，光武帝加封渠帅八十一人为侯、王、君长，使其率众入塞，分布缘边辽东、辽西、右北平、渔阳、广阳、上谷、代、雁门、太原、朔方十郡塞外，此后，各自发展，最终融汇到鲜卑、汉族等民族共同体之中。⑤ 此外，王庆宪集中探讨了两汉时期乌桓史研究中的诸多历史问题⑥，莫任南探讨了乌桓人社会普遍存在的"邑落"问题，刘兆伟、成永娜则探讨了乌桓人的社会教育手段及其与中原王朝的关系问题。⑦

关于乌桓与鲜卑的民族共生关系，则是近年来由田余庆教授所提出的新课题，认为拓跋鲜卑的历史发展及其历史辉煌，都毫无例外的得益于乌桓族群的共同进入，由于乌桓与西部鲜卑之间所存在的微妙的共生关系，从而促进了以拓跋鲜卑为主体

---

① 何天明：《两汉王朝解决北方民族事务的统治机构——"护乌桓校尉"》，《内蒙古师范大学学报》1987 年第 1 期，《两汉北方重要建制"度辽将军"探讨》，《北方文物》1988 年第 3 期。

② 张博泉：《乌桓的起源地与赤山》，《北方文物》1984 年第 2 期。

③ 田广林：《释乌桓山》，《昭乌达蒙族师专学报》1988 年第 2 期。

④ 林斡：《乌桓社会制度新探》，《社会科学战线》1986 年第 1 期；王庆宪：《早期乌桓社会经济述略》，《内蒙古大学学报》1987 年第 3 期；曾唯一：《乌桓邑落社会性质探讨》，《四川师范大学学报》1990 年第 2 期；成史章：《从乌桓血族复仇说起》，《内蒙古大学学报》1990 年第 4 期。

⑤ 林斡：《略论两汉时期乌桓人的最初驻牧地及其后的迁徙和分布》，《社会科学战线》1988 年第 4 期。

⑥ 王庆宪：《浅谈两汉时期乌桓史中的几个问题》，《内蒙古大学学报》1989 年第 1 期；《王沈〈魏书〉与乌桓鲜卑》，《内蒙古大学学报》1990 年第 4 期；《乌桓鲜卑势力消长》，《内蒙古大学学报》1991 年第 4 期。

⑦ 莫任南：《匈奴、乌桓的"落"究竟指什么？》，《民族研究》1994 年第 1 期；刘兆伟：《中国古代东北乌桓、鲜卑教育概说——乌桓教育的原始特征与檀石槐鲜卑教育的开化》，《渤海大学学报》1992 年第 6 期；成永娜：《略论乌桓与中原王朝的关系》，《烟台大学学报》2008 年第 5 期。

的民族政权的不断发展与提高。这个观点的提出，得到了曹永年的支持与补充，并已经逐渐形成目前关于西部拓跋鲜卑以及乌桓族群历史研究的最新成果，产生了较大的学术影响。① 同时，由于乌桓人与鲜卑人的族源同源关系，以及乌桓人长期附塞分布的历史本征，致使迄今为止，比较发达的考古学手段，还未能从众多的考古遗迹中区分出纯粹的乌桓历史文化遗存。

2009—2019 年的乌桓史研究，延续了以往的发展势头和路径，发表的学术论著涉及乌桓诸多方面。据初步统计，发表学术论文 20 余篇，但由于乌桓存留史料较少，近年来也未有新的史料和考古遗存出现。因此，学术研究取得的学术成果比较有限。

关于曹操北征乌桓的问题：王海《秦汉辽西史地考论之一——以曹操征乌桓进军路线为切入》一文在前人研究的基础上进一步论证了曹操北正乌桓的具体进军路线；② 王绵厚《试论曹操北征"三郡乌桓"的辽西古廊道与交通文化》一文论述了辽西古廊道为曹魏和西晋推动了北方民族文化的进一步交融，汉文化向东北渐次传播的重要作用。③

关于乌桓人的社会管理和对外关系探讨，一些学者进行了研究论述。李俊方、魏舶《汉晋护乌桓校尉职官性质演变探析》一文论述了汉晋时护乌桓校尉从承担乌桓社会管理，到军事职能明显增强，最后在魏晋时期成为幽州地方军政长官的固定兼职，形成一种虚职化的加官的过程。④ 林永强《汉朝针对降附乌桓的军政管理措施考论》一文分析了两汉政府对降附乌桓人采取的一系列相应的军政措施及其这一系列措施的本质。⑤ 程妮娜《东部乌桓从朝贡成员到编户齐民的演变》一文中就乌桓人自两汉到南北朝期间社会管理模式的发展演变进行了梳理研究。⑥

崔明德、成永娜《乌桓调整与周边民族关系的原因及其影响》一文从总体上分析了乌桓人为了适应周边民族政权实力变化的形势，适时调整民族关系，一定程度上改变了乌桓的生活和社会发展走向，对周边民族产生了重要影响。⑦ 此后，赵红梅《乌桓朝贡东汉王朝探微》一文又论述了乌桓人在各个时期对东汉王朝的朝贡活动及其原因和目的。⑧ 而李春梅《匈奴与乌桓的关系考述》一文分析了乌桓与匈奴

① 参见田余庆：《代北地区拓跋与乌桓的共生关系——〈魏书·序纪〉有关史实解析（上）》，《中国史研究》2000 年第 3 期；《代北地区拓跋与乌桓的共生关系——〈魏书·序纪〉有关史实解析（下）》，《中国史研究》2000 年第 4 期；关于曹永年先生的支持与补充，参见田余庆《拓跋史探》附录部分，北京：生活·读书·新知三联书店，2003 年。

② 王海：《秦汉辽西史地考论之一——以曹操征乌桓进军路线为切入》，《渤海大学学报》2014 年第 4 期。

③ 王绵厚：《试论曹操北征"三郡乌桓"的辽西古廊道与交通文化》，《广西民族大学学报》2017 年第 5 期。

④ 李俊方、魏舶：《汉晋护乌桓校尉职官性质演变探析》，《北方文物》2009 年第 4 期。

⑤ 林永强：《汉朝针对降附乌桓的军政管理措施考论》，《黑龙江民族丛刊》2012 年第 2 期。

⑥ 程妮娜：《东部乌桓从朝贡成员到编户齐民的演变》，《民族研究》2015 年第 5 期。

⑦ 崔明德、成永娜：《乌桓调整与周边民族关系的原因及其影响》，《烟台大学学报》2009 年第 3 期。

⑧ 赵红梅：《乌桓朝贡东汉王朝探微》，《社会科学辑刊》2011 年第 6 期。

的役属关系和规定交纳的皮布税何时中断、何时开始、何时解除和摆脱等问题。①

关于乌桓人迁徙问题的研究，学者的相关研究比较多。李莎《论两汉时期乌桓、鲜卑南迁的原因及对汉匈关系的影响》一文认为乌桓与鲜卑因自身发展、汉朝的民族政策等原因南迁，从而改变了汉匈战局，对汉朝最终战胜匈奴的战争产生了重要影响。② 此后，崔向东《乌桓、鲜卑南迁西进与北方民族关系演变》一文则比较全面的分析了乌桓、鲜卑南迁西进后，改变了原有民族分布和地缘政治格局，形成多边制衡关系，进而直接影响了汉、匈关系的演变。③ 张晋《探析乌桓三次南迁中的骑兵因素》一文提出中原王朝对乌桓骑兵的需求才是其三次南迁的直接原因。④ 该作者在《乌桓三次南迁的历史情境再探》一文中又详细论述了乌桓三次迁徙的历史背景、内在原因以及所产生的影响，进一步说明乌桓的骑兵力量是其迁徙的主要动因。⑤ 而刘维栋、赵学东《论乌桓骑兵在汉末战争中的影响与作用》一文也论述了乌桓骑兵在东汉末年军阀混战中的强大战力和作用，支持了张晋的观点。⑥ 张慧聪《乌桓的三次迁徙与中原农耕文化的交融》一文认为乌桓三次向中原内地迁徙，加速了与中原农耕文化之间的交融，这种交融是当时历史环境下的"汉化"与"胡化"是同时进行的，不同生产方式的文明是互动的。⑦

关于乌桓起源及其文化习俗等方面，潘玲《西汉时期乌桓历史辨析》一文分析对比了不同时代史书中记述的乌桓历史，认为不能完全信从王沈的《魏书》和范晔的《后汉书》。《史记》和《汉书》的成书年代距西汉最近，因此其中关于西汉乌桓历史的记载也最可信。⑧ 王文光、张曙晖《两汉时期乌桓鲜卑的历史人类学研究》一文中有关乌桓人部分，分析了乌桓在汉代复杂政治格局中的发展与消亡的过程。⑨

另外，周兴启、李俊义《乌桓山地望新考》一文在前人研究的基础上，结合田野调查，确定乌州即内蒙古赤峰市阿鲁科尔沁旗巴彦温都苏木玛尼图古城，该旗境内的朝克图山就是乌桓山。⑩

三、鲜卑史研究

鲜卑，也是古老的东胡族系中的一支。鲜卑人的历史存续时间与乌桓人相比较，则更加漫长，它起码还要延续到 8 世纪左右。因此，鲜卑人对于祖国历史文化发展

---

① 李春梅：《匈奴与乌桓的关系考述》，《内蒙古社会科学》2012 年第 2 期。
② 李莎：《论两汉时期乌桓、鲜卑南迁的原因及对汉匈关系的影响》，《咸阳师范学院学报》2012 年第 3 期。
③ 崔向东：《乌桓、鲜卑南迁西进与北方民族关系演变》，《内蒙古社会科学》2014 年第 4 期。
④ 张晋：《探析乌桓三次南迁中的骑兵因素》，《阴山学刊》2015 年第 2 期。
⑤ 张晋：《乌桓三次南迁的历史情境再探》，《黑龙江民族丛刊》2019 年第 5 期。
⑥ 刘维栋、赵学东：《论乌桓骑兵在汉末战争中的影响与作用》，《社会纵横》2017 年第 7 期。
⑦ 张慧聪：《乌桓的三次迁徙与中原农耕文化的交融》，《中央民族大学学报》2015 年第 4 期。
⑧ 潘玲：《西汉时期乌桓历史辨析》，《史学集刊》2011 年第 1 期。
⑨ 王文光、张曙晖：《两汉时期乌桓鲜卑的历史人类学研究》，《广西民族大学学报》2018 年第 4 期。
⑩ 周兴启、李俊义：《乌桓山地望新考》，《学问》2017 年第 1 期。

的影响更大、贡献更多。在鲜卑人所创造的历史发展的鼎盛阶段，不仅对于中国古代历史发展产生重大影响，对于当时的世界格局以及北亚、中亚的历史发展也有重大影响。因此，鲜卑史研究目前已经成为一门世界瞩目的重要学科。

（一）20 世纪 80 年代以前的研究状况

20 世纪初期，国内学界鲜卑史研究仍然是围绕着边疆史研究的思路开展的，著名学者丁谦率先完成了《后汉书》以及《三国志》"鲜卑列传"地理考证的初步工作①。随后，鲜卑史研究逐渐兴旺，并在语言归属、民族源流、社会形态、统治制度、典章文物、文化风俗等方面都取得众多研究成果。

关于鲜卑语言问题的研究，20 世纪 30 年代，方壮猷在充分吸收国外学界研究成果基础上，对鲜卑语的语法习惯等进行研究，确认鲜卑语属于古代的蒙古语系；陈垣则从语音语韵学的角度入手，利用古代遗留的丰富的语言音韵学资料，论证了鲜卑语言学资料与中国古代汉语音韵学之间存在的密切联系，从而达到验证古代鲜卑语言归属的基本目的②。20 世纪 50 年代，缪钺又对鲜卑语言进行研讨，并对前人成果进行总结③；以后，又有港台学者就"鲜卑"与"西伯利亚"的语音对应关系作出相关的研讨④。关于鲜卑人的民族源流，许多学者都对拓跋鲜卑的先世源流作出具体的资料分析，认为鲜卑拓跋部源于古代的黄帝系统，而形成于古代的东胡群团⑤。另有杨宪益认为，鲜卑中的一部分其实源于古匈奴部族中的须卜氏族，或者说古鲜卑族系中的一部分早已经融入古匈奴族系之中⑥；姚薇元《北朝帝室氏族考》《北朝胡姓考》等论著研究了拓跋鲜卑的氏族源流，以及鲜卑诸部落及其氏族的发展、演变与融合过程，因为，史料翔实，举证得当，征引丰富，脉络清楚，论证恺切，而成为 20 世纪五六十年代学界研究鲜卑史的标志性成果，并因此而饮誉海内外⑦。关于鲜卑政权的统治方式，王礼锡认为鲜卑政权基本沿袭了相对简单的游牧社会政治组合形式的基本因素，所以才造就了自北朝而至隋唐的大演变、大转折的历史过程，体现在当时文学发展上的具体影响，就是文学体式所发生的基本演变；李源澄从解析拓跋鲜卑的氏族制度入手，认真分析与研究了鲜卑习俗对于北魏政治体制建设的具体影响；陈嘏进一步探讨了南北朝时期游牧民族历史人物的贡献及其

① 前揭丁谦：《后汉书乌桓鲜卑传地理考证》及《三国志乌丸鲜卑东夷传附夫余鞮魏略西戎传地理考证》。
② 方壮猷：《鲜卑语言考》，《燕京学报》第 8 期，1930 年 12 月；陈垣：《〈切韵〉与鲜卑》，《图书季刊》第 3 卷第 3 期。
③ 缪钺：《北朝之鲜卑语》，《中国文化研究汇刊》第 10 卷，1951 年；《白鸟库吉鲜卑语考释的商榷》，《成都工商导报·学林》第 6 期，1951 年 3 月 18 日。
④ 江鸿：《由鲜卑谈到西伯利亚之今昔》，《大陆杂志》第 41 卷第 9 期，1970 年。
⑤ 吴志慎：《后魏先世考略》，《新文化月刊》第 1 卷第 5 期，1934 年；程芸：《拓跋氏先世考》，《齐鲁学刊》1941 年第 2 期；马长寿：《乌桓与鲜卑》，上海：上海人民出版社，1962 年。
⑥ 杨宪益：《须卜即鲜卑说》，《中国杂志》创刊号，1947 年 2 月。
⑦ 《说文月刊》第 4 卷合刊本，1944 年；北京：科学出版社，1958 年。

所出身之部族，刘尧庭研究了鲜卑部落存在的"大人"及其继承制度①。唐长孺则比较系统地论述了北魏政权的建立及其封建化的具体过程，以及拓跋鲜卑政权逐渐"汉化"的历史过程②。台湾学者札奇斯钦《从北亚史观点看拓跋与柔然对立时代的历史关系》一文，③从北亚史的整体布局出发，分析与探讨了拓跋鲜卑政权与柔然汗国政权对立的时代条件与历史意义。此外，20世纪70年代以前的国内学界，还相继出版了几部比较重要的学术著作，主要有韩国磐《北朝经济试探》（上海人民出版社，1958年）、姚薇元《北朝胡姓考》（科学出版社，1958年）、马长寿《乌桓与鲜卑》（上海人民出版社，1962年）以及游寿撰写的《拓跋魏文化史稿》（《哈尔滨师院学报》1963年第3期）、林旅芝《鲜卑史》（香港中华文化事业公司，1967年）等。

关于鲜卑典章文物与文化习俗方面的研究，主要是伴随国内考古学手段的不断进步而逐渐展开。20世纪前期，随着中国边疆地区不断出现的重大考古发现，使得潜藏于内蒙古草原地带的鲜卑历史文化遗迹也逐渐暴露；30年代中期已经有人将一批与北朝胡族文化密切相关的历史文物做了介绍④；20世纪50年代及其以后，考古学资料不断丰富，被界定为鲜卑早期历史遗迹的有辽宁北票房身村晋代古墓、内蒙古呼伦贝尔草原扎赉诺尔古墓群以及陈巴尔虎旗完工古墓群、内蒙古呼和浩特市凉城县发现的鲜卑文物、辽宁境内的鲜卑历史文化遗迹、内蒙古巴林左旗南杨家营子鲜卑文化遗址等⑤，这些重大的考古发现，为史学界鲜卑史研究成功地区分出鲜卑人的"先史遗迹"以及东部鲜卑的历史文化遗迹，并为匈奴及鲜卑考古学遗迹的区分提供了必要的佐证材料⑥。此外，甘肃、太原、济南、大同、洛阳等地相继发现北魏石刻、造像及碑铭资料等，学界利用这些"第一手资料"充分认识了鲜卑史研

① 王礼锡：《北朝社会的形态与文学的演变》，《读书杂志》第8期，1930年12月。李源澄：《论北魏大家庭》，《文史杂志》第1卷第11期，1941年；《北魏之统制诸夏及诸夷》，《责善半月刊》第2卷第17期，1941年；《元魏前期之制度及其旧俗》，《华文月刊》第2卷第2、3期合刊，1943年；陈叕：《南北朝外族人物部族考》，《真知学报》第1卷第1期，1942年；刘尧庭：《鲜卑大人的继承制度》，《史学月刊》1953年第12期。

② 唐长孺：《拓跋国家的建立及其封建化》，氏著《魏晋南北朝史论丛》，香港：三联书店，1955年；《拓跋族的汉化过程》，《历史教学》1956年第1期。

③ 《边政研究所年报》第7期，台北：1976年7月。

④ 一凌：《北朝胡族统治下之北方文物》，《中法大学月刊》第8卷第5期、第9卷第1期，1936年。

⑤ 陈大为：《辽宁北票房身村晋墓发掘简报》，《文物》1960年第1期；郑隆：《内蒙古扎赉诺尔古墓群调查记》，《文物》1961年第9期；内蒙古文物工作队：《内蒙古扎赉诺尔古墓群发掘简报》，《考古》1961年第12期；潘行荣：《内蒙古陈巴尔虎旗完工索木发现古墓葬》，《考古》1962年第11期；内蒙古文物工作队：《内蒙古陈巴尔虎旗完工古墓清理简报》，《考古》1965年第6期；一友《凉城发现西晋时期的鲜卑文物》，《内蒙古日报》1962年9月22日；李文信：《周汉魏晋时代的辽宁史迹》，《辽宁日报》1962年7月21日；李文信等：《古代辽宁境内的匈奴、鲜卑和高句丽的文化遗存》，《辽宁日报》1962年9月11日；中国社会科学院考古研究所内蒙古工作队：《内蒙古巴林左旗南杨家营子的遗址和墓葬》，《考古》1964年第1期。

⑥ 安志敏：《关于内蒙古扎赉诺尔古墓群的族属问题》，《文物》1964年第5期。

究中的部分问题。① 此外，学界利用相继发现的遗物与遗迹，进而揭示了北魏前期存在的虎符制度、铜镜样式、城市建置、生活习俗等方面的一些重要内容。② 甚至还发现了北齐以及吐谷浑人的一些历史文化遗迹与文字资料③。尤其重要的是，20世纪70年代和林格尔汉代壁画墓的发现，成为当时最为重大的考古新发现之一。

（二）20世纪70年代以后的研究状况

"文革"结束之后，国内学界的鲜卑史研究，基本承袭了20世纪五六十年代的学术传统，并对50—60年代以来形成的一些看法与观点展开充分的讨论，主要有，宿白先生综合当时已经积累的文献与考古资料，对于古代东北地区、雁代以北地区以及河南洛阳附近的鲜卑文化遗存，作出高度的学术总括与深入研讨，并从此奠定了鲜卑及北魏史研究的基本方向，即将历史文献资料与当代考古学资料高度整合，注重历史实际与历史民俗的具体影响，客观揭示鲜卑及北魏历史发展的基本规律④。李逸友则根据已经掌握的扎赉诺尔古墓群的考古学资料，在认真分析与研究的基础上，提出扎赉诺尔古墓群属于早期拓跋鲜卑迁徙遗迹的观点；同时，李逸友等人也再度探讨了和林格尔汉墓壁画所表现的鲜卑历史人物形像，以及由此而反映出来的东汉鲜卑人的生活习俗。⑤ 崔璇仍继续探讨石子湾古城的文化遗存及其历史意义。⑥

关于拓跋鲜卑部落的封建制转化问题，黄佩瑾提出拓跋鲜卑部落早期政权带有浓厚的奴隶制残余，随着北方统一政权的不断巩固以及大量中原汉族人口的不断增加，迫使统治阶层不得不思考转变已有的落后的统治方式。孝文帝改革就是

① 黄中：《甘肃清水县城外有北周时代石刻》，《文物》1955年第1期；郭勇：《山西太原西郊发现石刻造像简报》，《文物》1955年第3期；荆三林：《济南近郊北魏隋唐造像》，《文物》1955年第9期；云冈古迹保护所《云冈新发现的一块北魏石刻》，《文物》1957年第9期；邵茗生：《记明前拓北魏中岳嵩高灵庙碑》，《文物》1962年第11期；《明前拓北魏中岳嵩高灵庙碑补记》，《文物》1965年第6期。

② 马衡：《北魏虎符跋》，《考古通讯》1956年第4期；马彦华：《隆尧县发现北魏铜镜》，《文物》1956年第6期；盖山林：《内蒙古文物工作队在准格尔旗发现北魏古城遗址》，《内蒙古日报》1963年4月27日；《内蒙古伊盟准格尔旗石子湾古城遗址》，《考古》1965年第8期；汪宇平：《内蒙古准格尔旗羊市塔区破坏（北魏）壁画墓一座》，《文物参考资料》1957年第9期；内蒙古文物工作队：《内蒙古呼和浩特美岱村北魏墓》，《考古》1962年第11期；志工：《略谈北魏的屏风漆画》，《文物》1972年第8期；敦煌文物研究所：《新发现的北魏刺绣》，《文物》1972年第2期。

③ 新乡市博物馆：《北齐窦、娄、石、刘四墓志中几个问题的探讨》，《文物》1973年第6期；北京市文物工作队：《北京郊区出土一块北齐墓志》，《文物》1964年第12期；甘肃武威县文化馆：《武威县南山青嘴喇嘛湾又发现慕容氏墓志》，《文物》1965年第9期。

④ 宿白：《东北、内蒙古地区的鲜卑遗迹——鲜卑遗迹辑录之一》，《文物》1977年第5期；《盛乐、平城一带的拓跋鲜卑——北魏遗迹——鲜卑遗迹辑录之二》，《文物》1977年第11期；《北魏洛阳城与北邙陵墓——鲜卑遗迹辑录之三》，《文物》1978年第7期；《凉州石窟遗迹和"凉州模式"》，《考古学报》1986年第4期。

⑤ 李逸友：《扎赉诺尔古墓为拓跋鲜卑遗迹论》，《中国考古学会第一次年会论文集》，北京，科学出版社，1979年；《略论和林格尔汉墓壁画中的乌桓与鲜卑》，《考古与文物》1980年第2期；张郁等：《论和林格尔汉墓壁画艺术》，《内蒙古文物考古》1981年创刊号；黄盛璋：《再论和林格尔汉墓壁画的地理与年代问题——兼评〈和林格尔汉墓壁画〉》，《考古与文物》1982年第1期。

⑥ 崔璇：《石子湾北魏古城的方位、文化遗存及其他》，《文物》1980年第8期。

这种历史发展趋势的必然表现。鲜卑贵族通过自上而下的改革方式，达到向封建制全面转化的基本目的。孙钺认为拓跋鲜卑社会逐渐进入封建制的过程，经历了残酷的新旧势力的斗争。张光志则认为鲜卑拓跋部经历了相当漫长的奴隶制统治时期，张维训坚持北魏封建制的观点并分析了均田制形成的历史条件。黄烈分析了拓跋鲜卑早期国家的形成过程，漆泽邦探讨了北魏政权前期推行汉化政策的历史本因，曹永年分析了拓跋鲜卑的社会发展状况及其国家政权形成的基本道路。① 然而，目前为止，关于拓跋鲜卑历史研究具有代表性意义的学术著作，仍然是田余庆撰写的《拓跋史探》，运用丰富的文献资料与考古学资料，把握乌桓与鲜卑共生关系这一基本要点，条分缕析、剖解如流，弥补与校正了《魏书·序纪》以及北魏前期的一些重大史实。② 这也是迄今为止关于拓跋鲜卑历史研究唯一的一部综合性学术成果。

综合 20 世纪 70 年代以后，国内学界关于鲜卑史研究的焦点问题，大多都是围绕着新的考古发现展开探讨。其一是嘎仙洞鲜卑石室与石刻祝文的发现，将学界的目光不仅引向拓跋鲜卑起源问题，也引入鲜卑部落起源的广泛探讨。其中，"大鲜卑山"及其相关历史地理问题，成为石室研究的焦点问题之一；而且，还推动国内学界主动思考拓跋鲜卑真实的起源问题。③ 其二是北魏曹天度造像所引发的大讨论，基本解决了以前学界无法判定此类佛教造像基本时代的历史参照问题。④ 其三是札赉诺尔古墓群的研究手段日益丰富。潘其风先生等首先将人种类型学方法，引入鲜卑史研究中，其后，朱泓等人进一步根据人类体质特征进行考古学骨骼资料的分析与研究，从而判

① 黄佩瑾：《论拓跋鲜卑部向封建制的转化》，《中国史研究》1979 年第 4 期；孙钺：《拓跋鲜卑接受汉族文化过程中新旧势力的斗争》，《中央民族学院学报》1983 年第 1 期；张光志：《鲜卑拓跋部与奴隶制》，《青海师范学院学报》1983 年第 1 期；张维训：《北朝均田制与鲜卑族的关系》，《中国社会经济史研究》1983 年第 2 期；漆泽邦：《论拓跋焘与北魏政权的汉化》，《西南师范学院学报》1984 年增刊；曹永年：《早期拓跋鲜卑的社会状况和国家的建立》，《历史研究》1987 年第 5 期。

② 田余庆：《拓跋史探》，北京：生活·读书·新知三联书店，2003 年。

③ 米文平：《大兴安岭北部发现鲜卑石室遗址》，《光明日报》1980 年 11 月 25 日；马耀圻、吉发习：《鲜卑早期珍贵文物——北魏先祖的石室旧墟》，《内蒙古社会科学》1980 年第 4 期；玉睿：《鲜卑的祖先——毛、推寅、诘汾》，《内蒙古日报》1981 年 3 月 10 日；米文平：《鲜卑石室的发现与初步研究》，《文物》1981 年第 2 期；张明善：《嘎仙洞祝文石刻与嵩山高灵庙碑》，《文物》1981 年第 2 期；佟柱臣：《嘎仙洞拓跋焘祝文石刻考》，《历史研究》1981 年第 6 期；干志耿、孙秀仁：《关于鲜卑早期历史及其考古遗存的几个问题》，《民族研究》1982 年第 1 期；米文平：《鲜卑源流及其族名初探》，《社会科学战线》1982 年第 3 期；陈连开：《鲜卑山考》，《社会科学战线》1982 年第 3 期；孙进己：《鲜卑源流考》，《黑龙江文物丛刊》1982 年第 3 期；米文平：《鲜卑石室所管诸地理问题》，《民族研究》1982 年第 4 期；呼盟文物管理站：《鄂伦春自治旗嘎仙洞遗址 1980 年发掘简报》，魏坚主编：《内蒙古地区鲜卑墓葬的发现与研究》，科学出版社，2004 年，第 444—452 页。陆思贤：《鲜卑族名与"鲜卑郭洛带"》，《内蒙古社会科学》1984 年第 3 期。

④ 史树青：《北魏曹天度造千佛石塔》，《文物》1980 年第 1 期；山西朔县崇福寺文物保管所：《北魏曹天度造千佛石塔塔刹》，《文物》1980 年第 7 期；胡顺利：《谈北魏曹天度造千佛石塔题名释文》，《文物》1983 年第 7 期。

定札赉诺尔古墓群所出人骨，属于蒙古利亚人种之北亚种属。① 随着新的研究手段的介入，鲜卑史研究不断取得新的进展，完工古墓以及其他地区的考古发现不断增加。② 尤其难能可贵的是：随着考古新发现的不断增加，在这些新发现的考古学遗迹以及遗物之中，又因为其各自不同的时代属性而形成几次规模较小的学术大探讨：（1）关于吉林榆树老河深鲜卑墓葬群的研讨，虽然墓葬群显然带有其他族属文化的痕迹，但学界基本确认老河深为鲜卑东部的历史文化遗存。③（2）山西灵丘发现北魏文成帝"南巡御射碑"，从而解决了长期困扰学界的北魏前期的防御设施以及相关历史地理问题。④（3）关于另皮窑与讨合气出土鲜卑金饰牌的探讨，进而增强了学界关于鲜卑历史文化的深刻认识。⑤ 其四是部族史研究日趋细密，学术研究成果日益增多。除了拓跋鲜卑部落外，其他鲜卑部落的历史事迹也越来越多地受到学界的瞩目，如关于宇文鲜卑历史的研究论著，就不少于 5 篇（部）⑥，而关于段部鲜卑、慕容鲜卑、乞伏（秃发）鲜卑、河西鲜卑的历史研究论著，也日益增多。王仲荦先生根据自身多年从事魏晋南北朝史研究的心得，对于鲜卑姓氏（即氏族名号）重新作出考释，纠正前人错讹，弥补文献记载的缺落。⑦ 这一时期重要的研究著述有：周伟洲《吐谷浑

---

① 潘其风、韩康信：《东汉北方草原游牧民族人骨的研究》，《考古学报》1982 年第 1 期；朱泓：《从扎赉诺尔汉代居民的体质差异探讨鲜卑族的人种构成》，《北方文物》1989 年第 2 期；《察右后旗三道湾汉代鲜卑族颅骨的人种学研究》，魏坚主编：《内蒙古地区鲜卑墓葬的发现与研究》，北京：科学出版社，2004 年，第 421—430 页；谢力：《古代鲜卑人群分子遗传学研究》，《吉林大学学报》2006 年第 3 期；赵欣、原海兵：《匈奴、鲜卑的人种学研究综述》，《内蒙古文物考古》2008 年第 1 期。

② 刘升雁、栾兆鹏：《从考古学上谈鲜卑早期的文化问题》，《博物馆研究》1992 年第 2 期；许永杰：《鲜卑遗存的考古学考察》，《北方文物》1992 年第 4 期；内蒙古文物工作队：《内蒙古陈巴尔虎旗完工古墓清理简报》，《内蒙古文物考古续辑》1984 年；内蒙古文物考古研究所：《札赉诺尔古墓群 1986 年清理发掘报告》，李逸友等主编：《内蒙古文物考古文集》第 1 辑，中国大百科全书出版社，1994 年，第 369—383 页；甘肃省博物馆：《酒泉、嘉峪关晋墓的发掘》，《文物》1979 年第 6 期；张柏忠：《哲里木盟发现的鲜卑遗存》，《文物》1981 年第 2 期；程道宏：《伊敏河地区的鲜卑墓》，《内蒙古文物考古》第 2 辑，1982 年 12 月；张中澍：《通榆县兴隆山鲜卑墓清理简报》，《北方文物》1982 年第 3 期；云数：《内蒙古新巴尔虎右旗发现一座鲜卑墓》，《北方文物》1987 年第 4 期；曹永年：《说"潜埋虚葬"——北燕冯素弗墓》，《文史》第 31 辑，1988 年；孙机：《固原北魏漆棺画研究》，《文物》1989 年第 9 期；赵越：《内蒙古额右旗拉布达林发现鲜卑墓》，《考古》1990 年第 10 期；赵雅新：《科左后旗毛力吐发现鲜卑金凤鸟冠饰》，《文物》1990 年第 7 期。

③ 张英：《吉林榆树老河深鲜卑墓群部分墓葬发掘简报》，《文物》1985 年第 2 期；刘景文、庞志国：《吉林榆树县老河深墓葬群族属探讨》，《北方文物》1986 年第 1 期；吉林省考古研究所编：《榆树老河深》，北京：文物出版社，1987 年。

④ 灵丘县文管所：《山西灵丘县发现北魏"南巡御射碑"》，《考古》1987 年第 3 期；山西省考古研究所、灵丘县文物局：《山西灵丘北魏文成帝〈南巡碑〉》，《文物》1997 年第 12 期。

⑤ 内蒙古自治区博物馆和林格尔县文化馆：《和林格尔县另皮窑村出土的北魏金器》，《内蒙古文物考古》第 3 期，1984 年；伊克坚、陆思贤：《土默特左旗（讨合气村）出土北魏时期文物》，《内蒙古文物考古》第 3 期，1984 年；陆思贤：《对另皮窑与讨合气金饰牌的几点认识》，《内蒙古文物考古》第 3 期，1984 年。

⑥ 邱久荣：《"槐头"非是"莫槐"（宇文莫槐）》，《中央民族学院学报》1984 年第 4 期；王希恩：《宇文部东迁时间及隶属檀石槐鲜卑问题略辩》，《中国史研究》1986 年第 4 期；《宇文部族属浅辩》，《西北民族学院学报》1987 年第 3 期；《宇文部史迹钩沉》，《民族研究》1988 年第 5 期；景有泉：《汉魏之际鲜卑宇文部"九世大人"世系考》，《东北师大学报》1988 年第 2 期；曹熙：《早期鲜卑史初探》，《齐齐哈尔大学学报》1985 年第 1 期。

⑦ 王仲荦：《鲜卑姓氏考》，《文史》第 30—31 辑，北京：中华书局，1988 年。

史》（青海人民出版社，1985 年）、《边疆民族历史与文物考论》（黑龙江教育出版社，2001 年）、《马长寿民族学论集》（人民出版社，2003 年）、《南凉与西秦》（广西师范大学出版社，2006 年）；田余庆《拓跋史探》（北京生活·读书·新知三联书店，2003 年）；魏坚主编《内蒙古地区鲜卑墓葬的发现与研究》；林幹《东胡史》（内蒙古人民出版社，1989 年）、《东胡乌桓鲜卑研究附论》（内蒙古大学出版社，1995 年）；吉林省文物考古研究所编《榆树老河深》（文物出版社 1987 年），等等。

近十年间，有关鲜卑历史的研究又有了长足的发展，出现了大量的成果。在鲜卑民族汉化问题的研究方面，相关学者从族源、政治制度、风俗、文化认同、历史人类学等角度出发对这一问题进行了研究。[①] 在鲜卑政治军事制度研究方面：苗霖霖、杨昕沭所著《鲜卑部落联盟研究》一书从鲜卑族的起源入手，对鲜卑早期的历史，特别是部落制时代的历史进行了探讨。[②] 另外，其他相关论文主要集中于鲜卑部落联盟、北朝时期鲜卑民族的政治演进等问题。[③] 鲜卑社会习俗方面的主要关注点为祭祀、婚俗等问题。[④] 另外，这一阶段对鲜卑族源、世系及名称问题现较之前研究较少，但也出现了一些成果。[⑤] 以考古学的角度研究鲜卑历史的成果也极为丰富，多位学者从生物学、墓葬、墓志、人种、汉化、生业问题等方面进行了研究，

① 马晓丽、崔明德：《对拓跋鲜卑及北朝汉化问题的总体考察》，《中国边疆史地研究》2012 年第 1 期；高然：《民族历程与慕容改姓》，《西华师范大学学报》2014 年第 4 期；彭超：《北魏勋臣八姓家族文化演变考》，《古籍整理研究》2016 年第 5 期；周能俊：《"嘉禾"符瑞对元魏政治的影响——以北魏承明元年齐州"嘉禾"事件为例》，《宁夏社会科学》2017 年第 5 期；刘凯：《奚康生之死与其反复——迁洛后鲜卑姓族政治心态的一个侧影》，《社会科学战线》2017 年第 6 期；苏航：《"汉儿"歧视与"胡姓"赐与——论北朝的权利边界与族类边界》，《民族研究》2018 年第 1 期；王文光、张曙晖：《两汉时期乌桓鲜卑的历史人类学研究》，《广西民族大学学报》2018 年第 4 期；周倩倩：《从祥应管窥慕容前燕政权的汉化》，《敦煌学辑刊》2018 年第 4 期；吴洪琳：《北魏拓跋氏黄帝祖源认同的构建》，《西北民族论丛（第十九辑）》，北京：社会科学文献出版社，2019 年。

② 苗霖霖、杨昕沭：《鲜卑部落联盟研究》，哈尔滨：黑龙江人民出版社，2015 年。

③ 刘军：《论鲜卑拓跋氏族群结构的演变》，《内蒙古社会科学》2011 年第 1 期；梁云：《拓跋鲜卑早期历史若干问题研究》，内蒙古大学博士论文，2013 年；薛海波：《东魏北齐国家权力结构新论——以怀朔镇勋贵任官为中心》，《史学月刊》2014 年第 7 期；薛海波：《论北魏军镇体制与六镇豪强酋帅》，《民族研究》2017 年第 3 期；牟发松：《北魏解散部落政策与领民酋长制之渊源新探》，《华中师范大学学报》2017 年第 5 期；范恩实：《论人地关系对慕容鲜卑早期兴起历程的影响》，《北方文物》2018 年第 4 期；张国刚：《论北周宇文氏政权》，《南开史学》2019 年第 1 期。

④ 刘凯：《北魏"神部"问题研究》，《历史研究》2013 年第 3 期；徐秉琨：《步摇与慕容鲜卑》，《文史》2014 年第 4 辑；段锐超、段元秀：《"魂人"礼俗与北魏文化认同》，《民俗研究》2017 年第 1 期；张国文：《拓跋鲜卑殉牲习俗探讨》，《南方文物》2017 年第 4 期；张鹤泉：《北魏迎气祭祀礼试探》，《河北学刊》2017 年第 4 期；《鲜卑婚俗与北朝汉族婚姻礼法的交互影响》，《文史》2018 年第 2 辑。

⑤ 李海叶：《关于宇文部世系问题的考辨与补充》，《史学月刊》2009 年第 8 期；曹永年：《关于拓跋鲜卑的发祥地问题——与李志敏先生商榷》，《中国史研究》，2010 年第 3 期；杨军：《宇文部世系及始迁时间地点考》，《贵州社会科学》2011 年第 2 期；吕净植：《鲜卑非瑞兽辨》，《北方文物》2013 年第 1 期；温拓：《执壶鲜卑：段部源流三题》，《社会科学战线》2018 年第 4 期；尹波涛：《拓跋部传说时代历史研究述评》，《西北民族论丛（第十八辑）》，北京：社会科学文献出版社，2018 年；李焕青、李雪洁：《慕容鲜卑名号考》，《古籍整理研究学刊》2019 年第 6 期。

为鲜卑历史研究提供了多个维度的思考。[1]

四、柔然史研究

（一）20 世纪前期国内柔然史研究

20 世纪前期，国内学界的柔然史研究，仍然是伴随着当时出现的边疆危机而展开。20 世纪前期，国内学界主要致力于宣传与译介国外学界的基本研究动态、主要参考资料及其研究手段等。尔后，随着整体认识与研究水平的不断提高，柔然史研究逐渐兴旺。例如，朱绍侯先生研究了突厥、南诏以及柔然、沙陀诸民族的历史分布与最终归宿等；周连宽研究了丁令、柔然等民族的人种学特征、语言归属及其与漠北草原诸民族之间的融合形态；马长寿则从研究突厥入手，并兼及柔然史研究，缕述柔然族的起源、发展与基本归宿[2]。岑仲勉则从传统的史料学角度入手，认真归纳与整理国内外学界比较熟悉的相关的历史研究资料，并将国外学界的研究成果及其研究动态等，尽量纳入新的史料整理系统中来[3]，为国内学界研究手段与研究水平的不断提高，付出了巨大的心血。随后，中央民族学院研究部整理了古代北方民族历史人物传记与柔然历史资料[4]。这些，都为国内学界柔然史研究的继续发展奠定了坚实的学科基础。

（二）"文化大革命"以后国内柔然史研究

"文化大革命"结束后，柔然史研究得到逐渐的恢复与发展。林幹依据《魏书》等相关文献的记载，研究了鲜卑与柔然的历史关系，分析了柔然族不同时期的发展

---

①　韦正：《鲜卑墓葬研究》，《考古学报》2009 年第 3 期；赵欣、于长春、朱泓：《从分子生物学角度看鲜卑族的流向》，《吉林师范大学学报》2010 年第 1 期；吴松岩：《从考古学视野看北魏初期离散部落政策》，《内蒙古大学学报》2012 年第 1 期；程嘉芬：《北朝时期的方形帐篷与族群互动》，《中原文物》2014 年第 4 期；周伟洲：《乞伏令和夫妇墓志铭证补》，《西北民族论丛（第十三辑）》，社会科学文献出版社，2016 年；王宇、苏军强、柏艺萌：《辽西地区慕容鲜卑汉化的考古学观察》，《辽宁省博物馆馆刊》2016 年；张国文：《拓跋鲜卑农业发展的古食谱分析》，《北方文物》2017 年第 4 期；张雅军、赵欣、沈丽华：《东魏皇族元祐的种族探寻》，《南方文物》2017 年第 4 期；王音：《北朝晚期墓室空间布局研究——以北魏洛阳时代至北齐都城地区的墓葬为例》，《古代文明（第 12 卷）》，上海古籍出版社，2018 年；张丽娜、李林：《辽西三燕墓葬美术中的多民族文化特征探析》，《西南民族大学学报》2018 年第 11 期；倪润安：《北魏平城墓葬分期标准探讨》，《北方民族考古（第 5 辑）》，北京：科学出版社，2018 年；段锐超：《北魏鲜卑将军宇文延史事述论——以〈宇文延墓志〉为据》，《西北民族大学学报》2018 年第 5 期；侯亮亮、古顺芳：《大同地区北魏居民生业经济的考古学观察》，《郑州大学学报》2018 年第 6 期。

②　朱绍侯：《突厥、南诏、柔然、沙陀现在都属于哪个民族？》，《新史学通讯》1955 年第 5 期；周连宽：《丁令的人种和语言及其与漠北诸族的关系》，《中山大学学报》1957 年第 2 期；马长寿：《突厥人和突厥汗国》，上海人民出版社，1957 年。

③　岑仲勉：《突厥集史》，北京：中华书局，1958 年；并在翻译出版法国学者沙畹《西突厥史料》的基础上，撰写与出版了《西突厥史料补阙和考证》，北京：中华书局，1958 年。

④　中央民族学院研究部主编：《历代各族传记汇编》，北京：中华书局，1959 年；韩荫晟：《柔然资料辑录》，北京：中华书局，1962 年。

状况；周伟洲则仔细研究了柔然汗国的经济结构与政治制度，并认真分析了柔然族名产生的历史基础，探索了柔然与周边诸部族的历史联系，确定了柔然族与古代丁令（北朝之敕勒）之间的血脉联系，林干也基本支持周伟洲的研究观点。[1] 曹永年等人也论述了柔然族的民族成分等问题。[2] 段连勤研究了历史上高车等部族与柔然汗国之间的战争关系，余太山论述了柔然与古代西域地区的历史关系，周建奇探索了柔然始祖名称的基本称谓以及柔然族名的形成等问题，朱全升、唐池等研究了新发现的东魏茹茹公主墓葬及其墓室壁画所反映的社会生活习俗等，崔明德则探讨了柔然与古代中原政权之间所存在的"和亲"关系；薛宗正研究了柔然汗国的灭亡及其所引起的包括丁令、铁勒族系群团在内的大规模的西迁活动，以及由此而引发的铁勒族系各群团的相继崛起。[3]

21 世纪初期，随着隋代虞弘墓及其墓志铭的发现，引发了一次关于柔然史研究的学术大讨论。据虞弘墓志铭记载：虞氏家族原本属于柔然部落的一个氏族，柔然汗国灭亡后，虞氏家族辗转于当时北方各个割据政权之中。因此，隋代虞弘墓志铭的发现，不仅涉及柔然汗国的官制、柔然汗国与北朝历代政权的关系，也揭示了当时北方诸民族人口逐渐接受的宗教信仰形式，同时，还为研究当时的历史现状提供了诸多的图像资料。[4] 这也是 21 世纪国内学界研究柔然史的最大突破与主要收获。关于柔然及其后裔的墓志讨论不仅涉及墓主生平履历的探讨，还涉及其族源族属、封号及葬地等问题，也涉及柔然民族在演进中对汉族文化的逐步

① 林幹：《鲜卑族与柔然族》，《历史教学》1980 年第 12 期；周伟洲《关于柔然社会经济和政治制度的初步研究》，《中国史研究》1982 年第 2 期；《关于云冈石窟的〈茹茹造像铭记〉——兼谈柔然的名号问题》，《西北大学学报》1983 年第 1 期；《河北磁县出土的有关柔然、吐谷浑等族文物考释》，《文物》1985 年第 5 期；《敕勒与柔然》，上海人民出版社，1983 年；林幹：《〈敕勒与柔然〉评介》，《西北大学学报》1984 年第 1 期。

② 曹永年：《关于柔然人的民族成分——答〈蒙古族源之新探〉》，《内蒙古师范大学学报》1985 年第 2 期；陈发源：《柔然族源探讨》，《学术月刊》1985 年第 11 期；田建平：《略论柔然与北魏的关系》，《内蒙古大学学报》1986 年第 3 期。

③ 段连勤：《我国历史上的高车族及其反抗柔然汗国统治的斗争》，《西北大学学报》1982 年第 2 期；《关于高车副伏罗部起义西迁的背景与时间问题》，西北大学历史系编印：《西北史地》1986 年第 2 期。余太山：《柔然与西域关系述考》，《新疆社会科学》1985 年第 4 期。周建奇：《释"木骨闾"》，《内蒙古大学学报》1987 年第 1 期；《柔然族名试释》，《内蒙古大学学报》1988 年第 1 期。朱全升：《河北磁县东魏茹茹公主墓发掘简报》，《文物》1984 年第 4 期。汤池：《东魏茹茹公主墓壁画试探》，《文物》1984 年第 4 期。崔明德：《柔然与中原王朝的"和亲"》，《西北民族大学学报》1990 年第 4 期。薛宗正：《柔然汗国的灭亡——兼论丁令、铁勒系族群的西迁与崛起》，《西域研究》1995 年第 3 期。

④ 陕西省考古研究所、太原市考古研究所、太原市晋源区文物旅游局：《太原隋代虞弘墓清理简报》，《文物》2001 年第 1 期；张庆捷：《虞弘墓中的几个问题》，《文物》2001 年第 1 期；林梅村：《稽胡史迹考——太原新出隋代虞弘墓志的几个问题》，《中国史研究》2002 年第 1 期；罗丰：《一件关于柔然民族的重要史料——隋〈虞弘墓志〉考》，《文物》2002 年第 6 期；周伟洲：《隋虞弘墓志释证》，荣新江、李孝聪《中外关系史：新史料与新问题》，北京：科学出版社，2004 年；罗新：《虞弘墓志所见的柔然官制》，《中国社会科学院院报》2006 年第 2 期；秦坚：《群队：柔然汗国的滥觞》，《中央民族大学学报》2006 年第 2 期；郭平梁：《虞弘墓志新考》，《民族研究》2006 年第 4 期；罗新：《柔然官制续考》，《中华文史论丛》2007 年第 1 期；李树辉：《尉犁地名和柔然源流考》，《新疆大学学报》2007 年第 2 期；罗新：《高昌文书中的柔然政治名号》，氏著：《中古北族名号研究》，北京大学出版社，2009 年。

认可、族属认同的转变及华夏化的历程。[①] 袁刚、肖爱民等人认为"蠕蠕""茹茹"更接近柔然部族及政权名号的原音，"柔然"是其名号原型的复数或属格附加成分。"可汗"名号的定位是"得华夏正统"的皇帝，汗位继承实行的是向世袭制过渡的世选制。[②] 在柔然民族关系方面，赵晓燕等人探讨了柔然与中原政权、高句丽、西域、拓跋鲜卑的民族关系。[③] 这些均是 21 世纪国内学界研究柔然史的突破与收获。

五、室韦史研究

（一）20 世纪前期国内学界的基本研究状况

20 世纪初期，著名学者丁谦集中整理、考证了《魏书》与《隋书》"室韦传"的历史资料，然后，吴廷燮、王国维、王静如、方壮猷、冯家升、冯承钧等人一方面广泛地译介国外学界的研究成果及其具体动态，另一方面也身体力行努力从事室韦史的具体研究工作，发表了许多篇著名的研究论述，从而初步解决了

① 刘连香：《东魏齐献武高王闾夫人茹茹公主墓志考释》，《华夏考古》2016 年第 2 期；四川大学考古学系、河南省文物局南水北调文物保护办公室：《河南卫辉市大司马村隋唐乞扶令和夫妇墓》，《考古》2015 年第 2 期；周伟洲：《乞伏令和夫妇墓志铭证补》，《西北民族论丛 .》2016 年第 1 期；王萌、杜汉超：《隋代〈郁久闾伏仁墓志〉考释》，《草原文物 .》2017 年第 1 期；刘呆运、李明、赵宝良、聂海林、杨龙、王智龙、郭秀丽、党晓婷、夏书苗、赵占锐、赵海燕：《长安高阳原隋郁久闾可婆头墓发掘简报》，《文博》2018 年第 4 期；赵海燕：《隋代柔然贵族〈郁久闾可婆头墓志〉探析》，《四川文物》2019 年第 1 期；王萌：《北魏〈郁久闾胏墓志〉考释》，《北方民族考古》（第 4 辑），2017 年；郭晓燕、李鹏为：《北齐〈闾子燦墓志〉笺证》，北方民族考古（第 5 辑），2018 年；刘森垚：《中古郁久闾氏墓志再考》，《中央民族大学学报》2019 年第 3 期；曹永年：《关于柔然自号"皇芮"并宣称"光复中华"——兼论十六国时期北方各族豪酋"俱僭大号，各建正朔"的潮流》，《中华文史论丛》2015 年第 2 期；杜僖萍：《论柔然源流与茹姓的民族构成和认同》，《中州学刊》2016 年第 10 期；乔凤岐：《柔然王族迁居中原后籍贯与族属的认同》，《江汉论坛》2017 年第 7 期。

② 肖爱民：《试析柔然汗位的继承制度》，《内蒙古民族大学学报》2009 年第 4 期；聂鸿音：《西夏文献中的"柔然"》，《宁夏师范学院学报》2010 年第 5 期；袁刚：《柔然历史若干问题研究》，内蒙古大学博士论文，2019 年；永真：《北方游牧民族可汗制度研究》，内蒙古大学硕士论文，2019 年；冯景运：《中古北族可教制度研究》，西北大学硕士论文，2019 年。

③ 赵晓燕：《柔然民族关系初探》，烟台大学硕士论文，2009 年；李艳玲：《游牧势力在塔里木盆地的角逐及其对交通的影响——以柔然、吐谷浑、高车、嚈哒为中心》，《西域研究》2009 年第 4 期；胡玉春：《从柔然汗国与北魏的关系看北魏北边防务的兴衰》，《内蒙古社会科学》2012 年第 4 期；王静：《柔然汗国研究》，山西大学硕士论文，2013 年；胡玉春：《拓跋鲜卑与柔然的关系》，《北魏六镇学术研讨会论文集》，2014 年；杨永辉：《西魏民族关系探析——以与柔然和东魏的关系为例》，烟台大学硕士论文，2014 年；何建国、郭建菊：《北魏六镇与柔然关系探析》，《山西大同大学学报》2015 年第 4 期；王欣：《柔然与西域》，《西北民族论丛》2016 年第 2 期；冯立君：《高句丽与柔然的交通与联系——以大统十二年阳原王遣使之记载为中心》，《社会科学战线 .》2016 年第 8 期；袁刚：《柔然与西域相关的几个问题》，《内蒙古社会科学》2018 年第 3 期；李爽：《高句丽与柔然关系研究》，《地域文化研究》2018 年第 5 期。

室韦史研究中的基本技术与学术疑难问题，并将室韦人的族属源流归入古东胡族系①。20 世纪 40 年代，金毓黻、唐长孺等人又在边疆史及室韦史研究中作出巨大贡献，典型标志就是《东北通史》的出版与发行。② 其后，蔡美彪在史料甄别中，进一步发扬古代石刻资料的史学价值，为室韦——鞑靼史研究提供了新的研究视角与新资料；岑仲勉充分利用中西交通史料，进一步阐述了鞑靼人的历史问题。③

（二）"文化大革命"以后国内学界的基本研究状况

"文化大革命"结束后，亦邻真撰写与分析了古代北方民族的发展规律，论证了蒙古族的族源，认为蒙兀室韦是蒙古族形成的历史源头④。罗继祖确认阻卜即鞑靼⑤。周良霄、贾敬颜、干志耿、余大钧等人对室韦与阻卜的族源、语源进行研究⑥。关于室韦人族源问题的探讨，目前学界已经形成七种看法，即以东胡鲜卑说为主流，包括肃慎说、丁零说、豕韦说、自成系统说、东胡匈奴鞑靼混合说、东胡勿吉靺鞨突厥混合说，等等⑦，迄今并未形成统一认识。20 世纪 80 年代，郑英德、冯继钦、孙进己、王颋等人对室韦史展开多层次、多层面及多学科探究的集中研讨，并分别在部落形态（共同体类型）、地理位置、民族源流、经济状况、生产方式、时代特点、分布方位、民族关系、史料勘证等诸多方面取得突破，为深入研究奠定

① 吴廷燮：《室韦考略》，《四存月载》第 14 期，1922 年 10 月。王国维：《辽金时代蒙古考》，《蒙古史料校注本》，1926 年；《鞑靼考》《黑车子室韦考》，均载《国学论丛》第 1 卷第 3 号，1928 年 4 月。王静如：《论阻卜与鞑靼》，"国立中央"研究院历史语言研究所集刊》第 2 卷第 3 期，1931 年。方壮猷：《室韦考》，《辅仁学志》第 2 卷第 2 期，1931 年 9 月；《鞑靼起源考》，《"国立"北京大学国学季刊》第 3 卷第 2 期，1932 年 6 月。冯家升：《东北史中诸名称之解释》，《禹贡》第 2 卷第 7 期，1934 年 12 月。冯承钧：《辽金北边部族考》，《辅仁学志》第 8 卷第 1 期，1939 年 6 月。

② 金毓黻：《东北通史》，重庆：五十年代出版社，1943 年；唐长孺：《论阻卜之异译》，《大公报》1947 年 5 月 16 日《文史周刊》第 29 期。

③ 蔡美彪：《辽金石刻中的鞑靼》，《北京大学国学季刊》第 7 卷第 3 期，1952 年 12 月；岑仲勉：《达怛问题》，《中山大学学报》1957 年第 3 期。

④ 亦邻真：《中国北方民族与蒙古族族源》，《内蒙古大学学报》1979 年第 3、4 期合刊。

⑤ 罗继祖：《阻卜即鞑靼》，《吉林大学社会科学学报》1980 年第 1 期。

⑥ 周良霄：《鞑靼杂考》，《文史》第 8 辑，北京：中华书局，1980 年；《有关鞑靼族属的若干问题》，《历史研究》1995 年第 6 期。贾敬颜：《东北古地理古民族丛考》，《文史》第 12 辑，北京：中华书局，1981 年。干志耿、李士良：《乌洛侯与黑龙江历史地理问题》，《求是学刊》1981 年第 4 期。余大钧：《关于阻卜的语源、对音及语义》，《内蒙古大学学报》1982 年第 1 期；《阻卜考》，《蒙古史论文选集》，呼和浩特：1984 年。

⑦ 张久和：《原蒙古人的历史——室韦达怛研究》，北京：高等教育出版社，1998 年，第 24—41 页。

了良好基础。①

20 世纪 90 年代，高荣盛集中探讨了隋唐时期阴山室韦以及和解室韦的历史渊源，论述了阴山室韦的来源及其与突厥系诸部族的融合。② 张久和则分别对室韦人的源流、语言、地域分布、物质民俗、经济类型、部落结构、河西达怛、阴山达怛、黑车子室韦、九姓达怛、三十姓达怛以及达怛名称与族属、史料分析、研究概况等作出分析与归纳，连续发表 20 余篇学术论文，最后归纳整理出版名为：《原蒙古人的历史——室韦达怛研究》一书，全面归纳与总结了目前国内外学界相关的学术研究成果，并在前人研究基础上，将室韦史研究推向新的发展高度。刘浦江则根据新发现的墓志与石刻资料，重新审视与研究了"阻卜"与"鞑靼"的历史问题。③ 与此同时，考古新发现连续不断，相继有额尔古纳右旗奇乾乡遗址、谢尔塔拉遗址考古学材料的连续公布④，为完全揭开室韦人的历史之谜创造了一定的条件。

2009 年以来，高凯军通过对民族学调查，并结合历史文献、碑刻、考古学和人类学的资料，认为室韦起源于鲜卑。⑤ 范恩实从历史学、考古学、民族学等多重视角探讨了室韦起源问题，认为北魏出现的乌洛侯即是室韦兴起的先声。⑥ 卓仁认为辽金史籍中所记载的"达鲁古部"源自唐代室韦，金朝之后，迁至黑龙江流域，形成了现在的达斡尔族。⑦ 王禹浪等从东北亚丝绸之路入手，进而探讨了室韦与中原王朝之间的朝贡线路问题。⑧ 张久和、刘芳通过对呼伦贝尔地区三座墓地出土的实

① 郑英德：《室韦部落新探》，《中央民族学院学报》1982 年第 2 期；《乌洛侯地理位置再探》，《黑龙江文物丛刊》1983 年第 1 期；《简论室韦是蒙古族源》，《中南民族学院学报》1983 年第 2 期；《室韦地理新探》，《社会科学辑刊》1983 年第 4 期。冯继钦：《室韦民族共同体类型》，《黑龙江文物丛刊》1983 年第 1 期；《北魏至隋唐室韦的经济类型和社会性质初探》，《求是学刊》1983 年第 1 期；《辽金时期的黄头室韦》，《社会科学辑刊》1985 年第 1 期；《室韦的冶铁问题》，《黑河学刊》1986 年第 2 期。孙进己：《室韦的起源》，《求是学刊》1985 年第 1 期；《室韦及其先人和我国各族的关系》，《黑河学刊》1985 年第 4 期；与干志耿合著：《室韦地理考述》，《社会科学战线》1983 年第 3 期；与人合著《室韦史研究》，北方文物杂志社编辑出版，哈尔滨：1985 年。王颋：《室韦的族源和各部方位》，《中国蒙古史学会论文集》（1983），内蒙古人民出版社，1987 年；《室韦的族源》，《内蒙古社会科学》1984 年第 3 期。叶幼泉、王慎荣：《关于勘证室韦、蒙兀室韦、蒙古的几点看法》，《北方文物》1985 年第 1 期。
② 高荣盛：《隋唐时期的阴山室韦》，《南京大学学报》1992 年第 1 期；《乌介可汗"走依和解室韦"考》，《内蒙古大学学报》1992 年第 2 期。
③ 刘浦江：《再论阻卜与鞑靼》，《历史研究》2005 年第 2 期。
④ 赵越：《论呼伦贝尔发现的室韦遗迹》，内蒙古文物考古研究所、呼盟文物站、额尔古纳右旗文管所：《额尔古纳右旗奇乾乡普查简报》，均载李逸友、魏坚主编：《内蒙古文物考古文集》第 1 辑，北京：中国大百科全书出版社，1994 年；中国社会科学院考古研究所、呼伦贝尔民族博物馆、海拉尔区文物管理所编著：《海拉尔谢尔塔拉墓地》（内中收录谢尔塔拉墓地发掘简报等 11 篇学术论文），北京：科学出版社，2006 年。
⑤ 高凯军：《室韦源于鲜卑说新论》，《北京古都历史文化讲座》，北京：燕山出版社，2009 年。
⑥ 范恩实：《从历史学、考古学、民族学的多重视角看室韦起源问题》，《黑龙江民族丛刊》2017 年第 2 期。
⑦ 卓仁：《辽金时期的达斡尔族先人——"达鲁古"》，《辽金历史与考古》（第十辑），北京：科学出版社，2019 年。
⑧ 王禹浪、王俊铮、王天姿：《东北亚丝绸之路的形成与早期发展——兼论室韦"朝贡道"》，《河南师范大学学报》2019 年第 5 期。

物资料的研究，论述了唐代室韦人的生产生活方式及其变化。①

六、契丹史研究

契丹是北方民族之一，由于契丹和奚（库莫奚）原来均同属于宇文鲜卑，"异种同类"，地域相邻，对外多采取一致行动。辽朝建立后，奚被征服。金元时期二者逐渐融合，至明初均已不见诸典籍记载。因此，研究者一般是把奚族的历史作为契丹族历史的一部分。

（一）研究的总体情况

在中华人民共和国成立前，我国涉足这一领域的人很少，主要是老一辈的王国维、冯家昇、罗继祖、罗福颐、金毓黻、傅乐焕、陈述、姚丛吾和张亮采等为数不多的历史学家。而相对来说，第二次世界大战前后的日本御用学者对此却情有独钟，他们为了配合军国主义者对中国的侵略扩张，在军部的支持下，投入了大量人力、物力从事辽金契丹女真历史研究和考古发掘，发表了许多论著。这些论著的出发点是为侵略中国张目，需要我们认真加以批判和清理，但有些具体的研究和资料仍具有重要的参考价值。

中华人民共和国成立后，马克思主义的民族学和历史学主导地位逐渐确立，以陈述、张亮采、罗继祖、邓广铭、贾敬颜、杨志玖、蔡美彪、张博泉为代表的屈指可数的几位大陆专家学者开始以此为指导思想从事辽契丹史研究，有些还兼搞金、女真、元、宋史研究，但直至"文革"前，成果不多。陈述的《契丹社会经济史稿》②和《辽文汇》③、罗继祖的《辽史校勘记》④、冯家昇的《辽史证误三种》⑤是这一时期的代表作。其中《契丹社会经济史稿》是陈述运用唯物史观研究契丹社会经济的重要成果，是契丹社会经济史研究的拓荒之作。而同一时期，台湾则有很多学者从事研究，如姚丛吾、王民信、王吉林、韩道诚、李符桐、陶晋生、赵振绩等，出版的主要著作有姚丛吾的《东北史论丛》⑥（上下）、王民信的《契丹史论丛》⑦、杨家骆主编的《辽史汇编》⑧、陶晋生等编《李焘〈续资治通鉴长编〉宋辽关系史

---

① 张久和、刘芳：《考古资料反映的唐代室韦人的生产生活方式》，《内蒙古大学学报》2020 年第 2 期。
② 陈述：《契丹社会经济史稿》，北京生活·读书·新知三联书店，1963 年。
③ 陈述辑：《辽文汇》，北京：中国图书发行公司，1953 年。
④ 罗继祖：《辽史校勘记》，上海：上海人民出版社，1958 年。
⑤ 冯家昇：《辽史证误三种》，北京：中华书局，1959 年。
⑥ 姚丛吾：《东北史论丛》（上下），台北：中正书局，1959 年。
⑦ 王民信：《契丹史论丛》，台北：学海出版社，1973 年。
⑧ 杨家骆：《辽史汇编》，台北：鼎文书局，1973 年。

料辑录》① 等。香港有林旅芝的《契丹兴亡史》② 和李唐的《辽太祖》③ 等。

"文化大革命"期间，受政治因素的影响，大陆的研究几乎陷入停顿。主要的成果是 1974 年中华书局出版的由冯家昇和陈述点校的《辽史》，点校本《辽史》于契丹辽史研究而言有着里程碑般的意义，为后续研究的跟进有着不可估量的作用。

改革开放以后，由于思想获得解放，契丹史的研究焕发了活力，进入了一个突飞猛进的空前发展时期，从事研究的人员之多、研究的领域之广、发表的论著之多，前所未有。特别是 1982 年"中国辽金及契丹女真史研究会"的成立，为团结海内外学者，开展学术交流，推动辽金契丹女真史的研究发挥了重要作用。一些省、地市级的专业研究学会，也为契丹辽史研究的开展起了推动作用。随着基础问题的不断阐释论证，"垦荒"式的研究已难以带来新的学术增长点，议题深度不够，视野狭隘等问题成为契丹辽史研究所面临的新挑战，总起来说，相对于其他领域的研究，这一研究领域还是薄弱的。

进入新时代，对文本文献本身的关注日益凸显，契丹辽史的研究也走入了"精耕细作"的模式。2016 年由北京大学刘浦江主持修订的《辽史》问世，全面搜集吸收已有的重要考订与研究成果，增补校勘千余条，体现了当今《辽史》文献整理研究的最新水平，使《辽史》的点校高度再上层楼，对新时代的辽史研究也是大有裨益。稍晚陈述遗稿得以整理出版，《辽史补注》广征博引，逐段加以补注，系传统补注修史的巅峰之作，此等鸿篇巨制实有嘉惠学林之效。

（二）"中国辽金及契丹女真史研究会"及其活动

1982 年 6 月成立于沈阳，挂靠辽宁省社会科学院，首任会长为陈述。研究会的出版物有三种：一是《辽金史论集》，目前已出版第十辑。二是《辽金契丹女真史研究》。三是《辽金契丹女真史译文集》（一集）。省、地级的团体会员有 10多个，如省级有辽宁省辽金契丹女真历史考古研究会、黑龙江省渤海辽金契丹女真史研究会，地市级有内蒙古赤峰辽金元史学会、吉林白城辽金契丹女真史研究会、辽宁阜新辽金契丹女真蒙古史研究会等，其中尤以赤峰、阜新的研究会学术活动最为活跃，成果也较为突出。阜新的研究会举办过多次研讨会，出版了《阜新辽金史研究》四辑。赤峰的研究会参与举办了两届中国古代北方文化国际学术研讨会，出版了研讨会论文集、《北方文化新论》和《北方民族文化》专辑等。

但是，由于经费等诸多方面的原因，"中国辽金及契丹女真史学会"于 2003年 6 月被民政部宣布降格为"中国民族史学会"分会，活动走入低谷，也直接影

---

① 陶晋生等编：《李焘〈续资治通鉴长编〉宋辽关系史料辑录》，台北：历史语言研究所史料丛书，1974 年。

② 林旅芝：《契丹兴亡史》，香港：三育图书文具公司，1957 年。

③ 李唐：《辽太祖》，香港：宏业书局，1974 年。

响了契丹辽史的研究开展。进入 21 世纪第二个十年以来，学会又开始活跃起来，恢复了正常学术活动，每两年定期举行年会，同时还不定期召开专题会议，成为国内外学者交流和学习的重要平台。学会的年会论文集《辽金史论集》继续出版，还编辑出版了《中国辽夏金年鉴》。

（三）重要论著

目前，有关契丹史的研究，在出版的通史类专著中，主要有蔡美彪主编的《中国通史》第六册（人民出版社，1979 年）、刘凤翥等著《二十五史新编》第 11 册（1997）和白寿彝总主编《中国通史》第 7 卷（上海人民出版社，1999 年）等；在断代史类著作中，主要有杨树森《辽史简编》（辽宁人民出版社，1984 年）、舒焚《辽史稿》（湖北人民出版社，1984 年）、魏良弢《西辽史研究》（宁夏人民出版社，1987 年）和《西辽史纲》（人民出版社，1991 年）、李桂芝《辽金简史》（福建人民出版社，1996 年）、李锡厚和白滨合著《辽金西夏史》（上海人民出版社，2003 年）、李锡厚《辽史》（人民出版社，2006 年）、漆侠主编《辽宋西夏金代通史》（人民出版社，2010 年）；在政治军事类著作中，主要有陈述《契丹政治史稿》（人民出版社，1986 年）、杨若薇《契丹王朝政治军事制度研究》（中国社会科学出版社，1991 年）、李锡厚《中国王朝兴亡史》"辽金卷"（广西人民出版社，1996 年）、李锡厚和白滨著《中国政治制度通史》第 7 卷（人民出版社，1996 年）、冯东礼、毛元佑《中国军事通史》第 12 卷（军事科学出版社，1998 年）、武玉环《辽制研究》（吉林大学出版社，2001 年）、孟凡云、陶玉坤《辽代后妃参政现象考略》（国际华文出版社，2001 年）、张志勇《辽代法律史研究》（高等教育出版社，2003 年）、何天明《辽代政权机构史稿》（内蒙古大学出版社，2004 年）、廖启照《征服或扩大：辽朝的政治结构与国家形成》（花木兰文化出版社，2012 年）、余蔚《中国行政区划通史·辽金卷》（复旦大学出版社，2012 年）、任爱君《辽朝史稿》（甘肃民族出版社，2012 年）、李谷城《辽代南京留守研究》（中国社会科学出版社，2013 年）、肖爱民《辽朝政治中心研究》（人民出版社，2014 年）、林鹄《南望：辽前期政治史》（生活·读书·新知三联书店，2018 年）；在经济地理类著作中，主要有漆侠和乔幼梅合著《辽夏金经济史》（河北大学出版社，1994 年）、韩茂莉《辽金农业地理》（社会科学文献出版社，1999 年）、田广林和周锦章合著《契丹货币经济史》（东方出版社，1999 年）等，其中，漆侠、乔幼梅合著《辽夏金经济史》是全面研究契丹辽朝社会经济问题的开拓性著作，韩茂莉《辽金农业地理》则是运用地理学方法研究辽代农牧业的首次尝试；在社会、风俗和文化史类著作中，主要有清格尔泰等《契丹小字研究》（中国社会科学出版社，1985 年）、冯继钦等《契丹文化史》（黑龙江人民出版社，1994 年）、孟广耀《儒家文化——辽皇朝之魂》（哈尔滨出版社，1994 年）、田广林《契丹礼俗考论》（哈尔滨出版社，1995 年）、即实

《谜林问径——契丹小字解读新程》（辽宁民族出版社，1996年）、张国庆和朴忠国合著《辽代契丹习俗史》（辽宁民族出版社，1997年）、任爱君《辽代的契丹本土风貌》（国际华文出版社，2001年）、张国庆《辽代社会史研究》（中国社会科学出版社，2006年）与何天明译《大契丹国——辽代社会史研究》（岛田正郎著、内蒙古人民出版社，2007年）、即实《迷林耕耘——契丹小字解读续》（辽宁民族出版社，2012年）、宋德金《辽金西夏衣食住行》（中华书局，2013年）、武玉环《辽金社会与文化研究》（中国社会科学出版社，2014年）；在民族史类的著作中，主要有王钟翰主编《中国民族史》（中国社会科学出版社，1994年）、陈连开主编《中国民族史纲要》（中国财政经济出版社，1999年）、肖爱民《中国古代北方游牧民族两翼制度研究》（人民出版社，2007年）等，还有张正明《契丹史略》（中华书局，1979年）、台湾陶晋生《宋辽关系史研究》（台北：联经出版公司，1990年）、邢复礼译《契丹古代史研究》（爱宕松男著，内蒙古人民出版社，1988年）、台湾赵振绩《契丹族源流考》（台北：文史哲出版社，1992年）、林荣贵《辽朝经营与开发北疆》（中国社会科学出版社，1995年）、于宝林《契丹古代史稿》（黄山出版社，1998年）、黄凤岐《契丹史研究》（内蒙古科学技术出版社，1999年）、任爱君《契丹史实揭要》（哈尔滨出版社，2001年）、张志勇、黄凤岐《阜新契丹族史稿》（高等教育出版社，2007）、孙进己、孙泓《契丹民族史》（广西师范大学出版社，2010年）、夏宇旭《金代契丹人研究》（中国社会科学出版社，2014年）；人物研究类的主要著作，主要有李锡厚《耶律阿保机传》（吉林教育出版社，1991年）、王德忠《萧太后传》（吉林人民出版社，1995年）、纪宗安《西辽史论——耶律大石研究》（新疆人民出版社，1996年）、赵强等《辽宫雄后——萧燕燕》（三秦出版社，2000年）等；论文集类主要有历史研究编辑部编《辽金史论文集》（辽宁人民出版社，1985年）、中国社会科学院历史研究所编《宋辽金史论丛》一、二辑（中华书局，1985年、1991年）、"辽金及契丹女真史研究会"会刊《辽金史论集》（已出版16辑）、《阜新辽金史研究》（已出版5辑）、台湾大陆杂志社编《宋辽金史研究论集》（台北：大陆杂志社，1960年、1967年）、辽宁省辽金契丹女真史研究会编《辽金历史与考古》（已出版11辑）、香港存萃书社编《宋辽金元史论集》（香港，崇文书店，1971年）和张希清等主编《澶渊之盟新论》（上海人民出版社，2007年）等，个人文集主要有傅乐焕《辽史丛考》（中华书局，1984年）、冯家昇《冯家昇论著集萃》（中华书局，1987年）、台湾王民信《契丹史论丛》（台北，学海出版社，1973年）、王明荪《宋辽金史论文稿》（台北：明文书局，1988年）、李锡厚《临潢集》（河北大学出版社，2001年）、都兴智《辽金史研究》（人民出版社，2004年）、宋德金《辽金论稿》（湖北教育出版社，2005年）、刘浦江《辽金史论》（辽宁大学出版社，1999年）和《松漠之间——辽金契丹女真史研究》（中华书局，2008年）、舒焚《辽史涉步》（湖北人民出版社，2000

年）、穆鸿利《松漠集》（《跋涉集》系列之一，中国国际出版社，2005 年）、王民信《王民信辽史研究论文集》（台湾大学出版中心，2010 年）、蔡美彪《辽金元史十五讲》（中华书局，2011 年）、蔡美彪《辽金元史考索》（中华书局，2012年）、任爱军主编《契丹学论集》（第一辑、第二辑，内蒙古人民出版社，2015年）、刘浦江《宋辽金史论集》（中华书局，2017 年）；资料整理和文物考古类著作，主要有陈述《全辽文》（中华书局，1982 年），向南辑《辽代石刻文编》（河北教育出版社，1995 年），盖之庸《内蒙古辽代石刻文研究》（内蒙古大学出版社，2002 年），徐秉琨《辽墓辽塔出土文物》（文物出版社，1983 年），项春松《辽代壁画选》（上海人民美术出版社，1984 年），内蒙古文物工作队等《契丹女尸——豪欠营辽墓清理与研究》（内蒙古人民出版社，1985 年），北京图书馆金石组编《房山石经题记汇编》（书目文献出版社，1987 年），山西省文物局等《应县木塔辽代秘藏》（文物出版社，1991 年），项春松《辽代历史与考古》（内蒙古人民出版社，1996 年），内蒙古文物考古研究所等《辽陈国公主墓》（文物出版社，1993 年），河北省文物研究所《宣化辽墓》（文物出版社，2001 年），向南、张国庆、李宇峰辑注《辽代石刻文续编》（辽宁人民出版社，2010 年），刘凤翥、唐彩兰、青格勒编著《辽上京地区出土的辽代碑刻汇集》（社会科学文献出版社，2009 年）。这些考古的新发现和据之而编纂的"碑刻"等资料对于契丹辽史研究起了巨大推动作用，很多研究即受益于此，林鹄《〈辽史·百官志〉考订》（中华书局，2015）、苗润博《〈辽史〉探源》（中华书局，2020 年）等著作便是基于新出土资料重新审视《辽史》文本中的疏漏，取得了诸多突破。另外，大型资料集有孙进己等编《契丹史论著汇编》上下（辽宁社会科学院历史研究所，1988年）、国家图书馆善本金石组编《辽金元石刻文献全编》（北京图书出版社，2003年）、北京辽金城垣博物馆编《北京辽金史迹图志》（北京燕山出版社，2003 年）和台湾杨家骆等编撰《辽史长笺》（台北：新文丰出版公司，2006 年）等。

（四）主要研究专题

中华人民共和国成立后，契丹史的研究取得了长足进展，尤其是改革开放以后，不论是民族史研究，还是断代史研究，成绩更是举世瞩目。

1. 前契丹历史研究

（1）关于契丹的族源

契丹族源，文献记载就存在很大分歧，有"东部宇文之别种"[①]"匈奴之别

---

① ［北齐］魏收：《魏书》卷 100《契丹传》，北京：中华书局，1974 年，第 2222 页；［唐］李延寿：《北史》卷 94《契丹传》，北京：中华书局，1974 年，第 3126 页。

种"①"鲜卑之遗种"②"东胡种"③"匈奴之种"④ 等。《辽史》中更加混乱，一曰："辽之先，出自炎帝，世为审吉国。"⑤ 又曰："耶律俨称辽为轩辕后。"⑥ 三曰："东部鲜卑之别支也。"⑦ 总起来说为两种观点，一是"匈奴说"，另一是"东胡说"。中华人民共和国成立后，以陈述为代表的绝大多数学者认为契丹源自东胡族系，为鲜卑的一支。⑧ 1992 年 7 月内蒙古赤峰市阿鲁科尔沁旗罕庙苏木古勒布胡硕嘎查出土的《耶律羽之墓志铭》⑨，为上述观点提供了强有力的证据。也有学者尝试从契丹人的族源传说入手解读契丹人的起源，试图通过剖析"白马青牛"追溯族源之始。⑩

（2）关于契丹的语义

"契丹"一词有多种写法，一般认为是自称。关于其语义，众说纷纭，尚无定论。中华人民共和国成立前，国内外主要有以下诸说：镔铁、刀剑、杀害或切断、寒冷、宇文部酋长名字之衍变、领地等，冯家昇力主契丹指镔铁，是由宇文部酋长名字衍变而来。⑪ 中华人民共和国成立后，又有很多新观点，尤其是契丹小字的解读出现突破性进展后，为其语义的解读开辟了一条新途径。主要观点如下：陈述认为是与"森林"相关之意。⑫ 舒焚认为有"辽河地区水草丰美之地"的含义。⑬ 郑英德认为其含义为"奚东"，即奚族东方之意。由于奚全称为库莫奚，蒙古语为沙子的意思，所以契丹就是沙子以东的意思。⑭ 台湾王民信认为"契丹是'积合名词'，他不代表某一部，而是代表很多部，不代表某一国，而是代表很多国。……用'奚丹'来作'契丹'的'积合名词'的解说最为恰当，也即是说'奚'代表'奚族'，'丹'是代表复数形。"⑮ 日本爱宕松男认为契丹一词的原形为奚丹，愿意

① ［宋］欧阳修：《新五代史》卷72《四夷附录第一·契丹》、卷74《四夷附录第三·奚》，北京：中华书局，1975年，第885、909页。

② 《新五代史》卷72《四夷附录第一·契丹》，第886页。

③ ［宋］欧阳修：《新唐书》卷219《北狄·奚传》，北京：中华书局，1975年，第6173页。［元］马端临：《文献通考》卷345《四裔二十二·契丹上》，北京：中华书局影印本，1986年，考2701。

④ ［宋］薛居正：《旧五代史》卷137《外国列传第一·契丹》，北京：中华书局，1976年，第1827页；［宋］王钦若：《册府元龟》卷956《外臣部·种族》，南京：凤凰出版社，2006年，第11077页；［清］徐松辑：《宋会要辑稿》卷5257《蕃夷一》，北京：中华书局，1957年，第7673页。

⑤ ［元］脱脱等：《辽史》卷2《太祖下·赞曰》，北京：中华书局，1974年，第24页。

⑥ 《辽史》卷63《世表》，第949页。

⑦ 《辽史》卷63《世表》，第951页。

⑧ 陈述：《契丹政治史稿》，北京：人民出版社，1986年，第30页；林幹：《东胡史》，呼和浩特：内蒙古人民出版社，2007年，第152页；李桂芝：《辽金简史》，福州：福建人民出版社，1996年，第2页；都兴智：《契丹族与黄帝》，载韩世明主编：《辽金史论集》第10辑，北京：中国社会科学出版社，2007年，第1页。

⑨ 齐晓光等：《辽耶律羽之墓发掘简报》，载《文物》1996年第1期；盖之庸：《内蒙古辽代石刻文研究》，呼和浩特：内蒙古大学出版社，2002年，第2页。

⑩ 杨军：《契丹始祖传说与契丹族源》，《首都师范大学学报》2014年第6期。

⑪ 冯家昇：《契丹名号考释》，《冯家升论著集粹》，北京：中华书局，1987年。

⑫ 陈述：《契丹政治史稿》，北京：人民出版社，第22—27页。

⑬ 舒焚：《辽史稿》，武汉：湖北人民出版社，1984年，第5页。

⑭ 郑英德：《东胡系诸部族与蒙古族族源》，《中国蒙古史学会论文选集（1980）》，呼和浩特：内蒙古人民出版社，1980年。

⑮ 王民信：《契丹民族溯源》，载王民信：《契丹史论丛》，台北：学海出版社，1973年。

为"类似奚的人"或者是"杂处于奚人中间的人",在汉字方面,奚丹逐渐译为"契丹",为的是避免与"奚"的称谓相混同。① 即实根据碑刻中的契丹小字,释读其原意为"大中",契丹国就是"大中国"之意,此名称源于檀石槐大联盟中部的段部,段部就是"中部地区部落"之意。② 但邱久荣从历史角度,否定此说。③ 王弘力也通过释读契丹小字认为契丹相当于蒙古语"有力量者""壮士""英豪""豪杰"。④ 王禹浪认为契、奇、奚、析、震、且,发音相近,与"东"发音亦同,本意也相同,均"东方之神"意,契是音译,丹为意译,为太阳神的神体之色,所以"契丹"就是"东方太阳神"之意。⑤

（3）古八部

首先,古八部是否存在的问题。过去国内外的大多数学者认为古八部在契丹古代史中是存在的,于宝林和田广林认为在契丹早期发展史上,根本不曾存在过所谓的古八部。⑥ 其次,关于古八部的名称。在典籍中的记载就不一,目前主要有两种意见,一种认为"契丹"是八部总称⑦,另一种认为"契丹"是八部之一。⑧ 最后,关于古八部的性质。有两种意见,一种是一个为抵御强邻的侵袭而组建的松散的部落联盟,契丹当是联盟的核心。⑨ 另一种是"为互有血缘关系的部落"⑩。

（4）遥辇氏阻午可汗二十部问题

为契丹史中争论较大问题,有四种观点:第一种认为在历史上根本不存在,阻午可汗时的契丹部落只有八部⑪;第二种认为阻午可汗的部落确如《辽史》所载为

---

① ［日］爱宕松男:《契丹古代史研究》,邢复礼译,呼和浩特:内蒙古人民出版社,1987 年,第 100—103 页。

② 即实（巴图）:《契丹国号解》,《社会科学辑刊》1983 年第 1 期。

③ 邱久荣:《〈契丹国号解〉质疑》,《中央民族学院学报》1983 年第 3 期。

④ 王弘力:《契丹小字墓志研究》,《民族语文》1986 年第 4 期;《契丹小字中的契丹》,载《民族语文》1987 年第 5 期。

⑤ 王禹浪:《契丹称号的含义与民族精神》,载苏赫主编:《中国北方古代文化国际学术研讨会论文集》,北京:中国文史出版社,1995 年,第 120—143 页。

⑥ 于宝林:《契丹古代史论稿》,合肥:黄山书社,1998 年,第 64 页;田广林:《契丹古八部质疑》,载《社会科学战线》2008 年第 11 期。

⑦ 蔡美彪:《契丹的部落组织与国家的产生》,载历史研究编辑部编:《辽金史论文集》,沈阳:辽宁人民出版社,1985 年,第 20—73 页。原载《历史研究》1964 年第 5、6 期。

⑧ 陈述:《契丹史论证稿》,太原:山西人民出版社,2014 年,第 31 页;孙进己:《契丹部落组织发展变化初探》,载《社会科学辑刊》1981 年第 4 期。

⑨ 李桂芝:《契丹古八部之我见》,《中央民族学院学报》1992 年第 1 期。

⑩ 蔡美彪:《契丹的部落组织与国家的产生》,载历史研究编辑部编:《辽金史论文集》,第 20—73 页。原载《历史研究》1964 年第 5、6 期。

⑪ 蔡美彪:《契丹的部落组织和国家产生》,载历史研究编辑部编:《辽金史论文集》,第 37 页;李桂芝:《契丹大贺氏遥辇氏联盟的部落组织——〈辽史·营卫志〉考辨》,载庆祝王锺翰先生八十寿辰学术论文集编辑委员会:《庆祝王锺翰先生八十寿辰学术论文集》,沈阳:辽宁大学出版社,1993 年,第 405 页;［日］爱宕松男:《契丹古代史研究》,邢复礼译,呼和浩特:内蒙古人民出版社,1987 年,第 54、179 页;张正明:《契丹史略》,北京:中华书局,1979 年,第 207 页;王民信:《遥辇阻午可汗二十部考》,载王民信:《契丹史论丛》,第 63—72 页。

二十部;[①] 第三种认为阻午可汗所辖部落应只有十二部;[②] 第四种认为是十部。[③] 肖爱民通过系列考证，认为所谓左大部是迭剌部的不同称谓，又称北大部、北大浓兀。右大部指乙室部。"分三耶律为七，二审密为五"是辽朝时的事，被元朝史臣误以为阻午可汗时。辽朝皇族中根本不存在大贺氏，"三耶律"是元朝史臣的杜撰。证明阻午可汗二十部并不存在。[④]

2. 辽朝历史研究

辽朝是契丹上层建立的政权，从王朝史方面划分，应归入断代史范畴，但与汉、唐、宋、明各代比较，辽史又有其自身特点，主要表现在胡汉分治的政治制度与草原文化对统治制度和政策的影响上，这里主要选取与契丹社会和草原文化相关的研究内容加以介绍。

（1）社会性质与阶级关系

此为 20 世纪五六十年代颇为关注和分歧较大的问题，参加讨论的学者有陈述、漆侠、蔡美彪、张正明、李锡厚、孙进己、杨志玖、华山、张博泉等。其中陈述认为契丹是以奴隶占有制为基础的各部落联合。[⑤] 张正明、李锡厚等认为是由原始公社制直接过渡到封建制。[⑥] 华山等认为在阿保机称帝前国家制度的萌芽早已发展，到阿保机时代正式建立起半汉化的封建国家制度。[⑦] 蔡美彪认为辽朝大约在景宗到圣宗时由奴隶制过渡到封建制。[⑧] 漆侠等认为阿保机建国前契丹已经进入奴隶制社会，而且已包容了奴隶制和封建制两种经济成分。澶渊之盟以后，封建制因素超过了奴隶制而居主导地位。[⑨] 也有学者尝试引介"酋邦"理念阐释契丹建国前的社会组织形式，认为契丹在进入国家状态之前还经历了一个早期国家的阶段。[⑩] 同时费国庆、唐统天、姚家积、李锡厚、张博泉、蒋岩松、佟家江等还对阶级关系进行了

① 舒焚:《辽史稿》，第 71—74 页；于宝林:《契丹古代史论稿》，合肥：黄山书社，1998 年，第 123 页；田广林:《契丹礼俗考论》，哈尔滨出版社，1995 年，第 61—63 页。

② 傅乐焕:《辽史复文举例》，载傅乐焕:《辽史丛考》，北京：中华书局，1984 年，第 310 页；赵卫邦:《契丹国家的形成》，《四川大学学报》1958 年第 2 期。

③ 华山、费国庆:《阿保机建国前契丹社会试探》，载历史研究编辑部编:《辽金史论文集》，第 7—8 页；孙进己:《契丹部落组织发展变化初探》，《社会科学辑刊》1981 年第 4 期。

④ 肖爱民:《关于契丹迭剌部的几个问题》，《北方文物》2006 年第 1 期；《关于契丹左大部和右大部》，《内蒙古民族大学学报》，2005 年第 2 期；《"分三耶律为七，二审密为五"辨析》，《内蒙古社会科学》，2005 年第 2 期；《辽朝大贺氏考辨》，《内蒙古师范大学学报》2005 年第 4 期。

⑤ 陈述:《契丹社会经济史稿》，第 28、44 页。

⑥ 张正明:《契丹史略》，第 16—22、86 页；李锡厚:《辽金时期契丹及女真族社会性质的演变》，载李锡厚:《临潢集》，第 219—241 页。原载《历史研究》1994 年第 5 期；尚钺主编:《中国历史纲要》，北京：人民出版社，1954 年，第 185—186 页。

⑦ 华山、费国庆:《阿保机建国前契丹社会试探》，载历史研究编辑部编:《辽金史论文集》，第 1—19 页。原载《文史哲》1958 年第 6 期。

⑧ 蔡美彪:《契丹的部落组织与国家的产生》，载历史研究编辑部编:《辽金史论文集》，第 20—73 页。原载《历史研究》1964 年第 5、6 期。

⑨ 漆侠、乔幼梅:《辽夏金经济史》，保定：河北大学出版社，1994 年，第 4、180 页。

⑩ 易建平:《部落联盟与酋邦——民主·专制·国家：起源问题比较研究》，社会科学文献出版社，2004 年，第 475—481 页；丛彦博:《契丹建国前的社会组织形式》，《哈尔滨师范大学学报》2012 年第 5 期。

深入探讨，主要在集中在斡鲁朵户（宫户）、投下户、蕃汉转户、二税户等的讨论上，分歧较大。

（2）政治与制度

主要集中于契丹辽朝的皇位继承制度、职官、科举和法制等诸方面，其中，捺钵与文化、斡鲁朵制和投下制是研究的焦点。

在皇位继承方面，主要有漆侠、李锡厚、杨茂盛和台湾的姚丛吾、王民信等。其中姚丛吾认为景宗以前诸帝实行的是选汗制度，到了圣宗以后修正为世袭制①，这一观点得到了大多数学者赞同。漆侠认为契丹皇位继承是从兄终弟及演变到父死子继。② 而蔡美彪则将"天下兵马大元帅"与王位继承联系在一起，认为该称号具有"皇储"的意味，③ 邱靖嘉在其基础上进一步指出，大元帅之职设立之初只是一个单纯的军帅之号，直至后期该称号才逐渐具有了皇位继承的象征意义。④ 林鹄从辽朝汉化角度出发，认为辽朝建立后便形成了"皇太子"传位的制度。⑤ 另有学者指出辽朝初期并未形成明确的继任制度。⑥

在职官研究方面，除了前面提到的杨若薇、何天明之外，还有唐统天、王曾瑜等，尤其是王曾瑜利用很少的传世的材料，并与五代、宋、金官制进行对比，探讨了辽朝官员的实职和虚衔。⑦ 跟进这种横向纵向比较的研究倾向，契丹官分南北这一现象的研究也随之细化，林鹄的《辽史百官志考订》便是其中代表，该书通过系统的考订勘误，对辽朝的职官制度有了更深入的思考。另随着出土文献的增多，依据石刻等资料进行堪补的研究也逐渐丰富起来。在科举方面，主要有朱子方、黄凤岐、杨若薇、都兴智等，分别就辽朝的开贡举年代、考试科目等进行了论述，其中，李桂芝系统的梳理了辽代的科举制度缘起，形成了较为完备的论述。（李桂芝：《辽金科举研究》，中央民族大学出版社，2012 年）高福顺则将关注点置于科举制与社会生活的互动关系，剖析了科举制对辽代教育、政治、文化等各领域的重要影响。（高福顺：《科举与辽代社会》，中国社会科学出版社，2015 年）。在法制方面，有陈述、嵇训杰、武玉环、张志勇、唐统天和王善军等。

捺钵制度与文化：在傅乐焕研究的基础上，1949 年以后台湾姚丛吾发表了系列与捺钵相关的文章，如《契丹人的捺钵生活与若干特殊习俗》《说契丹的捺钵文化》

---

① 姚丛吾：《说辽朝契丹人的世选制度》，载杨家骆主编：《辽史汇编》（九），台北：鼎文书局，1973 年，第 411—466 页。

② 漆侠：《契丹辽国建国初期的皇位继承问题》，载《漆侠全集》第八卷，保定：河北大学出版社，2008 年，第 115—127 页。原载《河北师院学报》1989 年第 3 期。

③ 蔡美彪：《论辽朝的天下兵马大元帅与皇位继承》，《辽金元史考索》，中华书局，2012 年。

④ 邱靖嘉：《再论辽朝的"天下兵马大元帅"与皇位继承——兼谈辽代皇储名号的特征》，《民族研究》2015 年第 2 期。

⑤ 林鹄：《耶律阿保机建国方略考——兼谈非汉族政权之汉化命题》，《历史研究》2012 年第 4 期。

⑥ 耿涛：《耶律阿保机嗣位者考辨——再论契丹早期王位继承》，《辽金历史与考古》第十辑，2019 年。

⑦ 王曾瑜：《辽朝官员的实职与虚衔初探》，载《凝意斋集》，兰州：兰州大学出版社，2003 年，第 84—129 页。原载《文史》第 34 辑。

《辽朝契丹族的捺钵文化与军事组织、世选习惯、两元政治及游牧社会中的礼俗生活》等，论述了捺钵文化的内涵、捺钵生活习俗以及与政治、军事的关系。李锡厚又进一步进行了深入研究，指出："辽朝的朝廷设在四时捺钵，只有捺钵才是辽朝全境范围内的政治中心。斡鲁朵不是政治中心，其地位仅略高于部族。中京虽是统治汉地的最高行政机构所在地，并且还是一座礼仪性的都城，但仍隶属于捺钵。"①肖爱民在补充前人研究的基础上，采用"行朝"的概念解读辽朝"迁徙移动的中央政府"。②陈晓伟则基于元代文献，进一步分析了太祖阿保机营建四楼的初衷与意义，指出辽初四楼发挥了重要作用，并与四季捺钵一一匹配，重新论证了捺钵与行国政治中心的关系。③此外，随着考古工作的不断推进，捺钵制度的研究也逐渐走向细化，四时捺钵的路线与具体职能，捺钵与契丹社会风俗文化都成为焦点问题，其中关于春捺钵的讨论尤为热烈。

斡鲁朵制度：此为契丹史研究中的热点，国内外学者多有涉及，我国展开研究是改革开放以后。关于其渊源问题，李桂芝最早提出契丹的斡鲁朵制在北方游牧民族中源远流长，是匈奴以来游牧政权的一种传统制度，汉文写作"殿脱""瓯脱""区脱"。④之后，苏赫、任爱君等也赞同，认为突厥、回纥也有此制，汉译作"楼"。⑤费国庆认为斡鲁朵是由行营演变而来的，故称行宫。皇帝死后，行宫斡鲁朵变成"大穹庐"斡鲁朵，是固定的，也称明殿。主张皇帝死后斡鲁朵与陵寝在一处。⑥杨若薇认为辽代斡鲁朵（行宫）并非固定的穹庐，而是随着当朝皇帝四时迁徙的毡帐。斡鲁朵也分为北、南面，北面为契丹斡鲁朵，南面为汉人渤海斡鲁朵，斡鲁朵的北、南面最高官署分别为契丹行宫都部署司和汉人行宫都部署司。⑦而李锡厚认为宫卫与斡鲁朵不能等同，斡鲁朵只是宫卫的一部分。斡鲁朵的建立与"析部族"有关，"分州县"是指诸宫卫对汉人、渤海人行使管辖权。辽朝的宫卫类似于后梁宫院制。⑧武玉环则认为："斡鲁朵包含以下三层含义；1. 为宫卫之意，2. 为宫、行宫之意，3. 为管理斡鲁朵民户的官府。"⑨杨军从契丹部族结构着眼，以阿保机"变家为国"为线索，提出阿保机利用契丹诸部的"家"进入其他"族"分地、可以将所属部落迁入本"族"游牧地的契丹旧俗，由各部中挑选强健忠诚的

① 李锡厚：《辽中期以后的捺钵及其与斡鲁朵中京的关系》，载李锡厚：《临潢集》，保定：河北大学出版社，2001年，第73—85页。原载《中国历史博物馆馆刊》1991年5月，总14—16期。
② 肖爱民：《辽朝政治中心研究》，北京：人民出版社，2014年。
③ 陈晓伟：《捺钵与行国政治中心论——辽初"四楼"问题真相发覆》，《历史研究》2016年第6期。
④ 李桂芝：《契丹大贺氏遥辇氏联盟部落组织——〈辽史·营卫志〉考辨》，见《庆祝王锺翰先生八十寿辰学术论文集》，沈阳：辽宁大学出版社，1993年，第393—406页。
⑤ 任爱君：《契丹四楼源流说》，载《历史研究》1996年第6期，第35—49页；苏赫：《说北方民族的斡鲁朵习俗》，载高延青主编：《北方民族文化新论》，哈尔滨出版社，2001年，第167—184页。
⑥ 费国庆：《辽朝斡鲁朵探索》，《历史学》1979年第8期。
⑦ 杨若薇：《契丹王朝军事政治制度研究》，第155—169页。
⑧ 李锡厚：《中国历史·辽史》，北京：人民出版社，2006年，第300—301页。
⑨ 武玉环：《辽代斡鲁朵探析》，《历史研究》2000年第2期。

部属，重新组建成一部——"腹心部"，随同自己浅析，以起到安全保卫的作用。①
余蔚指出斡鲁朵下辖机构与人户的空间分布，在辽代有一个南移的过程，表明斡鲁
朵之主要功能渐由"制内"转向"防外"，与部族、州县等在功能上趋同。但是，
直至辽末，斡鲁朵仍然在皇帝的掌控之中，并未与两枢密院统管的政府体系合流。②

投下制度：是契丹史研究中备受关注的问题之一，早在中华人民共和国成立前，
国内外学者就有研究。如王国维认为"头下"是契丹语译音，陈述也倾向于为译
音，推测源于夫余语。后，周良霄认为"投下、头下是一个汉语词，义即'头项之
下'"③。李治安认为"爱马"蒙古语"ayimaγ"一词的音译，"投下"是其意译。④
李锡厚根据向达所发现的辽朝头下与敦煌寺户的头下有联系，认为"头下制度产生
于唐朝封建社会内部，无论从语源学上，还是从历史事实上，都证明不了它来自北
方民族。……其渊源正是在中原汉族社会"，"通过多种途径传入契丹"，"头下不是
部族制度本身的产物"⑤。而刘浦江认为"唐朝的'头下户'与辽朝的'头下'一
词不过是一个偶然的巧合，前者是汉语词，而后者是契丹语的音译，两者之间没有
任何关系。……既然头下和投下可以通用，就证明它是一个译语词。"⑥ 余蔚在前人
研究的基础上，统计了辽朝头下州的数量。此外，头下州的建置，下属的职官，赋
税制度与头下户，头下的发展与演变均成为学者热议的话题。⑦

（3）婚姻家庭、家族、姓氏和社会生活

上述几方面是改革开放以来，我国学者新开拓的研究领域。在婚姻研究方面，
向南、杨若薇合著《论契丹族的婚姻制度》⑧ 肇其端，参加讨论的有孙进己、胡迪
生、席岫峰、程妮娜、孟古托力、王玲、齐心、王民信、田广林等，另，作为辽朝
治下的重要组成部分，汉官群体与契丹人的通婚对辽朝的政局产生了深远影响，齐
伟《辽代汉官集团的婚姻与政治》即是着眼于此，（科学出版社，2017 年）借助出
土墓志更深入的探讨了辽代汉官集团的婚姻关系与特点；在家族、家庭研究方面，
主要有蔡美彪、冯永谦、王善军和台湾的萧启庆、王明荪等，其中冯永谦的《辽史
外戚表补正》、蔡美彪的《辽史外戚表新编》对于补充和研究辽朝后族具有重要意
义。近年来王善军在这方面用力最勤，发表了系列文章：《辽朝横帐新考》（《历史
研究》2003 年第 2 期）、《世选制度与契丹家族势力》（《社会科学战线》2004 年第

---

① 杨军：《"变家为国"：耶律阿保机对契丹部族结构的改造》，《历史研究》2012 年第 3 期。

② 余蔚：《辽代斡鲁朵管理体制研究》，《历史研究》2015 年第 1 期。

③ 周良霄：《元代投下分封制度初探》，《元史论丛》第 2 辑，北京：中华书局，1983 年，第 53—59 页。

④ 李治安：《元代分封制度研究》，天津古籍出版社，1992 年，第 5—15 页。

⑤ 李锡厚：《头下与辽金"二税户"》，载《临潢集》，第 242—271 页。原载中华书局：《文史》第 38
辑，1994 年。

⑥ 刘浦江：《辽朝的头下制度与头下军州》，载刘浦江：《松漠之间——辽金契丹女真史研究》，北京：
中华书局，2008 年，第 73—97 页。原载《中国史研究》2000 年第 3 期。

⑦ 余蔚：《中国行政区划通史·辽金卷》，上海：复旦大学出版社，2012 年。

⑧ 向南、杨若薇：《论契丹族的婚姻制度》，载历史研究编辑部编：《辽金史论文集》，第 100—134 页。
原载《历史研究》1980 年第 5 期。

1 期)、《辽代世家大族军事势力》(《安徽史学》2005 年第 4 期)、《辽代世家大族文化活动述论》(《安徽史学》2006 年第 2 期)、《辽代渤海世家大族考述》(《民族研究》2006 年第 3 期)、《论辽代后族》(《黑龙江民族丛刊》2007 年第 2 期) 等，2008 年由人民出版社出版了《世家大族与辽代社会》专著，从事这方面研究的还有张国庆、孟古托力、史风春、孙伟祥等；在契丹人姓氏方面，由于契丹人姓氏唯"耶律"与"萧"二姓，这种特殊现象引起了诸多学者的关注，蔡美彪立足于文献比对，侧重政治史的视角梳理二姓的由来。① 史风春则提出契丹的"萧"应源自隋萧皇后之裔，争议较大。② 刘浦江则探讨了契丹人的"父子连名"的现象。③ 另从事相关研究主要还有陈述、王民信、都兴智、董雅琴、占·达木林斯荣等；在契丹人的社会生活研究方面，除上述专著外，还有诸多论文，广泛涉及衣食住行、宗教、风俗习惯、朝廷礼仪等，如衣食住行方面，进行研究的有罗继祖《契丹人的饮食》(《辽金契丹女真史研究》1986 年第 1 期)、张国庆《辽代契丹服饰考略》(《学习与探索》1990 年第 4 期)、武玉环《略论辽代契丹人的衣食住行》(《北方文物》1991 年第 3 期)、程妮娜《辽代契丹族饮食习俗述略》(《博物馆研究》1991 年第 3 期)、李逸友《辽代带式考实——从辽陈国公主驸马合葬墓出土腰带谈起》(《文物》1987 年第 11 期) 等。宗教方面，主要有陈述《辽代宗教史论证》(《纪念陈垣诞辰百周年·史学论文集》，北京师范大学出版社，1981 年)、朱子方《辽代的萨满教》(《社会科学辑刊》1986 年第 6 期) 和《辽代佛教的宗派、学僧及其著述》(《辽金契丹女真史研究》1986 年第 1 期)、刘浦江《辽金佛教政策及其社会影响》(《佛学研究》第 5 辑，中国佛教文化研究所，1996 年) 等。张国庆对该领域问题有过系列深入探讨：《辽代佛教的勃兴与历史作用》(《阴山学刊》2012 年第 6 期)、《辽代佛教"涉政"现象探析——"佛教文化与辽代社会变迁"研究之一》(《社会科学战线》2011 年第 5 期)、《相契与互融：辽代佛儒关系探论——以石刻文字资料为中心》(《浙江学刊》2014 年第 5 期)、《辽代佛教世俗表象探微——以石刻文字资料为中心》(《黑龙江社会科学》2014 年第 4 期)；社会习俗方面，从事研究的学者众多，主要有陈述、景爱、王承礼、宋德金、唐统天、朱子方、张国庆、肖爱民等，台湾有韩道诚、林瑞翰等，集中于祭祀、柴册仪、再生仪、丧葬习俗、岁时杂仪等。随着研究的不断深入，该领域研究的视野也逐渐得以延展，不再拘泥于辽朝一朝或契丹人的视角，而是出现了纵向和横向比对的突破，借助打通北方民族社会习俗的共性现象，挖掘契丹人社会习俗的渊源与流变。如罗新借助内亚传统阐释了耶律阿保机的死因，颇具启发性。④

---

① 蔡美彪：《试说辽耶律氏萧氏之由来》，《历史研究》1993 年第 5 期。
② 史风春：《辽朝后族萧姓由来述论》，《内蒙古师范大学学报》2015 年第 4 期。
③ 刘浦江：《宋辽金史论集》，北京：中华书局，2017 年，第 122 页。
④ 罗新：《耶律阿保机之死》，收录于《黑毡上的北魏皇帝》，海豚出版社，2014 年。

（4）契丹文字研究

契丹文字有大小之分，目前通行的说法认为庆陵哀册为小字，萧孝忠墓志为大字。关于契丹字的渊源，有源于汉字、回鹘文和突厥文三种观点。

契丹小字的研究在"文革"后取得了突破性进展，标志性成果是 1977 年由清格尔泰、陈乃雄、刘凤翥、于宝林、邢复礼等组成的契丹文字研究小组在《内蒙古大学学报》第 4 期专刊发表《关于契丹小字研究》一文，总结了以往的研究状况，确定了 377 个原字标准形，合并异体字后，约 350 个，构拟了 140 多个字的音值，释出语词达 400 多条，还分析了 20 多条语法附加成分。后经修订定名《契丹小字研究》，于 1985 年由中国社会科学院出版社出版。1996 年即实的《谜林问径——契丹小字解读新程》由辽宁民族出版社出版，此为契丹小字研究的又一力作，他在已有的研究基础上拟读 177 个字，译解 1160 个词，提出了很多新见解。从事研究的还有历鼎煃、苏赫、韩宝兴、高路加、王宏力、吴英哲等。目前，以刘凤翥为首的一些学者仍矢志不移地进行研究，发表了诸多论文，进一步推进了小字的研究。其后，刘凤翥编著的《契丹文字研究类编》在 2014 年由中华书局出版，该书系统收录了契丹文字研究的重要论文，并对传世的契丹文字资料和照片的拓本摹本加以收录，可谓契丹文字这门"绝学"的阶段性总结与展望。同年，由刘浦江、康鹏编著的《契丹小字词汇索引》也由中华书局出版，通过该书可以检索契丹小字的参考词义以及相关重要的研究成果，为契丹小字研究者提供了极大的便利，系一部重要的工具书。近年，由清格尔泰和吴英喆共同编撰的《契丹小字再研究》于 2017 年由内蒙古大学出版社出版，该书是继《契丹小字研究》后，又一部关于契丹小字研究的大型学术著作，其从契丹小字字形、字音、字义入手，对迄今为止国内外的契丹小字研究成果进行了一次全面的、系统的梳理和总结。

对契丹大字进行研究的学者主要有刘凤翥、马俊山、于宝林、阎万章等，香港有阮廷焯。其中刘凤翥在《内蒙古社会科学》1981 年第 5 期发表的《契丹大字和契丹小字的区别》一文，论证了庆陵哀册是小字，《萧孝忠墓志》为大字。观点被国内外学术界采用，从此结束了何为大小字的争论。此后刘凤翥又陆续发表了诸多研究大字的论文，论述了大字有拼音性质。1996 年刘凤翥在《民族语文》第 4 期上发表《契丹大字中若干官名和地名之解读》一文，进一步确定大字基本上为音节拼音文字，标志解读进入释义与拟音相结合的新阶段。2004 年《燕京学报》新第 17 期上发表了其与王云龙合著《契丹大字耶律昌允墓志之研究》一文，全部解读了墓志前四行，还为 190 多个大字构拟了音值，把大字研究推进一个新阶段。

退休后的刘凤翥先生，于 2005 年由华艺出版社出版了《遍访契丹文字话拓碑》专著，书中不仅反映了其研究契丹文字的成果，而且详述了其通过自学步入这一研究领域的历程。近年来，他还不顾年迈，进行讲学，奖掖后进，培养新人。

3. 西辽史研究

关于西辽史的研究，从清末至前，我国学者如钱大昕、丁谦、王国维等在史料整理、考订史实译注国外著作方面作了一些工作。但直至"文革"结束前，大陆从事此问题研究的人几乎未见，台湾也只有赵振绩和胡秋原。70 年代末 80 年代初以后，逐渐开始有一些列研究论著问世，如赵俪生《西辽史新证》（《社会科学战线》1978 年第 4 期）、韩儒林《关于西辽的几个地名》（《元史及北方民族史研究辑刊》第 4 期，1980 年）、邓锐龄《西辽疆域浅释》（《民族研究》1980 年第 2 期）、周良霄《关于西辽史的几个问题》（《中华文史论丛》1981 年第 3 辑）、陈得芝《耶律大石北走史地杂考》（《历史地理》第 2 辑，1982 年）、余大钧《耶律大石创建西辽帝国过程及纪年新探》（《辽金史论集》第 1 辑，1987 年）、钱伯泉《大石、黑衣大石、喀喇汗王朝考实》（《民族研究》1995 年第 1 期）和《大食和辽朝交往与耶律大石西征——辽朝和喀喇汗王朝关系史探微》（《社会科学战线》1995 年第 2 期）等，从事研究的还有柴平、贾丛江、张敏、姚大力、吴志根、李锡厚、苏北海、冯继钦、王治来、肖爱民等。其中对西辽史研究做出突出贡献的是魏良弢，成果集中反映在《西辽史研究》（宁夏人民出版社，1987 年）和《西辽史纲》（人民出版社，1991 年）以及《中国历史·喀喇汗王朝史 西辽史》（人民出版社，2010 年）三部著作中。前者对中外研究西辽史的状况进行了总结，对一些重大问题进行了精心考释。后者是在前者基础上写成，为我国学者第一部系统阐述西辽史的著作，考证缜密，叙述翔实，标志我国西辽史研究取得了重大进展。纪宗安也是一位对西辽史颇有研究的学者，发表论文多篇，于 1996 年出版了专著《西辽史论——耶律大石研究》（新疆人民出版社）。近年来，西辽史的研究成果虽不多，但仍有学者持续关注，对相关问题的研究也有了深入的趋向。[①]

4. 契丹后裔

最早对此问题进行研究的是陈述，从 1955 年开始先后发表了《关于达呼尔的来源》《试论达斡尔族的族源问题》和《大辽瓦解以后的契丹人》[②] 等文章，论述了辽朝灭亡后契丹人的活动，指出达斡尔人是契丹人的后人。傅乐焕在民族历史调查的基础上，撰写《关于达呼尔族的民族成分识别问题》和《关于萨吉尔迪汗和根特木耳的资料》两文，[③] 认为达呼尔为契丹后裔说，目前证据不足。参加讨论的有王锺翰、刘凤翥、敖兴然、陈志贵、巴达荣嘎、留金锁、刘金明、郭庆、王永曦、鲁文江、阿勇等。详见第五节《达斡尔族研究》。近年来借助新兴的分子考古学研究成果，证明了契丹与达斡尔族之间有着非常亲近的遗传关系，但不一定是契丹的直

---

①　钱伯泉：《大石国史研究——喀喇汗王朝前期史探微》，《西域研究》2004 年第 4 期；陈国光：《西辽统治者与西域地方伊斯兰政权》，《新疆社会科学》2003 年第 2 期；王凤梅：《西辽契丹人的社会经济及政治制度》，《吉首大学学报（社会科学版）》2010 年第 2 期。

②　陈述：《关于达呼尔的来源》《试论达斡尔族的族源问题》《大辽瓦解以后的契丹人》，载《中国民族问题研究集刊》1955 年 9 月第 1 辑和 1956 年第 5 辑。

③　见傅乐焕《辽史丛考》，中华书局，1984 年。

接后裔。[①]

关于云南契丹后裔的研究，最早提出这个问题的是杨毓骧，他发表了一系列文章和调查报告，论证了云南契丹后裔的存在以及其宗族组织、文化等。这方面的专著有孟志东的《云南契丹后裔研究》[②]。对此问题进行研究的还有陈乃雄、黄震云、曹相、叶启晓和干志耿等。随着分子考古学的发展，近年来此研究取得新进展，中国医学科学院和中国社会科学院联合组成分子考古学课题研究小组，从属于契丹人的遗骨中提取 DNA，再到云南宝山地区抽取"本人"和其他民族的血样，又到内蒙古抽取达斡尔、鄂温克、蒙古和汉族等人群的血样，从血样中提取 DNA。经过一系列研究测试，得出结论：云南阿、莽、蒋氏"本人"与达斡尔族有相似的父系起源，结合历史资料判断，很可能是蒙古军队中契丹官兵的后裔。[③]

5. 奚族史研究

尽管奚和契丹在中国历史上恰似一对孪生子，同时出现于北魏时期，居住地域相邻，相互联系密切，辽朝建立后被契丹征服，又基本上同于金元时期融合，但是人们对奚族历史的研究远不如契丹。时至今日，除了民族史专著中有部分章节论及外，如王锺翰主编《中国民族史》、陈连开主编《中国民族史纲要》和陈佳华等著《宋辽金时期民族史》中，尚未见有专门研究奚族历史的著作出版，发表的论文也屈指可数，而且从事研究者基本上是研究契丹、女真历史的学者。在 20 世纪 80 年代以前，只有台湾的李符桐、王民信和赵振绩曾撰文论述。之后，有杨若薇、冯继钦、李德山、孟广耀（孟古托力）、王玲、李涵、程妮娜、沈学明、张久和、杨福瑞、田淑华、王丽娟等学者撰文就奚族的族源、社会性质、大奚国、辽金时期的奚族等问题进行了研究。

关于奚（库莫奚）族的族源。古代就有"东部宇文鲜卑之别种"[④]"匈奴之别种"[⑤]"东胡种"[⑥] 和"鲜卑之别种"[⑦] 四说。要之，一说源自东胡或鲜卑宇文部，另一说源自匈奴。目前，大多数学者认为源自鲜卑宇文部，原居住地在今西辽河支流老哈河流域，语言属于原始蒙古语族。[⑧]"库莫奚"一词是鲜卑语的音译，为今蒙古语"沙""沙粒"之意，从含义来推测，这一族名当因其境内多沙漠而得名。6 世

---

① 吴东颖等：《契丹遗骸 DNA 序列分析及其与达斡尔、汉族的遗传关系》，《中国医学科学院学报》第 21 卷，1999 年第 6 期，第 202 页；吴东颖等：《契丹古尸分子考古学研究》，《云南大学学报》（自然科学版）第 21 卷"遗传专辑"，1999 年第 S3 期，第 300 页；许月等：《古代契丹与现代达斡尔遗传关系分析》，载《吉林大学学报》（理学版）第 44 卷，2006 年第 6 期，，第 997—1000 页。

② 孟志东：《云南契丹后裔研究》，北京：中国社会科学出版社，1995 年。

③ 刘凤翥：《DNA 揭开契丹族失踪之谜》，《百科知识》2005 年第 1 期，第 24—25 页。

④ 《魏书》卷 100《库莫奚传》，第 2222 页；《北史》卷 94《奚传》，第 3126 页。

⑤ ［后晋］刘昫：《旧唐书》卷 199 下《北狄·奚传》，北京：中华书局，1975 年，第 5354 页；［宋］欧阳修：《新五代史》卷 74《四夷附录第三·奚》，中华书局，1975 年，第 909 页。

⑥ ［宋］欧阳修：《新唐书》卷 219《北狄·奚传》，中华书局，1975 年，第 6173 页。

⑦ ［唐］令狐德棻等：《周书》卷 49《异域上·库莫奚传》，中华书局，1971 年，第 899 页。

⑧ 冯继钦：《有关奚族族源的两个问题》，《求是学刊》1984 年第 1 期，第 91—96 页。

纪下半叶（隋代），省去"库莫"，单称"奚"。①但也有学者认为，"库莫奚"本称"奚"，是束发为辫的民族，族称的含义就是梳辫子的民族。作为族名首先出现在甲骨文中，是商朝的异族方国，其历史可以远溯商朝甚至更远的黄帝时，其来源当于黄帝十二姓中的任姓所建的奚国有关。"库莫"为冠词，是该族有一部分在南北朝时北迁新址后，加"库莫"二字，以表示其活动地区的。②

关于隋唐时期奚族。其社会性质，王玲认为："在隋唐之际，社会发展还较为落后，基本上是逐水草而居，进行狩猎活动，大体上处于原始社会末期的氏族部落阶段。"③冯继钦认为："奚族入辽前已发展到原始社会末期，进入部落联盟阶段，基本上属于半农半牧经济类型，不应是单纯的狩猎类型。""辽建国后，奚族逐渐摆脱原始公社制的血缘关系纽带后，没有采用典型的农奴制生产方式，随着辽朝统治者受封建生产方式的影响，作为被统治者的奚族也逐渐采用封建生产方式，家内奴隶变成了平民，奚族内的平民也逐渐变成受封建生产方式剥削的牧民、农民。"④关于"安史之乱"中的奚族，孟广耀认为在"安史之乱"中，有十万奚人被驱使背井离乡，卷入叛军来到中原，个别人还被重用，有相当一部分暴骨中原。后来认清安史集团，转而支持唐朝，说明他们心向中原。⑤而毕德广则关注了唐代奚族居地的变迁问题，认为有唐一代，奚族的迁徙大致可分为三期，直至唐末其居地才被契丹吞并。⑥关于沦为回鹘属部的奚族情况，孟广耀指出，在特定的历史条件下，唐、回鹘、奚形成了三角关系。其中，奚最弱。回鹘对它侧重于经济掠夺，唐朝对它侧重于政治控制。奚与回鹘的矛盾是客观存在的，但奚族又无力摆脱回鹘控制。奚与唐朝矛盾也是事实，然奚根本不想脱离唐朝。⑦孟广耀还撰文考证了唐代奚族君长及世次和驻牧范围的变迁。⑧任爱君探讨了辽朝对奚族的统治及治理方略，认为契丹对奚族的征服活动始于9世纪末期，辽朝初期保留了奚族原有的统治方式的基本形式，实现了其贵族集团与奚族贵族阶层的联合，而随着辽朝封建化的加深，奚族大王府正式成为辽朝的地方行政机构之一，原有的特权被剥夺。⑨

关于大奚国，最早进行研究的是台湾的赵振绩，孟古托力（孟广耀）在1988年发表《萧干建国称帝及其失败琐议》一文，认为奚国是奚族历史上的大事，是从即将灭亡的辽朝分裂出来的，但不反对辽朝，对金朝抵抗对北宋斗争。尽管是昙花一现的政权，但为奚族首次建立的较为完整的政权。建立于保大三年（1123）正

① 王锺翰主编：《中国民族史》，北京：中国社会科学出版社，1994年，第423页。
② 李德山：《奚族增考》，《民族研究》1989年第5期，第77—81页。
③ 王玲：《辽代奚族考略》，《民族研究》1983年第2期，第55—60页。
④ 冯继钦：《奚族社会性质初探》，《北方文物》1984年第2期。
⑤ 冯继钦：《安史之乱中的奚族》，《社会科学战线》1985年第3期。
⑥ 毕德广：《唐代奚族居地的变迁》，《中国历史地理论丛》2014年第1期。
⑦ 孟广耀：《回鹘羁属下的奚族——兼释唐朝与奚族的关系》，《北方文物》1983年第3期。
⑧ 孟广耀：《唐代奚族君长及世次考述》，《求是学刊》1984年第4期；《唐代奚族驻牧范围变迁考论》，载《内师大学报》1983年第1期。
⑨ 任爱君：《契丹对奚族的征服及其统治方略》，《内蒙古社会科学》2010年第2期。

月，灭亡于八月，存在时间八个月。萧干称帝年号应为"天嗣"，地点应为箭笴山，非奚王府。其官制有东、西奚王府和奚、汉、渤海三枢密院，发展了辽代的"双轨制"。① 据 2007 年《光明日报》报道，在今河北省青龙满族自治县祖山风景区发现了大奚国的皇宫遗址铁瓦乌龙殿。②

关于金代的奚族，研究者有冯继钦③、纪楠楠④、李涵和张星久⑤等，他们分别就金朝对奚族的政策、地理分布、社会组织和金以后的融合情况进行了论述。田淑华还探讨了辽金时期奚族在承德地区活动的史迹。⑥

概观而言，契丹辽史相关研究的水平虽稍显薄弱，但随着出土文献的发掘，相关研究视角的不断细化与深化，理论观念的更新，文献溯源、解读工作的持续推进，交叉学科的碰撞，高水平的研究成果频现，尤其是青年学者的涌现为该领域的研究提供了动力与活力。

七、蒙古史研究

蒙古史研究从清代就开始了，邵远平、钱大昕、魏源、曾廉等人试图用"乾嘉学派"的治经方法考证和改编《元史》而涉足于蒙古史。19 世纪中期，西北舆地之学兴起，张穆、何秋涛、李文田等人对西北史地的研究，促进了蒙古史研究。19 世纪末，洪钧《元史译文证补》参考波斯文史料和西方研究成果，对东、西方史料进行比勘研究，使蒙古史、元史的研究进入了一个新阶段。20 世纪初，柯劭忞《新元史》和屠寄的《蒙古兀儿史记》都不同程度地利用了域外史料。前者成为用传统修史方法研究元史的集大成者，后者则不限于元朝断代史，内容扩展到了整个蒙古历史。

20 世纪初，随着西方学术思想的传播，中国史学界出现了剧烈的变革，开始由旧史学向近代史学转变，近代实证史学成为中国史学的主流。从这个时期开始蒙古史学转入专题研究，在研究中引入历史语言学方法，迈入了新的阶段。王国维、陈垣、陈寅恪等学者成为这一时期蒙古史学的代表性人物。如王国维《鞑靼考》《萌古考》等论文对蒙古先民的考证，对《圣武亲征录》等四种史料的校注都成为蒙古史研究的奠基之作。⑦ 陈垣撰《元也里可温考》⑧《元西域人华化考》《元典章校补

① 孟古托力：《萧干建国称帝及其失败琐议》，《内蒙古师大学报》1988 年第 3 期。

② 傅春秘等：《河北青龙惊现辽代奚国皇宫遗址》，《光明日报》2007 年 6 月 16 日第 1 版。

③ 冯继钦：《金代奚族探》，《求是学刊》1986 年第 2 期。

④ 纪楠楠：《金朝对奚族政策探微》，《史学集刊》2012 年第 6 期。

⑤ 李涵、张星久：《金代奚族的演变》，《武汉大学学报》1986 年第 6 期。

⑥ 田淑华：《辽金时期奚族在承德地区活动史迹探考》，《北方文物》1997 年第 4 期。

⑦ 王国维《观堂集林》卷 14、卷 15，中华书局，1959 年，2004 年第八次印刷；《王国维遗书》，上海古籍书店，1983 年影印本第 13 册。

⑧ 增订本，商务印书馆，1917 年、1924 年。定稿收入陈垣著《陈垣学术论文集》第 1 集，北京：中华书局，1980 年。

释例》《元秘史译音用字考》等文章，① 在蒙古史、元史研究方面有新的开拓。陈寅恪研究《蒙古源流》，发表了《吐蕃彝泰赞普名号考》《灵州宁夏榆林三城译名考》《彰所知论与蒙古源流》《蒙古源流作者世系考》等系列论文，② 运用蒙古、藏、满等多种少数民族文字史料进行比较研究，解决了地名、版本、著者等多方面的问题。陈寅恪是采用历史语言学方法进行审音勘同的先行者。另外，沈曾植、张尔田笺证《蒙古源流》也是这时期研究蒙古史的重要成果。③

20 世纪 30—40 年代，有在西方学习经历的一些学者，成为蒙古史、元史研究的奠基人。姚从吾、韩儒林、翁独健、邵循正等人是这时期的代表人物。他们留学欧美，中西贯通，掌握了多种语言，充分利用波斯文、阿拉伯文、汉文及蒙古文等多种资料，娴熟地利用历史语言学方法，借鉴西方学者的研究成果，在专题研究上取得了显著成果，其治学方法对后世影响很大。目前大陆和台湾从事蒙古史、元史研究的学者多与他们有师承关系，或受到他们的影响。

韩儒林发表《成吉思汗十三翼考》《蒙古氏族札记二则》《蒙古答剌罕考》《元代阔端赤考》《蒙古的名称》等论文。④ 翁独健著《爱薛传研究》《新元史、蒙兀儿史记"爱薛传"订误》《斡脱杂考》《蒙元时代的法典编纂》等论著。邵循正翻译注释波斯文《史集》并研究相关史实，著有《剌失德丁〈集史·成吉思汗子窝阔台合罕纪弁首〉译释》《剌失德丁〈集史·蒙哥汗纪〉译释》《剌失德丁〈集史·忽必烈汗纪〉译释（上、下）》《剌失德丁〈集史·铁木耳合罕纪〉译释》《〈元史〉、剌失德丁〈集史·蒙古帝室世系〉所记世祖后妃考》等文。还著有《明朝诸帝有蒙古血统这一奇异理论的历史意义》《有明初叶与帖木儿帝国之关系》《蒙古的名称和渊源》等论文。⑤ 冯承钧、岑仲勉、唐长孺、杨志玖等学者也发表了蒙古史方面的论文。他们的论文都达到了较高研究水平，为中国蒙古史学的发展奠定了基础。

这时期中国共产党西北地区工作委员会民族研究室在深入研究蒙古族的历史与现状的基础上，编写出版了《蒙古民族问题》《抗战中的绥远》等书，为中国共产党制定对蒙古民族政策提供了可靠的历史依据。

中华人民共和国成立之后，蒙古史研究又进入了另一个新阶段，蒙古史学界普遍以马克思主义史观来指导自己的研究工作。以"文化大革命"为界，大体上可以分为两个阶段。五十年代，在内蒙古大学、内蒙古社会科学院、中国社会科学院、南京大学相继建立了蒙古史、元史研究机构。韩儒林、翁独健、邵循正等人是蒙古史学界的领头人。陶克涛、余元庵、杨志玖、蔡美彪、方龄贵、贾敬颜等学者是重

① 陈垣：《陈垣学术论文集》第 2 辑，中华书局，1982 年；陈垣著《励耘书屋丛刻》，北京师范大学出版社，1982 年。

② "国立中央研究院"：《历史语言研究所集刊》第二本第一分册（1930 年 5 月），第一本第二分册（1930 年 6 月）、第二本第三分册（1931 年 4 月）；江苏古籍出版社，1999 年重印本。

③ 沈曾植、张尔田 1933 年刻本。

④ 收入《穹庐集》，石家庄：河北教育出版社，2000 年。

⑤ 李克珍编辑：《邵循正历史论文集》，北京大学出版社，1985 年。

要的骨干。60 年代，中华人民共和国培养的一批年轻学者走上前沿。"文化大革命"（1966—1976）期间，除点校《元史》和编绘《中国历史地图集》（元明清蒙古部分）外，中国大陆的蒙古史研究工作全面停顿。

1978 年以后研究工作开始全面恢复。1979 年 8 月中国蒙古史学会在呼和浩特市成立，翁独健担任会长。1980 年 10 月，元史研究会在南京成立，韩儒林担任会长。这两个学术团体分别挂靠内蒙古大学和南京大学，并创办了各自的刊物《蒙古史研究》和《元史论丛》。另外南京大学元史研究室创办了《元史及北方民族史研究集刊》，发表元史及北方民族方面的研究论文。

这时期有关蒙古史研究的国际国内学术交流加强，每年都有两会及相关单位组织召开的学术研讨会。蒙古研究的范围得到拓宽，取得了大量的研究成果，学术质量有了显著的提高。中国社会科学院民族研究所（后改为民族学人类学研究所）、历史研究所、近代史研究所、内蒙古大学、南京大学、中国人民大学、中央民族学院（后改中央民族大学）、南开大学、北京大学、暨南大学、兰州大学、复旦大学、内蒙古师范大学等单位专家承担起了培养蒙古史、元史专业方向博士、硕士研究生的任务。

在台湾地区，姚从吾是元史、蒙古史研究的带头人，自 1949 年移居台湾后，他主持相关研究机构，培养人才，为蒙古史、元史研究事业的发展作出了贡献。他与札奇斯钦翻译《元朝秘史》，校注耶律楚材《西游录》、张德辉《岭北纪行》等，发表论文多篇。札奇斯钦是另一位重要人物，研究的重点是蒙古史。还有李符桐、李则芬、袁冀（袁国藩）、黄彰健、广禄、张兴唐、洪金富、哈堪楚伦、王明荪、李毓澍、胡其德、赵竹成、钟云校、蓝美华等，及留居海外的萧启庆、刘元珠等人，其中很多学者是兼治蒙古史。最初研究机构和相关学者主要集中在台湾大学、政治大学、台湾师范大学、"中国文化大学""中央研究院"。以后其他大学和机构也有人从事这方面的研究和教学。

（一）70 年代末以前的蒙古史研究

五十年代，蒙古史研究成果不多，1956 年，在全国人民代表大会民族委员会主持下，开始全面进行少数民族地区社会历史调查工作，在蒙古族地区主要调查了阿拉善旗的社会历史情况。其调查报告《蒙古族社会历史调查》于 1985 年出版。[①] 这一时期主要有陶克涛的《内蒙古发展概述》（初稿上），[②] 余元庵的《内蒙古历史概要》两部综合性研究成果。[③] 1955 年余元庵《成吉思汗传》一书由上海人民出版社出版。卫拉特蒙古史方面，有赖家度、李光壁《明朝与瓦剌的战争》一书，[④] 王锺

---

① 呼和浩特：内蒙古人民出版社，1985 年。
② 呼和浩特：内蒙古人民出版社，1957 年。
③ 上海：上海人民出版社，1958 年。
④ 上海：华东人民出版社，1954 年。

翰《胤祯西征纪实》、① 陈复光《18 世纪初叶清廷进攻准噶尔期间第一次到俄属及俄京的中国使节》等论文。②

六十年代前半期，作为中国少数民族史五种丛书之一的《蒙古族简史》初稿完成（1963 年铅印）。内蒙古蒙古史研究室印行《内蒙古史纲》（1965 年）。随着纪念成吉思汗诞辰八百周年而进行的学术活动在成吉思汗生年、成吉思汗功过评价、13 世纪蒙古社会性质、忽必烈评价等方面都取得了进展，发表了多篇重要论文。

成吉思汗是蒙古史上的重要人物，也是研究的热点。对成吉思汗生年，何秋涛、王国维认为是 1162 年，而国外学者有 1155、1167 年之说。邵循正、周清澍经过详细考证认为其生年应为《元史》记载的 1162 年，③ 此观点被学术界普遍接受。对于成吉思汗的历史地位和功过的评价，50—60 年代有韩儒林、周良霄、杨志玖、亦邻真、杨国宜、刘孝瑜、刘浩然等人撰写的数篇论文，④ 肯定成吉思汗在统一蒙古各部和蒙古民族形成方面所起的重要历史作用的同时，肯定其在实现地区统一和促进中国统一方面的功绩。而对其发动的对外扩张战争予以否定。

元世祖忽必烈是另一个讨论的热点，20 世纪 60 年代扬州师范学院历史系古代史组以及饶良伦、苏忠、施一揆等人撰文讨论，对忽必烈改用汉法和统一中国等方面给予了肯定。⑤

对 11—13 世纪蒙古社会性质，高文德认为，10—12 世纪蒙古社会处在原始社会末期氏族公社阶段，还没有进入阶级社会。⑥ 杨建新认为 12 世纪蒙古社会已经完成了由家长制大家庭向个体家庭的转化，发展到奴隶占有制社会。⑦ 杨国宜、赵华富认为 13 世纪初蒙古社会氏族制瓦解，向早期封建制过渡。⑧ 亦邻真认为蒙古社会从父权制氏族公社进入阶级社会便走上了封建化的道路。⑨ 周清澍也认为蒙古社会

① 《清史杂考》，北京：中华书局，1957 年。

② 《云南大学学报》1957 年第 2 期。

③ 周清澍：《成吉思汗生年考》，《内蒙古大学学报》，1962 年第 1 期；邵循正：《成吉思汗生年问题》，《历史研究》1962 年第 2 期。

④ 韩儒林：《论成吉思汗》，《历史研究》1962 年第 3 期；周良霄：《关于成吉思汗》，《历史研究》1962 年第 4 期；杨志玖：《关于成吉思汗的历史地位》，《历史教学》1962 年第 12 期；亦邻真：《成吉思汗与蒙古共同体的形成》，《内蒙古大学学报》1962 年第 1 期；杨国宜：《一代天骄——纪念成吉思汗诞生八百周年》，《文汇报》1962 年 7 月 17 日；刘浩然：《对〈一代天骄〉的意见》，《文汇报》1962 年 8 月 3 日。刘孝瑜：《成吉思汗与蒙古各部的统一》，《江汉学报》1962 年第 8 期。

⑤ 扬州师院历史系古代史组：《论忽必烈——为纪念成吉思汗诞生八百周年而作》，《扬州师院学报》1962 年第 14 期；饶良伦：《试论忽必烈的功绩》，《黑龙江大学科学研究论文集》1963 年第 1 期；苏忠：《试论忽必烈》，《历史教学》1963 年第 9 期；施一揆：《忽必烈统治时期少数民族地区社会生产力的发展》，《历史教学》1962 年第 6 期。

⑥ 《十至十二世纪蒙古族的氏族社会》，《民族团结》1962 年第 9 期。

⑦ 《关于十三世纪蒙古族社会的性质》，《民族团结》1963 年第 6 期。

⑧ 杨国宜：《蒙古氏族制的瓦解和封建制的形成》，《华东师范大学学报》1958 年第 4 期；赵华富：《论十三世纪初蒙古社会性质》，《山东大学学报》1961 年第 2 期。

⑨ 《成吉思汗与蒙古民族共同体的形成》，《内蒙古大学学报》1962 年第 1 期。

是从父权制氏族公社制度直接向封建制度过渡的，没有经过奴隶制社会发展阶段。① 这时期受苏联学者符拉基米尔佐夫的"游牧封建制"的影响，大多数学者倾向于蒙古族没有经过奴隶制发展阶段，直接过渡到封建制。刘荣焌、贾敬颜《略论解放前内蒙古牧区生产力水平与生产关系的变化》，认为蒙古地区的生产水平与古代相差无几，手工业未分离，形成对外部商业的依赖。其占支配地位的生产关系是封建主通过占有牲畜、支配牧场对牧民进行剥削压迫，建立人身隶属等级制度。苏鲁克制度促使了自由人的出现以雇工进行剥削。② 朱风《近代阿拉善社会》一文，根据五十年代社会历史调查材料对阿拉善蒙古的社会的阶级结构和经济状况进行了具体的剖析研究。③

蒙地放垦方面，何志《我对清末"移民实边"政策的一些看法》④ 一文对清朝"移民实边"问题作了全面评价，认为内蒙古农业的发展和汉族人民进入内蒙古是历史发展的必然趋势，清朝的"封禁政策"无法阻止。指出清末实行全面放垦，"移民实边"政策的反动性的同时，肯定了其积极作用，认为开发了土地，促进了内蒙古农业的发展。留金锁《略谈清末"移民实边"政策的作用——与何志同志商榷》⑤。认为何文过高估计了"移民实边"的积极作用，而忽略了其反动本质和给蒙古人民带来的灾难。黄时鉴《论清末清政府对蒙古的"移民实边政策"》⑥ 认为清末推行的"移民实边"实质上是一种肆行经济掠夺和加强政治统治的政策，是蒙汉统治阶级对内蒙古人民进行阶级压迫和民族压迫的掠夺政策，并带来严重的灾难。

有关社会经济方面，韩儒林《从今天内蒙古自治区的畜牧业大丰收回看元代蒙古地区的畜牧业经济》，⑦ 论述了畜牧业的发展。周清澍《试论清代内蒙古农业的发展》⑧ 一文论述了清乾隆至道光一百年内蒙古农业的发展过程，以及清朝实行的蒙汉隔离和禁垦政策及其失败，认为这时期农业区的发展对内蒙古经济发展有益，农牧关系是协调的，1840 年后的滥垦影响到了民族关系。阮芳纪、王永福、金启孮、何志《从清初到五四运动前夕呼和浩特地区农业的发展和土地问题中的阶级关系和民族关系》⑨ 论述了土默特地区的农业和土地关系。阿萨拉图《明代蒙古地区与中原间的贸易关系》，⑩ 金启孮《清朝前期卫拉特蒙古和中原的互市》，⑪ 何志《从清

① 《蒙古社会如何向封建制过渡的问题》，《民族团结》1962 年第 9 期。
② 《民族团结》1963 年 6 月号。
③ 《内蒙古社会科学》1982 年第 5 期。
④ 《内蒙古日报》1962 年 1 月 23 日。
⑤ 《内蒙古日报》1962 年 11 月 3 日。
⑥ 《内蒙古大学学报》1964 年第 2 期。
⑦ 《南京大学学报》1964 年第 4 期。
⑧ 《内蒙古大学学报》1964 年第 2 期。
⑨ 《内蒙古大学学报》1961 年第 1 期。
⑩ 《民族团结》1964 年第 2、3 期。
⑪ 《内蒙古大学学报》1964 年第 2 期。

初到抗日战争前夕的呼和浩特商业》，① 论述了明清时期蒙古地区与中原的经济贸易关系。

近现代史方面，黄时鉴《日本帝国主义的"满蒙政策"和内蒙古反动封建上层的"自治""独立"运动》一文，② 系统论述了日本帝国主义对蒙古族政策和内蒙古反动上层的"自治""独立"活动。郝维民《伊克昭盟的"独贵龙"运动和锡尼喇嘛的斗争》《伊克昭盟"独贵龙"运动》③，黄时鉴、特布信、郝维民《中国旧民主主义革命时期内蒙古人民的革命斗争》④ 对近现代蒙古社会性质和反帝反封建斗争，蒙古民族解放斗争作了比较系统的论述。

李涵《蒙古前期的断事官、必阇赤、中书省和燕京行省》一文讨论了蒙古国行政机构的建立。⑤ 周清澍《库腾汗——蒙藏关系最早的沟通者》论证了库腾汗（阔端）促成西藏统一于蒙古国的史事。⑥ 史筠《明安图是蒙古族人考》《明安图〈割圆密率捷法〉的写作年代和正式出版前的流传概况》《明安图在钦天监五十余年工作记略》等系列论文详细介绍了蒙古族科学家明安图的生平及其在数学和天文方面的贡献。⑦ 王锺翰《清初八旗蒙古考》详细考察了清代八旗蒙古建立的过程、构成及八旗的性质。⑧

这时期台湾学者的成果也很多，五十年代，袁国藩发表《元太祖班朱泥饮水誓众考略》，考证参与宣誓者。⑨ 出版了李符桐的《成吉思汗传》、⑩ 札奇斯钦《蒙古之今昔》等著作。⑪ 六十年代，札奇斯钦发表了《成吉思汗的伟业》⑫《成吉思汗的言行和他成功的因素》⑬ 等多篇有关成吉思汗的论文。还发表了有关《元史》中的达鲁花赤、秃鲁花（质子军）、博儿赤，以及蒙古帝国、自北元至清初蒙古、蒙古法律、游牧生活等内容的论文。程发轫发表《成吉思汗生殂年月日考》，考证其生卒年。⑭ 姚从吾发表了有关忽必烈的数篇论文，肯定其统一中国和推行儒学。⑮ 李毓澍《外蒙古撤治问题》一文论述了民国初年外蒙古"独立""自治"问题。⑯

① 《内蒙古大学学报》1961 年第 1 期。
② 《内蒙古大学学报》1963 年第 1 期"蒙古史专号"。
③ 《实践》1960 年第 2 期；《内蒙古大学学报》1963 年第 1 期"蒙古史专号"。
④ 《内蒙古大学学报》1964 年第 2 期"蒙古史专号"。
⑤ 李涵：《蒙古前期的断事官、必阇赤、中书省和燕京行省》，载《武汉大学学报》1963 年第 3 期。
⑥ 《内蒙古大学学报》1963 年第 1 期"蒙古史专号"。
⑦ 均见《内蒙古大学学报》1963 年第 1 期。
⑧ 《清史杂考》，北京：人民出版社，1957 年。
⑨ 《大陆杂志》第 19 卷第 12 期，1959 年。
⑩ 台北：新动力出版社，1953 年。
⑪ 台北：中国文化出版社，1955 年。
⑫ 《中央日报》，台北：1962 年 4 月 25 日。
⑬ 《蒙古研究》，台北：1968 年。
⑭ 《学术季刊》第 1 卷第 4 期，1964 年。
⑮ 《忽必烈对于汉化态度的分析》《元世祖忽必烈汗：他的家世、他的时代与他在位期间重要设施》《元世祖崇行孔学的成功与所遭遇的困难》，见《姚丛吾先生全集》第六册，正中书局。
⑯ 台北："中央研究院"近代史研究所，1961 年。

七十年代，李则芬发表《成吉思汗新传》一书，① 札奇斯钦《说元史中的"札鲁忽赤"并兼论元初的尚书省》《说元史中的"必阇赤"并兼论元初的中书令》两文讨论了札鲁忽赤和必阇赤的起源、功能及发展演变，大蒙古国的行政管理机构。② 还发表了蒙古与中原和蒙藏关系等方面的论文多篇。札奇斯钦除汉译《蒙古秘史》和《黄金史》外，还发表《北亚游牧民族与中原农业民族的和平战争与贸易之关系》《蒙古与西藏历史关系之研究》两部专著，③ 论述了包括蒙古族在内的北方游牧民族与中原的历史关系，蒙古对西藏的统治和与藏族的政治、宗教关系等。

（二）70 年代末以后的蒙古史研究

"文化大革命"以后，蒙古史的研究进入了蓬勃发展的时期，整理、翻译了大量资料、对外学术交流加强、视野得到拓宽，研究领域不断扩大。其中 20 世纪七八十年代评论人物、事件的论文较多，比较关注社会形态研究，受中苏关系影响涉及沙俄侵略蒙古地区的论文较多。从九十年代开始，思想更加解放，理论束缚减轻，研究的领域进一步扩大，从过去重点研究元史，更多关注明、清蒙古史、近现代史，并取得很大进展。从研究的层面上看，人物评论减少，比较关注部落史、地区史、社会经济史、文化史、宗教史。由于发掘了大量原始资料，加强了对外学术交流，研究水平得到明显提高。以下分几个专题论述。

1. 史料的整理

"文化大革命"以后整理出版了多种文字的大量史料，为学术研究水平的提高打下了坚实的基础。蒙古文档案有：金峰整理注释《呼和浩特召庙》（内蒙古人民出版社，1982 年）、金峰主编《呼和浩特史蒙古文献资料汇编》1—6 册（内蒙古文化出版社，1989 年），李保文《十七世纪蒙古文文书档案（1600—1650）》（内蒙古少儿出版社，1997 年），齐木德道尔吉等编辑《清内秘书院蒙古文档案汇编》（内蒙古人民出版社，2003 年），宝音德力根等编辑《康熙朝内阁蒙古堂档》（内蒙古人民出版社，2005 年），金海等汉译《准噶尔旗扎萨克衙门档案译编》（1、2、3辑，内蒙古人民出版社，2007、2008 年），内蒙古自治区档案局编《旅蒙商档案集粹》（内蒙古大学出版社，2009 年），苏德毕力格主编《准格尔旗扎萨克衙门档案》（42 册，内蒙古科学技术出版社，2011 年），喀喇沁左翼蒙古族自治县档案局整理《喀喇沁左翼旗王府档案》，（10 册，辽宁民族出版社，2013 年），土默特左旗档案馆等编《土默特左旗档案馆藏清代蒙古文档案选编》（2 册，内蒙古人民出版社，2013 年），蒙古国国家档案局，中国第一历史档案馆、新疆和布克赛尔蒙古自治县委史志办编译《清代东归和布克赛尔土尔扈特满文档案全译》（1 册，新疆人民出版社，2013 年），内蒙古阿拉善左旗档案史志局编《清代阿拉善和硕特旗蒙古文档

---

① 台北：中华书局，1970 年。
② 《蒙古史论丛（上）》，台北：学海出版社，1980 年。
③ 台北：政治大学出版社，1973 年；台北：正中书局，1978 年。

案选编》（5 册，国家图书馆出版社，2015 年），苏雅拉图、巴音主编《杭锦旗札萨克衙门档案》（20 册，内蒙古文化出版社，2016 年），苏雅拉图等编《阿拉善和硕特旗蒙古文历史档案：抄件》（23 册，远方出版社，2016—2018 年），土默特左旗档案馆、内蒙古科技大学联合整理《土默特左旗档案馆藏土默特历史档案汇编》（第一辑）（15 册，广西师范大学出版社，2018 年）。

汉译蒙古文档案有苏德毕力格主编《准格尔扎萨克旗衙门档案基督宗教史料》（内附原文，广西师范大学出版社，2011 年），希都日古《清内秘书院蒙古文档案汇编汉译》（内附汉译《十七世纪前半期蒙古文文书档（1600—1650 年）》（社会科学文献出版社，2015 年）。

汉译满文档案有庄吉发译注《清代准噶尔史料初编》（台北，文史哲出版社，1983 年）等，中国社会科学院民族研究所民族史研究室、中国第一历史档案馆满文部译编《满文土尔扈特档案译编》（民族出版社，1988 年），吴元丰等《清代西迁新疆察哈尔蒙古满文档案全译》（全国图书馆文献缩微复制中心出版，1994 年），赵令志、郭美兰主编《军机处满文准噶尔使者档译编》（3 册，中央民族大学出版社，2009 年），郭美兰编译《清代军机处满文熬茶档》（2 册，上海古籍出版社，2010 年），乌云毕力格等主编《清朝前期理藩院满蒙文题本》（24 册，内蒙古人民出版社，2010 年），宝音德力根等主编《清朝后期理藩院满蒙文题本》（42 册，内蒙古科学技术出版社，2012 年），中国第一历史档案馆、中国社会科学院中国边疆史地研究中心编《清代新疆满文档案汇编》（283 册，广西师范大学出版社，2012 年），吴元丰等编译《清代东归和布克赛尔土尔扈特满文档案全译》（1 册，新疆人民出版社，2013 年），内蒙古阿拉善左旗档案史志局编《清代阿拉善和硕特旗满文档案选编》（10 册，国家图书馆出版社，2016 年），《陈巴尔虎部落满文历史档案》（3 册，远方出版社，2017 年），厉声、[蒙古] S·楚仑等主编《清代钦差驻库伦办事大臣衙门档案档册汇编》（满文，20 册，广西师范大学出版社，2017 年），西藏自治区档案馆编《西藏自治区档案馆馆藏蒙满文档案精选》（四川民族出版社，2018 年），乌云毕力格等主编《清代五当召蒙古文历史档案汇编》（内蒙古科学技术出版社，2018 年）。

汉文档案有义都合西格等编《鄂尔多斯人民独贵龙运动资料汇编》（《鄂尔多斯史稿》编审委员会编印）。内蒙古档案馆编《内蒙古自治运动联合会档案史料选编》（档案出版社，1988 年）、《清末内蒙古垦务档案汇编（绥远、察哈尔部分）》（内蒙古人民出版社，1999 年），张文喜等整理《蒙荒案卷》（吉林文史出版社，1995 年），中共中央统战部编《民族问题文献汇编（1921.7—1949.9）》（中共中央党校出版社，1991 年），哲仓·才让辑编《清代青海蒙古族档案史料辑编》（青海人民出版社，1994 年）、呼和浩特市塞北文化研究会、土默特左旗档案局编《土默特历史档案选·民国时期》（2 册，内蒙古教育出版社，2009 年），晓克移录、整理《清代至民国时期归化城土默特土地契约》（2 册，内蒙古大学出版社，2011 年），李艳玲、青格力《土默特蒙古金氏家族契约文书整理新编》（中国社会科学出版社，2018 年），吐娜主编《民国新疆焉耆地区蒙古族档案选编》（新疆人民出版社，2013 年），李靖编《额济纳旗历史档案资料》（全 2 册，内蒙古文化出版社，2014 年），乌力吉陶克套整理校注《民国〈政府公报〉蒙古资料辑录 1912.5—1928.5》（4 册，内蒙古人民出版社，2016 年）。

俄文档案，中国第一历史档案馆编《清代中俄关系档案史料选编》第一编（中华书局，1981 年）、［俄］尼古拉·班蒂什—卡缅斯基编著《俄中两国外交文献汇编（1619—1792 年）》（商务印书馆，1982 年），苏联科学院远东研究所等编《十七世纪俄中关系文件集》第 1、2 卷（商务印书馆，1975、1978 年），陈春华译《俄国外交文书选译关于蒙古问题》（黑龙江教育出版社，1991 年）。

整理出版的重要蒙古文文献主要有：额尔登泰、乌云达赉校勘《蒙古秘史校堪本》（内蒙古人民出版社，1980 年），亦邻真《〈元朝秘史〉（畏兀体蒙古文复原）》（内蒙古大学出版社，1987 年），巴雅尔《蒙古秘史》（内蒙古人民出版社，1980 年），双福《〈蒙古秘史〉还原与研究》（内蒙古人民出版社，2002 年），阿尔达扎布《蒙古秘史》（内蒙古人民出版社，2007 年），珠荣嘎校注《阿勒坦汗传》（民族出版社，1984 年），鄂尔多斯鄂托克旗阿剌黑·苏勒德地方发现的削竹写本《蒙古源流》（内蒙古人民出版社，1962 年），胡和温都尔校注《蒙古源流》（民族出版社，1987 年），留金锁整理注释《十福善白史》（内蒙古人民出版社，1981 年），留金锁校注《蒙古黄金史纲》（内蒙古人民出版社，1980 年），宝力高校注《蒙古黄金史纲》（内蒙古教育出版社，1989 年），罗布藏丹津著，乔吉校注《黄金史》（内蒙古人民出版社，1983 年），答里麻著，乔吉校注《金轮千辐》（内蒙古人民出版社，1987 年），官布扎布著，乔吉校注《恒河之流》（内蒙古人民出版社，1980 年），纳塔著，乔吉校注《金鬘》（内蒙古人民出版社，1989 年），拉喜彭斯克著，胡和温都尔校注《水晶珠》（内蒙古人民出版社，1985 年），戈拉登著，阿尔达扎布注释《宝贝念珠》（内蒙古人民出版社，1999 年），乌力吉图校注《大黄册》（民族出版社，1983 年），巴·巴根校注《阿萨拉克齐史》（民族出版社，1984 年），金巴道尔吉著，留金锁校注《水晶鉴》（民族出版社，1984 年），罗布桑丹毕坚赞著《黄金史》（内蒙古出版社，1998 年）罗密著，纳古单夫、阿尔达扎布校注《蒙古孛儿只斤氏族谱》（内蒙古人民出版社，1999 年），金峰、巴岱、额尔德尼编《卫拉特历史文献》（内蒙古文化出版社，1985 年），巴岱、金峰、额尔德尼整理注释《卫拉特史迹》（新疆人民出版社，1992 年），拉德那博哈得拉著，诺尔布校注《札雅班第达传》（内蒙古人民出版社，1999 年），罗卜桑悫丹著《蒙古风俗鉴》（内蒙古人民出版社，1981 年），尼日拉图、金峰校注《理藩院则例》（内蒙古文化出版社，1989 年），包银海校注《理藩院则例》（民族出版社，2006 年）等。巴·巴雅尔赛汉、乌云毕力格等主编《喀尔喀法规（文本研究）》（蒙古文，乌兰巴托，2009 年），［蒙古］拉·呼尔勒巴特尔《哲布尊丹巴一世传》（内蒙古人民出版社，2009

年），孛儿只斤·布仁赛音编辑整理点校《北京文都尔王府蒙古文书信抄本》（内蒙古人民出版社，2011 年），乌兰校勘《元朝秘史》校勘本（中华书局，2012 年），全荣校勘注释《〈圣主成吉思汗史〉研究》（民族出版社，2013 年），乌云贺喜格主编《呼伦贝尔、阿拉善、喀尔喀地方法规》（内蒙古科学技术出版社，2015 年），特·额尔敦陶克套主编《蒙古族经世法典丛书》（19 册，赤峰：内蒙古科学技术出版社，2015 年），全荣校勘注释《〈圣主成吉思汗史〉研究》（民族出版社，2013 年）。乌云毕力格《16 世纪蒙古"浑臣"考》一文根据藏文文献考订了《白史》中的"浑臣"是元代西藏最高行政长官宣慰使的藏语俗称，即本钦，安多语为"浑臣"，安多喇嘛将此语带入蒙古。[①] 乌云毕力格、孔令伟《论"五色四藩"的来源及其内涵》一文认为"五色四藩"出现于 16 世纪后半叶，来源于佛教，"五色"来源于五方佛的颜色，"四藩"来源于主供佛周围的四佛，"青色蒙古"来源于蒙古对密宗金刚乘无上瑜珈部的信仰。[②] 还有乌兰《蒙古文历史文献中涉及"国"及相关概念的一些表述方式》（《民族研究》2016 年第 2 期）。1981 年创办的托忒文版《汗腾格里》杂志，每年四辑，刊布了大量托忒文史料。

汉译蒙古文、藏文重要史籍，有道润梯步《新译简注〈蒙古秘史〉》（内蒙古人民出版社，1979 年），台湾有札奇斯钦《蒙古秘史新译并注释》（台北联经出版事业公司，1979 年）、札奇斯钦译注《蒙古黄金史译注》（台北联经出版事业公司，1979 年），萨囊彻辰著、道润梯步译校《新译校注〈蒙古源流〉》（内蒙古人民出版社，1981 年），朱风、贾敬颜译《汉译蒙古黄金史纲》（内蒙古人民出版社，1985 年），乌力吉图汉译噶班沙剌布《四卫拉特史》、格埒克楚勒特尔汉译《土尔扈特史》（同前刊 1987 年第 4 期）。乌力吉图汉译《蒙古黄史》《蒙古史研究》第 2 辑。特克第汉译《蒙古溯源史》（《蒙古学情报与资料》1989 年第 1 期）。成崇德等《清代蒙古高僧传译辑》（全国图书馆文献缩微复制中心，1990 年）。珠荣嘎译注《阿勒坦汗传》（内蒙古人民出版社，1991 年），乌兰《〈蒙古源流〉研究》（辽宁民族出版社，2000 年），余大钧译注《蒙古秘史》（河北人民出版社，2001 年）。汉译藏文史籍有固始噶居巴·洛桑泽培著、陈庆英、乌力吉译注《蒙古佛教史》（天津古籍出版社，1990 年），[清] 耶喜巴勒登著、苏鲁克译注《蒙古佛教史》（民族出版社，1989 年），乌云毕力格《〈阿萨喇克其史〉研究》（中央民族大学出版社，2009 年）。

整理编辑出版汉文史籍有包文汉、奇·朝克图整理《蒙古回部王公表传》第一辑（内蒙古大学出版社，1998 年），包文汉、陶继波整理《蒙古回部王公表传》第二辑（内蒙古大学出版社，2008 年）。吴丰培编辑《清代蒙古史地资料荟萃》（全国图书馆文献缩微复制中心，1990 年），张正明、宋举成点校《蒙古游牧记》（山

---

① 《内蒙古大学学报》2012 年第 6 期。
② 《民族研究》2016 年第 2 期。

西人民出版社，1991 年），内蒙古图书馆编《内蒙古历史文献丛书》（远方出版社，2007 年）。白翠琴《〈明实录〉瓦剌资料摘编》（新疆人民出版社，1982 年）、《准噶尔史略》编写组《〈清实录〉准噶尔资料摘编》（新疆人民出版社，1986 年），齐木德道尔吉等编《清朝太祖太宗世祖朝实录蒙古史史料抄——乾隆本康熙本比较》（内蒙古大学出版社，2001 年），齐木德道尔吉等编《清朝圣祖朝实录蒙古史史料抄》（内蒙古大学出版社，2003 年），邢亦尘编《清季蒙古实录》（内蒙古社会科学院蒙古史研究所，1981 年），齐木德道尔吉等编《清朝世宗朝实录蒙古史史料抄》（内蒙古大学出版社，2009 年）。赵云田点校的《乾隆朝内府抄本〈理藩院则例〉》《钦定大清会典事例·理藩院》（均为中国藏学出版社，2006 年）。全国图书馆文献缩微复制中心编《理藩院公牍则例三种》（5 册，全国图书馆文献缩微复制中心，2010 年）。薄音湖、王雄编辑点校《明代蒙古汉籍史料汇编》1—12 辑（内蒙古大学出版社，1993—2015 年）。许全胜校注《黑鞑事略校注》（兰州大学出版社，2014 年），尚衍斌、黄太勇校注《长春真人西游记校注》（中央民族大学出版社，2015 年）。[清] 额勒和布著，芦婷婷整理《额勒和布日记》（上下，凤凰出版社，2018 年），札奇斯钦口述历史《一个蒙古老人的回忆》（内蒙古大学出版社，2015 年）。

八思巴字和回鹘式蒙古文碑刻、金石铭文的研究和汇编有照那斯图编《八思巴字和蒙古语文献》Ⅰ 研究文集、Ⅱ 文献汇集（东京外国语大学亚非语言文化研究所，1990、1991 年），呼格吉勒图、萨如拉编著《八思巴字蒙古语文献汇编》（内蒙古教育出版社，2003 年），罗常培、蔡美彪编《元代汉语与八思巴字》（增订版，中国社会科学出版社，2004），蔡美彪《八思巴字碑刻文物集释》（中国社会科学出版社，2011 年），道布编《回鹘式蒙古文文献汇编》（民族出版社，1983 年）。

2. 翻译国外论著和史料

长期以来对国外研究论著的翻译介绍开阔了学者的眼界，使蒙古史研究逐渐与国际接轨，提升了研究水平。1949 年之后的译著主要有 [苏] 雅库博夫斯基著，魏英邦译《十一至十三世纪蒙古史研究概况》（科学出版社，1959 年），[苏] 伍拉祺米尔索夫著，余元庵译注《成吉思汗传》（上海巨轮出版社，1950 年），[苏联] 波塔波夫等著，《历史研究》编辑部译编《苏联关于游牧民族宗法封建关系问题的讨论》（科学出版社，1957 年），苏联科学院、蒙古人民共和国科学委员会合编，翁独健译《蒙古人民共和国通史》（科学出版社，1958 年）。

"文化大革命" 后出版的有 Н·П·沙斯季娜著，北京师范大学外语系七三级工农兵学员、教师译《十七世纪俄蒙通使关系》（商务印书馆，1977 年）。Б·Я·符拉基米尔佐夫著，刘荣焌译《蒙古社会制度史》（中国社会科学出版社，1980 年），伊·亚·兹拉特金著，马曼丽译《准噶尔汗国史（1635—1758 年）》（商务印书馆，1980 年；修订版 2013 年，兰州大学出版社），[英] 约·弗·巴德利著，吴持哲、吴有刚译《俄国·蒙古·中国》（商务印书馆，1981 年），何高济译《海屯行纪、鄂多立克东游录、沙哈鲁遣使中国记》（中华书局，1981 年），[伊朗] 志费尼著，何高济译《世界征服者史》（内蒙古人民出版社，1981年），［波斯］拉施特主编，余大钧、周建奇译《史集》（1—3卷，商务印书馆，1983、1985、1986年），米尔咱·马黑麻·海答儿著，新疆社会科学院民族研究所译，王治来校《中亚蒙兀儿史记》第一、二编（新疆人民出版社，1983年），［英］道森著，吕浦译，周良霄注《出使蒙古记》（中国社会科学出版社，1983年），阿·马·波兹德涅耶夫著，张梦玲等译《蒙古及蒙古人》第二卷（内蒙古人民出版社，1983年），［俄］阿·马·波兹德涅耶夫著，刘汉明等译《蒙古及蒙古人》第一卷（内蒙古人民出版社，1989年），和田清著，潘世宪译《明代蒙古史论集》（商务印书馆，1984年），Б·Д·格列科夫、А·Ю雅库博夫斯基著，余大钧译《金帐汗国兴衰史》（商务印书馆，1985年），耿升、何高济译《柏郎嘉宾蒙古行记鲁布鲁克东行记》（中华书局，1985年），伯希和著，冯承钧译《蒙古与教廷》（中华书局，1986年），田山茂著，潘世宪译《清代蒙古社会制度》（商务印书馆，1987年），［蒙古］沙·比拉著，陈弘法译《蒙古史学史》（内蒙古教育出版社，1988年），［法］雷纳·格鲁塞著，龚钺译、翁独健校《蒙古帝国史》（商务印书馆，1989年），［西德］海西希著，耿升译、王尧校订《西藏和蒙古的宗教》（天津古籍出版社，1989年），马·伊·戈尔曼著，陈弘法译《西方的蒙古史研究》（内蒙古教育出版社，1992年），伯希和著，耿升译《卡尔梅克史评注》（中华书局，1994年），若松宽著，马大正等译编《清代蒙古的历史和宗教》（黑龙江教育出版社，1994年），P.S.帕拉斯著，邵建东、刘迎胜译《内陆亚洲厄鲁特历史资料》（云南人民出版社，2002年），内田吟风等著，余大钧译《北方民族史与蒙古史译文集》（云南人民出版社，2003年），二木博史著，呼斯勒译《蒙古的历史与文化——蒙古学论集》（内蒙古人民出版社，2003年），阿布尔·哈齐·把秃儿汗著，罗贤佑译《突厥世系》（中华书局，2005年），［法］韩百诗著，张国骥译《元史·诸王表笺证》（湖南大学出版社，2005年），宫协淳子著，晓克译《最后的游牧帝国——准噶尔部的兴亡》（内蒙古人民出版社，2005年）、吉田顺一著，青格力等蒙译《〈蒙古秘史〉研究》（民族出版社，2005年）。［俄］巴托尔德著，张锡彤、张广达译《蒙古入侵时期的突厥斯坦》（上海古籍出版社，2007年），［俄］马·伊·戈尔曼著，陈弘法译《西方的蒙古学研究（中心·人员·社团）二十世纪50年代—90年代中期》（内蒙古教育出版社，2010年），［美］亨利·赛瑞斯著，王苗苗译：《明蒙关系Ⅲ——贸易关系：马市（1400—1600）》（中央民族大学出版社，2011年），［俄］格·尼·波塔宁，［苏联］B.B.奥布鲁切夫编，吴吉康、吴立珺译《蒙古纪行》（兰州大学出版社，2013年），［俄］伊·亚·兹拉特金主编，马曼丽译《俄蒙关系历史档案文献集（1607—1636）上》（兰州大学出版社，2014年），［俄］伊·亚·兹拉特金主编，马曼丽译《俄蒙关系历史档案文献集（1636—1654）下》（兰州大学出版社，2014年），罗伯特·马歇尔著，李鸣飞译《东方风暴：从成吉思汗到忽必烈，挑动欧亚大陆》（山西人民出版社，2014年），［日］森川哲雄著，白玉双译《蒙古诸部族与蒙古文文献研究》（内蒙古人民出版社，2014 年）。［日］杉山正明著，周俊宇译《忽必烈的挑战：蒙古帝国与世界历史的大转向》（社会科学文献出版社，2013 年），［日］杉山正明著，黄美蓉译《游牧民的世界史》（中华工商联出版社，2014 年），［日］杉山正明著，乌兰、乌日娜译《疾驰的草原征服者：辽、西夏、金、元》（广西师范大学出版社，2014 年），［日］杉山正明著，孙越译《蒙古帝国的兴亡》（社会科学文献出版社，2015 年）、［日］杉山正明著，周俊宇译《蒙古颠覆世界史》（生活·生活·新知三联书店，2016 年），［俄］皮库林等著，陈弘法译《蒙古西征研究》（内蒙古人民出版社，2015 年），［日］冈田英弘著，陈心慧译《世界史的诞生——蒙古帝国的文明意义》（北京出版社，2016 年），［美］梅天穆著，马晓林、求芝蓉译《世界历史上的蒙古征服》（民主与建设出版社，2017 年），［英］［印度］G. D. 古拉提著，刘瑾玉译《蒙古帝国中亚征服史》（社会科学文献出版社，2017 年）。

内蒙古大学蒙古史研究室（所）编译的《蒙古史研究参考资料》共 70 余辑（"文革"前出了 26 辑）；内蒙古社会科学院编译的《蒙古学信息》（即《蒙古学资料与情报》）共 97 辑，中国社会科学院原民族研究所编《蒙古族厄鲁特历史资料译文集》16 辑；《厄鲁特蒙古译丛》4 辑；内蒙古大学内蒙古中共党史、近现代史研究所编《内蒙古近代史译丛》第 1—3 辑（内蒙古人民出版社，1983、1988、1992 年）。以上刊物对介绍国外研究成果起到了重要作用。

3. 综合性研究成果

"文化大革命"以后，1977 年内蒙古自治区蒙古语文历史研究所编写组的《蒙古族简史》出版。① 1985 年在翁独健主持下出版中国少数民族简史丛书之一《蒙古族简史》。② 此后出版多部蒙古族通史性著作，如内蒙古社会科学院历史研究所组织编的《蒙古族通史》、③ 义都合西格主编《蒙古民族通史》、④ 留金锁编著《蒙古史概要》（蒙古文，内蒙古人民出版社，1985 年）。广禄编《蒙古研究》（台北：中国边疆历史语文学会，1968 年）、孙福坤《蒙古简史新编》（台北：文海出版社，1978 年）、王明荪《蒙古民族史略》（台北：中央文物供应社，1990 年）、王锺翰主编《中国民族史》（中国社会科学出版社，2001 年增订版）、中国社会科学院民族研究所主持编写《中国历代民族史丛书》（四川民族出版社，1996 年）、杨建新著《中国西北少数民族史》（宁夏人民出版社，1988 年）。泰亦赤兀惕·满昌主编《蒙古族通史》（辽宁民族出版社，2004 年）。曹永年主编《内蒙古通史》（内蒙古大学出版社 2007 年，修订本 2009 年），郝维民、齐木德道尔吉主编《内蒙古通史纲要》（人民出版社，2006 年）、郝维民、齐木德道尔吉总主编《内蒙古通史》（全八卷，人民出版社，2011 年）。《蒙古族全史》的部分分卷，留金锁著、浩斯巴特尔、包阿

---

① 呼和浩特：内蒙古人民出版社，1977 年，1979 年再版。
② 呼和浩特：内蒙古人民出版社，1985 年。
③ 北京：民族出版社，1991 年，2001 年再版。
④ 呼和浩特：内蒙古大学出版社，第 3 卷，1991 年，第 4 卷 1993 年，2002 年全书出版。

拉塔译《蒙古族全史》（第一卷，辽宁民族出版社，2011年）、乔吉《蒙古族全史·宗教卷》（内蒙古大学出版社，2011年）、王风雷《蒙古族全史·教育卷》（内蒙古大学出版社，2013年）。

断代通史著作，韩儒林主编《元朝史》（人民出版社，1986年），蔡美彪主编《中国通史》第七册（人民出版社，1983年），白寿彝总主编、陈得芝主编《中国通史·元代卷》（上海人民出版社，1993年），李则芬《元史新讲》（中华书局，1978年），卢明辉《清代蒙古史》（天津古籍出版社，1990年），郝维民主编《内蒙古近代简史》（内蒙古大学出版社，1990年），郝维民主编《内蒙古自治区史》（内蒙古大学出版社，1991年），那木斯莱编著《清代蒙古史》（蒙古文，内蒙古文化出版社，1993年），郝维民主编《内蒙古革命史》（内蒙古大学出版社，1997年），陈昌范《云南蒙古族简史》（云南人民出版社，1997年），阿拉腾达来著《日本与内蒙古——日本在内蒙古的殖民统治研究》（蒙古文，内蒙古教育出版社，2004年），金海著《日本占领时期内蒙古历史研究》（内蒙古人民出版社，2005年），赛航、金海、苏德毕力格著《民国内蒙古史》（内蒙古大学出版社，2007年）。

其他著作，有卢明辉、马汝珩、马大正、白翠琴编《蒙古族历史人物论集》（中国社会科学出版社，1981年），卢明辉、余大钧、高文德编《蒙古史研究论文集》（中国社会科学出版社，1984年），札奇斯钦《蒙古文化概说》（台北：中央文物供应，1986年）、《蒙古史论丛》（台北：学海出版社，1990年），李治安《元代分封制度研究》（天津古籍出版社，1992年），刘迎胜《西北民族史与察合台汗国史研究》（南京大学出版社，1994年），张久和《原蒙古人历史：室韦—达怛研究》（高等教育出版社，1998年），盖山林编著《蒙古族文物与考古研究》（辽宁人民出版社，1999年），韩儒林《穹庐集》（河北教育出版社，2000年），亦邻真《亦邻真蒙古学文集》（内蒙古人民出版社，2001年），周清澍《元蒙史札》（内蒙古大学出版社，2001年），胡小鹏《西北民族文献与历史研究》（甘肃人民出版社，2004年），陈得芝《蒙元史研究丛稿》（人民出版社，2005年），郝时远、罗贤佑主编《蒙元史暨民族史论集：纪念翁独健先生诞辰一百周年》（中国社会科学文献出版社，2006年），《察合台汗国史研究》（上海古籍出版社，2006年），萧启庆《内北国而外中国：蒙元史研究》（北京中华书局，2007年）等。白拉都格其《成吉思汗的遗产》（内蒙古人民出版社，2009年）、姚大力《蒙元制度与政治文化》（北京大学出版社，2011年）、谢咏梅《蒙元时期札剌亦儿部研究》（辽宁民族出版社，2012年）、潘小平、武殿林主编《察哈尔史》（上中下，内蒙古人民出版社，2012年）、陈得芝《蒙元史研究导论》（南京大学出版社，2012年）、陈得芝《蒙元史与中华多元文化论集》（上海古籍出版社，2013年），乔吉编著《内蒙古藏传佛教寺院》（甘肃民族出版社，2013年），刘迎胜《蒙元帝国与13—15世纪的世界》（生活·读书·新知三联书店，2013年），刘迎胜《蒙元史考论》（上、下册，兰州大学出版社，2014年），乌云毕力格主编《满蒙档案与蒙古史研究》（上海古籍出版社，2014 年），白玉冬《九姓达靼游牧王国史研究（8—11 世纪）》（中国社会科学出版社，2017 年），亦邻真著，乌云毕力格、乌兰编《般若宝藏：亦邻真教授学术论文集》（上海古籍出版社，2019 年）。

明代蒙古史方面有戴鸿义，鲍音编著《北元史》（蒙古文，内蒙古文化出版社，1991 年），达力扎布《明代漠南蒙古史研究》（内蒙古文化出版社，1997 年），孟凡云《万历武功录研究——以蒙古人物传记为中心》（中央民族大学出版社，2008 年），胡凡《明代历史探赜》（中国大百科全书出版社，2010 年），鲍音《鲍音蒙古学文集》（吉林人民出版社，2011 年），曹永年《明代蒙古史丛考》（上海古籍出版社，2012 年），赵文《明朝后期对蒙古策略研究》（中央民族大学出版社，2013 年），华喆《帝国的背影——1368 年后的蒙古》（兰州大学出版社，2014 年），杜荣坤《杜荣坤民族研究论集》（中国社会科学出版社，2014 年），白翠琴《白翠琴民族史探微集：以此追忆从事民族研究五十春秋》（中国社会科学出版社，2015 年），薄音湖《青城论丛》（内蒙古人民出版社，2018 年）。

清代蒙古史方面的专著有张永江《清代藩部研究——以政治变迁为中心》（黑龙江教育出版社，2001 年），孛·蒙赫达赖《巴尔虎蒙古史》（内蒙古人民出版社，2004 年），孛儿只斤·布仁赛音《近现代蒙古人农耕村落社会的形成》（内蒙古大学出版社，2007 年），哈斯巴根《鄂尔多斯农牧交错区域研究（1697—1945）》（内蒙古大学出版社，2007 年），乌力吉陶克套《清至民国时期蒙古法制研究》（内蒙古大学出版社，2007 年），金海等编著《清代蒙古志》（内蒙古人民出版社，2009 年），胡日查《清代内蒙古地区寺院经济研究》（辽宁民族出版社，2009 年），珠飒《18—20 世纪初东部内蒙古农耕村落化研究》（内蒙古人民出版社，2009 年），奇日格夫等译《哲布尊丹巴呼图克图传略》（内蒙古人民出版社，2011 年），乌云格日勒主编《扎鲁特历史文化》（内蒙古教育出版社，2011 年），胡日查、乔吉、乌云《藏传佛教在蒙古地区的传播研究》（民族出版社，2012 年），樊明方《中国北部边疆史若干问题研究》（西北工业大学出版社，2012 年），扎·乌力吉著，钢特木尔等转写：《巴尔虎蒙古史》（蒙古文，内蒙古文化出版社，2012 年），胡日查《清代蒙古寺庙管理体制研究》（辽宁民族出版社，2013 年），黑龙《满蒙关系史论考》（民族出版社，2013 年），高·阿晔《乌珠穆沁部落研究》（蒙古文，辽宁民族出版社，2013 年），杨强《蒙古族法律传统与近代转型》（中国政法大学出版社，2013 年），李治国《清代藩部宾礼研究——以蒙古为中心》（内蒙古大学出版社，2014 年），包额尔德木图《嫩科尔沁史概略》（蒙古文，辽宁民族出版社，2014 年），策·巴图《〈蒙古—卫拉特大法典〉文献学研究》（民族出版社，2014 年），达力扎布《〈喀尔喀法规〉汉译及研究》（中央民族大学出版社，2015 年），那仁朝格图《13—19 世纪蒙古法制沿革史研究》（辽宁民族出版社，2015 年），宋瞳《清初理藩院研究——以顺治朝理藩院满文题本为中心》（上海古籍出版社，2015 年），达力扎布《清代蒙古史论稿》（民族出版社，2015 年），哈斯巴根《清初满蒙关系演变研究》（北京大学出版社，2016 年），姑茹玛《喀尔喀车臣汗部研究》（辽宁民族出版社，2016 年），乌云毕力格《五色四藩——多语文本中的内亚民族史地研究》（上海古籍出版社，2016 年），乌云毕力格《青册金鬘——蒙古部族与文化史研究》（上海古籍出版社，2017 年），白初一《内喀尔喀五部历史研究》（民族出版社，2017 年），黄治国《漠南军府——清代绥远城驻防研究》（社会科学文献出版社，2018 年），八宝《清朝与哲布尊丹巴·呼图克图》（蒙古文，民族出版社，2019 年）。

近现代蒙古史方面有周太平《二十世纪前期内蒙古政治变迁史研究——丑年之乱考》（蒙古文，内蒙古教育出版社，2006 年），金海《日本在内蒙古殖民统治政策研究》（社会科学文献出版社，2009 年），金海《近代蒙古历史文化研究》（内蒙古大学出版社，2009 年），孟和宝音《近代内蒙古行政建制变迁研究》（辽宁民族出版社，2010 年），长命《资料分析与历史解读——从百灵庙自治运动到绥境蒙政会成立》（内蒙古教育出版社，2011 年）。

有关卫拉特史的著作有编写组《准噶尔史略》，① 冯锡时、马大正等著《卫拉特蒙古简史》（上下册），② 2007 年出版其修订本马大正、成崇德主编《卫拉特史纲》，③ 中国社会科学院民族研究所、新疆社会科学院民族研究所编印《准噶尔史论文集》第 1、2 辑（1981 年），马汝珩、马大正《厄鲁特蒙古史论集》（青海人民出版社，1984 年），王宏钧、刘如仲《准噶尔的历史与文物》（青海人出版社，1984 年），杜荣坤、白翠琴《西蒙古史研究》（新疆人民出版社，1986 年），乌云毕力格《和硕特蒙古史略》（蒙古文，内蒙古文化出版社，1990 年），白翠琴《瓦剌史》（吉林教育出版社，1991 年），《漂落异域的民族——17—18 世纪的土尔扈特蒙古》（中国社会科学出版社，1991 年），那木斯来编著《准噶尔汗国史》（蒙古文，内蒙古人民出版社，1993 年）。张体先《土尔扈特部落史》（当代中国出版社，1999 年），巴·纳生、李恺、刘昆黎编著《和硕特蒙古史》（新疆人民出版社，2004 年），李秀梅《清朝统一准噶尔史实研究——以高层决策为中心》（民族出版社，2007 年），丹碧、格·李杰编著《蒙汉文对照托忒文字卫拉特蒙古历史文献译编》（新疆人民出版社，2009 年），才仁巴力、青格力注解《青海卫拉特联盟法典》（民族出版社，2009 年），格·李杰著《喀喇沙尔蒙古族社会制度与行政制度之研究》（新疆人民出版社，2009 年），道尔吉、巴·巴图巴雅尔、格·李杰《清代土尔扈特部与和硕特部印章研究》（新疆人民出版社，2009 年），胡帮铸《罗布淖尔与土尔扈特研究》（新疆人民出版社，2009 年），杨强《清代蒙古法制变迁研究》（中国政法大学出版社，2010 年），中共博尔塔拉蒙古族自治州委员会党史研究室、博尔塔

---

① 中国社会科学院民族研究所和新疆社会科学院民族研究所编写组编著：《准噶尔史略》，北京：人民出版社，1985 年。
② 乌鲁木齐：新疆人民出版，上册 1992 年、下册 1996 年。
③ 乌鲁木齐：新疆人民出版社，2006 年。

拉蒙古族自治州地方志办公室编著《新疆察哈尔蒙古西迁简史》（民族出版社，2010 年），王力《明末清初达赖喇嘛系统与蒙古诸部互动关系研究》（民族出版社，2011 年），叶尔达《卫拉特高僧拉布紧巴·咱雅班第达研究》（社会科学文献出版社，2012 年），M. 乌兰《卫拉特蒙古文献及史学：以托忒文历史文献研究为中心》（社会科学文献出版社，2012 年），齐光《大清帝国时期蒙古的政治与社会——以阿拉善和硕特部研究为中心》（复旦大学出版社，2013 年），吐娜等著《巴音郭楞蒙古族史——东归土尔扈特、和硕特历史文化研究》（中国言实出版社，2014 年），乌云毕力格等编著《蒙古游牧图：日本天理图书馆所藏手绘蒙古游牧图及研究》（北京大学出版社，2014 年），赵令志、郭美兰《准噶尔使者档之比较研究》（中央民族大学出版社，2015 年），吕文利《嵌入式互动：清代蒙古入藏熬茶研究》（内蒙古大学出版社，2017 年），蔡家艺《西北边疆民族史地论集》（中国社会科学出版社，2018 年）。

4. 专题研究

（1）蒙古族族源

对蒙古族族源学术界主要有匈奴、突厥、东胡、吐蕃等四说，[①] 屠寄、王国维主张东胡说。20 世纪 50 年代出版的陶克陶和余元庵的著作都主张东胡说。邵循正《蒙古的名称和渊源》一文，认为蒙古是室韦和突厥的混合。[②] 70 年代末，亦邻真发表《中国北方民族与蒙古族族源》一文，详细论述了东胡说的观点，指出室韦—鞑靼人是形成蒙古族的核心。叶幼泉、王慎荣《蒙古名称及其族源的若干问题》（《中国蒙古史学会论文选集（1983 年)》）亦主蒙古源于室韦。80 年代，苏日巴达拉哈提出蒙古源于狄历—丁零—高车—铁勒，柔然是蒙古人创建的第一个国家。[③] 赵展认为蒙古室韦属于通古斯族系，蒙古族源是匈奴余种。

（2）蒙古社会制度

20 世纪 80 年代，一些学者主张蒙古社会经历了奴隶制阶段。那木云认为 11 世纪后期蒙古社会已经由氏族社会进入奴隶社会。[④] 留金锁认为在合不勒汗时建立了奴隶制国家。[⑤] 陈国干认为在合不勒汗时期建立了奴隶制政权，成吉思汗时采用封建制。[⑥] 道润梯步《略论蒙古史的分期问题》中指出 1206 年成吉思汗建国到忽必烈至元二十一年是蒙古奴隶制全盛时期。[⑦] 高文德《蒙古奴隶制初探》认为成吉思汗

① 参见樊保良：《蒙古族源诸说述评》，《内蒙古社会科学》1983 年第 3 期；汤晓芳：《蒙古族族源研究的回顾及其新进展》，《蒙古族族源研究论文选取集》（油印本）。

② 《元史论丛》第 1 辑，北京：中华书局，1982 年。

③ 《蒙古族族源新考》，北京：民族出版社，1986 年。

④ 《关于十一至十三世纪蒙古族社会的性质》，《内蒙古社会科学》1980 年第 2 期。

⑤ 《试论成吉思汗建国前的蒙古社会制度》，《蒙古史研究》第 1 辑，呼和浩特：内蒙古人民出版社，1985 年。

⑥ 《成吉思汗统一蒙古的历史功绩》，中国蒙古史学会编：《中国蒙古史学会论文选集（1980 年)》，呼和浩特：内蒙古人民出版社，1980 年。

⑦ 《中国蒙古史学会论文选集（1980 年)》。

统一蒙古诸部前奴隶制社会已形成，成吉思汗建立的是奴隶制政权。[1] 高文德《蒙古奴隶制研究》一书系统地论述了蒙古奴隶制的形成和发展。[2] 义都合西格主编《蒙古民族通史》认为蒙古奴隶始于鲜卑时期，成吉思汗建立大蒙古国标志着蒙古奴隶制向封建制过渡的基本完成。[3] 编写组《蒙古族通史》认为 12 世纪合不勒汗时期蒙古部建立早期奴隶制国家的同时，克烈亦惕、乃蛮、汪古等部也建立了自己的国家。成吉思汗建立的是奴隶制国家，元朝中央集权政权建立后，加速了蒙古族由奴隶制阶段向封建制过渡。[4] 蔡美彪等著《中国通史》第七卷认为蒙古国的建立标志着奴隶占有制度的确立。战争减少，奴隶来源变小，再加蒙古国的统治扩大到文明地区，逐渐接受被征服民族的封建制度，原有的奴隶也向农奴式的牧民转化，封建的生产关系逐渐得到发展。[5] 周良霄认为蒙古汗国的奴隶主贵族政权，时间不长就被忽必烈建立的封建地主阶级专制的元王朝所代替。[6] 不过有许多学者依然坚持蒙古社会由原始社会直接过渡到封建制的观点。阿勇认为 12 世纪蒙古社会原始公社瓦解后，没有经过奴隶占有制社会直接进入了封建社会。[7] 匡裕彻《论兀纳罕·孛斡勒的性质》一文认为 11—13 世纪的兀纳罕·孛斡勒（即斡脱古·孛勒的讹译）不是阶级概念，而是一种具有血缘关系的附庸集团，这些集团的社会身份，各依他们在生产过程中的地位而定。这是原始社会解体后的一种新的奴役形式，直到千户制度建立才被取代。不能把文献中的孛斡勒简单地认为是科学意义上的奴隶。[8] 亦邻真《关于十一十二世纪的孛斡勒》指出蒙古于 11—12 世纪的孛斡勒制是农奴式的人身隶属关系。[9]

元朝时期，蒙古最基本的行政和军事单位是千户。史卫民、晓克、王湘云认为《秘史》所载九十五千户八十八人并不都是在丙寅年（1206 年）封授的，当时所封之人可考者六十三人，这是一个杂凑的功臣表，《元史》封"六十五千户"的记载更为可靠。[10] 史卫民《蒙古汗国时期蒙古左、右翼军千户沿袭旧属考》[11] 考察了蒙古千户组织的沿革和增置情况。周良霄认为成吉思汗分封的贵戚部落首领即是千户首领，又是部族领主。[12] 李治安指出元代投下是蒙古语爱马的意译。元朝时期投下和爱马的本义是贵族那颜所属的军民集团，一般情况下可简称为部，是投下组织的

① 《民族研究》1979 年第 2 期。

② 呼和浩特：内蒙古人民出版社，1980 年。

③ 《蒙古民族通史》第 1 卷，呼和浩特：内蒙古大学出版社，2002 年，第 95 页、第 139 页。

④ 《蒙古族通史》第 1 卷第 24—25 页、第 188 页。

⑤ 《中国通史》第 7 卷，北京：人民出版社，1983 年，第 331 页

⑥ 周良霄：《元史》，上海人民出版社，2003 年，第 251—252 页。

⑦ 阿勇《关于蒙古族早期社会性质问题》，《中国蒙古史学会论文选集（1980 年）》。

⑧ 《民族研究》1981 年第 4 期。

⑨ 《元史论丛》第 3 辑，北京：中华书局，1986 年。

⑩ 《〈元朝秘史〉"九十五千户"考》，《元史及北方民族史研究集刊》第 9 期，1985 年第 3 期。

⑪ 《西北民族研究》1986 年第 1 期。

⑫ 《元代投下分封制度初探》，《元史论丛》第 2 辑，呼和浩特：内蒙古人民出版社，1983 年。

构成形式。①

对明代社会组织，达力扎布认为明代蒙古的爱马（爱马克）不是纯血缘组织，鄂托克也不是纯地缘组织，都是由封建领主家族及其属民构成的一种社会组织形式，即封民封地。② 杜荣坤、白翠琴著《十五至十八世纪卫拉特社会组织和统治机构》，③ 论述了卫拉特部兀鲁思、鄂托克、昂吉、集赛等各级组织情况及各级官员的职责。

对清代盟旗制度的建立及其性质，陈国干《清代蒙古盟旗制度的来源和性质》、纳古单夫《内蒙古札萨克旗制概述》④、王湘云《内札萨克旗的建立问题》⑤、达力扎布《清初内扎萨克旗的建立问题》等文进行了论述。达力扎布认为内扎萨克旗正式建立于崇德元年（1636 年）。⑥ 哈斯达赖《清初内扎萨克十三旗首封扎萨克》纠正了清代史籍中对郭尔罗斯等十三旗首封扎萨克的错误记载。⑦ 赵云田《清代蒙古政教制度》、⑧ 阎光亮《清代内蒙古东三盟史》（中国社会科学出版社，2006 年）、杨强《清代蒙古族盟旗制度》（民族出版社，2004 年）等书则对清代蒙古政教制度作了系统论述。

对内蒙古六盟，达力扎布《清代内扎萨克六盟和蒙古衙门设立时间蠡测》一文认为会盟制度始于清初，盟名固定于雍正年间，蒙古衙门最迟于天聪八年建立。⑨ 纳古单夫《内蒙古各盟名称解释》论述了六盟名称的来历。⑩ 莫德勒图、金海《乌兰察布盟首次会盟地址、地名、时间考》一文认为该盟名来自会盟地乌兰察布河（在今四子王旗东八号乡白音敖包村一带）。第一次盟会在康熙九年之后。⑪ 哈斯巴根《清代伊克昭盟的会盟》论述了伊克昭盟在白塔会盟，乾隆年间开始有两种会盟。⑫ 金海《日本占领时期的内蒙古盟旗制度》论述了在日本占领时期内蒙古盟旗制度的变化。⑬ 乌云毕力格、宋瞳：《关于清代内扎萨克盟的雏形——以理藩院题本为中心》，指出内蒙古六盟的设立在顺治年间。⑭ 达力扎布《清代外藩蒙古会盟制度浅探》，载《纪念王锺翰先生百年诞辰学术文集》，⑮ 指出康熙四十九年后实际停派

---

① 《元代投下考述》，《民族研究》1989 年第 3 期。

② 《明代蒙古社会织织新探》，《内蒙古社会科学》，1997 年第 2 期。

③ 《西蒙古史研究》，乌鲁木齐：新疆人民出版社，1986 年。

④ 《内蒙古社会科学》1981 年第 1 期、1992 年第 2 期，

⑤ 《社会科学辑刊》1986 年第 1 期。

⑥ 《历史研究》1998 年第 1 期。

⑦ 《内蒙古大学学报》1994 年第 4 期。

⑧ 北京：中华书局，1989 年。

⑨ 《明清蒙古史论稿》，北京：民族出版社，2003 年。

⑩ 《蒙古史文稿》，内蒙古社会科学院历史所，1980 年。

⑪ 《中国边疆史地研究》1998 年第 4 期。

⑫ 《内蒙古大学学报》2006 年第 6 期。

⑬ 《蒙古史研究》第 6 辑，2000 年。

⑭ 《清史研究》2011 年第 4 期。

⑮ 北京：中央民族大学出版社，2013 年。

大臣会盟，两种会盟一直并行。屈罗木图《清代乌兰察布盟形成考述》，[①] 指出该盟名称见于雍正年间档案，形成于康熙二十七至二十九年。玉海《清代昭乌达盟的形成及其会盟问题探析——以翁牛特右翼旗印务处档案为中心》，[②] 一文认为昭乌达地在今通辽市开鲁县麦新镇好力歹村，康熙四十四、四十九年就有该盟会盟的记载。敖拉《清代昭乌达盟有关问题析》[③]、庞绿林、谢青海《清代乌兰察布盟（四部六旗）首次会盟考》。[④]

有关盟旗组织方面的论文有苏日朦《有关清代在内扎萨克各盟设立盟务帮办》，《内蒙古社会科学》[⑤]，敖拉、珠拉《清代翁牛特旗扎萨克世袭》[⑥]，朝克满都拉《清代记名协理的俗称与相关问题》[⑦] 一文认为"阿布达"诺颜是协理的预备空位，来自满语。哈斯巴根《清代札萨克旗的协理台吉》《鄂尔多斯右翼前末旗的设立——释读相关几份档案文书》，[⑧] 包玉林《杜尔伯特旗所札萨克承袭中的几个问题》[⑨]，吴忠良《清代中期蒙旗渔业权利与旗界形成——以郭尔罗斯后旗为中心》[⑩]，齐光《清朝时期蒙古阿拉善和硕特部札萨克王爷的属众统治》《清朝时期蒙古阿拉善和硕特部的社会行政组织》，[⑪] 白玉双《达玛拉与达鲁噶：保甲制在喀喇沁蒙古人社会中的推行》[⑫]，齐英《清代喀喇沁中旗比丁册及其反映的王公贵族和箭丁关系》[⑬]《清代蒙古社会中的苏木和随丁关系——以喀喇沁中旗为例》、齐英《清代蒙古王公贵族之"征取属下赋役"规定考》，[⑭] 齐英指出喀喇沁中旗佐领是根据王公族的血缘关系编设的，所属苏木人数多寡不同，王公贵族与编入佐领的阿勒巴图仍有诺颜——阿勒巴图关系，随丁仍隶属于苏木组织，清朝限制"征取属下赋役"的属下指苏木箭丁。宝音朝克图《清代外藩蒙古台吉爵位封袭制再探讨》《清代蒙古捐纳初探》二文探讨了台吉袭职和捐纳制度。[⑮]

① 《内蒙古财经大学学报》2016 年第 2 期。
② 《国学学刊》2017 年第 3 期。
③ 《内蒙古社会科学》（蒙古文版）2011 年第 4 期。
④ 《内蒙古师范大学学报》（哲学社会科学版），2018 年第 1 期。
⑤ 《内蒙古社会科学》（蒙古文版）2016 年第 4 期。
⑥ 《内蒙古社会科学》（蒙古文版）2010 年第 5 期。
⑦ 《内蒙古社会科学》（蒙古文版）2011 年第 1 期。
⑧ 《内蒙古大学学报》（蒙古文版）2016 年第 4 期；《内蒙古大学学报》（蒙古文版）2012 年第 2 期。
⑨ 《中国·乌兰浩特第二届蒙元文化论坛暨科尔沁历史文化研讨会论文集》，呼和浩特：内蒙古文化出版社，2013 年。
⑩ 《满学论丛》第三辑，沈阳：辽宁民族出版社，2013 年。
⑪ 《清史研究》2013 年第 1 期；《历史地理》第 27 辑，2013 年。
⑫ 《蒙古史研究》第十辑，呼和浩特：内蒙古大学出版社，2010 年。
⑬ 《蒙古史研究》第十二辑，呼和浩特：内蒙古大学出版社，2016 年；《内蒙古师范大学学报》（蒙古文版）2016 年第 3 期；（蒙古国《历史研究》2016 年第 17 期。
⑭ 《蒙古史研究》第十二辑，呼和浩特：内蒙古大学出版社，2016 年；《内蒙古师范大学学报》（蒙古文版）2016 年第 3 期；（蒙古国《历史研究》第 17 期，2016 年。
⑮ 《历史档案》2018 年第 1 期；《西部蒙古论坛》2010 年第 2 期。

对清代蒙古封建等级制度，蔡志纯①、蔡家艺撰文进行了探讨。② 蔡志纯《清代蒙古封建人身隶属制度》认为清代蒙古社会的封建人身隶属制度是古代蒙古人身隶属制度的延续和发展，苏鲁克制度和雇工加速了蒙古封建人身隶属制度的解体。田志和《关于蒙古封建王公制度向民国延续问题》认为民国初年保留蒙古王公制度是由当时的国内外形势所决定的。③

（3）人物研究

1979 年，邱树森发表《关于评价成吉思汗的几个问题》一文，④ 之后，发表了多篇相关论文。这时期发表的论文涉及了成吉思汗的历史功过、军事、思想等多方面的问题，学者多认为成吉思汗南征对后来中国的统一起到了积极作用。近年有人提出对成吉思汗的西征和南征不应采取双重标准。⑤ 吴泽、李治安则对成吉思汗生年作了补充论证。⑥ 1991 年，沙日勒岱、武占海、刘毅政主编的《成吉思汗研究文集（1949—1990 年）》收录了海峡两岸学者的相关论文百余篇。⑦ 2006 年，郝时远、罗贤佑、乌兰编《天骄伟业——成吉思汗与蒙古国研究纪念文集》出版。⑧ 1998 年台湾也出版了《成吉思汗学术研讨会论文集》，⑨ 这三部论文集汇集了海峡两岸的大部分相关论文。有关成吉思汗的专著，有韩儒林《成吉思汗》（江苏人民出版社，1982 年）、赛熙亚乐《成吉思汗史记》（蒙古文，上下册，内蒙古人民出版社，1987 年）。朱清泽《成吉思汗》（军事科学出版社，1992 年）、余大钧《一代天骄成吉思汗——传记与研究》（内蒙古人民出版社，2002 年）、朱耀廷《成吉思汗传》（人民出版社，2004 年）等。还有台湾学者史耀古《成吉思汗传》（台北：中华书局，1983 年）、王明苏《铁木真》（台北：联鸣文化公司，1980 年）、马起华《成吉思汗与拿破仑》（台北：中华文化复兴委员会，1982 年）等。刘迎胜《世界历史新时代的创造者——纪念成吉思汗诞辰 850 周年》指出成吉思汗改变了蒙古民族的命运和国家命运的改变——中华民族大统一事业，改变世界命运，拉开了人类全球化的序幕。⑩ 乌兰《成吉思汗去逝及埋葬地问题再研究》⑪，进一步讨论了成吉思汗葬地。乌罕奇《汉译〈史集〉第二卷世系表补正》⑫。以波斯文不同版本补正了俄译和汉译本有关察合台、拖雷、蒙哥、铁穆耳的世系表。有关元代的论文还有张岱玉

① 《清代蒙古封建等级制度初探》，《中国民族史研究》，北京：中国社会科学出版社，1987 年。
② 《清代蒙古族的封建等级》，《清史论丛》2000 年号，北京：中国广播电视出版社，2001 年。
③ 中国蒙古史学会编：《中国蒙古史学会论文选集（1983）》，呼和浩特：内蒙古人民出版社，1987 年。
④ 《光明日报》1979 年 9 月 11 日。
⑤ 杨讷：《世界征服者——成吉思汗及其子孙》，北京：华夏出版社，1996 年，第 145 页。
⑥ 吴泽：《成吉思汗生年与史事纪年考辩》，《上海师范大学学报》1980 年第 2 期；李治安：《成吉思汗生年问题补证》，《历史研究》1996 年第 1 期。
⑦ 呼和浩特：内蒙古人民出版社，1991 年。
⑧ 北京：社会科学文献出版社，2006 年。
⑨ 台北："蒙藏委员会"，1998 年。
⑩ 《蒙古史研究》第十一辑，北京：科学出版社，2013 年。
⑪ 《民族研究》2017 年第 6 期。
⑫ 《内蒙古大学学报》2013 年第 6 期。

的《元代成吉思汗家族汗位之争及其善后措置的探考》[①]，刘迎胜《"拔都西征"决策讨论及相关问题》一文认为察合台在决策中起到了重要作用，耶律楚材的建议此次征伐不用回族人和汉人的建议被采纳。[②]

论述忽必烈的文章有数十篇，从不同角度评述了忽必烈，多给予肯定。周良霄《论忽必烈》认为其前期采用汉法建立元朝等积极进取，后期维护民族特权，实行民族压迫趋于保守。[③] 其专著《忽必烈》一书对忽必烈作了系统研究。[④] 近年还出版了李治安著《忽必烈传》。[⑤] 此外，对元朝成宗、武宗、仁宗、英宗、泰定帝、顺帝亦有人撰文讨论。[⑥] 明代蒙古诸汗中也先汗、达延汗、俺答汗、林丹汗是讨论的热点。

有关也先汗的论文有敖登《论也先汗》、[⑦] 薄音湖《评15世纪也先对蒙古的统一及其与明朝的关系》、[⑧] 蔡家艺《从明英宗被俘至归京看也先》、[⑨] 白翠琴《关于评价也先的几个问题》、[⑩] 曹永年《土木之变与也先称汗》《也先与"大元"》[⑪]，毕奥南《也先干涉明朝帝位考述》等。[⑫] 学者们对也先统一蒙古多予肯定，对其发动"土木之变"、遣返英宗则有不同看法。

敖登《关于达延汗》、乌兰《满都海哈屯与达延汗》对达延汗进行评介；[⑬] 乌兰《Dayan与"大元"——关于达延汗的汗号》一文认为其称号为"大元汗"。[⑭] 对达延汗的生卒年，薄音湖《达延汗生卒即位年考》、乌兰《关于达延汗史实方面几个有争论的问题》、宝音德力根《达延汗生卒年、即位年及本名考辨》等文中分别进行了考证，三人意见不同。[⑮] 宝音德力根《达延汗子孙分封考》论述了达延汗分封诸子及后来的变化。[⑯]

杨建新《蒙古族历史上杰出的政治家阿勒坦汗》[⑰] 一文指出俺答汗促进了蒙古

① 《内蒙古社会科学》2009 年第 4 期。

② 《历史研究》2016 年第 2 期。

③ 《中国社会科学》1981 年第 2 期。

④ 长春：吉林教育出版社，1986 年。

⑤ 北京：人民出版社，2004 年。

⑥ 有关评述参见刘晓：《元史研究》，第 73—76 页。

⑦ 《内蒙古社会科学》1982 年第 1 期，又见敖登：《蒙古史文集》，呼和浩特：内蒙古教育出版社，1992 年。

⑧ 《内蒙古社会科学》1984 年第 2 期。

⑨ 《中国民族史研究》1989 年第 2 辑。

⑩ 《内蒙古社会科学》1993 年第 2 期。

⑪ 《内蒙古师大学报》1991 年第 1 期；《蒙古史研究》第 5 辑。

⑫ 《蒙古史研究》第 8 辑，内蒙古人民出版社，2005 年。

⑬ 敖登：《蒙古史文集》；《蒙古史论文选集》第 4 辑，1983 年。

⑭ 《内蒙古大学学报》1999 年第 1 期。

⑮ 《中央民族学院学报》1982 年第 4 期；《内蒙古社会科学》1983 年第 3 期；《内蒙古大学学报》2001 年第 6 期。

⑯ H. FUTAKI & B. OYUNBILIG：QUAESTIONES MONGOLORUM DISPUTATAE. II. 2006. Tokyo.

⑰ 《中国蒙古史学会论文选集（1980 年）》。

地区与中原的经济联系，促进了蒙古地区社会经济的发展和促进了藏传佛教格鲁派在蒙古的传播，是一位对蒙古族历史有重大影响的政治家。有关论文还有杨绍猷《试论俺答汗》、荣丽珍《略述阿勒坦汗》、敖登《关于阿勒坦汗历史作用评价的问题》等文。① 薄音湖《俺答汗征卫郭特和撒拉卫郭尔史实》《俺答汗征卫拉特史实》等文通过蒙古文、汉文史料的比勘澄清了相关史实。② 杨绍猷《俺答汗等生卒年考》一文考证其生卒年为 1508—1582 年。③ 杨绍猷《俺答汗评传》一书则系统地论述了俺答汗生平及其贡献。④ 珠荣嘎《三娘子考》指出俺答妻三娘子是卫拉特人。⑤ 晓克《"大板升之战"及其影响》论述了土默特万户三娘子与扯力克等人为大成台吉遗众的纷争。⑥

有关林丹汗的论文有纳古单夫《论蒙古末代可汗——林丹汗》、曹彦生《林丹汗联明抗金的经济原因》、戴鸿义《论林丹汗的败亡》，⑦ 希都日古《明朝、蒙古、后金三方鼎峙中的林丹汗》《林丹汗与广宁之战》《试论林丹汗西征的后果及其败亡》，⑧ 王雄《察哈尔西迁的有关问题》、达力扎布《有关察哈尔西迁的若干问题》等论文，⑨ 主要讨论了林丹汗联明抗清、西迁等问题，评论其对内对外政策。朝克图《关于林丹汗一个称号的由来》（《内蒙古大学学报》蒙古文，2014 年第 5 期）认为"察哈尔汗"之号源自满文文献。加奥其巴特《"察哈尔"续考》一文认为"察哈尔"一词源于蒙古文，波斯语中的察哈尔一词同质不同源。李自然《林丹汗病逝地——"大草滩"之所在考》一文⑩认为林丹汗逝世的大草滩即今甘肃肃南裕固族自治县皇城镇大草滩。达力扎布《察哈尔林丹汗病逝之"大草滩"考》认为此"大草滩"不是指皇城滩一带，而在今甘肃省民乐县永固镇一带。⑪ 陆军《林丹汗的改宗及其与却图汗、藏巴汗结盟一事考述》一文认为林丹汗若改宗是为政治需要，林丹汗尊红毁黄的形象是后世蒙藏格鲁派史家"红黄之争"的特定历史阐释模式塑造出来的结果。⑫ 樊永贞、钢土木尔《林丹汗改信藏传佛教萨迦派的政治意义》认为藏传佛教格鲁派约束了蒙古民族的发展、大汗的权威，因此林丹汗改信萨迦派，宗教信仰危机导致蒙古内讧，走向灭亡。⑬ 色·斯琴毕力格《为林丹汗灌顶的之三

① 《辽宁师范学院学报》1981 年第 1 期；《内蒙古大学学报》1981 年第 2 期；《蒙古史文稿》1984 年第 4 辑。

② 《内蒙古大学学报》1982 年第 3、4 期；1983 年第 4 期。

③ 《中国边疆史地研究》1994 年第 2 期。

④ 北京：中国社会科学出版社，1992 年。

⑤ 《内蒙古社会科学》1981 年第 2 期。

⑥ 《内蒙古社会科学》2009 年第 6 期。

⑦ 《内蒙古社会科学》1991 年第 3 期，1993 年第 5 期；《社会科学辑刊》1992 年第 5 期。

⑧ 《内蒙古大学学报》1998 年第 3 期，1999 年第 3 期；《内蒙古社会科学》1999 年第 2 期。

⑨ 《内蒙古大学学报》1989 年第 1 期，《清史研究》1997 年第 4 期。

⑩ 《黑龙江民族丛刊》，2016 年第 6 期。

⑪ 《民族研究》1918 年第 5 期。

⑫ 《西藏民族学院学报》2014 年第 4 期。

⑬ 《西部蒙古论坛》2016 年第 2 期。

尊呼图克图考》考证了为林丹汗灌顶的迈达尔呼图克图、卓尼绰尔济、夏日巴呼图克图等的生平事迹，及林丹汗供奉的三十几个译师二次整理补齐《大藏经》的经过。①

薄音湖《关于北元汗系》、宝音德力根《15 世纪中叶前的北元可汗世系及政局》，②黄彰健：《论明初北元君主世系》，③曹永年《〈北巡私记〉所见北元政局》④等文对北元蒙古汗系和北元政局作了详细论述。达力扎布《北元初期的疆域和汗斡耳朵地望》《北元汗斡耳朵游牧地考》两文考证了北元诸汗斡耳朵游牧地的大致地望。⑤曹永年指出北元宣光、天元时期的都城是和林。⑥李漪云《脱古思帖木儿考》、薄音湖《买的里巴剌与脱古思贴木儿》讨论了脱古思帖木儿的出身，王雄《关于阿台汗》详细考证了阿台汗的身世和事迹。⑦任崇岳《元明鼎革之际蒙古人的去向》⑧。陈得芝《关于元朝的国号年代与疆域问题》、希都日古《鞑靼和大元国号》两文考释了元朝国号、年号及其延续至整个北元的史实，⑨于默颖《明代蒙古的济农制度》考述了明代蒙古的"济农"制度。⑩特木勒《明蒙交涉中的蒙古使臣打儿汉守领哥》利用《兵部奏疏》和阿拉坦汗传资料澄清了蒙古使臣打儿汉守领哥的身份。⑪于默颖《阿勒坦汗义子恰台吉生平事迹考述》，考述了恰台吉生平事迹。⑫

对其他重要人物的研究，有胡斯振《合撒儿的生平》、⑬包·赛吉拉夫《哈撒儿研究》、⑭包·赛吉拉夫主编《哈撒儿研究论文集》⑮等论著研究了成吉思汗弟弟哈撒儿的生平事迹。清代科尔沁左翼后旗扎萨克僧格林沁亲王是研究的热点，有关论文有 40 余篇，这些论文对僧格林沁的家世、生年、在第二次鸦片战争中的政治派别，指挥二次大沽口战役、镇压太平天国北伐军和捻军等问题都进行了详细的讨论。多数论文对其抵抗外国侵略给予肯定，同时对其忠君思想、镇压农民起义给予否

①　《蒙古学研究》2016 年第 3 期。

②　分见《内蒙古大学学报》1987 年第 3 期；《蒙古史研究》第 6 辑。

③　黄彰健《明清史研究丛稿》，台北：商务印书馆，1977 年。

④　《内蒙古大学学报》2001 年第 1 期。

⑤　《明清蒙古史论稿》，民族出版社，2003 年。

⑥　《关于北元宣光、天元朝的都城》，《内蒙古师大学报》2001 年第 1 期。

⑦　《中国史研究》1985 年第 2 期；《黑龙江民族研究丛刊》2003 年第 4 期；《蒙古史研究》第 5 辑，内蒙古人民出版社，1997 年。

⑧　《西部蒙古论坛》2017 年第 2 期。

⑨　《北方民族大学学报》2009 年第 3 期；《元史及民族与边疆研究集刊》，第二十八辑，上海：上海古籍出版社，2014 年。

⑩　《内蒙古社会科学》2017 年。

⑪　《民族研究》2012 年第 2 期。

⑫　《内蒙古社会科学》2014 年第 6 期。

⑬　《西北史地》1984 年第 1 期。

⑭　蒙古文，沈阳：辽宁民族出版社，2005 年。

⑮　蒙古文，呼和浩特：内蒙古人民出版社，2005 年。

定。[1] 对爱国将领裕谦也有徐如、戴学稷等人撰文进行评述,[2] 发表论文共有十余篇,均肯定其奋勇抗敌为国捐躯的爱国主义精神。对抗垦英雄嘎达梅林,有卢明辉、武国骥等人撰文评述。[3] 赵相璧《席尼喇嘛事略》一文论述这位政治家的事迹。[4] 乌兰巴根《蒙古回部王公表传"西第什哩列传"正误》利用满文档案考证了丹津多尔济诸子及生平,桑斋多尔济童年及其驻库伦办事的时间等。[5] 青松《简述色旺诺尔布桑保亲王"自缢"之谜》,包·额尔德木图《土谢图旗开明亲王业喜海顺》,苏日塔拉图《杭锦旗扎萨克阿尔宾巴雅尔及其政治活动述略》,周学军《晚清与民国时期卫拉特蒙古史实考辨》等文考证晚清民国时期的一些蒙古王公事迹。[6] 张星月《乌静彬与土尔扈特蒙古教育》论述了其办学的事迹。[7] 敖佳鹏《黑龙江省富裕县敖姓蒙古人族源考》认为敖姓蒙古人是伊克明安旗首任扎萨克阿布达什后裔,姓绰罗斯,先祖为字罕。[8] 邱熠华《罗卜藏车珠尔与清末民国藏事》考述了民国建立后,罗卜藏车珠尔入藏联系西藏,办理国会西藏代表选举事宜。[9]

对准噶尔人物的评价,杜荣坤《关于准噶尔历史人物评价问题》一文讨论了相关人物评价的准则。[10] 马汝珩、成崇德《略论准噶尔民族政权的奠基人——巴图尔珲台吉》、马曼丽《巴图尔珲台吉与俄国》二文认为巴图尔珲台吉是准噶尔政权的建立者,坚决抵制了沙俄侵略。[11] 马曼丽《评噶尔丹与俄国关系》认为噶尔丹没有投靠沙俄,一定程度上维护了主权。[12] 马汝珩、马大正《噶尔丹与沙俄》则认为噶尔丹对沙俄的关系是为称霸西北服务,违背了祖国统一的历史潮流,投靠外国侵略势力,因此失败。[13] 马大正《论噶尔丹的政治和军事活动》一文在肯定他是一位蒙古族有影响的历史人物的同时指出其失败的原因除了树敌过多,清朝强大和与沙俄外交失败之外,从根本上说他的行动违背了我国多民族国家走向统一与巩固的历史

① 卓海波:《国内僧格林沁研究综述》,《中国边疆民族研究》第 1 辑。

② 徐如、戴学稷:《裕谦与鸦片战争》,《内蒙古大学学报》1978 年第 3、4 期;丁济康:《鸦片战争中的抵抗派民族英雄——裕谦》《贵州文史丛刊》1980 年创刊号;刘毅政:《裕谦抗英事略》(《中国蒙古史学会论文选集(1980 年)》。

③ 卢明辉:《嘎达梅林传记》、武国骥:《民族英雄嘎达梅林》(收于《中国蒙古史学会成立大会纪念集刊》,呼和浩特:内蒙古人民出版社,1979 年;卢明辉:《嘎达梅林反垦斗争事略》(《蒙古族历史人物论集》,北京:中国社会科学出版社,1981 年);波·特古斯编、澳·阿实干译《嘎达梅林传略》,《通辽师范学报》1979 年第 2 期、1980 年第 1 期。

④ 《中国蒙古史学会论文选集(1980)》,呼和浩特:内蒙古人民出版社,1980 年。

⑤ 《中国边疆学》2016 年第 2 期。

⑥ 《内蒙古民族大学学报》2013 年第 5 期;《中国·乌兰浩特第二届蒙元文化论坛暨科尔沁历史文化研讨会论文集》,呼和浩特:内蒙古文化出版社,2013 年;《内蒙古民族大学学报》2016 年第 1 期。《西部蒙古论坛》2016 年第 4 期。

⑦ 《西部蒙古论坛》2016 年第 1 期。

⑧ 《西部蒙古论坛》2016 年第 1 期

⑨ 《中国藏学》2016 年第 2 期。

⑩ 《中国蒙古史学会论文选集(1980)》。

⑪ 《西北史地》1983 年第 4 期;《民族研究》1980 年第 4 期。

⑫ 《内蒙古社会科学》1980 年第 4 期。

⑬ 《西北史地》1981 年第 3 期。

潮流。① 张植华在《略论噶尔丹》《略论噶尔丹与西藏僧俗统治者及其同沙俄关系的探讨》两文中认为噶尔丹与沙俄勾结，受达赖喇嘛指使为扩大藏传佛教格鲁派教权而攻击南疆和喀尔喀，分裂祖国，破坏统一。② 甘桂琴《噶尔丹对俄外交政策述论》论述了噶尔丹与俄国的关系及得失。③ 吕一燃《噶尔丹"服毒自杀"说辨伪》、齐木德道尔吉《昭莫多之战以后的噶尔丹》讨论了噶尔丹兵败昭莫多后的情况及其死因。④ 对其死因有自杀和病逝两种看法，近年又有几篇论文讨论。

蔡家艺、范玉梅《策妄阿拉布坦功过评述》一文认为他反对噶尔丹叛乱，抗击沙俄侵略，捍卫西北边陲，发展生产、繁荣经济。虽派兵侵优哈密、西藏，但功大于过。⑤ 有关论文还有江波《论策妄阿拉布坦时期准噶尔的兴盛》、宋嗣喜《策妄阿拉布坦与沙皇俄国——温科夫斯基出使准噶尔前后》《〈俄国政府给温科夫斯基的外交指令〉释析》等。⑥

蔡家艺《简论噶尔丹策零》、江波《噶尔丹策零时期准噶尔的危机及其解决》两文重点论述了噶尔丹策零及准部与清朝的关系。⑦ 马汝珩、马大正《论杜尔伯特三车凌维护祖国统一的斗争》一文认为车凌等人率部归附清朝，顺应了统一的历史潮流，值得肯定。⑧

马汝珩《阿睦尔撒纳的反动一生》、郭蕴华《阿睦尔撒纳叛乱与清政府的平叛斗争》、白翠琴《关于民族分裂主义分子阿睦尔撒纳》等文一致认为阿睦尔撒纳是一个野心家，搞民族分裂和叛国。⑨

马汝珩《阿玉奇汗简论》、宋嗣喜《谈阿玉奇同祖国的关系》、饶以诚《厄鲁特蒙古的民族英雄阿玉奇》等文对阿玉奇抵抗沙俄和与清朝的关系给予肯定。⑩ 马汝珩、马大正《试论渥巴锡》、马大正《再论渥巴锡》肯定了他率部东返的功绩。⑪

对硕特部人物方面，马汝珩、马大正《顾实汗生平述略》、李延恺《统一青藏高原的固始汗》、陈柏萍《浅述顾实汗统一青藏高原及其与清朝的关系》等文对顾实汗统一青藏高原给予肯定。⑫ 蔡志纯《固始汗生卒年小考》一文则考证其生于1582年，卒于1655年。⑬

① 《民族研究》1991年第2期。
② 《内蒙古大学学报》1979年第3、4期；《明清人物论集》下，成都：四川人民出版社，1983年。
③ 《喀什师院学报》2005年第2期。
④ 《历史研究》1980年第6期；《蒙古史研究》第4辑，呼和浩特：内蒙古大学出版社，1993年。
⑤ 《民族研究》1980年第2期。
⑥ 《西北史地》1986年第4期；《民族研究》1984年第6期；《新疆大学学报》1985年第4期。
⑦ 《民族研究》1981年第3期；《西北史地》1987年第4期。
⑧ 《清史研究集》第1辑，1980年。
⑨ 马、郭两文见《新疆大学学报》1979年第1、2期合刊；《文史哲》1979年第4期。
⑩ 《中国民族史研究》，中国社会科出版社，1987年；《中国蒙古史学会论文选集（1980）》；《西北民族文丛》1983年第2期。
⑪ 《民族研究》1981年第1期；《中国民族史研究》，北京：中国社会科出版社，1987年。
⑫ 《民族研究》1983年第2期；《青海社会科学》1982年第2期；《青海民族研究》第2辑。
⑬ 《民族研究》1984年第2期。

蔡志纯《鄂齐尔图车臣汗卒年与殂地小议》认为和硕特部鄂齐尔图汗于康熙十六年卒于西套，蔡家艺《鄂齐尔图车臣汗》则认为其于康熙十五年被噶尔丹杀于斋桑湖附近。[①]

（4）蒙古部落研究

元朝时期蒙古部落研究

弘吉剌部，有叶新民《弘吉剌特部的封建领地制度》、白拉都克其《弘吉剌部与特薛禅》、张岱玉《元代漠南弘吉剌氏驸马家族首领考论——特薛禅、按陈、纳陈及其诸子》等文。[②] 对弘吉剌特部封地、统治机构、部族、人物都作了深入探讨。张文平《弘吉剌部投下城镇探考》一文考证了弘吉剌部四个领主封地内的城镇位置。[③]

汪古部，有周清澍《汪古部统治家族》《汪古部的族源》《历代汪古部首领封王事迹》《汪古部与成吉思汗家族世代通婚关系》《汪古部的领地及其统治制度》[④] 等系列论文，详细考证了其族属及首领家族事迹，认为此部人以回鹘可汗统治下的突厥人为主构成。[⑤] 洪用斌《汪古部社会制度初探》、盖山林《从内蒙古考古发现看元代汪古部社会经济生活》、[⑥] 盖山林《阴山汪古》[⑦] 等论著也从不同角度进行了探讨。

扎剌亦儿部，萧启庆《元代蒙古四大家族》一文中详细讨论了扎剌亦儿部木华黎家族的世系、仕进及在元代政治中的作用。[⑧] 沈卫荣《关于木华黎家族世系》、修晓波《关于木华黎家族世系的几个问题》、[⑨] 刘迎胜《〈史集·部族志·札剌亦儿传〉研究》、[⑩] 谢咏梅《蒙古札剌亦儿部与东平路沿革》《札剌亦儿部勋臣世胄的仕进情况及其与蒙元政治的关系》《札剌亦儿人受封食邑及留住食邑考》《札剌亦儿部若干家族世系》[⑪] 等文对元朝时期扎剌亦儿部首领的世系、分封、食邑及在元朝的政治地位等作了进一步探讨。

陈得芝《十三世纪以前的克烈王国》一文提出克烈部不是突厥部落，而是源自

① 《内蒙古师大学报》1985 年第 1 期；《清代人物传稿》上编第 2 卷。
② 《内蒙古大学纪念校庆二十五周年学术论文集》，1982 年；《中国蒙古史学会成立大会纪念集刊》，1979 年；《内蒙古社会科学》2006 年第 6 期。
③ 《内蒙古大学学报》2009 年第 6 期。
④ 《文史》第 9 辑（1980 年）、第 10 辑（1980 年）、第 11 辑（1981 年）、第 12 辑（1981 年）、第 14 辑（1982 年），北京：中华书局。
⑤ 《内蒙古大学学报》1979 年第 3、4 期合刊。
⑥ 《中国蒙古史学会成立大会纪念集刊》，1979 年。
⑦ 内蒙古人民出版社，1991 年。
⑧ 《元代史新探》，台北：新文丰出版公司，1983 年。
⑨ 《元史及北方民族史研究集刊》第 8 辑，1984 年；《蒙古史研究》第 3 辑，呼和浩特：内蒙古大学出版社，1989 年。
⑩ 《蒙古史研究》第 4 辑，呼和浩特：内蒙古大学出版社，1993 年。
⑪ 《内蒙古师范大学学报》2005 年第 4 期；《元史论丛》第 10 辑，北京：广播电视出版社，2000 年；《元史论丛》第 11 辑；第 13 辑，天津：天津古籍出版社，2009 年、2010 年。

辽金时代的漠北阻卜和鞑靼，是突厥化的蒙古人。[①] 苏北海《乃蛮史略》，[②] 黄时鉴《元代乃蛮是蒙古而非色目考》中指出在元代的乃蛮属于四等人中的蒙古人。[③] 巴哈提·依加汉《读〈史集·部族志〉"乃蛮"条札记》认为乃蛮属于色目人。[④] 研究其他部落的论文还有余大钧《关于蒙古兀鲁兀惕部落的起源》、郝时远《主儿乞部及几点问题探讨》、陈得芝《蒙古哈答斤部撒勒只兀惕部史地札记》等。[⑤] 周清澎《元朝的蒙古族》一文全面论述了元代蒙古族的政治、经济、文化，罗贤佑《元代蒙古人南迁活动述略》则论述了元代蒙古人从漠北南迁的情况。[⑥] 白玉冬《九姓达靼游牧王国史研究（8—11世纪）》一书对九姓达靼部落有较为深入研究。刘正寅《〈史集·部族志·斡亦剌传〉译注》《〈史集·部族志〉巴儿虎惕诸部研究》译释了《史集》中两篇蒙古部族传，并作了进一步研究。[⑦] 谢咏梅《蒙元时期的雪尼惕部落考略》论述了元朝时期雪尼惕部落史事。[⑧]

　　明清时期蒙古部落。 归化城土默特部，有陶克涛《土默特渊源别考》一文认为归化城土默特源自克烈部中的一支土绵·土别干。[⑨] 宝音德力根《满官嗔——土默特部的变迁》一文认为自明代卜剌罕卫到满官嗔，最后被称作土默特。[⑩] 有关论文还有敖登《16世纪土默特万户十二部考》《东西土默特关系述略》，[⑪] 晓克《明代土默特万户出现的历史过程》、[⑫]《蒙古土默特万户的部落构成及其驻牧地分布》《土默特万户弘吉剌部述略》《关于北元中后期与土默特万户有关的三次析产分封》，薄音湖《关于明代土默特的几个问题》。[⑬] 东土默特方面有留金锁《满官真部及其变迁》，[⑭] 乌云毕力格《论东土默特蒙古》《东土默特本部旧牧地考》，[⑮]《17世纪前半期蒙满文"遗留性史料"看内蒙古历史——四，东土默特的诺颜塔布囊与爱新国》

① 《元史论丛》第3辑，北京：中华书局，1986年。

② 《伊犁师范学院学报》1986年第1期。

③ 《中国蒙古史学会论文选集（1983年）》，呼和浩特：内蒙古人民出版社，1987年。

④ 《元史及北方民族史研究集刊》第12、13合集，1989—1990年。

⑤ 《内蒙古大学学报》1978年第3、4期；《中国蒙古史学会成立大会纪念集刊》，1979年；《蒙古史研究》第6辑，呼和浩特：内蒙古大学出版社，2000年。

⑥ 《中国蒙古史学会论文选集》，呼和浩特：内蒙古人民出版社，1980年；《民族研究》1989年第4期。

⑦ 《中国边疆民族研究》第五辑，2011年；《元史及民族与边疆研究集刊》第26辑，上海古籍出版社，2013年。

⑧ 《蒙古学丛谭》，2009年。

⑨ 《中国蒙古史学会论文选集（1983年）》。

⑩ 《蒙古史研究》第5辑。

⑪ 敖登：《蒙古史文集》，呼和浩特：内蒙古教育出版社，1992年。

⑫ 《内蒙古社会科学》1986年第5期；《西北民族研究》1988年第2期；《内蒙古大学学报》1988年第1期；《内蒙古社会科学》2005年第6期。

⑬ 《内蒙古社会科学》1988年第6期。

⑭ 《内蒙古社会科学》1989年第2期。

⑮ 《蒙古史研究》第8辑；宝音德力根、乌云毕力格、齐木德道尔吉《明清档案与蒙古史研究》第2辑，呼和浩特：内蒙古人民出版社，2002年。

等论文,① 晓克主编《土默特史》一书则对土默特部历史作了全面的论述。② 王玉海《归化城土默特二旗的内属问题》、那日苏《清代归化城土默特两翼旗的演替》,③ 宝日吉根《土默特扎萨克旗与喇嘛扎布》、王德胜《居归化城之土默特辅国公考述》等文,④ 论述了清代归化城土默特的设旗及变化。

永谢布部,薄音湖《关于永谢布》一文对其部名、来源、部落构成等进行了考证,李文君《西海蒙古中的永谢布》一文则考述了西迁西海的永谢布部人。⑤ 乌云毕力格《关于蒙古阿苏特部》⑥ 考证了阿苏特部来源、明代的驻地、首领以及明末清初的结局。桂花《喀尔喀永谢布人的来源及其历史事件》论述了喀尔喀万户永谢布人的来源及相关史实。⑦

喀喇沁部,曹永年《关于喀喇沁的变迁》、敖登《喀喇沁部源流研究》两文论述了明清时期喀喇沁部的来源和变化。⑧ 赵琦《明末清初的哈喇慎与蒙古八旗》,⑨ 乌云毕力格《17 世纪前半期蒙满文"遗留性史料"看内蒙古历史》,⑩ 讨论了明末清初喀喇沁部与清朝的关系及其编入八旗蒙古的问题。乌云毕力格《喀喇沁万户研究》一书利用清初档案对喀喇沁万户的历史作了全面的研究。⑪ 宝玉柱《喀喇沁探源——元代宿卫与哈剌赤》一文认为哈剌赤源自钦察卫,随元朝廷北迁后形成喀喇沁部。⑫ 斯琴《清代喀喇沁左翼人口与社会问题》一文利用档案研究喀左旗的人口与社会问题。⑬

西海蒙古,有关论文有杨建新《明代中期"西海"蒙古述略》、薄音湖《俺答汗征卫郭特和撒里卫郭尔史实》、李丽《东蒙古入迁西海考述——西海蒙古研究之一》、贾敬颜《〈陕西四镇图说〉所记之甘青蒙古部落》,⑭ 杜常顺《明正德至嘉靖中期在青海活动的蒙古部落》《关于明代西海蒙古多罗土蛮部》⑮,李文君《明代蒙古右翼三万户中的畏兀慎部》⑯ 等,以上论文详细论述了西海蒙古的情况。李文君

① 《内蒙古大学学报》(蒙古文版)2001 年第 2 期。

② 呼和浩特:内蒙古教育出版社,2008 年。

③ 《蒙古史研究》第 5 辑,呼和浩特:内蒙古大学出版社,1997 年;《蒙古史研究》第 8 辑。

④ 《蒙古史研究》第 3 辑,呼和浩特:内蒙古大学出版社,1989 年;《内蒙古大学学报》2005 年第 4 期。

⑤ 《内蒙古大学学报》1986 年第 1 期;《内蒙古师范大学学报》2005 年第 6 期。

⑥ 达力扎布:《中国边疆民族研究》第 1 辑,北京:中央民族大学出版社,2008 年。

⑦ 《内蒙古大学学报》(蒙古文版)2014 年第 6 期。

⑧ 《蒙古史研究》第 4 辑;敖登:《蒙古史文集》,呼和浩特:内蒙古教育出版社,1992 年。

⑨ 《蒙古史研究》第 5 辑。

⑩ 《内蒙古大学学报》(蒙古文版)1999 年第 3、4 期,2000 年第 2 期。

⑪ 内蒙古人民出版社,2005 年。

⑫ 《西北民族大学学报》2013 年第 5 期。

⑬ 《中国蒙古学》2009 年第 3 期。

⑭ 分见《青海社会科学》1982 年第 4 期;《内蒙古大学学报》1982 年第 2、4 期;《青海民族学院学报》1988 年第 2 期;(《西北史地》1989 年第 2 期。

⑮ 《青海师范大学学报》1989 年第 2 期、1991 年第 1 期。

⑯ 达力扎布《中国边疆民族研究》第 1 辑,北京:中央民族大学出版社,2008 年。

《西海蒙古史研究》一书则全面论述了西海蒙古的历史。①

察哈尔部，袁森坡《察哈尔蒙古初探——兼论察哈尔与明朝的关系》、薄音湖《关于察哈尔部的若干问题》、宝音德力根《好陈察罕儿、察罕儿五大营、八鄂托克察罕儿——十七世纪察罕儿历史研究》等文探讨了明代察哈尔部的来源、部落构成，与明朝的关系等问题。② 达力扎布《清代察哈尔扎萨克旗考》一文考证了清初建立察哈尔扎萨克旗史实。③ 乌云毕力格《清初"察哈尔国"游牧地考》、④ 萨出日拉图《布尔尼亲王之乱前的察哈尔札萨克旗的方位》两文指出察哈尔国或扎萨克旗的牧地在今内蒙古库伦旗一带。⑤ 有关察哈尔还有袁森坡《略论康熙平定布尔尼之叛乱》、包国庆《敖汉、奈曼归爱新国始末——从满蒙文档案史料看察哈尔本部的分裂》、齐木德道尔吉《腾机思事件》等论文。⑥ 特木勒《小歹青身世与义州木市》考证了敖汉部岱青杜楞的身世及与明朝的木市贸易，《白言举儿克之地小考》一文考证了喀喇沁部白言举儿克之地的地望。⑦ N·哈斯巴根《清初多罗特部的政治变迁》一文指出脑毛大、拱兔各自形成阿喇克绰特、多罗特两个部，后部分被清朝俘获，部分进入明境，后来在锦州投降，编入蒙古镶白旗。⑧

科尔沁部，胡日查《科尔沁所属鄂托克及部族考》《关于科尔沁部的来源和它在北元历史上的地位》《科尔沁部牧地考》《16世纪末17世纪初嫩科尔沁部牧地变迁》等论文，⑨ 以及胡日查、长命编著《科尔沁蒙古史略》一书，⑩ 详细探讨了科尔沁部来源、构成、迁移及其与后金的关系等问题。玉芝、宝音德力根《关于嫩科尔沁部首领奥巴的"巴图鲁汗"》一文认为1623年后金封奥巴为"巴图鲁汗"，以离间其与察哈尔的关系。⑪ 玉芝《1634年和科尔沁七台吉与扎赍特》一文认为噶尔珠赛特尔等台吉为逃脱清朝兵役回到原故乡，被称为叛乱。⑫

内喀尔喀部，敖登《喀尔喀五部考述》⑬ 利用蒙古文史料考证了明代漠南内喀尔喀五部的名称、驻地及结局。白初一《内喀尔喀五部历史研究》一书对岭南喀尔

① 中央民族大学出版社，2008年。

② 《中国民族史研究》第1辑，1987年；《蒙古史研究》第5辑；《内蒙古大学学报》1998年第3期。

③ 《历史研究》2005年第5期。

④ 提交国际学术研讨会论文，发表于《蒙古史研究》第九辑，呼和浩特：内蒙古大学出版社，2007年；《察哈尔扎萨克旗游牧地考补证》，《中央民族大学学报》，2015年第2期。

⑤ 《内蒙古社会科学》（蒙古文版）2006年第1期。

⑥ 《清史研究通讯》1986年第1期；《蒙古史研究》第7辑；宝音德力根、乌云毕力格、齐木德道尔吉《明清档案与蒙古史研究》第2辑，呼和浩特：内蒙古人民出版社，2002年。

⑦ 《民族研究》2010年第4期；《中国历史地理论丛》2010年第1期。

⑧ 《社会科学战线》2016年第6期。

⑨ 《内蒙古师大学报》1989年第2期；《内蒙古社会科学》1989年第4期；《新疆师范大学学报》1990年第2期；《中国边疆史地研究》2001年第4期。

⑩ 蒙古文，民族出版社，2000年。修订版更名《嫩科尔沁史》，呼和浩特：内蒙古大学出版社，2018年。

⑪ 《内蒙古大学学报》，2006年第5期。

⑫ 《内蒙古大学学报》（蒙古文版）2010年第6期。

⑬ 《蒙古史研究》第2辑，呼和浩特：内蒙古人民出版社，1986年。

喀五部历史进行了全面论述。① 白莹《扎鲁特蒙古昂罕系统进入清军八旗始末研究》一文考证了内喀尔喀昂罕一支编入八旗始末。②

喀尔喀部，袁森坡《试论清代前期的多伦会盟》《喀尔喀蒙古南迁的过程与原因辨析》《喀尔喀蒙古扎萨克的设置与演变》等文，③ 论述了清代漠北喀尔喀南迁的原因以及多伦会盟前后设立扎萨克的经过、时间和数目等。宝音德力根《从阿巴岱汗与土默特部阿勒坦汗关系看喀尔喀早期几个问题》一文指出，④ 喀尔喀阿巴岱汗与土默特阿勒坦汗有姻亲关系，这种密切关系使阿巴岱及其后人土谢图汗成为全体喀尔喀之主，藏传佛教格鲁派的传入亦与此有关。指出左翼硕垒台吉是被内蒙古逃入其部的贵族推举为汗的。《17 世纪中后期喀尔喀内乱》一文以内阁蒙古堂档案对照清朝官方记载有关内乱的记载，指出了清朝官方记载的错误。乌云毕力格《喀尔喀三汗的登场》考述了明末清初喀尔喀部三汗出现的时间。⑤ 乌云毕力格《清太宗与喀尔喀右翼扎萨克图汗素班第的文书往来——兼谈喀尔喀卫拉特联盟的形成》，认为喀尔喀卫拉特联盟的倡导人和主要领袖是素班第，联盟约形成于 1639 年底或 1640 年初。达力扎布《1640 年喀尔喀——卫拉特会盟的召集人及地点》⑥ 也认为喀尔喀与卫拉特会盟的召集人是扎萨克图汗素班第，而且会议地点应在喀尔喀。有关清代喀尔喀的论著还有崇德、高翔《简论赛音诺颜部的建立》、齐木德道尔吉《1640 年以后的清朝与喀尔喀的关系》等文，⑦ 以及李毓澍《外蒙政教制度考》一书。⑧ 达力扎布《17 世纪上半叶喀尔喀与明朝的短暂贸易》一文论述了明末清初喀尔喀与明朝的贸易关系。⑨ N·哈斯巴根《顺治六年多尔衮出兵喀尔喀始末》探讨了顺治六年多尔衮两次出兵以武力威摄，导致顺治七年清朝与喀尔喀关系发生转变。⑩ 达力扎布《清太宗和清世祖对漠北喀尔喀部的招抚》认为清朝对喀尔喀采取了武力威胁、禁止贸易、共同邀请达赖喇嘛等多项措施，最终使喀尔喀与清朝议和，在政治让步，保持通贡贸易。⑪ 黑龙《1688—1690 年康熙救助南下蒙古喀尔喀之新史料》利用了《清内阁堂档》有关史料予以论述。⑫ 宝音特古斯《关于"九白之贡"》利用档案研究"九白之贡"始末，纠正了清朝官方史籍记为崇德年间的错

---

① 北京：民族出版社，2017 年。

② 《内蒙古社会科学》2014 年第 1 期。

③ 《清史论丛》第 1 辑，北京：中华书局，1979 年；《清史论丛》第 3 辑；《清史研究通讯》1988 年第 2 期。

④ 《内蒙古大学学报》（蒙古文版）1999 年第 1 期。

⑤ 《历史研究》2008 年第 3 期。

⑥ 《西域研究》2008 年第 2 期；《民族研究》2008 年第 4 期。

⑦ 《清史研究通讯》1988 年第 1 期；《内蒙古大学学报》1998 年第 4 期。

⑧ 台北："中央研究院"近代史研究所，1962 年。

⑨ 《清史研究》2011 年第 2 期。

⑩ 《西部蒙古论坛》2010 年第 1 期。

⑪ 《历史研究》2011 年第 2 期。

⑫ 《中国边疆史地研究》2011 年第 2 期。

误。① N·哈斯巴根《九白之贡：喀尔喀和清朝朝贡关系建立过程初探》一文认为
"九白之贡"始于顺治七年，最后盟誓结束是顺治十六年。② 姑茹玛《多伦会盟之前
的喀尔喀车臣汗部札萨克问题》，考察了车臣汗部设扎萨克的问题。③ 乌云毕力格
《康熙初年清朝对归附喀尔喀的设旗编佐——以理藩院满文题本为中心》讨论了清
朝对喀尔喀归附人分别编旗或设佐领的过程。④ 范丽君《阿勒坦车臣汗与沙俄的关
系》考证和托辉特部阿勒坦汗硕垒乌巴什台吉与沙俄斗争保护了喀尔喀领土完整。⑤
乌云毕力格《关于喀尔喀和托辉特部青衮扎卜的一份满蒙文合璧题本》探讨了青衮
扎卜叛乱原因。⑥

　　阿鲁部，贾敬颜《阿禄蒙古考》一文认为狭义的阿鲁部主要指四子部，广义上
指大兴安岭山阴诸部。⑦ 胡日查《关于阿鲁蒙古几个部落》一文指出翁牛特部应为
哈赤温后裔所属部落，魏昌友《对翁特部几个历史问题的探讨》一文依据《翁牛
特右旗王爵统系暨历代袭封年月功绩表传》证实翁牛特部封建主是成吉思汗弟哈赤温
后裔。⑧ 宝音德力根《往流和往流四万户》《往流、阿巴噶、阿鲁蒙古》两文中指
出往流是成吉思汗四个弟弟诸王后裔领民领地的总称，亦称为阿巴噶，16世纪中叶
后居住在大兴安岭山阴的阿巴噶部落被称为阿鲁部落，并探讨了相关史实。⑨ 玉芝
《关于翁牛特统治家族及其世系的几个问题》⑩、张永江《从顺治五年蒙古文档案看
明末清初翁牛特、喀喇车里克部的若干问题》⑪ 则利用档案、族谱等新资料对喀喇
车里克部作了进一步研究。N·哈斯巴根《关于清初蒙古伊苏特部》一文考证阿鲁
部落噶尔玛伊尔登率伊苏特部来归附清朝，被编入八旗满洲和八旗察哈尔。⑫ 玉海
《清初阿鲁蒙古伊苏特部贵族祖源考述》一文指出伊苏特部贵族源自成吉思汗弟弟
别里古台后裔，而非源自哈赤温。⑬ 玉芝《17世纪30—40年代阿鲁部牧地变迁》一
文据档案考证了阿鲁翁牛特、阿鲁科尔沁等部牧地，纠正了前人研究当中某些地名
错误。⑭ 哈斯巴根《清初翁牛特部分人众编入八旗考》一文指出翁牛特部有一部分
随察哈尔哈屯来归，有一部分从漠北直接来归，被编入了八旗蒙古镶黄旗和八旗满

① 《内蒙古大学学报》（蒙古文版）2014年第2期。
② 《民族研究》2015年第2期。
③ 《内蒙古社会科学》（蒙古文版）2013年第2期。
④ 《清史研究》2016年第2期。
⑤ 《内蒙古社会科学》2010年第5期。
⑥ 《内蒙古大学学报》（蒙古文版）2010年第5期。
⑦ 《蒙古史研究》第3辑。
⑧ 《内蒙古师范大学学报》（蒙古文版）1994年第4期；《内蒙古社会科学》1997年第6期。
⑨ 《蒙古史研究》第5辑，呼和浩特：内蒙古大学出版社，1997年；《内蒙古大学报》1998年第4期。
⑩ 《内蒙古大学学报》（蒙古文版）2006年第2期。
⑪ H. FUTAKI & B. OYUNBILIG：QUAESTIONES MONGOLORUM DISPUTATAE I 2005. Tokyo.
⑫ 《元史及民族与边疆研究集刊》第31辑，上海：上海古籍出版社，2016年。
⑬ 《清史研究》2018年第3期
⑭ 《内蒙古大学学报》（蒙古文版）2013年第6期。

洲诸旗。① 有关阿鲁部还有那·布和哈达《阿巴嘎兀良孩部溯源》、青松《乌喇特部与爱新国关系考述》等文。②

鄂尔多斯万户方面有奇·斯钦《鄂尔多斯部的由来考》、尹波涛《鄂尔多斯万户研究（1510—1649）》等文。③

兀良哈部，奥登《蒙古兀良哈部的变迁》一文认为，④ 兀良哈部即在不儿罕山的兀良哈，其中一部分人随者勒篾后人被分封给额勒只带，后来到额客多颜温都儿山、搠尔河流域，形成了明代的朵颜卫，在不儿罕山的部分则形成兀良哈万户。博迪汗时兀良哈万户被兼并，余部迁移至杭爱山西面，即清代的唐努山、阿尔泰山乌梁海。薄音湖《俺答汗征兀良哈史实》一文，⑤ 利用《俺答汗传》等史料考证了明代俺答汗的六次远征兀良哈，认为俺答汗出征的兀良哈主要分布在漠北地区，西面到杭爱山，左右翼蒙古共同兼并了该万户。宝音德力根《兀良哈万户牧地考》一文认为其牧地明代在蒙古肯特山、克鲁伦河一带。⑥ 金峰《再论兀良合部落的变迁》一文认为清代的绰罗斯部是不儿罕山兀良哈的一个分支。⑦

明代兀良哈三卫，贾敬颜《明成祖割地兀良哈考辨》一文认为明成祖在"靖难之役"中利用了兀良哈骑兵，而未割大宁地予兀良哈。⑧ 达力扎布《有关明代兀良哈三卫的几个问题》一文指出兀良哈三卫长期介于明蒙之间，在明朝称作三卫，在北元称为山阳万户，蒙古史籍中称为乌济叶特。三卫没有参加"靖难之役"，于嘉靖年间被蒙古左右翼瓜分。⑨ 胡日查《有关朵颜卫者勒篾家族史实》一文认为在朵颜卫中除兀良哈人外，还有郭尔罗斯、札鲁特等部人，这与月伦太后属人有关。⑩ 特木勒《"庚戌之变"与朵颜卫的变迁》，认为蒙古吞并三卫于庚戌年（明嘉靖二十九年），乌云毕力格《关于朵颜卫兀良哈人的若干问题》讨论了朵颜卫与蒙古大汗关系、蒙古兼并朵颜卫的时间、清初归附清朝的情况等。⑪ 满志敏《气候变迁对历史上农牧过渡带影响的个例研究》一文认为气候变化使兀良哈三卫南迁。程龙《兀良哈三卫南迁气候寒冷说质疑》一文则批驳了气候变迁使三卫南迁说，认为明朝防线南移和蒙古的征伐诱胁是其南迁的主要原因。⑫

明清时期蒙古部落迁移方面，达力扎布《明代漠南蒙古历史研究》一书中系统

① 《内蒙古大学学报》（蒙古文版）2013 年第 4 期。

② 《内蒙古社会科学》（蒙古文版）2010 年第 1 期；《内蒙古民族大学学报》2016 年第 1 期。

③ 《内蒙古社会科学》2013 年第 6 期；《陕西师范大学学报》2014 年第 3 期。

④ 奥登：《社会科学辑刊》1986 年第 2、3 期合刊。

⑤ 《内蒙古大学纪念校庆二十五周年学术论文集》，1982 年。

⑥ 《内蒙古大学学报》2000 年第 5 期。

⑦ 阿拉善盟公署、内蒙古师范大学合编：《卫拉特史论文集》，《内蒙古师范大学学报》1990 年第 3 期专号。

⑧ 《蒙古史研究》第 1 辑。

⑨ 《庆祝王锺翰先生八十寿辰纪念文集》，沈阳：辽宁大学出版社，1993 年。

⑩ 《内蒙古社会科学》2000 年第 1 期。

⑪ 两文均见《蒙古史研究》第七辑，呼和浩特：内蒙古大学出版社，2003 年。

⑫ 分见《地理研究》2000 年第 2 期；《中国史研究》2001 年第 1 期。

探讨了明代蒙古左、右翼诸部以及兀良哈三卫的南迁活动。① 曹永年《嘉靖初蒙古察哈尔部的牧地——兼评和田清、达力扎布的相关研究》一文对和田清和达力扎布的观点均提出质疑。② 有关各部迁移的论文还有留金锁《科尔沁部及其东迁小议》、金锋、胡日查、孟和德力格尔《哈撒儿及其后裔所属部落变迁考》，③ 齐木德道尔吉《四子部落迁徙考》《乌喇忒部迁徙考》等。④

宝日吉根《试述明朝对所辖境地内蒙古人的政策》、蔡家艺《关于明朝辖境内的蒙古人》、王雄《明朝的蒙古族世家》等文则对明代进入中原的蒙古人进行了研究。⑤

卫拉特蒙古部落。卫拉特蒙古史研究是"文化大革命"后的研究热点，发表了大量论著。1989 年创刊的《卫拉特史研究》杂志（2009 年更名为《西部蒙古论坛》），已发表 70 多期，成为发表蒙古史研究成果的重要阵地。

对早期卫拉特史研究的论文有陈得芝《元外剌部〈释迦院碑〉札记》、胡斯振、白翠琴《1257 年释迦院碑考释》，⑥ 白翠琴《瓦剌境域变迁考述》、马曼丽《明代瓦剌与西域》⑦ 等文考证了从元明时期瓦剌境域的变迁。杜荣坤《厄鲁特族源初探》一文认为厄鲁特是蒙古人。⑧ 诺尔布《试论土尔扈特的起源》一文认为土尔扈特部源自克烈。⑨ 此外，杜荣坤《试论斡亦剌 13、14 世纪政治经济变化》、马曼丽《试论卫拉特与东蒙古的分离》等论文探讨了元明时期卫拉特的经济、政治情况。⑩

马曼丽、胡斯振《四卫拉特联盟初探》一文认为卫拉特联盟形成于 16 世纪末，17 世纪 70 年代噶尔丹袭杀鄂齐尔图汗而最终崩溃。⑪ 巴岱、金峰、额尔德尼《论早期四卫拉特联盟》、金峰《中期四卫拉特联盟》两文主要依据托忒文史料将卫拉特联盟分为早中晚三期。⑫

乌云毕力格《17 世纪卫拉特各部游牧地研究》《17 世纪卫拉特各部游牧地研究（续）》两文考证了 17 世纪卫拉特四部游牧地范围。⑬ 成崇德、斯仁那德米德《卫拉特蒙古游牧地与清朝西北疆域的形成》一文也考证了 17 世纪卫拉特的蒙古游牧地。⑭ 达力扎布《清朝初期与厄鲁特诸部的关系》论述了清初厄鲁特诸部与清朝的

———————

① 呼和浩特：内蒙古文化出版社，1997 年。

② 《蒙古史研究》第 6 辑。

③ 《黑龙江民族丛刊》1988 年第 2 期；《内蒙古师大学报》1989 年第 4 期。

④ 《蒙古史研究》第 7 辑；《中央民族大学学报》2006 年第 3 期。

⑤ 《内蒙古社会科学》1984 年第 6 期；《蒙古史研究》第 3 辑；第 7 辑。

⑥ 《元史论丛》第 2 辑；《蒙古史研究》第 1 辑。

⑦ 《蒙古史研究》第 1 辑；《西北史地》1984 年第 1 期。

⑧ 《新疆大学学报》1981 年第 2 期。

⑨ 《中国蒙古史学会论文选集（1981 年）》。

⑩ 《中央民族学院学报》1980 年第 6 期；《西北民族研究》1990 年第 2 期。

⑪ 《民族研究》1982 年第 2 期。

⑫ 《蒙古史研究》第 1、3 辑。

⑬ 《西域研究》2010 年第 1 期；2010 年第 2 期。

⑭ 《西部蒙古论坛》2019 年第 1 期。

通使贸易关系。① 杨建新、马磊《准噶尔汗国时期卫拉特蒙古诸部联姻述论》论述了准噶尔汗国时期卫拉特诸部之间的联姻与特点。②

准噶尔部，钮仲勋《准噶尔西北疆域考》③、杜荣坤、白翠琴《论准噶尔分布地域的变迁》（见《西蒙古史研究》）、巴赫《卫拉特蒙古的分布与变迁》④ 等文讨论了准噶尔部的分布地域。对清朝与准噶尔部噶尔丹的战争有多篇论文，主要有袁森坡《乌兰布通考》《乌兰布通之战考察》，⑤ 洪用斌《试论乌兰布通战争的结局》、邢玉林《乌兰布通之战》、张羽新《乌兰布通之战的胜败问题》，⑥ 黑龙《乌兰布通之战再考》、齐木德道尔吉《康熙之路——纪康熙皇帝首次亲征噶尔丹》，⑦ 洪用斌《昭莫多之战》、王思治《康熙决策与昭莫多之战》、黑龙《康熙帝第二次亲征噶尔丹述论》等论文。⑧ 对战争起因、意义、结局问题等进行了讨论。有关论文还有黑龙《康熙帝首次亲征噶尔丹与昭莫多之战》《康熙帝第三次亲征噶尔丹史实考》，袁自强《康熙三征噶尔丹》、杨珍《康熙二十九年"亲往视师"再析》等文。⑨ 王希隆、杨代成《灭法与护法——论康熙末年准噶尔部入藏事件》一文认为康熙末年准噶尔部入藏不只是给藏传佛教宁玛等派带来灾难的灭法事件，也应该被视为一次维护格鲁派的护法运动。⑩ 另有刚索南草《浅析准噶尔蒙古势力在藏兴起的原因》⑪、张发贤《1717 年准噶尔部袭扰西藏探析——以清宫满文奏报为中心》等文。⑫

有关清朝与准噶尔的关系有黑龙《满蒙关系史论考》、黑龙《准噶尔蒙古与清朝关系史研究（1672—1697）》⑬《噶尔丹执政初期准噶尔与清朝关系的新发展》⑭《阿喇尼出使准噶尔部蒙古文档案译介》⑮，赵令志、郭美兰《准噶尔使者档之比较研究》⑯，赵柄学《策妄阿拉布坦和清朝关系史之研究——从〈清内阁蒙古堂档〉研究 18 世纪清朝和准噶尔蒙古关系》⑰，刘锦《策妄阿拉布坦与康熙末期清朝的准

---

① 《中国边疆民族研究》第 3 辑，北京：中央民族大学出版社，2010 年。

② 《中国边疆史地研究》2011 年第 1 期。

③ 《中俄关系史论文集》，兰州：甘肃人民出版社，1979 年。

④ 《卫拉特史论文集》，《新疆师范大学学报专号》1987 年。

⑤ 《历史研究》1978 年第 8 期、1983 年第 4 期。

⑥ 《内蒙古社会科学》1984 年第 6 期；《民族研究》1986 年第 4 期；《历史研究》1986 年第 5 期。

⑦ 《中央民族大学学报》2006 年第 4 期；《蒙古史研究》第 6 辑。

⑧ 《内蒙古社会科学》1980 年第 2 期；《史学月刊》1991 年第 1 期；《卫拉特研究》2006 年第 4 期。

⑨ 《满语研究》2009 年第 2 期；《西部蒙古论坛》2010 年第 1 期；《清史研究》2013 年第 3 期；《档案时空》2011 年第 1 期。

⑩ 《青海民族研究》2018 年第 1 期。

⑪ 《西部蒙古论坛》2012 年第 1 期。

⑫ 《西藏研究》2017 年第 5 期。

⑬ 北京：民族出版社，2013 年；上海：上海古籍出版社，2014 年。

⑭ 《西部蒙古论坛》2010 年第 4 期。

⑮ 《满族研究》2016 年第 2 期。

⑯ 中央民族大学出版社，2015 年。

⑰ 《中国边疆民族研究》第四辑，北京：中央民族大学出版社，2011 年。

噶尔政策》,①，锋晖《清朝与准噶尔汗国关系再探讨》② 等论著。王力《噶尔丹对俄国外交关系探析》一文提出，噶尔丹与俄国之间关系，严重影响了当时东北亚地缘政治的演变。③ 刘锦《罗卜藏舒努与清朝首次遣使俄国研究》分析了清朝遣使联络和利用罗卜藏舒努，分裂准噶尔。④

特尔巴衣尔《准噶尔汗国明阿特鄂托克来源与游牧地考》一文指出其原属喀尔喀和托辉特，后被准噶尔掠去，成为二十四鄂托克之一。⑤ 赵毅《清代"包沁"小考》对"包沁"人的构成及清朝对其政策做了探讨。⑥ 巴·巴图巴雅尔《从博克多汗政权档案史料看札哈沁鄂托克史迹》研究了准噶尔札哈沁鄂托克清代安置于科布多，民国年间迁移新疆的历史。⑦ 张伯国《康雍乾时期准噶尔归附人安置考析》⑧ 一文考述了清朝对归附人的安置。

对乾隆年间的平准战争，左书谔《从平准战争看乾隆对准部政策的转变》⑨ 一文，认为乾隆皇帝对准战争大体经历了三个阶段，实行了不同政策。即第一阶段的积极纳降、以夷攻夷，第二阶段的剿抚并用、宜抚即抚，第三阶段的全面怀疑、全面围剿。管守新指出阿睦尔撒纳的复叛使乾隆皇帝改变对准部的羁縻政策，采取了杀戮准部人和屯兵西域的政策。⑩

对准噶尔的经济以及与清朝的贸易，蔡家艺《准噶尔的畜牧业——准噶尔社会经济初探之一》《准噶尔的农业——准噶尔社会经济初探之二》《清前期准噶尔与内地的贸易关系》《十八世纪中叶准噶尔同中原地区的贸易往来概述》《准噶尔同中原地区的贸易交换（两份准噶尔的购货单试析）》《清前期卫拉特蒙古进藏熬茶考述》等系列论文作了详细论述。⑪ 蔡家艺《清代新疆社会经济史纲》⑫、林永匡、王熹编著《清代西北民族贸易史》⑬ 对准噶尔经济及其与清朝的贸易都作了较全面论述。黑龙《噶尔丹统治时期准噶尔与清朝的贸易往来》一文指出这时期清准之间的贸易不是称臣纳贡，而平等贸易。⑭ 赵令志《乾隆年间清朝与准噶尔贸易协定初探》、齐清顺《准噶尔汗国的经济发展》对准噶尔汗国的经济及其与清朝的贸易作了较全面

① 《中国边疆民族研究》第六辑，中央民族大学出版社，2013 年。
② 《西部蒙古论坛》2018 年第 1 期。
③ 《西北师大学报》2018 年第 3 期。
④ 《中国边疆史地研究》2016 年第 1 期。
⑤ 《内蒙古大学学报》2016 年第 2 期。
⑥ 《西部蒙古论坛》2013 年第 4 期。
⑦ 《内蒙古社会科学》（蒙古文版）2013 年第 4 期。
⑧ 《青海民族研究》2018 年第 2 期。
⑨ 《西北史地》1985 年第 2 期。
⑩ 《阿睦尔撒纳复叛对乾隆治准政策的影响》，《中国边疆史地研究》1997 年第 2 期。
⑪ 《民族研究》1985 年第 1 期；《蒙古史研究》第 1 辑，呼和浩特：内蒙古人民出版社，1985 年；《中亚学刊》第 1 辑，中华书局，1983 年；《中国蒙古史学会论文选集》，呼和浩特：内蒙古人民出版社，1981 年；《民族研究》1982 年第 6 期；《中国民族史研究》，北京：中国社会科学出版社，1987 年。
⑫ 北京：人民出版社，2006 年。
⑬ 北京：中央民族学院出版社，1991 年。
⑭ 《卫拉特史研究》2006 年第 2 期。

论述。① 吕文利、张蕊《乾隆年间蒙古准噶尔部第一次进藏熬茶考》②、吕文利《由乾隆初年准噶尔三次入藏熬茶看清朝藩部的形成过程》③《嵌入式互动：清代蒙古入藏熬茶研究》一书，利用《熬茶档》论述了准噶尔于乾隆年间赴藏熬茶事宜。

和硕特部，乌云毕力格《和硕特的起源与名称》《和硕特部西北游牧地考》《和硕特汗廷的建立过程》《和硕特汗廷在青海的统治体制》《略论和硕特汗对西藏的统治》《拉藏汗与和硕特汗廷的命运》④ 等系列论文对和硕特历史的重要问题进行了全面论述。冯锡时《明末清初和硕特蒙古》一文概述了和硕特部在明末清初的活动。⑤ 芈一之《达赖、班禅与蒙古汗王的关系》，赵学东《蒙古和硕特部统治西藏述论》，罗布《蒙藏文文献中顾实汗入藏记载的考证》，罗丽达《明末清初的蒙藏关系和顾实汗入藏事件》⑥，罗布《请与应的错位：顾实汗进兵青藏的原因与目的》，王力、张荣焕《和硕特蒙古南迁藏区述论》，杨卫《顾实汗及其与清朝政权的关系研究》等文探讨了顾实汗进入青藏的原因，及其与清朝的关系。⑦

刘锦《青海和硕特部蒙古与康熙末期"驱准保藏"》、杨代成《论和硕特部入藏与准噶尔部入藏中的几个问题》、王永健《浅论卫拉特蒙古南下青海和和硕特固始汗征服康藏》等论文，对和硕特部进入西藏及其统治进行了考述和评论。⑧

平定罗卜藏丹津叛乱及其善后事宜也是讨论的热点之一，有关论文有芈一之《试论罗卜藏丹津事件》，马汝珩、马大正《试论罗卜藏丹津叛乱与清政府的善后措施》，李凤珍《试论罗卜藏丹津叛乱与西藏》，蒲成文《试论雍正"癸卯之乱"的历史渊源》《对罗卜藏丹津事件中几个问题的质疑》，李延恺《罗卜藏丹津反清原因、时间及被俘年代辨》等。⑨ 以上论文对罗布藏丹津叛乱多予否定，指出清朝的善后措施限制了蒙古贵族特权，对维护祖国统一有利。石德生《罗卜藏丹津事件始末：国家与社会的权利博弈及地方社会儒法化》、张子凌《从固始汗的家族系统看罗卜藏丹津的反清与失败》、陈柏萍《清代青海蒙古的社会政治变迁》、卢本扎西《试述清朝肢解和硕特汗国及其罗卜藏丹津亲王的军事应对》、苏裕民《罗卜藏丹津、谢尔苏反清始末》、刘锦《罗卜藏丹津事件再研究》，从不同角度探讨了罗卜藏

---

① 《满语研究》2013 年第 1 期；《西部蒙古论坛》2012 年第 1 期。
② 《内蒙古师范大学学报》2010 年第 4 期。
③ 《中国边疆史地研究》2015 年第 2 期。
④ 《民族研究》1989 年第 1 期；《西北史地》1988 年第 3 期；《西北史地》1989 年第 4 期。
⑤ 《新疆大学学报》1982 年第 1 期。
⑥ 《青海民族学院学报》1982 年第 2 期；《西北民族学院学报》1988 年第 4 期；《清史研究》1998 年第 2 期；《清史研究》第 5 辑。
⑦ 《西藏大学学报》2011 年第 1 期；《北方民族大学学报》2012 年第 3 期；《西南民族大学学报》2017 年第 9 期。
⑧ 《西北民族大学学报》2015 年第 5 期；《青海民族研究》2019 年第 2 期；《四川民族学院学报》2016 年第 5 期。
⑨ 《西藏研究》1985 年第 1 期；《青海史志研究》第 1—2 期；《青海民族研究》第 3 辑。

丹津叛乱的起因、经过，以及平定后的安置情况。①

关于土尔扈特部，马汝珩、马大正《略论 18 世纪 20—50 年代的土尔扈特汗国》《伏尔加河畔土尔扈特汗国的建立及其与俄国的关系》，②《清朝前期土尔扈特蒙古与祖国的关系》等文论述土尔扈特部及其与清朝、俄国的关系。③ 马大正、郭蕴华《"康熙谕阿玉奇汗敕书"试析》，马汝珩、马大正《试论雍正谕土尔扈特汗敕书及出使土尔扈特的满泰使团》两文介绍了 18 世纪上半叶先后出使土尔扈特的图理琛、满泰使团所携敕书，并肯定了使团的作用。④ 还有冯锡时《我国厄鲁特蒙古土尔扈特部世系考订》、周轩《关于土尔扈特蒙古部落世系初探》、马汝珩、马大正《土尔扈特蒙古系谱考述》等文考订了土尔扈特部首领的世系。⑤ 乌云毕力格《土尔扈特汗廷与西藏关系（1643—1732）——以军机处满文录副档记载为中心》⑥ 探讨了清顺治至雍正年间土尔扈特和西藏的密切关系，尤其是土尔扈特汗策凌敦多卜与七世达赖喇嘛的联系。

对土尔扈特东归有多篇论文论述，如马曼丽《我国蒙古族土尔扈特部的西迁及重返祖国的斗争》，马汝珩、王思治《土尔扈特西迁及其反抗沙俄压迫重返祖国的斗争》，李映发《土尔扈特抗俄返国史实考》⑦，张平一《土尔扈特万里归国记》，郭蕴华《土尔扈特部回归祖国》，马汝珩、马大正《跋涉数千里，一心向祖国——渥巴锡与土尔扈特重返祖国的斗争》，阎学仁《土尔扈特部回归祖国的经过》，⑧ 马大正《土尔扈特蒙古东返始于何时?》《土尔扈特东返人户数考析》，蔡家艺《土尔扈特东返经由何路进入沙喇伯勒》，郭成康《土尔扈特蒙古回归日期续考》，⑨ 任世江《试析土尔扈特回归祖国的原因》，牛海桢《土尔扈特蒙古回归祖国原因再分析》等，⑩ 对土尔扈特东归普遍予以赞扬，考证了其来归原因、路线和人数等。周轩《乾隆帝与土尔扈特东归》⑪，郑煦卓《清朝尊崇藏传佛教的宗教政策对土尔扈特部东归的影响》⑫，巴责达、徐黎丽《关于对土尔扈特部东归的原因分析研究》，于洁

---

① 《青海社会科学》2013 年第 6 期；《黑龙江民族丛刊》2013 年第 5 期；《青海民族研究》2014 年第 4 期；《西部蒙古论坛》2015 年第 1 期；《档案》2015 年第 11 期；《西北民族大学学报》2017 年第 6 期。

② 《新疆社会科学》1986 年第 6 期；《西北史地》1987 年第 4 期；

③ 见朱绍侯主编：《中国古代民族关系史研究》，福州：福建人民出版社，1989 年。

④ 《民族研究》1984 年第 2 期；1988 年第 1 期。

⑤ 《新疆大学学报》1980 年第 2 期；《社会科学战线丛刊》1980 年第 2 期；《民族研究》1982 年第 1 期。

⑥ 《西域研究》2015 年第 1 期。

⑦ 《新疆历史论文集》，乌鲁木齐：新疆人民出版社，1978 年；《社会科学战线》1978 年第 3 期；《四川大学学报》1982 年第 1 期。

⑧ 石家庄：河北人民出版社，1981 年；《西域史论丛》第 1 期；《光明日报》1980 年 11 月 4 日；《博物馆研究》1994 年第 2 期。

⑨ 《新疆社会科学》1985 年第 1 期；《历史档案》1983 年第 1 期；《西北史地》1983 年第 3 期；《清史研究》1998 年第 2 期。

⑩ 《社会科学》1983 年第 2 期；《新疆大学学报》2005 年第 5 期。

⑪ 新疆大学出版社，2011 年。

⑫ 《西北民族大学学报》2014 年第 3 期。

茹《从文化视角分析土尔扈特部东归的因素》①，孔令伟《从新发现的藏文文献看藏传佛教在土尔扈特东归中的历史作用》② 一文考证了土尔扈特部来归的原因、路线、人数等。

马大正《清政府对蒙古族土尔扈特的安置》、吐娜《东返后的土尔扈特社会制度及其经济概况》《从清政府对土尔扈特部的优恤与安置看其民族政策》《渥巴锡承德之行与清朝的民族统治政策》等文则论述了清朝对土尔扈特部的安置及其政策。③吐娜《南路土尔扈特、和硕特部社会制度探析》、平平《清朝在东归土尔扈特部全面实行盟旗制度时间考》两文考述了清朝在东归土尔扈特部编旗设盟史实。④ 杨继伟《清乾隆时期东归土尔扈特首次朝觐筹备事宜研究》、平平《清代东归土尔扈特部朝觐制度管见》两文考述了土尔扈特部的朝觐制度。⑤ 郭美兰《清代霍博克赛里土尔扈特蒙古赴藏熬茶活动初探》《清代土尔扈特蒙古回归后赴藏熬茶满文档案》两文利用满文档案，研究了土尔扈特部七次赴藏熬茶活动。⑥ 吐娜、潘美玲、巴特尔著：《巴音郭楞蒙古族史——东归土尔扈特、和硕特历史文化研究》一书较全面地论述了两部的历史与文化。⑦

马汝珩、马大正《厄鲁特蒙古喇嘛咱雅班第达评述》、马汝珩、成崇德《一部重要的厄鲁特历史文献〈咱雅和第达传〉》、诺尔布、冯锡时《〈咱雅班第达传〉的若干问题》等论文对卫拉特名僧咱雅班第达及其传记的版本、内容等进行了研究。⑧

阿拉善厄鲁特，有成崇德、赵云田《西套厄鲁特部起源考辨》、苗棣《清前期的西套难民问题和阿拉善旗的设置》、额尔敦巴特尔《西套阿拉善蒙古族的由来》，⑨马汝珩《阿拉善建旗年代考》、额尔敦巴特尔《西套厄鲁特创建考》等论文考证其来历和建旗时间。⑩ 梁丽霞《阿拉善蒙古研究》一书全面论述了阿拉善旗的建立及其历史。⑪ 胡日查《清朝阿拉善旗和硕特旗财政状况》、包德义《论清朝阿拉善和硕特旗牧场保护措施》、乌日汗、富玉《清代阿拉善和硕特旗相关边界规定》、陶·额尔登巴图《阿拉善西公爷多尔济萨布腾及其图力根衙门》等文研究了阿拉善旗的败

① 《西部蒙古论坛》2014 年第 4 期，2016 年第 4 期。

② 《中国藏学》2019 年第 1 期。

③ 《清史研究集》第 2 辑；《新疆大学学报》1994 年第 3 期；《新疆社会科学情报》1993 年第 3 期；《新疆大学学报》1984 年第 1 期。

④ 《西部蒙古论坛》2009 年第 3 期；《前沿》2018 年第 3 期。

⑤ 《西部蒙古论坛》2018 年第 1 期；《西部蒙古论坛》2019 年第 2 期。

⑥ 《西部蒙古论坛》2013 年第 2 期；《历史档案》2013 年第 4 期。

⑦ 中国言实出版社，2014 年。

⑧ 《新疆大学学报》1982 年第 3 期；《新疆社会科学》1985 年第 1 期；《新疆大学学报》1985 年第 1 期。

⑨ 《民族研究》1982 年第 4 期；《西北史地》1983 年第 1 期；《内蒙古社会科学》1982 年第 6 期。

⑩ 两文均见《卫拉特史论文集》，《内蒙古师范大学学报》1990 年第 3 期专号。

⑪ 北京：民族出版社，2006 年。

政、边界、牧场保护和闲散王公。① 谢咏梅、乌日汗《清代阿拉善蒙古地区查嘎沁阿拉特考略》利用档案探讨了形成于阿拉善蒙古地区的蒙古移民群体形成的原因、基本情况及其社会影响。② 富玉、谢咏梅《清代阿拉善和硕特旗汉族移民的形成》、姚金燕、谢咏梅《阿拉善地区的民勤移民及其影响》讨论了汉族移民来源、途径、生活状况，对阿拉善旗经济、政治、社会文化、生态环境的影响。③ 达力扎布《有关阿拉善旗旗名来源》考证了旗名及建旗过程。④ 齐光《清朝时期蒙古阿拉善和硕特部扎萨克王爷的属众统治》《清朝时期蒙古阿拉善和硕特部的社会行政组织》，《蒙古阿拉善和硕特部的服属与清朝西北边疆形势》及其著作《大清帝国时期蒙古的政治与社会——以阿拉善和硕特部研究为中心》考察了阿拉善旗的政治制度和社会组织，与西藏的关系。⑤ 黑龙《阿拉善和硕特蒙古附清蒙古文档案选译》汉译了相关蒙古文档案。⑥

对今居住于黑龙江省的郭尔罗斯、杜尔伯特、厄鲁特和巴尔虎等蒙古部落亦有数篇论文探讨，著作有波·少布《黑龙江蒙古研究》⑦，波·少布、何日莫奇《黑龙江蒙古部落史》⑧，波·少布主编《黑水蒙古论》等。⑨

清代八旗蒙古。 八旗蒙古，郭成康《清初蒙古八旗考释》一文对蒙古八旗的建立过程和构成作了翔实的考证，纠正了前人的一些误解。⑩ 还有郑玉英《试论八旗蒙古问题》⑪ 等多篇论文探讨。张永江《八旗蒙古任官初探》《八旗蒙古科举初探》，⑫ 张杰《清代硃卷所见蒙古旗人科举家族》等文对八旗蒙古的科举、出仕、政治地位进行探讨。⑬

八旗察哈尔，达力扎布《清代八旗察哈尔考》《清初满蒙文档案记载中的八旗察哈尔》等文认为八旗察哈尔组建于清初而不是布尔尼叛乱之后。⑭ 对清代西迁新疆的八旗察哈尔，巴赫《察哈尔蒙古的西迁》⑮、吴元丰《清代察哈尔蒙古西迁新

① 《中国蒙古学》2009 年第 3 期；《中国蒙古学》2009 年第 3 期；《内蒙古师范大学学报》2009 年第 3 期；《内蒙古社会科学》（蒙古文版）2009 年第 3 期。

② 《蒙古史研究》第 10 辑，呼和浩特：内蒙古大学出版社，2010 年。

③ 《内蒙古师范大学学报》2010 年第 3 期；《内蒙古民族大学学报》2018 年第 1 期。

④ 《中国边疆民族研究》第 5 辑，北京：中央民族大学出版社，2012 年。

⑤ 《清史研究》2013 年第 1 期；《历史地理》第 27 辑，2013 年；《中国边疆史地研究》2014 年第 1 期；复旦大学出版社，2013 年。

⑥ 《满族研究》2018 年第 2 期。

⑦ 哈尔滨：黑龙江民族研究所，1990 年。

⑧ 哈尔滨：哈尔滨出版社，2003 年。

⑨ 哈尔滨：哈尔滨出版社，2004 年。

⑩ 《民族研究》1986 年第 3 期。

⑪ 《辽宁大学学报》1983 年第 1 期。

⑫ 《蒙古史研究》第 3 辑、《内蒙古社会科学》1989 年第 4 期。

⑬ 《蒙古史研究》第 7 辑。

⑭ 《明清蒙古论稿》，北京：民族出版社，2003 年，第 361 页；《中国边疆民族研究》第 1 辑，北京：中央民族大学出版社，2008 年。

⑮ 《中国蒙古史学会论文选集（1983）》。

疆》、蔡家艺《新疆察哈尔营、厄鲁特营概述》①、《清代察哈尔营述论》等论文详细论述了其西迁经过，驻防组织和任务等。② 加·奥其尔巴特、吐娜著《新疆察哈尔蒙古历史与文化》一书系统论述西迁察哈尔人的历史和文化。③ 齐光《八旗察哈尔的编立及其与清朝汗的关系》论述了八旗察哈尔建立过程、获世职敕书以及与清朝汗的关系。④ 赵静文《清代八旗察哈尔对维护国家统一的贡献》论述了八旗察哈尔为维护国家统一做出的贡献。⑤ 吐娜《清代伊犁察哈尔、厄鲁特两营旗屯述略》一文认为察哈尔在博尔塔拉、厄鲁特在特克斯河的屯田是清代伊犁最早的屯驻地，促进了当地经济发展和人口的增长。⑥ 李满喜《从满文档案看 19 世纪六七十年代塔尔巴哈台察哈尔蒙古》一文考察了塔尔巴哈台察哈尔蒙古苏木的来源及管理。⑦

（5）俄日帝国主义对蒙古地区的侵略和蒙古王公的"独立""自治"活动

对准噶尔时期沙俄侵略和反抗斗争论述的论文有马大正《略论 17 世纪前期厄鲁特及和托辉特人民的抗俄斗争》⑧《18 世纪初准噶尔人民抗俄斗争的重要一页》，蔡家艺《试论僧格时期准噶尔人民的抗俄斗争》，⑨ 李绍明《清初平定准部扰藏抵御沙俄侵略的斗争》，郭蕴华《从阿睦尔撒纳的叛乱看沙俄对准噶尔部的侵略》，栗振复《乾隆防御沙皇侵略的措施》等。⑩ 特布信、陈国干、郝维民主持编写《沙俄侵略我国蒙古地区简史》，⑪ 首次全面论述了沙俄侵略蒙古地区的历史和煽动蒙古"独立""自治"的情况。

对清末民国初年沙俄煽动蒙古王公上层的"独立""自治"活动的论述，主要有刘存宽《中俄关系与外蒙古自中国的分离（1911—1915）》、白拉都格其《沙皇俄国与辛亥革命时期外蒙古的"独立""自治"》，⑫ 格日勒《北洋军阀政府与西盟王公会议》、乌力吉《北洋政府与第一次东蒙王公会议》，⑬ 田志和《1912 年哲盟三旗"独立"事件内幕》《民国初年内蒙古王公反分裂的爱国斗争》，⑭ 史筠《辛亥革命时期内蒙古的民族运动》、卢明辉《论近代蒙古社会状况及清末"民族运动"的几个问题》等论文，田志和、冯学忠《民国初年蒙旗"独立"事件研究》，⑮ 周太平

① 《蒙古史研究》第 2 辑。
② 《清史研究》1994 年第 1 期；《西域研究》2006 年第 3 期。
③ 乌鲁木齐：新疆人民出版社，2001 年。
④ 《中国边疆民族研究》第 9 辑，北京：中央民族大学出版社，2016 年。
⑤ 《中国边疆民族研究》第 9 辑，北京：中央民族大学出版社，2016 年。
⑥ 《内蒙古社会科学》2016 年第 1 期。
⑦ 《西部蒙古论坛》2018 年第 4 期
⑧ 《中俄关系问题》1981 年第 1 期。
⑨ 《中俄关系史论文集》；《新疆大学学报》1979 年第 1、2 期合刊。
⑩ 《西南民族学院学报》1979 年第 1 期；《西北史地》1981 年第 1 期；《历史档案》1983 年第 3 期。
⑪ 呼和浩特：内蒙古人民出版社，1979 年。
⑫ 《历史研究》2004 年第 4 期；《内蒙古近代史论丛》第 2 辑，呼和浩特：内蒙古人民出版社，1983 年。
⑬ 《内蒙古近代史论丛》第 4 辑，1991 年；《内蒙古大学学报》2000 年第 1 期。
⑭ 《北方论丛》1982 年第 3 期；《东北师大学报》1982 年第 6 期。
⑮ 呼和浩特：内蒙古人民出版社，1991 年。

《二十世纪前期内蒙古政治变迁史研究——丑年之乱考》，① 等著作。②

对日本帝国主义侵略和煽动"蒙古自治"的情况，有卢明辉《蒙古"自治运动"始末》③《德王其人》④《蒙古"自治运动"始末》⑤ 等三部著作。而札奇斯钦作为亲历者，所写的《我所知道的德王和当时的内蒙古》⑥《罗布桑车珠尔传略》⑦等著作对了解民国时期蒙古自治运动有重要价值。金海《日本在内蒙古确立殖民统治及其对蒙古民族运动的政策》《日本殖民统治下的内蒙古西部地区教育体系》等文，⑧ 以及所著《日本与内蒙古》⑨，《日本占领时期内蒙古历史研究》⑩ 等两部专著，对日本满蒙政策，对蒙古地区的统治情况作了全面的研究。

（6）清末民国年间的蒙地放垦

"文化大革命"以后，对内蒙古"蒙地放垦"的研究仍在继续，论著颇多。论述内蒙古西部放垦的有苏德《关于清末蒙古西部地区的放垦》。⑪ 内蒙古档案局、内蒙古档案馆编《内蒙古垦务研究》第 1 辑。⑫ 梁冰《伊克昭盟的土地开垦》。⑬ 祁美琴《伊克昭盟的蒙地放垦》，⑭ 苏德《阿尔宾巴雅尔等伊盟王公对官垦的抵制》。⑮论述内蒙古东部放垦的有田志和系列论文《清代科尔沁蒙古开发述略》《清代东北蒙地开发述要》《东北蒙地开发中的矛盾和斗争》《论清末东部蒙旗地区的移民实边问题》等。⑯

讨论清朝"放垦蒙地"和"移民实边"的有邢亦尘《略论清末蒙古地区新政》、卢明辉《清末"移民实边"对内蒙古社会的影响》、陈育宁《近代内蒙古地区的"移民实边"及其影响》等文，⑰ 认为"移民实边"对内蒙古地区开发，巩固边防有积极作用。汪炳明《是"放垦蒙地"还是"移民实边"》一文认为放垦以经济掠夺为主要目的，"移民实边"在当时并没有得到真正实行。⑱

① 蒙古文，呼和浩特：内蒙古教育出版社，2006 年。
② 分见《内蒙古近代史论丛》第 1 辑 1982 年；卢明辉、余大钧、高文德编：《蒙古史研究论文集》，北京：中国社会科学出版社，1984 年。
③ 北京：中华书局，1980 年。
④ 呼和浩特：远方出版社，1998 年。
⑤ 北京：中华书局，1980 年。
⑥ 北京：中国文史出版社，2005 年。
⑦ 呼和浩特：内蒙古人民出版社，2007 年。
⑧ 《蒙古史研究》第 7 辑、第 8 辑，内蒙古大学出版社，2003 年、2005 年。
⑨ 蒙古文，呼和浩特：内蒙古教育出版社，2004 年。
⑩ 呼和浩特：内蒙古人民出版社，2005 年。
⑪ 《蒙古史研究》第 7 辑。
⑫ 呼和浩特：内蒙古人民出版社，1990 年。
⑬ 呼和浩特：内蒙古大学出版社，1991 年。
⑭ 《内蒙古近代史论丛》第 4 辑，呼和浩特：内蒙古大学出版社，1991 年。
⑮ 《蒙古史研究》第 4 辑。
⑯ 《社会科学战线》1982 年第 2 期；《东北师范大学学报》1984 年第 1 期；《东北师范大学学报》1986 年第 4 期；《北方文物》1987 年第 2 期。
⑰ 《内蒙古社会科学》1986 年第 3 期；1986 年第 5 期；《西北史地》1988 年第 3 期。
⑱ 《蒙古史研究》第 3 辑。

清朝政府和民国政府初期对蒙古政策，苏德毕力格《清朝对蒙古政策的转变——筹划设省》《晚清筹边改省奏议与治边政策概论》等文，① 及其专著《晚清政府对新疆蒙古和西藏政策研究》作了系统的论述。② 还有赵云田《清末民国中央对蒙藏施政研究评述》、李玉伟《北洋政府的民族政策与内蒙古的民族问题》，③ 王德胜《北洋军阀对蒙政策几个问题的初析》《民国时期国民党政府的民族政策及内蒙古的民族问题》，④ 周竞红《清末民国时期内蒙古地区行政管理体制变迁对蒙古族的影响》等论文亦进行了论述。⑤ 国民党政府对蒙古政策，乌兰少布《中国国民党对蒙政策》《热察绥行省的设置及其对内蒙古政治影响》等文作了较全面的论述。⑥

（7）蒙古族人民的革命斗争

有关近代早期蒙古族人民反封建斗争的论文有卢明辉《清代内蒙古地区的"独贵龙"运动》，⑦ 赵相壁《太平天国后期东土默特旗"老人会"起义》⑧，刘毅政《太平天国时期蒙古地区各族人民的反封建起义》等文。⑨ 有关清末和民国初年反封建斗争的论文有呼和宝音《略论陶克陶乎领导的反清起义》，⑩ 赵相壁《辛亥革命时期蒙古族人民的斗争》，⑪ 史筠《辛亥革命时期内蒙古的民族运动》，⑫ 黄时鉴、张思成《关于"伊盟事变"》⑬，金海《"伊盟事变"的起因和国共两党的政策》，⑭ 等等。芦婷婷《再论"老头会起义"规模》（《内蒙古师范大学学报》2016 年第 6 期）土默特贝勒旗"老头会"抗差规模有 20—50 人，没有上千人。

内蒙古革命史方面，史筠《试论四十年来内蒙古的两条道路斗争》，郝维民《试论内蒙古革命的道路》，⑮ 从内蒙古革命与中国革命的关系，内蒙古民族问题与中国共产党的民族政策，民主革命中蒙汉人民的关系等方面论述了内蒙古革命的道路。郝维民、其其格《李大钊与内蒙古革命》⑯，郝维民《第一、二次国内革命战争时期的内蒙古人民革命党》⑰ 等文论述了内蒙古人民革命党的建立、性质、活动及

① 《蒙古史研究》第 6 辑；《内蒙古大学学报》2002 年第 4 期。
② 内蒙古人民出版社，2005 年。
③ 《中国藏学》2004 年第 4 期；《内蒙古社会科学》2004 年第 2 期。
④ 《近代史研究论丛》第 3 辑，呼和浩特：内蒙古人民出版社，1987 年；《中央民族大学学报》2004 年第 1 期。
⑤ 《中央民族大学学报》2004 年第 6 期。
⑥ 《近代史研究论丛》第 3 辑；《内蒙古社会科学》1985 年第 3 期。
⑦ 《西北史地》1983 年第 1 期。
⑧ 《内蒙古师范学院学报》1981 年第 1 期。
⑨ 《内蒙古师范学院学报》1981 年第 1 期。
⑩ 《内蒙古社会科学》1981 年第 6 期。
⑪ 《内蒙古师范学院学报》1981 年第 3 期。
⑫ 《内蒙古近代史论丛》第 1 辑，呼和浩特：内蒙古人民出版社，1982 年。
⑬ 《内蒙古近代史论丛》第 1 辑，呼和浩特：内蒙古人民出版社，1982 年。
⑭ 《内蒙古大学学报》1983 年第 3 期。
⑮ 《内蒙古大学学报》1982 年第 1 期。
⑯ 《内蒙古近代史论丛》第 1 辑，呼和浩特：内蒙古人民出版社，1982 年。
⑰ 《内蒙古近代史论丛》第 2 辑，呼和浩特：内蒙古人民出版社，1983 年。

结局等。裴小燕《内蒙古地区蒙古民族解放运动初探》、赵敏《解放战争时期内蒙古的民族运动》、李玉伟《中共关于内蒙古民族问题的四个纲领性文献》等文论述了内蒙古的民族解放运动。①

（8）蒙古族社会经济

高文德《十至十三世纪初期蒙古畜牧业经济的发展》、舒振邦《元朝统一后漠北地区经济文化的发展》，② 何冠彪《元明间中国境内蒙古人之农业概况》，③ 杨绍猷《明代蒙古经济述略》、曹永年《明代蒙古中晚期的经济》、周清澍《试论清代内蒙古农业的发展》、邢亦尘《清代蒙古游牧经济浅议》等文，④ 对不同时期的牧业、农业、贸易等方面的情况进行了论述。

黄时鉴《清代内蒙古社会经济概述》一文综述了清代内蒙古的经济发展，论述了封建统治阶级的特权剥削制度和商业高利贷的掠夺对经济的束缚。⑤ 其他论述社会经济方面的论文还有张植桦《清代至民国时期内蒙古地区蒙古族人口概况》，⑥ 赵云田《清朝统治蒙古经济政策的几个问题》，⑦ 黄时鉴《清代包头地区土地问题上的租与典》、王玉海《清代喀喇沁地区的土地租典问题》、胡日查《清代喀喇沁三旗土地和社会环境变迁考》等。⑧ 有关著作有闫天灵著《汉族移民与近代内蒙古社会变迁研究》，⑨ 乌仁其其格《18—20世纪初归化城土默特财政研究》。⑩

有关蒙古地区与中原的经济贸易关系论著很多，如亦邻真《内蒙古古代史中的若干问题》、周良霄《我国古代北方民族发展与民族关系中的几个问题》，⑪ 薄音湖、洪俊《论俺答求贡》、高树林《明朝隆庆间与蒙古右翼的封贡互市》、李漪云《从马市中几类商品看明后期与塞北的经济联系及作用》、洪用斌、张泽凡《"抽刀断水水更流"——略述明代的蒙汉关系》、卢明辉《清代蒙古地区与中原地区的经济贸易关系》等文，⑫ 以及卢明辉、刘衍坤著《旅蒙商——17世纪至20世纪中原与蒙古地

---

① 《内蒙古近代史论丛》第4辑，呼和浩特：内蒙古大学出版社，1991年；《蒙古史研究》第4辑；第8辑。

② 《文史哲》1979年第2期；《内蒙古社会科学》1986年第6期。

③ 香港：学津出版公司，1977年。

④ 《民族研究》1985年第5期；《内蒙古学学报》1991年第2期；《内蒙古大学学报》1964年第2期，《中国蒙古史学会论文选集（1983）》。

⑤ 《蒙古史文稿》1978年第2期。

⑥ 《内蒙古大学学报》1982年第3、4期合刊。

⑦ 《中国蒙古史学会论文选集（1983）》。

⑧ 《内蒙古大学学报》1978年第1期；《蒙古史研究》第3辑；《中国蒙古学》（蒙古文）2005年第1期。

⑨ 民族出版社，2004年。

⑩ 民族出版社，2008年。

⑪ 蒙古文，《蒙古史研究》第2辑；社会科学战线编辑部编：《民族史论丛》，长春：吉林人民出版社，1980年。

⑫ 《历史教学》1982年第8期；《河北大学学报》1982年第1期；《内蒙古师大学报》1984年第4期；余见卢明辉主编：《北方民族关系史论丛》第1辑，呼和浩特：内蒙古人民出版社，1984年。

区的贸易关系》，① 马磊《在政治博弈中的西伯利亚诸城俄卫贸易（1607—1653 年)》论述了卫拉特各部与俄国的贸易及拒绝被其殖民统治而进行的博弈。② 阿鲁贵·萨如拉《蒙古阿寅勒游牧经济基本形态特征考察》认为蒙古族游牧经济就是阿寅勒经济。③

珠飒《18—19 世纪初东部内蒙古农村村落化研究》一书较全面研究了东部蒙古社会的变迁。④ 伊万胜、万亚兴《浅析郭尔罗斯后旗"三努图克"从游牧到农耕的演进》一文论述了郭尔罗斯后旗三努图克由于土地放垦，设立肇州、肇东、肇源三县，由游牧变为农耕地区。⑤ 乌云格日勒《近代蒙旗之衰退——以科尔沁右翼前旗为例》指出该旗衰退是由于外旗蒙古人开垦、牧场萎缩、受官垦蒙地和 1912 年事件冲击等原因。⑥ 白玉双《清代喀喇沁蒙古人的北迁及其影响》指出清代蒙古越旗流动从未间断，尤其是喀喇沁等南部蒙古人北迁活动更为活跃，使东部蒙古社会发生了巨大变化。⑦ 佟双喜《清代蒙古人的北迁研究——以迁居郭尔罗斯公旗外旗蒙古人为中心》《一份蒙古文档案所反映的早期外旗蒙古人的生活状况》论述了北迁蒙古移民在经济、人身权力等方面受到的压迫及蒙古移民在历史上的影响。⑧

对蒙古各地的农耕化及相关问题进行研究的论文有孟根《札赉特旗开放蒙地与蒙租》、孟根《扎赉特旗努图克人与农耕定居》。⑨ 牛敬忠《晚清察哈尔蒙旗游牧地的开垦及地权问题——以韩大成案为中心的考察》，包满达《清代准、土两旗边界纠纷与准格尔北段边界》，敖文格日乐《试论光绪末年科尔沁左翼前旗与科尔右翼前旗之间争地案》《清末宾图王旗与阿鲁科尔沁之间的争地案始末》。⑩ 萨仁图雅《试析科尔沁农耕村落的形成及其原因——以科尔沁左翼后旗达希木勒嘎查为例》、屈罗木图《清末汉族移民迁入乌兰察布地区及相关问题考析》、包德强《一户蒙古移民的开拓史——清末喀喇沁蒙古人阜氏父子在索伦山的创业经历》⑪。

（9）蒙古法制史

潘世宪最早整理国外研究蒙古法律的文献，编辑为《蒙古民族地方法制史概

① 北京：中国商业出版社，1995 年。
② 《中国边疆史地研究》2016 年第 3 期。
③ 《西部蒙古论坛》2016 年第 2 期。
④ 呼和浩特：内蒙古人民出版社，2009 年。
⑤ 《黑龙江民族丛刊》2012 年第 2 期。
⑥ 《内蒙古大学学报》（蒙古文版），2013 年第 4 期。
⑦ 《内蒙古师范大学学报》2011 年第 1 期。
⑧ 《中央民族大学学报》2013 年第 3 期；《内蒙古大学学报》（蒙古文版）2011 年第 1 期。
⑨ 《内蒙古社会科学》2013 年第 6 期；《内蒙古大学学报》（蒙古文版）2013 年第 2 期。
⑩ 《内蒙古社会科学》2013 年第 2 期；《内蒙古大学学报》（蒙古文版）2012 年第 1 期；《内蒙古大学学报》（蒙古文版）2010 年第 3 期；《内蒙古社会科学》（蒙古文版），2010 年第 5 期。
⑪ 《内蒙古民族大学学报》2018 年第 5 期；《内蒙古财经大学学报》2018 年第 6 期；《黑龙江民族丛刊》2018 年第 5 期。

要》一书。① 有关专著有道润梯步校注《卫拉特法典》《喀尔喀律令》,② 宝音乌力吉、包格校注《蒙古—卫拉特法典》。③ 奇格和鲍音汉译《阿勒坦汗法典》、苏鲁格汉译注释《阿勒坦汗法典》。④ 1999 年奇格《古代蒙古法制史》出版,这是国内第一部蒙古法制史专著。⑤

成吉思汗大扎撒研究方面,张长利《关于成吉思汗大札撒的若干问题》、吴海航《成吉思汗大札撒探析》是两篇较有份量的论文。⑥ 还有李淑娥《成吉思汗时期蒙古法律初探》⑦、何金山《探析成吉思汗〈大札撒〉中的军事法令——大扎撒之研究之一》《探析成吉思汗〈大札撒〉中的刑法——大扎撒之研究之二》《探析成吉思汗〈大札撒〉中的经济法——〈大札撒〉研究之三》,何金山、宝永《成吉思汗〈大札撒〉行政法初探一〈大札撒〉研究(四)》,⑧ 阿拉木斯《从〈大札撒〉看古代蒙古社会法律特点》⑨ 等论文。格·那木吉拉编著《成吉思汗札撒与必力克》、⑩ 内蒙古典章法学与社会学研究所编《〈成吉思汗法典〉及原论》两书收集研究了大扎撒条文。⑪ 阿茹罕《试论〈成吉思汗法典〉的刑法规定及其意义》、塔娜《论〈大札撒〉中的刑法制度》两文分析了有关刑法规定的特点及意义。⑫ 阿荣《成吉思汗法律思想研究》探讨了《大札撒》的法律思想及军政法律制度;金阿拉坦苏和《成吉思汗〈大扎撒〉相关问题探讨》从军事角度分析了其作用。⑬ 那仁朝格图《〈阿勒坦汗法典〉及其内容浅析》一文论述了该法典对维护统治、促进藏传佛教格鲁派传播及促进社会经济发展的作用,以及为蒙古立法和法典编纂模式产生的影响。⑭

阿茹罕《试论古代蒙古法中的生态环境保护》、⑮ 黄华均《蒙古族“约孙”的生态价值诠释——基于低碳和绿色发展的法理思考》、⑯ 汤洁《论〈大札撒〉中的

① 内蒙古大学蒙古史研究所油印本,1983 年。
② 蒙古文,呼和浩特:内蒙古人民出版社,1985 年;呼和浩特:内蒙古教育出版社,1989 年。
③ 蒙古文,呼和浩特:内蒙古人民出版社,2000 年。
④ 分见《内蒙古地方志通讯》1983 年第 4 期;《蒙古学信息》1996 年第 1、2 期。
⑤ 沈阳:辽宁民族出版社,1999 年。
⑥ 《民族研究》1998 年第 6 期;《法学研究》1999 年第 5 期。
⑦ 《史学月刊》1983 年第 5 期。
⑧ 《内蒙古大学学报》(蒙古文版)2004 年第 4 期;2005 年第 2 期、第 6 期;《内蒙古大学学报》(蒙古文版)2009 年第 2 期。
⑨ 《内蒙古社会科学》(蒙古文版)2005 年第 6 期。
⑩ 蒙古文,呼和浩特:内蒙古文化出版社,1989 年。
⑪ 商务印书馆,2007 年。
⑫ 《内蒙古农业大学学报》2009 年第 6 期;《贵州民族研究》2017 年第 10 期。
⑬ 《贵州民族研究》2013 年第 6 期;蒙古文,《中国蒙古学》2015 年第 3 期。
⑭ 《内蒙古大学学报》2010 年第 1 期。
⑮ 《内蒙古民族大学学报》2010 年第 1 期。
⑯ 《新疆大学学报》2010 年第 4 期。

野生动物保护法律观》、① 秦祖伟《蒙古族古代草原保护法的法哲学思辨》② 等文对古代蒙古法律中有关保护环境的内容进行了论述。

对喀尔喀—卫拉特法典研究成果较多。重要论文有罗致平、白翠琴《试论卫拉特法典》，马曼丽《浅议〈蒙古卫拉特法典〉的性质与宗旨》，③ 道润梯步《卫拉特法典在蒙古法制史上的地位》《论〈卫拉特法典〉的指导思想》，④ 成崇德、那仁朝克图《清代卫拉特蒙古及其〈卫拉特法典〉研究》，⑤ 策·巴图《〈蒙古—卫拉特法典〉与蒙古族传统的财产分配习俗》等。⑥ 还有黄华均《蒙古族草原法的文化阐释——〈卫拉特法典〉及卫拉特法的研究》，⑦ 策·巴图著《〈蒙古—卫拉特法典〉词语研究》⑧ 等著作。布仁巴图《1678 年〈噶尔丹黄台吉律令〉研究》、白翠琴《卫拉特法典与噶尔丹洪台吉敕令之比较研究》则论述了噶尔丹黄台吉敕令。⑨ 策·巴图《〈蒙古—卫拉特大法典〉文献学研究》一书，从研究词语的角度对《蒙古—卫拉特法典》进行了文献学的研究，并直接从托忒文原文译为汉文。⑩

扎拉嘎、萨仁图雅《从〈蒙古卫拉特法典〉管窥卫拉特社会阶层》一文对 17 世纪卫拉特社会各阶层的名称、职掌等做了梳理。⑪ 特木尔宝力从《〈蒙古—卫拉特法典〉看十七世纪蒙古诉讼制度》一文论述了其诉讼制度。⑫ 李梅英《佛教对〈蒙古—卫拉特法典〉的影响》一文论述了佛教对法典及实施的影响。⑬ 达力扎布《〈1640 年蒙古—卫拉特大法典〉文本辨析》一文认为现存《1640 年蒙古—卫拉特大法典》的抄本不是单个法律文本，而是《1640 年蒙古—卫拉特大法典》和《准噶尔法典》的合抄本。⑭ 达力扎布《〈敦啰布喇什法典〉浅探》一文进一步论述了该法典制定的历史背景和原因。⑮ 策·巴图《〈蒙古—卫拉特法典〉中"强制人为僧"规定辨析》指出，这是误解，蒙古法律中从未有过强制人为僧的规定。⑯ 李保文《"伯德尔格"考释》一文指出此词是对西域穆斯林商人的称谓。⑰

---

① 《内蒙古财经学院学报》2011 年第 3 期。
② 《贵州民族研究》2013 年第 6 期。
③ 《民族研究》1981 年第 2 期；《西北史地》1981 年第 2 期。
④ 分见《卫拉特史论文集》《新疆师范大学学报》1987 年专号、《卫拉特史论文集》《内蒙古师范大学学报》1990 年第 3 期专号。
⑤ 《卫拉特研究》2005 年第 3、4 期。
⑥ 《新疆大学学报》2005 年第 6 期。
⑦ 北京：中央民族大学出版社，2006 年。
⑧ 蒙古文，北京：民族出版社，2006 年。
⑨ 《内蒙古大学学报》（蒙古文版）2003 年第 4 期；《卫拉特史研究》2004 年第 1 期。
⑩ 北京：民族出版社，2016 年。
⑪ 《蒙古学研究》2012 年第 2 期。
⑫ 《内蒙古师大学报》2013 年第 4 期。
⑬ 《中国蒙古学》2013 年第 6 期。
⑭ 《中央民族大学学报》2018 年第 1 期。
⑮ 《青海民族研究》2016 年第 4 期。
⑯ 《新疆大学学报》2012 年第 2 期。
⑰ 《西域研究》2009 年第 4 期。

2009 年，才仁巴力、青格力点校出版了《青海卫拉特联盟法典》（蒙古文），对《法典》制定背景、颁布时间、颁布者、史料来源、主要内容及特点等进行了研究。王长青《再论〈青海卫拉特联盟法典〉的名称、结构和特征》就法典的名称、制定步骤、内容结构和特征等方面对前人研究提出了质疑。[①] 青格力《〈青海卫拉特法典〉后记中的朵尔基旺秋一人名考》一文对此人进行了考证。[②]

喀尔喀法律方面，乌云毕力格《绰克图台吉的历史和历史记忆》一文考订了参与制定《白桦法典》法规的人物。[③] 图雅《〈桦树皮律令〉文书研究》一书则对该法典作了全文译释和研究。[④] 达力扎布《〈喀尔喀法规〉制定原因及实施范围初探》一文指出该法规主要为哲布尊丹巴库伦的沙毕纳尔制定的，有些内容适用于喀尔喀四部俗人。

综合性研究方面有那仁朝格图《13—19 世纪蒙古法制沿革史研究》对 13—19 世纪蒙古法制沿革的情况进行了系统的论证和分析，梳理了其发展脉络。达力扎布《清朝入关前对蒙古立法初探》探讨了清入关前在蒙古的立法过程。[⑤] 杨强《清代蒙古法制变迁研究》论述了清代蒙古族各种法律制度的变迁。[⑥] 包姝妹、宝日吉根《援俗定例：清朝统治蒙古地区法律制度特点探究》一文以蒙古律例为主探讨了清朝对蒙古地区立法的指导原则和对蒙古社会原有律法的继承与创新，阐明了清朝统治蒙古地区的法律制度特点。[⑦] 谢雄伟、马青连《清帝国对蒙古地区的刑事立法与司法特点》一文从刑事立法与司法的角度探讨了清朝对蒙古立法的特点，法律制度的具体运行及实际运用问题，[⑧] 关康《理藩院题本中的蒙古发遣案例研究——兼论清前期蒙古地区司法调适的原则及其内地化问题》一文论述了将发遣刑推行到蒙古地区的原因和实践情况及不断调整过程。[⑨] 达力扎布《清代蒙古律的适用范围及其文本》探讨了蒙古律的适用范围及理藩院对该律的修订情况。[⑩] 王澍《清代中俄交涉案件的法律适用研究——以蒙古越界案为中心》探讨了清代审理蒙古越界案件的法律适用及变化。[⑪] 包呼和木其尔《清朝蒙古例财产相关规定再考——以内蒙古喀喇沁地区财产继承纠纷案为例》[⑫] 考述了清代蒙古例有关财产的规定是为确保外藩蒙古完成阿勒巴义务制定的，重点不在财产本身。

① 蒙古文，《内蒙古师范大学学报》2012 年第 3 期。

② 《西部蒙古论坛》2011 年第 1 期。

③ H. FUTAKI & B. OYUNBILIG：QUAESTIONES MONGOLORUM DISPUTATAE I 2005. Tokyo.

④ 呼和浩特：内蒙古人民出版社，2019 年。

⑤ 方铁、邹建达主编：《中国蒙元史学术研讨会暨方龄贵教授九十华诞庆祝会文集》，北京：民族出版社，2010 年。

⑥ 北京：中国政法大学出版社，2010 年。

⑦ 《清史研究》2012 年第 1 期。

⑧ 《法学评论》2012 年第 5 期。

⑨ 《清史研究》2013 年第 4 期。

⑩ 《中国边疆民族研究》第 8 辑，北京：中央民族大学出版社，2014 年。

⑪ 《青海民族研究》2018 年第 3 期。

⑫ 《中国边疆民族研究》第 11 辑，北京：中央民族大学出版社，2018 年。

平平《清代蒙古地区司法审判若干问题研究——以〈土默特左旗档案馆所藏清代蒙古文档案〉所载案例为说》①、张万军《清代乾隆朝国家法在归化城土默特的适用研究》② 讨论了国家法在蒙古地区适用情况。张万军《论清代蒙古土默特地区刑事法律伦理化趋势》一文认为清律弥补了蒙古律缺乏伦理化的缺陷。③ 包思勤、苏钦《清朝蒙古律"存留养亲"制度形成初探》论述了将中原法律中体现儒家孝道文化的刑罚执行制度引入蒙古律，创设专门条例和在司法实践中运用及其原因。④ 文晖《简论清代外藩蒙古的法律适用问题——以嘉庆年贾德保辜案为例》剖析了《蒙古律例》在外藩蒙古的法律适用问题。⑤ 张万军《"蒙古例"与清代蒙古地区刑事法治理》一文认为在立法过程中保留蒙古族固有法源的同时将《大清律例》中诸如慎刑恤刑等儒家刑法理念渗透到"蒙古例"。⑥ 达力扎布《有关乾隆朝内府抄本〈理藩院则例〉》一文认为"乾隆朝内府抄本"《理藩院则例》是乾隆朝《大清会典则例》中《理藩院则例》的稿本，并非理藩院编纂的《理藩院则例》。⑦ 达力扎布《略论〈理藩院则例〉刑例的实效性》一文论证了《理藩院则例》刑例是当时施行中的法律条文。⑧

（10）蒙古宗教史

蒙古萨满教研究方面的论文和著作很多，例如胡日查巴特尔著《哈塔斤部十三阿塔嘎天神祭祀》，⑨ 泰亦赤兀惕·满昌著《蒙古萨满》、⑩ 李·蒙赫达赉、阿敏《呼伦贝尔萨满教与喇嘛教史略》，限于篇幅不一一罗列。⑪

蒙古佛教通史方面的著作有札奇斯钦著《蒙古与西藏历史关系之研究》⑫，德勒格编著《内蒙古喇嘛教史》⑬，苏鲁格、那木斯来著《简明内蒙古佛教史》⑭，乌力格巴雅尔著《蒙藏关系史大系·宗教卷》⑮，宝力高《蒙古文化研究丛书·宗教》⑯，胡日查、乔吉、乌云著《藏传佛教在蒙古地区的传播研究》⑰，乔吉《蒙古佛教史——大蒙古国时期（1206—1271）》《蒙古佛教史——元朝时期（1271—1368）》

---

① 《内蒙古民族大学学报》2016 年第 3 期。
② 《广西社会科学》2018 年第 9 期。
③ 《社会科学论坛》2016 年第 10 期。
④ 《民族研究》2016 年第 1 期。
⑤ 《中央民族大学学报》2015 年第 1 期。
⑥ 《贵州民族研究》2015 年第 4 期。
⑦ 《中国边疆民族研究》第 4 辑，北京：中央民族大学出版社，2011 年。
⑧ 刘迎胜：《元史与中国边疆民族史研究》第 26 辑，上海：上海古籍出版社，2014 年。
⑨ 蒙古文，呼和浩特：内蒙古文化出版社，1987 年。
⑩ 呼和浩特：蒙古文，内蒙古人民出版社，1990 年。
⑪ 北京：民族出版社，2013 年。
⑫ 台北：正中书局，1978 年。
⑬ 呼和浩特：内蒙古人民出版社，1998 年。
⑭ 呼和浩特：内蒙古文化出版社，1999 年。
⑮ 拉萨：西藏人民出版社、外语教学与研究出版社，2001 年。
⑯ 呼和浩特：内蒙古文化出版社，2003 年。
⑰ 北京：民族出版社，2012 年。

《蒙古佛教史——北元时期（1368—1634）》等三部著作，[①] 系统地论述了蒙古国及元明时期的藏传佛教在蒙古的传播史。

有关明代藏传佛教格鲁派传入蒙古的研究论文有数十篇。基中金峰《喇嘛教与蒙古封建政治》一文，[②] 指出蒙古贵族引入藏传佛教是为统治蒙古族人民，与格鲁派上层互相利用。薄音湖《关于喇嘛教传入内蒙古的几个问题》一文，[③] 认为格鲁派传入蒙古是蒙古社会发展到一定阶段时对于外部文化的需要，对蒙古文化发展有一定推动作用。祁美琴《清代蒙旗社会喇嘛教信仰问题研究》，探讨了藏传佛教的传入对蒙古社会经济的影响。[④] 金启琮《呼和浩特召庙、清真寺历史概述》、金峰《呼和浩特十五大寺院考》等考察了寺院。[⑤] 徐长菊、张晓松《藏传佛教格鲁派在准噶尔汗国的传播和发展》论述了格鲁派在准噶尔汗国的传播和发展历史。[⑥] 胡日查《清代内蒙古地区寺院经济研究》系统阐述了清代内蒙古地区寺院经济史。[⑦] 乔吉《内蒙古藏传佛教寺院》、姚桂轩等《藏传佛教寺院美岱召五当召调查与研究》、任月海《内蒙古汇宗寺》等书研究和介绍了内蒙古地区的藏传佛教寺院的历史。[⑧] 恰嘎·旦正、桑杰尖措《赠封"达赖喇嘛"尊号之寺院——仰华寺遗址考析》认为青海省共和县恰卜恰谷地的加拉旧城即仰华寺遗址，纳森巴雅尔《准噶尔汗国时期藏传佛教固尔札庙刍议》一文考证了噶尔丹策零在伊犁修建的固尔札庙。[⑨]

宝音德力根《初使清朝之西藏格鲁派使臣车臣绰尔济与戴青绰尔济事迹考辨》一文考证了两位伊拉古克三喇嘛身世，纠正了学界混淆二人转世的错误。[⑩] 勒·阿拉坦咱雅《关于喀尔喀蒙古那鲁班禅呼图克图的僧俗徒众》一文依据档案考述了那鲁班禅呼图克图的生平事迹。[⑪] 叶尔达《卫拉特高僧拉布紧巴·咱雅班第达研究》一书对咱雅班第达作了全面研究。[⑫] M·乌兰《〈卫拉特高僧拉布紧巴·咱雅班第达研究〉读后》就叶尔达书中一些问题进行了商榷。[⑬] 达力扎布《〈读《咱雅班第达传》札记〉》一文认为咱雅班第达没有出席 1640 年喀尔喀——卫拉特会盟，自 1650 年后没亲自译经。[⑭]

---

① 蒙古文，呼和浩特：内蒙古人民出版社，1998 年、2000 年；汉文，2007 年。
② 《内蒙古大学学报》1981 年第 2 期。
③ 《内蒙古大学学报》1982 年第 2 期。
④ 《内蒙古大学学报》2010 年第 1 期。
⑤ 《内蒙古大学学报》1981 年第 4 期；《内蒙古社会科学》1982 年第 4 期。
⑥ 《西藏大学学报》2009 年第 1 期。
⑦ 沈阳：辽宁民族出版社，2009 年。
⑧ 兰州：甘肃民族出版社，2014 年，北京：中国藏学出版社，2009 年；北京：民族出版社，2017 年。
⑨ 《中国藏学》2016 年第 4 期；《西部蒙古论坛》2018 年第 2 期。
⑩ 《清史研究》2018 年第 4 期。
⑪ 《内蒙古师范大学学报》（蒙古文版）2018 年第 4 期。
⑫ 社会科学文献出版社，2012 年。
⑬ 《西北民族研究》2014 年第 4 期。
⑭ 《西部蒙古论坛》2010 年第 1 期。

金峰《漠南蒙古大活佛传》对清代漠南蒙古的活佛作了全面研究。① 王力《关于内齐托音一世的几个问题》一文探讨了藏传佛教传入卫拉特的时间、内齐托音活佛在蒙古地区传教及其与萨迦法王的争斗等问题。② 额布力图研究了内齐托音的身世、年龄、传教、蒙古语诵经和与萨迦法王的争斗等问题。③ 阿音娜《入藏延请五世班禅的使者：蒙古高僧内齐托音二世》探讨内齐托音二世以清朝使者身份入藏延请五世班禅的历史活动。④ 乌云《内齐托音二世与崇福寺的关系》考述内齐托音二世对崇福寺的影响。⑤ 乌云毕力格《关于内齐托音喇嘛的顺治朝满文题本》论述了内齐托音一世被贬遣归化城和徒众的处置等问题。⑥

刘大伟《试述一世哲布尊丹巴时期藏传佛教造像文化在喀尔喀蒙古的发展》对其开创蒙古佛像造像艺术风格等方面的贡献给予了肯定。⑦ 黄全毅《三世与四世哲布尊丹巴生平考释》研究三世、四世哲布尊丹巴生平事迹。⑧ 裴霏霏《略论第八世哲布尊丹巴呼图克图》考察了八世哲布尊丹巴呼图克图及外蒙古"独立"事件。⑨ 斯林格《关于九世哲布尊丹巴转世的历史考察》一文研究了第九世哲布尊丹巴呼图克图的身世及转世。⑩ 金雷《哲布尊丹巴转世考疑》一文认为哲布尊丹巴呼图克图不是多罗那他的转世，而是温萨活佛罗桑丹增嘉措的转世。⑪ 周学军《民国元年袁世凯与哲布尊丹巴八世往来电报日期考》一文辨析了袁世凯与哲布尊丹巴往来的四封电报的日期。⑫

邓建新研究了章嘉活佛系统，⑬ 达日吉、苏雅乐《章嘉呼图克图传》亦研究了章嘉活佛体系。⑭ 喜饶尼玛、扎西才旦《试析抗日救亡运动中九世班禅在内蒙古的宣化活动》秦永章《民国时期第七世章嘉呼图克图在内蒙古的宣化活动述略》喜饶尼玛、王海燕《抗战中的藏传佛教高僧章嘉呼图克图》都论述了 20 世纪 30 年代抗

① 蒙古文，内蒙古文化出版社，2009 年。
② 《世界宗教研究》2011 年第 1 期。
③ 《17 世纪初内蒙古东部地区宗教政体状况及内齐托音呼图克图》，《蒙古学研究》2006 年第 4 期；《内齐托音呼图克图在科尔沁等诸部传播黄教史略》，《蒙古学研究》2007 年第 3 期；《关于内齐托音呼图克图一世开创的佛教蒙古念经问题》，《蒙古学研究》2008 年第 4 期；《关于内齐托音呼图克图与萨迦活佛的矛盾》，载《阳光》，呼和浩特：内蒙古人民出版社，2009 年。
④ 《西藏研究》2016 年第 4 期。
⑤ 《内蒙古师范大学学报》2017 年第 5 期。
⑥ 《十七世纪蒙古史论考》，呼和浩特：内蒙古人民出版社，2009 年。
⑦ 《内蒙古民族大学学报》2014 年第 3 期。
⑧ 《藏学学刊》2017 年第 2 期。
⑨ 《内蒙古师范大学学报》2014 年第 1 期。
⑩ 《内蒙古社会科学》2009 年第 6 期。
⑪ 《世界宗教文化》2017 年第 4 期。
⑫ 《西部蒙古论坛》2013 年第 1 期。
⑬ 邓建新：《清王朝对章嘉呼图克图的管理》，《青海民族学院学报》2009 年第 1 期；邓建新：《论藏传佛教章嘉活佛系统的社会功能》，《世界宗教文化》2010 年第 2 期；邓建新：《论三世章嘉呼图克图的文化贡献》，《中央民族大学学报》2010 年第 3 期；邓建新：《章嘉呼图克图研究》，北京：宗教文化出版社，2010 年。
⑭ 呼和浩特：内蒙古人民出版社，2015 年。

战时期，第七世章嘉呼图克图赴内蒙古地区"宣化"等方面的史实。①

胡日查《安代之乡——锡勒图库伦扎萨克喇嘛旗历史变迁》，论述了锡勒图库伦扎萨克喇嘛旗的来源、政教合一行政体制，清末民初"政教分治"等问题。② 双宝《清代锡勒图库伦札萨克喇嘛旗若干问题再探》一文对锡勒图库伦札萨克旗制、传统游牧地等问题作了补充论述。③

胡日查《清代呼和浩特掌印札萨克达喇嘛及其印务处管理》，对清代呼和浩特掌印札萨克达喇嘛印务处建立的经过、职能、隶属等问题进行了初步研究。④ 周乌云《试论清代蒙古地区喇嘛洞礼年班制度》一文考察了洞礼年班制度。⑤ N·哈斯巴根、阿音娜《察罕达尔汉绰尔济与清初八旗喇嘛事务管理》考述了清初察罕达尔汉绰尔济喇嘛的事迹，指出其管理八旗喇嘛事务直到康熙年间。⑥ 乌云《民国时期中央政府对内蒙古地区黄教寺庙的法律调整》⑦，汪丞、余子侠《论伪蒙疆政权的留日教育活动及其特点（1937—1945）》，季静《论伪满时期内蒙古东部地区的喇嘛教一元化改革》等论文考察了民国政府和伪满政权对藏传佛教的管理。⑧ 胡日查《大藏经〈丹珠尔〉的蒙译历史背景与经过》一文指出部分佛教经典的蒙译，为乾隆朝蒙译丹珠尔经具备了条件。⑨

（11）蒙古族与其他民族的关系史

蒙藏关系方面论文很多，此略。专著有王辅仁、陈庆英编著《蒙藏民族关系史略》⑩。樊保良《蒙藏关系史研究》。⑪ 陈庆英著《蒙藏关系史大系·政治卷》等。⑫ 蒙藏关系方面，有多篇论文探讨了明末清初达赖喇嘛系统与蒙古诸部落的互动关系、三世达赖喇嘛索南嘉措与俺答汗、四世达赖喇嘛、五世达赖喇嘛，以及达赖喇嘛系统和藏传佛教对蒙藏关系的影响。王力《明末清初达赖喇嘛系统与蒙古诸部互动关系研究》对明末清初蒙藏关系作了全面的探讨。

畏兀儿与蒙古关系有樊保良《十三世纪蒙古与畏兀儿关系初探》一文。⑬ 蒙古与哈萨克关系有纳比坚·穆哈穆德罕《15 世纪至 18 世纪中叶哈萨克与西蒙古准噶尔关系初探》、祁杰《准噶尔与哈萨克关系述略》等文。⑭ 蒙古与女真、满洲关系有

① 《内蒙古师范大学学报》2005 年第 5 期；《民族研究》2010 年第 6 期；《中国西藏》2015 年第 6 期。
② 《内蒙古民族大学学报》2009 年第 4 期。
③ 《西北民族论丛》2018 年第 2 期。
④ 《内蒙古社会科学》2014 年第 1 期。
⑤ 《内蒙古民族大学学报》2010 年第 4 期。
⑥ 《中国藏学》2016 年第 1 期。
⑦ 《世界宗教研究》2019 年第 3 期。
⑧ 《江苏师范大学学报》2013 年第 1 期；《社会科学战线》2014 年第 6 期。
⑨ 《内蒙古师范大学学报》（蒙古文版）2016 年第 4 期。
⑩ 中国社会科学出版社，1985 年。
⑪ 西宁：青海人民出版社 1992 年。
⑫ 拉萨：西藏人民出版社、外语教学与研究出版社，2002 年。
⑬ 《中国蒙古史学会论文选集（1983 年）》。
⑭ 《新疆社会科学》1990 年第 3 期；《西北民族学院学报》1996 年第 1 期。

滕绍箴《试论明代女真与蒙古的关系》、包文汉《清初科尔沁部与满洲的关系》①
等大量论文。清代满蒙联姻方面有华立《清代的满蒙联姻》等论文。② 杜家骥《清
朝满蒙联姻研究》一书，利用清代皇家玉牒全面系统地研究了满蒙联姻关系。③ 近
年有关满蒙联姻的论文有多篇，论述了满蒙联姻及其作用、影响、"备指额驸"制
度、孝庄皇后、恪靖公主、公主随嫁人员、公主府、满蒙联姻对蒙古社会的影响等。
蒙古族与其他民族的关系，在翁独健主编《中国民族关系史纲》④、编写组编《中国
北方民族关系史》⑤、杨建新、马曼丽主编《西北民族关系史》等综合性论著中都有
论述。⑥ 有关蒙古族教育史方面的论著亦很多。

八、达斡尔族史研究

1949 年中华人民共和国成立后，在党和国家领导下，达斡尔族史学研究取得令
人瞩目的成就。现将达斡尔族民族史相关研究成果，分以下两个阶段予以归纳。

（一）20 世纪 50 年代初至 20 世纪 70 年代末达斡尔族史学探索

自 20 世纪 50 年代以来，党和政府组织大批历史学、民族学、社会学等学科的
相关专家、学者深入达斡尔族聚居地区进行全面地调查，进行了达斡尔民族史志的
收集、整理与出版工作。其成果大致分为：

通史类，主要有《达斡尔族志略初稿》（刊于《达斡尔资料集》第二集，1953
年）、《达呼尔族情况》（全国人民代表大会民族委员会铅印，1957 年）、《有关达呼
尔、鄂伦春和索伦族历史资料》1、2 辑（内蒙古东北少数民族社会历史调查组、内
蒙古自治区达斡尔历史语言研究所铅印，1958 年）、《〈清实录〉达斡尔、鄂温克、
鄂伦春、赫哲史料摘抄》⑦《达斡尔族简史·简志合编》（中国科学院民族所和内蒙
古少数民族社会历史调查组铅印，1963 年）。

地方史志类，有《巴彦托海索木达呼尔族情况》（全国人民代表大会民族委员
会铅印，1958 年）、《莫力达瓦达斡尔族自治旗概况及哈布奇屯达斡尔族情况》（中
国科学院民族研究所、内蒙古少数民族社会历史调查组铅印，1958 年）、《爱辉县西
岗子乡友谊社达斡尔族情况》（中国科学院民族研究所、内蒙古少数民族社会历史
调查组铅印，1959 年）、《齐齐哈尔市郊区全和太屯解放前经济情况》（中国科学院
民族研究所、内蒙古少数民族社会历史调查组铅印，1963 年）。

同期，专家、学者亦对达斡尔族族源进行探讨。傅乐焕的《关于萨吉尔迪汗和

---

① 《民族研究》1981 年第 4 期；《民族研究》1983 年第 4 期。
② 《民族研究》1983 年第 2 期。
③ 北京：人民出版社，2003 年。
④ 北京：中国社会科学出版社，1990 年。
⑤ 北京：中国社会科学出版社，1987 年。
⑥ 北京：民族出版社，1990 年。
⑦ 呼和浩特：内蒙古人民出版社，1962 年。

根特木耳的资料》认为达呼尔为"契丹后裔说"。① 陈述先在《大辽瓦解以后的契丹人》《关于达呼尔的来源》《试论达干尔族的族源问题》等文章，② 也认为"达斡尔族是契丹族后裔"。王钟翰则在《达呼尔人出于索伦部考》一文中，提出"达斡尔人出自索伦部"的观点。③

（二）20世纪80年代以来达斡尔族史学成果

1978年以来，达斡尔族民族史研究迎来"百家争鸣"的黄金时期，其研究可按专题研究与综合性研究进行梳理。

1. 专题研究

达斡尔族史专题研究涵盖族源、族称、社会组织、经济制度、历史分布、保家卫国斗争、民俗文化、教育、医疗等多个方面，成果颇丰。

（1）族源、族称

族源。族源问题一直是达斡尔族史研究的热点问题之一，相继提出了契丹说、蒙古说、鲜卑说、室韦说、夏人说、白鞑靼说、索伦说、多源流说等观点。

契丹说，自陈述提出"达斡尔族源之契丹说"后，支持契丹说的有：沈汇的《论契丹小字的创制与解读——兼论达斡尔族的族源》，④ 王咏曦的《达斡尔族源流考》及其《从民俗论达斡尔族源于契丹》，⑤ 欧兰·乌珠尔的《关于达斡尔族族称与族源问题》、高路加与景爱的《陈述先生关于契丹源流的论述》、景爱《新世纪达斡尔族起源研究述评》，⑥ 薛子奇的《达斡尔族的族源和文明》、⑦ 多文志与李强的《谈达斡尔族族源纷争问题》、莫尔根迪的《关于萨吉哈勒迪汗传说中的问题》，⑧ 巴图宝音的《达斡尔族源于契丹论》⑨ 等。经过学者专家的努力，契丹说在一定程度上成为达斡尔族族源的主流观点，并得到达斡尔族人的认同。但仍有部分学者对契丹说有不同观点，如刘金明在《关于达斡尔族源于契丹说的质疑》中认为，达斡尔族源流问题仍是一个待解之谜，尚需民族研究者做出科学的回答。⑩

蒙古说，持蒙古说的有阿勇的《关于达斡尔的族源问题》、巴达荣嘎的《对达斡尔族称及族源问题的看法》和鲁文江的《关于达斡尔族族源研究的几点意见》等

① 《中国民族问题研究集刊》1955年第1期。
② 《中国民族问题研究集刊》1956年第5期；《民族研究》1959年第8期；《民族研究》1959年第8期。
③ 《清史杂考》，北京：人民出版社，1958年。
④ 《中央民族大学学报》1980年第4期。
⑤ 《黑龙江民族丛刊》1986年第1期；《黑龙江民族丛刊》1986年第2期。
⑥ 《内蒙古社会科学》1995年第3期；《史学史研究》1999年第3期；《辽宁工程科技大学学报》2012年第6期。
⑦ 《湖南城市学院学报》2004年第7期。
⑧ 两文均见《达斡尔族研究》第8辑，呼和浩特：内蒙古大学出版社，2005年。
⑨ 中国社会科学出版社，2011年。
⑩ 《黑龙江民族丛刊》1990年第4期。

论著，① 强调达斡尔族与蒙古族在语言和地域上的共性。近年，学者从分子人类学角度对"蒙古说"加以考证。王迟早、石美森的《分子人类学视野下的达斡尔族族源研究》，认为达斡尔族不仅与其他蒙古语族人群具有共同的父系起源关系，并且是全体蒙古语族始祖人群的最古老分支的直系后裔。②

鲜卑说，敖兴然的《关于达斡尔族和蒙古族祖源关系的探讨》一文提出"东部宇文鲜卑是阿尔泰语系古蒙古语族，是契丹和蒙兀室韦的先祖，即今达斡尔和蒙古族的祖先"，③ 此即鲜卑说。

大夏说，恩和巴图则提出"达斡尔族不是契丹后裔，而是中原地区夏部族之一"的观点。他在《"达斡尔"就是"大夏"——谈达斡尔族族名及其源流》《达斡尔族不是契丹后裔——对于契丹与达斡尔族 DNA 研究的几点看法》《达斡尔族的始祖就是萨吉勒帝汗"始均帝"》等文中，④ 详细论述此观点。

室韦说，乌云达赉的《达斡尔族的起源》一文提出异于前述观点的一种观点，"认为达斡尔族起源于北室韦"，即室韦说。⑤

另有极少数学者认为达斡尔起源于索伦、白鞑靼。如，陈志贵在《清代东北北疆卫士——达斡尔族》一文中认为"索伦部"是清朝统治者对黑龙江流域达斡尔、鄂温克部落的总称。⑥ 但，此观点现已少见，故从略。

多元说，刘金明在《也论达斡尔族源流》一文中，⑦ 提出"多源流说"。他认为"达斡尔族不是单一源流的民族，它同世界上多数民族一样是一个多源流的民族，若干现代民族的先民参加了达斡尔族的形成过程"。郭庆的《浅议达斡尔族族源问题》亦说道，"我们不能说达斡尔族源于古代的哪一个具体民族，因为这不符合民族发展的规律"。⑧

族称。关于达斡尔族的族称及其含义争执由来已久。阿尔太的《达斡尔族称议》一文，对历史上的自称、不同含义的他称、包括蔑称、侮称等做了归类和论述。⑨ 刘金明的《达斡尔族名含义刍议》一文针对达斡尔族族名的含义做出三种主要的解释：达斡尔族名称是契丹大贺氏之音转，达斡尔族名系古时太鲁水即今之洮儿河之音转，达斡尔族名为达斡尔语"故址"或"故国"之意。在逐一展开分析论述后，他得出"达斡尔或达呼尔的含义是索伦语耕种者之意"的观点。⑩ 巴达荣嘎

① 《内蒙古社会科学》1984 年第 2 期、1992 年第 3 期、1994 年第 2 期。
② 《北方民族大学学报》2018 年第 5 期。
③ 《黑龙江民族丛刊》1986 年第 3 期。
④ 《达斡尔族研究》第 8 辑，呼和浩特：内蒙古大学出版社，2005 年；《华西语文学刊》2013 年第 1 期；《黑龙江民族丛刊》2008 年第 1 期。
⑤ 《内蒙古社会科学》1990 年第 3 期。
⑥ 《齐齐哈尔师范学院学报》1985 年第 2 期。
⑦ 《黑龙江民族丛刊》1994 年第 2 期。
⑧ 《中央民族大学学报》1995 年第 1 期。
⑨ 《内蒙古社会科学》1989 年第 4 期。
⑩ 《内蒙古社会科学》1992 年第 1 期。

的《对达斡尔族称及族源问题的看法》则着重从语言学角度对达斡尔族的族称问题进行论述。① 欧南·乌珠尔《关于达斡尔族族称与族源问题》一文的提出"达斡尔族名的含义是契丹大贺氏之音转"的观点。② 孟祥义、林笑薇、王军《达斡尔族名考》则认为，"达斡尔族名的来源是以洮儿河名为基础、以自称语音变化为依据所形成的一个族名"。③

（2）社会组织与经济制度

社会组织。薛子奇的《浅谈古代达斡尔族的社会组织形式》④ 一文，卜林的《达斡尔族的哈勒和莫昆》⑤、满都尔图的《略论达斡尔族的氏族制度》⑥ 等著作，对达斡尔族哈拉、莫昆、贝功等社会组织的历史变迁、结构特征等进行宏观研究。

苏钦的《明末清初分布在黑龙江中上游的达斡尔诸城屯》一文对黑龙江上游的达斡尔 20 个城屯进行考察。⑦ 吴维荣的《嫩江流域达斡尔族早期村屯的建立》和《达斡尔族村屯录》详细记述齐齐哈尔地区和布特哈地区达斡尔族建立的早期村屯。⑧ 王咏曦的《清代达斡尔族中的郭博勒氏》从归附、南迁、定居、新兴、兵事、封赏和衰落等方面对清代达斡尔族中的郭博勒氏进行论述。⑨ 金鑫的博士论文《八旗制度与清代前期索伦达斡尔社会》详细研究八旗制度下达斡尔人地域分布、经济生活、社会组织、军事、物质精神文化的发展变迁。⑩ 满都尔图、杨优臣的《达斡尔族与兴建齐齐哈尔城考述》探讨玛布岱修建齐齐哈尔城的始末、城名的由来及其与达斡尔族的特殊关系。⑪

经济制度。陆万昌的《清代达斡尔族贸易初探》对达斡尔族经济制度的变迁加以讨论。他认为达斡尔族在原始物物交换基础上参与到独具地域和民族特色的区域交易中。⑫ 何丽文的《清末民初黑龙江地区达斡尔族的经济模式变迁》对清末民初达斡尔族经济模式变迁的原因以及多元经济模式变迁的表现等问题进行论述。⑬ 金鑫的《论清代前期达斡尔、鄂温克族的商品经济》探讨清代前期达斡尔族与周边民族商贸往来情况。⑭ 戴嘉艳的《生存智慧与文化选择——达斡尔族农业民俗及其生态文化特征研究》对达斡尔族从事农业生产的历史以及其经济制度的变迁进行论述。⑮

---

① 《内蒙古社会科学》1993 年第 2 期。
② 《内蒙古社会科学》1995 年第 3 期。
③ 北京：民族出版社，2003 年。
④ 《北方文物》1986 年第 1 期。
⑤ 北京：民族出版社，1998 年。
⑥ 北京：民族出版社，2006 年。
⑦ 《中央民族学院学报》1982 年第 4 期。
⑧ 《黑龙江民族丛刊》1985 年第 2 期；齐齐哈尔铁路印刷厂，1993 年。
⑨ 《北方文物》1986 年第 1 期。
⑩ 北京师范大学博士学位论文，2001 年。
⑪ 《民族研究》2001 年第 4 期。
⑫ 《黑龙江民族丛刊》2010 年第 1 期。
⑬ 《黑龙江民族丛刊》2011 年第 3 期。
⑭ 《满语研究》2012 年第 1 期。
⑮ 北京：民族出版社，2014 年。

（3）历史分布与保家卫国

陈述的《关于达斡尔地区与乌第河流域》一文对自明清以来黑龙江等流域的达斡尔人的来源与分布进行阐述。[①] 莫日根迪的《十五至十七世纪达斡尔族历史概述》对 15—17 世纪的达斡尔历史进行综合论述，指出"具有光荣历史的勤劳勇敢的达斡尔族以黑龙江上、中游地区为自己的故乡，在开拓和驻守祖国边疆的漫长岁月里，作出了值得追记的卓越贡献"。[②] 傅朗云的《十七世纪达斡尔族人民的抗俄斗争》一文论述 17 世纪达斡尔族人民抗俄斗争的历史事实。他指出，"达斡尔族人民和我国东北及北部边疆各族人民，团结战斗，前仆后继，不屈不挠，浴血奋战，进行了长期英勇顽强的抗俄斗争，表现了我们中华民族从不屈服于任何外国侵略和压迫的斗争精神，在我国反侵略斗争的历史上留下了光辉的一页"。[③] 李凤飞、刘金明的《达斡尔族反抗日本侵略者的斗争》一文认为，"九一八"事变后，达斡尔族各阶层人民，通过亲自参加和积极支持马占山、苏炳文部及东北抗联的形式同日本帝国主义进行顽强的斗争，为大小兴安岭地区抗日斗争作出巨大贡献。[④]

（4）民俗文化

1980 年以来，学者从语言、信仰、文学、艺术等方面对达斡尔族传统民俗文化进行系统探究。

语言方面，丁石庆的《达斡尔族人名说略》《论达斡尔语方言的亚文化特征》等文探讨达斡尔族语言的历史变迁与现状发展。[⑤] 丁石庆《新疆达斡尔族语言现状与发展趋势》一书对新疆达斡尔族语言发展历史进行详细描述。[⑥] 李晓莉、吴维的《达斡尔语是契丹语的延续》则考察了达斡尔语的起源。[⑦]

民族信仰方面，丁石庆的《达斡尔族萨满文化遗存调查》详尽展现达斡尔族萨满文化发展历程。[⑧] 丁石庆、赛音踏娜的《达斡尔族萨满文化遗存调查》探讨萨满文化背景、历史上的萨满及其宗教活动、历史上的萨满观念及崇拜对象、萨满教与达斡尔族生产生活。[⑨] 孟盛彬《达斡尔族萨满教研究》一书通过探析达斡尔族萨满教具体形态和内容，来把握历史上萨满教发展的基本脉络。并对萨满与社会群体关系的展示与分析，剖析萨满教与达斡尔族传统社会结构的内在联系，还原与重构萨满对人们日常生活的影响及其发挥的积极作用。[⑩] 此外，景爱的《达斡尔族的佛教信仰》一文认为历史上达斡尔族在信仰萨满教的同时，还信仰佛教。之所以还崇信

---

① 《学习与探索》1980 年第 4 期。

② 《内蒙古社会科学》1980 年第 1 期。

③ 《历史教学》1980 年第 2 期。

④ 《黑龙江民族丛刊》2001 年第 2 期。

⑤ 《内蒙古社会科学》1990 年第 3 期；《内蒙古社会科学》1994 年第 5 期。

⑥ 沈阳：辽宁民族出版社，2015 年。

⑦ 《北方论丛》1999 年第 5 期。

⑧ 北京：民族出版社，2011 年。

⑨ 北京：民族出版社，2011 年。

⑩ 北京：社会科学文献出版社，2019 年。

佛教（藏传佛教），主要是受邻族科尔沁蒙古影响的结果。①

文学方面，崔荣的《达斡尔族诗歌研究》、李树新的《达斡尔族小说研究》、赵延花的《达斡尔族散文研究》，② 姚宝瑄的《中国各民族神话·达斡尔族、鄂伦春族、鄂温克族、蒙古族》、黄任远的《黑龙江流域少数民族英雄叙事诗·达斡尔族卷》对达斡尔族在文学上取得的巨大成就进行详细梳理。③ 李洪伟的《清达斡尔族满文本巡边诗研究》收集整理敖拉·昌兴巡边诗，记述 1851 年秘密巡查乌第河和例行巡查额尔古纳河的过程。④

艺术方面，安晓霞的《达斡尔族音乐志及研究》、张天彤的《变迁与坚守——达斡尔族传统音乐文化研究》、刘彤的《达斡尔族传统音乐文献综述》等论著勾勒达斡尔族音乐发展历史轮廓，分析其音乐形态、文化意涵等。⑤

（5）教育与医药

亢稚文的《民国初期达斡尔族学校教育事业发展浅析——以嫩江县为例》介绍民国初年达斡尔族的教育发展。⑥ 何丽的《解放前达斡尔族教育及其发展原因初探》对前达斡尔族教育的发展情况加以论述，并分析其演变原因。⑦ 赵爱伦的《清末民初西布特哈地区教育问题述略——以〈档案史料选编·黑龙江少数民族〉为中心》一文揭示清末民初东北边疆地区特有的少数民族地区教育的发展规律，分析西布特哈地区文化发展的内涵及其社会发展问题。⑧ 陆万昌的《清代达斡尔族教育探析》一文对清代达斡尔族由传统的社会教育向现代学校教育过渡进行探讨。⑨

此外，滕绍箴的《达斡尔族文化教育发展的历史回顾》、谢兰荣的《达斡尔族教育史述略》、孙东方的《论清朝达斡尔族双语教育的发展》、陈鹏的《清末新政前后的黑龙江少数民族教育书评》等论文，重点探讨双语教育问题，归属于教育史范畴。⑩

包羽、伊乐泰的《达斡尔族历史上的医学知识》一文探讨达斡尔族历史上的医学知识，认为达斡尔族普通群众在抵抗各类疾病的具体实践中也积累了以疾病的症状及其对症药物等的认识为主要内容的民间医学常识。⑪

---

① 《黑龙江民族丛刊》1998 年第 3 期。
② 三书均由内蒙古大学出版社于 2012 年出版。
③ 太原：书海出版社，2014 年；哈尔滨：黑龙江人民出版社，2016 年。
④ 《黑龙江史志》2019 年第 3 期。
⑤ 哈尔滨：黑龙江大学出版社，2014 年；北京：人民音乐出版社，2014 年；《艺术品鉴》2019 年第 36 期。
⑥ 分别见《内蒙古社会科学》1992 年第 1 期，《黑龙江民族丛刊》1992 年第 2 期。
⑦ 《黑龙江民族丛刊》1992 第 2 期。
⑧ 《中国边疆史地研究》2003 年第 3 期。
⑨ 《黑龙江民族丛刊》，2009 年第 6 期。
⑩ 《社会科学战线》1994 年第 1 期；《内蒙古师大学报》1998 年第 4 期；《内蒙古师范大学学报》2006 年第 7 期；《历史教学》2007 年第 9 期。
⑪ 《中国民族医药杂志》2020 年第 3 期。

（6）中华民族多元一体探讨

近些年，一些学者从"各民族共创中华"角度探讨达斡尔族的历史文化的发展脉络。由王希隆著、杨建新编的《各民族共创中华，东北内蒙古卷》、毅松的《达斡尔族》、滕绍箴、苏都尔及董瑛的《达斡尔族文化研究》、高春梅与吴少红的《达斡尔族传统价值观与社会主义核心价值观的契合点》等论著突出论述达斡尔族与邻近各族在文化生活交融中发展、在相互认同中前进的历史行程。①

通史类著作，由《达斡尔族简史》编写组编写的《达斡尔族简史》② 对达斡尔族历史发展进行系统、全面探索。它的问世，"几乎填补了国内外达斡尔族历史研究的空白，为今后达斡尔族历史研究奠定了基础"③。其后，祁惠君、丛静的《传统与现代：达斡尔族农民的生活》、毅松的《达斡尔族》以及李德洙、云峰主编《中国民族百科全书·蒙古族、达斡尔族、鄂温克族、鄂伦春族卷》等通史类著作相继问世。④ 2018 年，由孟志东主编的《中国达斡尔族通史》则是目前最全面记述、分析和研究历代达斡尔族发展历史的学术专著。⑤

由蔡志纯编撰的《蒙古、东乡、土、保安、达斡尔族文化志》、中华文化通志编委会编写的《中华文化通志第三典民族文化——蒙古、东乡、土、保安、达斡尔文化志》、滕绍箴与苏都尔·董瑛合编的《达斡尔族文化研究》等论著，⑥ 可看作是达斡尔族文化通史的集大成之作。

地方史志类著作，梅里斯达斡尔族区志编纂委员会编纂的《齐齐哈尔市梅里斯达斡尔族区志》、由莫力达瓦达斡尔族自治旗史志编纂委员会编写的《莫力达瓦达斡尔族自治旗志》以及由吴瑶、白晓清主编的《黑龙江达斡尔族文化》等地方志全面、系统地记述东北地区达斡尔族社会、经济、文化等各方面的历史与现状。⑦

此外，郭布勒·巴尔登主编的《新疆达斡尔族》出版，比较全面记述了新疆达斡尔族的历史发展，填补了新疆地区达斡尔族史研究的空白。⑧

档案类著作，最具代表性的是由莫力达瓦达斡尔自治旗达斡尔学会和民族出版社联合出版的《达斡尔资料集》（已出版 11 集），该资料集比较系统地整理了达斡尔历史沿革、社会制度、经济制度、重要家谱、民间故事传说等方面的文献资料，

---

① 甘肃文化出版社，2011 年；沈阳：辽宁民族出版社，2014 年；沈阳：辽宁民族出版社，2014 年；《理论观察》2017 年第 5 期。

② 呼和浩特：内蒙古人民出版社，1986 年。

③ 毅松：《祖国北疆开发保卫者的足迹—读〈达斡尔族简史〉》，《内蒙古社会科学》1988 年第 1 期。

④ 北京：中央民族大学出版社，2006 年；沈阳：辽宁民族出版社，2014 年；西安：世界图书出版社西安有限公司，2015 年。

⑤ 沈阳：辽宁民族出版社，2018 年。

⑥ 上海：上海人民出版社，1999 年；上海：上海人民出版社，2010 年；沈阳：辽宁民族出版社，2014 年。

⑦ 合肥：黄山出版社，1999 年；呼和浩特：内蒙古文化出版社，2005 年；哈尔滨：黑龙江出版社，2012 年。

⑧ 中国香港：香港天马图书出版公司，2005 年。

成为达斡尔族的历史文库，对达斡尔族历史文化的传承保护及研究，具有重要的意义。由莫力达瓦达斡尔族自治旗达斡尔学会、莫力达瓦达斡尔族自治旗达斡尔民族博物馆与中国第一历史档案馆合作出版的大型档案汇编《清宫珍藏达斡尔族满汉文档案汇编》是另一部具有重要价值的档案文献。[①] 该文献汇编收录了自康熙四年（公元 1665 年）起，止于宣统二年（公元 1990 年）共计 805 件的档案（其中满文档案 444 件、满汉文合璧档案 95 件、汉文档案 89 件），内容囊括户部、兵部、理藩院、军机处、黑龙江将军、伊犁将军及皇帝在处理达斡尔事务过程中形成的题本、奏折、咨文、谕旨等公文。两部档案文献的整理与出版，可谓惠及后世，为日后达斡尔族史学研究、东北民族历史研究以及东北、西北边疆专题研究，提供可供参考的史料。

综上所述，70 年来，在达斡尔族历史研究方面发表和出版了大量学术论著，内容涉及诸多方面，整理出版了多种文字史料，为今后研究打下良好基础，取得了可喜的成就。

---

① 沈阳：辽宁民族出版社，2018 年。

第五章　西北民族史研究

通　论

　　西北民族史研究始于 19 世纪中叶，主要是以打着科学考察旗号与经商名义来我国西部地区收集情报的外国探险家、考察家、驻华外国官员以及中国学者与官员收集的有关西北地区民族历史、语言、社会、宗教、风俗、经济诸方面的社会调查资料及对相关问题的简单探讨。到 20 世纪 20 年代，随着我国边疆危机的不断加剧，我国学者开始把学术研究的目光转向边疆地区，于是决定边疆地区形势稳定与否的少数民族成为学术研究的主要对象，西北民族史的研究也就提上了学术研究的议事日程。在国立中央大学、西北大学设立了边政学系，兰州大学设立了边疆语文学系，青海民族学院也设立了相应的系科，成立了中国边政学会（设有边政公论社）、中国边疆学会、新亚细亚学会、边事研究社、回教文化促进会、中国边疆文化促进会、中国边疆学讨论研究会、中国边疆建设协会、中国边疆问题研究会、开发西北协会和西北问题研究会等研究机构与组织，出现了一批探讨民族族源问题与社会问题的研究论文。

　　当时，为了配合中瑞西北科学考察团的考察活动，冯承钧编写了《西域地名》（1930 年）一书，收录西域地名 710 多条，成为研究西域历史地理的重要工具书。此后，由于国内局势的动荡，抗日战争的爆发，西北地区的形势处于相对稳定的状态，于是许多学者来到西北考察。他们将自己观察到的少数民族政治、经济、文化、宗教、习俗记录下来，整理出版，成为我们研究这一时期西北民族历史的重要资料。但是基于当时条件的限制，对西北民族史相关问题的研究还不够深入。

　　1949 年中华人民共和国成立后，随着党的民族政策的贯彻和落实，西北民族史研究也进入了一个新的阶段。与全国一样，从 1956 年起，西北地区与全国一样开始了大规模的少数民族社会历史调查。这次调查，搜集了大量的历史文献、档案资料和民俗资料，并在历史调查的基础上对西北各民族的历史进行了系统的研究，为每个民族编写了一本简史。

　　为了配合少数民族历史调查，除中国科学院民族研究所、中央民族学院历史系等机构外，西北各省、区都成立了相应的民族研究机构，如新疆民族研究所、甘肃民族研究所、青海民族研究所、兰州大学历史系、西北民族学院历史系、新疆学院史地系等。

在社会历史调查和编写少数民族简史的过程中，学者们针对遇到的问题展开了热烈的讨论和深入的研究。讨论的主要问题有：关于民族的族源问题，关于历史上的民族关系问题，关于民族战争问题，关于少数民族社会性质问题，关于历史上的民族融合与民族同化问题，关于民族历史人物和历史事件的评价问题等。发表了一系列具有一定学术水平的研究论文，推动了西北民族史研究的深入发展。

从 1966 年到 1976 年，由于"文化大革命"的影响，西北民族史研究与全国一样处于停滞状态，内地学者没有大的建树，台湾学者刘义棠的《中国边疆民族史》①则弥补了这一研究领域的不足。

1976 年"文化大革命"结束后，特别是 1978 年党的十一届三中全会后，中国民族史学界摆脱了学术研究中极"左"思想的束缚，逐步克服简单化、绝对化的形而上学的思想和方法，对少数民族历史人物和历史事件等问题的研究与评价趋于客观公正。西北民族史研究机构不断恢复和建立，并主办多种学术刊物。主要机构与组织有中国社会科学院民族学与人类学研究所，中国边疆史地研究中心，新疆社会科学院历史研究所、民族研究所、宗教研究所，甘肃省民族研究所，青海省社会科学院历史研究所，宁夏社会科学院回族伊斯兰教研究所，中央民族大学研究部和历史系，兰州大学历史系、西北少数民族研究中心，西北民族学院历史系、西北民族研究所，西北大学西北民族研究室，陕西师范大学西北民族研究中心，北方民族大学人类学民族学研究所，宁夏大学西夏学研究中心，宁夏大学回族研究中心，新疆大学历史系、中亚历史文化研究所、阿勒泰学研究所、西北少数民族研究中心，中国民族史学会，维吾尔历史文化研究会，中国民族学学会回族学会，青海民族大学民族研究所、格萨尔史诗研究所、语言与民俗研究所、民族艺术研究所、青海蒙古文化研究中心、青海土族研究中心、青海撒拉族研究中心、青海民族民间文化抢救中心，青海土族研究会，青海撒拉族研究会，新疆民族研究会，哈萨克语言文化学会，柯尔克孜语言文化历史学会，塔塔尔文化研究会，乌兹别克文化研究会，卫拉特蒙古文化研究会等。主办刊物有《西域研究》（新疆社会科学院主办）、《西北民族研究》（西北民族大学主办）、《西北史地》（兰州大学历史系主办）、《西北民族论丛》（陕西师范大学中国边疆研究院、西北民族研究中心主办）、《青海民族研究》（青海民族大学民族学与社会学学院、青海民族研究所主办）、《西域历史语言研究集刊》（中国人民大学国学院西域历史语言研究所主办）、《西域文史》（北京大学中国古代史研究中心、新疆师范大学西域文史研究中心主办）、《西夏研究》（宁夏社会科学院主办）等。

研究机构、刊物的恢复、创建与学会的成立，促进了西北民族史研究的发展。

---

① 台北：中华书局，1969 年。

首先，整理出版了一系列大型文献资料丛书与工具书。

中国西北文献丛书编辑委员会编辑出版的《中国西北文献丛书·正编》① 分为《西北稀见方志文献》《西北稀见丛书文献》《西北史地文献》《西北民俗文献》《西北少数民族文字文献》《西北文学文献》《西北考古文献》和《敦煌学文献》8 个学术专辑，共收录陕西、甘肃、宁夏、青海、新疆和内蒙古部分地区各时代稀有文献560 多种；中国西北文献丛书续编编纂委员会编辑出版的《中国西北文献丛书·续编》② 分为《敦煌学文献卷》《西北史地文献卷》《西北考古文献卷》《西北稀见方志文献卷》4 个学术专辑，共收录西北地方文献 47 种；中国西北文献丛书编辑委员会编辑出版的《中国西北文献丛书·二编》③ 分为《西北稀见方志文献》《西北史地文献》《西北民俗文献》《西北少数民族文字文献》《西北文学文献》《西北考古文献》6 个学术专辑，共收录西北地区各时代稀有文献 240 多种，其中主要以新疆地区文献为主。丛书除收录汉文文献外，还选录维吾尔文、藏文、阿拉伯文以及回鹘文、托忒文等少数民族文字文献，并对部分少数民族稀有语种文字文献进行了古译今和汉译工作。王尧主编、何星亮主撰的《维吾尔、柯尔克孜、哈萨克、乌孜别克、塔吉克、塔塔尔、俄罗斯、裕固、撒拉文化志》等对西北民族史的全面、深入、系统研究打下了坚实的史料基础。

工具书有刘戈、黄咸阳编的《西域史地论文资料索引》④，收录了清末至 1978 年国内外有关西域史地研究的报刊、论文、译文共 8000 多条；陈延琪主编的《中国少数民族论著索引》⑤，收录了 1949—1989 年有关中国少数民族研究方面的著作3088 种，论文 28500 余篇；刘维新等主编的《西北民族历史词典》；冯承钧编纂，陆峻岭增订的《西域地名》⑥，收录西域地名 920 条；冯志文等编纂的《西域地名》⑦，收录西域地名 5200 多条；钟兴麒编纂的《西域地名考录》⑧，收录西域地名6500 多条；邓锐龄著《〈中国历史地图集〉南宋、元时期西北边疆图幅地理考释》⑨，收录地名 292 条，为西北民族史研究工作者提供了极大的方便。

其次，出版了一些西北民族史研究入门指南性与通史性的研究著作。

入门指南性著作有：马曼丽的《甘肃民族史入门》⑩、芈一之的《青海民族史入

① 兰州古籍书店，1990 年。
② 兰州：甘肃文化出版社，1999 年。
③ 北京：线装书局，2005 年。
④ 乌鲁木齐：新疆人民出版社，1988 年。
⑤ 乌鲁木齐：新疆人民出版社，1992 年。
⑥ 北京：中华书局，1980 年。
⑦ 乌鲁木齐：新疆人民出版社，2002 年。
⑧ 北京：国家图书馆出版社，2008 年。
⑨ 北京：中国藏学出版社，2016 年。
⑩ 西宁：青海人民出版社，1988 年。

门》①、周伟洲的《吐谷浑史入门》② 和马大正、蔡家艺的《卫拉特蒙古史入门》③。为初涉西北民族史研究人员提供了基本的入门知识。

通史性的研究著作有：

杨建新、马曼丽主编的《西北民族关系史》④，从不同角度对先秦至清末西北各民族之间的关系、各民族的迁徙和分布情况、中央政权对西北各民族的经营、西北各族反对外来侵略和维护祖国领土完整的斗争、清政府对西藏和青海的用兵等作了较为全面的论述。

谢佐主编的《青海民族关系史》⑤ 对青海民族关系的各个方面作了较为系统的论述。

钱伯泉的《新疆民族史》⑥ 以通俗的笔墨，叙述了新疆民族历史发展的概况。

周伟洲的《中国中世西北民族关系研究》⑦ 分上、下两编，分别对魏晋南北朝和隋唐时期西北的民族关系，特别是经济、文化关系进行了深入、全面、系统的论述。作者在绪论中对史学界长期争论的历史上的中国及其疆域、民族、历史上民族关系的主流与支流、民族战争与民族英雄、民族融合与民族同化等理论问题提出了自己的看法，并将其融入全书的研究之中，使中国中世西北民族关系的研究达到了一个新的高度。

杨建新的《中国西北少数民族史》⑧ 对先后在西北地区活动过的戎族、匈奴族、月氏族、乌孙族、氐族、羌族、鲜卑族、吐谷浑族、柔然、高车、嚈哒、突厥族、吐蕃族、维吾尔族、党项族、蒙古族、柯尔克孜族、塔吉克族、哈萨克族、乌孜别克族、裕固族、回族、东乡族、保安族、土族和撒拉族的历史做了系统的梳理和研究。

杨建新主编的《中国西北少数民族通史》⑨ 分为《导论卷》《先秦卷》《秦西汉卷》《东汉三国卷》《西晋十六国卷》《南北朝卷》《隋唐五代卷》《辽宋西夏金卷》《蒙元卷》《明代卷》《清代卷》《民国卷》《当代卷》，共13卷。这部多卷本通史在前人研究成果的基础上，对西北民族史进行了全面、深入、系统的研究，在理论上探讨了"民族的概念""历史上中国少数民族的形成、发展和演变""历史上中国各民族的关系""关于历史上的'中国'和中国历史上的疆域""各民族共创中华""族群、中华民族、中华民族精神和中华民族凝聚力""历史上的民族战争和对少数

① 西宁：青海人民出版社，1988年。
② 西宁：青海人民出版社，1988年。
③ 西宁：青海人民出版社，1988年。
④ 北京：民族出版社，1990年。
⑤ 西宁：青海人民出版社，2001年。
⑥ 乌鲁木齐：新疆人民出版社，1996年。
⑦ 西安：西北大学出版社，1992年。
⑧ 北京：民族出版社，2003年。
⑨ 北京：民族出版社，2008年。

民族人物的评价""中国古代少数民族文化及其传承与演变""民族与宗教""中国古代少数民族的迁徙"等问题，提出了不少独到的见解。

以国际学术水准来衡量，中国西北民族史研究的最大优势在于：1. 研究人员队伍数量的增加与素质的整体提高。中华人民共和国成立后，由于国家对民族问题研究的重视，西北民族史研究队伍不断壮大，研究素质大大提高，他们不仅掌握国内研究资料与研究信息，而且掌握国外研究成果与动态。特别是少数民族研究人员队伍的发展与水平的提高，为西北民族史研究打下了坚实的研究基础。2. 大量各种文字的文献资料的整理出版与国外研究成果的译介出版，为西北民族史研究打下了坚实的资料基础。特别是少数民族文字文献资料和稀有文字文献资料的整理出版，为本民族研究者与其他研究者提供了方便。3. 西方相关研究理论的借鉴、吸收与利用及其本土化，使西北民族史研究在方法论上大大向前迈进了一步。与此同时我们也不难发现，由于西北民族史研究中民族成分的众多以及语言的多样性，能掌握并利用多种民族语言文字与外国语的学者还不多，这就使我们的研究受到了一定的限制。同时，随着研究中历史学、民族学、社会学、哲学、宗教学、考古学、语言学、政治学、地理学、经济学等交叉研究的增多，对从事本领域研究的学者知识结构的要求越来越高。不过，随着团队协作意识的不断增强，这一不足是能够得到弥补的。随着杨建新主编的《中国西北少数民族通史》的出版，《中国西北少数民族法制史》《中国西北少数民族文化史》《中国西北疆域沿革史》也陆续问世，从而把西北民族史的研究推向更广、更深的领域。

第一节　西域诸族史研究

月氏和乌孙是曾经活动在中国西北地区的古代游牧民族或部族，他们的活动，对古代西域历史产生了深远影响，相关问题一直是国内外研究的热点。

我国学者对月氏、乌孙历史的系统研究，起步于 20 世纪初，如王国维的《月氏未西徙大夏时故地考》[①]、张西曼的《大月氏人种及西窜年代考》[②] 和《乌孙即哈萨克考》[③]、龚骏的《月氏与乌孙的西迁过程考》[④] 等，冯家昇的《大月氏民族及其研究之结论》[⑤] 还对月氏的研究状况作了总结。总体看来，翻译和介绍性质的多，深入研究的论著很少。

后很长一段时期内，由于政治因素的干扰，相关研究陷于停滞，大大落后于西

---

① 《观堂别集》卷 1，上海：商务印书馆石印本，1940 年。
② 《西北问题》1935 年 1 卷 4 期。
③ 《说文月刊》1944 年 5 卷 1—2 期。
④ 《新中华》1944 年 2 卷 9 期。
⑤ 《禹贡》1936 年 5 卷 8—9 期。

方。但翦伯赞等编著的《历代各族传记汇编》①，收入了《大宛列传》《乌孙传》等正史中的民族传记和历代学者的注释，该项研究奠定了基本的资料基础。

80 年代以来，月氏和乌孙等古代民族史的研究取得了长足进步。专题研究成果有王明哲、王炳华的《乌孙研究》②、余太山的《塞种史研究》③《两汉魏晋南北朝正史西域传研究》和《两汉魏晋南北朝正史西域传要注》④，是对百年来唐以前西域传文献研究的一个总结。

一、月氏史研究

70 年来，我国学者在月氏的族源和族属、历史和地理、社会文化、民族迁徙等方面取得了丰硕的研究成果。

（一）月氏的族源和族属研究

"月氏"一词最早的读音来自唐张守节《史记正义》，读为"月支"，其后民国时期又有人认为应读"肉支"，于是或读为"rouzhi"或读为"yuezhi"，莫衷一是。马雍、王炳华的《公元前七至二世纪的中国新疆地区》⑤ 认为"月"的本字即"肉"，西方自始就按月字的现代读音误译成"yue-chi"，相沿成习，难以更正。余太山的《大夏和大月氏综考》⑥ 和杨建新的《中国西北少数民族史》⑦ 等都反对此说，认为其读音就是月支（yuezhi）。戴希龙的《月氏（Yuèzhī）乎？月氏（Ròuzhī）乎？——浅论语言的微观变化》⑧ 一文则从文字语言演变的角度考证了"月氏"应读为"yuezhi"。姚大力的《大月氏与吐火罗的关系：一个新假设》⑨ 利用审音勘同的方法，研究认为月氏之"月"即为 Kushan（贵霜）一名中 Kush 的音写，因为"月"为疑声母字，疑母与见母相通，音写时改用疑母字记外来词里的首辅音 k-，而"氏"字取章移切（照三，tj-，音同支），读轻音与词源的发音更接近，并分析指出月氏与突厥语 Kash（译作"玉"）以及 Kushan 共同起源于国名 Kush，其抑或与汉代之"姑师"或"车师"存在渊源关系。虽然多数学者认同后一种观点，但诚如岑仲勉在其《汉书西域传地理校释》⑩ 一书中指出："月氏是否就是其本名，尚未达到决定性之结论。"

---

① 北京：中华书局，1958 年。
② 乌鲁木齐：新疆人民出版社，1983 年。
③ 北京：中国社会科学出版社，1992 年。
④ 北京：中华书局，2003 年、2005 年。
⑤ 《中亚学刊》第 3 辑，北京：中华书局，1990 年。
⑥ 《中亚学刊》第 3 辑，北京：中华书局，1990 年。
⑦ 北京：民族出版社，2003 年。
⑧ 《湖南大学学报》2006 年第 6 期。
⑨ 《复旦学报》2019 年第 2 期。
⑩ 北京：中华书局，1981 年。

对于月氏的族源，多认为来自中原北部。王国维《月氏未西徙大夏时故地考》①认为月氏就是《逸周书·王会解》中的"禺氏"，秦汉之际从周朝的北部迁至河西。杨建新的《中国西北少数民族史》则反对根据"禺氏"与"月氏"的对音来推测族源，并认为月氏就是河西地区一个土生土长的古老民族。目前来看，相关文献和考古材料极少，族源问题仍有待进一步探索。

我国史籍对月氏族属的记载也不尽相同，或称羌或称戎。岑仲勉的《汉书西域传地里校释》认为介于氐、羌、突厥之间。杨建新的《中国西北少数民族史》根据史籍中对留居河西小月氏的记载，认为大、小月氏既然都是月氏，月氏应与羌族更为相近。陈健文的《月氏种属问题再研究》②认为月氏在体质上是混有蒙古人种或其他人种之血液的高加索种。侯丕勋的《"祁连小月氏"族源新探》③认为早期的月氏是由羌、突厥、乌孙三个民族成员所构成的一族多源民族。以上这些看法都缺乏河西地区月氏考古材料的佐证，其族属至今难以定论。

（二）月氏故地、迁徙时间和迁徙路线研究

关于月氏的故地《史记·大宛列传》记为"始月氏居敦煌祁连间"，但由于对文献所指地域的理解不同，除了居河西走廊地区这一传统观点外，还有在敦煌至新疆天山东部地区④和在新疆天山北部巴里坤草原一带⑤这两种观点。

对于月氏第一次迁徙的具体时间，早期主要以王国维的《月氏未西徙大夏时故地考》所提出的公元前 147 年说和张西曼的《大月氏人种及西窜年代考》提出的公元前 166 年说为代表。中华人民共和国成立后主要有黄靖的公元前 174 年—公元前 161 年说⑥、黄文弼的公元前 174 年说⑦、岑仲勉的公元前 139 年说⑧和杨建新的汉高祖六年说（《中国西北少数民族史》）等。第二次迁徙时间主要以黄靖提出的公元前 132 年—公元前 130 年说为代表。

对于月氏从河西向西迁徙的路线，王国维根据《史记·大宛列传》大月氏"西击大夏"的记载，认为其走向应为西越葱岭，是为昆仑山北麓说；多数学者均持天山北麓说；苏北海在《大月氏的西迁及其活动》⑨一文中综合上述两说，认为月氏在进入罗布泊、楼兰后，分成两路：一路入天山而入伊犁；另一路越拔达岭而至伊塞克湖一带，是为两路说。

---

① 《观堂别集》卷 1，上海：商务印书馆石印本，1940 年。
② 《史学集林》第八卷，上海远东出版社，1996 年。
③ 《青海民族研究》2001 年第 4 期。
④ 余太山：《塞种史研究》，北京：中国社会科学出版社，1992 年。
⑤ 林梅村：《吐火罗人与龙部落》，《西域研究》1997 年第 1 期。
⑥ 黄靖：《大月氏的西迁及其影响》，《新疆社会科学》1985 年第 2 期。
⑦ 黄文弼：《大月氏故地及西徙》，《西北史地论丛》，上海人民出版社，1981 年。
⑧ 岑仲勉：《汉书西域传地理校释》，北京：中华书局，1981 年。
⑨ 《新疆大学学报》1989 年第 2 期。

对月氏人后来所建贵霜王朝的研究，主要有黄靖《贵霜帝国的年代体系》①、林梅村《贵霜大月氏人流寓中国考》②、余太山《第一贵霜考》③ 等。余太山于 2015年出版论著《贵霜史研究》④ 也在前人研究基础上，通过对贵霜史料和新见考古资料的分析就月氏起源及其与贵霜王朝的关系等相关问题进行了有益探讨。

（三）月氏的社会和文化

中华人民共和国成立后，学者们开始以考古材料结合文献记载进行月氏文化研究。90 年代以来，相关论文较多，主要有戴春阳的《月氏文化族属、族源刍议》⑤、赵建龙的《关于月氏族文化的初探》⑥、郝树声的《论月氏在河西的几个问题》⑦、马国荣的《秦汉时期西域羌族、车师和月氏的社会生活》⑧、廖杨的《月氏族宗法文化论》⑨、林梅村的《大夏黄金宝藏的发现及其对大月氏考古研究的意义》⑩ 和《吐火罗人与龙部落》⑪ 以及《吐火罗神考》⑫、杨富学《河西考古学文化与月氏乌孙之关系》⑬、张德芳《河西汉简中的大月氏》⑭ 等论述，对月氏历史和社会作了全方位细致的研究。

（四）关于小月氏的研究

中华人民共和国成立初期，周一良的《北朝的民族问题与民族政策》⑮、唐长孺的《魏晋杂胡考》⑯、姚薇元的《北朝胡姓考》⑰ 等，从族属方面对小月氏作了研究。90 年代以来，荣新江的《小月氏考》⑱、王宗维的《卢水胡和小月氏》⑲、王青的《也论卢水胡以及月氏胡的居处和族源》⑳、钱伯泉的《乌孙的迁徙以及焉耆的建

① 《中亚学刊》第 2 辑，北京：中华书局，1987 年。
② 《敦煌吐鲁番学研究论文集》，汉语大词典出版社，1990 年。
③ 《中亚学刊》第 4 辑，乌鲁木齐：新疆人民出版社，2000 年。
④ 北京：商务印书馆，2015 年。
⑤ 《西北史地》1991 年第 1 期。
⑥ 《西北史地》1992 年第 1 期。
⑦ 《甘肃社会科学》1996 年第 4 期。
⑧ 《喀什师范学院学报》1996 年第 2 期。
⑨ 《河西学院学报》2004 年第 1 期。
⑩ 《西域文明——考古民族语言和宗教新论》，北京：东方出版社，1995 年。
⑪ 《西域研究》1997 年第 1 期。
⑫ 《古道西风》，北京：生活·读书·新知三联书店，2000 年。
⑬ 《丝绸之路研究集刊》第 1 辑，上海：商务印书馆，2017 年。
⑭ 《粟特人在中国考古发现与出土文献的新印证》下，北京：科学出版社，2016 年。
⑮ 《魏晋南北朝史论集》，北京：中华书局，1963 年。
⑯ 《魏晋南北朝史论丛》，生活·读书·新知三联书店，1955 年。
⑰ 北京：科学出版社，1958 年。
⑱ 《中亚学刊》第 3 辑，中华书局，1990 年。
⑲ 《西北民族研究》1995 年第 2 期。
⑳ 《西北史地》1997 年第 2 期。

国》①、闰廷亮的《小月氏考》②、侯丕勋的《"祁连小月氏" 族源新探》③ 等利用居
延汉简，对小月氏的历史和族属进行了深入研究。林梅村的《大月氏人的原始故
乡——兼论西域三十六国之形成》④ 一文不仅关注月氏西迁，还深入探讨了公元前
108 年吐鲁番盆地小月氏部落归附汉朝、东迁酒泉，并引发西域民族迁徙以及各民
族政权格局重新分布的重要议题。高荣《汉代张掖属国新考》⑤ 结合居延汉简考察
了小月氏降附汉朝与张掖属国的建制关系，对小月氏在河西地区分布的研究极具参
考价值。

（五）有关月氏的考古资料

20 世纪 90 年代以来，在河西走廊发现的沙井文化、骟马文化、四坝文化等遗
址，被认为是古代月氏人的遗存，但是韩康信认为属于乌孙或月氏的遗迹在河西地
区尚未被发现⑥。近年来，在新疆东部天山地区巴里坤发现的西黑沟遗址群、东黑
沟遗址群等早期古代游牧文化聚落遗址，被认为是月氏文化的遗存⑦。甘肃省文物
考古研究所在肃北马鬃山发现的寒窑子草场玉矿遗址以及在敦煌地区发现的旱峡玉
矿遗址，经研究也属于骟马文化遗存，其分布范围与月氏早期活动区域重合，可视
作月氏遗存⑧。

从上述研究的总体情况来看，关于月氏问题的研究已经取得了一定的成绩，但
是由于文献记载的不足与考古资料的不确定性，要取得突破性进展还有待于文献资
料的进一步挖掘与考古资料的进一步确认。

二、乌孙史研究

乌孙是汉代西域第一大地方政权，与汉王朝的关系比较密切，汉文史籍记载的
内容也较为详细，与此相关的研究也颇为深入。中华人民共和国成立以来，除了对
传统的乌汉关系研究外，其焦点主要集中在乌孙的族源和族属、故地、迁徙时间和
路线等问题上。

---

① 《甘肃民族研究》1997 年第 2 期。
② 《甘肃高师学报》1998 年第 2 期。
③ 《青海民族研究》2001 年第 4 期。
④ 《西域研究》2013 年第 2 期。
⑤ 《敦煌研究》2014 年第 4 期。
⑥ 《中国西北地区古代居民种族研究》，上海：复旦大学出版社，2005 年。
⑦ 王建新：《中国西北草原地区古代游牧民族文化研究的新进展——古代月氏文化的考古学探索》，载
《周秦汉唐研究》第 3 辑，西安：三秦出版社，2004 年；《古代月氏历史的年代范围——古代月氏文化的考古
学探索之二》，载《中国文物报》2003 年 2 月 21 日；《古代月氏人活动的中心地域——古代月氏文化的考古学
探索之三》，载《中国文物报》2003 年 2 月 28 日；《探索古代月氏文化取得重要进展》，载《中国文物报》
2003 年 2 月 19 日。
⑧ 《甘肃肃北县马鬃山玉矿遗址》，《考古》2015 年第 7 期；《甘肃敦煌旱峡玉矿遗址考古调查报告》，
《考古与文物》2019 年第 4 期。

（一）乌孙的故地

乌孙故地研究，除了以苏联学者为代表的锡尔河说外，国内以刘光华的《也谈汉代的乌孙——〈关于汉代乌孙的几个问题〉的商榷》①、王炳华、王明哲著《乌孙研究》②、翁独健主编的《中国民族关系史纲要》③、王锺翰主编的《中国民族史》④、高荣《月氏、乌孙和匈奴在河西的活动》⑤、杨建新主编的《中国西北少数民族史》⑥ 为代表，根据《汉书·张骞传》《史记·大宛列传》乌孙在"祁连、敦煌间"活动的记载，认为乌孙故地在河西一带。戴春阳《乌孙故地及相关问题考略》一文则对《史记》《汉书》记载提出质疑，并通过新疆以及中亚地区考古发掘和体质人类学研究将乌孙故地及其主要活动区域界定在以伊犁河为中心的伊犁河流域地区。⑦ 虽然此说存在争议，却为乌孙故地的研究提供了多元的视角与路径。

作为河西说的延伸，苏北海在《西域历史地理》⑧ 一书中认为，乌孙以哈密为冬都，以吉木萨尔为夏都。钱伯泉在《乌孙和月氏在河西的故地及其西迁的经过》⑨ 一文中指出"乌孙在河西的故地在张掖至敦煌一带"，其后作者在《乌孙的西迁、扩散和消失》⑩ 进一步提出"乌孙的国境大致已达今天山东部的哈密地区"。林梅村的《吐火罗人与龙部落》⑪ 认为乌孙在敦煌西部以北草原。王建新《新疆巴里坤东黑沟（石人子沟）遗址考古工作的主要收获》⑫ 认为是在巴里坤一带。对这一问题研究的关键在于对《史记》《汉书》所载乌孙居"祁连敦煌"间位置的判断。

（二）族源和族属

关于乌孙的来源，钱伯泉《乌孙和月氏在河西的故地及其西迁的经过》⑬ 及《乌孙的种族及其迁徙》⑭ 认为乌孙在先秦时原称"昆戎""绲戎""混夷""昆夷"，是上古西北民族氐人的一支，春秋战国时期才逐渐迁徙到河西地区。

关于乌孙的族属，余太山的《〈汉书西域传〉所见塞种——兼谈有关车师的若

① 《新疆大学学报》1982 年第 3 期。
② 乌鲁木齐：新疆人民出版社，1983 年。
③ 北京：中国社会科学出版社，1990 年。
④ 北京：中国社会科学出版社，1994 年。
⑤ 《西北民族研究》2004 年第 3 期。
⑥ 北京：民族出版社，2008 年。
⑦ 《敦煌研究》2009 年第 1 期。
⑧ 乌鲁木齐：新疆大学出版社，1988 年。
⑨ 《敦煌研究》1994 年第 4 期。
⑩ 《新疆社会科学》2006 年第 5 期。
⑪ 《西域研究》1997 年第 1 期。
⑫ 《西北大学学报》2008 年第 5 期。
⑬ 《敦煌研究》1994 年第 4 期。
⑭ 《西域研究》1997 年第 4 期。

干问题》① 认为大月氏、乌孙均系操印欧语的亚利安人种。尼合买德·蒙加尼主编的《哈萨克族简史》② 和钱伯泉的《乌孙的种族及其迁徙》③ 认为属于蒙古利亚人种。韩康信的《新疆昭苏土墩墓古人类学材料的研究》④《关于乌孙、月氏的族属》⑤《塞、乌孙、匈奴和突厥之种族人类学特征》⑥《丝绸之路古代居民种族人类学研究》⑦《中国西北地区古代居民种族研究》⑧ 等论著，从体质人类学的角度对乌孙人种作测定，认为乌孙是以欧罗巴人种为主，略带有蒙古人种的混血种。

（三）乌孙的迁徙

关于乌孙的迁徙问题，20 世纪 80 年代曾引起学术界的广泛争论。主要观点有：《新疆简史》所提公元前 177 年—前 176 年说，杨建新提出的公元前 174 年—前 161 年说，王治来《中亚史》⑨ 和王炳华《乌孙研究》所提出的公元前 161 年—前 160 年说。其后王明哲《乌孙西迁年代综考——西汉乌孙关系专题再研究》⑩ 将乌孙迁徙的时间进一步考定在公元前 160 年。余太山的《柔然与西域关系述考》⑪、王明哲和王炳华的《乌孙研究》、马曼丽的《关于乌孙西徙的几个争论问题》⑫ 等文探讨了乌孙第二次迁徙的原因和时间。

迫使乌孙西迁的究竟是大月氏还是匈奴？学术界观点不一，多数赞成《汉书》关于大月氏攻灭乌孙的观点，王明哲、王炳华等人的上述论著却赞同《史记》关于匈奴击破乌孙的观点。

关于乌孙都城赤谷城的具体方位，迄今尚无定论。其说多是外国学者的观点。我国学者孟凡人的《乌孙的活动地域和赤谷城的方位》⑬ 一文认为，应位于伊塞克湖东南。

（四）乌孙的社会经济和文化

关于乌孙的社会性质，林幹的《乌孙及其与两汉王朝的关系》⑭ 认为汉代乌孙的社会正处在原始社会末期至阶级关系形成的过渡阶段；王炳华、王明哲的《乌孙

---

① 《新疆社会科学》1989 年第 1 期。
② 乌鲁木齐：新疆人民出版社，1987 年。
③ 《西域研究》1997 年第 4 期。
④ 《考古学报》1987 年第 4 期。
⑤ 《西北史地论丛》第 3 辑，乌鲁木齐：新疆人民出版社，1990 年。
⑥ 《西域研究》1992 年第 2 期。
⑦ 乌鲁木齐：新疆人民出版社，1993 年。
⑧ 上海：复旦大学出版社，2005 年。
⑨ 北京：中国社会科学出版社，1980 年。
⑩ 《新疆大学学报》1992 年第 3 期。
⑪ 《新疆社会科学》1985 年第 4 期。
⑫ 《西北史地》1990 年第 2 期。
⑬ 《甘肃师大学报》1978 年第 1 期。
⑭ 《新疆社会科学》1982 年第 3 期。

研究》认为在河西走廊时期，乌孙即已经进入了阶级社会，到两汉时期，乌孙是一个宗法性很强的、建立在游牧经济基础之上的奴隶制社会；杨建新主编《中国西北少数民族史》则认为自公元前 1 世纪后半叶，文献中再未见有乌孙掳掠人口的记载，因此公元前 2 世纪到公元前 1 世纪之间，乌孙社会应该是由奴隶制向封建制过渡的时期。对于乌孙的社会经济，学者的观点基本一致，即认为乌孙以畜牧业为主体经济，但在西迁后也有部分定居农业经济的补充形式。刘汉兴《从考古资料考察乌孙的农业经济》[①] 一文通过对伊犁河流域乌孙墓葬遗存及其出土文物的考察，进一步指出乌孙经济在早期阶段以畜牧业中的养羊为大宗，西迁伊犁河流域后开始农业经营，晚期阶段则农牧并举，但畜牧业仍占居主导地位。王明哲《关于西汉乌孙人口问题的研究》[②] 将乌孙从汉文帝时开始西迁迄西汉末约 160 余年间的人口增长分为五个节点进行探讨，指出自猎骄靡始乌孙首领大多奉行正确的内、外政策，致使社会经济与生产力显著提高，并在此基础上促进人口显著增长。

此外，洪涛的《乌孙国官制考》[③] 对乌孙的官制作了初步探讨，翟婉华的《西汉时期匈奴、乌孙的收继婚》[④]、武沐、王希隆的《对乌孙收继婚制度的再认识》[⑤] 对乌孙的收继婚制度进行了探讨。

（五）乌孙与汉朝的关系

乌孙与汉朝的关系问题一直是研究的热点，70 年来，相关论著数量较多，其看法和观点均持肯定态度。不过，在乌孙归属汉朝的时间和汉朝管辖乌孙的方式上，意见有些分歧：

传统观点认为公元前 60 年汉朝设立西域都护府是乌孙归属汉朝的开始。杨建新《关于汉代乌孙的几个问题》[⑥] 认为，从公元前 72 年汉朝统一指挥汉、乌联军击败匈奴开始，乌孙就已经隶属于汉朝。刘光华的《也谈汉代乌孙——兼与〈关于汉代乌孙的几个问题〉商榷》[⑦] 则不同意杨建新的观点，他认为元康二年（公元前 64 年）乌孙明确表示"结婚内附"才是乌孙隶属于汉朝的开始。李大龙的《西域都护的设立不是乌孙和西汉关系转变的标志》[⑧] 认为甘露元年（前 53 年）乌孙大、小昆弥接受西汉王朝册封才是西汉统一乌孙的标志。

乌孙国分立为大、小昆弥两部的具体时间，传统看法均采用《资治通鉴》汉宣帝甘露元年（公元前 53 年）的说法。但近来袁延胜《悬泉汉简所见汉代乌孙的几

① 《农业考古》2017 年第 4 期。
② 《伊犁师范学院学报》2013 年第 4 期。
③ 《西域研究》1997 年第 3 期。
④ 《西域研究》1997 年第 3 期。
⑤ 《西域研究》2003 年第 4 期。
⑥ 《新疆大学学报》1980 年第 2 期。
⑦ 《新疆大学学报》1981 年第 3 期。
⑧ 《西域研究》1993 年第 1 期。

个年代问题》① 一文，根据新出土的悬泉汉简，提出了甘露二年的新观点。

乌孙与汉朝的和亲研究一直是两汉与西域关系史研究的重点。崔明德的系列著作《汉唐和亲史稿》②《中国和亲通史》③ 对此多有涉及。近年来学界偏重对和亲人物的研究，如姚景洲、李艳华的《解忧公主与汉代西域初探》④、李艳华、孔令远的《细君与解忧》⑤、俞明的《细君、解忧公主和亲述论》⑥、王庆宪的《细君不比昭君逊色》⑦ 等。

随着西北汉简的不断刊布，为汉、乌关系以及乌孙人在河西地区的活动等问题提供了新的资料，并出现不少研究成果，如杨芳《汉简所见汉代河西边郡人口来源考》⑧、马志全《论汉简所见汉代西域归义现象》⑨、张德芳《悬泉汉简中的乌孙资料考证》⑩ 等。

（六）有关乌孙的考古资料

中华人民共和国成立以后，有关乌孙墓葬的考古发掘报告的刊布⑪，为我们提供了实物研究资料。吐鲁番盆地东部的阿拉沟卵石墓葬群、竖穴木椁墓葬遗址也被认为是乌孙的遗迹⑫。但是由于对这些考古发掘资料还存在不同的看法，所以对它们还需要作进一步的研究。在这一研究过程中，除了敦煌、居延汉简以外，80 年代以来敦煌地区出土的马圈湾汉简⑬、90 年代新出土的敦煌悬泉等地汉简⑭对相关问题的研究起了极大的促进作用。

乌孙史研究由于受文献与考古资料的限制，不容易取得大的突破。在今后的研究中，必须将文献与考古资料有机地结合起来，才能够取得新的成果。

① 《西域研究》2005 年第 4 期。
② 青岛：海洋大学出版社，1992 年。
③ 北京：人民出版社，2007 年。
④ 《东南文化》2000 年第 3 期。
⑤ 《湘潭大学学报》2001 年第 2 期。
⑥ 《江苏社会科学》2003 年第 5 期。
⑦ 《内蒙古大学学报》2006 年第 6 期。
⑧ 《敦煌研究》2010 年第 3 期。
⑨ 《中国边疆史地研究》2012 年第 4 期。
⑩ 《出土文献研究》第 15 辑，上海：中西书局，2016 年。
⑪ 《昭苏萨勒卧堡土墩墓发掘简报》，载《文物》1962 年第 7、8 期合刊；《新疆考古三十年》，乌鲁木齐：新疆人民出版社，1983 年。
⑫ 《新疆阿拉沟竖穴木椁墓发掘简报》，《文物》1981 年第 2 期；马雍、王炳华：《公元前七至二世纪的中国新疆地区》，载《中亚学刊》第 3 辑，北京：中华书局，1990 年。
⑬ 吴礽骧：《新获敦煌马圈湾汉简中的西域资料》，《西北史地》1991 年第 1 期；张德芳：《敦煌马圈湾汉简集释》，兰州：甘肃文化出版社，2013 年。
⑭ 《敦煌悬泉汉简释文选》，《文物》2000 年第 5 期；胡平生、张德芳：《敦煌悬泉汉简释粹》，上海古籍出版社，2001 年；《敦煌悬泉月令诏条》，北京：中华书局，2001 年；《玉门关汉简》，上海：中西书局，2019 年。

第二节　突厥史研究

　　突厥作为一个游牧部族，于公元 6 世纪中叶兴起于阿尔泰山地区，其后势力扩展至蒙古草原和中亚地区，建立汗国，对整个人类的历史进程产生了重大而深远的影响，一直为中华人民共和国史学界学术研究所重视。国内突厥史的研究可上溯至19 世纪末，其发展可以分为三个阶段：1949 年以前、1949 年至改革开放时期及改革开放后。具体工作又可分为资料工作与研究工作两部分。过去由于史料的缺乏，往往停留在泛论的阶段上，因此，国内外突厥史学界一直较为重视突厥史史料的辑注工作。早在 1903 年，法国学者沙畹就利用汉文资料编写和出版了《西突厥史料》[①]，后来又有岑仲勉的《西突厥史料补阙及考证》[②]，以补《西突厥史料》之阙并纠正沙畹考证之疏失。同年，岑仲勉还著有《突厥集史》（上、下册）[③]，该书广泛辑集散见于大量汉文古籍中的有关早期突厥汗国、东突厥汗国及后突厥汗国的史料，包括正史中的突厥传、与突厥关系比较密切的其他诸部落的传记、突厥人的碑志、列传等，内容丰富。张星烺辑有《中西交通史料汇编》[④]，其中突厥史事列为专册。其他学者也做了不少资料辑录工作，如杨圣敏的《资治通鉴：突厥回纥史料校注》[⑤] 和薛宗正的《突厥稀见史料辑成：正史外突厥文献集萃》[⑥]。

　　国内关于突厥史研究的专著，最早为 20 世纪 50 年代马长寿的《突厥人与突厥汗国》[⑦]，但内容较为简略。自 20 世纪 70 年代后，国内外学者对突厥史的研究进入突飞猛进的阶段，我国内地及台湾学者相继出版了多本突厥史专著，分别是台湾林恩显的《突厥研究》[⑧]、林幹的《突厥史》[⑨]、薛宗正的《突厥史》[⑩]、吴玉贵的《突厥汗国与隋唐关系史研究》[⑪]、林幹的《突厥与回纥史》[⑫]、徐黎丽的《突厥人变迁史研究》[⑬]。上述著作虽各具特色，各有所长，但均为作者多年研究成果的积累，史料丰富而翔实。上述著述大多注意利用西方特别是鄂尔浑发现的古代突厥碑铭的资料，进而扩大研究视野及研究方向，也使突厥史的研究进入了一个新的阶段。

---

① 冯承钧译，商务印书馆，1932 年。
② 北京：中华书局，1958 年。
③ 北京：中华书局，1958 年。
④ 北京：中华书局，1977 年。
⑤ 天津古籍出版社，1992 年。
⑥ 乌鲁木齐：新疆人民出版社，2005 年。
⑦ 上海人民出版社，1957 年。
⑧ 台北：商务印书馆，1978 年。
⑨ 呼和浩特：内蒙古人民出版社，1988 年。
⑩ 北京：中国社会科学出版社，1992 年。
⑪ 北京：中国社会科学出版社，1998 年。
⑫ 呼和浩特：内蒙古人民出版社，2007 年。
⑬ 北京：民族出版社，2008 年。

国内突厥史研究自 20 世纪 50 年代以来，在专题研究上也取得大量成果，所探讨的问题颇为广泛，大体上可以归纳为以下几个方面。

一、对突厥族源、族属问题的研究

关于突厥族源、族属问题，学术界一向较为关注。早在 1936 年，王日蔚就发表了《丁零民族考》① 一文，认为突厥的族源是丁零，还坚持认为丁零与匈奴同种，族属为蒙古人种，李符桐也持相同观点②。这一观点对后世学者产生了较大影响，支持此观点，且较有影响的有谭其骧的《论五胡元魏时之丁零》③、马长寿的《突厥人与突厥汗国》、段连勤的《我国丁零族的原始居地与北迁》④、林幹的《突厥史》第 2 章 "突厥的族源" 等。但也有学者并不赞同上述观点。周连宽在《丁零的人种和语言及其与漠北诸族的关系》⑤ 一文认为，丁零尽管在语言、体质特征上同突厥相近，但不能等同起来，丁零与突厥各有各的发祥地，各有各的发展史，不能将丁零视为突厥的族源。朱伯隆的《丁零新证》⑥ 一文，根据苏联学者的主张，进一步证明丁零不是突厥人的族源。

20 世纪 70 年代以来，赞同周连宽之说的学者已不多，大部分坚持丁零为突厥族源说。台湾林恩显 1974 年发表《突厥名称及其先世考》⑦，系统归纳了中外学术界存在的关于突厥族源的各种说法后，认为其 "源于丁零、高车、铁勒较为可靠。" 魏良弢的《突厥汗国与中亚》⑧ 也支持丁零说。薛宗正在《突厥史》第 2 章 "突厥先世" 中则提出了杂胡说。

二、社会性质与社会制度研究

关于突厥社会性质与社会制度问题，林幹在《突厥史》一书中总结为五种观点。具体为，张之毅《游牧的封建社会》⑨ 一文中认为，6 世纪以前突厥人过着氏族公社生活，到 6—8 世纪才逐渐进化为一种初期封建社会；马长寿《论突厥人和突厥汗国的社会变革》⑩ 一文认为，6 世纪中叶突厥立国时尚处于奴隶制社会，7 世纪后期，重建 "后突厥" 政权后才进入封建社会，而西突厥从原始公社直接进入了封建制社会；侯尚智在《试论突厥汗国封建社会的形成——兼与马长寿先生商榷》⑪

---

① 《史学集刊》1936 年第 2 期。
② 《沈阳博物馆筹委会汇刊》，1947 年第 1 号。
③ 《益世报（重庆）》重庆文史副刊，1942 年第 16 期。
④ 《西北大学学报》1979 年第 4 期。
⑤ 《中山大学学报》1957 年第 2 期。
⑥ 《华东师范大学学报》1958 年第 1 期。
⑦ 《突厥研究》，台北：商务印书馆，1988 年。
⑧ 《西域研究》2005 年第 3 期。
⑨ 《科学通报》1950 年第 1 卷第 8 期。
⑩ 《历史研究》1958 年第 3—4 期。
⑪ 《兰州大学学报》1959 年第 1 期。

一文中认为，突厥并没有经过奴隶制社会的阶段，而是直接进入封建社会；蔡鸿生在《突厥法初探》① 一文中指出，突厥曾经存在过奴隶制，但奴隶在突厥人中所占比例不大，并且是形成了父系奴隶制；林幹在《突厥社会制度初探》② 一文中认为，突厥的社会，不论是东突厥、后突厥或西突厥，都不曾发展到封建制，而是始终处于奴隶制的阶段。吴景山在《后突厥汗国时期的"法度"更张辨》③ 中亦赞同此说。刘锡淦在《论突厥汗国的社会性质》④ 中主张奴隶制、封建制同时存在说，但所占比例不同。以 580 年为界，前期以奴隶制为主导，后期以封建制为主导。此后，虽然也有一些学者参与讨论这一问题，但关注的程度已不如从前。唐尚书、郑炳林《隋唐之际的气候变化与边境战争——兼论突厥社会生态韧性》⑤ 认为突厥社会内部凝聚力之不足，以及社会资源调配限制与对外发展路径单一等因素，使其在同隋唐王朝多次战争中因受气候突变等自然灾害的影响损失惨重，从而加速其衰弱与内部分裂。

三、突厥社会经济、军事组织和法律的研究

手工业在突厥社会中具有悠久的传统，金属冶炼、车辆制造、纺织等手工业也占有相当重要的地位，并同中原及西域各族进行贸易。张之毅的《游牧的封建社会》⑥、吴景山的《后突厥汗国时期的主体经济》⑦、吴疆的《突厥汗国社会经济史上的一些问题》⑧ 等分别对突厥汗国的社会经济进行了研究。

蔡鸿生的《突厥汗国的军事组织和军事技术》⑨ 一文，详细探讨了突厥汗国的兵制、装备、战术等，得出结论认为突厥汗国的军事制度是从围猎制度演变而来的，以本部兵民合一制与属部征兵制相结合为特征。这支军队的成长，除继承前代游牧人的技术遗产和利用当时属部的资源外，还吸收了某些先进的汉族文化。突厥兵制的矛盾，是突厥社会各种矛盾的集中表现。部落组织和骑射技术是突厥军队的优点所在，而这又深深地根植于游牧生活之中。

突厥汗国不仅依靠武力，而且借助法制进行统治。学术界对突厥法的研究以蔡鸿生的《唐代九姓胡与突厥文化》⑩ 为代表，他在书中分"地分"与"畜印""奴"和"臣""家庭和婚姻""继位法""刑法"几个专题，认为 6—8 世纪的突厥政权，是一个以可汗为首的，以等级制度和世袭制为特征的军事行政机构，突厥政权维护

① 《历史研究》1965 年第 5 期。
② 《社会科学战线》1981 年第 3 期。
③ 《民族研究》2000 年第 5 期。
④ 《新疆大学学报》1994 年第 4 期。
⑤ 《青海民族研究》2017 年第 4 期。
⑥ 《科学通报》1950 年 12 月第 1 卷第 8 期。
⑦ 《中央民族大学学报》1998 年第 2 期。
⑧ 《新疆社会科学》1989 年第 4 期。
⑨ 《学术研究》1963 年第 5 期。
⑩ 北京：中华书局，1998 年。

的是不成文的习惯法，突厥法虽有鲜明的阶级性，但其渊源于习惯的原貌还是依稀可辨的。汗权受传统的制约，所以突厥时代虽有"君国一体"的观念，但却没有汗权至上的观念。突厥时代还有大量的氏族制残余。我们不仅看到牲畜私有的现象与牧地公有的古老外壳同时并存，而且还发现父权制家庭中也有母权时代的痕迹。

四、古突厥文碑铭研究

我国学者研究突厥碑文是从 20 世纪初开始的，1949 年以前国内发表的有关突厥碑铭的文章，或限于对碑铭汉文部分的介绍或考释，或对碑铭突厥文部分进行翻译和注释，其中以韩儒林成果为多。1935—1936 年，韩儒林依据德文、英文，将《阙特勤碑文》译注①、《毗伽可汗碑文》译注②、《暾欲谷碑》译注③。将三通突厥碑铭进行部分翻译与考释，从此学术界对三碑突厥文部分的内容有了较多了解。1949 年以后，民族语言科学在党和政府的关怀下迅速发展起来，逐渐摆脱依赖外文研究突厥碑文的做法，直接研究突厥原文。这一时期在古突厥碑铭研究领域，耿世民做出了巨大的贡献。1978 年耿世民发表了《谈谈维吾尔的古代文字》④。1980 年他又发表了《古代维吾尔文字和文献概述》⑤《古代突厥文碑铭述略》⑥《古代突厥文主要碑铭及其解读情况》⑦。2000 年，耿世民、阿布都热西提·亚库甫编成《鄂尔浑——叶尼塞碑铭语言研究》⑧，在语言研究方面有了新的进展。《古代突厥文碑铭研究》⑨ 是耿世民从事古代突厥文碑铭研究 50 多年的一部力作，内容丰富，覆盖面广，论述详尽，富有新意。除此之外，1963 年冯家昇发表了《1960 年吐鲁番新发现的古突厥文》⑩；1981 年，陈宗振发表了《突厥文及其文献》⑪；1982 年李经纬发表了《突厥如尼文〈苏吉碑〉译释》⑫，该文对《苏吉碑》作了汉译和注解；1983 年林幹发表了《古突厥文碑铭札记》⑬；1994 年林梅村著有《布古特所出粟特文突厥可汗纪功考》⑭，著者认为该碑是 20 世纪突厥考古最重要的发现之一，并对碑文进行译注；同年杨富学发表了《古代突厥文〈台斯碑〉译释》⑮，作者对该碑

---

① 《国立北平研究院院务汇报》，1935 年 8 月第 6 卷 6 期。
② 《禹贡》，半月刊，1936 年 11 月第 6 卷第 6 期。
③ 《禹贡》，半月刊，1936 年 11 月第 6 卷第 7 期。
④ 《图书评介》1978 年第 4 期。
⑤ 《中国史研究动态》1980 年第 3 期。
⑥ 《考古学参考资料》1980 年第 3—4 期。
⑦ 《图书评介》1980 年第 4 期。
⑧ 乌鲁木齐：新疆人民出版社，2000 年。
⑨ 北京：中央民族大学出版社，2005 年。
⑩ 《文史》1963 年第 3 辑。
⑪ 《中国史研究动态》1981 年第 1 期。
⑫ 《新疆大学学报》1982 年第 2 期。
⑬ 《西北史地》1983 年第 2 期。
⑭ 《民族研究》1994 年第 2 期。
⑮ 《语言与翻译》1994 年第 4 期。

发现的时间、碑况作了介绍，对原文进行了转写、翻译、疏证。这些工作为以后的研究者提供了最直接的资料，把突厥碑文研究推向了一个新阶段。1998 年，上海古籍出版社刊印了芮传明的《古突厥碑铭研究》①，此书对《阙特勤碑》《毗伽可汗碑》《暾欲谷碑》《翁金碑》和《阙利啜碑》进行了译注考释，具有一定的学术价值。阿布都沙拉木·旭库尔·诺亚《古代突厥文碑铭文学研究——以〈暾欲谷碑〉〈阙特勤碑〉〈毗伽可汗碑〉为例》② 一文从古突厥碑铭文献的文本流变、文体结构、叙事话语等不同角度，对文中涉及突厥碑铭进行了新的探索，具有启发意义。苏龙格德·勒·胡日查巴特尔《暾欲谷碑所见古突厥文词汇"腾格里"释读》③ 利用蒙古文资料对古突厥碑铭释译，指出古突厥文与蒙古语在读音以及词与词根上出现若干一致性，并通过碑铭所见"腾格里"一词的释读整理以及同蒙古语等多语种文献对勘，试图为古突厥文的解读提供新的研究方法与视角。张铁山《古代突厥如尼文〈铁尔痕碑〉研究》④、洪勇明《回纥汗国古突厥文碑铭考释》⑤ 则在前人研究基础上，对鄂尔浑河流域发现的回纥汗国时期突厥文碑铭文重新转写与译注，具有参考价值。

五、西突厥史研究

20 世纪五六十年代国内学术界关于西突厥的研究成果很少，70 年代以后，这方面的成果逐渐增多，大体可分为以下几个专题：

（一）综论性研究

台湾林恩显发表了《统叶护可汗时代的西突厥研究》⑥，胡菊英、赵永复合著《论西突厥》⑦，二者主要叙述突厥的兴起及分裂为东西二部的过程、西突厥与唐朝的关系、西突厥政权的覆亡及唐朝统一西突厥后的政治措施。林幹撰写了《试论西突厥史中的若干问题》⑧ 和《西突厥纪事》⑨ 二文，分别对西突厥分裂为东西二部的社会经济原因和政治原因、西突厥的部族构成、西突厥的疆域和属国、唐朝在西突厥地区设置的府、州、镇以及西突厥的部族兴衰、政治演变、政权覆亡后的西突厥等，作了初步的探索。

---

① 上海古籍出版社，1998 年。
② 乌鲁木齐：新疆科学技术出版社，2014 年。
③ 沈卫荣主编：《西域历史语言研究集刊》第 8 辑，北京：科学出版社，2015 年。
④ 张定京、阿布都热西提·亚库甫主编：《突厥语文学研究——耿世民教授八十华诞纪念文集》，北京：中央民族大学出版社，2009 年。
⑤ 北京：世界图书出版公司，2012 年。
⑥ 《政大学报》1970 年第 21 期。
⑦ 《新疆历史论文集》，乌鲁木齐：新疆人民出版社，1977 年。
⑧ 《中华文史论丛》1982 年第 1 辑。
⑨ 《新疆社会科学》1984 年第 1 期。

（二）对西突厥内部构成的研究

刘锡淦发表了《关于西突厥"十姓部落"演变之我见》①，认为西突厥十姓部落并非固定不变的，而是有其演变过程，这种演变体现了部落的社会地位，室点密往平西域诸胡国时之十姓部落除弩失毕与咄陆外，还有葛逻禄、处月、处密、伊吾、沙陀、契苾、薛部和延陀部，它们发展成了后期的弩失毕五部与咄陆五部的"十姓部落"。吴疆的《西突厥汗国的十箭两厢制》② 认为，西突厥的"十箭两厢制"并非像岑仲勉认为的"西突厥十箭或十姓之分，当自初有之"。该制度应创建于咥利失可汗执政时期，使西突厥的最高统治者在异姓突厥的势力日益壮大，进而要求参与汗国政治的前提下所建立的一套新的统治班序。对于西突厥汗国十姓部落组成的问题，薛宗正在《西突厥两厢、十姓的起源》③ 中提出了异议，他认为："西突厥开国之初只有七姓，进而发展为八姓，至于壮大为十姓，各部皆授权、授箭，合称十箭，则是经历一段时间演变的历史产物。"他认为"十姓并非真正十部"。林幹《试论西突厥史中的若干问题》④ 中的第二个问题以下则是论述"西突厥的部族构成"，包括西突厥内部所包含的 21 个部落的情况及其分布、"西突厥的疆域及其属国""唐朝在西突厥地区设置的府、州、镇"等。

（三）西突厥汗国形成史研究

王讜发表了《阿波可汗是西突厥汗国的创造者——兼论突厥汗国的分裂与突厥汗国的形成》⑤，此文把形成西突厥汗国的各部势力分为西面可汗部和西方可汗部，把西突厥可汗分为西面可汗和西方可汗。林幹认为文中多处纯系推测，并无实据，故发表《西突厥纪事》⑥ 一文，就西突厥的强大及其分裂、西突厥政权的覆亡、政权覆亡后西突厥具体史实等问题加以详述，认为西突厥汗国的分裂有着复杂的社会因素和政治因素。段连勤的《关于西突厥与西突厥汗国早期历史的几个问题——兼与王讜同志商榷》⑦、杨建新的《西突厥的形成、属部及其他相关问题》⑧、薛宗正的《西突厥开国史考辨——兼论沙畹说和王讜说》⑨《西突厥末世史索隐——兼论碛西归唐的历史进程》⑩《西突厥的属部、属国与西域的突厥化》⑪ 和《从西部突厥到

① 《新疆大学学报》1995 年第 3 期。
② 《中央民族大学学报》1996 年第 1 期。
③ 《喀什师范学院学报》1988 年第 2 期。
④ 《中华文史论丛》1982 年第 1 辑。
⑤ 《历史研究》1982 年第 2 期。
⑥ 《新疆社会科学》1984 年第 1 期。
⑦ 《新疆社会科学》1984 年第 3 期。
⑧ 《西北史地》1984 年第 4 期。
⑨ 《新疆社会科学》1985 年第 4 期。
⑩ 《西部学坛》1987 年第 2 期。
⑪ 《喀什师范学院学报》1987 年第 2 期。

西突厥汗国》① 等论文将问题的讨论引向深入。

六、突厥与四邻关系研究

（一）突厥与周、齐的关系

这方面的研究成果不多。1984 年芮传明发表了《六世纪下半叶突厥与中原王朝的战争原因探讨》②，1986 年刘戈发表了《论突厥与北朝、隋的政治关系》③，重点探讨了突厥同北周、北齐的战争起因、影响及其与北朝以及后来与隋的战和关系。刘春玲在《试论北周、隋与突厥的"和亲"》④ 一文中认为，北周前和北周时期同突厥"和亲"是拉拢突厥，加强与对手的抗衡力量，这种"和亲"只能获得暂时的安宁。许峡《突厥在北周灭北齐中的作用》⑤ 探讨了突厥在北周灭北齐中所扮演的角色等问题。

（二）对隋唐王朝与突厥的关系研究

隋、唐王朝与突厥接触频繁，关系密切，既有战争，也有和平统一及经济文化的交流，故这方面的文章不少。

专论隋朝与突厥关系的文章不多。1981 年发表了臧嵘的《突厥和隋王朝的关系试探》⑥，该文主要讨论突厥介入隋末农民战争的性质。

论述唐与突厥关系的文章数量较多。1949 年前有王桐龄的《汉唐的和亲政策》⑦ 及邝平章的《唐代公主和亲考》⑧ 二文。20 世纪 50 年代，陈寅恪写了一篇《论唐高祖称臣于突厥事》⑨，谓唐高祖李渊起兵太原时，曾称臣于突厥，而太宗李世民又为此事之谋主，后来史臣为之讳饰，以至其事之本末不显于后世。论述唐朝与突厥关系的代表性论文有魏国忠的《试论唐太宗的民族政策》⑩，此文主要论述了唐太宗对国内各少数民族所采取的政策。张雄的《从突厥内徙看唐太宗的民族政策》⑪，肯定太宗的民族政策是一种开明的和成功的政策。任崇岳、罗贤祐的《试论唐代的和亲政策》⑫，不仅论及唐朝初期和中期的和亲政策，而且也论及唐朝与东突

---

① 《新疆大学学报》2008 年第 1 期。
② 《西北史地》1984 年第 3 期。
③ 《新疆大学学报》1986 年第 4 期。
④ 《阴山学刊》1994 年第 3 期。
⑤ 《历史教学》2004 年第 11 期。
⑥ 《中央民族学院学报》1981 年第 4 期。
⑦ 《史学年报》1929 年第 1 期。
⑧ 《史学年报》1935 年第 2 卷第 2 期。
⑨ 《岭南学报》1951 年第 11 卷第 2 期。
⑩ 《北方论丛》1979 年第 5 期。
⑪ 《民族研究》1980 年第 3 期。
⑫ 《中央民族学院学报》1981 年第 1 期。

厥、后突厥、西突厥、回纥、吐谷浑、吐蕃、南诏的和亲。此外，还有彭地的《突厥援唐兵马数考》①、樊圃的《突厥服属于唐及其重建汗国》②、崔明德的《东突厥、回纥与唐关系再比较》③ 和《唐与突厥的和亲述论》④、李大龙的《唐朝派往突厥的使者述论》⑤ 和《突厥派往唐朝的使者论述》⑥、李方的《隋末唐初东突厥与中原势力的关系》⑦ 等，内容涉及突厥与唐的政治、经济、商业、文化、贸易、婚姻关系，突厥与中原各派势力的关系。吴玉贵的《突厥汗国与隋唐关系史研究》博采众家，极其详细地论述了突厥与隋唐关系，是该领域的集大成之作。王立的《试析〈阙特勤碑〉中 čïqan 一词的词源及翻译问题》⑧ 结合传世文献与出土墓指出，碑文中 "tabɣačqaɣan čïqanï čaŋ säŋün 译为 "唐朝皇帝表兄弟张将军"，此人以唐玄宗表兄弟身份吊祭突厥毗伽可汗之弟阙特勤，以此展现唐朝与突厥交往中的平等身份及外交智慧。

随着隋唐时期墓志资料刊布的增多，有学者依据其对进入中原的突厥人进行考察。如王义康《突厥世系新证——唐代墓志所见突厥世系》⑨ 一文对传统史籍所见突厥世系重新进行梳理与甄别，认为突厥世系的歧异乃文献编纂或传抄错讹所致，并非突厥婚姻形态及母系记世产生的结果。朱振宏《阿史那婆罗门墓志笺证考释》⑩ 一文通过对阿史那婆罗门仕宦经历以及颉利可汗世系的考证，认为直到突厥建国，该族群继承与世系关系已采用父系，而突厥实行的收继婚俗，可解释启民可汗与颉利可汗的子嗣问题，由于墓志编撰者对突厥婚俗缺乏了解以至出现讹误。朱振宏另文《唐阿史那伽那墓志研究》⑪ 对墓志主人公颉利可汗裔孙阿史那伽那的世系进行了初步整理，并就其入唐仕宦经历及归葬地进行了考证。

论述西突厥与隋唐关系的文章还有陈国灿的《论西突厥部族与隋唐王朝的关系》⑫，此文认为东、西突厥分裂过程的完成，是隋朝推行分裂、离间政策的一个胜利。西突厥统治者争附于唐，贡使不绝，继续着对隋朝贡的传统，这表明西突厥政权是唐朝统领下的一个地方民族政权。除此之外，还有更多学者广泛地探讨了西突厥与四邻民族的关系，如戴云客的《西突厥部族之构成及其与唐代的关系》⑬、蓝琪

---

① 《学术研究》1983 年第 2 期。
② 《北方民族文丛》1984 年第 1 期。
③ 《中央民族大学学报》1993 年第 2 期。
④ 《中央民族大学学报》1992 年第 3 期。
⑤ 《北方文物》1994 年第 5 期。
⑥ 《北方文物》1996 年第 1 期。
⑦ 《中国边疆史地研究》2003 年第 4 期。
⑧ 《西域研究》2017 年第 3 期。
⑨ 《民族研究》2010 年第 5 期。
⑩ 《魏晋南北朝隋唐史资料》第 28 辑，上海：上海古籍出版社，2012 年。
⑪ 《唐研究》第 20 卷，北京大学出版社，2014 年。
⑫ 《历史教学》1981 年 7 月号。
⑬ 《辽宁大学学报》1985 年第 6 期。

的《西突厥汗国与萨珊波斯的关系》[1] 和《西突厥汗国与中原诸王朝的关系》[2]、李大龙的《唐王朝与西突厥互使述论》[3]、张兴胜的《论唐朝与西突厥的关系》[4]、张爽的《6 世纪欧亚大陆的丝绸贸易与丝路——以突厥外交军事活动为中心》[5] 等。

（三）突厥与渤海、靺鞨、高昌、回纥、党项的关系

马一虹在《渤海与后东突厥汗国的关系——兼及渤海建国初期的周边环境》[6] 一文认为，后突厥汗国对渤海国的对外关系，特别是对唐朝及周边部族的关系上有着深刻的影响。《靺鞨与东突厥关系考述》[7] 一文认为，自 6 世纪下半叶起到 8 世纪上半叶，靺鞨文化与突厥文化发生接触，并相互渗透。钱伯泉在《从传供状和客馆文书看高昌王国与突厥的关系》[8] 一文认为，吐鲁番出土的高昌王国传供状和客馆文书，反映了麴氏王朝与突厥的关系。薛宗正的《麴伯雅生平析疑——麴氏高昌与突厥木杆、室点密两大汗系及隋朝的关系》[9]，将麴伯雅生平政治活动轨迹连为一体，考察其在突厥木杆汗系、隋朝间随时进行自我政策调整之状况。李方的《唐西州的突厥游奕部落》[10]，据吐鲁番出土文书探讨了游奕突厥与西州都督府的关系。冯恩学的《蹀躞带契丹文化中的突厥因素》[11]，认为契丹蹀躞带在结构上基本继承了突厥带的形式，但在花纹上却形成了独特风格。陆庆夫、陆离的《论吐蕃制度与突厥的关系》[12]，认为吐蕃建国后陆续制定的各项制度受到突厥制度的很大影响。张万静的《突厥和党项关系略考》[13]，认为突厥与党项关系的主流是和平、融合，在突厥的影响下，党项逐渐拥有了草原游牧民族的开放性格。刘加明、苗威《渤海国与唐朝马都山之战考——兼论对唐北部边疆的影响》[14] 一文认为唐开元二十一年（733）突厥、渤海、契丹联合发起对唐战争是为渤海国逐步认清自己的周边局势之始，在唐朝适时调整对北部边疆经营策略下，渤海国主动向唐朝靠拢，远离突厥。孙昊的《说"舍利"——兼论契丹、靺鞨、突厥的政治文化互动》[15] 认为源自中亚的"舍利"一词经由突厥发展出作为统治阶层身份之称，嗣后在靺鞨与契丹社会中流变分

① 《贵州师范大学学报》1986 年第 2 期。
② 《贵州师范大学学报》1998 年第 1 期。
③ 《民族研究》1995 年第 5 期。
④ 《民族研究》1995 年第 5 期。
⑤ 《社会科学辑刊》2015 年第 6 期。
⑥ 《民族研究》2007 年第 1 期。
⑦ 《史林》2003 年第 6 期。
⑧ 《西域研究》1995 年第 1 期。
⑨ 《敦煌学辑刊》2007 年第 2 期。
⑩ 《西北民族论丛》第 2 辑。
⑪ 《文物季刊》1998 年第 1 期。
⑫ 《兰州大学学报》2005 年第 4 期。
⑬ 《宁夏社会科学》2006 年第 6 期。
⑭ 《云南师范大学学报》2019 年第 4 期。
⑮ 《中国边疆史地研究》2014 年第 4 期。

别形成自身贵族称号，以此揭示隋唐时期靺鞨、契丹等东北族群与突厥、回鹘等草原民族政权政治互动中对彼此政治文化的吸纳。裴成国的《论高昌国与突厥之间的关系》[①] 从政治、经济、军事三个方面阐述了高昌国与突厥的关系，并认为两政权之间建立了一种良性的互利关系，最终致使高昌国晚期同西突厥结盟共同对抗唐朝。

七、突厥语言、文字、习俗和宗教问题的研究

（一）突厥语言、文字

19 世纪末以来，学者对突厥语言和文字作了深入的探讨。突厥文又称"突厥鲁尼文"，简称"鲁尼文"。其来源问题，学术界先以"阿拉美文变种"说立论，继以"阿拉美—'旧粟特文'"佐证，几经论证渐趋定论[②]。20 世纪 50 年代后，耿世民直接对突厥文加以翻译、考订，还与阿布都热西提·亚库甫编著了《鄂尔浑——叶尼塞碑铭语言研究》[③] 一书，对突厥语言的结构、语音、词汇、词法、句法等作了详细的介绍，是近年研究古代突厥语文的总结性著作。王远新的《突厥历史语言学研究》[④]，是这一研究领域有所新发现的著作。他还撰写了《突厥民族数观念：计数方式的发展与突厥原始文化》[⑤] 和《突厥语族语言序数词的历史发展》[⑥]，利用突厥文文献对数字观、原始文化进行了探索。杨富学的《敦煌本突厥文 Irq 书跋》[⑦]《试论古代突厥文献语言的 rin 以及 ol 和 turtur》[⑧]，对相关问题作了研究。刘戈的《关于〈古代突厥鲁尼文碑铭〉一些问题》[⑨]，对碑文译释问题作了研究。郑婕在《试论回鹘文献语言和突厥碑铭文献语言差异》[⑩] 一文中，研究了回鹘与突厥碑铭文献语言的差异。耿世民、魏萃一编著《古代突厥语语法》[⑪] 一书对突厥汗国、回鹘汗国、高昌回鹘以及喀喇汗王朝时期的古突厥文文献进行详细地分析与介绍，内容涉及语音、方言、语法的演变，为古突厥语文研究提供了重要参考。

（二）突厥人的习俗、宗教问题

20 世纪 40 年代，杜光简在上海《大公报》刊载了《突厥史料丛考》一文，其中有一节谈到突厥剺面之俗。作者认为此俗不仅用于丧葬时表示哀痛，而且还用之

① 周伟洲主编：《西北民族论丛》第 11 辑，北京：社会科学文献出版社，2015 年。
② 阿力肯·阿吾哈力：《突厥如尼文溯源》，《西域研究》2004 年第 2 期。
③ 乌鲁木齐：新疆人民出版社，2000 年。
④ 北京：中央民族大学出版社，1995 年。
⑤ 《中央民族大学学报》1992 年第 6 期。
⑥ 《中央民族大学学报》1995 年第 4 期。
⑦ 《国家图书馆学刊》1997 年第 4 期。
⑧ 《民族语文》2000 年第 1 期。
⑨ 《西域研究》1996 年第 2 期。
⑩ 《西北民族学院学报》1997 年第 1 期。
⑪ 北京：中央民族大学出版社，2010 年

送行、讼冤和请愿。孟楠在《略论中国古代少数民族的劗面习俗》① 一文中，也对突厥人劗面习俗进行了探讨。有关突厥事火的习俗，蔡鸿生在《论突厥事火》② 一文中作了比较系统的研究。其《唐代九姓胡与突厥文化》③ 中编专门探讨突厥的文化，对突厥事火叙述尤详。季羡林先生评述称"言人所不曾言"。林幹也对突厥习俗宗教有研究。他著有《突厥的习俗与宗教》④，介绍了突厥的习俗和宗教。耿世民在《维吾尔族古代文化与文献概论》⑤ 一书中，对突厥人信仰佛教的问题作了比较深入的研究。吴景山在《突厥人的丧葬述论》⑥ 一文内涉及突厥人的葬仪、事火、祭品、劗面、石人石棺葬等内容。李树辉在《突厥狼图腾文化研究》⑦ 中对突厥狼图腾作了专门研究，认为作为古代突厥文化特质之一的狼图腾文化，始于汉乌孙，流布于蒙古高原、土耳其等地，对草原游牧民族及邻近族群有深刻影响。薛宗正的《突厥史》以及由薛宗正、马国荣、田卫疆合编的《中国新疆古代社会生活史》⑧ 等著作对突厥人的习俗、宗教亦做了广泛探讨。此后刘永连在其《突厥丧葬风俗研究》⑨ 一书中，通过对突厥丧葬仪式与墓地遗迹的考察，揭示了突厥葬俗发展与演变的文化内涵，深入探讨了突厥葬俗呈现出的东西方文化元素及其对周边民族的影响。陈凌《突厥汗国与欧亚文化交流的考古学研究》⑩ 一书，主要聚焦于突厥考古学材料的梳理，运用考古学的理论与方法系统考察了突厥墓葬文化、金银器、突厥石人形象以及骑兵装备等几个议题，以此展示突厥与欧亚文化交流的诸多面相。

第三节　突厥其他各民族史研究

突厥汗国灭亡后，仍有一些操突厥语的部族继续活动在今新疆、蒙古一带。在古代新疆活动的部族主要有葛逻禄、突骑施、处月、黠戛斯、样磨、古斯等。其中，葛逻禄、突骑施、处月是西突厥汗国内部的部族，所以有关这三个部族的历史多附着在西突厥史的研究中。

突厥语系各部族史的研究始于 20 世纪 30 年代，主要处于资料的搜集、整理和碑铭的考释以及对突厥语系各民族历史的简单梳理阶段。

20 世纪 30 年代以前，我国学者对突厥碑铭的了解极为有限，利用更少。进入

①　载厉声《历史论集》，乌鲁木齐：新疆人民出版社，1995 年。
②　《中亚学刊》1983 年第 1 期。
③　北京：中华书局，1998 年。
④　《民族研究》1981 年第 6 期。
⑤　乌鲁木齐：新疆人民出版社，1983 年。
⑥　《西北民族研究》1991 年第 1 期。
⑦　《西北民族研究》1992 年第 1 期。
⑧　乌鲁木齐：新疆人民出版社，1997 年。
⑨　桂林：广西师范大学出版社，2012 年。
⑩　上海古籍出版社，2013 年。

30 年代后，对突厥碑铭的考释取得了显著的成绩。1938 年，王静如《突厥及回纥英武威远毗伽可汗碑译释》[①] 一文详细考订了葛逻禄、突骑施、处月等部族在碑文中的称号，是对这一问题研究的重要成果。韩儒林《突厥官号研究》[②] 中部分内容涉及黠戛斯官号，认为黠戛斯官号有宰相、都督、职使、长史、将军、达干等，多是借自中原王朝。

一、葛逻禄史研究

20 世纪 90 年代以前，关于葛逻禄的专题研究文章尚不多见，多是在论述突厥民族时兼带提及，如林幹在《试论西突厥中的若干问题》与《回鹘西迁考略》[③] 二文中，就提到了葛逻禄的族源与葛逻禄的发展历史问题。高永久的《关于葛逻禄与回鹘的关系问题》[④]，从民族关系的角度，对两族 7 世纪至 9 世纪末的关系发展历程进行了深入探讨。指出以公元 840 年为界，前期双方从友好到敌视，从互助到互争，后期回鹘覆灭迁徙至葛逻禄地区，依附于葛逻禄。石沧金的《试论葛逻禄的衰落》[⑤] 一文，从政治史的角度介绍了葛逻禄走向衰落的具体经过和原因。文章认为，葛逻禄衰落的原因可归结为两点，一是自身经济落后，在中亚地区民族融合中始终没有向封建化过渡；二是躁动好战，当时西辽政权强大，而葛逻禄的躁动好战使得西辽决定彻底解决这个不安定因素，两方面原因促使葛逻禄于 12 世纪衰落消亡。关于社会文化的论文有宋晓云的《论葛逻禄诗人廼贤的丝绸之路诗歌》[⑥]，通过廼贤的诗歌来反映葛逻禄归依蒙古后的社会生活状况。李树辉《葛逻禄新论》[⑦] 一文利用多语种文献考察葛逻禄部落构成，人种特点以及语言归属等问题。陈玮的《唐炽俟迦墓志所见入唐葛逻禄人研究》[⑧] 通过对出自葛逻禄炽俟部的炽俟迦家族世系及入仕经历的考证，指出唐廷对建立武功的葛逻禄家族的倚重。

二、突骑施史研究

在中华人民共和国成立后很长一段时间内，我国学者对突骑施问题的研究极为薄弱。只有林幹的《西突厥记事》提及突骑施部与唐朝的关系问题。陈国灿的《唐乾陵石人像及其衔名的研究》[⑨]，从文物的角度对乾陵前所立的番臣像作了考证，并指出其中有突骑施的都督像在内。薛宗正的《北庭故城与北庭大都护府》一文，提

---

① 《辅仁学志》第 7 卷第 1、2 期，1938 年 12 月。
② 《中国文化研究所集刊》第 1 卷第 1 号，1940 年 9 月。
③ 《突厥与回纥历史论文选集》，北京：中华书局，1987 年。
④ 《西北民族研究》1994 年第 2 期。
⑤ 《西北史地》1998 年第 2 期。
⑥ 《新疆师范大学学报》2008 年第 2 期。
⑦ 贾应逸、霍旭初主编：《龟兹学研究》第 1 辑，乌鲁木齐：新疆大学出版社，2009 年。
⑧ 《中国边疆史地研究》2018 年第 2 期。
⑨ 《文物集刊》1980 年第 2 集。

到唐建北庭都护府对突骑施、处月、葛逻禄的行政管理。但都比较零散。直到薛宗正的《突骑施汗国的兴亡》① 一文详细地论述了突骑施三大主姓的历史渊源、首领乌质勒初建突骑施政权、乌质勒之子娑葛时正式形成突骑施汗国、车鼻施·苏禄再建突骑施汗国、黑姓（苏禄后裔）、黄姓（娑葛后裔）二姓争斗与汗国的衰亡等诸问题，才使我们对突骑施的历史有了较为全面的了解。文中"多有发前人所未发"之论，这是中华人民共和国成立后我国第一篇研究突骑施问题的专题论文，标志着突骑施史研究有了历史性的突破。此外，随着突骑施钱币发现的增多，牛汝极的《突骑施钱币考》②、周延龄、任拴英的《对突骑施粟特文钱的探讨》③ 等文章，都从钱币学的角度对突骑施的历史、文化做了一定的阐述，使突骑施研究的领域进一步扩大。李树辉的《"突骑施"对音、指谓及相关历史考辨》④ 从词源学及语音演变方面考证认为突骑施钱币铭文中的"tyrkis"一词，指代突厥汗国统治下的"五咄六部"。扎西、土登彭措《试论八世纪上半叶吐蕃、突骑施联姻的历史缘由》⑤ 依据敦煌出土吐蕃文献就公元734年吐蕃与突骑施王室联姻以及蕃、突同盟形成的政治意涵作了细致探索。2011年，在西安西郊出土一方墓志，题为《唐故突骑施王子志铭》，有学者利用该墓志对西突厥、突骑施同唐朝的关系进行探讨，如葛承雍《新出土〈唐故突骑施王子志铭〉考释》⑥ 最先对该墓志作了考释，提出墓志主人即为可汗阿史那昕与交河公主之孙的结论。周伟洲《〈唐故突骑施王子志铭〉补考》⑦ 一文对突骑施王子的出身与经历的考察，指出"交河公主"应系突骑施可汗苏禄之妻，他还就"交河公主"抑或"金河公主"的称谓提出自己的见解。嗣后吴玉贵发表《〈唐故突骑施王子志铭〉再探讨——兼论突骑施黑姓及其与唐朝的关系》⑧ 一文，作者围绕交河公主身份以及突骑施与唐朝政治关系等问题作了更为细致地讨论，拓宽了突骑施研究领域的路径。

三、处月史研究

和突骑施、葛逻禄不同，人们对处月部族关注较少，学术界到目前为止，有关处月的研究文章也是屈指可数，只有朱绍侯的《突厥、沙陀等现在都属于哪个民族》⑨，从族源学角度论证了沙陀民族是从处月部族演化而来，并阐述了沙陀族的历史；林幹的《略论西突厥史中的若干问题》介绍了处月部落的兴起、发展及其被唐

---

① 《历史研究》1984年第3期。
② 《中国钱币》1988年第3期。
③ 《中国钱币》1995年第1期。
④ 《暨南史学》第9辑，桂林：广西师范大学出版社，2014年。
⑤ 《青海社会科学》2018年第2期。
⑥ 《文物》2013年第8期。
⑦ 《中国历史地理论丛》2014年第1期。
⑧ 《魏晋南北朝隋唐史资料》第33辑，上海：上海古籍出版社，2016年。
⑨ 《新史学通讯》1955年5月号。

朝灭亡的历史过程；郭平梁的《阿史那忠在西域》① 简单阐述了处月在唐王朝统治下的历史；陈国灿的《论西突厥部族与隋唐王朝的关系》②，对处月同中原王朝的关系做了一些探讨。还有学者结合出土文献就沙陀族源出自处月部的观点提出质疑，认为二者是两个不同的部族③，其势力消长也与周边部族的互动与融合有很多关联。王旭送《唐代西州民族研究的两个问题》④ 一文依据出土文献分别介绍了唐代西州处月部的活动轨迹、迁入原因以及唐朝对处月部的安置与管理等问题。

四、黠戛斯史研究

对黠戛斯的研究，主要集中在族源、历史、民族关系等几个方面。

关于黠戛斯的族源问题，周连宽的《丁零的人种和语言及其与漠北诸族的关系》⑤，从族源学的角度提到了黠戛斯的起源、发展和人种问题，但却不够深入。王洁的《黠戛斯族名、族源及地理位置探讨》⑥ 是一篇专题性的对黠戛斯族源加以探讨的论文。文章指出，黠戛斯在不同历史时期有不同族名，其重要原因之一就是汉语语音多有演变所致。而导致其族源问题复杂化的原因则是历史上北方游牧民族不断相互接触、交融而产生演变的结果。对其地理位置的记载则是随着中原汉地对黠戛斯的了解而逐步明确的。王洁另撰《汉译黠戛斯族名考释》⑦ 一文在综合前人研究成果的基础上，从语源、语音变化等方面对不同历史时期黠戛斯族名的演变作了进一步阐释。

关于黠戛斯的社会发展，侯尚智的《试论突厥汗国封建社会的形成》⑧，论述了黠戛斯在公元 5—6 世纪时的社会形态；马长寿的《论突厥人和突厥汗国的社会变革》⑨，阐述了黠戛斯的社会形态、性质及突厥汗国内部黠戛斯与其他部族的关系。薛宗正的《黠戛斯的崛兴》⑩，以黠戛斯的诞生及种族构成、黠戛斯和唐朝的臣属关系、黠戛斯同后突厥汗国及回纥的斗争、统一漠北至衰亡这样一个全局性的视野来对黠戛斯族的发展历史进行全面、系统考察，将黠戛斯民族发展史研究大大向前推进了一步。

关于黠戛斯与其他部族及中原王朝的关系问题，郑元珑的《隋唐时代黠戛斯部与中原王朝关系初探》⑪，对隋唐时期黠戛斯同唐朝的政治关系、经济往来做了具体

① 《新疆史学》1979 年创刊号。

② 《历史教学》1981 年 7 月号。

③ 黄英士：《沙陀的族属及其族史》，《德明学报》2010 年第 2 期。

④ 《新疆大学学报》2018 年第 6 期。

⑤ 《中山大学学报》1957 年第 2 期。

⑥ 《内蒙古社会科学》2008 年第 1 期。

⑦ 《古代文明》2013 年第 3 期。

⑧ 《兰州大学学报》1959 年第 1 期。

⑨ 《历史研究》1958 年第 3—4 期。

⑩ 《民族研究》1996 年第 1 期。

⑪ 《福建师范大学学报》2004 年第 4 期。

论述。李锦绣的《会昌、大中年间黠戛斯来唐的翻译问题》① 一文以唐会昌至大中年间黠戛斯四次遣使入唐为切入点，就唐廷在接待黠戛斯使臣活动中官方翻译出现的失误现象，以及这一时期唐朝中央翻译力量的下降及外交地位的变化等问题作了深入探讨。孙昊《10 世纪契丹西征及其与黠戛斯人的交通》② 一文重点梳理公元 10世纪早期耶律阿保机西征所开辟的契丹与天山—阿尔泰山地区的交通路线，并考察了这一时期契丹与黠戛斯等政权的地缘政治联系以及历史变局。

五、喀喇汗王朝史研究

喀喇汗王朝是西域突厥语各族历史发展中非常重要的一个时期。但是，由于文字和实物资料太少、太模糊，该王朝王室的族属问题一直是学者们关注的焦点。马雍、王炳华提出了"葛逻禄、回鹘说"③；郭平梁等提出了"葛逻禄、样磨、九姓乌古斯说"④；魏良弢在《关于喀喇汗王朝的起源及其名称》⑤ 一文中提出"西迁葱岭回鹘说"后，又在《喀喇汗王朝史稿》⑥ 中再次论证了这一学说；李树辉《喀喇汗王朝的建立者及建立时间》⑦ 提出了喀喇汗王朝是由乌古斯部族的克尼柯部落所建。在上述观点中，影响较大、论证较具体的是样磨说和西迁葱岭回鹘说。华涛的《喀喇汗王朝祖先传说的历史解读》⑧，从喀喇汗王朝的阿甫剌西牙卜传说入手，提出喀喇汗王朝统治者借助当时在波斯文化圈中已经突厥化的阿甫剌西牙卜，通过与这位突厥语部族英雄的血缘联系，构建突厥化的伊斯兰文化身份，增强对自己内部社会和周邻突厥语部族社会的号召力。喀喇汗王朝所做的这些努力，使得早先穆斯林史料中关于葛逻禄与阿甫剌西牙卜的零星记载得不到继续，同时由于喀喇汗王朝的刻意忘却也影响了汉文文献和史料对喀喇汗王朝的认识，这也能解释喀喇汗王朝王室族源混淆不清的困惑。近年以来也有不少学者关注喀喇汗王朝史相关研究，荣新江、朱丽双《11 世纪初于阗佛教王国灭亡新探——兼谈喀喇汗王朝的成立与发展》⑨ 一文从于阗国灭亡的经过入手，探讨了喀喇汗王朝在与河中萨曼王朝以及于阗国战争之中逐步发展壮大的历程，并从藏文文献所见"葛逻禄（Gar log）"指称喀喇汗王朝为据，论证了喀喇汗王朝的成立、发展、主要部族等问题。蓝琪的《论喀喇汗王朝的统治制度》⑩ 则系统梳理了喀喇汗王朝大汗与副汗之双王统治、官员系统、土地、法律制度以及地方行政在游牧、农业地区统治方式的差异等问题，具有参考

① 《欧亚学刊》新 9 辑，北京：商务印书馆，2019 年。
② 《欧亚学刊》新 9 辑，北京：商务印书馆，2019 年。
③ 《新疆历史文物》，乌鲁木齐：新疆人民出版社，1978 年，第 60 页。
④ 《新疆简史》，乌鲁木齐：新疆人民出版社，1980 年，第 155 页。
⑤ 《历史研究》1982 年第 2 期。
⑥ 乌鲁木齐：新疆人民出版社，1986 年。
⑦ 《西域研究》2004 年第 4 期。
⑧ 《历史研究》2005 年第 6 期。
⑨ 朱玉麒主编：《西域文史》第 6 辑，北京：科学出版社，2011 年。
⑩ 《西域研究》2010 年第 1 期。

价值。

从上述叙述我们可以看到，对于突厥语系各部族历史的研究，由于文献和考古资料的限制，学者们只能在力所能及的前提下对各部族的发展简史、族源、民族关系、居地、社会生活情况做概要性的描述，还无法进行深入系统的全面研究。今后学者们的研究只有在文献资料的进一步发掘和考古资料的进一步发现的情况下，结合其他学科的研究方法，才能取得新的成果。

第四节　维吾尔族史研究

国内维吾尔史研究始于 19 世纪后半叶。清代后期，国内外学术界初步搜集、整理、解读维吾尔历史、语言、社会、宗教等方面的资料，简略地考察了维吾尔历史，尤其是其先民回鹘（回纥）史，开创了维吾尔历史研究的先河。20 世纪 30—40 年代，维吾尔史的研究逐渐引起国内学者的关注。由于他们的辛勤笔耕，在民族历史、源流、关系、宗教信仰、语言文字等方面取得了初步成果。首先研究维吾尔史的是王国维、王日蔚等人。王日蔚对维吾尔史有多方面的研究，发表的论文主要有：《畏兀儿民族古代史》（丁零与高车）、《维吾尔民族名称演变考》《葱岭西回鹘考》《唐后回鹘考》等。① 李符桐是台湾地区研究维吾尔史的一位专家。他在 20 世纪 40—50 年代发表了《回鹘西迁以来盛衰考》《撒里畏兀儿来源考》《回鹘部族考》《回鹘疆域考》《回鹘宗教演变考》《元明清三朝西州畏兀儿之研究》等一系列有关维吾尔族族源、民族关系、宗教信仰方面的论著，后来出版了《回鹘史》。② 阿不都拉是台湾的维吾尔族学者，他的论文《维吾尔之源流和文化》《从回汉关系看回鹘的民族性》③ 是值得注意的。台湾学者中比较系统、全面地研究维吾尔史的是刘义棠，他发表了一系列有关维吾尔史方面的论文，汇集出版了《维吾尔研究》④《维吾尔语文研究》⑤《突回研究》⑥ 等著作。从以上研究成果来看，对于维吾尔民族断代史的研究都是侧重于某一个时代综合性的研究，通史类著作非常稀少，宋元以后各代的研究或论述几乎是空白。

70 年来内地的维吾尔史研究，大致经历了三个时期。20 世纪 50—70 年代为第一个时期，以全国少数民族社会历史调查为背景，系统搜集、调查维吾尔族社会历史状况，并初步撰写有关史志论著。

---

① 《天山月刊》第 1 卷第 6 期，1935 年；《禹贡》第 7 卷第 4 期，1937 年；《禹贡》第 4 卷第 5 期，1935 年；《史学集刊》第 1 卷第 1 期，1936 年。

② 台湾：文风出版社，1957 年。

③ 《新疆研究》1964 年；《中国边疆》1982 年。

④ 台湾：正中书局，1975 年。

⑤ 台湾：正中书局，1978 年。

⑥ 台湾：经世书局，1980 年。

1952 年东方书社出版的郭应德著《维吾尔史略》，是中华人民共和国成立不久出版的第一部维吾尔族专著，其书概述了维吾尔民族起源传说、社会面貌、宗教信仰、语言文字等方面的情况，篇幅不长，但基本上勾勒出了维吾尔族的历史概貌。

1956—1964 年，我国第一次有组织有计划地进行全国少数民族社会历史状况科学调查。截至 1964 年，调查任务基本结束，在调查研究的基础上，编写成《维吾尔族简史》《维吾尔族简志》和《维吾尔族简史简志合编》初稿三本。《维吾尔族社会历史调查》（新疆人民出版社，1984 年，为中国少数民族社会历史调查资料丛书之一），汇编了 1953—1958 年的 5 篇有关维吾尔族社会历史等方面的专题性调查报告和材料。它从社会发展、政治、经济、文化、风俗习惯、宗教信仰等方面较为全面系统地反映了中华人民共和国成立前维吾尔族社会历史发展的概貌，为现代中国维吾尔族研究提供了基础性的资料。在 1956 年民族语言调查和 1958 年新疆地区少数民族社会历史和现状调查研究的基础上，编写成较为系统的《维吾尔族简史简志合编》（中国科学院民族研究所，1963 年）等内部资料，这为后来中国维吾尔族史研究奠定了基础。

著名民族史专家冯家昇、程溯洛、穆广文编辑的《维吾尔族史料简编》[1]，是一部全面系统研究维吾尔族社会历史的资料汇编，比较详尽地分类收集了中外主要是汉文史书中有关维吾尔族社会历史的记载，从整理、发掘资料的角度研究梳理了维吾尔族社会经济发展脉络，为研究中国维吾尔族历史提供了极其丰富的历史资料。这本书虽然以"史料简编"为名，但实际上是一本维吾尔史学术专著。它的成就为我国的维吾尔史研究开辟了新的天地。

谷苞是中华人民共和国成立后在新疆研究维吾尔族历史的第一人，他曾多次到维吾尔农村、牧区调查，发表过许多调查报告；60 年代写的有关新疆历史上的瓜果、蔬菜、棉花、养蚕、织布、坎儿井、农田水利等论文，以及后来发表的有关新疆历史上的音乐、乐器、舞蹈等论著，都与维吾尔史有关。[2]

这些著作代表了这一阶段维吾尔史研究的水平，而分散在学术刊物上发表的多篇论文，也表明研究的范围正在扩大。20 世纪 60 年代中期至 70 年代中期，中国史学受到"文化大革命"的影响，民族史研究发展十分缓慢，甚至成为禁区。中华人民共和国成立后刚刚起步不久的维吾尔史研究也受到干扰，部分研究人员的研究工作受到影响，一些研究项目也被迫中断。

20 世纪 80—90 年代是维吾尔史研究的第二个时期，以维吾尔族族源的讨论为中心，编写具有不同历史发展阶段线索的维吾尔史。维吾尔史研究的深度和广度都是此前所不能比拟的，而且专业化越来越强。这一方面的原因是高等院校和社会科学研究机构培养出一大批专业人才，另一方面是由于与维吾尔史相关的各断代史、

---

① 上、下两册，北京：民族出版社，1958 年。

② 谷苞：《古代新疆的音乐舞蹈与古代社会》，乌鲁木齐：新疆人民出版社，1988 年。

专题史，特别是西域史、敦煌吐鲁番研究、考古学等学科的发展，发掘出不少新资料。而"改革开放"后许多研究者得以亲身到国外收集资料和与外国同行切磋。此时期创办了一些学术刊物，如《中亚学刊》《新疆社会科学》《西域研究》《新疆文物》《西北史地》《西北民族研究》《元史及北方民族史研究集刊》等；有关维吾尔族史研究的论文也陆续被结集出版，如《中国维吾尔历史文化研究论丛》等。这些都推动了维吾尔史研究。这个时期发表和出版的有见地的论述和著作开创了我国维吾尔历史文化研究的新局面。据不完全统计，改革开放以来我国各级出版社出版维吾尔研究图书约有 80 部；有关研究维吾尔历史方面的专著、译著约有 30 部；研究的内容涉及维吾尔族历史、文化、宗教、社会生活等方面。

程溯洛是冯家昇主持编撰的《维吾尔史料简编》的合作者之一，他从 20 世纪 70 年代末起，陆续发表了《回纥的兴起及其与唐朝的关系》《维吾尔族族源考》《维吾尔族居住新疆考》等一系列维吾尔史的研究论文，以后汇集出版了《唐宋回鹘史论集》，① 内容涉及族源、居地、政治、外交、经济、文化等方方面面的专题，范围颇广，为学术界进一步深入探讨提供了参考、借鉴和启发。

1989 年出版的《维吾尔族简史》是《中国少数民族简史丛书》中的一种。② 该书是维吾尔史研究的一项重大成果，它较为全面地叙述了中国维吾尔族族源及各个历史时期的政治、经济、文化、科学技术、风俗习惯及其宗教信仰等方面的发展历程，是一部全面系统研究阐述中国维吾尔族历史的专著。

刘志霄的《维吾尔族历史》是一部维吾尔族通史。③ 作者在参考了大量汉文、维吾尔文文献资料的基础上，以翔实可信的资料为依据，分析研究了维吾尔族一系列的历史事件和重大问题，详细地阐述了维吾尔族在各个历史时期的政治、经济、文化及其社会发展状况，特别是关于维吾尔族古代文化的叙述，为研究中国突厥语系诸民族的历史提供了珍贵资料，是改革开放以来中国民族史研究领域所取得的重要成果之一，成为研究维吾尔族历史的集大成之作，它的出版进一步深化了维吾尔族和新疆地区史研究，在一定程度上填补了宋、元、明以及清朝前期关于中国西北史地研究方面的空白，具有较高的学术价值。

耿世民是我国继冯家昇之后又一位著名的研究维吾尔族历史文化的突厥学家。他第一次将一些鄂尔浑古突厥文碑文直接从原文译成汉文，发表了一系列研究维吾尔历史文化的论著。如《古代维吾尔诗歌选》④ 《维吾尔古代文化和文献概论》等，⑤ 拓宽了史料来源，而且相应地阐明了一些问题。通过他的论著，维吾尔史研究的内容比过去更丰富、更生动。

---

① 北京：人民出版社，1993 年。
② 乌鲁木齐：新疆人民出版社，1989 年。
③ 上册，北京：民族出版社，1985 年；中册，北京：中国社会科学出版社，1996 年。
④ 乌鲁木齐：新疆人民出版社，1982 年。
⑤ 乌鲁木齐：新疆人民出版社，1983 年。

　　林幹在 20 世纪 80 年代初开始发表有关研究维吾尔史方面的论文，他编的《突厥与回纥历史论文选集》选录了 1919—1981 年间发表的有关论文，[①] 其中亦包括他自己的著述，特别是他与高子厚合著的《回纥史》[②] 以及他独著的《突厥与回纥史》，[③] 对维吾尔史研究无疑也是一项突出贡献。《回纥史》与《维吾尔族简史》相似，是古代维吾尔族通史。该书全面系统地阐述了维吾尔先民——回纥的历史发展及在各个历史时期的经济生活、社会结构、政权组织、文化习俗、部族兴衰、政治演变及与其他民族之间的关系，书中 2/3 的篇幅是研究阐述维吾尔历史和社会发展进程，特别是为早期历史发展研究提供了极有价值的学术资料，丰富了中国维吾尔族研究的内容。

　　这一时期涉及维吾尔史研究成果的还有郭平梁和刘戈合著的《回纥史指南》，这是一部全面概述维吾尔族古代史的著作，[④] 全书共三编：第一编"回纥历史概述"；第二编"回纥史料简介"；第三编"回纥史研究综述"。

　　作为维吾尔史重要组成部分的喀喇汗王朝史，国内过去很少有人问津，原新疆大学的魏良弢在这一领域中却做出了突出成绩。他首先从史料及国内外研究状况入手，并在此基础上就名称、疆域、境内民族、政治、经济、文化、与中亚诸王朝关系、与中原诸王朝关系等问题发表过一系列论文，并最后编纂成专著《喀拉汗朝史稿》出版。[⑤] 这在国内是喀喇汗朝史研究的第一部专著，比较全面系统地勾画出喀喇汗王朝概貌及国内外的研究状况。后来魏良弢继续从事喀喇汗王朝以后维吾尔史研究工作，出版了《叶尔羌汗国史》，[⑥] 此书首次系统地论述了汗国的创建、发展、昌盛、衰落和覆亡的历史，并分析概括了汗国内部体制、官制以及经济文化等方面的情况。刘迎胜的《西北民族史与察合台汗国史研究》[⑦]《察合台汗国史研究》[⑧] 等专著不仅系统地阐述了察合台汗国的建立、发展、衰亡的历史情况，而且也论述了汗国统治下的维吾尔人的政治、经济与文化。

　　苏北海是研究新疆民族史方面成果较多的学者，先后发表了研究维吾尔史论文多篇。他与黄建华合著的《哈密吐鲁番维吾尔王历史》较全面地叙述了从清朝到民国时期的维吾尔族哈密、吐鲁番王的历史。[⑨]

　　杨圣敏在编纂《资治通鉴突厥回纥史料校注》的基础上，[⑩] 撰写了以漠北维吾

---

① 北京：中华书局，1987 年。
② 呼和浩特：内蒙古人民出版社，1994 年。
③ 呼和浩特：内蒙古人民出版社，2007 年。
④ 乌鲁木齐：新疆人民出版社，1995 年。
⑤ 乌鲁木齐：新疆人民出版社，1986 年。
⑥ 哈尔滨：黑龙江教育出版社，1996 年。
⑦ 南京大学出版社，1994 年。
⑧ 上海古籍出版社，2006 年。
⑨ 乌鲁木齐：新疆大学出版社，1993 年。
⑩ 天津古籍出版社，1992 年。

尔族发展为中心的《回纥史》，① 此书系统地论述了回纥自起源至汗国灭亡而迁徙的历史过程，探讨了回纥与现代维吾尔族、裕固族的关系。刘美崧研究回鹘史的成就集中在《两唐书回纥传回鹘传疏证》一书中，② 该书收集了大量的资料，为回鹘史研究提供了极大的方便。

任一飞、亚森．吾守尔的《维吾尔族》，③ 较为全面地介绍了维吾尔族历史发展概况，属于普及维吾尔族历史知识的通俗性读物。华涛专著《西域历史研究（八至十世纪)》与回鹘亦颇有关系。④

牛汝极的《维吾尔古文字与古文献导论》⑤ 是学术界在维吾尔古文字和古文献研究领域的一座里程碑，是一部全面系统探讨维吾尔文字及其演变的学术著作，它为维吾尔文字学的建立和发展奠定了坚实的基础。作者还在书中对突厥文起源问题提出了新见解。

杨富学是研究维吾尔历史文献方面的青年学者，他对维吾尔历史文化、语言文字、宗教信仰等研究成果较突出，代表论著有《回鹘之佛教》⑥《回鹘文献与回鹘文化》⑦《沙州回鹘及其文献》等，⑧ 较深入而全面地研究了回鹘佛教历史文化及其影响。《回鹘文献与回鹘文化》是杨富学在其系列专题研究的基础上所撰写的一部关于回鹘文化的集成之作。该书分为上、中、下三篇。上篇是对回鹘文献的概述研究；中篇作为核心部分，具体研究了回鹘语文、宗教、文学和科学技术四个方面的内容，勾勒出回鹘文字递嬗之频、宗教隆盛兴替及社会文化不断进步的历史进程；下篇论述了回鹘文化与周边民族的关系，指出回鹘文化深受汉、藏文化的影响，同时揭示出回鹘文化作为元文化对北方草原诸民族文化的发展产生了持续几个世纪的深远影响。

这个时期还有段连勤的《丁零、高车与铁勒》（上海人民出版社，1988 年）。这本专著运用大量的文献资料、考古资料及前人研究成果，系统而又深入地论述了维吾尔族古代史。陈高华的《明代哈密吐鲁番资料汇编》（新疆人民出版社，1984年）和《元代维吾尔哈剌鲁资料辑录》（新疆人民出版社，1991 年），是把散见于史籍中的资料按编年、记传和散存分别辑录出来，便于查阅和利用。李国香是国内第一个非本民族学者当中较系统、全面地研究维吾尔古代文学史的学者，代表作有《维吾尔文学史》（兰州：西北民族学院，1982 年）。克由木霍加等的《古代维吾尔文献选》（新疆人民出版社，1983 年）、蒋其祥的《新疆黑汗王朝钱币》（新疆人民

---

① 长春：吉林教育出版社，1991 年。
② 北京：中央民族学院出版社，1989 年。
③ 北京：民族出版社，1997 年。
④ 上海古籍出版社，2000 年。
⑤ 乌鲁木齐：新疆人民出版社，1997 年。
⑥ 乌鲁木齐：新疆人民出版社，1998 年。
⑦ 北京：民族出版社，2002 年。
⑧ 与牛汝极合著，兰州：甘肃文化出版社，1995 年。

出版社，1990 年）、冯志文等的《回鹘史编年》（新疆大学出版社，1992 年）、陈遵望等的《湖南维吾尔族》（长沙：岳麓书社，1994 年）、田卫疆的《蒙古时代维吾尔人的社会生活》（乌鲁木齐：新疆美术摄影出版社，1996 年）、《丝绸之路与东察合台汗国史研究》（新疆人民出版社，1997 年）、齐清顺等的《维吾尔族》（新疆美术摄影出版社，1996 年）、尚衍斌的《元代畏兀儿研究》（民族出版社，1999 年）、徐玉圻等人的《新疆三区革命史》（民族出版社，1999 年）等都从不同的视角和层面研究了维吾尔族社会历史等方面的发展进程，成为中国维吾尔族研究的最新成果及重大成就之一。在各种专业学术刊物上还发表了涉及维吾尔族历史文化方面的多篇较高水平论文。

1988 年北京成立了中国维吾尔历史文化研究会，并出版了《中国维吾尔历史文化丛书》，共 4 集。特别提到的是本民族研究队伍逐年扩大，为维吾尔史研究增添了新鲜血液，增强了研究力量。如库尔班·外力的《我们使用过的文字》（新疆青少年出版社，1986 年）、阿吉·努尔阿吉的《喀喇汗王朝简史》（新疆人民出版社，1983 年）、《叶尔羌汗国简史》（新疆人民出版社，1993 年）、阿布都热依木的《维吾尔族风俗志》（新疆人民出版社，1993 年）、托和提的《维吾尔历史文化研究》（民族出版社，1995 年）、阿布都许库尔·穆罕默德伊明的《维吾尔哲学史》（新疆人民出版社，1997 年）、阿布都克里木的《维吾尔文学史》（新疆大学出版社，1998 年）、阿布力孜的《隋唐时代维吾尔历史人物》（新疆人民出版社，1999 年）等从不同的视角、层面研究了维吾尔族历史文化，为维吾尔族历史研究的深入展开奠定了坚实的基础，其中部分研究成果具有开创性，填补了空白，是近年来中国维吾尔史研究取得的显著成就之一。

21 世纪以后是维吾尔史研究的第三个时期，维吾尔史研究内容进一步扩大和深化；研究队伍逐渐扩大，除老一辈的学者外又不断涌现出一批新的青年学者；研究的领域逐渐拓宽，除对一些具体问题继续进行考证外，还增加了对社会经济文化等方面的探索；史料来源增多，对古突厥文、回鹘文资料的研究与运用有突破性的进展；研究水平进一步提高，主要表现在以下一系列著作上：

王茜等撰《维吾尔族：历史与现状》，[1] 该书在前人研究成果的基础上，论述了维吾尔的生存环境、历史渊源与形成、社会制度、经济演变、文化变迁、族际关系、历史人物、跨国过程、现代化发展之路等，探讨了中国维吾尔在不同历史时期社会、经济、文化和价值观念发生的变化与进步，旨在反映中国维吾尔族几千年来的历史进程与精神面貌。

田卫疆的《高昌回鹘史稿》[2]，在前人研究的基础上，通过对各种有关文献和资料的辨识与分析研究，对高昌回鹘 5 个多世纪的王族血脉、社会结构、经济生活、

① 乌鲁木齐：新疆大学出版社，2005 年。
② 乌鲁木齐：新疆人民出版社，2006 年。

文化变迁以及同历代中原王朝的关系进行比较全面系统的研究。有总体概括，又有具体分析，补充了维吾尔史研究之阙遗。

阿合买提·苏来曼的《鄂尔浑回鹘汗国简史》一书①，根据古突厥文、古回鹘文、古汉文、阿拉伯—波斯文史料、近代考古资料，在国内外学者有关回鹘史研究成果的基础上，以历史的角度对维吾尔（回鹘）起源与兴起、回鹘汗国的初建、与后东突厥的关系、回鹘诸部落的南北分离过程、唐代周围政权对回鹘汗国的各种称呼、回鹘汗国的疆域、部落、政治制度、社会性质、居民的分布与种族特征、回鹘汗国与唐王朝关系、回鹘汗国的崩溃及其原因、回鹘汗国的社会经济、城市文化发展、回鹘人的历法、语言文学、艺术和风俗习惯、宗教信仰等一系列问题进行了较详细和深入的研究，并都提出了独到的见解。

李树辉的《乌古斯和回鹘研究》② 一书主要探讨包括秦汉至突厥崛起前的乌古斯诸部历史，乌古斯与突厥、回鹘、突厥蛮之关系，回纥的构成与发展，回鹘的西迁，龟兹回鹘、高昌回鹘、甘州回鹘历史发展与考辨，以及维吾尔族的族源与形成过程等问题，作者广泛利用汉文、突厥文、波斯文等多语种史料及出土文献，相互比勘印证，在回鹘西迁及维吾尔族形成等重要论题上提出了新的见解，为回鹘研究的细化提供不少新的视角。

朱悦梅、杨富学合著《甘州回鹘史》③ 一书在系统梳理与研究敦煌文献中与回鹘有关的写本、壁画、题记等资料基础上，通过对回鹘文、吐蕃文等民族古文献的整理与对比研究，以一种整体视角考察了甘州回鹘的民族、地理、政治、社会、经济、文化以及同周边地区的民族关系。该研究不仅指出传统史籍对回鹘记载的部分讹误，而且还就甘州回鹘研究历来较为薄弱的经济、文化、宗教及政体等方面进行深入探索，勾勒出不同历史时期内甘州回鹘发展演变的大致概貌。

付马《丝绸之路上的西州回鹘王朝：9—13 世纪中亚东部历史研究》，④ 是以西州回鹘政权为主线研究这一时期丝绸之路民族史的著作。作者在广泛收集国内、外所藏敦煌、吐鲁番出土文献以及相关回鹘文、粟特文、波斯文、阿拉伯文、汉文等文献基础上，对西州回鹘的历史进程、族群认同、城镇建设等问题进行详细考证与探究，廓清了唐代以降西域东部区域历史，并就西州回鹘在这一时期丝绸之路存续与发展中所起到的关键因素进行了深入探讨。

李琪的《中亚维吾尔人》一书⑤，以大量中外文献史料为基础，以维吾尔研究的历史继承性与时代特征为引线，从新疆部分维吾尔人迁居中亚的阶段、形态及原因、中亚维吾尔人百年历史人口的变迁、中亚维吾尔人口城市化问题、中亚维吾尔

① 乌鲁木齐：新疆人民出版社，2006 年。
② 北京：民族出版社，2010 年。
③ 北京：中国社会科学出版社，2013 年。
④ 北京：社会科学文献出版社，2019 年。
⑤ 乌鲁木齐：新疆人民出版社，2003 年。

人百年历史变迁中的社会文化因素、从新疆迁居中亚之维吾尔人与本民族主体的关系以及结论与思考等七个方面对中亚维吾尔人的历史和现状及其特点进行深入的研讨。

另外还有曹红的《维吾尔族生活方式：由传统到现代的转型》（中央民族大学出版社，2006 年）、耿世民的《维吾尔古代文献研究》（中央民族大学出版社，2003 年）、阿力木江·马克苏提等的《维吾尔建筑简史》（新疆人民出版社，2000 年）、阿吉·努尔阿吉的《回鹘与喀喇汗王朝》（新疆人民出版社，2001 年）、杨富学的《回鹘与敦煌》[①] 和《中国维吾尔历史文化论丛》第 4 辑（民族出版社，2006 年）等论文集的出版，进一步推动了我国维吾尔史研究。

这些成果以科学的态度、确凿的史实、严谨的论证充分肯定了维吾尔族在历史发展过程中所起的作用、所居之地位，以事实说明中华古今各个民族，不论大小，都对维护祖国统一、开发祖国边疆、缔造祖国历史作出了不可磨灭的贡献。研究所涉及的内容也极为广泛，具有较高的学术价值及开拓精神。

维吾尔史的研究自 20 世纪 50 年代以来，在专题研究上也取得了大量成果，所探讨的问题颇为广泛，大体可以归纳为以下几个方面。

一、族源与民族形成研究

从中华人民共和国成立伊始，我国学术界曾对维吾尔史的一些重大理论问题，展开过广泛的讨论。许多历史研究工作者都参加了这场讨论。

关于维吾尔族族源与民族形成问题的研究是维吾尔史研究领域的传统研究课题之一，也是热点话题之一。中华人民共和国成立后学术界发表了为数不少的论文，学者们根据各自的研究提出了诸多的论点，难达共识。但在这一研究领域中，大多数学者采用"蒙古草原的回纥人是维吾尔族的直系祖先，而回纥人又是丁零人中的一支"的传统观点。20 世纪 80 年代以来，对此问题，学者们发表了为数不少的论文。

在维吾尔族的族源研究中，存在一元论和多元一体论的纷争。所谓一元论，是指一个民族的族源只能有一种的主张，如周伟洲的《也谈维吾尔族族源问题》，[②] 认为维吾尔族的族源只能是"五世纪在突厥、铁勒（高车）的名义之下的乌护、袁纥、韦纥部"，"这是一条探索新疆维吾尔族族源的基本线索"；如果离开这条基本线索，就是把族源和民族形成问题"混而为一"了。魏良弢在《关于维吾尔族历史编纂学的若干问题》一文中也说过："在探讨民族起源问题时，有两个概念应辨清，即什么是'起源'，什么是'汇入之流'。"[③]

穆广文的《维吾尔族的起源和居住考》认为维吾尔族起源于公元前 3 世纪末至

---

① 兰州：甘肃教育出版社，2013 年。
② 《西北历史资料》1981 年第 2 期。
③ 《新疆大学学报》1984 年第 2 期。

3 世纪的丁零和呼揭，① 程溯洛的《维吾尔族族源考》根据大量史料考证了回纥与匈奴、丁零、乌护的关系，认为回纥的源流是狄—赤狄—丁零—铁勒—回纥。② 钱伯泉的《维吾尔族的族源及其先民的西迁》一文则认为维吾尔族的族源应为高车的袁纥部和护骨部，③ 杨圣敏在《回纥人的种族特征试析——兼评维吾尔族与其先民回纥之区别》一文，利用考古、文献以及体质人类学等学科的最新研究成果，对维吾尔族族源进行了综合研究分析认为："回纥不等于维吾尔族；现代维吾尔族主要是由回纥和古代塔里木盆地的土著居民这两部分人，于公元 9 世纪以后至 15 世纪末融合而成的一个新民族。"④ 此外，还有耿世民的《试论塔里木盆地民族的融合和近代维吾尔族的形成》、⑤ 乌依古尔·沙依然的《维吾尔族》⑥ 等论文基本代表了我国学者自改革开放以后对维吾尔族族源与民族形成问题研究的成果。

所谓多元一体论，是说一个民族的"源"，不一定是某一个氏族，而是由"许许多多分散孤立存在的民族单位，经过接触、混杂、联结和融合，同时也有分裂和消亡，形成一个你来我去、我来你去，我中有你、你中有我，而又各具个性的多元统一体"。⑦ 其代表人物是谷苞，他早在 1980 年就对以袁纥的发展演变为框架的研究格局提出了不同看法，他在《新疆维吾尔族族源新探》一文中认为："公元 840 年西迁的回纥并非尔后形成维吾尔族的主体……从公元 3 世纪居住于新疆的丁零（西丁零），公元 5 世纪以后居住于新疆南边的丁零和新疆北部的铁勒，以及他们在长期历史中与当地各民族的融合，是而后形成维吾尔族的主体。"⑧ 后来，他又连续发表《新疆维吾尔族族源问题》《再谈与维吾尔族族源有关的几个问题》等文，并说："我对各个民族的族源，在部落和种族的构成上是主张多元的，不主张把某一个部落或种族作为一个民族的族源。"⑨ 80 年代末以后，越来越多的学者把多元一体理论运用于维吾尔族源研究之中，如段连勤在《丁零、高车与铁勒》一书中肯定"丁零、高车、铁勒是今维吾尔民族的先民，丁零、高车、铁勒的历史是今日维吾尔民族远古史的一个重要组成部分"。⑩ 苏北海在《维吾尔族源流新考》一文中认为，早在公元前维吾尔族就已分布于蒙古草原和天山南北的广大地区，提出了"维吾尔族是新疆最古老的民族"的观点。⑪ 1989 年出版的《维吾尔族简史》⑫ 吸收学

① 《中央民族学院学术论文选集》，科研处铅印，1980 年。

② 《向达先生纪念论文集》，乌鲁木齐：新疆人民出版社，1986 年。

③ 《西域研究》1996 年第 3 期。

④ 《甘肃民族研究》1988 年第 1 期。

⑤ 《新疆历史论文续集》，乌鲁木齐：新疆人民出版社，1982 年。

⑥ 《新疆社会科学研究》1983 年第 11 期。

⑦ 费孝通：《中华民族多元一体格局》，北京：中央民族学院出版社，1989 年。

⑧ 《中国社会科学》1980 年第 6 期。

⑨ 谷苞：《古代新疆的音乐舞蹈与古代社会》，乌鲁木齐：新疆人民出版社，1988 年。

⑩ 上海人民出版社，1988 年。

⑪ 《新疆大学学报》1981 年第 1 期。

⑫ 乌鲁木齐：新疆人民出版社，1989 年。

术界对维吾尔族族源问题讨论的多元一体观点，认为维吾尔族的形成和发展同其他许多氏族一样，曾经经历了一个漫长的历史过程，在此过程中，它曾融合了漠北草原的一部分古代民族和新疆的一部分古代民族，由一个人口不多、分布地区有限的氏族发展成一个具有自己特点的民族。后来，这种融合继续进行，而且在融合的过程中吸取了新疆古代民族和其他民族的优秀传统，最后终于形成现代的维吾尔族。

20 世纪 90 年代后较有代表性的论著，如林幹、高子厚合著的《回纥史》较多地运用了多元一体理论，把东西部丁零，尔后的东西部铁勒的一部分作为回纥族源看待，但是，仍然肯定了袁纥部在隋唐时期的重大历史作用。贺继宏的《维吾尔族族源研究》（《西北史地》1991 年第 2 期）、魏良弢的《维吾尔族起源、形成和发展问题再思考》（《民族研究》1990 年第 4 期）、周伟洲的《关于维吾尔族族源的问题》（《西域研究》1991 年第 2 期），苗普生的《塔里木盆地缘边地区的民族融合和维吾尔族的形成与发展》（《西域研究》2005 年第 4 期）、加·奥其尔巴特《察合台蒙古融入维吾尔族》（《新疆大学学报》2008 年第 4 期）、钱伯泉《维吾尔族的族源及其发祥地问题研究》（《新疆社会科学》2010 年第 4 期。）等，也从不同的研究视角、层面对维吾尔族族源作了进一步探讨。综观研究现状，族源问题仍争论激烈，有待进一步深入发掘研究。

二、回纥（回鹘）史研究

（一）回纥改称回鹘的年代问题

1958 年出版的冯家昇等《维吾尔族史料简编》认为是贞元四年（788）。这虽是一本纲目体裁的史料汇编，但由于它比较完备和系统，其影响之大及于国内外，贞元四年回纥改名回鹘说似已成为历史的定论。[①] 1980 年刘美崧发表了《回纥更名回鹘考》，[②] 重新指出回纥更名回鹘是在元和四年（809 年），力矫贞元四年说之误。1995 年，宋肃瀛在其《回纥改名"回鹘"的史籍与事实考》一文中，[③] 亦认为回纥改名"回鹘"应在元和四年。2012 年出版的《大唐西市博物馆藏墓志》[④] 收录的《石解墓志》及《回鹘葛啜王子墓志》为这一问题的探索提供了新的依据，两方墓志分别记载唐贞元七年（791）"鸿胪卿庾伭充册回鹘公主使"以及贞元十一年（795）"回鹘葛啜王子"入唐之事，从以上记载可知"元和四年"回纥更名之说值得斟酌。李宗俊在《唐回鹘葛啜王子墓志反映的几个问题》[⑤] 一文中认为，回纥改称回鹘的时间应当在德宗贞元年间，即贞元四年（788）十月回纥上表请改，得德

① 翦伯赞主编的《中国史纲要》第二册（1962 年）、张传玺、李培浩、张寄谦合撰的《中国通史讲稿》中册（1982 年）以及刘义棠的《维吾尔研究》等还一直坚持贞元五年说。

② 《江西师范学院学报》1980 年第 1 期。

③ 《民族研究》1995 年第 6 期。

④ 胡戟、荣新江主编：《大唐西市博物馆藏墓志》，北京：北京大学出版社，2012 年。

⑤ 杜文玉主编：《唐史论丛》第 17 辑，西安：陕西师范大学出版社总社有限公司，2014 年。

宗允诺并颁发诏书，该诏书抵达漠北回纥时已为贞元五年（789）。看来，回纥改名"回鹘"的年代问题有继续探讨的必要。

（二）回纥西迁问题

关于公元 840 年回鹘西迁之事一直是中外学人的聚讼所在。大致来说，主要有两种不同的学术观点：

1. 三支说。此说又有两种观点：其一，为王日蔚首次提出，认为其一支居葱岭西（葱岭西回鹘），一支居西州（西州回鹘），一支居甘州（甘州回鹘）。西州回鹘与甘州回鹘的分界地为伊州、瓜州、沙州。伊州属西州回鹘的范围，瓜、沙二州则属甘州回鹘的范围。冯家昇等人认为，回鹘"分三支向西南迁徙：一支南下到河西走廊；一支西去新疆，以高昌（今哈喇和卓）为中心；另一支迁到喀什和中亚"，它们后来分别建立了甘州回鹘政权、高昌回鹘政权及喀喇汗王朝。① 其二，为苏北海提出，认为庞特勤所投奔的葛逻禄是"早被回纥汗国征服的'归顺葛逻禄'"即"北庭葛逻禄"，其后，"在黠戛斯的继续追击下，再分两支逃迁，一支投向甘州回鹘，一支则由庞特勤率领越天山至焉耆，重整旗鼓，西取龟兹，东进高昌，先称叶护，并于 848 年初在龟兹地区建庭称汗，史称高昌回鹘"。② 杨富学、牛汝极亦持此说，但略有不同，他们认为："其中的葛逻禄，并非中亚的葛逻禄汗国，而是塔里木盆地北、西缘的'归顺葛（逻）禄'。安西指唐代安西都护府辖下的以高昌、北庭、龟兹为中心的天山南部地区。而吐蕃呢？指的则是吐蕃统治下的河西地区。"③

2. 二支说。认为西奔葛逻禄的十五部并未抵达葱岭西。谷苞认为亡国后的回鹘迁徙只分西迁的十五部和南下的十三部两支；投附吐蕃、安西的两支只是西迁十五部的"残众"，而且葛逻禄部不在葱岭以西，安西也不一定是高昌，投入吐蕃的一支也不一定在甘州和河西。④ 杨建新认为这两种意见均有合理与不足之处，并对高昌回鹘、甘州回鹘和喀喇汗朝及其政权作了考述。⑤

林干、高自厚等人对回鹘西迁问题亦有辨证，亦不赞成回鹘分三支西迁之说。⑥ 对漠北回纥汗国破灭之后的历史，否定了"举族西迁""分三支西迁"的传统观点，列举史料说明是"四散逃离"，而早就游牧于楚河流域、天山南北、河西走廊的部众并未迁徙；对三大回鹘汗国的形成，首先肯定了早就驻牧于当地的回鹘人的作用，对部分西迁之众的促进作用也给予了充分肯定。李树辉在其《乌古斯和回鹘研究》⑦中指出，关于回鹘西迁学者们的分歧主要集中于葛逻禄分布区域以及西迁回鹘落脚

---

① 冯家昇等：《维吾尔族史料简编》（上），北京：民族出版社，1958 年，第 41—46 页。
② 苏北海：《伊斯兰教传入库车考》，《喀什师范学院学报》1989 年第 2 期。
③ 杨富学、牛汝极：《沙洲回鹘及其文献》，兰州：甘肃文化出版社，1995 年，第 9 页。
④ 谷苞：《新疆维吾尔族源新探》，《中国社会科学》1980 年第 6 期。
⑤ 《中国西北少数民族史》，银川：宁夏人民出版社，1988 年，第 368—390 页。
⑥ 《关于回鹘西迁若干问题的辨正》，《民族研究》1992 年第 5 期。
⑦ 北京：民族出版社，2010 年。

点的确定。他认为传统史籍所谓回鹘"西奔葛逻禄"是根据其奔走方向目的地推测之语，并非十五部西奔目的地，并将回鹘西迁终点确定在东部天山地区（包括西天山北麓伊塞克湖以东地区及其以北伊犁河上游地区）。因此关于回鹘西迁的讨论应在传统史籍基础之上更为广泛地发掘与综合回鹘文等多语种原始文献，并将其与其他材料相互参证、辨析，才有可能对回鹘迁徙的历史细节进行深入探索。

（三）甘州回鹘研究

甘州回鹘的族源。学界以前有过一种观点，认为公元840—842年漠北回鹘西迁入河西才是甘州回鹘之始，这种观点早已为学界所否定。段连勤《河西回鹘政权的建立与瓦解》认为早在公元1世纪初叶匈奴帝国崩溃时，漠北的丁零人（回鹘族的先民）就大批亡匿于河西走廊的金城、武威、酒泉北、西河东西一带。① 高自厚在《甘州回鹘渊源考》中对这一点作了更为细致的阐述，认为自1世纪到9世纪近900年间，陆续迁入河西的丁零、铁勒、高车、回鹘人数众多，正是他们相互融合才构成了甘州回鹘。② 其后，陈炳应在《也谈甘州回鹘》也对这一问题作了论述，得出了一致的结论。③ 此外，还有一种看法，认为甘州回鹘渊源于7世纪，如陈守忠在《公元八世纪至十一世纪前期河西历史述论》中认为甘州回鹘的族源应该从初唐（7世纪）移居河西的回鹘、契苾、思结、浑等部族算起。④ 钱伯泉在《甘州回鹘的渊源及其建国初期的史实》一文中认为甘州回鹘民众大多是唐高宗和武则天时期两度从漠北南迁甘、凉地区的回纥族人，并非840年回鹘汗国崩溃后而投吐蕃的那一支回鹘部落。⑤ 刘再聪的《隋唐时期河西地区内迁的回鹘——兼论甘州回鹘的渊源》，⑥ 更为全面系统地论述了河西回鹘的渊源。李军著《甘州回鹘建国前史钩沉——以甘州回鹘的渊源为中心》⑦ 在前人基础上，结合传统史籍和敦煌文献对甘州回鹘源自安西回鹘以及东迁等问题进行了辨析与探讨。

甘州回鹘立国的时间。汤开建、马明达《对五代宋初河西若干民族问题的探讨》认为，"回鹘进入甘州建立政权的时间早于中和四年（884）"；⑧ 程溯洛《〈宋史·回鹘传〉补正》认为872年是"甘州回鹘政权开始成立之年"；⑨ 段连勤《河西回鹘政权的建立与瓦解》认为"回鹘人在张议潮死后据甘州，立有可汗"；⑩《裕

① 《西北大学学报》1978年第4期。
② 《西北民族学院学报》1982年第1期。
③ 《敦煌学辑刊》1990年第2期。
④ 《西北师范学院学报》1983年第4期。
⑤ 《甘肃民族研究》1987年第1—2期。
⑥ 《敦煌研究》1998年第3期。
⑦ 《中国中古史集刊》第3辑，北京：商务印书馆，2017年。
⑧ 《敦煌学辑刊》1983年第4期。
⑨ 《中国社会科学》1989年第5期。
⑩ 《西北大学学报》1978年第4期。

固族简史》也认为在张议潮死后不久，回鹘人就攻占甘州，遂移牙帐于甘州。① 从其引用的资料看，二者都是把 872 年作为张议潮卒年的；苏北海、周美娟《甘州回鹘世系考辨》则指出，自 867 年张议潮去唐中央任新职后，再未返回，后于 892 年死于长安，他们认为甘州回鹘的建立当在 894 年。② 洪勇明《甘州回鹘登里可汗考辨》③ 一文通过对两件吐蕃文书所记 "登里回鹘可汗" 的身份考证认为，登里可汗系毗伽可汗之太子狄银，是甘州回鹘政权的第一代可汗，也是唐昭宗册封的天睦可汗。他还研究认为甘州回鹘政权的建立时间应从中和四年（884）算起。

甘州回鹘的疆域。段连勤《河西回鹘政权的建立与瓦解》、杨圣敏《沙州政权与回鹘扩张》、范玉梅《试论甘州回鹘的历史贡献》等文，④ 笼统地将整个河西走廊称作甘州回鹘的疆域。李萍《关于甘州回鹘的若干问题》则具体指出，当时甘州回鹘的势力虽然相当强大，但终究未能建立起对整个河西的统治，凉、瓜、沙地区存在独立的政权实体，不属甘州回鹘所辖，更勿论鞭长莫及的贺兰山回鹘了。⑤ 朱悦梅、杨富学的《甘州回鹘史》⑥ 则认为甘州回鹘政权建立以后，随着势力的逐步壮大，遂于公元 911 年出兵打败沙州归义军政权，从而确立了在河西地区的霸权地位，及至 10 世纪前半期，居凉州以东的河西吐蕃及河西走廊以西的曹议金很大程度上均受制于甘州回鹘。

甘州回鹘与丝路贸易。学术界对这一问题的研究较多，如高自厚《甘州回鹘与中西贸易》（《甘肃民族研究》1982 年第 1—2 期）、樊保良《回鹘与丝绸之路》（《兰州大学学报》1985 年第 4 期）、钱伯泉《甘州回鹘国的 "国际" 关系及其在丝绸之路上的历史地位》（《甘肃民族研究》1990 年第 2 期）、程溯洛《〈宋史·回鹘传〉补正》（《中国社会科学》1989 年第 5 期）、孙修身《试论甘州回鹘在中西交通中的作用》（《北方文化研究》第 2 集，哈尔滨：黑龙江社会科学院编印，1989 年）、李德龙《敦煌艺术 S. 8444 号研究——兼论唐末回鹘与唐的朝贡贸易》（《中央民族大学学报》1994 年第 3 期）、陆庆夫《论甘州回鹘与中原王朝的贡使关系》（《民族研究》1999 年第 3 期，收入《丝绸之路史地研究》，兰州大学出版社，1999 年）等文都从不同角度探讨了甘州回鹘在中西方丝路贸易中的地位，认为甘州回鹘为保证丝绸之路的畅通作出了重要的贡献。另外，孙修身《五代时期甘州回鹘与中原王朝交通》系统地探讨了五代时期甘州回鹘与中原王朝的政治、经济、文化交流关系。⑦ 刘全波、王政良《甘州回鹘朝贡中原王朝史实考略》（《西夏研究》2017 年

① 兰州：甘肃人民出版社，1989 年。
② 《敦煌学辑刊》1987 年第 2 期。
③ 《西域研究》2010 年第 2 期。
④ 《西北大学学报》1978 年第 4 期；《中央民族学院学报》1985 年第 2 期；《中国民族史研究》第 3 辑，北京：中央民族学院出版社，1993 年。
⑤ 《西北史地》1983 年第 3 期。
⑥ 北京：中国社会科学出版社，2013 年。
⑦ 《敦煌研究》1989 年第 3、4 期—1990 年第 1 期。

第 2 期）对公元 9 世纪末至 11 世纪初甘州回鹘朝贡中原王朝的道路、物品、中原王朝回赐物品、贡使人员等问题进行了考察，认为 10 世纪后党项人逐步控制了以灵州为中心的北贡路，致使甘州回鹘面临贸易与军事的双重威胁，最终为党项人所灭。李宗俊《敦煌文书 P. 3931 两〈表本〉所见甘州回鹘与中原王朝之关系等史事考》（《西域研究》2017 年第 3 期）依据敦煌文书考察了晚唐政局及其唐与甘州回鹘关系的相关细节。

（四）沙州回鹘研究

关于沙州回鹘是否曾在瓜、沙一带建国立邦的问题，史学界争论较多。如钱伯泉的《沙洲回鹘研究》认为沙洲回鹘直接统治敦煌达 130 余年，沙洲回鹘即龟兹回鹘和撒里畏兀。[①] 对这种说法，杨富学在《沙洲回鹘及其政权组织——沙洲回鹘研究之一》中提出不同意见，认为沙洲回鹘实际上指的是以沙洲为中心，统治着瓜、沙（东部地区）地区的那一部分回鹘，与龟兹回鹘并非一码事。[②] 李正宇在《悄然湮没的王国——沙州回鹘政权》中认为，自 1036 年至 1067 年，统治瓜沙地区的实际上是沙州回鹘政权。[③] 杨富学、牛汝极的《沙洲回鹘及其文献》对沙洲回鹘的政权组织、社会性质、经济文化等进行了研究。有关沙洲回鹘的论文还有陆庆夫的《归义军晚期的回鹘化与沙洲回鹘政权》、[④] 苏北海的《〈沙洲回鹘及其文献〉评介》、[⑤] 陈炳应的《11 世纪存在过统治瓜沙二州的回鹘汗国吗？西夏统治瓜沙始年考》、[⑥] 刘玉权的《沙州回鹘史探微》[⑦] 等。杜海《敦煌归义军政权与沙州回鹘关系述论》[⑧]、刘人铭《莫高窟第 310 窟回鹘供养人画像阐释——兼论曹氏归义军的回鹘化》[⑨] 等文在前人基础上，进一步探讨了沙州回鹘与曹氏归义军关系以及沙州回鹘在河西走廊的势力发展等问题。

（五）回鹘文化遗产研究

1. 对敦煌出土回鹘文文献的研究

敦煌莫高窟出土的回鹘文文献大致可分为两部分。其一为藏经洞（第 17 窟）所出，其二则出自 464、465 等元代洞窟。前者一般为早期文献，其时代大致相当于沙州回鹘时期或稍后，后者则主要是元朝时代的文献；前者主要是一些残篇断简，

① 《甘肃社会科学》1989 年第 6 期。
② 《1990 年敦煌学国际学术讨论会文集·史地语文编》，沈阳：辽宁美术出版社，1995 年。
③ 《1990 年敦煌学国际学术讨论会文集·史地语文编》，沈阳：辽宁美术出版社，1995 年。
④ 《敦煌学辑刊》1998 年第 1 期。
⑤ 《敦煌研究》1995 年第 3 期。
⑥ 《敦煌研究》2001 年第 2 期。
⑦ 《1994 年敦煌学国际研讨会文集·宗教文史卷》下，兰州：甘肃民族出版社，2000 年。
⑧ 《敦煌学辑刊》2015 年第 4 期。
⑨ 沙武田主编：《丝绸之路研究集刊》第 3 辑，北京：商务印书馆，2019 年。

后者则有不少是保存比较完好的佛教著作。就学术界的研究而言，重点主要集中在后者，而对前者则很少研究。以下即就学界对前后二期文献所作的研究作一简介。

（1）对早期回鹘文献的研究

我国对早期敦煌回鹘文献的研究是以哈密顿《九—十世纪敦煌出土的回鹘文文献汇编》一书的出版为契机的。[①] 1989 年，牛汝极以哈密顿所刊照片为依据并参考其转写，将其中的八件书信分别发表于《四件敦煌回鹘文书信文书》和《四封 9—10 世纪的回鹘文书信译考》二文中。[②] 接着，他又发表了《回鹘文〈善恶两王子的故事〉研究》。[③] 杨富学也发表了《巴黎藏敦煌本回鹘文摩尼教徒忏悔文译释》一文，[④] 研究了 P. 3072 卷背回鹘文摩尼教忏悔文，认为古代回鹘民族的摩尼教徒在忏悔时可以有许多种方式。其他早期文献也已由杨富学、牛汝极合力译释完毕，收入《沙州回鹘及其文献》一书中。另外，还有一件时代尚难确定的回鹘语摩尼文文献《摩尼教徒忏悔词》也由李经纬译释刊布。[⑤] 付马《两种回鹘语〈阿离念弥本生经〉写本比较研究——兼论西州回鹘早期的译经活动》[⑥] 在前人研究基础上，对现存最早回鹘佛教文献中的回鹘文《阿离念弥本生经》敦煌本与吐鲁番本进行转写与汉译，并将其与现存龟兹、焉耆等其他语言写本进行对照，考察两种文本的年代与流变。此外还有一些学者倾心于敦煌等地所见佛教、摩尼教文书的研究，主要成果有曹凌《敦煌遗书〈佛性经〉残片考》[⑦]，芮传明《摩尼教敦煌吐鲁番文书译释与研究》[⑧]，杨富学《回鹘摩尼教研究》[⑨] 等。

留存至今的回鹘文文献大多为纸质文书，回鹘文碑铭数量较少且成果不多，但经过学者们不懈努力，回鹘文碑铭文献的释读、研究得以不断推进。李树辉《回鹘文始用时间考》[⑩] 通过对蒙古国所出《多罗郭德纪功碑》内容的考释，并以其与新疆吐鲁番地区出土汉文、粟特文、回鹘文文献比较对照，认为最早的回鹘文碑铭至晚在公元 552 年已开始使用，而回鹘文或已于公元 482 年开始使用。吐送江·依明、白玉冬的《蒙古国出土回鹘文〈乌兰浩木碑〉考释》[⑪] 在前人基础上进行转写并作相关译注，此碑被认为是公元 840 年回鹘西迁之前的遗物，最早以回鹘文书写，该考释为研究回鹘文的形成与早期使用提供了重要参考。

① 巴黎，1986 年。
② 《敦煌研究》1989 年第 1 期；《新疆大学学报》1989 年第 3 期。
③ 《新疆文物》1991 年第 1 期。
④ 《敦煌学》第 16 辑，台北：1990 年。
⑤ 李经纬：《古代维吾尔文献〈摩尼教徒忏悔词〉译释》，《世界宗教研究》1982 年第 3 期。
⑥ 《西域研究》2018 年第 3 期。
⑦ 《中华文史论丛》2012 年第 2 期。
⑧ 兰州大学出版社，2014 年。
⑨ 北京：中国社会科学出版社，2016 年。
⑩ 《青海民族研究》2011 年第 3 期。
⑪ 《敦煌学辑刊》2018 年第 4 期。

（2）对元朝时代回鹘文献的研究

敦煌出土元朝时代的回鹘文文献较多，但多与佛教有关，其中对《金光明最胜王经》的研究最多，如耿世民发表了《回鹘文〈金光明最胜王经〉第六卷四天王护国品研究》；① 李经纬发表了《关于回鹘文〈金光明经〉》《回鹘文〈金光明经〉序品（片断）译释》；② 张铁山发表了《回鹘文〈金光明经〉第七品研究》《回鹘文〈金光明经〉第八品研究》和《回鹘文〈金光明经〉第四卷第六品研究》。③ 杨富学《回鹘文佛教文献研究》④ 收录作者近三十年对敦煌、吐鲁番、哈密、酒泉各地出土回鹘文佛教文献的研究成果，其中不乏佛教在回鹘政权传播、回鹘民间信仰、宗教交流、科技发展等方面的探讨。该书对莫高窟 464 窟回鹘文榜题，兰山范氏藏敦煌本回鹘文《华严经》写本残卷释读以及敦煌本回鹘文《说心性经》的考证极具价值。

除了上述研究之外，还应提及的论著有耿世民对伦敦藏回鹘文密宗文献《吉祥轮律仪》残卷的研究，弄清了该文献的内容、作者、译者和写本年代，认为应译自藏文。⑤ 此外他又发表了《敦煌出土回鹘文献介绍》（1—6），⑥ 介绍了 28 件出自敦煌及附近地区的回鹘文文献、碑铭和回鹘文题记等。

2. 对回鹘文与回鹘文契约的研究

回鹘文契约文书同回鹘其他文献一样，是随着 19 世纪末 20 世纪初 "西域考古" 热一起受到学术界关注的。目前，回鹘文契约文书主要藏于德、英、俄、法、日、美等国的有关图书馆、博物馆和一些高等院校、研究机构。我国在 20 世纪 50 年代以后也陆续出版了一些回鹘文契约文书，主要收藏在中国国家图书馆、敦煌研究院、新疆维吾尔自治区博物馆等。据不完全统计，现存回鹘文契约文书大约有 200 件。这些回鹘文契约文书历来是国内外回鹘历史和语言研究者们研究的重点之一，对研究回鹘社会的经济、政治、历史、语言乃至西域民族史、中外关系史等诸多学科有重要意义。因此，从 1905 年俄国拉德洛夫刊布第一批回鹘文契约文书以后，回鹘文契约文书的研究取得了不少成绩，我国的主要研究成果有李经纬的《吐鲁番回鹘文社会经济文书研究》和《回鹘文社会经济文书研究》，⑦ 是对西方学者翻译的吐鲁番、敦煌两地出土古代维吾尔文世俗文书的汉译和研究。这些社会经济类文书是研究元代畏兀儿社会的主要材料。其次还有耿世明的《回鹘文社会经济文书

---

① 《中央民族学院学报》语言文学增刊，1986 年第 3 期。

② 《图书评介》1979 年第 3 期；《喀什师范学院学报》1987 年第 4 期。

③ 《喀什师范学院学报》1988 年第 5 期；《新疆大学学报》1990 年第 2 期；《喀什师范学院学报》1999 年第 1 期。

④ 上海：上海古籍出版社，2018 年。

⑤ 耿世民：《回鹘文木刻本佛教密宗文献残卷研究》，美国哈佛大学《突厥学报》1979 年第 3 期。

⑥ 《语言与翻译》1989 年第 2 期至 1990 年第 3 期。

⑦ 乌鲁木齐：新疆人民出版社，1996 年。

研究》、① 刘戈的《回鹘文契约文书初探》② 和《回鹘文买卖契约译注》、③ 买提热依木·沙比提和斯拉菲尔·玉素甫的《回鹘文契约文书》，④ 等等。乜小红在《试论回鹘文契约的前后期之分》⑤ 一文通过对回鹘文契约文书货币、土地买卖、行政土地的界定以及悔约等问题的考察，认为契约文书并不都是公元 13—14 世纪的产物，前期可至西州回鹘王国的兴盛期，后期则属元朝乃至以后，研究者应关注其演变过程。刘戈《回鹘文契约断代研究——昆山识玉》⑥ 一书将研究的主要问题集中于元朝时代回鹘文契约文字书写特征、文字结构与书体格式等方面，以此揭示文字形态与书写规律，以便为无纪年回鹘文文书的断代以及契约文书文字研究提供新的依据。张铁山、崔焱的《回鹘文契约文书参与者称谓考释——兼与敦煌吐鲁番汉文文书比较》⑦ 对契约文书涉及的参与者或第三方进行了考释，并将回鹘文契约文书与敦煌吐鲁番出土的汉文文书进行比较对照，这对人们了解古代契约文书间的关联性以及不同文字契约的相互影响具有重要的参考价值。

三、回纥与其他民族关系研究

民族关系研究一直是我国学术界维吾尔史研究的热点之一。20 世纪 30—60 年代有学者研究民族关系，发表过一些论著，如王日蔚《契丹与回鹘关系考》（《禹贡》第 4 卷第 8 期，1935 年）、吕振羽《新疆和祖国的历史关系》（《新疆日报》1962 年 4 月 20 日）、《十九世纪中叶以后新疆维吾尔人民起义运动与陕甘以及当地回族人民起义的关系》（《中国农民起义论集》1958 年）、李符桐《回鹘文明与元朝之建国》（《边政学报》1964 年第 1 期）、冯家昇《回鹘与辽朝建国之关系》（《东北论文集》（三）1968 年）、玉素甫·丁《古代维汉两族人民的友好关系和经济文化交流》（《民族团结》1964 年第 2—3 期）等，代表早期研究成果。

改革开放以后其问题研究逐步深入，范围进一步扩大，如肖之兴的《维吾尔族祖先对于唐朝统一的贡献》（《思想战线》1979 年第 1 期）、《回鹘后裔在辽朝"共国任事"》（《民族研究》1980 年第 4 期）、杨圣敏的《论回纥与唐朝的关系》（《中亚学刊》第 4 辑）、刘美崧的《唐代真公主与回纥的和亲》（《江西师范学院学报》1981 年第 4 期）、程溯洛的《喀喇汗王朝与宋、辽及高昌回鹘的关系》（《中亚学刊》1983 年第 1 辑）、刘迎胜的《元朝与察合台汗国的关系》（《元史论丛》中华书局，1986 年）、刘戈的《喀喇汗王朝与中亚伽色尼王朝政治关系简述》（《新疆社会科学》1987 年第 3 期）、田卫疆的《东察合台汗国与中原王朝的政治经济往来联

---

① 北京：中央民族大学出版社，2006 年。
② 台北：五南图书出版公司，2000 年。
③ 北京：中华书局，2006 年。
④ 维吾尔文版，乌鲁木齐：新疆人民出版社，2000 年。
⑤ 《西域研究》2016 年第 3 期。
⑥ 北京：中华书局，2016 年。
⑦ 《西域研究》2017 年第 2 期。

系》(《甘肃民族研究》1989 年第 1 期)，玉努斯江·艾力的《17—18 世纪维吾尔族与准噶尔关系》(新疆人民出版社，2002 年)、海热提江的《东西文化交流与维吾尔人》(新疆人民出版社，2002 年) 等论著，从不同的视角、层面研究了维吾尔族与周边民族、政权的政治、经济和文化关系。

近年随着出土文献不断刊布以及所涌现出的大量新材料，为民族关系史研究提供了新的视角和依据。杨富学《大唐西市博物馆藏〈回鹘米副侯墓志〉考释》(《民族研究》2015 年第 2 期) 通过对来自中亚米国的粟特人 (墓主人) 生平的考察发现，此人不仅在回鹘社会担任摩尼教高僧，还以回鹘使者身份客居长安，为探讨回鹘与粟特、唐朝关系史研究提供了生动的案例。研究回鹘与粟特关系的论文还有牛汝极的《从借词看粟特对回鹘语的影响》(《新疆师范大学学报 (哲学社会科学版)》2015 年第 1 期)、彭建英《漠北回鹘汗国境内的粟特人——以粟特人与回鹘互动关系为中心》(《中国边疆史地研究》2016 年第 4 期) 等。

学界利用墓志材料研究回鹘与唐朝关系已蔚为风气，涌现不少新成果，如张铁山《〈故回鹘葛啜王子墓志〉之突厥如尼文考释》(《西域研究》2013 年第 4 期)、吴玉贵《回鹘"天亲可汗以上子孙"入唐考》(荣新江主编《唐研究》第 19 卷，北京：北京大学出版社，2013 年)、包文胜《回鹘葛啜王子身世考——重读〈故回鹘葛啜王子墓志〉》(《敦煌研究》2019 年第 2 期)、荣新江《大中十年唐朝遣使册立回鹘史事新证》[1]、李宗俊、周正《唐张茂宣墓志考释》[2]、陈玮《唐孙杲墓志所见安史之乱后西域、回鹘史事》[3] 等，以上论文皆利用新见墓志与传统史籍相互比证的方法考察唐朝与回鹘政治、经贸关系，取得学术进展。

公元 13 世纪随着蒙古兴起，当时的高昌回鹘 (又称畏兀儿) 归附蒙古，嗣后随着元朝政权的建立与发展，大批畏兀儿人迁入中原地区。畏兀儿人以其多元的文化取向和较高的汉文化素养在元代政治、经济、科技、文化等领域均有卓越表现，对元代多民族统一国家发展以及族际间文化的交融亦有很大贡献。近年来学界对这一论题的探讨不断细致与深入。尚衍斌《说沙剌班——兼论〈山居新语〉的史料价值》[4]《元代高昌鲁氏家族研究》[5]《元代高昌廉氏家族研究》[6] 等专题研究，在前人研究基础之上，广泛搜集和整理元人文集、笔记以及方志资料，对内迁畏兀儿家族的仕宦经历，及其与多族士人的交往交流进行了精细考述和分析，具有学术价值和现实意义。陈高华《元代奎章阁的两个畏兀儿人》[7] 结合畏兀儿人忽都鲁都儿迷失与沙剌班在奎章阁的任职经历，考证了他们二人作为元顺帝的高级译员在元代后期

---

[1]　《敦煌研究》2013 年第 3 期。
[2]　《中国边疆史地研究》2015 年第 4 期。
[3]　《西域研究》2014 年第 4 期。
[4]　达力扎布主编：《中国边疆民族研究》第 5 辑，北京：中央民族大学出版社，2011 年。
[5]　达力扎布主编：《中国边疆民族研究》第 6 辑，北京：中央民族大学出版社，2012 年。
[6]　达力扎布主编：《中国边疆民族研究》第 10 辑，北京：中央民族大学出版社，2016 年。
[7]　《中华文化》2017 年第 2 期。

为多民族文化交流作出的贡献。郭胜利《元明时期内迁畏兀儿人研究》①。

关注不同历史时期维吾尔与周边民族关系的论著还有杨蕤的《回鹘时代——10—13 世纪陆上丝绸之路贸易研究》（中国社会科学出版社，2015 年），此书作者不仅关注回鹘汗国败亡后回鹘势力在西域及河西地区的渗透，而且将回鹘置于 10—13 世纪西北民族关系与中亚地缘政治大背景下，深入探讨这一时期回鹘、吐蕃、党项、契丹等民族间政治与贸易关系及相互影响。相关论著还有陈庆英、白丽娜《宋代西北吐蕃与甘州回鹘、辽朝、西夏的关系》（《西藏研究》2013 年第 5 期）、王龙《西夏文献中的回鹘——丝绸之路背景下西夏与回鹘关系补证》（《宁夏社会科学》2018 年第 1 期））、陈新元《速混察·阿合伊朗史事新证——兼论伊利汗国的畏兀儿人》（《西域研究》2019 年第 1 期）、赵海霞《清代新疆维汉文化交流与认知刍议》（周伟洲主编：《西北民族论丛》第 17 辑，北京：社会科学出版社，2018 年）等，以上著述分别从政治经贸、军事交通、思想文化、民族迁徙以及民族认同等角度进行了深入研究。

四、维吾尔族信仰伊斯兰教研究

维吾尔族是信仰伊斯兰教的民族，关于伊斯兰教对维吾尔族社会生活发展及其影响是维吾尔族史研究领域的热点问题之一。王日蔚的《伊斯兰教传入新疆》（《禹贡》第 4 卷第 2 期，1936 年）是该领域研究的开山之作。中华人民共和国成立后有王治来的《论伊斯兰教在新疆的发展》（《新疆历史论文集》，新疆人民出版社，1978 年）、陈国光的《伊斯兰教传入新疆的时间》（《新疆社会科学情报》1989 年第 5 期）、田卫疆的《试探元末明代伊斯兰教在新疆的传播与发展》（《新疆社会科学研究》1987 年第 4 期）、李进新的《额西丁麻扎和伊斯兰教传入库车考》（《新疆宗教研究资料》增刊）、谷苞的《维吾尔族与伊斯兰教》（《新疆社会科学研究动态》1979 年第 4 期）、苏北海的《伊斯兰教在维吾尔族中发展的特点》（《世界宗教研究》1987 年第 3 期）、王守礼的《新疆伊斯兰教教派的初探》（《新疆社会科学研究动态》1981 年第 4 期）、阿吉·努尔阿吉的《论伊斯兰教神秘主义（苏菲主义）的形成、传播及其本质》（《新疆社会科学研究》1983 年第 7 期）、陈国光的《依禅派考证》和《新疆依禅派历史文献——大霍加传》（《新疆宗教研究资料》增刊），《清朝统治时期新疆维吾尔地区伊斯兰教法问题》（《世界宗教研究》1990 年第 2 期）、《我国新疆地区历史上伊斯兰法制的兴衰》（《西域研究》1993 年第 3 期）、华涛的《萨图克布格拉汗和天山地区伊斯兰化开始》（《世界宗教研究》1991 年第 3 期）及安瓦尔的《对新疆维吾尔自治区伊斯兰教依禅派和瓦哈布派的调查》（《民族研究动态》1983 年第 2 期）、张咏、孙峎的《从借词看伊斯兰教对维吾尔文化影响的层次》（《青海民族研究》2012 年第 1 期）、华锦木、赵江民的《维吾尔谚语镜射

---

① 《青海民族大学学报》2014 年第 4 期。

出的宗教文化》，(《西域研究》2011 年第 2 期)、切排、刘晨晨《浅谈伊斯兰教对维吾尔族社会的作用与影响——以婚葬习俗为例》，(《喀什师范学院学报》2014 年第 2 期) 等论文，从不同层面对伊斯兰教及其教派在维吾尔族中传播发展的历史和现状以及伊斯兰教对该民族社会政治、经济、文化等方面所产生的影响作了较为深入的探讨，丰富了维吾尔史研究的内容。专著方面，近年来也取得了一定的成就，如新疆社会科学院编写组编撰的《中国新疆地区伊斯兰教史》①、李进新的《新疆伊斯兰汗王史略》②、乌尔买提江的《苏菲主义哲学》③ 等。

五、维吾尔族社会制度研究

历代维吾尔族社会制度研究，是中华人民共和国成立以后维吾尔史研究中重点问题之一。学术界对此进行了许多专题研究，何应忠的《试论公元七—十世纪回纥社会发展》(《广西师院学报》1959 年第 1 期)、《试论东部高车和早期回纥的社会性质》(《民族研究论文》(二)》，中央民族学院民族研究所，1980 年)、穆广文的《试论东部高车和早期回纥的社会性质》(《民族研究论文集 (二)》，中央民族学院民族研究所，1983 年)、《关于东部高车和早期回纥父权制家庭、私有制和王权最初萌芽形成问题的初步探索》(《民族研究论文集 (四)》，中央民族学院民族研究所，1985 年) 等论文，从不同研究角度，对早期维吾尔族的社会制度进行论述；白振声的《清代维吾尔族封建农奴制经济的演变》(《中央民族学院学报》1981 年第 1 期)、苏北海的《近现代维吾尔族的封建庄园制度》(《喀什师范学院学报》1989 年第 6 期)、魏良弢的《叶尔羌汗国的体制和官制》(《民族研究》1992 年第 2 期)、尚衍斌的《漠北回鹘汗国政治体制初探》(《西北民族研究》1995 年第 1 期)、李进新的《新疆南部维吾尔族地区的瓦合甫制度》(《西域研究》1994 年第 2 期)、《叶尔羌汗国时期的宗教封建制度》(《喀什师范学院学报》1995 年第 3 期)、齐清顺的《宋元时代维吾尔族农奴制度的形成与发展》(《中国维吾尔历史文化研究论丛》创刊号，新疆人民出版社，1998) 和苗普生的《伯克制度》(新疆人民出版社，1995 年) 等论著，根据文献资料对维吾尔族近代社会制度和国内外伯克制度研究状况进行综述，较全面系统地研究了近代或清代维吾尔族地区社会制度或伯克制度历史。郭胜利、陈亮的《畏兀儿婚俗制度研究》④ 对 13—15 世纪畏兀儿社会婚姻制度进行了系统分析。王希隆、黄祥深的《哈密改土归流述论》⑤ 以及张莉的《办事大臣—小伯克：在军府制与扎萨克制之间——乾隆二十六年吐鲁番地方民众管理体系的调整》⑥ 对清代新疆哈密、吐鲁番地区的行政管辖体系进行了较为全面的研究和梳理。

---

① 乌鲁木齐：新疆人民出版社，2000 年。
② 北京：宗教文化出版社，1999 年。
③ 乌鲁木齐：新疆大学出版社，2001 年。
④ 《北方民族大学学报》2012 年第 4 期。
⑤ 《中国边疆史地研究》2015 年第 2 期。
⑥ 《西域研究》2018 年第 4 期。

张世才《两份维吾尔文契约文书研究》① 通过解读两件 19 世纪的察合台文契约文书，讨论了南疆瓦克夫财产管理制度的特点。王东平《清代回疆法律制度研究（1759—1884）》② 以南疆维吾尔族聚居地区的法律制度入手，全面而又系统地研究了从清朝统一西域到新疆建省前回疆法律制度的演变、立法原则、实施情况等内容，是这一领域研究的重要成果。伏阳《民国时期新疆维吾尔族民事司法制度研究》③ 关注宗教法庭与政府司法机构在民国时期维吾尔族民间社会的交织与嬗变，邢蕾《试论清代回疆的法律控制与伯克管理》④ 系统考察了清朝对回疆伯克的管理以及法律控制。

六、维吾尔族社会经济文化研究

对维吾尔族社会经济文化研究是改革开放以后研究的热点之一。新疆商业厅商业志编辑办的《隋唐时期维吾尔民族与汉民族的商业往来》（《新疆商业志简讯》1986 年第 4 期）、《唐宋年间维吾尔民族与中原地区的贸易往来》（《新疆商业志简讯》1986 年第 5 期）、段连勤的《高车的经济、社会制度与风俗习惯》（《西北史地》1987 年第 4 期）、郭平梁的《从吐鲁番出土回鹘文书看高昌回鹘的社会经济》（《新疆社会科学》1990 年第 2 期）、曹红的《维吾尔族生活方式——由传统到现代的转型》（中央民族大学出版社，1999 年）、王茜的《论新疆维吾尔族近代游牧业及其特点》《维吾尔族近代商业述论》和《维吾尔族近代农业的发展及其特点》、齐清顺的《清代新疆维吾尔族地区农业生产的发展》（《中国历史地理论丛》1996 年）、伊力哈木·托合提的《维吾尔族社会经济发展研究》、张岩的《维吾尔族近代农业落后之探究》（《黑龙江民族论丛》2009 年第 1 期）、尹伟强的《古代维吾尔族经济文化类型的演变》（《新疆社科论坛》2007 年第 5 期）、张世才的《清代天山南部维吾尔社会的"燕齐"地亩》（《新疆大学学报》2006 年第 4 期）、王茜的《20 世纪中叶以来新疆社会变革和维吾尔族农业生产方式的变化》（《西北民族研究》2003 年第 2 期）、周伟洲的《试论清前期回疆的经济开发》（周伟洲主编：《西北民族论丛》第 8 辑，北京：中国社会科学出版社，2012 年）、李德政的《清代南疆维吾尔社会的权力结构与赋税法运行研究（1759—1884 年）》（北京：民族出版社，2017 年）等论著，都从不同的视角阐述了维吾尔族农业、牧业和商业经济的发展与现状，探讨了经济发展与该民族社会、人口发展之间的相互关系及影响，对促进维吾尔族经济社会发展研究具有较为重要的参考价值。

维吾尔族文化史研究成果有：王炳华的《吐鲁番的古代文明》，⑤ 根据作者长期

---

① 《新疆大学学报》2012 年第 1 期。

② 哈尔滨：黑龙江教育出版社，2014 年。

③ 《新疆大学学报》2011 年第 1 期。

④ 《新疆大学学报》2013 年第 2 期。

⑤ 乌鲁木齐：新疆人民出版社，1989 年。

在这一地区从事考古发掘的研究成果，运用通俗生动的语言，对这里包括古迹文物、山川名胜和风土人情等两千多年的文明历史作了颇有情趣的描述。其中很多内容涉及维吾尔古代文化史方面，是一本通俗性的历史读物，也是一部学术性著作。薛宗正主编的《中国新疆古代社会生活史》，① 实质上就是新疆民族古代物质文明与精神文明史。书中很多章节专门讲述了维吾尔族及其先民的古代物质文明与精神文明。尚衍斌的《西域文化》，② 在总结前人研究成果的基础上，着意勾勒除了包括维吾尔文化在内的西域文化的大致轮廓。张碧波、董国尧主编的《中国古代民族文化史》（民族文化卷和专题文化卷），③ 把维吾尔族文化放在中华民族整体文化中阐述了其发展史。另外，杨富学的《9—10世纪的沙洲回鹘文化》、④ 司马义·铁木尔的《高昌回鹘汗国文化》、⑤ 伊敏·吐尔逊的《古代维吾尔文化》、⑥ 海热提江·乌斯曼的《塔里木古代文化》⑦ 等，在总结前人研究成果的基础上，对维吾尔族及其先民的古代文化进行了较全面、系统的论述。阿地力·阿帕尔、迪木拉提·奥迈尔、刘明编著《维吾尔族萨满文化遗存调查》⑧ 结合田野调查与史料分析，对维吾尔族中萨满文化的发展，崇拜观念，习俗仪式以及文化流传进行了较为全面的整理与阐释。王红梅、杨富学、黎春林合著《元代畏兀儿宗教文化研究》⑨ 充分运用回鹘文文献、汉文史籍及敦煌、吐鲁番石窟材料等，重点考察西域、河西回鹘由摩尼教到信奉佛教的过程，并探讨了回鹘与佛教演变的关系、元明之际伊斯兰教在西域的传播等问题。陈高华的《元代内迁畏兀儿人与佛教》⑩、尚衍斌的《元代江南一个畏兀儿家族的宗教信仰》⑪ 则对内迁畏兀儿人的佛事活动以及元代多种宗教信仰在畏兀儿家族流行的史事进行了深入考察。杨富学、张海娟《儒家孝道思想在回鹘中的流播与影响》⑫ 探讨了以儒家文化为核心的中原文化在回鹘社会内部的流传与影响。

　　改革开放后对维吾尔族的教育、人口等方面的专题研究正逐步展开。较重要的成果有：阿布都拉·塔里甫《维吾尔教育史概论》、⑬ 陈声远等《中国少数民族教育史》（第一卷《维吾尔族教育史》）、⑭《察合台汗朝和赛义德汗朝时代的维吾尔族教

① 乌鲁木齐：新疆人民出版社，1997年。
② 沈阳：辽宁教育出版社，1998年。
③ 哈尔滨：黑龙江人民出版社，1995年。
④《敦煌学辑刊》1994年第2期。
⑤ 乌鲁木齐：新疆人民出版社，1998年。
⑥ 乌鲁木齐：新疆人民出版社，2000年。
⑦ 乌鲁木齐：新疆大学出版社，2007年。
⑧ 北京：民族出版社，2010年。
⑨ 北京：科学出版社，2016年。
⑩《中国史研究》2011年第1期。
⑪《民族研究》2013年第5期。
⑫《内蒙古社会科学》2017年第5期
⑬ 乌鲁木齐：新疆人民出版社，1986年。
⑭ 广州：广东教育出版社，1998年。

育》、① 巴哈尔古丽·阿布力孜《关于民主革命时期新疆教育的基本情况》、② 任红《维吾尔族伊斯兰教经堂教育的历史及其影响》③ 等。其中《维吾尔教育史概论》一书共 11 章，主要论述了古代、近代维吾尔族教育发展历史。《中国少数民族教育史》第一卷《维吾尔族教育史》共四章，主要介绍了古代、晚清、民国和中华人民共和国成立后的维吾尔族教育发展情况。孟凡丽等撰《新疆维吾尔族基础教育发展滞后的原因与对策研究》，④ 在分析研究第一手调查资料的基础上，从教育观念、教育教学质量、教师素质、教育管理水平、教育体系等五个方面，深入地分析了新疆维吾尔族教育发展史、基础教育发展滞后的原因，提出了相应的对策和建议。朱玉麒《清代新疆官办民族教育的政府反思》⑤、程珊娜《近代南疆维吾尔族小学教育研究》⑥《近代南疆维吾尔族师范教育研究》⑦ 利用方志与地方档案资料，对清代至民国时期维吾尔族学校教育的发展进程，社会政治变革对教育事业的影响以及历史镜鉴进行了梳理与分析。

总之，维吾尔史的研究，在中华人民共和国成立后取得了重大的进展和成就，这些研究成果不仅有着重大的学术意义，而且对于全面增进和了解维吾尔族为缔造祖国历史、发展祖国文化、开拓祖国疆域所做的伟大贡献，对于增强维吾尔族人民的民族自豪感和主人公感，激励强烈的爱国主义热情，也都有着重大的政治意义。

第五节　突厥语系其他民族史研究

一、哈萨克族史研究

（一）哈萨克族通论研究

哈萨克族史研究始于 20 世纪 30 年代，主要是由于哈萨克族的迁徙及相关问题而引起的人们对哈萨克族历史、社会、宗教、风俗的考察与记述，如袁复礼的《新疆之哈萨克民族》⑧、王志染的《记哈萨克族》⑨、周东郊的《新疆的哈萨克人》⑩、

---

① 《新疆社科论坛》1990 年第 2 期。
② 载《新疆文史资料选辑》；乌鲁木齐：新疆人民出版社，1993 年。
③ 《中国穆斯林》2008 年第 3 期。
④ 《民族教育研究》2000 年第 3 期。
⑤ 《西域研究》2013 年第 1 期。
⑥ 《中国边疆史地研究》2018 年第 2 期。
⑦ 周伟洲主编：《西北民族论丛》第 18 辑，北京：社会科学出版社，2018 年。
⑧ 《禹贡》第 1 卷第 3 期，1937 年。
⑨ 《现代西北》1941 年。
⑩ 《边政公论》1947 年 6 卷第 3—4 期。

尼合迈德·蒙加尼的《哈萨克民族史》[①]、谷苞的《哈萨克人甘及返新记略》[②] 等，上述著述都对哈萨克族发展的历史做了简略的论述。

近 70 年的哈萨克族史研究，大致经历了两个阶段。

20 世纪 50—60 年代是第一个阶段，主要是以全国少数民族社会历史调查为背景，收集、整理相关历史文献，中国科学院民族研究所、新疆少数民族社会历史调查组在此基础上编写了《哈萨克族简志》（1959 年）和《哈萨克族简史简志合编》（1963 年）两部著作内部发行。这是中华人民共和国成立后我国学者对哈萨克族历史所做的第一次全面系统的梳理与研究，初步提出了哈萨克族是由古代乌孙等部落组合发展而成的观点，并简略叙述了哈萨克族发展的历史。此后，由于"文革"的干扰，哈萨克族历史的研究基本处于停滞状态。

20 世纪 80 年代，随着"文革"的结束，哈萨克族历史的研究进入了一个新的阶段。50—60 年代的调查、研究成果相继出版，涌现一大批哈萨克族历史研究的著作，如《哈萨克族简史》[③]《哈萨克族社会历史调查》[④]、尼合迈德·蒙加尼的《哈萨克族系谱》[⑤]、纳比坚·穆罕默德的《哈萨克历史研究》[⑥]、苏北海的《哈萨克族文化史》[⑦]、贾合甫·米尔扎汗的《哈萨克族》[⑧] 和《哈萨克族历史与民俗》[⑨]、洪涛的《十三史哈萨克族资料简编》[⑩]、姜崇伦主编的《哈萨克族历史与文化》[⑪]、《哈萨克族简史》[⑫]、帕提曼编著的《哈萨克族民俗文化暨哈萨克族研究资料索引（1979—2005）》[⑬]、王希隆的《哈萨克族》[⑭] 等，为哈萨克族历史全面、深入、系统的研究揭开了新的一页，反映了哈萨克族民俗文化研究的新成果。在此基础上，学者们对相关问题进行了深入系统的探讨。

（二）族源研究

关于"哈萨克"一词的含义，众说纷纭。有人认为是"勇敢的自由人"，也有人认为是"脱离者"之意，或者是"白天鹅"之意。还有人认为是"不归服可汗、苏丹、自由自在的生活者"等。

① 《瀚海潮》1947 年 1 卷第 7—9 期。
② 《新疆丛论》1948 年第 2 期。
③ 乌鲁木齐：新疆人民出版社，1987 年。
④ 乌鲁木齐：新疆人民出版社，1987 年。
⑤ 奎屯：伊犁人民出版社，1987 年。
⑥ 乌鲁木齐：新疆人民出版社，1988 年。
⑦ 乌鲁木齐：新疆大学出版社，1989 年。
⑧ 北京：民族出版社，1989 年。
⑨ 乌鲁木齐：新疆人民出版社，1992 年。
⑩ 乌鲁木齐：新疆大学出版社，1993 年。
⑪ 乌鲁木齐：新疆人民出版社，1998 年。
⑫ 修订版，北京：民族出版社，2008 年。
⑬ 北京：民族出版社，2008 年。
⑭ 北京：民族出版社，2017 年。

在哈萨克族族源问题的研究中，学者们多赞同乌孙是哈萨克族先祖的观点。马贤能的《哈萨克族源流浅说》① 和《哈萨克族简史》② 则认为，哈萨克族主要由塞种、大月氏、乌孙、康里、匈奴、鲜卑、柔然、契丹、克烈、乃蛮、钦察以及 13 世纪西迁的蒙古人等组成，截至 15—16 世纪哈萨克族最终形成。贾合甫·米尔扎汗的《关于哈萨克族族源与民族形成》③ 认为，构成哈萨克族的氏族部落大多数是突厥部落，也有少数的蒙古族。钟兴麒的《关于哈萨克民族形成问题》④ 和姜崇伦主编《哈萨克族历史与文化》⑤ 则认为，哈萨克民族的形成应是张骞通西域前后，不晚于汉魏之际。苏北海的《哈萨克族文化史》则认为"哈萨克一名绝不是 15 世纪才出现，而是从秦汉时期就已存在"。洪涛在《也谈哈萨克族族源》⑥ 一文中认为：哈克萨族经历了古代十几个民族的不断融合，于 15 世纪基本稳定下来。钱伯泉的《哈萨克族的族源和族名含义研究》⑦ 通过对中外历史文献的深入探讨，认为主要族源为两汉的奄蔡、南北朝的曷萨、隋唐的突厥可萨；次要族源是蒙古汗国和元朝西迁至钦察草原的蒙古人。认为"哈萨克"族名的含义是"聪明能干的人""形质兼美"的人。李德洙主编的《中国民族百科全书》第 14 卷"哈萨克族、柯尔克孜族、塔吉克族、塔塔尔族"⑧ 部分认为，哈萨克族是古代许多游牧部落在长期交往中，经过错综复杂的融合过程逐渐形成和发展起来的。乌孙和康居的联盟是哈萨克族最早的核心，阿兰人和大月氏的联盟也与哈萨克族的族源有密切关系。其后，杜拉特、克普恰克、葛逻禄、回鹘、突奇施、弘吉剌剔、克烈、乃蛮、扎拉亦尔、蔑儿乞、契丹等部，以及后来突厥化的蒙古人在哈萨克族形成的历史上都起过重要作用。刘飞在《哈萨克族系谱研究概况》⑨ 一文中认为，哈萨克族是我国古代西北以及中亚地区突厥部落融合其他部落后形成的游牧民族。

厉声在《哈萨克民族历史发展中的几个问题》⑩ 一文中，认为以往研究往往依据其内部包含诸多古代民族或部族的名称去追溯民族的起源。实际上哈萨克是在金帐汗国瓦解后形成的一个近现代民族，不应将构成哈萨克民族的诸多古代民族或部族的起源、发展及解体的历史，与哈萨克民族的起源等同或混为一谈。至于哈萨克族的名称，作者认为哈萨克族名与可萨名称之间是有联系的，15 世纪哈萨克名称再次出现时，又被赋予了全新的内容。

① 《民族学研究》第 3 辑，北京：民族出版社，1982 年。
② 乌鲁木齐：新疆人民出版社，1987 年。
③ 《新疆社会科学》1982 年第 3 期。
④ 《新疆师范大学学报》1983 年第 2 期。
⑤ 乌鲁木齐：新疆人民出版社，1998 年。
⑥ 《新疆大学学报》1994 年第 3 期。
⑦ 乌鲁木齐：《新疆大学学报》2006 年第 1 期。
⑧ 西安：世界图书出版西安有限公司，2015 年。
⑨ 《民族论坛》2016 年第 8 期。
⑩ 载马大正主编：《西域考察与研究续编》，新疆人民出版社，1998 年。

（三）政治与社会制度研究

对中亚哈萨克汗国历史、中国政府对哈萨克的政策、迁入中国的哈萨克族的政治与社会制度、历史人物等均是哈萨克族史研究的主要课题，其中包括沙俄侵华时期清政府与沙俄对哈萨克族不同政策的对比研究。

洪涛的《哈萨克汗国政治史略》① 和苏北海的《蒙元时代哈萨克草原的白帐汗国》②，分别对中亚哈萨克汗国的历史发展、社会状况作了较为全面的阐述。哈德斯的《哈萨克族克烈部落及其王汗吐合热勒》③，根据民间传说和历史记载，对克烈部的社会发展及其王汗吐合热勒的事迹作了较为深入的分析。孟楠在《克烈部王汗两次失位史实考略》④ 中，对克烈王国王汗在位时期两次失去汗位的史事进行史料分析，并就其原因、过程和时间等问题作了探讨。其另文《哈萨克三玉兹历史考略》⑤，通过对哈萨克三玉兹的俄文和汉文文献的比勘，认为两种文献对哈萨克三玉兹的记载是可以相互补充的。耿世民的《哈萨克历史研究（一）——金帐汗国》⑥ 和《哈萨克历史研究（二）——哈萨克汗国与哈萨克族》⑦，简要论述了哈萨克民族的族源和形成发展的历史，并介绍了哈萨克族的语言文字及方言情况。

在中国中央政府对哈萨克的政策研究方面也刊发了不少有价值的论文。洪涛的《评乾隆皇帝的哈萨克政策》⑧ 和厉声的《清王朝对西北藩属哈萨克治理政策研究》⑨ 认为清代对哈萨克的基本政策即羁縻服属。洪涛《杨增新对哈萨克族的安抚与牵制》⑩ 一文认为杨增新对哈萨克采取安抚与牵制的方略产生了一定社会效果。古丽夏·托依肯娜、古丽南·胡斯曼在《清代中国哈萨克族习惯法初探》⑪ 认为，清代对哈萨克族的治理沿用了中央王朝历代治理边疆少数民族"因俗施治"的统治策略。哈萨克族习惯法即保持了浓郁的草原游牧气息，也注入了中原文化的内容。

对哈萨克历史人物的研究主要集中于中玉兹的阿布赉汗及元代哈萨克作家。洪涛的《简论阿布赉汗》⑫，对阿布赉汗的事迹作了较为详尽的论述。朱仰东的《元代哈萨克作家及其著述考略》⑬ 依据民族史等相关研究成果，结合《元史》《新元史》及其他方志文献，共考得泰不华、囊加歹等哈萨克族作家 15 位。

---

① 《伊犁师范学院学报》1986 年第 4 期。

② 《新疆大学学报》1987 年第 4 期。

③ 《新疆师范大学学报》1997 年第 1 期。

④ 《内蒙古大学学报》1998 年第 4 期。

⑤ 《新疆大学学报》2003 年第 1 期。

⑥ 《伊犁师范学院学报》2007 年第 3 期。

⑦ 《伊犁师范学院学报》2008 年第 1 期。

⑧ 《西域研究》2000 年第 3 期。

⑨ 《西北民族论丛》2003 年第 1 期。

⑩ 《民族研究》1998 年第 1 期。

⑪ 《创新》2012 年第 6 期。

⑫ 《伊犁师范学院学报》1994 年第 3 期。

⑬ 《民族论坛》2016 年第 12 期。

有关哈萨克部落的研究，巴哈提·依加汉在《清末哈萨克族向"伊犁东路"的迁居及其社会发展》① 中，着重讨论黑宰部落的迁居过程、迁居后的经济发展及内部社会制度的变化。袁同凯的《新疆哈萨克族黑宰部历史渊源考略》②，根据黑宰部民间谱系传唱及记录的谱系手稿、部分口碑材料，对其历史渊源进行了考述，使哈萨克族研究进一步向微观方向发展。安俭的《试论哈萨克族封建制部落的形成与发展》③ 论述了哈萨克族封建部落的形成与发展及哈萨克族社会历史与文化变迁。

（四）民族关系史研究

哈萨克与周邻政权及民族之间的关系历来是学者们关注的焦点。王希隆的《乾隆时期清政府对哈萨克族之关系与政策》④、纳比坚·穆罕默德汗的《十八世纪清朝与哈萨克的关系》⑤ 和贾合甫·米尔扎汗的《论哈萨克在历史上与中央王朝的关系》⑥，都对清朝政府与哈萨克从藩属到归属的关系作了探讨。祁杰的《准噶尔与哈萨克关系述略》⑦ 认为，准噶尔与哈萨克的关系是随着双方势力的消长而变化的。厉声的著作《哈萨克斯坦及其与中国新疆的关系（15—20 世纪中期）》⑧，叙述了哈萨克与中国新疆地区长期发展变化的关系。杜秀丽的《汉朝时期汉族与哈萨克族先民乌孙接触的历史考察》⑨ 与周亚成的《哈萨克族国家认同追溯——乌孙与汉朝的关系及对汉朝的认同》⑩ 两篇论文分别论述了汉朝时期汉族与哈萨克族先民乌孙在政治、军事、语言文化等方面的接触，乌孙与汉朝的关系经历了互为接触、多重交往、归并汉朝的过程。

（五）社会经济研究

作为游牧民族的哈萨克族，其社会经济的发展具有自身的特点。杜荣坤在《论哈萨克游牧宗法封建制》⑪ 一文，论述了 15 世纪至中华人民共和国成立前我国哈萨克族游牧宗法封建制的基本特点。白京兰的《浅析哈萨克族宗法文化的成因与变异》⑫，对哈萨克族宗法文化的特点与成因及其所产生的种种变异作了深入探讨。贾合甫·米尔扎汗的《新疆哈萨克族传统社会经济和社会生产》⑬，对哈萨克族传统畜

---

① 《西北民族研究》1990 年第 2 期。

② 《西域研究》1997 年第 2 期。

③ 《历史教学问题》2010 年第 5 期。

④ 《新疆大学学报》1984 年第 1 期。

⑤ 《中亚研究资料》1985 年第 2 期。

⑥ 《开拓与研究》，1988 年。

⑦ 《西北民族学院学报》1996 年第 1 期。

⑧ 哈尔滨：黑龙江教育出版社，2004 年。

⑨ 《吉昌学院学报》2010 年第 1 期。

⑩ 《西北民族研究》2013 年第 1 期。

⑪ 《中央民族学院学报》1989 年第 1 期。

⑫ 《中南民族大学学报》2004 年第 3 期。

⑬ 《新疆社会经济》1999 年第 2 期。

牧业以及作为副业的农业、狩猎和手工业生产等多种生产行业和经济部门进行了回顾与考察。娜拉在《清末民国时期新疆游牧社会研究》① 中，对民国时期哈萨克游牧社会在政治、经济、文化等方面的变动情况作了较为系统的研究。木拉提艾力·买西来夫在《跨国而居的哈萨克族经济变迁比较》② 一文论述了我国哈萨克族长期保持着传统的游牧经济原貌，中华人民共和国成立后被纳入市场经济的轨道，但其经济仍然具有单一性的特点。张福海的《20 世纪上半叶我国哈萨克族游牧经济探析》③ 对 20 世纪上半叶我国哈萨克族游牧经济进行了探析，认为哈萨克族是游牧经济，其中畜牧经济在游牧经济中占有主导地位。

作为游牧民族，贸易是其社会经济生活的重要补充。王熹在《论乾隆时期伊犁哈萨克贸易的几个问题》④ 和《论乾隆时期伊犁哈萨克贸易的马价、丝绸价与贸易比值问题》⑤ 两文中，依据清代满文档案资料，对清代新疆官方垄断的民族贸易——伊犁哈萨克贸易问题分析研讨，总结了不同阶段的发展变化特点。认为自清朝开始，哈萨克族成为中国境内的一个重要民族。到 20 世纪 30 年代，由于天灾和局势的动荡变化，新疆的部分哈萨克族开始向甘肃、青海、西藏等地迁徙。齐清顺的《论近代中俄哈萨克跨境民族的形成》⑥、纪大椿的《中亚的中国移民》⑦ 和吴宏伟的《中亚国家与中国跨界民族：人口和分布》⑧ 等，分别对 19 世纪晚期哈萨克族成为分居两国民族的原因、过程、人口分布等问题作了细致的考察。

房若愚的《新疆哈萨克族人口规模变迁及分布》⑨，分析了包括古代至中华人民共和国成立前后哈萨克族人口的变化情况。王禄明、陈乐道的《哈萨克族迁甘始末》⑩，对哈萨克族东迁甘肃的历史进行了研究。张荣的《杨增新治新时期哈萨克族在中国境内迁徙述论》⑪、阿不都力江·赛依提的《民国时期哈萨克族部落分布与迁徙》⑫、韩有栋的《民国时期哈萨克族人口在天山北坡东路的流迁》⑬、刘有安、张俊明的《民国时期哈萨克族在河西走廊的活动述论》⑭ 均探讨了民国时期哈萨克族的部落迁徙及原因，肯定了哈萨克族东迁的积极作用。艾买提的《哈萨克族阿克塞

---

① 兰州大学出版社，2006 年。
② 《新疆师范大学学报》2010 年第 2 期。
③ 《新西部》2016 年第 9 期。
④ 《新疆大学学报》1992 年第 1 期。
⑤ 《民族研究》1992 年第 4 期。
⑥ 《西域研究》1999 年第 1 期。
⑦ 《西域研究》2003 年第 2 期。
⑧ 《世界民族》2005 年第 5 期。
⑨ 《新疆大学学报》2005 年第 4 期。
⑩ 《伊犁师范学院学报》2007 年第 3 期。
⑪ 《中国边疆史地研究》2008 年第 3 期。
⑫ 《贵州师范大学学报》2006 年第 4 期。
⑬ 《伊犁师范学院学报》2013 年第 3 期。
⑭ 《敦煌学辑刊》2017 年第 4 期。

分支社会变迁与和平跨居的特点及其启迪》① 认为，阿克塞县哈萨克族不仅不因内迁而封闭，反而成为具有开放型特色的"塞上侨乡"，并在内地省市的支持和帮助下得到较快发展，使阿克塞哈萨克民族社会发生了跃进式发展，其游牧经济战略的转型剧变与民族型现代文化自觉构建特点，不失为和平跨居的模式之一。

（六）哈萨克族文化研究

哈萨克族文化史研究，一直是学者关注的重要研究领域，成果颇为丰硕。苏北海的《哈萨克文化史》是国内第一部研究哈萨克族文化史的专著。该书系统介绍了哈萨克族在哲学、医学、历法、宗教、文学、音乐、舞蹈、雕刻和刺绣等方面的创意与成就。贾合甫·米尔扎汗的《哈萨克族文化大观》② 在长期研究的基础上，对历史渊源、语言文字、宗教信仰、风俗习惯、伦理道德、天文历法、文学艺术、科学技术、教育等问题作了全面、系统的论述。夏里甫罕·阿布达里的《新疆哈萨克族近代文化转型进程述论》③ 认为新疆哈萨克族现代文化转型与中国其他民族文化不可能完全同步。近现代哈萨克族文化出现了历史性转型进程，可将其视为哈萨克族整体文化转型的早期阶段。库兰·尼合买提的《中国哈萨克传统文化研究》④ 对此也作了深入研究。孟毅的《哈萨克民族文化分期分类刍议》⑤ 探讨了哈萨克族文化的草原文化圈的元典文化基础，并对哈萨克族文化生成进行分期。阿班·毛力提汗的《哈萨克族的草原原始文化》⑥ 通过考古所见不同时期的岩画断定古代哈萨克族先民的原始思维孕育在古代哈萨克草原的原始文化之中，考察和分析其原始文化可以从中看到哈萨克族史前原始思维形成发展中的某些迹象以及发展特点。阿依登的《哈萨克族茶文化的变迁与传承》⑦ 研究了哈萨克族茶文化的变迁与继承。李停的《民国时期对哈萨克族的文化认知》⑧ 对民国时期有关哈萨克族的文化、教育、社会、宗教、民俗等方面均有所涉猎。多洛肯的《元代哈萨克诸部族汉语作品搜集整理研究》⑨ 论述哈萨克部族及其部族文人概况，并对元代哈萨克诸部族汉语作品进行了搜集整理。

（七）宗教研究

哈萨克族与其他民族一样，最初也崇拜过大自然及其自然现象、图腾、祖先，信仰过拜物教、萨满教，后来也信仰过佛教，受到过景教的影响，并最终信奉了伊

① 《西北民族学院学报》2002 年第 1 期。
② 乌鲁木齐：新疆人民出版社，2001 年。
③ 《西域研究》2001 年第 2 期。
④ 乌鲁木齐：新疆人民出版社，2007 年。
⑤ 《伊犁师范学院学报》2007 年第 4 期。
⑥ 《伊犁师范学院学报》2010 年第 2 期。
⑦ 《伊犁师范学院学报》2011 年第 1 期。
⑧ 《边疆经济与文化》2017 年第 8 期。
⑨ 上海：上海古籍出版社，2019 年。

斯兰教。贾合甫·米尔扎汗的《简论哈萨克族的宗教信仰与风俗习惯》①，对不同时期哈萨克族的宗教信仰及其对该民族所产生的影响作了初步探讨。主要论文有：周建新的《关于哈萨克民族信仰祆教的相关文献记载和遗迹》②、孙雪峰的《哈萨克族先民的早期宗教信仰》③、续西发的《哈萨克族的宗教信仰》④、尼合迈德·蒙加尼的《伊斯兰教在哈萨克人中的传播及其影响》⑤、洪涛的《从我国古代汉文史籍看哈萨克族原始宗教》⑥、陈刚的《三十年来哈萨克族宗教问题研究综述》⑦、木拉提·黑尼亚提的《哈萨克族宗教信仰的历史演变探析》⑧、张付新、张云的《浅议哈萨克族神话与原始宗教文化》⑨ 等。

二、柯尔克孜族史研究

（一）通论

有关柯尔克孜族历史的研究，是从中华人民共和国成立以后开始的。最早是中国科学院民族研究所、新疆少数民族社会历史调查组编写的《柯尔克孜族简史简志合编》（1963 年）。该书对柯尔克孜族的历史与社会发展资料做了初步的梳理、研究与整理。"文革"期间由于特殊的政治环境，柯尔克孜族史的研究一度中断，50—60 年代着手的研究成果《柯尔克孜族简史》⑩ 和《柯尔克孜族社会历史调查》⑪，直到 80 年代后才得以出版。80 年代以来，柯尔克孜族史的研究成果不断涌现，杜荣坤、安瓦尔的《柯尔克孜族》⑫、万雪玉、阿斯卡尔·居努斯的《柯尔克孜族：历史与现状》⑬《柯尔克孜族简史》⑭、阿地里·居玛吐尔地的《中国柯尔克孜族》⑮ 等，都是近年来柯尔克孜族通史的研究力作，并且开始对现实问题给予更多的关注。

（二）族源、族称研究

关于柯尔克孜族族源、族称问题，学术界至今没有形成共识。郭平梁的《从坚

---

① 《新疆社会科学》1987 年第 1 期。
② 《西北民族学院学报》1995 年第 3 期。
③ 《西域研究》1999 年第 4 期。
④ 《伊犁师范学院学报》2005 年第 4 期。
⑤ 《新疆社会科学》2007 年第 4 期。
⑥ 《新疆社科论坛》2010 年第 6 期。
⑦ 《新疆大学学报》2014 年第 4 期。
⑧ 《世界宗教文化》2014 年第 4 期。
⑨ 《边疆经济与文化》2015 年第 3 期。
⑩ 乌鲁木齐：新疆人民出版社，1985 年。
⑪ 乌鲁木齐：新疆人民出版社，1987 年。
⑫ 北京：民族出版社，1991 年。
⑬ 乌鲁木齐：新疆大学出版社，2005 年。
⑭ 北京：民族出版社，2008 年修订本。
⑮ 银川：宁夏人民出版社，2012 年。

昆都督府到黠戛斯汗国——柯尔克孜史研究之一》① 认为，古柯尔克孜族作为唐朝的成员与国内其他民族特别是汉族的关系十分亲密。韩儒林在《元代的吉利吉思》② 和《元代的吉利吉思及其邻近诸部》③ 两文中，分别论述了元代吉利吉思的部落、部落分布及元朝对吉利吉思的统治。那木吉拉的《〈元史·地理志·西北地附录〉吉里吉思传说考述》④ 对吉利吉斯的族源传说做了相应的研究，认为"四十"是象征数和吉祥数。董文义的《柯尔克孜族称含义考》⑤ 认为，"四十个姑娘"之说是不可信的，柯尔克孜是"威武""盛大""多智"之意。乌兰在《柯尔克孜族名沿革》⑥ 中认为，坚昆、鬲昆、布鲁特等名从汉朝至清朝经过长期的发展，柯尔克孜的名称最终形成了。柯尔克孜族主要是以唐代迁居天山的黠戛斯人为基础逐渐形成的一个新的民族共同体，迁居天山的黠戛斯人是形成柯尔克孜族的基本成分。《柯尔克孜族简史》⑦ 认为，"坚昆人是现在柯尔克孜族已知的最早祖先"，在经过与匈奴、乌孙等众多民族的长期融合后，逐渐形成今天的柯尔克孜族。阿依先木古丽·赛来在《游牧民族与柯尔克孜族民族的关系》⑧ 认为柯尔克孜族是本民族的自称。元、明时期，一般译作"吉利吉思"，这些名称均是"柯尔克孜"民族自称在不同时期的汉音译。清朝时期，柯尔克孜族在中国汉语文献中被称为"布鲁特"，史诗《玛纳斯》有时也采用这一名称，或译作"布依鲁特"。民国二十四年（1935），以"柯尔克孜"作为该民族的正式汉文公文译名，取代此前沿用了几百年的"布鲁特"一名，沿用至今。陈海龙在《东西布鲁特分界考》⑨ 认为布鲁特，古称"坚昆""黠戛斯""吉利吉思"，今称"柯尔克孜族"。张峰峰著《清代新疆布鲁特历史研究》⑩ 认为清代以前，柯尔克孜族曾被称为"坚昆""鬲昆""黠戛斯""乞儿吉思""吉利吉思"等，其祖先起源于叶尼塞河流域，在经历了多个阶段的西迁后，最终落居于天山地区。

（三）社会经济问题研究

清朝政府对布鲁特（清代对柯尔克孜族的称呼）的政策及相互关系，一直是学者们关注的热点。苗普生的《略论清政府对布鲁特的统治》⑪，就清政府对柯尔克孜

① 《西域史论丛》第 2 辑，乌鲁木齐：新疆人民出版社，1985 年。
② 《元史及北方民族史研究集刊》1978 年第 2 期。
③ 《元史及北方民族史研究集刊》1981 年第 5 期。
④ 《民族文学研究》1997 年第 3 期。
⑤ 《民族语文》1982 年第 6 期。
⑥ 《黑龙江民族丛刊》1992 年第 7 期。
⑦ 北京：民族出版社，2008 年修订本。
⑧ 《咸宁学院学报》2012 年第 9 期。
⑨ 《清史研究》2013 年第 4 期。
⑩ 台北：兰台出版社，2019 年。
⑪ 《新疆社会科学》1990 年第 6 期。

族的统治措施及效果进行了研究。潘志平的《布鲁特各部落及其亲缘关系》①，认为左右翼和内外部是对布鲁特各部亲缘关系纵横两个方向的基本划分，解决并澄清了前人在这一问题上的模糊认识。

郭平梁在《十至十八世纪初的乞儿吉思》② 中，对柯尔克孜族的社会经济状况进行了探讨。杜荣坤、郭平梁的《柯尔克孜族的故乡及其西迁》③，以史料证明从两汉至清两千多年，柯尔克孜族的主体一直繁衍生活在叶尼塞河上游，与中原地区保持着密切的联系。巴哈提·依加汉的《四世纪中叶以后黠戛斯的南下活动》④，论述了回鹘汗国灭亡以后，黠戛斯的南下迁徙活动与分布情况。马曼丽的《叶尼塞吉尔吉斯的西迁与中亚吉尔吉斯民族的形成》⑤，论述了自 6 世纪到 18 世纪吉尔吉斯西迁的情况，并认为 17—18 世纪中亚吉尔吉斯民族才得以最终形成。胡延新的《十七世纪的叶尼塞吉尔吉斯及其西迁》⑥ 论述了 17 世纪叶尼塞吉尔吉斯的内部状况、同周邻国家和民族的关系，以及西迁后的居地。阿斯卡尔·居努斯的《西迁前后柯尔克孜族经济生活的变化》⑦ 认为，西迁后居地环境的改变对柯尔克孜族经济生活的影响甚大。

20 世纪 90 年代，随着中亚五国独立对西北民族发展的影响，柯尔克孜民族研究成为西北民族史研究的热点问题。学者们普遍认为，柯尔克孜族于 19 世纪 60 年代由于中俄不平等条约形成跨国民族后即走上了不同的发展道路。万雪玉的《柯尔克孜跨国民族社会发展异同》⑧，论述了柯尔克孜族成为跨国民族的原因、跨国后的柯尔克孜族社会发展状况等问题。目前，这一问题仍受到学者们的高度关注。窦忠平的《布鲁特在清藩属体系中的地位》⑨ 认为清布鲁特在乾隆前期平定准噶尔和大小和卓叛乱的过程中，逐渐由"永守边界者"变化为外藩，再变化为内藩。陈跃的《从乾隆朝满文寄信档看乾隆帝对布鲁特的治理》⑩ 认为乾隆皇帝对布鲁特的治理政策大致可分为因俗而治、赏罚分明、分化治理、维护各民族平等与和睦等。

（四）宗教研究

我国学者就宗教对柯尔克孜族的影响及其在现代社会发展中的变化展开了讨论。杨富学的《古代柯尔克孜人的宗教信仰》⑪，考察了从原始宗教——萨满教、袄教和

① 《新疆社会科学》1990 年第 2 期。
② 《新疆社会科学》1983 年第 4 期。
③ 《新疆社会科学》1982 年第 2 期。
④ 《西域研究》1991 年第 3 期。
⑤ 《西北史地》1984 年第 4 期。
⑥ 《甘肃民族研究》1986 年第 4 期。
⑦ 《西域研究》2003 年第 4 期。
⑧ 《俄罗斯中亚东欧研究》2003 年第 4 期。
⑨ 《新疆地方志》2010 年第 1 期。
⑩ 《玉溪师范学院学报》2017 年第 5 期。
⑪ 《西北民族研究》1997 年第 1 期。

摩尼教、景教以及 17 世纪开始柯尔克孜人逐步皈依伊斯兰教的历史过程。万雪玉的
《伊斯兰教对柯尔克孜族文化的影响》① 认为由于受伊斯兰教的影响，柯尔克孜族生
活中到处都有宗教的影子，其宗教信仰有自己的特点。贺灵的《柯尔克孜族民间信
仰与社会研究资料汇编》② 介绍了柯尔克孜族原始宗教信仰、柯尔克孜族图腾文化
与萨满教调查、柯尔克孜族民间文学与宗教信仰。

三、塔塔尔族史研究

塔塔尔族是我国人口较少的民族之一，也是一个跨国民族。塔塔尔族的研究是
伴随中华人民共和国成立以后少数民族社会历史调查开始的。在此基础上编写的
《塔塔尔族简史简志合编》是第一部系统反映塔塔尔族历史、文化、社会面貌的著
作，为以后的研究奠定了基础。改革开放后，塔塔尔族史的研究成果不断出现，周
建华、郭永瑛的《塔塔尔族》③ 和《塔塔尔族简史》，对塔塔尔族迁入新疆、近代
新疆的塔塔尔族、现代新疆的塔塔尔族、塔塔尔族的文学与艺术、塔塔尔族的风俗
习惯和宗教信仰等内容做了全面概述，可视为中华人民共和国成立以来关于塔塔
族历史研究成果的总结。热合甫·阿巴斯的《中国塔塔尔族》④ 和马衣努·沙那提
别克的《塔塔尔族》⑤ 全面介绍了我国塔塔尔族的起源、发展历史、宗教信仰与民
俗文化、节日礼仪，以及相关的神话传说和历史故事等。在此基础上，学者们还对
下列问题作了进一步的探讨。

关于塔塔尔族族称、族源的研究：张敬仪、阿克赞的《关于"塔塔尔"一词的
多种解释》⑥，将国内学者的观点总结为五种：

1. 《塔塔尔族简史简志合编》（1959 年）与《塔塔尔族简史》⑦ 认为，"塔塔
尔"一词作为族称最早出现于公元 732 年的《阙特勤碑》和 735 年的《毗伽可汗
碑》中，是突厥汗国治下的一个部落的名称，后来"塔塔尔"一词成为蒙古部落的
称谓。蒙古西征时，中亚人和欧洲人将其统称为"塔塔尔"。15 世纪中叶，喀山汗
国的统治者为了利用国内居民对蒙古人的恐惧心理，称自己为塔塔尔人。由此，
"塔塔尔"这一族称固定下来并成为族名，沿用至今。

2. 周泓的《我国塔塔尔族历史来源略述》，根据《毗伽可汗碑》记载，认为
"塔塔尔"一词最迟在 715 年就已经使用于突厥语世界，正式成为突厥民族的族称。

3. 贾敬颜的《鞑靼、瓦剌、兀良哈、明朝蒙古人的历史》认为，"塔塔尔"一
词有三个含义：一是唐宋时兴起，后被蒙古所灭的塔塔尔部；二是元朝以来蒙古人

---

① 《中国宗教》2003 年第 6 期。
② 北京：民族出版社，2013 年。
③ 北京：民族出版社，1993 年。
④ 银川：宁夏人民出版社，2012 年。
⑤ 沈阳：辽宁民族出版社，2014 年。
⑥ 《西北民族学院学报》2001 年第 4 期。
⑦ 北京：民族出版社，2008 年。

的异称；三是与瓦剌、兀良哈齐名，以元顺帝后裔为统治者的蒙古本部。

4. 赵金龙等主编的《苏联民族概览》① 与李毅夫等主编的《世界民族常识》②认为，"塔塔尔"一词最初是 6—9 世纪在贝加尔湖东南许多部落中出现的。13—15世纪，当大多数突厥部落加入金帐汗国时，他们的语言和文化才开始趋向统一。15—16 世纪，基本形成了"塔塔尔"民族。

5.《塔塔尔族简史》（维吾尔文）认为，"塔塔尔"是通古斯语，该词的含义为亭子、茅屋等。在哈萨克文《阿拜箴言录》等书中，把"塔塔尔"人称为"诺盖"人，认为"塔塔尔"和"诺盖"同义，是一个民族。

在上述诸观点中，比较流行的是第一种观点。

此外，李德洙主编的《中国民族百科全书》第 14 卷"哈萨克族、柯尔克孜族、塔吉克族、塔塔尔族"③ 部分认为，"塔塔尔"是塔塔尔语"Ta-tar"的汉语音译。"塔塔尔"系本民族的自称，最早见于鄂尔浑—叶尼塞碑文。其祖先是中国古代北方突厥汗国统治下的塔塔尔部落，即后来的鞑靼本部。突厥汗国灭亡后，鞑靼大部分归附回鹘及黠戛斯。13 世纪初，鞑靼并入金帐汗国。15 世纪上半叶，金帐汗国灭亡，塔塔尔人在伏尔加河、卡马河一带建立喀山汗国。因此，塔塔尔族是由保加尔人、奇卜察克人（钦察人）、蒙古人在历史上相互融合发展形成的。1920 年 5 月，鞑靼自治共和国成立，属俄罗斯联邦。对于中国新疆的鞑靼人，尊重其本民族形成时的自称，称其为"塔塔尔族"。

关于塔塔尔族的祖先，学者们普遍认为，是中国古代北方游牧的"塔塔儿"部落，即后来的"鞑靼"本部。15 世纪上半期，以塔塔尔为主体的喀山汗国取代金帐汗国，塔塔尔民族逐渐形成。

关于塔塔尔族其他问题的研究成果不多。周泓在《塔塔尔族在近代新疆经济文化发展中的历史作用》④ 中，对塔塔尔人在新疆的商贸活动及新文化教育史上的作用做了较为深入的分析。李建新在《新疆塔塔尔族调查研究——现状、问题与思考》⑤ 中，对塔塔尔族的历史渊源进行了概述，并将 19 世纪以来塔塔尔族迁徙分为三个时期加以叙述。周建华的《中国塔塔尔族人口规模的变迁和人口分布现状》⑥，阐述了塔塔尔族人口规模变迁、分布现状及城镇化水平，力图将人口少而分布相对分散的民族人口研究，同其经济、文化教育发展的探索结合起来。他把新疆塔塔尔族人口数量的变化分为 1949—1953 年的迅速上升期、1954—1977 年的迅速下降期和 1978—1998 年的缓慢上升期三个阶段。马利克的《中国塔塔尔教育史》⑦ 则对塔

①　北京：时事出版社，1981 年。

②　北京：中国青年出版社，1988 年。

③　西安：世界图书出版西安有限公司，2015 年。

④　《新疆社科论坛》1993 年第 3 期。

⑤　《西北民族研究》2001 年第 4 期。

⑥　《辽宁大学学报》2003 年第 2 期。

⑦　维吾尔文，乌鲁木齐：新疆人民出版社，2001 年。

塔尔族的教育发展演变情况以及塔塔尔族知名知识分子做了简要的介绍。谢玉琴的
《新疆塔塔尔族传统体育源流考述》① 从历史学、社会学与文化学等方面分析新疆塔
塔尔族传统体育源流，其源头是塔塔尔族顺应自然生活节律的需要，以及军事斗争、
生产劳动等方面因素。马星辰《新疆塔塔尔族教育思想浅论》② 一文对塔塔尔族教
育思想进行研究，考察其家庭、学校、社会教育发展史，以此探寻其思想内涵。沈
思的《21 世纪以来我国塔塔尔族人口变动分析》③ 对塔塔尔族在 2000—2010 年十年
间人口的变动情况及其影响因素进行了分析。认为这十年塔塔尔族人口减少主要是
青年人口的减少，境外迁移是人口减少的主要原因。

四、塔吉克族史研究

塔吉克族史研究始于 20 世纪 50—60 年代的少数民族社会历史调查。当时中国
科学院民族研究所、新疆少数民族社会历史调查组的学者们将调查研究成果编写成
《塔吉克族简史简志合编》（1963 年）一书，系统地反映了塔吉克族历史与社会发
展的基本概貌。"文化大革命"时期特殊的政治环境，使塔吉克族史的研究陷入停
滞。直到"文化大革命"结束后，才出版了《塔吉克族社会历史调查》④ 和《塔吉
克族简史》⑤。此后，肖之兴的《塔吉克族》⑥，作为民族知识丛书的一种，以简洁
的笔墨介绍了塔吉克族的历史与社会发展情况。西仁·库尔班等编著的《中国塔吉
克族史料汇编》⑦，将中国正史、外文书籍中有关塔吉克族的史料汇集起来，为塔吉
克族史的研究打下了坚实的资料基础。修订版《塔吉克族简史》⑧，全面介绍了塔吉
克族的历史文化，其中包括生态环境、历史、经济、旅游、语言文字、文学艺术、
宗教信仰和民俗文化等内容，是我国几十年来塔吉克族史研究成果的结晶。西仁·
库尔班的《中国塔吉克族》⑨ 和《塔吉克族》⑩ 从民族概况、物质文化、民间文化、
社会文化、信仰文化等方面对塔吉克族进行了详细的介绍，真实地展示了塔吉克族
自远古至今的发展历程。刘明的《迁徙与适应：帕米尔高原塔吉克族民族志》⑪ 运
用文化人类学田野调查方法重点比较了塔吉克族搬迁前后在生态环境、生产环境、
生活环境和社区环境方面的异同。

关于塔吉克族的族称与族源，史学界的分歧不大。一般认为"塔吉克"是本民

① 《湖北科技学院学报》2014 年第 2 期。
② 《黑河学刊》2015 年第 8 期。
③ 《西北人口》2016 年第 6 期。
④ 乌鲁木齐：新疆人民出版社，1985 年。
⑤ 乌鲁木齐：新疆人民出版社，1982 年。
⑥ 北京：民族出版社，1989 年。
⑦ 乌鲁木齐：新疆大学出版社，2003 年。
⑧ 北京：民族出版社，2008 年。
⑨ 银川：宁夏人民出版社，2012 年。
⑩ 沈阳：辽宁民族出版社，2014 年。
⑪ 北京：社会科学文献出版社，2014 年。

族的自称，据民间传说，这一名称原来的意思是"王冠"①。何星亮在《塔吉克族族称及其早期文化》② 中，认为"塔吉克"既是自称，也是他称，族称来源尚无定论。就族称含义作了民间传说、图腾崇拜的解释，认为"塔吉克"这一族名源于"大食"，而"大食"似即突厥语"Tash"（石）的汉译音。西仁·库尔班、马达力汗的《我国塔吉克族的形成及其历史演进》③，提出了我国塔吉克族是融汇了塞人、粟特人、花剌子模人、巴克特里亚人等成分，以后又融入了中亚其他民族而形成的观点。姚卫坤在《新疆散杂居塔吉克族概况及历史变迁》④ 一文中认为"塔吉克"是中亚操伊朗语居民的族名，学术界对塔吉克族名的来历和含义虽看法不同，但多数学者认为，"塔吉克"出自"塔吉"一词，"塔吉"为塔吉克语"王冠"的意思。李德洙主编《中国民族百科全书》第 14 卷"哈萨克族、柯尔克孜族、塔吉克族、塔塔尔族"部分⑤论述了关于"塔吉克"这一族名的含义，有的研究者认为"塔吉克"最早是阿拉伯人的名称，有的学者认为"塔吉克"最初指非穆斯林的阿拉伯人。据说"塔吉克"一词出自"塔吉"（"塔吉"为塔吉克语音译，是"王冠"之意）一词，是由原来的"塔吉达依霍斯鲁、凯依库巴特凯依卡乌斯、加米西德和尔"（戴冠之人）、"塔吉叶克"（独一无二之冠）等词逐渐变化而来的。许多学者将"塔吉克"一词释为"王冠"，这种解释目前已普遍为人们所接受，且广泛流传于中国的塔吉克族人之中。

　　西仁·库尔班、李永胜的《塔吉克民族的原始宗教信仰》⑥，对塔吉克族及其先民原始宗教信仰情况作了简要的分析。西仁·库尔班的《中国塔吉克与伊斯玛义派》⑦ 认为，我国塔吉克族信奉伊斯玛义派，与塔吉克族思想家、诗人和伊斯玛义派哲学家纳赛尔·霍斯（1003—1088）来帕米尔高原传播伊斯玛义派学说有着密切的关系。张春爱的《塔吉克族生活中的祆教遗存初探》⑧ 认为塔吉克族虽然现在信奉伊斯兰教，但是祆教在塔吉克人现实生活中影响也很大并已经作为一种风俗习惯浓缩在塔吉克人的生活当中。

　　西仁·库尔班、伊明江·木拉提编著的《塔吉克族风俗文化》⑨ 与西仁·库尔班、马达力汗·包仑著的《鹰的传人》⑩ 两部著作，从自然、人文环境、民族文化、民俗礼仪、宗教、文学艺术等方面，对塔吉克族的历史与社会发展做了全面的介绍。

---

① 《塔吉克族简史》，北京：民族出版社，2008 年。
② 《西域研究》1994 年第 3 期。
③ 《新疆大学学报》1994 年第 2 期。
④ 《实事求是》2013 年第 5 期。
⑤ 西安：世界图书出版西安有限公司，2015 年。
⑥ 《新疆社科论坛》1998 年第 3 期。
⑦ 《世界宗教文化》2003 年第 9 期。
⑧ 《新余学院学报》2012 年第 2 期。
⑨ 乌鲁木齐：新疆大学出版社，2001 年。
⑩ 乌鲁木齐：新疆美术摄影出版社，2004 年。

杨圣敏的《环境与家族——塔吉克人文化的特点》①，以塔吉克族生活的帕米尔高原的环境与其传统的社会组织关系来阐明自然环境对人类社会组织形式的影响。西仁·库尔班的《试论塔吉克文化中的四大象征》② 对塔吉克文化诸要素中慕士塔格阿塔峰、鹰、鲁斯塔木、马等四大形象的形成和发展的历史作了论述。2014 年 10 月，由新疆维吾尔自治区党委宣传部意识形态研究中心编《拜火教与新疆——曲曼遗址与新疆历史文化教育研讨会论文集》共收录 29 篇论文，集中探讨了塔什库尔干地区早期的拜火教流传，以及新疆自古以来就是多种宗教并存的地区，新疆自古以来就与祖国内地密不可分的诸多内容。蔡江帆在《我国塔吉克族信仰的多元共融与和谐共生特点》③ 中认为塔吉克族的伊斯玛仪派信仰在多元文化交流荟萃的过程中逐渐呈现出多元共融与和谐共生的特点。

五、乌孜别克族史研究

有关乌孜别克族的研究，我国起步较晚。20 世纪 90 年代相关研究成果才逐渐出现。其中罗建生的《乌孜别克族》④，对中国乌孜别克族的族源族称、迁徙中国后的概况、生活习俗、家庭婚姻、宗教信仰、文学艺术等方面进行了较为细致的分析和研究。《乌孜别克简史》⑤ 对乌孜别克族的族称及早期历史、近代新疆的乌孜别克族、乌孜别克族的经济制度、20 世纪二三十年代的乌孜别克族、三区革命前后的乌孜别克族、中华人民共和国成立后的乌孜别克族等专题进行了全面的分析和介绍。吾尔买提江·阿布都热合曼的《乌孜别克族》⑥ 与米娜瓦尔·艾比布拉·努尔的《中国乌孜别克族》⑦ 从民族概况、经济、政治、文化传承、教育、精神信仰、文化人物等方面对乌孜别克族进行了详细的介绍。解志伟著《游牧：流动与变迁》⑧ 对新疆乌孜别克族的社会文化生活及其变迁特点进行了解读。

一般认为，乌孜别克的族名源于 14 世纪金帐汗国的乌孜别克汗，《元史》称其为"月即别汗"。学界普遍认为，他们进入中亚河中地区后逐渐接受了定居的农业生活方式，是中亚乌孜别克民族形成的重要标志。18 世纪 50 年代清朝统一新疆时，中亚乌孜别克人到新疆经商并定居繁衍，形成了中国的乌孜别克族。

杨建新在《中国西北少数民族史》一书中，将我国学者关于乌孜别克族源、族称研究的观点归纳为以下几种：1. 乌孜别克族的形成始于公元 1 世纪，到喀喇汗王朝时期已基本完成。2. 形成于 14 世纪至 15 世纪的帖木儿王朝时期。3. 15 世纪末到

① 《广西民族学院学报》2005 年第 1 期。
② 《新疆大学学报》2005 年第 5 期。
③ 《西北民族大学学报》2014 年第 4 期。
④ 北京：民族出版社，1990 年。
⑤ 北京：民族出版社，2008 年。
⑥ 沈阳：辽宁民族出版社，2014 年。
⑦ 银川：宁夏人民出版社，2012 年。
⑧ 北京：知识产权出版社，2012 年。

16 世纪初，白帐汗国一部分乌孜别克游牧民在昔班尼率领下建立汗国，与当地操突厥语、从事农业的居民融合，形成了乌孜别克族。4. 不能将 15—16 世纪作为东钦察草原操突厥语游牧部落名称的"乌孜别克"等同于如今乌孜别克族的含意。这仅仅是加入乌孜别克族的许多成分的一种，而且按照时间来说，是最后加入的一分子。5. 以帖木儿王朝的突厥人为主，结合南下的突厥—蒙古人的成分，在 16 世纪以后逐渐融合形成现代乌孜别克族，并认为第五种说法比较合理。蓝琪《昔班尼王朝在中亚乌孜别克族形成中的作用》①一文也赞同这一观点。王伟、李文博的《乌孜别克族乃蛮部落的起源》②，对乃蛮部落与乌孜别克起源关系做了分析研究，认为在乌孜别克族形成之前乃蛮部就已经存在，其历史可以上溯到辽代。今天乃蛮部落不仅在乌孜别克族中存在，在蒙古族、哈萨克族、柯尔克孜族中也占有一定的地位。袁琳英主编的《乌孜别克族》③认为乌孜别克族源于 14 世纪金帐汗国的乌孜别克汗，《元史》称"乌孜别克"的含义是"自己的领袖"。金帐汗国又称乌孜别克汗国，国人也自称乌孜别克人。15 世纪，金帐汗国解体后，居住在撒马尔罕、花剌子模等地的乌孜别克商人，沿古代"丝绸之路"经新疆到中原经商。明清之际，不少商人随即在新疆一些城镇定居下来，繁衍生息，形成了今天中国的乌孜别克族。解志伟的《试论乌兹别克族的形成过程》④认为乌兹别克族的形成与成吉思汗部分后裔的族群分离有着密切的联系，进入中亚的蒙古族与当地世居民族相互涵化最后形成了乌孜别克族。

其他方面的研究有：刘有安的《乌孜别克人的迁徙及其社会文化变迁》⑤，对乌孜别克人从钦察草原迁到中亚，又从中亚向四周扩散的过程进行了梳理。房若愚的《新疆乌孜别克族经商传统与人口城市化》⑥，对新疆乌孜别克族人口的来源与经商传统、商业活动与人口、城乡分布格局的形成做了回顾。木阿拉木·米尔阿布都拉的《浅谈乌孜别克族的传统婚俗及其特征》⑦着重论述了乌孜别克族的传统婚俗及乌孜别克传统婚俗的独特性。阿达来提的《我国乌孜别克族的语言使用现状》⑧从语言文化接触的角度，总结了当前我国乌孜别克族语言文化的特点，探讨了形成这些特点的成因，并对未来的发展趋势做了初步分析。唐淑娴的《解构与建构：跨国民族文化适应的历史人类学考察——以新疆乌孜别克族为例》⑨认为中国乌孜别克族是在特定的时代背景下，经过迁徙、回流和"被截留"的过程逐渐形成的一个跨国民族。

① 《贵州师范大学学报》2006 年第 4 期。
② 《贵州工业大学学报》2008 年第 5 期。
③ 乌鲁木齐：新疆电子音像出版社，2010 年。
④ 《三峡论坛》2012 年第 3 期。
⑤ 《甘肃联合大学学报》2008 年第 1 期。
⑥ 《新疆社会科学》2005 年第 5 期。
⑦ 《新疆大学学报》2013 年第 4 期。
⑧ 《新疆社会科学》2016 年第 4 期。
⑨ 《湖北民族学院学报》2018 年第 3 期。

第六节　俄罗斯族史研究

俄罗斯族作为中国少数民族之一，主要分布在新疆维吾尔自治区、黑龙江省和内蒙古自治区。由于其历史较短，加之人口少居住分散，因此，学术界对这一民族的了解和研究相对较少。以下根据中华人民共和国成立以来国内对俄罗斯族研究的特点，分别从俄罗斯族简史、入华历史和现状等方面进行综述。

一、俄罗斯族史研究概述

从清代开始就有一些俄罗斯人由于各种原因迁居中国境内生活。在民国时期"归化军"和"归化族"已经引起了当时学术界的关注，如发表了伊犁里克的《漫谈新疆各民族》和周东郊的《新疆阿山区之归化族》等论文。[①] 中华人民共和国成立以后，学术界对俄罗斯族的研究仍以调查现状介绍其生产生活特点、追溯其入华经历为重点。

最早公开出版的专著是由国家民委组织编写的"五种丛书"之一的《俄罗斯族简史》[②]，于 1987 年出版，并于 2008 年出版了修订版。该书记述了俄罗斯族从起源至 21 世纪初的历史发展进程，涵盖政治、经济、文化、社会等内容；邓波著的《俄罗斯族》[③]，全面介绍了俄罗斯族的经济文化生活现状，并以特别章节记述了新疆的"归化族"以及他们在中华人民共和国成立初期的社会政治活动。

俄罗斯族作为中国的少数民族之一，部分民族专著和方志设专门章节介绍其历史和现状，如中央民族学院研究室编的《中国少数民族简况》[④] 和金春子、王建民合著的《中国跨界民族》[⑤]，二书都全面介绍了俄罗斯族的历史与现状，后者侧重于回顾俄罗斯人移居中国的历史过程。此外，由于俄罗斯族居住分散，因此研究成果也呈现出地域性简史的特点，如王增祥主编的《额尔古纳右旗情》[⑥]，该书在"华俄后裔"和"宗教"二节内比较详细地记述了华俄后裔的形成、习俗和东正教堂的分布等情况；贾丛江著《乌孜别克族、俄罗斯族》[⑦] 以及新疆维吾尔自治区地方志编委会编的《新疆通志·民族志》[⑧]，二书分别在"俄罗斯族"一节里全面介绍了新

---

① 《西北论衡》1940 年 8 卷第 21、22、24 期；《新中华》1947 年夏复刊号 5 卷第 5 期。

② 北京：民族出版社，2008 年修订版。

③ 北京：民族出版社，1995 年。

④ 北京：中央民族学院研究室，内部铅印，1974 年。

⑤ 北京：民族出版社，1994 年。

⑥ 哈尔滨：黑龙江人民出版社，1988 年。

⑦ 乌鲁木齐：新疆美术摄影出版社，1996 年。

⑧ 乌鲁木齐：新疆人民出版社，2005 年。

疆俄罗斯族的形成、发展和现状。潘玉君、伊继东、孙俊等合著《中国民族地理》①、潘玉君、张谦舵、肖翔等合著《中国民族地理通论》② 两书分别从民族地理空间视角介绍了俄罗斯族的生存现状。

二、俄罗斯人入华历史和俄罗斯族现状

一方面，俄罗斯族作为中国的非本土民族，其历史是中国移民史的一部分，因此，学术界通过文献和档案等材料来研究和考证俄罗斯族的入华历史和形成过程。另一方面，虽然俄罗斯族居住比较分散，但是由于人口比较少，因此，经过学术界的历次实地考察，对俄罗斯族现状的研究成果颇丰富。

目前，学术界没有学者对俄罗斯人入华历史展开全面系统的研究，但是，出现了阶段性的研究成果，如王俊彦著《白俄中国大逃亡纪实》③，该书全面具体地记述了"十月革命"时期流亡到中国不同地区的白俄以及他们不同的军事、政治和社会生活。也有部分成果探讨了俄罗斯族形成问题或者文化传播中涉及其入华历史，如陈延琪的《从移民成为新疆少数民族的俄罗斯人》、唐戈的《19 世纪末叶以来俄罗斯文化在东北地区传播的主要途径》④、江梅的《新疆俄罗斯人研究（1840—1944）》⑤、江梅、卢萍的《略论新疆俄罗斯族的形成》⑥、李丹慧的《对新疆苏联侨民问题的历史考察（1945—1965）》⑦、潘华的《试析俄侨对黑龙江上游沿边地区历史文化的影响》⑧，潘华、李永菊的《略论黑龙江中上游地区俄罗斯族来源》⑨ 等文章分别记述了俄罗斯人移居中国新疆、东北等地方的历史过程。杨素敏、高寒的《中国俄罗斯族溯源》⑩ 则从入华俄罗斯族的源头和入华方式入手，考察了哥萨克人以及俄罗斯族进入中国后的历史作用和历史地位。中华人民共和国成立以来，一些学者在前人研究的基础上继续探讨新疆的"归化军"和"归化族"历史，并取得一定成果，如袁澍的《民国新疆归化军探析》和杜党军、杜维玺的《民国时期新疆归化军的形成及历史影响》等。⑪

关于俄罗斯族现状的研究，成果颇多，并且呈现地域性和专题性特点。（1）地域性：虽然俄罗斯族居住分散，有些单位对人口相对聚居的城市进行了一些调查工作，如新疆的塔城、内蒙古的额尔古纳市等。这方面的成果有余建忠、姜勇主编的

---

① 北京：科学出版社，2014 年。
② 北京：科学出版社，2017 年。
③ 北京：中国文史出版社，2002 年。
④ 《新疆大学学报》2000 年第 1 期；《学习与探索》2003 年第 5 期。
⑤ 新疆大学人文学院硕士论文，2003 年。
⑥ 《新疆职业大学学报》2005 年第 1 期。
⑦ 《冷战与中国周边的关系》，北京：世界知识出版社，2004 年。
⑧ 《黑龙江社会科学》2009 年第 1 期。
⑨ 《黑龙江史志》2014 年第 23 期。
⑩ 《民族论坛》2018 年第 4 期。
⑪ 《西域研究》2004 年第 1 期；《喀什师范学院学报》2003 年第 2 期。

《俄罗斯族：新疆塔城市二工镇内蒙古额尔古纳市室韦乡调查》① 和祁惠君、唐戈、时春丽著《额尔古纳俄罗斯族现状与发展研究》② 二书，分别介绍了新疆塔城和内蒙古额尔古纳市俄罗斯族的概况、历史沿革和现状；李风波的《新疆俄罗斯族人口的数量变动与分布变迁研究（1949—2000）》③，考察了 50 年来新疆俄罗斯族人口数量和地域分布的变化；蔺茂奎著《中国新疆塔城俄罗斯族》④ 则是近年来关于新疆塔城俄罗斯族生活现状的又一力作；张晓兵的《内蒙古俄罗斯族》⑤ 从不同视角和层面考察内蒙古地区俄罗斯民族的历史、语言、教育、人口、地理、经济、生产、生活、宗教信仰等，展示了内蒙古地区俄罗斯族的风貌。李启华的《中国俄罗斯族发展问题研究》,⑥ 则以额尔古纳地区俄罗斯族民族乡为研究对象，探讨了这一地区俄罗斯族的民族特性和生活状况。(2) 专题性：从中华人民共和国成立以来的调查研究成果看，学术界对俄罗斯族的研究呈现专题性，而且多以俄罗斯族独特的民族风俗文化为主。如唐会的《试论额尔古纳华俄后裔的文化特点及其发展趋势》、滕春华的《新疆俄罗斯族葬俗文化探析》、葛丰交、永梅兰的《新中国成立前俄罗斯族教育概述》⑦、骆晓会的《近代中俄边境及若干城市俄罗斯风俗习惯述略》、李智远的《内蒙古俄罗斯族木刻楞民居文化》、唐戈的《论额尔古纳地区东正教的特点》⑧、赵淑敏的《额尔古纳地区俄罗斯族的丧葬习俗及其宗教文化内涵——以室韦俄罗斯民族乡恩和村为例》⑨ 等文章，以及新疆维吾尔自治区对外文化交流协会编《俄罗斯族民俗文化》等书,⑩ 分别从文化、习俗角度去探讨和介绍各地俄罗斯族的独特魅力。在有关民族类专题或专著中，亦涉及一些俄罗斯族的内容，如雷金瑞、陈金生等主编的《西北少数民族文化》⑪、白劲松等主编《鄂伦春、鄂温克、达斡尔、俄罗斯民族民俗文物》⑫、王晶主编《新疆世居民族民俗文化概览》⑬、王茜著《中国新疆非物质文化遗产研究》⑭ 等著作，都或多或少涉及俄罗斯族的语言文字、音乐、服饰、社会生活、民俗诸方面内容，展现了中国俄罗斯族的社会面貌和风土人情。

---

① 昆明：云南大学出版社，2004 年。
② 北京：中国社会科学出版社，2008 年。
③ 《西北人口》2006 年第 1 期。
④ 乌鲁木齐：新疆人民出版社，2013 年。
⑤ 海拉尔：内蒙古文化出版社，2014 年。
⑥ 海拉尔：内蒙古文化出版社，2018 年。
⑦ 《内蒙古工业大学学报》2001 年第 1 期；《西北民族研究》2003 年第 4 期；《民族教育研究》2004 年第 6 期。
⑧ 《株洲师范高等专科学校学报》2005 年第 1 期；《湖北民族学院学报》2007 年第 2 期；《湖北工业大学学报》2008 年第 4 期。
⑨ 《内蒙古社会科学》2012 年第 6 期。
⑩ 乌鲁木齐：新疆美术摄影出版社，2008 年。
⑪ 兰州：甘肃文化出版社，2010 年。
⑫ 呼和浩特：内蒙古人民出版社，2014 年。
⑬ 北京：民族出版社，2014 年。
⑭ 乌鲁木齐：新疆大学出版社，2014 年。

除此之外，还有一些学者关注俄罗斯民族的族群认同问题，如杨正阳《略论东正教与中国俄罗斯族民族认同》① 文章从宗教文化方面讨论了俄罗斯族的民族认同和文化趋向。

第七节　党项羌历史研究

党项人作为一个主要活动在我国西北部的少数民族，其历史大致可以划分为三个时段：首先是从南北朝时期到北宋初期（约从公元 6 世纪到 10 世纪初），这是所谓的党项建国以前的阶段；其次是党项统治者以完全自主的姿态建立政权并与宋、辽、金、蒙古先后对峙的西夏国时期（1032—1227）；最后则是西夏亡国之后，党项人逐渐完全融合到中华民族大家庭的阶段（相当于从 13 世纪中期到明朝前期）。

截止到 1949 年，可以说我国史学界对党项史研究的成果并不丰硕，学术价值较高且有一定代表性的主要有 30 年代王静如在《西夏研究》中对西夏国号的考察，② 陈寅恪在《蒙古源流》系列研究论文中对灵州等三座西夏城市的蒙古语对音和地理方位的考证，③ 罗福苌、罗福颐完成的《宋史夏国传集注》④ 以及 40 年代朱希祖对西夏史籍的考察、韩儒林对西夏民族名称及王号的考察和吴景敖在《西陲史地研究》中相关部分论述。⑤ 这种冷清的局面在中华人民共和国成立以后得到了根本性的改观，经过 70 年来几代学者的共同努力，目前我国学术界在党项史的研究上业已积累起丰厚的学术成果，无论是数量之多，还是质量之高，在整个中国民族史的研究领域中，都占有十分重要的地位，而且也引起了外国同行的日益关注。以下按照三个阶段的先后，依次对国内党项史研究的主要成果进行简要的概括介绍。

一、党项羌建国前历史研究

叙述党项正式建国以前历史的专著首推周伟洲于 80 年代后期刊出的《唐代党项》⑥。全书分为六章，第一章绪论部分，重点叙述了党项的族源和拓跋氏的出自问题，并兼及党项的社会组织和习俗以及其与邻近民族的关系等方面的史实。第二、三章则分别论述了党项人在初唐的活动、分布与他们在 7 世纪以降的内徙这两大问题。第四、五章又先后讨论了安史之乱后党项的社会发展与其中的拓跋部利用唐末混乱的局面趁势崛起的过程。终章则详细地考察了在随后的五代时期党项的历史发

① 《华章》2014 年第 25 期。
② 第 1—3 辑，中央研究院历史语言研究所，1932—1933 年。
③ 《灵州宁夏榆林三城译名考》（蒙古源流研究之一），《中央研究院历史语言研究所集刊》第一本第二分册，1930 年 5 月。
④ 银川：宁夏人民出版社，2004 年。
⑤ 上海：中华书局，1948 年。
⑥ 西安：三秦出版社，1988 年。

展情况。全书体例清晰而完备，论述则显得翔实而周密，作者在吸收前人研究成果和分析考证史料两方面都下了很大功夫，从而使本书成为党项史研究领域中非常重要的一部专著。作者在书中对于党项史研究中至关重要的拓跋氏的族属系统问题论述尤为着力，结论是后来建立西夏的拓跋氏实际上源于西羌而非鲜卑。此后周伟洲还在这一领域继续深化自己的先前论点，将有关成果系统结集为《早期党项史研究》①。在拓跋氏源流问题上，与周伟洲观点相同的还有西夏文释读专家李范文，他通过引入经典作家有关种族与语言问题的论述，并且结合史实进行分析，也得出了与周氏同样的结论。90 年代以来拓跋氏西羌说的新发展还表现在张云的《党项名义及族源考证》② 和杜建录的一篇新作《有关夏州拓跋部的几个问题》（收入北京大学中古史中心编《邓广铭教授百年诞辰纪念会议论文集》，中华书局，2008 年），前者的特点是充分利用了藏文史料考证党项的族源问题，后者则就近来新出土的唐代开元年间的拓跋守寂墓志中的相关材料进行对勘辨析，从新史料的角度论述了党项拓跋氏的族源。与此相对，党项拓跋氏系出鲜卑说也一直不乏支持者，较早写专文系统论述这一观点的是唐嘉弘的《关于西夏拓跋氏的族属问题》③，不仅力主拓跋氏出自鲜卑说，而且进一步论证整个党项也应划入鲜卑。60 年代初，王忠在撰文论述西夏兴起的历史过程时，也同意拓跋氏本为鲜卑后裔的说法④。而吴天墀虽然赞同拓跋氏源出鲜卑说，但对将党项完全划入鲜卑的意见持保留态度，并强调西夏和党项二者不能完全等同。⑤ 该说以后的主要支持者是汤开建，他进一步收集史料，并在论述中通过将党项传说习俗与东北民族的近似文化加以对比，认定党项起源地是在我国东北的鲜卑人故居地一带，以后才如同吐谷浑一样，从东北辗转迁徙到原由羌人占据的西部边陲的广大地域。汤开建的研究可称为迄今为止拓跋氏鲜卑说的集大成者，在论证的深度和广度上均超过了持同类观点的前辈学人。⑥ 苗霖霖在《党项鲜卑关系再探讨》⑦ 认为党项族是以鲜卑部落为统治阶层、以羌族部落为主体的民族。其中心是鲜卑秃发部与乞伏部的后裔，在南凉、西秦政权灭亡后，他们加入吐谷浑，将部落名改为"拓拔"。吐谷浑政权衰亡后，进入党项之中，成为其部落中心，并联合了当地的折掘、乙弗等鲜卑部落，共同构成了民族的统治阶层，控制着当地诸羌族部落。段志凌、吕永前在《唐〈拓跋驮布墓志〉——党项拓跋氏源于鲜卑新证》⑧ 清晰勾勒出主先世以鲜卑融入党项，再为吐谷浑名王，后内附唐廷的曲折历程，是党项源出鲜卑的新的重要实物证据。驮布支系（东山部）与建立西夏

① 北京：中国社会科学出版社，2004 年。
② 收入《首届西夏学国际学术会议论文集》，银川：宁夏人民出版社，1998 年。
③ 《四川大学学报》1955 年第 2 期。
④ 王忠：《论西夏的兴起》，《历史研究》1962 年第 5 期。
⑤ 吴天墀：《西夏史稿》，成都：四川人民出版社，1983 年。
⑥ 汤开建：《关于党项拓跋氏族源的几个问题》，《中国史研究》1986 年第 4 期。
⑦ 《黑龙江民族丛刊》2014 年第 4 期。
⑧ 《古代史与文物研究》2018 年第 1 期。

的守寂支系（平夏部）应同出鲜卑，后分支各为部落，独立发展，两者既有联系，又有不同。此外，西夏建国之前党项的迁徙问题也成了一些学者的关注题目。关于这一问题，除了周伟洲的前述专著外，史卫民《党项族拓跋部的迁徙及其与唐、五代诸王朝的关系》[①] 和汤开建《隋唐时期党项部落迁徙考》[②] 两文各自作了深入而细致的研究。何威在《唐代党项族借内迁促发展的艰辛历程》[③] 一文中认为至唐时期党项族多批次向唐境内迁徙。民族整体和睦共处的政治环境为党项族的发展提供了诸多机遇。值得一提的是苏乾英和汤开建还对《旧五代史·党项传》中的党项族姓问题进行了考察[④]。而对于宋初党项政治史尤其是李继迁、李德明父子时期的研究，主要有王忠的前述论文、吴天墀《西夏史稿》（四川人民出版社，1983 年）的第一章和他的《关于李继迁的卒年问题》（《宁夏大学学报》1982 年第 2 期）、王天顺《略论党项拓跋部在陕北的割据》（《宁夏社会科学》1990 年第 6 期）、徐庄《试论李继迁的历史作用》（《宁夏大学学报》1981 年第 4 期）、牛达生《西夏李继迁的继承人是谁?》（《宁夏大学学报》1982 年第 2 期）、罗矛昆《李继迁攻取灵州对西夏建国的作用》（《宁夏社会科学》1983 年第 3 期）、汤开建《李继迁卒年再辨证》（《宁夏大学学报》1982 年第 2 期）和《李继迁领导的反宋战争是一场反对民族压迫的正义斗争吗?》（《西北民族文丛》1984 年第 2 期）、吴光耀《为李继迁辩》（《宁夏社会科学》1983 年第 3 期）和《西夏赵德明卒年小考》（《西北史地》1984 年第 1 期）、李蔚《略论李德明》（《兰州大学学报》1988 年第 1 期）和《论李继迁》（《西北民族研究》1994 年第 1 期）、杜建录《论西夏建国以前与北宋的关系》（《宁夏大学学报》1995 年第 2 期）、戴应新《有关党项夏州政权的真实记录——记〈大宋国定难军管内都指挥使康公墓志铭〉》（《宁夏社会科学》1999 年第 2 期）、文志勇《李继迁与夏州民族政权的兴起》（《黄河科技大学学报》2013 年第 5 期）、黄兆宏《西夏政权的奠基人——李德明》（《哈尔滨学院学报》2014 年第 12 期）、马旭俊、杨军《李德明“臣宋”意图考——兼论“游牧”党项的抉择》（《北方文物》2017 年第 2 期）等。上述论著对李元昊建国之前的夏政权历史以及重要人物的生平事迹进行了较为深入的研究，澄清了以往暧昧不清的若干史实，但在围绕重点人物的评论问题上还未达成一致意见。以李继迁为例，多数学者都肯定其对后来西夏独立建国所起到的奠基作用，但对如何评价他所领导的抗宋战争却存在不同的看法。一部分学者倾向于肯定他所指挥的抗宋战争的合理性，而另一部分学者则对此持完全否定的态度，视之为阻碍全国统一的地方割据性质的政权。

---

① 《内蒙古大学学报》历史学专集 1981 年增刊。

② 《暨南学报》1994 年第 1 期。

③ 《兰台世界》2014 年 1 月下旬。

④ 苏乾英：《〈旧五代史党项传〉族姓考》，《中华文史论丛》1981 年第 3 辑；《〈旧五代史·党项传〉族姓番名考》，《复旦学报》1985 年第 1 期。汤开建：《〈旧五代史·党项传〉族姓考质疑》，《宁夏社会科学》1985 年第 2 期。

二、西夏建国时期党项史研究

西夏正式建国时期的党项史研究无疑成为这一专史领域研究的重心所在，从现已发表的成果来看，多数集中在以下几个热点问题：第一，如何评论对于西夏建国起到关键作用的以李元昊为首的党项政治家的作用问题；第二，党项民族这一时期与全国其他兄弟民族的关系问题；第三，建国以后西夏社会的性质问题。关于第一个问题，以白滨的专著《元昊传》论述得最为全面，① 该书同时也是学界关于党项历史人物的首部研究性的传记著作，在史料的选取和辨析上均有独到之处，也充分吸收了国内外西夏学研究的已有成果，并结合史实对元昊的历史功过问题作了比较深入的清理和考察。其他关于元昊研究的较有代表性的论著则有吴光耀《略论夏国创建人赵元昊》、② 杜建录《试论仁宗年间宋夏战争性质及影响》、③ 汤开建《试论元昊对宋作战屡胜的原因》④ 和《西夏元昊反宋战争性质探讨》⑤、陈育宁《评李元昊在西夏建立过程中的作用》⑥ 李蔚《关于元昊若干问题的探讨》⑦、彭向前《元昊改姓考》⑧ 等。目前学界对元昊的评价与对李继迁的评论存在类似的地方，即一方面大家对于元昊在西夏历史上所起的重要作用存有共识，一致认为他是党项民族中涌现出的雄才大略的英雄人物；而另一方面又对于他发动的对宋战争的性质意见不一。一种观点认为其发动的对宋战争是为本族人民谋求生存与发展的自卫性质的行为，从符合党项人民利益的角度而言，战争本身无可厚非；另一种针锋相对的观点则斥之为进犯宋朝的侵略战争，穷兵黩武的结果不仅给汉族和党项人民都带来了深重灾难，也严重地妨害了各族人民之间的正常友好往来。相比之下，对元昊以外的党项族历史人物进行专题探讨的论文比较少见，较重要的有罗矛昆《西夏仁宗李仁孝》⑨ 朵舜年《西夏宰相斡道冲及其子孙的足迹》⑩、韩荫晟《麟府州折氏述论》和《李显忠族源考略》⑪、周群华《五代北宋时代的府州折氏》⑫、魏淑霞《西夏职官中的宗教首领》⑬、缪喜平《西夏仁孝皇帝尚儒浅论》⑭ 等。

关于第二个问题，党项和汉族之间的关系因史料较多，故引起了学者们的较多

① 长春：吉林教育出版社，1988 年。
② 《青海民族学院学报》1984 年第 3 期。
③ 《固原师专学报》1984 年第 3 期。
④ 《西北民族学院学报》1985 年第 1 期；《青海民族学院学报》1985 年第 2 期。
⑤ 《宁夏社会科学》1988 年第 2 期。
⑥ 《宁夏大学学报》1996 年第 1 期。
⑦ 《西北民族文丛》1984 年第 1 期。
⑧ 《青海民族大学学报》2013 年第 2 期。
⑨ 《宁夏社会科学》2000 年第 4 期。
⑩ 收入李范文《首届西夏学国际学术会议论文集》，银川：宁夏人民出版社，1998 年；
⑪ 《宁夏社会科学》1988 年第 3 期。
⑫ 《甘肃民族研究》1990 年第 3、4 期合刊。
⑬ 《宁夏社会科学》2015 年第 5 期。
⑭ 《西安航空学院学报》2015 年第 2 期。

关注，而这一课题有时又是与学界对宋夏关系的研究联系在一起的。另外，学界对党项与吐蕃、回鹘、蒙古等民族的交往的研究也有不少成果。限于篇幅，这里只介绍那些单纯从民族关系与民族文化交流入手进行探讨的代表性论著，主要有陈炳应《西夏时期党项族与汉族关系试析》（收入中国民族史学会编：《中国民族关系史论集》，西宁：青海人民出版社，1988 年）、舒振邦《西夏的内徙及其与中原内地的经济文化联系》（《内蒙古师范大学学报》1986 年第 4 期）、赵一匡《宋夏对立与河湟地区的民族关系》（《兰州学刊》1987 年第 4 期）、李范文《试论汉族政治经济文化对党项西夏社会发展的影响》（中国民族史学会编《中国民族史学会第四次论文集》，北京：中央民族学院出版社，1993 年）、李华瑞《论宋夏争夺西北少数民族的斗争》（《西北民族研究》1991 年第 2 期）、穆鸿利《试论西夏党项文化传统及其与周边各族文化的交流》（《宁夏大学学报》1999 年第 2 期）、魏明孔《西北民族贸易述论》（《中国经济史研究》2001 年第 4 期）、樊保良《回鹘与吐蕃及西夏在丝路上的关系》（《民族研究》1987 年第 4 期）、冯民钦《西夏与蒙古高原诸部的关系》（《宁夏社会科学》1985 年第 4 期）、祝启源《宋代西北地区吐蕃与西夏关系略述》（《甘肃民族研究》1988 年第 3、4 期）、陈玮《中古时期党项与粟特关系论考》（《中国史研究》2015 年第 4 期）、崔星、王东《晚唐五道党项与灵州道关系考述》（《西夏研究》2013 年第 2 期）等。最近出版的史金波《西夏社会》（上海人民出版社，2007 年）的第一章则对西夏的多民族特征进行了系统的研究与总结。相关著作还有杜建录的《西夏与周边民族关系史论》（甘肃文化出版社，2017 年）、杨富学、杨浣《辽夏关系史》（人民出版社，2010 年）、陈爱峰《西夏与周边关系研究》（甘肃民族出版社，2012 年）等。论文有丁文斌的《从宋夏关系看西夏的政治制度》（《河北青年管理干部学院学报》2012 年第 4 期）、许伟伟《夏辽边界问题再讨论》（《西夏研究》2013 年第 1 期）、郭冰雪《北宋对党项贵族的赗赙之礼》（《西夏研究》2017 年第 1 期）、史金波《西夏与开封、杭州》（《浙江学刊》2017 年第 1 期）等。

在党项社会性质与历史分期问题上，学界也积累了较多的研究成果，下面介绍比较重要的几家观点。首先西夏建国之前的许多党项人还集聚在部落“族帐”的形态下过着放牧的生活，关于学界对这种“族帐”的研究，可参顾吉辰《五代北宋初期党项族帐考》（《中国史研究》1984 年第 4 期）和《北宋前期党项族帐考》（《史学集刊》1985 年第 3 期）。而主张党项民族经历了从原始的氏族公社阶段到奴隶制阶段再到封建社会的观点主要见于蔡美彪等著的《中国通史》第六册（人民出版社，1979 年）和前述《西夏史稿》。而另一派观点则认为党项社会的发展道路有其特殊性，即并未经过奴隶制阶段，而是直接由原始社会步入封建社会，持这一立场的学者还就这种特殊性形成的原因进行了分析。其代表有金宝祥《西夏的建国和封建化》（甘肃师范大学《历史教学与研究》1959 年第 5 期）、陈炳应《略论西夏社会的性质及其演变》（《兰州大学学报》1980 年第 2 期）、李范文《试论西夏社会性质——兼与蔡美彪同志商榷》(《宁夏大学学报》1981 年第 3 期)、张广志《党项与奴隶制》(《青海师范学院学报》1984 年第 3 期)等。史金波在其专著《西夏社会》中也承认西夏早已进入封建社会,认为西夏社会中人口占多数的是普通农民和牧民以及工匠,但社会上还有半奴隶性质的使军和类似奴隶的奴仆。他还在全书的结语中再次强调了党项族虽然接受了封建社会制度,但仍然明显地保留了部分的奴隶制残余,使得西夏社会长期存在一个处于半奴隶地位的阶层。其他探讨党项社会性质与特征的代表性论文还有乔幼梅《论党项的宗法封建制》(《烟台大学学报》1994 年第 2 期)和杜建录《论党项宗族》(《民族研究》2001 年第 4 期)、郑彦卿《党项宗族与封建化进程探析》(《宁夏社会科学》2010 年第 5 期)等。

另外,自从 80 年代以来,党项人的习俗生活也开始引起了学者的关注。这方面的集大成之作当推上述史金波《西夏社会》一书,其对党项人的礼仪风俗、丧葬观念及衣食住行等社会生活方面的内容都辟有专章,文字简练而又引证赅博,极便读者了解党项人的生活面貌。其他以论文形式发表的成果主要有汤开建《党项风俗述略》(《西北民族研究》1986 年第 1 期)、任芬《西夏党项人的婚姻家庭》(《中央民族大学学报》1994 年第 4 期)、陈炳应《党项羌人(西夏)的习俗》(《丝绸之路》1995 年第 6 期)、陈广恩《西夏党项族婚俗》(收入李范文主编《首届西夏学国际学术会议论文集》,宁夏人民出版社,1998 年)、尚世东《党项盟誓探析》(收入李范文主编《首届西夏学国际学术会议论文集》,宁夏人民出版社,1998 年)、韩小忙《〈天盛律令〉与西夏婚姻制度》(《宁夏大学学报》1999 年第 2 期)、聂鸿音《党项人方位概念的文化内涵》(《宁夏社会科学》1999 年第 3 期)、刘菊湘《西夏人的娱乐生活》(《宁夏社会科学》1999 年第 3 期)、林雅琴《西夏人的婚姻与丧葬》(《宁夏社会科学》2010 年第 6 期)、陈冠男《西夏建筑文化小探》(《渭南师范学院学报》2011 年第 3 期)、王守权《初探西夏饮食文化的成因》(《南宁职业技术学院学报》2012 年第 2 期)、王小玉《西夏节日风俗刍议》(《兰台世界》2012 年第 22 期)、任长幸《西夏文书法及其创作浅析》(《渭南师范学院学报》2015 年第 17 期)等。

关于党项羌宗教、政治与社会制度研究的成果也比较丰硕。前者主要有崔红芬的《文化融合与延续:11—13 世纪藏传佛教在西夏的传播与发展》(民族出版社,2014 年),此文从党项与吐蕃的历史渊源、西夏王国与周边吐蕃政权的关系、河西地区悠久的藏传佛教发展传统等方面入手,分析了藏传佛教对西夏的影响。牛达生《佛教不是西夏"国教"论》(《西夏研究》2014 年第 3 期)讨论了什么是"国教",并就佛教不是西夏国教进行了研究。郝振宇《历史视角下党项人(7—13 世纪)的宗教信仰渐变述论》(《西北民族大学学报》2016 年第 6 期)认为党项人的宗教信仰在 6 个世纪内经历了自然崇拜、人本性的鬼神崇拜和国家性的佛教信仰三个阶段。

政治与社会制度研究成果主要有:姚轩鸽在《西夏王朝捐税制探析》(《西夏研

究》2010 年第 2 期）认为西夏王朝的捐税制具有专制性且能制约整个社会的发展。同作者另一文章《西夏相权初探》（《西夏研究》2011 年第 4 期）探讨了西夏宰相的职权范围及与皇权、后党之关系。姜歆《论西夏将兵的装备》（《西夏研究》2016 年第 4 期）一文论述了西夏兵器、装备的产生，将兵装备与检校制度。梁松涛、田晓霈《西夏"权官"问题初探》（《敦煌学辑刊》2016 年第 4 期）主要讨论了西夏时期权官的类别和特点。姜歆《西夏司法制度略论》（凤凰出版社，2017 年）一书涉及西夏司法观念、起诉制度、刑侦制度、审判制度、唐宋司法制度对西夏的影响等研究层面。聂鸿音《西夏试经补议》（《北方民族大学学报》2018 年第 2 期）认为西夏借鉴了中原的试经度僧制度并进行了适当的简化。魏淑霞《制度史视域下的西夏监军司探析》（《宁夏师范学院学报》2019 年第 9 期）对西夏监军司的设置、职能演变及对唐宋监军制的承袭与发展进行论述。郝振宇《西夏基层社会管理组织问题探究》（《内蒙古社会科学》2019 年第 2 期）分析了西夏基层管理组织的类型、设置基础、社会职责。

三、西夏灭亡后的党项人研究

党项史研究的第三个时段实际上是考察在西夏亡国之后，党项人融入其他民族的历史过程，因此在很大程度上也与西夏遗民史的研究相重合。迄今为止，尚无系统考察这一问题的个人学术性专著问世，不过经过西夏学界和元史学界的长期共同努力，该领域的研究也已取得了令人瞩目的成就。从通论的视角对西夏遗民面貌进行整体勾勒性论述的论文主要有白滨《西夏遗民述论》（收入中央民族大学历史系主编《民大史学》第 2 辑，中央民族大学出版社，1998 年）、汤开建《元代西夏人的政治地位》（收入陈乐素等主编《宋元文史研究》，广东人民出版社，1988 年）和他与马宏祥合撰的《元代西夏人的历史贡献》（《青海社会科学》1987 年第 6 期）。汤开建还撰有《增订〈元代西夏人物表〉》（收入氏著《党项西夏史探微》，台北：允晨文化出版公司，2005 年），对见于正史、文集、方志等中的元代党项人的事迹进行了系统而周详的搜集，总共列出了 370 人的情况，并间有考据，颇能体现作者的治学功力。张琰玲编著的《西夏遗民文献整理与研究》（南京：凤凰出版社，2019 年）对西夏遗民资料进行了全面收集与系统整理，以中华民族多元一体视角对西夏遗民文献资料进行研究，分析了其是汉族、蕃化汉人或党项族、沙陀族，而并非笼统地称为西夏遗民或简单地归为党项族，该书有助于了解历史时期我国少数民族发展、演变及民族融合的历程，深化对我国少数民族由来及民族关系、民族发展等相关问题的认识。陈震、刘亚谏、李肇伦编著的《西夏遗珍》（北京：文物出版社，2013 年）将大量西夏珍贵文物首次公之于众。更多的研究元代党项人的论文则是属于个案性质的探讨，这类研究成果的取得有不少都是和新出史料的发掘息息相关的。代表性的有河南濮阳城郊发现的直接反映党项后裔活动的《述善集》及其相关碑记，围绕这批新出史料，已有不少学者发表了文章，如任崇岳、穆朝庆两人合著的《略谈河南的西夏遗民》(《宁夏社会科学》1986 年第 2 期) 及《〈大元赠敦武校尉军民万户府百夫长唐兀公碑铭〉笺注》(《宁夏社会科学》1987 年第 1 期)、杨富学《河南濮阳新发现的元末西夏遗民乡约》(《宁夏社会科学》2001 年第 5 期)，杨氏的个人论文集《中国北方民族历史文化论稿》(甘肃人民出版社，2001 年) 还收有其他关于濮阳的党项后裔的论文数篇。此外，元史专家陈高华则以此来研究元代的探马赤军户问题①，何广博还主编了《述善集研究论集》(甘肃人民出版社，2001 年) 等。其他关于元代西夏后裔较为系统的研究则有李范文《西夏遗民调查记》(《宁夏社会科学》1981 年试刊号)、韩荫晟《元代西夏后裔事迹及其分布地区简介》(一) (二) (《宁夏史志研究》1993 年第 1 期和第 2 期)、孟楠《元代西夏遗民婚姻研究》(《宁夏社会科学》1992 年第 2 期) 和《元代西夏遗民的迁徙及与其他民族的融合》(《宁夏大学学报》1995 年第 3 期)、张琰玲、王泽《试论西夏党项遗裔进入中原的时间》(《河南社会科学》2012 年第 11 期)、王君与杨富学合撰《〈龙祠乡约〉所见元末西夏遗民的乡村建设》(《宁夏社会科学》2013 年第 1 期)、尹江伟《党项民族溯源及其最终流向探考》(《西部学刊》2015 年第 7 期)、《百年西夏移民研究综述》(《西夏研究》2018 年第 3 期) 等。而关于元代的党项人生平事迹的个案性质的研究主要集中在元世祖时期的僧人杨琏真加和元末死于镇压农民起义的余阙二人身上。关于前者，做出突出贡献的是陈高华的《略论杨琏真加和杨暗普父子》(《西北民族研究》1986 年第 1 期) 和《再论元代河西僧人杨琏真加》(《中华文史论丛》2006 年第 2 期)。对于后者，较有新意的研究则属史金波与吴峰云在实地调查基础上完成的《元代党项人余氏及其后裔》(《宁夏大学学报》1985 年第 2 期)。其他元代党项人相关研究有：邓文韬《元代西夏遗民讷怀事迹补考》(《西夏研究》2013 年第 3 期) 与《元代西夏遗裔三旦八事迹考》(《宁夏社会科学》2016 年第 4 期)、周峰《元代西夏遗民杨朵儿只父子事迹考述》(《民族研究》2014 年第 3 期)、刘志月《元代西夏遗民李朵儿赤事迹考论》(《西夏研究》2017 年第 3 期)、胡荣《元末西夏遗民诗人王翰与东南文化》(《西北民族大学学报》2019 年第 2 期)。除了汉文史料，藏文史料也对人们探考党项人的下落提供了帮助，在这方面作出成就的主要有陈庆英《简论藏文史籍关于西夏的记载》(收入《首届西夏学国际学术会议论文集》，宁夏人民出版社，1998 年)、黄颢《藏文史书中的弭药 (西夏)》(《青海民族学院学报》1985 年第 4 期)、上官剑璧《四川的木雅人与西夏》(《宁夏社会科学》1994 年第 3 期)、卢梅、聂鸿音《藏文史籍中的木雅诸王考》(《民族研究》1996 年第 5 期) 等。相信以后随着新资料的刊布，元代西夏遗民的研究还会取得更多的成果。而关于明代西夏遗民的

---

① 陈高华：《〈述善集〉两篇碑传所见元代探马赤军户》，收入《庆祝何兹全先生九十岁论文集》，北京师范大学出版社，2001 年。

研究由于立于今保定西北郊韩庄的明弘治十五年西夏文石幢的发现，也取得了可喜的线索。从对石幢上的西夏文字的释读来看，当地一直到明代中叶尚有党项后裔的活动。[①] 此外，与西夏时期的党项人有关的考古方面的著作主要有陈炳应的《西夏文物研究》（宁夏人民出版社，1985 年）、李范文编的《西夏陵墓出土残碑粹编》（文物出版社，1984 年）、史金波等编著的《西夏文物》（文物出版社，1988 年）和牛达生的《西夏遗迹》（文物出版社，2007 年）等。康兰英主编的《榆林碑石》（三秦出版社，2003 年）则收集了一些唐代党项人的墓志材料，对于我们了解唐代党项的历史十分有益。

70 年以来党项史研究的进展还体现在有关概论性著作的出版以及通史类著作中党项篇章的撰写上。前一类著作主要有钟侃、吴峰云、李范文合著的《西夏简史》（宁夏人民出版社，1979 年）、史金波的《西夏文化》（吉林教育出版社，1986 年）以及李范文主编的《西夏通史》（宁夏人民出版社与人民出版社联合出版，2005 年）、汤开建的《党项西夏史探微》（北京：商务印书馆，2013 年）、白述礼的《灵州史研究》（宁夏人民出版社，2018 年）、陈广恩的《西夏元史研究论稿》（中国社会科学出版社，2017 年）等。全面综述前人对党项史研究成果的著作则有白滨的《党项史研究》（吉林教育出版社，1989 年）和王天顺主编的《西夏学概论》（甘肃文化出版社，1995 年）。《通史》中西夏的章节除了前引蔡美彪主编的《中国通史》第六卷中的相关部分外，90 年代在白寿彝总主编、陈振主编的《中国通史·五代辽宋夏金卷》（上海人民出版社，1999 年）和王锺翰主编的《中国民族史》（中国社会科学出版社，1994 年）也分别安排了西夏的专章，均由白滨执笔。类似的通论性著作还有聂鸿音的《塞北三朝》（中华书局，2001 年）。

中华人民共和国成立以后党项史研究成就的取得与有关史料的不断整理与刊布是分不开的，相信今后随着学界对史料的深入发掘与使用，党项史的研究还将取得更大的进展，这使我们更加感谢已故韩荫晟先生生前编撰完成的 9 册《党项与西夏资料汇编》（宁夏人民出版社，2000 年）。另外自 1996 年以来，中国社会科学院民族研究所和上海古籍出版社联合俄国方面共同开始整理出版数量繁巨的俄藏黑水城文献，截至 2006 年已经出版 12 巨册。以上文献为党项西夏研究提供了取之不竭的资料来源。地方性质的文献也已得到学界重视，较有代表性的就是甘肃人民出版社于 2001 年出版的元代西夏遗民杨崇喜《述善集》校注本（由焦进文校注）。

---

① 参李范文：《关于明代西夏文经卷的年代和石幢的名称问题》，《考古》1979 年第 5 期；王静如：《新见西夏文石刻和敦煌安西洞窟夏汉文题记考释》，收入《王静如民族研究文集》，北京：民族出版社，1998 年。

第八节　回族史研究

一、回族史研究概述

中华人民共和国的回族史研究以民国时期的"回教史"研究为基础。从 1908 年开始，各种回族伊斯兰教的学术期刊、知识性杂志在各地相继出版。发行于日本的《醒回篇》（1908 年）、发行于北平的《清真学理译著》（1916 年）、《清真周刊》（1921 年）、发行于云南的《清真汇刊》（1917 年）等杂志，虽然出刊时间不定，篇幅有限，但文章内容涉及回族历史、文化、宗教和社会生活的方方面面，开启民智，并为后世保留了大量珍贵的信息和资料。

1923 年，陈垣的名作《元西域人华化考》写成①，作者用大量翔实的史料证明了元代"西域人之同化中国"的历史事实，引起了国内外学者的关注。《元西域人华化考》不仅开拓了近现代中国的元史研究，也可以看作是近代学术意义上的回族史研究的开端。因为在这本书里，陈垣在不同的篇章中，专门论述了元代"回回教世家"接受、吸收中国儒学、佛老、文学等文化要素的历史过程。

此后，以"回教"历史研究为主题的作品相继出现在 20 世纪 20 年代。第一部中国回教史的通论性历史著作是陈汉章的《中国回教史》，刊于 1926 年 3 月中国史地学会出版的《史学与地学》第一期上。陈汉章引《明史·西域传》的资料，从穆罕默德创立伊斯兰教开始，说到"回回"和"回纥"的关系，探讨了回教和摩尼教、景教有无关系，梳理了唐、宋、辽、金、元、明、清文献中有关回教的记载。关于回教的记载，始见于唐，继见于宋，旁见于辽金，众见于元明，清更为丰富。陈汉章的文章引述了正史、官书和私人著述等大量材料，从头到尾都由资料说话，作者本人的观点很少，他的结论可以归结为："回回本与回纥无涉"，"回回教亦与摩尼教、景教无涉"。②尽管陈汉章只是按时序整理了唐宋以来有关回教的历史记载，但他的文章开启了中国回教史的系统研究，并推进了对"回回"人物资料的收集、研究工作（他在文章最后作了"回回人"表）。

1927 年 3 月，陈垣在北京大学研究所国学门发表《回教进中国的源流》③ 演讲

---

① 《元西域人华化考》分两次发表在北京大学《国学季刊》和《燕京学报》上，1934 年冬木刻出版，陈寅恪作序。

② 参见陈汉章：《中国回教史》，载李兴华、冯今源编：《中国伊斯兰教史参考资料选编》（1911—1949）上册，银川：宁夏人民出版社，1985 年。

③ 这篇演讲稿于 1927 年 9 月发表在《北京大学研究所国学门月刊》上，1928 年 1 月《东方杂志》第二五卷第一号再次发表，改题为《回回教入中国史略》。参见白寿彝：《中国伊斯兰教史存稿》，银川：宁夏人民出版社，1982 年。

时，开篇便申明"二十年前，余即有意编纂《中国回教志》"①，并开列了总目，但因材料难寻而未有成果，后又缩小范围，改变体例，取名《中国回教史》，可惜也未实现。当时的演讲《回教进中国的源流》是陈垣《中国回教史》中设想的一部分。陈垣在演讲中从中回历法入手，佐以史实，考证了回教传入中国的时间应为唐永徽二年（公元651年）。继而作者讲到大食与中国的关系，中国历代典籍中关于回教的记载，并分析了"回回""伊斯兰""回回教""穆斯林"等名词的起源和演变。最后，作者分析了回教势力在中国传播的原因，即商贾之远征、兵力之所届、本族之繁衍和客族之同化，作者还提出"回教在中国不传教"和"回教不攻击儒教"② 等观点。陈垣的演讲以扎实的史料为依据，考证了回教史上的一些重要问题，虽然篇幅有限，但在回教史研究的历史上意义重大。

进入三四十年代，研究中国回教史的著述逐渐增多。1935年，金吉堂出版了《中国回教史研究》；1940年，傅统先出版了《中国回教史》；同年，马以愚出版了《中国回教史鉴》；还有白寿彝于1943年发表、1944年出版的《中国回教小史》和1946年出版的《中国伊斯兰史纲要》。值得一提的是，金吉堂在《中国回教史研究》一书中首次对中国回教发展史作了分期，提出了回民在中国历史上的侨居时代（唐宋）、同化时代（元明）和普遍时代（清、近代）的历史划分；马以愚为了撰写《中国回教史鉴》，对中国回族地区的清真寺做了大量的考察，留下了珍贵的资料和记录，并首次广泛应用全国的地方志材料；而白寿彝的《中国伊斯兰史纲要》则首次在学术上以"伊斯兰"③ 取代"回教"称谓来定名自己的研究领域。

应该说明的是，民国初期的著作中频频使用的"回教史"一词，包含了我们今天的回族史和伊斯兰教史两种内容或两个领域。当时，"回族"这个概念还没有被提出，用"伊斯兰教"代替"回教"的学术规范也没有产生。学者们用当时对中国回民及其宗教最普遍的称谓"回教"来概括自己的研究范畴。"回教"一词并非民国学者的创造，而是在回族与周边其他民族的互动过程中产生的。这个词既可以指伊斯兰教，也可以指信仰伊斯兰教的人。民国时期的"回教史"研究既讨论伊斯兰教在中国的发展历程，也研究信仰伊斯兰教的回族的族源、形成和发展的过程。回族与伊斯兰教不分彼此。正是由于"回教"一词宽泛的含义，民国时期的历史论述经常将回族的族源、伊斯兰教的传播以及民族共同体的形成等诸多不同质的问题混

---

① 陈垣：《回回教入中国史略》，载白寿彝《中国伊斯兰教史存稿》，银川：宁夏人民出版社，1982年。

② 陈垣：《回回教入中国史略》，载白寿彝《中国伊斯兰教史存稿》，银川：宁夏人民出版社，1982年，第362页。

③ 1936年8月，白寿彝在《禹贡》半月刊第五卷第十一期发表了《从怛逻斯战役到伊斯兰之最早的华文记录》；1943年写了《中国伊斯兰之发展》；1947年写了《中国伊斯兰经师传》。同一时期，"回教"一词仍频繁出现在白寿彝的研究著述中，如《回教的文化运动》（1937年）、《北平回教谭》（1939年）、《元代回教人与回教》（1942年）、《明末回教史家张忻》（1944年）。1938年12月，白寿彝从桂林赴昆明，在柳州候车耽搁了一个多月，于是"就便访问柳州伊斯兰教的史实"，写成《柳州回教考》一文。1939年修改后，更名《柳州伊斯兰与马雄》。"回教"与"伊斯兰"的称谓在这一时期白寿彝的著述中交替出现，内涵似可以互换。参见白寿彝：《中国伊斯兰教史存稿》，银川：宁夏人民出版社，1982年。

淆在一起，以至于一部中国回教史到底是应该从穆罕默德创立伊斯兰教开始写起，还是从中国与大食的交往开始写起存在严重的分歧。

1949 年，中华人民共和国成立，开始了回族历史研究的新纪元。回族史学家将回族史与伊斯兰教史的研究分离，在马克思主义关于民族问题的理论指导下，对中国回族的发展历程作了全新的解释，将回族形成的历史分期、回族在不同时代的历史地位和贡献、回族的农民起义与革命运动，以及回族人物的历史贡献等问题纳入研究视野，不仅拓展了史学研究的领域，同时在很大程度上影响了学者们对回族历史的思路与解释模式。

进入 21 世纪，随着民族史、民族学等学科的发展，回族史的研究逐渐从关注回族外在的生活环境、民族特性等方面转向回族自身的民族认同问题。姚大力在《"回回祖国"与回族认同的历史变迁》一文中通过对"回回"群体内部自我认同的实证性的历史考察，提出尽管今日"回族"的共同体是在 1950 年代的民族划分中最终被界定和形成的，但一个具备"种族"共同体基本特征的"回回"群体，早在明清之际便开始形成。当时，对"共同血统"的记忆已经有了比较巩固的感性意识。而这种感性意识，至少在辛亥革命后就逐渐发展为相当充分的自觉认识。内地"回回"先后经历了在汉—回关系、"五族共和"以及由抗日战争激发的"中国人"意识的提升过程中，来界定自我作为一个种族的身份认同。① 此后的一段时间，回族的民族主观认同研究持续深入，如胡云生的《传承与认同：河南回族历史变迁研究》② 通过对河南回族与其他民族穆斯林的关系、回族与其他民族的关系以及回族与国家的关系三个方面的考察，力图跳出单从回族的角度或仅从回族以外的视野探讨回族社会的历史变迁，而是用一种界定回族认同比较宏观的分析方法，借助历史民族地理学的理论，从三种互动关系中把握和理解回族认同。与认同观念相关的民间传说、文本书写、历史记忆等研究也日益丰富。作者指出：回族在与其他民族的互动中，充分展现与伊斯兰教有关联的回族内在结构方面特征，以及自身性质和特点中那些已经被涵化了的汉文化属性，以区别于其他民族。

中华人民共和国成立 70 年来，回族史研究在各个分支领域均有长足发展和较大突破，这不仅得益于大量回族史学者的辛勤工作，也依赖于回族史料的不断收集和整理，为回族史研究的持续进步提供了有力的保障。白寿彝在 20 世纪 40 年代出版了《中国伊斯兰史纲要参考资料》。中华人民共和国成立后，回族历史文献资料的收集工作全面展开。白寿彝的《回民起义》（神光出版社，1952 年）全四册出版，提供了清代回民起义的主体资料。1958 年开始了全国各少数民族地区社会历史调查，形成了多篇调查报告和资料汇集，如《黑龙江省回族社会历史调查报告》《甘肃回族调查资料汇集》《青海回族调查资料汇集》《广东省回族满族社会历史情况》

① 姚大力：《"回回祖国"与回族认同的历史变迁》，《中国学术》2004 年第 1 期。
② 胡云生：《传承与认同：河南回族历史变迁研究》，银川：宁夏人民出版社，2007 年。

等。80 年代以来，吴丰培编《豫师青海奏稿》（青海人民出版社，1981 年）、吴乾就主编《云南回族社会历史调查》（云南人民出版社，1988 年）、李兴华和冯今源编《中国伊斯兰教史参考资料选编（1911—1949）》（宁夏人民出版社，1985 年）、荆德新编《云南回民起义史料》（云南民族出版社，1986 年）、邵宏谟和韩敏合编《陕西回民起义资料》（陕西地方志编纂委员会 1987 年印）以及《回族和中国伊斯兰教古籍资料汇编》（第 1 辑，天津古籍出版，1987 年）、马长寿主编《同治年间陕西回民起义历史调查记录》（陕西人民出版社，1993 年）等书相继问世。此后，更有《中国回族古籍丛书》（宁夏人民出版社）、《南方回族古籍丛书》（8 种）、《清真大典》（周燮藩、沙秋真主编，黄山书社，2005 年）、《回回古文观止》（吴建伟主编，宁夏人民出版社，2006 年）《回族近现代报刊目录提要》（雷晓静主编，宁夏人民出版社，2006 年）、《中国伊斯兰历史报刊萃编》（余振贵、杨怀中主编，宁夏人民出版社，2008 年）、《回族典藏全书》（吴海鹰主编，甘肃文化出版社、宁夏人民出版社，2008 年）、《民国时期粤港澳回族社会史料辑录》（马强主编，甘肃民族出版社，2012 年）、《回族历史报刊文选》（王正儒、雷晓静主编，宁夏人民出版社，2012 年）、《清真铎报（上、下）》（姚继德、雷晓静主编，云南大学出版社，2014 年）、《中国清真寺匾额图志》（马广德主编，宁夏人民出版社，2015 年）、《中国南方回族团体与宗教场所文史资料辑要》（马建钊、张菽晖主编，广东人民出版社，2015 年）、《民国报刊河南回族史料辑录》（海俊亮主编，中州古籍出版社，2016 年）《民国报刊山东回族资料选辑》（马保全选编，宁夏人民出版社，2016 年）、《香港回民史料概览（1917—2017）》（脱新范、姚继德、马健雄主编，香港科技大学华南研究中心，2018 年）等大批回族文献资料整理出版，为进一步推进回族史的研究提供了丰富的文献资料。

二、回族族源研究

我国学者对回族起源问题的探讨具有较长的研究历史。明末清初，顾炎武在《日知录》中提出："唐之回纥即今之回回是也。"[①] 康熙年间的刘智，雍正、乾隆年间的杭世骏以及晚清的魏源都大体重复了他的说法。乾隆、嘉庆年间的钱大昕则认为"回回"与"回纥"或"回鹘"并非一个民族或种族，不能视二为一。[②] 此外，还有"回回"来自突厥说（如吕振羽《中国民族简史》）和汉回同源说等。20 世纪 70 年代末，林幹在《试论回回民族的来源与形成》一文中提出回族主要是在元代由波斯、阿拉伯及中亚细亚等地迁居到中国来的"回回"人构成。[③] 丁毅民则认为回族的族源除了元代进入中国的中亚细亚各族人、波斯人和阿拉伯人外，还有

---

① ［清］顾炎武：《日知录》卷，"吐蕃回纥"条。
② ［清］钱大昕：《廿二史考异》，上海古籍出版社，2004 年。
③ 林幹：《试论回回民族的来源与形成》，《回族史论集》（1949—1979），银川：宁夏人民出版社，1983 年。

唐宋时代来中国经商居留下来的少数阿拉伯人、波斯人后裔和中国的各族人，主要是汉族人。[1] 杨怀中的《唐代的番客》《宋代的番客》及《元代东来的回回世家》三篇论文从考据学角度析清了来自波斯、阿拉伯及中亚一带的早期回族先民在唐宋元三朝的政治、经济、文化、宗教活动状况，作者指出元朝时代大批中亚穆斯林入居中国，为回族最终形成一个民族共同体奠定了人口数量基础。[2] 杨志玖的《元代的回回人》《元代的几个答失蛮》和《元代的阿儿浑人》[3] 以及华涛的《穆斯林哈剌鲁人、阿儿浑人早期史研究》[4] 等论文提供了元代大量中亚突厥民族加入"回回"群体的资料。而邱树森进一步研究认为元代加入"回回"行列的还应包括康里人、钦察人、西辽地面的其他突厥人以及部分非穆斯林种族融入"回回"者如阿速人、尤忽回回、罗哩回回等。[5] 杨建新认为，唐宋以来主要是波斯人、大食人，元代主要是波斯和中亚人，明代则主要是中亚以及吐鲁番和哈密一带的人。[6] 此外，各省、市、地区回族史专著，以及一些论文如翁乾麟《南宁回族源流考》（《回族研究》2010 年第 1 期）对区域性回族族源进行了探讨。对回族族源历史表述及其文本的讨论主要从文本叙述结构和建构性的角度切入，如杨晓春的《〈回回原来〉与中国文化背景下的回族族源建构》（《民族研究》2018 年第 3 期）。总的来说，学者们普遍认为回族先民的种族成分相当复杂，是由外来成分、边疆内附成分和其他民族吸纳成分长期融合的结果。不同族源表述的出现是历史事实与复杂的历史情境、社会需求以及群体心理状况多元互动的产物。

三、回族的形成与分布

对回回民族形成过程的研究历来为学者关注。早在民国时期，金吉堂在《中国回教史研究》一书中便提出元代至明中叶为回民在中国"同化"时期，各色回教人士在中国境内大结合，构成一整个民族。[7] 1951 年，白寿彝《中学课本中脱漏的一章：回回民族的形成》一文对回族形成时间问题提出新说："回回民族应该是在成吉思汗西征以至元朝灭亡的 150 年中形成的。"到了 1957 年，白寿彝在《回回民族的形成和初步发展》一文中修正了自己的观点：13 世纪初到 14 世纪中叶（蒙古人西征至元灭亡）是"回回"的初期活动时期，回族尚未形成，但回族形成的条件已有不同程度的萌芽或成长；14 世纪中叶到 16 世纪中叶，"回回"形成了自己的民

---

① 丁毅民：《回回民族的来源和发展》，《回族史论集》（1949—1979），银川：宁夏人民出版社，1983 年。

② 杨怀中：《回族史论稿》，银川：宁夏人民出版社，1984 年。

③ 参见《中国回族研究》（第 1 辑），银川：宁夏人民出版社，1992 年；杨志玖：《元史三论》，北京：人民出版社，1985 年。

④ 华涛：《穆斯林哈剌鲁人、阿儿浑人早期史研究》，《中国回族研究》（第 1 辑），银川：宁夏人民出版社，1992 年。

⑤ 邱树森主编：《中国回族史》，银川：宁夏人民出版社，1996 年。

⑥ 杨建新：《关于回族的族源和形成问题》，《西北史地》1991 年第 4 期。

⑦ 金吉堂：《中国回教史研究》，银川：宁夏人民出版社，2000 年。

族；16 世纪中叶到 19 世纪中叶，是回族在封建社会里的发展时代。① 1963 年的《回族简史》也认为自南宋末叶至元亡，"是回回的初期活动时期。这时，形成回回民族的条件在萌芽、成长中，回回民族还没有形成"；"明代三百年中，回回已成为一个民族共同体"。② 回族形成于明代的观点逐渐被学术界普遍接受。

与白寿彝等人的观点不同，从事元史研究的杨志玖对回族形成的时间问题发表了自己的看法，他在《萨都剌的族别及其相关问题》一文中提出回族形成于元朝末年。③ 在其另一部著作《元代回族史稿》的序言中他重申了这一观点。④

尽管学者们对回族形成具体时间的确定存在分歧，但他们用来判断回族形成的标准有相似之处，总的来说均强调了经济条件、地域条件、语言条件和心理条件等客观条件和外在表征。如白寿彝在《回回民族的形成和初步发展》等文章中提出促成回族形成的因素是多方面的，具有生存发展的经济基础、共同特点、聚集居住和共同语言是回族形成的主要原因。其中，伊斯兰教在这个过程中无疑起了很大的作用，而"汉语成为回回使用的共同语言，是回回民族形成的重要标志。在回回民族形成的具体条件中，共同语言的形成是比较晚的。"⑤ 杨志玖在《萨都剌的族别及其相关问题》一文中也认为："有了共同的语言（汉语），共同的宗教信仰（伊斯兰教），加之婚姻的互通（回回人之间、回回人与阿鲁温之间，有些与汉人通婚），各方面处境（如来自域外、社会地位等）的相近，这就逐渐使他们一个有族类自觉感和共同命运感的民族——回回民族。"⑥

近些年来，随着回族史的研究逐渐从关注回族外在民族特性转向回族自身的民族认同，学界对回回民族形成的问题也有了新的认识。前文提到的姚大力《"回回祖国"与回族认同的历史变迁》对回族形成时间及其过程的研究在理论和方法上明显与前辈学者不同，他引入了西方人类学、社会学研究所关注的认同意识，通过分析明清之际的回回人对祖先"共同血统"的历史记忆，提出"'回回祖国'观念在移民中国的回回人群体中的确立，就应该看作是他们对于本群体出自共同血统的这样一种观念的表达。随着此种观念的定型，在中国的回回人群体作为一个民族也始而成型了。"⑦

作为中国分散居住程度最高的少数民族，回族素以"大分散，小集中"的分布形态闻名。穆德全有多篇文章讨论回族分布形态的历史成因。在《元代回回人皆以

① 参见白寿彝：《民族宗教论集》，石家庄：河北教育出版社，2001 年。

② 《回族简史》，银川：宁夏人民出版社，1978 年，第 5、13 页。

③ 杨志玖：《元史三论》，北京：人民出版社，1985 年，第 190 页。

④ 杨志玖：《元代回族史稿》，天津：南开大学出版社，2003 年，第 2 页。

⑤ 白寿彝：《回回民族的形成和初步发展》，载《民族宗教论集》，石家庄：河北教育出版社，2001 年，第 180 页。

⑥ 杨志玖：《萨都剌的族别及其相关问题》，载《元代回族史稿》，天津：南开大学出版社，2003 年，第 390 页。

⑦ 姚大力：《"回回祖国"与回族认同的历史变迁》，《中国学术》2004 年第 1 期，第 109 页。

"中原"为家的分布路线》一文中，穆德全提出："元代回回人入居'中原'，是今日形成大散小聚的先决条件之一。"[①] 他们分布的路线是以蒙古的军事征伐路线为坐标的，而在元统一之后，"屯田是分布的一个重要因素，还有经商、传教等原因而在各地安家落户，到了明代，又有了新的发展。那是在元代分布的基础上而壮大起来的"。[②]《明代回族的分布》(《宁夏大学学报》人文社会科学版，1987 年第 3 期) 和《清代回族的分布》(《宁夏社会科学》1986 年第 5 期) 两篇文章分析了明朝和清朝的历史和社会条件对回族分散居住格局的影响以及具体的分布状态。林松与和龙天合著的《回回历史与伊斯兰文化》一书列专节探讨了明代西域入附"回回"人口、移向和分布问题。[③] 韩永静《历史上回族人口迁移与数量变动》(《宁夏社会科学》2010 年第 1 期) 一文对历代回族人口数量进行了推算。

四、回族与伊斯兰教研究

在"回教"史研究开端之时，伊斯兰教研究就与对回族历史的追述不分彼此。宗教与民族研究走上殊途之后，伊斯兰教在回族形成过程中的作用仍为学者所关注。由于受到斯大林关于民族定义的影响，一些学者认为回族的形成主要受共同的语言、地域、经济生活和心理素质这四个条件的影响，伊斯兰教作为"共同文化"对回族形成的作用不大，没有伊斯兰教也能形成回族。民族是民族，宗教是宗教，两者应该分开。到 20 世纪 80 年代，伊斯兰教在回族形成过程中的作用问题又摆在学者面前，引起广泛的讨论。林松提出："就回族特殊情况而言，我认为伊斯兰教的因素和影响，对回族的形成起主要的、决定性的作用，无论从任何角度看，回族的任何特征，都不能完全摆脱伊斯兰教而存在。"[④] 南文渊认为："使回族民族特征形成的根本原因是回族伊斯兰文化，回族的形成与发展，是与伊斯兰文化紧密不可分的，以伊斯兰为核心的回族伊斯兰文化在中国的形成过程，也是回族的形成过程，回族是伊斯兰文化的载体，伊斯兰文化构成了回族作为一个民族的主要特征，它们二者相互依存，同生同长。"[⑤] 于贵信也认为伊斯兰教是回族形成的重要纽带。[⑥] 马汝邻的观点截然相反，他提出在实际生活中宗教从来不是形成或改变民族属性的决定因素，伊斯兰教对于回族的形成并不起决定性的作用，伊斯兰教也不是共同心理素质的主要内容，民族意识的形成才是共同心理素质的主要内容。[⑦] 总的来说，尽管不

---

① 穆德全：《元代回回人皆以"中原"为家的分布路线》，《西北民族学院学报》，1987 年第 1 期，第 22 页。

② 穆德全：《元代回回人皆以"中原"为家的分布路线》，《西北民族学院学报》，1987 年第 1 期，第 30 页。

③ 林松、和龙天：《回回历史与伊斯兰文化》，北京：今日中国出版社，1992 年。

④ 林松：《试论伊斯兰教对形成我国回族所起的决定作用》，《社会科学战线》1983 年第 3 期。

⑤ 南文渊：《论伊斯兰教在回族形成中的主导作用》，《回族研究》1991 年第 3 期。

⑥ 于贵信：《中国伊斯兰教的发展与回族的形成》，《史学集刊》1990 年第 3 期。

⑦ 马汝邻：《再论伊斯兰教与回回民族形成的关系》，《宁夏大学学报》1984 年第 3 期。

少学者对伊斯兰教在回族形成过程中所扮演的角色持不同观点，但各家之言在不同程度上均倾向于从宏观的角度分析伊斯兰教在回族形成过程中所发挥的作用。

对回族内部的伊斯兰宗教制度和回族与历史上历代政权关系的研究主要在一个制度史的层面上展开。勉维霖在发表了《中国回族伊斯兰教的掌教制》① 一文后，又于 1997 年出版了《中国回族伊斯兰宗教制度概论》②，对回族宗教制度作了全面的阐述。王东平《元代回回人的宗教制度与伊斯兰教法》③ 一文研究了元代"回回"社会中的宗教制度和伊斯兰教法，提出元代"回回"社会中存在官方认可的管理者和更小的民间宗教管理者两套系统，而后者为明清以来回族社会，尤其是回族教坊内部宗教管理体系所继承。胡云生《河南回族掌教制度的历史变迁》一文以河南地方史料为依据，讨论了河南回族掌教制度历史变化呈现出的民族共性特征和自身的中原特色，作者认为，一方面，掌教的职权由政教合一逐渐发展到纯粹的宗教管理，与官方关系愈来愈淡薄，由开放走向封闭；另一方面，掌教制不断地进行调适，掌教内部权力模式逐渐由单一化向多元化方向发展。随着掌教制度的变迁，权力在国家和宗教之间以及在回族内部之间的不断调整变化，对回族内部松散的联系进行整合和维系，不仅使伊斯兰教在回族内部得以不断地延续和发展，而且加强了对回族认同范畴的构建。④

杨怀中的《回族史论稿》、勉维霖的《中国回族伊斯兰宗教制度概论》、邱树森主编的《中国回族史》和李兴华等所著的《中国伊斯兰教史》等著作，对伊斯兰教"苏菲派"和门宦制度均有讨论。20 世纪 80 年代初期，马通先后出版《中国伊斯兰教派与门宦制度史略》和《中国伊斯兰教派门宦溯源》两部著作，"整体呈现出西北地区回族等穆斯林民族宗教文化上'三大教派、四大门宦'的基础格局，以及有关的 40 余支派别组织的系统性架构"，⑤ 并为中国伊斯兰"教派门宦学"开启了研究先河。

余振贵的《中国历代政权与伊斯兰教》⑥ 一书以时间为序，考察了唐宋以来历代王朝政权对"回回"伊斯兰教的态度以及回族在王朝统治下的社会地位。胡云生《明清政府回族政策比较研究》⑦ 一文，通过考察明、清两代政权对回族的不同态度和政策，提出回族在明代虽受到诸多限制，但明王朝对回族的态度总体上比较宽厚，而清政府则对回族残酷镇压、宗教灭绝，引发激烈反抗。王东平《〈大清律例〉回族法律条文研究》⑧ 一文，通过梳理《大清律例》中有关回族的法律条文，并将其

①　勉维霖：《中国回族伊斯兰教的掌教制》，《宁夏社会科学》1988 年第 3 期。
②　勉维霖：《中国回族伊斯兰宗教制度概论》，银川：宁夏人民出版社，1997 年。
③　王东平：《元代回回人的宗教制度与伊斯兰教法》，《回族研究》2002 年第 4 期。
④　胡云生：《河南回族掌教制度的历史变迁》，《回族研究》2004 年第 1 期。
⑤　张中复：《论研究中国伊斯兰门宦制度的民族学内涵与意义》，《回族研究》1999 年第 1 期。
⑥　余振贵：《中国历代政权与伊斯兰教》，银川：宁夏人民出版社，1996 年。
⑦　胡云生：《明清政府回族政策比较研究》，《史学月刊》1996 年第 1 期。
⑧　王东平：《〈大清律例〉回族法律条文研究》，《回族研究》2000 年第 2 期。

与相关律例进行比较，提出《大清律例》中的回族立法无一不充斥着对回族人民的歧视与压迫，显示出回族人民在法律面前所受到的不平等待遇。王灵桂著《中国伊斯兰教史》① 一书对中国伊斯兰教形成发展的过程进行了分析和阐释。中国伊斯兰教协会编纂的《中国伊斯兰教简史》② 对伊斯兰教在中国的传播与发展状况进行了系统的梳理，是一部系统介绍中国伊斯兰教知识的重要工具书。吴丕清著《河北伊斯兰教史》③ 对伊斯兰教在河北的传入及发展过程进行了系统的梳理。总的来说，学界普遍认为从元到清，回族的社会地位不断下降，而政府对其的歧视与控制不断加强，回族民众的生活越来越艰辛，最终导致动乱和反抗。

伊斯兰教本土化、中国化问题的研究上承"以儒诠经"研究的学术发展脉络，在新的历史时期有了新的发展。"以儒诠经"活动即发生在明末至清中后期的，以王岱舆、刘智、马德新、马注等为代表的中国穆斯林学者用宋明理学阐释伊斯兰教经籍的活动。"以儒诠经"活动对伊斯兰教植根中国大地和探索伊斯兰教中国化具有重要贡献。进入改革开放时期以后，"伊斯兰教中国化"这一命题最先由冯增烈提出。近十年来，有关"伊斯兰教中国化"的问题也取得了新的进展。季芳桐教授《伊儒会通研究》④ 一书，收录了作者 23 篇有关伊斯兰教与儒家交流方面研究的文章。该书主要分为伊斯兰教篇与儒家（教）篇，前者主要从伊斯兰教角度讨论宗教会通的问题，后者主要以儒家角度探讨宗教会通的问题。该书在国内首先提出"伊儒会通"的概念，既肯定了伊儒双方的互动，也体现了双方交流的深度。韩星在《回儒——伊斯兰教中国化的正道（上）》⑤《回儒——伊斯兰教中国化的正道（下）》⑥ 两篇文章当中也对回儒与伊斯兰教的中国化问题进行了探讨。

除了围绕"回儒"问题对伊斯兰教中国化进行探讨外，其他学者也从不同角度对伊斯兰教中国化的问题进行了讨论。马明良在《〈古兰经〉汉译活动与伊斯兰教本土化》（《世界宗教研究》2011 年第 2 期）一文中指出："为实现《古兰经》译本在本土化而采取的策略，是《古兰经》译者为了达到文化交流的目的而采取的文化调整策略。在这种跨文化交流和沟通中，伊斯兰教的本土化在不知不觉中悄然进行。"高占福《从外来侨民到本土国民——回族伊斯兰教在中国本土化的历程》（《世界宗教研究》2013 年第 1 期）一文从回族先民在中国身份的转化来看回族伊斯兰教在中国本土化的问题，指出："伊斯兰教传华后，由侨民信仰的宗教，到促进中国回族穆斯林社会的形成，进而与中国社会相融共存，信仰者最终由单纯的教民，转变为爱国爱教的国民，反映出回族伊斯兰文化在中国生根、开花、结果的本土化历史进程，也印证了宗教文化在移植他国时，必须与当

① 王灵桂：《中国伊斯兰教史》，北京：友谊出版社，2010 年。
② 中国伊斯兰教协会：《中国伊斯兰教简志》，北京：宗教文化出版社，2011 年。
③ 吴丕清：《河北伊斯兰教史》，北京：宗教文化出版社，2016 年。
④ 季芳桐：《伊儒会通研究》，银川：宁夏人民出版社，2015 年。
⑤ 韩星：《回儒——伊斯兰教中国化的正道（上）》，《中国穆斯林》2018 年第 1 期。
⑥ 韩星：《回儒——伊斯兰教中国化的正道（下）》，《中国穆斯林》2018 年第 2 期。

地的主流文化和平相处，交流相融，才能使自身得以生存和发展的规律。"李林在《教法何以随国法？——从国法与教法关系看伊斯兰教的中国化》（《世界宗教研究》2016 年第 6 期）一文中对教法与国法的关系进行了概述，即"教法随顺国法，国法规范教法"。

五、回民起义研究

清朝咸同年间在西北和西南发生的陕甘回民起义和西南回民起义，在历史上留下了深刻的影响，随着中华人民共和国成立后农民战争史研究的兴起，回民起义研究也受到史学界重视，该项研究成为清代回族历史研究的重点和热点。关于清代回民起义的研究，台湾亦有诸多成果，如王树槐《咸同云南回民事变》（台湾"中央研究院"近代史研究所专刊第 23 种，1968 年）、黄嘉谟《滇西回民政权的联英外交》（台湾"中央研究院"近代史研究所专刊第 37 种，1976 年）、高文远《清末西北回民之反清运动》（台湾学海出版社，1988 年）、张中复《清代西北回民事变——社会文化适应与民族认同的省思》（台北联经出版事业有限公司，1999 年）等。从大量已有研究成果我们可以看出学界主要围绕回民起义的性质、起义原因、清廷的对策、伊斯兰教在回民起义中的作用以及起义领导人的评价等问题展开讨论。

杨永福和张克非合著的《国内五十年来的回民起义研究述评》一文指出：中华人民共和国成立后至 60 年代中期国内学者关于陕甘回民起义性质问题主要存在反封建革命说、双重性质说、"回汉相杀"论三种观点。改革开放以来则出现了农民反封建革命说、双重性质说、民族自卫说、性质变化说、民族斗争说等五种观点。[①] 1987 年在西安举行的"清代同治年间陕西回民起义学术讨论会"上，与会学者对西北回民起义的性质问题持反封建农民起义说、反民族压迫的民族斗争说以及民族自卫说等观点。[②] 同时，学者也注意到西北回民起义与宗教之间的关系。如李松茂认为宗教和农民起义有密切关系，伊斯兰教和回民起义有密切关系。[③] 冯增烈、冯钧平在《伊斯兰教在同治年间陕西回民反清起义中所起的作用》一文中也谈及了此问题。[④]

---

① 参见杨永福、张克非：《国内五十年来的回民起义研究述评》，《云南社会科学》2001 年第 5 期。

② 其他文章可参见马寿千《清朝同治年间的宁夏回民起义——兼论对马化龙的评价》《中央民族学院学报》1980 年第 4 期；韩敏、邵宏谟：《论清代陕甘回民起义的性质》，《人文杂志》1980 年第 3 期；何玉畴、吴廷桢：《论清代同治年间甘肃回民起义的性质》，《西北师大学报》1982 年第 2 期；吴万善：《关于陕甘回民起义中回汉"联合"问题的商榷》，《西北民族大学学报》1983 年第 2 期；马汝珩：《试谈清咸同年间回民反清运动性质与领袖人物评价问题》，《民族研究》1984 年第 1 期；吴万善：《清朝同治年间陕甘回民起义性质的再探讨》，《西北民族大学学报》1985 年第 1 期；王天奖：《也谈左宗棠对陕甘回军的镇压》，《湖南师大学报》1985 年第 6 期；李伯衡：《晚清陕甘回民起义性质之我见》，《西北民族大学学报》1988 年第 1 期等。

③ 李松茂：《伊斯兰教和回民起义》，载《伊斯兰教在中国》，银川：宁夏人民出版社，1982 年。

④ 冯增烈、冯钧平：《伊斯兰教在同治年间陕西回民反清起义中所起的作用》，载《伊斯兰教在中国》，银川：宁夏人民出版社，1982 年。

杜文秀领导的云南回民起义是学界关注的热门话题，讨论的问题主要是大理政权的性质、杜文秀的评价等问题。关于大理政权的性质，学界有多种观点，可以归纳为商人地主政权说①和农民革命政权说②两种观点。荆德新在 1991 年出版的《杜文秀起义》一书中支持商人地主政权说的观点，他认为杜文秀的大理政权是反清的、革命的，但不反封建，因而其阶级实质是武装割据于云南西部的地主商人政权。③ 林荃的《杜文秀大理政权是"封建割据政权"吗?》(《回族研究》2010 年第 1 期)、《论大理政权的军帅制——再论大理政权的性质》(《回族研究》2010 年第 2 期)、《遥奉太平天国革命的杜文秀大理政权——三论杜文秀大理政权的性质》(《回族研究》2010 年第 3 期。) 三篇文章对杜文秀领导的云南回民起义的性质再次进行了探讨，指出："杜文秀大理政权'踏上天王脚步走'，在长期的反清农民战争中，成为以太平天国革命为主体的全国反清农民战争的一个组成部分。" 马诚《晚清云南剧变：杜文秀起义与大理政权的兴亡（1856—1873）》（四川大学出版社，2012 年。) 一书在"近代中国"与"近代世界"两个视角下对杜文秀起义与大理政权的兴衰进行了研究分析。

关于陕甘回民起义的历史背景问题，学者大多认为是在太平天国运动影响下爆发的。如吴万善、韩敏、邵宏谟、何玉畴、吴廷桢等人均认为陕甘回民起义是当时全国总的革命形势的一个重要组成部分。④ 进入 20 世纪，学界对此问题的研究向纵深发展，人口压力、民族关系、文化成因等视角被引入其中。任念文在《清末西北回民起义爆发的人口因素》一文中指出由于清中叶以后，中原移民向西北地区的迁移导致西北地区人均耕地面积锐减，由于西北回汉农民对土地严重依赖，人口增加导致人地比例失调加重了经济衰退，社会矛盾激化。清末咸同之际，西北地区回、汉民族在人口膨胀的前提下围绕对有限土地的占有以及经济方式的差异产生冲突，进而上升为民族对抗，最终以民族矛盾激化的形式告终。⑤ 杨永福、杨红伟在《试论同治年间甘肃回民起义前后的回汉民族关系》一文中提出在甘肃回民起义前夕，此处的回汉民族关系日趋紧张，起义发生后这种紧张关系进一步发展，尽管回民军

---

① 参见江应樑：《清咸同年间云南各族人民大起义中的几个问题》，（云南）《学术研究》1961 年第 2 期；吴显明：《关于大理政权的性质问题》，（云南）《学术研究》1961 年第 6 期；高鸿志：《略论杜文秀》，《合肥师院学报》1962 年第 3 期，马汝珩：《试谈清咸同年间回民反清运动性质与领袖人物评价问题》，《民族研究》1984 年第 1 期等。

② 参见林荃、宁超：《大理政权是农民革命政权》，（云南）《学术研究》1961 年第 2 期；马恩惠：《杜文秀领导的大理政权》，《民族团结》1962 年 3 月号等；林荃：《论杜文秀大理政权的性质》，《云南文物》1980 年第 10 期等。

③ 参见荆德新：《杜文秀起义》，昆明：云南民族出版社，1991 年。

④ 参见吴万善：《1862—1873 年的西北回民起义》，《历史教学》1963 年第 3 期；韩敏、邵宏谟：《论清代陕甘回民起义的性质》，《人文杂志》1980 年第 3 期；何玉畴、吴廷桢：《论清代同治年间甘肃回民起义的性质》，《西北师大学报》1982 年第 2 期；吴万善：《关于陕甘回民起义中回汉"联合"问题的商榷》，《西北民族大学学报》1983 年第 2 期；吴万善：《清朝同治年间陕甘回民起义性质的再探讨》，《西北民族大学学报》1985 年第 1 期等。

⑤ 任念文：《清末西北回民起义爆发的人口因素》，《西北民族大学学报》2007 年第 4 期。

领导人在主观上有改善回汉关系的愿望，并在实践中采取了一些措施，但未能根本改变民族关系的逆向发展。回汉民族关系对起义的结局产生了较大的影响，并加速其失败。① 晁天义等学者从文化的角度分析了起义的原因，他认为中国回族在形成和发展中曾经历了漫长的抗争历史，这些抗争活动的文化成因有三种，即儒家文化与伊斯兰文化的属性与价值观；儒家文化与伊斯兰文化的普世性理想和儒家文化与伊斯兰文化的褊狭性。② 周耀明《边缘、族群与国家：清末西北回民起义》一书对西北回民起义这一历史事件经过进行了较为全面的梳理。③ 季芳桐在《同治年间陕甘回民战争原因探析》一文中采用"回民战争"一词称同治年间发生在陕西的涉及回汉民众的战争，认为这一战争发生的主要原因是团练的失控和谣言的传播。④ 龚方在《联合与分化：清代西北回民起义中的地域情感分析》一文中，认为"陕回"和"甘回"在西北回民起义的过程中，既存在联合，又存在分歧，这一分歧最终严重影响了西北回民起义的走向，文中指出："虽然在'洗回帖'和'造反谣言'及回汉冲突和官府镇压的历史背景形成了特定的联系网络并互有支援联合，但这种联合并非没有间隙，因为利益的争夺和地域的分化，'陕回'和'甘回'未能消弭差异和分歧，这一分歧最终导致西北回民起义军走向失败。"⑤ 赵维玺对西北回民大起义的善后问题进行研究，认为湘军集团的善后措施有利于回族人民的休养生息和甘宁地区经济的恢复。⑥

西北和云南回民起义作为清代回族史研究的重点，学界对二者的异同之处多有比较研究和综合分析。杨永福在多篇文章中分别对比研究了云南和甘肃回民起义的异同，他提出在起义的政治目标方面，甘肃回民起义没有提出明确的政治主张、斗争纲领和口号，回民军没有统一的领导中心，并缺乏对抗清政府、与之相持到底的意图；而杜文秀起义则提出了明确的政治主张，在攻占大理后不久即建立起统一的政权，公开对抗清政权。在领导层方面，杜文秀的出身经历使他在社会现实问题面前，认识问题的角度及深度均有异于西北回民起义的领导者，杜文秀的思想及实践活动深深地影响了起义的进程。此外，他还认为"晚清咸同之际的回民起义是在传统社会面临转型的使命却又背负着巨大的人口压力的背景下发生的，是当时西部各种社会矛盾综合作用的产物。并指出"清初以来的云南、甘肃回族社会，在文化同一性的前提下，基于具体的社会环境不同，其发展历程及指向不尽一致；清政府在

---

① 杨永福、杨红伟：《试论同治年间甘肃回民起义前后的回汉民族关系》，《兰州教育学院学报》2001 年第 1 期。

② 参见晁天义：《论历史时期中国回族抗争活动的文化根源》，《西北民族研究》2008 年第 2 期；《关于中国回族"700 年战斗历史"的文化反思》，《中国文化研究》2008 年第 1 期。

③ 周耀明：《边缘、族群与国家：清末西北回民起义》，银川：宁夏人民出版社，2011 年。

④ 季芳桐：《同治年间陕甘回民战争原因探析》，《元史及民族与边疆研究集刊》2019 年第 1 期。

⑤ 龚方：《联合与分化：清代西北回民起义中的地域情感分析》，《北方民族大学学报》2017 年第 4 期。

⑥ 赵维玺：《湘军集团与西北回民大起义之善后研究——以甘宁青为中心》，上海：上海古籍出版社，2013 年。

甘肃、云南的统治政策使上述指向的差异更加明显；回民起义前，云南、甘肃两地回族与汉族的关系日趋紧张。所有这些，都不同程度地作用于回民起义，使云南、甘肃回民起义外在的历史面貌表现出众所周知的差异"。①

六、回族人物研究

我国对历史上回族人物的研究有较长的学术发展史。早在 20 世纪 40 年代，白寿彝便着手编写回族历史文物的传记，部分成果在 80 年代公开发表，而在此基础上编就的《回族人物志》（1—4 册）在 20 世纪 80—90 年代相继出版，收录了自元代至近代约 500 位回族人物的传记，系统梳理了历史上的回族人物，既总结了已有的成果，又为新的研究提供了良好的学术平台。其他学者，如杨志玖、马寿千、李松茂、杨怀中、林松等均有著作或论文涉及回族人物研究，涉及元代以来的回族名人，如赛典赤·瞻思丁、阿合马、萨都剌、郑和、海瑞、胡登洲、王岱舆、刘智、杜文秀、白彦虎、马化龙等。

杨大业从 20 世纪 90 年代中期开始，相继以回族进士为题发表系列文章，全面考证了明清以来的回族文武进士，不仅就其身世和生平提出有力的证据，并为进一步深入研究提供了线索。②《明清回族进士的考略》一书是其多年回族进士研究的集成。③

历史评价是人物研究核心关注的问题，尤其是对清代回民起义领导人的评价更是人物研究的热点。作为回民起义的领袖，其阶级属性、反抗活动的坚定性、对本民族和中华民族的忠诚性都成为对其盖棺定论的标准。学界对杜文秀的评价经历了由否定到基本肯定，部分肯定到全面肯定的过程。20 世纪五六十年代，对杜文秀的评价主要基于是否建立独立的"平南国"、在刘道衡出使英国求援问题上杜文秀应负的责任以及杜文秀临死前是否服毒投降。④ 80 年代以后，学界普遍认为杜文秀建立的大理政权是滇西各民族反清起义的政权，杜文秀更是回民起义的杰出领袖，评

---

① 杨永福：《再论晚清云南、甘肃回民起义的社会历史背景》，《宁夏大学学报》（人文社会科学版）2005 年第 4 期。其他参见杨永福：《晚清云南、甘肃回民起义领导层及其对起义影响之比较》，《宁夏大学学报》2003 年第 3 期；《反清割据与自我管理：杜文秀起义与甘肃回民起义的政治目标》，《文山师范高等专科学校学报》2004 年第 6 期。

② 杨大业：《明清回族进士考略》一文首发于《商鸿逵教授逝世十周年纪念论文集》（北京大学出版社，1995 年），后又发表于《清史论丛（1994）》（辽宁古籍出版社，1994 年）、《清史论丛（1995）》（辽宁古籍出版社，1996 年），并收入白寿彝《中国回回民族史》（中华书局，2003 年）中。从 2005 年开始，《回族研究》杂志以"明清回族进士考"为专栏连载了杨大业的研究成果。

③ 杨大业：《明清回族进士考略》，银川：宁夏回族出版社，2011 年。

④ 参见吴乾就：《关于杜文秀的评价问题》，（云南）《学术研究》1961 年创刊号；剑鸣：《略论杜文秀之死》，《历史教学》1964 年第 11、12 期合刊等。

价是正面的。①《回族研究》在 2009 年第 1—4 期和 2010 年第 1 期专门开辟《杜文秀"卖国说"辩诬》栏目，发表了多篇肯定杜文秀历史功绩的文章以及关于这一栏目的点评文章，杨怀中主编《辟谬与辩诬：重评杜文秀的历史地位与贡献》（宁夏人民出版社，2011 年）一书是对这一栏目的总结，对于正确、全面评价杜文秀具有重要意义。另外，大理白族自治州回族学会与《大理回族文化丛书》编辑委员会编撰的《杜文秀研究论文选编》（云南民族出版社，2012 年）选编了不同时期关于杜文秀研究的代表人物及其观点，为观察不同时期杜文秀研究的热点提供了重要借鉴。

对陕甘回民起义领导人的评价主要集中在白彦虎和马化龙身上。有人把白彦虎看作是反清英雄，也有人说他是"民族败类"，这与白彦虎在起义后期与阿古柏合作及出走俄国分不开。不过，大多数学者均能历史地看待这个问题，如马汝珩提出对白彦虎的评价要从当时的历史条件出发，并衡量功过的比例做出公允的评价。②冯增烈则认为白彦虎是一位难免有失误的回族英雄。③李松茂也认为白彦虎在陕甘进行了长期顽强的斗争，尽管到新疆后走上了错误道路，但不能因他在陕甘的正确而不视他在新疆的错误，也不能因他在新疆的错误而否定他在陕甘的功绩。④丁宏《关于白彦虎之复议》也主张从当时的历史情境和白彦虎自身的经历、性情出发给予恰当的评价。⑤

研究马化龙的文章也很多。马寿千在《清朝同治年间的宁夏回民起义——兼论对马化龙的评价》一文通过考察马化龙在回民自卫抗清斗争中所起的作用给予马化龙一个肯定的评价。⑥李楷顺在《同治年间宁夏回民的反清斗争与马化龙》一文中介绍说："范文澜同志在《中国近代史》中对同治年间宁夏回民的反清斗争，认为是反抗民族压迫的民族起义，给予了高度的评价。此后，有些同志在研究这次反清斗争中对领导这次反清斗争的马化龙有着各种不同的评论。"⑦李文试图通过弄清金积堡保卫战的史实，作为评价马化龙的基础。马通、马海滨《论马化龙的受抚与被害》一文根据新发现的资料，对学术界传统的马化龙受抚与被害说提出质疑，作者认为马化龙并非时叛时降，而是同治四年只受抚过一次，后因左宗棠残酷屠杀教民，

———————

① 参见杨维浚：《关于杜文秀的晚节》，《昆明师院学报》1979 年第 4 期；林荃：《评杜文秀大理政权与英国的关系》，《思想战线》1980 年第 1 期；罗尔纲：《杜文秀"卖国"说辟谬》，《学术月刊》1980 年第 4 期；田汝康：《杜文秀对外关系以及刘道衡"使英"问题研究》，《民族学报》1981 年第 1 期；罗尔纲：《回民起义杰出领袖杜文秀》，《民族研究》1984 年第 1 期；林荃：《再评刘道衡出使英国与杜文秀大理政权的关系问题》，《思想战线》1986 年第 3 期；蒋中礼：《试说杜文秀服毒赴清营的性质》，《民族研究》1987 年第 1 期等；张山：《云南回民起义领袖杜文秀》，《中国近代军事人物传》，北京：解放军出版社，1990 年；张山：《杜文秀》，《中国军事百科全书》，北京：军事科学出版社，1994 年。

② 马汝珩：《试谈清咸同年间回民反清运动性质与领袖人物评价问题》，《民族研究》1984 年第 1 期。

③ 冯增烈：《应该给左宗棠、白彦虎以公允的评价》，《甘肃民族研究》1986 年第 1 期。

④ 李松茂：《清咸同年间回民起义评论》，《青海社会科学》1988 年第 3 期。

⑤ 丁宏：《关于白彦虎之复议》，《回族研究》2001 年第 1 期。

⑥ 马寿千：《清朝同治年间的宁夏回民起义——兼论对马化龙的评价》，《中央民族学院学报》1980 年第 4 期。

⑦ 李楷顺：《同治年间宁夏回民的反清斗争与马化龙》，《宁夏大学学报》1983 年第 2 期。

又激起反叛，同时马化龙也并非"凌迟处死"，而是被左宗棠派人暗杀。① 而何玉畴、王迎喜的《评金积堡回民起义和马化龙》一文则认为："清同治年间以金积堡为中心的宁夏回民起义是一场反对民族歧视、求得民族生存的不彻底的反清起义。起义中的主要首领马化龙时而起义，时而就'抚'，没有坚定的反清态度，他仅仅在这场斗争中代表回民群众向清朝统治者进行了有限的斗争。"②

关于明清回族学者及其思想的研究，顾玉军著《明清时期回族教育思想研究》以明清时期回族著名学者为主要研究对象，对明清时期回族教育思想产生的背景和思想渊源展开研究。③ 关于明末清初著名学者马注的研究有许淑杰的《马注思想研究》一书对马注思想的背景、来源、主要内容展开论述，并将马注置于中国回族伊斯兰思想史中考察马注及其思想的历史地位。④ 梁向明《明末清初回族三大汉文译著家伦理思想研究》一书认为王岱舆、马注、刘智的伦理思想是伊斯兰教伦理学说与中国传统伦理思想交融的产物，他们的思想对于丰富中国传统文化和伊斯兰教在中国扎根、立足都具有重要意义。⑤ 另外，近年来学界对刘智、马明龙等学者也多有关注。有孙俊萍的《刘智哲学思想理论创新原因略探》（《回族研究》2018 年第 1 期）、马辉的《刘智对"伊斯兰教中国化"的理论贡献》（《回族研究》2018 年第 2 期）、米寿江的《"以儒诠经运动"的进程与刘智的贡献》（《回族研究》2018 年第 4 期）、王俊才的《回儒刘智宇宙观刍议》（《回族研究》2018 年第 4 期）、杨晓春的《明末清初伊斯兰教学者马明龙的生平与著述》（《回族研究》2011 年第 1 期）、金贵的《异而同 同而异——王岱舆对儒学的一种理解》（宁夏人民出版社，2013年）等。

七、回族经济研究、地方史研究和区域研究

在回族经济研究方面，比较突出的是赖存理著《回族商业史》。该书于 1988 年由中国商业出版社出版。书中从"蕃商"、元代"回回"商人、明代回族商业的发展以及民国时期的回族商业活动等方面，系统地论述了回族商业的历史。此后赖存理又出版了《中国回族社会经济》（宁夏人民出版社，1992 年）一书，该书从社会学、经济学角度对回族社会特征及社会经济作了分析。杨怀中《回族经济研究》（宁夏人民出版社，2011 年）一书，对《回族研究》杂志创刊以来所发表的有关回族经济研究的文章进行了梳理和收录，对于把握回族经济研究脉络具有重要参考价值。朱琳《回族经济思想研究》（宁夏人民出版社，2011 年）一书从经济思想史的角度，综合运用社会学、历史学、民族学等学科的研究方法，对回族经济思想进行

---

① 马通、马海滨：《论马化龙的受抚与被害》，《西北第二民族学院学报》2003 年第 1 期。
② 何玉畴、王迎喜：《评金积堡回民起义和马化龙》，《兰州大学学报》1992 年第 4 期，第 11 页。
③ 顾玉军：《明清时期回族教育思想研究》，北京：民族出版社，2016 年。
④ 许淑杰：《马注思想研究》，北京：人民出版社，2013 年。
⑤ 梁向明：《明末清初回族三大汉文译著家伦理思想研究》，北京：光明日报出版社，2010 年。

探究。杨思远主编的《回族经济史》（中国经济出版社，2018 年）一书梳理了唐宋至中华人民共和国成立以来的回族经济发展概况，对回族经济的特点进行概括，包括回族经济的多样性、农业在回族经济中的基础性地位、伊斯兰教对回族经济活动的影响、回族商业活动的历史延续性四个方面。

　　由于回族在全国分散居住，部分研究者试图对回族做区域性的把握。西北与云南作为中国回族主要的聚居区域，素来有大量的学者投身其中，成果也很丰厚，其研究内容涉及此地回民的重大历史事件、历史人物以及社会生活的方方面面。如清代回民起义的各种问题以及元代以来的回族人物都是该地回族史研究的热门话题。

　　从 2003 年开始，李兴华在《回族研究》杂志上以"中国名城名镇伊斯兰教研究"为栏目相继发表了多篇以某地伊斯兰教研究为题的文章，文章虽以"伊斯兰教"为题，但内容涉及该地回族社会。2011 年，由李兴华主编的《中国名城名镇伊斯兰教研究》（上、下）一书出版，该书是李兴华关于某地伊斯兰教研究的集成。[①]前文提到的胡云生《传承与认同：河南回族历史变迁研究》一书，以河南地境为界对河南地区回族历史的发展进程作了全面的梳理。其他如《天水回族史略》（吴钰，甘肃人民出版社，2000 年）、《巍山回族简史》（马绍雄，云南民族出版社，2000 年）、《西北地区回族史纲》（王伏平、王永亮，宁夏人民出版社，2003 年）、《青海回族史》（喇秉德，民族出版社，2009 年）、《陕西回族史话》（马新芳，宁夏人民出版社，2010 年）、《南宁回族史稿》（马安禄、翁乾麟，宁夏人民出版社，2011 年）、《广东回族历史文化》（马建钊，民族出版社，2012 年）、《临潭回族史》（丁汝俊，中国社会科学出版社，2013 年）、《青海回族简史》（喇秉德、马小琴，青海人民出版社，2014 年）、《河北回族史》（吴丕清，民族出版社，2018 年）等，皆以地域为单位通论本地回族的发展历程。尤其应该肯定的是中华人民共和国成立以来，各省、市、县、地区都开展了回族历史与现状的调查、历史资料的收集整理和民族史志的编写，取得了丰硕成果，对回族历史进行区域性研究有助于我们深化对回族历史与社会的认识。不过我们也应该看到，受总体历史观念的影响，地方回族历史的追述无法脱离对回族整体历史的某些判断，一部分成果很像一部地方史料丰富的回族通史翻版，尽管有不同程度的地方特色，但地域性特征仍有待深化。因此，对回族区域性历史发展的研究还需更新历史观念，注重区域本身的历史发展脉络。

　　回顾中华人民共和国成立 70 年来回族史研究的发展历程，学者们的研究触角已经延伸至回族社会的各个角落，这些研究不仅扩展了我们对回族历史的知识积累，澄清了很多模糊不清的问题，而且为我们勾勒一个回族发展的整体图景。《中国回族史》（邱树森主编，宁夏人民出版社，1996 年）和《中国伊斯兰教史》（李兴华等著，中国社会科学出版社，1998 年）可以视为是目前最完整、具有较高学术价值的两部回族通史类作品，而区域性回族社会历史研究方兴未艾，不断丰富学术研究

---

① 李兴华：《中国名城名镇伊斯兰教研究》（上、下），银川：宁夏人民出版社，2011 年。

主题，完善历史认知，将回族史学研究推向深入。当下的回族史研究紧跟学术界日益要求强化研究方法和提升理论视野的潮流，各种新理论、新方法的使用，学科间的交流与合作均帮助我们更好地把回族史置于整体的国家史、民族史、社会史和文化史的脉络中加以考察和把握。

第九节　撒拉族、东乡族、保安族史研究

一、撒拉族史研究

学界对撒拉族的研究有近百年的历史。中华人民共和国成立以后，此项研究更为深入。随着中国进行民族识别工作，在 1956 年的中国少数民族语言调查和 1958 年的中国少数民族社会历史调查的基础上，1963 年出版了《撒拉族简史简志合编》（初稿，中国科学院民族研究所）；1982 年出版了《撒拉族简史》（青海人民出版社）；1985 年出版的《青海省回族、撒拉族、哈萨克族社会历史调查》一书收录了1958—1959 年的《循化撒拉族社会经济调查》。1990 年香港黄河出版社出版了芈一之撰写的《撒拉族政治社会史》。2014 年青海人民出版社出版了芈一之、张科编写的《撒拉族简史》。2015 年中国文史出版社出版了由全国政协文史和学习委员会与青海省政协学习和文史委员会编著的《撒拉族百年实录》。2018 年民族出版社出版了马成俊编写的《撒拉族史料汇编》。

关于撒拉族的族源和形成问题一直是此项研究的兴趣点，逐渐形成撒拉族的先民来自于中亚撒马尔罕一带的普遍观点，但就构成撒拉族的主要成分等一些细节问题存在分歧。[①] 其中，一部分学者认为今日的撒拉族的先民以撒鲁尔人为主。如芈一之的《撒拉族的来源和迁徙探实》一文从本民族的传说和存在的疑问、语言、体格外形、重要习俗和名称以及源于西突厥的乌古斯人等三方面分析研究后，认为撒拉族的先民是乌古斯部的撒鲁尔人。[②] 韩中义的《试论撒拉族族源》一文认为撒拉族形成过程中不只是撒罗尔部唯一源泉组成新的民族，而是逐渐融合了中亚各族以及周围民族，这个过程中撒鲁尔人占主导地位，并吸收了其他民族的优秀文化形成了统一体。[③] 米娜瓦尔的《再论撒拉族的族源与形成问题》一文更确切地提出撒拉族的先民属撒鲁尔人尕勒莽部，13 世纪他们因被征调加入成吉思汗的"西域亲军"而来到循化，到 14 世纪下半叶，为避中亚战乱，又有一批撒鲁尔人东迁到循化，后

[①] 参见马亚萍、王琳：《改革开放以来撒拉族研究概述（1978—2001）》，《青海民族研究》2003 年第 4 期。

[②] 芈一之：《撒拉族的来源和迁徙探实》，《青海民族学院学报》1981 年第 1 期。

[③] 韩中义：《试论撒拉族族源》，《甘肃民族研究》1995 年第 2 期。

又陆续融入经商者、被流放者以及邻近的藏、回、汉等民族人口，最终形成了撒拉族。① 除此之外的研究成果有沈玉萍的《百年撒拉族族源研究评述》一文，将有关撒拉族族源的研究过程分为三个阶段，对各阶段的研究特点进行总结，并在文章的最后部分指出了撒拉族族源研究有待深入探讨的问题。② 尕藏扎西、昂毛吉的《论元代撒拉族东迁及其与藏族文明的互动》一文对撒拉族形成问题进行阐释，指出："撒拉民族的形成和发展在一定程度上是通过吸收以当地藏族为主的回、蒙古、汉等民族新鲜血液的。"③ 屈斌在《教门与国家之间：族源记忆与清以降"撒拉尔"的族群建构》一文中对撒拉族族源传说中时空概念经常发生变动的原因进行探析，指出："关于族群与王朝的关系，撒拉人处于弱者，他们不得不借助语言的'武器'，重塑记忆，重构认同，从而在王朝中找寻到自己的位置，谋取权益。"④

伊斯兰教在撒拉族发展过程中的角色和作用受到学者的广泛关注。芈一之的《试谈撒拉族的历史发展与伊斯兰教的关系》（《青海社会科学》1982 年第 1 期）、冶青卫的《伊斯兰教与撒拉族风俗习惯》（《青海民族学院学报》1983 年第 2 期）、马明良的《谈谈撒拉族的形成与伊斯兰教的关系》（《青海民族学院学报》1984 年第 1 期）、南文渊的《伊斯兰教对回族、撒拉族穆斯林经商行为的影响》（《西北民族学院学报》1990 年第 3 期）等文章均认为撒拉族的起源、形成、风俗习惯、心理素质、意识形态、行为方式等方面均受到伊斯兰教的影响，二者之间有密切的关系。

芈一之在《青海土司制度概述》一文中系统地探讨了撒拉族土司制度的起源、形成、发展演变及其作用。作者认为撒拉族土司制度在明代中期以前是保塞、抚番，明代末期协助镇压反明起义，清初参与维护清王朝统一，打击叛乱势力的活动，乾隆以后多次参与镇压本民族和其他民族的反清斗争，到光绪二十二年废止。⑤ 王继光的《青海撒拉族土司制度述评》一文对青海撒拉族土司制度做了深入研究，论述了土司的职衔、承袭以及与各王朝的关系等问题。⑥ 马云的《试谈撒拉族土司制的衰落》（《西北民族学院学报》1986 年第 4 期）一文则主要探讨了导致清代撒拉族土司制度衰落的诸种因素。⑦

对历史上撒拉族的社会组织和制度，如"工""孔木散""阿格乃""尕最制"的研究也取得了一定成果。韩中义《撒拉族社会组织——"工"之初探》一文考察

---

① 参见朱刚：《从民间传说谈撒拉族族源》，《青海社会科学》1980 年第 3 期；晓洋：《撒拉族历史札记三则》，《青海社会科学》1985 年第 6 期；片冈一忠著，秦永章、李丽译：《试探清代的撒拉族》，《青海民族研究》1991 年第 4 期；卫心：《撒拉族东迁》，《青海民族研究》1993 年第 1 期。

② 沈玉萍：《百年撒拉族族源研究述评》，《青海社会科学》2012 年第 5 期。

③ 尕藏扎西、昂毛吉：《论元初撒拉族东迁及其与藏族文明的互动》，《内蒙古民族大学学报》2013 年第 2 期。

④ 屈斌：《在教门与国家之间：族源记忆与清以降"撒拉尔"的族群建构》，《宁夏社会科学》2017 年第 3 期。

⑤ 芈一之：《青海土司制度概述》，《青海社会科学》1980 年创刊号。

⑥ 王继光：《青海撒拉族土司制度述评》，《青海社会科学》1984 年第 1 期。

⑦ 马云：《试谈撒拉族土司制的衰落》，《西北民族学院学报》1986 年第 4 期。

了"工"的演变过程以及与"土司""尕最"的关系。① 韩得彦的《试探撒拉族的"尕最"制度》探讨了"尕最"制的产生背景、表现形式及其发展变化。② 韩中义在其《撒拉族"孔木散"和"阿格勒"探讨》一文中，研究了撒拉族"孔木散"和"阿格勒"的产生及其结构、特征、功能等问题，提出孔木散是撒拉族最基层的社会组织之一，处在内部有规律的经常变化之中，它在撒拉族社会中曾扮演过重要角色，这种社会组织是一种偏重于社会性和宗教性的组织，而非政府组织，其社会组织的自然属性非常典型，而阿格勒是由血缘关系向地缘关系过渡的社会组织标志，在撒拉族社会中占有重要地位。③ 高永久、徐亚清的《论历史上撒拉族的亲属制度及社会组织结构》一文通过文献和社会调查资料分析了舅权制度、"阿格乃"和"孔木散"形式、社区组织"工"等亲属制度、正式或非正式的社会组织形式。④ 郭婷在《迁徙撒拉族的社会组织"工"》一文对撒拉族"工"一词的来历、工的特征和功能，以及工在中华人民共和国成立后的变迁和评价等问题进行探讨，指出："工相当于乡一级的行政区划，每工之下领属若干村庄。工和村，是居住的自然单位，也是封建社会时期县以下的基层行政单位。"⑤ 马伟的《撒拉族社会组织"工"的词源考释》一文综合运用民族学、历史学的材料和语言学的研究方法，对撒拉族"工"的名称来源进行考释，指出："撒拉族社会组织'工'就是在这一历史背景下的产物，其来源完全是汉语词'工'，原意为'工区'，后发展为相当于乡一级的行政区划。"⑥

二、东乡族史研究

学界对东乡族的研究开始于中华人民共和国成立之后，随着中国进行民族识别工作而逐步展开。1953 年，中央民族学院甘青民族调查组在东乡地区进行了社会历史调查，并形成调查报告（未刊）。在 1958 年的少数民族社会历史调查中，由兰州大学、北京大学、中央民族学院、西北民族学院等单位组成的东乡族调查组再次对东乡地区展开调查。1963 年，中国社会科学院民族研究所编印了《东乡族简史简志合编》《东乡族调查资料汇集》的初稿。1981 年，刘照雄编著的《东乡语简志》得以出版（中国少数民族语言简志丛书，民族出版社）；1984 年，在《东乡族简史简志（合编）》的基础上刊印了《东乡族简史》（中国少数民族简史丛书，甘肃人民出版社），1987 年出版了《裕固族东乡族保安族社会历史调查》（中国少数民族社会历史调查丛刊，甘肃民族出版社）。这些专著的出版既是对中华人民共和国成立以来组织的多次民族调查成果的汇集和呈现，又为更加细化的东乡族研究奠定了资

① 韩中义：《撒拉族社会组织——"工"之初探》，《西北民族研究》1993 年第 1 期。
② 韩得彦：《试探撒拉族的"尕最"制度》，《青海民族研究》1991 年第 1 期。
③ 韩中义：《撒拉族"孔木散"和"阿格勒"探讨》，《甘肃民族研究》1996 年第 2 期。
④ 高永久、徐亚清：《论历史上撒拉族的亲属制度及社会组织结构》，《西北师大学报》2001 年第 4 期。
⑤ 郭婷：《浅析撒拉族的社会组织"工"》，《柴达木开发研究》2011 年第 2 期。
⑥ 马伟：《撒拉族社会组织"工"的词源考释》，《西北民族研究》2015 年第 2 期。

料基础。2012 年苏君编写的《东乡族》（中国人口出版社），2017 年全国政协文史和学习委员会、甘肃省政协文史资料和学习委员会编写《东乡族百年实录》（中国文史出版社），2018 年范景鹏编著的《中国东乡族概论》（民族出版社）等书相继出版，推动了东乡族史料整理与研究走向深入。

关于东乡族族源和形成过程的研究始终是东乡族历史研究的重要问题，由于缺乏文献记载，也是难度最大的内容。由于研究者大多根据相关的资料加以推断而提出自己的认识，因而存在较大分歧，主要形成"蒙古人为主"说、"回回色目人为主"说、"吐谷浑为主"说、"沙陀突厥为主"说等观点，此后又出现主要由东乡族学者提出的东乡族"撒尔塔人为主"说的新观点。① 应当指出，学界普遍肯定东乡族族源的多元性，东乡族是融合了"回回"人、蒙古人、汉人以及藏族人等多民族成分而形成的，但学者们对构成东乡族的主要成分观点不一，因而形成争鸣。

从民国时期开始，就有学者提出东乡族是蒙古人改信伊斯兰教后形成的。20 世纪 80 年代以来的很多著作，如《中国少数民族》（人民出版社，1981 年）、《东乡族简史》等均持此说，即在东乡族形成过程中，使用蒙古语的那部分"回回"人和信仰伊斯兰教的那部分蒙古人起着主导的作用。这种观点一直占主流地位。其主要依据在于东乡语属阿尔泰语系蒙古语族，东乡语与 13、14 世纪的蒙古语相同或相近；东乡族的某些风俗与蒙古族相同，如鹰猎、喜欢喝茶以及某些服饰等，此外，从文献记载中也能看到元代蒙古人在今东乡地区附近活动的记载。

"回回色目人为主"说，是东乡族形成说中又一种较有分量的说法。持该观点的学者有马通、马国忠、马自祥等，《东乡族简史》《东乡自治县概况》《甘肃少数民族》和《临夏自治州概况》等著作均支持此说。如马通在《浅谈东乡族族源与伊斯兰教》一文中认为东乡族的远祖不一定是以蒙古人为主，以色目人为主的可能性很大。此说的主要依据是 13 世纪蒙古人西征中亚，在当地征调了大量壮丁、工匠，随蒙古大军到达甘肃地区，逐渐屯垦为民，其中部分屯垦地在河州、东乡一带，成为东乡族的主要组成部分；东乡地区今天还保留着许多以手工业者的行业性质命名的村庄和表示屯垦、牧养活动的村庄名称；东乡地区有很多在东乡语中没有具体意义的地名，可能和中亚的某些地名相同或相似；东乡族人保留了很多中亚人的外貌特征，从东乡族文化、民间传说等也可以看到东乡族与中亚的某些联系。②

---

① 参见马通：《浅谈东乡族族源与伊斯兰教》，《甘肃民族研究》1981 年创刊号；杨建新：《关于东乡族的族源和形成》，《西北史地》1982 年第 2 期；李克郁：《浅析东乡族和裕固族的民族名称》，《青海民族学会学术论文选集》（第 2 辑），1983 年；马国忠、马自祥：《关于东乡族的族源问题》，《西北民族学院学报》1982 年第 3 期；马志勇：《"撒尔塔"与东乡族族源》，《西北民族学院学报》1983 年第 1 期；马虎成：《撒尔塔：一个曾经被忽略的民族名称——也谈撒尔塔与东乡族族源》（上、下），《西北民族研究》1992 年第 2 期、1993 年第 1 期；马志勇：《东乡族源》，兰州大学出版社，2004 年；苏君：《东乡族》，北京：中国人口出版社，2012 年。

② 陈文祥：《东乡族族源"撒尔塔"说商榷——兼论东乡族的形成》，《西北第二民族学院学报》2007 年第 2 期。

以"撒尔塔人为主"说出现于 20 世纪 80 年代，最早将撒尔塔与东乡族族源联系起来考察的是东乡族的学者马国忠和马自祥，他们在《关于东乡族的族源问题》一文中提出"撒尔塔"一词泛指中亚一带的穆斯林，即人，东乡族人自称撒尔塔或桑塔，这和中亚一带的"回回"人有一定的联系。此后马志勇、马虎成等学者全面论证了这一观点。2004 年，马志勇编著的《东乡族源》一书出版，收集了其本人和他人论述的东乡族族源为"撒尔塔人"的十余篇文章，使这一观点达到鼎盛。[1] 持"撒尔塔人为主"说的学者普遍认为民族自称对于考察民族的来源最具说服力。东乡族自称"撒尔塔"，这个词来源于梵语，本意为商人、商队。公元 11 世纪后，中亚那些被称为 sarta 的群体逐渐形成撒尔塔民族，后随蒙古人东迁，成为今日东乡族人的主要来源。

"撒尔塔人说"和"回回色目人说"所引用的资料在很多方面是一致的。陈文祥的《东乡族族源"撒尔塔"说商榷——兼论东乡族的形成》对"撒尔塔人说"的论点和论据进行了分析，仍维持东乡族族源"回回色目人"说，认为"想为了达到'确切化'而提出的撒尔塔说难以立足。"[2]

三、保安族史研究

学界对保安族的研究也开始于 1949 年，随着民族调查工作的进展，编写了简史、简志，历史调查等资料。到 20 世纪八九十年代，相继出版了《保安族简史》[3]《裕固族东乡族保安族社会历史调查》[4]《保安族》[5]《中国保安族》[6] 等专著、资料汇编和论文集。进入 21 世纪，《保安族文化概要》[7]《保安族百年实录》[8]《临夏保安族史话》[9] 等相继出版，丰富了我们对保安族历史发展和风土人情的认识。

由于受文献资料匮乏的限制，学术界对保安族族源的研究存在较大争议。20 世纪 50 年代的调查资料认为，保安族是以蒙古语族为主，融合了回、汉、藏等民族成分而形成的。到了 80 年代，侯广济在《保安族族源初探》一文中亦提出保安族是以蒙古人为主，融合其他民族形成的。[10] 马通在《中国伊斯兰教派与门宦制度史略》一书中提出新的观点，认为保安族是由信仰伊斯兰教的东乡人、撒拉人、"回回"

---

[1] 除前文已经注释的文章外，还可参见马志勇：《"撒尔塔"考辨》，《甘肃民族研究》1984 年第 1—2 期；马虎成：《东乡族族源》，载胡国兴主编：《甘肃民族源流》，甘肃人民出版社，1990 年。

[2] 陈文祥：《东乡族族源"撒尔塔"说商榷——兼论东乡族的形成》，《西北第二民族学院学报》2007 年第 2 期，第 49 页。

[3] 兰州：甘肃人民出版社，1984 年。

[4] 兰州：甘肃民族出版社，1987 年。

[5] 北京：民族出版社，1989 年。

[6] 兰州：甘肃人民出版社，1999 年。

[7] 兰州：甘肃人民出版社，2010 年。

[8] 全国政协文史和学习委员会、甘肃省政协文史资料和学习委员会编：《保安族百年实录》，北京：中国文史出版社，2017 年。

[9] 董克义主编：《临夏保安族史话》，兰州：甘肃文化出版社，2017 年。

[10] 侯广济：《保安族族源初探》，《甘肃民族研究》1982 年第 3 期。

人和少数藏、汉民族通婚而逐渐形成的。① 除此之外还有其他一些观点，目前尚无定论。

马通《中国伊斯兰教派与门宦制度史略》，陈国光《东乡族、撒拉族、保安族宗教信仰述略》②，施援平、张宏莉《论保安族早期的民族过程》③，王灵桂《中国伊斯兰教史》④，余振贵、洪长有主编的《中国伊斯兰教简志》⑤ 等论著或多或少都提到了保安族信仰伊斯兰教的情况，然而关于伊斯兰教在保安族形成、发展中所起的作用等问题缺乏研究。

第十节　土族、裕固族史研究

一、土族史研究

土族史研究始于 19 世纪末，国内外学者先是初步搜集有关土族历史及语言、社会、宗教、风俗诸方面的资料，简略考察土族历史尤其土司家族史。至 20 世纪 30 年代，已有专文探讨土族来源。⑥ 40 年代，陈寄生发表《甘肃青海"土族"之史的考察》《青海土人为吐谷浑后裔考》，系统论证土族为吐谷浑后裔。⑦

近 70 年来的土族史研究，大致经历了三个时期。20 世纪 50—60 年代为第一个时期，以全国少数民族社会历史调查为背景，系统调查土族社会历史状况，搜集资料，并初步撰写有关史志论著。1953 年，中央民族学院研究部组织甘青地区少数民族社会历史调查组，在互助、民和等县土族地区做实地调查，搜集有关土族社会状况以及历史传说等资料。翌年，陈永龄等编写《青海土族社会调查总结（初稿）》、马鹤天等编写《青海土族的历史研究（初稿）》，并发表有关土族政治、经济、宗教、语言方面的多篇论文。⑧ 1958—1960 年，中国社会科学院民族研究所组成青海少数民族社会历史调查组，又先后在土族地区做进一步调查，并综合前后两次调查资料，编写《土族简史简志合编》，于 1963 年内部印行。这是国内学者集体编写的

---

① 银川：宁夏人民出版社，1983 年。

② 《新疆社会经济》2000 年第 3 期。

③ 《兰州大学学报》2003 年第 6 期。

④ 《中国伊斯兰教史》，北京：中国友谊出版社，2010 年。

⑤ 《中国伊斯兰教简志》，北京：宗教文化出版社，2011 年。

⑥ 其中罗藏三旦《青海土族的来源》为土族史研究的最早专文，载《边事研究》第 6 卷第 2 期，1937 年 7 月。

⑦ 陈寄生：《甘肃青海"土族"之史的考察》，《现代西北》第 1 卷第 4 期，1941 年 12 月 15 日；《青海土人为吐谷浑后裔考》，《新中国》1945 年第 7 期。见吕建福：《近百年土族研究概况》，《社会科学参考》1983 年第 19 期。

⑧ 陈永龄、汪公量、马育祥：《青海土族的政治演变》；宋蜀华：《青海土族的经济生活》；吕光天：《青海土族的语言》；中央民族学院研究部甘青调查组：《青海土族的民间信仰》《青海佑宁寺情况》，均刊《中国民族问题研究集刊》1955 年第 3 期。

一部土族史志著作，虽不免粗疏，却具有开创性，提出土族是元明时期主要由一部分蒙古人与当地"霍尔人"长期相处过程中逐渐发展形成，此"霍尔人"可能就是吐谷浑人，并简略叙述了元代以来尤其近代土族的历史发展状况。

20 世纪 80—90 年代是土族史研究的第二个时期，以土族族源的讨论为中心，编写具有不同历史发展线索的土族史。1980 年代初，学术界纷纷发表论文，举行专题研讨会，编辑《土族族源讨论集》，掀起土族族源讨论热潮。[1] 著名历史学家顾颉刚首先在其《从古籍中探索我国西部的古代民族——羌族》一文中提出土族为吐谷浑后裔的一个重要根据，即土族自称"土谷""土户"与吐谷浑、退浑、吐浑之名基本一致。[2] 1982 年 6 月，青海民族学院民族研究所举行首届青海民族学术研讨会，土族族源成为主要议题，芈一之、李文实、吴均、辛存文、马光星、吕建福等学者均主张吐谷浑说，[3] 其中芈一之、李文实先后发表数篇论文，对吐谷浑说作了系统论证。该说在社会上产生较大影响，也逐渐为土族知识界所接受，当时编写的《土族简史》即采纳其说，后来青海土族研究会会刊《中国土族》亦主此说。

《土族简史》由青海省民族问题五种丛书编委会组织编写，在《土族简史简志合编》的基础上，再次经过实地调查，核对事实，查阅文献资料，广泛征求各界意见，吸取最新学术成果，重新编写定稿，1982 年正式出版，成为第一部土族史专著。该书共分五章，包括概述、土族族源、土族的形成与古代社会、近代土族、宗教习俗和民间文艺以及附录大事记等。该书以吐谷浑说为主，认为土族是以唐代以来留居河湟流域的吐谷浑人为主体，在长期发展过程中吸收藏、汉、蒙古等民族的成分而逐渐形成新的人们共同体，并认为元末明初出现"土人"的名称，表明元明时期土族已是一个稳定的人们共同体。该书对土族古代史主要叙述明清时期的社会制度、经济形态、政治活动，近代史重点叙述土族的社会发展变化和政治经济状况等。

这时期也多以《土族简史》划定的历史时期，发表不少明清以来有关土族土司制度、历史人物、宗教文化、经济生活等方面的论文，还出版《土族社会历史调查资料》《同仁四寨子（五屯）土族历史考察》等调查资料。另外，学术界对吐谷浑史也作了不少探索，除发表多篇论文之外，还出版了周伟洲的《吐谷浑史》及《吐

① 青海民族学院民族研究所编：《土族族源讨论集》，青海民族学院印刷厂印刷，1983 年 10 月。
② 顾颉刚：《从古籍中探索我国西部的古代民族——羌族》，《社会科学战线》1980 年第 1 期。
③ 芈一之：《土族族源考》，《青海社会科学》1982 年第 2 期；《土族族源再考》，《青海民族学院学报》1982 年第 3 期；李文实：《唐五代以后的吐谷浑及其民族特征》，《青海社会科学》1981 年第 3 期；《霍尔与土族》，《青海民族学院学报》1982 年第 4 期；马光星：《从土族的风俗习惯以及口头文学看土族族源》，《青海民族学院学报》1982 年第 4 期；辛存文：《民和土族东伯府李土司世系考察》，《青海民族学院学报》1981 年第 3 期；吕建福：《土族族源试探》，《土族族源讨论集》，青海民族学院民族研究所编印，1983 年。参见吕建福：《土族族源研究》，《民族研究动态》1984 年第 2 期；芈一之：《青海民族史入门》，西宁：青海人民出版社，1987 年。

谷浑资料辑录》等涉及土族史的专著和资料。①

　　关于土族族源的其他观点，影响较大的是阴山达达—蒙古说，该说最早由汪公量在50年代提出，认为土族由元代以前的蒙古族和元代的蒙古军两部分构成，元以前的蒙古族就是由大室韦徙居阴山的白鞑靼。② 与此相关，60年代初陈玉书发表《关于土族来源问题》，认为霍尔即胡儿，主要由源自匈奴邈濮的辽金时期的阻卜和蒙古构成，也包括吐浑、契丹等，其中辽金阻卜即阴山鞑靼。这一时期极力主张阴山达达—蒙古说的是李克郁，他最初发表《白鞑靼与察罕蒙古尔——也谈土族族源》，③ 后来撰著《土族（蒙古尔）源流》，④ 对该说作了进一步发挥和系统论证。再后又在《青海民族研究》上发表《拨开蒙在土族来源问题上的迷雾》等系列论文，⑤ 并摄取沙陀说，建构了从辽金阴山达达及沙陀插帐祁连山阴，到元代蒙古军入驻河湟及洮水流域并成为土族诸土司为主线的土族源流史。

　　另外，尚在80年代初，陶克塔呼发表《土族源流新议——兼谈土族的历史斗争》，主张蒙古说，⑥ 但两年后发表的《土达原叙》中又放弃其说，只称土达为历史上的一些"民族碎片"，也不以土达为土族。⑦ 至90年代，杜常顺发表《史籍所见明清时期西北地区的"土人"与"土达"》一文，反主蒙古说，⑧ 随后出版的《青海通史》即按此观点编写土族史。

　　21世纪以后是土族史研究的第三个时期，以吕建福撰著《土族史》的出版为标志，⑨ 建立了从西晋时的鲜卑吐谷浑到宋代"土人"以来的比较系统、完整的土族通史，得到土族及社会各界的广泛认可。2003年该书出版后，青海省民委、政协民宗委及土族研究会联合举行《土族史》首发式及学术研讨会，受到与会领导和专家的一致赞同，土族研究会宣布采纳该书观点。《土族史》共分九章，包括土族的迁徙与重组、土族的古代国家及其盛衰、唐五代时期土族的内迁及其活动、宋朝土族的地方势力消长与社会变迁，吐谷浑、唃厮啰、辽金、南宋、西夏诸朝的土族，元朝时期土族的迁徙及其军政活动、明代土族的分布格局及其与明朝的西北国防、清代土族的政教活动及其衰落、民国时期土族的遗存及其社会变革，另有前言和附录大事记及示意图4幅。该书认为土族是鲜卑族的直系后裔，是鲜卑族自汉魏以来分

　　① 周伟洲：《吐谷浑史》，银川：宁夏人民出版社，1985年；《吐谷浑资料辑录》，西宁：青海人民出版社，1992年。

　　② 汪公量：《青海土族简况》，1956年，手稿。

　　③ 李克郁：《白鞑靼与察罕蒙古尔——也谈土族族源》，《青海民族学院学报》1982年第4期。

　　④ 李克郁：《土族（蒙古尔）源流》，西宁：青海人民出版社，1993年。该书主要内容及其观点经与李美玲修正、改编为《河湟蒙古尔人》，西宁：青海人民出版社，2005年。

　　⑤ 李克郁：《拨开蒙在土族来源问题上的迷雾》《土族赵土司族系考》《土族土司研究——土族李土司家族史》，《青海民族研究》2000年第3、4期，2002年第1期，2004年第3期。

　　⑥ 陶克塔呼：《土族源流新议——兼谈土族的历史斗争》，《民族研究》1982年第3期。

　　⑦ 陶克塔呼：《土达原叙》，《民族研究》1984年第2期。

　　⑧ 杜常顺：《史籍所见明清时期西北地区的"土人"与"土达"》，《青海社会科学》1998年第2期。崔永红、杜长顺：《青海通史》，西宁：青海人民出版社，1999年。

　　⑨ 吕建福：《土族史》，北京：中国社会科学出版社，2002年。

合迁徙过程中分部重组而成的。284 年吐谷浑分部称汗，标志着土族的诞生，从此土族走上独立发展的道路。30 年后吐谷浑从阴山迁居河洮流域，431 年并秦灭夏，最终完成重组过程，形成稳定的民族共同体。由此认为土族只有重组问题，并不存在族体形成问题（仍属鲜卑族）。该书将土族史分为中古史、近古史和现代史，中古史与近古史以 670 年吐谷浑汗国的灭亡为限，古代史与现代史以 1931 年土司制度的废除为限，认为土族并无近代史。该书又按土族族体演变的基本规律，以土族重组之前的历史为先民期，重组之后的历史分为兴盛期、衰落期（同化期）、遗存期。按社会组织和政治制度的演变，土族史分为国家期、自治期（后国家期）、编民期，按经济形态分为游牧期、半农半牧期和农耕期。该书还认为土族作为中华民族大家庭的一个成员，所建立的古代国家是中国历史上的一个民族政权，是中国统一多民族国家的一个组成部分。并说吐谷浑汗国的历代可汗朝尊天子而欲争衡中国、阿柴可汗观览垫江归趋大海而通使南朝，充分表现了土族大一统国家的观念和文化一体的中华民族自觉意识。

《土族史》出版后，针对学术界对土族族源尚有不同看法，吕建福先后发表《土族为吐谷浑后裔新证》《羌浑并为西夏主体民族》《关于土族史研究中的若干问题》《李土司先世辨正》等论文，[①] 举证土族为吐谷浑后裔的历史根据，反驳阴山达达—蒙古说，又主张西夏为羌浑之国，王族拓跋氏出自鲜卑吐谷浑，证实李土司家族传说的先祖晋王为西夏晋王察哥，由此基本澄清了土族族源问题上的主要疑问，取得学术界的进一步认同。

虽然土族乃吐谷浑后裔说得到不少学者的认可，但是仍有一些学者认为此说依然存在一些问题，如祁进玉在《历史记忆与认同重构：土族的"源"与"流"之争》[②] 一文中引用周伟洲的观点强调，土族的形成与吐谷浑有着密切的历史渊源关系，可以把吐谷浑视为今天土族的祖先、主要族源，但是必须要正视土族的形成不是由历史上单一的民族发展而来，而是融合了多民族的共同结果。作者在文中指出若将土族完全划归单一的吐谷浑后裔或者鲜卑族后裔，这种观点多少缺乏根据。杨卫《"土人"考源——宋朝土人史料考辨》[③] 一文则从"土人"一词的演变出发，通过对史料和碑刻的辨析，认为宋朝文献中所谓的"土人"与吐谷浑以及后来的土族之间不能直接对应，因此土人是不是吐谷浑，是不是土族的先民，值得深入探讨。随后杨卫在《"土人"再考》[④] 一文中就"土人"这一称谓进行考察，认为土人称呼很早就已存在，及至元代有多种解释，不应简单将其理解为单一族群称谓。同时

① 吕建福：《土族为吐谷浑后裔新证》《羌浑并为西夏主体民族》，《西北民族论丛》第 1 辑、第 2 辑，北京：中国社会科学出版社，2002 年、2003 年；《关于土族史研究中的若干问题》，《青海民族学院学报》2005 年第 4 期、2006 年第 1 期；《李土司先世辨正》，《西北民族研究》2005 年第 3 期。

② 祁进玉：《历史记忆与认同重构：土族的"源"与"流"之争》，《青海民族大学学报》2013 年第 2 期。

③ 杨卫：《"土人"考源——宋朝土人史料考辨》，《西北民族大学学报》2013 年第 5 期。

④ 杨卫：《"土人"再考》，《青海民族大学学报》2013 年第 3 期。

作者又对霍尔人这一称呼进行辨析，认为"霍尔塞吐谷浑"这个称呼是藏文史籍编撰者在不了解相关汉籍确切表述意思的情形下的产物。因此将土人、霍尔人这些词汇作为吐谷浑称呼的变音。值得注意的是，祁进玉、杨卫等人关于土族族源的讨论仅限于对吐谷浑源流层面，并没有涉及本源问题，也没有全盘否定吐谷浑说。不过，仍有一些学者对土族乃吐谷浑后裔的观点持反对意见，如李克郁在《霍尔即蒙古，亦即蒙古尔》① 一文中认为土族族源的主体来自蒙古人。魏梓秋在《试论元代甘宁青地区民族新格局的形成及特点》② 一文持以上观点。针对以上不同说法，吕建福《关于土族史研究中若干问题的再议》③ 给予回应，认为以上观点本身存在不少问题，并依据史料重申自己长久以来坚持的土族即吐谷浑后裔的观点。

除了关注土族族源的讨论，一些学者还就土族的历史进行研究，如鄂崇荣《明清时期土族传统社会管理体制》④ 一文从明清时期土族社会管理体制入手，考察中央政权对土族社会管理的多样性及其影响。李建胜、董波合著《明清时期儒学对土族政治哲学的影响》⑤ 一文则从明清时期土司制度对土族社会的影响及作用入手，探讨该时段儒学对土族社会发展的意义和作用。

二、裕固族史研究

中华人民共和国成立以来，裕固族历史研究成果最为丰富。探讨的领域既有族源、族称方面的，也有东迁与裕固族形成方面的。对裕固族的社会历史调查研究从1958 年开始，由甘肃少数民族社会历史调查组进行该项工作。1959 年完成《裕固族简史简志合编》（初稿）的编写工作，1963 年内部铅印。该书第一次将裕固族作为一个民族实体对它的概貌、历史等进行了全面、系统的描述，开创了裕固族历史研究的新篇章。该书修订补充后定名为《裕固族简史》，1983 年由甘肃人民出版社出版发行。1987 年出版了《裕固族、东乡族、保安族社会历史调查》（甘肃人民出版社，1987 年）一书。

20 世纪 80 年代，裕固族历史研究进入新阶段，20 余年发表论著达百余篇，其中提出了不少新问题，部分空白点也开始有了初步的探讨，并出现了《建国以来裕固族历史研究概述》《近年国内河西回鹘研究综述》和《近年国内裕固族历史、文化研究述评》等综述性文章。

关于裕固族的族源，学术界传统的看法一般认为河西回鹘（主要是甘州回鹘）是裕固族的直系祖先。此说最早由王国维在其《黑鞑事略笺证》中提出，此后中国学术界多沿袭此说。此说基本观点认为，西夏于 1208 年攻灭甘州回鹘后，河西回鹘

① 李克郁：《霍尔即蒙古，亦即蒙古尔》，《青海民族研究》2012 年第 4 期。
② 魏梓秋：《试论元代甘宁青地区民族新格局的形成及特点》，《西夏研究》2013 年第 1 期。
③ 吕建福：《关于土族史研究中若干问题的再议》，《中国土族》2016 年冬季号。
④ 鄂崇荣：《明清时期土族传统社会管理体制》，《青海民族大学学报》2013 年第 2 期。
⑤ 李建胜、董波：《明清时期儒学对土族政治哲学的影响》，《中国土族》2017 年冬季号。

各部四处逃散。而原先游牧在瓜、沙等地区的部分甘州回鹘部落，在瓜、沙失陷后，退处沙州以南，继续保持着相对的独立性，游牧生活于甘肃、新疆、青海交界地带。11 世纪被称作"黄头回纥"，元代称"撒里畏兀"。明初在其居住区设立安定、阿端、曲先、罕东诸卫。后因内乱及吐鲁番贵族的东侵，诸卫官民遂被迁入嘉峪关内安置。撒里畏兀随之东迁入关，在河西走廊中部、祁连山北麓一带定居下来而为今日之裕固族。

与之相左的观点由汤开建在《解开"黄头回纥"及"草头鞑靼"之谜》①一文中提出，他认为上述观点因为无任何确凿证据，只能算是一种假设。他认为裕固族系由"黄头回纥"发展而来，"黄头回纥"当为西州回鹘之另称，其得名原因与西州回鹘国内有众多的"黄姓突骑施"有关。顾吉辰《也谈"黄头回纥""草头鞑靼"及其"九姓鞑靼"》中认为"黄头回纥"就是西州回鹘（又称龟兹回鹘），因回纥狮子王"著黄色衣"而得名。②接着，钱伯泉也著文从另一角度进一步否认了"黄头回纥"源于甘州回鹘说法，但也不同意汤开建的"西州回鹘"说。他认为"裕固族既非源于甘州回鹘，也不是以黄姓突骑施为主体的西州回鹘发展起来的，裕固族的族源是龟兹回鹘"。他认为 10 世纪末兴起的龟兹回鹘国势力相当强大。从 11 世纪开始，龟兹回鹘又曾对敦煌直接统治了 140 年左右。③这一观点得到了汤开建的赞同和进一步论证。④

还有一种观点以薛文波的《裕固族历史初探》为代表，⑤他认为从地望上讲，黄头回鹘和西州回鹘的关系似乎比河西回鹘的关系更大些。操尧乎尔语的西部裕固族就源于该部；而操安格尔语的东部裕固族却来源于蒙古。与此相近的观点还见于高自厚著述。他认为裕固族源于古代回鹘与蒙古。其回鹘支系是由河西回鹘→黄头回鹘→撒里畏兀儿发展过来的，蒙古支系则主要来自拖雷系的出伯子孙及其军队。⑥

关于裕固族族称"黄头回纥"与"撒里畏兀儿"之间的嬗变关系，学界的意见基本一致。但对其含义解释则众说纷纭。有"黄衣说""黄发"说、"黄头裹布"说、"黄姓突骑施"说、"黄头室韦"说、"贵族部落"说等。

关于明代的关西七卫及其东迁研究也是中华人民共和国成立以来裕固族研究的重点。

有明一代于嘉峪关外设置安定、阿端、曲先、罕东、沙州、罕东左、赤斤七卫，

---

① 《青海社会科学》1984 年第 4 期。

② 《社会科学》（甘肃）1978 年第 4 期。

③ 钱伯泉：《黄头回纥研究》，《新疆历史研究》1985 年第 3 期；《龟兹回鹘国与裕固族族源问题研究》，《甘肃民族研究》1985 年第 2 期；钱伯泉：《黄头回纥的源流、居地与名义考——兼谈裕固族的族源》，《西域史论丛》（第 3 辑），乌鲁木齐：新疆人民出版社，1990 年，第 9—39 页。

④ 汤开建：《甘州回鹘余部的迁徙及与西州回鹘余部之关系》，《新疆社会科学》1984 年第 3 期；《关于〈龟兹回鹘与裕固族族源问题研究〉一文的几点看法》，《甘肃民族研究》1985 年第 3—4 期。

⑤ 薛文波：《西北民族学院学报》1981 年第 2—3 期。

⑥ 高自厚：《撒里维吾尔新释》，《西北民族学院学报》1986 年第 3 期；《撒里畏兀与蒙古宗王出伯——裕固族源流中蒙古支系的由来、演变及其重大影响》，《西北民族学院学报》1990 年第 4 期。

以安定西陲。其中安定、阿端、曲先三卫的主体居民为撒里畏兀儿人；其他四卫的部众多为蒙古族，在东迁之后大部融于撒里畏兀儿人中，共同构成了裕固族的直系先民。因此，关西七卫的设置及其东迁就成了裕固族历史研究中的一项重要内容。但出于明清时期的史料对关西七卫特别对安定、阿端、曲先、罕东四卫的方位记载语焉不详，致使学界对其具体位置的考定产生了很大的分歧。裕固族民间叙事体长诗《尧乎尔来自西至—哈至》说他们的先辈是从"西至—哈至"东迁来的。但"西至—哈至"究竟是什么地方，学界却存在各不相同的说法：主要观点有以下两种：

1. 西州—火州说

此说由西方学者曼内海姆、马洛夫等首倡。曼内海姆只是猜测"西至哈至"可能是指西州；马洛夫则认为"西至"是西州的音变，哈至是火州的音变，指今天新疆的吐鲁番地区。国内部分学者曾接受并引用此观点。钟进文在《西至哈至考释》一文中对其音变过程以及与裕固族民歌的对应关系进行了较为详细的考释，并认为西至是西州的音变，哈至是高昌的音变。此说得到较多学者认同。①

2. "关外诸卫"说

《裕固族简史》认为："综观文献记载和民间传说，撒里畏兀儿人是从关外诸卫东迁入关的。"即"西至、哈至"指的是关外诸卫。

随着研究的不断深入，有关"西至、哈至"问题的研究也日益推进，不少学者在"关外诸卫"说的基础上，将其进一步细化到具体方位。如杨富学《裕固族东迁地西至哈至为瓜州沙洲说》② 一文经过论证，也持此见。此外，还有学者从民族关系角度出发，讨论其他民族在裕固族形成和发展中所起的历史作用。如杨富学与安玉军的《藏族、蒙古族、土族因素与裕固族的形成》③ 一文也分别从藏族、蒙古族和土族三个民族对裕固族影响的历史入手，探讨了以上三个民族在裕固族形成过程中所起的作用。

近年来蒙古与裕固族关系研究备受关注，发表论文有杨富学、张海娟、安玉军的《从蒙古豳王到裕固族大头目》④、杨富学与张海娟的《蒙古豳王家族与裕固族形成》⑤，在以上研究的基础上，杨富学和张海娟于 2018 年完成了《从蒙古豳王到裕固族大头目》⑥ 一书，对豳王家族的历史、蒙古豳王家族对河西地区的统治及其在裕固族形成历史上的作用进行了阐释。至于裕固族的文化贡献也备受关注，相关研究有杨富学的《裕固族对敦煌文化的贡献》⑦、胡蓉、杨富学、叶凯歌的《敦煌文献

① 钟进文：《"西至哈至"考略》，《中央民族学院学报》1992 年第 4 期；《裕固族地名"西至—哈至"考释》，《西北史地》1997 年第 2 期。

② 杨富学：《裕固族东迁地西至哈至为瓜州沙洲说》，《青海民族研究》2015 年第 6 期。

③ 杨富学、安玉军：《藏族、蒙古族、土族因素与裕固族的形成》，《青海民族研究》2016 年第 2 期。

④ 杨富学、张海娟、安玉军：《蒙古豳王家族与裕固族大头目》，《河西学院学报》2014 年第 3 期。

⑤ 杨富学、张海娟：《蒙古豳王家族与裕固族形成》，《内蒙古社会科学（汉文版）》2015 年第 3 期。

⑥ 杨富学、张海娟：《蒙古豳王家族与裕固族大头目》，兰州：甘肃文化出版社，2017 年。

⑦ 杨富学：《裕固族到敦煌文化的贡献》，《河西学院学报》2017 年第 4 期。

与裕固族古代文学》[①]、杨富学、张海娟的《欧亚学视域下的裕固族历史文化》[②]等。高启安《裕固族东迁与玉门——以〈肃镇华夷志〉为中心》[③] 一文以《肃镇华夷志》记载为中心，探讨了裕固族先民在玉门地区的活动及东迁。钟进文《裕固族先民（沙州卫）内迁山东散论》[④] 则对裕固族先民东迁甘州，继而再迁山东的历史进行了论述。闫天灵《裕固族的"七族黄番"与大头目》[⑤] 一文则从清代"七族黄番"以及七族黄番大头目史事入手，探讨了裕固族先民"七族黄番"内部管理体系的形成与衰落。巴战龙《关于构建"裕固学"的几点思考》[⑥] 一文回顾了裕固族研究的发展历程，提出构建"裕固学"必须凝练研究团队、夯实资料建设和加强国际交流三项建议。

从综述中我们可以看出，尽管裕固族历史研究时间短暂，但仍然取得了不少令人瞩目的成就。已经发表的学术论著的数量暂不说，仅就涌现出来的各种学术观点就足以说明中华人民共和国 70 年裕固族历史研究是十分活跃的。

---

① 胡蓉、杨富学、叶凯歌：《敦煌文献与裕固族古代文学》，《民族大学研究》2019 年第 5 期。
② 杨富学、张海娟：《欧亚视域下的裕固族历史文化》，《河西学院学报》2018 年第 6 期。
③ 高启安：《裕固族东迁与玉门——以〈肃镇华夷志〉为中心》，《河西学院学报》2017 年第 16 期。
④ 钟进文：《裕固族先民（沙州卫）内迁山东散论》，《河西学院学报》2018 年第 1 期
⑤ 闫天灵：《裕固族的"七族黄番"与大头目》，《民族研究》2019 年第 5 期。
⑥ 巴战龙：《关于构建"裕固学"的几点思考》，《河西学院学报》2014 年第 6 期。

第六章　青藏高原民族史研究

第一节　通　　论

一、青藏高原民族史研究述略

青藏高原民族史研究，大体上可以等同于藏学范围内的历史研究，内容涵盖青藏高原范围内所有古代部族和现代民族的历史变动及其相互关系。藏族是青藏高原的主体民族，聚居于西藏自治区及邻近的甘、青、川、滇等地区。在青藏高原的东部、南部边缘地带，则呈现藏族与包括羌、门巴、珞巴等族在内的多个民族杂居共生的格局。由于特殊的地理环境、民族构成和现实原因，青藏高原民族史研究在中国民族史学领域内历来备受关注。譬如西藏的历史地位、藏文化的世界影响等课题，均是学界长期讨论和研究的重大理论和现实问题。在维护祖国统一、加强民族团结的思想指引下，西藏是中国不可分割一部分的论断，凝聚了几代学者对青藏高原民族史孜孜以求的探索成果，并在变换的时代条件下经受了学术与实践的双重检验。

近代以来的民族和边疆危机，促使不少学术前贤怀着救国图存的志愿投身于民族研究。而用现代科学方法研治青藏高原的民族历史，可以说主要发端于 1911 年辛亥革命之后。当时社会风向的转移和新文化的传播，推动了人文社会科学领域内方法论上的革命，为此后全面系统的学术研究奠定了基础。1949 年中华人民共和国成立之前的青藏高原民族史研究，大体可以 1937 年抗日战争全面爆发为限分为前后两个时期。时局的多变对研究事业有牵制也有促进，除某些应时之需的学术性不强的评论文字或一般著述之外，此一时期也出现了不少颇有代表性的学术精品。中华人民共和国成立以后，青藏高原民族史学较此前有极大的推进和突破，总体上可以划为前后两个研究阶段：（1）从 1949 年到 20 世纪 80 年代，学术研究经历了从新生到停滞的曲折发展，受到政治因素的严重干扰，研究活动的组织形式、学术论著的范式和质量均受到相当的局限，但也取得了若干具有标志意义的集体或个人成果；（2）20 世纪 80 年代以后，学术研究经历了从复苏到繁盛的时代变奏，意识形态领域的制约因素渐趋淡化，学界酝酿已久的潜在能量随着混乱的平息得以显现，学者的自觉研究和多元化的研究思路得到发挥，取得并积累了颇为丰硕的研究成果。

以西藏和平解放和民主改革为契机，青藏高原民族史研究获得了长足发展。在中国科学院的指导下，高等院校和科研机构组成科学考察团，李有义、林耀华等大批学者带领学生奔赴青藏高原民族地区进行社会历史调查、文化遗产发掘等研究工作。其间，对文物古迹的普查、档案文献的收集和社会民俗的调研，均得以有序开展并取得了相当成绩。这些规模不等的社会历史调查，从 20 世纪 50 年代一直延续到 70 年代以后，集体性的学术协作积累了丰富的一手资料，[①] 而且在实践中培养了一批人才。以此为基础，学界陆续编写出体现前一阶段研究成果的民族《简史》《简志》以及民族自治地方《概况》丛书。此一时期，不少学者以文本与田野相结合的研究，推动了青藏高原民族史学的进展。即便在"文化大革命"期间，社会秩序严重混乱，学术活动几近停滞，某些集体或个人的研究活动仍得以排除阻力、变换方式而缓慢进行。除一些公开出版的研究成果之外，以"内部资料"名义印行的译稿、论著也为数不少。与此同时，台湾的相关研究虽存在与大陆隔绝、受政治影响等问题，但在欧阳无畏、李符桐、芮逸夫等先生的倡导和推动下，学科建设、人才培养、学术研究均获得持续开展，其传承和影响及于今日。

20 世纪 80 年代以来，随着政治氛围的宽松和对西藏工作的重视，学术研究迎来了难得的发展机遇。此前在封闭状态下完成的部分成果，经整理修订得以陆续出版。1981 年，西藏社会科学院主办的《西藏研究》在拉萨创刊，这是当时全国唯一的专门研究西藏的学术刊物；1986 年，中国藏学研究中心在北京成立，组建起国家级的藏学研究专门机构。以上述两个事件为标志，青藏高原民族史学迎来发展繁荣的新时期。中央民族大学、中国社会科学院、西藏大学、西藏社会科学院、兰州大学、西北民族大学、四川大学、西南民族大学、陕西师范大学、西藏民族学院、南京大学、复旦大学等科研院所，均有相关专业设置，研究力量、学科建设不断完善。台湾的中央研究院、故宫博物院、政治大学、文化大学等科研院所，亦有相关专业设置。与此同时，《中国藏学》《藏学学刊》《西藏档案》以及台湾《大陆杂志》《中国边政》《西藏研究》等学术期刊以及一些高校学报，成为发表相关成果的阵地。2006 年，藏学研究的国家级奖项"中国藏学研究珠峰奖"进行了首届评奖。在海内外享有盛誉的《藏汉大辞典》《西藏简明通史》获特别奖，任乃强、王森、恰白·次旦平措、东噶·洛桑赤列、王尧等 15 位老一辈藏学家获荣誉奖，所颁一二三等奖则涵盖语言、历史、宗教、社会等多个领域。这是对中华人民共和国成立以来包括青藏高原民族史研究在内的藏学研究的一次检阅和总结。

在新的时代条件下，民族史学与其他学科一样，也面临着学风转移、方法创新等诸多机遇和挑战。但毋庸置疑的是，随着新的研究领域的开拓、新的研究方法的引入以及自觉性研究的培育，青藏高原民族史研究得以逐步突破既有的藩篱，开始

---

① 整理修订收入《中国民族问题资料档案集成·中国少数民族社会历史调查资料丛刊》，北京：中央民族大学出版社，2005 年。

出现不少新的趋向。譬如西方"族群边缘理论"等历史人类学的研究方法，开始与中国学者的本土研究实践接轨和结合。再如以"藏彝走廊"为代表的多学科区域研究，已通过陆续出版的《藏彝走廊研究丛书》显出其势头和潜力。凡此种种尝试，日益丰富着学界对青藏高原民族史个案性和整体性的认知，也推动了其他相关研究的深化。此外，以王尧主编的《国外藏学研究译文集》和耿昇的大量翻译论著为代表的学术译介工作，为青藏高原民族史学持续地注入了国外学界的新鲜血液和广阔视野，提升了国内研究的学术境界。2015 年，中国藏学研究中心主持编纂的《西藏通史》1—8 卷（早期卷、吐蕃卷、宋代卷、元代卷、明代卷、清代卷、民国卷、当代卷）由中国藏学出版社出版，这是青藏高原民族史学的一项标志性收获。藏学在当代已发展为一门世界性的显学，而作为藏学研究重要领域的青藏高原民族史研究，也必将在国际视野和实证研究的驱动下迎来新的持续发展。

二、基本史料的发掘整理状况

（一）吐蕃古典文献

吐蕃时期三大藏文文献即敦煌写卷、简牍文字和金石铭刻的陆续整理出版，是20 世纪 80 年代以来西藏古典文献整理和研究的杰出成就。1980 年，民族出版社出版王尧、陈践译注的《敦煌本吐蕃历史文书》[1]；1982 年，文物出版社出版王尧译注的《吐蕃金石录》[2]；1986 年，文物出版社出版王尧、陈践译注的《吐蕃简牍综录》[3]。以上三部著作，在西方学者巴考（J. Bacot）、黎吉生（H. E. Richardson）、托玛斯（F. W. Thomas）等研究的基础上，无论在录文、翻译、注释等方面均达到了新的高度，集中反映了著者对吐蕃历史、仪轨、语言材料的研究心得。王尧、陈践先生将吐蕃三大文献引入西藏古史研究，对吐蕃史、中亚史及相关学科起到了异乎寻常的推动作用。此后涌现的大批涉关吐蕃历史文化的论著，无不以吐蕃时期三大文献作为其研究的基点。1987 年，"中央研究院"历史语言研究所出版李方桂、柯蔚南（W·South Coblin）合著的《古代西藏碑文研究》。此书虽撰成于海外、出版于台岛，但吸收了大陆多位学者的资料提供和研究所得，堪称国际学术界关于吐蕃碑铭研究的集成之作。2000 年，甘肃教育出版社出版黄布凡、马德合著的《敦煌藏文吐蕃史文献译注》，反映了学界对吐蕃历史文书研究的一些新认识。

藏于海内外的敦煌藏文文献总数约万件，基本属于 7—9 世纪的古藏文写卷，内容虽主体以各类佛经为主，但也大量涉及历史、社会、经济等内容。吐蕃王朝灭亡后西藏长期动乱，经籍文书尽毁，故而敦煌藏文文献成为研究青藏高原早期民族历史特别是吐蕃历史不可替代的资料。2006 年，由西北民族大学、上海古籍出版社、

---

① 北京：民族出版社，1980 年，1992 年增订本。

② 北京：文物出版社，1982 年。

③ 北京：文物出版社，1986 年。

法国国家图书馆联合编印的《法藏敦煌藏文文献》第 1—2 册在兰州首发，此书 35 册全部出齐。此书的问世，堪称国际藏学界和中国藏学界、民族史学界的一件大事。这是自于道泉等先生远赴海外搜录敦煌藏文写卷，王尧先生主编《法藏敦煌藏文文献解题目录》① 以来，几代中国学者经过不懈求索建立的重要学术业绩。2011 年，由西北民族大学、上海古籍出版社、英国国家图书馆联合编印的《英藏敦煌藏文文献》第 1—2 册出版。，此书已出 14 册。这些原始资料的系统公布，必将进一步推动相关领域学术研究的丰收。郑炳林、黄维忠主编《敦煌吐蕃文献选辑》"文化卷""文学卷""社会经济卷""占卜文书卷"，② 对以往关于敦煌藏文写卷的相关研究进行了全面总结和专题整理。此外，较为零散的敦煌汉文吐蕃文献，也是重要的研究资料。杨富学、李吉和合著的《敦煌汉文吐蕃史料辑校》第 1 辑，1999 年由甘肃人民出版社出版。

（二）藏文史籍和档案

藏文古籍文献据称有几十万函、两百余万卷，在数量和门类上仅次于汉文古籍文献，在中国民族文化宝库中占有卓越的地位。在藏文古籍目录的整理方面，以中国民族图书馆编纂的《藏文典籍目录》体例最精、成绩最大。业已出版的第 1—3 卷"文集类子目"，分别为四川民族出版社 1984 年版、民族出版社 1989 年和 1997 年版。据悉，第 4 卷"散集类子目"已于 2008 年由民族出版社出版。这部《目录》，可以说囊括了存世藏文典籍的精华。此书在木雅·公布、东噶·洛桑赤列、黄明信、汤池安等多位资深学者的指导和参与下完成，详审地著录了民族图书馆所藏藏文古籍的版本、卷次、篇名和作者小传，并附有精当典雅的汉文译文，是研究藏族历史不可或缺的基本资料。布达拉宫、拉卜楞寺、德格印经院等处，均编纂有各自所藏藏文典籍的目录，也是相关研究的重要工具资料。此外，东噶·洛桑赤列的《东噶藏学大辞典》（藏文）③，集数著者数十年教学、研究之勤苦心力，工程艰巨，考索精湛。书中收录大量涉关青藏高原民族史的长篇辞条，其材料和观点均是相关研究中重要的取信依据。黄明信、谢淑婧合著的《藏族历史人物年代手册》（藏文）④，是根据相关史籍编制的一部精细的工具资料。

20 世纪 60 年特别是 80 年代以来，在以刘立千、黄颢、陈庆英、蒲文成等为代表的众多学者的勤苦努力下，《巴协》⑤《德乌教法史》⑥《娘氏教法史》（未找到版

① 北京：民族出版社，1999 年。
② 北京：民族出版社，2011 年、2013 年、2016 年。
③ 北京：中国藏学出版社，2002 年。
④ 北京：民族出版社，2000 年。
⑤ 巴·塞囊著，佟锦华、黄布凡译注，成都：四川人民出版社，1990 年。
⑥ 拉萨：西藏古籍出版社，1987 年。

本信息)、《红史》①《西藏王统记》②《汉藏史集》③《青史》④《新红史》⑤《西藏王臣记》⑥《白史》⑦《萨迦世系史》⑧《朗氏家族史》⑨《布顿佛教史》⑩《贤者喜宴》《安多政教史》⑪《卫藏道场胜迹志》⑫《五世达赖喇嘛传》⑬《颇罗鼐传》⑭《章嘉国师若必多吉传》⑮等重要藏文典籍的整理译注工作陆续完成。这些丰硕成果的取得，大多是译者长期笔耕、厚积薄发之作。譬如《汉藏史集》是当时罕见的珍奇史料，《新红史》译注的详审堪称典范，《安多政教史》翻译的工作量颇为浩大。其中，最能体现学术进展者，可举如下二例：（1）《巴协》素来异本极多，苦无良本，已有译本。2000 年，维也纳奥地利科学院出版巴桑旺堆、丁伯格（H. Diemberger）的英译评注本，堪称整理注释《巴协》的最新成果。（2）《贤者喜宴》在西藏史籍中规模最为宏富，译注工作一直进展缓慢，学者大多长期参用黄颢的摘译本。据悉，周润年已完成对此书的全文译注。2009 年，黄颢、周润年《贤者喜宴·吐蕃史译注》由中央民族大学出版社出版。

西藏自治区档案馆、中国第一历史档案馆等单位，也陆续启动对馆藏档案的整理出版工作。作为国家清史编纂委员会档案丛刊之一，西藏自治区档案馆编译的《清代西藏地方档案文献选编》8 册⑯，收录清代藏文档案（包括汉译）、藏汉合璧档案共计 1522 件。这样大规模的清代藏文档案整理和刊布，尚属首次。

（三）汉文史籍和档案

汉文涉藏史籍同藏文史料一样，是研究青藏高原民族史的基本依据。王尧先生称道的"汉藏文史料灿然大备"的局面，是几代学者胸中的宏愿。1949 年至今，学界在这方面的收获大大超越了以往，其系统性和精细度也为国外学者所不能及。从浩繁的汉文史籍中辑录藏文史料，本身是一项需要信念和热情的艰苦的工作，但仍有不少学者甘于奉献，冀为学术研究提供长远的便利。1981 年，四川民族出版社出版苏晋仁、萧链子合作的《册府元龟吐蕃史料校证》；次年，西藏人民出版社出版

---

① 蔡巴·贡噶多吉著，东噶·洛桑赤列校注，陈庆英、周润年译注，拉萨：西藏人民出版社，1988 年。
② 索南坚赞著，刘立千译注，拉萨：西藏人民出版社，1985 年。
③ 达仓宗巴·班觉桑布著，陈庆英译注，拉萨：西藏人民出版社，1986 年。
④ 廓诺·迅鲁伯著，郭和卿译注，拉萨：西藏人民出版社，1985 年。
⑤ 班钦·索南查巴著，黄颢译注，拉萨：西藏人民出版社，1984 年。
⑥ 第五世达赖喇嘛著，郭和卿译注，北京：民族出版社，1983 年。
⑦ 根敦琼培著，蒲文成译注，台北：大千出版社，2005 年。
⑧ 阿旺贡噶索南著，陈庆英、高禾福、周润年译注，拉萨：西藏人民出版社，1989 年。
⑨ 大司徒·绛求坚赞著，赞拉·阿旺、余万治译注，拉萨：西藏人民出版社，1989 年。
⑩ 布顿·仁钦珠著，蒲文成译注，兰州：甘肃民族出版社，2007 年。
⑪ 智观巴·贡却丹巴绕吉著，吴均译注，兰州：甘肃民族出版社，1989 年。
⑫ 钦则旺布著，刘立千译注，拉萨：西藏人民出版社，1987 年。
⑬ 陈庆英、马连龙、马林译注，北京：中国藏学出版社，1997 年。
⑭ 多卡夏仲·策仁旺杰著，汤池安译注，拉萨：西藏人民出版社，2002 年。
⑮ 土观·洛桑却吉尼玛著、陈庆英、马连龙译注，北京：民族出版社，1988 年。
⑯ 北京：中国藏学出版社，2017 年。

苏晋仁辑校的《通鉴吐蕃史料》。这两项成果的取得，凝聚了著者前后 30 年的辛劳，其体例之完备、校证之精确实为同类著作之冠。1982—1993 年，陈燮章、索文清、陈乃文合作辑录的《藏族史料集》，由四川民族出版社出版；1989—1990 年，陈乃文、陈燮章辑录的《藏族编年史料集》，由民族出版社出版。汉文史籍中正史类和编年类中的藏族史料，基本囊括于此。此外，范学宗、王纯洁辑录的《全唐文全唐诗吐蕃史料》①，汤开建、刘建丽辑录的《宋代吐蕃史料集》②，顾祖成主持辑录的《明实录藏族史料》③《清实录藏族史料》④ 等资料汇编，也得以陆续出版。陈燮章辑录的《文人著作笔记中的宋元藏族史料》，于 2006 年由中国藏学研究中心内部印行。

在青藏高原民族史料的整理方面，吴丰培先生贡献至巨。他秉承家学、留心藏事，数十年来未尝中辍。20 世纪 70 年代末期以来，陆续整理出版《中国民族史地资料丛刊》《清代藏事奏牍》《川藏游踪汇编》《民元藏事电稿》《卫藏通志》《康輶纪行》等史料 30 余种。⑤ 其中，《清代藏事奏牍》经过近 60 年的收集整理、10 余年的核校充实，收录嘉庆至宣统年间 47 位驻藏大臣及其他官吏的奏牍资料；《川藏游踪汇编》共选收史籍 28 种，清代入藏纪程之作于此大体具备，书后附编 20 种地名综合索引，极便学者参考引用。尤其值得标举的是，吴燕绍（吴丰培之父）所纂《清代蒙藏回部典汇》，这部由吴家三代人珍藏、整理的内容浩繁的手稿，于 2005 年由中华书局以 75 巨册影印出版。

20 世纪 80 年代以来西藏人民出版社出版的《西藏地方是中国不可分割的一部分》《中国西藏地方历史资料选辑》（藏文）、《西藏历代藏印》等，以及 90 年代以来中国藏学出版社出版的《元以来西藏地方与中央政府关系档案史料汇编》⑥《清初五世达赖喇嘛档案史料选编》⑦《民国时期西藏及藏区经济开发建设档案选编》⑧等，收录范围已扩及译为汉文的部分藏文史料。以来，张羽新主编多部大型史料丛刊，《中国西藏及甘青川滇藏区方志汇编》54 册、《唐宋元明清藏事史料汇编》88 册、《民国藏事史料汇编》30 册，均由学苑出版社出版，实现了汉文历史文献中大宗藏族史料的集成。不同时期出版的各地《文史资料选辑》，也是资料整理的重要成绩。此外，周伟洲辑校的《吐谷浑资料辑录》⑨，以及涉关其他民族的若干小型资料汇编，反映了藏族史料以外民族史料整理的收获。

---

① 拉萨：西藏人民出版社，1988 年。
② 成都：四川人民出版社，1986—1989 年。
③ 拉萨：西藏人民出版社，1982 年。
④ 拉萨：西藏人民出版社，1983 年。
⑤ 曾国庆：《论吴丰培先生对藏学的贡献》，《中国藏学》2008 年第 1 期，第 225—226 页。
⑥ 北京：中国藏学出版社，2005 年。
⑦ 北京：中国藏学出版社，1998 年。
⑧ 北京：中国藏学出版社，2005 年。
⑨ 西宁：青海人民出版社，1992 年。

第二节　早期部族历史研究

一、氐羌系统

氐羌系统是早期活跃于青藏高原的主体民族，不仅分布范围极广而且系属极多，在古代中国西部的民族流动中占有重要地位。氐、羌两族均属古代西戎，历来境地相邻、关系密切、彼此联称。关于氐族史的研究成果不多，代表性的有梁钊韬《氐族的起源及其时期发展》①、李绍明与冉光荣《论氐族的族源与民族融和》②、张建昌《氐族的兴衰及其活动范围》③、王宗维《氐源新探》④、何光岳《氐族的来源和迁徙》⑤ 等论文，以及马长寿《氐与羌》⑥、杨铭《氐族史》⑦、孙功达《氐族研究》⑧ 等著作。关于羌族史的研究，下文将列专节进行系统述评。隋唐时期，活跃于青藏高原的羊同、苏毗、女国、多弥、白兰、弥药、西山八国等许多部族，在族属上均源于氐羌系统。关于早期青藏高原氐羌诸部的整体研究，主要见于格勒《论藏族文化的起源、形成及与周围民族的关系》，于 1989 年由中山大学出版社出版；其增订版易名《藏族早期历史与文化》，于 2006 年由商务印书馆出版。此书以历史人类学的视野，系统勾勒了氐羌南迁的历史过程、吐蕃与氐羌的融合和藏族各支系的形成、吐蕃与北方胡系诸族和西部诸族的历史文化联系等诸多问题，对苏毗、白兰、弥药、西山八国则有专章加以探讨。此外，薛宗正《吐蕃的崛起及其统一高原诸羌》⑨ 也是探讨相关问题的专论。

苏毗位于唐古拉山脉的南北两侧，地缘上东接多弥、南邻吐蕃，是青藏高原中部一个国力强盛、文化发达的部族集团。苏毗最突出的特色是以女性为王，其文化对青藏高原的早期文明进程贡献至大。吐蕃征服苏毗以后，仍将视作一个"翼"。关于苏毗历史的研究，杨正刚《苏毗大事记》⑩ 和《苏毗初探》⑪，是较早的系统研究苏毗的论文。巴桑旺堆《关于吐蕃史研究中几个"定论"的质疑》⑫，通过对苏

① 《学术研究》1963 年第 4 期。
② 《四川省史学会史学论文集》，成都：四川人民出版社，1982 年。
③ 《兰州大学学报》1982 年第 4 期。
④ 《西北历史研究》1989 年号，西安：西北大学出版社，1991 年。
⑤ 《天水师范学院学报》1998 年第 1 期。
⑥ 上海：上海人民出版社，1984 年。
⑦ 长春：吉林教育出版社，1991 年。
⑧ 兰州：甘肃人民出版社，2005 年。
⑨ 《西藏研究》1987 年第 4 期。
⑩ 《西藏研究》1989 年第 1 期。
⑪ 《中国藏学》1989 年第 3、4 期。
⑫ 《西藏研究》1983 年第 4 期。

毗辖境问题的讨论，对"苏毗即森波杰说"（王忠）提出质疑。此后，林冠群发表《苏毗与森波杰考辨》① 系统回溯了以往关于苏毗境域的界说，从多个角度确证苏毗与森波杰并不能同一。学界此前的种种误解，至此得以确然澄清。苏毗固然以女性掌国，但对苏毗与所谓女国的关系，则在学界聚讼未决。汉文史籍中存在"女国"与"东女国"之别，学界对位于藏东、川西的东女国的存在已无疑义，但对史籍所见藏东、藏西两个相距甚远的女国，则有多种不同的设想和推测。某些学者认为苏毗即是女国，但也有人强调二者并不相同。张云《苏毗与女国文明》②、周伟洲《苏毗与女国》③ 均根据相关史料对此有不同议论。朱建中《苏毗诸部浅析》④ 指出苏毗、西女国、东女国各有其政治体系和地理位置，实际上涉及对史料可信程度和女国地理变迁的理解。霍巍《从新出唐代碑铭论"羊同"与"女国"之地望》⑤ 认为在两个女国关系问题上一些学者的"迁徙论"不能成立。杨铭《敦煌、西域古藏文文献所见苏毗与吐蕃关系史事》⑥ 梳理了吐蕃与苏毗关系中的若干史事。

白兰是汉代以来"白狼"的后期异译，在地理上位于吐谷浑西南，分布于甘、青、川交界地带的黄河上游。关于白兰历史的研究，顾颉刚《白兰》⑦、周伟洲与黄颢《白兰考》⑧，均是多有创见的考证。聪喆《白兰国址辨》和《白兰国址再辨》⑨、李文实《白兰国址再考》⑩ 专事讨论了白兰的地望问题；朱世奎与程起骏《吐谷浑白兰地望新考》⑪ 总结以往研究并结合田野考察，指出白兰地望与吐谷浑古国的密切联系，进而对白兰地望问题进行了系统的梳理。陈宗祥《试论格萨尔与不弄（白兰）部落的关系》⑫ 探讨了白兰与格萨尔的文化渊源。对《白狼歌》历史内涵的研究，也一度成为重要学术论题。马学良与戴庆厦《白狼歌研究》⑬、陈庆英《白狼歌新探》⑭、任新建《白狼、白兰考辨》⑮ 等论文，均是对此问题的直接探讨。杨铭《"弥不弄羌"考》⑯ 断定汉文史籍中的"弥不弄羌"即为"白兰羌"在敦煌吐蕃文书中的对译，这在白兰名义研究方面是个值得注意的观点。

多弥位于苏毗东北，分布于青海长江上游通天河一带。由于史料的缺乏和零散，

---

① 《史学汇刊》第 18 期，2003 年。
② 《丝路文化·吐蕃卷》，浙江人民出版社，1995 年。
③ 《大陆杂志》第 92 卷第 4 期，1996 年。
④ 《民族研究》1996 年第 4 期。
⑤ 《民族研究》1996 年第 1 期。
⑥ 《西域研究》2011 年第 3 期。
⑦ 《史林杂识初编》，中华书局，1961 年。
⑧ 《青海民族学院学报》1983 年第 2 期。
⑨ 《青海社会科学》1982 年第 2 期、1984 年第 5 期。
⑩ 《青海社会科学》1984 年第 1 期。
⑪ 《青海社会科学》2008 年第 2 期。
⑫ 《西南民族学院学报》1981 年第 4 期。
⑬ 《藏缅语族语言研究》，云南民族出版社，1990 年。
⑭ 《羌族历史文化文集》第 5 集，1994 年。
⑮ 《社会科学研究》1995 年第 2 期。
⑯ 《民族研究》2007 年第 1 期。

关于多弥历史的研究成果寥寥。周伟洲《多弥史钩沉》① 和《浦茹考》② 对多弥的名义、地望及其与吐蕃的关系等问题作了全面释证。弥药是吐蕃人对纳入其辖下的党项故地和部众的称谓，而另一部分党项人则从其故地河湟以南、松潘西北迁至陕北、宁夏，最终建立起西夏政权。关于弥药的研究，代表性的有黄颢《藏文史书中的弭药》③、周伟洲《唐代党项》④、周群华《党项、"弥药"与四川西夏移民》⑤、张云《党项名义及族源考证》⑥ 和《吐蕃与党项政治关系初探》⑦、汤开建《关于弥罗国、弥药、河西党项及唐古诸问题的考辨》⑧ 等论著。西山八国是多个羌人部落的总称，散布于川西北岷江上游诸山之中。关于西山八国历史的研究，《吕思勉读史札记》⑨ 列有"西山八国"专条，李绍明《唐代西山诸羌考略》⑩、郭声波《唐代弱水西山羁縻部族探考》⑪ 均是重要的专论。附国的主体也属于羌系，分布于川西金沙江流域。关于附国历史的研究，学界主要围绕"《隋书》所载的附国与吐蕃是否同一"的论题展开讨论，仍在延续 1949 年之前岑仲勉、任乃强二位先生的学术争鸣。杨嘉铭《关于"附国"几个问题的再认识》⑫，对附国的疆域和族系问题提出了比较综合的看法；李敬洵《七至九世纪川西高原部族考》⑬，认为附国当指敦煌吐蕃文书中的"藏蕃"，但仍嫌证据不足而无法确论。

二、吐谷浑

吐谷浑本是两晋时期辽西慕容鲜卑的一支，在民族来源上属于东胡系统。此部 4 世纪时由于内部纷争西迁，在甘青地区兼并当地氐羌诸部，建立起占据藏北高原大半地区的吐谷浑政权。关于吐谷浑史的研究，真正的进展始于"文化大革命"之后。学者将史籍的记载与青海、新疆各地的考古发现，尤其是吐鲁番文书、出土墓志等资料相结合，对吐谷浑的来源与迁徙、政治疆界与中心、社会政治与经济制度、对外交往关系等问题进行了广泛深入的探讨，取得了较大的共识。长期以来，吐谷浑史研究的重点和热点，集中于对外关系特别是与唐朝、吐蕃的三方关系方面。20 世纪 80 年代以来，吐谷浑史研究的代表性的论著，在此可举二例：（1）周伟洲

---

① 《民族研究》2002 年第 5 期。
② 《中国历史地理论丛》1993 年第 2 期。
③ 《青海民族学院学报》1985 年第 4 期。
④ 西安：三秦出版社，1988 年。
⑤ 《宁夏社会科学》1993 年第 4 期。
⑥ 《中国藏学》1996 年第 1 期。
⑦ 《唐代吐蕃史与西北民族史研究》，北京：中国藏学出版社，2004 年。
⑧ 《西北第二民族学院学报》2000 年第 1 期。
⑨ 上海：上海古籍出版社，1982 年。
⑩ 《四川大学学报》1980 年第 1 期。
⑪ 《中国藏学》2002 年第 3 期。
⑫ 《西藏研究》1990 年第 1 期。
⑬ 《中国藏学》1989 年第 1 期。

《吐谷浑史》①是首部全面论述吐谷浑历史的专著。（2）李文实《吐谷浑历史上几个问题的考察》，收入《西陲古地与羌藏文化》②，实际上涵括著者此前研究吐谷浑历史的多篇论文。值得提及的是，1996 年以来青海都兰吐谷浑故地发现大批唐代墓葬，2005 年科学出版社出版考古报告《都兰吐蕃墓》，再加上相关的其他考古收获，必将进一步推动吐谷浑、唐、吐蕃关系史的研究。

关于吐谷浑的形成，学界依然存在争议。范文澜在《中国通史简编》第 3 编第 2 册③提出慕容鲜卑西迁后逐步羌化，"吐谷浑实际是羌族的国家"。对此，李文实发表《吐谷浑族与吐谷浑国》④指出吐谷浑国虽建在羌区，但史实表明鲜卑人并未完全羌化。周伟洲《关于吐谷浑的来源、迁徙和名称诸问题》⑤从民族早期发展的角度明确吐谷浑源自东胡鲜卑，并考订了吐谷浑的名义等相关问题。关于吐谷浑的社会状况，也有不少代表性的研究成果。王民信《从吐谷浑的汉化论其社会制度》⑥对吐谷浑的游牧社会组织作了详尽探析；崔永红《吐谷浑社会经济和政治制度初探》⑦论述了对吐谷浑的游牧生产、商业贸易等经济类型的比重和作用；周伟洲、杨铭《关于敦煌藏文写本〈吐谷浑（阿柴）纪年〉残卷》⑧结合藏文史料考订了吐谷浑的若干史事。杨茂盛《论吐谷浑汗国长期存在的原因》⑨和《试论宗族汗国吐谷浑》⑩对吐谷浑的形成及其建国的道路提出了新的解释。郑炳林、朱建军《汉唐时期南山亦即吐谷浑贺真城地望考》⑪是关于吐谷浑历史地理的重要专论。姚崇新《吐谷浑佛教论考》⑫系统阐述了吐谷浑佛教的来源及其在文化交流上的作用。

关于吐谷浑与南北朝的关系，有王民信《两晋南北朝时代的吐谷浑》⑬、马曼丽《论吐谷浑与周邻的关系》⑭、胡小鹏《吐谷浑与南北朝关系述论》⑮等专论发表。此外，马卓娅《吐谷浑玑墓志考略》⑯为研究吐谷浑玑的生平及其与北魏的关系提供了新的史料。周伟洲《吐谷浑晖华公主墓志与北朝北方民族关系》⑰通过新出墓志考订了吐谷浑与柔然、西魏的关系。关于同一时期吐谷浑与党项等族的联系，也

---

① 银川：宁夏人民出版社，1985 年。
② 西宁：青海人民出版社，2001 年。
③ 北京：人民出版社，1965 年。
④ 《青海社会科学》1981 年第 1 期。
⑤ 《西北史地》1983 年第 4 期。
⑥ 《大陆杂志》第 22 卷第 1 期，1961 年。
⑦ 《青海社会科学》1983 年第 5 期。
⑧ 《中亚学刊》第 3 辑，1990 年。
⑨ 《北方文物》1995 年第 3 期。
⑩ 《民族研究》1995 年第 4 期。
⑪ 《西北民族研究》2020 年第 4 期。
⑫ 《敦煌研究》2001 年第 1 期。
⑬ 《大陆杂志》第 24 卷第 12 期，1962 年。
⑭ 《甘肃社会科学》1987 年第 4 期。
⑮ 《甘肃社会科学》1990 年第 4 期。
⑯ 《中原文物》2002 年第 4 期。
⑰ 《民族研究》2020 年第 2 期。

有黄兆宏《党项与吐谷浑关系探析》① 等论文加以探讨。在南北对峙的历史条件下，中西交通要道上的"吐谷浑之路"曾引起不少学者的兴趣。王叔凯《古代青海中西交通考》②、赵荣《青海古道探微》③、薄小莹《吐谷浑之路》④，集中考证了的这条古道的地理走向和支脉问题。

关于吐谷浑与隋唐、吐蕃的关系，取得了颇为丰硕的研究成果。任树民《论吐谷浑在唐蕃关系中的枢纽地位》⑤ 指出吐谷浑文化的影响是吐蕃迅速崛起的重要因素，失去吐谷浑和青海之地是唐朝在与吐蕃争夺河陇、西域的战争中处于劣势的关键。胡小鹏《吐谷浑与唐、吐蕃的关系》⑥、林冠群《唐代前期唐蕃竞逐青海地区之研究》⑦、陈楠《公元七世纪中后期唐蕃对吐谷浑的争夺》⑧、杨铭《论吐蕃治下的吐谷浑》⑨ 等论文，均在史实考证、选题角度等方面值得重视。周伟洲《吐蕃与吐谷浑》⑩ 实为作者对其 20 世纪 80 年代后期以来相关论文的整合，集中探讨了吐谷浑与吐蕃的关系以及吐蕃统治下的西域吐谷浑人。唐太宗贞观年间的战争，对吐谷浑的地位影响深远。周伟洲《关于唐贞观九年对吐谷浑的战争》⑪、戴帮森《论唐太宗时李靖对吐谷浑的征讨》⑫ 均是对此问题的直接讨论。关于唐朝对吐谷浑的羁縻、和亲及其作用，杜林渊《从出土墓志谈唐与吐谷浑的和亲关系》⑬ 等论著也时有论述或涉及。周伟洲《吐谷浑墓志通考》⑭ 首先对三方新出唐代吐谷浑人墓志作了考释，进而对 20 方吐谷浑人墓志作了通释。

关于吐谷浑亡国后的部落流离和迁徙，王素《吐鲁番所出武周时期吐谷浑归朝文书史实考证》⑮、冯培红《从敦煌文献看归义军时代的吐谷浑人》⑯ 根据敦煌吐鲁番文书等出土资料，考察了吐谷浑国破散以后的历史活动。周伟洲《武威青嘴喇嘛湾出土大唐武氏墓志补考》⑰、钱伯泉《吐谷浑人在西域的历史》⑱、吴松弟《唐代

① 《青海师范大学学报》2006 年第 5 期。
② 《青海社会科学》1983 年第 3 期。
③ 《西北史地》1985 年第 4 期。
④ 《北京大学学报》1988 年第 4 期。
⑤ 《西北民族研究》1992 年第 1 期。
⑥ 《西北史地》1985 年第 4 期。
⑦ 《西藏与中原关系国际学术研讨会论文集》，台北：蒙藏委员会，1993 年。
⑧ 《藏史丛考》，民族出版社，1998 年。
⑨ 《青海民族研究》2010 年第 2 期。
⑩ 《唐代吐蕃与近代西藏史论稿》，北京：中国藏学出版社，2006 年。
⑪ 《西北历史资料》1982 年第 3 期。
⑫ 《中国边政》第 93 期，1986 年。
⑬ 《考古》2002 年第 8 期。
⑭ 《中国边疆史地研究》2019 年第 3 期。
⑮ 《文史》第 29 期，1988 年。
⑯ 《兰州大学学报》2004 年第 1 期。
⑰ 《丝路访古》，兰州：甘肃人民出版社，1983 年。
⑱ 《新疆大学学报》1990 年第 2 期。

吐谷浑和吐蕃的民族迁徙》① 等论文，对吐谷浑的迁徙问题有详备的讨论。程起骏《吐蕃统治下的"吐谷浑邦国"初探》② 对灭国以后吐谷浑的实际地位作了分析。吐蕃吞并吐谷浑以后，西部吐谷浑融入吐蕃，东迁内附者则融入当地的汉族。李文实《唐五代以后的吐谷浑后裔及其民族特征》③ 提出未被同化的吐谷浑人可能是现代土族的来源。对此观点，学界还存在相当的争论。此外，周伟洲《试论隋唐时期民族融和的趋势和特点》④ 以考察吐谷浑的融合为起点，论及隋唐西北民族融和洪流中的汉化、吐蕃化、回鹘化三大趋势。

三、西藏西部诸族

羊同、勃律、悉立诸部族，位于青藏高原西部，地缘介于吐蕃与古代伊朗之间。这些部族均属后来被吐蕃征服或统辖的民族，在吐蕃与古代西亚的交通史上扮演过重要角色。格勒《藏族早期历史与文化》⑤ 对吐蕃与羊同的融合、吐蕃与勃律及悉立的历史文化关系等问题有系统的论述。学界一般认为，羊同属于氐羌系统的民族，但也受到波斯等外来文明因素的较大影响。故而在此依据地理区域，将羊同研究与勃律、悉立的研究状况一并加以述评。

羊同有所谓大、小羊同之分，即藏文史籍中的象雄，是由大小部落组成的联盟集团。古代羊同地域广袤，曾是吐蕃统一青藏高原过程中继苏毗之后的又一劲敌，来自羊同对吐蕃的政治文化有深刻影响。因此，国内外学界对羊同的研究一度成为热点。张琨《论象雄》⑥ 是象雄研究的重要专论。黄布凡《象雄历史地理考略——兼述象雄文明对吐蕃文化的影响》⑦ 探讨了古代象雄的地界及其对吐蕃文化的影响。霍巍《从新出唐代碑铭论"羊同""女国"之地望》⑧《〈大唐天竺使出铭〉相关问题再探》⑨ 以碑铭材料为基础，对羊同地望提出了各自的见解；杨铭《羊同国地望辑考》⑩ 结合藏汉文史料，对国内外关于羊同地望的研究作了综评。张云《象雄王国都城琼隆银城今地考——兼论象雄文明兴衰的根本原因》⑪ 探讨了象雄王国都城的地望以及象雄在东西文化交流上的地位。才让太《古老的象雄文明》⑫ 和《再探古老的象雄文明》⑬ 对象雄的地理位置、文化内涵、宗教因素及其周边关系等问题

① 《河北学刊》1996 年第 2 期。
② 《中国藏学》2003 年第 3 期。
③ 《青海社会科学》1981 年第 4 期。
④ 《西北大学学报》1990 年第 3 期。
⑤ 北京：商务印书馆，2006 年。
⑥ 《庆祝董作宾六十五岁论文集》，台北："中央研究院"历史语言研究所，1960 年。
⑦ 《西北史地》1996 年第 1 期。
⑧ 《民族研究》1996 年第 1 期。
⑨ 《中国藏学》2001 年第 1 期。
⑩ 《敦煌学辑刊》2001 年第 1 期。
⑪ 《中国藏学》2016 年第 2 期。
⑫ 《西藏研究》1985 年第 2 期。
⑬ 《中国藏学》2005 年第 1 期。

进行了全面阐发。南喀诺布《古代象雄与吐蕃史》（藏文）[①]、霍巍《论古代象雄与象雄文明》[②] 是系统讨论象雄历史的论著。此外，张云《上古西藏与波斯文明》[③] 从多个角度对象雄与波斯文明的联系做了专题研究。

勃律同样有所谓大、小勃律之分，其主要活动地域在克什米尔一带，对吐蕃文化产生过不小影响；悉立属于印度次大陆的民族系统，大致位于冈底斯山以西、克什米尔以南的地区，在文化上表现出北方草原民族和南方河谷民族的双重特征。学界对勃律、悉立的研究兴趣，主要集中在对其中西交通地位和文化交流作用的关注。王小甫《七八世纪之交吐蕃入西域之路》[④] 对勃律、悉立的重要交通地位做了明确的勾勒；杨铭《唐代中西交通吐蕃—勃律道考》[⑤] 对吐蕃经营勃律道的历背景以及吐蕃—勃律道的走向、关隘、商旅等问题了全面研究；格勒《藏族早期历史与文化》，为古代藏族与勃律、悉立的交往关系设有专节。达瓦次仁《悉立考》[⑥] 对悉立的地理位置、历史地位及其与西藏的关系做了全面考察。

第三节　吐蕃历史研究

一、20 世纪 80 年代之前

长期以来，吐蕃史研究一直是青藏高原民族史研究的热点。范文澜《中国通史简编》[⑦] 第 3 编第 2 册设有"吐蕃国"专章，对吐蕃的兴盛历程及其宗教和文化作了论述，涉及吐蕃的起源、松赞干布的业绩、吐蕃向外发展及与唐朝的战和、吐蕃佛教和文化交流、吐蕃的衰亡等关键论题，显示出著者对史料的谙熟及宏通的史识。作为藏族简史编写组集体成果的《藏族简史》，从 1958 年组织学者发凡起例、分工撰写，到 1963 年完成初稿并由中国科学院民族研究所排印，到 1975 年着手增订并被列为"民族问题五种丛书"之一，再到 1985 年定稿并由西藏人民出版社出版，前后跨越了两个时代，凝聚了 10 余位学者的辛劳。此书由黄颢、常凤玄二位先生执笔的吐蕃部分，不仅堪称选材稳妥、持论谨严的吐蕃历史通论，而且对不少具体问题也提出颇具启发性的观点。此书足以代表当时吐蕃史研究的较高水平，至今仍是相关研究的入门要籍和必备参考。此外，谭其骧主编的《中国历史地图集》第 5 册中的吐蕃图幅，也于此时在王忠等多位学者的协作下编绘完成，1982 年由中国地图

---

① 北京：中国藏学出版社，1995 年。
② 《西藏研究》1997 年第 3 期。
③ 北京：中国藏学出版社，2005 年。
④ 《庆祝邓广铭教授九十华诞论文集》，河北教育出版社，1997 年。
⑤ 《西域研究》2007 年第 2 期。
⑥ 《西藏研究》2017 年第 4 期。
⑦ 北京：商务印书馆，2010 年。

出版社正式出版。可喜的是，邓锐龄先生参与"谭图"编绘期间撰写的"吐蕃疆域""唐蕃边界"的部分释文，也于近年公布《〈中国历史地图集〉南宋、元时期西北边疆图幅地理考释》[①]，弥补了吐蕃图幅有图无文的缺憾。

此一时期的吐蕃史研究，鲜明地体现出大陆学者与港台学者的双重贡献。王静如《关于吐蕃国家时期的社会性质问题》[②] 提出研究吐蕃历史发展的若干重要的宏观线索。王忠《新唐书吐蕃传笺证》[③] 广泛参考汉藏文史料，对吐蕃史做了系统、细致的梳理，嘉惠学界数十年；而其《新唐书南诏传笺证》[④] 是考订吐蕃与南诏关系的重要著作。关于吐蕃职官和人物，李方桂《钵掣逋考》[⑤] 和《马重英考》[⑥]、王忠《松赞干布传》[⑦] 是突出的代表。关于吐蕃佛教，首推王森《关于西藏佛教史的十篇资料》[⑧] 的相关部分。关于唐蕃关系，代表性的有张政烺《跋唐蕃会盟碑》[⑨]、常任侠《拉萨"唐蕃会盟碑"的盟文与建筑》[⑩]、王忠《唐代汉藏两族人民的经济和文化交流》[⑪]、饶宗颐《维州在唐代蕃汉交涉史上之地位》[⑫]、任育才《吐蕃与唐朝关系之研究》[⑬]、齐陈骏《略述唐王朝与吐蕃的关系及张议潮领导的沙州人民起义》[⑭] 等论著。关于敦煌陷蕃年代，苏莹辉《论唐时敦煌陷蕃的年代》[⑮]《再论唐时敦煌陷蕃的年代》[⑯]《论敦煌县在河西诸州中陷落最晚的原因》[⑰]，饶宗颐《论敦煌陷于吐蕃之年代——依顿悟大乘正理决考证》[⑱] 等论文，表明学界对吐蕃占领和统治敦煌的格外关注。

二、20 世纪 80 年代以后

研究吐蕃史的代表性的通论，主要有如下数部：王锺翰主编的《中国民族史》[⑲] 是一部规模宏大的民族通史巨著。此书关于吐蕃的相关篇章，主要由王辅仁先生撰

① 北京：中国藏学出版社，2016 年。
② 《中国民族问题研究集刊》第 5 辑，1956 年。
③ 北京：科学出版社，1958 年。
④ 北京：中华书局，1963 年。
⑤ 《中央研究院历史语言研究所集刊》第 23 本下册，1952 年。
⑥ 《台湾大学文史哲学报》第 7 期，1960 年。
⑦ 上海：上海人民出版社，1961 年。
⑧ 北京：中国科学院民族研究所少数民族历史研究室，1965 年。
⑨ 《文物》1959 年第 7 期。
⑩ 《现代佛学》1959 年第 11 期。
⑪ 《历史研究》1965 年第 5 期。
⑫ 《中央研究院历史语言研究所集刊》第 39 本下册，1969 年。
⑬ 台中：自立出版社，1971 年。
⑭ 《甘肃师范大学学报》1979 年第 4 期。
⑮ 《大陆杂志》第 23 卷第 11 期，1961 年。
⑯ 《大陆杂志》第 29 卷第 7 期，1964 年。
⑰ 《大陆杂志》第 41 卷第 9 期，1970 年。
⑱ 《东方文化》第 9 卷第 1 期，1971 年。
⑲ 北京：中国社会科学出版社，1994 年初版、2001 年增订版。

写。卢勋、萧之兴、祝启源合著的《隋唐民族史》① 也设有吐蕃历史的专章。王辅仁与索文清合著的《藏族史要》②、黄奋生《藏族史略》③ 均是凝结著者教学、研究心得的重要成果，其中的吐蕃部分占有全书相当的篇幅。安应民《吐蕃史》④ 是国内首部专论吐蕃历史的著作。此后，南喀诺布《古代象雄与吐蕃史》⑤、薛宗正《吐蕃王国的兴衰》⑥、石硕《吐蕃政教关系史》⑦、才让《吐蕃史稿》⑧ 等著作陆续出版。尤其值得标举的是，恰白·次旦平措主持编纂的《西藏通史·松石宝串》⑨ 是由藏族史家构思完成的藏族通史巨著，极大便利了不悉藏文的学者和读者。此书的吐蕃部分，在藏文史料的开掘、相关史事的考订等方面均有推进。陈庆英、高淑芬主编的《西藏通史》⑩ 是一部体例新颖的通史著作，其中的吐蕃部分以论述平实、精练为其特色。

此一时期，吐蕃史研究的一个突出进展，便是以王尧、陈践二位先生为代表的学者对敦煌吐蕃文书的译释。除前述《敦煌本吐蕃历史文书》之外，王尧、陈践合著的《敦煌吐蕃文献选》⑪ 和《敦煌吐蕃文书论文集》⑫ 以及若干系列论文，对涉吐蕃职官制度、社会经济、民族关系、律例、伦理、占卜、宗教、藏译汉地和印度典籍、医学等领域的藏文写卷作了通盘研究，几乎涉及吐蕃历史文化的所有主要方面。⑬ 以此为发端，不少学者继踵其后，形成依据敦煌文书研究吐蕃历史的热潮。仅以著名的 P. T. 999 号藏文写卷为例，王尧、陈践在《敦煌吐蕃文书论文集》中首先将其译为汉文，此后陈庆英《从敦煌藏文 P. T. 999 写卷看吐蕃史的几个问题》⑭、强俄巴·次央《试析敦煌藏文 P. T. 999 号写卷》⑮、黄维忠《8—9 世纪藏文发愿文研究——以敦煌藏文发愿文为中心》⑯、陈楠《P. T. 999 号敦煌藏文写卷再研究——以往汉译本比较及相关史事补正与考辨》⑰ 等论著，先后对这件文书提出了各自的译文和观点。其中涉及的吐蕃后期墀祖德赞及末代赞普王妃及王子微松的史事，经

---

① 成都：四川民族出版社，1996 年。
② 成都：四川民族出版社，1982 年。
③ 北京：民族出版社，1985 年。
④ 银川：宁夏人民出版社，1989 年。
⑤ 北京：中国藏学出版社，2000 年。
⑥ 北京：民族出版社，1997 年。
⑦ 成都：四川人民出版社，2000 年。
⑧ 兰州：甘肃人民出版社，2007 年。
⑨ 拉萨：西藏古籍出版社，1989 年藏文本、2004 年汉译本。
⑩ 郑州：中州古籍出版社，2002 年。
⑪ 成都：四川民族出版社，1983 年。
⑫ 成都：四川民族出版社，1988 年。
⑬ 王尧：《从敦煌文献看吐蕃文化》，黄征主编：《南京栖霞山石窟艺术与敦煌学》，杭州：中国美术学院出版社，2002 年，第 211—242 页。
⑭ 《藏学研究论丛》第 1 辑，1989 年。
⑮ 《西藏研究》1990 年第 1 期。
⑯ 北京：民族出版社，2007 年。
⑰ 《中国藏学》2008 年第 3 期。

过反复讨论渐次显现出清晰的面貌。

青藏高原的考古收获以及相关研究，与吐蕃早期历史研究关系密切。童恩正《中国西南民族考古论文集》①、侯石柱《西藏考古大纲》②、霍巍《西藏古代墓葬制度史》③ 和《吐蕃时代：考古新发现及其研究》④、李裕群与仝涛主编《前吐蕃与吐蕃时代》⑤ 等论著，集中反映了这一领域的成就。霍巍《西藏高原墓葬考古的新发现与藏族族源研究》⑥ 通过考古材料探讨了藏族族源。关于吐蕃王族及藏族的来源，历来是学界关注的课题。除"鲜卑说""发羌说"之外，还有"外来说""本土说""多元说"等观点。东噶·洛桑赤列《论西藏古代文化、宗教、民族的渊源》⑦、恰白·次旦平措《聂赤赞普是西藏人——略论"波杰"世系起源》⑧、王吉林《藏族源流研究》⑨、韩康信《藏族种族探源》⑩、吴均《论夏嘉同音与羌藏同源》⑪ 等论文，代表了学界关于吐蕃族源问题的主要观点。张云《藏史中古部族谱系说略》⑫从民族文化交流的角度，对藏族古史中颇为繁复的族谱传说进行了梳理。格勒《藏族早期历史与文化》，从历史人类学的角度系统论证了藏族的多元来源，指出其与氐羌系统、诸胡系统及西部系统民族存在的融合交流关系。

关于吐蕃政治制度，历来是吐蕃史研究学者用力较勤的领域。陈庆英《试论赞普王权与吐蕃官制》⑬ 对吐蕃赞普的王权及其发展进行了细致的分析和高度的概括。陈楠《吐蕃职官制度考论》⑭ 是最早系统研究吐蕃职官制度的论文。此文对吐蕃职官制度从起源到完善的过程、吐蕃中央机构的三大职官系统、藏汉文史料中的重要职官等问题做了细致讨论。王尧、陈践《吐蕃职官考信录》⑮ 以敦煌藏文写卷 P. T. 1089 号为依据，系统考订了吐蕃的职官体系。熊文彬《两唐书〈吐蕃传〉吐蕃制度补证》⑯ 是对汉文史籍所载吐蕃制度的文献考订。林冠群《唐代吐蕃政治制度之研究》⑰ 和《唐代吐蕃的社会结构》⑱ 结合藏汉文史料的记载，对吐蕃的赞普

① 北京：文物出版社，1990 年。
② 拉萨：西藏人民出版社，1991 年。
③ 成都：四川人民出版社，1995 年。
④ 北京：科学出版社，2011 年。
⑤ 北京：文物出版社，2013 年。
⑥ 《中国西南的古代交通与文化》，成都：四川大学出版社，1994 年。
⑦ 《西藏研究》藏文版 1984 年第 2 期。
⑧ 《西藏研究》藏文版 1986 年第 4 期。
⑨ 《西藏研究论文集》第 3 辑，1990 年。
⑩ 《百科知识》1995 年第 2 期。
⑪ 《中国藏学》2006 年第 2 期。
⑫ 《贤者新宴》第 1 辑，1999 年。
⑬ 《西藏民族学院学报》1982 年第 4 期。
⑭ 《中国藏学》1988 年第 2 期。
⑮ 《中国藏学》1989 年第 1 期。
⑯ 《中国藏学》1989 年第 3 期。
⑰ 《政治大学学报》第 60 期，1989 年。
⑱ 《台湾政治大学民族学报》第 20 期，1993 年。

地位、国家体制、官僚制度、社会形态、政治生态等问题做了详尽阐发。熊文彬《吐蕃本部地区的行政机构和职官考》①、陈楠《吐蕃告身制度》和《吐蕃的"尚"与"论"》②、林冠群《唐代吐蕃宰相制度之研究》③ 均与吐蕃职官制度有关。黄文焕《河西吐蕃文书中的"钵阐布"》④、王尧《吐蕃"钵阐布"考论》⑤ 对吐蕃"钵阐布"了考证。关于吐蕃经济制度，姜伯勤《突地考》⑥ 考证了吐蕃的赋税制度；陈庆英《从敦煌出土账簿文书看吐蕃王朝的经济制度》⑦ 是对吐蕃经济制度的细致考证。关于吐蕃驿传制度，最重要的论文当属张广达《吐蕃飞鸟使与吐蕃驿传制度——兼论敦煌行人部落》⑧，此文通过对敦煌藏汉文写卷的释读，对行人部落的职能做了精湛的考察。

关于吐蕃时期的重要人物，相关研究主要集中于对吐蕃赞普、和亲公主及尚论家族等方面。林冠群《吐蕃赞普墀松德赞研究》⑨ 实际是对墀松德赞一代的吐蕃历史发展轨迹的考察；而其《玛祥仲巴杰与恩兰达扎路恭——吐蕃佛教法统建立前的政教纷争》⑩《唐代吐蕃的女主——墀玛蕾》⑪《啦拔布（lHa bal po）考》⑫《文成公主事迹考辨》⑬ 和《朗达玛毁佛事迹考辨》⑭ 等论文，彰显出台湾学者偏重实证的研究理路。李方桂《吐蕃大相禄东赞考》⑮、王吉林《唐与吐蕃关系中的禄东赞家族》⑯、王尧《唐拨川郡王事迹考——吐蕃大相禄东赞嫡孙仕唐故实》⑰、苏晋仁《蕃唐噶尔（论氏）世家》⑱、沈琛《入唐吐蕃论氏家族新探——以〈论惟贞墓志〉为中心》⑲ 等论文，从不同视角讨论同一问题，表明噶尔家族及唐蕃关系问题在吐蕃史研究中的重要意义。陈楠《吐蕃大相尚结赞考叙——兼论吐蕃宰相制度的变迁》⑳ 从人物研究引发对吐蕃宰相制度的讨论。

---

① 《中国藏学》1994 年第 2 期。
② 《藏史丛考》，民族出版社，1998 年。
③ 台北：联经出版公司，2015 年。
④ 《中国民族古文字研究》，北京：中国社会科学出版社，1984 年。
⑤ 《藏学学刊》第 3 辑，2007 年。
⑥ 《敦煌学辑刊》1984 年第 1 期。
⑦ 《中国藏学》1992 年特刊。
⑧ 《敦煌吐鲁番文献研究论集》，北京：中华书局，1982 年。
⑨ 台北：台湾商务印书馆，1989 年。
⑩ 《蒙藏专题研究丛书》之 41，北京：科学出版社，1989 年。
⑪ 《第二届唐代文化研讨会论文集》，台北：台湾学生书局，1995 年。
⑫ 《两岸蒙古学藏学学术研讨会论文集》，台北：蒙藏委员会，1995 年。
⑬ 《历史月刊》第 84 期，1995 年。
⑭ 《第四届唐代文化学术研讨会论文集》，台南：成大出版社，1999 年。
⑮ 《中央研究院国际汉学会议论文集》第 1 卷，1981 年。
⑯ 《汉学研究》第 4 卷第 2 期，1986 年。
⑰ 《中华文史论丛》第 35 辑，1985 年。
⑱ 《中国藏学》1991 年第 1、4 期。
⑲ 《文史》2017 年第 3 辑。
⑳ 《藏史丛考》，北京：民族出版社，1998 年。

关于吐蕃文化，也有若干专题论著。王尧《吐蕃文化》① 以实证的方法研究广义的吐蕃文化史，将吐蕃政治制度、伦理纲常、宗教文化、语言文字、科学技术、生活习俗等熔为一炉，体现出著者对吐蕃文化的博雅认识和整体思考。黄颢《吐蕃文化述略》② 是关于吐蕃文化的简明综论。张云《青藏文化》③ 也涉及关于吐蕃文化的内容。不过就总体而言，学界对吐蕃文化的研究明显滞后。吐蕃文化研究的前景，一方面有赖于各个专门领域内相关研究的进步，另一方面则依赖于研究视野和方法的拓展。原始的教和外来的佛教，在吐蕃社会占有极其重要的地位。格勒与祝启源《藏族苯教的起源与发展问题探讨》④、褚俊杰《吐蕃苯教丧葬仪轨研究——敦煌古藏文写卷 P. T. 1042 解读》⑤ 等论文，探讨了吐蕃苯教的多个面向。才让太与顿珠拉杰合著的《苯教史纲要》⑥ 为吐蕃苯教设有专章。王尧《吐蕃佛教述略》⑦ 是较早系统论述吐蕃佛教发展历程的专论。尕藏加《吐蕃佛教——宁玛派前史与密宗传承研究》⑧ 着重探究了藏传佛教宗派的早期历史。黄明信《吐蕃佛教》⑨ 是一部重视藏文史籍的史料分层的详备的吐蕃佛教史纲要。此书对吐蕃早期诸王与苯教的关系、佛教传入吐蕃及其建立、佛教在吐蕃的兴衰、吐蕃佛教在敦煌、吐蕃时期的译经事业等问题做了全面考索。

关于吐蕃在河陇、西域的军政活动，是藏学界、西域史学界和西北民族史学界共同关注的课题。林冠群《论唐代吐蕃之对外扩张》⑩ 系统分析了吐蕃对外扩张的机制和策略。金宝祥《吐蕃的形成、发展及其和唐的关系》⑪ 宏观讨论了吐蕃与吐谷浑、党项乃至高丽的关系，对吐蕃对唐战争胜多败少的原因了分析。周伟洲《吐蕃对河陇的统治及归义军前期的河西诸族》⑫ 对吐蕃对河陇的占领和统治、归义军前期河西地区的部族作了细致考订。陈楠《吐蕃对河西地区的占领与管辖》⑬、王继光与郑炳林《敦煌汉文吐蕃史料综述——兼论吐蕃控制河西时期的职官与统治政策》⑭ 侧重从机构设置、职官配置、统治政策等层面考察吐蕃在河西的统治。吴玉贵《唐代安西都护府史略》⑮、杨建新《唐代吐蕃在新疆地区的扩张》⑯、王小甫

---

① 长春：吉林教育出版社，1989 年。
② 《藏学研究论丛》第 3 辑，1991 年。
③ 沈阳：辽宁教育出版社，1998 年。
④ 《世界宗教研究》1986 年第 2 期。
⑤ 《中国藏学》1989 年第 3、4 期。
⑥ 北京：中国藏学出版社，2012 年。
⑦ 《世界宗教研究》1981 年第 1、2 期。
⑧ 北京：社会科学文献出版社，2007 年。
⑨ 北京：中国藏学出版社，2009 年。
⑩ 《蒙藏专题研究丛书》之 51，北京：科学出版社，1991 年。
⑪ 《西北史地》1985 年第 1、2 期。
⑫ 《甘肃民族研究》1990 年第 2 期。
⑬ 《藏史丛考》，北京：民族出版社，1998 年。
⑭ 《中国藏学》1994 年第 3 期。
⑮ 《中亚学刊》第 2 辑，1987 年。
⑯ 《西北史地》1987 年第 1 期。

《盛唐与吐蕃在西域的较量（720—755 年)》① 等论文，考察了唐蕃在西域争夺的历史过程。余太山主编的《西域通史》② 也对相关问题有系统的叙述。王小甫《唐吐蕃大食政治关系史》③ 通过考订吐蕃入西域之路，确论了某些重要史实。张云《吐蕃在西域的部落及其组织制度》④ 和《吐蕃统治西域的各项制度》⑤ 是关于吐蕃在西域活动的专论。杨铭《唐代吐蕃与西域诸族关系研究》⑥ 对吐蕃与西域诸族的关系、吐蕃文书所见的西域职官和称号、吐蕃文书所见的西域部族和吐蕃部落、汉文文献所见的西域地名与交通、中外文献中的吐蕃和羊同等问题了全面讨论。任小波《暗军考——吐蕃王朝军政体制探例》⑦ 系统地勾勒了吐蕃"暗军"在青海、中亚、西域等地的活动和影响。高永久与王国华《吐蕃统治下的于阗》⑧、殷晴《古代于阗与吐蕃的交通及其友邻关系》⑨ 探索了吐蕃与阗的交往关系。

　　吐蕃占领和统治敦煌问题，是敦煌学与吐蕃史研究的热点和难点。史苇湘《吐蕃王朝管辖沙州前后》⑩、陈国灿《唐朝吐蕃陷落沙州的时间问题》⑪ 承接此前学者对敦煌陷蕃问题的讨论，将传统史籍与敦煌文书进一步印证，对敦煌陷蕃年代作了细致的辨析。荣新江《通颊考》⑫ 通过对敦煌藏汉文书的探索，详尽地考证了敦煌通颊部落的来历、通颊部落的发展及其消亡等问题。杨铭《吐蕃统治敦煌研究》⑬ 和《吐蕃统治敦煌与敦煌文书研究》⑭ 涉及对吐蕃统治敦煌政治、军事、经济等众多问题的讨论。金滢坤《吐蕃统治敦煌的财政职官体系——兼论吐蕃对敦煌农业的经营》⑮ 全面论述了敦煌陷蕃后财政体制的各个方面。姜伯勤《唐敦煌"书仪"写本中所见的沙州玉关驿户起义》⑯ 再现了吐蕃统治引起的沙州社会底层的抗争事件。陆离《敦煌的吐蕃时代》⑰ 是一部关于吐蕃统治敦煌的通论性著作。

　　关于唐蕃的交聘、会盟和文化交流，相关研究成果颇为引人注目。谭立人与周

---

①　《新疆大学学报》1992 年第 4 期。

②　郑州：中州古籍出版社，1996 年。

③　北京：北京大学出版社，1992 年。

④　《甘肃民族研究》1992 年第 2、3 期。

⑤　《新疆大学学报》1992 年第 4 期。

⑥　哈尔滨：黑龙江教育出版社，2005 年。

⑦　《中国藏学》2017 年第 2 期。

⑧　《西北民族研究》1991 年第 2 期。

⑨　《民族研究》1994 年第 5 期。

⑩　《敦煌研究》1983 年创刊号。

⑪　《敦煌学辑刊》1985 年第 1 期。

⑫　《文史》第 33 辑，1990 年。

⑬　台北：新文丰出版公司，1997 年。

⑭　北京：中国藏学出版社，2008 年。

⑮　《敦煌研究》1992 年第 2 期。

⑯　《中华文史论丛》1981 年第 1 期。

⑰　兰州：甘肃教育出版社，2010 年。

原孙《唐蕃交聘表》①、顾吉辰《唐蕃聘使表》②、吴逢篪《唐蕃交聘使臣事迹丛
考》③、苏晋仁《唐蕃使者之研究》④ 和《唐蕃使节交聘表并考证》⑤ 等论文，均是
关于唐蕃交聘的专论。陈楠《论唐蕃清水会盟》⑥、吴逢篪《长庆会盟准备阶段的重
要文献——读白居易〈与吐蕃宰相钵阐布敕书〉》⑦、熊文彬《两唐书〈吐蕃传〉唐
蕃会盟补证》⑧ 等论文，是关于唐蕃会盟的专论。唐蕃之间源远流长的文化关系，
是吐蕃史领域内尚有较大研究空间的论题。黄颢《唐代汉藏文化交流》⑨、罗秉芬
《唐代藏汉文化交流的历史见证——敦煌古藏文佛经变文研究》⑩、张云《吐蕃的起
源及其与中原的文化联系》⑪ 等论文，对唐蕃文化交流了专题研究。王尧《藏族翻
译家管·法成对民族文化交流的贡献》⑫《吐蕃时期藏译汉籍名著及故事》⑬ 均是研
究唐蕃文化双向交流轨迹的颇有开创性和启发性的重要论文。张广达《唐代禅宗的
传入吐蕃及其有关的敦煌文书》⑭ 对禅宗传入吐蕃的若干重要史事和相关文献作了
详备的探讨。

关于吐蕃与唐朝以及临近民族或地区的古代交通和文化交流，是中西交通史上
的重要课题。陈小平《唐蕃古道》⑮、张永溪主编的《青海省志·唐蕃古道志》⑯ 是
关于唐蕃古道的专著。王小甫《唐吐蕃大食政治关系史》⑰ 勾画出唐、吐蕃、大食
政治关系发展演变的大势，对相关部族、史实、地理等问题的考证尤见功力。张云
《丝路文化·吐蕃卷》⑱ 实际上是以丝绸之路为纽带探讨吐蕃与周邻文明的文化交流
史；而其《上古西藏与波斯文明》⑲ 以一半篇幅探究了吐蕃与波斯的文化关系。杨
铭《唐代吐蕃与西域诸族关系研究》⑳ 涉及吐蕃与南亚及中亚各国的交往关系。王
吉林《唐代南诏与李唐关系之研究》㉑ 不少内容是对吐蕃与唐朝、南诏关系的论述。

① 《中国藏学》1990 年第 2 期。
② 《西藏研究》1990 年第 2 期。
③ 《藏学研究论丛》第 3 辑，1991 年。
④ 《藏学研究论丛》第 3 辑，1991 年
⑤ 《民大史学》第 1 期，1996 年。
⑥ 《藏史丛考》，民族出版社，1998 年。
⑦ 《藏学研究论丛》第 2 辑，1990 年。
⑧ 《藏学研究论丛》第 3 辑，1991 年。
⑨ 《藏族研究文集》第 3 集，1985 年。
⑩ 《中国藏学》1989 年第 2 期。
⑪ 《甘肃民族研究》1996 年第 3、4 期。
⑫ 《文物》1980 年第 7 期。
⑬ 《水晶宝鬘——藏学文史论集》，台北：佛光文化事业公司，2000 年。
⑭ 《文书、典籍与西域史地》，桂林：广西师范大学出版社，2008 年。
⑮ 西安：三秦出版社，1989 年。
⑯ 合肥：黄山书社，1996 年。
⑰ 北京：北京大学出版社，1999 年。
⑱ 杭州：浙江人民出版社，1996 年。
⑲ 北京：中国藏学出版社，2017 年。
⑳ 哈尔滨：黑龙江教育出版社，2014 年。
㉑ 台北：黎明文化事业公司，1992 年。

冯汉镛《唐代西蜀经吐蕃通天竺路线考》①、孙修身《唐初中尼交通四题》② 是关于汉藏及南亚古代交通的重要论文。霍巍《藏东地区吐蕃时期佛教遗存研究》③ 对陆续发现于藏东地区的大批吐蕃崖刻作了宏观研究。1990 年，西藏吉隆境内发现一通额题《大唐天竺使出铭》的摩崖石刻，为唐代王玄策使团出使印度的路线问题提供了可靠材料。霍巍《〈大唐天竺使出铭〉相关问题再探》④ 及其他学者发表的一系列相关文章，均是对这段以吐蕃为中介的中印文化交流史的探究。

第四节　藏族历史研究

一、20 世纪 80 年代之前

20 世纪 50 年代开始的藏族社会历史调查，积累了丰富的研究材料。80 年代以来陆续公开出版的《西藏社会历史调查资料丛刊》共计 10 辑，前 6 辑是对藏族社会历史调查资料的汇集，其中对藏族农区领主庄园制和牧区部落经济的记述尤为详备。刘义棠《中国边疆民族史》⑤ 中的藏族部分，80 年代之前是台湾学者藏族史研究通论性著作的代表。此一时期，研究西藏佛教史最重要的收获，当推中国社会科学院民族研究所王森《西藏佛教发展史略》。此书是 1963 年所在单位委托著者的一项撰写任务，着力于阐明西藏佛教史上的若干重点问题；1965 年由中国科学院民族研究所内部铅印，名为《关于西藏佛教史的十篇资料》；1983 年著者对全书作了增改，易名《西藏佛教发展史略》；1987 年由中国社会科学出版社正式出版。此书虽是特殊历史条件下的产物，时代下限也止于明末清初，未能涉及蒙古、青海地区的佛教发展状况，但体现了王森先生对藏传佛教通盘性、全方位的精思熟虑。与国外学者的同类研究相比，此书有三大突出特点：（1）重视藏文史料；（2）重视汉文和梵文材料及语言上的功能；（3）重视西藏当地社会的实证材料。⑥ 作者遍览藏汉文典籍，以历史的观点统驭淹没在宗教论说中的真实历史，常于历史现象的细微之处洞察其本质，并将佛教置于社会政治、经济的总体和动态范围内加以考察。

此一时期的藏族史研究，在其他方面也取得了若干成绩。吴从众《民主改革前西藏农奴制度的生产关系》⑦ 是对藏族封建农奴制社会型态的总体考察。王忠《中

① 《西藏研究》1985 年第 4 期。

② 《中国藏学》2000 年第 4 期。

③ 《吐蕃时代考古新发现及其研究》，北京：科学出版社，2011 年。

④ 《中国藏学》2001 年第 1 期。

⑤ 台北：台湾商务印书馆，1969 年。

⑥ 王尧：《书卷纵横崇明德，山河带砺灿晚霞——评王森先生〈西藏佛教发展史略〉》，《中国藏学》1991 年第 2 期，第 171 页。

⑦ 《中央民族学院学报》1979 年第 3 期。

央政府管理西藏地方的制度的发展》①《评理查德逊〈西藏简史〉关于明代西藏地方历史的谬论》②，董彦平《唐元明清四朝对西藏政策》③ 主要讨论了历代治藏政策问题。李有义《一千五百年来的藏汉民族关系》④、周昆田《汉藏两族的传统关系》⑤ 等论文，着眼于阐发的汉藏民族关系。张建木《宗喀巴大师传》⑥、王森《宗喀巴传论》⑦ 是关于藏传佛教著名改革者宗喀巴的专论。韩儒林《元朝中央政府是怎样管理西藏地方的》⑧、札奇斯钦《蒙古与西藏历史关系之研究》⑨、朱宝唐《元明时期西藏政教之研究》和《清代对藏之宗教政策》⑩、陈鸣钟《清朝前期中央对西藏地方政治制度、宗教制度改革》⑪ 均是涉关断代研究的重要论著。李有义《英美帝国主义侵略下的西藏》⑫、王春瑜《辛亥年间帝国主义策划的"西藏独立"事件初探》⑬、张广达《沙俄侵略西藏考略》⑭ 等论文，是对近代藏族史的研究。此外，佘素《清季英国侵略西藏史》⑮ 属于当时藏族史领域为数不多的专著。此书引用大量中外档案史料，剖析了英国侵略西藏的来龙去脉。

二、20 世纪 80 年代以后

研究藏族史的代表性通论，主要有如下数部：王锺翰主编的《中国民族史》⑯，对各个历史时期的藏族社会做了详细阐述。中国社会科学院民族研究所主持的《中国历代民族史丛书》⑰，对各个断代的藏族史均有论及。王辅仁与索文清合著的《藏族史要》⑱、黄奋生《藏族史略》⑲ 等著作，主体篇幅均是吐蕃王朝灭亡以后的藏族历史。集体编纂的《藏族简史》，系统论述了割据时期、元明清时期以及近代以来藏族社会的历史。此书相关部分由常凤玄、邓锐龄、李凤珍、柳陞祺等先生分别执笔，成为藏族史教学、研究常用的参考著作。恰白·次旦平措主持编纂的《西藏通

① 《历史研究》1959 年第 5 期。
② 《历史研究》1963 年第 5 期。
③ 《国大宪政年刊》第 1 卷，1967 年。
④ 《新建设》1952 年第 6 期。
⑤ 《西藏研究》，台北：中国边疆历史语文学会，1960 年。
⑥ 《现代佛学》1957 年第 1 期。
⑦ 《民族研究》1979 年第 1 期。
⑧ 《历史研究》1959 年第 7 期。
⑨ 台北：正中书局，1978 年。
⑩ 《中国边政》第 25、28、29、30、40、41 期，1969、1970，1972、1973 年。
⑪ 《史学月刊》1960 年第 1 期。
⑫ 《新观察》第 1 卷第 5 期，1950 年。
⑬ 《史学月刊》1957 年第 7 期。
⑭ 《中央民族学院学报》1978 年第 1 期。
⑮ 北京：世界知识出版社，1959 年。
⑯ 北京：中国社会科学出版社，1994 年初版、2001 年增订版。
⑰ 成都：四川民族出版社，1996 年。
⑱ 成都：四川民族出版社，1982 年。
⑲ 北京：民族出版社，1985 年。

史——松石宝串》①，实为一部系统的藏族古代史，结构上不同于以中原王朝分期的体例，列专章叙述西藏分裂时期、萨迦统治时期、帕竹统治时期以及甘丹颇章政权时期的西藏历史。陈庆英、高淑芬主编的《西藏通史》②，是一部比较简明的藏族历史专著。

关于西藏与中央的关系，陆续有多部专著出现。邓锐龄《元明两代中央与西藏地方的关系》③ 论述凝练、文辞典雅，堪称学术精品。黄玉生、车明怀、祝启源、顾祖成、沈开运、汪孝若合著的《西藏地方与中央政府关系史》④ 结构严谨、内容翔实，涉及政治、经济、文化等多个方面。多杰才旦主编的《元以来西藏地方与中央政府关系研究》⑤ 是关于西藏与中央政治关系问题的集体研究成果，体例完备、内容翔实、持论平允。此书自 1988 年由中国藏学研究中心组织编撰，其间撰写要求渐次提高、体例结构屡次调整，相关章节由邓锐龄、陈庆英、张云、祝启源各施所长、分别执笔。此书对元、明、清及民国时期西藏与中央的关系全面梳理，对史实的层次把握和动态展现均在同类著作之上。顾祖成《明清治藏史要》⑥ 是对明清两代治藏政策的简论。黄颢《论宋元明时期的藏族文化》⑦ 对宋、元、明藏族文化作了总体勾勒。此外，张骏逸《中国历朝主权在西藏的承继及确立——由行政观点看》⑧ 代表了台湾学者对西藏主权归属问题的学术观点。

关于藏族的政教历史，此一时期有多种著作问世。东噶·洛桑赤列《论西藏政教合一制度》⑨ 是深入研究西藏宗教文化史的一部论纲，其学术和现实意义不限于著作本身。王辅仁《西藏佛教史略》⑩ 对西藏佛教的形成、各部派的发展历史以及相关教义和寺院组织进行了系统阐述。牙含章《达赖喇嘛传》⑪ 和《班禅额尔德尼传》⑫ 广泛参用藏汉文史料，对历代达赖喇嘛、班禅额尔德尼的生平事业进行了整体研究。黄颢与蔡志纯合著的《活佛转世》⑬、陈庆英《达赖喇嘛转世及历史定制》⑭ 是关于藏传佛教活佛转世问题的专著。藏传佛教的传入对蒙古族影响至巨，蒙藏关系史也是学界的重要课题。王辅仁与陈庆英合著的《蒙藏民族关系史略》⑮、

① 拉萨：西藏古籍出版社，1989 年藏文本、2004 年汉译本。
② 郑州：中州古籍出版社，2002 年。
③ 北京：中国藏学出版社，1989 年。
④ 拉萨：西藏人民出版社，1995 年。
⑤ 北京：中国藏学出版社，2005 年。
⑥ 拉萨：西藏人民出版社、齐鲁书社，1999 年。
⑦ 《藏学研究论丛》第 5 辑，1993 年。
⑧ 《西藏与中原关系国际学术研讨会论文集》，台北：政治大学，1992 年。
⑨ 北京：民族出版社，1981 年藏文本；民族出版社，1985 年汉译本。
⑩ 西宁：青海人民出版社，1982 年。
⑪ 北京：人民出版社，1984 年。
⑫ 拉萨：西藏人民出版社，1987 年。
⑬ 北京：中国社会科学出版社，1992 年。
⑭ 北京：五洲传播出版社，2003 年。
⑮ 北京：中国社会科学出版社，1985 年。

樊保良《蒙藏关系史研究》[①]、陈庆英与丁守璞主编的《蒙藏关系史大系·政治卷、宗教卷、文化卷》[②] 均是具有标志意义的成果。此外，翁独健主编的《中国民族关系史纲要》[③]、蒲文成与王心岳合著的《汉藏民族关系史》[④] 对藏族与汉族及其他民族的关系有系统论述。

关于藏族的社会经济，代表性的著作有：中国科学院青藏高原综合科学考察队完成的《西藏农业地理》[⑤] 运用大量实际勘察和测绘的成果，对历史上西藏农业的分布和变迁作了科学阐述。多杰才旦主编的《西藏封建农奴制社会形态》[⑥] 将藏汉文史料记载与田野调查成果相结合，宏观展现了西藏农奴制社会的历史与现实。魏明孔《西北民族贸易研究——以茶马互市为中心》[⑦] 论及藏汉民族茶马贸易的历史。多杰才旦与江村罗布主编的《西藏经济简史》[⑧]、陈崇凯《西藏地方经济史》[⑨]，虽是关于西藏经济史的系统专著，但对古代经济状况的论述明显薄弱。肖怀远《西藏地方货币史》[⑩] 是一部西藏货币史专论。此外，陈庆英主编的《中国藏族部落》[⑪] 和《藏族部落制度研究》[⑫]，对见于史料的藏族部落作了细致稽考。

关于藏族的区域历史，也取得了相当的进展。1983 年，六江流域民族综合科学考察队在昆明成立，力图打破省区界限进行综合的民族调查。李绍明、童恩正主编的《雅砻江流域民族考察报告》[⑬]，即是对当时集体调查成果的整理汇集。此书细致、深入地展现了川藏边境藏族社会的历史与现实及其文化生态，是费孝通先生倡导的"藏彝走廊"研究的重要成果。李绍明《论藏族的多元一体格局》[⑭] 论及藏族的区域性问题。格勒《甘孜藏族自治州史话》[⑮]、黎宗华与李延凯合著的《安多藏族史略》[⑯]、傅崇兰主编的《拉萨史》[⑰]、王恒杰《迪庆藏族社会史》[⑱]、陈光国《青海藏族史》[⑲]、谢廷杰与洛桑群觉合著的《西藏昌都史地纲要》[⑳]、丹曲与谢建华合著

① 西宁：青海人民出版社，1992 年。
② 北京：外语教学与研究出版社，2000—2002 年。
③ 北京：中国社会科学出版社，1990 年。
④ 兰州：甘肃人民出版社，2008 年。
⑤ 北京：科学出版社，1984 年。
⑥ 北京：中国藏学出版社，2005 年。
⑦ 北京：中国藏学出版社，2003 年。
⑧ 北京：中国藏学出版社，2002 年。
⑨ 兰州：甘肃人民出版社，2008 年。
⑩ 北京：民族出版社，1987 年。
⑪ 北京：中国藏学出版社，1991 年。
⑫ 北京：中国藏学出版社，1995 年。
⑬ 北京：民族出版社，2008 年。
⑭ 《民族论丛》1990 年第 8 期。
⑮ 成都：四川民族出版社，1984 年。
⑯ 西宁：青海民族出版社，1992 年。
⑰ 北京：中国社会科学出版社，1994 年。
⑱ 北京：中国藏学出版社，1995 年。
⑲ 西宁：青海民族出版社 1997 年。
⑳ 拉萨：西藏人民出版社，2000 年。

的《甘肃藏族史》①，均是藏族区域历史研究成果。赞拉·阿旺措成、夏瓦·同美合编的《嘉绒藏族的历史与文化》② 汇录了译自藏文史籍的有关嘉绒藏族的来源、史事、人物、胜迹等问题的丰富资料。

吐蕃王朝灭亡以后，统一政权不复存在，代之而起的是一批地方势力。诺章·伍金《西藏割据史》（藏文）③、土登平措《西藏割据时期年代考》④ 是对割据时期西藏历史的综论。关于唃厮啰政权的讨论，颇受学界重视。黎宗华《论唃厮啰政权》⑤、秦永章《唃厮啰及其族属考述》⑥、钱伯泉⑦等论文，均是对唃厮啰问题的专论。祝启源《唃厮啰——宋代藏族政权》⑧ 汇集此前相关研究成果，对唃厮啰研究有重要推进。《祝启源藏学研究文集》⑨ 收有涉及割据时期西藏历史特别是唃厮啰政权的多篇论文。汤开建《宋金时期安多吐蕃部落史研究》⑩ 是主要依靠汉文史料考索宋金安多吐蕃部落的论文集，涉及吐蕃部落的地域分布、人口状况、社会经济、佛教信仰以及政权与氏族、婚姻与女性等诸多问题，其中也有相当部分是对唃厮啰讨论。刘建丽《宋代西北吐蕃研究》⑪ 实际上是割据时期藏族史与西北民族史的交叉研究。此书分析了宋代西北吐蕃的部族、西凉府吐蕃六谷联盟、青唐吐蕃政权以及宋朝的御边政策、吐蕃的经济文化等诸多问题。顾吉辰《北宋时期中西交通考述——兼谈吐蕃在中西交通史上的地位和作用》⑫ 和《北宋时期吐蕃政权与周邻的关系》⑬ 侧重于中西交通和民族关系。割据时期藏族史研究的一大热点，便是藏族与西夏的关系问题。王尧《西夏黑水桥碑考补》⑭ 对西夏黑水桥藏文碑作了精详的考订。史金波《藏族文化和西夏王朝的历史渊源》⑮、张云《论吐蕃文化对西夏的影响》⑯ 等论文，探讨了藏族与西夏的政治文化联系。陈庆英《西夏与藏族的历史、文化、宗教关系试探》⑰《大乘玄密帝师考》⑱ 和《〈大乘要道密集〉与西夏王朝的

① 北京：民族出版社，2003 年。
② 成都：四川民族出版社，2008 年。
③ 拉萨：西藏人民出版社，1991 年。
④ 《中国藏学》（藏文版）1990 年第 1 期。
⑤ 《西北民族研究》1988 年第 1 期。
⑥ 《西藏研究》1992 年第 1 期。
⑦ 《民族研究》1990 年第 2 期。
⑧ 西宁：青海人民出版社，1989 年。
⑨ 北京：中国藏学出版社，2002 年。
⑩ 上海：上海古籍出版社，2007 年。
⑪ 兰州：甘肃文化出版社，1998 年。
⑫ 《西藏研究》1989 年第 2 期。
⑬ 《西藏研究》1991 年第 1 期。
⑭ 《中央民族学院学报》1978 年第 1 期。
⑮ 《中国藏学》1989 年第 2 期。
⑯ 《中国藏学》1989 年第 2 期。
⑰ 《藏学研究论丛》第 3 辑，1993 年。
⑱ 《佛学研究》2000 年第 9 期。

藏传佛教》① 等论文，均是涉关藏族与西夏佛教关系的精湛之作。沈卫荣《初探蒙古接受藏传佛教的西夏背景》② 进一步揭示了西夏作为西藏、蒙古佛教文化中介的历史作用。

关于元代的藏族历史，整体表现出较高的研究水准。韩儒林主编的《元朝史》③ 对于元代西藏作了整体讨论。陈得芝《元代乌思藏宣慰司的设置年代》④《再论乌思藏"本钦"》⑤ 和《再论蒙古与吐蕃佛教的初期接触》⑥ 等论文，体现出撰者作为元史专家的睿识和精思。陈庆英《元朝在西藏所封的白兰王》⑦《元朝帝师制度述略》⑧《元朝在藏族地区设置的驿站》⑨《噶玛巴·攘迥多吉两次进京事略》⑩《元代乌思藏本钦纪略》⑪《元朝在藏族地区设置的军政机构》⑫《关于元代西藏的户籍清查》⑬ 和《元代朵思麻宣慰司的设置年代和名称》⑭ 等系列论文，几乎触及元代藏族史的各个主要方面。⑮ 仁庆扎西《元朝中央王朝中的藏族宰相桑哥》⑯、黄颢《元初对西藏人口等的普查及其意义》⑰、沈卫荣《元朝中央政府对西藏的统治》⑱ 和《元代乌思藏十三万户行政体制研究》⑲ 等论文，也是对相关问题的重要论述。陈楠《元代西藏地方政教关系变革新论》⑳ 对元代西藏地方政教关系的变革态势作了宏观分析。张云《元代吐蕃地方行政体制研究》㉑ 和《元代中央政府治藏制度研究》㉒ 对元代治藏的方针政策及吐蕃地方的行政体制作了全面的探究和总结。陈庆英《元朝帝师八思巴》㉓ 以传记的形式表彰了八思巴的生平和功绩。谢光典《雍敦朵儿只

① 《中国藏学》2003 年第 3 期。
② 《西域历史语言研究集刊》第 1 辑，2007 年。
③ 北京：人民出版社，1986 年。
④ 《元史及北方民族史研究集刊》第 8 期，1984 年。
⑤ 《蒙元的历史与文化：蒙元史学术研讨会论文集》，台北：学生书局，2000 年。
⑥ 《西北民族研究》2003 年第 2 期。
⑦ 《西藏研究》1983 年第 4 期。
⑧ 与仁庆扎西合撰，《西藏民族学院学报》1984 年第 1 期。
⑨ 与洛桑群觉合撰，《西北史地》1984 年第 1 期。
⑩ 《中国藏学》1988 年第 3 期。
⑪ 《元史论丛》第 4 辑，1992 年。
⑫ 《西藏研究》1992 年第 3 期。
⑬ 《海峡两岸中国少数民族研究与教学研讨会论文集》，台北：中国边政协会，1997 年。
⑭ 《中国藏学》1997 年第 3 期。
⑮ 全部或部分结集收入陈得芝：《蒙元史研究丛稿》，北京：人民出版社，2005 年；《陈庆英藏学论文集》，北京：中国藏学出版社，2006 年。
⑯ 《西藏研究》1984 年第 2 期。
⑰ 《中国民族史研究》第 1 辑，1987 年。
⑱ 《历史研究》1988 年第 3 期。
⑲ 《西藏研究》1988 年第 3 期。
⑳ 《中央民族大学学报》2005 年第 1 期。
㉑ 北京：中国社会科学出版社，1998 年。
㉒ 哈尔滨：黑龙江教育出版社，2003 年。
㉓ 北京：中国藏学出版社，1992 年。

班的元廷之行——以其自传为中心》① 《蒙古袭来时的西藏掘藏师：咕噜搠思旺（1212—1270）的授记与教戒》② 以历史人物为中心进一步揭示了朝与西藏的互动关系。

关于明代的藏族历史，积累了不少的重要成果。关于明朝对西藏的管理，吴均《从〈西番馆来文〉看明朝对藏区的管理》③、牙含章《明代中央和西藏地方帕竹政权的关系》④、祝启源《明代藏区行政建置史迹钩沉》⑤、陈庆英《明代甘青川藏族地区的政治述略》⑥ 和《论明朝对藏传佛教的管理》⑦ 等论文最具代表性。谢重光、白文固合著的《中国僧官制度史》⑧ 对西藏僧官制度作了专题讨论。房建昌《明代西藏行政区划考》⑨、邓锐龄《明初安定、阿端、曲先、罕东等卫杂考》⑩、赵毅《明代内地与西藏的交通》⑪ 等论文，涉及对政区、地理、交通问题的考察。冯汉镛《哈立麻来京的影响》⑫、邓锐龄《〈贤者喜宴〉明永乐时尚师哈立麻晋京纪事笺证》⑬ 对哈立麻晋京史事作了详尽研究。关于重要人物的事迹，王森《宗喀巴年谱》⑭、王继光《明代中央政府赴藏地使者事辑》⑮、吴均《论明时河洮岷地位与洮岷三杰》⑯、邓锐龄《明初使藏僧人克新事迹考》⑰ 和《明西天佛子大国师智光事迹考》⑱、沈卫荣《明乌思藏大慈法王释迦也失事迹考述》⑲、陈楠《大智法王考》⑳ 和《宗泐事迹考》㉑ 等论文最具代表性。张润平、苏航、罗炤编著的《西天佛子源流录：文献与初步研究》㉒ 是关于大智法王的新的资料刊布和初步研究。陈庆英《关于〈汉藏史集〉的作者》㉓ 以精密的考订之功，解决了长期悬而未决的疑案。沈卫

① 《西域历史语言研究集刊》第 7 辑，2014 年。
② 《蒙古学问题与争论》第 15 期，2019 年。
③ 《藏族学术讨论会论文集》，拉萨：西藏人民出版社，1984 年。
④ 《中国藏学》1989 年第 1 期。
⑤ 《藏学研究论丛》第 5 辑，1993 年。
⑥ 《西藏研究》1999 年 2 期。
⑦ 《中国藏学》2000 年第 3 期。
⑧ 西宁：青海人民出版社，1990 年。
⑨ 《西藏民族学院学报》2004 年第 1 期。
⑩ 《历史地理》第 2 辑，1982 年。
⑪ 《中国藏学》1992 年第 2 期。
⑫ 《中国藏学》1991 年第 1 期。
⑬ 《中国藏学》1992 年第 3 期。
⑭ 《世界宗教研究》1983 年第 2 期。
⑮ 《西藏研究》1986 年第 1、2 期。
⑯ 《藏学研究论丛》第 1 辑，1989 年。
⑰ 《中国藏学》1992 年第 1 期。
⑱ 《中国藏学》1994 年第 3 期。
⑲ 《两岸蒙古学藏学学术讨论会论文集》，台北：蒙藏委员会，1995 年。
⑳ 《中国藏学》1996 年第 4 期。
㉑ 《贤者新宴》第 3 辑，2004 年。
㉒ 北京：中国社会科学出版社，2012 年。
㉓ 《西藏民族学院学报》2004 年第 2 期。

荣《一世达赖喇嘛传》①、陈楠《明代大慈法王研究》② 开拓了人物研究的新领域。拉巴平措《大慈法王释迦也失》③ 是关于大慈法王的文献编译和研究。陈庆英《江孜法王家族与白居寺的兴建》④、沈卫荣《元明两代朵甘思灵藏王族历史考证》⑤ 是对重要家族史事的考察。关于西藏的领主制，郭冠忠《西藏领主庄园的经营管理》⑥、刘忠《论西藏领主庄园的主要形态及其特点》⑦ 最具代表性。此外，赵毅《明代的汉藏茶马互市》⑧ 对汉藏茶马贸易作了专题讨论。

关于清代的藏族历史，在多个领域内取得了丰硕收获。张羽新《清政府与喇嘛教》⑨《清朝治藏典章研究》⑩《清代治藏论要》⑪ 对清代治藏政策作了概要性的研究。苏发祥《清代治藏政策研究》⑫、成崇德与张世明合著的《清代西藏开发研究》⑬、曾国庆《清代藏史研究》⑭ 系统探究了对清代治藏史及藏族史的脉络。王吉林《达赖与班禅在藏胞中政治地位之研究》⑮、王俊中《"满洲"与"文殊"的渊源及西藏政教思想中的领袖与佛菩萨》⑯ 均是重要的研究论文。张永江《论清代西藏行政体制的演变及其特点》⑰ 探讨了清代西藏的政治格局及政体变动。杨嘉铭《清代西藏的军事制度》⑱ 是研究这一课题为数不多的系统论著。驻藏大臣代表中央总理西藏事务，是清朝治藏政策实施的核心人物。萧金松《清代驻藏大臣》⑲ 全面探讨了清代驻藏大臣制度。吴丰培、曾国庆合著的《清代驻藏大臣传略》⑳ 收录了丰富的驻藏大臣传记资料；而其《清代驻藏大臣制度的建立与沿革》㉑ 对驻藏大臣的设置及其职权和施政作了全面总结。廖祖桂、李永昌、李鹏年合著的《〈钦定藏内善后章程二十九条〉版本考略》㉒ 对《章程》文本及相关史实作了详细考订。柳陞

---

① 台北：唐山出版社，1996 年。
② 北京：中央民族大学出版社，2005 年。
③ 北京：中国藏学出版社，2012 年。
④ 《拉萨藏学讨论会文选》，拉萨：西藏人民出版社，1987 年。
⑤ 《中国藏学》2006 年第 2 期。
⑥ 《西藏研究》1984 年第 2 期。
⑦ 《中国史研究》1982 年第 1 期。
⑧ 《中国藏学》1989 年第 3 期。
⑨ 拉萨：西藏人民出版社，1988 年。
⑩ 北京：中国藏学出版社，2002 年。
⑪ 北京：中国藏学出版社，2004 年。
⑫ 北京：民族出版社，1999 年。
⑬ 北京：北京燕山出版社，1996 年。
⑭ 济南：齐鲁书社，1999 年。
⑮ 《蒙藏专题研究丛书》之 4，1984 年。
⑯ 《中央研究院近代史研究所集刊》第 28 期，1997 年。
⑰ 《清史研究》2000 年第 3 期。
⑱ 台北：唐山出版社，1996 年。
⑲ 台北：唐山出版社，1996 年。
⑳ 拉萨：西藏人民出版社，1988 年。
㉑ 北京：中国藏学出版社，1989 年。
㉒ 北京：中国藏学出版社，2006 年。

祺与邓锐龄《清初第五辈达赖喇嘛进京及受封经过》①《第六辈班禅额尔德尼洛桑·贝丹意西生平事迹述评》②《清代在西藏实行金瓶掣签的经过》③ 等论文，以及邓锐龄《清初阐化王入贡请封始末及其意义》④《1720 年清军进入西藏的经过》⑤《年羹尧在雍正朝初期治藏政策孕育过程中的作用》⑥《第一次廓藏战争（1788—1789）中的议和潜流》⑦《乾隆朝第二次廓尔喀之役（1791—1792）》⑧ 等论文，⑨ 堪称清代藏族史研究的精湛之作。陈庆英《明末清初格鲁派蒙古高僧咱雅班智达之史迹新探》⑩《五世达赖喇嘛阿旺罗桑嘉措年谱》⑪ 和《章嘉·若必多吉与乾隆皇帝》⑫ 等论文，均是富有创见的研究成果。达力扎布《清太宗邀请五世达赖喇嘛史实考略》⑬、乌云毕力格《1705 年西藏事变的真相》⑭ 和《乾隆皇帝与颇罗鼐家族——以西藏档案馆蒙古文档案为中心》⑮ 是利用蒙古文、满文档案研究清代藏族史的代表性论文。扎洛《清代西藏与布鲁克巴》⑯ 系统梳理了清代西藏与布鲁克巴（不丹）之间错综复杂的关系。郑少雄《汉藏之间的康定土司——清末民初末代明正土司人生史》⑰ 从末代明正土司的人生史，揭示了西南土司地区的政治生态和政治历程。

　　关于近代以来的藏族历史，与政治和现实问题联系最为密切。伍昆明主编的《西藏近三百年政治史》⑱ 实为一部系统的西藏近代史。伍昆明《早期传教士进藏活动史》⑲、杨公素《中国反对外国侵略干涉西藏地方斗争史》⑳ 和《所谓西藏独立活动的由来》㉑ 是对重要问题的专题研究。郭卿友《民国藏事通鉴》㉒ 是一部以资料丰富、分析细致见长的断代藏族史。喜饶尼玛、苏发祥合著的《蒙藏委员会档案中

① 《藏族历史宗教研究》第 1 辑，1996 年。
② 《民族史论丛》第 1 辑，1987 年。
③ 《民族研究》1982 年第 4 期。
④ 《中国藏学》1998 年第 1 期。
⑤ 《民族研究》2000 年第 1 期。
⑥ 《中国藏学》2002 年第 2 期。
⑦ 《中国藏学》2007 年第 1 期。
⑧ 《中国藏学》2007 年第 4 期。
⑨ 全部结集收入《柳陞祺藏学文集》，北京：中国藏学出版社，2008 年；《邓锐龄藏族史论文译文集》，北京：中国藏学出版社，2004 年；《清前期治藏政策探赜》，北京：中国藏学出版社，2012 年。
⑩ 《两岸蒙古学藏学学术讨论会论文集》，台北：蒙藏委员会，1995 年。
⑪ 《庆祝王锺翰先生八十寿辰学术论文集》，沈阳：辽宁大学出版社，1993 年。
⑫ 《中国藏学》1988 年第 1 期。
⑬ 《中国藏学》2008 年第 3 期。
⑭ 《中国藏学》2008 年第 3 期。
⑮ 《中国藏学》2020 年第 1 期。
⑯ 北京：中国社会科学出版社，2018 年。
⑰ 北京：生活·读书·新知三联书店，2016 年。
⑱ 厦门：鹭江出版社，2006 年。
⑲ 北京：中国藏学出版社，1992 年。
⑳ 北京：中国藏学出版社，1992 年。
㉑ 北京：中国藏学出版社，2001 年。
㉒ 北京：中国藏学出版社，2008 年。

的西藏事务》① 是对蒙藏委员会涉藏档案的辑录和研究。孙子和《西藏研究论集》和《西藏史事与人物》②、喜饶尼玛《近代藏事研究》③、朱丽双《民国政府的西藏专使（1912—1949）》④ 均是探究近代西藏事务及藏汉关系问题的专论。冯明珠《中英西藏交涉与川藏边情（1774—1928）》⑤ 利用现存台北的总理衙门文件和北洋政府外务部文件写成，堪称数据翔实、填补空白的力作。卢秀璋《论"西姆拉会议"——兼析民国时期西藏的法律地位》⑥ 全面论述了"西姆拉会议"的过程及影响，尤其是英国非法炮制"麦克马洪线"的始末。张永攀《英帝国与中国西藏（1937—1947）》⑦ 利用英国印度事务部档案等资料，研究了英国与印度在西藏的活动及其政策、英国政府内部对西藏政治地位的争论、英国对国民政府治藏政策的干预等问题。秦永章《日本涉藏史——近代日本与中国西藏》⑧ 讨论了近代日本与中国西藏关系问题。此书利用大量日文档案，以日本近代史上明治、大正、昭和三个时期为序，系统研究了日本渗透侵略西藏的过程。王远大《近代俄国与中国西藏》⑨、周伟洲主编的《英国、俄国与中国西藏》⑩ 集中研究了近代藏族史上的俄国因素。关于西藏边界问题，黄盛璋《清代西藏阿里地区中印边界的历史研究》⑪、周伟洲《19 世纪前后西藏与拉达克的关系及其划界问题》⑫、吕昭义《英属印度与中国西南边疆（1774—1911）》⑬ 等论著均有讨论。此外，王吉林《十三世达赖喇嘛一生所遭遇的变局》⑭、郭荣生《六十年来西藏与国共之关系》⑮、陈谦平《西藏革命党与中国国民党关系考》⑯、张定一《1954 年达赖、班禅晋京纪略》⑰ 是关于近代西藏历史的重要专题论著。

关于藏汉文化交流，是个历久弥新的课题。任新建《藏族文化构建中对汉文化的吸收与整合》⑱、格勒《略论藏族古代文化与中华民族文化的历史渊源关系》⑲ 系

---

① 北京：中央民族大学出版社，2006 年。
② 台北：台湾商务印书馆，1989、1995 年。
③ 上海：上海书店出版社，2000 年。
④ 香港：香港中文大学出版社，2016 年。
⑤ 北京：中国藏学出版社，2007 年。
⑥ 北京：中国藏学出版社，2003 年。
⑦ 北京：中国社会科学出版社，2007 年。
⑧ 北京：中国藏学出版社，2005 年。
⑨ 北京：生活·读书·新知三联书店，1993 年。
⑩ 北京：中国藏学出版社，2000 年。
⑪ 《边界历史地理研究论丛》，北京：中国科学院地理研究所，1980 年。
⑫ 《中国藏学》1991 年第 1 期。
⑬ 北京：中国社会科学出版社，1996 年。
⑭ 《蒙藏专题研究丛书》之 15，1985 年。
⑮ 《现代国家月刊》第 252—254 期，1986 年。
⑯ 《历史研究》2002 年第 3 期。
⑰ 北京：中国藏学出版社，2005 年。
⑱ 《中华文化论坛》1994 年第 2 期。
⑲ 《中国藏学》2002 年第 4 期。

统分析了藏族文化在起源发展过程中对汉族文化的吸收和融合。周润年《历史上藏汉民族文化交流综述》① 是对藏汉文化关系的长时段考察。王尧《南宋少帝赵㬎遗事考辨》②、《摩诃葛剌（Mahākāla）崇拜在北京》③、《从"河图洛书""阴阳五行""八卦"在西藏看古代哲学思想的交流》④、《藏译本〈大唐西域记〉的翻译、译者和大乘上座部等几个问题述记》⑤ 和《藏汉文化的双向交流》⑥ 等论文，代表了作者对藏汉文化关系多维度的整体思考。苏晋仁《藏汉文化交流的历史丰碑——纪念元代初期藏汉文化合作 700 周年》⑦、熊文彬《元代藏汉艺术交流》⑧、周润年《历代噶玛巴活佛与中央政府的关系》⑨、陈楠《明代藏传佛教对内地的影响》⑩、梅静轩《民国以来的汉藏佛教关系（1912—1949）——以汉藏教理院为中心的探讨》⑪ 等论文，反映了学界对不同历史时期藏汉关系的关注。黄颢《在北京的藏族文物》⑫、李富《西藏境内汉藏文化交融的文物古迹》⑬ 是对相关实物资料的汇集和考订。邢肃芝《雪域求法记——一个汉人喇嘛的口述史》⑭ 是著者以 13 年求法经历叙写的一段近代藏汉文化交流的真实历程，彰显了游学西藏的汉僧的心路历程和历史贡献。

第五节　其他民族历史研究

一、羌　族

羌族是中国最古老的民族之一，是中国西部古代民族流动和融合的突出力量。在中华民族的形成过程中，羌族的历史作用是以供应为主，从而壮大了别的民族包括汉族。羌族史不仅是羌民族的历史，而且涉及古代巴蜀地区及藏缅语族其他民族的历史。此外，羌族史研究并不局限于其学术意义本身，还有特殊的现实意义和文化意义。在羌族重要聚居地北川县，学者们编印的《北川羌族》《北川历史研究》

---

① 《西藏民族学院学报》2004 年第 2 期。

② 《西藏研究》1981 年第 1 期。

③ 《庆祝王锺翰先生八十寿辰学术论文集》，沈阳：辽宁大学出版社，1993 年。

④ 《华学》第 1 辑，1995 年。

⑤ 《季羡林与二十世纪中国学术——纪念季羡林教授九十寿辰》，北京：北京大学出版社，2001 年。

⑥ 《人文通识演讲录·历史卷》，文化艺术出版社，2007 年。

⑦ 《藏族史论文集》，成都：四川民族出版社，1988 年。

⑧ 石家庄：河北教育出版社，2003 年。

⑨ 《中国藏学》1997 年第 1 期。

⑩ 《中国藏学》1998 年第 4 期。

⑪ 《中华佛学研究》1998 年第 2 期。

⑫ 北京：民族出版社，1993 年。

⑬ 《华夏文化》2000 年第 1 期。

⑭ 北京：生活·读书·新知三联书店，2008 年。

《大禹史料集》等著作，曾为北川于 2003 年成立羌族自治县提供了重要依据。2008 年 "5·12" 大地震以后，羌文化的重建成为学术文化界面临的重要课题。

20 世纪 80 年代之前，羌族史研究侧重于资料的搜集以及对族源、习俗和文化等要素的研究。《西南少数民族情况参考资料·羌（尔玛）族情况》① 集中反映了对茂汶地区羌族的调查成果。1958 年开始，国家组织学者进赴羌族地区开展大规模的社会历史调查。以此为基础，四川少数民族社会历史调查组编印《羌族地区土司资料汇辑》《羌族地区近代经济资料汇辑》（1963 年）、《羌族简史简志合编》《羌族社会历史调查》② 以及羌族聚居各县的调查报告。四川民族研究所编印的《羌族社会历史调查材料》（1984 年），是相关重要资料的汇集。此外，西南师范学院历史系四川少数民族史考察组撰写的《从茂汶雁见乡的调查看解放前羌族的社会经济结构》③、李绍明《关于羌族古代史的几个问题》④、陈槃《古代的氐羌》⑤、任乃强《古代羌族文化简论》和《古代羌族派分之民族》⑥ 等，是此一时期羌族史研究的重要专论。

20 世纪 80 年代以后，学界在社会历史调查成果的基础上，对羌族史展开了全面、深入的研究。关于羌族史的通论，陆续出版了多部：马长寿《氐与羌》⑦ 是研究羌族史不可或缺的参考文献。任乃强《羌族源流探索》⑧ 不仅高屋建瓴，而且多有创见。冉荣光、李绍明、周锡银合著的《羌族史》⑨ 系统搜集了从上古到中华人民共和国成立前的史料，探讨了羌族历史发展的源流及其分演。羌族简史编写组集体编纂的《羌族简史》⑩、周文忠《羌族简史》⑪、周锡银与刘志荣合著的《羌族》⑫ 均对羌族史作了或详或略的系统论述。西南民族学院主持编纂的《羌族概况》⑬ 对羌族的历史、社会、语言等问题作了全面介绍。李绍明《羌族历史问题》⑭ 论及羌族的族源和羌族古史的分期问题，对西羌的研究作了全面总结。张胜冰《从远古文明中走来——西南氐羌民族审美观念》⑮ 事实上是一部论述有所侧重的氐羌文化史，展现了羌族历史变迁和文化源流的不少重要特征。李文实《西陲古地与羌藏文化》⑯

① 成都：西南民族学院民族研究所，1953 年。
② 四川：四川省社会科学院出版社，1986 年。
③ 《民族研究》1959 年第 3 期。
④ 《历史研究》1963 年第 5 期。
⑤ 《庆祝蒋复璁先生七十岁论文集》，台北：故宫博物院，1969 年。
⑥ 《民族研究通讯》1979 年第 2 期。
⑦ 上海：上海人民出版社，1984 年。
⑧ 重庆：重庆出版社，1984 年。
⑨ 成都：四川民族出版社，1985 年。
⑩ 成都：四川民族出版社，1986 年。
⑪ 《羌族历史文化文集》第 1 辑，1989 年。
⑫ 北京：民族出版社，1993 年。
⑬ 阿坝藏族羌族自治州：茂县县志办公室，1989 年。
⑭ 阿坝藏族羌族自治州：阿坝州史志学会，1998 年。
⑮ 北京：中华书局，2007 年。
⑯ 宁夏：青海人民出版社，2019 年。

论及羌族历史的一些重要问题。格勒《藏族早期历史与文化》① 对氐羌南迁及其与藏缅语族各族的关系作了系统探究。

学界发表的论文，涉及羌族史的多个方面。顾颉刚《从古籍中探索我国的西部民族——羌族》②、闻宥《记有关羌族历史的石刻》③、俞伟超《古代"西戎"和"羌""胡"文化归属问题的探讨》④、蒙默《试论汉代西南民族中的"夷"与"羌"》⑤、尚民杰《考古学与羌族史》⑥、冉光荣《论羌与戎》⑦、刘起釪《周姬羌与氐羌的渊源关系》⑧、费孝通《中华民族多元一体格局》⑨ 等论著，均是羌族史研究的代表性成果。王慎行《卜辞所见羌人考》⑩、孟鸥《卜辞所见商代羌族》⑪ 提供了早期羌人的若干历史信息。何耀华《试论古代羌人的地理分布》⑫、王宗维《秦汉西羌的部落和部落组织》⑬、刘夏蓓《两汉前羌族迁徙论》⑭、钱伯泉《西域龟兹国人与羌族的关系》⑮、李孝聪《南朝淮南的羌人聚落》⑯ 等论文，集中涉及羌族的分布、组织、迁徙和聚落等问题。赵明《东汉对西羌长期作战的原因与教训》⑰、王力与王希隆《东汉时期羌族内迁探析》⑱ 等论文，探讨了东汉与羌族的战争、羌族内迁的动因及影响等问题。郭声波《川西北羌族探源：唐宋岷江西山羁縻州部族研究》⑲ 研究了川西北羌族的古代渊源。李家骧《茂州羌族董姓土司史略》⑳、王清贵《北川羌族史略》㉑ 是对羌族区域历史的考察。

关于羌族文化的研究，也是学界长期关注的课题。曾文琼与陈泛舟《羌族原始宗教考略》㉒、徐铭《羌族白石信仰解析》㉓、周毓华《羌族原始宗教中的"释

---

① 北京：商务印书馆，2006 年。

② 《社会科学战线》1980 年第 1 期。

③ 《考古与文物》1980 年第 2 期。

④ 《青海考古学会会刊》1980 年第 1 期。

⑤ 《历史研究》1985 年第 1 期。

⑥ 《青海社会科学》1987 年第 3 期。

⑦ 《记念顾颉刚学术论文集》，成都：巴蜀书社，1990 年。

⑧ 《华夏文明》第 2 集，1990 年。

⑨ 北京：中央民族大学出版社，2003 年。

⑩ 《中原文物》1991 年第 1 期。

⑪ 《青岛大学师范学院学报》2007 年第 2 期。

⑫ 《思想战线》1988 年第 4 期。

⑬ 《西北历史研究》1988 年号，西安：三秦出版社，1990 年。

⑭ 《民族研究》2002 年第 2 期。

⑮ 《甘肃民族研究》2001 年第 1 期。

⑯ 《北京大学学报》1986 年第 3 期。

⑰ 《中国史研究》1994 年第 1 期。

⑱ 《中国边疆史地研究》2007 年第 3 期。

⑲ 《中南民族大学学报》2002 年第 4 期。

⑳ 《茂县政协》1990 年第 1 期。

㉑ 北川羌族自治县：北川县政协文书资料委员会，1991 年。

㉒ 《世界宗教研究》1981 年第 2 期。

㉓ 《西南民族学院学报》1999 年第 3 期。

比"》①，以及冉光荣与周锡银《论甘青古代的文化与羌族的关系》②、林忠亮《从〈羌戈大战〉看史诗与神话传说的关系》③、庄春辉《川西高原的藏羌古碉群》④、龙大轩《羌族诉讼习惯法的历史考察》⑤ 等论文，涉及对羌族文化多个层面的讨论。吕大吉、何耀华主编的《中国各民族原始宗教资料集成·羌族卷》⑥ 实现了对羌族宗教资料的集成。21 世纪以来，《释比经典》课题获得国家立项，对羌族释比（民间经师）的调查全面展开。四川省少数民族古籍整理办公室主编的《羌族释比经典》⑦ 推动了羌族史研究的进展。陈兴龙《羌族释比文化研究》⑧ 便是释比研究的一部重要专著。此外，四川省民族研究所编印的《白马藏人族属问题讨论集》（1980 年）、李绍明《羌族与白马藏人文化比较研究》⑨ 等论著，探究了羌族与白马藏人的文化关系。

关于羌族微观民族志的研究，是 20 世纪 90 年代以后新的学术动向。徐平《羌村社会——一个古老民族的文化和变迁》⑩ 通过田野调查和个案研究，展现了羌族历史上的重大社会变迁。卢丁、工藤元男主编的《羌族历史文化研究——中国西部南北游牧文化走廊调查报告之一》⑪ 实为一部综合性的羌族民族志。李锦《羌笛新曲》⑫ 以一个羌族家庭在整个 20 世纪的变迁为缩影，反射出羌族在近代历史大潮中的选择与适应。王明珂运用族群记忆理论，结合文本研究和田野调查，对羌族进行了全新的研究。其新近出版的《羌在汉藏之间——川西羌族的历史人类学研究》⑬ 结合著者 10 余年田野考察经验，以"华夏边缘"的观点对羌族史作了再建构，试图据以说明华夏西部族群边界的变迁，及其如何贡献于近代中华民族的形成。⑭ 此书既是一部羌族民族史，也是一部羌族民族志，无论在理论方法还是材料应用上均有诸多新意，其学术旨趣和启发意义已超越羌族研究本身。其又一部作品《游牧者的抉择——面对汉帝国的北亚游牧部族》⑮ 为"高原河谷游牧的西羌"辟有专章，就汉代河湟地区羌人的游牧经济、部落社会、生存抉择等问题做了精辟的阐发。此外，学界对羌族地区史前考古遗存和非物质文化遗产的关注，也将为羌族史研究提

① 《西藏民族学院学报》2000 年第 4 期。
② 《西南民族研究》，成都：四川民族出版社，1982 年。
③ 《民族文学研究》1987 年增刊。
④ 《中国西藏》2004 年第 5 期。
⑤ 《山东大学学报》2005 年第 2 期。
⑥ 北京：中国社会科学出版社，2000 年。
⑦ 成都：四川民族出版社，2008—2009 年。
⑧ 成都：四川民族出版社，2007 年。
⑨ 《思想战线》2000 年第 5 期。
⑩ 北京：中国社会科学出版社，1993 年。
⑪ 成都：四川民族出版社，2000 年。
⑫ 昆明：云南人民出版社、云南大学出版社，2003 年。
⑬ 北京：中华书局，2008 年。
⑭ 王明珂：《化陌生为熟悉——新版自序》，《羌在汉藏之间——川西羌族的历史人类学研究》，北京：中华书局，2008 年，第 2 页。
⑮ 桂林：广西师范大学出版社，2008 年。

供新的思路和资源。

二、西藏南部诸族

门巴族、珞巴族和僜人聚居于西藏东南部地区。由于历史环境和地理条件等原因，其社会状况的细部长期以来鲜为人知。对门巴族、珞巴族和僜人的全面的调查，始于 20 世纪 70 年代。中央民族学院研究室编印的《中国少数民族简况·藏族门巴族珞巴族》（1974 年），陈乃文《西藏门隅地区的若干资料》[1]《关于我国珞巴族的若干资料》《僜人社会历史调查报告》，以及各主要分布县的调查报告，均是社会历史调查成果。西藏社会历史调查资料丛刊编辑组编纂的《门巴族社会历史调查》第 1—2 册、《珞巴族社会历史调查》第 1—2 册[2]事实上是对以上调查材料的进一步整理汇编。僜人的社会历史调查资料，经修订后编入《民族学资料丛编》[3]。此一时期的其他成果，多是见诸报端的介绍性文章。

20 世纪 80 年代以后，相关研究取得了长足进展。杨毓骧《伯舒拉岭雪线下的民族》[4] 实际上是 1982 年六江流域民族综合科学考察的部分成果。此书详细展现了西藏察隅珞巴族和僜人的社会状况，成为此后相关研究的先导。关东升主编的《中国民族文化大观·藏族门巴族珞巴族》[5] 也是值得关注的成果。吴从众《英国入侵西藏东南地方史略》[6] 勾勒了英国在藏东南地区活动的史实。

关于门巴族的研究，索文清《西藏错那县门巴族概述》[7]、吴从众《解放前门巴族的封建农奴制》[8] 和《西藏墨脱县门巴族的历史沿革》[9]、恰卡·旦真《试探门巴族族源问题》[10] 均是代表性的论文。张江华《门巴族的苯教》[11]、姚兴奇《门巴族的神灵崇拜》[12]、陈立明《藏传佛教在门隅的传播和影响》[13] 等论文，是对门巴族宗教文化的专论。此外，还有不少文章涉及门巴族的民俗、艺术等论题，不再赘述。张江华与陈景源《西藏门巴族》[14]、门巴族简史编写组编纂的《门巴族简史》[15]，以及

---

① 北京：中国社会科学院民族研究所，1978 年。
② 拉萨：西藏人民出版社，1987—1989 年。
③ 昆明：云南人民出版社，1990 年。
④ 昆明：云南大学出版社，2000 年。
⑤ 北京：中国大百科全书出版社，1995 年。
⑥ 《西藏研究》1988 年第 3 期。
⑦ 《西北民族学院学报》1985 年第 3 期。
⑧ 《西藏研究》1982 年第 1、2 期。
⑨ 《中央民族大学学报》1987 年第 1 期。
⑩ 《西藏研究》（藏文版）1990 年第 2 期。
⑪ 《中国少数民族宗教初编》，昆明：云南人民出版社，1985 年。
⑫ 《西藏日报》1990 年 12 月 22 日。
⑬ 《中国藏学》2006 年第 1 期。
⑭ 拉萨：西藏人民出版社，1985 年。
⑮ 拉萨：西藏人民出版社，1987 年。

张江华、陈景源、吴从众合著的《门巴族封建农奴社会》①、张江华《门巴族》② 均是关于门巴族历史与现实的通论性著作。

关于珞巴族的研究，顾祖成《从博嘎尔民间传说看珞巴族的起源和社会发展》③、李坚尚《试论珞巴族的部落组织》④、恰卡·旦真《试探珞巴族族源问题》⑤、陈立明《珞藏文化交流初探》⑥ 和《原西藏地方政权对墨脱及其以南地区的统辖与治理》⑦ 均是代表性的论文。李坚尚《珞巴族的原始宗教》⑧、于乃昌《痴迷的信仰与痴迷的艺术——珞巴族的原始宗教与文化》⑨ 是对珞巴族宗教文化的专论。珞巴族简史编写组编纂的《珞巴族简史》⑩、李坚尚与刘芳贤合著的《珞巴族的社会和文化》⑪、王玉平《珞巴族》⑫ 均是关于珞巴族历史与现实的通论性著作。李金轲、马得汶《珞巴族研究新论》⑬ 对珞巴族的部落构成、人口数量和社会生活作了系统探讨。此外，李坚尚、刘芳贤主编的《中国各民族原始宗教资料集成·珞巴族卷》⑭ 对珞巴族宗教资料完成了全面的集成。

由于门巴族、珞巴族在地缘上接近，学界对其民族关系问题也有所讨论。吴从众《西藏境内的门巴族、珞巴族和回族》⑮、姚兆麟《西藏民族志》⑯ 结合各自对门巴族、珞巴族的调查经历，对其历史来源、社会制度、经济文化生活、相互关系等问题作了系统论述。张江华《门藏历史关系刍议》⑰、陈立明《珞藏文化交流试探》⑱ 和《藏门珞民族关系研究》⑲、苏发祥主编的《西藏民族关系研究》⑳，均是研究门巴、珞巴民族关系史的专论。六世达赖喇嘛生于门隅，黄颢、吴碧云合编的《仓央嘉措及其情歌研究（资料汇编）》㉑ 集中反映了相关的研究成果。

关于僜人的研究，学术成果相对较少。中国社会科学院民族研究所编纂的《僜

---

① 成都：四川民族出版社，1988 年。
② 北京：民族出版社，1997 年。
③ 《西藏民族学院学报》1980 年第 1 期。
④ 《民族研究》1986 年第 4 期。
⑤ 《西藏研究》（藏文版）1995 年第 4 期。
⑥ 《西藏研究》1994 年第 3 期。
⑦ 《西藏研究》2006 年第 2 期。
⑧ 《中国少数民族宗教初编》，昆明：云南人民出版社，1985 年。
⑨ 《中国藏学》1989 年第 2 期。
⑩ 拉萨：西藏人民出版社，1987 年。
⑪ 成都：四川民族出版社，1992 年。
⑫ 北京：民族出版社，1997 年。
⑬ 《中国边疆史地研究》2020 年第 3 期。
⑭ 北京：中国社会科学出版社，1999 年。
⑮ 北京：中国藏学出版社，1989 年。
⑯ 北京：中国藏学出版社，2006 年。
⑰ 《西藏民族学院学报》1984 年第 1 期。
⑱ 《西藏研究》1994 年第 3 期。
⑲ 成都：四川大学博士论文，2003 年。
⑳ 北京：中央民族大学出版社，2007 年。
㉑ 北京：西藏人民出版社，1982 年。

人社会历史调查》① 是对社会历史调查成果的汇集。吴从众《西藏察隅僜人的社会与文化》② 从清朝的统治、英国的入侵、社会生产方式、所有制和贫富分化、婚姻和家庭、物质生活和文化艺术等角度，对僜人的社会与文化作了全面探究。王晓艺《察隅的僜人》③ 结合实际调查研究成果，对僜人的民族系属、生产方式、社会状况、文化习俗等状况作了清晰的总结。

夏尔巴人聚居于喜马拉雅山麓与尼泊尔的交界地区。由于地势险峻、交通不便，长期保持着原始的民族生态。中国社会科学院民族研究所编印的《夏尔巴人资料汇编》（1979 年），是对相关社会历史资料的汇集。关于夏尔巴人的研究，族源问题占有绝大比重。黄颢《夏尔巴先祖世系述略》④ 和《夏尔巴人族源试探》⑤、陈乃文《夏尔巴人源流探索》⑥、次仁平措《夏尔巴人的民族属性问题》⑦ 等论文，均致力于解决族源问题。黄颢与陈乃文《夏尔巴人》⑧、袁朝俊《夏尔巴概况》⑨、白玛《夏尔巴现状调查》⑩、王璐《尼泊尔境内的夏尔巴》⑪ 等论文，主要是关于社会状况的论述。夏尔巴·桑杰旦增《夏尔巴史籍》⑫、刘洪记《经康藏西迁形成的夏尔巴人》⑬ 是新近出版的关于夏尔巴人历史的重要论著。

---

① 昆明：云南人民出版社，1990 年。
② 哈尔滨：黑龙江教育出版社，2001 年。
③ 《西藏民族志》，北京：中国藏学出版社，2006 年。
④ 《西藏民族学院学报》1979 年第 4 期。
⑤ 《西藏民族学院学报》1980 年第 3 期。
⑥ 《中央民族学院学报》1983 年第 4 期。
⑦ 《西藏研究》（藏文版）1990 年第 1 期
⑧ 《地理知识》1979 年第 10 期。
⑨ 《西藏研究》1989 年第 1 期。
⑩ 《西藏民族宗教》1994 年第 1 期。
⑪ 《西藏研究》1994 年第 4 期。
⑫ 拉萨：藏文古籍出版社，2003 年。
⑬ 《西藏民族志》，北京：中国藏学出版社，2006 年。

第七章　西南民族史研究

通　　论

西南地区是中国民族众多、历史悠久、文化灿烂的地区。本地区汇聚了源于古代北方的氐羌、南方的濮越、东来的苗瑶等族群的民族，在中国民族史的研究中具有重要的地位。中华人民共和国成立以来，西南民族史研究经历了三个重要的发展阶段：

第一阶段，20世纪50—60年代。这一阶段在民族识别和民族社会历史调查的基础上，民族史工作者编写出了西南各民族的第一部"简史"和"简志"，为西南民族史研究奠定了重要的学术基础。

第二阶段，20世纪80—90年代。这一阶段编辑出版了20世纪50—60年代民族识别和民族社会历史调查的资料，修订并正式出版了前一阶段编写的各民族简史，推出了一批极具学术影响力的族别史、民族文化史研究成果，使西南民族史的研究出现了异彩纷呈的繁荣景象。

第三阶段，21世纪以来的10年。这一阶段在族别史研究的基础上，专题性的民族政治、经济、文化、民族关系等历史研究成果十分丰富，西南民族史研究从族别史、地方史走向更为微观更为深入的研究层面。

中华人民共和国成立以来，西南民族史研究有6大特点：

第一，历史学与民族学结合。西南大多数民族没有自己的文字、文献，民族学的田野调查一开始就成为学者们认识少数民族，获取相关史料的重要手段。民族史的研究除遵循历史学研究的基本范式外，往往借鉴民族学的理论方法，解释或再现民族的历史。民族史和民族学在西南民族研究中相通相融，一个民族史研究者往往也是民族学专家，反之，一个民族学者也常常是民族史的专家。

第二，地方史与民族史结合。历史上西南地区的主体民族是各少数民族，汉族大量迁入相对较晚，西南各地方的历史事实上也是各民族发展的历史。因此，西南各地方史的研究与民族史的研究结合十分紧密。

第三，边疆史研究与民族史研究结合。西南边界有4000多公里，边境内外分布着20余个跨境居住的民族，历史上，边疆各族履行了守土卫国的使命。土司对边疆地区的小统一，促进了国家大的统一，西南边疆史研究很大程度上就是民族史的研究。因此西南边疆史研究与族别史的研究总是如影相随。

第四，族别史与专题史研究结合。族别史是西南民族史研究的基础，族别史为专题史提供基本的史实，专题史研究又将族别史研究引向深入，如族别史研究为土司制度专题研究提供基本史实，土司制度的专题研究又丰富和提升了族别史研究的内涵。

第五，中国史研究和民族史研究相结合。西南民族史的研究一直是在中国历史发展的背景下展开的，研究重视中央与地方关系，西南民族在中国历史发展中的作用、民族社会史研究与中国古代史分期问题研究等，与中国史研究的学术前沿紧密联系。

第六，科学研究与人才培养紧密结合。高等院校是西南民族史研究的主力军。西南民族史科学研究从一开始就与高校的教学和科研紧密联系。20 世纪 50—70 年代的民族识别，社会历史调查、简史简志的编写，主要参加者都是高等学校的师生。学术研究推动了中央民族大学、云南大学、云南民族大学、西南民族大学、贵州民族大学、四川大学等一批高等院校西南民族史相关课程、专业的设置，硕士、博士点的建立。教学实践凝练出了数部优秀的民族史教材，教学与科研结合，为中华人民共和国培养了一大批从事西南民族历史研究的专门人才。

第一节　西南夷研究

西南夷是学术界对两汉时期分布于今云南、贵州、四川西部以及甘肃南部等众多少数民族的统称。"西南夷"名称最早见于司马迁《史记·西南夷列传》，书中记载了 9 个较大的西南夷族群，他们分别是：夜郎、滇、邛都、嶲、昆明、徙、笮都、冉駹、白马。此后，班固《汉书·西南夷两粤朝鲜传》、范晔《后汉书·南蛮传》、常璩《华阳国志·南中志》等书还提到了僰、句町、漏卧、且兰、哀牢、濮、滇越、摩沙夷等西南夷族群。

一、综合研究

对西南夷各族的研究，综合性的成果有童恩正《古代的巴蜀》[①]《中国西南的古代民族》[②] 及《中国西南民族史》[③]、马长寿《氐与羌》[④]、蒙文通《越史丛考》[⑤] 和

---

① 成都：四川人民出版社，1979 年。
② 昆明：云南人民出版社，1980 年。
③ 昆明：云南人民出版社，1985 年。
④ 上海：上海人民出版社，1984 年。
⑤ 北京：人民出版社，1983 年。

《古史甄微》①、祁庆富《西南夷》②、张增祺《中国西南民族考古》③ 和《云贵高原的西南夷文化》等著作。其中，最具影响的是祁庆富《西南夷》和张增祺《中国西南民族考古》。

二、夜郎文化研究

夜郎是战国秦汉时期存在于西南地区的地方古国。中华人民共和国成立以前对夜郎的研究大多是对其族名、地名的文献考订。把夜郎问题作为贵州古代史的问题进行研究，是在 20 世纪 70 年代后期，其标志是宋世坤《论西汉时期夜郎的社会变革》④ 和杨庭硕、谭佛佑《简话夜郎》⑤ 对夜郎社会性质的探讨。

1978—1982 年，贵州社会科学院组织召开了三次夜郎学术讨论会，收集论文近 40 篇，编辑《夜郎考》讨论文集三册。1980 年贵州人民出版社先后出版了王燕玉的《贵州史专题考》及李衍垣的《夜郎故地上的探索》，分别论述了夜郎国的概况、疆域、汉代夜郎的兴亡以及夜郎灭国后历代设置郡、县的情况，把夜郎国的历史概貌及夜郎文脉的源流演变作了粗略的勾勒。1982 年，贵州人民出版社又出版了由周春元、张祥光、王燕玉、胡克敏主编的《贵州古代史》，该书以夜郎历史为线索，详细探讨了贵州古夜郎时期的奴隶社会，第一次将夜郎的全貌展现在世人眼前。

随着考古发掘的不断增多，云贵高原发现大量战国秦汉时期的青铜文化遗存，为夜郎的研究开拓了新的视野。1988 年，贵州人民出版社出版了贵州省社会科学院历史研究所编的《夜郎史探》，书中收录了来自川、滇、黔三省专家的论文 26 篇，汇集了夜郎研究的成果，除了介绍夜郎的全貌外，还探讨了夜郎与现代各民族的渊源关系以及夜郎研究中存在的争论问题。

1990 年，贵州人民出版社出版了朱俊明的《夜郎史稿》，该书在吸收 10 年来夜郎研究的成果之余，还介绍了夜郎的族源，两周夜郎国家的早期历史，先秦夜郎和华夏荆楚关系的追溯，秦汉两朝对夜郎地区的开发，夜郎的兴衰，夜郎及其各部的分布区域，夜郎各方国的消亡，夜郎的经济状况、社会形态、习俗等。

夜郎研究主要的学术热点是：夜郎的族属、存在的时限、疆域等。

（一）夜郎的族属

关于夜郎的族属，学术界主要有 4 种观点：

第一，濮人说。王燕玉《古代夜郎族属考——濮、僰、僚、仡佬说》⑥ 提出夜郎的主体民族是仡佬族先民濮人。认为西汉时期夜郎的王族是僰人，僰就是濮，到

---

① 成都：巴蜀书社，1993 年。
② 长春：吉林教育出版社，1990 年。
③ 昆明：云南人民出版社，1990 年。
④ 《贵阳师范学院学报》1976 年第 3 期。
⑤ 《贵阳师范学院学报》1977 年第 2 期。
⑥ 《贵州师范大学学报》1984 年第 4 期。

魏晋时夜郎王族融合为濮、僚，后统称为僚人，隋唐以后，夜郎王族又改名仡佬。周春元在《略论古夜郎的族属问题》① 也持此种看法。

第二，僚、濮、羌同为主体说。翁家烈《从可乐考古探索古夜郎及其族属》② 认为由周到秦汉，百越系的僚人、南蛮系的濮人、今彝族先民的羌人，在夜郎地区都是主体民族。

第三，彝族先民说。王子尧、刘金才《夜郎史传》③ 认为夜郎属于彝族先民武部族，夜郎的中心在今贵州赫章可乐。

第四，百越说。江应樑、林超民《中国民族史》④ 和朱俊明《夜郎史稿》⑤ 都认为夜郎的主体民族属百越民族，夜郎即今布依族之祖先。

（二）夜郎国存在的时限

颜建华在《古夜郎源流探论》⑥ 中认为"大夜郎国"的概念并不确切，夜郎国与古牂牁有一定的承续关系，但并非直接演变而来，不能把夜郎的上限延伸到周襄王元年（公元前 651 年）齐桓公会盟诸侯以前。夜郎存在的上限约在楚顷襄王二十年（公元前 279 年），楚王遣将军庄率兵西征，夜郎君长迎降之前。而夜郎存在的下线较统一，即汉成帝河平二年（公元前 27 年），夜郎为汉使陈立所灭。其存在的时间不会超过 300 年。

（三）夜郎国的疆域

学术界对这一问题争议比较大，《后汉书·南蛮西南夷传》所追记的战国时期夜郎国"东接交趾，西有滇国，北有邛都国"。根据《史记·西南夷列传》所记述的"夜郎国，临牂牁江，江广百余步，足以行船"和"牂牁江广数里，出番禺城下"，目前学术界主要有以下两种观点：

第一，张正东、张英志、蒋国维等合著的《汉代夜郎疆域初探》⑦ 和王燕玉《夜郎沿革考》⑧ 都认为汉代夜郎国的疆域包括西汉在夜郎地区设置的 14 县。

第二，尤中在《夜郎民族源流考》⑨ 一文中提出了"夜郎部落联盟集体"说。他认为夜郎基本上为西汉时期牂牁郡辖境，即东起今贵州省黄平县一带，西北至今贵州省，西至今云南省罗平、路南、弥勒及华宁以东，北有今贵州遵义，东南包括

① 《贵阳师范学院学报》，1977 年。
② 《贵州民族研究》2003 年第 3 期。
③ 成都：四川人民出版社，1998 年。
④ 北京：民族出版社，1990 年。
⑤ 贵阳：贵州人民出版社，1990 年。
⑥ 《贵州民族研究》2008 年第 2 期。
⑦ 《夜郎考》第一集，贵阳：贵州人民出版社，1979 年。
⑧ 《夜郎考》第一集，贵阳：贵州人民出版社，1979 年。
⑨ 载《西南民族史论集》，昆明：云南民族出版社，1982 年。

都柳江上游地带，西南经今广西右江上游过云南文山壮族苗族自治州而达红河哈尼族彝族自治州东南。

三、滇文化研究

滇是秦汉时西南夷中一个较大的古代民族，主要居住在今云南昆明滇池地区。近年来大量的文献、考古资料证明，其存在上限最迟不晚于战国中晚期，战国末至西汉中期为其鼎盛时期，西汉后期逐渐走向衰落，西汉末至东汉初为中原王朝设置的郡县所取代。

滇文化研究是随着 1953 年在云南晋宁石寨山发现滇王墓葬而受学术界普遍关注的。1955—1996 年的 40 年中，云南省考古工作者先后在晋宁石寨山进行过五次发掘，清理墓葬 86 座，出土青铜器、铁器、金银器、陶器等随葬品 5000 余件。特别是"滇王金印"和大量青铜器的出土，为研究滇文化提供了丰富的实物资料。

1972 年，云南省博物馆在江川李家山又发掘滇文化墓葬，清理墓葬 27 座，出土随葬品 1000 多件。1991 年底至 1992 年初，云南省文物考古所对李家山墓地进行第二次发掘，清理墓葬 59 座，出土器物 2000 余件。

80 年代，对滇进行研究主要是在滇文化出土器物方面，鉴于滇文化墓葬出土了大量的青铜器，特别是大量铜鼓的出土，学术界曾兴起一股铜鼓研究热潮，成立了中国古代铜鼓研究学会，出版论文专著无数，影响较大的有：中国古代铜鼓研究会《古代铜鼓学术讨论会论文集》[1]、汪宁生《云南考古》[2] 及《铜鼓与南方民族》[3]、冯汉骥《冯汉骥考古学论文集》[4] 及《云南省博物馆学术论文集》[5]、童恩正《中国西南民族考古论文集》[6]、云南省博物馆编《云南青铜文化论集》[7] 等，其中都有大量讨论滇青铜文化的论文。

90 年代，不少学者对滇文化进行深入研究，出版了一系列专著。如刘小兵《滇文化史》[8]、张增祺《滇国与滇文化》[9] 和《晋宁石寨山》[10]、欧鹃渤《滇云文化》[11]、李昆声《云南考古学论集》[12] 等。影响较大的有张增祺《滇国与滇文化》及《晋宁石寨山》两书。

---

[1] 北京：文物出版社，1982 年。
[2] 昆明：云南人民出版社，1980 年。
[3] 长春：吉林教育出版社，1989 年。
[4] 北京：文物出版社，1985 年。
[5] 昆明：云南人民出版社，1989 年。
[6] 北京：文物出版社，1990 年。
[7] 昆明：云南人民出版社，1991 年。
[8] 昆明：云南人民出版社，1991 年。
[9] 昆明：云南美术出版社，1997 年。
[10] 昆明：云南美术出版社，1998 年。
[11] 沈阳：辽宁教育出版社，1998 年。
[12] 昆明：云南人民出版社，1998 年。

滇国的主体民族问题是学术界研究的热点，目前主要有五种不同的观点。

一是濮越说。持这种观点的有林惠祥和罗香林，林惠祥《中国民族史》[①] 认为滇是汉时西南夷中的僰掸系，罗香林《中夏系统中之百越》[②] 认为滇濮就是滇越。

二是羌僰说。持这种观点的有尤中，他在《滇国及其境内外的民族》[③] 中认为滇的主体民族是僰族，出自氐羌，故称"羌僰"。此外，《云南各族古代史略》[④] 一书中也认为"滇，又称滇僰，意为滇池的僰人"，"僰人原来就是滇池地区的主要民族"。

三是百濮说。持这种观点的有汪宁生，他在《晋宁石寨山青铜器图像所见古代民族考》[⑤] 中认为滇人是百濮系民族，他们是西南地区最古老的居民。

四是濮越、氐羌杂居说。持这种观点的有祁庆富，他在《西南夷》中认为滇池地区的主体民族属濮越，洱海地区的主体民族属氐羌，两个地区都杂居着两个族群的民族。

五是百越说。持这种观点的有张增祺，他在《滇文化》以及《云贵高原的西南夷文化》中都主张"滇"的主体民族是百越。

四、夜郎、滇以外的其他民族的研究

对夜郎、滇以外的嶲、昆明、邛、莋、冉駹、徙、白马以及东汉时期的哀牢族的研究，学术界至今没有出版专著，但在论及西南夷的专著里也有专门的章节论述，研究较多的有昆明、嶲以及东汉时期的哀牢等。

（一）对昆明族的研究

有关秦汉时期的昆明族分布，《史记》记载："西自同师以东，北至楪榆，名为嶲、昆明，皆编发，随畜迁徙，毋常处，毋君长，地方可数千里。"张增祺《中国西南民族考古》[⑥] 认为，昆明的分布范围大致不外怒江以东，金沙江以南，滇池区域以西，西双版纳以北。关于昆明的主体民族，张增祺在《中国西南民族考古》中认为昆明是活动于怒江、澜沧江河谷的世居民族。

（二）对嶲人的研究

目前关于嶲人的文献和考古资料都比较少，对于嶲人的形象，汪宁生在《晋宁石寨山青铜图像所见古代民族考》中认为晋宁石寨山青铜器上那些"深目高鼻"的人是嶲人，不是云南的世居民族。张增祺在《中国西南民族考古》一书中进一步认

---

① 上海：上海文艺出版社，1990 年。

② 上海：独立出版社，1943 年。

③ 《思想战线》1999 年第 6 期。

④ 昆明：云南人民出版社，1977 年。

⑤ 《考古学报》1979 年第 4 期。

⑥ 昆明：云南人民出版社，1990 年。

为嵩人最早居住在中亚地区，是和斯基泰人血缘关系最为密切的游牧民族，即我国古文献中的"塞人"或"赛种人"。

（三）对哀牢的研究

哀牢是东汉才出现在汉文献中的民族，主要分布在今滇西地区保山至大理一带。对哀牢族的研究，陈吕范《南诏不是泰族建立的国家》① 认为哀牢族是掸泰人。方国瑜《元代云南行省傣族史料编年》② 认为，哀牢族实为濮人。尤中《汉晋时期的西南夷》③ 一文中也赞同濮人说的观点。黄惠焜《略论哀牢族属非濮》④ 认为哀牢族源属于氐羌。而张增祺《中国西南民族考古》认为哀牢是由濮人和昆明人融合而成的新的民族共同体。

综上所述，对西南夷的研究可以大致分为三个阶段：第一阶段，20 世纪 50—60 年代，这一时期国家进行了全国性的民族识别和少数民族社会历史调查，在进行民族识别时探讨了西南夷及其与现代居住在西南地区少数民族的关系，迎来西南夷研究的小高潮；第二阶段，20 世纪 80 年代，随着改革开放以来民族学、考古学的发展，在学术界兴起了研究夜郎、滇文化的热潮，西南夷其他各族的研究也呈现出繁荣的状态；第三阶段，20 世纪 90 年代以来，在民族学、考古学、历史学、语言学等多学科综合研究的基础上，大量关于西南夷各族的专著、论文涌现，西南夷的全貌逐渐展现在世人面前，形成西南夷研究的学术争鸣时期。

第二节 南诏、大理国史研究

一、南诏史研究

南诏史的研究是治西南民族史特别是云南民族史者不可忽视的一个重要领域。但自唐历五代至 20 世纪初，致力于南诏史研究者寥寥可数。20 世纪初至 50 年代，前辈学者如向达、方国瑜、徐家瑞、江应樑、马长寿、王忠等人已开始关注南诏史的研究，并就其中某些问题发表了一些颇有见地的文章。20 世纪 50 年代后，我国史学工作者，从考古学、历史学、语言学等多学科的视角，对南诏社会历史与文化进行了综合的研究，在许多问题上有了新的突破和进展。

（一）南诏王室族属问题研究

有关南诏王室的来龙去脉，是南诏史研究中的一个难点。目前，学界对于这一

---

① 《泰族起源问题研究》，北京：国际文化出版社，1994 年。
② 昆明：云南人民出版社，1958 年。
③ 《历史研究》1956 年第 7 期。
④ 《思想战线》1956 年第 7 期。

问题主要有"南诏泰人说""彝族说""白族说"等几种主要的观点。

19 世纪后半期，西方学者如德国人戴·哈威·圣丹尼斯、英国人拉古伯里在其著述中认为，南诏国王室是傣族或泰国的泰族，并在西方社会有一定的影响。针对西方学者所炮制的南诏泰族说，我国许多学者在 20 世纪，以历史学、考古学、语言学、民族学、民俗学等方面的丰富材料为主，进行了有理有据的驳斥，在一定程度上澄清了由西方某些学者所引发的南诏王室族属问题研究的混乱。当"南诏泰族王国说"逐渐被学术界所澄清和摒弃之后，我国学者对南诏究竟是白族还是彝族先民建立的国家，还存在不同的看法。

主张"彝族说"者认为，南诏王族蒙氏出自彝族，南诏是彝族先民蒙氏在唐中央政府的支持下联合白族和其他民族上层建立的隶属于唐剑南节度的云南地方政权。20 世纪 50 年代，刘尧汉深入哀牢山区和南诏发祥地巍山进行实地考察，发现南诏统治家族蒙氏后裔父子连名的三份彝文宗谱，宗谱都将其祖先上推至南诏国主细奴逻。刘氏以此为据，撰写《南诏蒙氏家族属于彝族之新证》① 一文，力主南诏为彝族先民所建立的地方政权。20 世纪 70—90 年代，李绍明《巍山文物与南诏历史——南诏统治者系出彝族新证》②、吴恒《蒙舍诏及其土著族属初探——通过社会调查结合史志记载探索历史问题实例之一》③、黄惠焜《哀牢夷的族属及其南诏的渊源》④、马学良和朱崇先《从语言论证南诏王室的族属问题》⑤ 等文章，则通过地方史志、历史文物、风俗习惯、语言学材料，再结合实地考察，认为南诏为彝族先民所建。

持南诏王室"白族说"的学者们，立足于对唐代乌蛮、白蛮族属问题研究的基础上，对南诏王室"彝族说"进行了挑战。方国瑜在《关于"乌蛮""白蛮"的解释》⑥ 一文中指出，唐代有关南诏"乌蛮""白蛮"的记载在不同地区不能混为一谈，巍山的世居居民是白族，南诏统治者细奴逻家族也是白族，而彝族则是南诏时代从滇池地区迁来的，而不是巍山世居居民。杨永新、赵寅松的《试论南诏王室的族属问题》⑦ 一文，除了根据《华阳国志》中"南中昆明祖之"的记载，考证哀牢夷族属，指出"哀牢夷是洱海地区昆明族的先人"，而昆明人即今白族先民，所以，系出哀牢的南诏王室蒙氏为白族先民。同时，还结合白族的语言、民族学调查及历史文物资料，全面论证了南诏王室白族说，认为"白族自古以来就是以洱海地区为其主要活动区域的土著民族"，"南诏王室蒙氏在部落向部族的过渡中就已经是白族先民的一个组成部分，他们并不存在彝族白族化的问题"。另外，李一夫的《南诏

---

① 《历史研究》1954 年第 2 期。

② 《中央民族学院学报》1978 年第 4 期。

③ 何耀华主编：《西南民族研究·彝族专集》，昆明：云南人民出版社，1987 年。

④ 《思想战线》1976 年第 6 期。

⑤ 《云南民族学院学报》1990 年第 1 期。

⑥ 云南人民出版社编辑：《云南白族的起源和形成论文集》，昆明：云南人民出版社，1957 年。

⑦ 《民族研究》1985 年第 3 期。

王室族别初探》① 以及《南诏史论丛》② 中的一些文章也主张此说。

（二）南诏社会性质与政治制度的研究

1. 关于南诏社会性质的研究

关于南诏的社会性质，目前学界主要有"奴隶制说"和"封建制说"两种不同的意见。范文澜、马长寿、朱绍侯、向达、马曜、尤中、杨毓才、李昆声等学者主编的著作和研究文章中，主张南诏为奴隶制社会性质。范文澜《中国通史简编》第三编③认为，南诏是封建制与奴隶制并存，奴隶制占较大比重的国家。马长寿《南诏国内的部族组成和奴隶制度》④ 一书在对南诏的经济结构、社会制度、生产门类等方面进行全面研究的基础上指出，尽管南诏封建主义的因素已日益滋长，但占主导地位的仍是奴隶制。在《白族简史》⑤ 一书中，王叔武负责编写的第四章亦以"南诏奴隶制的发展"为章名，在充分肯定南诏奴隶制社会性质的基础上，对南诏社会的基本阶级、奴隶主、奴隶和村社农民、南诏奴隶的来源（掠夺、买卖）、奴隶的"授田"和起义等诸多方面展开了论述。马曜主编的《云南各族古代史略》⑥和《云南简史》⑦ 认为，南诏盛行的是种族奴隶制经济——佃人制。尤中在其《中国西南民族史》⑧ 和《"南诏社会性质"质疑》⑨ 等著述中认为，南诏是多民族集合体国家，其统治的主要基础是洱海和滇池地区的奴隶制经济以及受奴隶制经济支配的同区域的村社农民个体小生产。

李家瑞、杨堃、杜昆、木芹、单文、张广志则主张南诏为封建制社会。李家瑞《试论南诏的社会性质》⑩ 认为，南诏前期实行佃租和授田制的土地制度，这种佃租既不能理解为封建地主经济下的佃户，更不能误解为租佃关系，当然也不能理解为奴隶主庄园，而是一种生产单位、政权基层组织和分配制度，所以南诏属于封建性质。杨堃《试论云南白族的形成和发展过程》⑪ 一文认为，南诏"似乎是一种早期的和仍带有许多原始社会成分的封建社会或半家长半封建式社会"。杜昆在《南诏社会性质质疑》⑫ 一文中提出，南诏兴起于原始社会解体时期，由于受到周边唐王朝的影响而未经过奴隶制阶段，所以，南诏是带有原始社会成分的早期封建社会。

---

① 《大理文化》1981 年第 2 期。
② 云南省大理白族自治州南诏史研究学会编印，1984 年。
③ 北京：人民出版社，1957 年。
④ 上海：上海人民出版社，1961 年。
⑤ 昆明：云南人民出版社，1988 年。
⑥ 昆明：云南人民出版社，1977 年。
⑦ 昆明：云南人民出版社，1983 年。
⑧ 昆明：云南人民出版社，1985 年。
⑨ 《西南民族史论集》，昆明：云南人民出版社，1982 年。
⑩ 《学术研究》1962 年第 3 期。
⑪ 《云南白族的起源和形成论文集》。
⑫ 《西南师范学院学报》1984 年第 1 期。

单文《南诏社会性质试探》① 认为，南诏是一个存在奴隶现象，带有原始残余的封建专制社会。

2. 关于南诏政治制度的研究

在南诏政治史的研究中，南诏的官制、军制及南诏灭亡的原因是学界关注的一个焦点。南诏立国后，唐朝的政治制度建立了一套完整的中央、地方官制和军事制度，其军事武装力量在南诏对外开拓疆土，进行掳掠战争中起着重要的作用。杨卿《南诏统治制度及其特点》② 认为，南诏政权把中原封建王朝的传统制度和云南民族特点结合起来，建立了一套完整的统治制度。从中央政权的情况看，南诏政治机构的特点，首先是权力集中，在南诏王下设置的各种官职和机构，均由南诏王控制。其次是机构简化，没有冗官冗吏的负担。最后是由清平官、大军将兼领各机构和地方军政要职。从地方军政制度来看，大体上可分为三类，即南诏直接统治区内的军政合一制、邻近地区的十睑制和依据民族特点确定的八节度制。从分土授田制和佃人制来看，南诏政治制度的基础是封建经济制度。管彦波《试论南诏的官制》③ 和《试论南诏的军事制度》④ 则分别考察了南诏的职官制度和军事制度。

关于南诏灭亡的原因，木芹《试论南诏王族覆灭的原因》⑤ 认为，南诏唐制进行管理，加强与中原及西川经济文化的交流，利用汉人参与南诏最高决策活动，致使熟习封建关系且极力推行封建制的贵族势力日益膨胀，成为能够左右南诏的政治力量，构成了对南诏王室的威胁；同时，南诏王族的落后性及民族狭隘性，同更高一层的社会形态，同熟习封建制的贵族间发生了矛盾，最终导致了蒙氏王族的灭亡。尤中《中国西南民族史》认为，南诏灭亡是由于在对唐的掠夺战争中，"屡履众，国虚耗"，于是村社农民、奴隶、被统治的各民族一齐起来反抗，使南诏政权彻底崩溃。

（三）南诏民族关系史的研究

在南诏民族关系史研究中，目前学界关注的焦点是南诏与唐王朝、吐蕃之间的关系。

南诏与唐的关系，涉及政治、经济、文化诸多方面。大多数研究者认为，双方的关系有亲密友好和矛盾纷争两个不同的层面，南诏的重要制度直接或间接地来自唐朝，唐朝的经济文化对南诏产生了积极、深刻的影响。如方素梅《南诏与唐朝关系研究》⑥ 一文认为，南诏和唐基本上保持臣属关系，接受唐朝的册封，虽曾一度独立，但由于自古以来云南和祖国内地保持着政治、经济和文化各方面的密切关系，

---

① 《研究集刊》1988 年第 11 期。

② 《云南师范大学学报》1986 年第 6 期。

③ 卢勋等编：《中国民族史论文集（3）》，北京：中央民族学院出版社，1994 年。

④ 《思想战线》1992 年第 2 期。

⑤ 《思想战线》1983 年第 2 期。

⑥ 《甘肃民族研究》1986 年第 1 期。

所以南诏的产生、发展乃至灭亡无不受到整个中国历史的制约和影响，因而出现了南诏与唐朝之间既有矛盾斗争乃至分离，又有会盟结好、接受册封的错综复杂的关系。方铁《论南诏与唐朝关系的性质》① 一文认为，在南诏存在的 254 年间，与唐朝关系不睦或兵戎相见的时间不超过 108 年，在大多数时间与唐都保持着友好的往来，而且始终把唐朝皇帝看成是当然的天子，所以，南诏是唐朝统治下的一个藩属政权或活动在西南地区的一个局部政权，并非与唐朝相鼎立的独立国家。

在南诏与唐的关系中，天宝战争的起因以及与安史之乱的关系是人们关注的一个焦点。关于这场战争的起因，林超民《唐代前期洱海地区部族社会与统一政权的建立》② 认为，是唐王朝控制云南、争夺洱海地区与吐蕃、南诏向外扩张、掠夺的必然结果。徐兴祥《西洱河战争起因辨析》③ 认为，战争的直接原因是南诏统一洱海地区后向滇东扩张，企图割据云南，同时也是唐与吐蕃矛盾斗争的产物。关于天宝战争与安史之乱的关系，方国瑜《云南史料目录概说》第一册④认为："自天宝九载杨国忠发动西洱河战事，骚动全国，引起安禄山、史思明之乱，南诏阁罗凤北臣吐蕃，争战大渡河以南地区，吐蕃与南诏协力骚扰，连年战争，为唐大患。"赵鸿昌《论南诏天宝之战与安史之乱的关系》⑤ 一文，通过对唐玄宗后期的政治、军事、经济进行全面考察后认为，天宝战争不是安史之乱的唯一动因，与安史之乱并没有什么必然的联系。但安史之乱削弱了唐朝力量，使偏居西南一隅的南诏能在长时间里或北臣吐蕃同寇剑南，或独立攻掠成都，或长期直攻安南，成为一股不可羁縻的力量。

关于南诏与吐蕃的关系，主要表现在经济文化方面的友好交往和政治上的相互制衡与结盟。汪宁生《从文物考古材料看滇藏关系》⑥ 认为，南诏、吐蕃两个地方政权的出现，使滇藏关系进入一个新的阶段。吐蕃与南诏两大集团在政治上的密切交往，对后世民间经济文化的交流带来了深远的影响。赵橹《南诏北臣吐蕃发微》⑦ 一文，从分析唐与吐蕃在西洱河地区的形势出发，认为天宝十一载，南诏之公开叛唐，"遂北臣吐蕃"，乃是瓜熟蒂落的必然产物，是南诏与吐蕃交好发展的必然趋势。郭大烈《唐代吐蕃的南下与南诏的崛起》⑧ 认为，西南作为吐蕃、南诏和唐王朝逐鹿的场所，南诏崛起并统一云南有赖于吐蕃的南下，吐蕃与南诏的交往又促进了西南地区经济文化的发展。另外，方铁《南诏、吐蕃与唐朝三者之间的关系》⑨、

---

① 《西南边疆民族研究》，昆明：云南大学出版社，2003 年。
② 云南大学硕士毕业论文油印本，1981 年。
③ 《云南民族学院学报》1985 年第 4 期。
④ 北京：中华书局，1984 年。
⑤ 《云南社会科学》1985 年第 2 期。
⑥ 中国西南民族研究学会编：《藏族学术讨论会论文集》，拉萨：西藏人民出版社，1984 年。
⑦ 《西藏研究》1990 年第 4 期。
⑧ 杨仲录、张福三、张楠主编：《南诏文化论》，昆明：云南人民出版社，1991 年。
⑨ 《中国藏学》2003 年第 3 期。

杨文顺《唐代么些蛮与吐蕃、南诏关系初探》① 等文章也不同程度地探讨了南诏与唐、吐蕃及周边各民族的关系。

(四) 南诏宗教史的研究

南诏宗教比较复杂，有原始的巫鬼教，有道教，也有佛教。南诏初期主体民族乌蛮和白蛮信仰巫教，均尚巫鬼。南诏中后期，佛教取得了"国教"地位，受到了统治者的推崇。此外，道教在南诏也有一定的影响和势力。

1. 关于巫鬼教及本主崇拜的研究

南诏统一云南之前，居住在这一地区的民族所信仰的是原始宗教——巫鬼教。关于南诏初期的原始巫鬼教，徐嘉瑞《大理古代文化史稿》认为，南诏初期宗教，与西北高原之宗教，当为同一系统；同时，他还指出，本主作为大理地区特有之宗教，南诏统一六诏之后，遂利用大理本主庙诸神为统治工具，于是南诏国王、清平官、大军将也被纳入宗教系统之中，使统治阶级也成为本主中的一些。刘小兵《滇文化史》② 认为，南诏早期宗教与"氐羌"集团的原始宗教有一定的联系。后来，佛教兴盛，并取代了巫鬼教。不过，南诏原始宗教的影响及其变异，在今天彝语支民族的一些宗教信仰中，仍可窥见一斑。另外，张旭《白族对天鬼和本主的崇拜》③、吴棠《大理古代原始宗教巫教》④、杨宪典《大理白族的巫教调查》⑤ 也是有关南诏早期宗教研究的几篇很具参考价值的文章。

2. 关于南诏佛教的研究

佛教是南诏的主要宗教流派，有关这方面的研究成果也甚为丰厚。徐嘉瑞《大理古代文化史稿》对佛教传入南诏的时间和路线、唐代入南诏之景教僧人做了专门的阐释。王海涛《南诏佛教文化的源与流》⑥ 就南诏时佛教的传入、南诏密教的特点以及佛教艺术进行了较为深入的考察。方国瑜《云南佛教之阿吒力派二三事》⑦ 一文，就阿吒力派之始、阿吒力派之行教、阿吒力僧之异术、阿吒力派之遗迹等几个问题做了翔实的分析与研究。侯冲《张胜温画卷〈梵像卷〉看南诏大理佛教》⑧ 探讨了南诏佛教传入路线和南诏大理佛教的构成等问题。另外，吴棠、杨益清、黄惠炬、杨名锐、施正华、张金鹏、赵橹、陈华山、李孝友、张楠、董国胜、周泳、杨延福等人也发表了一些关于南诏佛教及佛经的整理、研究方面的文章。

在对南诏佛教的研究中，目前学界就佛教的传入时间、传入路线、佛教的构成

---

① 《云南师范大学学报》2003 年第 4 期。

② 昆明：云南人民出版社，1991 年。

③ 《大理白族史探索》，昆明：云南人民出版社，1990 年。

④ 《民族文化》1986 年第 5 期。

⑤ 《南诏文化论》。

⑥ 《南诏文化论》。

⑦ 方国瑜：《滇史论丛（第 1 辑）》，上海：上海人民出版社，1982 年。

⑧ 《云南社会科学》1991 年第 3 期。

及其特点等方面，尚存在不同的意见和分歧。在佛教传入路线问题上，有"中土说""主流说""吐蕃说"等多种说法。关于佛教传入之时间，有"东汉说""初唐说""中唐说""晚唐说""初元说"等诸多观点。

除了上述四个大的方面外，近 20 余年来，关于南诏民族文化史的研究已引起学界足够的重视，发表了一系列很有见地的文章。这当中，对南诏文化进行高度概括与研究的文章主要有木雯弘《论南诏文化的形成及特点》①、林宗成《试论唐代西南地区乌蛮白蛮若干文化特质》②、管彦波《试论南诏多源与多元的文化格局》③、傅光宇《民族文化的交流与整合——以南诏文化为例》④、禹驰《南诏文化的特征》⑤和《南诏文化的特点及其在云南历史上的地位》⑥ 等。

二、大理国史研究

大理国是继南诏之后存在于中国西南地区的少数民族地方政权。大理国建于937 年，与中原的五代、宋王朝相始终，割据西南 316 年。1235 年，忽必烈率蒙古军征云南灭大理国。

（一）大理国兴衰史研究

关于大理国历史发展研究代表性的著作有：邵献书《南诏和大理国》⑦、段玉明《大理国史》⑧。《南诏和大理国》追溯了唐初至大理国覆灭时期云南洱海一带的历史变迁，阐述了南诏和大理国在政治制度、经济状况、境内民族、文化艺术、风俗习惯、宗教信仰等方面的情况，引证丰富，观点鲜明。《大理国史》详细介绍了大理国的建立，大理国的政治、经济、民族等情况。作者搜集了云南地方典籍、宋王朝典籍中有关大理的史料，利用考古和文物资料，并选择了相关人类学、民族学调查，理清了大理国发展的来龙去脉。

（二）大理国时期人物研究

人物的研究与考证是大理国研究的一个热点，许多学者"以小见大"，从微观角度研究大理国时期的人物，其焦点是段氏与高氏以及其他宗教人士。

张锡禄在《从白族家谱看南诏大理国洱海地区的白蛮大姓——兼驳"南诏是泰

---

① 《思想战线》1990 年第 4 期。
② 《中央民族学院学报》1986 年第 2 期。
③ 《民族研究》1993 年第 2 期。
④ 张文勋主编：《民族文化学论集》，昆明：云南大学出版社，1993 年。
⑤ 《云南社会科学》1990 年第 3 期。
⑥ 《南诏文化论》。
⑦ 长春：吉林教育出版社，1990 年。
⑧ 昆明：云南民族出版社，2003 年。

族建立的国家论"》① 中分别介绍了段、高、杨、赵、李、董等大姓的家谱。高路加《大理国高氏事迹、源流考述》② 对大理国统治阶层中的重要高氏家族进行考证，得出其来源可能为由春秋齐国迁往楚国的高量，战国末期进入西南地区的高量后人为高氏之祖。杨延福《大理国高寿佛徒杨义隆》③ 介绍了大理国时期的大阿吒力，同时也是文人的杨义隆生平、来历以及他对大理国政权的影响。赵寅松《试论大理国的建立和段思平的出身》④ 通过对南诏后期政治形势的分析，得出段思平出身贫苦牧民的结论。而杨明《白族杰出的政治家段思平》⑤ 则持不同观点，认为段思平出身贵族世家。理由是段氏家族在南诏晚期已作为一股重要的新兴封建势力干预国事。他领导广大奴隶、农奴和百姓，推翻南诏，建立和巩固了封建农奴制政权。高静铮、钟惠芳、梁钰珠在《南方文物》2003 年第 4 期上发表《大理国经幢人事考》，考证经幢上《造幢记》中涉及的"高明生""袁豆光""段进全"三人。段玉明《大理国段氏为云南土著说质疑》⑥ 从段氏祖籍入手，论证此说的不成立性，并得出"段氏之先本天水氏族，于元魏之际迁入云南"的结论。

（三）大理国时期的宗教

大理国的佛教文化一直都是大理国研究中的重大课题。大理国延续了南诏后期尚佛的风气。由于统治者的提倡，佛教事业在大理地区的发展达到了顶峰，宗教的影响力逐渐深入社会各层面，上至国家政治，下至百姓风俗，都打上了深深的佛教烙印。

潘京京《南诏大理国的宗教与大理民俗》⑦ 一文肯定了南诏大理国时期是云南宗教发展的重要时期，并提出宗教在本土与外来的融合中被民俗民族化，形成独特的民族地方特点。何贵荣《大理国佛教崇拜的社会化现象》⑧ 则进一步说明大理国佛教的释、儒、道兼容特色，阿吒力僧人参与政治、军事、社会生产活动，多位国王"禅位为僧"，以寺院为学校、僧侣为教师，民俗也浸染了佛教礼仪，如火葬、取名等习俗。闫峰在《佛教对大理国的影响概论》⑨ 中提出佛教对大理国的政治、经济影响和社会影响，前者表现为"帝僧"王国的政治制度、寺院经济与庙会的产生，后者表现为对文化教育和生活习俗的影响。钟正和《大理国为何有九代国王出家做和尚》⑩ 说明国王出家是受佛教文化影响，或为祈福平灾，或为免除篡权之祸，

① 《东南亚》1990 年第 2 期。
② 《中南民族学院学报》1999 年第 2 期。
③ 《大理学院学报》1999 年第 1 期。
④ 《云南民族学院学报》2002 年第 5 期。
⑤ 《西南民族大学学报》1981 年第 4 期。
⑥ 《云南民族大学学报》2005 年第 4 期。
⑦ 《昆明师专学报》1982 年第 4 期。
⑧ 《云南民族学院学报》1997 年第 1 期。
⑨ 《前沿》2008 年第 7 期。
⑩ 《报刊荟萃》2007 年第 5 期。

或被迫退位而选择的一种禅位方式。

佛教的影响还表现为大理国丰富灿烂的佛教艺术，不少学者也对此撰文进行介绍和论述。

最著名的佛教艺术品之一当属大理国时期的《张胜温画卷》（又称《大理国梵像卷》），对这幅图卷的研究开展得较早，如赵学谦《大理国时期的张胜温画卷》①介绍了图卷的来历和内容，反映佛教的兴盛和影响。约翰·马可瑞（JohnR·McRae）著，谭乐山译《论神会大师像梵像与政治在南诏大理国》②。张崇礼《解读〈南诏图传〉和〈大理国张胜温画卷〉》③对两幅画卷做了深入研究，从自然、帝王、礼仪、乐器、建筑以及二者对比来做解读，其中对于画卷中的动植物统计和分析有很大参考价值，作者指出两幅画卷的诸多相似之处，是对大理国传承南诏文化的一个有益补充。此外，还有常泽鸿《研究云南民族史的两部珍贵历史画卷》④，田怀清《大理国〈张胜温画卷〉第 108 开图名、图像内容、粉本来源诸问题考释》⑤，也是关于大理绘画艺术研究的成果。

其他佛教艺术品研究也不乏其人，如萧明华《从两尊观音遗像看唐宋南诏大理国的佛教》⑥、杭侃《大理国金铜佛教艺术巡礼》⑦、薛琳《大理国地藏寺经幢概说》⑧、杨周伟《揭开大理国挖色高兴佛教石窟群的神秘面纱》⑨等。

（四）大理国文化研究

大理国时期的文化可谓西南民族中的一枝奇葩，它不仅内容广博、受儒家思想影响，还具有自己浓郁的地区、民族特色，并与佛教文化紧密相连。

徐嘉瑞《大理古代文化史》⑩是研究大理国文化不可缺少的一部学术著作。该书时间跨度从"史前期"到"段氏期"，其中"段氏期"介绍了大理国时期的文化，包括段氏之渊源、重名制、散文与碑碣、美术、白文及白文学五部分。

大理国与内地的文化交流是研究的一个重点，王晓珠《南诏、大理国时期的图书事业》⑪概括了图书事业兴起的原因、特点和图书来源。缪坤和《儒家思想对南诏、大理国社会发展的影响》⑫从"大一统"的政治观念、文化水平和社会风气的

---

① 《云南师范大学学报》1984 年第 4 期。

② 《云南社会科学》1991 年第 3 期。

③ 《大理民族文化遗产》，昆明：云南民族出版社，2007 年。

④ 《中国近现代史史料学学会学术会议论文集》，德宏：德宏民族出版社，1999 年。

⑤ 《大理师专学报》2000 年第 2 期。

⑥ 《四川文物》1993 年第 3 期。

⑦ 《文史知识》2000 年第 11 期。

⑧ 《大理师专学报》2001 年第 2 期。

⑨ 《史海漫游》2007 年第 6 期。

⑩ 昆明：云南人民出版社，2005 年。

⑪ 《思想战线》1996 年第 3 期。

⑫ 《云南师范大学学报》1998 年第 3 期。

转向、思想意识、价值观念的变化反映儒学对南诏、大理国的深远影响。其他还有缪坤和《大理国主体文化的内涵及特点》①、杜成辉《大理国文学成就略论》② 和《大理国诗歌拾遗》③ 等文章。

大理国的碑刻研究以"段氏三十七部会盟碑"的研究最引人注目，代表性的文章有：方国瑜、林超民《大理段氏与三十七部盟誓碑有关的几个问题》④、周祜《大理段氏与三十七部会盟碑考说》⑤、支云华《民族团结的历史见证——〈大理国段氏与三十七部石城盟誓碑〉考》⑥ 等。

（五）大理国与宋朝的关系研究

大理国与宋朝的关系近年来逐渐成为热门专题。诸多学者在著述中皆强调了"统一"思想在大理国处理与宋朝关系中的重要地位，他们都较客观地看待这一关系，并认为：大理国与宋朝的关系在经济上联系紧密，以市马最典型，带动了文化交流的频繁，表现为以各种方式向内地求购书籍。大理国多次向宋朝请求"赐贡"，以示归心，但宋朝由于自身实力较弱和因为北方民族入侵导致的对少数民族的戒备心理，直到册封段正严之前都没有正式答应，这种过于保守和谨慎的民族政策限制了友好关系的进一步发展。

冉守祖《大理境内的民族及其与宋的关系》⑦ 和周祜《大理国与赵宋王朝的关系》⑧ 是两篇较早研究大理与宋王朝关系的文章，皆认为大理国没有完全割断与宋朝的关系，大理与内地的经济文化有深入、广泛的交流。

在诸多学者的研究成果中，以段玉明的研究较为细致，他在《大理国史》⑨ 中澄清了"宋挥玉斧"的"史实"实为好事者杜撰，大理国与宋始终保持友好关系，但宋朝的过分谨慎限制了两地关系的发展。同样的观点还见于段玉明《大理国的周边关系》⑩。刘复生在《"云南八国"辨析——兼谈北宋与大理国的关系》⑪ 中认为大理与宋是"册封"的关系而非"加封"，"宋挥玉斧"虽不一定可靠，但反映宋以大渡河为界这一基本史实。刘永生在《两宋王朝与大理国关系研究》⑫ 中谈到，大理国长期请封是由于内部严峻的政治形势、对"统一性"的认同及仰慕内地文

---

① 《思想战线》1998 年第 8 期。

② 《大理学院学报》2007 年第 7 期。

③ 《史海漫游》2007 年第 3 期。

④ 《思想战线》1983 年第 4 期。

⑤ 《大理师专学报》1996 年第 3 期。

⑥ 《今日民族》2005 年第 3 期。

⑦ 《史学月刊》1995 年第 1 期。

⑧ 《大理师专学报》1996 年第 4 期。

⑨ 昆明：云南民族出版社，2003 年。

⑩ 《云南社会科学》1997 年第 3 期。

⑪ 《四川大学学报》2002 年第 6 期。

⑫ 《佳木斯大学社会科学学报》2006 年第 1 期。

化。朱安女《"宋挥玉斧"之下的一个惨痛案例——大理国白氏碑与苏洵散文〈张益州画像记〉考释》① 用史实和苏洵散文相互考释，认为大理国杀侬智高是向宋示好的表现。

关于宋朝的西南边疆政策，方铁《论宋朝以大理国为外藩的原因及其"守内虚外"治策》② 一文认为，宋朝对大理国的冷淡态度是错误地吸取了唐亡的教训，北方战争失利，促使宋朝"守内虚外"的统治思想得到强化。但战争带来的马匹需求使宋朝只得同大理国进行马匹交易，为两地的经济、文化交流提供了机会。同样，胡绍华《大理国与宋朝关系新探》③ 也持同样观点，并补充"尊王攘夷"的观念也是原因之一。

第三节　土司制度研究

土司制度是元明清王朝在中国南方和西北等少数民族地区分封少数民族首领世袭官职，统治当地人民的一种政治制度。土司制度的特点是任命原民族首领为土司管理当地民族，不变动地方上原有的经济体系，不改变原有的政治制度，并且土司归附中央王朝后履行保卫边疆的职责。近现代以来的边疆政治、民族政策与土司制度都有着渊源关系，研究土司制度对于边疆史、民族史都有十分重要的意义。

20 世纪 20—40 年代，土司制度的研究成果在中国边疆史地的研究中不断涌现。其中佘贻泽《明代之土司制度》④《清代之土司制度》⑤ 及《中国土司制度》⑥、葛赤峰《土司制度之成立及其流弊》⑦、凌纯声《中国边政之土司制度（上、中、下三篇)》⑧ 等著作和文章是代表性的研究成果。

这一时期，许多学者深入边疆土司辖地从事田野调查，获取了大量近现代土司的第一手调查资料。其中周希武《玉树土司调查记》⑨、康藏政务委员会《西康各属旧有土司土职调查》⑩、宓贤璋《瓦寺土司政治调查记》⑪、陶云逵《车里宣慰使司之政治制度》⑫、吴文晖、朱鉴华《西康土司问题》⑬、江应樑《云南土司制度利弊

① 《大理学院学报》2006 年第 7 期。
② 《中央民族大学学报》2000 年第 6 期。
③ 《商丘师范学院学报》2002 年第 6 期。
④ 《禹贡》1936 年第 4 卷第 11 期。
⑤ 《禹贡》1936 年 5 月第 5 卷第 5 期。
⑥ 重庆：重庆正中书局，1944 年。
⑦ 《边事研究》1940 年 9 月第 5 期。
⑧ 《边政公论》1943 年第 2 卷第 11、12 期、1944 年第 3 卷第 1、2 期。
⑨ 上海：商务印书馆，1920 年。
⑩ 《开发西北》1934 年 2 月第 2 期。
⑪ 《西南边疆》1941 年 9 月第 13 期。
⑫ 1936 年成稿，为《车里百夷之生命环》中的一章，载《边疆研究论丛》1949 年第 3 期。
⑬ 《边政公论》1944 年 3 月第 6 卷第 2 期。

与存废》①、林耀华《川康北界的嘉戎土司》②、童秀清《青海土司述略》③ 是具有代表性的调查研究成果。

由此，土司制度的研究相较以往有了较大发展，综合来说，呈现以下特点：一是开始注意了对土司制度整体系统的归纳叙述，但部分内容的论述不够深入；二是在通过分析文献记载和对边疆史地的考察记录后，土司制度的研究只是作为一方面内容依附于对清史边疆史系统考证的大背景下，未进行专业独立的分类研究；三是由于史家研究处于战乱频发的年代，大多数研究处于自发的或不自觉阶段，一些调查报告也仅仅停留在单一的见闻记录上，缺乏系统性；四是受民国时期大民族主义"内华夏，外夷狄，贵华夏，贱四夷"史观的影响，少数学者对少数民族地区的情况认识不清，论说中难免存在不客观之处。

中华人民共和国成立以后，广大民族学者和民族工作者怀着极大的热情，积极开展民族识别、少数民族社会历史调查和少数民族语言调查工作，学术界对于土司制度的若干问题进行了深入细致的研究，促进了土司制度研究史的发展。但主体研究则主要从两方面展开，第一是对土司制度系统的宏观研究程度较高；第二是分区域、分民族研究相互交融，多学科交叉考察渐成热点。

一、宏观专性研究

（一）土司制度发展史研究

吴永章《中国土司渊源与发展述略》④、龚荫《中国土司制度》⑤、李世愉《清代土司制度考论》⑥ 三本著作是探讨土司制度发展通史和断代史比较有代表性的成果。其中龚荫《中国土司制度》是土司制度研究的集大成之作。该书分为"土司制度概论"和"各省土司纂要"两大部分。第一部分主要论述土司制度的起源、发展和衰落过程，既有历史过程的梳理又有土司制度内涵的研究。作者认为，土司制度源于"羁縻"，经由唐宋时的发展，至元代时逐渐成熟，元王朝施行"蒙、夷参治"之法，官有"流""土"之分，土司制度由此而来。到明代，土司制度得到进一步的完善，达到了顶峰。清代，由于少数民族地区地主经济兴起，土司制度对于社会发展的阻碍作用显现，清代中期以后土司逐渐消亡。元、明、清王朝实行土司制度后，改变了以前南方等地少数民族各自为政的涣散局面，对上述地区进行了有效控制，促进了封建王朝的空前统一和边疆社会秩序的安定。第二部分则一一搜罗考订了各地、各民族土司的家谱世袭，首次揭示了中国土司设置的全貌，为土司制度的

---

① 《边政公论》1947 年 3 月第 6 卷第 1 期。
② 《边政公论》1947 年 6 月第 6 卷第 2 期。
③ 《西北通讯》1948 年第 2 卷第 1 期。
④ 成都：四川民族出版社，1988 年。
⑤ 昆明：云南民族出版社，1992 年。
⑥ 北京：中国社会科学出版社，1998 年。

深入研究筑起了较高的平台。该书为区域性、分民族土司的研究提供了理论和方法的研究范式，是国内目前最具权威性的土司制度研究之作。

（二）土司、土官名称问题

土司、土官名称辨析问题自土司制度研究之始就存在，但切入点不同，看法亦有差异。江应樑《明代云南境内的土官和土司》① 一书提出云南土司的设置主要分为土官与土司两大类，有"内地区"的土官和"羁縻土司区"的土司之别，二者均有"贡赋""征调""差发"等义务，名称不同，内涵一致。相反，杜玉亭在《土官土司两类说考疑》② 一文中持不同观点，他认为土官与土司是有区别的，不仅出现时间不同，而且内涵也不尽相同。首先，元代所有土职均统称为土官，直至明代中叶，仍沿袭这一叫法，而土司的名称出现却是在明末的嘉靖年间；其次，土官一般泛指土职本人，土司则不仅泛指土职其人，而且也指与土职相联系的政权机构或衙门。他不同意江应樑"土官土司文武二类说"的观点。白耀天《土官与土司考辨》③ 一文也否定了"文职为土官，武职为土司"的观点，提出了作为制度而言，应以"土司制度"为名，支持杜玉亭的观点。

随后，张永国《关于土司制度研究中的几个问题》④ 认为土官泛指针对封建王朝在边远少数民族地区分封当地"土酋"的世袭之官，其名称有土府、土州、土县和土千总、土百户之分，而土司主要是指封建王朝在少数民族地区分封的宣慰司、宣抚司、长官司等各司的土官。针对上述观点，史继忠在《略论土司制度的演变》⑤ 一文中提出了不同看法。他认为土司只是土官的一种形式，土司与土官既相互联系，又相互区别，土司与土官、土吏的区别在于一方面土司已完全纳入封建国家的组织系统，"额以赋役，听我驱调"，"袭替必奉朝命"，而为王朝"奔走唯命"；另一方面土司的官制和管理更加严密而且日益制度化，多"以劳绩之多寡，分尊卑之等差"。

（三）对土司制度的评价

土司制度的评价主要是讨论土司制度建立后的积极作用和消极影响等问题。早期的研究对土司制度的评价有截然相反的两种意见：一种观点认为对于中央和地方来说，土司制度的实行是有利于双方共同发展的，通过土司制度的施行，注入了汉文化的先进因素，封建王朝开始关注社会生产力发展极不平衡的少数民族地区，对于他们的发展是大有裨益的，反之只能加速双方的分裂灭亡和边患不绝，尤中《简

---

① 昆明：云南人民出版社，1958 年。
② 中国社会科学院民族研究所：《中国民族史研究》，北京：中国社会科学出版社，1987 年。
③ 《广西地方志》1999 年第 3 期。
④ 《贵州文史丛刊》1986 年第 8 期。
⑤ 《贵州文史丛刊》1987 年第 4 期。

论土司制度》① 就持此观点。持反对观点的学者则认为土司制度不仅不能促进民族地区政治、经济、文化等的发展，反而成为社会生产力前进的桎梏，张增祺《关于云南民族史研究中的几个问题》② 一文中就有详细论述。

随着研究的深入，对土司制度的利弊得失的评价更为客观。一般认为，土司制度的积极作用是：土司对边疆地区的小统一奠定了国家大统一的基础，土司制度一方面使中央王朝得到了更多的经济收益；另一方面对于促进民族地区社会经济发展、文化教育的逐步提高是十分有益的，不仅如此，土司亦为保卫祖国边疆的安定做出了巨大贡献。土司制度的弊端主要有两个方面，一是从大一统国家的角度出发，土司制度本质上是一种特殊的地方政权，具有浓厚的封建割据性；二是相当多的土司残酷地压迫和剥削属下的百姓，容易激起阶级矛盾和引发民族纠纷，给土司辖区内的人民带来灾难。

20 世纪 90 年代后期的学者对土司制度的评价开始关注微观层面的研究，并呈现多样性特点。于玲《土司制度新论》③ 认为土司制度的实施标志着中央王朝治理南方少数民族地区的思想、方式发生了重大变化，同时也是地方行政体制上的重大变革，在统一的多民族国家发展过程中发挥了重大的积极作用。翁家烈《土司制与贵州土司》④ 则提出土司辖区内的民族成分复杂，社会经济发展极不平衡，有处于原始社会末期、奴隶社会和封建社会初期的三种形态，因而土司制度是一种社会容量大、适应性极强的以封建领主制为主的社会制度。

（四）改土归流的研究

改土归流是明清两代在民族地区废除世袭土司，改设流官统治的一种政治措施。明代主要是对靠近汉族地区的土司进行改土归流，清代雍正年间开始在西南地区实行大规模的强制改土归流。

改土归流的评价问题历来是学术界讨论的热点。自 20 世纪 50 年代始，学界对改土归流的评价就存在分歧：

持否定论的学者认为：土司制度下的各民族保有一定程度上的平等与自由，即使这不是朝廷有意的权力授予，却为民族文化的差异化发展和逐步改革提供了良性循环的平台，而清廷大规模的改土归流无疑强行把这仅有的一点民族平等与自由给剥夺了。如嘉弘《试论明清封建王朝的土司制度及改土归流》⑤ 一文就持此观点。

持中立态度的学者则利弊结合，综合分析。江应樑在《略论云南土司制度》⑥ 一文中指出："在改土归流的准备和实施阶段采取的系列建设措施，促进了民族地

---

① 《学术研究（云南）》1964 年第 1 期。
② 《云南师范大学学报》1985 年第 5 期。
③ 《中南民族学院学报》1997 年第 4 期。
④ 《贵州民族研究》1998 年第 3 期。
⑤ 《四川大学学报》1956 年第 2 期。
⑥ 《学术研究（云南）》1963 年第 5 期。

区的进步与发展，汉族的大量移民和垦荒，加速了民族融合的步伐；另一方面，鄂尔泰及其追随者在一些民族地区实行的大规模杀戮、武力驱逐和被迫迁徙等强制性的改流措施，导致民族地区社会生产力恶化，破坏了民族关系，激起了民族间的仇恨。"

大多数学者对于改土归流的作用给予了肯定的评价。张捷夫《论改土归流的进步作用》① 一文从改土归流消除了土司割据状况和生产关系得到调整等方面，详细论述了雍正改土归流的进步作用。王锺翰《雍正西南改土归流始末》② 一文认为："鄂尔泰对西南三省的改流，在削弱西南土司之割据和加强王权方面，起了一定进步作用。"龚荫《试论土司制度和"改土归流"》③ 认为自明中叶以来，在汉地封建地主经济的影响下，土司内部的经济结构日益发生变化，原来体现封建领主制的土司统治，越来越成为社会生产力发展的桎梏，"改土归流"势在必行；吴永章《清代广西土司制度》④ 则从清政府实施改土归流的各项利好措施出发，认为封建地主所有制取代原来土司地区发展不一的土地制度是一种历史的进步。李世愉《清代土司制度考论》⑤ 在论述改土归流的历史作用时说："不能仅仅把改土归流单纯的看作是一方对一方的作用，而是要二元性看待问题，它一方面促进了国家的统一和边防的巩固；另一方面也为西南地区封建经济和文化事业等的发展提供了条件。"

总体来说，学术界对改土归流的评价，肯定者多，否定者少。

二、各区域和民族的土司研究

（一）西南地区

西南地区是土司制度推行最广泛、最典型的地区，历来都是学术界研究的重点。

1. 云南土司研究

云南地区土司的研究成果主要包括三个方面：一是史料的整理，二是综合性专题研究，三是分民族土司研究。

在史料整理方面较为重要的是《百夷传》的整理校释。《百夷传》记载了明代云南西部傣族地区民族的历史地理、政治制度、生活习俗等宝贵资料，全部是著者亲历所闻的记录，有较高的史料价值。江应樑在慎重比较载于《景泰云南图经新志》和《西园闻见录》中两个不同著者（分别为钱古训和李思聪）的本子后，细心斟酌，最终选取钱古训本为底本进行校注，完成了《百夷传校注》。该书 1980 年由云南人民出版社出版，为后人研究傣族土司制度提供了比较精确的校本。其次是对

---

① 《清史论丛》1980 年第 2 辑。
② 《文史》1980 年第 10 期。
③ 《昆明师院学报》1983 年第 2 期。
④ 《学术论坛》1984 年第 4 期。
⑤ 北京：中国社会科学出版社，1998 年。

《明史·云南土司传》的考释。1988 年，在大量阅读有关土司记载的史籍后，龚荫采取比较研究的方法，详加考证，完成了《明史云南土司传笺注》一书。该书运用大量地方志书资料，逐一比对，修正校补了《明史·云南土司传》记载失实和缺失遗漏之处，还对各土司的基本情况进行了归纳完善，对于后人研究明代云南的土司制度，治理云南民族史和地方史，了解云南土司的各方面情形提供了便利，具有十分重要的意义。

综合专题性成果十分丰富。一些是专门性的土司研究论著，如江应樑《明清时期云南土官土司事迹》①《明代云南境内的土官和土司》②、杜玉亭《元代云南的土官制度》③ 和《试论云南土司制度研究中的几个问题》④、肖明华《云南少数民族官印集》⑤ 等。另外一些成果则见于云南地方史、民族史研究的相关各章节中。如方国瑜《中国西南历史地理考释》⑥ 一书第六篇中有"明清时期云南土官、土司沿革简录""明清云南土官土司事迹"，方国瑜《云南地方史讲义》下册⑦第三章有"土司制度与改土归流"，尤中《中国西南民族史》⑧ 第五章第二节有"土司制度与改土归流"，《云南古代史略》⑨ 第二十章有"明代的土司制度和改土归流"、第二十五章有"清初的改土归流"。

在分民族研究方面，对纳西族地区的研究最具代表意义。纳西族地区土司制度元代即已确立，木氏土司是丽江最大土司。土司制度的盛衰对纳西族社会、经济、文化的影响都十分显著。学术界的研究十分关注明代丽江木氏土司的统治政策和清代丽江地区的改土归流问题，并认为纳西族木氏土司推行的开放政策使丽江成为多元文化的汇集与传播中心。清代木氏土司被以和平方式改土归流后，纳西族社会的多元化趋势进一步加强。比较有代表性的论文有：潘发生《丽江木土司向康藏扩充势力始末》⑩、余海波《明代丽江纳西族木氏土司的发展策略》⑪、和力民《丽江木氏谱牒版本源流考》⑫、赵心愚《略论丽江木氏土司与噶玛噶举派的关系》⑬、余海波《木氏土司的改流及影响》⑭、段红云、闵红云《清代丽江木氏改土归流及行政管

① 昆明：云南人民出版社，1950 年。
② 昆明：云南人民出版社，1958 年。
③ 《学术研究》1963 年第 3 期。
④ 《学术研究（云南）》1964 年第 1 期。
⑤ 昆明：云南民族出版社，1989 年。
⑥ 北京：中华书局，1987 年。
⑦ 昆明：云南广播电视大学，1983 年印。
⑧ 昆明：云南人民出版社，1985 年。
⑨ 昆明：云南人民出版社，1977 年。
⑩ 《西藏研究》1999 年第 2 期。
⑪ 《中央民族大学学报》1999 年第 3 期。
⑫ 《中央民族大学学报》1999 年第 3 期。
⑬ 《思想战线》2001 年第 6 期。
⑭ 《学术探索》2002 年第 5 期。

理变革》① 等。代表性的著作是余海波、余嘉华《木氏土司与丽江》②。

2. 贵州土司研究

贵州土司研究起步较晚，其成果主要从三方面体现：一是阐述贵州境内各土司的经营管理情况；二是对水西土司内部较有特色的制度建构的研究；三是充分结合史料，还原苗疆土司在清代改土归流中的抗争与妥协的史实。

21 世纪以前，贵州土司制度的研究没有系统性的著作，直至 2004 年田玉隆、田泽、胡冬梅等著述出版了《贵州土司史》③，才填补了空白。该书不仅对贵州土司作了通纂，详细辑录了贵州四大土司的兴衰，还对贵州土司制度的建立、土司对土地占有、土司世袭沿革等问题进行了探讨，弥补了单一论文中研究不够全面和容易忽视的其他重要问题，为研究贵州各大土司的详略得失提供了基础范本。此外，相关论文还有吴永章《明代贵州土司制度》④、余宏模《试论清朝前期贵州的土司制度》⑤ 等。

对水西土司的研究也是一大热点，史继忠《试论明代"水西政治制度"》⑥ 就详细论述了特色鲜明的水西政治制度，即政权和族权合而为一的"家支"制度、军事和行政组织结合的"则溪"制度以及"九扯九纵"为特征的土官制度，三者有机地结合起来，构成了明代贵州"水西"地区独具特色的内部政治制度。范同寿《明清时期水西土司与中央政府的关系》⑦ 一文也详细考察研究了明清时期水西土司与中央王朝的关系。

苗疆地区土司研究也是贵州土司研究中的重要内容。苗族作为贵州本土历史悠久的民族之一，对元明清时期的土司政治及其改土归流中与中央王朝的斗争问题，向来是贵州苗学研究中的热点。黄冕堂《略论清代苗疆地区与中原的关系》⑧ 论述了清代苗疆地区与中原互通有无的联系以及双方的利弊评说；张永国、王正贤《也论清代"苗疆"与中原的关系》⑨ 就"苗疆"概念及其与中原的关系、民族融合与"苗疆"民族的族源、清朝在"苗疆"推行"改土归流"与镇压苗族人民等问题进行了探讨；此外，何立高、罗康隆《金筑土司家族族属考》⑩ 提出了金筑安抚司家族的族属是苗族，并反驳了"明代苗族无土司"的观点。

3. 四川土司的研究

四川设置土司的民族主要有彝族、藏族和羌族。彝族土司主要分布在四川大凉

① 《思想战线》2005 年第 2 期。
② 昆明：云南民族出版社，2002 年。
③ 贵阳：贵州人民出版社，2006 年。
④ 《贵州社会科学》1983 年第 6 期。
⑤ 《贵州民族研究》1997 年第 1 期。
⑥ 《贵州文史丛刊》1984 年第 3 期。
⑦ 《贵州社会科学》1980 年第 2 期。
⑧ 《文史哲》1980 年第 2 期。
⑨ 《文史哲》1981 年第 3 期。
⑩ 《贵州文史丛刊》1987 年第 3 期。

山，藏族和羌族土司主要分布在四川西部和西北部地区。

彝族土司研究。1963 年中国社会科学院民族研究所编印的《凉山西昌彝族地区土司历史及土司统治区社会概况资料汇辑》为土司制度的研究提供了宝贵的资料。对凉山彝族土司的研究主要集中在土司制度兴衰、中央王朝对土司地区的经营、改土归流及其影响等问题上。相关的成果有胡庆钧《明清彝族社会史论丛》[①]徐铭《明代凉山黑彝反抗土司的斗争》[②]秦和平《略论清政府统治凉山彝区的政策演变》[③]，夏廷安《明清四川凉山马湖安氏土司兴衰考略》[④]，杨明洪《论清代凉山彝族区的土司制度与改土归流》[⑤]，潘先林、潘先银《"改土归流"以来滇川黔交界地区彝族社会的发展变化》[⑥] 等。

藏族、羌族土司研究。20 世纪 80 年代初，学者们就四川地区藏族土司制度的基本情况进行了梳理，使学界对四川藏族土司的历史与发展有了比较全面的认识，并就四川土司形成和改流的时间有了一致的看法，认为土司制度在藏族地区的正式形成始于元代，改土归流从明代开始，至清逐步施行。代表性的成果有都淦《四川藏族地区土司制度概述》[⑦] 和《四川藏区土司制度》[⑧]。随着研究的逐步深入，学者们就大小金川、德格、龙安等大土司的研究也成果丰硕。如潘洪钢《清代乾隆朝两金川改土归屯考》[⑨]、杜永彬《德格土司辖区的政教关系及其特点》[⑩]、曾维益《龙安土司》[⑪]、马菁林《清末川边藏区改土归流考》[⑫] 等是代表性的成果。关于羌族土司研究成果不多，较有代表性的成果是冉光荣《岷江上游羌族地区的土司制度与改土归流》[⑬]、陈泛舟《清乾隆初年茂州三齐羌民反对瓦寺土司的斗争》[⑭] 等。

（二）中南地区

1. 湖南、湖北土司研究

湖南、湖北地区的土司制度研究以土家族土司为主，由于民族单一且分布较广，使得土家族土司的研究颇具实力，论著成果颇丰。

---

① 上海：上海人民出版社，1981 年。
② 《西南民院学报》1986 年第 1 期。
③ 《民族研究》1989 年第 1 期。
④ 《四川文物》1996 年第 5 期。
⑤ 《民族研究》1997 年第 2 期。
⑥ 《中南民院学报》1997 年第 4 期。
⑦ 《西藏研究》1981 年创刊号。
⑧ 《历史知识》1980 年第 5 期。
⑨ 《民族研究》1988 年第 6 期。
⑩ 《中国藏学》1989 年第 3 期。
⑪ 成都：四川省民族研究所，2000 年。
⑫ 成都：巴蜀出版社，2004 年。
⑬ 《四川大学学报》1980 年第 4 期。
⑭ 《西南民族大学学报》1983 年第 4 期。

　　谢华辑录的《湘西土司辑略》① 以湘西土司宗谱所载土司世系为经，以朝代年次为纲，整理辑录了原已散佚或内容繁芜的各种土司志、家谱、谱牒等资料，虽少于分析研究，但大致勾勒出了湘西土家族土司的轮廓概况，是有关土家族土司的较早著述。王承尧、罗午《土家族土司简史》② 是一部介绍土家族土司地区概况的简史，不仅系统记述了土家族土司统治时期政治、经济、文化、军事等各方面情形，且对湘西、鄂西、川东南、黔西北四大土司区域内的统治状况作了详细记录，还附有土家族土司分布图，是研究土家族土司的重要著作。田敏《土家族土司兴亡史》③则论述了整个中南地区土家族土司的兴衰灭亡。此外，湖南少数民族古籍办公室《土家族土司史录》④、湖南省永顺县民族事务委员会《溪州土司八百年》⑤、张兴文、周益顺等注释《卯峒土司志校注》⑥ 等则多领域关注，系统地梳理了各土家族土司的发展脉络。

　　此外，较为重要的研究成果还有吴永章《明代鄂西土司制度》⑦ 和《论清代鄂西的改土归流》⑧ 两篇文章，作者认为明代在鄂西土家族地区实行的土司制度以土家族大姓为主，推行长官司与蛮夷司分设制度，并认真分析了鄂西土司制度的肇始、兴盛、衰落、灭亡过程，逐步分析了清代在鄂西地区的改土归流及其影响，对于当时鄂西土家族土司的发展是大有裨益的。

　　容美土司是湖北重要的土司之一，张捷夫《容美土司案发生的背景及其经过》⑨通过探讨湖北容美土司案发生的背景及其经过后认为清政府处理完容美土司案后，在原容美土司区设一州一县，从而宣告土司头目田氏统治容美 800 多年历史的结束；中共鹤峰县委统战部《容美土司史料汇编》（1984 年）则成为土家族地区第一部较为完整翔实的土司史料汇集成果。另外，祝国强、向国平《容美土司概观》⑩ 也大致介绍了容美土司概况，并列有容美土司纪年，大大方便了读者对资料的运用。相关研究论文还有邓相云、鲜文新《容美土司社会形态刍议》⑪。

　　2. 广西土司研究

　　广西的土司制度有一千多年的历史，对壮族聚居地区的政治经济、社会文化、宗教信仰等方面产生过重要影响，因此对广西地区土司制度的研究历来关注度很高。

① 北京：中华书局，1959 年。
② 北京：中央民族学院出版社，1991 年。
③ 北京：民族出版社，2000 年。
④ 长沙：岳麓书社，1991 年。
⑤ 北京：民族出版社，2001 年。
⑥ 北京：民族出版社，2001 年。
⑦ 《江汉论坛》1986 年第 1 期。
⑧ 《中央民族学院学报》1987 年第 5 期。
⑨ 《历史档案》1989 年第 4 期。
⑩ 武汉：湖北人民出版社，2006 年。
⑪ 《中南民族大学学报》1988 年第 5 期。

粟冠昌①是中华人民共和国成立后比较早的研究成果，他从宋代的历史开始考证，对广西边事记述甚详，并指出广西土官地位在元明清时仍然受到歧视。而清代土官为了摆脱卑微的地位，冒充汉人，于是就有了大量杜撰的土官族谱陆续问世，后来转相传闻，以讹传讹，以致难识土官民族真面目。对土司制度的综合叙述中，吴永章《明代广西土司制度述略》②和《清代广西土司制度》③分别介绍了明清两朝对广西土官的任用、升迁、惩处、土司地区的贡赋、教化土兵的调遣等情况。粟冠昌《明代的广西土官制度》④则认为广西土官制度自唐宋发展到明代，可以说是达到了鼎盛时期，但也是衰落的起点。此外，相关论文还有吴永章《元王朝对广西民族地区的统治》⑤、粟冠昌《清代广西土官制度的衰落》⑥等。

文献是研究土司制度的重要参考资料，1961年广西博物馆编印的《广西土司制度资料汇编》搜集了约29万字的各种散见于古籍、碑刻、家谱等有关广西土司制度的历史资料，以供研究者使用。

壮族土司研究。谈琪《壮族土司制度》⑦以13个章节的篇幅，详尽全面地展现了壮族地区各土司的全貌，在比较羁縻州制与土司制度利弊的同时，还进一步考察了各族土司的政治结构、经济文化、社会生活、反抗斗争、族属来源、宗教习俗等，涵盖内容十分广泛，唯分析研究不够深入。黄家信《壮族地区土司制度与改土归流》⑧则详尽论述了壮族地区元明清三代的土司制度发展与改土归流案例。（日）谷口房男、白耀天《壮族土官图谱集成》⑨以图文并茂的方式真实还原了壮族地区土官统治社会的真实面貌，这些著作都为后人研究打下了基础。

忻城土司作为广西民族中的一大土司，越来越受到研究者的关注。黄维安等《忻城土司志》⑩、韦业猷《忻城土司文化探究》⑪、蓝承恩《忻城莫氏土司500年》⑫等专著从社会变迁、历史沿革、制度建构等方面深入剖析，揭开了忻城土司的神秘面纱。

（三）西北地区土司研究

对西北地区土司制度的研究，主要分为对甘青地区和藏族聚居地区两部分论述。

---

①《民族团结》1963年第1期。

②《学术论坛》1983年第3期。

③《学术论坛》1984年第4期。

④《学术论坛》1983年第1期。

⑤《学术论坛》1988年第5期。

⑥《广西民族研究》1991年第1、2期。

⑦南宁：广西人民出版社，1995年。

⑧合肥：合肥工业大学出版社，2007年。

⑨南宁：广西民族出版社，1988年。

⑩南宁：广西人民出版社，2005年。

⑪北京：中国文史出版社，2005年。

⑫南宁：广西人民出版社，2006年。

1. 甘青地区土司研究

有关西北土司制度的系统研究，高士荣《西北土司制度研究》① 是主要著作，该书全面阐述了西北地区土司的发展全过程及延续时间长、民族特色鲜明等特点，初步分析了羁縻制与土司制度的差异对西北地区的影响，并详细论述了明代以来西北地区僧职土司的独特性，为新时期的民族研究者提供了借鉴。其次，相关论文还有李玉成《青海土司制度兴衰史略》②、王继光《试论甘青土司的形成及其历史背景》③、陈新海《土司制度对青海社会的影响》④ 等。

关于西北少数民族地区土司制度的研究，主要围绕土族土司、撒拉族土司、藏族土司及蒙古族土司展开。在辛存文《民和土族东伯府李土司世系考察》⑤、王继光《青海撒拉族土司制度述评》⑥、桑吉《卓尼土司制度的特点及其历史作用》⑦、王淑芳、王继光《蒙古族鲁土司家族史料系年》⑧ 等文章中，以几大土司为例进行个案研究，大致阐述了清政府在甘青少数民族地区实行以流管土、以土治番政策的合理性，得出其有益于安定西北的结论。

2. 藏族聚居地区土司研究

藏地的土司制度，在历史上曾经起到过维护边疆安定和国家统一的积极作用，但有关藏族地区土司的研究，在 90 年代以后才逐步兴起。王继光《安多藏区土司家族谱辑录研究》（1—3 册）⑨ 记述了元、明、清三代数年的土司制度在这里施行、发展、没落和这一地区的经济、宗教、军事以及人文文化的发展情况，是藏族聚居地区土司制度研究的代表性著述。贾霄峰、王希隆《明清时期土司制度与藏区少数民族的文化变迁——以嘉绒藏区文化变迁为例》⑩ 则以嘉绒藏族聚居地区社会文化变迁为个案，探讨了明清时期的土司制度在这一地区民族政治、生产发展、文化交融等方面的多元化作用，是新视野下土司制度研究的代表作。另外，王继光《安多藏区僧职土司初探》⑪、曾国庆《刍议清代藏区土司制度》⑫ 等也是具有代表性的论文。

中华人民共和国成立后，土司制度的研究开始逐步兴起和繁荣，学术研究可以分为宏观专题研究和分区域、民族研究两类。其中，前者主要包括专题的研究和断

---

① 北京：民族出版社，1999 年。
② 《中央民院学报》1987 年第 4 期。
③ 《社会科学（兰州）》1985 年第 4 期。
④ 《华夏文化》1997 年第 3 期。
⑤ 《青海民族学院学报》1981 年第 3 期。
⑥ 《青海社会科学》1984 年第 2 期。
⑦ 《甘肃民族研究》1989 年第 4 期。
⑧ 《西北民族学院学报》1999 年第 1 期。
⑨ 北京：民族出版社，2000 年。
⑩ 《中国边疆史地研究》2007 年第 7 期。
⑪ 《西北民族研究》1994 年第 1 期。
⑫ 《西藏研究》1997 年第 2 期。

代的研究，研究侧重土司制度内涵的分析和探讨；后者侧重对区域性、民族性土司发展史的梳理。

通过对中华人民共和国成立 70 年来土司制度研究的回溯，其研究特点主要体现为：1. 从民族史观上看，1956 年以来民族识别和民族社会历史调查工作的开展，进一步熟悉梳理了国内各土司区域的基本情况，形成了大量的文本记录，有利于后来学者的分析研究。2. 从研究背景和内容看，土司制度的研究逐渐从清史、边疆史的研究中独立出来，研究视角也不再局限于对土司内部制度建构的范围内，开始向经济文化、宗教习俗、社会生活等领域渗透，涵盖面更广，思路更开阔，范式更新颖。参与研究的人大都为受过专业训练的学者，许多有利于研究的新观点和新理念被吸收进来，出现了一些高品质、专业性强的成果。3. 从研究方法看，在注重历史文献分析与田野工作的同时，兼顾理论与实际相结合并服务于现实的理念，逐步吸收利用考古学、人类学、宗教学等相关学科的理论方法，为新时期土司制度的深入考察打下基础。

虽然 20 世纪土司制度研究取得众多成果，但大多数内容主要还是依据对史料的挖掘，以研究元明清三代的土司情况为主，并侧重于旧有论题，专题研究比较薄弱，形式也较为传统，方法论没有突破，缺乏有分量的经典作品，尤其是对近现代土司制度瓦解以后的详细情形研究基本没有涉及。因此，展望未来，土司制度的研究仍有较大空间。

第四节　彝族史研究

彝族是我国西南地区人口最多、支系最广、有自己文字的民族。20 世纪 20—40 年代，一批从事边疆问题研究的专家深入西南彝族地区进行调查研究，由此拉开了彝族社会和历史研究的序幕。其中地质学专家丁文江《四川会理的土著人种》[1] 及《爨文丛刻》[2]、中山大学杨成志《罗罗说略》[3] 及《云南罗罗族的巫师》[4]、冯汉骥《彝族的历史起源》[5] 及《猓罗与东爨》[6]、凌纯声《唐代云南的乌蛮与白蛮考》[7]、方状猷《凉山㑩族系谱》[8]、燕京大学林耀华《凉山彝家》[9]、中央研究院马学良

---

[1] 《独立评论》第 36 期 1933 年 1 月。

[2] 丁文江搜集整理罗文笔翻译，上海：商务印书馆，1936 年。

[3] 《岭南学报》第 1 卷第 3 期。

[4] 《国立中山大学文史研究所辑刊》第 1 卷第 1 册，1931 年。

[5] "Harvard study of Asia" in 1938 Volume 3，No. 2，译文见《冯汉骥考古论文集》，北京：文物出版社，1985 年。

[6] 《杂说月刊》1942 年第 1 期。

[7] 中央研究院历史语言研究所：《人类学集刊》1938 年第 1 卷第 1 期。

[8] 《边政公论》1947 年第 5 卷第 2 期。

[9] 上海：商务印书馆，1947 年。

《从倮倮氏族名称所见的图腾制度》① 是较早或较有影响的研究成果。上述研究为中华人民共和国成立之后的彝族史研究奠定了基础。

一、中华人民共和国彝族史研究的学术发展阶段与特点

中华人民共和国成立之后彝族史研究的学术发展历程可以分为以下三个阶段：

（一）20 世纪 50—60 年代的民族社会历史调查时期

20 世纪 50—60 年代民族社会历史调查的目的主要有两个：一是弄清各少数民族的社会经济结构和阶级情况，为民族工作提供参考；二是收集各民族历史发展资料，为民族史和中国古代史研究提供资料。民族社会历史调查分为两个阶段：第一阶段是 1956—1958 年，全国人大民族委员会组织了内蒙古东北、新疆、四川、西藏、云南、贵州、广西、广东等八个调查组重点调查了 20 多个民族的社会形态；第二阶段是 1958 年 6 月—1964 年 5 月，这一阶段是进行以编写少数民族史志丛书为核心的调查研究。第二阶段的调查明确由四川组编写《彝族简志》，云南调查组编写《彝族简史》。

为编写《彝族简史》，云南民族调查组于 1958 年曾委托方国瑜、马长寿、冯汉骥对彝族史进行研究。方国瑜、马长寿分别编写出了各自的 "彝族古代史"，冯汉骥就晋宁石寨山文化写出数篇论文。其中方国瑜《彝族简史》（长编）在云南大学历史系的教学中使用，为民族史人才培养发挥了积极的作用。

1958 年夏，云南民族调查组彝族分组派遣人员分别对云南彝族地区进行调查，四川、贵州民族调查组也分别派人调查川、黔彝族地区协作完成彝族简史的撰写。20 世纪 50—60 年代的彝族社会历史调查中，编印了《凉山西昌地区彝族历史调查资料选辑》② 及《四川凉山彝族地区民族改革以前社会面貌》《四川及云南昭通地区彝族社会历史调查资料》③ 等调查报告，为彝族简史的编写做了大量基础性工作。

1960 年，在对彝族地区社会历史调查的基础上，彝族简史编写组完成了《彝族简史》第一稿的撰写，并油印成册征求意见。1961 年完成第二稿修改，铅印为黄皮书，1963 年完成第三稿铅印成白皮书。从 1958—1963 年先后参加《彝族简史》编写调查的专业人员有 50 多人，彝族社会历史的调查和彝族简史的编写，成为一批学人学术研究的重要历程。如国内民族史学界有重要影响的学者王叔武、木芹、江应樑、朱宁、宋蜀华、杜玉亭、李绍明、严汝娴、邵献书、吴恒、张传玺、曹成章、缪鸾和、詹成绪等都先后参加了《彝族简史》的编写。

---

① 《边政公论》1947 年第 6 卷第 4 期。
② 中国科学院民族研究所、四川少数民族社会历史调查组编印，1963 年 12 月。
③ 中国科学院民族研究所、云南少数民族社会历史调查组、云南少数民族社会历史研究所编印，1963 年。

（二）20 世纪 80 年代的繁荣时期

十年"文化大革命"结束之后，民族史研究迎来了学术的春天，这一时期学术活动的突出特点是：整理出版了 20 世纪 50—60 年调查撰写的彝族社会历史调查报告，出版了几部质量较高的通史性彝族史著作。

民族问题五种丛书中云南省编辑组编辑的《云南彝族社会历史调查》①《四川贵州彝族社会历史调查》②《云南小凉山彝族社会历史调查》③、四川编辑组编辑的《四川彝族历史调查资料、档案资料选编》④ 等调查报告是彝族史研究的重要史料。

比较有影响的学术著作是《彝族史稿》⑤《彝族简史》⑥。"《彝族史稿》是我国历史上第一部专门的彝族古代史学术著作，方国瑜对彝族史研究的开创性贡献，集中体现在这部代表性著作中。"⑦《彝族简史》是在前三稿油印和铅印本的基础上，由中央民族学院吴恒教授通纂修订完成。《彝族简史》是中华人民共和国成立后第一部官修彝族史，是由多位学者历时 30 年完成的一部史书。虽然该书的编写带有强烈的时代特征和意识形态特点，但它开创了官修彝族历史的先河，极大地推动了彝族历史文化的研究。此外，80 年代关于彝族史研究的重要成果还有刘尧汉《彝族社会历史调查研究文集》⑧、徐铭《清实录彝族史料辑要》⑨、刘尧汉《中国文明源头新探：道家与彝族虎宇宙观》⑩、罗希吾戈及杨自荣等翻译《六祖史诗》⑪、马长寿《彝族古代史》油印本的修订出版⑫、中国西南民族学会编《西南民族研究彝族专集》⑬、岭光电《忆往昔：一个土司的自述》⑭、魏治臻《清实录彝族史料集》⑮、马学良等编著《彝族文化史》⑯ 等。

（三）20 世纪 90 年代彝族历史研究的深入

20 世纪 90 年代至今，彝族历史的研究呈现四个方面的特点：第一，地区性的彝族史研究成果出现；第二，彝文文献资料在彝族历史研究中得到充分运用；第三，

① 昆明：云南人民出版社，1986 年。
② 昆明：云南人民出版社，1987 年。
③ 昆明：云南人民出版社，1984 年。
④ 成都：四川省社会科学院出版社，1987 年。
⑤ 成都：四川民族出版社，1984 年。
⑥ 昆明：云南人民出版社，1985 年。
⑦ 潘先林：《方国瑜先生与彝族史研究》，载《史学史研究》2003 年第 3 期。
⑧ 北京：民族出版社，1980 年。
⑨ 成都：四川民族研究所编印，1983 年。
⑩ 昆明：云南人民出版社，1985 年。
⑪ 昆明：云南民族出版社，1986 年。
⑫ 上海：上海人民出版社，1987 年。
⑬ 昆明：云南人民出版社，1987 年。
⑭ 昆明：云南人民出版社，1988 年。
⑮ 成都：四川民族出版社，1989 年。
⑯ 上海：上海人民出版社，1989 年。

彝族文化史的研究成为热点；第四，彝族学者研究彝族历史成为研究的主流。

彝族在云、贵、川、桂四省区均有分布，是藏缅语族民族中分布最广、支系最多的一个民族。不同地区的彝族，历史发展有不同的轨迹，随着彝族历史研究的发展，许多彝族自治地方先后推出了自己的地方彝族史。如陈本明、傅永祥《昭通彝族史探》①、杨爱国《弥渡彝族简史》②、巍山彝族回族自治县人民政府编《巍山彝族简史》③。

20 世纪 90 年代以后，云南、贵州、四川三省出版了数百种彝文献，曲木铁西、黄建明、郭美兰整理了第一历史档案馆藏涉及彝族事务的档案，出版了《清代皇帝御批彝事珍档》④ 为彝族历史的研究提供了较新的史料。令人瞩目的研究成果有：陇贤君《中国彝族通史纲要》⑤、戈隆阿弘《彝族古代史研究》⑥、杨甫旺《彝族纳楼土司世家》⑦、余宏模《明代彝族女杰奢香》⑧、易谋远《彝族史要》⑨、李朝真、段志刚《彝州考古》⑩。这些研究成果在使用社会历史调查资料、汉文献资料的基础上，充分采用了彝文文献资料，彝族古代史的研究在深度和广度上有了进一步的发展。这一时期，近代彝族史的研究也取得了一批有学术影响的成果，如谢本书、牛鸿宾《卢汉传》⑪ 和谢本书《张冲传》⑫、潘先林《民国云南彝族统治集团研究》⑬ 均是代表之作。此外彝族史研究最全面、最完整的成果《中国彝族通史》经过多年编撰也即将出版面世，该书由中国彝学会组织全国彝族史专家共同完成，它的面世将成为彝族史研究的一个里程碑。

20 世纪 90 年代以来彝族文化史研究也硕果累累，代表性的成果有：张建华主编《彝族文化大观》⑭、张福《彝族古代文化史》⑮、左玉堂等编《毕摩文化论》⑯、白兴发《彝族文化史》⑰、师有福《彝族文化论》⑱、安学斌《少数民族非物质文化

---

① 昆明：云南民族出版社，2001 年。
② 昆明：云南民族出版社，2004 年。
③ 昆明：云南民族出版社，2006 年。
④ 成都：四川民族出版社，2000 年。
⑤ 昆明：云南民族出版社，1993 年。
⑥ 昆明：云南民族出版社，1996 年。
⑦ 昆明：云南人民出版社，1999 年。
⑧ 昆明：云南人民出版社，1999 年。
⑨ 北京：社会科学文献出版社，2000 年。
⑩ 昆明：云南人民出版社，2000 年。
⑪ 成都：四川民族出版社，1990 年。
⑫ 成都：四川民族出版社，1993 年。
⑬ 昆明：云南大学出版社，2008 年。
⑭ 昆明：云南民族出版社，1999 年。
⑮ 昆明：云南教育出版社，1999 年。
⑯ 昆明：云南人民出版社，1993 年。
⑰ 昆明：云南民族出版社，2002 年。
⑱ 昆明：云南民族出版社，2000 年。

遗产研究——以云南巍山彝族打歌为例》① 等。

二、研究的热点问题

(一)族源研究

彝族是藏缅语民族中人口最多,分布最广的民族,其族源问题的研究,有助于理清整个西南地区藏缅语民族的源流。20 世纪 80 年代以前,关于彝族的起源主要存在世居说、东来说、西来说、牦牛徼外说、氐羌说等观点。

世居说认为彝族是西南地区的世居民族。如马长寿《彝族古代史》第一节(初稿,油印本)、罗希吾戈《试论彝族渊源》②、刘尧汉《彝族文化对国内外宗教、哲学、科学和文化的影响》③。

东来说认为彝族与古代楚人有密切关系,是因庄人滇而来。代表性论文为陈士林《楚彝历史关系述略》④。

西来说认为彝族来自西藏或源于欧洲的雅利安人⑤。

牦牛徼外说认为彝族是大约公元前 12 世纪从牦牛徼外南迁至云南的昆明夷,与以濮人为主的世居居民融合而形成的民族共同体,其基本形成时期约在公元前 1 世纪,其形成地域可能在今滇池至东川一带⑥。

氐羌说认为彝族起源于古代中国西北地区的氐羌,是氐羌南下迁徙分化融合而形成的民族。20 世纪 60 年代初,方国瑜在其《彝族简史(长编)》(油印本)第一章第一节中指出:"彝族祖先从祖国西北迁到西南,结合古代记录,当与'羌人'有关,早期居住在西北河湟一带的就是羌人分向几方面迁移,有一部分向南活动的羌人,是彝族祖先。"1984 年《彝族简史(长编)》经多次修订后由四川民族出版社出版,更名《彝族史稿》,氐羌说被学术界普遍认同。徐嘉瑞《大理古代文化史稿》⑦、彝族简史编写组《彝族简史》⑧ 均持此说。学者们评论,20 世纪 80 年代初"方先生这种见解已引起史学界之广泛重视"⑨。"解放后,彝族族源研究的重大突破是氐羌说在学界确立起来。"⑩"自向达发表《南诏史略论》称南诏国内的彝族是来自氐羌,方国瑜著《彝族史稿》主张'彝族渊源出自古羌人'后,'氐羌说'便成

① 北京:民族出版社,2008 年。

② 楚雄彝族文化研究所编印《彝族文化》,1984 年年刊。

③ 《彝族文化研究文集》,昆明:云南人民出版社,1985 年。

④ 载陈正明:《楚史论丛初集》,武汉:湖北人民出版社,1985 年。

⑤ 见《西方著作中关于彝族的论述(摘译)》,载《凉山彝族奴隶制研究》1978 年第 1 期。

⑥ 蒙默:《试论彝族的起源问题》,《思想战线》1980 年第 1 期。

⑦ 北京:中华书局,1978 年。

⑧ 昆明:云南人民出版社,1987 年。

⑨ 吴恒:《略论彝族渊源问题》,载中国西南民族研究学会编:《西南民族研究》,成都:四川民族出版社,1983 年。

⑩ 祁庆富:《彝族史研究综述》,载《民族研究动态》1986 年第 2 期。

为以往学术界影响最大的观点。"①

（二）凉山彝族社会性质研究

1956 年民主改革前凉山彝族社会的性质问题，是中国民族史学界 20 世纪 50—80 年代研究争论的重大问题。20 世纪 50 年代，关于凉山彝族社会性质，学术界主要存在不同的三种观点：一是认为它是奴隶制或基本上是奴隶制；二是认为它是封建制度初期或基本上是封建制；三是认为它正处于由奴隶制度向封建制度过渡的阶段。1960 年 9 月 1 日，《人民日报》以 "我国学术界对凉山彝族社会经济结构问题"为题，综述了当时关于凉山彝族社会性质研究的动态。为了深入探讨凉山彝族社会历史问题，1976 年中国社会科学院和四川、云南、贵州三省有关单位抽调研究人员共同组成《凉山彝族奴隶社会》编写组，试图就凉山彝族社会研究做出一个全面的总结。1977 年 6 月编写组汇集了历年研究凉山社会性质研究的重要成果，编印了《凉山彝族社会性质讨论集》一书，该书所收论文集中体现了此前中国学术界关于凉山彝族社会性质的研究成果。1982 年，《凉山彝族奴隶社会》一书由人民出版社出版，该书的出版成为凉山彝族社会研究的标志性成果。胡庆均《凉山彝族奴隶制社会形态》② 和《明清彝族社会史论丛》③、周自强《凉山彝族奴隶制研究》④、伍精忠《凉山彝族奴隶社会》⑤ 也是凉山彝族社会性质研究的重要成果。

总体上看，中华人民共和国成立前外国学者和中国从事民族学、语言学的学者开始关注彝族历史文化的研究；20 世纪 50—60 年代的彝族社会历史调查为彝族史研究奠定了重要基础；20 世纪 80 年代是彝族史研究的繁荣时期，《彝族史稿》《彝族简史》成为彝族史研究最具代表性的成果；20 世纪 90 年代以来，彝族学者研究本民族历史成为研究的重要特点，易谋远《彝族史要》及即将面世的《彝族通史》将使彝族史研究更为深入。

第五节 白族、纳西族史研究

白族和纳西族主要聚居在云南的大理和丽江两地，居住地域相连，同属藏缅语族民族，历史上有比较密切的关系。白族先民曾作为大理国的统治者出现在西南民族地区的政治舞台上，大理国是与宋王朝相始终的地方政权，对西南地区的政治、经济、文化均产生了重大影响，白族历史研究在中国西南民族研究中具有重要地位。

---

① 易谋远：《彝族史要》，北京：社会科学文献出版社，2000 年。
② 北京：中国社会科学出版社，1985 年。
③ 上海：上海人民出版社，1981 年。
④ 北京：人民出版社，1983 年。
⑤ 成都：四川民族出版社，1985 年。

纳西族是一个古老的民族，至今仍保存和使用象形文字，其历史文化也因此而享誉世界，纳西族聚居的古镇丽江是中国唯一一个被列入世界文化遗产名录中少数民族城镇。

中华人民共和国成立前，白族历史研究的代表性成果主要有：石钟建《大理喜洲访碑记》和《滇西考古报告》①、徐家瑞《大理文化史》②。纳西族历史研究的主要成果有洛克《中国西南的古纳西王国》③、方国瑜《么些民族考》④、陶云逵《关于摩些之名称分布与迁移》⑤。中华人民共和国成立后的 70 年，白族、纳西族历史研究的成就主要表现在以下几个方面：

一、族称与族源研究

白族在明清至民国时期多被他称为"民家"，民间自称有"白子""白尼"等。1956 年大理专区拟建自治州，用什么作为正式的自治民族名称，就成为一个要解决的问题。大理专员公署在 1956 年 4 月间召开了民族代表座谈会，进行协商讨论，最终形成了《关于协商白族名称的情况报告》，决定将民间所称的"民家""白子""白尼"统一为"白族"一名。1956 年 11 月 22 日，大理白族自治州成立，"白族"一名正式确定。新的名称引发了各界广泛的兴趣和关注。为此，《云南日报》开辟专栏登载关于白族历史来源的文章。杨堃、方国瑜、马曜、龚自知等著名学者纷纷投稿参与讨论，使白族族源的研究在国内产生了较大的反响。此次大讨论基本奠定了白族起源问题三种说法的局面：一是世居说，认为白族是汉代洱海地区分布的"昆明人"的后裔；二是外来说，认为白族是氐羌的一支；三是融合说，认为白族是洱海地区原有居民与外来族群融合而成的。1957 年 5 月，云南人民出版社选编出版了《云南白族的起源和形成论文集》，将一些代表性研究成果收入此集。在总结诸多学者关于白族起源研究的基础上，马曜晚年提出了"白族异源同流说"，认为白族是以"洱滨人"为主体，不断同化或融合西迁的僰人、蜀（叟）人、楚人、秦人—汉人以及周围的一些民族的民族共同体。⑥ 日本学者林谦一郎《白族的形成及其对周围民族的影响》⑦ 则把上述洱海周围的农耕民族称为"古代洱海人"。白族起源问题至今没有权威性定论，但关于这一问题的争鸣，对白族历史研究产生了积极的推动作用，在西南民族研究的历史上产生了重要影响。

历史上，纳西族曾有过不同的称谓。汉晋时称"么沙夷"（《华阳国志》），唐、

① 云南省立龙渊中学中国边疆问题研究会油印本，1944 年。
② 云南大学西南文化研究室，1947 年，后修订更名《大理文化史稿》，北京，中华书局，1978 年。
③ "The Ancient Na-Khi Kingdom of South – West China" Havard University Press，1947，Havard–Yenching Monograph series Ⅷ。
④ 《民族学研究集刊》第 4 期，中山文化教育馆编辑，商务印书馆印行，1944 年。
⑤ 中央研究院历史语言研究集刊 7—1 期，1936 年。
⑥ 《白族异源同流说》，《云南社会科学》2000 年第 3 期。
⑦ 昆明：云南大学博士论文，1995 年。

宋、元、明、清时称"么些",近代则被称为"么些""摩梭"及"么西"等。除上述他称外,纳西族在历史上还有一些自称,如"纳西""纳日""纳罕"及"纳桓"等。不同地区的纳西人有不同的自称。1954 年,通过中央民委派出的云南民族识别调查小组的工作,依据大多数纳西同胞的意愿,正式定族名为"纳西族"。有关纳西族的族源,1944 年方国瑜在《么些民族考》中提出:"纳西族渊源于远古时期居住在我国西北河湟地带的羌人,向南迁徙至岷江上游,又西南至雅砻江流域,又西迁至金沙江上游东西地带。"从此,纳西族源于羌的说法就被纳西学界大多数学者接受,成为主流说法。1979 年,方国瑜、和志武合作,在《民族研究》第一期上发表了《纳西族的渊源、迁徙和分布》,对《么些民族考》继续进行了深入研究。《纳西族简史》编写组《纳西族简史》① 和郭大烈、和志武《纳西族史》② 对于纳西族族源也都有专门章节论述。《纳西族史》在总结前人研究基础上,提出了纳西族形成多元化的观点。

二、民族通史研究

《白族简史》的编写出版。历史上,白族民间流传有用白文书写的古史《白古通玄峰年运志》和《西南列志》。但两书叙述的仅是元代以前的事,并且其中颇多神怪难解的内容。1956—1958 年,全国人民代表大会民族委员会组织的少数民族社会历史调查组对白族地区进行了调查,形成了此后出版的四本调查报告,即《白族社会历史调查》(一)(二)(三)(四)③,为白族史的撰写奠定了重要的基础。1961 年,《白族简史》和《白族简志》第一稿成书并铅印成册,作为内部征求意见稿分送相关部门。1962 年 8 月,《白族简史》和《白族简志》合编为《白族简史简志合编》铅印成册,1963 年在昆明统一印制为"白皮书"。40 多位学者、干部参加了 20 世纪 50 年代白族社会历史的调查和简史简志的编写工作,为中华人民共和国白族历史的研究做了大量开创性的工作。1979 年,国家民委民族问题五种丛书云南委员会在昆明成立,委员会按要求以 1963 年编印的《白族简史简志》为基础,组织有关专家修订。1988 年,由白族学者马曜负责通纂的《白族简史》④ 正式出版。该书体例上完全按社会发展五种形态理论设计,略显机械;对于内涵丰富的近代白族历史,记述简略。但是,瑕不掩瑜,该书系统勾画了白族历史发展的完整过程,是一本相对比较全面的白族史书。迄今为止,更为完善的白族史尚未问世。

《纳西族简史》和《纳西族史》的编写出版。纳西族通史性的族别史的标志性成果是《纳西族简史》和《纳西族史》。《纳西族简史》是 20 世纪 50—60 年代民族社会历史调查的成果。承担具体工作的是云南民族调查组丽江分组。1960 年《纳西

---

① 昆明:云南人民出版社,1984 年。
② 成都:四川民族出版社,1994 年。
③ 昆明:云南人民出版社,1983 年。
④ 昆明:云南人民出版社,1988 年。

族简史》完成初稿，油印成册；1961 年修订编写成《纳西族简史简志》，铅印内部交流；1984 年正式出版。《纳西族简史》按进化论社会发展理论布局撰写，囿于理论束缚，未能充分展开，但该书毕竟是纳西族第一部官方组织编写的通史性民族史，具有开创性的意义。《纳西族史》是纳西族史研究的集大成之作。作者郭大烈、和志武不但精通本民族语言文字，而且受过较好的历史学、民族学的专业训练，学养深厚。该书按纳西族历史发展的时间进程编排体例，充分考虑到纳西族历史与周边藏族、白族发展历史的关系，吸纳了前人或他人的优秀成果。引证的资料不仅有汉文史料，还有丰富的纳西文献史料和实地调查资料，内容翔实，观点颇具创新，是一本学术价值较高的族别史著作。

三、文献整理

（一）白族史料整理

白族史料整理包括三个类别：一是对明清旧方志的校订和重印；二是族谱、家谱的收集整理；三是金石图录的搜集汇编。大理白族自治州文化局于 1983 年翻印了一批明清旧方志，其中包括：明万历《大理府志》和《赵州志》、明隆庆《重修邓川州志》、康熙《鹤庆府志》、康熙《蒙化府志》、雍正《云龙州志》、康熙《定边县志》等。2007 年大理白族自治州白族文化研究所汇编出版了《大理丛书·方志篇》[①]。大理博物馆、图书馆、档案馆收藏的《大理周城董氏族谱》《滇榆龙关段氏族谱》《太和段氏族谱》《太和段氏续谱合编》《阁洞塝段氏族谱》《段氏十五世续谱》《太和赵氏族谱》《云龙董氏家乘》《洱源李氏族谱》《喜洲中和邑杨姓族谱》等都是比较有价值的白族史料。大理白族地区金石考古资料丰富，但分布零散。经过多年的搜集整理和不断的考古发现，金石图录已成为白族历史研究最重要的资料。如已出版的《白文山花碑译释》[②]《南诏德化碑》[③]《大理历代名碑》[④]《大理丛书·金石录》[⑤] 等均对白族历史研究产生了重要影响。其中大理白族文化研究所编辑的《大理丛书·金石录》搜集了 1000 多件金石铭文，成为研究白族历史最为全面的金石资料，也是白族史料整理的标志性成果。

（二）纳西族史料整理

周汝诚编、郭大烈校订的《纳西族史料编年》，约 12 万字，被收入《纳西族社会历史调查》[⑥]。除了借助 40 余种汉文献资料，本书还大量使用了纳西族本民族的

---

① 昆明：云南民族出版社，2007 年。
② 昆明：云南民族出版社，1988 年。
③ 方国瑜主编：《云南史料丛刊》第 2 卷，昆明：云南大学出版社，1988 年。
④ 昆明：云南民族出版社，2000 年。
⑤ 大理白族文化研究所编，北京：中国社会科学出版社，1991 年。
⑥ 昆明：云南民族出版社，1986 年。

历史文献，如《木氏宦谱》《木氏宗谱碑》及《皇明恩纶录》（明王朝对丽江木氏土司诰令汇集）等碑碣、书诰及传说典故，为纳西族研究提供了很大便利。

纳西族象形文字是世界上现存唯一能释读的象形文字，东巴古籍是历代纳西族东巴经师用象形文字抄录的东巴宗教经典。东巴经典主要包括五个方面的内容，即：祈神、禳鬼、丧葬、占卜及其他类（包括舞蹈、杂言、宇书、药书等），内容丰富，堪称古代纳西族的百科全书。1979 年，在丽江地区行政公署副专员和万宝的推动下，丽江县文化馆组成了东巴经翻译小组，开始译经工作。1980 年 6 月，成立"丽江东巴经翻译整理委员会"。1981 年 5 月，中共云南省委发文批准成立"云南省社会科学院东巴文化研究室"，由省社会科学院和丽江地区行署双重领导，和万宝兼任主任，云南大学方国瑜和省历史研究所和志武兼任顾问。经过近 20 年的努力，1998 年，约 5000 万字的《纳西东巴古籍译注全集》翻译完成。2000 年，云南人民出版社出版了《纳西东巴古籍全集译注》，该书的出版在纳西族研究学术史上有重大的意义。2008 年，中央民族大学出版社出版了《中国少数民族原始宗教典籍·东巴经卷》。东巴经中含有的大量历史内容，对研究纳西族古代历史有重要作用。东巴古籍因其重要的文化价值，2003 年被列入《世界记忆遗产名录》，成为目前中国唯一入选这一世界性重要遗产名录的少数民族古籍文献。

四、文化史研究

改革开放以来，文化史的研究成为白族历史研究的热点，所取得的成果也令人瞩目。大理白族文化研究所自 2001 年成立以来，每年出版的《白族文化研究》逐渐成为白族文化研究的窗口和阵地。除此之外，李瓒绪《白族文化》[①]、李正清《大理喜洲文化史考》[②]、张锡禄《大理白族佛教密宗》[③]、杨延福《剑川石宝山考释》[④]、云南民族事务委员会编《白族文化大观》[⑤]、杨政业《白族本主文化》[⑥]、侯冲《白族心史——白古通记研究》[⑦]、杨镇圭《白族文化史》[⑧]、张崇礼《白族传统民居建筑》[⑨]、张崇礼、尚榆民《大理民族文化遗产》[⑩] 等著作均是白族文化史研究的代表性成果。

学术界对纳西族有"小民族创造大文化"美誉。小民族是指纳西族人数较少，大文化是指纳西族文化历史悠久内涵深邃。比较具有代表性的专著有：白庚胜、杨

---

① 长春：吉林教育出版社，1991 年。
② 昆明：云南民族出版社，1998 年。
③ 昆明：云南民族出版社，1999 年。
④ 昆明：云南民族出版社，1999 年。
⑤ 昆明：云南民族出版社，1999 年。
⑥ 昆明：云南人民出版社，2000 年。
⑦ 昆明：云南民族出版社，2007 年。
⑧ 昆明：云南民族出版社，2007 年。
⑨ 昆明：云南民族出版社，2007 年。
⑩ 昆明：云南民族出版社，2007 年。

福泉《国际东巴文化研究集粹》①、杨世光、和种华《纳西族文学史》②、郭大烈主编《纳西族文化大观》③、和少英《纳西族文化史》④、和云峰《纳西族音乐史（附光盘)》⑤、杨福泉《纳西族文化史论》⑥。其中，和少英《纳西族文化史》从民族源流、社会组织、民族关系、婚姻家庭、语言文字、宗教、文学艺术、民俗、建筑、哲学等角度勾画了纳西文化发展的历史，是一部全面系统研究纳西族文化史的著作。

五、纳西族与藏族关系史研究

纳西族是一个人口比较少的民族，居住地区处于汉族、藏族、白族、彝族四大民族分布交接地区。历史上，纳西族与周边各民族友好相处，吸取各民族文化的要素，成为各民族经济、文化交流的桥梁和纽带，其民族关系的历史经验有许多值得今人总结和借鉴的地方。纳西族与藏族不仅在族源、语系、宗教等方面有着深厚的渊源关系，而且在政治和文化上相互影响，在经济上长期互相交流；同时两个民族还相互频繁移民。藏纳两族关系史历来是学界关注的问题，杨福泉《多元文化与纳西族社会》⑦和《纳西族与藏族历史关系研究》⑧、赵心愚《纳西族与藏族关系史》⑨是藏纳关系研究的代表性著作。

六、学术机构与学术刊物

随着白族历史文化研究的不断发展，白族研究诞生了3个重要的学术组织机构，分别是：1990年成立的白族学会、2001年成立的大理白族文化研究所、2003年大理学院成立的民族文化研究所。白学会是由白族研究者共同组成的群众学术团体，创立时间最早，学会定期出版的《白学研究》成为白族历史文化研究的重要阵地，在国内外均有较高知名度。大理白族文化研究所是由大理州政府设置的专业研究机构，该所每年定期出版《白族文化研究》，并规划出版一套"大理丛书"，将大理地区的各种历史资料、研究成果分门别类整理出版（现已部分出版）。该所虽然成立不到10年，但对白族历史文化的挖掘、整理、研究却取得了令人瞩目的成就。大理学院民族文化研究所前身是1988年成立的原大理师范高等专科学校"南诏史研究室"，以大理白族历史文化研究为核心，是兼有科研组织，协调和交流功能的学术研究机构，取得了一定的学术成绩。

---

① 昆明：云南人民出版社，1998年。
② 成都：四川民族出版社，1992年。
③ 昆明：云南民族出版社，1999年。
④ 昆明：云南民族出版社，2001年。
⑤ 北京：中央音乐学院出版社，2004年。
⑥ 昆明：云南大学出版社，2006年。
⑦ 昆明：云南人民出版社，1998年。
⑧ 北京：民族出版社，2005年。
⑨ 成都：四川民族出版社，2004年。

20 世纪 80 年代以来，纳西族历史文化研究的学术组织也相继产生。1981 年丽江建立东巴文化研究所，1984 年成立东巴文化博物馆，1986 年成立纳西文化学会，1997 年成立北京东巴文化促进会，1997 年成立国际保护和弘扬纳西文化协会，1998 年成立迪庆纳西学会、纳西文化传习馆，1999 年成立国际纳西学会，2001 年丽江教育学院成立民族研究所。上述学术机构的成立，极大地推动了纳西族历史文化的研究。

第六节　哈尼、基诺、拉祜、怒、傈僳、普米、独龙、景颇、阿昌族史研究

哈尼等 9 个民族同属汉藏语系藏缅语族，与古代的氐羌有密切关系。他们主要分布在云南云岭—红河一线以西地区，多为跨境民族，从居住地和生产方式看均为山地民族，人口较少。中华人民共和国成立以来，上述民族的历史研究主要表现在以下几个方面：

一、简史简志的编写

《哈尼族简史》的编写。1962 年，在哈尼民族社会历史调查的基础上编写出了《哈尼族简史简志合编》，参加书稿撰写和搜集资料的有尤中、方龄贵、白先经、刘晓、刘尧汉、张纲、张正标、严汝娴、赵开洪、索文清、黄瑞碧、黄惠焜、雷万妍、薛裕源。从 1980 年开始，刘尧汉、严汝娴、黄惠焜、索文清、王尔松对《哈尼族简史简志合编》进行重新编写，此次编写统一了体例，丰富了内容，吸收了新的科研成果，最后确定书名为《哈尼族简史》。1986 年《哈尼族简史》由云南人民出版社出版。

《基诺族简史》的编写。1958 年，因《彝族简史》编写的需要，杜玉亭、金国富开始对基诺族进行社会历史调查，发现基诺与彝族有较大差异不应归入彝族之中。此后杜玉亭又进行两次调查并写出了调查报告，但由于种种原因，基诺族识别为单一民族的问题未能解决。1977 年，杜玉亭与《凉山彝族奴隶社会》编写组的学者尚理、吴德让、冯元蔚、伍精忠、张光显、李绍明、王家佑，中国社会社科院的周自强、易谋远、王景阳、赵树勋，云南民族学院的盖兴之等 20 人联合对基诺族进行民族识别调查。1979 年 6 月 6 日，国务院正式确认基诺族为单一民族。1984 年，杜玉亭完成《基诺族简史》的编写，并由云南人民出版社正式出版。

《拉祜族简史》的编写。该书在 1963 年内部发行的《拉祜族简史简志合编》历史部分的基础上增订而成。由暨南大学历史系陈炯光和澜沧拉祜族自治县的李光华共同编写，先后经过三稿，最后由云南民族学院马曜审定。在编写和定稿过程中，澜沧拉祜族自治县李维新、李世成、李扎母、石扎母、胡扎克、肖树琴、黄玉美和

云南民族学院李元春等拉祜族同志提供了修改意见及有关资料。1984 年，云南人民出版社出版了《拉祜族简史》。

《怒族简史》的编写。1956 年夏到 1959 年秋，云南少数民族社会历史调查组怒江分组对怒江傈僳族自治州所属四个县的怒族社会历史进行了深入的调查，收集和整理铅印怒族调查资料数十万字，定名为《怒族简史简志合编》。参加该书编写的有宫振春、杨毓才、洪俊、张云卿、高国忠、许鸿宝等。1985 年，在《怒族简史简志合编》的基础上编写了《怒族简史》，并由云南人民出版社正式出版。

《傈僳族简史》的编写。1956 年夏到 1960 年冬，云南少数民族社会历史调查组怒江分组对云南省怒江傈僳族自治州、德宏傣族景颇族自治州、楚雄彝族自治州、丽江专区和四川省西昌专区两省 30 多个县的傈僳族社会历史进行了调查，收集并整理出数百万字的调查资料。1958—1963 年，杨毓才、宫振春、张乃华、许鸿宝、刘达成、王恒杰、张云卿、孙淑珍、马世册、和发源、李玉光、黄吉可、郑香君等先后参加了编写《傈僳族简史简志》。祝发清参加了书稿的讨论和审定。该稿曾四次油印、二次铅印。1983 年，《傈僳族简史》最后修订完成，云南人民出版社正式出版。

《普米族简史》的编写。普米族由于确认时间较晚，简史的具体编写直到 1985 年才由严汝娴、王树五着手进行。本书编写过程中参阅了曾到普米族地区考察的林耀华、刘尧汉、黄淑娉、宋兆麟、陈久金、王均、周裕栋等学者的有关调查资料，于 1988 年由云南人民出版社正式出版。

《独龙族简史》的编写。1957 年 4—7 月，云南少数民族社会历史调查组派遣两个调查小组，分别由杨毓才、宋恩常带队，进入独龙江河谷进行调查，写出两篇系统的调查报告。1958 年秋，云南少数民族社会历史调查组怒江分组又组成了独龙调查小组，由洪俊领队至独龙江进行第二次调查，并写出了系统的调查报告。在两次系统调查的基础上，1959 年春，洪俊、杨毓才、王均、白瑞祥等写出了《独龙族简史》初稿，此后又进行了两次修订。1961—1962 年，经过再次修改补充，刘达成、杨毓才编写出了《独龙族简史简志合编》铅印本（内部稿）。1984 年，《独龙族简史》经过修订后，由云南人民出版社出版。

《景颇族简史》的编写。1956 年，云南少数民族社会历史调查组景颇族分组对德宏傣族景颇族自治州进行了调查，在此基础上编写出了《景颇族简史简志合编》。1982 年再次进行修订，定名为《景颇族简史》，由云南人民出版社出版。

《阿昌族简史》的编写。从 1957 年 5 月起，由云南省少数民族社会历史调查组德宏分组负责阿昌族社会历史调查和简史简志编写工作。先后参加调查编写的有：王菁、王叔武、龚佩华、邱霞飞、周裕栋、孙忠祺、龚荫、徐家弼、李成洪、杨永生、刘达理、杨汝灿、杜国林等。1959 年秋，写出简史简志初稿。1960 年在初稿基础上，定名为《阿昌族简史简志合编》，1985 年对《合编》再次进行修订，定名为《阿昌族简史》。全书稿由杜国林执笔，马曜审稿，并于 1985 年由云南人民出版社出版。

上述"简史"的编写大多是建立在众多学者实地调查的基础上，几易其稿、千锤百炼，因此"简史"的出版为民族史的研究提供了宝贵的第一手资料。再者，"简史"的出版，第一次对哈尼等民族的族源、历史分布、民族形成与发展、社会形态与生产方式等方面做了全面系统的梳理，对少数民族的保护与发展起到了积极作用，基本上达到了"抢救即将消失的民族文化"的目标。

盛世修史、修志，这是中国的传统。由于编写出版时间长，涉及地区广，参与人和单位分散以及受当时环境条件局限，"简史"也存在许多缺憾：一是体例版本不统一；二是有些解释不准确；三是中华人民共和国成立以来特别是实行改革开放以来，少数民族和民族地区发生的变化和取得的成就没有得到充分的反映。为了适应民族工作发展和民族问题研究的需要，从 2005 年开始国家民委组织专家对《民族问题五种丛书》进行修订再版，统一由民族出版社出版发行。其中《中国少数民族简史丛书》的修订，本着"适当修订、适量续修"的原则，对有明显错误的内容、观点、表述进行更正，对中华人民共和国成立以来特别是改革开放以来各少数民族的发展史实予以补充。组织专家学者对原版《中国少数民族简史丛书》中有关内容进行了重新考究，作了必要的修订和补充，特别是增补了中华人民共和国成立以来少数民族地区经济、政治、文化和社会发展的情况。

二、文化史研究

少数民族文化，是少数民族社会历史发展过程中不可或缺的重要组成部分，每个少数民族都有自己独特的历史足迹和文化背景，呈现出千姿百态的景观。在"简史"编写的基础上，哈尼等民族的文化史研究取得了丰硕的成果。

（一）文化史的编写

《云南少数民族文化史丛书》是由云南省民族研究所于 1997 年组织编写的，旨在全面清理云南少数民族的文化遗产，反映民族文化全貌，勾勒出各少数民族文化的起源、发展、演变的历史轨迹，从而展现丰厚富饶的云南少数民族文化。《丛书》以云南省人口在 4000 人以上的 25 个少数民族立卷，每个民族单独编写，各自成卷。该套丛书包括哈尼等 9 个民族的文化史编写：陶天麟《怒族文化史》[1]，江红《普米族文化史》[2]，王正华、和少英《拉祜族文化史》[3]，张桥贵《独龙族文化史》[4]，于

---

① 昆明：云南民族出版社，1997 年。
② 昆明：云南民族出版社，1997 年。
③ 昆明：云南民族出版社，1999 年。
④ 昆明：云南民族出版社，2000 年。

希谦《基诺族文化史》①，刘江《阿昌族文化史》②，刘刚等《景颇族文化史》③，于希谦《基诺族文化史》④，雷兵《哈尼族文化史》⑤。

（二）"文化大观"的编写出版

1991 年，云南省民族事务委员会开始组织编写《云南少数民族文化大观丛书》，作为云南各少数民族向中华人民共和国成立 50 周年的献礼，编纂包括哈尼族、基诺族、拉祜族、怒族、傈僳族、普米族、独龙族、景颇族、阿昌族在内的 16 个少数民族的文化大观。丛书系统地介绍了各少数民族的全貌，囊括了各少数民族的历史渊源、社会结构、语言文字、宗教信仰、风俗习惯、历法、经济生产、伦理道德、文学艺术等方面的内容。其中包括史军超主编的《哈尼族文化大观》，刘怡、白忠明主编的《基诺族文化大观》，雷波等主编的《拉祜族文化大观》，刘达成主编的《怒族文化大观》，格桑顿珠主编的《傈僳族文化大观》，杨照辉主编的《普米族文化大观》，李金明主编的《独龙族文化大观》，赵学先、岳坚的《景颇族文化大观》，曹先强主编的《阿昌族文化大观》等 9 个民族的文化史。1999 年哈尼等 9 个民族的"文化大观"由云南民族出版社出版。

三、怒族族源研究

怒族族源有氐羌说、世居说、多元说等观点。王叔武《云南少数民族源流研究》⑥ 认为，怒族来源于云南古代三大族群之一的氐羌族群。马曜主编的《云南古代各族史略》⑦ 认为怒族是居住于云南境内的最早的居民之一。严一德《怒江边的怒子》⑧ 认为怒族是居住在怒江边的土族。刘达成《怒族》⑨ 认为怒江地区的怒族可能有两个来源：第一，居住在福贡、贡山两县，自称"阿怒"和"阿龙"的怒族是最早的世居居民。第二，居住在碧江县（现属福贡县），自称"怒苏"的怒族。

四、社会形态研究

拉祜族社会形态研究。关于拉祜族社会形态的研究，主要集中于拉祜族原始社会及其残余形式等方面。陈启新在《论拉祜族一夫一妻制家庭的出现》⑩ 一文中认为拉祜族社会普遍存在一夫一妻家庭，并迅速形成财产私有。宋恩常在《拉祜族的

---

① 昆明：云南民族出版社，2000 年。
② 昆明：云南民族出版社，2001 年。
③ 昆明：云南民族出版社，2002 年。
④ 昆明：云南民族出版社，2000 年。
⑤ 昆明：云南民族出版社，2002 年。
⑥ 《民族研究文集》，昆明：云南民族出版社，1987 年。
⑦ 昆明：云南人民出版社，1977 年。
⑧ 《西南民族研究文选》，成都：四川大学出版社，1991 年。
⑨ 《思想战线》1980 年第 2 期。
⑩ 《中山大学学报》1981 年第 2 期。

家庭制度》① 中则认为，由于各地之间的差异很大，拉祜族所保存的母权制残余程度也不一致，呈现出地区性的特点。

怒族社会形态研究。怒族社会形态研究主要集中于怒族历史上是否有氏族出现。宋恩常《怒族社会制度剖析》② 认为怒族生产力、生活以及商品经济交换水平还十分低下，怒族社会尚保留着原始社会末期血缘家族的某些特点。杨鹤书《云南怒族的氏族与血族部落残余研究》③ 及《布朗族、怒族家长制家庭公社类型的比较》④ 认为怒族历史上曾保留母系氏族公社残余，随着生产力的发展和氏族公社组织松弛，在中华人民共和国成立前夕已为父系氏族家庭公社代替。

景颇族社会形态研究。景颇族社会形态研究的热点主要集中在景颇族山官制度，这方面的文章有：龚佩华、史继忠《景颇族的山官制度》⑤、桑耀华《景颇族山官问题初论》⑥ 等。

五、哈尼族梯田文化研究

哈尼族是跨境民族，在老挝、泰国、越南皆有分布。对哈尼族梯田的研究，近年来逐渐成为"哈尼学"的热点，其不仅仅局限于对梯田这一农耕样式的探讨，更深入了哈尼族的生活方式、精神文化、宗教信仰、丧葬习俗以及生态环境层面。代表著作和论文有：王清华《梯田文化论——哈尼族生态农业》⑦ 是第一部系统研究哈尼族梯田文化的专著，有较高的学术价值；李学良《滇南少数民族农耕文化研究》⑧ 专门介绍了红河哈尼族在其梯田开拓和经营过程中经济和社会结构的变化情况，为梯田研究提供了新的视角；汪力娟《哈尼族梯田文化论述》⑨ 从多方面诠释了哈尼梯田的文化内涵；角媛梅《哈尼梯田文化生态系统研究》⑩ 以文化生态系统的视角研究了哈尼族梯田。

从对哈尼等 9 个民族的历史、文化研究的回顾可以看出，研究基本上发端于民族调查时期，以民族历史为主要研究内容。随着《民族简史》的编写与出版，9 个民族的研究进入勃兴期，开始以民族文化为主要研究对象并取得可喜成果。进入 20 世纪 90 年代以后，哈尼等族的文化史研究更加繁荣，呈现异彩纷呈的景象，不仅表现在研究成果的数量上，还表现在专门研究团体的出现，如以研究"哈尼学"为主的红河民族研究所、中央民族大学哈尼学研究所等，并有自己的刊物定期出版。研

---

① 《云南少数民族研究文集》，昆明：云南人民出版社，1986 年。
② 《云南少数民族研究论文集》，昆明：云南人民出版社，1986 年。
③ 《云南社会科学》1982 年第 6 期。
④ 《民族学研究》第 7 辑，北京：民族出版社，1984 年。
⑤ 载《中国南方少数民族社会形态研究》，贵阳：贵州人民出版社，1987 年。
⑥ 载《民族学研究》第 5 辑，北京：民族出版社，1983 年。
⑦ 昆明：云南大学出版社，1999 年。
⑧ 北京：民族出版社，2006 年。
⑨ 《西北第二民族学院学报》2003 年第 4 期。
⑩ 《人文地理》1999 年第 14 卷。

究领域的拓宽、研究对象的深入、研究机构的发展势必将哈尼等民族的研究推向更高的层面。

第七节　傣族史研究

傣族是西南地区人口较多、经济文化水平相对较高，在边境一线分布最广的民族。傣族史研究在西南民族历史研究中占有重要地位。70 年来，傣族史研究的成就主要表现在以下几个方面：

一、《傣族史》和《傣族简史》的出版

江应樑著《傣族史》① 和《傣族简史》编写组编写的《傣族简史》② 是中华人民共和国成立以来最具有代表性的傣族历史研究的通史性成果。

1956 年，江应樑在云南大学历史系讲授《傣族史》时写出了《傣族史稿》，刻印后供教学使用。经过 4 次讲授的修改，1962 年该讲义重印更名为《傣族古代史》上下。1982 年经过修订之后由四川民族出版社出版。江应樑师从著名人类学家杨成志，是中山大学人类学专业毕业生。1937 年受中山大学研究院派遣，江应樑到云南调查傣族社会与文化，从此与傣族研究结下了不解之缘，其足迹遍及云南边疆各傣族地区，并在西双版纳车里县（今景洪）担任半年的县长。早在 20 世纪 40 年代，他就发表了若干篇关于傣族的社会调查和社会文化的论文，中华人民共和国成立后继续从事傣族历史文化研究工作，《傣族史》是其重要的代表作。《傣族史》分为十章，即导论、族属研究、历史文献中的傣族先民及其分布、部落时代、部落联盟时代、初期封建社会的建立、封建经济的发展、傣族人民反侵略与反封建斗争、近现代时期的傣族社会、文化与生活。从体例上看《傣族史》是传统历史学的王朝断代、社会发展五形态和人类学文化研究三种方式的结合。以这样的方式进行傣族历史的讲授和叙述，既考虑了历史表述的传统又兼顾了当时的主流历史观，同时又体现了作者人类学专业训练的背景和田野调查的成果。因此，《傣族史》是那个时代出版的民族史著作中别具一格的著作，是历史学和民族学学者都认可的学术成果。《傣族史》第二章的族属渊源，虽然目的是追溯傣族源流，但事实上将整个百越的源流和分布均做了研究，对于壮侗语各民族源流的研究具有重要的启示。在其他章节中《傣族史》运用傣文、汉文资料，清晰地勾画了傣族名称和分布的历史变化，傣族社会发展的不同阶段特点，土司制度和傣族社会与文化，使《傣族史》成为中华人民共和国成立 70 年来最具影响的傣族历史研究著作。

---

① 成都：四川民族出版社，1983 年。
② 昆明：云南人民出版社，1986 年。

《傣族简史》是 20 世纪 50 年代傣族社会历史调查的成果之一。1950—1955 年，为进行傣族地区的民主改革，云南省组成调查组对傣族聚居的西双版纳和德宏两地区进行了调研。1956—1958 年，全国人大民族委员会领导组织的云南少数民族社会历史调查组继续对傣族地区进行了调查。这两个阶段的调查获取了大量傣族社会历史资料，成为傣族简史编写的基础。

调查报告后由《民族问题五种丛书》云南编辑委员会汇编为《西双版纳傣族社会历史调查》1—10①和《德宏傣族社会历史调查》1—3②。1964 年，多位学者合作编写出《傣族简史简志》，铅印为内部交流的白皮书。1981 年，在《傣族简史简志》的基础上修订成《傣族简史》③。《傣族简史》有 20 万字，是云南少数民族简史中分量比较重的简史。该书的特色是：1. 吸取了当时傣族史研究的最新成果，对傣族史上争议较大的滇越、掸、哀牢、南诏王室与傣族关系问题、泰人南迁等问题进行了澄清；2. 对傣族各历史时期的社会结构和社会发展有比较深入的研究。参加傣族社会历史调查和《傣族简史》编写也成为马曜、缪鸾和、刀述仁、宋蜀华、张公瑾、黄惠焜、颜思久、曹成章、朱德普等著名学者的重要学术经历。

此外，傣族古史研究代表性的成果还有：黄惠焜《从越人到泰人》④、何平《从云南到阿萨姆：傣—泰民族历史再考与重构》⑤ 等著作。

二、傣族文化史研究

20 世纪 80 年代以后，学界对傣族文化史的研究急剧升温。代表性的成果有张公瑾《傣族文化》⑥、王懿之、杨世光编《贝叶文化论》⑦、高立士《西双版纳傣族的历史与文化》⑧、岩峰主编《傣族文化大观》⑨、刀承华、蔡荣男《傣族文化史》⑩等著作。

张公瑾《傣族文化》是 20 世纪 80 年代傣族文化史研究重要成果。该书的特点是作者从傣族语言、文字、文献入手，探索文学艺术、天文历法、宗教信仰的历史发展轨迹。张公瑾认为："傣族文化也是在与其他民族交往中发展起来的。这种交流和对先进民族文化的吸收和借鉴，在某些高峰时期，成为本民族文化发展的关键，具有划时代的意义。"他认为傣族文化史的发展有三个具有里程碑意义的时期：一是秦汉时期，属于傣族文化史的前期，这一时期具有划时代意义的是中原历法、干

---

① 昆明：云南民族出版社，1983 年。
② 昆明：云南人民出版社，1984、1987 年。
③ 昆明：云南人民出版社，1986 年。
④ 昆明：云南民族出版社，1992 年。
⑤ 昆明：云南大学出版社，2001 年。
⑥ 长春：吉林教育出版社，1986 年。
⑦ 昆明：云南人民出版社，1990 年。
⑧ 昆明：云南民族出版社，1992 年。
⑨ 昆明：云南民族出版社，1999 年。
⑩ 昆明：云南民族出版社，2005 年。

支和十二生肖集市纪时的方法传入傣族社会；二是唐宋到中华人民共和国成立时期，是傣族文化发展的第二个阶段，是傣族文化形成和完善的时期，小乘佛教、印度古代文化的传入对傣族的社会与文化产生了巨大的影响；三是中华人民共和国成立时期，这一时期是傣族文化发展的第三个里程碑。刀承华、蔡荣男的《傣族文化史》则是对中华人民共和国 70 年来傣族文化史研究成果的汇集。该书将傣族文化分为15 个专题，一一分述了其发展的历史，是一本比较全面反映傣族文化历史发展的专门史。

三、傣族史料的搜集与整理

史料是傣族历史研究的基础，傣族史料的整理包括两个部分：一是汉文献中的傣族史料；二是傣文史料。

（一）汉文史料

汉文傣族史料比较有代表性的成果是：方国瑜《元代云南行省傣族史料编年》①、江应樑《百夷传校注》②、德宏史志办公室《德宏史志资料》、刀永明《中国傣族史料辑要》③ 等四种。

元以前的汉文史籍中，仅樊绰的《蛮书》（《云南志》）中有零散傣族事迹的记述，其他文献则罕见。元朝在云南建行省后，对西南边疆地区的统治加强，汉文史籍中关于傣族的记述逐步增多。方国瑜是中华人民共和国最早整理傣族史料的学者。1958 年，他即整理出版了《元代云南行省傣族史料编年》，这是他整理的第一部云南民族史料集，也是第一部傣族史料集。该书正文采用编年体裁，把元代有关傣族的史料分为《傣那区域纪事》和《傣泐区域纪事》两个部分来收录，其后分别做了区域地理考释。《傣那区域纪事》主要是收录了有关元代设置金齿宣抚司、至正年间经营云南西部傣族地区的史料。《傣泐区域纪事》主要收录车里总管府、八百宣慰司建立的相关史料。正文之前有两篇绪论，分别讲述元以前傣族的基本情况以及唐宋以来历史上出现的傣族称谓。附录主要收录了反映傣族社会生活的史料。

《百夷传》是明朝初年成书的一部史料价值很高的历史文献，书中记载了明初滇西傣族的历史、地理、政治制度、生活习俗等各方面的情况。由于这本书是作者亲历其境根据见闻记录下来的真实事迹。所以数百年来，一直成为各种著述引用的第一手资料。但是，这本书辗转传抄及引用版本不同，存在内容不一，甚至作者是谁都有疑问等问题，使得使用者无所适从。江应樑采用北京图书馆藏的五种善本和江苏国学图书馆的一种影印本，以及明代以来的几种志书及私家著述中转录的《百夷传》互校，澄清了此书的诸多疑问。如《百夷传》的作者是谁？江应樑得出钱古

---

① 昆明：云南人民出版社，1958 年。
② 昆明：云南人民出版社，1980 年。
③ 昆明：云南民族出版社，1989 年。

训和李思聪分别在上报朝廷的本子基础上，补充修订出各自的《百夷传》，钱本优于李本的结论。

《德宏史志资料》是德宏傣族景颇族自治州史志办公室编辑出版的一套滇西地区地方史、民族史史料，其中傣族史料占有较大比重。内容包括土司家乘、文书、档册、傣文历史译注等。该书从 1984 年开始刊印，1—15 集为内部印刷，16 集以后为公开出版，是研究滇西地方史傣族史最为全面的史料集。

《中国傣族史料辑要》是从李昆生编著《云南文物古迹》[1]、云南省历史研究所编《明实录——有关云南历史资料》[2]《清实录——有关云南史料汇编》[3]、云南大学历史系编《云南史料丛刊》（油印本）、德宏州地方志办公室编辑的《德宏史志资料》中辑录的二手资料。虽然存在较多错误和问题。但相对集中地收录了与傣族相关的史料，对于初学者以此寻找史料的原出处有一定帮助。

（二）傣文史料

1. 《泐史》的翻译与研究

居住在该地的傣族自称"傣泐"。用傣泐文所写的勐泐地方史书称"朗丝本勐泐"，一般直译为"勐泐古事书"，简译作《泐史》。该书以编年体形式记述了傣族首领叭真 1180 年（宋淳熙七年、傣历 542 年）入主西双版纳建立景龙金殿国，至 1950 年（傣历 1312 年）共 770 年的历史，是一部西双版纳傣族的编年史。《泐史》详细记述了各世召片领姓名、生卒年、在位时间及其配偶、儿女与封地、俸禄等。对于制度、历史大事及与泰、老、缅等邻邦关系也有所记述。因此，翻译和研究《泐史》对傣族史和西南边疆地方史研究均有重要意义。1947 年，国立云南大学西南文化研究室首次印制发行了李拂一翻译的《泐史》，该书在学界产生了极大的反响。国内外研究傣族历史的学者多以《泐史》为依据。方国瑜在李氏《泐史》译本的序言中评价此书的史料价值时说："获睹拂一先生新译泐史，亟假读之，彻夜尔竟，瑜略涉边事之书，率多支离，莫究原委，岂得土司家乘，以资考校，耿耿于怀者久之，一旦获读此书，其喜可知矣！"

此后依据不同版本翻译和整理出的《泐史》版本还有：傅懋勣、刀忠强译《傣族宣慰使司地方志》[4]、刀国栋、吴宇涛、张亚庆译《叭真以后各代的历史记载》[5]、刀述仁《叭真及其后代的历史散记》[6]、张公瑾《续泐史（西双版纳近百年大事

---

① 昆明：云南人民出版社，1984 年。

② 昆明：云南人民出版社，1959 年。

③ 昆明：云南人民出版社，1984 年。

④ 云南省历史研究所，1962 年油印本，载《傣族社会调查——西双版纳之三》，昆明：云南民族出版社，1982 年。

⑤ 载《傣族社会调查——西双版纳之三》，昆明：云南民族出版社，1982 年。

⑥ 载《傣族社会调查——西双版纳之二》，昆明：云南民族出版社，1983 年。

记）》①、高立士《西双版纳召片领世系》② 等 10 余种翻译本。

傣文本《泐史》均系手抄本，传抄过程中多有所增减，流传本子有繁简之别。总体上看，《泐史》记明代以前事错误较多，各版本之间干支纪年的时间也有很大差异。因此，厘清《泐史》中的各种疑问，是傣族史研究的重大问题。从李拂一开始，就发现了《泐史》存在的问题，并进行了整理研究。1947 年李拂一在其所译《泐史》后就附录了其对《泐史》的初步研究成果——《车里宣慰世系考订》。此后，李拂一又进行了详细修订，题名《车里宣慰世系考订稿》，于 1983 年由台北复仁书屋出版。1987 年，西双版纳傣族自治州政协文史资料工作委员会整理考订了《泐史》多种版本，编撰成《车里宣慰世系简史》③ 一书。1989 年，云南省少数民族古籍整理出版规划办公室刀永明《车里宣慰使世系集解》④ 也是对《泐史》的考订之作。《泐史》研究集大成者是云南民族大学朱德普。从 20 世纪 80 年代开始，他先后发表了 20 余篇论文，对泐史中存在的问题一一进行了订正，使《泐史》中诸多错误得以澄清。其研究成果汇集为《泐史研究》一书，1993 年由云南人民出版社出版。民族史、民族学专家宋蜀华在评价《泐史研究》一书时说："此书为近年傣族史研究中有颇多创见的一部佳作。"⑤《泐史》的翻译和研究极大地推动了傣族古代历史的研究。

2. 其他傣文史料

20 世纪 80—90 年代，云南民族古籍办先后翻译出版了《孟连宣抚史》⑥《孟连宣抚司法规》⑦《勐泐王族世袭》⑧《勐果占壁及勐卯古代诸王史》⑨《景谷土司世袭》⑩《勐勐土司世袭》《景谷土司世袭》⑪ 等一批傣文文献。西双版纳傣族自治州政协也翻译整理出了较多反映西双版纳近现代历史的文献，如《车里宣慰世系简史》⑫《泐西双帮》和《勐龙土司简史》⑬ 等。

2004 年以来，西双版纳傣族自治州人民政府组织搜集整理，人民出版社陆续出版的《贝叶文化全集》，是傣文文献翻译整理最重大的成就。该书共有 100 余卷，内容包括小乘佛教的原典、历代高僧著述、佛教教义衍化及世俗经典等三个部分。被称为"傣族的百科全书"，是傣族历史研究较为全面的资料。

---

① 载《傣族社会调查——西双版纳之九》，昆明：云南民族出版社，1982 年。
② 云南省民族研究所《民族学报》1982 年总第 2 期。
③ 《西双版纳文史资料选辑》第 1 辑，1987 年刊印。
④ 昆明：云南民族出版社，1989 年。
⑤ 《民族研究》1995 年第 6 期。
⑥ 昆明：云南民族出版社，1986 年。
⑦ 昆明：云南民族出版社，1986 年。
⑧ 昆明：云南民族出版社，1987 年。
⑨ 昆明：云南民族出版社，1988 年。
⑩ 昆明：云南民族出版社，1990 年。
⑪ 昆明：云南民族出版社，1990 年。
⑫ 《版纳文史资料选辑》第 1 辑，1987 年。
⑬ 《版纳文史资料选辑》第 1 辑，1987 年。

傣文文献的翻译出版，为傣族历史文化研究提供了新的史料，对学术界开展傣族历史研究，尤其是元以前傣族历史研究有重要意义。

四、学术前沿和热点

（一）西双版纳土地制度研究

在中华人民共和国史学史上，关于中国古代史分期问题，是学者们论战的重要问题。中国古代史分期问题主要是中国历史上奴隶制和封建制的分期问题，这个问题的正确解决，对于揭示中国古代历史发展的规律，对各种断代史和专史的研究，都有积极的意义。从 1929—1979 年，史学界进行了长达 50 年的论战，以吕振羽、范文澜、翦伯赞为代表的史学家主张西周封建论；以郭沫若、吴大琨、白寿彝、林甘泉为代表的史学家主张战国封建论；以尚钺、王仲荦、林志纯、何兹全为代表的史学家主张魏晋封建论①。学者们的意见有很大的分歧。

1963 年，马曜与缪鸾和采用"礼失而求诸野"的方法，将中华人民共和国成立前西双版纳傣族土地制度、政治制度与西周社会制度进行比较，连续三期在《学术研究》（云南）上发表了《从西双版纳看西周》一文。论文充分肯定西双版纳与西周同属建立在农村公社基础上的领主制，论证了"土地王有"下的井田制，支持了西周封建论。此后又进一步进行了研究，出版专著《西双版纳份地制与西周井田制的比较研究》②。傣族社会史的研究成果成为中国古代史分期研究的重要视角，在史学界产生了较大的影响。

（二）小乘佛教传入时间问题

傣族几乎全民信仰小乘佛教，小乘佛教在傣族社会生活中影响巨大，小乘佛教的传入是傣族历史上的重大事件。但关于小乘佛教传入中国的时间问题，学界却存在不同观点。第一种观点通过对傣族历法和南诏德化碑上傣族姓名研究，结合田野调查，认为"小乘佛教传入傣族地区的时间在公元 6—7 世纪之间"③；第二种观点依据傣族经书《帕萨坦》的记述，认为"公元前后，佛经、佛像相继传入，并先后在景洪、勐龙、勐海等地建盖了佛寺和佛塔，最后才从景洪逐渐传到勐腊等地"④；第三种观点依据明代钱古训、李思聪《百夷传》和朱孟震《西南夷风土记》的记载认为，"傣族地区普遍信仰小乘佛教是明代中期（15 世纪）以后的事"⑤。

---

① 参见林甘泉等：《中国古代史分期讨论五十年》，上海：上海人民出版社，1982 年。
② 昆明：云南人民出版社，2001 年。
③ 张公瑾：《傣族文化》，长春：吉林教育出版社，1986 年，第 144 页。
④ 王懿之：《西双版纳小乘佛教历史考察》，载《贝叶文化论》，昆明：云南人民出版社，1990 年。
⑤ 江应樑：《傣族史》，成都：四川民族出版社，1983 年，第 345 页。

（三）傣族起源问题

20 世纪 90 年代前，中国学界主要对部分西方及泰国学者的"傣族南迁"论进行回应。主要学术观点是：泰人不是起源于中国川北陕南或阿尔泰山、南诏不是泰人建立的国家、忽必烈平大理没有引起泰族大量南迁。代表性成果有：杜玉亭、陈吕范《忽必烈平大理是否引起泰族大量南迁》①、陈吕范《泰族起源问题研究》②。90 年代之后学界更多地关注壮、泰、傣的古代历史与源流关系问题。如黄惠焜《从越人到泰人》③、范宏贵《同根生的民族——壮泰各族渊源与文化》④、何平《云南到阿萨姆：傣—泰民族历史再考与重构》⑤。

综上所述，傣族历史研究可分为三个阶段：20 世纪 50—70 年代，学者们更多是关注傣族社会性质的研究；20 世纪 80 年代以后学界更多地关注傣族文化的研究；90 年代以后又增强了傣族古史和壮、傣、泰关系的学术关注。

第八节　佤族、布朗族、德昂族史研究

佤族、布朗族和德昂族主要居住在云南西部和西南部地区，为中缅两国跨境民族。这三个民族的语言均属于南亚语系孟高棉语族佤德语支。从族源上看，三者都源于古代的百濮族群，与东南亚的孟族、高棉族等在历史源流上有着密切关系。

一、佤族、布朗族、德昂族史研究概述

对于佤族、布朗族和德昂族在现代意义上的研究，可追溯到 20 世纪 30—40 年代。凌纯声、方国瑜等对我国西南地区少数民族做了详细的实地考察，积累了大量的原始资料，为后来学者的研究提供了可供参考的依据。20 世纪五六十年代初，党和政府组织大批学者进行了大规模的少数民族社会历史调查和语言调查，由此拉开了各民族社会和历史研究的序幕。以此调查为基础，1963 年中科院民族研究所云南少数民族社会调查组编写了《佤族简史简志合编》《布朗族简史简志合编》和《德昂族简史简志合编》初稿。

进入 20 世纪 80 年代以后，佤族、布朗族和德昂族社会历史研究的文字成果日益增多。其中，《民族问题五种丛书》云南编写组编写了《佤族简史》⑥《布朗族简

---

① 《历史研究》1978 年第 2 期。
② 北京：国际文化出版公司，1994 年。
③ 北京：民族出版社，1992 年。
④ 北京：光明日报出版社，2000 年。
⑤ 昆明：云南大学出版社，2001 年。
⑥ 昆明：云南民族出版社，1984 年。

史》① 和《德昂族简史》②。此三部简史分别概述了佤族、布朗族和德昂族的源流与历代分布、形成与发展、社会形态及生产方式、社会习俗及其变迁等内容，荟萃了大量原始的、鲜活的、极其珍贵的资料。2008 年，此三部简史经由民族出版社组织专家学者进行修订后再版。此外，云南民族出版社还相继出版了《布朗族社会历史调查》（一）、（二）（1982 年）、《佤族社会历史调查》（一）、（二）、（三）、（四）、（五）、（六）（1983 年）和《德昂族社会历史调查》（1987 年）等著作。

除五种丛书的相关著作外，民族出版社在这一时期组织专家学者撰写了民族知识丛书，包括田继周、罗之基《佤族》（1985 年）、桑耀华《德昂族》（1986 年）、杨毓骧《布朗族》（2004 年）、宋恩常《云南少数民族社会调查研究》（上、下集)③、《西盟佤族自治县概况》编写组《西盟佤族自治县概况》④《沧源佤族自治县概况》编写组《沧源佤族自治县概况》⑤ 等。此外，田继周、罗之基还对佤族的社会形态进行深入分析，撰写了《西盟佤族社会形态》⑥。

上述著作包含了这三个民族的历史源流、社会形态、文化特点和风俗习惯以及当时的发展状况等，为其民族史研究奠定了良好基础。

20 世纪 90 年代以后，学者们对这三个民族的研究深入更广泛的领域中，尤其是更注重对于各民族文化史的研究，学术界先后出版和发表了许多相关专著和学术论文。代表性成果有：魏德明《佤族文化史》⑦、赵瑛《布朗族文化史》⑧、俞茹《德昂族文化史》⑨。这些著作从三个民族的人口分布和地理环境入手，对他们的历史发展、生计方式及语言文字做了细致的考证和论述，同时还涉及衣食住行、婚姻家庭、宗教信仰、风俗习惯及文学艺术等各个方面。

除上述成果外，1999 年云南民族出版社出版了《佤族文化大观》（陈本亮主编)、《布朗族文化大观》（穆文春主编）及《德昂族文化大观》（桑耀华主编）三部著作。此外，魏德明《佤族历史与文化研究》⑩、思茅行署民族事务委员会《布朗族研究》⑪、赵富荣《佤族风俗志》⑫、罗之基《佤族社会历史与文化》⑬ 等相继出版。

进入 21 世纪后，对这三个民族的研究更是硕果累累。其中较为突出的有：李家

① 昆明：云南人民出版社，1984 年。
② 昆明：云南教育出版社，1986 年。
③ 昆明：云南人民出版社，1980 年。
④ 昆明：云南民族出版社，1986 年。
⑤ 昆明：云南人民出版社，1986 年。
⑥ 昆明：云南人民出版社，1980 年。
⑦ 昆明：云南民族出版社，2001 年。
⑧ 昆明：云南民族出版社，2001 年。
⑨ 昆明：云南民族出版社，1999 年。
⑩ 德宏：德宏民族出版社，1999 年。
⑪ 昆明：云南出版社，1991 年。
⑫ 北京：中央民族大学出版社，1994 年。
⑬ 北京：中央民族大学出版社，1995 年。

英《德昂族传统文化与现代文明》①、汤芝兰、李滔《德昂族：潞西三台山乡勐丹村》②《佤族研究50年》编写组《佤族研究50年》③、黄成光《腰箍的情结：德昂族》④、赵富荣《中国佤族文化》⑤、腾二召《古代的茶农：中国德昂族社会发展变迁史》⑥、黄光成《德昂族》⑦ 等。

二、学术前沿和热点

（一）德昂族族源研究

关于德昂族的族源归属问题，学术界一直未有定论，较为普遍的观点认为德昂族源于古代的濮人，主要存在以下几种观点：

一是哀牢说。王宏道和江应樑均认为"哀牢"人即"濮人"，是今佤德语支先民⑧。持此相似观点的论著还有：《德昂族简史》⑨、李淳信《施甸"本人"社会历史调查》⑩ 等。

二是滇人说。宇华、知余《滇人与佤崩民族的关系试探》⑪ 认为濮人在汉晋时期具有较高的生产力水平，而当时滇人是云南具有较高生产力水平的民族，因而滇濮与永昌地区的濮人为同一族属，且这些濮人的主要成分是今佤德语支民族的先民。

三是茫蛮、金齿说。学术界普遍认为茫蛮、金齿是傣族先民。然而，桑耀华却认为《元史·地理志》所记"茫施蛮"应为崩龙族先民，而非傣族先民。他先后在《茫施蛮并非傣族先民——崩龙族是茫施蛮的后裔》⑫ 和《茫蛮和金齿族属试论》⑬ 中提出此观点，并进一步认为金齿是宋元时期佤德语支的总称，与"茫蛮"是同一民族在不同时期的称谓。此外，李道勇《我国南亚语系诸语言特征初探》⑭、德昂族编写组《德昂族简史》⑮ 也持此观点。

① 昆明：云南民族出版社，2000年。
② 昆明：云南大学出版社，2001年。
③ 昆明：云南民族出版社，2003年。
④ 昆明：云南大学出版社，2003年。
⑤ 北京：民族出版社，2005年。
⑥ 昆明：云南民族出版社，2006年。
⑦ 北京：中国民族摄影艺术出版社，2007年。
⑧ 参见王宏道：《关于哀牢与昆明及濮的关系和族属问题——读〈后汉书·西南夷传〉札记之一》，《云南民族学院学报》1986年第3期；江应樑主编：《中国民族史》上册，北京：民族出版社，1990年。
⑨ 昆明：云南教育出版社，1986年。
⑩ 《保山民族研究》1987年创刊号。
⑪ 《民族学与现代化》1985年第1期。
⑫ 《研究集刊》1979年第3期。
⑬ 《云南社会科学》1983年第3期。
⑭ 《中央民族学院学报》1985年第4期。
⑮ 昆明：云南教育出版社，1986年。

（二）《司岗里》神话

广泛流传于佤族地区的《司岗里》神话是保留佤族历史、道德、宗教、哲学、文学、风俗等优秀传统的民族文化宝库。对《司岗里》神话的研究成为热点研究问题之一。

1957 年初，云南少数民族调查组邱锷峰、聂锡珍和傅愫斐等纪录、翻译、整理的《佤族历史故事"司岗里"的传说》，是目前所见最早的"司岗里"神话传说的搜集、整理文本，后发表于《佤族调查资料》（之六）①。1963 年，中央民族学院民语系毕业生刘允褆到沧源佤族自治县工作，搜集、整理和发表了许多佤族民间歌谣，重点研究佤族《司岗里》，并与陈学明整理编撰《葫芦的传说——佤族民间神话史诗》②。而后，魏德明著《佤族神话与历史传说》③，但由于是佤文所著，读者并不广泛。1990 年，由岩扫、岩瑞讲述，竞秋整理的《司岗里》收录于艾荻、诗思《佤族民间故事》④。王学兵《司岗里传说》⑤ 是"司岗里"神话传说的搜集、整理中第一部相对系统、连贯、完整的"司岗里"神话传说。

此外，赵富荣《"司岗里"神话在佤族民间文学中的重要位置》⑥ 认为"司岗里"神话是一部阐述佤族信仰、心理、伦理、道德与法律的经典，它在佤族文学中占有重要位置。隋嘎《佤族"司岗里"含义新探》⑦ 从佤语、司岗里祭祀歌及神话故事入手，对"司岗里"作出了新的解释。而为庆祝沧源佤族自治县成立 40 周年编著的《司岗里解读——沧源佤山风情录》《司岗里揭密——沧源佤文化研究集》《司岗里之声——中国沧源佤族歌曲集》⑧ 等也为研究佤族提供了大量丰富翔实的资料。

（三）木鼓文化

木鼓是代表佤族自然、性格、精神、象征和生命图腾的神器。从 20 世纪末至今佤族木鼓研究始终是佤族文化研究的热点。1980 年，王敬骝在《民族艺术研究》第 3 期上发表《佤族木鼓考》。之后，魏德明收集整理《佤族神话与历史传说》⑨。进入 90 年代后，木鼓研究成果日益增多。尼嘎《佤族木鼓祭辞》⑩ 对广泛收集到的佤

① 昆明：云南民族研究所，1962 年。
② 昆明：云南民族出版社，1980 年。
③ 昆明：云南民族出版社，1988 年。
④ 昆明：云南民族出版社，1990 年。
⑤ 呼和浩特：远方出版社，2004 年。
⑥ 《民族文学研究》2003 年第 4 期。
⑦ 《思茅师范高等专科学校学报》2005 年第 1 期。
⑧ 呼和浩特：远方出版社，2004 年。
⑨ 昆明：云南民族出版社，1988 年。
⑩ 《民族学调查研究》1993 年第 3 期。

族木鼓祭辞进行研究和介绍；温益群《木鼓中的母性之魂》① 展示了佤族妇女用智慧和双手实践木鼓文化中求生存、图发展的精神底蕴；段世林发表《浅论佤族木鼓与木鼓文化》②。此后，黄尧《世纪木鼓》③ 以纪实文学的样式反映佤族近一个世纪的社会历史发展进程；郭思九《佤族的木鼓艺术》④ 则认为"木鼓艺术"就是用"艺术的方式"来祀神的生动表现。

21 世纪以来，木鼓研究成果仍然层出不穷，且在内容上学者们更加注重挖掘佤族木鼓深层次的文化内涵并从各个角度对其进行解析，呈现出多元化的研究特点。杨洪《佤族木鼓崇拜的文化内涵》⑤、杨宝康《佤族木鼓文化研究》⑥ 均对木鼓的起源、崇拜特点、意义及木鼓舞的文化价值等作出了详细分析和探讨；李莲《佤族木鼓象征与功能的文化解读》⑦ 通过剖析佤族木鼓的象征意义进而解读木鼓在佤族社会中的文化功能和社会功能。同样关注木鼓功能的还有杨国元《木鼓的象征与功能》、高宏慧《木鼓的功能研究》、刘芳、郭锐《试析佤族的铜鼓与木鼓及其在民族文化中的作用》及文清风《浅论佤族木鼓的社会功能和艺术价值》等。此外，《司岗里揭秘》⑧ 收录的段世林《神奇、丰富的佤族"木鼓文化"》、李宗汉《木鼓在佤族文化发展中的地位和作用》及魏德明《木鼓的献祭》等也对佤族木鼓有着独到的见解。

佤族、布朗族和德昂族的研究从 20 世纪三四十年代至今一直不断发展和完善。由最早田野调查材料的搜集到五六十年代对这三个民族社会历史状况的全面调查，再到 80 年代对上述调查的整理出书以及众多学者对这三个民族地理位置，生计方式、风俗习惯、文学艺术、宗教信仰等方面的通识性描述，都为后来学者的研究打下了良好基础。而后，从 20 世纪 90 年代开始，学者们对这三个民族的研究逐步深入，由"面"到"线"，从通识性描述转为对单独某一专题的调查和分析。进入 21 世纪后，研究者们开始从"线"转到"点"，在原有专题研究的基础上对历史遗存、文化现象的内涵进行剖析，并将其置于现代社会发展进程中进行思考。一方面强调少数民族文化的重要地位；另一方面则提出这三个民族如何在现代化过程中不断发展社会经济、繁荣传统文化、提高文化素质等亟待解决的问题。

① 昆明：云南教育出版社，1995 年。
② 《思想战线》1995 年第 4 期。
③ 昆明：云南人民出版社，1998 年。
④ 《民族艺术研究》1998 年第 6 期。
⑤ 《思茅师范高等专科学校学报》2003 年第 2 期。
⑥ 《云南师范大学学报》2004 年第 36 卷第 2 期。
⑦ 《学术探索》2007 年第 1 期。
⑧ 呼和浩特：远方出版社，2004 年。

第九节　近十年来西南民族史研究（2010—2019）

21 世纪以来的第二个 10 年（2010—2019），西南民族史研究以族别史研究为基础，专题史研究为重点，取得了十分丰富的研究成果，是中华人民共和国成立以来西南民族史研究第三个重要发展阶段的继续与开拓①。

近十年来的西南民族史研究，一方面延续了中华人民共和国成立以来西南民族史研究的 6 大特点②；另一方面又有了新的变化与发展。这种变化与发展，体现为：1. 西南民族史研究与地方社会经济文化建设紧密结合（土司研究最具代表）；2. 西南民族史研究对图像史料的运用（民族图册与西南民族史研究）；3. 西南民族史研究中的跨境民族研究兴起。

现从近十年西南民族史通史及综合性研究、近十年西南民族族别史与专题史研究、近十年西南民族史研究新变化与新发展 3 个方面展开介绍。

一、近十年西南民族史通史及综合性研究

自 20 世纪 50 年代以后，方国瑜、江应樑、尤中等先生出版了数部中国西南民族史研究的综合性通史著作，为西南民族史研究奠定坚实了基础。近十年西南民族史研究通史及综合性研究在前辈学人的基础上，成果数量与研究方法上都有了进一步的发展。

（一）西南民族通史与研究方法的发展

在研究成果上，主要有王文光、朱映占、赵勇忠等《中国西南民族通史》（三卷本）③，龙晓燕、陈斌《中国西南民族关系史纲要》④，他们分别从西南民族通史与民族关系发展史的角度对西南民族史展开论述。

王文光等著三卷本《中国西南民族通史》，以西南民族历史的历史发展与中国统一多民族国家发展的关系为核心，从中华民族共同体意识角度对西南民族整体历史进行研究，其研究的时段，上起西南地区早期人类文明下迄中华人民共和国成立后直至 21 世纪 2009 年，从研究的深度和时间的跨度方面都有了重大的突破，是当下西南民族史通史性著作的代表性成果。

在研究方法上，王文光、朱映占《继承与突破：中国西南古代民族的历史人类

---

① 第一个阶段为 20 世纪 50—60 年代，第二阶段为 20 世纪 80—90 年代，第三个阶段为 21 世纪以来。
② 即历史学与民族学相结合、民族史与地方史相结合、民族史研究与边疆史研究相结合、民族史与专题史研究相结合，民族史与中国史研究相结合、科学研究与人才培养相结合。
③ 昆明：云南大学出版社，2015 年。
④ 昆明：云南大学出版社，2013 年。

学研究前景及其可能》① 提出，将历史人类学方法运用到中国西南民族历史中，并提倡一方面继承前人研究的成果，立足对历史文献的阐释，在对中国西南民族历史的研究中，寻找能够表达多民族中国民族发展具有普遍意义的规律；另一方面更要有所突破，把历史文献作为"田野"材料进行"深描"，在关注宏观历史发展趋势的同时，更要关注微观的文化事项，通过对微观文化事项的研究来反映历史发展的宏观趋势。并以运用"历史人类学"方法，从族别史、专题史等领域对西南民族史展开大量而卓有成效的研究②。

除了上述研究成果外，高志英《藏彝走廊西部边缘民族关系与民族文化变迁研究》③、段丽波《中国西南氐羌民族源流史》④、翟国强《先秦西南民族史论》⑤ 等论著，分别从西南民族与周边民族关系与文化变迁，从西南民族族源以及先秦西南民族历史演进等展开研究，是近十年来西南民族史在通史论著的成果代表。

同时，这一时期还有诸多博士论文对西南民族通史展开论述，如张媚琳博士论文《中国西南边疆民族关系史研究——以政治关系为中心》⑥ 等，他们成为西南民族史研究生力军。

（二）综合性研究

管彦波《中国西南民族社会生活史》⑦ 从历史学和民族学的角度，对西南民族社会生活史进行系统研究的著作。其研究着眼于民族史学发展的高度，对民族社会生活史的学科属性、研究内容、对象以及民族社会生活史与其他学科的相互关系等一系列理论问题，进行了深入的探讨，并运用了大量的文献和田野调查资料，对西南历史上各种不同的民族共同体的经济生活与文化生活的内在规律和外在现象，展开了较为全面、系统和深层次的剖析，将长期以来被传统史学界忽视的民族社会生活史，提高到了应有的地位。

除《中国西南民族社会生活史》之外，有关西南民族社会史与文化史研究的著作还有张中奎《西南民族研究》⑧、杨正权《西南民族文化论》⑨、黄秀蓉《西南族群文化概论》⑩ 等，他们的研究分别从民族文化、民族关系等角度对西南民族历史

① 《西南边疆民族研究》，2018 年。

② 王文光，朱映占，段丽波等是此方法的主要倡导与实践者，并发表了一系列相关专题研究论文，如王文光、朱映占：《南诏国国王世系考释——以历史人类学的视角》（《中央民族大学学报》2018 年第 4 期），段丽波：《南诏时期的乌蛮》（《思想战线》2013 年第 6 期）等。

③ 北京：民族出版社，2010 年。

④ 北京：人民出版社，2011 年。

⑤ 黑龙江：黑龙江教育出版社，2012 年。

⑥ 昆明：云南大学，2012 年。

⑦ 北京：中国社会科学出版社，2014 年。

⑧ 北京：中国社会科学出版社，2016 年。

⑨ 昆明：云南人民出版社，2016 年。

⑩ 重庆：西南师范大学出版社，2019 年。

展开较为全面的论述。

其他有关西南民族史综合性研究论著，有刘复生《西南史地与民族》①、周智生《商人与近代中国西南边疆社会》②、赵心愚等主编《西南少数民族历史资料集》③，张勇《历史时期西南区域民族地理观研究》④、杨洪林《历史移民与武陵民族地区社会变迁研究》⑤ 等。

赵心愚等主编《西南少数民族历史资料集》⑥ 一书，搜集及整理 20 世纪 50 年代西南民族大学（原西南民族学院）部分师生开展的社会调查和关于云南、贵州及四川部分民族的历史、社会、经济及文化等口述资料，以及 70 年代末对四川民族人口数量及分布状况开展的调查资料，为研究当代西南少数民族历史文化变迁提供了宝贵一手调查资料以及重要的史料来源。

二、近十年西南民族族别史与专题史研究

（一）近十年西南夷研究

近十年来有关西南夷研究主要集中在综合研究、夜郎文化研究、滇文化研究以及其他民族研究等领域，是对前期研究基础的拓展与深入。

这一时期综合性研究，除了通史性著作之外，主要有段渝《西南酋邦社会与中国早期文明》⑦、叶成勇《战国秦汉时期南夷社会考古学研究》⑧ 等。

有关夜郎文化研究，代表性著作有王鸿儒《夜郎文化史》⑨、史继忠《夜郎之谜》⑩、陈绍举《文明的力量》⑪、张合荣《夜郎寻踪》⑫ 等。

滇文化研究，主要著作有樊海涛《滇青铜文化与艺术研究》⑬，蒋志龙等《古滇文化史》⑭，余嘉华《滇文化沉思录》⑮，谢崇文《滇桂地区与越南北部上古青铜文化及其族群研究》⑯，蒋志龙《滇国探秘》⑰ 等。

---

① 成都：巴蜀书社，2011 年。
② 昆明：云南人民出版社，2011 年。
③ 成都：巴蜀书社，2012 年。
④ 北京：中国文史出版社，2014 年。
⑤ 北京：人民出版社，2019 年。
⑥ 成都：巴蜀书社，2012 年。
⑦ 北京：商务印书馆，2015 年。
⑧ 北京：文物出版社，2019 年。
⑨ 贵阳：贵州人民出版社，2010 年。
⑩ 贵阳：贵州民族出版社，2012 年。
⑪ 贵阳：贵州人民出版社，2010 年。
⑫ 贵阳：贵州人民出版社，2013 年。
⑬ 昆明：云南科技出版社，2012 年。
⑭ 桂林：广西师范大学出版社，2019 年。
⑮ 北京：生活·读书·新知三联书店，2014 年。
⑯ 北京：民族出版社，2010 年。
⑰ 昆明：云南人民出版社，2012 年。

上述西南夷研究，无论是综合性或是专题性著作，最大的特点就是，都是运用历史学、考古学、民族学等知识与理论，将地下土文物与传世文献相结合，进而探讨西南夷历史源流、族群归属与文化特征。

此外，这一时期有关西南夷研究，学界最为关注的论题还有 2 个：一是西南夷族属与历史变迁；二是中原王朝对西南夷的治理以及西南夷与周边民族关系。

有关西南夷族属与历史变迁的研究，主要有：尤中《从滇国到南诏》[①]，林芊《竹王神话传说新读及其族属关系的方法论探索》[②]，段治超《浅析哀牢夷族群的民族流变》[③]，陈东、袁晓文《唐以前西南民族地区的"夷""羌"之别——以汉文史籍记载为中心》[④]，潘岳《哀牢夷族属新考》[⑤]，颜建华《论"西南夷"中的部落族群》[⑥]，陈昱文《战国秦汉西南百濮考》[⑦]，林超民《从"西南夷"到"云南人"云南多民族文化认同的演变》[⑧]。

中原王朝对西南夷的治理以及西南夷与周边民族关系研究，主要有：张卉《汉代"西南夷"行政地名考略》[⑨]，周书灿《庄蹻王滇与云南地区文明化进程初论》[⑩]，王德华《汉武帝时代两越西南夷开发之争及文章创作中的文化地理观》[⑪]，彭丰文《从两汉西南夷经略看中国古代疆域的形成》[⑫]，龚伟《战国至汉晋时期"邛""筰"及同中央王朝关系研究》[⑬]，张啸《从〈汉书〉看两汉时期西南地区民族关系的演变》[⑭]，王善铸《战国至两汉时期中央对云南管理模式初探》[⑮]。

（二）近十年南诏、大理国史研究

南诏、大理国史研究是西南民族史研究的重要组成部分，从 20 世纪初期开始至 21 世纪前 10 年的时间内，取得了丰硕的研究成果，开创了诸多的重要研究领域。近十年来，在继承前一阶段研究成果的基础上，学界从考古学、历史学、语言学、宗教学、民族学等多学科视角，对南诏、大理国的族源属性、社会性质、政治制度、民族关系、宗教文化以及文献整理等诸领域展开了更为深入的探讨。

---

① 《大理民族文化研究论丛》第 4 辑，2010 年。
② 《贵州大学学报》2010 年第 3 期。
③ 《保山学院学报》2010 年第 1 期。
④ 《思想战线》2010 年第 1 期。
⑤ 《黑龙江民族丛刊》2011 年第 6 期。
⑥ 《贵州民族研究》2013 年第 6 期。
⑦ 《民族史研究》，2013 年。
⑧ 《云南社会科学》2018 年第 6 期。
⑨ 《贵州民族研究》2010 年第 4 期。
⑩ 《贵州社会科学》2012 年第 12 期。
⑪ 《安徽大学学报》2013 年第 3 期。
⑫ 《中国边疆史地研究》2015 年第 4 期。
⑬ 四川省社会科学院，硕士学位论文，2015 年。
⑭ 《广西民族大学学报》2017 年第 4 期。
⑮ 《云南档案》2019 年第 7 期。

同时近十年南诏、大理国史研究还有如下两个方面特别突出：

其一，运用"历史人类学"① 的方法对南诏、大理国的族属问题展开研究。

王文光《南诏国境内外的乌蛮》②，段丽波《南诏时期的乌蛮》③，《南诏时期的和蛮》④，《南诏时期的磨些蛮》⑤，《南诏时期的施蛮与顺蛮》⑥，《南诏时期的寻传蛮》⑦，《南诏国境内的金齿诸蛮》⑧ 等文章，运用"历史人类学"的方法对南诏国时期乌蛮、和蛮、磨些蛮、施蛮、顺蛮以及寻传蛮等展开了深入研究，极大推进与丰富南诏、大理国的族源属性研究的空间与内容。

其二，对南诏大理国研究的成果与史料文献进行编目与整理。

黄正良《南诏大理国研究成果目录索引》⑨，将 20 世纪以来国内外有关南诏、大理国历史文化研究成果分为宗教、哲学、政治、法律、军事、经济、文化、体育、教育、语言文字、文学、音乐舞蹈、美术、历史地理、数理科学、天文学、医药、科学技术、农业科学、交通运输、综合研究 20 个大类，并汇编成目录索引，为我们了解 20 世纪以来国内外有关南诏、大理国历史文化研究成果与学术史提供了极大的便利，也是我们研究南诏、大理国历史文化重要参考工具书。

何俊伟《南诏大理国史料事类概述》⑩，从地理史料、政治史料、军事史料、经济史料、文化艺术史料、境内民族史料、风俗习惯史料、宗教史料、历史人物史料等 9 个方面，对南诏、大理国史料来源、史料内容分析及专题史料研究著述叙录三个方面的梳理，为我们研究南诏、大理国史研究提供丰富的史料借鉴和参考。

（三）近十年彝族史研究

彝族作为我国西南地区人口最多，支系最广且拥有文字的少数民族，彝族史研究历来是西南民族史研究的重镇。彝族史研究从 20 世纪初至 21 世纪的前 10 年，主要经历了三个发展阶段，在族源研究与彝族社会性质研究等热点问题领域，取得了丰硕的研究成果。近十年来，彝族史研究在之前研究的基础上又有了更进一步的发展，取得了诸多重要的研究成果。

---

① 此处所谓"历史人类学"的方法指将"历史文献作为'田野'材料进行'深描'，在关注宏观历史发展趋势的同时，更要关注微观的文化事项，通过对微观文化事项的研究来反映历史发展的宏观趋势"。具体请参见王文光、朱映占：《继承与突破：中国西南古代民族的历史人类学研究前景及其可能》（《西南边疆民族研究》，2018 年）。

② 《思想战线》2014 年第 3 期。

③ 《思想战线》2013 年第 6 期。

④ 《云南师范大学学报》2014 年第 5 期。

⑤ 《思想战线》2014 年第 5 期。

⑥ 《广西民族大学学报》2014 年第 3 期。

⑦ 《学术探索》2014 年第 10 期。

⑧ 《思想战线》2015 年第 6 期。

⑨ 昆明：云南科技出版社，2012 年。

⑩ 昆明：云南科技出版社，2014 年。

　　王天玺、张鑫昌主编《中国彝族通史》（四卷本）① 积十年之功，于 2012 年正式出版，成为彝族史研究的一个里程碑。《中国彝族通史》以中国古代中原王朝的兴替作为时间线索，结合彝族先民发展的历史特点，将彝族历史划分成远古至战国、秦至隋、唐宋、元明、清代、民国 8 个历史阶段，以考古资料为据并结合相关文献，阐述了从公元前四、五世纪至中华人民共和国成立数千年彝族的民族源流、社会面貌、政治状况、经济发展、文化艺术、历史人物等内容，论述了彝族先民分布地域内与其他民族交往、交流的各种民族关系。《中国彝族通史》作为一部全面系统地阐述彝族历史源流以及与中华民族发展关系的重要著作，作为中国通史及中国民族史的重要组成部分，极大地丰富了中国通史及民族史的内涵，对我们全面了解彝族历史发展进程，对彝族人民继承和发展本民族的优秀文化遗产以及对今后彝族历史文化的研究发挥重要推动作用。

　　此外，此一阶段有关彝族文化史研究成果亦颇为丰硕，其主要著作有：肖惠华等著《彝族文化研究》②，杨甫旺等《楚雄彝族文化史》③，坪井洋文等主编《彝族的社会和文化》④，杨甫旺《彝族土主文化研究》⑤，王明贵《贵州彝族制度文化研究》⑥，杨正权《彝族文化史纲》⑦，赵德文等《孟弄彝族文化概略》⑧，金永峰等《楚雄彝族文物概论》⑨，杨树美《彝族古代社会思想研究》⑩ 等。这其中既有彝族整体文化梳理与总结的综合性研究，也有针对不同地区或支系的彝族文化的专题性研究；既有制度文化的研究，还有物质文化与宗教文化的研究。这些研究成果为我们了解与认识彝族文化的历史源流与丰富多元提供了重要参考。

　　近十年彝族史研究的成果还集中体现在彝族土司与制度研究、彝文文献整理与研究、彝族族源与族称研究等方面。

　　彝族土司与制度研究，主要是对元明清时期中央王朝设置的彝族土司展开研究，涉及了彝族土司与中央王朝的关系，彝族土司历史演变，彝族土司国家认同，彝族土司人物研究等方面。其代表性成果有：沈乾芳《明清时期彝族土司联姻对西南地区的影响》⑪，赵晔《永胜土司研究》⑫，李平凡《略论元代彝族土司制度的创立》⑬，

　　① 昆明：云南人民出版社，2012 年。
　　② 昆明：云南人民出版社，2010 年。
　　③ 昆明：云南民族出版社，2011 年。
　　④ 贵阳：贵州大学出版社，2011 年。
　　⑤ 昆明：云南民族出版社，2013 年。
　　⑥ 北京：民族出版社，2015 年。
　　⑦ 昆明：云南人民出版社，2016 年。
　　⑧ 昆明：云南人民出版社，2016 年。
　　⑨ 昆明：云南人民出版社，2018 年。
　　⑩ 北京：中国社会科学出版社，2019 年。
　　⑪ 《贵州民族研究》2011 年第 1 期。
　　⑫ 中央民族大学硕士论文，2011 年。
　　⑬ 《贵州民族研究》2012 年第 1 期。

李平凡《论明代彝族土司的臣服与反抗》①，戴玥琳《凉山彝族土司文化探究——以甘洛县田坝地区为例》②，关昉《一个彝族土司的国家认同与民族认同》③，吴旋涛《乌撒土司与中央王朝关系研究》④。

彝族是一个拥有悠久的文字书写传统与历史的民族，他们从彝族自身角度与立场书写本民族历史，不仅数量十分庞大，而且内容包含广泛，是我们研究彝族史重要的本民族史料文献。彝文文献整理与研究主要集中在彝文文献的收集与整理，不同彝文文献的比较与分析等方面展开。

朱崇先、杨怀珍编著《国家图书馆藏清代彝文田赋账簿研究》⑤，辑录了国家图书馆藏、清华大学图书馆藏和禄劝县民族宗教事务局古籍办公室藏清代彝文田赋账簿资料，以国图收藏田赋账簿为重点研究对象。通过对三种材料进行了严谨、详细的整理和翻译工作，为清代乾隆年间至清末云南省武定县、云南省禄劝彝族聚居地区的赋税制度研究提供了重要的史料，对于研究清代康乾时期少数民族地区经济的发展和中央政府对少数民族地区经济的管理具有重要价值。

此外相关重要研究成果还有：李红琴《凉山彝族毕摩文献的抢救与开发》⑥，马锦卫《彝义起源及其发展考论》⑦，街顺宝《彝文文献史料的年代问题》⑧，罗庆春等《苏尼/嫫尼与彝族历史及其研究》⑨，王轩《凉山彝族与藏族"指路经"比较研究》⑩，徐海涛《彝文文献"运尼司波"整理与研究》⑪，蔡富莲《彝族毕摩文献〈日博日帕〉与日毕溯源》⑫，罗曲《彝族文献分类研究——以〈彝族毕摩经典译注〉为例》⑬。

彝族族源与族称研究一直都是彝族史研究的重要领域，在此前研究的基础上，这一时期又有了进一步深入地探讨。王文光、王尉《汉藏语系藏缅语族彝语支民族相关问题浅论》⑭ 认为，应该将从语言谱系的角度所进行的民族划分与从民族形成与发展的角度所进行的民族划分区别开，语言谱系角度的分类可以作为一个参考，但是不能简单地和民族分类等同起来，进而提出基诺语与汉藏语系藏缅语族彝语支的语言仅仅是具有明显的对应关系。是否就属于彝语支还不能确定，此外，没有列

① 《贵州民族大学学报》2013 年第 3 期。
② 中央民族大学硕士论文，2015 年。
③ 中央民族大学硕士论文，2015 年。
④ 四川师范大学法学硕士论文，2017 年。
⑤ 北京：民族出版社，2013 年。
⑥ 《四川图书馆学报》2010 年第 5 期。
⑦ 西南大学博士论文，2010 年。
⑧ 《西南古籍研究》，2010 年。
⑨ 《北方民族大学学报》2011 年第 2 期。
⑩ 《西昌学院学报》2015 年第 4 期。
⑪ 中央民族大学硕士论文，2016 年。
⑫ 《西南民族大学学报》2016 年第 4 期．
⑬ 《民族学刊》2016 年第 1 期。
⑭ 《西南边疆民族研究》，2015 年。

入彝语支的民族还有怒族和一部分独龙族，从他们历史发展的源流关系来看，与彝语支的民族具有紧密的历史源流关系。他们的这一认识，为我们探讨彝族的族源以及彝族与周边民族的关系提供了新的启示。

龙圣《清代彝族名称考》①，从清代档案中彝族称谓用字"彝""夷"的变化情况展开分析，认为彝族称谓用字在清代经历了两大转变，这两大转变与清代的国情和最高统治者的治国理念变化有关。故导致早在雍正年间"彝"已经被明确用来称呼彝族，但这一现象持续的时间比较短暂。中华人民共和国成立后，"彝"作为彝族法定族称用字深入人心，以致后人多误以为用"彝"称彝族是中华人民共和国成立后才出现的现象。为我们了解彝族族称的演变与形成提供了一种全新的视角。

（四）近十年白族、纳西族史研究

白族和纳西族是西南民族中历史古老，文化深厚的民族之一，在西南民族史研究领域占有十分重要的地位。近十年白族、纳西族史研究主要有如下 4 个方面：

1. 总结性与回顾性研究

有关白族与纳西族史研究总结性与回顾性研究论著主要有：傅仕敏等《白族百年实录》②《纳西族百年实录》③，赵启燕《白族研究一百年》④，王伟《近百年国内外白族研究述评》⑤，周大鸣《大理文化在西南研究中的意义》⑥。

赵启燕《白族研究一百年》⑦，是一部全面、系统、深入论述白族研究的学术史。是书将白族研究的一百年学术史，分为考古学研究、白族的起源和形成问题研究、南诏大理国史研究、白族的语言学研究、人类学视野下的白族文化研究等六个专题。通过对白族研究的学术史的回顾与反思，对百余年来的白族研究的学术史系统的梳理和研究，厘清了白族研究的发展历程，为我们了解与认识白族历史与学术研究提供了重要参考。

周大鸣《大理文化在西南研究中的意义》⑧，从大理文化地域性、历史性和族群多元性的综合文化特点出发，认为以白族为主体的大理文化在西南民族史研究具有十分重要的价值和意义。对于大理文化研究需要突破地理位置和行政规划的空间局限；突破单一族群研究的方法局限；突破单一的茶马古道研究的视野界限；突破认为大理是中央帝国的地方政权的观点局限，如此才能有新的建设和成果，进而扩大白族史研究的影响与声誉。

---

① 《历史档案》2017 年第 3 期。
② 北京：中国文史出版社，2010 年。
③ 北京：中国文史出版社，2010 年。
④ 昆明：云南大学出版社，2011 年。
⑤ 《大理民族文化研究论丛》，2010 年。
⑥ 《西南边疆民族研究》，2010 年。
⑦ 昆明：云南大学出版社，2011 年。
⑧ 《西南边疆民族研究》，2010 年。

2. 文献整理与研究

白族与纳西族文献分为本民族文字书写的历史文献与汉文书写的历史文献。近十年来通过田野调查等方式，对民族文献发掘、保护、整理与研究成为重要的研究领域，白族和纳西族历史文献整理与研究也取得了十分重大的突破。

（日）甲斐胜二、张锡禄编《中国白族白文文献释读》① 选录了白曲曲本 4 种、大本曲曲本 2 种、吹吹腔戏本 1 种、宗教经文 6 种、祭文 3 种，共 5 类 16 种，基本涵盖了白文文献的主要门类，所选文献也最具代表性，可以作为研究白文的标准文本，可以展开对比研究。对于选录的文献，《中国白族白文文献释读》逐句"原文誊录"，保持了白文书写的原始风貌；为每个白文字、词、短语等语言单位进行"国际音标注音"，使白文能够为更广范围内的学者所识读和认知；为每一个语言单位进行相应的"白汉对译"，使得《中国白族白文文献释读》能够具有一种阅读范本的价值；根据白文在歌唱与阅读中对于格式和韵律的要求，在对译的基础上逐句进行"汉语意译"，展示白族语言音律美的一面。

杨林军《丽江历代碑刻辑录与研究》②《纳西族地区历代碑刻辑录与研究》③ 二书，收录了中华人民共和国成立之前石刻碑文 200 多种，其中既有汉书碑刻的还有东巴文书写碑刻，为纳西族史研究提供了极为宝贵的一手文献史料。

除了碑刻资料之外，白族民间契约档案发掘与整理、大本曲、吹吹腔、经文、祭文等民间文献的收集整理与研究也是这一时期研究重点。

王淼哲《白族民间契约档案发掘利用研究》④，对白族民间契约档案类型进行划分，档案的社会意义与学术价值展开了分析以及利用现状进行了介绍，对我们了解和利用白族民间契约档案提供了重要的参考。

殷群、寸云激《白文文献的研究与新发现》⑤，对新发现的白文文献进行了介绍，并从白文文献的整理及编制分类目录、白文文献的释读、白文文献专题数据库建设、白文文献的传续与利用研究 4 个方面展现了当前有关白文文献研究的新动态。

3. 其他区域的白族研究

白族主要居住在云南的大理白族自治州，贵州与湖南等地亦有零星分散的白族聚居。这些白族大多是宋元之交随蒙古人征服南宋的军队一路东征，随后留守当地，一直繁衍生息至今。

赵卫峰《贵州白族史略》⑥，赵玉娇《身份的建构——对贵州白族身份认同的研

---

① 桂林：广西师范大学出版社，2010 年。
② 昆明：云南民族出版社，2011 年。
③ 昆明：云南人民出版社，2015 年。
④ 云南大学硕士论文，2017 年。
⑤ 《中央民族大学学报》2019 年第 6 期。
⑥ 银川：宁夏人民出版社，2011 年。

究》①，陆群《土司政权与民族关系——基于桑植白族本主信仰的口述史分析》② 对贵州和湖南的白族历史展开了研究。

4. 西方纳西学研究介绍

从 19 世纪晚期以来，大批西方传教士、探险家和政府官员来到我国西南地区传教、考察。1867 年，法国传教士德斯古丁斯首先发现了纳西族用象形文字书写的经书，并将 11 页摹本寄回家中。西方人对这种象形文字产生了浓厚的兴趣，此后百年间不断有西方学者慕名来到纳西族地区收集和翻译东巴经，考察和研究当地人文地理、语言文字、宗教及文化，逐渐形成了以纳西族为研究对象的学科——西方纳西学。

近十年来有关西方纳西学研究介绍的成果主要有，白薇等译《西方纳西学论集》③，李晓亮《西方纳西学史研究（1867—1972）》④，杨福泉《德国的纳西学研究学术史述略》⑤，木艳娟《法国纳西学史研究（1867—1965）》⑥。

白薇等译《西方纳西学论集》收录了《纳西族仪式用书、目录书及占卜书的作者们》《纳西人、阮可人、摩梭人、"蒙古人"——川滇交界（纳西族）亲属关系、政治活动和礼制》《何为文化？——基于"文化"概念在世界遗产地丽江的考察》等西方学者有关纳西族历史文化研究的成果，是我们了解西方纳西学研究的重要窗口。

李晓亮博士论文《西方纳西学史研究（1867—1972），以 19 世纪末到 20 世纪中期的西方学者撰写的关于纳西族的论著为研究对象，了解西方对于纳西族认识、理解和研究的过程，评价西方纳西学研究的成就和不足，探寻西方纳西学研究的方法，为国内纳西学的研究提供参考。

（五）近十年傣族史研究

傣族是位于云南与缅甸、老挝等东南亚国家边境上的民族，其人口众多，经济文化水平也较高。近十年来对傣族史研究主要集中在历史时期的傣族土司与傣族生态文化史研究方面。

1. 傣族土司研究

元明清时期在傣族地区设置了大量的土司，这些土司与中央王朝保持了较为良好的关系，是中央王朝控制与治理西南边疆的重要力量。

洪涵《国家权力在民族地区的延伸——以云南德宏傣族土司制度为例》⑦ 认为，

---

① 《贵州大学学报》2013 年第 4 期。

② 《青海民族研究》2015 年第 2 期。

③ 北京：民族出版社，2013 年。

④ 西南大学博士论文，2014 年。

⑤ 《思想战线》2016 年第 5 期。

⑥ 西南民族大学博士论文，2019 年。

⑦ 《云南民族大学学报》2011 年第 2 期。

历史时期中央王朝在云南德宏傣族土司制度的建立，包括土司任免的方式，土司职责与职别，土司朝贡及征纳赋税等内容，使得国家权力得以逐渐渗入统治的边缘地区，推动了傣族地区社会经济文化的发展。

者荣娜《傣族土司制度可持续的非制度因素分析》① 则从自然地理环境、边疆国家关系、南传佛教影响等非制度因素角度分析了历史时期傣族土司制度长期存在的原因，为我们理解傣族土司的历史提供了一种新的视角。

严赛《"戞于腊"与傣族土司的跨境纷争及清廷的处置方略》②，对清廷处理"戞于腊"与傣族土司的跨境纷争方略与措施展开论述，为我们研究傣族民族跨境性特点与近代傣族历史复杂进程提供了重要参考。

2. 傣族生态文化研究

此一阶段，有关傣族史研究另一个突出的方面就是有关傣族生态文化史研究。

刘荣昆《傣族生态文化研究》③ 从傣族稻作生产中的生态文化；傣族饮食中的生态文化；傣族服饰中的生态文化；傣族村寨中的生态文化、傣族生态文化的特征及现实意义等 7 个方面，对傣族生态文化史展开了细致的梳理。

高立士等《傣族竜林文化研究》④ 则运用民族学、生态学的理论与方法，全面系统地论述了"竜林"文化作为傣家人的一份宝贵遗产，在现代社会生成的生态民族学价值。

杨筑慧《西双版纳傣族糯稻种植的历史变迁》⑤，以历史时期西双版纳傣族糯稻种植为研究对象，探讨了傣族糯稻种植变迁轨迹和原因，认为国家政策对傣族社会文化的发展方向起着重要乃至决定性的作用，为我们研究傣族历史文化的变迁提供了重要启示价值。

除此之外还有阎莉《傣族的稻作与祭祀》⑥，《傣族稻米饮食与文化象征意义》⑦《傣族"竜林"文化原生态考量》⑧ 等文章，为我们了解傣族的民族生态文化提供了重要的参考。

三、近十年西南民族史研究新变化与新发展

除了上述研究成果之外，近十年来西南民族史研究还在土司研究，民族图册与西南民族史研究以及西南跨境民族史研究等领域取得令人瞩目的成就，是西南民族史研究的新变化与新发展。

---

① 《民间法》2016 年第 2 期。
② 《中央民族大学学报》2019 年第 2 期。
③ 昆明：云南大学出版社，2011 年。
④ 昆明：云南民族出版社，2010 年。
⑤ 《广西民族研究》2016 年第 2 期。
⑥ 《贵州民族研究》2011 年第 5 期。
⑦ 《贵州民族研究》2014 年第 3 期。
⑧ 《贵州民族研究》2015 年第 5 期。

（一）土司研究

自 2011 年我国政府启动"土司遗址"申报联合国教科文组织世界文化遗产名录工作，截至 2015 年湖南永顺老司城遗址、湖北唐崖土司城址、贵州海龙屯遗址成功列入世界文化遗产名录，土司研究在申遗过程以及申遗成功之后，成为近十年西南民族史，研究成果最为集中与密集的领域，也是西南民族史研究为民族地区社会经济文化服务的重要体现。在此期间涌现了大批重要专家学者，获得了大量国家级课题立项、出版与发表了大量重要著作与论文。

其中由吉首大学游俊主编的"土司文化研究丛书"共十部（十一册）①，以永顺宣慰司老司城遗址作为切入点，对土司制度与土司文化展开了全面细致研究，具有强烈的时代感、社会价值与学术价值并重，为申遗工作做了大量前期学术准备，是西南民族史研究为民族地区社会经济文化服务最为重要的代表性成果。

具体说来，近十年土司研究的成果主要集中在：1. 土司遗产保护与利用；2."土司学"的构建；3. 土司制度研究；4. 土司专题研究；5. 土司史料整理；6. 土司研究团队建设与后备人才培养等六个方面。

1. 土司遗产保护与利用

有关土司遗产保护与利用的研究，是伴随着土司遗址申遗的过程中不断展开与推动的，主要集中在土司遗址价值的归纳、土司遗址文化空间的探讨、"后申遗时代"土司遗址保护传承与利用等方面，其中重要的研究主要有：

杨庭硕《永顺老司城遗址与国内同类遗址的比较研究》②，对老司城遗址与国内同类遗址展开比较研究，认为老司城遗址是一个保存十分完好的土司衙署遗址，它是永顺土司历年施政的物态总汇。成臻铭《土司学面对申报世界遗产的研究取向》③从土司学对土司遗址申报世界遗产角度展开讨论，认为土司遗产申遗，最关键的是能从遗产本身发现其突出的普遍价值。罗中、罗维庆《土司遗址：历史封存与文化传承》④ 从理论层面对土司遗址的性质与价值展开探讨，他们认为作为历史见证的实地文物，土司遗址保存了土司时期相关民族的建筑遗存与文化元素，明确了土司制度的实施地域，见证了"土官"向"土司"的转化，显示了封建王朝设立土司建置的战略布局。土司遗址具有政治、文化、建筑等方面的独特价值，是世界文化遗产不可缺失的组成部分。以土司遗址为基点扩展到土司制度的全面研究，是土司遗址内涵研究的当今价值所在。

2."土司学"的构建

土司学是以土司制度推行运作的历史为背景，进而研究与之相关内容的一门专

---

① 北京：民族出版社，2014 年。
② 《西南民族大学学报（人文社会科学版）》2013 年第 7 期。
③ 《民族论坛》2014 年第 1 期。
④ 《三峡论坛》2016 年第 3 期。

学。目前学界对"土司学"尚未完全达成共识，大多数学者认为其不是一个学科，只是一门专学或者说是一个专门的研究领域。

"土司学"这一名词的首次提出，是成臻铭在 2009 年 4 月广西壮族自治区来宾市忻城县召开的"全国土司文化研讨会"上发表《论土司与土司学——兼及土司文化及其研究价值》一文。在此之后，随着土司制度与文化研究的不断升温，学界对"土司学"的内涵与问题展开了激烈的争辩与探讨。李世愉、马大正、彭武麟、岳小国、李治亭、李良品、瞿州莲、葛天博、于爱华、罗维庆等学者先后发文，对"土司学"内涵与外延展开讨论，推动了"土司学"在学术理论与研究实践方面的发展。

李良品《中国土司学导论》[①] 是我国首部具体研讨中国土司学理论建构的学术著作，对中国土司制度与土司文化研究专学化理论建构提供了重要的参考。

3. 土司制度研究

近十年来，有关土司制度的研究主要围绕土司制度与边疆治理、土司朝贡制度、土司承袭制度、土流并置、土司制度终结等 5 个方面。

（1）土司制度与边疆治理。成臻铭《土司制度与西南边疆治理》[②]，是土司制度与中央王朝对西南边疆治理历史的一项重要的研究成果。方铁《土司制度与元明清三朝治夷》[③] 认为土司制度是元明清王朝在西南边疆及其他南方类型的蛮夷地区实行的一项统治制度，使中原王朝对土司地区统治明显深入，开创了因地制宜治理少数民族地区的先河，推动了少数民族地区社会经济文化的发展。同时认为西南边疆的形成及其历史特点与土司制度有十分密切的关系。

（2）土司纳贡制度研究。土司纳贡制度是土司制度研究中十分重要的内容，属于土司制度专题研究的热点。成臻铭《论明朝时期西南边疆的土司贡纳制度》[④] 从明早期、明中期、明晚期西南边疆土司贡纳制度的变化态势进行观察的基础上，认为明早期的土司侧重于纳赋税，明晚期的土司侧重于朝贡，明中期处于土司纳赋税向土司朝贡的过渡期。纳赋制度形成于明早期地方卫所制度形成之际，主要是以一种补充卫所屯田收入不足的面目出现的。而朝贡则是在土司进京袭职、升迁、述职甚至是控诉过程中逐渐形成的一种行为准则。

（3）土司承袭制度研究。贾霄锋《建构与再造：明代土司承袭制度研究》[⑤] 认为明代各朝在土司承袭过程中，为了防止作弊假冒，制定了一系列管理办法，不断完善土司承袭制度，以加强对土司的控制，进而确保土司制度的稳定。陈季君《试论清代土司承袭中的册结及其作用》[⑥]《清代土司承袭流转时限考——以清代 55 件

---

① 北京：中国社会科学出版社，2017 年。
② 北京：社科文献出版社，2016 年。
③ 《贵州民族研究》2014 年第 10 期。
④ 《青海民族研究》2016 年第 3 期。
⑤ 《青海民族研究》2012 年第 1 期。
⑥ 《青海民族研究》2016 年第 4 期。

档案为中心的考察》① 等文章对清代土司承袭制度展开梳理，呈现了清代土司承袭的制度规定。

（4）土流并置。杨庭硕《"土流并治"：土司制度推行中的常态》②，提出土司制度是元、明、清三代在我国西南地区普遍推行的行政管理制度。其基本内涵是用当地的各少数民族首领，充任各级、各类土官，如土司、土职、土弁等。在土司制度执行的过程中，土司与流官之间并不存在不可逾越的鸿沟，他们都是朝廷职官制度中的两个有机构成部分。其间不仅可以并存，还可以互换，而且还能够相互制衡、互为补充，认为"土流并治"是土司制度推行中的常态。

（5）土司制度的终结。土司制度究竟何时终结，学界一直存在争议。杨庭硕《试论土司制度终结的标志》③ 在前人研究的基础上，立足于国家行政体制的整体性和民族文化的整体性分析，认定辛亥革命是土司制度终结的标志。李良品《土司制度终结的三个标志》④ 则认为土司制度终结有 3 个标志，分别是辛亥革命推翻清王朝专制统治后，民国政府对土司义务的彻底解除阶段，各地土司原有各种特权的完全丧失时期。

4. 土司专题研究

近十年来有关土司专题性研究，主要集中在土司文化研究、"改土归流"研究、土司政区研究等方面。

（1）土司文化研究。土司文化研究是土司专题研究中最为引人关注的领域。李世愉《土司文化：沟通边疆与中央的桥梁》⑤ 认为，土司文化是土司制度创建和推行过程中产生的一种特殊的历史现象，它是根植于土司制度之中的。土司文化的一个突出特点是边疆少数民族对统一多民族国家的认同。土司文化给我们最重要的启示是处理好中央政府与地方政府的关系，是国家繁荣盛世重要条件。

瞿州莲《从〈容美纪游〉看容美土司的对外策略》⑥《从土司通婚看土司之间的关系变化——以湖南永顺老司城碑刻为中心的考察》⑦《道教在明代永顺土司的兴盛及成因》⑧《明代永顺土司的婚姻习俗及其特点——以湖南永顺老司城碑刻为中心的历史人类学考察》⑨ 等一些列文章，从湖广土司的交往，土司通婚，土司宗教信仰，土司地区独特文化现象等方面，对土司文化展开深入而广泛的研究，是土司文化研究的重要代表。

---

① 《遵义师范学院学报》2018 年第 2 期。
② 《贵州民族研究》2012 年第 3 期。
③ 《云南师范大学学报》2012 年第 3 期。
④ 《吉首大学学报》2016 年第 5 期。
⑤ 《文史知识》2016 年第 4 期。
⑥ 《中南民族大学学报》2011 年第 1 期。
⑦ 《云南师范大学学报》2012 年第 1 期。
⑧ 《广西民族大学学报》2012 年第 6 期。
⑨ 《广西民族研究》2015 年第 1 期。

（2）改土归流研究。土司制度的建立，体现了国家对西南少数民族地区的治理。"改土归流"作为土司制度一项重要内容，体现了国家对少数民族地区治理的进一步加强。学界有关"改土归流"研究热点，主要集中在清朝前期在西南地区实行"改土归流"动因分析。马国君《论清前期漠西蒙古入藏与西南边疆"改土归流"关系——以康区的"改土归流"为视野》① 认为，清初漠西蒙古和硕特部乘西藏动乱之机举兵入藏，并控制康区，对清廷川、滇、青边境构成巨大威胁，雍乾时期为防范漠西蒙古再次入藏，清廷在康区实施"改土归流"。清朝前期中央王朝在康区的"改土归流"及善后措施，与遏制漠西蒙古的渗透和占领有着直接的关联性。李世愉《应正确解读雍正朝的改土归流》② 认为，清朝前期的"改土归流"动因并非是为了防止西南地方势力转化倒戈、策应漠西蒙古南下而做出的重大战略部署，通过对"改土归流"之后清廷在土司职衔的设置、承袭制度、贡赋制度、奖惩制度等方面发生了重大变化的分析，认为"改土归流"是历史上规模最大、影响最深的一次改流活动，成为清代土司制度发生根本性变化的转折点。

（3）土司政区研究。有关土司政区研究是当下土司专题研究的热点领域之一。成臻铭教授《论清代土司区变动的过程、特点及原因——以土家族区域为例证》③ 以土家族区域土司为例证，讨论了清代土司区变动的过程、特点及原因，认为清代土司区变动过程反映了清朝在"家/国"认识问题上的转化过程，国家权力与秩序调整的核心是土司区的自治必须绝对服从王朝国家的根本利益，王朝国家的政治需要和内忧外患决定了我国土司区的变动乃至是否消失。董嘉瑜《改土归流与区划调整——以清代酉阳直隶州为例》④ 认为通过行政建制的转变实现了酉阳土司的改流，行政区划调整是改土归流过程中的一项重要手段，而区划调整时机的提出、政区形态的选择及隶属关系的调整，又深受"改土归流"政策的影响。

5. 土司史料整理

土司史料的整理是展开土司研究的基础，近十年土司研究之所以能取得重大成就，主要得力于土司史料的整理与发掘。此方面的研究成果，主要有瞿州莲等编《金石铭文中的历史记忆——永顺土司金石铭文整理研究（一）》⑤，罗维庆等编《土司制度与彭氏土司历史文献资料辑录（上、下）》⑥、游俊编著《历代稽勋录笺正》⑦，蓝武、蒋盛楠等编著《〈白山司志〉点校与研究》⑧。

6. 土司研究团队建设与后备人才培养

土司研究团队建设与后备人才培养主要表现在，中华炎黄文化研究会下设土司

① 《思想战线》2011 年第 2 期。

② 《青海民族研究》2015 年第 2 期。

③ 《长江师范学院学报》2009 年第 6 期。

④ 《云南大学学报》2019 年第 5 期。

⑤ 北京：民族出版社，2014 年。

⑥ 北京：民族出版社，2014 年。

⑦ 贵阳：贵州人民出版社，2013 年。

⑧ 桂林：广西师范大学出版社，2016 年。

文化研究专委员会，并且定期举办国际性土司学术研讨会。在此基础上许多原来从事历史学、民族学、社会学、政治学、经济学、考古学研究的学者纷纷加入土司研究的行列，众多高校研究生将土司制度研究作为毕业论文的方向展开研究。此外，诸多学术期刊如《青海民族研究》《长江师范学院学报》《遵义师范学院学报》《吉首大学学报》等先后开设"土司问题研究专栏"。上述学术团队建设与后备人才培养，推动土司研究进一步发展与繁荣。

（二）民族图册与西南民族史研究

通过民族图册展开西南民族史研究并非近十年才出现，却是近十年来西南民族史研究一个重要的增长点。其涉及的民族图册包括《皇清职贡图》"百苗图"《滇省夷人图说》《滇省舆地图说》《南诏图传》等。这些图册既有国内收藏的，也有国外收藏的。

干小莉《图像"滇夷"》① 从多种"滇苗（夷）图"版本源流考订和内容复原两方面入手，对现存滇苗（夷）图的现状、版本源流，所涉及的族属与谱系、所反映的农耕与采集渔猎经济、纺织与装饰艺术、礼仪节庆、信仰宗教、乐舞民俗等社会经济文化内涵做了细致分析。

（意大利）白佐良著，吴合显、皇甫睿等译《意大利地理学会图书馆珍藏的中文图志：对中国西南各族民风的图文阐释》② 对罗马的意大利地理学会图书馆藏 15 种中国民族图志抄临本，以及一幅关于中国西南少数民族的生活习俗手绘长卷（内容涉及该地区的苗、彝等民族）进行了介绍，为我们了解海外收藏的清代至民国时期的民族图册提供了重要的线索。

苍铭《〈滇省舆地图〉与滇越边界及边防》③，通过对《滇省舆地图说》所绘云南广南、开化、临安三府与越南的边界状况、历史变迁展开讨论，分析云贵总督伯麟的边防策略，认为以静制动，通过军事的威慑来控制边疆内外；以流官管理土官，重视边地流官的遴选，任用清正廉洁的官员，争取民心；采取营兵与土练结合的部署，是嘉庆时滇越边防的主要策略。本研究是民族图册与西南民族政策与边疆治理研究的重要研究成果。

苍铭、张薇《〈皇清职贡图〉的"大一统"与"中外一家"思想》④，将《皇清职贡图》与《滇夷图说》和《蛮苗图说》对比比较，为我们呈现了清代民族图谱当中所反映的清朝国家"大一统"与"中外一家"思想，极大地扩展了民族图册研究的深度与广度。同样类似的研究还有安琪《图像的"华夷之辨"：清代百苗图与苗

---

① 昆明：云南人民出版社，2019 年。
② 《贵州大学学报》2017 年第 4 期。
③ 《中央民族大学学报》2016 年第 6 期。
④ 《云南师范大学学报》2019 年第 5 期。

疆历史的视觉表述》①。

黄金东《〈云南民族图考〉版本考》②《清代民族图册〈云南民族图考〉考补》③ 对中央民族大学图书馆藏《云南民族图考》进行考证和辨析，认为其为《皇清职贡图》的稿本文献，属于原始的"番图"，为我们呈现《云南民族图考》作为记录与描绘清代云南民族历史、习俗、艺术、服饰等方面文献价值，丰富了民族图册和西南民族研究的资料来源。

（三）西南民族史与跨境民族研究

中国西南边疆与东南亚诸国接壤，漫长的国界线上分布的诸多民族，如傣族、佤族、苗族、布朗族、独龙族、拉祜族、京族等跨境民族，有关这些民族历史的研究，近年也有一定的发展，是西南民族史研究的最新发展与变化。

郑晓云《傣泰民族的历史与文化多样性研究》④，通过长期对傣泰民族集中居住的中国云南，老挝、越南、缅甸、泰国、印度的实地调查研究及文献收集整理，系统梳理了傣泰民族的历史迁徙过程、当代面临的全球化影响和在全球化过程中的文化多样性状况，是西南跨境民族历史研究的重要著作。

赵永胜《论中国西南与中南半岛古代区域民族史的构建》⑤ 试图从整体史观为指导，对中国西南民族与中南半岛区域民族史展开研究，认为有必要加强西南跨境民族的宏观研究和整体研究，明晰其区域民族史的构建思路及其发展线索，为西南民族史与跨境民族研究提供了重要的研究思路与参考。

---

① 《云南社会科学》2013 年第 2 期。
② 《中央民族大学学报》2018 年第 3 期。
③ 《图书馆学刊》2019 年第 4 期。
④ 《图书馆学刊》2019 年第 4 期。
⑤ 《昆明学院学报》2015 年第 1 期。

第八章　中东南民族史研究

通　论

中东南民族史研究，大体上可以涵盖湖北、湖南、贵州、广西、广东、海南、江西、浙江、福建、台湾等省区范围内所有古代部族和现代民族的历史变动及其相互关系。古代部族有百越、俚、僚、蛮、夷等，现代民族有壮族、布依族、侗族、水族、仫佬族、毛南族、黎族、仡佬族、苗族、瑶族、畲族、土家族、京族、高山族等。

中东南民族史研究的机构主要有：中国社会科学院、中央民族大学、浙江丽水学院畲族研究所、福建省民族研究所、广东省民族研究所、广东民族学院（今广东技术师范学院）、广西社会科学院、广西民族研究所、广西大学、广西民族大学、中南民族大学、湖北民族大学、湖南省社会科学院历史研究所、吉首大学、贵州民族研究院、贵州民族大学、黔南民族师范学院、凯里学院等科研院所，均有或早或晚的专业设置，而且研究力量、学科建设得到不断完善。而中国民族学会、百越民族史研究会、中国民族史学会、中国民族研究学会、中国壮族学会、台湾研究会等学术团体，则对学术研究和交流起了重要推动作用。与此同时，《民族研究》《贵州民族研究》《广西民族研究》等学术期刊和高校学报，均成为发表相关成果的重要载体。

中华人民共和国成立以后，中东南民族史研究获得了长足发展，取得了若干具有标志意义的研究成果。

20世纪50年代中期起，在中国科学院的指导下，高等院校和科研机构科研人员组成科学考察团，大批学者带领学生奔赴中东南少数民族地区进行社会历史调查工作。这种社会历史调查一直延续到70年代以后，集体性的学术协作积累了丰富的学术研究一手资料①，而且在实践中培养了一批人才。60年代初期，以"内部资料"名义印行的论著为数不少。"文化大革命"期间，学术活动处于停滞状态，民

---

① 整理修订收入《中国民族问题资料档案集成·中国少数民族社会历史调查资料丛刊》，北京：中央民族大学出版社，2005年。

族史研究也基本处于停滞状态。20 世纪 80 年代以来，国家民委组织编辑出版《民族问题五种丛书》，推动了中东南民族史学的进展。2006 年起，国家民委组织修订《民族问题五种丛书》，已陆续出版。

随着改革开放和对民族工作的重视，民族史研究工作迎来了前所未有的发展机遇，主要成果有：

1. 族源和民族形成研究。王文光、李晓斌《百越民族发展演变史——从越、僚到壮侗语族各民族》一书①认为在长江下游经闽江、珠江、红河、澜沧江—湄公河、怒江—萨尔温江一直到印度阿萨姆这广大的地区内分布着一个有共同的民族来源、以几何印纹陶和稻作文化为核心的民族群体，他们就是发展到今天的汉藏语系壮侗语族（或侗台语族）的各民族，在他们身上表现出了百越民族的很多历史共性和一种宏观层面认识的整体性。应骥《试论土家族渊源——兼谈巴人源流》一文②认为土家族源于巴人，巴人源于东夷。范宏贵《壮、泰、老、傣族的渊源研究》③认为壮族、泰族、老龙族、傣族在古代应属同一人们共同体后来迁徙、分化成不同民族，他们同为古代百越人的后裔；详细的研究见其《同根生的民族——壮泰各族渊源与文化》④。胡阳全《论苗瑶民族的同源问题》⑤以翔实的历史文献、民间传说、语言情况、信仰习俗及苗族、瑶族的迁徙原因等资料为依据，通过对比研究，认为苗瑶同源于秦汉时期信奉盘瓠图腾的长沙武陵蛮或五溪蛮。黄伯权《土家族族源研究综论》一文⑥经过对土家族族源各家说法的比较分析后，提出了土家族的两个族源是巴人和濮人的观点。还有何光岳《南蛮源流史》⑦《百越源流史》⑧《东夷源流史》⑨等著作。梁敏《关于水族族源和水书形成之我见》⑩。

2. 民族关系史研究。专著有：吴永章等的《中南民族关系史》⑪系统地论述了从远古到清代每个历史时期中南地区的民族关系，并多方面地对历代中央王朝治理和开发中南少数民族地区的政策和制度做了论述。蒋炳钊、吴绵吉、辛土成著《中国东南民族关系史》⑫，伍新福《湖南民族关系史》⑬。

近代以来的民族和边疆危机，促使不少学术前贤怀着救国图存的宏伟志愿投身

① 北京：民族出版社，2007 年。
② 《中南民族学院学报》1999 年第 3 期。
③ 《广西民族学院学报》2002 年第 3 期。
④ 北京：光明日报出版社，2000 年。
⑤ 《贵州民族学院学报》2001 年第 1 期。
⑥ 《贵州民族研究》1999 年第 2 期。
⑦ 南昌：江西教育出版社，1988 年。
⑧ 南昌：江西教育出版社，1989 年。
⑨ 南昌：江西教育出版社，1990 年
⑩ 《广西民族研究》2008 年第 3 期
⑪ 北京：民族出版社，1992 年。
⑫ 厦门：厦门大学出版社，2007 年。
⑬ 长沙：湖南人民出版社，2010 年

于民族研究。练铭志、马建钊、朱洪的《广东民族关系史》① 对广东民族关系史进行了全面、系统和深入的阐述。首次提出广东三次民族大融合之说：第一次是西汉中期至东汉末的越汉融合，第二次是六朝至唐初的俚汉融合，第三次是明末清初的黎、瑶、壮、畲等族成员与汉族融合。伍新福等的《湖南民族关系史》② 就湖南境内汉民族的形成及其结构的历史嬗变，土家族、苗族、侗族、瑶族等世居民族的源流、形成和变迁，各民族之间政治经济联系和文化交流等问题进行了探讨。还有蒋炳钊的《中国东南民族关系史》③，侯绍庄的《贵州古代民族关系史》④ 等著作。

3. 民族法制史研究。论文有罗洪洋、张晓辉《清代黔东南文斗侗、苗林业契约研究》⑤、罗洪洋《清代黔东南锦屏苗族林业契约的纠纷解决机制》⑥、周相卿《清代黔东南新辟苗疆六厅的法律控制》⑦ 等。

4. 土司制度的研究。有谈琪《壮族土司制度》⑧，黄家信《改土归流对壮族社会的影响》⑨，高崇、吴大旬《试论清朝初期对侗族地区土司的管理》⑩，胡挠、刘东海《鄂西土司社会概略》⑪，田敏《土家族土司兴亡史》⑫，蓝武《广西壮族土司制度研究：问题与路向》⑬，何源《关于鄂西土司制度的深化研究》⑭。

5. 社会经济史研究。有郭志超、董建辉《畲族赋役史考辨》⑮，陈炜《近代商人与广西少数民族地区农家经济》⑯，覃乃昌《壮族稻作农业史》⑰，杨先保《从黄道婆看海南"熟黎"对宋元明棉纺织业的贡献》⑱。

6. 民族文化史研究。有吴永章《中国南方民族文化源流史》⑲、段超《土家族文化史》⑳。

7. 综论性研究。目前，壮、苗、瑶等民族的《通史》已取得的显著成果。陈国

① 广州：广东人民出版社，2004 年。
② 北京：民族出版社，2006 年。
③ 厦门：厦门大学出版社，2005 年。
④ 贵阳：贵州民族出版社，1991 年。
⑤ 《民族研究》2003 年第 3 期。
⑥ 《民族研究》2005 年第 1 期。
⑦ 《法学研究》2003 年第 6 期。
⑧ 南宁：广西人民出版社，1995 年。
⑨ 《广西民族学院学报》2006 年第 4 期。
⑩ 《贵州民族学院学报》2006 年第 2 期。
⑪ 成都：四川民族出版社，2002 年。
⑫ 北京：民族出版社，2000 年。
⑬ 《贺州学院学报》2010 年第 1 期。
⑭ 《金田》2015 年第 4 期。
⑮ 《民族研究》2000 年第 2 期。
⑯ 《贵州民族研究》2006 年第 2 期。
⑰ 南宁：广西民族出版社，1997 年。
⑱ 《海南大学学报》1998 年第 1 期。
⑲ 南宁：广西教育出版社，1991 年。
⑳ 北京：民族出版社，2000 年。

强等《百越民族史》①、蒋炳钊《畲族史稿》②、吴永章《瑶族史》③、伍新福《苗族史》④。黄现璠等《壮族通史》⑤ 为壮族有史以来第一部通史著作，比较系统全面反映壮族历史的学术专著。张声震《壮族通史》⑥、吴永章《黎族史》⑦、伍新福《中国苗族通史》⑧。吴荣臻、吴曙光《苗族通史》⑨ 从传说时代开始，至 20 世纪 90 年代末为止，分别叙述苗族的起源、迁徙、风俗习惯等方面的发展和演变的历史，全面、系统地反映苗族历史文化的发展规律。奉恒高《瑶族通史》⑩ 按照通史体例和应包含的内容，从传说时代开始，至 20 世纪 90 年代末为止，分别叙述瑶族的起源、迁徙、风俗习惯等方面的发展和演变的历史，全面、系统地反映瑶族历史文化的发展规律。这部通史与其他史书相比有了新的突破：在起源上，过去编写的《瑶族简史》把瑶族起源定于秦汉时期，这部通史将瑶族的历史推到传说时代；还介绍了海外瑶族的变化和发展及海内外瑶族之间的联系等。邱国珍《浙江畲族史》⑪、潘琦《仫佬族通史》⑫，2012 年宁夏人民出版社出版中华民族全书梁庭望编著《中国壮族》，周国炎编著《中国布依族》，杨筑慧编著《中国侗族》，韦学纯编著《中国水族》，路义旭、罗树新编著《中国仫佬族》，谭自安编著《中国毛南族》，文明英、文京编著《中国黎族》，周小艺编著《中国仡佬族》，潘琼阁编著《中国瑶族》，钟伯清、杨宏峰编著《中国畲族》，彭武麟编著《中国土家族》，何思源、杨宏峰编著《中国京族》，陈金结、姜莉芳、杨梅等编著《中国高山族》等。《侗族通史》编委会《侗族通史》（上下册）⑬。2014—2015 年辽宁民族出版社出版了走近中国少数民族丛书黄佩华著《壮族》，周国炎著《布依族》，杨筑慧著《侗族》，韦学纯著《水族》，黎学锐、黎炼著《仫佬族》，韩德明著《毛南族》，罗文雄著《黎族》，周小艺著《仡佬族》，石莉云、李云兵著《苗族》，玉时阶著《瑶族》，钟亮著《畲族》，罗中、罗午著《土家族》，吕俊彪著《京族》，林华著《台湾少数民族》等各民族综述著作。

8. 地区民族史研究。胡绍华《中国南方民族发展史》⑭ 采用新的叙述方法和分期方法进行论述，将中国南方各民族的人口、分布、地理、物产、族源、语言文字、

① 北京：中国社会科学出版社，1988 年。
② 厦门：厦门大学出版社，1988 年。
③ 成都：四川民族出版社，1993 年。
④ 成都：四川民族出版社，1994 年。
⑤ 南宁：广西民族出版社，1988 年。
⑥ 北京：民族出版社，1997 年。
⑦ 广州：广东人民出版社，1997 年。
⑧ 贵阳：贵州民族出版社，1999 年。
⑨ 北京：民族出版社，2007 年。
⑩ 北京：民族出版社，2007 年。
⑪ 杭州：杭州出版社，2010 年。
⑫ 北京：民族出版社，2011 年。
⑬ 贵阳：贵州人民出版社，2013 年。
⑭ 北京：民族出版社，2004 年。

政治、经济、文化等内容包括在内，并根据西南地区、中南东南地区的实际情况来定章节，有关南方民族的所有内容都在书中有所反映，全面、系统地反映南方各民族历史发展的概貌。张雄《中国中南民族史》① 采用以历史时期为纲而各族系前后连贯的叙述方法，论述各族系各民族的源流、分布的发展演变等。吴永章《湖北民族史》② 介绍了从远古到清代生活在湖北地区各民族的历史渊源、政治经济、社会生活等各个层面。吴永章《鄂西民族地区发展史》③、徐松石《粤江流域人民史》④ 等。

在新的时代条件下，民族史学与其他学科一样，也面临着学风转移、方法创新等诸多机遇和挑战。随着新的研究领域的开拓、新的研究方法的引入以及自觉性研究的培育，中东南民族史研究开始出现不少新的趋向，如西方"族群边缘理论"等历史人类学的研究方法，开始与中国学者的本土研究实践接轨和结合，这是以来民族史学的一项标志性收获，也必将使其在国际视野和实证研究的驱动下迎来新的持续发展。

第一节　百越史研究

一、百越史研究

百越包含于越、南越、闽越、山越、骆越、西瓯等众多支系，是中国中古时期南方三大民族集团之一。作为中国南方民族史研究中不可忽视的领域，百越史研究历来受到关注。民国时期，罗香林⑤、林惠祥⑥、徐松石⑦等人对百越族群的来源、支系及其与现代民族之间的关系等进行了较为精深的研究。这一时期对吴越的研究形成了初步规模，还成立了"吴越史地研究会"，出版了《吴越文化论丛》等书。

中华人民共和国成立后，百越史研究进入了新的历史时期，但由于受历次政治运动的冲击，百越史研究并没有得到应有的发展。从研究成果来看，内地论著不多，

---

① 南宁：广西人民出版社，1989年。

② 武汉：华中理工大学出版社，1990年。

③ 北京：民族出版社，2007年。

④ 哈尔滨：黑龙江教育出版社，2015年。

⑤ 罗香林在写作《古代越族考（上篇）》《古代越族文化》《广东民族概说》等论文的基础上创作了《中夏系统中之百越》一书。作为第一部较完整系统地研究百越历史的专著，书中列出于越、闽越、南越、骆越、滇越、夜郎等17个百越民族支系，梳理了各支系的历史，并提出百越的文化特征有文身、使用戈与铜剑、铜鼓、舟楫及水师等。

⑥ 林惠祥在《中国民族史》书中列有《百越系》一章介绍于越、扬越、瓯越、闽越、南越、骆越和山越，指出百越分布在中国东南及南方，如今之浙江、江西、福建、广东、广西乃至安徽、湖南诸省及越南。越族文化特征有断发文身、契臂、食异物、巢居，有不同语言，使舟及善水战，善铸青铜剑、铜铎和铜鼓。

⑦ 徐松石：《粤江流域人民史》《泰族僮族粤族考》论证僮（壮）族为"旧越人"，系两广的世居居民。后来史载所谓俚、僚、乌浒、土人等，都是属于僮（壮）族。

且大多是利用考古资料来研究或联系百越史，很多基本问题都未涉及；在港、台地区则有一些比较厚重的研究成果，如徐松石《东南亚民族的中国血缘》、罗香林《百越源流与文化》、凌纯声《南洋土著与中国古代百越民族》等著述，对秦汉以后历代王朝对百越地区的开发以及东南亚民族与古代百越民族的关系进行了较为深入的探讨。

1978 年以后至 20 世纪末，伴随着学术上的对外开放，百越史研究也随之活跃起来。1980 年 6 月，成立了中国百越民族史研究会。至 2000 年，研究会先后在厦门、桂林、武汉、通什、西双版纳、鹰潭、杭州、凯里、长沙和龙虎山等地举办 10 届全国性及国际百越民族史研讨会，出版了近 10 本论文集，收录了大约 300 篇的研究论文[①]。在中国百越民族史研究会的推动下，研究百越史的学者增多，学术论著的数量也迅猛增长。仅冠有"百越"名称的专著即有蒋炳钊等《百越民族文化》[②]、陈国强等《百越民族史》[③]、何光岳《百越源流史》[④]、宋蜀华《百越》[⑤] 等数种。学术论文更是数目繁多，不胜枚举，主要围绕以下学术热点进行：

1. 百越的来源及分布。主要有三种观点，一是"越为禹后"和"百越同源"，起自《史记》《汉书》；二是认为"百越"是一个组合复杂而来源众多的大区域的民族群体，以何光岳《百越源流史》为代表；三是主张百越各族主要系由各地土著民发展形成的，主要从运用恩格斯"从部落发展为民族"的理论和根据考古发掘资料来论证。通过长时间的研究，基本确定了勾吴、于越、东瓯、干越、闽越、南海、南越、西瓯、骆越、扬越、滇越以及台湾本岛的山夷等百越支系的分布地域。

2. 百越族群的社会文化。一是对越国、闽越、南越等方国的社会性质进行探讨；二是归纳研究百越族群的物质文化和精神文化特质；三是对百越的语言与文字进行初步研讨。

3. 百越与现代南方少数民族的关系。从研究所得结论，属壮侗语族的壮、侗、水、布依、毛南、黎、傣、高山等族以及疍民，均被认为与百越民族有着密切的渊源关系。还有的主张畲族、瑶族也是百越的后裔。

4. 百越民族与周边民族的关系。主要围绕百越与中原汉族之间的交流与融合、越文化对东南亚（南洋）地区的影响、越文化对环太平洋文化的影响等来进行。

进入 21 世纪后，中国人文社会科学进入大繁荣大发展阶段，百越史研究也得到进一步发展。学会先后组织在浙江绍兴（2002）、福建武夷山（2004）、广西南宁（2007、2018）、安徽合肥（2009）、海南海口（2012）、广东广州（2013）、湖南长沙（2016）以及上海市（2020）组织召开了 9 次学术研讨会，这些盛会的共同特点

---

① 详请参阅《百越民族史研究会历次年会论文集》，蒋炳钊主编：《百越文化研究》附录，厦门：厦门大学出版社，2005 年，第 414—415 页。

② 上海：学林出版社，1988 年。

③ 北京：中国社会科学出版社，1988 年。

④ 南昌：江西教育出版社，1989 年。

⑤ 长春：吉林教育出版社，1991 年。

是：历史学、考古学、民族学、语言学等多学科的参与协作；多方面、多层次深入研讨百越社会、经济、文化；国际性学术视野的拓展。厦门大学林蔚文教授先后出版了《中国百越民族经济史》[①]《中国百越民族社会与文化》[②] 两书，对百越族群的经济、社会政治形态、原始宗教信仰与图腾信仰、社会生活习俗与绚丽多姿的文化艺术以及百越文化对日本及东南亚地区的广泛影响进行探讨。云南大学王文光教授研究百越史有年，不仅撰写了很多专题性论文，而且出版了集大成的专著《百越民族发展演变史》[③]，从宏观整体上对中国南方及中南半岛百越发展、分化、融合、演变等进行考察。此外，许智范、肖明华《南方文化与百越滇越文明》[④]、彭适凡《中国南方考古与百越民族研究》[⑤]、吴春明《从百越土著到南岛海洋文化》[⑥]、黄秀卿《百越文化研究》[⑦] 等都是百越史研究中的重要力作，从多个层面拓展了研究视野和学术空间，整体上推动了百越民族史研究不断向前发展。

还必须指出的是，上述仅就整个百越史而言，对于名目繁多的百越支系史研究，则未能尽述。事实上，广西学者的骆越研究、广东学者的南越研究、福建学者的闽越研究、云南学者的滇越研究、贵州学者的夜郎研究等百越支系的研究，也都取得了令人瞩目的成就。

综观 70 年的百越史研究历程，我们发现成就是巨大的，迄今已经出版上百种专著、发表上千篇相关研究论文。更为难得的是，还成立了全国性的中国百越民族史研究会，给各地的百越史研究者搭建了一个学术平台。展望未来，百越史研究还需要进一步挖掘潜力，关注当代最新考古发现，注意进行比较研究，参与铸牢中华民族共同体意识构建研究。可以预见，百越史研究必将继续向前发展，再上新台阶。

二、俚、僚史研究

作为族称，俚最早见于东汉时期，初写作"里"，从三国开始加"亻"旁，写成"俚"，此后一直沿用到南宋时期，主要分布在广东潮安以西、广西桂林以南、贵州思南县以东、越南河内以北的辽阔地区。僚的使用更为广泛，指分布在四川、贵州、云南、广西、广东、湖南、湖北、越南北方等地的少数民族；使用时间也更为长久，从晋代开始出现，一直到民国时期，有的著作仍沿用"獠"的称谓[⑧]。在晋至隋唐时期，俚、僚曾一度并称为"俚僚"。民国时期开始有一些学者对俚、僚

① 厦门：厦门大学出版社，2003 年。
② 北京：中国社会科学出版社，2005 年。
③ 北京：民族出版社，2007 年。
④ 南京：凤凰出版社，2005 年。
⑤ 北京：科学出版社，2009 年。
⑥ 北京：文物出版社，2012 年。
⑦ 新北：花木兰文化事业有限公司，2019 年。
⑧ 张声震主编：《壮族通史》上册，北京：民族出版社，1997 年。

进行了初步探讨，如徐松石①、林惠祥②、戴裔煊③。当然，民国时期的研究仍然处于肇始阶段。

中华人民共和国成立后，俚、僚史研究进入新的历史阶段。随着 20 世纪 50 年代进行的少数民族社会历史调查和民族识别调查工作的开展，俚、僚的发展脉络进一步清晰。《壮族简史》（初稿）认为俚人和乌浒人有着密切的关系，而僚常常和俚并称，有时又可通称④。不过，由于政治运动的干扰，学者们的研究活动曾经一度被打断。因此，专门研究成果较为罕见，主要见诸一些概论性著述，并没有在纵深上进一步拓展。

改革开放以来的 40 多年间，俚、僚史研究得到极大发展，研究领域也更为宽广，填补了不少学术空白。主要有以下几个方面的学术热点：

1. 俚、僚族属源流研究。覃圣敏认为骆越后称为俚，西瓯与骆越本是同族异称，故乌浒人亦即俚人。而僚原非岭南民族，其称广及岭南，已是泛称。故当言及某族时，即于"僚"冠以该族定称，"俚僚"也就是岭南俚人之意⑤。陈江认为"俚"人是泛指居住在两广和越南北部深山丛林中的越人，与海南岛"俚"人有着一定的区别，前者的一部分后来发展成为今天的壮族，一部分融合于汉族之中；而海南岛上的"俚"人则主要直接发展成今天的黎族⑥。白耀天考证了俚人的由来及其历史分布状况，认为俚、僚本为一个族体，初分又和，因此俚人是壮傣语支族群而非黎属⑦。刘伟铿认为西江俚僚是在东汉至晋初在古越族分化的基础上形成的，在晋至南朝宋时期得到了发展，南朝齐至隋西江俚僚渠帅开始崛起，成为当时政治格局中的一支重要力量，不过至唐代大和中，俚僚作为族体已经瓦解，大量原来的俚僚人融合到汉族中去⑧。与白耀天等人不同的是，程爱勤认为《后汉书·南蛮西南夷列传》中出现的"蛮里"是对当时居住在交州刺史部的少数民族的一种带有歧视性的总称，绝不等于隋唐时期出现的"俚人"，更不等于今天的黎族⑨。对僚族的

---

① 徐松石：《粤江流域人民史》，《壮学丛书》编委会编：《徐松石民族学文集》上卷，桂林：广西师范大学出版社，2005 年，第 73—77 页。认为"俚人"（或作里人）、"夷僚""僚人"是壮族自南朝迄于宋的别名。

② 林惠祥：《中国民族史》，北京：商务印书馆，1993 年影印，1939 年，第 127、271—275 页。参考马长寿的民族分类，把"俚"与黎族联系起来，认为"黎"乃"俚"讹，并且把僚放在僰掸系中进行叙述，初步梳理了僚人的谱系脉络。

③ 戴裔煊：《僚族研究》。认为"僚"本出于"骆"或"雒"，亦即 Lao 之对音，他们具有干栏、铜鼓等文化特征。

④ 中国科学院民族研究所、广西少数民族社会历史调查组：《壮族简史》（初稿），1964 年，第 11—12 页。

⑤ 覃圣敏：《秦至南朝时期岭南民族及民族关系刍议》，《广西民族研究》1987 年第 1 期。

⑥ 陈江：《岭南"俚"人之流传及大陆"俚"人与海南黎族的关系》，《广西民族研究》1987 年第 1 期。

⑦ 白耀天：《"俚"论》，《广西民族研究》1990 年第 2 期；《"俚"论（续）》，《广西民族研究》1990 年第 4 期。

⑧ 刘伟铿：《古代西江俚僚概说》，《民族研究》1993 年第 5 期。

⑨ 程爱勤：《后汉之"蛮里"非隋唐之"俚人"考》，《河南师范大学学报（哲社版）》1989 年第 1 期。

源流，也有不少专论。据总结迄今已经形成"僚为越说"①"僚为濮说"②等截然不同的观点。2016年，李艳峰等对僚人的源流进行了长时段的深入研究，出版了集大成的《中国古代南方僚人源流史》一书，清晰地揭示了古代僚人流变及其转变今壮侗语族民族的历史过程③。

2. 俚、僚与其他民族关系的研究。李默从史籍和地方志资料出发，论证了广东瑶族与俚僚的密切关系，认为广东境内有部分瑶族是由俚僚演化而来④。刘美崧侧重探讨唐代汉族与俚僚等族的经济文化交流，认为正是岭南各地区之间的发展不平衡导致了俚僚的分化：居住于西部山区及其接壤地带的俚僚发展成为壮侗语族诸族先民，分别处在农奴制及不同的社会发展阶段；居住于岭南东道及交通发达地区的俚僚，则逐渐与汉族相互渗透、融合，处在封建制阶段；而海南岛腹内中心山区的黎族聚居区，尚残存有父系家长制遗留"合亩制"⑤。宋蜀华认为僚人在牂柯地区的分布已经具有很悠久的历史，是夜郎国的主体民族之一。后来在外族的压力下，夜郎国的濮人融入僚人以后，遂以僚的族称出现⑥。此外，张泽洪⑦、高焕⑧、宋其蕤⑨等人也专门研讨了蛮、僚、俚与汉族的相互融合。

3. 俚、僚重要历史人物研究。早在20世纪80年代初，陈凤贤⑩、周宗贤⑪、黄君萍⑫、潘雄、蔡理才⑬等对冼夫人进行了深入研究和客观评价，澄清了不少以前认识模糊的问题。王兴瑞出版了《冼夫人与冯氏家族》⑭一书，虽然篇幅不大，但作为第一部系统研究冼夫人的专著，全面评述冼夫人和冯氏家族后裔维护国家统一和民族团结的历史功绩，被学术界誉为"目前为止关于冼夫人和广东南部地区古代民

---

① 戴裔煊是该说的创始者。后继学者尤中的《唐宋时期的僚族》（《民族研究》1983年第4期）、王文光、仇学琴的《僚族源流考释》（《广西民族学院学报》2006年第3期）、李锦芳的《越称"瓯""僚"解》（《民族论坛》1996年第4期）等著述亦持此说。

② 这一说的主要代表是田曙岚，他在《论濮、僚与仡佬的相互关系》（《思想战线》1980年第4期）提出：上古时期的"濮"人，就是中古时期的"僚"人的先民，而中古时期的"僚"人，则是现代的"仡佬族"的先民。

③ 李艳峰、曾亮：《中国古代南方僚人源流史》，云南大学出版社，2016年。

④ 李默：《广东瑶族与百越族（俚僚）的关系》，《中南民族学院学报》1986年增刊。

⑤ 刘美崧：《唐代岭南的开发及汉族与俚僚等族的经济文化交流》，《中南民族学院学报》1991年第1期。

⑥ 宋蜀华：《论古代云贵高原的濮、僚族及其和百越的关系》，《中央民族学院学报》1991年第5期。

⑦ 张泽洪：《魏晋南朝蛮、僚、俚族与汉族的融合》，《楚雄师专学报》1989年第2期。

⑧ 高焕：《古高凉俚汉民族融合简况略析》，《广州社会主义学院学报》2007年第4期。

⑨ 宋其蕤：《浅论冼夫人、冯宝联姻在岭南民族融合中的历史功绩》，《广州大学学报》2006年第2期。

⑩ 陈凤贤：《试论六世纪越族杰出的政治首领冼夫人》，《民族研究》1980年第3期。

⑪ 周宗贤：《冯冼夫人维护祖国统一和民族和睦的贡献》，《岭南文史》1984年第1期。

⑫ 黄君萍：《关于冼夫人若干问题的考察》，《广东民族学院学报》1984年第1期。

⑬ 潘雄、蔡理才：《冼夫人的族属及俚人遗裔考》，《岭南文史》1984年第1期。

⑭ 王兴瑞：《冼夫人与冯氏家族——隋唐间广东南部地区社会历史的初步研究》，北京：中华书局，1984年。

族历史最完备的著作"①。此外，余云华对利苍原是俚族王②等问题的考察也比较有见地。

4. 俚、僚史研究在俚人社会文化、僚人入蜀、壮族土僚等方面都取得了一定进展。不少专著如尤中的《中国西南民族史》③、吴永章的《中国南方民族文化源流史》④、王文光的《中国南方民族史》⑤、胡绍华的《中国南方民族发展史》⑥、白翠琴的《魏晋南北朝民族史》⑦、卢勋等的《隋唐民族史》⑧、等或多或少地涉及俚、僚民族史的研究，其中不少学者还做出了较为可贵的探索。发表论文的研究成果有：张泽洪《魏晋南朝蛮、僚、俚族对南方经济发展的贡献》⑨、张泽洪《魏晋南朝蛮、僚、俚族的北徙》⑩、农冠品《俚僚历史文化的载体与缩影——上林唐碑内涵探幽》⑪ 存在于广西上林县的《六合坚固大宅颂》和《智城碑》产生于 1300 多年前的唐代，它是壮族先民俚僚古地留下的两块珍贵石刻，既是文物，也是历史，既属历史，也属文学，是壮族见于文字最早的文学。透过《六合坚固大宅颂》与《智城碑》可窥探壮族先民俚僚文化的特质。车越川《俚人大族研究》⑫ 对俚人大族这一阶层进行探讨，认为俚人大族是在中央王朝和南来汉族影响下，岭南世居俚人社会重构和发展的产物，他们在南朝至隋唐时期的历史中有着重大的影响，起着重要的作用，最终带领俚人走向了民族融合发展的道路。

俚、僚史研究发展至今，已经取得了一定的成就，特别是对冼夫人的研究较为深入，也理清了俚、僚民族的前后发展脉络。但是，不可否认的是，当前俚、僚史研究也存在一些问题。一是新一代学者缺少老一辈民族史学家那种功底，很难真正深入研讨、考证真伪，因此俚、僚的政治、经济、文化都还有很多内容等待进一步梳理；二是研究组织和队伍还需要进一步整合与发展。关于俚人研究，目前尚无专门研究机构和组织，仅海南和广东某些地区成立了"冼夫人研究会"，筹备召开了几次冼夫人学术研讨会而已。至于僚人研究，近些年来有了比较大的进展，重庆市成立了僚人文化研究中心，并在百越民族史研究会下成立了僚学研究委员会，连续召开了 3 次学术研讨会，出版了《僚学研究》第一、二辑，极大地推动了僚人研究的进展。

---

① 张磊主编：《冼夫人文化与当代中国》，广州：广东人民出版社，2002 年，第 2—3 页。
② 余云华：《利苍原是俚族王》，《钦州师范高等专科学校学报》2005 年第 4 期。
③ 昆明：云南人民出版社，1985 年。
④ 南宁：广西教育出版社，1991 年。
⑤ 北京：民族出版社，1999 年。
⑥ 北京：民族出版社，2004 年。
⑦ 北京：中国社会科学出版社，2004 年。
⑧ 北京：中国社会科学出版社，2004 年。
⑨ 张泽洪：《中国社会经济史研究》，1989 年 2 期。
⑩ 张泽洪：《四川大学学报（哲学社会科学版）》1988 年第 4 期。
⑪ 农冠品：《百色学院学报》，2007 年 5 期。
⑫ 中南民族大学硕士论文，2013 年。

第二节　壮侗语族各民族史研究

一、壮族史研究

现代学术意义上的壮族史研究，始于 19 世纪末至 20 世纪初。当时，一些西方学者为了适应帝国主义列强在东南亚殖民扩张的需要，开始研究东南亚地区的地理、历史、民族、语言、习俗等，并由此涉及与东南亚民族关系密切的壮族的历史与文化问题，但对壮族历史的研究仅限于族源问题。

壮族史研究的真正展开，还在国内。中山大学语言历史研究所周刊 1928 年 7 月号同时刊登的钟敬文《僮民考略》、石兆棠《僮人调查》，拉开了我国学者研究壮族历史文化的序幕。其后，刘锡蕃（刘介）《岭表纪蛮》①、徐松石《粤江流域人民史》② 和《泰族僮族粤族考》③ 相继出版，这三部民国时期壮族史研究著作的出版，促进了壮族史研究的发展，提升了学术界对壮族史研究的关注度，为中华人民共和国成立后壮族史研究的进一步深入展开奠定了基础。

（一）中华人民共和国成立后壮族史研究的重要机构和学人

中华人民共和国成立后，国内壮族史研究的学术机构、社团纷纷建立，从事壮族史研究人员日益增多，壮族史研究的基础日益深厚。

壮族史研究的机构主要有：广西博物馆、广西民族研究所、广西社会科学院壮学研究中心、广西民族大学壮学研究中心、广西大学民族研究所、广西师范大学地方民族史研究所。此外，中国社会科学院民族学与人类学研究所、云南省民族研究所、广东省民族研究所、中央民族大学民族研究所、中南民族大学民族研究所等研究机构，也开展壮族史的研究，并贡献出了一批具有重大影响的研究成果。

中共十一届三中全会以来，广西各地的民族研究学术团体也相继成立，对壮族史研究的深入和普及起到了很好的作用。主要有：广西民族研究学会（内有民族史分理事会）、广西师范大学地方民族史研究会、广西民族大学民族学会、广西壮学研究会。从 1985—1988 年，广西区内各地、市的民族研究会也相继成立。

70 多年来的壮族史研究，涌现出一大批享誉海内外的专家学者，如刘锡蕃（刘介）、黄现璠、蒋廷瑜、黄增庆、张一民、粟冠昌、范宏贵、白耀天、周宗贤、李干芬、谈琪、韦文宣、莫俊卿、覃乃昌、覃彩銮、莫家仁、覃圣敏、张声震、梁庭望、罗彩娟、李富强、黄家信等，他们为壮族史研究做出了巨大的贡献。近年来，

---

① 上海：商务印书馆，1934 年。
② 上海：中华书局，1935 年。
③ 上海：中华书局，1946 年。

一大批年轻的壮学研究者正快速成长起来。

(二) 70 年壮族史研究的历程与成就

1. 1949—1964 年壮族史研究的初步展开

1949 年中华人民共和国成立以后，壮族史研究得到了良好的开展，取得了初步的研究成果。

1951 年，中央民族访问团广西分团到壮族地区进行慰问，随团的专家、学者对壮族的历史、语言、习俗和现状展开调查，编印了不少有价值的研究材料。广西分团副团长费孝通根据调查材料撰写了《关于广西壮族历史的初步推考》①，运用历史学、民族学、语言学、考古学的资料对壮族的起源问题进行探讨，认为壮族是古代东南沿海越族 "余留到现在的一部分"。这是中华人民共和国成立后研究壮族历史的第一篇论文。

从 1956 年起，全国开展了少数民族社会历史调查工作，广西少数民族社会历史调查组经过 5 年的努力，分别写出了大新、凌乐、宜山、环江、南丹、田东、东兰、天峨、那坡、西林、隆林、百色、都安、武鸣、上林、马山、上思等县壮族社会历史调查报告，共约 100 万字。这些调查报告为研究壮族社会历史留下了丰富的宝贵资料。同时，这次大规模的壮族社会历史调查工作，还为壮族史研究培养起了一支较强的专业研究队伍和后备人才。

这一时期的壮族史研究，主要集中在对壮族族称与族源问题的探讨上。刘介《略论壮族名称在历史上的衍化及壮族的伟大贡献》②《再论壮族名称在历史上的衍化》③《为什么说壮族名称可能源于庆远南丹》④，认为壮族是两广的原始居民。黄增庆《从出土文物看广西壮族的古代社会》⑤、白耀天《壮族源流试探》⑥、粟冠昌《关于壮族族源的探讨》⑦ 和《关于壮族族源问题的商榷》⑧ 等，都对壮族的源流进行了探讨。学者们有的认为壮族源于东南沿海的百越，有的认为源于古代的吴越，有的认为源于上古的百濮，有的认为今天壮族的一部分是源于岭南的世居居民，而岭南世居说开始得到学者们的更多认同。黄现璠《广西僮族简史》⑨ 是这时期壮族史研究最具影响力的成果。该书第一次全面、系统地介绍和研究了壮族的历史，

---

① 《新建设》1952 年第 1 期。
② 《广西日报》1957 年 1 月 27 日。
③ 《广西日报》1957 年 3 月 3 日。
④ 《广西日报》1957 年 5 月 10 日。
⑤ 《广西日报》1962 年 6 月 20 日。
⑥ 《史学月刊》1959 年第 6 期。
⑦ 《民族研究》1958 年第 9 期。
⑧ 《民族研究》1959 年第 9 期。
⑨ 南宁：广西人民出版社，1957 年。

"为成立广西壮族自治区提供了史料准备"①。黄臧苏《广西壮族历史与现状》② 也是这一时期壮族史研究的著作。

1958 年，广西少数民族社会历史调查组开始编写《壮族简史》。1962 年和 1963 年分别在南宁和北京召开壮族历史科学讨论会，学者们发表了一系列的讨论文章，主流观点得到了更有力的支持，即壮族是世居民族，壮族经历过奴隶制社会发展阶段，侬智高反宋起义应得到肯定。

这一时期，关于壮族地区土司制度和土官问题的研究也得以开展。黄现璠《土司制度在桂西》、刘介《土司制度与壮族社会历史》③、粟冠昌《广西土官民族成分初探》④，为下一时期壮族史研究对象的拓展做了前驱。

这一时期的壮族史研究，呈现出两个特点。一是时代特点，表现为政府背景浓厚，受政治因素干扰较大。二是初创期特点，表现为学术论题偏少，研究范围狭小，研究不够深入。

2. 1965—1976 年壮族史研究的中断

1965—1976 年，由于受到极"左"思想的干扰，壮族史研究几乎全面中断，仅见黄增庆的《从考古资料看广西壮族的由来及其在原始社会的生活情况》⑤ 一篇学术性文章。

3. 1978 年以后壮族史研究的恢复与繁荣

十一届三中全会以后，壮族史研究得到恢复，并随着国家改革开放的深入而步入繁荣。

（1）传统学术论题的研究得到深化。

关于壮族族称和族源的研究。1980 年以后，一部分学者继续对壮族族称及族源问题展开研究，壮族来源于先秦岭南世居越人中的西瓯、骆越说得到进一步的确认。范宏贵《壮族族称的缘起和演变》⑥、周宗贤《岭南越族源流浅析》《骆越历史初探》⑦、蒋炳钊《关于西瓯、骆越若干历史问题的探讨》⑧、梁庭望《西瓯骆越关系考略》⑨、白耀天《骆越考》⑩、田阡《句町：古壮国初探》⑪、罗彩娟《历史记忆与族群认同：作为壮族主源的"骆越"文化表征》⑫《"骆越古国"遗址与中华文化源

① 桂林市地方志编纂委员会办公室编：《桂林之最》，桂林：漓江出版社，2001 年，第 90 页。
② 北京：民族出版社，1958 年。
③ 见《壮瑶族史科学讨论会论文集》第一集，1962 年。
④ 《民族团结》1963 年第 2、3 期。
⑤ 《广西日报》1967 年 4 月 19 日。
⑥ 《民族研究》1980 年第 5 期
⑦ 周宗贤：《南方民族论稿》，南宁：广西民族出版社，1986 年。
⑧ 《广西民族研究》1987 第 4 期。
⑨ 《广西民族研究》1989 年第 4 期。
⑩ 见《壮学论集》，南京：广西民族出版社，1995 年。
⑪ 《社会科学战线》2014 年第 4 期。
⑫ 《广西民族研究》2017 年第 6 期。

头：壮族国家认同的路径》① 等，是该论题的代表性成果。

关于壮族奴隶制社会问题的研究。主张壮族经历过奴隶社会发展阶段的，主要有李干芬《壮族社会的奴隶制问题探讨》②、周宗贤《壮族古代奴隶制探索》③、何乃汉《试论秦汉时期广西的社会性质》④、谈琪《略论壮族历史上的奴隶制》⑤ 等。而持否定观点的，则有黄增庆、张一民《壮族没有经过奴隶制社会的探讨》⑥，韦文宣《评主张壮族古代社会经过奴隶制发展阶段的几个论据》⑦ 等。

关于壮族古代历史人物的研究，主要集中在侬智高的研究。学者们大都认为侬智高是中国人或中国宋朝人，是壮族历史上的杰出人物或民族英雄。关于侬智高反宋起义失败后的下落和死亡时间问题。方龄贵《考碑辩史——新出元碑〈故大师白氏墓碑铭文并序〉》⑧、韦东超《侬智高被杀年代考》⑨ 等，都认为大理段思廉迫于宋朝的压力杀了侬智高，时间约在 1054 年。这时期，出版了黄现璠《侬智高》⑩、韦一凡《壮族英雄侬智高》⑪、白耀天《侬智高——历史的幸运儿与弃儿》⑫，罗彩娟《千年追忆云南壮族历史表述中的侬智高》⑬。

关于壮族土官（土司）制度及改土归流的研究。研究内容包括从唐宋羁縻州制到元明清土司制度和改土归流的制度内容及其演变问题的研究，有关于土司制度下壮族社会性质、社会结构、社会问题的研究，有关于土官个案的研究，等等。粟冠昌、吴永章、莫俊卿、韦文宣、玉时阶、李干芬、蓝承恩、覃彩銮、莫家仁、谈琪、白耀天、顾有识、覃树冠、苏建灵、韦东超、覃成号、雷坚、林建曾、蓝韶昱、蒋俊、蓝武、李春莲、黄家信、黄衍云、玉时阶等学者，都有关于壮族土司的研究成果，使该问题成为此时期壮族史研究的热点论题。谈琪《壮族土司制度》是该领域代表性研究专著。

罗彩娟《从"归顺"到"靖西"：边疆地区壮族的国家认同研究》⑭，探讨边疆地区壮族国家认同的不同路径，是一篇值得注意的论文，体现了该时期壮族史学研究与中国民族史学研究主流的汇流。

关于壮族近代史、近代革命史的研究。这方面的研究，问题主要集中在太平天

---

① 《贵州大学学报》2019 年第 6 期。
② 广西民族研究所编：《广西民族研究参考资料》第 1 辑，1981 年，内部印行。
③ 《民族研究》1984 年第 6 期。
④ 《广西民族研究》1986 年第 2 期。
⑤ 《广西民族研究》1987 年第 1 期。
⑥ 广西民族研究所编：《广西民族研究参考资料》第 3 辑，1983 年，内部印行。
⑦ 《广西民族学院学报》1985 年第 1 期。
⑧ 《广西民族研究》1986 年第 1 期。
⑨ 《中南民族学院学报》1994 年第 4 期。
⑩ 南宁：广西人民出版社，1983 年。
⑪ 南宁：接力出版社，1994 年。
⑫ 北京：民族出版社，2006 年。
⑬ 桂林：广西师范大学出版社，2012 年。
⑭ 《广西师范大学学报》2017 年第 3 期。

国运动时期的壮族历史人物、中法战争到辛亥革命壮族历史人物和左右江革命运动的研究。《壮族历史人物传》、覃高积《太平天国壮族农民起义》、黄成授《壮族革命史》《陆荣廷新论》（会议论文集）等，较为集中地反映了该领域的研究成果与主流观点。

（2）壮族整体史的研究获得突破性进展。

这时期，出版了三部壮族史研究的整体性著作。其一，广西人民出版社 1980 年出版的《壮族简史》。该书的出版，标志着壮族历史上一些重大分歧问题已基本得到解决，为壮族史研究的进一步发展奠定了良好的基础。民族出版社 2008 年出版了《壮族简史》修订版。其二，广西民族出版社 1988 年出版的黄现璠、黄增庆、张一民合著的《壮族通史》。该书是在黄现璠遗稿的基础上，由黄增庆、张一民增补而成。作为壮族有史以来第一部通史性著作，该书出版后得到了学术界的高度评价。它以翔实的史料，较为全面地论述了壮族的起源和壮族各个历史时期的政治、经济、文化诸方面的发展状况，不仅丰富了我国少数民族历史的研究成果，也为壮族史的研究提供了一部资料丰富准确、叙述平实的参考书。其三，民族出版社 1997 年出版的张声震主编的《壮族通史》。该书是迄今为止国内外最完整系统的壮族历史著作，经广西壮族自治区内外 30 多位专家学者近 9 年的努力，方始完成。该书对壮族历史的分期，体现出了极大的特色，也有理论深度。

广东人民出版社于 2002 年出版了由覃彩銮编著的基于张声震《壮族通史》的普及本《壮族史》，世界图书出版西安有限公司 2015 年出版了李德洙主编的《中国民族百科全书 10 壮族、黎族、仫佬族、毛南族、京族卷》，漓江出版社 2018 年出版了覃彩銮的《壮族简史》。2019 年宁夏人民出版社出版了梁庭望的《中国壮族》。这时期的壮族史研究，主要特点是：成果丰硕，研究范围与深度都远超以往，但也存在论题老旧，理论创新性成果少，与国际学术发展走向接轨不够等缺憾。

（3）壮族专门史研究领域进一步向宽度和深度拓展。

主要表现在：第一，专门史研究领域得到全面开拓，文化史、思想史、社会史、经济史、科学技术史以及民族关系史等，都有代表性的研究成果出版；第二，多学科整合的研究方法得到普遍应用，尤其是民族学、人类学、社会学、文化学等学科的理论和研究方法的应用，极大地促进了壮族史研究的深化和发展；第三，研究成果质量整体持续上升，壮族史研究的著作、论文数量和整体质量在逐年上升。

关于壮族文化史、思想史、经济史、科学技术史的研究，主要有：廖明君《壮族生殖崇拜文化》、黄庆印《壮族哲学思想史》、丘振声《壮族图腾考》、覃乃昌《壮族稻作农业史》、覃彩銮《壮族干栏文化》、杨宗亮《壮族文化史》、韦玖灵《儒学南传与壮族思想发展》、郑超雄《壮族文明起源研究》、郑超雄、覃芳《壮族历史文化的考古学研究》、吴才泽《河池壮族铜鼓习俗》、朱恒夫主编的《广西壮族师公戏》等。

近十年来，又有刘婷《壮族布洛陀文化的当代重构及其实践理性：那县的田野表述》、何正廷《壮族日鸟崇拜习俗研究》、梁庭望《壮族文化概览》、黄桂秋《壮族传统文化与现代传承》、杰弗里·巴洛《壮族：他们的历史文化与民族性》、陈金文《壮族民间文学概要》和《壮族风物传说的文化研究》、赵双喜《粤北壮族历史文化》、韦玖灵《壮族哲学思想》、唐凯兴《壮族伦理思想研究》、覃尚文和蒙元耀《壮族伦理道德传扬歌研究》、陈新建《壮族习惯法研究》、张晋《中国少数民族民族法史通览·第 5 卷·壮族》、黄小芬《走进巴马长寿村——精析壮族养老文化》等。这些成果，拓展了壮族史的研究领域，丰富了壮族史的内容。

另外，黄汉儒主编的《壮族医学史》①、覃尚文和陈国清主编的《壮族科学技术史》②、戴铭主编的《壮族医学史》③、覃乃昌《壮族经济史》④ 的出版，加上早前的黄庆印《壮族哲学思想史》、杨宗亮《壮族文化史》，使壮族各主要领域专门史的研究，都取得了重大的进展。

关于社会史的研究。方素梅《近代壮族社会研究》，为近四十年来壮族社会史研究最具代表性的成果。韦顺莉《清末民初壮族土司社会研究——以广西大新县境为例》，从个案入手，为壮族史研究与当下中国史学主流研究的接轨提供了范例。黄家信《壮族地区土司制度与改土归流研究》，可以视为关于壮族土司制度研究的总结之作。李富强《村落的视角：壮族社会文化变迁的个案研究》⑤，黄雁玲《壮族传统家庭伦理及其现代演变研究》⑥，吴德群《社会转型期壮族民间文化变迁研究》⑦，李富强、白耀天《壮族社会生活史》上下卷⑧，白耀天《壮族社会文化发展史》上下册⑨，不仅是近年来壮族社会史研究的代表性成果，也是近十年来壮族史研究进展的典型性成果。

关于民族关系史的研究。目前有韦玖灵的《壮汉民族融合论：历史上壮汉族融合与同化现象研究》、白雪《音声：社群形态互构——右江流域平果壮族嘹歌及歌圩活动研究》、蒋满元《民族关系与人地关系的适应性问题研究——以广西壮族为例》等研究专著。

港台地区学者对壮族史的专门研究很少，只在一些整体性的中国民族史研究著作中提到，属于介绍性质，篇幅也很小。

（三）壮族史研究文献的整理

中华人民共和国成立 70 年来，壮族史文献整理研究的成果主要有：《左右江革

---

① 南宁：广西科技出版社，1998 年。
② 南宁：广西科技出版社，2003 年。
③ 南宁：广西民族出版社，2006 年。
④ 南宁：广西人民出版社，2011 年。
⑤ 北京：民族出版社，2013 年。
⑥ 北京：民族出版社，2017 年。
⑦ 北京：中国社会科学出版社，2017 年。
⑧ 南宁：广西人民出版社，2013 年。
⑨ 北京：中国社会科学出版社，2019 年。

命史料汇编》《广西少数民族地区石刻碑文集》《广西少数民族地区碑文契约资料集》《壮族民歌古籍集成》《壮族土官族谱集成》《壮族么经布洛陀影印译注》上中下三部、壮学丛书《壮族鸡卜经影印译注》八卷、《壮族传统古歌集》《壮族巫信仰研究与右江壮族巫辞译注》上下两部、《云南少数民族古籍珍本集成第4卷壮族》《布洛陀经诗：壮族创世史诗》《广西壮族自治区桂林图书馆珍贵古籍图录》《云南文山壮族文献古籍典藏》10卷、《壮族俗语集成》《中国各民族神话：仫佬族、壮族、京族》《壮族嘹歌》平果上下二卷、《壮族歌谣》《壮族么经》《壮族师公道公经书》《第一批广西壮族自治区珍贵古籍名录图录》《芸阁菁华——广西壮族自治区图书馆古籍珍品》等。

（四）壮族史研究的展望

中华人民共和国成立70年来，经过几代学人的努力，壮族史研究取得了很大的成就，为中国民族史学科的发展做出了应有的贡献。但是，当前中国民族史学发展很快，一方面是国际学术合作交流发展的要求，另一方面是国内建设中国特色民族史学科的迫切要求，壮族史研究还需要更进一步的努力，以在中国民族史学科的未来发展中作出自己应有的贡献。

既往壮族史研究，在通史性研究在整体史的框架解释上还存在不足；专门史研究在内容深度和理论探索方面仍需进一步加强；文献整理、出版和基于田野调查的民族志编撰工作也有待全方位开展。未来的壮族史研究，当以多学科交叉的研究视角，融汇相关学科理论，拓展研究新领域，积极开展区域或个案、内部族群、文化整合、族群演变与发展、族际交往与国家认同的研究，尤其要以中华民族命运共同体的视角，深化对壮族与兄弟民族交往交流交融历史的研究，以铸牢中华民族共同体意识，维护国家利益。同时，应主动加强对新史学理论和研究范式的研究、学习与移用，写出更多高水平的学术论著，促进新时代壮族史学科的发展。在壮族历史的具体书写中，进一步提升整体史的叙事水平，以尽快写出基于中国统一多民族国家整体史观，符合壮族自身历史发展的客观，以本民族的历史话语系统建构的全新的壮族通史。

壮族史研究有理论和学养深厚的人才队伍，他们不乏开阔的视野和积极进取的精神，在开放的学术氛围下，相信未来的成绩一定更辉煌。

二、布依族史研究

20世纪50年代以前，关于布依族历史方面的研究成果较少。明清时期汉文史籍、方志中偶有关于布依族来源、族称以及社会习俗方面的记载。20世纪初，西方传教士在他们的著述中对布依族的历史来源及其与同语族其他民族的关系作了简要的介绍。20世纪三四十年代，中国的一些学者，如马长寿、林惠祥、徐松石、罗香林、戴裔煊、岑家梧等或在其他研究中涉及布依族的历史，或专门撰文对布依族历史进行研究，如 1936 年马长寿著《中国民族分类》说："居于黔者曰仲家，皆属撣族。"1943 年岑家梧在对贵州省南部的布依族地区进行深入调查的基础上，著《由仲家来源斥泰族主义的错误》，根据布依族蒙、莫、覃等姓氏家谱皆言其始祖为外省籍入黔汉人以及布依族的文化面貌、心理素质等似汉族，认为布依族来源于汉族。

中华人民共和国成立之初，结合民族识别工作，政府组织了大量人力、物力对布依族的社会历史进行了全面、深入的调查，1953 年确定以"布依"作为布依族的正式族称，取代此前广泛流行于民间的"仲家""水家""夷家""夷族"等称谓。1960 年《民族研究》发表了中华人民共和国成立以后首篇关于布依族历史来源的文章。1963 年出版的《布依族简史简志》（合订本）（初稿）是中华人民共和国成立以来布依族历史研究较全面、系统的成果。"文革"期间，布依族历史研究全面停止。

"文革"结束后，少数民族历史研究重新得到重视，1979 年《贵州民族研究》创刊，布依族历史研究、布依族族源方面的研究成果陆续发表。90 年代初期以来，贵州省布依学会和各州（地、市）民族工作部门联合主编不定期系列丛书《布依学研究》陆续出版，迄今已出版九期，陆续发表了一批有关布依族族源、族称、古代社会、历史事件、历史人物等方面的研究论文。20 世纪 90 年代末，黄义仁《布依族史》出版，这是中华人民共和国成立 70 年来布依族历史研究最全面、最系统的学术著作，是布依族历史研究的重大成果。

自进入 21 世纪新阶段以来，随着民族史研究理论不断创新和大量可靠的文献依据的支撑，布依族历史调查与研究也呈现多元化趋势发展，取得了丰硕的成果，一大批布依族历史研究方面的重要学术成果相继出版和发表。

布依族史研究根据研究内容，大致可分为以下三个方面：

（一）布依族族源、族称的研究

布依族族源、族称研究相关论著可分为两类，一类是研究"百越"民族史和贵州古代夜郎国民族族属而述及布依族族源的专著和论文，这方面的专著主要有《布依族简史》，周春元、王燕玉等编著的《贵州古代史》，何光岳著的《百越源流史》，侯绍庄、史继忠、翁家烈合著的《贵州古代民族关系史》等。论文则主要见于《百越民族史论集》《百越民族史论丛》《百越史研究》和《夜郎史探》等论文集中。另一类是探讨布依族族源的专文，主要的研究成果有莫俊卿的《布依族的族源研究》、侯绍庄的《浅谈布依族族源》、梁南灿的《布依族源流考》、田晓岫的《略论布依族的族源问题》、罗漫的《布依族与夏文化论布依族先民的一支属夏禹后裔》等。综合各家之言，布依族族源可分别为越族说、越濮说、濮莱说、羌越说、濮说、夏越说等几种说法。

越族说在研究布依族族源的学者当中是比较流行的一种观点，又分为西瓯骆越说、骆越说和西瓯说三种说法。侯哲安、张一民、朱俊明等学者认为布依族来源于百越族群中的西瓯和骆越两个支系。① 如朱俊明在《西瓯古今论》中指出："仲家出现最早似在唐代，故元时已见于记载，明代今贵州境内称仲家者猛增，布依族的分布主要是在牂牁的腹心地区，其与古西瓯骆越中的且兰、夜郎的关系最为密切。"姚瑶在《从自然崇拜的角度试论布依族的族源问题》中的观点倾向于"越族说"，认为布依族与壮族是同源民族。② 侯绍庄、莫俊卿、周宗贤等学者认为布依族来源于骆越，③《布依族简史》亦持此观点。④ 论据是，骆越就是"垦食骆田的越人"，布依族称山间形成的谷地为"洛"（通"骆"），骆田就是山谷里的田。今天布依族聚居的南北盘江及红水河流域，属于骆越人分布的"骆越地"；布依族与古越人具有共同的文化特征，如居"干栏"、用铜鼓、信鸡卜、有断发文身遗迹、语言也同古越语等。梁敏在其《侗傣诸族源流》一文中，从语言亲缘关系和分布地域等方面，论证布依族来源于百越族群的西瓯一支。⑤ 龙青松等著的《南北盘江红水河布依族历史文化研究》从文献、考古和布依族口述文学三方面考证，认为布依族就是贵州省的一个世居民族（第118页）。⑥

　　越、濮说认为布依族是由越、濮两族融合发展而来。如汪宁生在《古代云贵高原上的越人》一文中认为壮侗语族中"傣族是越人的直系后裔，而壮族、布依族、侗族和水族来源比较复杂，其中不仅有越人的成分，也融合了较多的百濮族系统民族（如僚人）的成分。"⑦ 也有的学者认为"濮"和"僚"也属于越族，后来发展成布依族。江应樑、史继中等持此观点。⑧ 阿伍《布依族的族源》认为：布依族来源于古代的"濮越人"或"濮夷"。⑨ 有的学者认为，"夜郎联盟集体"属越族，由"僚""濮"两个部分构成，布依族是濮族的直接继承者。尤中《夜郎民族源流考》认为，布依族"是古代夜郎联盟集体中濮人的直接继承者"，"仲家自称'布依'，即古夜郎联盟集体中濮族，'布'与'濮'是同声字，先后译写不同而已"，"仲家（布依）是一直居住在当地的夜郎濮人。"⑩ 黄义仁《布依族史》亦认为布依族的来源与越、濮有关，但他主张越和濮是古代两个不同的民族。⑪ 梁钊韬《百越对缔造

　　① 侯哲安：《夜郎初步研究》，《夜郎史探》，贵阳：贵州人民出版社，1988年；张一民：《西瓯骆越考》，《百越民族史论丛》，南宁：广西人民出版社，1985年；朱俊明：《西瓯古今论》，《百越史研究》，贵阳：贵州人民出版社，1987年。

　　② 《安徽文学（下半月）》，2008年。

　　③ 侯绍庄：《浅谈布依族族源》，《西南民族学院学报》1980年第2期；莫俊卿：《布依族的族源研究》，《贵州民族研究》1980年第2期；周宗贤：《百越与华夏族及其他民族的关系》，《百越民族史论文集》，北京：中国社会科学出版社，1982年。

　　④ 中国科学院民族研究所、贵州少数民族社会历史调查组编：《布依族简史简志合编》（初稿），中国科学院民族研究，1963年。

　　⑤ 《中国民族史研究》，北京：中央民族大学出版社，1987年。

　　⑥ 贵阳：贵州人民出版社，2011年。

　　⑦ 《民族史论丛（第二辑）》，北京：中华书局，1982年。

　　⑧ 江应樑、史继中：《夜郎是"百越"族属》，《百越史研究》，贵阳：贵州人民出版社，1987年。

　　⑨ 《贵州民族研究》2003年第3期。

　　⑩ 尤中：《夜郎民族源流考》，《夜郎史探》，贵阳：贵州人民出版社，1988年。

　　⑪ 黄义仁：《布依族史》，贵阳：贵州民族出版社，1999年，第10页。

中华民族的贡献》一文认为布依族来源于"濮莱"。"濮莱"是越人的自称，是古老的原始越族的族名，濮人就是莱人；"布依族自称'布饶'，'布'是人的意思，'饶'是'僚'，越语倒装，布饶即僚人，布即濮，故濮即人的意思。"① 王文光在《百越民族史整体研究述论》一文中认为布依族是由"僚"分化而来的，始终处于相互吸收、补充的历史过程中。② 李艳峰《中国南方古代僚人源流史》通过对不同时期的史料进行考释，仲家同样是由"僚"分化而来，并在此基础上逐步形成现代的布依族。③ 羌、越说认为布依族由羌和越融合而来。何光岳所著《百越源流史》持此观点。④

梁南灿、田晓岫等学者主张布依族源于濮族，并认为濮与越没有族属关系。梁南灿《布依族族源考》认为布依族来源于古濮族。濮与僚是同一民族，文献上僚与俚并称，他们同属一族，但"僚濮与越没有任何族源关系"，"夜郎境内有越人居住，他们是明清后逐渐迁来，已融入布依族之中，但不能以此把整个布依族先民认定为越族。"⑤ 田晓岫从布依族与古代濮人在文化上的一些相似特征论证了布依族来源于濮人，如稻作农耕、善植棉布、崇尚铜鼓、发式椎结等。⑥ 罗漫《布依族与夏文化：论布依族先民的一支属夏禹后裔》认为"禹为越后"，即夏族来源于东南沿海的古越族，"布依族先民有一部分原来就是东南沿海的古越人，进入中原又成为禹的后代，属于夏王朝统治集团的一部分"，夏人被商征服，有一部分夏人向陕川地区流散，"今贵州布依族中那部分'布禹的后代'，其先是夏王朝失国后，不断从中原、荆楚及陕川地区移入贵州高原的"，"夏人移入贵州，时间应迟至西周初年"。⑦ 蒋楚麟在《试从布依族历史、经济与风情习俗探其族源》一文中认为，"布依"当是"濮夷"的谐音，并分别从史料记载、民风习俗上来论证布依族的来源与"濮"有关。⑧

有少部分学者认为布依族源于明洪武"调北征南"或是源于八番，这两种说法虽是历史事实，但历史年代较近，其根本源流难以追溯到，只能算是布依族的极小部分，不能算布依族的主体，所以姑且不讨论。

综上所述，大多数学者主张布依族来源于古越族，除越族说外，越濮、濮莱、

① 梁钊韬：《百越对缔造中华民族的贡献》，《百越民族史论文集》，北京：中国社会科学出版社，1982 年。

② 王文光：《百越民族史整体研究述论》，《百越文化研究——中国百越民族史学会第十二次年会暨百越文化国际学术研讨会论文集》，百越民族史研究会，2004 年；蒋楚麟：《试从布依族历史、经济与风情习俗探其族源》，《布依族节日文化研究》，贵阳：贵州民族出版社，2017 年。

③ 李艳峰：《中国南方古代僚人源流史》，昆明：云南大学出版社，2016 年。

④ 何光岳：《百越源流史》，南昌：江西教育出版社，1989 年。

⑤ 梁南灿：《布依族族源考》，《贵州民族研究》1987 年第 2 期。

⑥ 田晓岫：《略论布依族来源问题》，《贵州民族研究》1992 年第 2 期。

⑦ 罗漫：《布依族与夏文化：论布依族先民的一支属夏禹后裔》，《布依学研究》（之四），贵阳：贵州民族出版社，1995 年。

⑧ 蒋楚麟：《试从布依族历史、经济与风情习俗探其族源》，《布依族节日文化研究》，贵阳：贵州民族出版社，2017 年。

羌越、越夏等观点也都认为布依族族源与古越人有关。

有关布依族民族关系的研究有如韦廉舟《从布依族叙事〈调北征南〉看贵州民族关系史》，通过分析贵州关岭一带搜集整理的布依族叙事歌《调北征南》，探究布依族民族关系的有关问题。作者指出，布依族是贵州的世居民族，而不是外来民族，在其发展迁移的过程中，也有同其他民族相互交往、相互融合的现象，而且贵州的布依族与广西的壮族不是一个民族，但有一定的渊源关系。

（二）布依族古代社会形态的研究

多数学者认为布依族从古至今经历了原始社会、奴隶社会、封建社会、半封建半殖民地社会和社会主义社会五个社会发展时期。其中在布依族是否经历了奴隶制社会的问题上史学界曾经出现过一些分歧。有的学者认为，布依族古代社会很可能是由原始社会直接过渡到封建社会的。[①] 周相卿在《古夜郎国地域、民族及法律控制问题探索》一文中认为，夜郎国时期的居民是布依族或者布依族与仡佬族共同祖先的可能性最大，但还没有足够的证据来揭示社会形态问题[②]；文献资料和民间传说中虽有关于家庭奴隶的存在，但并没有充分的论据证明布依族曾经经历过奴隶社会，直到中华人民共和国成立前，布依族农村中尚保留着农村公社的残余。具体表现为：以地区或村寨为单位的寨老公议制还占着民间裁判的重要地位；不同于宗法家族所有制的村寨共有制的保留；习惯法的保留和使用；等等。

但多数学者主张布依族经历了奴隶社会，[③] 理由是：夜郎是奴隶制社会，作为夜郎的主体民族的布依族自然也经历了奴隶社会。今天布依语中的"夜"为制订，"郎"是规章制度的意思；布依族的中心是南北盘江流域，其南部的壮族在古代建立的南越国就是一个奴隶制国家，作为族源相同、地缘相连的布依族先民，不会例外地超越奴隶制阶段；中华人民共和国成立后，在布依族居住的兴义、安顺地区发掘有秦汉之际的铜、铁器，说明布依族先民农耕技术较先进，这就为古代的布依族先民从原始社会进入奴隶制社会提供了物质基础；罗甸、平塘等地在中华人民共和国成立前财主能控制一两村的人，并掌握人的生死大权，长工终身为财主服无偿劳役；财主出嫁女儿有丫环陪嫁。平塘有议郎碑，谁犯了议郎碑中的条文都会被罚款，这些都是奴隶社会的残迹。有的学者还从语言学的角度出发，探讨布依语词汇中反映出的古代布依族奴隶制。[④]

关于布依族近代史分期问题也存在两种不同意见，一种意见认为，布依族近代史分期应晚于鸦片战争，到 1883 年中法战争爆发后，布依族地区才开始进入半殖民

---

① 华西：《布依族的来源及其古代社会经济的发展》，《民族研究》1960 年第 4 期。

② 周相卿：《古夜郎国地域、民族及法律控制问题探索》，《地域文化研究》，2020 年。

③ 侯绍庄、吴斯清：《论布依族先民的古代社会》，《贵州民族研究》1982 年第 3 期；杨有耕：《试论布依族的奴隶社会》，《贵州民族研究》1984 年第 1 期；黄义仁：《布依族史》，贵阳：贵州民族出版社，1999 年9 月。

④ 藤雷声：《从词语上探讨布依族的奴隶制》，《贵州民族研究》1982 年第 3 期。

地半封建社会。① 持不同观点的学者则认为，1840 年英国的炮舰政策打开了中国的大门，清朝政府与外国侵略者订立了不平等条约，大量对外赔款转嫁给全国各族人民，既然中国已沦为半封建半殖民地社会，作为我国统一的多民族国家中的一员，布依族是免不了的，只是程度不同罢了，其本质是一样的。②

在夜郎研究方面，还有伍文义③、李炳泽④各自从布依族竹图腾角度的研究，周国茂⑤从历史地名学角度所进行的探讨等，都具有极强的说服力，为人们科学客观认识夜郎提供了新的思考维度。

（三）布依族历史事件、历史人物的研究

历史事件和历史人物常常是联系在一起的，这方面的研究成果主要集中在对发生于 18 世纪末期的南笼布依族农民起义以及起义的主要领导人王囊仙和韦朝元的研究方面。除了散见于《贵州民族研究》等刊物上的单篇文章，还有各地布依学会召开的专题学术会议论文。贵州省布依学会和黔西南州民委主编的《布依学研究》（之三）则是这一历史事件和相关历史人物研究之集大成者。学者们主要围绕这次农民起义的社会历史背景、原因、性质、过程、历史意义、失败的原因及历史教训等方面展开研究。黄义仁著《布依族史》也对这一历史事件和相关人物做了详细的论述。

对其他历史事件和历史人物的研究成果还有如杨有耕《咸同布依族农民起义》、姚忠《1906 年布依族罗发先领导的反帝反封建斗争》、杨路塔《王囊仙与杨元保起义比较研究》等。⑥

对布依族史的深度研究将是布依学研究的重要内容。相信在不久的将来，布依族史的研究成果将会更为丰富，布依族优秀传统文化的弘扬必将为中华民族乃至世界文化做出更大贡献。

三、侗族史研究

侗族是云贵高原上一个古老的民族，主要分布在贵州、湖南、广西三省区的毗

---

① 杨有耕：《贵州布依族地区半殖民地半封建社会的形成》，《民族研究》1981 年第 5 期；黄义仁：《布依族史》，贵阳：贵州民族出版社，1999 年。

② 中国科学院民族研究所、贵州少数民族社会历史调查组编：《布依族简史简志合编》（初稿），中国科学院民族研究所，1963 年。

③ 伍文义：《论布依族竹图腾》，《布依学研究——贵州省布依学会成立大会暨第一次学术讨论会论文集》，1988 年。

④ 李炳泽：《"夜郎"即"崇竹之越人"》，《布依学研究（之三）——贵州省布依学会第二届年会暨第三次学术讨论会论文集》，1991 年。

⑤ 周国茂：《夜郎是布依族先民建立的国家》，《夜郎研究——夜郎学术研讨会论文集》，1999 年。

⑥ 杨有耕：《咸同布依族农民起义》，《贵州民族研究》1982 年第 3 期；姚忠：《1906 年布依族罗发先领导的反帝反封建斗争》，《贵州民族研究》1982 年第 3 期；杨路塔：《王囊仙与杨元保起义比较研究》，载《布依学研究（之三）——贵州省布依学会第二届年会暨第三次学术讨论会论文集》，1991 年。

连地带。关于侗族先民的史实、史事，多散见于汉文及其他民族的文献之中。如较早的《史记·南越列传》《溪蛮丛笑》《越人歌》《吴越春秋》《后汉书·南蛮传》等历史文献和近代吕思勉《中国民族史》、林惠祥《中国民族史》、罗香林《中夏系统中之百越》等著述中，都有不少的篇幅涉及侗族先民——古百越族群的历史活动情况。

侗族作为一个现代意义上的族称概念，是 20 世纪 50 年代后经过科学而严格的民族识别而确定下来的。相应的，对侗族社会历史与文化的系统调查与研究，也始于 20 世纪 50 年代。这之后，随着中国少数民族社会历史调查和贵州"六山六水"调查的全面展开，为侗族社会与历史的研究积累了不少的资料，20 世纪 90 年代以前，出版了《侗族简史》①《侗族社会历史调查》②《广西侗族社会历史调查》③ 及侗族地区各地州县的"侗族概况"、各地三套集成、地方志、民族志、侗款、侗族民间文学资料等，为侗族史的研究奠定了基础。其中的《侗族简史》作为侗族史研究的第一本著作，系在《侗族简史简志合编》的基础上补充修改而成的，全书对侗族地方的历史、地理、经济、文化、社会等各个方面均有不同程度的涉及。2010 年后，侗族研究综合性的专著有黄海涛主编《侗族》④、毛益磊主编《侗族》⑤、阙跃平编《侗族》⑥、杨筑慧编著《中国侗族》⑦、《侗族通史》编委会编《侗族通史》⑧、杨筑慧著《侗族》⑨ 等。

20 世纪 80 年代以来，在侗族地区广泛的社会历史调查与研究的基础上，侗族史的研究已从族源史、政治史、社会史、文化史、民族艺术史、经济史、教育史、卫生史、哲学史、宗教史、革命史、科技史等各个不同的视角全面地展开，并在以下几个方面形成了一些比较集中的研究热点。

（一）侗族族源的研究

侗族的族称和族源问题，是侗族历史研究中一个重要的问题，也是学界关注最早、争论最为激烈的问题。早在 20 世纪的上半叶，老一辈的学者戴裔煊在《僚族

---

① 《侗族简史》编写组编：《侗族简史》，贵阳：贵州民族出版社，1985 年。

② 国家民委民族问题五种丛书贵州省编辑组编：《侗族社会历史调查》，贵阳：贵州民族出版社，1988 年。

③ 国家民委民族问题五种丛书广西壮族自治区编辑组编：《广西侗族社会历史调查》，南宁：广西民族出版社，1987 年。

④ 乌鲁木齐：新疆美术摄影出版社，2010 年。

⑤ 长春：吉林文史出版社，2010 年。

⑥ 北京：外语教学与研究出版社，2011 年。

⑦ 银川：宁夏人民出版社，2012 年。

⑧ 贵阳：贵州人民出版社，2013 年。

⑨ 沈阳：辽宁民族出版社，2015 年。

研究》①、徐松石在《泰族壮族粤族考》② 和《粤江流域人民史》③ 等著述中就已展开了探讨。其中，戴裔煊认为，侗族在周以前为"蛮""骆（骆越）"，秦为"陆梁"，晋为"僚"，唐为"西原蛮"，宋为"侗"，明清以后的"羊黄"与之有关。

据历史记载，今天侗族的分布地区，古代曾经活跃着各种不同的民族共同体。他们在秦汉时期称为"黔中蛮"，魏晋南北朝时期称为"僚"，唐代称"僚浒""乌浒"，宋代之后有"仡伶""仡佬""苗""瑶"等。明清以来，又有"峒人""峒蛮""洞苗""洞家"等诸多不同的称呼。

目前，学界通过对这些古代民族的深入研究，再结合侗族的语言、文化习俗，从语言学、历史学、民族学等多学科的角度，对侗族的族源展开了广泛的讨论，形成了诸多不同的观点。如龙耀宏《侗族源于"干越"考》④ 一文，认为侗族与历史上的"干越"有族源关系。他的《侗族族称考释》⑤ 一文，从语言学的角度，通过对侗族自称和他称的考察分析，进一步强调了侗族源于"干越"的基本观点。吴廷栋在《侗族是百越一支发展起来的土著民族》⑥ 中认为，侗族是当今侗地的古"骆越"发展起来的世居民族。吴忠军《侗族源流考》⑦ 一文，通过对侗族自称的通称和分支称呼的考述，论证佬侗与佼侗同源于骆越、僚人，但侗源于西瓯、蛊人。另外，黄才贵《侗族名称初探》⑧、杨进铨《也谈侗族族称》⑨、洪寒松的《侗族族称族源初探》⑩、张民《释"干"兼论侗族称族源》⑪、杨灿业《试谈"掸侗"和"佼侗"》⑫、王胜先《侗族族源考略》⑬ 等文章，也就侗族的族源、族称问题发表了各自不同的看法。专著研究成果有张民《侗族探源》⑭ 等。

概括起来看，目前学界对侗族族源大致有古越说、百越说、骆越说、瓯越说、干越说、荆越说等说法；就其演变而言，又有越为僚说，武陵蛮与越融合为僚说，越与"黔中蛮""武陵变""五溪蛮"及"僚"有关说，干越濡染骆越文化说等诸多观点。⑮ 虽然，对侗族族源问题认识，尚存在很大的分歧，不过大多数学者普遍认为，侗族的族源同中国南方的古越人有着十分复杂而深厚的渊源。

---

① 贵州省民族研究所编：《民族研究参考资料》第 7 集，第 21 页。
② 北京：中华书局，1946 年，第 60 页。
③ 北京：中华书局，1939 年，第 306 页。
④ 《贵州民族研究》1987 年第 4 期。
⑤ 《贵州民族研究》1993 年第 2 期。
⑥ 《贵州民族研究》1993 年第 2 期。
⑦ 《广西民族学院学报》1998 年第 3 期。
⑧ 《贵州民族研究》1983 年第 1 期。
⑨ 《贵州民族研究》1993 年第 1 期。
⑩ 《贵州民族研究》1985 年第 3 期。
⑪ 《贵州民族研究》1990 年第 3 期。
⑫ 《贵州民族研究》1990 年第 1 期。
⑬ 《贵州民族研究》1984 年第 2 期。
⑭ 北京：中国戏剧出版社，2012 年。
⑮ 张民：《侗族史研究述评》，《贵州民族研究》1987 年第 3 期。

（二）侗族社会组织形态及结构的研究

关于侗族社会组织结构的研究，是近 30 年来学界研究的一个重点和热点问题。在这方面，比较有代表性的著作有《侗族地区的社会变迁》①《侗款》②《没有国王的王国——侗款研究》③ 等。其中《侗族地区的社会变迁》一书，在梳理历史文献和他人著述资料的基础上，运用作者实地调查资料，以典型村寨的微观描述来阐释侗族社会变迁的宏观图景，同时还采用历史学、民族学、社会学相结合的方法，深入细致地分析了侗族社会进程中诸如城镇、款组织、房族、习惯法、婚姻、人口等诸多具有象征符号意义的事项，进而在一定程度上缕清侗族社会的发展演变的基本脉络。《没有国王的王国——侗款研究》全面而系统地论述了款的组织结构、社会功能、历史变迁及对现实社会生活的影响。

在侗族的社会组织结构研究的单篇论文中，向零《从江县九洞侗族社会组织与习惯法》④《榕江县三宝侗族的社会组织》⑤《高增与"二千九"的社会组织》⑥ 黄才贵《黎平县肇洞侗族社会调查》⑦《洞款乡规及其演变——对侗族社会组织形式、功能及其演变的探讨》⑧，廖君湘《侗族传统社会分层的特殊结构及其成因》⑨《侗族传统社会冲突的主要层面》⑩《侗族"款约"习惯法浅论》⑪《侗族传统社会外部控制诸方式》⑫《侗族传统社会家庭：结构、功能及家庭成员关系》⑬《侗族传统社会形态新探》⑭，姚丽娟、石开忠《侗族地区款组织的变迁》⑮，杨进铨《侗族补拉文化试析》⑯，石佳能《侗族补拉文化溯源》⑰ 是比较有代表性的研究成果。尤其是廖君湘发表的系列论文，对侗族社会组织结构的诸多方面均有较为深入的研究。专著研究成果有吴大华等著《侗族习惯法研究》⑱，张瑾著《侗族旅游村寨协同治理研

---

① 石开忠、姚丽娟著，北京：中央民族大学出版社，2005 年。
② 湖南少数民族古籍办公室编，长沙：岳麓书社，1988 年。
③ 邓敏文、吴浩著，北京：中国社会科学出版社，1995 年。
④ 贵州民族研究所、贵州民族研究学会编：《贵州民族调查》之三，1985 年。
⑤ 《贵州民族调查》之七，1990 年。
⑥ 《贵州民族调查》之九，1992 年。
⑦ 《贵州民族调查》之四，1986 年。
⑧ 《贵州民族研究》1987 年第 3 期。
⑨ 《青海民族学院学报》2006 年第 1 期。
⑩ 《经济与社会发展》2005 年第 3 期。
⑪ 《船山学刊》2006 年第 4 期。
⑫ 《贵州民族研究》2005 年第 4 期。
⑬ 《佳木斯大学社会科学学报》2005 年第 5 期。
⑭ 《长沙理工大学学报》2005 年第 1 期。
⑮ 《贵州民族学院学报》2004 年第 5 期。
⑯ 《民族论坛》1992 年第 1 期。
⑰ 《贵州民族研究》1991 年第 2 期。
⑱ 北京：北京大学出版社，2012 年。

究》①，罗康隆、吴寒婵著《侗族生计的生态人类学研究》②，袁涓文等著《侗族村寨土地资源管理研究》③ 等。

（三）侗族文化史、文学艺术史的研究

在侗族文化史的研究中，张世珊、杨昌嗣合著的《侗族文化概论》④，分"历史文化""语言文化""款文化""鼓楼文化""信仰文化""生活方式文化""习俗文化""民间文学""民间艺术""民间工艺""医典文化""文化哲学"等 12 个专题，对侗族文化进行了全面系统的研究。刘芝风的《中国侗族民俗与稻作文化》⑤ 一书，把一个民族的民俗融入农业耕作历史来探讨，通过对侗族的历史渊源、民族图腾崇拜、生产习俗、生活习俗、节日习俗、服饰文化、民间工艺、建筑艺术等的研究，揭示侗民族的民俗与稻作文化之间的相互关系和作用。杨权编著的《侗族民间文学史》⑥，以史为纲辅以类述，基本上梳理出侗族民间文学发展演变的脉络。杨筑慧的《侗族风俗志》⑦ 分物质民俗、社会民俗、岁时民俗、信仰民俗等几个大的方面，全面地揭示了侗族的风俗习俗。陆中午、吴炳升主编的《侗戏大观》⑧，全书分为侗戏史略、侗戏剧目、侗戏音乐、侗戏剧本、侗戏表演、戏台、戏联、大事年表、人物表等九章，对侗戏进行了系统的研究，基本上达到了侗戏述史、存档、研究、交流、宣传、弘扬的目的。

文化研究著作还有石开忠著《侗族鼓楼文化研究》⑨，陈幸良、邓敏文著《中国侗族生态文化研究》⑩，杨筑慧等著《侗族糯文化研究》⑪，吴鹏毅编著《侗族民俗风情》⑫，石开忠主编《侗族文化大观》⑬，杨明兰、宋尧平编著《黔东南侗族节日文化大观》⑭，吴波等著《侗族民间节会及知识产权保护研究》⑮，陈政、陈思华著《世界非物质文化遗产侗族大歌文化产业经济研究》⑯，张勇著《侗族艺苑探寻》⑰，

① 上海：复旦大学出版社，2017 年。
② 北京：中国社会科学出版社，2017 年。
③ 北京：中国社会科学出版社，2018 年。
④ 贵阳：贵州人民出版社，1992 年。
⑤ 北京：人民出版社，1999 年。
⑥ 北京：中央民族学院出版社，1992 年。
⑦ 北京：中央民族大学出版社，2006 年。
⑧ 北京：民族出版社，2006 年。
⑨ 北京：民族出版社，2012 年。
⑩ 北京：中国林业出版社，2014 年。
⑪ 北京：中央民族大学出版社，2014 年。
⑫ 南宁：广西民族出版社，2012 年。
⑬ 贵阳：贵州民族出版社，2016 年。
⑭ 北京：中国文联出版社，2016 年。
⑮ 长沙：湖南人民出版社，2017 年。
⑯ 北京：团结出版社，2018 年。
⑰ 贵阳：贵州民族出版社，2010 年。

潘琼阁著《侗族芦笙传承人——张海》①，黄玉翔、张明犀、韩东著《侗族民歌的区域文化研究》②，欧阳大霖著《侗族民歌与民俗文化研究》③，石干成著《和谐的密码：侗族大歌文化人类学诠释》④ 等。

另外，余达忠著《侗族生育文化》⑤，罗廷华等著《侗族历史文化习俗》⑥，余达忠著《侗族民居》⑦，侗学研究会编《侗学研究》⑧，石开忠著《侗族鼓楼》⑨，张中笑等著《侗戏大歌研究 50 年》⑩，石干成著《和谐的密码——侗族大歌的文化人类学诠释》⑪，石佳能主编《独坡八寨侗族文化》⑫，欧潮泉主编《侗族文化辞典》⑬，吴鹏毅编著《侗族民俗风情》⑭，栗文清著《侗族节日与村落社会秩序建构：以贵州黎平黄岗侗寨 "喊天节" 为中心的研究》⑮，杨明兰、宋尧平编著《黔东南侗族节日文化大观》⑯，吴波等著《侗族民间节会及知识产权保护研究》⑰，舒丽丽著《侗族行歌坐月婚恋习俗研究》⑱ 等著作，也是侗族文化史、文学艺术史等方面的比较有分量的研究成果。

除了上述三个大的研究热点与重点之外，近年来有关侗族革命史、医药史等方面的研究，也有一些较有分量的研究成果问世。刘育衡、丁锋编著《中国侗族医药研究》⑲，龙运光等主编《中国侗族医药》⑳，刘亚华主编《侗族药物彩色图谱》㉑，袁涛忠、郭伟伟主编《侗族医药文化及侗族药物》㉒，杨正熙编著《寻访侗族草医》㉓，吴大旬著《清代侗族地区开发研究》㉔ 等。

———————————

① 北京：民族出版社，2012 年。
② 北京：光明日报出版社，2016 年。
③ 贵阳：贵州民族出版社，2016 年。
④ 昆明：云南人民出版社，2017 年。
⑤ 北京：民族出版社，2004 年。
⑥ 贵阳：贵州人民出版社，1989 年。
⑦ 香港：华夏文化艺术出版社，2001 年。
⑧ 贵阳：贵州民族出版社，1991 年。
⑨ 香港：华夏文化艺术出版社，2001 年。
⑩ 贵阳：贵州民族出版社，2003 年。
⑪ 香港：华夏文化艺术出版社，2003 年。
⑫ 香港：华夏文化艺术出版社，2004 年。
⑬ 香港：华夏文化艺术出版社，2002 年。
⑭ 南宁：广西民族出版社，2012 年。
⑮ 北京：民族出版社，2015 年。
⑯ 北京：中国文联出版社，2016 年。
⑰ 长沙：湖南人民出版社，2017 年。
⑱ 长沙：岳麓书社，2019 年。
⑲ 长沙：湖南科学技术出版社，2012 年。
⑳ 北京：中医古籍出版社，2014 年。
㉑ 贵阳：贵州科技出版社，2017 年。
㉒ 贵阳：贵州科技出版社，2019 年。
㉓ 成都：四川科学技术出版社，2019 年。
㉔ 北京：中央民族大学出版社，2016 年。

四、水族史研究

水族主要分布在贵州省的三都水族自治县及周边的荔波、独山、都匀、榕江等县市。现代学术意义的水族史研究始于 20 世纪 30 年代后期，而在此之前关于水族的叙述则只零散见于浩如烟海的典籍文献之中。当时抗日战争爆发，沦陷区的大学和科研机构纷纷内迁，上海大夏大学和浙江大学等著名学府进入贵州。水族从这时起进入研究者的视野，我国早期的一批民族学家、社会学家岑家梧、李方桂、吴泽霖、陈国钧、张为纲等在先进的民族研究理论方法的指引下，对水族的主要聚居区三都和荔波进行了调查，并陆续发表了相关文章。如陈国钧《水家的地理分布》①、张为纲《水家来源试探》②、吴泽霖《水家的妇女生活》③、岑家梧《水书与水家来源》④ 等。应该说，这一期间的水族调查研究虽然短暂，参与人员和成果数量都很有限，未成气候，但这批学者的学术素养和研究能力却是一流的，他们的研究涉及水族的族源、生活、语言等多方面，他们的很多论断不断被后学所引用，为后来的水族研究奠定了基础。

（一）70 年来水族史研究的重要机构和学人

1949 年中华人民共和国成立以后，国内水族史研究的学术机构、社团纷纷建立，从事水族史研究人员日益增多，水族史研究的基础日益深厚。

水族史研究的机构主要有：贵州省民族研究院、贵州省黔南布依族苗族自治州民族研究所、贵州省三都水族自治县水族研究所、三都水族自治县政协文史组、贵州民族学院贵州水书文化研究院、黔南民族师范学院水族文化研究中心等，这些研究机构先后开展水族史的研究，出版了一批具有重大影响的研究成果。

1989 年，水族研究的第一个学术团体——贵州省水家学会成立，这对水族研究来说，有着重要的里程碑意义，对水族史研究的深入和普及起到了很好的作用。学会第一届秘书长潘玉熙认为这"标志着水家学作为一门新兴的综合性学科诞生了"。

70 年来的水族史研究，涌现出一批专家学者，如潘一志、王品魁、姚福祥、潘朝丰、潘朝霖、石国义、陈国安、韦宗林、雷广正、莫俊卿、刘日荣、韦章炳等，他们为水族史研究做出了巨大的贡献。近年来，一批年轻的水学研究者也正快速成长起来，如蒙爱军、罗春寒、韦忠仕、韩荣培、韦学纯、蒙耀远等。

（二）70 年水族史研究的历程与成就

1. 1949—1977 年水族史研究的初步展开

1949 年中华人民共和国成立以后，水族史研究得到了良好的开展，取得了初步

---

① 《社会研究》第 26 期；吴泽霖等：《贵州苗夷社会研究》，贵阳：文通书局，1942 年。
② 《社会研究》第 36 期；吴泽霖等：《贵州苗夷社会研究》，贵阳：文通书局，1942 年。
③ 《妇女工作》1940 年 1 卷 1 期、2 卷 1 期；吴泽霖等：《贵州苗夷社会研究》，贵阳：文通书局，1942 年。
④ 《西南民族文化论丛》，广州：岭南大学西南社会经济研究所，1949 年。

的研究成果。伴随着民族识别和少数民族社会历史调查工作的推进，水族的研究开始进入一个新的时期。这一时期的调查和结论，直接促成了"水族"成为国家确认的族称，成为"五十六个民族"大家庭中的一员，1956 年国务院批准成立全国唯一的水族民族自治地方——三都水族自治县，享受到民族区域自治政策。1960 年中国科学院民族研究所贵州少数民族社会历史调查组编印《水族简史简志合编》是中华人民共和国成立以来水族历史研究较全面、系统的成果。1962 年中国科学院民族研究所广西少数民族社会历史调查组编印《广西壮族自治区水族社会历史调查》。

"文化大革命"期间，水族史研究处于停滞状态。

2. 1978 年以后水族史研究的恢复与繁荣

"文化大革命"以后，水族史研究得到恢复，并随着国家改革开放的深入而步入繁荣。主要研究成果有：

（1）水族族称、族源、迁徙的研究

这是水族研究中一个经久不衰、历久弥新的问题。从事过水族研究的学者几乎均涉猎过。以族源、迁徙为例，就有张为纲"殷商说"、① 水族简史编写组"骆越说"、② 王品魁、莫俊卿"世居民族说"、③ 邝福光"东谢蛮后裔说"、④ 陈国安"广东广西迁来说"⑤ 等观点。究竟哪一种观点正确，尚无定论。源流问题的复杂性和追溯中所带有的不同现实关照，促使这一问题的答案必然是异彩纷呈的。水族的族称、族源、迁徙研究，所用的论证材料既有文献，也有口头传统，还有日常生活中的种种"遗存"。材料的丰富和歧异造成了不同的研究结论。潘世雄《水族源流初考》⑥、荀利波《基于文献学的古敢水族族源考》⑦，但不管结论如何不同，这类研究基本处在传统文化史的研究框架之下。

（2）国家民委主持编写的"民族问题五种丛书"有关水族著作的出版

"民族问题五种丛书"中有关水族的有：《中国少数民族》编写组《中国少数民族》⑧、《水族简史》编写组《水族简史》⑨、《水族简史》修订本编写组《水族简史》（修订本)⑩、张均如《水语简志》⑪、《三都水族自治县概况》编写组《三都水

① 张为纲：《水家来源试探》，《社会研究》第 36 期；吴泽霖等《贵州苗夷社会研究》，贵阳：文通书局，1942 年。

② 《水族简史》编写组：《水族简史》，贵阳：贵州民族出版社，1985 年；北京：民族出版社，2008 修订版。

③ 王品魁、莫俊卿：《水族来源初探》，《贵州民族研究》1981 年第 3 期。

④ 邝福光：《水族族源初探》、《贵阳师范学院学报》1984 年第 3 期。

⑤ 陈国安：《水族》，北京：民族出版社，1993 年，第 8 页。

⑥ 《广西民族研究》1990 年第 2 期。

⑦ 《兰台世界》2012 年第 4 期。

⑧ 北京：人民出版社，1981 年。

⑨ 贵阳：贵州民族出版社，1985 年。

⑩ 北京：民族出版社，2008 年。

⑪ 北京：民族出版社，1980 年。

族自治县概况》①、《三都水族自治县概况》修订本编写组《三都水族自治县概况》(修订本)②、广西壮族自治区编辑组《广西彝族、仡佬族、水族社会历史调查》③、广西壮族自治区编辑组《中国少数民族社会历史调查资料丛刊》修订编辑委员会编《广西彝族仡佬族水族社会历史调查》(修订本)④ 等。

（3）水族社会、历史、经济、文化、习俗等调查资料的出版

1983 年贵州省启动"六山六水"民族调查，这一调查是继 50 年代全国大规模的民族调查之后，贵州省开展的全省民族调查，持续二十多年，每年编印调查资料集，积累了近两千万字，其中涉及水族的调查报告有 50 余篇，近 100 万字，涉及内容广泛。

关于水族社会历史、原始宗教、婚丧习俗的有陈国安《榕江县计划公社水族社会历史调查报告》（1983 年）、《榕江县水尾公社水族生活习俗调查》（1984 年）、《三都水族自治县九阡区水族节日调查》（1985 年）、《荔波县水族来源及原始宗教调查报告》（1986 年）、岑秀文《榕江县水尾公社水族的婚姻、丧葬、原始宗教调查》（1984 年）、雷广正《榕江县水族社会历史调查》、陈国安《中国各民族原始宗教资料集成·苗族卷·水族卷》⑤ 等，另外还有关于水族人口、妇女儿童及社会经济发展的调查报告。这批调查报告反映了 20 世纪 80 年代中期至今的水族地区的政治、经济和文化状况，是水族研究中不可多得的资料，资料价值巨大。民俗研究的专著有何积全《水族民俗探幽》⑥。丧葬研究的专著有贵州省文物考古研究所《水族墓群调查发掘报告》⑦。

2005 年，中山大学人类学系师生深入贵州省三都、荔波县水族地区进行人类学田野调查的报告集"中国田野调查丛书"：程瑜《三都水族——贵州三都水族自治县塘党水乡调查与研究》、张振江《荔波永康水族——贵州荔波永康乡调查与研究》、张振江《荔波水尧水族——贵州荔波水尧乡调查与研究》、张振江《三都三洞水族——贵州三都三洞乡调查与研究》、张振江《双星水族——贵州独山双星水族调查与研究》，⑧ 秀云、周晓丽《水族水各村调查》⑨ 叙述了贵州三都水族自治县塘党寨、三洞乡，荔波县水尧、永康水族，独山县双星水族生活的方方面面，包括经济生产、婚姻与家庭结构、教育、社会结构、饮食文化、精神文化生活、乡土医学等各个层面，丰富了民族研究的资料库，也为研究水族经济与文化提供了翔实、细

① 贵阳：贵州人民出版社，1986 年。
② 北京：民族出版社，2007 年。
③ 南宁：广西民族出版社，1987 年。
④ 北京：民族出版社，2009 年。
⑤ 北京：中国社会科学出版社，2013 年。
⑥ 成都：四川民族出版社，1992 年。
⑦ 北京：科学出版社，2012 年。
⑧ 北京：知识产权出版社，2008 年、2012 年。
⑨ 北京：中国经济出版社，2010 年。

致的参考依据。另外，广西水族调查专著有玉时阶等《现代化进程中的岭南水族——广西南丹县六寨龙马水族调查研究》①。王学文《规束与共享：一个水族村寨的生活文化考察》②。

(4) 贵州省水家学会学术研讨会的成果

贵州省水家学会成立至今，分别在三都、荔波、独山、都匀、榕江、福泉、丹寨等地召开 10 次学术会议，编辑、出版了《水家学研究》论文集一至六集，对水族研究工作和学术队伍建设起到了很大的推动作用。这一以水族为绝对主体的学术团体，尽管遇到重重困难，却始终坚持着开展水族研究，学会的成员已经成为水族文化搜集、整理和研究的中坚力量。

(5) 水族文化研究成果显著

进入 21 世纪，我国人文社会科学理论与方法不断地拓展和更新，加上外部国家政策、内部发展需求和无所不在的媒介力量的推波助澜，水族的研究工作正呈现渐热的趋势。这一时期水族本民族学者的研究成果也很多，尤以潘朝霖、韦宗林《中国水族文化研究》、③ 石国义《水族村落家族文化》④ 最为显著。这两项成果分别由潘朝霖、韦宗林、石国义三位水族研究专家邀集数位水族学者共同完成。前者分为水族史话、水族地区生态环境文化与经济、水族农耕文化、水族古文字与水书、水族语言与民间文学、水族民俗、水族古朴的原始信仰、水族多彩的民间艺术等八卷，对水族文化进行了全景式的呈现；后者则以水族村落家族文化为对象，分析了水族村落家族历史、结构及发展方向，同时附录了八个水族村落的案例。这两部著作，对于理解和认识水族文化有重要的意义。另有刘世彬《中国水族文化散论》、⑤ 刘日荣《水族文化史》⑥ 等。

(6) 水书的研究与译注

水书是水族中的神职人员水书先生所掌握的一种独特的文字符号体系，家族内部传承，内容涉及天文历法、原始信仰、伦理道德等诸多方面，深刻影响着水族人的婚丧嫁娶、生产生活的趋吉避凶等方方面面。但水书的研究尚处于文字研究层面，学者较多地将其孤立地作为一种文字书写体系在进行解读。如吴支贤、石尚昭《水族文字研究》⑦，《贵州民族学院学报》2006 年第 2 期"水学研究"专题上发表的 5 篇文章：潘朝霖《"水书"难以独立运用的死结何在?》、潘淘洁《水书文字"酉、鸡"字形的书写特色初探》、韦宗林《水族古文字与甲骨文的联系》、罗春寒《水书的抢救及其存在问题浅议》、叶成勇《水书起源时代试探》分别从文字学角度、生

---

① 北京：民族出版社，2008 年。
② 北京：民族出版社，2010 年。
③ 贵阳：贵州人民出版社，2004 年。
④ 贵阳：贵州民族出版社，2007 年。
⑤ 贵阳：贵州人民出版社，2005 年。
⑥ 李德洙主编：《中国少数民族文化史》，沈阳：辽宁人民出版社，1994 年。
⑦ 三都水族自治县民族事务委员会油印本，1985 年。

活层面角度认识水书的利用和传承状况。吴贵飙《水族古籍〈水书〉保存保护现状及对策研究》①。韦章柄《中国水书探析》② 从神奇水字、神秘水书、神圣信仰的历史深度向世人展示深邃的水书文化。韦世方《水书常用字典》③ 从水书手抄本中录选常用水字 468 个进行注音、注释，是首次正式出版的水书文字常用字典。张振江、姚福祥《水书与水族社会——以〈陆道根源〉为中心的研究》一书，④ 主要使用文化人类学的方法，结合使用民族学、语言学、社会学、历史学、文化学以及考古学等学科的方法，综合研究水书与水族社会，重在通过水书与水族社会互证，来认识水书、认识水族社会，以期深入理解水书、水族及其民族社会历史文化意蕴。韦章炳《水书与水族历史研究》⑤ 是第一部站在人类学、民族学和历史文化学的角度，深入水书内核，成功利用水书文化，广泛分析水族古歌、传说及习俗特征而撰写的水族历史著作。

有关水书文化研究的著作还有：陈思《水书揭秘》⑥ 贵州省档案馆、贵州省史学会《揭秘水书：水书先生访谈录》⑦ 韦章炳《水书文化与中华断代文明——水书历史档案文献探究》⑧ 韦宗林《释读旁落的文明——水族文字研》⑨ 等。

水书译注的成果主要有：王品魁译注《水书·正七、壬辰卷》，⑩ 这是水书译注的开山之作。另有王品魁、潘朝霖译注《水书·丧葬卷》。⑪ 贵州省档案局、荔波县人民政府编《泐金—纪日》。⑫ 梁光华、蒙景村、蒙耀远、蒙君昌译注《水书·婚嫁卷》⑬，杨介钦、韦光荣译注《水书·麒麟正七卷》（上、下）⑭，杨介钦、韦光荣译注《水书·金用卷》⑮，陆春译注《水书·秘籍卷》⑯，蒙邦敏、蒙君昌、韦佩君、蒙耀远译注《水书·正五卷》⑰，蒙耀远译注《水书·阴阳五行卷》⑱，杨胜昭、韦锦诗、陆常谦等译注《水书·六十龙备要》（上、下）⑲，韦仕钊、韦世方译注《中

---

① 中国民族图书馆编：《民族图书馆学研究——少数民族古籍整理、研究、保护和开发专题》（四），沈阳：辽宁民族出版社，2008 年。
② 北京：中国文史出版社，2007 年。
③ 贵阳：贵州民族出版社，2007 年。
④ 广州：中山大学出版社，2009 年。
⑤ 北京：中国戏剧出版社，2009 年。
⑥ 北京：光明日报出版社，2010 年。
⑦ 贵阳：贵州民族出版社，2010 年。
⑧ 北京：光明日报出版社，2012 年
⑨ 北京：民族出版社，2012 年。
⑩ 贵阳：贵州民族出版社，1994 年。
⑪ 贵阳：贵州民族出版社，2005 年。
⑫ 贵阳：贵州人民出版社，2007 年。
⑬ 贵阳：贵州民族出版社，2010 年。
⑭ 贵阳：贵州民族出版社，2011 年。
⑮ 贵阳：贵州民族出版社，2011 年。
⑯ 贵阳：贵州民族出版社，2011 年。
⑰ 贵阳：贵州民族出版社，2011 年。
⑱ 贵阳：贵州民族出版社，2011 年。
⑲ 贵阳：贵州民族出版社，2011 年。

国水书·六十年日历解读》①, 陆春译注《水书·九星卷》②, 荔波县档案馆《金银·择吉卷》③, 陆春译注《中国水书·降善卷》④,《中国水书·春寅卷》⑤, 陆春译注《中国水书·贪巨卷》⑥ 等出版。这些译注文献是水族文化发展史研究的重要史料。

　　(7) 水族研究资料的整理出版

　　水族研究资料的集大成者首推潘一志的《水族社会历史资料稿》。⑦ 潘一志对有关水族的历代文献进行了详细的梳理。书稿中的"水族地区的建置沿革与地理情况""历代封建统治者对水族地区实行的政治压迫和水族人民历代反抗压迫的斗争""历代统治者对水族地区进行的经济压迫"等章节是这一工作的典范。应该说，这部书稿是其后水族研究得以开始和进步的源泉之一。1985 年三都水族自治县文史研究组将有关研究族源的论文汇编成《水族源流考》(内部印本)。水族民间故事集有：黔南布依族苗族自治州文学艺术研究室、三都水族自治县文史研究组编《石马宝》, 1981 年, 潘朝丰、陈立浩编《月亮山》⑧ 黔南布依族苗族自治州文学艺术研究室编《水族民间故事》⑨。水族民歌集有：黔南布依族苗族自治州文学艺术研究室、三都水族自治县文史研究组编《岛黛瓦》(1981 年)，潘朝丰、陈立浩编《凤凰之歌》⑩, 潘朝霖、刘之侠编《水族双歌》⑪ 等。

　　2006 年, 石国义主编《水书》(第一辑)⑫, 收录 12 件水书抄本。莫善余、段志洪主编《中国水书》⑬, 收录 1353 件水书抄本, 以原采集地为经, 类别为纬。这是首次将民间抄本《水书》影印出版, 为研究水书提供了丰富的原材料。2012 年水书《逢井》、2014 年水书《六十龙备要》入编中华再造善本续编少数民族文字编, 由国家图书馆出版社出版。

　　(8) 邓恩铭研究的成果

　　对中共一大代表邓恩铭(水族)的研究成果, 专著主要有有黔南布依族苗族自治州《概况》编写组《邓恩铭烈士专集》⑭, 莫开明、莫长和《回忆邓恩铭》⑮, 周

---

① 贵阳：中国图书出版社, 2014 年。
② 贵阳：贵州大学出版社, 2015 年。
③ 贵阳：贵州人民出版社, 2017 年。
④ 贵阳：贵州大学出版社, 2018 年。
⑤ 贵阳：贵州大学出版社, 2018 年。
⑥ 贵阳：贵州民族出版社, 2019 年。
⑦ 三都水族自治县民族文史研究所编印, 1981 年。
⑧ 三都水族自治县民族事务委员会、贵州大学中文系编印, 1981 年。
⑨ 贵阳：贵州人民出版社, 1984 年。
⑩ 三都水族自治县民族事务委员会、贵州大学中文系编印, 1981 年。
⑪ 贵阳：贵州人民出版社, 1997 年。
⑫ 贵阳：贵州民族出版社, 2006 年。
⑬ 成都：巴蜀出版社、四川民族出版社, 2006 年。
⑭ 内部铅印本, 1983 年。
⑮ 贵阳：贵州民族出版社, 1991 年。

隆渊《邓恩铭的故事》①，李肇年、刘昕《邓恩铭》②，张业赏、丁龙嘉《邓恩铭》③等。简介文章主要有《中共一大代表——邓恩铭》④《邓恩铭》⑤，《邓恩铭——不惧挫折，献身理想》⑥，李全中《中国少数民族中最早的共产主义战士——邓恩铭》⑦等。另外有柏文熙、黄长和编《邓恩铭遗作选》⑧，唐建荣《简论邓恩铭爱国思想的发展》⑨，陈文、唐建荣《试论邓恩铭的哲学社会观》⑩，潘朝霖《邓恩铭与"男儿立志出乡关"文化现象》⑪，王炳江《邓恩铭同志革命思想简要回顾》⑫，牟昆昊《邓恩铭在山东的思想发展过程》⑬，肖先治、王旭东《论邓恩铭早期革命思想的形成及现实指导意义》⑭，巍磊《毛泽东与中共一大代表邓恩铭的革命友谊》⑮，王军福《邓恩铭革命思想的形成过程》⑯，茅悦《邓恩铭与红船精神》⑰，韦兴恒《邓恩铭精神——红船精神的完美体现》⑱，莫交余《论邓恩铭革命精神形成的历史渊源》⑲，戴建国《邓恩铭研究述评》⑳。

（9）以族群或地域为一整体的著作

陈国安《水族》㉑从地域、族源、社会、生活、婚姻、丧葬、信仰、文字、文化、历史人物、新貌等方面较全面地介绍了水族的基本情况。周宏《高原水乡映彩虹》㉒叙述云南水族女性从少年到暮年的整个人生历程，并通过对女性婚俗及生产习俗的描述，从中挖掘其特有的文化内涵。何羡坤《荔波水族》㉓、韦荣慧《达地水族乡志》㉔、韦学纯《中国水族》㉕、韦学纯《水族》㉖。

① 贵阳：贵州人民出版社，1980 年。
② 贵阳：贵州人民出版社，1990 年。
③ 郑惠、张静如：《中共一大代表丛书》，石家庄：河北人民出版社，1997 年。
④ 贵州省水家学会编：《中华水族儿女录》，贵州省水家学会内部铅印，1999 年。
⑤ 张小红编：《中共一大代表画传》，上海：上海人民出版社，2006 年。
⑥ 孟醒：《谁主沉浮——中共一大代表沉浮录》，北京，人民出版社，2009 年。
⑦ 《西南民族学院学报》1983 年第 2 期。
⑧ 贵阳：贵州人民出版社，1990 年。
⑨ 《中南民族大学学报（人文社会科学版）》2003 年第 2 期。
⑩ 《贵州民族研究》2009 年第 6 期。
⑪ 《贵州民族学院学报（哲学社会科学版）》2011 年第 3 期。
⑫ 《贵州民族学院学报（哲学社会科学版）》2011 年第 3 期。
⑬ 《贵州民族学院学报（哲学社会科学版）》2011 年第 3 期。
⑭ 《贵州社会科学》2011 年第 6 期。
⑮ 《中共贵州省委党校学报》2012 年第 1 期。
⑯ 《兰台世界》2013 年第 19 期。
⑰ 《湘潮（下半月）》2016 年第 2 期。
⑱ 《中国科技投资》2016 年第 32 期。
⑲ 《魅力中国》2017 年第 39 期。
⑳ 《黔南民族师范学院学报》2019 年第 1 期。
㉑ 《民族知识丛书》，北京：民族出版社，1993 年。
㉒ 高发元：《云南民族女性文化丛书——水族》，昆明：云南教育出版社，1995 年。
㉓ 北京：中国文史出版社，2009 年。
㉔ 北京：中央民族大学出版社，2011 年。
㉕ 《中华民族全书》，银川：宁夏人民出版社，2012 年。
㉖ 《走近中国少数民族丛书》，沈阳：辽宁民族出版社，2014 年。

贵州省黔南州政协承编的《水族百年实录》（上下）① 突出水族特色，多层次、多角度、全方位地征集了水族百年来的历史资料。记录上限为 1905 年，下限为 2007 年。分为概述、民族区域自治、抗暴斗争、水乡变迁、文化纵横、风情、人物春秋、附录等栏目，文图并茂，内容基本涵盖了水族百年来的政治、军事、经济、社会、文化、人物等方方面面，从一个侧面反映了水族百年来的历史发展进程，是研究水族发展史必不可少的宝贵历史资料。

（10）水族研究的新视点

近年一些新的理论和方法被引进水族研究，为传统的水族研究注入了活力。李承宏《互惠原则、互酬原则与关系网络——两个水族村落礼物交换的实地考察》一文②以水族的礼物交换为切入点，讨论了水族礼物交换的原则、意义及礼物与传统文化、习俗、社会结构、网络关系等之间的联系，说明了礼物交换在水族社会中的重要作用，并认为在水族的礼物交换中体现了互惠和互酬的原则。蒙爱军《水族经济行为的文化解释》③。程瑜《乡土医学的人类学分析：以水族民族医学为例》一文④从医学人类学的视角对水族民族医学进行了分析，指出水族民众的疾病观念和"神药两解"的治病取向，是与水族的环境和文化相适应的，在当前医疗保障还不完善的情况下，较好地解决了当地人疾病和医疗的问题。刘剑通过描述一个水族村寨的葬礼仪式，探讨了葬礼过程中的组织、禁忌及消费等问题，指出水族人追求永生的生命观念。王学文《村寨生活与族群社会——贵州荔波水利大寨的生活文化考察》一文，⑤ 在提供了一个水族村寨的较为翔实的民俗志案例的同时，也勾勒出村寨生活所遵从和实践着的人际网络和生活秩序体系，揭示出村寨生活之于族群社会的重要意义。

综观水族研究可以看出，资料的搜集工作比较扎实，但研究还不够深入。因此，今后的研究，一方面要改变文化史研究的套路，在理论和方法上进行更新，拓展与民族学、人类学、民俗学对话的空间；另一方面，要立足田野调查，挖掘民众生活文化的特质。

五、仫佬族史研究

改革开放以来，仫佬族研究进入了一个新的发展阶段。从 2010—2019 年，学术界涌现出一批有关仫佬族历史研究的新成果，在对仫佬族族称、族源和民族形成时间、仫佬族居住地、仫佬族社会经济史、仫佬族"冬"组织的历史由来等方面的研究中取得一些重要的进展，现分述如下：

---

① 北京：中国文史出版社，2014 年。
② 南开大学博士学位论文，2004 年。
③ 北京：人民出版社，2010 年。
④ 程渝：《三都水族——贵州三都水族自治县塘党水乡调查与研究》，北京：知识产权出版社，2008 年。
⑤ 北京师范大学博士学位论文，2008 年。

（一）关于仫佬族族称研究的新观点

2010 年以来，仫佬族学者加入对本民族自称的探讨，提出更能表达本民族自称语义的观点。潘琦等学者认为，汉字记音的"冷"其意有两种：一种是"水塘""池塘""鱼塘"。另一种是种庄稼的"种"（与水有关的农作物，如水稻、芋头等）的意思。① 吴国富对语言学家梁敏、张均如在《侗台语概论》一书中指出的仫佬族两种自称 mu⁶lam¹ 和 kjam¹ 存在的原因和仫佬族的自称 kjam¹ 与侗族自称 kam¹ 的关系作进一步的探讨，认为 kjam¹ 可能是历史上岭南地区"随山洞而居"、主要从事游猎采集生产的仫佬族、侗族、毛南族共同先民"僚"人和"伶"人的称谓。仫佬族先民进入定居农耕生产阶段以后，才出现表示自己是"种田人"和"讲仫佬话的人"的 mu⁶lam¹ 自称。② 这些观点纠正了借助汉字记音不能准确表达少数民族族称语义的问题和认为仫佬就是"母亲"之意③的望文生义的问题。

（二）关于仫佬族族源和民族形成时间研究的新观点

莫俊卿认为，岭南地区属于旧石器时代晚期的古人类"柳江人""甑皮岩人""白莲洞人""忻城人""麒麟山人"等都是壮侗语族诸民族的祖先。④ 王文光、龙晓燕，张媚玲等学者认为，仫佬族作为一个民族群体出现在今贵州中部和广西的时间在宋元之际，是从僚中分化出来的，在历史文献中常常被记为"姆佬""木老""沐僚"等。⑤ 徐杰舜、李辉认为："宋元之时，仫佬族势力已大。"⑥ 王锺翰认为："讲壮傣语族侗水语支语言的有……姆佬人（仫佬）……他们的族称，也都在清代史籍中先后出现，标志着作为现代民族的侗、水、仫佬、毛南等民族最迟在 17 世纪已经形成。"⑦ 李艳峰、曾亮认为，元明清时期僚人进一步分化出僮人、峒人、仲家、茅难、沐僚、水民、仡僚等新的民族群体，并在此基础上进一步发展成为现代汉藏语系壮侗语族各民族。民国时期，贵州省中南部和广西中北部还有"狄猹"分布。中华人民共和国成立后，贵州省境内的沐僚消失，融入了其他民族中。分布在

① 潘琦主编：《仫佬族通史》，北京：民族出版社，2011 年，第 25—26 页。
② 吴国富：《再论仫佬族族称、族源及其与周边民族的关系》，《广西民族研究》，2014 年第 6 期，第 52—58 页。
③ 徐杰舜主编，张世保、罗树杰著：第 6 卷九九归一》，福州：福建教育出版社，2016 年，第 140 页。
④ 莫俊卿：《壮侗语民族历史文化研究》，北京，中央民族大学出版社，2010 年，第 114—121 页。
⑤ 王文光、龙晓燕、张媚玲：《中国民族发展史纲要》，昆明：云南大学出版社，2010 年，第 367 页。
⑥ 徐杰舜、李辉：《岭南民族源流史》，昆明：云南人民出版社，2014 年，第 345 页。
⑦ 王锺翰主编：《中国民族史》，武昌：武汉大学出版社，2012 年，第 1428 页。

广西的这部分"狄猹"发展成为仫佬族。①

吴国富认为，此前，尤中先生提出的"《元史·地理志》湖广行省有'茆难''木佬'，即今广西境内的毛南族和仫佬族"②、明清时期广西庆远府（今河池地区）境内的木佬（仡佬）被混入'僚''伶'之中，至清代才分别称为'姆佬'（木佬、仡佬）③ 的观点，无法解释为何数百年来两个民族群体缺乏任何历史联系和语言差异、为何明清时期不见于记载的问题。④ 提出明清以来，中央政府加强了对南方少数民族地区的治理、大量汉族移民进入桂北地区，带来僚、伶族群的进一步分化。直到清初，在天河⑤、罗城一带的"僚""伶"或"伶僚"最终分化出"姆佬"这个新的民族共同体，"姆佬"族称的出现标志着仫佬族的形成。⑥ 关于木佬人的族属，吴国富在先前提出的木佬人与仡佬族具有十分密切的亲缘关系观点基础上，进一步论证木佬人就是仡佬族。⑦

（三）关于仫佬族分布区研究的新观点

徐杰舜、李辉认为："到了 1993 年 2 月，由于贵州省人民政府以黔府函[1993] 13、14 号文正式批准认定贵州'木佬人'为仫佬族，才打破了历来认为仫佬族是广西世居民族的观点，仫佬族成了一个跨黔、桂两省区的民族。"⑧ 徐杰舜主编、张世保、罗树杰著的《中华民族史记》第 6 卷《九九归一》一书认为，贵州凯里、都匀、麻江、福泉、黄平等市县散居的三万多木佬人全部都是仫佬族。⑨ 黎学锐、黎炼指出，李辉 2003 年发表的《广西罗城仫佬族与贵州麻江木佬人的遗传基因鉴定报告》一文已有"广西仫佬族和贵州木佬人应该是两个来源完全不同的人群，

---

① 李艳峰、曾亮：《中国南方古代僚人源流史》，昆明：云南大学出版社，2016 年，第 359—374 页。注：此观点与所有持木佬（1992 年被认定为仫佬族以前）与仫佬族同音同源同族的观点存在三个问题：一是中华人民共和国成立后，贵州省境内的沐僚并没有消失，至今仍有 3 万余人，参罗世庆：《贵州仫佬族》（贵州民族出版社，1997 年）和其他有关"贵州仫佬族"的著作（此处从略）。二是作者文中讲到的贵州各地的"狄猹""狄獠""木老"，其语言并不属于壮侗语族，而是属于仡央语群（或仡央语支），这个语文与壮侗语族中其他几个语支的关系较远。参高文德：《中国少数民族史大辞典》"仡央语支"，长春：吉林教育出版社，1995 年，第 572—573 页。博文泽：《木佬语研究》，北京：民族出版社，2003 年，第 17 页等。三是迄今为止，所有关于仫佬族和"贵州仫佬族"的研究成果都不能提供两个群体发生过历史性联系的直接证据。

② 尤中：《壮侗语诸民族的历史发展演变》，《思想战线》，1991 年第 4 期，第 75 页。

③ 尤中：《中华民族发展史》，昆明：云南出版集团，2007 年，第 730 页。

④ 吴国富：《仫佬族研究文集》"前言"，北京：民族出版社，2018 年，第 10—12 页。

⑤ 天河县。唐贞观四年（公园 630 年）设立。1952 年与罗城合并，今属罗城仫佬族自治县天河镇。

⑥ 吴国富：《试论明清时期仫佬族的形成及其文化涵化》，《仫佬族研究文集》，北京：民族出版社，2018 年，第 137—164 页。

⑦ 吴国富：《贵州木佬人考察报告》《再论木佬即仡佬——兼论民族史研究的方法》，载于《仫佬族研究文集》，北京：民族出版社，2018 年，第 55—80 页、第 165—187 页。

⑧ 徐杰舜、李辉：《岭南民族源流史》，昆明：云南出版集团，云南人民出版社，2014 年，第 343。

⑨ 徐杰舜主编，张世保、罗树杰著：《中华民族史记》第 6 卷《九九归一》，福州：福建教育出版社，2016 年，第 140 页。

属于不同的民族系统"的结论。① 郑维宽认为,仫佬族是"广西特有的世居民族"。②

（四）关于仫佬族社会经济史研究的新观点

潘琦等学者认为,先秦至商周时期,仫佬族先民与中原地区有了经济往来,民族交往更加频繁,社会制度处在原始社会的崩溃阶段,阶级已经产生。秦汉时期,牛耕技术得到推广,居住在今天仫佬族地区的越族还处在奴隶社会时期。隋唐时期,仫佬族地区也存在奴隶制。宋元时期,仫佬族先民已存在封建制度,也有原始社会和奴隶社会的残余。③ 吴国富认为,明清时期中央王朝加强了对罗城地区的治理,罗城"伶"人、俍人、壮人等少数民族"初入版籍",完成由"以种山捕兽为业"的游耕生产向铁犁牛耕的定居农业过渡。④

（五）关于仫佬族"冬"组织历史由来研究的新观点

李甫春、赵明龙认为,仫佬人的祖先以"冬""宗"为组织单位共猎共耕,度过了漫长的狩猎经济时代,凭借狩猎时代的物质和经验积累,进入农耕时代,靠农业经济进一步生存繁衍。"冬""宗"就是仫佬族祖先从事集体狩猎与合伙耕作的组织形式。⑤ 杨园章通过梳理明清史籍关于"冬"记载的文献,指出广西部分府州县存在以"冬"来表里甲赋役制度的情况,分布区域集中在梧州、柳州、浔州等地,罗城县便属该范围内,"冬"组织并非是仫佬族先民所独有,而是明清时期里甲赋役制度在当地推行的一种结果,与仫佬族原有的社会组织结合形成了目前所见的、融合了赋役、宗族、基层管理等功能的"冬"组织。而以"冬"字来表达里甲赋役制度,应该与赋税交纳的季节在冬季有关。⑥ 吴国富通过实地考察和对族谱记载、"冬"组织成员的卖地契和纳粮执照存根以及广西南宁、武鸣、隆安、上林、钦州等地保存的大量含"冬"字地名历史来源资料进行综合分析后,认为"冬"不是仫佬族特有的社会组织,它是明清时期广西地区官府为缴纳粮赋而设立的基层行政管理单位,在明代初年就已出现,由唐宋时期广西地区"羁縻州峒"的"峒"演变而来,具有作为基层民政管理、缴纳粮赋单位的含义,也具有作为地名和社会组

① 黎学锐、黎炼:《仫佬族》,沈阳:辽宁民族出版社,2015 年,第 12 页。
② 郑维宽:《广西读本》,桂林:漓江出版社,2018 年,第 55 页。
③ 潘琦主编:《仫佬族通史》,北京:民族出版社,2011 年,第 55—65 页。
④ 吴国富:《再论明清时期仫佬族的形成及其文化涵化》,《仫佬族研究文集》,北京:民族出版社,2018 年,第 137—164 页。
⑤ 李甫春、赵明龙:《"冬"与仫佬族社会变迁的轨迹》,《中国南方少数民族的变迁》,北京:民族出版社,2010 年,第 111—140 页。
⑥ 杨园章:《再论广西罗城仫佬族社会"冬"组织的来源》,《中国文化研究》,2018 年冬之卷,第 129—137 页。

织的含义。①

综观 70 年来，尤其是 2010 年以来，学术界在仫佬族族称、族源和民族形成时间、仫佬族的居住地、仫佬族社会经济史、仫佬族"冬"组织的历史由来等方面继续开展研究和探讨，取得一批重要的研究成果，学者们在传统的文献研究基础上，开展田野调查，结合语言学、历史学、历史地理学、分子人类学等学科的研究成果和方法，进行综合研究，提出若干新的观点，深化了对仫佬族历史的认识，在一些问题上取得的共识，同时在另外一些问题上也出现了更大的分歧，有待进一步研究解决。随着《仫佬族简史》《仫佬族通史》等研究任务的基本完成，仫佬族历史研究将逐渐转移到物质文化史、工艺技术史、社会生活史、环境与生态史、红色革命史、民族文化交流史等专门史的研究上，更多地开展与相关学科结合的研究和多学科综合研究，以便更好地服务地方经济社会发展和民族文化传承，为增强民族文化自信、筑牢中华民族共同体意识做出新的贡献。

六、毛南族史研究

1964 年，经过民族识别，毛南族被确定为单一民族，原为"毛难族"，1986 年改为毛南族。毛南族集中居住在广西环江毛南族自治县，周边地区有少量分布。贵州平塘县被称为"佯僙人"的族群，在 20 世纪 80 年代民族识别后，也被认定为毛南族。

由于时代原因，自毛南族被认定后到 1979 年的 15 年间，无人研究毛南史。改革开放后才开始研究，故毛南族史研究只有 30 年历史。

《毛难族简史》认为毛南族形成于明末清初，以当地世居居民为主体，融合了很多外来民族成分发展而来；其族称是因地而名，为他称；并介绍毛南族各个历史时期的发展变化、文化教育和风俗习惯等。② 此书 2008 年重修，改正了原书错误，本着"厚今薄古"的原则，增加广西毛南族中华人民共和国成立以后历史发展的内容，填补了贵州毛南族的相关资料。③

毛南族学者、广西师范大学教授覃立新的《毛南族史志概要》④ 一书，采用了历史学、民族学等多学科研究方法，在体例、内容、方法上与《毛南族简史》相比，都有突破。例如，该书改变了《毛南族简史》以历史发展阶段为纲，将政治制度、社会经济穿插其间的编写方式，而将毛南族历史发展以中华人民共和国成立为界限，分前后两个阶段，每阶段分专题，全方位、多侧面展示毛南族历史和社会发展；对毛南族历史上的社会组织"隆款"也进行了论证，提出其为"于行政机构之

---

① 吴国富：《仫佬族"冬"组织再研究》，《仫佬族研究文集》，北京：民族出版社，2018 年，第 219—251 页。
② 《毛难族简史》编写组：《毛难族简史》，南宁：广西民族出版社，1983 年。
③ 《毛南族简史》修订本编写组：《毛南族简史》，北京：民族出版社，2008 年。
④ 覃立新：《毛南族史志概要》，桂林：广西师范大学出版社，1992 年。

外的具有原始民族性质的社会组织" 的看法。[①]

关于毛南族族称,一般认为是因地名而为族名,[②] 杨绍猷、莫俊卿亦有相同看法。[③] 此外还有人认为是逃难的毛南族谭姓始祖谭三孝与当地"长毛"瑶女结合后所繁衍族群名称的简化、[④] 毛南族自称"ai53na:n11"是云南哀牢族东迁后族称的音转、[⑤] 毛南族崇拜女性始祖"母老"一词的音转和译写等。[⑥]

关于毛南族族源有外来说和世居说。外来说又有两种,其一,占毛南族总人口80%的大姓谭姓始祖是明代嘉靖初从湖南辗转迁来,覃姓由明代京城辗转而来,卢姓由福建迁来。[⑦] 其二,由云南哀牢族繁衍而成。[⑧] 世居说认为自宋代居住在当地的"茅滩蛮"是毛南族先民,后经元明清三代发展,构成毛南族主体,是毛南族主要来源;明及以后外来其他民族在数量上和影响上都居于弱小地位。[⑨] 目前,世居说为人们广泛接受。

杨磊认为民主改革前的毛南族社会宗法制度起很大作用。[⑩] 孟凡云认为明代毛南族谭姓"轻"组织不是血缘组织,是地缘组织。[⑪] 毛南族学者蒙国荣研究毛南族民俗、宗教文化,成果有《广西省环江县毛南族的"还愿"仪式》[⑫]《毛南山乡风情录》[⑬]《毛南族"条套"的风格和源流》等论著。[⑭] 研究广西毛南史的史料主要是《广西仫佬族毛难族社会历史调查》。[⑮]

对贵州毛南族前身"佯僙"的研究,尚处于资料整理阶段。主要有:尤中《中国西南的古代民族》(续编)中部分内容、[⑯] 刘锋、潘盛之《古今"杨黄"异同考》[⑰]《佯僙人族别调查资料汇编》[⑱]。

2010—2019 年间毛南族历史研究

毛南族形成时间有了新看法,孟凡云综合了多种材料,认为毛南族核心部分形

① 覃立新:《毛南族史志概要》,桂林:广西师范大学出版社,1992 年。

② 《毛南族简史》修订本编写组:《毛南族简史》,北京:民族出版社,2008 年。

③ 杨绍猷、莫俊卿:《中国历代民族史·明代民族史》,成都:四川民族出版社,1996 年。

④ 广西壮族自治区编辑组:《广西仫佬族毛南族社会历史调查》,南宁:广西民族出版社,1987 年。

⑤ 何光岳:《南蛮源流史》,南昌:江西教育出版社,1988 年,第 318 页。

⑥ 王昭武:《释"毛南"》,覃永绵等编:《毛南族研究文选》,南宁:广西民族出版社,1987 年。

⑦ 广西壮族自治区编辑组:《广西仫佬族毛南族社会历史调查》,南宁:广西民族出版社,1987 年。

⑧ 何光岳:《南蛮源流史》,南昌:江西教育出版社,1988 年。

⑨ 谭鹏星:《论毛南族族源》,覃永绵等编:《毛南族研究文选》,南宁:广西民族出版社,1987 年。

⑩ 杨磊:《毛南族宗法制度试析》,《思想战线》1998 年第 5 期。

⑪ 孟凡云:《论明代广西毛南族谭姓"轻"组织的性质》,《中南民族大学学报》2009 年第 3 期。

⑫ 蒙国荣:《广西省环江县毛南族的"还愿"仪式》,台北:施合郑基金会,1994 年。

⑬ 卢敏飞、蒙国荣编著:《毛南山乡风情录》,成都:四川民族出版社,1994 年。

⑭ 蒙国荣:《毛南族"条套"的风格与源流》;覃永绵等编:《毛南族研究文选》,南宁:广西民族出版社,1987 年。

⑮ 广西壮族自治区编辑组:《广西仫佬族毛难族社会历史调查》,南宁:广西民族出版社,1987 年。

⑯ 尤中:《中国西南的古代民族》(续编),昆明:云南人民出版社,1989 年,第 158—178 页。

⑰ 刘锋、潘盛之:《古今"杨黄"异同考》,《贵州世居民族研究》第 1 卷,贵阳:贵州民族出版社,2004 年。

⑱ 黔南布依族苗族自治州民族识别工作组、平塘县民族识别工作组编印,1983 年。

成于宋代，最晚到元末明初，毛南族已经形成。①

由毛南族知识分子编著《中国毛南族》②是新出版比较全面的毛南族风俗志，内容更详细，还列出了部分毛南族的研究文献。历史资料方面增添了《毛南族百年实录》③，对广西毛南族近现代重大历史事件进行口述史调查，系统整理了相关史料。

研究毛南族肥套成果较多，两本专著即韩德明《毛南族肥套》④、吕瑞荣《神人和融的仪式——毛南族肥套的生态观照》⑤。前者从"肥套"的历史传说、艺术形态、文化内涵、保护与传承等系统介绍了肥套这一文化遗产；后者运用文化生态学的理论与方法，研究了肥套的丰富内容，总结其建构特点及艺术价值，探讨肥套与族内其他艺术形态、与其他民族艺术形态之间的影响与融合，肥套所体现出来的毛南族艺术精神、理想和规律等。吕瑞荣等还研究毛南族神话，对他们所信奉的神灵进行分类整理，并挖掘起生态源流、审美价值等。⑥

此外，也有一些研究毛南族隆款的成果，其中徐卉的研究比较丰富，但尚不全面。对毛南族习惯法的形成、特征与功能内容等问题进行调查研究，与此同时对毛南族时代变化中的内容变迁进行研究分析，就毛南族隆款与国家法的冲突与融合在此基础上分析习惯法与国家法的关系，并就完善毛南族习惯法对现代法制建设的积极意义进行阐述。⑦

关于贵州毛南族研究出现了一系列成果。有关贵州毛南族族源，孟学华、刘世彬认为贵州毛南族（佯僙人）是贵州世居（世居）民族，与广西毛南族在古代有着同是僚人后裔的共同渊源。随着频繁迁徙和环境变化，在漫长历史演化中又形成了各自特有文化，产生了"异支"的民族属性，是"同源异支"的关系。⑧关于贵州毛南族社会治理及国家认同，孟学华、刘世彬研究几块碑刻与史料，认为贵州毛南族明清时期都在都匀府平州长官司管辖之下，"议榔"是民间民主自治的社会管理组织，当地头人在社会发挥着重要作用。⑨龙国庆认为，在不同时期处于土司与官府的直接管辖之下，土人经历了从土司属民佃户向帝国编户齐民身份的转换。在清末民初时期，贵州毛南族地方社会生态纳入国家化、国家迈向近代化的大背景下，为了适应这种时代转型，土人在超越其家族血缘认同与村落地域认同的基础上，逐

---

① 孟凡云：《广西毛南族社会史》，民族出版社，2013年。
② 谭自安等编著：《中国毛南族》，宁夏人民出版社，2012年。
③ 中国人民政治协商会议广西壮族自治区委员会编：《毛南族百年实录》，广西民族出版社，2013年。
④ 北京：北京科学技术出版社，2012年。
⑤ 北京：中国社会科学出版社，2014年。
⑥ 吕瑞荣、谭亚洲、覃自昆：《毛南族神话的生态阐释》，第一作者，南宁：广西人民出版社，2012年。
⑦ 徐卉：《环江毛南族隆款研究》，广西民族大学硕士论文，2016年。
⑧ 孟学华、刘世彬：《贵州毛南族（佯僙人）族源考》，《凯里学院学报》2012年第2期。
⑨ 孟学华、刘世彬：《明清时期贵州平塘县毛南族地区的社会组织形式探析》，《黔南民族示范学院学报》2010年第4期。

渐产生了民族认同与近代国家认同的共生意识。① 另外，孟凡云从史源学的角度，论证了以往对贵州毛南族研究具有较大影响的历史文献，田汝成《炎徼纪闻》和郭子章《黔记》两书中对"佯僙"人记载的不科学性，应以弘治《贵州图经新志》和嘉靖、万历《贵州通志》对"佯僙"人的记载为准。②

七、黎族史研究

黎族主要分布在海南省南半部的琼中黎族苗族自治县、保亭黎族苗族自治县、白沙黎族自治县、陵水黎族自治县、乐东黎族自治县、昌江黎族自治县、三亚市、五指山市、东方市等。"黎"是汉族对黎族的称呼，黎族因不同地域分别自称为"哈""杞""润""美孚""赛"等，但对外族或外国人均自称为"赛"。

（一）黎族的族源

西汉时期，海南岛上黎族先民被称为"骆越之人"③。自此后，不论是官方编撰的史书、通志、方志还是私人著述、旅行见闻等文献中，都有大量的关于海南风物和当地黎族人民劳动生活的记载。民国时期，对于黎族族源的研究有新的突破。罗香林认为："……黎人骨盘亦与华北汉人殊，而与广东本地汉人近，意其人种与古代越族为同一系属，或虽非同属而有混血关系。"④ 刘咸在 1934 年深入黎族村寨调查，观测了 303 个黎族人的体质，推论黎族中有一部分是在原始社会时期自南洋群岛进入海南岛⑤，从而得出黎族源于南洋各民族的结论。德国教授史图博认为：黎族的物质文化和精神文化与印度尼西亚的古代马来人、印度支那大陆各民族有显著的类似，远古时代的人类是经过几次的民族迁徙浪潮，从南方进入海南岛的。这些迁移到海南岛的民族，很明显由阿乌斯兹罗尼亚（马来亚）和泰族两种要素组成。⑥

中华人民共和国成立后，特别是 20 世纪 50 年代和 60 年代以及 80 年代，黎族族源、黎族文化的研究取得了丰硕的成果。

第一，20 世纪 50 年代以后，政府组织考古界对海南岛进行了两次考古发掘，在海南岛各地发现了大量的新石器时代中、晚期的文化遗址，发掘出黎族先民使用过的各种器物，表明了海南岛原始文化遗址与两广大陆同属一个文化系统，属岭南

① 龙国庆：《官府、土司与土民：明清时期贵州毛南族社会生态的历史人类学考察》，《原生态民族文化学刊》2016 年第 1 期。

② 孟凡云：《从史源学角度判断佯僙诸史的史料价值》，《贵州文史丛刊》2011 年第 2 期。

③ 班固：《汉书·贾捐之传》。

④ 罗香林：《海南岛黎人源出越族考》一文分六个部分阐述了黎族源出越族的观点。

⑤ 刘咸：《海南岛黎族起源之初步探讨》，《西南研究》1940 年第 1 期。文章提出：现今黎族之来源"……伎（杞方言）黎、美孚黎渊源于僤族，而本地（润方言）黎与佟（哈方言）黎则与正马来族有血统之关系。"黎族的文化系统属于"太平洋四个文化区中的印度尼西亚区"，"与南洋群岛各民族所有者大同小异"，"总之，由种族名称，体格性质，文化因素，在表示黎人之起源，一方面与大陆之僤族有密切渊源，一方面与南洋群岛之诸民族有显然关系。"

⑥ 史图博：《海南岛民族志》，中国科学院广东民族研究所编印，1964 年 6 月。

百越文化特征之一。由此证明了黎族先民与百越民族有一定的文化渊源关系。①

第二，从语言学方面看，黎语与古越语在语法结构上有许多共同的特点，黎语明显地保留了古越语在语法方面多用倒装的痕迹，即修饰语放在中心词之后的结构方式。黎语属汉藏语系壮侗语族中的黎语支，与同一语族的壮语、布依语、傣语、侗语、水语等有较为密切的亲属关系，在语音、语法、词汇等方面都有共同特征。黎语"水田""稻草""木杵""糖""簸箕""棉花""甘薯""芋头""小米""猪""狗"等词汇与壮、布依、傣、侗等语同源。这反映上述的广大地区，远古时代一直活跃着一支与黎族渊源相同或相近的人类共同体，这便是壮侗语族。② 百越民族在海南岛交流融合，具有海洋和山地特点的黎族雏形由此奠基，黎族文化也由此开始形成。③

第三，从地名学方面看，在黎族聚居的海南岛的地名中，地名"多曰那某、浦某、婆某、可某、曹某、爹某、落某、番某"，④ 与两广一带的地名多有相似。如今，在壮语、黎语（"哈方言"）中，仍称田为"那"、水和河为"南"（也作'浦'）、母亲为"美"等，黎语称村庄为"抱""包""番""芳"。这些地名在语音与语义方面非常接近甚至相同，它们属于壮侗语族语言系统。

第四，从民族学方面看，海南黎族先民在生活、习俗上与古代越人有许多相似之处。断发文身、干栏居屋、不落夫家、水稻种植、纺织吉贝、善铸铜鼓、善使舟楫、多食海产品、信鬼行鸡卜等，都是古代越人的主要文化特点。直至20世纪50年代，有些地区黎族社会还完整地保留这些习俗。

上述4个方面表明了黎族与壮侗语族各民族在族源、文化上有着密切渊源关系，由古代百越族群的一支——骆越人发展成为今天的黎族。进入20世纪80年代后，随着国内政治、经济、文化环境的变化和与国外文化交流的日甚，壮侗语族的研究取得重大突破，黎族的族源问题又被学者们重视起来。

（二）黎族与南岛语族的关系

近年来，随着树皮布文化研究的深入，黎族先民入岛的时间也重新被提起。有学者在研究海南岛的树皮布和石拍后认为：海南岛黎族在距今5000—6000年间已经活动于海南岛中南部。⑤ 这是学者第一次将树皮布和黎族居于海南岛的时间联系在一起，并推断出二者在海南岛的大致时间。

树皮布文化是南岛语族的主要文化特征之一，而海南岛的树皮布文化是由黎族先民所创造的，由此它反映出了黎族与南岛语的渊源关系。

---

① 广东省博物馆：《广东海南岛原始文化遗址》，《考古学报》1960年第2期。
② 高泽强：《黎族古籍及其价值》，《民族古籍》1999年第4期。
③ 昂·德威宏韬：《海南岛史前文化猜想》，《拂拭历史尘埃》，昆明：云南民族出版社，2006年。
④ [清] 屈大均：《广东新语》卷十一《文语·土语》条。
⑤ 周伟民：《海南岛黎族聚居地树皮布石拍的文化价值》，《东南考古研究》第3辑，厦门：厦门大学出版社，2003年。

学者们还从考古发现、古籍文献、生产方式、风俗习惯、语言宗教乃至人体基因上对黎族和台湾世居民族加大了研究力度，大量的研究资料表明琼台两岛的世居民族之间相同相似的文化太多了，这也反映了两岛世居民族的渊源关系。据新华社报道，国际著名的群体遗传学家金力教授和中科院遗传所的杜若甫院士于 1998 年前分赴台湾和海南采集了台湾 5 个少数民族和海南黎族人的血样。他们对采集的血样进行了 DNA 研究，发现台湾 4 个少数民族，即阿美、泰雅、布农、排湾族人男性的主要 Y 染色体类型与海南黎族人男性的主要 Y 染色体类型完全一致。[①] 因此学者们认为黎族与台湾原居民在族源方面应该是同源异流。2001 年 10 月底，中华民族史研究会在海南省海口市主持召开"琼台少数民族学术文化研讨会"，就海南黎族和台湾先住民的族源等问题进行学术交流和研讨。与会两岸学者一致认为，台湾的阿美、泰雅、布农、排弯等先住民和海南黎族，都是古越人的后裔，都是在五六千年以前从大陆东南沿海迁移过去的，黎族和台湾先住民自古以来就是"亲戚"。[②]

（三）黎族研究的著作

人们对黎族的关注和研究古代就已开始。中华人民共和国成立后，黎族的研究进入一个全新的发展阶段，有关黎族的专著、专论、资料不断问世。主要有：尤琪著《琼崖黎民山区访问记》[③]，艾治平著《初访五指山》[④]，中央民族事务委员会中南民族工作视察组《广东省海南黎族苗族自治区调查材料之三：水利调查简报（1952 年）》，秦牧著《原始公社的影子》[⑤]，黄向青著《五指山深处》[⑥]《海南黎族苗族自治区简介》[⑦]，中南民族学院少数民族文物陈列馆编《海南黎族情况调查》[⑧]，中国科学院少数民族语言调查队第一工作队海南分队编《黎族调查报告初稿》[⑨]，中国科学院少数民族语言调查队第一工作队海南分队编《关于划分黎语方言和创制黎文的意见》[⑩]，吴启彦著《海南黎族苗族自治州散记》[⑪]，蔡仲淑著《海南岛黎族合亩制社会和社会主义改造的调查研究》[⑫]，华南师范学院中文系编《黎族民间故事选》[⑬]，中国科学院民族研究所广东少数民族社会历史调查组编《黎族简史简志合

---

① 中国科学院网，2001 年 10 月 31 日。
② 史式、黄大受：《台湾先住民史》，北京：九州出版社，1999 年。
③ 《新观察》1950 年第 1 卷第 3 期。
④ 中南新华书店，1950 年。
⑤ 《新观察》1956 年第 21 期。
⑥ 《羊城晚报》1963 年 1 月 29 日。
⑦ 《地理知识》1955 年第 7 期。
⑧ 中南民族学院少数民族文物陈列馆，油印本，1955—1957 年。
⑨ 中国科学院少数民族语言调查队第一工作队海南分队，油印本，1957 年。
⑩ 中国科学院少数民族语言调查队第一工作队海南分队，油印本，1957 年。
⑪ 广州：广东人民出版社，1957 年。
⑫ 《史学月刊》1958 年第 3 期。
⑬ 广州：广东人民出版社，1962 年。

编》①，中国科学院广东民族研究所编《黎族研究资料选译》（第一、二、三、四辑）②，中国科学院广东民族研究所少数民族社会历史调查组和中国科学院广东民族研究所合编《黎族古代历史资料》（上下册）③，中国社会科学院民族研究所民族理论研究室《海南黎族苗族自治州调查报告暨资料汇编》④，《黎族简史》编写组《黎族简史》⑤，刘耀荃编《黎族历史纪年辑要》⑥，詹慈主编《黎族"合亩制"论文选集》⑦，中元秀著《黎族人民领袖王国兴》⑧，海南黎族苗族自治州党史办公室编《白沙起义四十周年纪念文集》⑨，韩伯泉、郭小东著《黎族民间文学概说》⑩，王国全《黎族风情》⑪，海南黎族苗族自治州民族研究所编《民族研究》（论文集1—3辑，1985—1987年）《海南黎族苗族自治州概况》编写组《海南黎族苗族自治州概况》⑫，广东省编辑组编《黎族社会历史调查》⑬，邢关英著《黎族》⑭，司徒尚志著《海南岛历史上土地开发研究》⑮，孙有康、李和弟搜集整理《五指山传》⑯，海南省民族研究所编《海南民族研究论集》（第1集）⑰，陈立浩等编《海南民族作品选析》⑱，中南民族学院本书编辑组《海南岛黎族社会调查》（上下册）⑲，王养民、马姿燕著《黎族文化初探》⑳，郑贻青、欧阳觉亚编《黎汉词典》㉑，邢植朝著《黎族文化溯源》㉒，符和积主编《黎族史料专辑》㉓，陈立浩《黎族"合亩制"研究》㉔，苏英博、韦经照等主编《中国黎族大辞典》㉕，海南省民族宗教事务委员会编《海南

①　中国科学院民族研究所、广东少数民族社会历史调查组，内部铅印本，1963年。
②　中国科学院广东民族研究所，油印本，1963—1964年。
③　中国科学院广东民族研究所少数民族社会历史调查组和中国科学院广东民族研究所，油印本，1964年。
④　中国社会科学院民族研究所民族理论研究室，内部资料，铅印本，1982年。
⑤　广州：广东人民出版社，1982年。
⑥　广东民族研究所，铅印本，1982年。
⑦　广东民族研究所，铅印本，1983年。
⑧　北京：民族出版社，1983年。
⑨　铅印本，1983年。
⑩　广东民族学院民族研究所，铅印本，1984年。
⑪　广东民族研究所，铅印本，1985年。
⑫　广州：广东人民出版社，1986年。
⑬　北京：民族出版社，1986年。
⑭　北京：民族出版社，1990年。
⑮　海口：海南人民出版社，1987年。
⑯　广州：暨南大学出版，1990年。
⑰　广州：中山大学出版社，1992年。
⑱　海口：南海出版公司，1992年。
⑲　南宁：广西民族出版社，1992年。
⑳　南宁：广西民族出版社，1993年。
㉑　成都：四川民族出版社，1993年。
㉒　广州：中山大学出版社，1993年。
㉓　海口：南海出版公司，1993年。
㉔　海口：海南出版公司，1994年。
㉕　广州：中山大学出版社，1994年。

省民族民间工艺作品选》①，吴永章著《黎族史》②，程昭星、邢诒孔著《黎族人民斗争史》③，王学萍主编《五指山五十年》④ 等。

进入 21 世纪后，黎族研究成了海南的显学，陆续出版了较有影响力的编著、专著和论文集有：王学萍主编《黎族传统文化》⑤，王文华著《黎族音乐史》⑥，陈立浩等著《历史的跨越——黎族原"合亩制"地区的变革》⑦，林日举著《海南史》⑧，王俞春著《海南移民史志》⑨，黎雄峰著《海南社会简史》⑩，华子奇、陈立浩编《五指山风韵——海南少数民族文学探析》⑪，王学萍主编《中国黎族》⑫，曾昭璇等著《海南黎族人类学考察》⑬，邢植朝、詹贤武著《中国民俗大系——海南民俗》⑭，吴义等《中国黎族传统体育文化》⑮，王海、江冰《从远古走向现代——黎族文化与黎族文学》⑯，海南省民族研究所编《五指山脚下的耕耘》⑰，齐见龙、范高庆等著《五指山基业——海南少数民族教育探究》⑱，刘明哲主编《中国少数民族大辞典·黎族卷》⑲，符桂花主编《黎族传统织锦》⑳，海南省民族研究所编《越过山顶的铜锣声》㉑，海南省民族研究所编《拂拭历史尘埃——黎族古籍研究》㉒，海南省地方志办公室编《海南省志·民族志》㉓，齐见龙、陈立浩著《热带雨林绿韵风姿——海南少数民族地区绿色生态文化探究》㉔，胡亚玲著《海南黎族风情》㉕，刘军著《肌肤上的文化符号——黎族和傣族传统文身研究》㉖，符桂花主编《清代黎族风俗

---

① 海口：海南出版社，1995 年。
② 广州：广东人民出版社，1997 年。
③ 北京：民族出版社，1999 年。
④ 海口：海南出版社，1999 年。
⑤ 北京：新华出版社，2001 年。
⑥ 海口：南海出版公司，2001 年。
⑦ 海口：南海出版公司，2001 年。
⑧ 长春：吉林人民出版社，2002 年。
⑨ 北京：中国文联出版社，2003 年。
⑩ 海口：海南出版社，2007 年。
⑪ 海口：南海出版公司，2003 年。
⑫ 北京：民族出版社，2004 年。
⑬ 华南师范大学地理系，铅印本，2004 年。
⑭ 兰州：甘肃人民出版社，2004 年。
⑮ 北京：中国社会科学出版社，2004 年。
⑯ 广州：华南理工大学出版社，2004 年。
⑰ 昆明：云南民族出版社，2004 年。
⑱ 长春：吉林人民出版社，2005 年。
⑲ 香港：香港当代文艺出版社，2005 年。
⑳ 海口：海南出版社，2005 年。
㉑ 昆明：云南民族出版社，2006 年。
㉒ 昆明：云南民族出版社，2006 年。
㉓ 海口：南海出版公司，2006 年。
㉔ 海口：南海出版社，2006 年。
㉕ 海口：海南出版社，2006 年。
㉖ 北京：民族出版社，2007 年。

图》①，高泽强、潘先锷著《祭祀与避邪——黎族民间信仰文化初探》②，蔡于良著《黎族织贝珍品·衣裳艺术图腾百图集》③，王建成主编《首届黎族文化论坛文集》④，亚根著《黎族舞蹈概论》⑤，冈田谦和、尾高邦雄著、金山等译《黎族三峒调查》⑥，国家民委"中国少数民族自治地方概况丛书"《乐东黎族自治县概况》（此外还有陵水、保亭、琼中、白沙、昌江等自治的概况）⑦，王学萍主编《黎族藏书》（三卷本）⑧ 等。

2008 年，为了庆祝海南建省 20 周年，省委、省政府实施"海南历史文化大系"工程，设有十大卷，共计百本，涉及百个专题，全面系统展示海南历史文化的广阔画卷。其中"民族卷"共 10 本，涉及黎族历史文化的有 7 本专著：林日举等著《海南民族概论》，高泽强、文珍著《海南黎族研究》，杨兹举等著《海南民族民间歌谣初探》，黄学魁著《海南民族民间工艺美术》，陈立浩等著《从原始时代走向现代文明——黎族"合亩制"地区的变迁历程》，孙绍先、欧阳浩著《黎族女性文化专题研究》，齐见龙等著《走进绿色天堂——海南民族地区绿色文化掠影》⑨。这 7 本书第一次集中地对海南黎族的历史文化疏理和研究，较全面地向人们展示了海南黎族历史文化。

2010—2019 年这 10 年间，对于黎族历史文化研究又跃上了新的台阶，各种编著、专著、论文集等层出不穷。程天富主编《黎族文身新探》⑩，程昭星、林开耀等著《中国共产党与黎族社会发展》⑪，苏庆兴主编《黄道婆的三亚解读》⑫，海南省民族研究所编《黎族服装图释》⑬，林开耀著《黎族织锦研究》⑭，海南省地方志办公室编《海南省志·民俗志》⑮，王恩著《霸王岭黎族探源——昌江黎族自治县黎族美孚方言社会调查》⑯，中国民族博物馆和海南省民族博物馆编《中国黎族文物集

① 海口：海南出版社，2007 年。
② 北京：民族出版社，2007 年。
③ 海口：海南出版社，2007 年。
④ 北京：民族出版社，2008 年。
⑤ 北京：中国戏剧出版社，2008 年。
⑥ 北京：民族出版社，2009 年。
⑦ 北京：民族出版社，2008—2009 年。
⑧ 海口：海南出版社，2009 年。
⑨ 海口：海南出版社；海口：南方出版社，2008 年)
⑩ 北京：中国文联出版社，2010 年。
⑪ 北京：中央文献出版社，2010 年。
⑫ 上海：学林出版社，2010 年。
⑬ 海口：南海出版公司，2011 年。
⑭ 海口：南海出版公司，2011 年。
⑮ 海口：南海出版公司，2012 年。
⑯ 海口：海南出版社，2012 年。

萃》①，萨维纳著、辛世彪译《海南岛志》②，文明英、文京著《中国黎族》③，孙如强主编《黎族原始制陶技艺》④，王献军等主编《黎族的历史与文化》⑤，安华涛、唐启翠著《"治黎"与"黎治"：黎族政治文化研究》⑥，张杰、张昌赋著《绣面与雕身：黎族文身文化研究》⑦，孙海兰、焦勇勤著《符号与记忆：黎族织锦文化研究》⑧，韩立收著《"查禁"与"除禁"：黎族"禁"习惯法研究》⑨，琼州学院海南省民族研究基地编《黎学新论文集》（上下册）⑩，《中国黎学大观》编委会编《中国黎学大观》（多卷本：历史卷·文化卷）⑪，王建成主编《海南省少数民族非物质文化遗产论坛文集》⑫，吉明江主编《东方黎族文化瑰宝》⑬，海南省民族研究所编《黎族民间谚语谜语提要》⑭，海南省民族研究所编《交流共享发展——首届海南省民族研究所客座研究员座谈会文集》⑮，符桂花主编《海南黎族传统工艺》⑯，孙绍先、文丽敏著《平等与包容：母系文化背景下黎族两性关系》⑰，郭小东等著《失落的文明——史图博〈海南岛民族志〉研究》⑱，唐玲玲和周伟民著："凡俗"与"神圣"——海南黎峒习俗考略》⑲，柏贵喜主编《黎锦研究》（海南出版社，2014 年），韦勇、武耀廷主编"黎学新论文丛"（《黎族哲学初探》《黎族民族文学》《黎族织锦与文身研究》《黎族传统音乐与舞蹈》《黎族民俗与民间工艺美术》《黎族生态文明概览》）⑳，张雷著《黎语替代语论析》㉑，符兴恩著《黎族·美孚方言》㉒，海南省五指山文化研究《海南民族》（1—4 辑）㉓，韩立收著《不落夫家：黎族传统亲属

---

① 北京：民族出版社，2012 年。
② 桂林：漓江出版社，2012 年。
③ 银川：宁夏人民出版社，2012 年。
④ 北京：中国文联出版社，2012 年。
⑤ 广州：暨南大学出版社，2012 年。
⑥ 上海：上海大学出版社，2012 年。
⑦ 上海：上海大学出版社，2012 年。
⑧ 上海：上海大学出版社，2012 年。
⑨ 上海：上海大学出版社，2012 年。
⑩ 北京：中国文史出版社，2012 年。
⑪ 海口：海南出版社；北京：中国文史出版社，2012—2015 年。
⑫ 海口：海南出版社，2013 年。
⑬ 海口：海南出版社，2013 年。
⑭ 海口：南方出版社，2013 年。
⑮ 海口：南方出版社，2013 年。
⑯ 海口：海南出版社，2013 年。
⑰ 上海：上海大学出版社，2013 年。
⑱ 武汉：武汉大学出版社，2013 年。
⑲ 上海：上海大学出版社，2014 年。
⑳ 北京：中国文史出版社，2014 年。
㉑ 昆明：云南民族出版社，2014 年。
㉒ 昆明：云南民族出版社，2014 年。
㉓ 海口：海南出版社；海口：南方出版社，2014—2017 年。

习惯法》①，林日举、高泽强等著《海南少数民族宗教信仰研究》②，史图博著《海南岛民族志》③，王献军主编《中国黎学》④，黄权主编《黎族·赛方言》⑤，詹贤武装著《黎族文化主体性研究》⑥，韦慎著《黎族抱怀人织锦》⑦，罗文雄著《霓裳艳影衣被天下——黎族纺织文化研究》⑧，海南省民族研究基地编"海南民族研究"（《海南首届黎学国际研讨会论文集》《旅游与海南民族文化资源开发利用研讨会论文集》《2015 年琼台少数民族文化论坛论文集》《天涯研索——海南省民族研究劳基地论文集》等）⑨，王献军著《黎族文身——海南岛黎族的敦煌壁画》⑩，文明英著《黎族民间文学概论》⑪，张雷、高泽强著《基础黎语教材》⑫，亚根、林日举著《黎族家庭制度》⑬，王学萍主编《琼岛守望者——黎族》⑭，冯广艺、李庆福著《黎语生态论稿》⑮，孟凡云著《西方村美孚方言黎族宗教文化研究》⑯，周伟民、唐玲玲著《海南通史》（五卷本）⑰，符昌忠、程靖等著《东方黎族民俗文化》⑱，王睿著《海南黎族居区民主自治研究》⑲，王建成主编《第二届黎族文化论坛论文集》⑳，陈秋云著《海南黎族社会村规民约研究》㉑，陈光良主编《黄道婆文化研究论文集》㉒，王海、高泽强著《探寻远去的记忆——生态文化视角下的黎族民俗与民间文学》㉓，李海娥、熊元斌著《黎族文化保护与开发——基于国际旅游岛建设背景》㉔，高泽强、吴小苑著《海南黎锦的故事》㉕，高泽强、王哲波著《黎族袍隆扣崇拜研究》㉖，

---

① 北京：法律出版社，2015。
② 海口：海南出版社，2015 年。
③ 海南省民族学会重印，2016 年。
④ 海口：海南出版社，2016 年。
⑤ 海口：南海出版公司，2016 年。
⑥ 海口：海南出版社，2016 年。
⑦ 昆明：云南民族出版社，2016 年。
⑧ 昆明：云南民族出版社，2016 年。
⑨ 昆明：云南民族出版社；海口：南方出版社，2014—2019 年。
⑩ 北京：民族出版社，2016 年。
⑪ 昆明：云南民族出版社，2016 年。
⑫ 昆明：云南民族出版社，2016 年。
⑬ 海口：南方出版社，2017 年。
⑭ 上海：上海锦绣文章出版社；上海：上海文化出版社，2017 年。
⑮ 海口：南方出版社，2017 年。
⑯ 海口：南方出版社，2017 年。
⑰ 北京：人民出版社，2017 年。
⑱ 广州：华南理工大学出版社，2017 年。
⑲ 长春：吉林人民出版社，2018 年。
⑳ 北京：民族出版社，2018 年。
㉑ 湘潭：湘潭大学出版社，2018 年。
㉒ 广州：中山大学出版社，2018 年。
㉓ 广州：暨南大学出版社，2018 年。
㉔ 海口：南方出版社，2018 年。
㉕ 海口：海南出版社，2018 年。
㉖ 海口：南方出版社，2019 年。

夏代去、阎根齐著《黎族文化》①，陈贵、柏喜贵著《杞方言黎族"合亩制"地区社会文化变迁研究》② 等。

总之，黎族历史文化几千年，连绵不断，不同时期不同时代都显示出不同的文化特色。四五千年的有稻作文化、"干栏"建筑文化、制陶文化、树皮布文化、钻木取火等，两三千年的有儋耳文化、文身文化、吉贝文化、铜鼓文化、染色技术等，几百上千年的有独木文化、医药文化、剪纸文化、铜锣文化、龙被文化、饮食文化等。这就是黎族文化的本色，它已成为海南地方文化中历史最悠久、表现能力最强和最为珍贵的一种文化资源。

八、仡佬族史研究

仡佬族主要分布于贵州，少量散居于桂西北及滇东南。中华人民共和国成立前，仡佬族史研究者极少，仅知有英国传教士克拉克的《在中国西南部族中》、德国民族学家鲍克兰的《贵州仡佬族的历史和现状》及我国人类学家芮逸夫的《僚和仡佬试论》等论著。

中华人民共和国成立后，仡佬族史研究兴起。以田署岚为编写组长的《仡佬族简史简志合编》（草稿）及以何家礼为组长的《仡佬族简史简志合编》（修改稿）相继于 1959 年、1963 年完成，后因故未能出版。翁家烈《古夜郎与仡佬族先民的关系》③ 成为仡佬族专题研究的开启篇。

改革开放后，仡佬族的研究蓬勃发展，刊发、出版了诸多相关论著：翁家烈《论夜郎社会性质》④《贵州古代濮、僚、越族属初探》⑤《贵州高原的拓荒者——仡佬族》⑥《仡佬族散论》⑦《道真仡佬族调查》⑧《仡佬族的传统宗教》⑨《仡佬族历史研究综述》⑩《仡佬族与西堡长官司》⑪《僰人考》⑫《彝濮关系考》⑬《仡佬族的历史分期及其与越的关系》⑭《仡佬族宗教信仰传承与变异》⑮《夜郎县及其创建古夜郎

① 海口：南方出版社，2019 年。
② 海口：南方出版社，2020 年。
③ 《贵阳师范学院学报》1963 年第 1 期。
④ 《贵阳师范学院学报》1980 年第 1 期。
⑤ 《贵州民族研究》1980 年第 1 期。
⑥ 《贵州青年》1980 年第 1 期。
⑦ 《贵州民族研究》1983 年第 4 期。
⑧ 《贵州民族研究》1985 年第 1 期。
⑨ 《中国少数民族宗教新编》，1985 年。
⑩ 《民族研究动态》1986 年第 1 期。
⑪ 《贵州文物》1986 年第 1 期。
⑫ 《贵州民族研究》1986 年第 2 期。
⑬ 《西南民族研究彝族专集》，昆明：云南民族出版社，1987 年。
⑭ 朱俊明：《百越史研究》，贵阳：贵州人民出版社，1987 年。
⑮ 《贵州文史丛刊》1990 年第 4 期。

之民族考略》①《古夜郎疆域考》②，胡积德《清初以来仡佬居住区域的改变与民族融合》③，万斗云、胡积德、翁家烈合编、侯绍庄通纂《仡佬族简史》④，翁家烈《仡佬族》⑤，吴秋林《居都仡佬族》⑥，翁家烈《贵州省志·民族志·仡佬族篇》⑦，贵州省年鉴社组织编写的《探索千古夜郎之谜》⑧，张丽剑、王艳萍《仡佬族简史》（修订本）⑨，谢爱临主编《仡佬族百年实录》⑩ 等。

吴国富、陈明君《再论木佬即仡佬》⑪，王兴骥《播州土司辖境少数民族研究》⑫，藤新才《西南民族研究》⑬，胡展耀《中国仡佬族研究文献题录》⑭，苟爽《德国学者鲍克兰的仡佬族研究》⑮，吴德盛《仡佬族文化研究丛书：仡佬族地名研究》⑯，李德洙、梁庭望《中国民族百科全书》⑰，张泽洪《中国西南的仡佬族及其宗教》⑱，苟爽《从鲍克兰译著探寻仡佬族迁徙及其与东南亚族群的关系》⑲，宋汉瑞、聂森《仡佬族宗族组织与宗谱文化》⑳，贵州省民族宗教事务委员会、贵州省科技教育领导小组办公室《贵州世居少数民族·文化史卷1》㉑，翁家烈《关于夜郎研究的几点思考》㉒，李劲松《丹砂古寨——贵州务川龙潭仡佬族村民族志研究》㉓。

民族调查是民族史研究的重要组成部分。仡佬族史研究中的诸多论著，不少是构筑于仡佬族地区的实地调查资料之上。它为仡佬族史研究的拓展、考辨和深化提供了丰富、有力的依据。贵州民族学会和贵州省民族研究所牵头组织的"贵州六山六水"综合性、规模性一年一度的民族调查，自1983年开展以来持续进行至今。对仡佬族的调查即为其重要组成部分之一。形成有关仡佬族的调查报告的有翁家烈

① 夜郎学术研讨会论文集编辑委员会编《夜郎研究》，贵阳：贵州民族出版社，2000 年。
② 《夜郎重释》，昆明：云南人民出版社，2004 年。
③ 《贵州民族研究》1984 年第 1 期。
④ 贵阳：贵州民族出版社，1989 年。
⑤ 北京：民族出版社，1992 年。
⑥ 贵阳：贵州人民出版社，1997 年。
⑦ 贵阳：贵州民族出版社，2002 年。
⑧ 北京：党史出版社，2008 年。
⑨ 北京：民族出版社，2008 年。
⑩ 北京：中国文史出版社，2008 年。
⑪ 中国百越民族史研究会第十六次年会，2013 年。
⑫ 《贵州社会科学》2014 年第 1 期。
⑬ 北京：民主与建设出版社，2014 年。
⑭ 武汉：华中科技大学出版社，2014 年。
⑮ 《民族史研究》2015 年第 1 期。
⑯ 北京：中国言实出版社，2015 年。
⑰ 西安：世界图书出版西安有限公司，2015 年。
⑱ 《贵州民族研究》2015 年第 12 期。
⑲ 《贵州文史丛刊》2015 年第 3 期。
⑳ 《贵州师范学院学报》2017 年第 11 期。
㉑ 贵阳：贵州民族出版社，2017 年。
㉒ 《贵州民族大学学报（哲学社会科学版）》2018 年第 2 期。
㉓ 北京：九州出版社，2019 年。

《大方县普底乡红丰村调查》《黔西县民族调查报告》《关岭县仡佬族宗教信仰评述》《金沙、凤冈、道真、六枝仡佬族宗教信仰调查》《织金、黔西、仁怀仡佬族苗族妇女现状调查》张济民《大方普底乡仡佬族鸡卜与禁忌》陈天俊《四个仡佬族聚居村寨婚丧习俗调查》《黔西县沙井乡苗族彝族仡佬族乡政权建设调查》蒋立松《六枝少数民族综合调查》龚黔兰《务川仡佬族苗族自治县的爱国主义调查》覃敏笑、黄俊群《道真仡佬族苗族自治县农业综合开发调查与思考》《道真仡佬族苗族自治县在西部大开发中的选择之调查与思考》《道真仡佬族苗族自治县生态环境建设与可持续发展调查与思考》。此外，还有田晓岫在 1979—1986 年间 3 次调查基础上形成的《仡佬族》《仡佬族文化史》和《仡佬族文化志》①。

为了便于仡佬族的研究以及《贵州省志·民族志·仡佬篇》的编写，贵州民族研究所于 1981 年、1989 年还分别编印了田曙岚《僚的研究与我国西南民族若干历史问题》②，翁家烈《民族志资料汇编》第十集（仡佬族），陈天俊、张良君《仡佬族文化研究》③。贵州省民委对"六山六水"的调查资料的价值和意义高度重视，与贵州省民族研究所共同组织编辑出版了《贵州六山六水民族调查资料选编》，翁家烈《仡佬族·屯堡人卷》即为 10 卷本中之一卷④。

尤为可贵的是，仡佬族学会于 20 世纪 90 年代成立以来，发动仡佬族中的干部和知识分子参加对本民族社会历史文化的研究，组织多次学术研讨会，出版或与有关部门合作出版论文集数本：熊大宽《仡佬族文化百科全书》⑤，贵州省仡佬学会编《贵州省仡佬学会研究文集》（2002 年），清镇市政协、清镇市史志办、清镇市仡佬学会编《清镇仡佬族》⑥，务川仡佬族苗族自治县政协编《仡佬族之源》⑦，道真仡佬族苗族自治县编《仡佬族故土风》⑧。务川仡佬族苗族自治县、遵义市作家协会主办、道真仡佬族苗族自治县、遵义市政协宣教文卫委员会协办的《中国仡佬族》于 2008 年创刊。

仡佬族史的调查研究起步于民国年间，重视于中华人民共和国成立初期，兴盛于改革开放时期。尽管成效空前，但专业研究人员少，目前有"青黄不接"之忧，仡佬族史的研究任重而道远。

---

① 上海：上海人民出版社，1998 年。
② 《民族研究参考资料》第八集。
③ 贵阳：贵州人民出版社，1999 年。
④ 贵阳：贵州民族出版社，2008 年。
⑤ 贵阳：贵州民族出版社，2002 年。
⑥ 贵阳：贵州民族出版社，2004 年。
⑦ 《务川文史资料》第十集，2005 年。
⑧ 《道真文史资料》第四集，2007 年。

第三节 苗瑶语族各民族史研究

一、苗族史研究

苗族是我国民族大家庭中历史悠久且具有高度古代文明的民族。它不仅为中国统一的多民族国家的形成发展做出过卓越贡献，且因其自身鲜明的民族发展过程而在中国历史上占有重要的地位。

由于在历史上的重要地位和作用，苗族很早便引起人们的关注。在《史记》和《汉书》中均有关于苗族先民的记载，此后历代封建统治者对苗族"征伐"不断，官方文献中关于苗族的记载也史不绝书。特别是宋代以后，除官方记载外，涌现了一大批关于苗族的私家著作。最具代表性的有南宋朱熹《记三苗》、朱辅《溪蛮丛笑》等；明代有郭子章《黔记》、沈瓒《五溪蛮图志》等；清朝由于苗民起义的原因，当时众多学者皆著书论述苗疆事宜，如前期有爱必达《黔南识略》、方显《平苗纪略》、田雯《黔书》、严如熤《苗防备览》等，后期有罗绕典《黔南职方纪略》、韩超《苗变纪事》、徐家干《苗疆见闻录》等。这些著作虽大部分讲述的是关于"苗变镇压策略"及"苗疆事宜"，但其中对当地民族民风及生活习俗的记载具有十分重要的历史价值。

民国时期，伴随着民族学和社会学传入中国并开始在中国成为较为系统的学科，一大批学者就苗族的族源、迁徙、经济生活、语言文化、习俗信仰、社会组织等进行调查并发表了相关论著，其中不乏中国第一代民族学名家以及外国知名学者。这一时期可谓是近代苗族史研究的第一个高峰。最具代表性的研究有吴泽霖、陈国钧、杨汉先等对贵州苗族的研究，出版有系列论著如《贵州短裙苗的概况》《苗族中祖先来历的传说》《生苗的人祖神话》《大花苗名称来源》《贵阳苗族的跳花场》等；林名钧、笑岳、王兴瑞、阮镜清等对川、滇、桂各地苗族的考察，如《川苗概况》《海南岛苗人的来源》《广西融县苗人的文化》《滇边苗族杂谈》等；盛襄子对湖南苗族的考察，出版有《湖南之苗瑶》《湘西苗疆之设置及其现状》等。而最具影响的则是凌纯声、芮逸夫的《湘西苗族调查报告》、梁聚五的《苗彝民族发展史》和石启贵的《湘西土著民族考察报告》。这一时期由于西方势力的东来，随之有一批外国传教士进入苗族地区并对中国苗族进行了一定的研究，其中较为出色的有法国传教士萨维那的《苗族史》，这是外国史学界第一部关于苗族的专著。然外国学者中成就最高的当属日本学者鸟居龙藏，其深入贵州地区进行实地考察后所著《苗族调查报告》是民族学的力作，保存了较为丰富的苗族内部的生活、文化习俗等资料，至今对于苗族史研究仍具有参考价值。

中华人民共和国成立后，中共中央从 1950—1952 年先后派各访问团分驻各少数民族地区，其中由费孝通教授带领的中央民族访问团西南分团第三分团进入贵州。在访问结束后，写成了调查报告《贵州少数民族情况及民族工作》，后来出版了《兄弟民族在贵州》一书。当时著名史学家谢华亦率团访问了湘西兄弟民族，于1958 年出版《湘西土司辑略》，为苗族的研究提供了珍贵史料。其间，梁聚五整理和编印了《苗彝民族发展史》和《苗族人民在反清斗争中跃进》，马少侨编著出版了《清代苗民起义》和《湖南苗族人民革命斗争史》。这些著作是运用马克思主义研究苗族历史文化的先锋之作。此外，由国家组织的从 1956 开始进行的民族语言调查和少数民族社会历史调查，亦搜集和整理了大量有关苗族历史和文化的资料。[①]

　　1959 年后，受历次政治运动的影响，致力于苗族史研究的绝大部分学者受到批判，学术研究也被迫中止。"文化大革命"结束后，苗族史研究才迎来了转机。一大批苗族史、苗族志、苗族社会文化及苗族历史调查资料相继问世，如《苗族简志》编写组《苗族简志》[②]，贵州省编辑组《苗族社会历史调查》[③]，《苗族简史》编写组《苗族简史》[④]，伍新福、龙伯亚《苗族史》[⑤]，伍新福《苗族历史探考》[⑥]，何积全、石朝江《苗族文化研究》[⑦]，陈定秀《黔西南苗族研究》[⑧]，李廷贵、张山、周光大主编《苗族历史与文化》[⑨]，游建西《近代贵州苗族社会的文化变迁》[⑩]，过竹《苗族源流史》[⑪]，郎维伟《四川苗族社会与文化》[⑫]，吴一文、覃东平《苗族古歌与苗族历史文化》[⑬]，伍新福《中国苗族通史》[⑭]《苗族文化史》[⑮]《苗族史研究》[⑯]，等。有关近代苗族人民起义的研究和资料也大量出版，如答振益《太平天国时期苗彝回各族人民起义》[⑰]，杨光磊《张秀眉起义资料汇编》[⑱]，龙伯亚《近代武陵苗族斗争史》[⑲]，杨正保、潘光华《苗族起义史诗》[⑳]，中国第一档案馆等编《清

①　以上参考伍新福、龙伯亚：《苗族史·绪论》，成都：四川民族出版社，1992 年，第 4—7 页。
②　贵阳：贵州人民出版社，1985 年。
③　贵阳：贵州民族出版社，1986 年。
④　贵阳：贵州人民出版社，1985 年。
⑤　成都：四川民族出版社，1992 年。
⑥　贵阳：贵州民族出版社，1992 年。
⑦　贵阳：贵州人民出版社，1999 年。
⑧　贵阳：贵州民族出版社，1995 年。
⑨　北京：中央民族大学出版社，1996 年。
⑩　贵阳：贵州人民出版社，1997 年。
⑪　南宁：广西人民出版社，1994 年。
⑫　成都：四川民族出版社，1997 年。
⑬　贵阳：贵州民族出版社，2000 年。
⑭　贵阳：贵州民族出版社，2000 年。
⑮　成都：四川民族出版社，2000 年。
⑯　北京：中国文史出版社，2006 年。
⑰　银川：宁夏人民出版社，1981 年。
⑱　贵阳：贵州人民出版社，1984 年。
⑲　贵阳：贵州民族出版社，1994 年。
⑳　贵阳：贵州人民出版社，1987 年。

代前期苗族起义档案史料》①，湖南省社科院历史研究所编《苗族史文集——纪念乾嘉起义一百九十周年》② 等。

　　这一时期还成立了一批苗学研究机构及博物馆，它们对新时期研究苗族历史与文化起到了至关重要的作用。研究机构主要有中央民族大学苗学研究所、贵州省苗学会、湖南省苗学会、湖北省恩施自治州苗学会、湘潭大学苗族文化研究所、云南省苗学会、云南省昭通市苗学会、云南文山壮族苗族自治州苗学会、四川省民族学会苗学会、黔东南苗族侗族自治州苗学会、湘西土家族苗族自治州苗学会以及各省下辖各县市的苗学会等。

　　博物馆有贵州省博物馆、贵州民俗婚俗博物馆、黔东南苗族侗族自治州博物馆、黔南布依族苗族自治州博物馆、黔东南郎德苗族村寨博物馆、镇远青龙洞民族建筑博物馆、贵州黄平飞云崖民族节日博物馆、贵州平坝天台山民族戏剧博物馆、文山壮族苗族自治州博物馆等。此外，90 年代以来互联网的发展亦对苗族史研究起到了推动作用。③

　　综观中华人民共和国成立 70 年来的苗族史研究，学者们关注的主要问题有：

　　（一）苗族的族源演化问题。④ 关于苗族族源问题，我国史学界和民族学界诸说并存，大致有 "三苗说" "非三苗说" "髳人说" "蛮说" 等几种。⑤ 其中又以 "三苗说" 年代最为久远，自南宋朱熹首创 "三苗" 说起，明清学者发展了此种学说，近世研究民族史者也大都将苗族的族源归于三苗。如吕思勉的《中国民族史》、范文澜的《中国通史简编》等。日本学者鸟居龙藏也认为苗族 "盖三苗之夷也"⑥。中华人民共和国成立后，史学界和民族学界仍各说并存，但大部分学者倾向于认同 "三苗说"。如侯哲安《三苗考》⑦、顾永昌《古代苗族迁徙问题初探》⑧、王慧琴

---

① 北京：光明日报出版社，1987 年。
② 长沙：湖南大学出版社，1986 年。
③ 其中较著名的网站有苗人网、苗族在线、中国苗族网等。
④ 相关研究有侯哲安：《三苗考》，《贵州民族研究》1979 年第 1 期；顾永昌：《古代苗族迁徙问题初探》，《贵州民族研究》1981 年第 1 期；王慧琴：《关于苗族的族源问题》，《思想战线》1982 年第 6 期；龙海清、龙文玉：《苗族族名及自称考释》，《贵州民族研究》1983 年第 4 期；舒之梅：《三苗与楚祖相同说质疑》，《中南民族学院院报》复刊号；唐嘉弘：《楚与三苗并不同源》，《江汉论坛》1982 年第 11 期；张启成：《楚苗族别渊源异同考》，《贵州文史丛刊》1993 年第 4 期；王治新：《从苗族三大支系迁徙史歌中探索 "三苗" 的源流》，《贵州文史丛刊》1986 年第 2 期；王慧琴：《苗族迁徙原因初探》，《思想战线》1993 年第 3 期；贺国鉴：《略谈苗民族形成的几个问题》，《贵州民族研究》1982 年第 2 期；张永国：《试论苗族的来源和形成》，《思想战线》1980 年第 6 期；潘炳辉：《苗族源流与中国奴隶制社会》，《贵州文史丛刊》2005 年第 4 期。
⑤ "三苗说" 首创于南宋朱熹《记三苗》，发展至今已历近千年。"非三苗说" 源于近人章炳麟，凌纯生、芮逸夫的《湘西苗族调查报告》发展了此种观点。在否定 "三苗说" 的同时，章炳麟、凌纯生等人提出了 "髳人说"，认为苗族系西周初年随同武王伐纣的 "髳" 部落的后裔。"蛮说" 则是 "武陵五溪蛮" 和 "盘瓠蛮"，宋朱辅《溪蛮丛笑》第一次从二者中分出 "苗"，后代学者对此大做文章，近人持此观点的如林惠祥《中国民族史》等。伍新福、龙伯亚：《苗族史·绪论》，第 9 页。
⑥ 伍新福、龙伯亚：《苗族史·绪论》，第 9 页。
⑦ 《贵州民族研究》1979 年第 1 期。
⑧ 《贵州民族研究》1981 年第 1 期。

《关于苗族的族源问题》① 等。此外，龙海清、龙文玉《屈原族别初探》②《屈原族别再探》③《苗族族名及自称考释》④ 三文先后提出并补充了苗、楚同源说。舒之梅《三苗与楚祖源相同说质疑》⑤、唐嘉弘《楚与三苗并不同源》⑥、张启成《楚苗族别渊源异同考》⑦ 等则反对之。另外还有学者论述了苗与巴之关系，如颜舍《对古代巴人与苗族关系的几点看法》⑧。苗族的族源虽大多数学者倾向"三苗说"，但苗与楚、巴之间关系还需进一步深入研究。

（二）苗族的社会发展问题。对于苗族社会发展的系统研究基本上是在中华人民共和国成立后开始的，大都是运用马克思主义的社会发展观和民族观来分析苗族的社会发展过程。在关于苗族形成的问题上，代表作有贺国鉴《略谈苗民族形成的几个问题》⑨、张永国《试论苗族的来源和形成》⑩ 等。关于苗族的社会形态问题，有潘炯辉《苗族源流与中国奴隶制社会》⑪、贺国鉴《魏晋南北朝时期的苗族社会论述》⑫《秦汉时期的苗族先民社会》⑬、向煊之《从婚姻习俗看苗族史前婚姻家庭发展的轨迹》⑭、张山《试论近代苗族社会政治状况及其变化》⑮ 等。经济发展问题，有洪寒江《清代湖南民族地区经济考察》⑯、伍新福《略论"归流"前湖广"苗疆"的社会经济》⑰《秦汉至唐宋时期苗族社会经济探考》⑱、张山《论鸦片战争后的苗族社会经济》⑲ 等。伍新福著《中国苗族通史》（增订本）⑳ 上溯远古传说时代，下到中华人民共和国成立初期，它的出版问世，不仅为我们历史地、全面地了解苗族提供了丰富的资料，而且也有助于我们从中吸取有关民族发展、民族团结的经验和教训。这对于我们了解过去、规划未来、推动各民族团结，加快包括苗族聚居区域在内的少数民族地区经济和文化的发展，实现各民族共同富裕和繁荣，

① 《思想战线》1982 年第 6 期。
② 《学术月刊》1981 年第 1 期。
③ 《江汉论坛》1983 年第 3 期。
④ 《贵州民族研究》1983 年第 4 期。
⑤ 《中南民族学院院报》复刊号。
⑥ 《江汉论坛》1982 年第 11 期。
⑦ 《贵州文史丛刊》1993 年第 4 期。
⑧ 《贵州民族研究》1983 年第 2 期。
⑨ 《贵州民族研究》1982 年第 2 期。
⑩ 《思想战线》1980 年第 6 期。
⑪ 《贵州文史丛刊》2005 年第 4 期。
⑫ 《贵州民族研究》1986 年第 2 期。
⑬ 《贵州文史丛刊》1993 年第 3 期。
⑭ 《吉首大学学报》（社会科学）第 11 卷，1990 年第 1 期。
⑮ 《民族研究》1993 年第 6 期。
⑯ 《民族纵横》1986 年第 3 期。
⑰ 《民族论坛》1988 年第 1 期。
⑱ 《中南民族大学学报》（哲学社会科学版）1992 年第 2 期。
⑲ 《中央民族大学学报》1993 年第 3 期。
⑳ 贵阳：贵州民族出版社，2017 年。

无疑是有积极意义的。钟涛著《中国苗族》① 分为上、中、下卷，较系统地梳理了苗族的源起和发展过程，并从文字、服饰、经济特征等方面对苗族文化进行了探讨，在一定程度上反映了苗族史研究从传统的起源问题逐步转向社会文化层面的趋势。苗族因其不断迁徙的历史，形成了较为辽阔和分散的地域分布，导致苗族内部社会发展的不平衡性，各地区苗族在保留一些共同的基本特征的基础上，互有差异。与其他通史性著作相比，钟著注重苗族"十里不同风，百里不同俗"的族群特性，对不同地域、不同支系的苗族进行田野考察，从而较为全局性地把握了苗族的各类事象。

（三）苗族的宗教信仰、风俗习惯等问题。② 这些问题至今仍是民族学、人类学研究的方向之一。特别是关于苗族的风俗习惯，学者们已建立起一整套苗族的风俗习惯数据库。而关于苗族地区的外来宗教问题，需将宗教和帝国主义政策加以区别，既要谴责帝国主义的侵略，对西方宗教的消极影响及其排他性予以批评，也应对其客观上所起的积极进步作用如发展教育、医疗卫生事业等给予充分的肯定。

（四）明清以来苗族人民的起义问题，特别是对清代三大苗民起义——雍乾苗民起义、乾嘉苗民起义、咸同苗民起义的探讨。③ 其中近代贵州的苗族起义一直是学者们密切关注的问题，中华人民共和国成立后随着太平天国运动研究高峰的到来，学者们从起义的背景、起因、经过、结果、性质、意义、影响以及相关起义人物、事件等各方面进行研究，而对各次苗族起义加以定性一时成为热潮。但这种定性的研究模式在一定程度上束缚了学者们的研究方向，除产生大批相似论著外，并无多少有深度的文章。而在 20 世纪 90 年代太平天国史研究渐趋冷寂后，对苗族起义问题的关注也随之淡化。

---

① 贵阳：贵州民族出版社，2018 年。

② 彭英明：《湖广土司制度初探》，《江汉论坛》1982 年第 6 期；伍新福：《五溪地区土司制度探源》，《求索》1985 年第 1 期；彭秀枢：《土家族地区土司制度概况》，《吉首大学学报》1982 年第 2 期；伍新福：《论苗族的宗教信仰和崇拜》，《中南民族学院学报》1988 年第 2 期；石家齐：《苗族"接龙"祭典初探》，《苗学研究》，贵阳：贵州民族出版社，1989 年；石邦明：《湘西苗族婚姻习俗》，《吉首大学学报》1986 年第 1 期；张应和：《苗族的恋爱习俗及其群体意识》，《民族研究》1989 年第 4 期；张建华：《述论湘西苗族禁忌习惯的规约》，《中南民族学院学报》1987 年第 3 期。

③ 伍新福：《试论湘西苗区——兼析乾嘉起义的原因》，《民族研究》）1986 年第 1 期；秦宝琦：《乾嘉苗民起义的性质和作用初探》，《吉首大学学报》1985 年第 4 期；吴荣臻：《清代治苗政策管窥——评〈湖南苗疆善后六条〉和〈治苗论〉及其社会实践》，《吉首大学学报》1984 年第 2 期、1985 年第 2 期；张山：《贵州苗民起义战争》，《中国军事百科全书》，北京：军事科学出版社，1994 年；张山：《苗族农民起义领袖张秀眉》，《中国近代军事人物传》，北京：解放军出版社，1990 年；吴一文：《张秀眉起义人、地、事考略》，《贵州民族研究》1997 年第 2 期；俞非：《贵州咸同苗民大起义述略》，《贵州文史丛刊》1989 年第 5 期；张山：《论太平天国时期贵州各族农民起义失败的历史教训》，《中央民族学院学报》1988 年第 1 期；石昭明：《乾嘉苗民抗清起义述略》，《中南民族大学学报》（哲学社会科学版）1986 年第 1 期；马少侨：《湘黔苗族乾嘉起义散论》，《吉首大学学报》1985 年第 4 期；张山：《近代苗族人民反帝反封建斗争述论》，《全国少数民族革命史文集》，北京：中央民族大学出版社，1994 年；翁家烈：《据〈平黔纪略〉所载浅论黔东南苗族起义》，《贵州民族研究》1999 年第 4 期；张岳奇：《鄂尔泰对黔东南苗族用兵史实》，《贵州文史丛刊》1986 年第 1 期；张山：《中国近代各族农民战争考论》，北京：华语教学出版社，1993 年。

（五）苗族的历史文化问题。王万荣《苗族历史文化探考》① 一书着重论述了文山苗族的历史文化。文山苗族指坐落于云南省东南部的文山壮族苗族自治州。由于文山的地理环境，他们较为完整地保留了自己的传统文化。作为苗族区域性研究的关注重点，此书从文山苗族的族源、族称，苗族的迁徙原因、时间及路线，苗族的经济社会发展状况以及苗族文化习俗等方面加以探讨。值得注意的是，王著从语言学、民族学、历史传说的角度阐明了文山苗族源于东夷部落的蒙人，认为其发祥地是黄河下游而不是长江中下游。罗义群等著《黔东南苗族历史文化研究》② 通过田野调查的方式，结合苗族文献典籍，搜集了黔东南苗族历史文化的各种事象，从历史发展过程、当地苗族文化对生态环境的调适、当代苗族文化的开发和利用等方面探究了黔东南苗族的历史文化。作者认为，苗族历史的传说时代鲜活地保存在苗族民间古歌、服饰和丧葬文化中，其有一个重要特点就是较少受到不同时代官方政治立场的干扰，因而可信度高于官方的文本史料。将"散落的民间记忆复活"，对研究苗族历史有十分重要的意义。

此外，一些学者将传统歌舞作为探讨苗族历史文化的视角。吴一文、覃东平著《苗族古歌与苗族历史文化研究》③ 一书从古歌从发，系统地介绍了苗族古歌与苗族族源、族迁、民族关系、苗族支系、社会形态、婚姻家庭、科技文化、哲学思想、人生礼俗、语言文化等的关系，认为苗族古歌对于研究苗族历史具有重要价值，是苗族人民记录历史、生产生活、传统习俗、哲理的一种艺术形式。张洪兰《广西苗族民歌中的族群记忆研究》④ 一文从广西苗族民歌的基本特征、内容主题、价值观等方面阐释了苗族特有的族群记忆书写，认为口口相传的苗族民歌成为无文字的苗族文化的主要载体。虽然苗族分散居住，但大多数地区的苗族民歌中依然保留着一定的族群记忆。族群记忆的存在不仅能促进当地民众的文化认同和有利于苗族文化的传承，同时也成为苗族和其他民族区别的重要标志。

苗族并无文字记载，其历史文化保存于丰富的口碑古籍和传统习俗中。长期以来，苗族历史研究所用资料多摄取于历代的汉文文献。随着苗族口碑和古籍文献的发现、挖掘和整理出版，苗族史研究必将有新的突破。焦敬超的《从苗族口碑古籍看苗族的迁徙历程》⑤ 一文便运用汉文文献和苗族口碑文献，重新梳理了苗族从传说时代至秦汉时期的迁徙情况。

明清时期，中央王朝曾先后在苗疆修筑边墙，旨在调控苗汉关系，治理苗疆。有关湘西苗疆边墙的研究状况，主要表现在史料整理、修筑始末、功能作用、治理情形、开发保护等。陈文元的《湘西苗疆边墙研究述评》⑥ 一文通过梳理湘西苗疆

---

① 昆明：云南民族出版社，2014 年。
② 北京：民族出版社，2016 年。
③ 贵阳：贵州民族出版社，2000 年。
④ 《贵州民族研究》2018 年第 12 期。
⑤ 《贵州民族研究》2018 年第 11 期。
⑥ 《民族论坛》2019 年第 4 期。

边墙研究的概况，揭示了湘西苗疆边墙修筑后的时代特征与历史影响，展现了边缘地区与中央王朝从差异认同到一体认同的历史进程及其规律，为新时代民族地区社会治理和构建新型和谐的民族关系提供了历史借鉴。

苗族史研究发展至今，所取得的成果令人瞩目，但在新的环境下同样也存在一些问题。如当前立志于研究苗族史的青年学者与 20 世纪 80—90 年代相比明显偏少，高校培养体系亦不健全。各高校历史系开设有民族史课程者较少，而设有南方民族史课程的更是屈指可数。苗族史研究的大部分学者都集中于研究所，很难培养出一定数量的青年学者。其次，当前苗族史研究在理论上创新不足。苗族史研究的前沿学者大都是中华人民共和国成立前后出生，从他们所接受的教育履历来看，绝大部分学者都是运用马克思主义民族观来指导研究。此外，相对前贤，当今学者的实地调查研究不够，大都在利用民族识别时期所得到的调查材料进行研究。

二、瑶族史研究

瑶学研究界普遍认为：瑶族是一个具有悠久历史文化的民族。瑶族族源可追溯到三皇五帝时期的九黎部落中的蚩尤，以及后来的三苗、蛮、南蛮、长沙武陵蛮，其原始居住地应在黄河、长江中下游地区，淮河中上游地区。瑶族还是跨境生存的山地民族。隋唐时期，瑶族部分居住在湘、桂、粤边境南岭地区，宋至元代，瑶族分布有滇、湘、黔、桂、粤五省；明代瑶主要分布有滇、湘、黔、桂、粤、闽、浙地（其中实含畲族）。明中叶以后，南岭瑶族跨越广西、云南边境，不断向东南亚移动，走向越南、老挝、泰国等国的山地。清代瑶族主要分布在滇、湘、黔、桂、粤、闽及印度支那。1975 年印支战争以后，美国、法国、加拿大等国大量吸收印支战争难民，不少瑶族人因此移居到了法、美、加等国。据有关资料反映，主要分布在中国、越南、老挝、泰国、缅甸、美国、法国、加拿大等八个国家，中国国内的瑶族分布地域辽阔，集中聚居在我国南方的广西、湖南、广东、云南、贵州、江西6 个省区。

从瑶族先民"长沙武陵蛮"见于史册至清末民初，关于瑶族史源的研究就已开始并不断深入。最初的研究从瑶族的图腾崇拜入手，瑶族先民崇拜的盘瓠龙犬图腾，早在东汉应劭的《风俗通义》和晋干宝的《搜神记》就有记载，而南朝宋人范晔的《后汉书》对长沙蛮、武陵蛮崇拜盘瓠则有着较为详细的记述。另唐姚思廉的《梁书·张瓒传》则反映"莫瑶"的生活片段，瑶族到以"莫瑶"身份现世之时，便是瑶族作为单一民族历史开创之时。其后《隋书》《新唐书》《宋史》《元史》《明史》《清史稿》《桂海虞衡志》《岭外代答》《徭壮传》《连阳八排风土记》《连山绥瑶厅志》《评徭述略》《两粤徭俗记》《广西凌云徭人调查报告》《两广徭山调查》《花篮瑶社会组织》《广东北江瑶人调查报告》《粤北乳源瑶人调查报告》《评王券牒》《过山榜》《盘王大歌》《过山图》等书都有关于瑶族历史及相关生活的记载，都是研究瑶族历史和社会发展的宝贵史料。

中华人民共和国成立后，瑶族史研究迈上了新的纪元。据张有隽①、胡起望②、奉恒高③、李筱文④、玉时阶⑤等研究，中华人民共和国成立 70 年来瑶族历史研究大致可分成三个阶段。

第一阶段，1949—1977 年。

这一时期的学术研究主要与民族工作的实际相结合，弄清楚民族的特性、习俗和史源关系。为此国家有组织、有计划地开展大规模的社会历史调查，从云南到广东，从湖南到广西，近百人的队伍历时 10 年，撰写了大量调研报告，不仅为当时的民族识别提供了真实的辨识依据，也为后来出版的《瑶族简志》打下了良好的基础。"文化大革命"期间，由于社会动乱，瑶族史研究一度处于停顿状态，大学和研究机构均不能正常进行社会科学研究。

第二阶段，1978—2008 年。

1978 年改革开放以来，瑶族历史文化研究得到了空前发展。国家民委组织编写的民族问题"五种丛书"出版，其中有关瑶族的史志和调查资料有：《中国少数民族》（包括瑶族部分）⑥、《瑶族简史》⑦、金秀等 8 个瑶族自治县概况及一套 8 册的《广西瑶族社会历史调查》⑧、《瑶族〈过山榜〉选编》⑨、《广东瑶族历史资料》⑩、《广东瑶族社会历史调查》⑪、《湖南瑶族社会历史调查》⑫ 等。这些书籍和调研资料的出版，为前期瑶族史研究作了一个很好的总结。

在费孝通先生的倡导下，20 世纪 80—90 年代，瑶族研究学者再次深入瑶山调查，并以人类学民族学相结合的研究方法去分析研究瑶族的社会历史。这一时期出版的书籍有胡起望、范宏贵的《盘村瑶族》⑬，费孝通的《花篮瑶社会组织》⑭，玉时阶《白裤瑶社会》⑮，柏果成《贵州瑶族》⑯，蒲朝军、过竹主编的《中国瑶族风

---

① 张有隽：《瑶族研究史略说》，1992 年。
② 胡起望、华祖根：《瑶族研究概述》，1985 年。
③ 奉恒高主编：《瑶族通史》上卷，北京，民族出版社，2007 年，第 13 页。
④ 李筱文：《走出大瑶山——瑶学研究回顾与展望（代序）》，岭南书画杂志社，2017 年，第 2—9 页。
⑤ 玉时阶、玉璐："中国瑶学研究七十年"，《当代中国研究期刊》2020 年第 2 期。
⑥ 北京：人民出版社，1981 年
⑦ 南宁：广西民族出版社，1983 年
⑧ 南宁：广西民族出版社，1984—1987 年。
⑨ 长沙：湖南人民出版，1984 年。
⑩ 南宁：广西民族出版社，1984 年。
⑪ 北京：民族出版社，1985 年。
⑫ 南宁：广西民族出版社，1987 年。
⑬ 北京：民族出版社，1983 年。
⑭ 南京：江苏人民出版社，1988 年。
⑮ 桂林：广西师范大学出版社，1989 年。
⑯ 贵阳：贵州民族出版社，1990。

土志》①，马建钊、练铭志、李筱文《排瑶历史文化》②，韦承林等主编的《连山瑶族》③，黄钰《瑶族石刻录》④，黄钰、黄方平《国际瑶族概述》⑤，吴永章《瑶族史》⑥、邓有铭、盘福东《瑶族农民起义史》⑦、李筱文《南粤民族博览》⑧，黄海《瑶麓婚碑的变迁》⑨，赵廷光《论瑶族传统文化》⑩ 等。

这一时期的瑶族史论文研究主要集中在三个方面：

一是对瑶族族源的研究。许多学者打破传统的史学研究方法，将民族学人类学、民俗学、考古学、语言学等其他学科的研究方法大量用于历史学研究中，如徐祖祥《三苗、荆蛮与瑶族来源问题》⑪，就同时运用历史和考古材料。吴永章《畲、瑶、苗的比较研究》⑫、玉时阶《试论瑶族文化与瑶族族源的渊源关系》⑬ 等不少瑶族研究学者提出瑶族的族源是多元的观点。

二是对瑶族历史分布与迁徙的研究。有胡起望《由微见著论瑶族》⑭、姚舜安《瑶族民俗》⑮、吴永章《瑶族历史研究中若干重要问题新说》⑯、李默《隋唐广东瑶族分布考略》⑰、李筱文《西江流域瑶族变迁成因》⑱ 等。

通过论证，对瑶族历史分布有了较为清晰的认识：唐宋时期，瑶族主要分布在湖南及湘、粤、桂交界地，宋元以后，瑶族大量南迁，正南及偏西方向的桂北、粤北，都是瑶族的聚居中心，明代，两广腹地以及邻近的云贵边缘地带，多有瑶族分布，明末清初，瑶族分布基本形成了今天的格局。

三是对瑶族历史文献的研究。特别是对瑶族民间保留的《评王卷牒》《盘王大歌》等文书的研究，已从单纯的资料整理应用转为研究它的内容、历史价值和作用。如李本高、黄钰从《评王卷牒》及黄钰《评皇券牒集编》⑲ 入手，探讨瑶族先民的政治制度、对外交往、婚姻家庭、瑶汉关系及其所产生的时间、朝代和社会意

---

① 北京：北京大学出版社，1992。
② 广州：广东人民出版社，1992 年。
③ 天津：天津古籍出版社，1992 年。
④ 昆明：云南民族出版社，1993 年。
⑤ 南宁：广西人民出版社，1993 年。
⑥ 成都：四川民族出版社，1993 年。
⑦ 桂林：漓江出版社，1993 年。
⑧ 广州：广东人民出版社，1994 年。
⑨ 贵阳：贵州民族出版社，1998 年。
⑩ 昆明：云南民族出版社，1999 年。
⑪ 《瑶族文化史》，昆明：云南民族出版社，2001 年。
⑫ 《畲族与瑶苗比较研究》，福建人民出版社，2006 年。
⑬ 《瑶族文化变迁》，北京：民族出版社，2005 年。
⑭ 1987 年发表，引自中央民族大学民族学与社会学学院网。
⑮ 长春：吉林教育出版社，1992 年。
⑯ 《民族研究文集》，北京：民族出版社，2002 年。
⑰ 《广东社会科学》1984 年第 2 期。
⑱ 《广西民族学院学报》2002 年第 6 期。
⑲ 南宁：广西人民出版社，1990 年。

义。[1] 还有湖南少数民族古籍办《盘王大歌》（上）[2]，房先清、李默等收集《盘王歌》[3]、李筱文《盘王歌》[4]，不仅详细介绍了盘王歌的内容和风格，还考证了盘王歌形成的时间及其社会价值。学者们从不同的视角对瑶族民间历史文献的研究，不仅保护和传承了民族非物质文化遗产，还弥补了正史文献中记载的不足，为后人对瑶族历史的研究增加了学术积累。

1998 年伊始，在奉恒高、张有隽等主持下，不少专家学者参与了《瑶族通史》的撰写，并于 2007 年 6 月由民族出版社公开出版。《瑶族通史》是瑶族有史以来第一部记述和探索瑶族历史的书籍，是瑶族社会发展的一本通书。在国家民委的主持下，民族问题"五种丛书"陆续修订再版，11 个瑶族自治县概况也分批陆续出版。瑶族史研究的新作也不断问世，有莫金山的《瑶族石牌制》[5]，谢明学、玉时阶《瑶族传统文化》[6]，毛殊凡《瑶族历史文化与现代化》[7]，徐祖祥《瑶族文化史》[8]，张有隽《人类学与瑶族》[9]，李本高《湖南瑶族源流》[10]，张有隽《瑶族历史与文化》[11]，金秀大瑶山瑶族史编纂委员会编的《金秀大瑶山瑶族史》[12]，盘福东《东山瑶社会》[13]，李默《韶州瑶人——粤北瑶族社会发展跟踪调查》[14]，玉时阶《瑶族文化变迁》[15]，李筱文、盘小梅译著《移动的山岭》[16]，蓝美凤、蓝正祥 等《巴马瑶族历史与文化》[17]，梁茂春《跨越族群边界：社会学视野下的大瑶山族群关系》[18]，秦红增等《瑶族村寨的生计转型与文化变迁》[19]，邓群、盘福东《瑶族文明发展历程》[20] 等。

第三阶段，2009—2019 年。

进入 21 世纪，学术界对瑶族史的研究进入了一个新的境界。除了继续出版史学研究方面的著作，还出新了不少影视音乐方面的史学作品，如影视剧本和影片如

① 引《瑶族通史》上卷，北京：民族出版社，2008 年。
② 长沙：岳麓书社，1987 年。
③ 广州：广东人民出版社，1990 年。
④ 广州：广东人民出版社，2006 年。
⑤ 南宁：广西民族出版社，2000 年。
⑥ 南宁：广西民族出版社，2000 年。
⑦ 北京：中国戏剧出版社，2000 年。
⑧ 昆明：云南民族出版社，2001 年。
⑨ 南宁：广西民族出版社，2001 年。
⑩ 长沙：岳麓书社，2001 年。
⑪ 南宁：广西民族出版社，2001 年。
⑫ 南宁：广西民族出版社，2002 年。
⑬ 南宁：广西民族出版社，2002 年。
⑭ 广州：中山大学出版社，2004 年。
⑮ 北京：民族出版社，2005 年。
⑯ 北京：民族出版社，2006 年。
⑰ 南宁：广西人民出版社，2006 年。
⑱ 北京：社会科学文献出版社，2008 年。
⑲ 北京：民族出版社，2008 年。
⑳ 南宁：广西人民出版社，2008 年。

《大明瑶妃》《过山榜》《瑶山大剿匪》《旺都之恋》等，音乐舞蹈剧《盘王之女》管弦乐《瑶族舞曲》等，从艺术史记的角度反映瑶族文明社会的发展。据不完全统计，这一时期仅公开出版的瑶族历史文化研究的著作就有数十余本。成果主要有李筱文《瑶山起舞—瑶族盘王节与"耍歌堂"》①，李筱文、莫自省《瑶族——盘王节文化研究》②，韦标亮《布努瑶社会历史》③，罗炳高《都安瑶族史》④，盘艳阳《当代云南瑶族简史》⑤，朱雄全、莫纪德《恭城瑶族历史与民俗文化》⑥，李默《瑶族历史探究》⑦，奉恒高《瑶族史》⑧，玉时阶《历史的记忆：瑶族传统文化研究》⑨《瑶族盘王节文化》⑩，李筱文、许文清《广东排瑶史料辑录》⑪ 等。

此外，1984 年 12 月成立的广西瑶学学会，集广西、湖南、广东、云南、贵州、北京等省区（直辖市）瑶学研究专家学者研究之大成，编辑出版数辑《瑶学论丛》；2005 年在广西民族学院成立直属学校领导的瑶学研究中心，编辑出版 20 余册"瑶学丛书"，2017 年 9 月在湖南江华瑶族自治县成立的"中国瑶族文化传承研究中心"所出版的《瑶风》《瑶学论丛》亦收集不少瑶族历史研究的文章。以上这些瑶学研究机构的学术成果，对促进当代瑶族史学研究有着很大的推动作用。

在费孝通先生的指导和支持下，中华人民共和国成立至今培养了大批瑶学研究人才，如具一定社会影响力的瑶学研究前辈黄钰、胡起望、范宏贵、徐仁瑶、盘承乾、刘保元、姚舜安、李默、宋恩常、吴永章、覃乃昌、张有隽、李本高、赵家旺等，还有一批已担任学科带头人的瑶学研究新一代学者如玉时阶、李筱文、莫金山、俸代瑜、朱雄全、彭兆荣、宫哲兵、盘淼、李建盛等。他们学术成果丰硕，其中不少得到国内外同行的赞誉。瑶学作为一门独立的学科正在蓬勃发展，前景蒸蒸日上。

三、畲族史研究

畲族是我国东部唯一原住的世居少数民族，主要分布于闽浙粤赣皖黔等地。

畲民之名在宋代已经出现，特别是刘克庄《漳州谕畲》⑫ 中对畲族的生产、生活等有较为详细的论述，古代各种文献（如方志、笔记小说、族谱等）也不断记

---

① 广州：广东教育出版社，2009 年。
② 广州：广东人民出版社，2010 年。
③ 南宁：广西民族出版社，2010 年。
④ 南宁：广西民族出版社，2011 年。
⑤ 昆明：云南人民出版社，2012 年。
⑥ 北京：中央民族大学出版社，2014 年。
⑦ 北京：社会科学文献出版社，2015 年。
⑧ 北京：民族出版社，2016 年。
⑨ 北京：民族出版社，2017 年。
⑩ 北京：民族出版社，2019 年。
⑪ 广州：中山大学出版社，2019 年。
⑫ 《后村先生大全集》卷九三，《漳州谕畲》。

载。近代以后，一些学者关注畲族，以现代研究方法和手段开始了畲族研究，专著以德国人史图博和李化民的《浙江景宁敕木山畲民调查记》① 为代表。凌纯声《畲民图腾文化的研究》② 作为畲族文化研究最高成就之一，成为畲族研究的经典之作，开以西方现代科学方法研究畲族之先河。

1949 年中华人民共和国成立以后，畲族史研究经历了三个时期，形成自己的特点和风格。

第一时期：民族识别时期。

1953 年和 1955 年，中央民委组织有关人员赴福建、浙江、江西、广东等地开展畲民族别调查研究③。1956 年 12 月中央统战部正式确定畲族民族成分和民族族称。1958 年中国科学院民族研究所组织福建少数民族历史调查组对闽浙赣畲族进行大规模的调查，形成了 20 多份调查报告，并编写了《畲族简史简志合编》（内部发行）。此后畲族史研究基本停滞。

第二时期：改革开放时期。分为两个阶段：

1. 基础阶段（1978—1988）

在《畲族简史简志合编》基础上，1980 年施联朱、蒋炳钊、陈元煦、陈佳荣合撰《畲族简史》④，第一次构建畲族历史的框架，结束畲族无史的状态，这是畲族民族识别的结果，也是中华人民共和国成立后畲族研究的总结，具有里程碑意义。从时间上将畲族史上溯到唐初，与散布东南沿海各地的畲族相对应，在纵横时空上形成了独立的民族自我意识，畲族研究有了开端。

1985 年，全国首届畲族史学术讨论会在广东潮州举行，国内外畲族研究专家、学者和民族工作者 57 人参加了讨论会，将收到的论文汇编为《畲族研究论文集》⑤ 反映畲族族源诸家之说和语言等有关观点。作为《中国少数民族社会历史调查资料丛刊》之一的《畲族社会历史调查》⑥ 是将中华人民共和国成立以来的历次畲族社会的调查报告、搜集的有关畲族历史文献资料、图片和文物资料编辑而成，这些调查报告、文献资料、图片和文物资料具有一定科学研究价值。继《畲族简史》之后，蒋炳钊出版了《畲族史稿》⑦，此书吸收同行学者研究新成果，提出自己独特见解，内容丰富、资料翔实、观点新颖、线条明晰。既总结了 40 年来畲族史研究成果，也标志着畲族历史研究新阶段的开始，是承前启后之作。

2. 繁荣阶段（1989—21 世纪初）

随着我国改革开放的深入，畲族地区经济得到更好更快的发展，关注畲族的人

① 史图博、李化民：《浙江景宁敕木山畲民调查记》，中南民族学院民族研究所编，1984 年。
② 凌纯声：《畲民图腾文化的研究》，《"国立中央"研究院历史语言研究所集刊》第 16 本，1947 年。
③ 施联朱：《民族识别与民族研究文集》，北京：中央民族大学出版社，2009 年。
④ 施联朱等：《畲族简史》，福州：福建人民出版社，1980 年。
⑤ 《畲族研究论文集》，北京：民族出版社，1987 年。
⑥ 《畲族社会历史调查》，福州：福建人民出版社，1986 年。
⑦ 蒋炳钊：《畲族史稿》，厦门：厦门大学出版社，1988 年。

越来越多，畲族历史文化研究也持续升温，成立了相关的研究机构，召开了全国畲族历史文化学术研讨会，出版了近百本畲族著作，发表了数百篇学术论文。

除了厦门大学人类学研究所、厦门大学人类学博物馆外，福建省成立了省民族学研究所，福建省宁德师范专科学校、浙江省丽水学院、江西省赣南师范学院先后成立了畲族文化研究所，这些专门研究机构为畲族史研究的繁荣和发展提供了组织和机构的保障。

1994—2005 年，先后出版的畲族文化研讨会论文集有：《畲族历史与文化》①《畲族民俗风情》②《畲族文化研究》③《畲族文化研究论丛》④。

2007 年 12 月，在潮州召开的全国畲族文化学术研讨会的论文在网上公布。出版专著有：朱洪、姜永兴《广东畲族研究》⑤，谢滨等《福建畲族档案资料选编》⑥邱国珍《畲族民间文化》⑦ 等。2003 年，福建人民出版社出版了畲族研究书系一套六本：吴永章《畲族与瑶苗比较研究》、谢重光《畲族与客家福佬关系史略》、游文良《畲族语言》、蓝炯熹《畲民家族文化》、蓝雪霏《畲族音乐文化》、雷弯山《畲族风情》。在前人研究基础上，作者各自选取畲族文化中最具代表性的侧面进行深入研究，以探询畲族历史、文化的渊源和真谛，受到读者的欢迎。全国各地各级畲族志书的编辑出版，也极大丰富了畲族史研究的内容和范围。

2009—2020 年，这一时期除了个别专著致力于全面探究畲族历史外，雷弯山编著《畲族源流研究》⑧。出版的畲族文化研讨会论文集有：吕立汉、蓝伶俐主编《畲族文化研究论丛 2——2012 中国—丽水畲族文化》⑨ 马建钊主编《畲族文化研究》⑩。

2009—2020 年，学者撰写畲族地方史志的热潮兴起，其中有代表性的主要有：邱国珍著《浙江畲族史》⑪，潮州市民族宗教局编《凤凰山畲族志》⑫，浙江省政协文史资料委员会编《浙江畲族百年实录》⑬，福建省政协文史和学习委员会编《福建畲族百年实录》⑭，曹大明著《重塑"畲人"赣南畲族的历史记忆与族群认同》⑮，

① 《畲族历史与文化》，北京：中央民族大学出版社，1995 年。
② 《畲族民俗风情》，福州：海峡文艺出版社，1997 年。
③ 《畲族文化研究》，北京：民族出版社，2007 年。
④ 《畲族文化研究论丛》，北京：中央民族大学出版社，2007 年。
⑤ 广州：广东人民出版社，1991 年。
⑥ 福州：海峡文艺出版社，2003 年。
⑦ 北京：商务印书馆，2006 年。
⑧ 北京：中共中央党校出版社，2016 年。
⑨ 北京：民族出版社，2015 年。
⑩ 北京：民族出版社，2009 年。
⑪ 杭州：杭州出版社，2010 年。
⑫ 广州：广东人民出版社，2012 年。
⑬ 杭州：浙江人民出版社，2013 年。
⑭ 福州：福建人民出版社，2013 年。
⑮ 北京、西安：世界图书出版公司，2014 年。

蓝炯熹主编《穆云畲族乡志》①，蓝荣钦、蓝文华著《图说漳台蓝氏畲族文化》②，邱国珍著《〈温州通史〉专题史丛书——温州畲族史》③《康厝畲族乡志》编委会《康厝畲族乡志》④，景宁畲族自治县志编纂委员会编《景宁畲族自治县志》⑤，安徽省宁国市云梯畲族乡志编委会《中国名镇志丛书：云梯畲族乡志》⑥，文成县畲族志编纂委员会编《文成县畲族志》⑦，包国滔、邱海权著《惠东畲族历史文化研究》⑧ 等。

另有部分专著从畲族文化的各个方面展开专题研究：朱丹著《畲族妇女口述史研究》⑨，中共潮州市委宣传部编、陈丽文主编《潮州凤凰山畲族文化语言》⑩，是系列书籍，一套共 5 本：概况、民间故事、风俗习惯、语言、畲歌。

另外，还有施强、谭振华著《族群迁徙与文化传承——浙江畲族迁徙文化研究》⑪，闫晶编著《畲族服饰史》⑫，雷伟红、陈寿灿著《畲族伦理的镜像与史话》⑬福建省少数民族古籍丛书编委会编《福建省少数民族古籍丛书·畲族卷·民间歌谣》⑭ 等。

这一时期伴随着乡村振兴战略，畲族研究中对经济发展的研究出现了高潮，其关注的畲族区域由省市县逐渐下沉的乡村，其关注的视角从传统的历史文化领域转向社会经济发展，出现了一系列关于畲族社区经济社会发展的区域性调研报告，尤其以畲族乡村的调查为盛，主要如下：陈奎元总顾问，王伟光总主编，马骥、陈建樾本卷主编《中国民族地区经济社会调查报告——宁德畲族聚居区卷》⑮，王逍著《走向市场——一个浙南畲族村落的经济变迁图像》⑯《超越大山——浙南培头村钟姓畲族社会经济文化变迁》⑰，方清云等著《敕木山中的畲族红寨——大张坑村社会调查》⑱《重访敕木山——浙江景宁敕木山村九十年社会变迁调查》⑲ 等。

---

① 福州：海峡书局，2014 年。
② 郑州：黄河水利出版社，2014 年。
③ 北京：人民出版社，2017 年。
④ 福州：海峡书局，2017 年。
⑤ 北京：方志出版社，2018 年。
⑥ 北京：方志出版社，2018 年。
⑦ 北京：方志出版社，2019 年。
⑧ 广州：广东人民出版社，2017 年。
⑨ 杭州：浙江工商大学出版社，2010 年。
⑩ 深圳：海天出版社，2010 年。
⑪ 北京：民族出版社，2014 年。
⑫ 北京：中国纺织出版社，2019 年。
⑬ 杭州：浙江工商大学出版社，2015 年。
⑭ 北京：民族出版社，2016 年。
⑮ 北京：中国财富出版社，2015 年。
⑯ 北京：中国社会科学出版社，2010 年。
⑰ 北京：中国社会科学出版社，2015 年。
⑱ 武汉：华中科技大学出版社，2018 年。
⑲ 武汉：华中科技大学出版社，2018 年。

这一时期，畲族研究还有一个新的研究动向，日渐重视对古籍的搜集整理：福建省少数民族古籍丛书编委会编《畲族卷——家族谱牒（上）》①，张忠发主编《福建省少数民族古籍丛书·畲族卷·家族谱牒（下）》②，福建省少数民族古籍丛书编委会编《福建省少数民族古籍丛书·畲族卷·文书契约 上下》③，吕立汉著《丽水畲族古籍总目提要》④，吕立汉主编《浙江畲族民间文献资料总目提要》⑤，冯筱才、周肖晓主编《文成畲族文书集萃》⑥ 等。

畲族史研究主要关注的问题有：族源迁徙、民族关系、军事斗争、经济发展、当代文化重构等。

1. 畲族族源：主要有两种观点，一是越人后裔说；二是畲瑶同源于湖南"武陵蛮"。《关于畲族形成问题的探讨》（网络文章）认为："由于历代统治者的剥削和压迫，中原长期战乱纷飞，南方相对安宁，以凤凰山为中心的闽粤赣交界区是中原王朝统治的薄弱地带，从外地迁来的瑶人、东夷人（蓝夷）、俚人（雷人）、重人（钟人）、古越人、蛮人、僚人、客家人、汉人等与当地世居民族结合，经汉、三国、两晋、南朝历代，形成具有独特语言和习俗，崇信盘瓠，以蓝雷钟三姓为主，从事刀耕火种生产的民族共同体——畲族。"畲族迁徙主要从潮州凤凰山向闽浙等地北边移动，至于唐以前的迁徙也有一些文章论及。

2. 民族关系：主要是指畲族与瑶族、苗族和客家等民系的关系，吴永章《畲族与瑶苗比较研究》、⑦ 谢重光《畲族与客家福佬关系史略》⑧ 对此分别做了详细的论述。

3. 军事斗争史：东南地区特别是福建地方军事史许多是历代畲族人民反抗斗争的历史，由于历史原因，中华人民共和国成立后相当一段时间，畲族人民斗争是历史研究重要内容。屈文军《元代的畲族》⑨ 讨论了畲族地理分布、信仰、反元斗争的性质、畲军的性质等问题。

30年来畲族史研究特点：1. 涌现一批畲族学者，畲族书系一半以上的著作者是畲族学者，如蓝雪霏、雷弯山、蓝炯熹、雷必贵、雷阵鸣、雷楠、蓝希瑜等。2. 畲族内部对于盘瓠传说的争议出现。3. 畲族自我意识增强。4. 畲族历史和文化研究出现交叉，文史不分家，已经突破了单一历史研究，而转向与文化结合，研究畲族文化也涉及历史，历史与文化相交融。5. 日渐重视对畲族社会、畲族乡村的经济发展

① 福州：海风出版社，2010 年。
② 福州：海风出版社，2011 年。
③ 福州：海风出版社，2012 年。
④ 北京：民族出版社，2011 年。
⑤ 北京：民族出版社，2012 年。
⑥ 杭州：浙江大学出版社，2017 年。
⑦ 福州：福建人民出版社，2002 年。
⑧ 福州：福建人民出版社，2002 年。
⑨ 《暨南学报》2004 年第 1 期。

研究，探讨现代化背景下畲族经济发展方式的转型。同时关注，在民族旅游背景下，畲族文化重构与文化自觉。6. 重视畲族古籍资料的搜集和整理。

尽管畲族史研究取得一定成绩，但尚有诸多不足：1. 研究视野不够开阔，就畲族研究谈畲族，通过畲族个案研究探讨人类共同命运的少；2. 许多研究缺少独到见解，创意少，研究难上层次；3. 研究领域有待扩大，由于畲族人数少，集中居住山区，生活水平不高，对其研究价值和意义认识不够，研究范围比较狭小；4. 与现实结合不是很密切，对于市场经济条件下、全球化背景下畲族文化和畲族人内心的变迁也少涉及；5. 有的研究还不够理性，甚至成为禁区；6. 没有统一规划和组织，以个体、分散、独立的研究为主，学术研讨会也是各地自己开展，尚未形成规模，更不用说系统了。

第四节　土家族、京族、高山族史研究

一、土家族史研究

土家族是我国南方世居的少数民族之一，主要分布在湘、鄂、渝、黔四省（市）边区，有语言无文字，以土家语自称"毕兹卡"或"毕吉卡"，以汉语自称"土家族"。

在古代正史、典志及私家文献中，有关土家族的历史记载在宋代以前大多见于南方蛮夷一类的传书，范围大一些的如"五陵蛮""五溪蛮""施州蛮"等，范围小一些的如"酉阳蛮""彭水蛮""宜都蛮""石门蛮"等。宋代开始，关于土家族的记载开始出现"土人""土蛮""土民"等称呼。自元代推行土司制度后，正史中有关土家族历史记载则集中在该地区的土司传①。近代以后，中国民族史研究虽然开始成为史学研究的一个重要部分，但其中关于土家族史研究仍然寥寥无几，一些关于湘西苗族及当地社会的田野调查报告多少透露出一些相关土家族的信息，如凌纯声、芮逸夫的《湘西苗族调查报告》、石启贵的《湘西土著民族调查报告》等。②

中华人民共和国成立以来，土家族史研究从无到有，大致经历了前后两个 30 年的发展阶段。

第一个阶段是中华人民共和国成立后至改革开放前的大约 30 年，这是土家族史研究的起步阶段，主要围绕土家族民族识别问题进行，研究的主要问题是族源问题；同时，结合田野调查是重要的方法和手段，政府组织及政治空气特殊浓厚是其明显

---

① 如《明史》《清史稿》中的《湖广土司列传》等。
② 参见黄柏权：《土家族田野调查回顾》，《民族研究》2002 年第 6 期。

的时代特征。

中华人民共和国成立后,土家族史研究在落实党的民族政策、确定土家的民族成分、实行民族区域自治等工作中开始起步,并逐渐成为民族史研究的内容之一。湘西解放伊始,许多土家族干部和群众就纷纷向湖南省、中南局及中央有关部门提出要求承认"土家族是单一民族"的问题。1950年10月,湘西永顺县青年女教师田心桃以"苗族"身份作为中南少数民族代表团成员进京参加国庆观礼,她向中央领导及有关部门提出自己是土家族,"土家族不是苗族,土家族不是汉,土家族是一个历史悠久的民族"①。这一要求,引起了中央有关部门及专家学者的高度重视,此后土家族历史研究成为土家族调查识别的主要工作之一。1953年5月,中央委派著名学者潘光旦教授研究土家族历史,语言学家王静如研究土家族语言,汪明禹教授研究土家族概况。三位学者根据调查资料和文献资料分别写出了《湘西北的"土家"与古代的巴人》《关于湘西土家语的初步意见》《湘西土家概况》等三篇调查研究报告。其中,潘光旦先生于1955年撰写的《湘西北的"土家"与古代的巴人》一文不仅奠定了土家族历史研究的学术基石,开创了中华人民共和国土家族研究的先河,也成为确认"土家"为单一民族的主要依据②。在这篇专论中,潘先生根据大量文献资料和实地考察研究论证了"土家"不是"苗",也不是"獠",更不是"侗"和"壮",而是"古代巴人的一部分的后裔"。之后,潘先生又两次到土家族地区进行调查,写成了《访问湘西北"土家"报告》和《湘西北、鄂西南、川东南的一个兄弟民族——土家》等两篇调查研究报告。同时,当时在湘西龙山县任教的彭武一撰写了《湘西土家人民历史研究纲要初稿》。这篇文章是土家族学者研究土家族历史的一个开端,他认为土家古代历史是异常悠久的,"它来自甘肃和四川这个方向,它的远祖是戎中之氏,它的近祖是巴子国遗族中的板楯蛮"③。后来彭五一先生撰写发表了一系列关于土家族历史与文化的论著,取得了较大的学术成就。

在广泛调查和研究讨论的基础上,1956年5月中央土家问题调查组在国家民委政法司司长谢鹤筹的率领下又深入湘西北的永顺、保靖、龙山等地调查,完成了《关于土家问题的调查报告》,并以《湘西土家问题调查报告》为题上报中央统战部。1957年1月,国务院正式确定土家族为单一民族。应该说,土家族民族身份的确认为土家族史研究提供了难得的契机。但是,由于随后而来的反"右派"扩大化干扰,刚刚起步的土家族史研究也陷于不正常状态。一些学者在对著名史学家潘光旦、向达等进行政治批判和人身攻击时也对土家族族源问题提出不同的看法,认为土家族是来自贵州乌蛮的一支④。谢华编著的《湘西土司辑略》⑤ 是对土家族土司

---

① 田心桃:《确定土家族是单一民族的见证》,见《土家学刊》1997年第4期。

② 潘光旦:《湘西北的"土家"与古代的巴人》,见中央民族学院研究部编印:《中国民族研究集刊》第4辑,1955年。

③ 彭五一:《湘西土家族人民古代历史研究纲要初稿》(未刊稿)。

④ 王忠:《驳向达、潘光旦关于土家族历史的谬说》,《历史研究》1958年第11期。

⑤ 谢华:《湘西土司辑略》,北京:中华书局,1959年。

最早进行考证、研究的历史著作，资料丰富翔实，具有较高的学术价值。

1959 年 4 月中国社会科学院民族研究所湖南少数民族历史调查组编写的《土家族简史简志合编》主要是在调查材料的基础上结合文献资料编写的，历史方面回避了族源问题而从五代以后写起，但仍不失为最早的通史性的土家族史著作。"文化大革命"开始后，土家族史研究基本上处于停滞状态。

第二个阶段是自 20 世纪改革开放到目前的 40 年，土家族史研究进入了一个新时期。一方面，在贯彻落实民族政策中继续解决鄂西南、渝东南、黔东北地区土家族的民族成分与民族区域自治的过程中，土家族史研究得以恢复和发展；另一方面，土家族史研究在资料整理、通史、专题史及研究机构与研究队伍等方面取得了较大的成绩，开始成为民族史研究中的一个重要领域。

首先，在恢复民族成分和民族区域自治的工作中各地组织编印了大量的土家族资料，其中较重要的有《容美土司史料汇编》[1]、《鄂西少数民族史料辑录》[2]、《川东南民族资料汇编》[3]、贵州民族志编委会编印的《民族资料》第 9 辑《土家族专辑》[4]、《重庆世居少数民族·土家族卷》[5]、《酉水流域土家族民俗志》[6]、《湘西州土家族辞典》[7]、《湘西土家族志》[8]、《中国土家族大百科全书》[9]、《土家族土司史录》[10]、《湖南地方志少数民族史料》（上、下）[11] 等。这些资料将近千万字，辑自正史、野史、典志及地方志、家乘等文献史籍，对于推动土家族史研究的发展具有重要的作用和影响。目前，由湖南省少数民族古籍办公室编辑的土家族古籍已陆续出版，包括《梯玛歌》《摆手歌》《哭嫁歌》《土家族摆手活动史料辑》（岳麓书社）等。

其次，通史、专题史及相关问题研究取得了有影响的成果，特别是在研究对象与内容上不断深化和拓展。主要由王炬堡、刘孝瑜编写《土家族简史》[12] 是关于土家族史研究的第一部通史，较全面地反映了土家族的历史、政治、军事、经济、文化艺术。《土家族简史》编写组、《土家族简史》修订本编写组编《土家族简史》[13]。彭武麟《中国土家族》[14] 分别从历史源流、人口分布、民族关系、社会形态、宗教信仰、语言文学、风俗习惯、婚姻家庭、教育卫生、文物古迹、历史人物等方面对土家族进行了

---

[1] 内部版，1984 年。
[2] 内部版，1986 年。
[3] 《川东南民族资料汇编》，成都：四川人民出版社，1986 年。
[4] 内部版，1988 年。
[5] 彭福荣、谭清宣、莫代山著：《重庆世居少数民族·土家族卷》，重庆：重庆出版社，2011 年。
[6] 林继富主编：《酉水流域土家族民俗志》，北京：民族出版社，2014 年。
[7] 彭司礼主编：《湘西州土家族辞典》，长沙：湖南人民出版社，2015 年。
[8] 陆群主编：《湘西土家族志》，合肥：合肥工业大学出版社，2016 年。
[9] 《中国土家族大百科全书》，武汉：湖北人民出版社，2017 年。
[10] 湖南省少数民族古籍办编：《土家族土司史录》，长沙：岳麓书社，1991 年。
[11] 湖南省少数民族古籍办编：《湖南地方志少数民族史料》（上、下）：长沙：岳麓书社，1992 年。
[12] 《土家族简史》编写组：《土家族简史》，长沙：湖南人民出版社，1986 年。
[13] 北京：民族出版社，2009 年。
[14] 银川：宁夏人民出版社，2012 年。

系统的阐述，成为广大读者全面了解土家族的一扇窗口。在尊重历史的基础上，以新的视角挖掘民族文化的题材，提炼民族文化的丰厚资源，使之脉络清晰，连贯自然，富有时代感。既体现了"整体大于部分之和"的原则，又全面地介绍各民族的概况、社会文化、族际交往等。专题史方面有王承尧、罗午《土家族土司简史》①，胡挠、刘东海《鄂西土司社会概略》②，田荆贵主编《中国土家族历史人物》③，段超《土家族文化史》④，石亚洲《土家族军事史》⑤，陈国安《土家族近百年史》⑥，彭英明主编《土家族文化通志新编》⑦，李绍明主编《土家族史》⑧，石峥嵘、吴广平《土家族三千年音乐史考》⑨，彭继德彭南辰著《老司城土司源流考》⑩ 等。上述通史、专题史及断代史著作的出版，极大地丰富了土家族史研究的内容，同时相关问题研究也进一步深化。如族源史研究先后发表了多篇学术性较强的论文，除巴人说外有氐羌说、世居先民说、濮人说、乌蛮说、僰人说及多元说等⑪。关于土家族形成与发展的历史阶段及历史分期等问题，也有学者进行了相当深入的讨论⑫。

再次，研究机构和研究队伍逐步建立和壮大，研究方法与手段不断丰富。自20世纪80年代以来，中南民族大学、湖北民族学院、吉首大学及三峡大学等土家族地区的高等院校先后建立了学会或创办刊物，为土家族史研究创造了良好的条件。湖北民族学院《土家族研究》编辑部编印了多期《土家族研究》（内部资料），贵州土家族研究会也编印出版了《土家族研究》刊物。一批学历高、受过专业训练的本民族中青年学者加入了土家族史研究的行列，在研究方法与手段上更加注意借鉴和应用民族学、社会学、政治学等社会科学的理论和方法。由游俊主编、吉首大学二十余位专家学者采用多学科理论和研究方法联合攻关的成果《土司文化研究丛书》⑬，以土家族地区永顺宣慰司遗址老司城为切入点，进而全面研究土司制度与土

---

① 北京：中央民族大学出版社，1991年。
② 成都：四川民族出版社，1993年。
③ 北京：民族出版社，1993年。
④ 段超：《土家族文化史》，北京：民族出版社，2000年。
⑤ 北京：民族出版社，2003年。
⑥ 贵阳：贵州民族出版社，1999年。
⑦ 北京：民族出版社，2001年。
⑧ 成都：四川民族出版社，2019。
⑨ 成都：西南交通大学出版社，2013年。
⑩ 南昌：江西人民出版社，2019年。
⑪ 参见黄柏权：《土家族族源综论》，《贵州民族研究》1999年第2期。
⑫ 参见彭英明：《试论土家族形成和稳定的历史过程》，《广西民族学院学报》2004年第4期；曹毅：《土家族社会形态历史分期管见》，《民族论坛》1995年第3期。
⑬ 游俊主编：《土司文化研究丛书》，北京：民族出版社，2014年。该丛书共计11册，包括《土家文化的圣殿——永顺老司城历史文化研究》《土司城的文化透视——永顺老司城遗址核心价值研究》《土司城的建筑典范——永顺老司城遗址建筑布局及功能研究》《土司家族的世代传承——永顺彭氏土司谱系研究》《土司制度与彭氏土司历史文献资料辑录（上、下）》《土司城的文化景观——永顺老司城遗址核心区域景观生态学研究》《从溪州铜柱到德政碑——永顺土司历史地位研究》《金石铭文中的历史记忆——永顺土司金石铭文整理研究（一）》《尘封的曲线——溪州地区社会经济研究》《土司研究新论——多重视野下的土司制度与民族文化》等。

司文化，"是近年来我国土司制度与土司文化研究中最具代表性的杰作"①，在土家族民族史研究上写下了浓墨重彩的一笔。由湘、鄂、渝、黔四省市学者共同编撰的《土家族通史》也即将面世。同时，土家族史研究开始受到日本、美国及港台学术界的重视。

最后，土家族文化遗产研究特别是非物质文化的研究成为中华人民共和国成立以来的热点。随着世纪初国家对民族文化遗产保护工作的重视，学界对土家族的研究视觉逐渐地转移到民族文化遗产特别是非物质文化遗产上来。内容丰富，成果丰硕，涉及门类多、区域广。综合研究成果有《湘西非物质文化遗产丛书》②，该丛书共分 10 部，包括《湘西土家族毛古斯舞》《湘西土家族织锦技艺》《湘西土家族还土王愿》《湘西祭祖习俗》《湘西民间歇后语与谚语集萃》等，对湘西土家族民俗、文学、戏剧、舞蹈、音乐、语言、建筑、工艺美术、传统体育等 9 个系列有代表性的项目进行了全面整理研究；《神秘湘西——湘西州国家级非物质文化遗产集萃》丛书③，对湘西土家族苗族自治州列入国家级非遗名录的 26 个项目，进行了详细资料收集，系统、科学、规范的编著，集真实性、可读性、资料性、学术性于一体。各门类单方面成果的有：民族语言文学方面的《中国土家族语言研究》④《母语存留区龙山坡脚的土家语口语》⑤《言情于歌—清江流域土家族歌谣研究》⑥；医学方面的《中国土家族医药学》⑦《湘西土家族医药调查与临床研究》⑧《土家医病证诊疗规范》⑨；传统戏剧方面的《土家族冲寿傩仪及戏剧剧本》⑩；传统音乐方面的《贵州土家族傩仪式音乐研究》⑪《中国土家族打溜子曲牌汇编》⑫ 等。

总之，70 年来土家族史研究从无到有，基本上是随着中华人民共和国一同成长起来的。作为民族史研究的一个分支，土家族史研究与蒙、藏等其他少数民族史研究相比还有较大的差距，但可以相信的是，不久的将来它将会是民族史学苑中一朵鲜艳的奇葩。

二、京族史研究

京族是我国人口较少民族之一，同时也是一个既沿海又沿边的跨境民族，其先

① 李世愉：《土司制度研究的杰作——评"土司文化丛书"》，《光明日报》2015 年 5 月 16 日 11 版。
② 长沙：湖南师范大学出版社，2015 年。
③ 北京：中国社会科学出版社，2017 年。
④ 北京：中央民族大学出版社，2012 年。
⑤ 北京：民族出版社，2013 年。
⑥ 武汉：湖北人民出版社，2011。
⑦ 北京：科学出版社，2014 年。
⑧ 北京：科学技术文献出版社，2013 年。
⑨ 北京：中医古籍出版社，2014 年。
⑩ 贵阳：贵州民族出版社，2017 年。
⑪ 北京：文化艺术出版社，2014 年。
⑫ 广州：太平洋影音公司，2013 年。

祖曾居住在现在的越南社会主义共和国的北部地区，大约在明代正德年间（1506—1521）至 19 世纪末，陆续由原居地迁入我国广西的东兴地区，即现在的京族地区，至今已有 500 年的历史。对京族的关注与研究，1949 年以前几乎是一片空白。1949 年以后，随着中华人民共和国的建立，在党的民族政策照耀以及人民政府的关怀下，部分民族工作者及有关专家学者开始将研究工作的重心转移到京族方面，所涉内容与学科较为广泛。回顾半个多世纪的研究历程，京族史研究大抵可分为以下几个阶段：

第一阶段（1951—1956），京族史研究的起步阶段。1951 年以著名社会学家费孝通为团长的中央人民政府访问团，在广西民族地区访问时，曾对包括京族在内的一些少数民族进行了调查访问，并整理出 20 余份调查材料，其中就有关于防城县二区巫头、万尾、山心和江平越族及其信教活动等情况。这不但是中华人民共和国成立以后，同时也是历史上首次较大规模地对京族社会历史进行深入的调查，所获资料十分珍贵，对以后的民族识别、研究以及各级党委与政府制定民族政策都有着重要的意义。继 1951 年后，1954 年又由中南民族事务委员会会同广西民族事务委员会，共同派出调查人员，对防城县的越人（京人）进行民族识别调查。调查结束，两委合作内部出版了《防城越族情况调查报告》，为了解中华人民共和国成立初期京族地区的实际情况及有关部门认定其民族身份提供了必要的依据。1956 年，全国人大民族委员会主持成立少数民族社会历史调查组，对包括京族在内的一些少数民族的族源、文化艺术、风俗习惯、宗教、丧葬等进行了专题的调查，为以后的研究和制定政策准备了必要的参考资料。

第二阶段（1957—1977），京族史研究的停滞阶段。1957 年随着反右扩大化的开始，继而又是 1958 年极"左"思潮的影响，60 年代中开始的"文化大革命"，一直延续到 1977 年"文化大革命"的结束，使刚刚起步的民族研究工作遭到了扼杀，许多研究单位被撤销，人员下放，京族研究基本处在瘫痪状态。

第三阶段（1978—2009），京族史研究的恢复、繁荣阶段。1978 年十一届三中全会以后，拨乱反正，全国各项工作开始有了新的转机，京族与其他民族学科的研究工作逐渐恢复正常，慢慢步入正轨。20 世纪 80 年代开始，由国家民族事务委员会牵头，重新成立了《民族问题五种丛书》编辑委员会，在 20 世纪五六十年代调查资料的基础上，一批专家学者用了近 10 年的时间，整理编辑出版了包括京族在内的《广西少数民族》《京族简志》《京族简史》《广西京族社会历史调查》等数十部著作。第一次对京族的族源、族称、历史发展、社会形态、经济状况、文化艺术、风俗习惯、宗教信仰等作了全面系统的阐述，使世人对京族的来龙去脉有了一个整体的认识和了解。

1985 年以后，京族的研究工作逐渐进入百花齐放的繁荣时期，各类著作、编著以及文章论述如雨后春笋般涌出。所涉学科范围广，内容丰富。

　　著作类的主要研究成果有：苏维光、龙旦城《京族民间故事选》①，袁凤辰、苏维光等《毛南族、京族民间故事选》②，苏维光、过伟、韦坚平《京族文学史》③，符达升、过竹等《京族风俗志》④，黄庆印等《壮、布依、傣、仡佬、京族文化志》⑤，央吉等《中国京族、毛南族人口研究》⑥，马居里、陈家柳主编《京族——广西东兴市山心村调查》⑦，吴满玉、冼少华《当代中国的京族》⑧，陈增瑜主编《京族喃字史歌集》⑨，周建新、吕俊彪《从边缘到前沿——广西京族地区社会经济文化变迁》⑩，黄有第主编《京族文化的传承与发展》⑪ 等。2008—2009 年间，由国家民委主持，中国社会科学院、中央民族大学、中南民族大学以及各省市自治区的民族研究部门的专家学者参与，对《民族问题五种丛书》进行了重新增补修订，民族出版社 2008 年出版《京族简史》、2009 年出版《广西京族社会历史调查》等书籍。

　　论文类的主要研究成果有：孙文明《越南民族的形成》⑫，肖永孜《广西京族人口调查》⑬，吴凤斌《越南京族（越南族）族源初探》⑭，项美珍《解放前京族的社会经济和民族关系》⑮，陈凤贤《京族的乡约与林木保护》⑯，韩肇明《关于京族历史中的若干问题》⑰，杨秀昭《京族音乐调试论》⑱，李干芬《京族源流初探》⑲，陈琦芳《京族婚俗》⑳，卢敏飞《京族丧礼审视》㉑，莫龙、王春林《广西京族人口特点浅析》㉒，刘建平《京族唱哈节初探》㉓，王文光《越南京族、芒族的由来与发展

① 北京：中国民间文艺出版社，1984 年。
② 上海：上海文艺出版社，1987 年。
③ 南宁：广西教育出版社，1993 年。
④ 北京：中央民族大学出版社，1993 年。
⑤ 上海：上海人民出版社，1998 年。
⑥ 北京：中国人口出版社，2003 年。
⑦ 昆明：云南大学出版社，2004 年。
⑧ 南宁：广西人民出版社，2005 年。
⑨ 北京：民族出版社，2007 年。
⑩ 北京：民族出版社，2007 年。
⑪ 南宁：广西人民出版社，2008 年。
⑫ 《东南亚研究》1981 年第 4 期。
⑬ 《中国人口学会通讯》1981 年第 6 期。
⑭ 《南洋问题研究》1982 年第 3 期。
⑮ 《广西民族学院学报》1982 年第 3 期。
⑯ 《中央民族学院学报》1983 年第 1 期。
⑰ 《中央民族学院学报》1984 年第 4 期。
⑱ 《民族艺术》1985 年创刊号。
⑲ 《西南民族研究集刊》1985 年第 6 期。
⑳ 《广西地方志通讯》1986 年第 6 期。
㉑ 《广西民族研究》1990 年第 3 期。
㉒ 《广西民族研究》1990 年第 3 期。
㉓ 《广西民族研究》1992 年第 3 期。

之我见》①，杨一江《京族宗法制存在的形态初探》②，李甫春《在改革开放中走向富裕的中国京族——对广西东兴市江平镇沥尾、巫头、山心的考察》③，覃乃昌、岳文《中国京族毛南族人口研究述评》④，吕俊彪《族群认同的血缘性重建——以海村京族人为例》⑤，宋唐《京族独弦琴考察与研究》⑥，李澜《人口较少民族经济发展模式转型研究——以广西壮族自治区京族经济发展模式为例》⑦，许晓明《从宗教信仰体系看京族的边际文化特性》⑧，陈家柳《从传统仪式到文化精神——京族唱哈节探微》⑨，杨军《京族经济发展模式变迁及启示》⑩ 等。

在京族史研究中，族源是个较为热门的讨论话题，国内外许多学者对此都提出了不同的看法：

1. 越南学者阮廷科认为，他们的祖先是越南这块土地上最悠久的世居居民。⑪

2. 越南学者黎正甫、黄高启、阮友梅等与中国学者罗香林认为安南民族就是汉族。⑫

3. 越南京族最早始于炎帝神农氏，其三世孙帝明及其后裔为百粤之祖，也即雒王。⑬

4. 京族为印度尼西亚人种（即马来人种），来源于印度北部山区。20 世纪 70 年代西贡出版的《越南民族的起源——马来》与振炜辑译的《越南文明源流略考》也有类似的观点。⑭

5. 英国学者霍尔认为，京语中有相当部分孟高棉语的成分，故应属该民族中的一部分。⑮

6. 认为京族来源于百越中的骆越。⑯

7. 法国学者沙畹认为，京族的起源应与公元前 4 世纪浙江北部的于越有一定关

————————

① 《广西民族研究》1994 年第 3 期。

② 《广西师范大学学报（哲学社会科学版）》1995 年第 2 期。

③ 《广西大学学报（哲学社会科学版）》1999 年第 1 期。

④ 《广西民族研究》2004 年第 4 期。

⑤ 《广西民族研究》2005 年第 3 期。

⑥ 《歌海》2007 年第 3 期。

⑦ 《学术论坛》2007 年第 5 期。

⑧ 《民族艺术》2008 年第 3 期。

⑨ 《广西民族研究》2008 年第 4 期。

⑩ 《桂海论丛》2009 年第 1 期。

⑪ ［越］阮廷科：《越人的起源》，《学习》杂志 1975 年第 10 期；另见《东南亚资料》第 25 期，云南省历史研究所，1976 年。

⑫ 黎正甫：《郡县时代之安南》，北京：商务印书馆，1945 年；黄高启：《越南史要》，线装古籍三卷，越南维新 8 年版（1914）；阮友梅：《南越史略》；罗香林：《中夏系统之百越》，独立出版社，1943 年。

⑬ ［越］黎文体编，吴士连补修：《大越史记外记全书》卷一。

⑭ 振炜辑译：《越南源流略考》，载《远东日报》1962 年 6 月 15 日；阮廷科：《越人的起源》，前揭文；振炜辑译：《越南文明源流略考》，载《远东日报》1962 年 11 月 9 日—1963 年 3 月。

⑮ 霍尔著，赵嘉文译：《东南亚史》，云南省历史研究所，1979 年内部版。

⑯ 参见本页注④⑤⑥⑦⑧⑨⑩⑪。

系。鄂卢梭、马洛尔以及芮逸夫等都支持沙畹的意见。①

8. 徐松石、吕思勉认为，越南京族应是马来人的后裔。②

以上诸说各持己见，1、2、3、4、5、7、8 过于偏颇，不为多数学者所接受，只有 6 的观点引起大部分学者的争论：吕士朋③、王民同④、陶维英⑤、赵维扬、秦钦峙⑥等认为京族为百越中骆越的一支；范宏贵认为越、芒两族是由骆越分化而成的；⑦ 吴凤斌认为京族与百越有着密切的关系；⑧ 李干芬认为京族并不直接来源于百越，而是源于澳大利亚的尼罗格人，后与百越人融合形成一个新的民族；⑨ 王文光也认为京族不是单纯从骆越发展而来，而是在发展的过程中又吸收了占人、孟高棉人、汉人等不同民族的血缘后形成的一个新的民族。⑩

第四阶段（2010—2019），京族史研究进一步繁荣、发展、深入阶段。2010 年以后，京族研究又进入一个更为繁荣、稳定、深入的历史发展时期。短短的 10 年，京族研究势如燎原，无论是学科的参与范围或覆盖面，成果的数量、还是质量，以及研究的广度、深度，或人员投入、参与都超过了以往任何时候。但这一时期，有关京族历史的研究要比前几个阶段冷清了许多，所发著述不多，有何思源编著《京族史话》⑪ 苏维芳、苏凯编著《京族史歌》⑫ 等。代表性的论文只有赵明龙撰写《越南京族的起源与形成——骆越文化研究系列之七》⑬ 和温祖俊、蒙洁慧、刘婕合撰《京族族源再探》等 2 篇。这两篇文章都有一共同点，认为京族都是由骆越族群衍化而来。前者认为：在衍化之前，是由蒙古人种与澳大利亚的尼格罗人种和印度尼西亚的人种通婚融合后形成的骆越族群，大约在我国的宋代（960—1127）年间，才开始从骆越族群中分离出来形成"京族"。后者认为：京族是源于交趾地区的本土骆越，在离开本土后的发展中，不断吸收了蜀、汉、楚多元文化后，才形成了一个新的民族。

京族文化艺术研究是这 10 年来最为热门和关注的学科之一，有关著述研究成果

---

① 鄂卢梭：《安南民族之起源》，载冯承钧译《西域南海史地考证译丛九编》，第 104 页；G. J. 马洛尔：《古代北圻》，载《法国远东博古学院集刊》，1933 年法文版；芮逸夫：《中国民族与越南民族》，载郭廷以《中越文化论集》（一），第 124 页。

② 徐松石：《东南亚民族之中国血缘》，香港：东南研究所，1959 年；吕思勉：《中国民族史》，北京：中国大百科出版社，1987 年。

③ 吕士朋：《北属时期的越南》，香港：香港中文大学，1964 年。

④ 王民同：《东南亚民族的来源和分布》，《昆明师范学院学报》1984 年第 2 期。

⑤ 陶维英：《越南古代史》，北京：科学出版社，1959 年。

⑥ 赵维扬、秦钦峙：《中南半岛民族》，昆明：云南人民出版社，1989 年。

⑦ 范宏贵：《关于越南民族起源问题的论争》，《东南亚纵横》1982 年第 3 期。

⑧ 吴凤斌：《越南京族（越南族）族源初探》，《南洋问题研究》1982 年第 3 期。

⑨ 李干芬：《京族源流初探》，《西南民族研究集刊》1985 年第 6 期。

⑩ 王文光：《越南京族、芒族的由来与发展之我见》，《广西民族研究》1994 年第 3 期。

⑪ 北京：社会科学文献出版社，2019 年。

⑫ 南宁：广西民族出版社，2019 年。

⑬ 《广西社会主义学院学报》2019 年第 4 期。

多不胜数，只能择主要析出。著作有：张永东、张登编著《中国京族文化史略》①，吕瑞荣、龚丽娟主编《京族文化的生态研究》②，苏维芳、武沛雄、苏凯编《京族海洋文化》③，吴小玲、林世勇、许大俭主编《新时代京族文化传承与发展》④，陈坤鹏、黄羽、张灿编著《京族独弦琴艺术》⑤，陈坤鹏《广西国家级非物质文化遗产系列丛书：京族独弦琴艺术》⑥，何绍、何荣军编著《中国京族文化艺术之魂：独弦琴》⑦，《中国京族经典民间故事》⑧，沈燕琼、陈增瑜编《京族唪字民歌集1》⑨ 等。论文有：黄尚茂《万尾京族传统文化发展现状调查报告》⑩，吕俊彪《民间庆典与跨国民族文化网络的建构：以广西东兴市江平镇京族人为例》⑪，叶峰《京族音乐文化探微》⑫，李飞锐《探索神秘的京族巫术舞蹈——"问天答灯"》⑬，孙进《从民间传说探寻京族独弦琴产生的文化背景》⑭，杨涛《"京舞"翩然招展　舞动文化人间：广西京族舞蹈原生态元素提炼及文化研究》⑮，钟珂《京族鱼文化在哈节中的表征与传承》⑯，吉莉《京族独弦琴传播现状调查与研究》⑰，许晓明《哈节：海洋文化的集体记忆》⑱，方潇《京族"哈节"仪式中文化与传播的同构解读》⑲，廖国一、白爱萍《从哈节看北部湾京族的跨国交往》⑳，楚卓《论跨境民族乐器独弦琴文化的"和而不同"》㉑，陈丽琴《京族民间文艺与自然生态》㉒，周小苑《京族哈节：延绵不绝的海洋文化》㉓，王红《海洋文化精神的诗性表达：京族史诗研究》㉔，张灿《京族独弦琴源流新考》㉕，王小龙《京族非物质文化遗产及其传承人调查：兼谈我

---

① 南宁：广西人民出版社，2012 年。
② 南宁：广西人民出版社，2015 年。
③ 南宁：广西人民出版社，2015 年。
④ 北京、西安：世界图书出版公司，2019 年。
⑤ 北京：北京科学技术出版社，2013 年。
⑥ 北京：北京科学技术出版社，2013 年。
⑦ 桂林：漓江出版社，2014 年。
⑧ 南宁：广西人民出版社，2017 年。
⑨ 南宁：广西民族出版社，2018 年。
⑩ 《康定民族师范高等专科学校学报》2009 年第 6 期。
⑪ 《中南民族大学学报》（人文社会科学版）2009 年第 4 期。
⑫ 《作家》2009 年第 16 期。
⑬ 《电影评介》2009 年第 1 期。
⑭ 《大众文艺》2009 年第 23 期。
⑮ 《歌海》2009 年第 3 期。
⑯ 《河池学院学报》2010 第 4 期。
⑰ 《艺术探索》2010 年第 5 期。
⑱ 《当代广西》2010 年第 21 期。
⑲ 《大众文艺》2011 年第 19 期。
⑳ 《西南民族大学学报》（人文社会科学版）2011 年第 5 期。
㉑ 《中国音乐》2011 年第 3 期。
㉒ 《钦州学院学报》2012 年第 27 卷第 1 期。
㉓ 《农村·农业·农民》（A 版）2012 年第 10 期。
㉔ 《广西社会科学》2012 年第 3 期。
㉕ 《歌海》2012 年第 3 期。

国非遗传承制度的改革和完善》①，史晖《中越边境京族哈节文化媒介与传播——以广西东兴市江平镇京族三村与越南广宁省芒街市茶古坊考察为例》②，李瑞杰《论京族的海洋文化》③，黄小明《京族哈舞之海洋文化特征》④，陈丽琴《京族独弦琴艺术生态研究》⑤，吴锡明《东兴京族文化混杂论》⑥，周旺《民族生态视角下的京族饮食文化》⑦，王小龙《民族文化"国家化"的侧影：族规中国家意识的凸显——以广西京族〈沥尾哈亭亭规〉为例》⑧，李相《京族文化品牌的价值与开发研究》⑨，陶雄军《论京族民居建筑的演变与文化属性》⑩，郑直、吴莹《广西京族曲艺唱哈生存现状调查分析》⑪，吴滨《海洋文化名市建设与京族文化的传承发展》⑫，何波《论京族传统文化格局及其成因》⑬，叶峰《新时期京族音乐文化的传承与发展》⑭，胡媛《京族文化的三重地理基因探究》⑮，谢云《京族文化的传承与创新研究》⑯，吴晓明、吴滨《京族文化名人与京族文化传承发展的探究》⑰，吕瑞荣《京族哈节生态孕育图式中的文化象征》⑱，何红梅《广西跨境民族文化传承研究——以东兴沥尾村京族"哈"文化为例》⑲，李斯颖《从"山"到"海"：从口头传承变迁看京族文化特性的渐变》⑳，郑向春、田沐禾《圣俗互渗：京族文化的行为文本制作》㉑，向一优《论民歌在京族海洋文化生态构建中的功能及表现》㉒，贾恒存《民族音乐文化的传播与发展之路探析——以京族民间音乐的传承现状为例》㉓，白爱萍《京族传统服饰文化及传承与保护》㉔，刘婧《"互联网+"时代京族民歌传承发展思考》㉕，张

① 《四川省干部函授学院学报》2012 年第 3 期。
② 《节日研究》2012 年第 1 期。
③ 《西江月》2013 年第 9 期。
④ 《广西师范大学学报》（哲学社会科学版）2013 年第 6 期。
⑤ 《广西民族大学学报》（哲学社会科学版）2013 年第 2 期。
⑥ 《玉林师范学院学报》2013 年第 3 期。
⑦ 《南宁职业技术学院学报》2013 年第 2 期。
⑧ 《原生态民族文化学刊》2013 年第 1 期。
⑨ 《经营管理者》2014 年第 13 期。
⑩ 《学术论坛》2014 年第 37 卷第 2 期。
⑪ 《语文学刊》2014 年第 23 期。
⑫ 《广西广播电视大学学报》2014 年第 1 期。
⑬ 《钦州学院学报》2015 年第 6 期。
⑭ 《音乐时空》2015 年第 14 期。
⑮ 《原生态民族文化学刊》2015 年第 4 期。
⑯ 《广西社会主义学院学报》2015 年第 26 卷第 1 期。
⑰ 《广西广播电视大学学报》2015 年第 3 期。
⑱ 《大学教育》2015 年第 6 期。
⑲ 《中国民族博览》2015 年第 10 期。
⑳ 《百色学院学报》2015 年第 3 期。
㉑ 《百色学院学报》2015 年第 3 期。
㉒ 《黔南民族师范学院学报》2015 年第 35 卷第 1 期。
㉓ 《歌海》2015 年第 5 期。
㉔ 《贺州学院学报》2016 年第 1 期。
㉕ 《遵义师范学院学报》2016 年第 3 期。

小梅《中越京族民歌传承之比较研究——以中国东兴与越南海防为案例研究》①，秦瑞莹《"活态传承"理念下民族特色乐器的传承研究——以京族独弦琴为例》，② 黄宇鸿《论广西北部湾京族民歌艺术特色及文化价值》③，陈茜《关于京族哈节节庆文化传播问题研究》④，李天雪、蔡芬《京族传统康养文化的当代价值及利用策略》⑤，蓝长龙、黄勤《京族与乌拉拉维人传统婚俗比较研究》⑥，黄婕《旅游视野下京族民间文化的传承和发展》⑦，黄家庆《开发利用京族传统文化景观面临的问题与对策——京族传统文化开发利用研究之一》⑧，黄家庆《京族传统海洋文化蕴涵的生态伦理思想及利用——京族传统文化开发利用研究之三》⑨，毛巧晖《文化交流与民族特性的凝铸：基于京族口头叙事的考察》⑩，黄玲《沼边之地与边疆家园：京族家屋与村落的空间建构——跨境民族文化遗产研究之二》⑪，吕俊彪、赵业《后传统时代民族文化遗产保护的困境与出路——基于广西京族社会的田野考察》⑫，黄安辉《北部湾地区中越京族海洋民俗研究的价值及对策探析》⑬，吕俊彪《跨境民族文化遗产的"他感宣示"及社会生态建构——基于广西"京族三岛"地区的田野考察》⑭，李涛《广西京族哈节祭舞的文化内涵》⑮，覃海、马丹《论京族"哈节"中花棍舞的美学特征》⑯，魏凯琪、詹盼蓉、曾乐妮《广西京族文化特征及发展分析》⑰，黄家庆《京族传统海洋文化生态化传承发展的思考——京族传统文化开发利用研究之四》⑱，何芳东《"一带一路"倡议视域下京族海洋文化建设研究》⑲，杨军《京族海洋文化遗产活态保护模式研究》⑳，张熙、段超《关于加强京族优秀传统文化传承的思考》㉑，张灿《从节庆仪式到文化展演——京族哈节仪式音声中的民族文化认

---

① 《中国音乐》2016 年第 3 期。
② 《贵州民族研究》2016 年第 37 卷第 7 期。
③ 《广西社会科学》2016 年第 11 期。
④ 《新闻传播》2016 年第 6 期。
⑤ 《贺州学院学报》2017 年第 33 卷第 4 期。
⑥ 《怀化学院学报》2017 年第 36 卷第 9 期。
⑦ 《钦州学院学报》2017 年第 32 卷第 9 期。
⑧ 《钦州学院学报》2017 年第 32 卷第 4 期。
⑨ 《钦州学院学报》2017 年第 32 卷第 12 期。
⑩ 《社会科学家》2017 年第 2 期。
⑪ 《社会科学家》2017 年第 2 期。
⑫ 《黑龙江民族丛刊》2017 年第 3 期。
⑬ 《钦州学院学报》2017 年第 11 期。
⑭ 《民族艺术》2017 年第 2 期。
⑮ 《桂林师范高等专科学校学报》2018 年第 32 卷第 2 期。
⑯ 《青年时代》2018 年第 23 期。
⑰ 《锋绘》2018 年第 1 期。
⑱ 《钦州学院学报》2018 年第 33 卷第 2 期。
⑲ 《桂海论丛》2018 年第 34 卷第 6 期。
⑳ 《广西民族大学学报》（哲学社会科学版）2018 年第 40 卷第 3 期。
㉑ 《中南民族大学学报》（人文社会科学版）2018 年第 38 卷第 6 期。

同》①，佟义东、谢舜《少数民族传统节庆变迁的动力机制——基于广西防城港市京族聚居地 434 份问卷调查分析》②，廖鑫欣《中国京族研究文献综述》③，程鹏《京族丧葬仪式音乐初探》④，侯琳《京族文化的传播路径与机制研究》⑤，丁宇诚《京族传统服饰文化及传承与保护研究》⑥，杨熊炎、叶德辉、张飞《京族海洋文化因子提取及设计应用》⑦，吴坚《论新时代京族海洋文化的传承与保护》⑧，张秋萍《京族海洋文化的发展愿景及路径选择》⑨，龚红梅《防城港京族音乐文化研究综述》⑩，戚剑玲《重建文化自信 振奋民族精神——京族 70 年跨文化传播之进程及效应》⑪，陈锋《论新时代京族文化传承与发展策略》⑫，黄家庆《京族民间跨境交流传统文化增进中越民相亲探微——京族传统文化开发利用研究之六》⑬，赵亚丽、吴力菡《京汉民间文学的互动融合研究——以京汉民歌中"爱情"概念的隐喻构建为例》⑭，王怡诗《"旅游凝视"理论下民俗文化符号研究——基于万尾村田野调查》⑮，阮苏兰、阮大瞿越《从中国广西东兴京族语言环境的角度窥察京语的传承方式：喃字》⑯ 等。

京族经济研究也是 10 年来学界关注与热门的一个研究史学学科，有关著述比较多，不止数量，且质量也不差。具有代表性的著作有：李澜主编《巫头村调查：京族》⑰，李明军《京族经济发展与文化变迁》⑱，钟珂《中国京族海洋渔捞习俗变迁及其文化蕴涵》⑲。论文有：杨军《京族经济发展模式变迁及启示》⑳，李晓林《京族边贸经纪人》㉑，张瑞梅、林代松《广西东兴京族哈节旅游营销策略的思考》㉒，陈鹏、刘玉芳《京族人产业模式的变化及其对教育的诉求》㉓，史莎娜、杨小雄《京

① 《广西民族师范学院学报》2018 年第 35 卷第 1 期。
② 《广西民族研究》2018 年第 1 期。
③ 《图书馆界》2019 年第 3 期。
④ 《玉林师范学院学报》2019 年第 40 卷第 6 期。
⑤ 《广西民族大学学报》（哲学社会科学版）2019 年第 41 卷第 2 期。
⑥ 《文存阅刊》2019 年第 5 期。
⑦ 《美与时代》2019 年第 3 期。
⑧ 《梧州学院学报》2019 年第 2 期。
⑨ 《北部湾大学学报》2019 年第 34 卷第 12 期。
⑩ 《大观》2019 年第 6 期。
⑪ 《南宁师范大学学报》（哲学社会科学版）2019 年第 40 卷第 5 期。
⑫ 《民族论坛》2019 年第 2 期。
⑬ 《钦州学院学报》2019 年第 34 卷第 4 期。
⑭ 《黑河学刊》2019 年第 2 期。
⑮ 《青年文学家》2019 年第 11 期。
⑯ 《中正汉学研究》2019 年第 33 期。
⑰ 北京：中国经济出版社，2014 年。
⑱ 武汉：华中科技大学出版社，2017 年。
⑲ 长春：东北师范大学出版社，2017 年。
⑳ 《桂海论丛》2009 年第 1 期、《钦州学院学报》第 33 卷第 9 期。
㉑ 《中国民族》2009 年第 10、11 期。
㉒ 《东南亚纵横》2010 年第 6 期。
㉓ 《黑龙江民族丛刊》2010 年第 1 期。

族三岛在开发中存在的问题及对策研究》①，黎树式《沿海边疆少数民族地区生态经济发展探析——以京族为例》②，周庆生《从经济社会发展看京语使用变化》③，杜树海《人口较少民族生产方式转型的模式研究——以环北部湾广西京族为例》④，杜英蓓《京族艺术形态商业价值挖掘》⑤，宋丽园、苑春光《边民互市贸易与边关安全——以广西东兴江平镇京族村寨为例》⑥，李军明、李忠斌《京族边境贸易兴衰的原因及启示》⑦，范文燕、张文浩《京族传统渔业生产方式变迁原因初探——以广西防城港万尾村为例》⑧，黄家庆《浅谈京族哈节的经济价值及其实现提升——京族传统文化开发利用研究之二》⑨，郇德利《以人为本的西部少数民族落后地区内生发展路径思考——以广西东兴京族为例》⑩，黄家庆《京族传统文化保护与经济发展矛盾的化解策略——京族传统文化开发利用研究之五》⑪ 等。

这一时期，文化人类学和体质文化人类学以其特有的视角积极介入京族史学研究中去，几乎涵盖了所有的学科。主要著作有：吕俊彪《京族人的族群认同与国家认同》⑫。主要论文有：黄昌盛、黄何华、蒲洪琴《广西京族体重、足长与身高的关系》⑬，廖彦博、李坤、郑连斌、栗淑媛、梁明康、蒋葵、刘鹏《广西京族体质人类学研究》⑭，吕俊彪《仪式、权力与族群认同的建构——中国西南部一个京族村庄的个案研究》⑮，陈锋《海村京族国家政治认同整合研究》⑯，马木池《边缘群体的认同——十九世纪以来广西边境上的京族地区》⑰，陈锋《兴边富民背景下中越跨境民族农民政治认同研究：基于对广西海村京族的调研与思考》⑱，彭兆荣《民族学人类学专题：族群、边界与认同》⑲，范根平、吴昆晃《生态文明视域下的少数民族政治认同建设——以广西沿海京族为例》⑳，黄玲《村落在国境上：跨境民族的乡土植根

① 《大众科技》2011 年第 1 期。
② 《海洋经济》2012 年第 6 期。
③ 《中国社会语言学》2012 年第 2 期。
④ 《黑龙江民族丛刊》2013 年第 2 期。
⑤ 《经营管理者》2014 年第 35 期。
⑥ 《漯河职业技术学院学报》2015 年第 6 期。
⑦ 《三峡论坛》2016 年第 6 期。
⑧ 《当代经济》2016 年第 20 期。
⑨ 《钦州学院学报》2017 年第 8 期。
⑩ 《文存阅刊》2017 年第 1 期。
⑪ 《钦州学院学报》2018 年第 9 期。
⑫ 北京：社会科学文献出版社，2014 年。
⑬ 《右江民族医学院学报》2009 年第 31 卷第 3 期。
⑭ 《人类学学报》2010 年第 1 期。
⑮ 《广西民族研究》2011 年第 2 期。
⑯ 《广西社会科学》2014 年第 8 期。
⑰ 《历史人类学学刊》2014 年第 12 卷第 1 期。
⑱ 《广西社会科学》2015 年第 2 期。
⑲ 《百色学院学报》2017 年第 30 卷第 5 期。
⑳ 《钦州学院学报》2017 年第 32 卷第 8 期。

与国家认同——基于广西防城京族巫头村的调查》①，戚剑玲《文化涵化、国别区隔及族群认同的楹联表征——中越京族楹联文化分析》②，郭仙芝《京族哈节中的性别分工与性别关系——基于山心村哈节的参与式观察》③ 等。

京族史学研究除了以上这些学科以外，还有一些较为边缘的学科，如京族教育、体育、语言文字、人口、习惯法规、医药研究等一大批成果，在国内一些出版社和刊物上公开出版发行，产生了一定的学术效应及影响。另外，一些越南学者也参与到京族史学研究的讨论中来，如越南社会科学翰林院汉喃研究院的阮苏兰撰写的：《越南京族庙会民间演唱活动研究：基于汉喃文献资料考察》一文，还有越南国家艺术文化学院的阮氏贤以及越南国家民族学博物馆空天陈列室的武洪述两人合撰的：《京族传统文化与发展——以中国广西京族跨境群体的传统仪式与信仰为个案》等文章都在国内外的京族史学研究方面产生了一定的影响。

三、高山族史研究

高山族主要分布在我国的台湾省，历史上高山族为开发、保卫和建设台湾做出了重要的贡献。早在三国时代，丹阳太守沈莹在《临海水土志》一书中，就有关于高山族先民的记载。明朝时候，著名学者陈第曾亲自到过台湾考察，并写下《东番记》一文，详细记载了台湾西南部高山族重要支系西拉雅人生活习俗等情况。到清代，祖国政治经济文化联系日益密切，很多从内地去台湾任职的地方官员，从不同角度对他们所见所闻的高山族情况做了记述，主要有郁永河《裨海纪游》、黄叔璥《台海使槎录》、周钟瑄《诸罗县志》等，这些史籍都辟有专章对当时台湾高山族社会生活情形作详细的记载，是高山族史研究宝贵的历史资料。然而中国学者对台湾高山族历史作全面系统科学的研究，应始于 20 世纪初。早期的代表作主要有：连横《台湾通史》④、林惠祥《台湾少数民族之原始文化》《台湾番族之原始文化》⑤、翦伯赞《台湾少数民族考》⑥。这三部高山族史研究著作的出版，为中华人民共和国成立后高山族史研究的进一步深入展开奠定了基础。

（一）中华人民共和国成立后高山族史研究的重要机构和学人

中华人民共和国成立后，国内高山族史研究的学术机构、社团纷纷建立，从事高山族史研究人员日益增多，高山族史研究的基础日益深厚，也取得丰硕的成果。

70 年来，中国内地高山族史研究的机构主要有：厦门大学台湾研究院、人类学研究所；中央民族大学台湾研究所、少数民族语文系高山族语文教研室、历史系；

---

① 《贵州社会科学》2018 年第 10 期。
② 《广西民族研究》2018 年第 6 期。
③ 《广西民族研究》2019 年第 6 期。
④ 台北：台湾通史社，1916、1920、1921 年；上海：商务印书馆，1946 年。
⑤ 《中央研究院社会科学研究所专刊》第三号，1930 年。
⑥ 《开明书店二十周年纪念文集》，1946 年。

中国社会科学院民族研究所（现民族学与人类学研究所）、台湾研究所；中华全国台胞联谊会研究室；北京联合大学台湾研究院；中国历史博物馆；中山大学、中南民族大学等研究机构。这些研究机构中，如中央民族大学、厦门大学等还培养过台湾民族历史研究方向的硕士、博士。

除了上述教学、研究机构外，还有一些民间的学术团体也对高山族史进行研究。主要有中国民族学会、中国人类学会、台湾研究会、中国民族史学会、百越民族史研究会等。

70 年来的高山族史研究，涌现出一大批享誉海内外的专家学者，如陈国强、施联朱、陈碧笙、郝时远、陈建樾、刘如仲、张崇根、许良国、曾思奇、范可、田富达、陈孔立、陈在正、朱天顺、邰宝林、陈飞宝、朴寅吉、林加煌、李颖、季云飞、周翔鹤、郭志超、李祖基、吴春明、罗春寒等，他们为高山族史研究做出了重大贡献。

（二）70 年来高山族史研究的历程与成就

1. 1949—1964 年高山族史研究的初步展开

1949 年中华人民共和国成立以后，高山族史研究得到了良好的开展，取得了初步的研究成果。从 1956 年开始的少数民族社会历史调查，对高山族研究起了很大的推动作用。1958 年，福建省少数民族社会历史调查组高山族组对大陆高山族历史、语言、习俗和现状开展调查访问，陈国强任组长，成员有田珏、李长信、林青春等。他们在 1959 年完成《高山族简史简志合编》，1963 年由中国社会科学院民族研究所刊印，为研究高山族社会历史留下了丰富的宝贵资料。

这一时期一些专著也涉及高山族史研究，如刘大年、丁名楠、余绍武《台湾历史概述》[1]、吴壮达《台湾的开发》[2] 等。有关族源研究的论文有林惠祥《台湾石器时代遗物的研究》[3]，该文认为高山族的来源不止一种，其中一种出自祖国大陆的古越族，其后与来自南方的别族逐渐形成现在的高山族。陈国强《高山族来源的探讨》[4] 论证高山族的来源是多元的，主要来自祖国大陆东南沿海一带，是古代百越的一支，此外高山族还包括南洋的马来人，甚至还包含黑矮人以及汉族等因素。关于社会发展研究的论文有陈国强《郑成功收复台湾前后的高山族》[5]。关于族别、族称研究的论文有陈国强《高山族名称沿革考》[6]。关于民族关系研究的论文有施联朱《从经济文化交流看历史上高山族和汉族的友好关系》[7]。关于反抗外来侵略斗争研

---

① 生活·读书·新知三联书店，1956 年。
② 北京：科学出版社，1958 年。
③ 《厦门大学学报》1955 年第 4 期。
④ 《厦门大学学报》1961 年第 3 期。
⑤ 《厦门大学学报》1962 年第 2 期。
⑥ 《厦门大学学报》1963 年第 4 期。
⑦ 《民族团结》1963 年第 1 期。

究的论文有蔡美彪《1867 年台湾高山族的抗美卫国战争》[1]，陈国强、李长信、田珏《高山族人民反抗日寇的革命斗争史略》[2]，陈国强《19 世纪高山族反抗美国侵略我国台湾的斗争》[3] 等。

2. 1965—1976 年高山族史研究的中断

1965—1976 年，由于受到极"左"思想的干扰，内地的高山族史研究几乎中断。

3. 1978 年以后高山族史研究的恢复与繁荣

党的十一届三中全会以后，高山族史研究得到恢复，并随着国家改革开放的深入而步入繁荣。一些专著、文集的出版以及学术论文的发表标志着内地台湾民族历史研究春天的回归。

相关专著主要有：陈国强、田珏、琅志、李长信《高山族简史》[4]，这是这时期高山族史研究最具影响力的成果，该书第一次全面、系统地介绍和研究了高山族的历史，为高山族史研究的进一步发展奠定了良好的基础。民族出版社 2008 年出版了《高山族简史》修订版。陈国强、田富达《高山族》[5]，许良国、曾思奇《高山族风俗志》[6]。论文集有：陈国强《郑成功与高山族》[7] 和《台湾高山族研究》[8]，施联朱、许良国主编《台湾民族历史和文化》[9]。此外，一些专著有专章论述或涉及高山族历史文化，如施联朱《台湾史略》[10]，陈碧笙《台湾地方史》[11]，辛土成《台湾海峡两岸的古闽越族》[12]，陈国强、蒋炳钊、吴绵吉、辛土成《百越民族史》[13]，陈孔立主编《台湾研究十年》[14]。陈建樾《台湾"原住民"历史与政策研究》[15]，牟景珊《高山族》[16]，陈文新《高山族》[17]，过伟《台湾少数民族民间文学》[18]，聂存虎《高山族》[19]，陈金结、姜莉芳、杨梅等《中国高山族》[20]，充分展示了高山族丰富多彩

---

[1] 《进步日报》1951 年 3 月 2 日。

[2] 《民族研究》1960 年第 3 期。

[3] 《民族团结》1963 年第 8 期。

[4] 福州：福建人民出版社，1982 年。

[5] 北京：民族出版社，1988 年。

[6] 北京：中央民族学院出版社，1988 年。

[7] 南昌：江西人民出版社，1982 年。

[8] 北京：生活·读书·新知三联书店，1988 年。

[9] 北京：中央民族学院出版社，1987 年。

[10] 福州：福建人民出版社，1980 年。

[11] 北京：中国社会科学出版社，1982 年。

[12] 厦门：厦门大学出版社，1988 年。

[13] 北京：中国社会科学出版社，1988 年。

[14] 厦门：厦门大学出版社，1990 年。

[15] 北京：社会科学文献出版社，2009 年。

[16] 长春：吉林文史出版社，2010 年。

[17] 乌鲁木齐：新疆美术摄影出版社、新疆电子音像出版社，2010 年。

[18] 上海：上海文艺出版社，2011 年。

[19] 北京：外语教学与研究出版社，2011 年。

[20] 银川：宁夏人民出版社，2012 年。

的文化内涵，全面探寻高山族波澜起伏的历史轨迹，深刻解读高山族自强不息的精神气质，真切反映高山族生机勃勃的发展前景。余光弘、李莉文主编《台湾少数民族》① 突破了以往对台湾高山族的笼统论述，广泛吸收台湾学者对少数民族研究的成果，详细介绍了高山族九个部族各自的生活方式、亲属关系、社会组织、宗教信仰等方面的情况，比较全面系统地呈现了各部族的文化。袁辰霞《台湾原住民族语言政策与语言教育研究》②。

论文主要有施联朱、张崇根《关于台湾和高山族若干历史问题的探讨》③ 张崇根《台湾的高山族研究与当局推行的政策》④ 郝时远《当代台湾的"原住民"与民族问题》⑤ 等。

（1）关于高山族族源和族称的研究

高山族的来源有四种说法：世居说、南来说、大陆说、多元说。一般认为高山族的主要来源是祖国内地的古人类和古越人，其次来源是南洋群岛的马来人等。如陈国强《从台湾考古发现探讨高山族来源》⑥《我国东南古代越族的来源和迁徙》⑦《中国南方越族与东南亚民族的关系》⑧，韩起《台湾省原始社会考古概述》⑨，施联朱《高山族族源考略》⑩，郭志超《高山族来源管探》⑪ 等。

关于高山族族别、族称的争论比较激烈。陈碧笙《论台湾土著居民并非一族，且不能称为"高山族"》⑫ 认为"台湾土著居民不是一族，而是分为七至九族，这是客观存在的事实"，"各族在体质、语言、住区（高山、平地、海岛）、生活习惯、生产力水平、社会组织、阶级分化以及心理状态等方面，都存在着明显的差异"；"'高山'一名最初是倭寇使用的，1593 年日本欲侵台时，称台湾为'高山国'，可见'高山'一名的使用与日本侵台活动有分不开的关系。但是，'高山族'此名使用已久，骤然改变亦易引起混乱，似应逐渐代以各族固有的名称"。许良国《台湾省少数民族名称与族别问题浅议》⑬ 也认为："台湾少数民族并非一个单一的民族"，"用高山族作台湾少数民族的统称并不确切"。"就目前情况看，台湾少数民族识别并不是完全没有基础的。以往中外学者对台湾少数民族所进行的大量调查和研究工作，以及所取得的丰硕成果，已经为将来势在必行的台湾少数民族识别工作，奠定

---

① 福州：福建人民出版社、海峡出版发行集团，2012 年。
② 北京：中央民族大学出版社，2013 年。
③ 《中央民族学院学报》1981 年第 2 期。
④ 《民族研究》1987 年第 2 期。
⑤ 《民族研究》2003 年第 3 期。
⑥ 《社会科学战线》1980 年第 3 期。
⑦ 《民族研究》1980 年第 6 期。
⑧ 《台湾高山族研究》，北京生活·读书·新知三联书店，1988 年。
⑨ 《考古》1979 年第 3 期。
⑩ 《民族研究》1982 年第 3 期。
⑪ 《华侨大学学报》1988 年第 1 期。
⑫ 《台湾研究动态》1981 年。
⑬ 《民族学研究》第 5 辑，北京：民族出版社，1983 年。

了不容忽视的基础。" 陈国强《台湾高山族的名称和划分问题》① 则认为：高山族是"单一的少数民族"。"高山族这一名称有历史根据"，早在 3 世纪的三国时候，沈莹《临海水土志》就把高山族称为"山夷"，这"与高山族一名的意思是一致的"，"在清代已经普遍有'高山番'这一名称"。从历史到现状，从政治上和学术上研究考虑，"高山族这一名称在目前是完全适当的"，"高山族是单一民族或者几个民族尚待台湾回归祖国后调查识别"。

（2）关于高山族的社会发展研究

主要有陈碧笙《17 世纪中叶台湾平埔族社会经济及其与汉族关系初探》②，陈国强《17 世纪前后高山族社会经济的发展》③ 和《康熙时期台湾高山族社会的发展状况》④，邰宝林《台湾高山族当前的社会处境分析》⑤，何天华《台湾原住民社会面临解体的危机》⑥ 等。有些文章从断代史研究的角度来进行探讨，如卢勋、李根蟠《清代高山族社会经济形态探讨》⑦，陈国强《从两篇史料看台湾古代社会经济》⑧ 和《台湾的古代越族》⑨，林庆元《台湾高山族土地私有制的发展和确立》⑩，郭志超《清代高山族土地关系的新变动》⑪，曾国良《"理番政策"与台湾少数民族社会变迁刍议》⑫ 等。

由于高山族由若干大小支族组成，不同地区、不同支族社会发展不平衡，因此分地区、分支族研究较能避免在资料的使用和分析上以偏概全，而且是深化研究的一种途径。如郭志超《清代高山族的划分及其社会经济形态》⑬、朴寅吉《17 世纪前后台湾高山族平埔人的社会经济形态》⑭、贾宁《历史上台湾西部的土著》⑮。

（3）关于民族政策和民族关系研究

从三国开始，高山族与内地汉族在经济上、政治上、文化上的关系不断加强。相关论文主要有陈碧笙《17 世纪中叶台湾平埔族社会经济及其与汉族的关系初探》⑯、陈国强《清代以前汉族与高山族的友好关系》⑰ 和《台湾噶玛兰的开发与姚

---

① 《台湾高山族研究》1988 年。

② 《社会科学战线》1981 年第 3 期。

③ 《厦门大学学报》1979 年第 1 期。

④ 《民族研究》1984 年第 3 期。

⑤ 《台湾研究集刊》1987 年第 3 期。

⑥ 《台湾研究集刊》1996 年第 1 期。

⑦ 《民族研究》1981 年第 6 期。

⑧ 《中国经济史研究》1982 年第 2 期。

⑨ 《百越民族史论丛》，南宁：广西人民出版社，1985 年。

⑩ 《台湾研究集刊》1985 年第 2 期。

⑪ 《中国社会经济史研究》1986 年第 3 期。

⑫ 《中南民族学院学报》2000 年第 2 期。

⑬ 《思想战线》1986 年第 5 期。

⑭ 《台湾民族历史与文化》，北京：中央民族学院出版社，1987 年。

⑮ 《中央民族学院学报》1987 年第 1 期。

⑯ 《社会科学战线》1981 年第 3 期。

⑰ 《厦门大学学报》1982 年第 3 期。

莹的贡献》①、辛土成《台湾海峡两岸的古闽越族》②、郭志超《清代汉族影响下的高山族农业技术之变革》③ 和《清代汉族与高山族的贸易关系》④。不同的文化所相系的生态环境是有差异的，当两个文化群体分布交错时，一个文化群可以其所促成的生态环境为中介，对另一文化群体施加影响。相关论文主要有：郭志超《清代台湾生态环境的变迁与高山族耕猎生产的变动》⑤、陈碧笙《清代汉族与平埔族之间的矛盾与融合》⑥、潘云东《清代台湾平埔族汉化原因试探》⑦、刘正刚《清代台湾少数民族与汉族联姻探析》⑧、罗春寒《清代台湾民族政策研究》⑨ 等。

关于封建政权对高山族的政策，施联朱《郑成功收复台湾及其对高山族的政策》⑩ 评述郑成功对高山族采取的民族和睦政策，指出这种政策对民族关系的进步作用，并转过来促进了驱荷复台和开发台湾。相关论文还有陈国强《台湾高山族支持郑成功收复台湾》⑪ 评述郑成功在政治、经济上对高山族实行进步的民族政策。陈孔立《台湾少数民族与林爽文起义——兼论清政府对少数民族的政策》⑫，林冈《关于"开山抚番"政策的评价问题》⑬，陈国强《台湾建省初期刘铭传与高山族》⑭，陈国强、田富达《清代对高山族教化政策述评》⑮，季云飞《清代台湾少数民族政策之历史考察》⑯，陈建樾《从"化外"到"化内"——1980 年之前的台湾"原住民"政策述评》⑰ 和《走向民粹化的族群政治——1980 年以来的台湾原住民运动与原住民政策研究》⑱，李颖《清代台湾原住民教化政策述评》⑲ 等。

（4）关于高山族文化的研究

主要论著有陈国强、林嘉煌《高山族文化》⑳，许良国《论台湾平埔人之文化变

---

① 《台湾高山族研究》1988 年。
② 厦门：厦门大学出版社，1988 年。
③ 《台湾研究集刊》1985 年第 1 期。
④ 《中国民族关系史论集》，西宁：青海人民出版社，1988 年。
⑤ 《农业考古》1985 年第 1 期。
⑥ 《台湾研究集刊》1985 年第 4 期。
⑦ 《台湾研究集刊》1988 年第 3 期。
⑧ 《贵州民族研究》2004 年第 1 期。
⑨ 厦门大学博士后工作报告，2007 年。
⑩ 《郑成功研究论文集》续集，福州：福建人民出版社，1984 年。
⑪ 《郑成功研究论丛》，福州：福建教育出版社，1984 年。
⑫ 《福建论坛》1985 年第 2 期。
⑬ 《台湾研究集刊》1985 年第 2 期。
⑭ 《中国民族关系史论集》，西宁：青海人民出版社，1988 年。
⑮ 《厦门大学学报》1993 年第 2 期。
⑯ 《民族研究》1998 年第 6 期。
⑰ 《民族研究》2003 年第 4 期。
⑱ 《民族研究》2004 年第 1 期。
⑲ 《闽江学院学报》2004 年第 6 期。
⑳ 上海：学林出版社，1988 年。

迁》① 和《台湾平埔族与高山族文化变迁之比较研究》②，林惠祥《台湾番族之原始文化》③，曾思奇《高山族文化史》④，《中国少数民族文化典·高山族》⑤，《台湾平埔族文化变迁及其原因试析》⑥，《台湾平埔族群文化变迁之研究》⑦ 等，邢植朝《高山族和黎族传统婚俗比较研究》⑧，刘国旭、张嘉星、李冬哲《邓州高山族的宗教学研究》⑨，陈甜甜《黎族与高山族文身的比较研究》⑩，黄淑萍《福建省扶持高山族发展的政策研究》⑪，华桂玲《20 世纪 80 年代以来高山族人伦理意识的发展研究》⑫，林先乐《海南省黎族与台湾高山族民俗传统体育文化比较研究》⑬，姚卫《台湾高山族群族分类研究》⑭。

（5）关于高山族反抗外来侵略斗争的研究

从明代起，外国侵略者的魔爪开始伸入我国领土，台湾岛首当其冲。高山族人民在抗击外来侵略中写下壮烈的篇章。相关论著有陈国强《台湾高山族支持郑成功收复台湾》⑮《"雾社起义" 和高山族的爱国传统》⑯、施联朱《台湾各族人民反抗外国侵略者的光荣斗争史略》⑰、许良国《富有反侵略传统的高山族》⑱、宇晓《17 世纪荷兰、西班牙传教士在台湾高山族地区的活动及其影响》⑲ 等。

（6）有关高山族史料、史籍的整理

主要有张崇根《临海水土异物志辑校》⑳、陈国强《高山族古代史料辑录》㉑。

4. 高山族史研究的展望

中华人民共和国成立 70 年来，经过几代学人的努力，高山族史研究取得了很大的成就，为民族史学科的发展做出了应有的贡献。但是，由于历史原因，海峡两岸处于人为分隔状态，使得内地学者无法从事实地考察，转而着重对文献史料的研究，

---

① 《中央民族学院学报》1990 年第 3 期。
② 《民族研究》1990 年第 5 期。
③ 上海：上海文艺出版社，1991 年。
④ 沈阳：辽宁人民出版社，1994 年。
⑤ 上海：上海人民出版社，1998 年。
⑥ 《贵州民族研究》2005 年第 6 期。
⑦ 北京：民族出版社，2008 年。
⑧ 《新东方》2009 第 9 期。
⑨ 《闽台文化交流》2012 年第 2 期。
⑩ 海南师范大学学位论文，2012 年。
⑪ 《福建省社会主义学院学报》2017 年第 2 期。
⑫ 《贵州民族研究》2019 年第 5 期。
⑬ 《当代体育科技》2018 年第 5 期。
⑭ 《大观周刊》2013 年第 10 期。
⑮ 《郑成功研究论丛》，福州：福建教育出版社，1984 年。
⑯ 《台湾高山族研究》，1988 年。
⑰ 《中央民族学院学报》1978 年第 3、4 期，1979 年第 1、2 期。
⑱ 《文史知识》1985 年第 1 期。
⑲ 《中央民族学院学报》1989 年第 4 期。
⑳ 北京：农业出版社，1981 年。
㉑ 厦门大学，油印本，1982 年。

故而无可避免地形成重史料轻田野的学术现象。如今，随着两岸关系的缓和以及两岸学术界沟通交流增多，特别是内地学者已有条件赴台湾进行田野调查，相信在不久的将来，内地学者在台湾高山族史研究中将成果频出。总体而言，内地学者对高山族史研究，在整体史的框架解释上还存在不足，所以，未来中国内地的高山族史研究最为迫切的课题当是，以多学科交叉的研究视角，融汇相关学科理论，拓展研究新领域，积极开展区域或个案、内部族群、文化整合、民族关系与文化互融等方面的研究，并努力提升整体史的理论分析与叙事水平。

参考论著目录

第一章

翁独健：《建国以来我国民族史研究的发展》，《社会科学参考》1981 年第23 期。

杜荣坤、华祖根：《建国以来中国民族史学的发展》，《民族研究动态》1984 年第 3 期。

杜荣坤、华祖根：《新中国民族史学的现状和展望》，《民族研究》1984 年第6 期。

纪书：《新中国开创了中国民族史研究的新局面》，《中央民族学院学报》1984 年第 3 期。

阿·乌哈古勒奇、王戈柳：《进入蓬勃发展时期的民族理论学科——纪念建国四十周年》，《民族研究动态》1989 年第 3 期。

杜荣坤：《中国民族史学的现状和展望》，《民族研究》1989 年第 1 期。

周朝民、庄辉明、李向平编著：《中国史学四十年》，南宁：广西人民出版社，1989 年。

陈连开：《中国民族史学的基本形势与发展前景的蠡测》，《云南民族学院学报》1990 年第 1 期。

许木柱：《台湾民族学研究的回顾与展望》，《政治大学民族学报》1993 年第20 卷。

林冠群：《台湾的少数民族史研究与教学》，载《海峡两岸中国少数民族研究与教学研讨会论文集》，台湾中国边政协会，1996 年。

陈连开：《中国民族史研究的特点与发展三阶段》，载乔健主编：《社会学、人类学在中国的发展》，香港中文大学，1998 年。

桂遵义主编：《马克思主义史学在中国》，济南：山东人民出版社，1992 年。

林甘泉：《二十世纪的中国历史学》，《历史研究》1996 年第 2 期。

罗贤佑：《中国民族史研究二十年》，《民族研究》1998 年第 5 期。

郝时远：《党的十一届三中全会以来的民族研究事业》，载《中国民族研究年鉴（1998 年）》，北京：民族出版社，1999 年。

杨荆楚：《中国特色民族理论学科的发展与繁荣》，载《中国民族研究年鉴

（1998 年）》，北京：民族出版社，1999 年。

杜荣坤等：《新中国民族研究 50 年》，载中国社会科学院科研局编：《新中国社会科学五十年》，北京：中国社会科学出版社，2000 年。

刘夏蓓：《中国民族史研究特点：50 年回顾及展望》，《西北民族研究》2000 年第 2 期。

厉声、李国强主编：《中国边疆史地研究综述（1989—1998）》，哈尔滨：黑龙江教育出版社，2002 年。

方素梅：《最近十余年的中国民族史研究》，《民族研究》2005 年第 2 期。

华祖根：《民族史学蓬勃发展的 30 年》，载揣振宇主编：《中国民族学 30 年（1978—2008）》，北京：中国社会科学出版社，2008 年。

王文光、段红云《民国时期的中国民族史研究及民族史学科的发展》，《广西民族大学学报》2008 年第 6 期。

翦伯赞：《关于历史人物评论中的若干问题》，《新建设》1952 年 9 月号，总第 48 期。

周一良：《推进爱国主义历史教育的几个具体问题》，《历史教学》1951 年第 5 期。

奚凤：《试谈本学期有关宋辽金元历史教学上的几个问题》，《历史教学》1955 年第 4 期。

吴晗：《历史教材和历史研究中的几个问题》，《人民教育》1961 年第 9 期。

田继周：《我国民族史研究中的几个问题》，《文史哲》1981 年第 3 期。

邓广铭、张希清：《略论爱国主义和民族英雄》，《人民日报》1981 年 12 月 8 日。

陈梧桐：《论我国历史上的爱国主义与民族英雄》，《中央民族大学学报》1982 年第 3 期。

罗仲辉：《民族英雄问题浅议》，《中国社会科学院研究生院学报》1982 年第 6 期。

黎邦正：《试论历史上的民族英雄、民族气节与爱国主义》，《求是学刊》1983 年第 5 期。

段生农：《也论爱国主义和民族英雄》，《西北民族大学学报》1983 年第 4 期。

李桂海：《评价民族英雄的三个层次》，《内蒙古社会科学》1985 年第 4 期。

史苏苑：《关于民族关系和民族英雄的几点认识》，《郑州大学学报》1985 年第 4 期。

任崇岳：《关于民族英雄评价的几个问题》，《中州学刊》1986 年第 3 期。

魏千志：《关于中国历史上的民族英雄问题》，《史学月刊》1989 年第 2 期。

王椿梧：《略论我国古代民族英雄——兼谈岳飞抗金的重大意义》，《衡阳师范学院学报》1984 年第 1 期。

周星：《谈谈民族英雄与民族领袖》，《新疆大学学报》1990 年第 1 期。

安作璋：《中华民族英雄》，学习出版社，2005 年。

刘德贵：《历史上的"爱国主义"与"民族英雄"》，《南昌教育学院学报》2002 年第 1 期。

朱洁操：《论爱国志士和民族英雄》，《黑龙江农垦师专学报》1994 年第 4 期。

李彬：《略论爱国主义与民族英雄》，《晋阳学刊》1995 年第 5 期。

梁漱溟：《中国文化要义》，上海人民出版社，2005 年。

吕振羽：《关于历史上的民族融合问题》，《历史研究》1959 年第 4 期。

章鲁：《谈谈民族同化和民族融合的区别问题》，《新建设》1962 年第 6 期。

范文澜：《中国历史上的民族斗争与融合》，1962 年遗作，载《历史研究》1980 年第 1 期。

田继周：《民族融合与民族同化》，《文史哲》1981 年第 3 期。

李增贵：《关于民族融合问题》，《广西民族学院学报》1981 年第 4 期。

刘成：《试论民族同化和民族融合》，《内蒙古大学学报》1983 年第 3 期。

王国栋：《民族同化与民族融合》，《中国民族》1983 年第 12 期。

杨建新：《关于历史上民族关系的几个问题》，《兰州大学学报》1983 年第 10 期。

李振宏：《中国历史上的民族和民族关系问题研究概况（下）》，《青海社会科学》1985 年第 5 期。

杨申：《关于民族融合时态说——学习列宁有关论述一得》，《日本学论坛》1984 年第 3 期。

陶懋炳：《中国古代民族融合发展阶段初探》，《湖南师范大学学报》1988 年第 2 期。

马平：《关于"民族同化"理论的再探讨》，《西北民族大学学报》1988 年第 4 期。

陈元煦：《关于中国史教学中的几个民族问题》，《福建师范大学学报》1989 年第 1 期。

谷苞：《在我国历史上有为数众多的汉人融合于少数民族》，《新疆社会科学》1989 年第 10 期。

陈同明：《中国历史上的民族融合与民族同化》，《云南社会科学》1993 年第 2 期。

周光大：《民族是个变动的实体——兼论历史上的民族异化、民族同化与民族融合》，《贵州民族研究》1988 年第 2 期。

林幹：《古代北方民族的同化、汉化及汉人的北方民族化》，《内蒙古大学学报》1993 年第 2 期。

刘弋：《关于民族同化、民族融合问题的几点思考》，《民族研究》1997 年第

1 期。

钱宗范：《关于民族史教学和研究中的几个问题》，《河池师专学报》2001 年第 2 期。

范生姣：《关于阶级社会里是否存在民族融合的思考》，《怀化学院学报》2003 年第 4 期。

孙正己：《论民族融合的不同类型及中华民族融合的不同状况》，《史学集刊》2003 年第 1 期。

石涵月：《民族同化及民族大融合现象的思考》，《延安大学学报》2005 年第 3 期。

管彦波：《中国古代史上的民族融合问题（上）》，《历史教学》2001 年第 8 期。

管彦波：《中国古代史上的民族融合问题（下）》，《历史教学》2001 年第 9 期。

周祥：《浅谈我国古代历史上的民族融合问题》，《滁州学院学报》2008 年第 4 期。

翦伯赞：《关于处理中国史上的民族关系问题》，载《翦伯赞史学论文集》第 3 辑，北京：人民出版社，1980 年。

翦伯赞：《怎样处理历史上的民族关系和阶级关系》，《文汇报》1962 年 5 月 18 日。

田继周：《我国民族史研究中的几个问题》，《文史哲》1981 年第 3 期。

李振宏：《民族和民族关系问题讨论综述》，载朱绍侯主编：《中国古代史研究入门》，郑州：河南人民出版社，1989 年。

国家民族事务委员会政策研究室编：《中国民族关系史论文集》（上下），北京：民族出版社，1982 年。

翁独健主编：《中国民族关系史研究》，北京：中国社会科学出版社，1984 年。

翁独健主编：《中国民族关系史纲要》，北京：中国社会科学出版社，2001 年第 2 版。

王锺翰主编：《中国民族史》，北京：中国社会科学出版社，1994 年。

陈克进：《中国古代民族关系几个问题讨论述略》，《云南社会科学》2004 年第 3 期。

孙代尧：《解释民族冲突的三种理论图式》，《贵州民族研究》1999 年第 3 期。

刘晓、思齐：《建国四十年来中国古代和亲研究述评》，《民族研究动态》1990 年第 1 期。

林幹：《西汉以来中原汉族与北方少数民族"和亲"评述》，载林幹《中国古代北方民族史新论》，呼和浩特：内蒙古人民出版社，1993 年。

崔明德：《海峡两岸和亲公主研究的回顾与展望》，《民族研究动态》1995 年第 1 期。

黄光学、施联朱主编：《中国的民族识别》，北京：民族出版社，2005 年。

王建民、张海洋、胡鸿保：《中国民族学史》，昆明：云南教育出版社，上卷，1997 年；下卷，1998 年。

王兰永：《民族识别的两个问题刍议》，《江苏社会科学》2007 年第 1 期。

胡鸿保、张丽梅：《民族识别原则的变化与民族人口》，《西南民族大学学报》2009 年第 4 期。

龚永辉：《关于民族问题的两重属性——三十年来民族问题概念广义、狭义之争的学理反思》，《民族研究》2010 年第 1 期。

邓思胜、王菊：《斯大林的"民族"定义对中国的"民族识别"影响研究》，《广西民族研究》2010 年第 1 期。

祁进玉：《中国的民族识别及其理论构建》，《中央民族大学学报》2010 年第 2 期。

王希恩：《中国民族识别的依据》，《民族研究》2010 年第 5 期。

王文光、尤伟琼：《新中国成立以来云南民族识别的认识与反思》，《云南民族大学学报》2010 年第 3 期。

赵红梅：《前燕慕容廆君臣的华夷观》，《学习与探索》2010 年第 5 期。

崔明德、马晓丽：《隋唐民族关系思想史》，北京，人民出版社，2010 年。

朱振宏：《隋唐政治、制度与对外关系》，台北：文津出版社，2010 年。

谢立中编：《理解民族关系的新思路：少数族群问题的去政治化》，北京：社会科学文献出版社，2010 年。

［美］拉铁摩尔（Owen Lattimore）：《中国的亚洲内陆边疆》，唐晓峰译，南京：江苏人民出版社，2010 年。

王文光、段红云等：《当代云南民族识别的学术回顾》，《思想战线》2011 年第 1 期。

李传军：《汉唐"风土记"中的西域风土映像——兼论华夷文化观在汉唐时期的转变》，《西域研究》2011 年第 1 期。

赵永春、孙婉婷：《民族英雄评价问题学术讨论》，《黑龙江民族丛刊》2011 年第 2 期。

王文光、李艳峰：《当代云南彝族识别的回顾与反思》，《思想战线》2011 年第 5 期。

马戎：《中国民族问题的历史与现状》，《云南民族大学学报》2011 年第 5 期。

吴倩华：《用赫克特理论释读雍乾、乾嘉苗民起义带来的困境》，《西南民族大学学报》2011 年第 5 期。

来仪、蔡华等：《民族政策体系视野下的民族识别及其解读》，《青海社会科学》2011 年第 6 期。

陈玉屏：《儒家民族观的基本内容和历代王朝民族政策遵循的基本原则》，《西南民族大学学报》2011 年第 6 期。

葛兆光：《宅兹中国：重建有关"中国"的历史论述》，北京：中华书局，2011 年。

陈春霞：《孝文帝改革后的民族融合与北朝文学研究》，北京：中国社会科学出版社，2011 年。

王文光、段红云：《中国古代的民族识别》，昆明：云南大学出版社，2011 年。

［美］托马斯·巴菲尔德（ThomasBarfield）：《危险的边疆：游牧帝国与中国》，袁剑译，南京：江苏人民出版社，2011 年。

衣长春：《论清雍正帝的民族"大一统"观——以〈大义觉迷录〉为中心的考察》，《河北学刊》2012 年第 1 期。

杜树海：《北宋侬智高起事再研究——以起事前后广西左、右江上游区域历史的转变为中心》，《广西民族研究》2012 年第 1 期。

衣长春：《论雍正帝边疆民族"大一统"观及政治实践》，《云南师范大学学报》2012 年第 2 期。

许殿才：《魏晋南北朝隋唐正史民族史撰述与统一多民族国家的整合》，《求是学刊》2012 年第 2 期。

李凤凤：《从"驱除鞑虏"到"五族共和"——革命宣传中的传统性与现代性调适》，《华中师范大学研究生学报》2012 年第 3 期。

马戎：《中国的民族问题与 20 世纪 50 年代的"民族识别"》，《西北民族研究》2012 年第 3 期。

雷勇：《西方中心主义视野下的中国民族识别》，《广西民族研究》2012 年第 4 期。

蒲跃、谷家荣：《民族识别与主体自觉》，《中央社会主义学院学报》2012 年第 6 期。

纳日碧力戈：《重观民族识别：综合与变通》，《中央民族大学学报》2012 年第 6 期。

刘锦：《策妄阿拉布坦与康熙末期的准噶尔政策》，达力扎布主编：《中国边疆民族研究》第 6 辑，北京：中央民族大学出版社，2012 年。

王铭铭：《超越"新战国"：吴文藻、费孝通的中华民族理论》，北京：生活·读书·新知三联书店，2012 年。

杨铭：《唐代吐蕃与西北民族关系史研究》，兰州：兰州大学出版社，2012 年。

王明珂：《华夏边缘》，杭州：浙江人民出版社，2013 年。

尤伟琼：《云南民族识别研究》，北京：民族出版社，2013 年。

WangGungwu, *Renewal: The Chinese State and the New Global History*, Hong Kong: The Chinese University of Hong Kong, 2013.

孙喆、王江：《边疆、民族、国家：〈禹贡〉半月刊与 20 世纪 30—40 年代的中国边疆研究》，北京：中国人民大学出版社，2013 年。

郑大华：《中国近代民族主义与中华民族自我意识的觉醒》，《民族研究》2013年第3期。

张艳菊：《试论民族识别与归属中的认同问题》，《广西民族研究》2013年第4期。

刘顺：《典范的变故：中唐文儒历史记忆之书写》，《河北师范大学学报》2013年第4期。

秦和平：《"56个民族的来历"并非源于民族识别——关于族别调查的认识与思考》，《民族学刊》2013年第5期。

孙玉荣：《论唐代民族关系变化对公主和亲的影响》，《兰台世界》2013年第27期。

唐建兵：《也议"民族识别"与中国民族问题》，《西南民族大学学报》2014年第1期。

郑大华：《论晚年孙中山"中华民族"观的演变及其影响》，《民族研究》2014年第2期。

范业红：《特殊的夷狄论——试析〈春秋公羊传〉中的华夷观》，《兰州学刊》2014年第3期。

袁宝龙：《魏晋民族史观语境下的符坚民族思想》，《武陵学刊》2014年第3期。

刘正寅：《清朝前期民族观的嬗变》，《史学集刊》2014年第4期。

祁进玉：《名从主人：20世纪50年代土族民族识别的口述史研究》，《西北民族研究》2014年第4期。

袁宝龙：《秦汉时期民族观的嬗变》，《中国社会科学院研究生院学报》2014年第5期。

段锐超：《北朝民族认同研究》，郑州大学博士学位论文，2014年。

葛兆光：《何为"中国"？——疆域、民族、文化与历史》，Hong Kong：Oxford University Press，2014年。

赵永春：《从复数"中国"到单数"中国"：中国历史疆域理论研究》，哈尔滨：黑龙江教育出版社，2014年。

许宏：《何以中国：公元前2000年的中原图景》，北京：生活·读书·新知三联书店，2014年。

马戎：《中国民族关系现状与前景》，北京：社会科学文献出版社，2014年。

赵海霞：《清代新疆民族关系研究》，北京：民族出版社，2014年。

李治亭：《明清鼎革与华夷之辨》，《清史论丛》2015年第2期。

马建春、徐虹：《清末西人笔下的咸同回民起义》，《中南民族大学学报》2015年第2期。

南晓民、刘妍君：《论唐代诗文中的吐蕃异称——兼论唐朝的民族政策与"吐蕃"读音》,《西藏大学学报》2015 年第 3 期。

李帆:《再谈辛亥革命前后的中华民族认同》,《河北学刊》2015 年第 4 期。

杜玉芳:《中国共产党中华民族观的调整与抗日"民族"统一战线的形成》,《中央社会主义学院学报》2015 年第 4 期。

朱圣明:《现实与思想:再论春秋"华夷之辨"》,《学术月刊》2015 年第 5 期。

李何春:《唐代吐蕃和南诏的制盐技术比较分析——兼论吐蕃东扩之原因》,《云南民族大学学报》2015 年第 5 期。

胡岩涛、徐卫民:《论夷夏观与汉武帝时期的汉匈战争》,《内蒙古社会科学》2015 年第 6 期。

许倬云:《说中国:一个不断变化的复杂共同体》,桂林:广西师范大学出版社,2015 年。

祁进玉:《历史记忆与认同重构:土族民族识别的历史人类学研究》,北京:学苑出版社,2015 年。

程旭:《唐韵胡风:唐墓壁画中的外来文化因素及其反映的民族关系》,北京:文物出版社,2015 年。

李大龙:《从"天下"到"中国":多民族国家疆域理论解构》,北京:人民出版社,2015 年。

孙昌武:《北方民族与佛教:文化交流与民族融合》,北京:中华书局,2015 年。

朱振宏:《西突厥与隋朝关系史研究(581—617)》,台北:稻乡出版社,2015 年。

黄纯艳:《"汉唐旧疆"话语下的宋神宗开边》,《历史研究》2016 年第 1 期。

段锐超:《北朝君臣对儒家华夷认同思想的汲引、发挥与运用》,《山东师范大学学报》2016 年第 2 期。

王成龙:《唐后期朝廷和士人对少数民族的心理变化》,《烟台大学学报》2016 年第 2 期。

祁进玉:《中国的民族识别与民族分类学体系化初探》,《中央民族大学学报》2016 年第 4 期。

毛朝晖、潘普文等:《华夷之辨与会昌毁佛关系检论》,《唐都学刊》2016 年第 5 期。

段锐超:《路径特征、推动因素与历史意义:对北朝民族认同的反思性考察》,《思想战线》2016 年第 5 期。

蓝武:《侬智高起事影响下宋王朝在岭南地区治策的调整》,《广西师范大学学报》2016 年第 6 期。

韩茂莉:《历史时期中国疆域伸缩的地理基础》,《中国文化研究》2016 年夏之卷。

王明珂：《蛮子、汉人与羌族》，台北：三民书局，2016 年。

祁进玉主编：《中国的民族识别及其反思：主位视角与客位评述》，北京：社会科学文献出版社，2016 年。

马戎主编：《"中华民族是一个"：围绕 1939 年这一议题的大讨论》，北京：社会科学文献出版社，2016 年。

卢露：《从桂省到壮乡：现代国家构建中的壮族研究》，北京：社会科学文献出版社，2016 年。

白文煜主编：《民族融合与发展：纪念八旗制度创建 400 周年学术研讨会论文集》，沈阳：辽宁民族出版社，2016 年。

林冠群：《玉帛干戈：唐蕃关系史研究》，台北：联经出版公司，2016 年。

孙祚民：《中国古代民族关系问题探究》，北京：中国社会科学出版社，2016 年。

《东方早报·上海书评》编辑部编：《殊方未远：古代中国的疆域、民族与认同》，北京：中华书局，2016 年。

袁剑：《边疆的背影：拉铁摩尔与中国学术》，北京：社会科学文献出版社，2016 年。

冯建勇：《中国历史疆域的形态与知识话语》，《学术月刊》2017 年第 2 期。

管彦波：《中国古代民族关系、民族战争与民族英雄研究的考察》，《中国史研究动态》2017 年第 2 期。

哈正利、张福强：《论中国民族识别工作的三种解读模式》，《中南民族大学学报》2017 年第 4 期。

郭辉：《抗战时期"成吉思汗"纪念及其形象塑造》，《福建论坛》2017 年第 5 期。

葛兆光：《什么时代中国要讨论"何为中国"？——在云南大学的演讲记录》，《思想战线》2017 年第 6 期。

李鸿宾：《疆域·空间：唐朝权力博弈的场所》，《民族史研究》第 13 辑，北京：中央民族大学出版社，2017 年。

张崑将主编：《东亚视域中的"中华"意识》，台北：台湾大学人文社会高等研究院东亚儒学研究中心，2017 年。

葛兆光：《历史中国的内与外：有关"中国"与"周边"概念的再澄清》，香港：香港中文大学出版社，2017 年。

赵永春：《历史上的"中国"与中国历史疆域研究》，长春：吉林大学出版社，2017 年。

唐晓峰、姚大力等：《拉铁摩尔与边疆中国》，北京：生活·读书·新知三联书店，2017 年。

黄兴涛：《重塑中华：近代中国"中华民族"观念研究》，北京：北京师范大学出版社，2017 年。

杨平平：《从献俘礼看唐代的民族政策》，《四川省社会主义学院学报》2018 年第 1 期。

汤莹：《顾颉刚"中华民族是一个"理论再探》，《思想战线》2018 年第 1 期。

赵梅春：《西北考察与顾颉刚"中华民族是一个"理论的建构》，《青海民族研究》2018 年第 2 期。

徐莹：《贾谊夷夏观探析》，《史林》2018 年第 3 期。

邵方：《儒家民族观影响下的中国古代民族法制》，《中国法学》2018 年第 3 期。

刘俊：《元代"华夷之辨"的特质、缘由及影响》，《社会科学战线》2018 年第 4 期。

俞祖华：《民国时期中华民族共同体意识的成长》，《河北学刊》2018 年第 4 期。

柏松：《东北少数民族政权渤海国与唐朝战争探源》，《贵州民族研究》2018 年第 5 期。

孙玮冉：《从李谨行行迹看唐代民族政策》，《乾陵文化研究》2018 年。

佟宝锁：《雍正民族关系思想述论》，《民族史研究》2018 年。

孙勇：《关于建构边疆学体系的体系思考——代〈边疆学导论〉之绪论》，《华西边疆评论》第 5 辑，北京：民族出版社，2018 年。

高荣、贾小军、濮仲远：《汉化与胡化：汉唐时期河西的民族融合》，北京：中国社会科学出版社，2018 年。

刘雪莲、李远达：《"乾嘉苗民起义"的多民族文学叙述与建构》，《民族文学研究》2019 年第 1 期。

王绍东：《从汉匈战争看大规模战争对游牧民族的负面影响》，《内蒙古师范大学学报》2019 年第 2 期。

赵现海：《中国古代的"天下秩序"与"差序疆域"》，《江海学刊》2019 年第 3 期。

黄金东：《侬智高请求内属事实梳理——兼论侬智高从未向交趾求援》，《广西民族研究》2019 年第 3 期。

陈义报：《从"满汉"到"中西"：民初清遗民视野中的"华夷之辨"》，《宁波大学学报》2019 年第 4 期。

孔令洁：《宋金元时期民族观念的演化》，《西南大学学报》2019 年第 4 期。

陈霞、黄怀信：《〈中庸〉"南方之强"诠说——兼谈孔子的夷夏观》，《甘肃社会科学》2019 年第 5 期。

黄金东：《论侬智高屡求内属的原因及性质》，《广西民族研究》2019 年第 6 期。

孙占鳌、张瑛：《河西汉简所见汉代西北民族关系研究》，北京：社会科学文献出版社，2019 年。

颜世安：《春秋战国时代的"诸夏"融合与地域族群》，《民族研究》2020 年第2 期。

李大龙、铁颜颜：《"有疆无界"到"有疆有界"：中国疆域话语体系建构》，《思想战线》2020 年第3 期。

张佩国、张晋：《"汉化"抑或民族融合：清前期边疆治理中的杀虎口》，《思想战线》2020 年第3 期。

黄崑威：《十六国北朝时期民族融合与佛教》，《西南民族大学学报》2020 年第10 期。

王柯：《从"天下"国家到民族国家：历史中国的认知与实践》，上海：上海人民出版社，2020 年。

李鸿宾：《疆域·权力·人群：隋唐史诸题专论》，北京：人民出版社，2020 年。

刘复生：《西南古代民族关系史稿》，上海：上海古籍出版社，2020 年。

吴洪琳：《合为一家：十六国北魏时期的民族认同》，北京：社会科学文献出版社，2020 年。

连瑞枝：《僧侣·士人·土官：明朝统治下的西南人群与历史》，北京：社会科学文献出版社，2020 年。

第二章

蔡美彪：《汉民族形成的问题——记中国科学院历史研究第三所的讨论》，《科学通报》1955 年第2 期。

林征：《关于汉民族形成问题的讨论》，《新建设》1955 年第10 期。

宋德金：《关于汉民族形成问题的不同见解》，载《历史研究》编辑部《建国以来史学理论问题讨论举要》，济南：齐鲁书社，1983 年。

陈连开：《20 世纪汉民族研究概述》，《西南民族学院学报》1998 年第6 期。

胡阳全：《近年来国内汉民族研究综述》，《中国史研究动态》2001 年第4 期。

陈礼贤：《近二十年来中国汉民族起源形成研究综述》（一）（二）（三），《广西右江民族师专学报》2001 年第4 期、2002 年第1 期、2002 年第2 期。

徐杰舜：《从多元走向一体是民族过程的规律——以汉民族的民族过程为例》，《青海民族研究》2010 年第2 期。

叶文宪：《论汉民族的形成》，《古代文明》2011 年第3 期。

陈永霞：《辛亥革命时期汉民族史的建构》，《合肥学院学报》2012 年第1 期。

叶文宪：《略论汉民族的形成与兼容并包的汉文化》，《历史教学问题》2012 年第3 期。

刘国祥：《汉民族的人文始祖是炎、黄二帝吗?》，《文化与传播》2012 年第 6 期。

徐杰舜主编、杨宏峰副主编：《中国汉族通史》两卷本，银川：宁夏人民出版社，2012 年。

徐杰舜、徐桂兰编著：《中国汉族》，杨宏峰主编：《中华民族全书》，银川：宁夏人民出版社，2012 年。

高强：《秦人对汉民族形成的贡献》，《宝鸡文理学院学报》2013 年第 3 期。

徐景亮：《汉民族转喻思维模式的认知社会语言学探究》，《青海民族研究》2013 年第 4 期。

刘仕刚：《"汉民族"概念初探》，《赤峰学院学报》2014 年第 3 期。

曹新洲、王博：《从汉画看汉民族的形成及其性格特征》，《济源职业技术学院学报》2015 年第 2 期。

杨波：《试论汉民族共同语的源流》，《现代企业教育》2015 年第 3 期。

刘冰清采访，徐杰舜回应，徐猛整理：《汉民族研究：历史的建构与建构的历史》，《广西民族大学学报》2015 年第 6 期。

徐杰舜：《文化视野：汉民族文化史分期纲要》，《广西民族大学学报》2015 年第 6 期。

连谊慧《"汉民族共同语"多人谈》，《语言战略研究》2016 年第 4 期。

李立纲：《费孝通视野里的汉民族研究》，《广西师范学院学报》2018 年第 1 期。

赵永春、马溢澳：《中国历史不应等同于汉民族发展史》，《东岳论丛》2018 年第 11 期。

王再承：《论汉民族形成时期儒家思想的历史性影响》，《宁夏社会科学》2019 年第 4 期。

郝时远：《多学科研究认知汉民族发展史》，《中华读书报》2019 年 12 月 11 日第 10 版。

徐杰舜主编：《汉民族史记》九卷本，北京：中国社会科学出版社，2019 年。

第三章

丛禹：《辽金史研究论著索引》，呼和浩特：内蒙古大学出版社，1991 年。

刘浦江：《二十世纪辽金史论著目录》，上海辞书出版社，2003 年。

宋德金：《二十世纪中国辽金史研究》，《历史研究》1998 年第 4 期。

穆鸿利：《20 世纪末辽金史研究的趋势和热点》，《宋史研究通讯》2000 年第 1 期。

孙进己、孙泓：《契丹、女真史研究百年综述》，《中国民族研究年鉴（2001 年)》，北京：民族出版社，2002 年。

李锡厚等：《辽西夏金史研究》，福州：福建人民出版社，2005 年。

景爱：《金史研究综述》，《史学史研究》1993 年第 1 期。

张博泉：《近百年来金史研究的进程与展望》，《社会科学战线》1996 年第 4 期。

段光达、沈一民：《二十世纪金史研究综述》，《文史知识》2008 年第 4 期。

阎崇年主编：《世界满学著作提要》，北京：民族出版社，2003 年。

李询：《满族史研究刍议》，《满族研究》1985 年第 1 期。

沈青松：《正在兴起的满族研究高潮》，《民族研究动态》1987 年第 2 期。

庄吉发：《中国台湾的满学研究》，载阎崇年主编：《满学研究》第 1 辑，北京：民族出版社，1992 年。

赵志忠：《十年来我国的满学发展综述》，《满族研究》1994 年第 3 期。

姜相顺：《中国满学研究回顾》，《满族研究》1995 年第 4 期。

李治亭：《建国四十年来清前史研究评述》，《历史教学》1995 年第 12 期、1996 年第 1 期。

关嘉录：《中国大陆满学研究回顾与展望》，《社会科学辑刊》1998 年第 6 期。

邸永君：《清史满族史研究百年综述》，载《中国民族研究年鉴（2003 年）》，北京：民族出版社，2004 年。

于鹏翔、许淑杰：《东北地区满族族谱的收集整理及其史料价值》，《满族研究》2008 年第 2 期。

张嘉宾：《赫哲族研究概述》，《民族研究动态》1995 年第 3 期。

张嘉宾：《赫哲族研究的回顾与展望》，《黑龙江民族丛刊》1997 年第 1 期。

佟克力：《锡伯族研究概况》，《民族研究动态》1988 年第 3 期。

佟克力：《锡伯族研究资料和研究综述》，《满族研究》1989 年第 2 期。

赵志强：《近十年锡伯族史研究综述》，《中国史研究动态》1990 年第 8 期。

吴扎拉克尧：《锡伯族研究综述》，《民族研究动态》1995 年第 4 期。

蔡永灏：《近年来锡伯族研究述评》，《中南民族大学学报》1988 年第 4 期。

葛丰交：《锡伯族研究扫描》，《新疆师范大学学报》2000 年第 1 期。

赵复兴：《鄂伦春族研究概述》，《民族研究动态》1996 年第 2 期。

林幹：《建国四十年来（1949—1991）国内研究古代北方民族史的回顾与展望》，载林幹《中国古代北方民族史新论》，呼和浩特：内蒙古人民出版社，1993 年。

林幹、再思：《近七十余年来（1919—1993）东胡乌桓鲜卑历史论文目录》，载林幹、再思《东胡乌桓鲜卑研究与附论》，呼和浩特：内蒙古大学出版社，1995 年。

冯继钦：《近代以来契丹民族史研究的回顾》，《民族研究动态》1992 年第 2 期。

蔡志纯：《建国以来我国蒙古史研究概述》，《民族研究动态》1984 年第 2 期。

薄音湖：《明代蒙古史研究概况》，《内蒙古大学学报》1985年第3期。

白翠琴：《近年来我国明代蒙古史研究概述》，载《卫拉特史论文集》，《新疆师范大学学报专号》1987年。

蔡志纯：《近年来我国清代蒙古史研究概述》，《民族研究动态》1989年第1期。

马汝珩、成崇德：《清代蒙古地区开发史研究综述》，《民族研究动态》1989年第2期。

马楚坚：《近十年来中国研究明代蒙古史之回顾》，载《卫拉特史论文集》，《内蒙古师大学报》（哲社版）1990年第3期专号。

乌兰察夫、乌力吉图主编：《蒙古学十年（1980—1990）》，呼和浩特：内蒙古人民出版社，1990年。

萧启庆：《近四十年来台湾元史研究的回顾》，载《蒙元史新研》，台北，允晨文化实业股份有限公司，1994年。

万喜：《蒙古文出版的"蒙古学"书籍概况》，《民族研究动态》1995年第3期。

白拉都克其：《近年问世的蒙古近现代史论著、资料概要》，《蒙古学信息》1995年第3期。

罗贤佑：《20世纪中国蒙古史研究述略》，《民族研究》2000年第3期。

希都日古、敖文格日乐：《近年来蒙古史研究概述（1990—2005）》，载《蒙古学研究年鉴（2005）》，内蒙古社会科学院编印。

马大正、阿拉腾奥其尔：《20世纪中国卫拉特历史研究述评》，《卫拉特研究》2005年第4期。

李治安、王晓欣：《元史学概说》，天津教育出版社，1989年。

白寿彝总主编、陈得芝主编：《中国通史》第八卷《序说》，上海人民出版社，1997年。

萧启庆：《近五年来海峡两岸元史研究回顾》，载《元朝史新论》，台北，允晨文化实业股份有限公司，1999年。

余太山主编：《内陆欧亚古代史研究》，福州：福建人民出版社，2005年。

刘晓：《元史研究》，福州：福建人民出版社，2006年。

苏日娜、额尔德尼主编：《蒙古学论文索引（1949—1985）》，呼和浩特：内蒙古大学出版社，1987年。

A·乌宁巴图编：《蒙古学论文资料索引（1910—1984）》，呼和浩特：内蒙古教育出版社，1987年。

额尔德尼编：《蒙古学论著索引（1986—1995）》，沈阳：辽宁民族出版社，1997年。

A·乌宁巴图编：《蒙古学论文资料索引（1985—1990）》，呼和浩特：内蒙古大学出版社，1992 年。

乌林花编：《蒙古学蒙文论著索引（1991—1995）》，呼和浩特：内蒙古大学出版社，2006 年。

乌尼日：《达斡尔族族源研究概况》，《内蒙古社会科学》1982 年第 6 期。

玛娜：《达斡尔族族源研究述略》，《黑龙江民族丛刊》1987 年第 3 期。

孟志东：《达斡尔族族源研究述评》，《黑龙江民族丛刊》2000 年第 2 期。

王明哲：《1951 年—1979 年新疆考古文物参考资料目录》，《新疆考古研究资料》1981 年第 4 期。

洪涛：《建国以来哈萨克族史研究概况》，《伊犁师范学院学报》1985 年 1 期。

阿鲁贵·萨如拉：《论清代呼伦贝尔地方的旗兵制度及其特征》，《中国边疆史地研究》2010 年第 1 期。

陈鹏：《清代东北地区布特哈八旗建立时间考辨》，《满族研究》2010 年第 1 期。

杜家骥：《从古代民族之私性、国家之公性谈清代满汉民族矛盾》，《清史研究》2010 年第 2 期。

张永江、陈力：《入关前八旗蒙古科举考》，《北方论丛》2010 年第 2 期。

杨光、高乐才：《伪满洲国时期日伪对赫哲族的殖民统治》，《中央民族大学学报（哲学社会科学版）》2010 年第 2 期。

郭孟秀：《试论满族共同体形成初期的文化多元成分》，《满语研究》2010 年第 2 期。

师清芳：《试析清朝对赫哲族的统治政策及影响》，《黑龙江民族丛刊》2010 年第 3 期。

滕绍箴：《清代"三姓"形成说新探》，《民族研究》2010 年第 3 期。

于鹏祥、许淑杰：《中国东北满族谱牒特点研究》，《社会科学战线》2010 年第 4 期。

戴迎华：《论八旗体制的残留对民初旗民社会生存的影响》，《历史教学问题》2010 年第 5 期。

周喜峰：《试论清前期对黑龙江各民族的行政管理》，《学习与探索》2010 年第 5 期。

滕绍箴：《论清代"三姓"八旗设立与副都统考补》，《中央民族大学学报（哲学社会科学版)》2010 年第 5 期。

赵兴州等：《浅论清代鄂伦春族学校教育的类型及特点》，《黑龙江民族丛刊》2010 年第 5 期。

张琼：《清代皇帝大阅与大阅甲胄规制》，《故宫博物院院刊》2010 年第 6 期。

郭孟秀：《宁安依兰岗满族关氏家族祭祀探析》，《黑龙江民族丛刊》2010 年第 6 期。

范婷婷:《清代至民国时期赫哲族对外交换及其影响》,《黑龙江民族丛刊》2010年第6期。

周喜峰:《论清代黑龙江少数民族的萨满教信仰》,《历史教学(下半月刊)》2010年第11期。

贺飞:《简析清初〈辽东招民开垦例〉》,《社会科学战线》2010年第12期。

《五常市牛家满族镇志》,哈尔滨:黑龙江人民出版社,2010年。

贺灵:《锡伯族民间传录清代满文古典译著辑存》,乌鲁木齐:新疆人民出版社,2010年。

大连图书馆编:《大连图书馆藏清代内务府档案》,北京:国家图书馆出版社,2010年。

上海书店出版社编:《清代档案史料选编》,上海:上海书店出版社,2010年。

第一历史档案馆编:《清代军机处满文熬茶档》,上海:上海古籍出版社,2010年。

李国荣、宋玲平:《清宫金砖档案》,北京:紫禁城出版社,2010年。

乔凤岐:《隋唐皇朝东征高丽研究》,北京:中国社会科学出版社,2010年。

胡凡:《明代历史探赜》,北京:中国大百科全书出版社,2010年。

杨强:《清代蒙古法制变迁研究》,北京:中国政法大学出版社,2010年。

中共博尔塔拉蒙古族自治州委员会党史研究室、博尔塔拉蒙古族自治州地方志办公室编著:《新疆察哈尔蒙古西迁简史》,北京:民族出版社,2010年。

赵令志、郭美兰主编:《军机处满文准噶尔使者档译编》,北京:中央民族大学出版社,2010年。

赵令志:《闲窗录梦译编》,北京:中央民族大学出版社,2010年。

刘凤云、刘云鹏编:《清朝的国家认同——"新清史"研究与争鸣》,北京:中国人民大学出版社,2010年。

戴迎华:《清末民初旗民生存状态研究》,北京:人民出版社,2010年。

魏影:《清代京旗回屯问题研究》,哈尔滨:黑龙江大学出版社,2010年。

佟明宽:《满族佟氏家谱总汇》,沈阳:辽宁民族出版社,2010年。

王政尧:《清史述得》,沈阳:辽宁民族出版社,2010年。

刘庆华:《满族家谱序评注》,沈阳:辽宁民族出版社,2010年。

那启明、韩启昆总主编:《中国锡伯人》,沈阳:辽宁民族出版社,2010年。

孟和宝音:《近代内蒙古行政建制变迁研究》,沈阳:辽宁民族出版社,2010年。

向南、张国庆、李宇峰辑注:《辽代石刻文续编》,沈阳:辽宁人民出版社,2010年。

第一历史档案馆、中国人民大学国学院西域历史语言研究所编、乌云毕力格、吴元丰、宝音德力根主编:《清朝前期理藩院满蒙文题本》,呼和浩特:内蒙古人民出版社，2010 年。

　　[俄] 马·伊·戈尔曼著，陈弘法译：《西方的蒙古学研究（中心·人员·社团）二十世纪 50 年代—90 年代中期》，呼和浩特：内蒙古教育出版社，2010 年。

　　杨秀祖：《高句丽军队与战争研究》，长春：吉林大学出版社，2010 年。

　　姜清波：《入唐三韩人研究》，广州：暨南大学出版社，2010 年。

　　孙进己、孙泓：《女真民族史》，桂林：广西师范大学出版社，2010 年。

　　庄吉发：《雍正事典》《咸丰事典》，北京：紫禁城出版社，2010 年。

　　刘晓春：《鄂伦春人文经济》，北京：知识产权出版社，2010 年。

　　延边日报社编：《新闻阅读新中国 60 年朝鲜族变迁史》，北京：民族出版社，2010 年。

　　王民信：《王民信辽史研究论文集》，台北：台湾大学出版中心，2010 年。

　　范恩实：《论隋唐营州的靺鞨人》，《中国边疆史地研究》2011 年第 1 期。

　　祁美琴：《公主格格下嫁外藩蒙古随行人员试析》，《满族研究》2011 年第 1 期。

　　聂晓灵：《论满蒙初期政治关系与孝庄文皇后》，《黑龙江民族丛刊》2011 年第 1 期。

　　祁美琴：《清代君臣语境下"奴才"称谓的使用及其意义》，《清史研究》2011 年第 1 期。

　　刘小萌：《清代北京的旗民关系：以商铺为中心的考察》，《清史研究》2011 年第 1 期。

　　乌兰：《〈八旗满洲氏族通谱〉蒙古姓氏考》，《民族研究》2011 年第 1 期。

　　温玉成：《论锡伯族源自高车色古尔氏》，《新疆大学学报（哲学·人文社会科学版）》2011 年第 1 期。

　　赖惠敏：《从法律看清朝的旗籍政策》，《清史研究》2011 年第 81 卷第 1 期。

　　郭美兰：《乾隆朝右卫八旗官员侵贪案件满文档案》，《历史档案》2011 年第 2 期。

　　常越男：《清代额亦都家族军功考》，《满族研究》2011 年第 2 期。

　　陈力：《近二十年关于满族形成时间研究综述》，《满族研究》2011 年第 2 期。

　　王延、方征：《鄂伦春族族源的文献探析》，《黑龙江民族丛刊》2011 年第 2 期。

　　于秀娟：《鄂温克族鄂伦春族同源传说研究》，《黑龙江民族丛刊》2011 年第 2 期。

　　陈鹏：《清代东北地区鄂伦春编旗初探》，《东北师大学报（哲学社会科学版）》2011 年第 2 期。

　　张芳、刘洪峰：《夫余对外关系史略》，《黑龙江民族丛刊》2011 年第 3 期。

　　孙颢、许哲：《夫余陶器的特征及其文化因素分析》，《北方文物》2011 年第

3 期。

付超：《清代宫廷新疆地毯考》，《民族研究》2011 年第 3 期。

恽丽梅：《关于清代后妃册宝的几个问题》，《满族研究》2011 年第 3 期。

赵爱伦：《清末民初西布特哈地区教育问题述略——以〈档案史料选编·黑龙江少数民族〉为中心》，《中国边疆史地研究》2011 年第 3 期。

张亚辉：《清宫萨满祭祀的仪式与神话研究》，《清史研究》2011 年第 4 期。

乌云毕力格、宋瞳：《关于清代内扎萨克盟的雏形——以理藩院题本为中心》，《清史研究》2011 年第 4 期。

潘洪钢：《八旗驻防族群土著化的标志》，《中南民族大学学报》2011 年第 5 期。

王丽亚：《清前期八旗挑甲制度演变浅析》，《历史教学》2011 年第 6 期。

关凯：《满族民族性：帝国时代的政治化结构与后帝国时代的去政治化结构》，《社会科学战线》2011 年第 8 期。

包羽、刘荣臻、伊乐泰、娜仁其其格：《鄂温克族在历史上所享有的医疗服务》，《前沿》2011 年第 9 期。

杜家骥：《清代八旗制度中的值年旗》，《历史教学》2011 年第 11 期。

苗威：《高句丽移民研究》，长春：吉林大学出版社，2011 年。

董学增：《夫余史迹研究》，长春：吉林文史出版社，2011 年。

李贺：《夫余移民研究》，东北师范大学硕士学位论文，2011 年。

郝维民、齐木德道尔吉总主编：《内蒙古通史》（全八卷），北京：人民出版社，2011 年。

孙守朋：《汉军旗人官员与清代政治研究》，北京：人民日报出版社，2011 年。

蔡美彪：《辽金元史十五讲》，北京：中华书局，2011 年。

马一虹：《靺鞨、渤海与周边国家、部族关系史研究》，北京：中国社会科学出版社，2011 年。

韩狄：《清代八旗索伦部研究》，北京：中国社会科学出版社，2011 年。

奇车山：《衰落的通天树：新疆锡伯族萨满文化遗存调查》，北京：民族出版社，2011 年。

王力：《明末清初达赖喇嘛系统与蒙古诸部互动关系研究》，北京：民族出版社，2011 年。

张碧波、张军：《渤海国外交史研究》，哈尔滨：黑龙江人民出版社，2011 年。

鲍音：《鲍音蒙古学文集》，长春：吉林人民出版社，2011 年。

关伟：《锡伯族风俗》，沈阳：辽宁民族出版社，2011 年。

李阳，王焯，董丽娟：《锡伯族文化》，沈阳：辽宁民族出版社，2011 年。

吴世旭：《锡伯族西迁》，沈阳：辽宁民族出版社，2011 年。

权衡益：《盘锦朝鲜族史略》，沈阳：辽宁民族出版社，2011 年。

留金锁著浩斯巴特尔、包阿拉塔译：《蒙古族全史》（第一卷），沈阳：辽宁民族出版社，2011 年。

贺灵：《锡伯族濒危传统文化图典》《锡伯族濒危朱伦文化遗产》，乌鲁木齐：新疆人民出版社，2011 年。

长命：《资料分析与历史解读——从百灵庙自治运动到绥境蒙政会成立》，呼和浩特：内蒙古教育出版社，2011 年。

乌云格日勒主编：《扎鲁特历史文化》，呼和浩特：内蒙古教育出版社，2011 年。

奇日格夫等译：《哲布尊丹巴呼图克图传略》，呼和浩特：内蒙古人民出版社，2011 年。

乔吉：《蒙古族全史·宗教卷》，呼和浩特：内蒙古大学出版社，2011 年。

张杰：《清朝三百年史》，北京：社会科学文献出版社，2011 年。

定宜庄：《满汉文化交流史话》，北京：社会科学文献出版社，2011 年。

第一历史档案馆编：《乾隆朝满文寄信档译编》，长沙：岳麓书社，2011 年。

中国社会科学院近代史研究所政治史研究室编：《清代满汉关系研究》，北京：社会科学文献出版社，2011 年。

常书红：《辛亥革命前后的满族研究——以满汉关系为中心》，北京：社会科学文献出版社，2011 年。

韩狄：《清代八旗索伦部研究——以东北地区为中心》，北京：中国社会科学出版社，2011 年。

姚大力：《蒙元制度与政治文化》，北京大学出版社，2011 年。

金花善：《朝鲜族村庄变迁研究》，延边大学出版社，2011 年。

金春善：《中国朝鲜族通史》（上、下卷），延边大学出版社，2011 年。

［美］亨利·赛瑞斯著，王苗苗译：《明蒙关系 III——贸易关系：马市（1400—1600）》，北京：中央民族大学出版社，2011 年。

郭福祥：《清宫造办处里的西洋钟表匠师》，《民族研究》2012 年第 1 期。

金鑫：《论清代前期达斡尔、鄂温克族的商品经济》，《满语研究》2012 年第 1 期。

金鑫：《清初卜魁族属姓氏考》，《历史档案》2012 年第 1 期。

王学勤：《布特哈八旗研究述略》，《满族研究》2012 年第 1 期。

蔡宏、李爱华、孙世红：《吉林大学图书馆馆藏稀见满文文献述略》，《满族研究》2012 年第 2 期。

张燕、王友文：《试论清代伊犁将军与锡伯军民西迁的关系》，《满族研究》2012 年第 2 期。

王见川：《台湾妈祖研究新论：清代妈祖封"天后"的由来》，《世界宗教文化》2012 年第 2 期。

郭美兰：《乾隆朝绥远城设立八旗官学满文档案》，《历史档案》2012 年第 2 期。

陈鹏：《清代东北地区"新满洲"旗地与随缺地初探》，《满族研究》2012 年第 3 期。

綦中明：《从宁安地区几部谱书看家谱的史料价值》，《山西档案》2012 年第 3 期。

金鑫：《康熙朝黑龙江八旗官学教育释疑》，《满族研究》2012 年第 3 期。

金鑫：《扎兰、阿巴额数考》，《中国边疆史地研究》2012 年第 3 期。

陈鹏：《试论清代东北"新满洲"维护边疆稳定的历史贡献——以抗俄斗争为例》，《北方文物》2012 年第 3 期。

王学勤：《试述布特哈八旗贡貂制度及其特征》，《满族研究》2012 年第 4 期。

陈正宏：《越南燕行使者的清宫游历与戏曲观赏》，《故宫博物院院刊》2012 年第 5 期。

郭孟秀：《肃慎与挹娄关系再议》，《民族研究》2012 年第 5 期。

金鑫：《清代布特哈八旗建立时间及牛录数额新考》，《民族研究》2012 年第 6 期。

黄治国：《从驻防满城到里城大院：开封驻防满城的变迁》，《中央民族大学学报》2012 年第 6 期。

刘凤云：《俸米商业化与旗人身份的错位：兼论商人与京城旗人的经济关系》，《中国人民大学学报》2012 年第 6 期。

金鑫：《清代布特哈八旗建立时间及牛录数额新考》，《民族研究》2012 年第 6 期。

姜丽丽：《高句丽与夫余文化对比研究》，福建师范大学硕士学位论文，2012 年。

冯尔康：《清代人物三十题》，长沙：岳麓书社，2012 年。

邱源媛：《清前期宫廷礼乐研究》，北京：社会科学文献出版社，2012 年。

曹晓峰：《辽河岸畔锡伯村》，北京：社会科学文献出版社，2012 年。

叶尔达：《卫拉特高僧拉布紧巴·咱雅班第达研究》，北京：社会科学文献出版社，2012 年。

M·乌兰：《卫拉特蒙古文献及史学：以托忒文历史文献研究为中心》，北京：社会科学文献出版社，2012 年。

蔡美彪：《辽金元史考索》，北京：中华书局，2012 年。

陈得芝：《蒙元史研究导论》，南京大学出版社，2012 年。

金性尧：《清代宫廷政变录》，上海：上海远东出版社，2012 年。

曹永年：《明代蒙古史丛考》，上海：上海古籍出版社，2012 年。

余蔚：《中国行政区划通史·辽金卷》，上海：复旦大学出版社，2012 年。

拜根兴：《唐代高丽百济移民研究》，北京：中国社会科学出版社，2012 年。

胡日查、乔吉、乌云：《藏传佛教在蒙古地区的传播研究》，北京：民族出版社，2012 年。

耿铁华、李乐营：《高句丽研究史》，长春：吉林大学出版社，2012 年。

王可宾：《女真新解——王可宾论文集》，长春：吉林大学出版社，2012 年。

滕绍箴：《明代女真与满洲文史论集》，沈阳：辽宁民族出版社，2012 年。

郭美兰：《明清档案与史地探微》，沈阳：辽宁民族出版社，2012 年。

滕绍箴：《明代女真与满洲文史论集》，沈阳：辽宁民族出版社，2012 年。

张杰：《清文化与满族精神：水滴石斋前集》，沈阳：辽宁民族出版社，2012 年。

李治亭：《微言集：明清史考辨》，沈阳：辽宁民族出版社，2012 年。

即实：《迷林耕耘——契丹小字解读续》，沈阳：辽宁民族出版社，2012 年。

谢咏梅：《蒙元时期札剌亦儿部研究》，沈阳：辽宁民族出版社，2012 年。

廖启照：《征服或扩大：辽朝的政治结构与国家形成》，北京：花木兰文化出版社，2012 年。

本溪市党史地方志办公室编：《辽东满族家谱选编》，沈阳：辽宁民族出版社，2012 年。

李治亭：《努尔哈赤》，沈阳：辽海出版社，2012 年。

樊明方：《中国北部边疆史若干问题研究》，西安：西北工业大学出版社，2012 年。

任爱君：《辽朝史稿》，兰州：甘肃民族出版社，2012 年。

扎·乌力吉著，钢特木尔等转写：《巴尔虎蒙古史》（蒙古文），呼伦贝尔：内蒙古文化出版社，2012 年。

潘小平、武殿林主编：《察哈尔史》（上、中、下），呼和浩特：内蒙古人民出版社，2012 年。

中国第一历史档案馆编：《清代新疆满文档案汇编》，桂林：广西师范大学出版社，2012 年。

中国边疆史地研究中心、新疆维吾尔自治区档案局合编：《清代档案史料选辑》，桂林：广西师范大学出版社，2012 年。

中国边疆史地研究中心、新疆维吾尔自治区档案局合编：《清代八旗史料汇编》，北京：全国图书馆文献缩微复制中心，2012 年。

陈捷先：《透视康熙》，台北：三民书局股份有限公司，2012 年。

罗新：《高句丽国名臆测》，《中华文史论丛》2013 年第 1 期。

孟修：《清代雍和宫的香灯地租》，《清史研究》2013 年第 1 期。

庄吉发：《文献足征：以康熙朝满文本〈起居注册〉为中心的比较研究》，《满语研究》2013 年第 1 期。

王学勤：《试述布特哈八旗贡貂制度的历史影响》，《黑龙江民族丛刊》2013 年第 1 期。

金鑫：《清代达斡尔、鄂温克两族所适用的法律》，《满语研究》2013 年第 2 期。

王学勤：《试论清末民初西布特哈地区的学校教育》，《民族教育研究》2013 年第 2 期。

赵令志、细谷良夫：《〈钦定拣放佐领则例〉及其价值》，《清史研究》2013 年第 3 期。

薛刚：《清代珲春驻防旗官补正》，《历史档案》2013 年第 3 期。

章健：《满族汉化：对新清史族群视角的质疑》，《深圳大学学报》2013 年第 3 期。

肖宗志：《晚清候补冗官研究》，《洛阳师范学院学报》2013 年第 3 期。

赵展：《对肃慎及其后裔的考证》，《中央民族大学学报》（哲学社会科学版）2013 年第 4 期。

常越男：《清前中期满洲伊尔根觉罗氏的典型家族》，《满族研究》2013 年第 4 期。

郭军连：《清代招抚索伦部族入旗考论》，《满族研究》2013 年第 4 期。

金鑫：《康熙时期黑龙江驻防八旗官医制度小考》，《历史档案》2013 年第 4 期。

李学成：《满族八大家与八大姓新考》，《社会科学辑刊》2013 年第 6 期。

张公政：《乾隆朝八旗诸臣封爵述论》，《贵州民族研究》2013 年第 6 期。

廖晓晴：《清朝参务管理制度的嬗变》，《理论学刊》2013 年第 11 期。

潘洪钢：《杭州驻防八旗与太平天国》，《汉江论坛》2013 年第 12 期。

祝坤：《清社会福利制度之一斑：鄂伦春福利制研思》，《兰台世界》2013 年第 15 期。

蔡名哲：《传国玉玺传说的形成》，《东华人文学报》2013 年第 23 期。

王学勤：《晚清民初布特哈八旗研究》，中央民族大学博士学位论文，2013 年。

赵文：《明朝后期对蒙古策略研究》，北京：中央民族大学出版社，2013 年。

宋德金：《辽金西夏衣食住行》，北京：中华书局，2013 年。

刁美林、邵岩：《故宫博物院藏清代珍本方志解题》，北京：紫禁城出版社，2013 年。

中国第一历史档案馆编：《清代军机处随手登记档》，北京：国家图书馆出版社，2013 年。

集安市博物馆：《集安高句丽碑》，长春：吉林大学出版社，2013 年。

许青善、姜永德主编：《朝鲜族教育史》，延边教育出版社，2013 年。

范恩实：《夫余兴亡史》，北京：社会科学文献出版社，2013 年。

［日］杉山正明著，周俊宇译：《忽必烈的挑战：蒙古帝国与世界历史的大转向》北京：社会科学文献出版社，2013 年。

李谷城：《辽代南京留守研究》，北京：中国社会科学出版社，2013 年。

杨强：《蒙古族法律传统与近代转型》，北京：中国政法大学出版社，2013 年。

刘迎胜：《蒙元帝国与 13—15 世纪的世界》，北京：生活·读书·新知三联书店，2013 年。

黑龙：《满蒙关系史论考》，北京：民族出版社，2013 年。

李宏为：《乾隆与玉》，北京：华文出版社，2013 年。

陈得芝：《蒙元史与中华多元文化论集》，上海：上海古籍出版社，2013 年。

齐光：《大清帝国时期蒙古的政治与社会——以阿拉善和硕特部研究为中心》，上海：复旦大学出版社，2013 年。

李大龙：《〈三国史记·高句丽本纪〉研究》，哈尔滨：黑龙江教育出版社，2013 年。

乔吉编著：《内蒙古藏传佛教寺院》，兰州：甘肃民族出版社，2013 年。

吴元丰：《清代和布克赛尔土尔扈特满文档案全译》，乌鲁木齐：新疆人民出版社，2013 年。

王风雷：《蒙古族全史·教育卷》，呼和浩特：内蒙古大学出版社，2013 年。

孙文政：《黑龙江将军》，哈尔滨：黑龙江教育出版社，2013 年。

栾凡：《明代女真文化研究》，长春：吉林文史出版社，2013 年。

胡日查：《清代蒙古寺庙管理体制研究》，沈阳：辽宁民族出版社，2013 年。

高·阿晔：《乌珠穆沁部落研究》（蒙古文），沈阳：辽宁民族出版社，2013 年。

崔三龙、许辉勋主编：《20 世纪中国朝鲜族文学史料全集》，延边人民出版社，2010—2013 年。

孙祥维、仇兴辉主编：《老人·老事·老家：沈北锡伯族老人口述史》，沈阳：辽宁民族出版社，2013 年。

杨珍：《历程制度人：清朝皇权略探》，北京：学苑出版社，2013 年。

季永海：《从辉煌走向濒危：季永海满学论文自选集》，沈阳：辽宁民族出版社，2013 年。

陈金陵：《清史浅见》，沈阳：辽宁民族出版社，2013 年。

王华北主编：《少数民族谱牒研究》，沈阳：辽宁民族出版社，2013 年。

关纪新：《多元背景下的一种阅读满族文学与文化论稿》，沈阳：辽宁民族出版社，2013 年。

中央民族大学编：《纪念王锺翰先生百年诞辰学术文集》，北京：中央民族大学出版社，2013 年。

戴逸、李文海：《清代人物研究》，北京：故宫出版社，2013 年。

［俄］格·尼·波塔宁、［苏联］B. B. 奥布鲁切夫编，吴吉康、吴立珺译：《蒙古纪行》，兰州大学出版社，2013 年。

王友富、栾燕云：《锡伯族的历史偶然：从渔猎习俗到农耕习俗的变迁》，《农业考古》2014 年第 1 期。

王刚、夏维中：《清中前期江宁八旗驻防新探——以档案史料为中心》，《江苏社会科学》2014 年第 1 期。

王英维：《浅谈古代鄂伦春族的社会组织形式和管理方式》，《黑龙江民族丛刊》2014 年第 1 期。

范恩实：《渤海"首领"新考》，《中国边疆史地研究》2014 年第 2 期。

王学勤：《布特哈八旗贡貂刍议》，《黑龙江民族丛刊》2014 年第 2 期。

陈葆真：《乾隆皇帝对孝圣皇太后的孝行和它所显示的意义》，台湾：《故宫学术季刊》2014 年第 31 卷第 3 期。

马雅贞：《皇苑图绘的新典范：康熙〈御制避暑山庄诗〉的制作及其意义》，台湾：《故宫学术季刊》2014 年第 32 卷第 2 期。

苏柏玉：《布特哈与〈布特哈志略〉》，《史学史研究》2014 年第 3 期。

程尼娜：《夫余国与汉魏晋王朝的朝贡关系》，《求是学刊》2014 年第 4 期。

孙明：《论满族家谱序言的内容及其史料价值》，《满族研究》2014 年第 4 期。

薛柏成：《叶赫那拉氏家族史研究新证：〈叶赫呐喇氏宗谱〉述论》，《社会科学战线》2014 年第 5 期。

金鑫：《康熙朝黑龙江驻防八旗"穷索伦"、站丁牛录考》，《民族研究》2014 年第 5 期。

蔡名哲：《〈闲窗梦〉与作者的认同问题》，《史原》2014 年第 5 期复刊。

张佳生：《满族入关与天下一统：论清代农耕民族与游牧民族战争矛盾之终结》，《黑龙江民族丛刊》2014 年第 6 期。

方华玲：《清代八旗养育兵制探析》，《故宫博物院院刊》2014 年第 6 期。

兰延超、李德山：《清代布特哈八旗编设的历史作用》，《学术探索》2014 年第 6 期。

王榆芳：《清朝羽翎制度渊源考论》，《中国国家博物馆馆刊》2014 年第 9 期。

兰延超、李德山：《孟定恭〈布特哈志略〉述评》，《历史教学》2014 年第 10 期。

张松梅、王洪兵：《清代京畿旗人司法审判体制探析》，《东岳论丛》2014 年第 11 期。

刘翀：《夫余文化的渊源与夫余文化分期研究》，南京大学硕士学位论文，2014 年。

肖爱民：《辽朝政治中心研究》，北京：人民出版社，2014 年。

武玉环：《辽金社会与文化研究》，北京：中国社会科学出版社，2014 年。

夏宇旭：《金代契丹人研究》，北京：中国社会科学出版社，2014 年。

杜荣坤：《杜荣坤民族研究论集》，北京：中国社会科学出版社，2014 年。

吐娜等：《巴音郭楞蒙古族史——东归土尔扈特、和硕特历史文化研究》，北京：中国言实出版社，2014 年。

邱源媛：《找寻京郊旗人社会：口述与文献双重视角下的城市边缘群体》，北京：北京出版社，2014 年。

乌云毕力格等编著：《蒙古游牧图：日本天理图书馆所藏手绘蒙古游牧图及研究》，北京大学出版社，2014 年。

中国第一历史档案馆编：《清宫内务府奏销档》，北京：故宫出版社，2014 年。

张其卓：《丹东满族氏志》，沈阳：沈阳出版社，2014 年。

《延边朝鲜族史》编写组编：《延边朝鲜族史》，延边人民出版社，2010 年、2014 年。

张福有：《集安麻线高句丽碑》，北京：文物出版社，2014 年。

王佩环：《清代后妃宫廷生活》，北京：故宫出版社，2014 年。

策·巴图：《〈蒙古—卫拉特大法典〉文献学研究》，北京：民族出版社，2014 年。

黄有福：《东北朝鲜族地区基督教传播史》，北京：中央民族大学出版社，2014 年。

［日］杉山正明著，黄美蓉译：《游牧民的世界史》，北京：中华工商联出版社，2014 年。

刘迎胜：《蒙元史考论》（上、下册），兰州大学出版社，2014 年。

华喆：《帝国的背影——1368 年后的蒙古》，兰州大学出版社，2014 年。

乌云毕力格主编：《满蒙档案与蒙古史研究》，上海：上海古籍出版社，2014 年。

［日］杉山正明著，乌兰、乌日娜译：《疾驰的草原征服者：辽、西夏、金、元》，桂林：广西师范大学出版社，2014 年。

林永匡：《清代宫廷文化通史》，上海：上海文艺出版社，2014 年。

姜维公主编，高福顺、刘矩、姜维东著：《东北亚研究论丛（八）——高句丽官制研究》，长春：东北师范大学出版社，2014 年。

付百臣、刘信君：《中国高句丽研究论文选编》，长春：吉林文史出版社，2014 年。

杨军、高福顺、姜维公、姜维东：《高句丽官制研究》，长春：吉林大学出版社，2014 年。

范恩实：《靺鞨兴嬗史研究——以族群发展、演化为中心》，哈尔滨：黑龙江教育出版社，2014 年。

包额尔德木图：《嫩科尔沁史概略》（蒙古文），沈阳：辽宁民族出版社，

2014 年。

李治国：《清代藩部宾礼研究——以蒙古为中心》，呼和浩特：内蒙古大学出版社，2014 年。

宝力道：《札萨克图旗王氏满族研究》，呼伦贝尔：内蒙古文化出版社，2014 年。

孙昊：《辽代女真族群与社会研究》，兰州：兰州大学出版社，2014 年。

［俄］伊·亚·兹拉特金主编，马曼丽译：《俄蒙关系历史档案文献集（1607—1636）上、下》，兰州大学出版社，2014 年。

郭建中、郭超：《锡伯族历史研究相关资料及评注》，乌鲁木齐：新疆人民出版社，2014 年。

徐凯：《燕园明清史论稿》，沈阳：辽宁民族出版社，2014 年。

罗伯特·马歇尔著、李鸣飞译：《东方风暴：从成吉思汗到忽必烈，挑动欧亚大陆》，太原：山西人民出版社，2014 年。

许青善、姜永德主编：《朝鲜族教育史料集》，延边教育出版社，2014 年，。

庄吉发编著：《清语老乞大译注》，台北：文史哲出版社，2014 年。

赖惠敏：《乾隆皇帝的荷包》，台北："中央研究院"近代史研究所，2014 年。

庄吉发：《清朝奏折制度》，北京：故宫出版社，2014 年。

汪荣祖主编：《清帝国性质的再商权：回应新清史》，台北："中央大学"出版社，2014 年。

［日］森川哲雄著，白玉双译：《蒙古诸部族与蒙古文文献研究》呼和浩特：内蒙古人民出版社，2014 年。

金鑫：《清准战争中的索伦、达呼尔官兵》，《东北史地》2015 年第 1 期。

尹志超、赵志刚：《夫余语与通古斯语的渊源关系——从"人"的考释谈起》，《满语研究》2015 年第 2 期。

程尼娜：《明代女真朝贡制度研究》，《文史哲》2015 年第 2 期。

苏奎俊：《满洲八旗驻防新疆及其人口变化》，《西域研究》2015 年第 2 期。

孙炜冉、苗威：《高句丽独特丧葬习俗探析》，《古代文明》2015 年第 3 期。

綦中明：《从渤海国的君主名号看其文化认同》，《北方文物》2015 年第 3 期。

李林：《清代武科乡试应试资格及考生来源》，《历史档案》2015 年第 3 期。

陈力：《康熙朝山西右卫八旗驻防时间考》，《历史档案》2015 年第 3 期。

金鑫：《清朝对索伦和达斡尔两族的官营贸易》，《历史档案》2015 年第 4 期。

赵令志：《济隆七世呼图克图入京考》，《吉林师范大学学报》（人文社会科学版）2015 年第 4 期。

程尼娜：《高句丽与汉魏晋及北族政权的朝贡关系》，《安徽史学》2015 年第 4 期。

冯恩学：《夫余北疆的"弱水"考》，《中国边疆史地研究》2015 年第 4 期。

程尼娜：《女真和辽朝的朝贡关系》，《社会科学辑刊》，2015 年第 4 期。

刘精忠、黄丁：《论索伦关于布伯的哈西德研究之争》，《世界宗教研究》2015 年第 4 期。

程伟：《清代八旗进士考论》，《福建师范大学学报》2015 年第 5 期。

顾建娣：《清代的旗人书院》，《近代史研究》2015 年第 6 期。

杨珍：《鳌拜罪案史料辩证——兼论清史研究中满汉史料的运用》，《故宫博物院院刊》2015 年第 6 期。

张芳、刘洪峰：《夫余王葬用玉匣考》，《学习与探索》2015 年第 7 期。

杨春蓉：《治乱兴衰的历史缩影：论成都满城的变迁》，《西南民族大学学报》2015 年第 12 期。

赵令志：《满文与满文文献》，（韩国）《满洲研究》2015 年第 12 期。

兰延超：《清代布特哈八旗研究》，东北师范大学博士学位论文，2015 年。

高福顺、郝艾利：《族际互动与政治整合：〈辽代女真族群与社会研究〉评介》，《辽金历史与考古》（第 6 辑），2015 年。

刘信君、于波：《夫余历史研究文献汇编》，哈尔滨：黑龙江人民出版社，2015 年。

高福顺：《高句丽中央官制研究》，长春：吉林大学出版社，2015 年。

孙颢：《高句丽陶器研究》，长春：吉林文史出版社，2015 年。

尹郁山、许淑杰编著：《满族石姓家族全书》，长春：吉林文史出版社，2015 年。

张士东：《高句丽语研究》，长春：吉林大学出版社，2015 年。

金扬：《辽宁省朝鲜族革命斗争史》，沈阳：辽宁民族出版社，2015 年。

李光仁、林善玉：《中国朝鲜族少年抗日英雄们》，延边人民出版社，2015 年。

金龙男：《朝鲜族体育教育史》，延边教育出版社，2015 年。

朴今海：《朝鲜族教育运动史》，延边教育出版社，2015 年。

崔锡升：《珲春朝鲜族移民史》，延边教育出版社，2015 年。

中国第一历史档案馆、中国海外汉学研究中心合编、安双成编译：《清初西洋传教士满文档案译本》，郑州：大象出版社，2015 年。

张芳：《〈魏书·高句丽传〉研究》，哈尔滨：黑龙江大学出版社，2015 年。

林鹄：《〈辽史·百官志〉考订》，北京：中华书局，2015。

中国第一历史档案馆编：《清宫内务府奏案》，北京：故宫出版社，2015 年。

［日］杉山正明著，孙越译：《蒙古帝国的兴亡》，北京：社会科学文献出版社，2015 年。

郑春颖：《高句丽服饰研究》，北京：中国社会科学出版社，2015 年。

徐凯：《满洲认同“法典”与部族双重构建》，北京：中国社会科学出版社，2015 年。

白翠琴：《白翠琴民族史探微集：以此追忆从事民族研究五十春秋》，北京：中国社会科学出版社，2015 年。

达力扎布：《〈喀尔喀法规〉汉译及研究》，北京：中央民族大学出版社，2015 年。

赵令志、郭美兰：《准噶尔使者档之比较研究》，北京：中央民族大学出版社，2015 年。

赵令志：《准噶尔使者档之比较》，北京：中央民族大学出版社，2015 年。

达力扎布：《清代蒙古史论稿》，北京：民族出版社，2015 年。

魏存成：《高句丽渤海考古论集》，北京：科学出版社，2015 年。

李乐营、章永林：《高句丽研究论文选》，长春：东北师范大学出版社，2015 年。

梁志龙：《沸流集：高句丽及辽东史地论稿》，沈阳：辽宁人民出版社，2015 年。

吴元丰：《满文档案与历史探究》，沈阳：辽宁民族出版社，2015 年。

那仁朝格图：《13—19 世纪蒙古法制沿革史研究》，沈阳：辽宁民族出版社，2015 年。

任爱军主编：《契丹学论集》（第 1 辑、第 2 辑），呼和浩特：内蒙古人民出版社，2015 年。

［俄］皮库林等著，陈弘法译：《蒙古西征研究》，呼和浩特：内蒙古人民出版社，2015 年。

魏存成：《高句丽渤海考古论集》，北京：科学出版社，2015 年。

梁玉多：《渤海国经济研究》，哈尔滨：黑龙江大学出版社，2015 年。

王旭、杨舒雨：《渤海国兴亡史》，长春：吉林文史出版社，2015 年。

安双成编译：《清初西洋传教士满文档案译本》，郑州：大象出版社，2015 年。

杜家冀：《清代八旗官制与行政》，北京：中国社会科学出版社，2015 年。

孙春日主编：《日本帝国主义对东北朝鲜族的统治研究》，北京：中国社会科学出版社，2015 年。

祁美琴、强光美编译：《满文〈满洲实录〉译编》，北京：中国人民大学出版社，2015 年。

宋瞳：《清初理藩院研究——以顺治朝理藩院满文题本为中心》，上海：上海古籍出版社，2015 年。

刁丽伟、赵哲夫：《黑龙江省宁安市出土女真文残碑考释》，《北方文物》2016 年第 1 期。

李文杰：《清代的"早朝"——御门听政的发展及其衰微》，《故宫博物院院刊》2016 年第 1 期。

王刚：《清代绿营官兵编入八旗水师考析》，《清史研究》2016 年第 1 期。

杜家骥：《乾隆之生母及乾隆帝的汉人血统问题》，《清史研究》2016 年第 2 期。

范恩实：《2010 年以来国内学界高句丽史研究综述》，《中国边疆学》2016 年第 2 期。

定宜庄：《清末民初的"满洲""旗族"和"满族"》，《清华大学学报》2016 年第 2 期。

滕德永：《康熙六旬万寿与南巡的关系——以康熙六旬万寿点景为中心》，《满族研究》2016 年第 2 期。

祁美琴：《从清代"内廷行走"看朝臣的"近侍化"倾向》，《清史研究》2016 年第 2 期。

刘铮云：《按季进呈御览与清代搢绅录的刊行》，台湾：《"中央研究院"历史语言研究所集刊》2016 年第 2 期。

金鑫：《索伦、达斡尔人在雅克萨之战中的活动探微》，《东北史地》2016 年第 2 期。

陈伯霖：《赫哲族传统埋葬习俗中死者头西足东事象解析》，《黑龙江民族丛刊》2016 年第 2 期。

李治亭：《清代满汉民族认同与"互化"的历史考察》，《云南师范大学学报》2016 年第 3 期。

邱源媛：《清代旗人户口册的整理与研究》，《历史档案》2016 年第 3 期。

李学成：《女真姓名风俗考》，《黑龙江民族丛刊》2016 年第 3 期。

赖惠敏：《清代北京的旅蒙商》，《中国边疆史地研究》2016 年第 3 期。

哈斯巴根：《清代雍和宫的金瓶掣签——以雍和宫档案为例》，《中国边疆史地研究》2016 年第 4 期。

郑小悠：《核心—边缘：乾隆朝"出旗为民"研究》，《文史》2016 年第 4 期。

付永正：《清代吉黑地区"三音哈哈"送京备选侍卫现象初探》，《江西社会科学》2016 年第 4 期。

张建：《清入关前"黑营"与"汉兵"考辨》，《中国史研究》2016 年第 4 期。

宋卿：《论金代宣徽使》，《史学集刊》2016 年第 5 期。

孙久龙：《金朝礼部官员民族构成初探》，《史学集刊》2016 年第 5 期。

李林：《清代武科乡试中额及武举人群体结构试探》，《史林》2016 年第 6 期。

杜家骥：《清代满族与八旗的关系及民族融合问题》，《社会科学战线》2016 年第 6 期。

綦岩、刘小萌：《清代柳条边外驻防城镇的修葺》，《学习与探索》2016 年第 6 期。

孙泓：《高丽时期女真人迁居朝鲜半岛及其影响》，《暨南学报》2016 年第 10 期。

蔡名哲：《满文书〈百二老人语录〉的版本与史料性质》，《东吴历史学报》2016 年第 35 期。

王志刚：《高句丽王城及相关遗存研究》，吉林大学博士学位论文，2016 年。

孙炜冉：《高句丽诸王研究》，东北师范大学硕士学位论文，2016 年。

[日] 冈田英弘著，陈心慧译：《世界史的诞生——蒙古帝国的文明意义》，北京出版社，2016 年。

何晓芳、张德玉编《满族历史资料集成·民间祭祀卷》《满族历史资料集成·民间契约卷》，沈阳：辽宁民族出版社，2016 年。

赵令志、鲍洪飞、刘军主编，赵令志、郭美兰、顾松洁、朱志美、关康等译：《雍和宫满文档案译编》，北京：北京出版社，2016 年。

中国第一历史档案馆编：《清代起居注册·雍正朝》，北京：中华书局，2016 年。

哈斯巴根：《清初满蒙关系演变研究》，北京大学出版社，2016 年。

内蒙古自治区阿拉善左旗档案史志局编：《清代阿拉善和硕特旗满文档案选编》，北京：国家图书馆出版社，2016 年。

定宜庄、邱源媛：《近畿五百里：清代畿辅地区的旗地与庄头》，北京：中国社会科学出版社，2016 年。

郝庆云、纪悦生：《赫哲族社会文化变迁研究》，北京：学习出版社，2016 年。

雷炳炎：《清代社会八旗贵族世家势力研究》，北京：中国社会科学出版社，2016 年。

刘小萌：《清代北京旗人社会（修订本)》，北京：中国社会科学出版社，2016 年。

[日] 杉山正明著，周俊宇译：《蒙古颠覆世界史》，北京：生活·生活·新知三联书店，2016 年。

孙文良：《满族崛起与明清兴亡论稿：孙文良明清史文集》，沈阳：辽宁民族出版社，2016 年。

李印林：《河北朝鲜族史》，沈阳：辽宁民族出版社，2016 年。

许淑杰：《吉林满族》，沈阳：辽宁民族出版社，2016 年。

何晓芳主编：《清代满族家谱选集》，沈阳：辽宁民族出版社，2016 年。

姑茹玛：《喀尔喀车臣汗部研究》，沈阳：辽宁民族出版社，2016 年。

张静、田磊编：《锡伯族研究》，长春：吉林人民出版社，2016 年。

郑丽娜、姜维公：《夫余历史新编》，北京：科学出版社，2016 年。

尹铉哲：《高句丽渤海国史研究文献目录》，延吉：延边大学出版社，2016 年。

程尼娜：《东北古代民族朝贡制度史》，北京：中华书局，2016 年。

乌云毕力格：《五色四藩——多语文本中的内亚民族史地研究》，上海：上海古籍出版社，2016 年。

华阳：《中国东北考古与文物研究》，长春：吉林文史出版社，2016 年。

王绵厚、朴文英：《中国东北与东北亚古代交通史》，沈阳：辽宁人民出版社，2016 年。

贺灵：《中国新疆历史文化古籍文献资料译编·锡伯族》，乌鲁木齐：克孜勒苏柯尔克孜文出版社，新疆人民出版社，2016 年。

金春善主编：《解放战争时期的中国朝鲜族》，延边人民出版社，2016 年。

政协延边朝鲜族自治州委员会：《中国朝鲜族百年实录》（1—10 卷），北京：中国文史出版社，2016 年。

李玉君：《金代宗室研究》，北京：科学出版社，2016 年。

阎崇年：《康熙帝大传》，北京：中华书局，2016 年。

刘凤云主编：《宏观视野下的清代中国：纪念王思治先生 85 诞辰》，北京：中国人民大学出版社，2016 年。

台北故宫博物院：《清代琉球史料编》，台北：故宫博物院，2016 年。

陈捷先：《嘉庆帝与台湾》，台北：故宫博物院，2016 年。

庄吉发译著：《〈西厢记〉满文译本研究》，台北：文史哲出版社，2016 年。

庄吉发校注：《锡伯族西迁与满洲语文的传承：以〈锡汉会话〉为中心》，台北：文史哲出版社，2016 年。

庄吉发：《清代史料论述》，台北：文史哲出版社，2016 年。

杜家冀：《清初旗人的旗籍及隶旗改变考》，《明清论丛》2017 年第 1 期。

刘文华：《清代内务府筹拨东三省八旗俸饷略析》，《历史档案》2017 年第 1 期。

陈力：《清初改旗制度研究》，《黑龙江民族丛刊》2017 年第 2 期。

关康：《清代优异世管佐领考——以阿什达尔汉家族佐领为中心》，《民族研究》2017 年第 2 期。

李兴华：《恩格德尔额驸对后金的影响——兼谈喀尔喀五部与后金的关系》，《沈阳故宫博物院院刊》2017 年第 2 期。

郭海燕：《索伦兵远征廓尔喀》，《理论观察》2017 年第 3 期。

孙炜冉：《文献史学的延拓，高句丽学的创新——评张芳〈魏书·高句丽传〉研究》，《史志学刊》2017 年第 3 期。

孙炜冉：《肃慎系民族对长白山的崇拜与祭祀》，《中央民族大学学报》（哲学社会科学版）2017 年第 3 期。

陈力：《清朝抬旗、降旗、换旗述论》，《历史档案》2017 年第 4 期。

祁美琴：《从清代满蒙文档案看"非汉"群体的中国观》，《清史研究》2017 年第 4 期。

耿铁华：《高句丽马具寄生研究》，《社会科学战线》2017 年第 5 期。

孙昊：《靺鞨族群变迁研究——以扶余、渤海靺鞨的历史关系为中心》，《史林》

2017 年第 5 期。

郑丽丽：《论赫哲族反抗外来侵略的斗争及历史贡献》，《黑龙江民族丛刊》2017 年第 5 期。

李学成、张洁：《赫哲族爱国抗日先驱毕天民》，《黑龙江民族丛刊》2017 年第 5 期。

邱源媛：《从旗人到满族：民间选择与官方导向的二重奏》，《暨南学报》2017 年第 9 期。

吴建、王卫平：《从康、乾南巡看"满族汉化"问题之争》，《学习与探索》2017 年第 9 期。

刘小萌：《晚清八旗会馆考》，《社会科学战线》2017 年第 10 期。

陈鹏：《清代"新满洲"融入"满洲共同体"途径探研》，《西南民族大学学报》2017 年第 10 期。

马子木：《翻译科与清代驻防八旗的仕进》，《史学月刊》2017 年第 10 期。

杜家骥：《清代宫廷特点及其与政治的关系》，《求索》2017 年第 12 期。

庄吉发：《翻译四书—四书满文译本与清代考证学的发展》，台湾：《故宫文物月刊》2017 年第 412 期。

王俊铮：《两汉时期夫余王城研究》，大连大学硕士学位论文，2017 年。

"清光绪帝死因研究"课题组编：《清光绪帝死因鉴证》，北京：北京出版社，2017 年。

刘浦江：《宋辽金史论集》，北京：中华书局，2017 年。

杨贺春：《青龙满族志》，北京：民族出版社，2017 年。

吕萍、何晓芳、张德玉：《佛满洲家谱精选》，北京：人民出版社，2017 年。

白玉冬：《九姓达靼游牧王国史研究（8—11 世纪)》，北京：中国社会科学出版社，2017 年。

定宜庄：《八旗子弟的世界》，北京：北京出版社，2017 年。

故宫出版社著：《清史述论》，北京：故宫出版社，2017 年。

孙静：《清代八旗汉军研究》，北京：民族出版社，2017 年。

尹永荣：《清代承德满族鹰手》，北京：民族出版社，2017 年。

阿力：《索伦部的西征与戍边》，北京：中央民族大学出版社，2017 年。

中国第一历史档案馆、北京颐和园管理处编：《清宫颐和园档案》，北京：中华书局，2017 年。

刘文波、张文秀：《清代热河都统人物群体研究》，天津：南开大学出版社，2017 年。

梁玉多：《勿吉—靺鞨民族史论》，北京：社会科学文献出版社，2017 年。

朱永杰：《清代满城历史地理研究》，北京：知识产权出版社，2017 年。

[美] 梅天穆著，马晓林、求芝蓉译：《世界历史上的蒙古征服》，北京：民主

与建设出版社，2017 年。

[英][印度] G.D·古拉提著，刘瑾玉译：《蒙古帝国中亚征服史》，北京：社会科学文献出版社，2017 年。

乌云毕力格：《青册金鬘——蒙古部族与文化史研究》，上海：上海古籍出版社，2017 年。

陈巴尔虎部落满文历史档案编委会编：《陈巴尔虎部落满文历史档案（蒙、汉、满）》，呼和浩特：远方出版社，2017 年。

刘蒙林：《清代绥远城八旗驻防研究》，呼和浩特：内蒙古大学出版社，2017 年。

吕文利：《嵌入式互动：清代蒙古入藏熬茶研究》，呼和浩特：内蒙古大学出版社，2017 年。

刁书仁：《清代八旗驻防与东北社会变迁》，北京：科学出版社，2017 年。

朴尚春：《朝鲜民族历史文化研究》，长春：吉林大学出版社，2017 年。

白初一：《内喀尔喀五部历史研究》，北京：民族出版社，2017 年。

朴文峰：《东北抗日战争朝鲜族人物录》，北京：民族出版社，2017 年，。

许淑杰：《丹东满族氏族史》，沈阳：沈阳出版社，2017 年。

萧景全、刑启坤、金辉：《新宾满族自治县文物志》，沈阳：辽宁民族出版社，2017 年。

王俊、爱新觉罗·德崇编著：《沈阳满族氏族宗谱》，沈阳：辽宁民族出版社，2017 年。

中国第一历史档案馆、黑龙江省档案馆、黑龙江省社会科学院历史研究所合编：《黑龙江将军衙门档案》，哈尔滨：黑龙江人民出版社，2017 年。

五常市朝鲜民族事业促进会：《五常朝鲜民族志》，哈尔滨：黑龙江人民出版社，2017 年。

魏国忠：《肃慎—女真族系研究》，哈尔滨：黑龙江人民出版社，2017 年。

刘晓东、郝庆云主编：《渤海国历史文化研究》，哈尔滨：黑龙江人民出版社，2017 年。

苑鹏：《交融与变迁：赫尔苏门满族村的民族志报告》，哈尔滨：黑龙江人民出版社，2017 年。

戴士权、赵东升：《乌喇纳喇氏家谱研究》，长春：吉林文史出版社，2017 年。

周非非：《东北地区满族家族与家谱研究》，长春：吉林大学出版社，2017 年。

金春善主编：《中国朝鲜族史料全集》，延边人民出版社，2011—2017 年。

崔文植主编：《中国朝鲜族革命烈士传略》，延边人民出版社，2013—2017 年。

苑鹏：《四合永镇志》，北京：九州出版社，2017 年。

庄吉发：《〈鸟谱〉满文图说校注》（全六册），台北：文史哲出版社，2017 年。

杨珍：《康熙朝宦官新探》，《清史研究》2018 年第 1 期。

孙明：《康熙时期新满洲驻防佐领编立新探》，《社会科学战线》2018 年第 2 期。

李德山、李路：《夫余王城及汉文化影响论》，《吉林大学社会科学学报》2018 年第 3 期。

赖惠敏、苏德徵：《乾隆朝宫廷镀金的材料与工艺技术》，台湾：《故宫学术季刊》2018 年第 3 期。

陈玉秀：《君臣同心：慈禧太后赏御书的政治意涵》，台湾：《故宫学术季刊》2018 年第 3 期。

果海英、郭福祥：《清前期中西宫廷交往中的礼品考察》，《故宫博物院院刊》2018 年第 4 期。

永莉娜：《从王公包衣佐领的调整看雍正帝初政》，《清史研究》2018 年第 4 期。

陈维新：《鄂尔泰与雍正对云南改土归流的“君臣对话”——台北故宫博物院所藏朱批奏折选件》，《思想战线》2018 年第 4 期。

吴春娟：《论黑龙江八旗满洲的部族渊源》，《黑龙江民族丛刊》2018 年第 5 期。

定宜庄：《清末民初的北京商人与内务府——从“当铺刘”与内务府增家的口述引发的考察》，《历史教学（下半月刊）》2018 年第 5 期。

白京兰、田庆锋：《清代新疆八旗绿营司法职能略论》，《新疆大学学报》（哲学人文社会科学版）2018 年第 6 期。

刘仲华：《清代骑射制度下的黑豆价值及其时代命运》，《史学月刊》2018 年第 11 期。

陈鹏：《清代“新满洲”八旗子弟教育研究》，《西南民族大学学报》2018 年第 12 期。

王欣媛：《高句丽“南进”研究》，东北师范大学博士学位论文，2018 年。

围场满族蒙古族自治县围场镇志编纂委员会编：《围场满族蒙古族自治县围场镇志》，石家庄：河北人民出版社，2018 年。

朴文峰：《中国朝鲜族百年口述史系列丛书》，延边人民出版社，2018 年。

金哲镐：《中国朝鲜族历史叙述》，延边教育出版社，2018 年。

杨凤松：《珲春朝鲜族发展史》，延边大学出版社，2018 年。

郑艳：《高句丽婚姻研究》，延边大学硕士学位论文，2018 年。

孙静：《满族史论稿》，北京：人民日报出版社，2018 年。

林鹄：《南望：辽前期政治史》，北京：生活·读书·新知三联书店，2018 年。

刘小萌、王金茹主编：《满学研究论集》，北京：中国社会科学出版社，2018 年。

杨珍：《清前期宫廷政治释疑》，北京：中国社会科学出版社，2018 年。

吴忠良、赵洪祥主编：《清代伯都讷满汉文档案选辑》，北京：中国社会科学出版社，2018 年。

潘洪钢：《清代八旗驻防族群的社会变迁》，北京：人民出版社，2018 年。

卢川：《荆州八旗驻防研究》，武汉：湖北人民出版社，2018 年。

西藏自治区档案馆编：《西藏自治区档案馆馆藏蒙满文档案精选》，成都：四川民族出版社，2018 年。

姚大力：《追寻"我们"的根源：中国历史上的民族与国家意识》，北京：生活·读书·新知三联书店，2018 年。

庄吉发：《〈兽谱〉满文图说校注》（上、下），台北：文史哲出版社，2018 年。

庄吉发：《清史论集》（第 1—28 辑），台北：文史哲出版社，1997—2018 年。

孙明：《康熙朝黑龙江博尔德城八旗驻防始末》，《中国边疆史地研究》2019 年第 1 期。

胡哲：《康熙朝恪靖公主汤沐邑的经营管理》，《历史档案》2019 年第 1 期。

李文益：《清代辛者库身份考——以康熙时期内务府辛者库人为中心》，《中国史研究》2019 年第 1 期。

杜家骥：《清代"铁帽子王"的册封原因及相关问题》，《经济社会史评论》2019 年第 2 期。

黄丽君：《八旗制度与族群认同：清前期中朝关系史中的内务府高丽佐领金氏家族》，《清史研究》2019 年第 2 期。

邱源媛：《中华文史论丛》2019 年第 3 期。

张涵：《清代宫廷文化体系里内的哥窑》，《南方文物》2019 年第 3 期。

李学成、王焯：《满族辫发渊源考辨》，《云南师范大学学报》2019 年第 3 期。

李小雪：《"旗""民"之间：康熙朝〈黑图档〉所见盛京上三旗包衣佐领所辖之匠役》，《黑龙江民族丛刊》2019 年第 3 期。

徐广源：《乾隆帝民族关系思想初探》，《烟台大学学报》2019 年第 3 期。

王培华：《清代永定河及东西淀争地矛盾的环境和社会因素》，《烟台大学学报》2019 年第 4 期。

赵令志：《明代"野人女真"称谓刍论》，《民族研究》2019 年第 4 期。

滕德永：《清代中后期苏州与宫廷的飞金供应》，《史林》2019 年第 4 期。

毛立平：《金枝玉叶与收支困局——清代中后期公主经济境遇考察》，《历史研究》2019 年第 4 期。

哈斯巴根：《宗族组织与蒙古八旗牛录——以国家图书馆藏清代满文印轴为例》，《民族研究》2019 年第 4 期。

傅林祥：《清代盛京等省的"城守"与"城"》，《史学集刊》2019 年第 4 期。

郭孟秀：《肃慎族系演进考》，《学习与探索》2019 年第 5 期。

戴光宇：《高句丽语和满语的系属关系探析》，《四川大学学报》（哲学社会科学版）2019 年第 6 期。

徐广源：《道光帝珍妃即常妃考》，《故宫博物院院刊》2019 年第 6 期。

孙玉龙、范立君：《清代长白山地区移民与人参文化探源》，《延边大学学报》2019 年第 14 期。

刘金德：《满洲瓜尔佳氏索尔果家族研究》，北京：中国社会科学出版社，2019 年。

祁美琴：《清代包衣旗人研究》，北京：人民出版社，2019 年。

程尼娜：《金史》，北京：中国社会科学出版社，2019 年。

关纪新：《旗人写家老舍的文化解析》，北京：中国国际广播出版社，2019 年。

南开大学历史学院编，冯尔康著：《清史专题研究》，天津：天津人民出版社，2019 年。

冯尔康著，南开大学历史学院编：《清代宗族史论》，天津：天津人民出版社，2019 年。

常越男：《家国之间：清初满洲八"著姓"研究》，北京：中国社会科学出版社，2019 年。

冯林英：《清代宫廷服饰》，北京：学苑出版社，2019 年。

武玉环：《辽金职官管理制度研究》，北京：人民出版社，2019 年。

八宝：《清朝与哲布尊丹巴·呼图克图》（蒙古文），北京：民族出版社，2019 年。

刘凤翥、张少珊、李春敏编著：《女真译语校补和女真字典》，上海：中西书局，2019 年。

亦邻真著，乌云毕力格、乌兰编：《般若宝藏：亦邻真教授学术论文集》，上海：上海古籍出版社，2019 年。

赵志强主编：《满学论丛（第 1—8 辑）》，沈阳：辽宁民族出版社，2011—2019 年。

张永江：《清代八旗蒙古制度》，呼和浩特：内蒙古人民出版社，2019 年。

冯尔康著、南开大学历史学院编：《雍正帝及其时代》，天津：天津人民出版社，2019 年。

达力扎布主编：《中国边疆民族研究第 1—12 辑)，北京：中央民族大学出版社，2008—2019 年。

庄吉发：《过阴收魂：尼山萨满的满语对话》，台北：文史哲出版社，2019 年。

庄吉发：《〈满蒙汉合璧教科书〉满文选读校注》，台北：文史哲出版社，2019 年。

庄吉发：《玄奘取经：〈西游记〉满文译本会话选读》，台北：文史哲出版社，2019 年。

王飞峰：《高句丽大型建筑址试论——从青石岭山城二号建筑址谈起》，《北方文物》2020 年第 1 期。

马金柱：《清代黑龙江索伦、达斡尔人留京问题刍论》，《北京社会科学》2020年第 2 期。

郑春颖、盛宇平：《高句丽古墓壁画所见出行图研究》，《南方文物》2020 年第2 期。

刘国辉：《论述后金——清政权对鄂伦春族的政制建构》，《黑龙江民族丛刊》2020 年第 2 期。

孙晓晨、祁慧军：《清末以来鄂伦春族姓名文化的传承与变迁——以猎民村孟氏家族为个案》，《黑龙江民族丛刊》2020 年第 2 期。

魏存成：《申遗以来我国高句丽考古的主要发现与研究》，《中国边疆史地研究》2020 年第 3 期。

范恩实：《渤海早期政权建设研究》，《中国边疆史地研究》2020 年第 3 期。

程尼娜：《是酋邦，还是国家？——再论金朝初年女真政权的国家形态》，《陕西师范大学学报》（哲学社会科学版），2020 年第 4 期。

王万志、程尼娜：《金初女真社会文化变迁研究》，《中国边疆史地研究》2020年第 4 期。

程尼娜：《辽代生女真属部官属考论》，《兰州大学学报》（社会科学版）2020年第 5 期。

第四章

林幹：《建国三十五年来古代北方民族史研究的回顾与展望》，《北方文物》1985 年 3 期。

林幹：《突厥与回纥历史论文选集》，北京：中华书局，1987 年。

赵欣、于长春、朱泓：《从分子生物学角度看鲜卑族的流向》，《吉林师范大学学报》2010 年第 1 期。

乌云毕力格：《17 世纪卫拉特各部游牧地研究》，《西域研究》2010 年第 1 期。

特木勒：《白言举儿克之地小考》，《中国历史地理论丛》2010 年第 1 期。

哈斯巴根：《顺治六年多尔衮出兵喀尔喀始末》，《西部蒙古论坛》2010 年第1 期。

那·布和哈达：《阿巴嘎兀良孩部溯源》，《内蒙古社会科学》（蒙古文版）2010 年第 1 期。

黑龙：《康熙帝第三次亲征噶尔丹史实考》，《西部蒙古论坛》2010 年第 1 期。

乌云毕力格：《17 世纪卫拉特各部游牧地研究（续）》，《西域研究》2010 年第2 期。

王凤梅：《西辽契丹人的社会经济及政治制度》，《吉首大学学报（社会科学版）》2010 年第 2 期。

任爱君：《契丹对奚族的征服及其统治方略》，《内蒙古社会科学》2010 年第 2 期。

宝音朝克图：《清代蒙古捐纳初探》，《西部蒙古论坛》2010 年第 2 期。

曹永年：《关于拓跋鲜卑的发祥地问题——与李志敏先生商榷》，《中国史研究》2010 年第 3 期。

富玉、谢咏梅：《清代阿拉善和硕特旗汉族移民的形成》，《内蒙古师范大学学报》2010 年第 3 期。

特木勒：《小歹青身世与义州木市》，《民族研究》2010 年第 4 期。

吕文利、张蕊：《乾隆年间蒙古准噶尔部第一次进藏熬茶考》，《内蒙古师范大学学报》2010 年第 4 期。

黑龙：《噶尔丹执政初期准噶尔与清朝关系的新发展》，《西部蒙古论坛》2010 年第 4 期。

敖拉、珠拉：《清代翁牛特旗扎萨克世袭》，《内蒙古社会科学》（蒙古文版）2010 年第 5 期。

聂鸿音：《西夏文献中的"柔然"》，《宁夏师范学院学报》2010 年第 5 期。

范丽君：《阿勒坦车臣汗与沙俄的关系》，《内蒙古社会科学》2010 年第 5 期。

玉芝：《1634 年和科尔沁七台吉与扎赉特》，《内蒙古大学学报》（蒙古文版）2010 年第 6 期。

任崇岳：《匈奴族源诸说评析》，《中州学刊》2010 年第 6 期。

漆侠主编：《辽宋西夏金代通史》，北京：人民出版社，2010 年。

魏良弢：《中国历史·喀喇汗王朝史·西辽史》，北京：人民出版社，2010 年。

达力扎布：《清朝初期与厄鲁特诸部的关系》，《中国边疆民族研究》（第 3 辑），北京：中央民族大学出版社，2010 年。

全国图书馆文献缩微复制中心编：《理藩院公牍则例三种》（5 册），北京：全国图书馆文献缩微复制中心，2010 年。

郭美兰编译：《清代军机处满文熬茶档》（2 册），上海：上海古籍出版社，2010 年。

谢咏梅：《札剌亦儿部若干家族世系》，《元史论丛》（第 13 辑），天津古籍出版社，2010 年。

乌云毕力格等主编：《清朝前期理藩院满蒙文题本》（24 册），呼和浩特：内蒙古人民出版社，2010 年。

白玉双：《达玛拉与达鲁噶：保甲制在喀喇沁蒙古人社会中的推行》，《蒙古史研究》（第 10 辑），呼和浩特：内蒙古大学出版社，2010 年。

谢咏梅、乌日汗：《清代阿拉善蒙古地区查嘎沁阿拉特考略》，《蒙古史研究》（第 10 辑），呼和浩特：内蒙古大学出版社，2010 年。

策·图尔巴图、萨仁毕力格：《蒙古国境内匈奴墓葬研究概况及近年新发现》，

《草原文物》2011 年第 1 期。

刘军：《论鲜卑拓跋氏族群结构的演变》，《内蒙古社会科学》2011 年第 1 期。

潘玲：《西汉时期乌桓历史辨析》，《史学集刊》2011 年第 1 期。

朝克满都拉：《清代记名协理的俗称与相关问题》，《内蒙古社会科学》（蒙古文版）2011 年第 1 期。

杨建新、马磊：《准噶尔汗国时期卫拉特蒙古诸部联姻述论》，《中国边疆史地研究》2011 年第 1 期。

杨珍：《康熙二十九年"亲往视师"再析》，《档案时空》2011 年第 1 期。

达力扎布：《清太宗和清世祖对漠北喀尔喀部的招抚》，《历史研究》2011 年第 2 期。

达力扎布：《17 世纪上半叶喀尔喀与明朝的短暂贸易》，《清史研究》2011 年第 2 期。

杨军：《宇文部世系及始迁时间地点考》，《贵州社会科学》2011 年第 2 期。

黑龙：《1688—1690 年康熙救助南下蒙古喀尔喀之新史料》，《中国边疆史地研究》2011 年第 2 期。

敖拉：《清代昭乌达盟有关问题析》，《内蒙古社会科学》（蒙古文版）2011 年第 4 期。

赵红梅：《乌桓朝贡东汉王朝探微》，《社会科学辑刊》2011 年第 6 期。

陈立柱：《三十年间国内匈奴族源研究评议》，《学术界》2011 年第 9 期。

白玉冬：《九姓达靼游牧王国史研究（8—11 世纪）》，《中国边疆民族研究》（第 5 辑），2011 年。

赵柄学：《策妄阿拉布坦和清朝关系史之研究——从〈清内阁蒙古堂档〉研究 18 世纪清朝和准噶尔蒙古关系》，北京：中央民族大学出版社，2011 年。

苏德毕力格主编：《准格尔旗扎萨克衙门档案》（42 册），赤峰：内蒙古科学技术出版社，2011 年。

苏德毕力格主编：《准格尔扎萨克旗衙门档案基督宗教史料》，桂林：广西师范大学出版社，2011 年。

晓克移录、整理：《清代至民国时期归化城土默特土地契约》（2 册），呼和浩特：内蒙古大学出版社，2011 年。

孛儿只斤·布仁赛音编辑整理点校：《北京文都尔王府蒙古文书信抄本》，呼和浩特：内蒙古人民出版社，2011 年。

周轩：《乾隆帝与土尔扈特东归》，乌鲁木齐：新疆大学出版社，2011 年。

马晓丽、崔明德：《对拓跋鲜卑及北朝汉化问题的总体考察》，《中国边疆史地研究》2012 年第 1 期。

吴松岩：《从考古学视野看北魏初期离散部落政策》，《内蒙古大学学报》2012 年第 1 期。

刚索南草：《浅析准噶尔蒙古势力在藏兴起的原因》，《西部蒙古论坛》2012 年第 1 期。

齐清顺：《准噶尔汗国的经济发展》，《西部蒙古论坛》2012 年第 1 期。

林永强：《汉朝针对降附乌桓的军政管理措施考论》，《黑龙江民族丛刊》2012 年第 2 期。

哈斯巴根：《鄂尔多斯右翼前末旗的设立——释读相关几份档案文书》，《内蒙古大学学报》（蒙古文版）2012 年第 2 期。

李春梅：《匈奴与乌桓的关系考述》，《内蒙古社会科学》2012 年第 2 期。

特木勒：《明蒙交涉中的蒙古使臣打儿汉守领哥》，《民族研究》2012 年第 2 期。

薛海波：《南匈奴内迁与东汉北边边防新论》，《内蒙古社会科学（汉文版）》2012 年第 3 期。

王力、张荣焕：《和硕特蒙古南迁藏区述论》，《北方民族大学学报》2012 年第 3 期。

胡玉春：《从柔然汗国与北魏的关系看北魏北边防务的兴衰》，《内蒙古社会科学》2012 年第 4 期。

李莎：《论两汉时期乌桓、鲜卑南迁的原因及对汉匈关系的影响》，《咸阳师范学院学报》2012 年第 3 期。

杨军：《"变家为国"：耶律阿保机对契丹部族结构的改造》，《历史研究》2012 年第 3 期。

林鹄：《耶律阿保机建国方略考——兼谈非汉族政权之汉化命题》，《历史研究》2012 年第 4 期。

李烨：《"秦胡"别释》，《内江师范学院学报》2012 年第 5 期。

丛彦博：《契丹建国前的社会组织形式》，《哈尔滨师范大学学报》2012 年第 5 期。

纪楠楠：《金朝对奚族政策探微》，《史学集刊》2012 年第 6 期。

乌云毕力格：《16 世纪蒙古"浑臣"考》，《内蒙古大学学报》2012 年第 6 期。

蔡美彪：《论辽朝的天下兵马大元帅与皇位继承》《辽金元史考索》，北京：中华书局，2012 年。

余蔚：《中国行政区划通史·辽金卷》，上海：复旦大学出版社，2012 年。

宝音德力根等主编：《清朝后期理藩院满蒙文题本》（42 册），呼和浩特：内蒙古科学技术出版社，2012 年。

中国第一历史档案馆、中国社会科学院中国边疆史地研究中心编：《清代新疆满文档案汇编》（283 册），桂林：广西师范大学出版社，2012 年。

乌兰校勘：《元朝秘史》（校勘本），北京：中华书局，2012 年。

达力扎布：《有关阿拉善旗旗名来源》，《中国边疆民族研究》（第 5 辑），北京：

中央民族大学出版社，2012 年。

吕净植：《鲜卑非瑞兽辨》，《北方文物》2013 年第 1 期。

齐光：《清朝时期蒙古阿拉善和硕特部札萨克王爷的属众统治》，《清史研究》2013 年第 1 期。

赵令志：《乾隆年间清朝与准噶尔贸易协定初探》，《满语研究》2013 年第 1 期。

王子今：《交通史视角的秦汉长城考察》，《石家庄学院学报》2013 年第 2 期。

姑茹玛：《多伦会盟之前的喀尔喀车臣汗部札萨克问题》，《内蒙古社会科学》（蒙古文版）2013 年第 2 期。

郭美兰：《清代霍博克赛里土尔扈特蒙古赴藏熬茶活动初探》，《西部蒙古论坛》2013 年第 2 期。

袁自强：《康熙三征噶尔丹》，《清史研究》2013 年第 3 期。

刘凯：《北魏"神部"问题研究》，《历史研究》2013 年第 3 期。

哈斯巴根：《清初翁牛特部分人众编入八旗考》，《内蒙古大学学报》（蒙古文版）2013 年第 4 期。

赵毅：《清代"包沁"小考》，《西部蒙古论坛》2013 年第 4 期。

巴·巴图巴雅尔：《从博克多汗政权档案史料看札哈沁鄂托克史迹》，《内蒙古社会科学》（蒙古文版）2013 年第 4 期。

郭美兰：《清代土尔扈特蒙古回归后赴藏熬茶满文档案》，《历史档案》2013 年第 4 期。

张子凌：《从固始汗的家族系统看罗卜藏丹津的反清与失败》，《黑龙江民族丛刊》2013 年第 5 期。

青松：《简述色旺诺尔布桑保亲王"自缢"之谜》，《内蒙古民族大学学报》2013 年第 5 期。

宝玉柱：《喀喇沁探源——元代宿卫与哈剌赤》，《西北民族大学学报》2013 年第 5 期。

马利清：《包头张龙圪旦一号墓的族属及部分南匈奴墓葬辨析》，《郑州大学学报（哲学社会科学版)》2013 年第 6 期。

乌罕奇：《汉译〈史集〉第二卷世系表补正》，《内蒙古大学学报》2013 年第 6 期。

玉芝：《17 世纪 30—40 年代阿鲁部牧地变迁》，《内蒙古大学学报》（蒙古文版）2013 年第 6 期。

奇·斯钦：《鄂尔多斯部的由来考》，《内蒙古社会科学》2013 年第 6 期。

石德生：《罗卜藏丹津事件始末：国家与社会的权利博弈及地方社会儒法化》，《青海社会科学》2013 年第 6 期。

齐光：《清朝时期蒙古阿拉善和硕特部的社会行政组织》，《历史地理》第 27

辑，2013 年。

王静：《柔然汗国研究》，山西大学硕士学位论文，2013 年。

梁云：《拓跋鲜卑早期历史若干问题研究》，内蒙古大学博士学位论文，2013 年。

全荣校勘注释：《〈圣主成吉思汗史〉研究》，北京：民族出版社，2013 年。

黑龙：《满蒙关系史论考》，北京：民族出版社，2013 年。

刘锦：《策妄阿拉布坦与康熙末期清朝的准噶尔政策》，《中国边疆民族研究》（第 6 辑），北京：中央民族大学出版社，2013 年。

包·额尔德木图：《土谢图旗开明亲王业喜海顺》，《中国·乌兰浩特第二届蒙元文化论坛暨科尔沁历史文化研讨会论文集》，呼伦贝尔：内蒙古文化出版社，2013 年。

刘迎胜：《世界历史新时代的创造者——纪念成吉思汗诞辰 850 周年》，《蒙古史研究》（第 11 辑），北京：科学出版社，2013 年。

齐光：《清朝时期蒙古阿拉善和硕特部的社会行政组织》，《历史地理》第 27 辑，2013 年。

刘正寅：《〈史集·部族志·翰亦剌传〉译注》《〈史集·部族志〉巴儿虎惕诸部研究》，《元史及民族与边疆研究集刊》（第 26 辑），上海：上海古籍出版社，2013 年。

达力扎布：《清代外藩蒙古会盟制度浅探》，载《纪念王锺翰先生百年诞辰学术文集》，北京：中央民族大学出版社，2013 年。

喀喇沁左翼蒙古族自治县档案局整理：《喀喇沁左翼旗王府档案》（10 册），沈阳：辽宁民族出版社，2013 年。

土默特左旗档案馆等编：《土默特左旗档案馆藏清代蒙古文档案选编》（2 册），呼和浩特：内蒙古人民出版社，2013 年。

包玉林：《杜尔伯特旗所札萨克承袭中的几个问题》，《中国·乌兰浩特第二届蒙元文化论坛暨科尔沁历史文化研讨会论文集》，呼伦贝尔：内蒙古文化出版社，2013 年。

吴忠良：《清代中期蒙旗渔业权利与旗界形成——以郭尔罗斯后旗为中心》，《满学论丛》（第 3 辑），沈阳：辽宁民族出版社，2013 年。

伊·亚·兹拉特金著，马曼丽译：《准噶尔汗国史（1635—1758 年)》，兰州大学出版社，2013 年。

蒙古国国家档案局、中国第一历史档案馆、新疆和布克赛尔蒙古自治县委史志办编译：《清代东归和布克赛尔土尔扈特满文档案全译》（1 册），乌鲁木齐：新疆人民出版社，2013 年。

吴元丰等编译：《清代东归和布克赛尔土尔扈特满文档案全译》（1 册），乌鲁木齐：新疆人民出版社，2013 年。

吐娜主编：《民国新疆焉耆地区蒙古族档案选编》，乌鲁木齐：新疆人民出版社，2013 年。

全荣校勘注释：《〈圣主成吉思汗史〉研究》，北京：民族出版社，2013 年。

白莹：《扎鲁特蒙古昂罕系统进入清军八旗始末研究》，《内蒙古社会科学》2014 年第 1 期。

李春梅：《论匈奴政权的分封制》，《内蒙古社会科学（汉文版）2014 年第 1 期。

毕德广：《唐代奚族居地的变迁》，《中国历史地理论丛》2014 年第 1 期。

宝音特古斯：《关于"九白之贡"》，《内蒙古大学学报》（蒙古文）2014 年第 2 期。

尹波涛：《鄂尔多斯万户研究（1510—1649）》，《陕西师范大学学报》2014 年第 3 期。

郑煦卓：《清朝尊崇藏传佛教的宗教政策对土尔扈特部东归的影响》，《西北民族大学学报》2014 年第 3 期。

巴责达、徐黎丽：《关于对土尔扈特部东归的原因分析研究》，《西部蒙古论坛》2014 年第 4 期。

崔向东：《乌桓、鲜卑南迁西进与北方民族关系演变》，《内蒙古社会科学》2014 年第 4 期。

王海：《秦汉辽西史地考论之一——以曹操征乌桓进军路线为切入》，《渤海大学学报》2014 年第 4 期。

程嘉芬：《北朝时期的方形帐篷与族群互动》，《中原文物》2014 年第 4 期。

高然：《民族历程与慕容改姓》，《西华师范大学学报》2014 年第 4 期。

徐秉琨：《步摇与慕容鲜卑》，《文史》2014 年第 4 辑。

陆军：《林丹汗的改宗及其与却图汗、藏巴汗结盟一事考述》，《西藏民族学院学报》2014 年第 4 期。

陈柏萍：《清代青海蒙古的社会政治变迁》，《青海民族研究》2014 年第 4 期。

朝克图：《关于林丹汗一个称号的由来》（《内蒙古大学学报》（蒙古文）2014 年第 5 期。

杨军：《契丹始祖传说与契丹族源》，《首都师范大学学报》2014 年第 6 期。

于默颖：《阿勒坦汗义子恰台吉生平事迹考述》，《内蒙古社会科学》2014 年第 6 期。

桂花：《喀尔喀永谢布人的来源及其历史事件》，《内蒙古大学学报》（蒙古文版）2014 年第 6 期。

薛海波：《东魏北齐国家权力结构新论——以怀朔镇勋贵任官为中心》，《史学月刊》2014 年第 7 期。

胡玉春：《拓跋鲜卑与柔然的关系》，《北魏六镇学术研讨会论文集》，2014 年。

杨永辉：《西魏民族关系探析——以与柔然和东魏的关系为例》，烟台大学硕士学位论文，2014 年。

肖爱民：《辽朝政治中心研究》，北京：人民出版社，2014 年。

罗新：《黑毡上的北魏皇帝》，北京：海豚出版社，2014 年。

刘凤翥：《契丹文字研究类编》，北京：中华书局，2014 年。

刘浦江、康鹏：《契丹小字词汇索引》，北京：中华书局，2014 年。

吐娜、潘美玲、巴特尔：《巴音郭楞蒙古族史——东归土尔扈特、和硕特历史文化研究》，北京：中国言实出版社，2014 年。

李靖编：《额济纳旗历史档案资料》（全 2 册），呼伦贝尔：内蒙古文化出版社，2014 年。

许全胜校注：《黑鞑事略校注》，兰州大学出版社，2014 年。

黑龙：《准噶尔蒙古与清朝关系史研究（1672—1697）》，上海：上海古籍出版社，2014 年。

希都日古：《鞑靼和大元国号》，《元史及民族与边疆研究集刊》（第 28 辑），上海：上海古籍出版社，2014 年。

余蔚：《辽代斡鲁朵管理体制研究》，《历史研究》2015 年第 1 期。

卢本扎西：《试述清朝肢解和硕特汗国及其罗卜藏丹津亲王的军事应对》，《西部蒙古论坛》2015 年第 1 期。

乌云毕力格：《土尔扈特汗廷与西藏关系（1643—1732）——以军机处满文录副档记载为中心》《西域研究》2015 年第 1 期。

张晋：《探析乌桓三次南迁中的骑兵因素》，《阴山学刊》2015 年第 2 期。

吕文利：《由乾隆初年准噶尔三次入藏熬茶看清朝藩部的形成过程》，《中国边疆史地研究》2015 年第 2 期。

四川大学考古学系、河南省文物局南水北调文物保护办公室：《河南卫辉市大司马村隋唐乞扶令和夫妇墓》，《考古》2015 年第 2 期。

曹永年：《关于柔然自号"皇芮"并宣称"光复中华"——兼论十六国时期北方各族豪酋"俱僭大号，各建正朔"的潮流》，《中华文史论丛》2015 年第 2 期。

邱靖嘉：《再论辽朝的"天下兵马大元帅"与皇位继承——兼谈辽代皇储名号的特征》，《民族研究》2015 年第 2 期。

乌云毕力格：《察哈尔扎萨克旗游牧地考补证》，《中央民族大学学报》，2015 年第 2 期。

哈斯巴根：《九白之贡：喀尔喀和清朝朝贡关系建立过程初探》，《民族研究》2015 年第 2 期。

史风春：《辽朝后族萧姓由来述论》，《内蒙古师范大学学报》2015 年第 4 期。

何建国、郭建菊：《北魏六镇与柔然关系探析》，《山西大同大学学报》2015 年第 4 期。

张慧聪：《乌桓的三次迁徙与中原农耕文化的交融》，《中央民族大学学报》2015 年第 4 期。

程妮娜：《东部乌桓从朝贡成员到编户齐民的演变》，《民族研究》2015 年第 5 期。

刘锦：《青海和硕特部蒙古与康熙末期"驱准保藏"》，《西北民族大学学报》2015 年第 5 期。

苏裕民：《罗卜藏丹津、谢尔苏反清始末》，《档案》2015 年第 11 期。

苗霖霖、杨昕沫：《鲜卑部落联盟研究》，哈尔滨：黑龙江人民出版社，2015 年。

札奇斯钦口述历史：《一个蒙古老人的回忆》，呼和浩特：内蒙古大学出版社，2015 年。

内蒙古阿拉善左旗档案史志局编：《清代阿拉善和硕特旗蒙古文档案选编》（5 册），北京：国家图书馆出版社，2015 年。

希都日古：《清内秘书院蒙古文档案汇编汉译》（内附汉译《十七世纪前半期蒙古文文书档（1600—1650 年)》，北京：社会科学文献出版社，2015 年。

尚衍斌、黄太勇校注：《长春真人西游记校注》，北京：中央民族大学出版社，2015 年。

赵令志、郭美兰：《准噶尔使者档之比较研究》，北京：中央民族大学出版社，2015 年。

乌云贺喜格主编：《呼伦贝尔、阿拉善、喀尔喀地方法规》，赤峰：内蒙古科学技术出版社，2015 年。

特·额尔敦陶克套主编：《蒙古族经世法典丛书》（19 册），赤峰：内蒙古科学技术出版社，2015 年。

薄音湖、王雄编辑点校：《明代蒙古汉籍史料汇编》（1—12 辑），呼和浩特：内蒙古大学出版社，1993—2015 年。

尹亮：《从河西简牍看汉代对匈奴的军事防御体系》，兰州大学硕士学位论文，2016 年。

王子今：《匈奴经营西域研究》，北京：中国社会科学出版社，2016 年。

周伟洲：《乞伏令和夫妇墓志铭证补》，《西北民族论丛（第十三辑)》，北京：社会科学文献出版社，2016 年。

内蒙古阿拉善左旗档案史志局编：《清代阿拉善和硕特旗满文档案选编》（10 册），北京：国家图书馆出版社，2016 年。

哈斯巴根：《关于清初蒙古伊苏特部》，《元史及民族与边疆研究集刊》（第 31 辑），上海：上海古籍出版社，2016 年。

乌力吉陶克套整理校注：《民国〈政府公报〉蒙古资料辑录（1912.5—1928.5)》（4 册），呼和浩特：内蒙古人民出版社，2016 年。

齐英：《清代喀喇沁中旗比丁册及其反映的王公贵族和箭丁关系》，《蒙古史研究》（第十二辑），呼和浩特：内蒙古大学出版社，2016 年。

苏日塔拉图：《杭锦旗扎萨克阿尔宾巴雅尔及其政治活动述略》，《内蒙古民族大学学报》2016 年第 1 期。

张星月：《乌静彬与土尔扈特蒙古教育》，《西部蒙古论坛》2016 年第 1 期。

敖佳鹏：《黑龙江省富裕县敖姓蒙古人族源考》，《西部蒙古论坛》2016 年第 1 期。

青松：《乌喇特部与爱新国关系考述》，《内蒙古民族大学学报》2016 年第 1 期。

刘锦：《罗卜藏舒努与清朝首次遣使俄国研究》，《中国边疆史地研究》2016 年第 1 期。

特尔巴衣尔：《准噶尔汗国明阿特鄂托克来源与游牧地考》，《内蒙古大学学报》2016 年第 2 期。

邱熠华：《罗卜藏车珠尔与清末民国藏事》，《中国藏学》2016 年第 2 期。

黑龙：《阿喇尼出使准噶尔部蒙古文档案译介》，《满族研究》2016 年第 2 期。

王欣：《柔然与西域》，《西北民族论丛》2016 年第 2 期。

刘连香：《东魏齐献武高王闾夫人茹茹公主墓志考释》，《华夏考古》2016 年第 2 期。

乌兰：《蒙古文历史文献中涉及"国"及相关概念的一些表述方式》，《民族研究》2016 年第 2 期。

屈罗木图：《清代乌兰察布盟形成考述》，《内蒙古财经大学学报》2016 年第 2 期。

刘迎胜：《"拔都西征"决策讨论及相关问题》，《历史研究》2016 年第 2 期。

樊永贞、钢土木尔：《林丹汗改信藏传佛教萨迦派的政治意义》，《西部蒙古论坛》2016 年第 2 期。

乌兰巴根：《蒙古回部王公表传"西第什哩列传"正误》，《中国边疆学》2016 年第 2 期。

乌云毕力格：《康熙初年清朝对归附喀尔喀的设旗编佐——以理藩院满文题本为中心》，《清史研究》2016 年第 2 期。

色·斯琴毕力格：《为林丹汗灌顶的之三尊呼图克图考》，《蒙古学研究》2016 年第 3 期。

齐英：《清代蒙古社会中的苏木和随丁关系——以喀喇沁中旗为例》，《内蒙古师范大学学报》（蒙古文版）2016 年第 3 期。

齐英：《清代蒙古王公贵族之"征取属下赋役"规定考》，《内蒙古师范大学学报》（蒙古文版）2016 年第 3 期。

于洁茹：《从文化视角分析土尔扈特部东归的因素》，《西部蒙古论坛》2016 年第 4 期。

　　周学军：《晚清与民国时期卫拉特蒙古史实考辨》，《西部蒙古论坛》2016 年第 4 期。

　　苏日朦：《有关清代在内扎萨克各盟设立盟务帮办》，《内蒙古社会科学》（蒙古文版）2016 年第 4 期。

　　哈斯巴根：《清代札萨克旗的协理台吉》，《内蒙古大学学报》（蒙古文版）2016 年第 4 期。

　　马智全：《居延汉简反映的汉匈边塞战事》，《西北民族大学学报（哲学社会科学版）》2016 年第 5 期。

　　彭超：《北魏勋臣八姓家族文化演变考》，《古籍整理研究》2016 年第 5 期。

　　王永健：《浅论卫拉特蒙古南下青海和和硕特固始汗征服康藏》，《四川民族学院学报》2016 年第 5 期。

　　陈晓伟：《捺钵与行国政治中心论——辽初“四楼”问题真相发覆》，《历史研究》2016 年第 6 期。

　　李自然：《林丹汗病逝地——“大草滩”之所在考》，《黑龙江民族丛刊》2016 年第 6 期。

　　哈斯巴根：《清初多罗特部的政治变迁》，《社会科学战线》2016 年第 6 期。

　　孙闻博：《秦汉边地胡骑的使用——基于新获史料与传世文献的再考察》，《简牍学研究》第 6 辑，兰州：甘肃人民出版社，2016 年。

　　沙颖：《红山文化遗址陶人形象的“呼”与“胡”的关系及“胡”的历史沿革》，《赤峰学院学报（汉文哲学社会科学版）》2016 年第 8 期。

　　冯立君：《高句丽与柔然的交通与联系——以大统十二年阳原王遣使之记载为中心》，《社会科学战线》2016 年第 8 期。

　　杜倩萍：《论柔然源流与茹姓的民族构成和认同》，《中州学刊》2016 年第 10 期。

　　王宇、苏军强、柏艺萌：《辽西地区慕容鲜卑汉化的考古学观察》，《辽宁省博物馆馆刊》2016 年。

　　齐英：《清代蒙古社会中的苏木和随丁关系——以喀喇沁中旗为例》，《蒙古史研究》（第 12 辑），呼和浩特：内蒙古大学出版社，2016 年。

　　苏雅拉图、巴音主编：《杭锦旗札萨克衙门档案》（20 册），呼伦贝尔：内蒙古文化出版社，2016 年。

　　周兴启、李俊义：《乌桓山地望新考》，《学问》2017 年第 1 期。

　　段锐超、段元秀：《“魂人”礼俗与北魏文化认同》，《民俗研究》2017 年第 1 期。

　　王萌、杜汉超：《隋代〈郁久闾伏仁墓志〉考释》，《草原文物》2017 年第 1 期。

任崇岳：《元明鼎革之际蒙古人的去向》，《西部蒙古论坛》2017 年第 2 期。

李春梅：《匈奴政权的社会性质》，《内蒙古社会科学》（汉文版）2017 年第 3 期。

于默颖：《明代蒙古的济农制度》，《内蒙古社会科学》2017 年第 6 期。

刘锦：《罗卜藏丹津事件再研究》，《西北民族大学学报》2017 年第 6 期。

玉海：《清代昭乌达盟的形成及其会盟问题探析——以翁牛特右翼旗印务处档案为中心》，《国学学刊》2017 年第 3 期。

张国文：《拓跋鲜卑殉牲习俗探讨》，《南方文物》2017 年第 4 期。

张鹤泉：《北魏迎气祭祀礼试探》，《河北学刊》2017 年第 4 期。

张国文：《拓跋鲜卑农业发展的古食谱分析》，《北方文物》2017 年第 4 期。

张雅军、赵欣、沈丽华：《东魏皇族元祜的种族探寻》，《南方文物》2017 年第 4 期。

王绵厚：《试论曹操北征"三郡乌桓"的辽西古廊道与交通文化》，《广西民族大学学报》2017 年第 5 期。

周能俊：《"嘉禾"符瑞对元魏政治的影响——以北魏承明元年齐州"嘉禾"事件为例》，《宁夏社会科学》2017 年第 5 期。

牟发松：《北魏解散部落政策与领民酋长制之渊源新探》，《华中师范大学学报》2017 年第 5 期。

张发贤：《1717 年准噶尔部袭扰西藏探析——以清宫满文奏报为中心》，《西藏研究》2017 年第 5 期。

胡小鹏：《边疆法律视野下的"秦胡"身份》，《社会科学战线》2017 年第 6 期。

刘凯：《奚康生之死与其反复——迁洛后鲜卑姓族政治心态的一个侧影》，《社会科学战线》2017 年第 6 期。

乌兰：《成吉思汗去逝及埋葬地问题再研究》，《民族研究》2017 年第 6 期。

刘维栋、赵学东：《论乌桓骑兵在汉末战争中的影响与作用》，《社会纵横》2017 年第 7 期。

乔凤岐：《柔然王族迁居中原后籍贯与族属的认同》，《江汉论坛》2017 年第 7 期。

杨卫：《顾实汗及其与清朝政权的关系研究》，《西南民族大学学报》2017 年第 9 期。

王子今：《丝绸贸易史上的汉匈关系》，《文史知识》2017 年第 12 期。

董永琴：《西北汉简所见"骑士"研究》，西北师范大学硕士学位论文，2017 年。

王萌：《北魏〈郁久闾肱墓志〉考释》，《北方民族考古》（第 4 辑），2017 年。

刘浦江：《宋辽金史论集》，北京：中华书局，2017 年。

白初一：《内喀尔喀五部历史研究》，北京：民族出版社，2017 年。

清格尔泰、吴英喆：《契丹小字再研究》，呼和浩特：内蒙古大学出版社，2017 年。

内蒙古阿拉善左旗档案史志局编：《陈巴尔虎部落满文历史档案》（3 册），呼和浩特：远方出版社，2017 年。

厉声、[蒙古] S·楚仑等主编：《清代钦差驻库伦办事大臣衙门档案档册汇编》（满文，20 册），桂林：广西师范大学出版社，2017 年。

苏航：《"汉儿"歧视与"胡姓"赐与——论北朝的权利边界与族类边界》，《民族研究》2018 年第 1 期。

锋晖：《清朝与准噶尔汗国关系再探讨》，《西部蒙古论坛》2018 年第 1 期。

庞绿林、谢青海：《清代乌兰察布盟（四部六旗）首次会盟考》，《内蒙古师范大学学报》（哲学社会科学版）2018 年第 1 期。

宝音朝克图：《清代外藩蒙古台吉爵位封袭制再探讨》，《历史档案》2018 年第 1 期。

王希隆、杨代成：《灭法与护法——论康熙末年准噶尔部入藏事件》，《青海民族研究》2018 年第 1 期。

姚金燕、谢咏梅：《阿拉善地区的民勤移民及其影响》，《内蒙古民族大学学报》2018 年第 1 期。

张伯国：《康雍乾时期准噶尔归附人安置考析》，《青海民族研究》2018 年第 2 期。

张鹤泉：《鲜卑婚俗与北朝汉族婚姻礼法的交互影响》，《文史》2018 年第 2 辑。

袁刚：《柔然与西域相关的几个问题》，《内蒙古社会科学》2018 年第 3 期。

玉海：《清初阿鲁蒙古伊苏特部贵族祖源考述》，《清史研究》2018 年第 3 期。

王力：《噶尔丹对俄国外交关系探析》，《西北师大学报》2018 年第 3 期。

平平：《清朝在东归土尔扈特部全面实行盟旗制度时间考》，《前沿》2018 年第 3 期。

王文光、张曙晖：《两汉时期乌桓鲜卑的历史人类学研究》，《广西民族大学学报》2018 年第 4 期。

周倩倩：《从祥应管窥慕容前燕政权的汉化》，《敦煌学辑刊》2018 年第 4 期。

范恩实：《论人地关系对慕容鲜卑早期兴起历程的影响》，《北方文物》2018 年第 4 期。

温拓：《执壶鲜卑：段部源流三题》，《社会科学战线》2018 年第 4 期。

刘呆运、李明、赵宝良、聂海林、杨龙、王智龙、郭秀丽、党晓婷、夏书苗、赵占锐、赵海燕：《长安高阳原隋郁久闾可婆头墓发掘简报》，《文博》2018 年第 4 期。

李爽：《高句丽与柔然关系研究》，《地域文化研究》2018年第5期。

叶晓锋：《匈奴语言及族源新探》，《中山大学学报》（社会科学版）2018年第5期。

段锐超：《北魏鲜卑将军宇文延史事述论——以〈宇文延墓志〉为据》，《西北民族大学学报》2018年第5期。

侯亮亮、古顺芳：《大同地区北魏居民生业经济的考古学观察》，《郑州大学学报》2018年第6期。

张丽娜、李林：《辽西三燕墓葬美术中的多民族文化特征探析》，《西南民族大学学报》2018年第11期。

王子今：《汉代河西的交通格局与民族关系》，《中国民族报》2018年11月2日。

郭晓燕、李鹏为：《北齐〈闾子燦墓志〉笺证》，《北方民族考古》（第5辑），2018年。

尹波涛：《拓跋部传说时代历史研究述评》，《西北民族论丛（第十八辑）》，北京：社会科学文献出版社，2018年。

李艳玲、青格力：《土默特蒙古金氏家族契约文书整理新编》，北京：中国社会科学出版社，2018年。

王音：《北朝晚期墓室空间布局研究——以北魏洛阳时代至北齐都城地区的墓葬为例》，《古代文明（第12卷）》，上海：上海古籍出版社，2018年。

倪润安：《北魏平城墓葬分期标准探讨》，《北方民族考古（第5辑）》，北京：科学出版社，2018年。

苏雅拉图等编：《阿拉善和硕特旗蒙古文历史档案：抄件》（23册），呼和浩特：远方出版社，2016—2018年。

胡日查、长命：《嫩科尔沁史》，呼和浩特：内蒙古大学出版社，2018年。

乌云毕力格等主编：《清代五当召蒙古文历史档案汇编》，赤峰：内蒙古科学技术出版社，2018年。

土默特左旗档案馆、内蒙古科技大学联合整理：《土默特左旗档案馆藏土默特历史档案汇编》（第1辑，15册），桂林：广西师范大学出版社，2018年。

西藏自治区档案馆编：《西藏自治区档案馆馆藏蒙满文档案精选》，成都：四川民族出版社，2018年。

［清］额勒和布著，芦婷婷整理：《额勒和布日记》（上下册），南京：凤凰出版社，2018年。

王子今：《"隔绝羌胡"与"通货羌胡"：丝绸之路河西段的民族关系》，《西域研究》2019年第1期。

赵海燕：《隋代柔然贵族〈郁久闾可婆头墓志〉探析》，《四川文物》2019年第1期。

裴永亮：《河西汉简所见边塞地区汉匈日常战事及其特点》，《湖北社会科学》2019 年第 1 期。

孔令伟：《从新发现的藏文文献看藏传佛教在土尔扈特东归中的历史作用》，《中国藏学》2019 年第 1 期。

王兴锋：《论东汉南匈奴单于庭驻地的四次迁徙》，《中国历史地理论丛》2019 年第 1 期。

张国刚：《论北周宇文氏政权》，《南开史学》2019 年第 1 期。

成崇德、斯仁那德米德：《卫拉特蒙古游牧地与清朝西北疆域的形成》，《西部蒙古论坛》2019 年第 1 期。

王兴锋：《东汉南匈奴南迁及其安置新论》，《内蒙古民族大学学报（社会科学版》2019 年第 2 期。

杨代成：《论和硕特部入藏与准噶尔部入藏中的几个问题》，《青海民族研究》2019 年第 2 期。

刘森垚：《中古郁久闾氏墓志再考》，《中央民族大学学报》2019 年第 3 期。

张晋：《乌桓三次南迁的历史情境再探》，《黑龙江民族丛刊》2019 年第 5 期。

王禹浪、王俊铮、王天姿：《东北亚丝绸之路的形成与早期发展——兼论室韦"朝贡道"》，《河南师范大学学报》2019 年第 5 期。

张伟：《汉代和亲诗考论》，《湖南大学学报（社会科学版）》2019 年第 6 期。

李焕青、李雪洁：《慕容鲜卑名号考》，《古籍整理研究学刊》2019 年第 6 期。

马利清：《通湖山摩崖石刻与南、北匈奴关系考》，《中州学刊》2019 年第 9 期。

袁刚：《柔然历史若干问题研究》，内蒙古大学博士学位论文，2019 年。

永真：《北方游牧民族可汗制度研究》，内蒙古大学硕士学位论文，2019 年。

冯景运：《中古北族可敦制度研究》，西北大学硕士学位论文，2019 年。

吴洪琳：《北魏拓跋氏黄帝祖源认同的构建》，《西北民族论丛（第 19 辑）》，北京：社会科学文献出版社，2019 年。

卓仁：《辽金时期的达斡尔族先人——"达鲁古"》，《辽金历史与考古》（第 10 辑），北京：科学出版社，2019 年。

耿涛：《耶律阿保机嗣位者考辨——再论契丹早期王位继承》，《辽金历史与考古》（第 10 辑），2019 年。

王子今：《汉帝国交通地理的"直单于庭"》，《中国历史地理论丛》2020 年第 1 期。

张久和、刘芳：《考古资料反映的唐代室韦人的生产生活方式》，《内蒙古大学学报》2020 年第 2 期。

冯世明：《南匈奴的儒家文化教育》，《苏州教育学院学报》2020 年第 6 期。

苗润博：《〈辽史〉探源》，北京：中华书局，2020 年。

冯世明：《匈奴挛鞮氏"统治家族"地位的确立与影响》，《许昌学院学报》2021 年第 1 期。

喜饶尼玛、扎西才旦：《试析抗日救亡运动中九世班禅在内蒙古的宣化活动》，《内蒙古师范大学学报》2005 年第 5 期。

乌云毕力格：《绰克图台吉的历史和历史记忆》，H. FUTAKI & B. OYUNBILIG：QUAESTIONES MONGOLORUM DISPUTATAE I 2005. Tokyo。

额布力图：《17 世纪初内蒙古东部地区宗教政体状况及内齐托音呼图克图》，《蒙古学研究》2006 年第 4 期。

额布力图：《内齐托音呼图克图在科尔沁等诸部传播黄教史略》，《蒙古学研究》2007 年第 3 期。

额布力图：《关于内齐托音呼图克图一世开创的佛教蒙古语念经问题》，《蒙古学研究》2008 年第 4 期。

额布力图：《关于内齐托音呼图克图与萨迦活佛的矛盾》，载《阳光》，呼和浩特：内蒙古人民出版社，2009 年。

张岱玉：《元代成吉思汗家族汗位之争及其善后措置的探考》，《内蒙古社会科学》2009 年第 4 期。

晓克：《"大板升之战"及其影响》，《内蒙古社会科学》2009 年第 6 期。

陈得芝：《关于元朝的国号年代与疆域问题》，《北方民族大学学报》2009 年第 3 期。

张文平：《弘吉剌部投下城镇探考》，《内蒙古大学学报》2009 年第 6 期。

谢咏梅：《札剌亦儿人受封食邑及留住食邑考》《元史论丛》第 11 辑，天津：天津古籍出版社，2009 年。

谢咏梅：《蒙元时期的雪尼惕部落考略》，《蒙古学丛谭》，2009 年。

斯琴：《清代喀喇沁左翼人口与社会问题》，《中国蒙古学》2009 年第 3 期。

黑龙：《康熙帝首次亲征噶尔丹与昭莫多之战》，《满语研究》2009 年第 2 期。

吐娜：《南路土尔扈特、和硕特部社会制度探析》，《西部蒙古论坛》2009 年第 3 期。

胡日查：《清朝阿拉善旗和硕特旗财政状况》，《中国蒙古学》2009 年第 3 期。

包德义：《论清朝阿拉善和硕特旗牧场保护措施》，《中国蒙古学》2009 年第 3 期。

乌日汗、富玉：《清代阿拉善和硕特旗相关边界规定》，《内蒙古师范大学学报》2009 年第 3 期。

陶·额尔登巴图：《阿拉善西公爷多尔济萨布腾及其图力根衙门》，《内蒙古社会科学》（蒙古文版）2009 年第 3 期。

何金山、宝永：《成吉思汗〈大札撒〉行政法初探——〈大札撒〉研究（四）》，《内蒙古大学学报》（蒙古文版）2009 年第 2 期。

阿茹罕：《试论〈成吉思汗法典〉的刑法规定及其意义》，《内蒙古农业大学学报》2009 年第 6 期。

李保文：《"伯德尔格"考释》，《西域研究》2009 年第 4 期。

徐长菊、张晓松：《藏传佛教格鲁派在准噶尔汗国的传播和发展》《西藏大学学报》2009 年第 1 期。

胡日查：《清代内蒙古地区寺院经济研究》，沈阳：辽宁民族出版社，2009 年。

金峰：《漠南蒙古大活佛传》（蒙古文版），呼伦贝尔：内蒙古文化出版社，2009 年。

乌云毕力格：《关于内齐托音喇嘛的顺治朝满文题本》，《十七世纪蒙古史论考》，呼和浩特：内蒙古人民出版社，2009 年。

斯林格：《关于九世哲布尊丹巴转世的历史考察》，《内蒙古社会科学》2009 年第 6 期。

邓建新：《清王朝对章嘉呼图克图的管理》，《青海民族学院学报》2009 年第 1 期。

胡日查：《安代之乡——锡勒图库伦扎萨克喇嘛旗历史变迁》，《内蒙古民族大学学报》2009 年第 4 期。

郭美兰编译：《清代军机处满文熬茶档》（2 册），上海：上海古籍出版社，2010 年。

乌云毕力格等主编：《清朝前期理藩院满蒙文题本》（24 册），呼和浩特：内蒙古人民出版社，2010 年。

全国图书馆文献缩微复制中心编：《理藩院公牍则例三种》（5 册），全国图书馆文献缩微复制中心，2010 年。

胡凡：《明代历史探赜》，北京：中国大百科全书出版社，2010 年。

孟和宝音：《近代内蒙古行政建制变迁研究》，沈阳：辽宁民族出版社，2010 年。

杨强：《清代蒙古法制变迁研究》，北京：中国政法大学出版社，2010 年。

中共博尔塔拉蒙古族自治州委员会党史研究室、博尔塔拉蒙古族自治州地方志办公室编著：《新疆察哈尔蒙古西迁简史》，北京：民族出版社，2010 年。

敖拉、珠拉：《清代翁牛特旗扎萨克世袭》，《内蒙古社会科学》（蒙古文版），2010 年第 5 期。

白玉双：《达玛拉与达鲁噶：保甲制在喀喇沁蒙古人社会中的推行》，《蒙古史研究》第 10 辑，呼和浩特：内蒙古大学出版社，2010 年。

宝音朝克图：《清代蒙古捐纳初探》，《西部蒙古论坛》2010 年第 2 期。

谢咏梅：《札剌亦儿部若干家族世系》，《元史论丛》第 13 辑，天津：天津古籍出版社，2010 年。

特木勒：《小歹青身世与义州木市》，《民族研究》2010 年第 4 期。

特木勒：《白言举儿克之地小考》，《中国历史地理论丛》2010年第1期。

玉芝：《1634年和科尔沁七台吉与扎赉特》，《内蒙古大学学报》（蒙古文版）2010年第6期。

N·哈斯巴根：《顺治六年多尔衮出兵喀尔喀始末》，《西部蒙古论坛》2010年第1期。

范丽君：《阿勒坦车臣汗与沙俄的关系》，《内蒙古社会科学》2010年第5期。

乌云毕力格：《关于喀尔喀和托辉特部青衮扎卜的一份满蒙文合璧题本》，《内蒙古大学学报》（蒙古文版）2010年第5期。

那·布和哈达：《阿巴嘎兀良孩部溯源》，《内蒙古社会科学》（蒙古文版）2010年第1期。

乌云毕力格：《17世纪卫拉特各部游牧地研究》，《西域研究》2010年第1期。

乌云毕力格：《17世纪卫拉特各部游牧地研究（续）》，《西域研究》2010年第2期。

达力扎布：《清朝初期与厄鲁特诸部的关系》，《中国边疆民族研究》第3辑，北京：中央民族大学出版社，2010年。

黑龙：《康熙帝第三次亲征噶尔丹史实考》，《西部蒙古论坛》2010年第1期。

黑龙：《噶尔丹执政初期准噶尔与清朝关系的新发展》，《西部蒙古论坛》2010年第4期。

吕文利、张蕊：《乾隆年间蒙古准噶尔部第一次进藏熬茶考》，《内蒙古师范大学学报》2010年第4期。

谢咏梅、乌日汗：《清代阿拉善蒙古地区查嘎沁阿拉特考略》，《蒙古史研究》第10辑，呼和浩特：内蒙古大学出版社，2010年。

富玉、谢咏梅：《清代阿拉善和硕特旗汉族移民的形成》，《内蒙古师范大学学报》2010年第3期。

那仁朝格图：《〈阿勒坦汗法典〉及其内容浅析》，《内蒙古大学学报》2010年第1期。

阿茹罕：《试论古代蒙古法中的生态环境保护》，《内蒙古民族大学学报》2010年第1期。

黄华均：《蒙古族"约孙"的生态价值诠释——基于低碳和绿色发展的法理思考》，《新疆大学学报》2010年第4期。

达力扎布：《清朝入关前对蒙古立法初探》，方铁、邹建达主编：《中国蒙元史学术研讨会暨方龄贵教授九十华诞庆祝会文集》，北京：民族出版社，2010年。

杨强：《清代蒙古法制变迁研究》，北京：中国政法大学出版社，2010年。

祁美琴：《清代蒙旗社会喇嘛教信仰问题研究》，《内蒙古大学学报》2010年第1期。

达力扎布：《〈读《咱雅班第达传》札记〉》，《西部蒙古论坛》2010年第1期。

邓建新：《论藏传佛教章嘉活佛系统的社会功能》，《世界宗教文化》2010 年第 2 期。

邓建新：《论三世章嘉呼图克图的文化贡献》，《中央民族大学学报》2010 年第 3 期。

邓建新：《章嘉呼图克图研究》，北京：宗教文化出版社，2010 年。

秦永章：《民国时期第七世章嘉呼图克图在内蒙古的宣化活动述略》，《民族研究》2010 年第 6 期。

周乌云：《试论清代蒙古地区喇嘛洞礼年班制度》，《内蒙古民族大学学报》2010 年第 4 期。

陆万昌：《清代达翰尔族贸易初探》，《黑龙江民族丛刊》2010 年第 1 期。

中华文化通志编委会编写：《中华文化通志第三典民族文化——蒙古、东乡、土、保安、达翰尔文化志》，上海：上海人民出版社，2010 年。

［俄］马·伊·戈尔曼著，陈弘法译：《西方的蒙古学研究（中心·人员·社团）二十世纪 50 年代—90 年代中期》，内蒙古教育出版社，2010 年。

苏德毕力格：《准格尔旗扎萨克衙门档案》（42 册），赤峰：内蒙古科学技术出版社，2011 年。

汉译蒙古文档案有苏德毕力格主编：《准格尔扎萨克旗衙门档案基督宗教史料》（内附原文），桂林：广西师范大学出版社，2011 年。

晓克移录、整理：《清代至民国时期归化城土默特土地契约》（2 册），呼和浩特：内蒙古大学出版社，2011 年。

孛儿只斤·布仁赛音编辑整理点校：《北京文都尔王府蒙古文书信抄本》，呼和浩特：内蒙古人民出版社，2011 年。

［美］亨利·赛瑞斯著，王苗苗译：《明蒙关系Ⅲ——贸易关系：马市（1400—1600)》，北京：中央民族大学出版社，2011 年。

郝维民、齐木德道尔吉总主编：《内蒙古通史》（全八卷），北京：人民出版社，2011 年。

留金锁著，浩斯巴特尔、包阿拉塔译：《蒙古族全史》（第一卷），沈阳：辽宁民族出版社，2011 年。

乔吉：《蒙古族全史·宗教卷》，呼和浩特：内蒙古大学出版社，2011 年。

姚大力：《蒙元制度与政治文化》，北京：北京大学出版社，2011 年。

鲍音：《鲍音蒙古学文集》，长春：吉林人民出版社，2011 年。

奇日格夫等译：《哲布尊丹巴呼图克图传略》，呼和浩特：内蒙古人民出版社，2011 年。

乌云格日勒主编：《扎鲁特历史文化》，呼和浩特：内蒙古教育出版社，2011 年。

长命：《资料分析与历史解读——从百灵庙自治运动到绥境蒙政会成立》，呼和浩特：内蒙古教育出版社，2011 年。

王力：《明末清初达赖喇嘛系统与蒙古诸部互动关系研究》，北京：民族出版社，2011 年。

乌云毕力格、宋瞳：《关于清代内扎萨克盟的雏形——以理藩院题本为中心》，《清史研究》2011 年第 4 期。

敖拉：《清代昭乌达盟有关问题析》，《内蒙古社会科学》（蒙古文版）2011 年第 4 期。

朝克满都拉：《清代记名协理的俗称与相关问题》，《内蒙古社会科学》（蒙古文版）2011 年第 1 期。

刘正寅：《〈史集·部族志·斡亦剌传〉译注》，《中国边疆民族研究》第 5 辑，2011 年。

达力扎布：《17 世纪上半叶喀尔喀与明朝的短暂贸易》，《清史研究》2011 年第 2 期。

达力扎布：《清太宗和清世祖对漠北喀尔喀部的招抚》，《历史研究》2011 年第 2 期。

黑龙：《1688—1690 年康熙救助南下蒙古喀尔喀之新史料》，《中国边疆史地研究》2011 年第 2 期。

杨建新、马磊：《准噶尔汗国时期卫拉特蒙古诸部联姻述论》，《中国边疆史地研究》2011 年第 1 期。

杨珍：《康熙二十九年"亲往视师"再析》，《档案时空》2011 年第 1 期。

赵柄学：《策妄阿拉布坦和清朝关系史之研究——从〈清内阁蒙古堂档〉研究 18 世纪清朝和准噶尔蒙古关系》，《中国边疆民族研究》第 4 辑，北京：中央民族大学出版社，2011 年。

罗布：《请与应的错位：顾实汗进兵青藏的原因与目的》，《西藏大学学报》2011 年第 1 期。

周轩：《乾隆帝与土尔扈特东归》，乌鲁木齐：新疆大学出版社，2011 年。

汤洁：《论〈大札撒〉中的野生动物保护法律观》，《内蒙古财经学院学报》2011 年第 3 期。

青格力：《〈青海卫拉特法典〉后记中的朵尔基旺秋一人名考》，《西部蒙古论坛》2011 年第 1 期。

达力扎布：《有关乾隆朝内府抄本〈理藩院则例〉》，《中国边疆民族研究》第 4 辑，北京：中央民族大学出版社，2011 年。

王力：《关于内齐托音一世的几个问题》，《世界宗教研究》2011 年第 1 期。

巴图宝音：《达斡尔族源于契丹论》，北京：中国社会科学出版社，2011 年。

何丽文：《清末民初黑龙江地区达斡尔族的经济模式变迁》，《黑龙江民族丛刊》2011 年第 3 期。

丁石庆：《达斡尔族萨满文化遗存调查》，北京：民族出版社，2011 年。

丁石庆、赛音踏娜：《达斡尔族萨满文化遗存调查》，北京：民族出版社，2011 年。

王希隆著、杨建新编：《各民族共创中华，东北内蒙古卷》，兰州：甘肃文化出版社，2011 年。

宝音德力根等主编：《清朝后期理藩院满蒙文题本》（42 册），赤峰：内蒙古科学技术出版社，2012 年。

中国第一历史档案馆、中国社会科学院中国边疆史地研究中心编：《清代新疆满文档案汇编》（283 册），桂林：广西师范大学出版社，2012 年。

乌兰校勘：《元朝秘史》，北京：中华书局，2012 年。

乌云毕力格：《16 世纪蒙古"浑臣"考》，《内蒙古大学学报》2012 年第 6 期。

谢咏梅：《蒙元时期札剌亦儿部研究》，沈阳：辽宁民族出版社，2012 年。

潘小平、武殿林主编：《察哈尔史》（上中下），呼和浩特：内蒙古人民出版社，2012 年。

陈得芝：《蒙元史研究导论》，南京：南京大学出版社，2012 年。

曹永年：《明代蒙古史丛考》，上海：上海古籍出版社，2012 年。

胡日查、乔吉、乌云：《藏传佛教在蒙古地区的传播研究》，北京：民族出版社，2012 年。

樊明方：《中国北部边疆史若干问题研究》，西安：西北工业大学出版社，2012 年。

扎·乌力吉著，钢特木尔等转写：《巴尔虎蒙古史》（蒙古文），呼伦贝尔：内蒙古文化出版社，2012 年。

叶尔达：《卫拉特高僧拉布紧巴·咱雅班第达研究》，北京：社会科学文献出版社，2012 年。

M. 乌兰：《卫拉特蒙古文献及史学：以托忒文历史文献研究为中心》，北京：社会科学文献出版社，2012 年。

哈斯巴根：《鄂尔多斯右翼前末旗的设立——释读相关几份档案文书》，《内蒙古大学学报》（蒙古文版）2012 年第 2 期。

特木勒：《明蒙交涉中的蒙古使臣打儿汉守领哥》，《民族研究》2012 年第 2 期。

刚索南草：《浅析准噶尔蒙古势力在藏兴起的原因》，《西部蒙古论坛》2012 年第 1 期。

齐清顺：《准噶尔汗国的经济发展》，《西部蒙古论坛》2012 年第 1 期。

王力、张荣焕：《和硕特蒙古南迁藏区述论》，《北方民族大学学报》2012 年第 3 期。

达力扎布：《有关阿拉善旗旗名来源》，《中国边疆民族研究》第 5 辑，北京：中央民族大学出版社，2012 年。

扎拉嘎、萨仁图雅：《从〈蒙古卫拉特法典〉管窥卫拉特社会阶层》，《蒙古学研究》2012 年第 2 期。

策·巴图：《〈蒙古—卫拉特法典〉中"强制人为僧"规定辨析》，《新疆大学学报》2012 年第 2 期。

王长青：《再论〈青海卫拉特联盟法典〉的名称、结构和特征》，《内蒙古师范大学学报》2012 年第 3 期。

包妹妹、宝日吉根：《援俗定例：清朝统治蒙古地区法律制度特点探究》，《清史研究》2012 年第 1 期。

谢雄伟、马青连：《清帝国对蒙古地区的刑事立法与司法特点》，《法学评论》2012 年第 5 期。

叶尔达：《卫拉特高僧拉布紧巴·咱雅班第达研究》，北京：社会科学文献出版社，2012 年。

景爱：《新世纪达斡尔族起源研究述评》，《辽宁工程科技大学学报》2012 年第 6 期。

金鑫：《论清代前期达斡尔、鄂温克族的商品经济》，《满语研究》2012 年第 1 期。

崔荣：《达斡尔族诗歌研究》，呼和浩特：内蒙古大学出版社，2012 年。

李树新：《达斡尔族小说研究》，呼和浩特：内蒙古大学出版社，2012 年。

赵延花：《达斡尔族散文研究》，呼和浩特：内蒙古大学出版社，2012 年。

吴瑶、白晓清：《黑龙江达斡尔族文化》，哈尔滨：黑龙江出版社，2012 年。

喀喇沁左翼蒙古族自治县档案局整理：《喀喇沁左翼旗王府档案》（10 册），沈阳：辽宁民族出版社，2013 年。

土默特左旗档案馆等编：《土默特左旗档案馆藏清代蒙古文档案选编》（2 册），呼和浩特：内蒙古人民出版社，2013 年。

蒙古国国家档案局，中国第一历史档案馆、新疆和布克赛尔蒙古自治县委史志办编译：《清代东归和布克赛尔土尔扈特满文档案全译》（1 册），乌鲁木齐：新疆人民出版社，2013 年。

吴元丰等编译：《清代东归和布克赛尔土尔扈特满文档案全译》（1 册），乌鲁木齐：新疆人民出版社，2013 年。

吐娜主编：《民国新疆焉耆地区蒙古族档案选编》，乌鲁木齐：新疆人民出版社，2013 年。

全荣校勘注释：《〈圣主成吉思汗史〉研究》（1 册），北京：民族出版社，2013 年。

伊·亚·兹拉特金著：《准噶尔汗国史（1635—1758 年）》，马曼丽译，兰州：兰州大学出版社，2013 年修订版。

［俄］格·尼·波塔宁，［苏联］B.B. 奥布鲁切夫编，吴吉康、吴立珺译：《蒙

古纪行》，兰州大学出版社，2013 年。

[日]杉山正明著，周俊宇译：《忽必烈的挑战：蒙古帝国与世界历史的大转向》，北京：社会科学文献出版社，2013 年。

王风雷：《蒙古族全史·教育卷》，呼和浩特：内蒙古大学出版社，2013 年。

陈得芝：《蒙元史与中华多元文化论集》，上海：上海古籍出版社，2013 年。

乔吉编著：《内蒙古藏传佛教寺院》，兰州：甘肃民族出版社，2013 年。

刘迎胜：《蒙元帝国与 13—15 世纪的世界》，北京：生活·读书·新知三联书店，2013 年。

赵文：《明朝后期对蒙古策略研究》，北京：中央民族大学出版社，2013 年。

胡日查：《清代蒙古寺庙管理体制研究》（蒙古文版），沈阳：辽宁民族出版社，2013 年。

黑龙：《满蒙关系史论考》，北京：民族出版社，2013 年。

高·阿晔：《乌珠穆沁部落研究》，沈阳：辽宁民族出版社，2013 年。

杨强：《蒙古族法律传统与近代转型》，北京：中国政法大学出版社，2013 年。

齐光：《大清帝国时期蒙古的政治与社会——以阿拉善和硕特部研究为中心》，上海：复旦大学出版社，2013 年。

达力扎布：《清代外藩蒙古会盟制度浅探》，载《纪念王锺翰先生百年诞辰学术文集》，北京：中央民族大学出版社，2013 年。

包玉林：《杜尔伯特旗所札萨克承袭中的几个问题》，《中国·乌兰浩特第二届蒙元文化论坛暨科尔沁历史文化研讨会论文集》，呼伦贝尔：内蒙古文化出版社，2013 年。

吴忠良：《清代中期蒙旗渔业权利与旗界形成——以郭尔罗斯后旗为中心》，《满学论丛》第 3 辑，沈阳：辽宁民族出版社，2013 年。

齐光：《清朝时期蒙古阿拉善和硕特部札萨克王爷的属众统治》，《清史研究》2013 年第 1 期。

齐光：《清朝时期蒙古阿拉善和硕特部的社会行政组织》，《历史地理》第 27 辑，2013 年。

刘迎胜：《世界历史新时代的创造者——纪念成吉思汗诞辰 850 周年》，《蒙古史研究》第 11 辑，北京：科学出版社，2013 年。

乌罕奇：《汉译〈史集〉第二卷世系表补正》，《内蒙古大学学报》2013 年第 6 期。

青松：《简述色旺诺尔布桑保亲王"自缢"之谜》，《内蒙古民族大学学报》2013 年第 5 期。

包·额尔德木图：《土谢图旗开明亲王业喜海顺》，《中国·乌兰浩特第二届蒙元文化论坛暨科尔沁历史文化研讨会论文集》，呼伦贝尔：内蒙古文化出版社，2013 年。

刘正寅：《〈史集·部族志〉巴儿虎惕诸部研究》，《元史及民族与边疆研究集刊》第 26 辑，上海：上海古籍出版社，2013 年。

宝玉柱：《喀喇沁探源——元代宿卫与哈剌赤》，《西北民族大学学报》2013 年第 5 期。

姑茹玛：《多伦会盟之前的喀尔喀车臣汗部札萨克问题》，《内蒙古社会科学》（蒙古文版）2013 年第 2 期。

玉芝：《17 世纪 30—40 年代阿鲁部牧地变迁》，《内蒙古大学学报》（蒙古文版）2013 年第 6 期。

哈斯巴根：《清初翁牛特部分人众编入八旗考》，《内蒙古大学学报》（蒙古文版）2013 年第 4 期。

奇·斯钦：《鄂尔多斯部的由来考》，《内蒙古社会科学》2013 年第 6 期。

袁自强：《康熙三征噶尔丹》，《清史研究》2013 年第 3 期。

黑龙：《满蒙关系史论考》，北京：民族出版社，2013 年。

刘锦：《策妄阿拉布坦与康熙末期清朝的准噶尔政策》，《中国边疆民族研究》第 6 辑，北京：中央民族大学出版社，2013 年。

赵毅：《清代"包沁"小考》，《西部蒙古论坛》2013 年第 4 期。

巴·巴图巴雅尔：《从博克多汗政权档案史料看札哈沁鄂托克史迹》，《内蒙古社会科学》（蒙古文版）2013 年第 4 期。

赵令志：《乾隆年间清朝与准噶尔贸易协定初探》，《满语研究》2013 年第 1 期。

石德生：《罗卜藏丹津事件始末：国家与社会的权利博弈及地方社会儒法化》，《青海社会科学》2013 年第 6 期。

张子凌：《从固始汗的家族系统看罗卜藏丹津的反清与失败》，《黑龙江民族丛刊》2013 年第 5 期。

郭美兰：《清代霍博克赛里土尔扈特蒙古赴藏熬茶活动初探》，《西部蒙古论坛》2013 年第 2 期。

郭美兰：《清代土尔扈特蒙古回归后赴藏熬茶满文档案》，《历史档案》2013 年第 4 期。

齐光：《清朝时期蒙古阿拉善和硕特部扎萨克王爷的属众统治》，《清史研究》2013 年第 1 期。

齐光：《清朝时期蒙古阿拉善和硕特部的社会行政组织》，《历史地理》第 27 辑，2013 年。

齐光：《大清帝国时期蒙古的政治与社会——以阿拉善和硕特部研究为中心》，上海：复旦大学出版社，2013 年。

阿荣：《成吉思汗法律思想研究》，《贵州民族研究》2013 年第 6 期。

秦祖伟：《蒙古族古代草原保护法的法哲学思辨》，《贵州民族研究》2013 年第

6 期。

特木尔宝力道：《〈蒙古—卫拉特法典〉看十七世纪蒙古诉讼制度》，《内蒙古师大学报》2013 年第 4 期。

李梅英：《佛教对〈蒙古—卫拉特法典〉的影响》，《中国蒙古学》2013 年第 6 期。

关康：《理藩院题本中的蒙古发遣案例研究——兼论清前期蒙古地区司法调适的原则及其内地化问题》，《清史研究》2013 年第 4 期。

孛·蒙赫达赉、阿敏：《呼伦贝尔萨满教与喇嘛教史略》，北京：民族出版社，2013 年。

周学军：《民国元年袁世凯与哲布尊丹巴八世往来电报日期考》，《西部蒙古论坛》2013 年第 1 期。

汪丞、余子侠：《论伪蒙疆政权的留日教育活动及其特点（1937—1945）》，《江苏师范大学学报》2013 年第 1 期。

恩和巴图：《达斡尔族不是契丹后裔——对于契丹与达斡尔族 DNA 研究的几点看法》，《华西语文学刊》2013 年第 1 期。

李靖编：《额济纳旗历史档案资料》（全 2 册），呼伦贝尔：内蒙古文化出版社，2014 年。

许全胜校注：《黑鞑事略校注》，兰州：兰州大学出版社，2014 年。

［俄］伊·亚·兹拉特金主编，马曼丽译：《俄蒙关系历史档案文献集（1607—1636）上》，兰州大学出版社，2014 年。

［俄］伊·亚·兹拉特金主编，马曼丽译：《俄蒙关系历史档案文献集（1636—1654）下》，兰州大学出版社，2014 年。

罗伯特·马歇尔著，李鸣飞译：《东方风暴：从成吉思汗到忽必烈，挑动欧亚大陆》，太原：山西人民出版社，2014 年。

［日］森川哲雄著，白玉双译：《蒙古诸部族与蒙古文文献研究》，呼和浩特：内蒙古人民出版社，2014 年。

［日］杉山正明著，黄美蓉译：《游牧民的世界史》，中华工商联出版社，2014 年。

［日］杉山正明著，乌兰、乌日娜译：《疾驰的草原征服者：辽、西夏、金、元》，桂林：广西师范大学出版社，2014 年。

刘迎胜：《蒙元史考论》（上、下册），兰州：兰州大学出版社，2014 年。

乌云毕力格主编：《满蒙档案与蒙古史研究》，上海：上海古籍出版社，2014 年。

华喆：《帝国的背影——1368 年后的蒙古》，兰州：兰州大学出版社，2014 年。

杜荣坤：《杜荣坤民族研究论集》，北京：中国社会科学院出版社，2014 年。

李治国：《清代藩部宾礼研究——以蒙古为中心》，呼和浩特：内蒙古大学出版社，2014 年。

包额尔德木图：《嫩科尔沁史概略》（蒙古文），沈阳：辽宁民族出版社，2014 年。

策·巴图：《〈蒙古—卫拉特大法典〉文献学研究》，北京：民族出版社，2014 年。

吐娜等著：《巴音郭楞蒙古族史——东归土尔扈特、和硕特历史文化研究》，北京：中国言实出版社，2014 年。

乌云毕力格等编著：《蒙古游牧图：日本天理图书馆所藏手绘蒙古游牧图及研究》，北京：北京大学出版社，2014 年。

朝克图：《关于林丹汗一个称号的由来》，《内蒙古大学学报》（蒙古文版），2014 年第 5 期。

陆军：《林丹汗的改宗及其与却图汗、藏巴汗结盟一事考述》，《西藏民族学院学报》2014 年第 4 期。

希都日古：《鞑靼和大元国号》，《元史及民族与边疆研究集刊》第 28 辑，上海：上海古籍出版社，2014 年。

于默颖：《阿勒坦汗义子恰台吉生平事迹考述》，《内蒙古社会科学》2014 年第 6 期。

桂花：《喀尔喀永谢布人的来源及其历史事件》，《内蒙古大学学报》（蒙古文版）2014 年第 6 期。

白莹：《扎鲁特蒙古昂罕系统进入清军八旗始末研究》，《内蒙古社会科学》2014 年第 1 期。

宝音特古斯：《关于"九白之贡"》，《内蒙古大学学报》（蒙古文版）2014 年第 2 期。

尹波涛：《鄂尔多斯万户研究（1510—1649）》，《陕西师范大学学报》2014 年第 3 期。

黑龙：《准噶尔蒙古与清朝关系史研究（1672—1697）》，上海：上海古籍出版社，2014 年。

陈柏萍：《清代青海蒙古的社会政治变迁》，《青海民族研究》2014 年第 4 期。

郑煦卓：《清朝尊崇藏传佛教的宗教政策对土尔扈特部东归的影响》，《西北民族大学学报》2014 年第 3 期。

巴责达、徐黎丽：《关于对土尔扈特部东归的原因分析研究》，《西部蒙古论坛》2014 年第 4 期。

吐娜、潘美玲、巴特尔著：《巴音郭楞蒙古族史——东归土尔扈特、和硕特历史文化研究》，北京：中国言实出版社，2014 年。

齐光：《蒙古阿拉善和硕特部的服属与清朝西北边疆形势》《中国边疆史地研究》2014 年第 1 期。

达力扎布：《清代蒙古律的适用范围及其文本》，《中国边疆民族研究》第 8 辑，北京：中央民族大学出版社，2014 年。

达力扎布：《略论〈理藩院则例〉刑例的实效性》，刘迎胜主编：《元史与中国边疆民族史研究》第 26 辑，上海：上海古籍出版社，2014 年。

乔吉：《内蒙古藏传佛教寺院》，兰州：甘肃民族出版社，2014 年。

M·乌兰：《〈卫拉特高僧拉布紧巴·咱雅班第达研究〉读后》，《西北民族研究》2014 年第 4 期。

刘大伟：《试述一世哲布尊丹巴时期藏传佛教造像文化在喀尔喀蒙古的发展》，《内蒙古民族大学学报》2014 年第 3 期。

裴霏霏：《略论第八世哲布尊丹巴呼图克图》，《内蒙古师范大学学报》2014 年第 1 期。

胡日查：《清代呼和浩特掌印札萨克达喇嘛及其印务处管理》，《内蒙古社会科学》2014 年第 1 期。

季静：《论伪满时期内蒙古东部地区的喇嘛教一元化改革》，《社会科学战线》2014 年第 6 期。

戴嘉艳：《生存智慧与文化选择——达斡尔族农业民俗及其生态文化特征研究》，北京：民族出版社，2014 年。

姚宝瑄：《中国各民族神话·达斡尔族、鄂伦春族、鄂温克族、蒙古族》，太原：书海出版社，2014 年。

安晓霞：《达斡尔族音乐志及研究》，哈尔滨：黑龙江大学出版社，2014 年。

张天彤：《变迁与坚守——达斡尔族传统音乐文化研究》，北京：人民音乐出版社，2014 年。

毅松：《达斡尔族》，沈阳：辽宁民族出版社，2014 年。

滕绍箴、苏都尔及董瑛：《达斡尔族文化研究》，沈阳：辽宁民族出版社，2014 年。

毅松：《达斡尔族》，沈阳：辽宁民族出版社，2014 年。

滕绍箴、苏都尔·董瑛合编：《达斡尔族文化研究》，沈阳：辽宁民族出版社，2014 年。

内蒙古阿拉善左旗档案史志局编：《清代阿拉善和硕特旗蒙古文档案选编》（5 册），北京：国家图书馆出版社，2015 年。

希都日古：《清内秘书院蒙古文档案汇编汉译》（内附汉译《十七世纪前半期蒙古文文书档（1600—1650 年）》），北京：社会科学文献出版社，2015 年。

乌云贺喜格主编：《呼伦贝尔、阿拉善、喀尔喀地方法规》，赤峰：内蒙古科学技术出版社，2015 年。

特·额尔敦陶克套主编：《蒙古族经世法典丛书》（19 册），赤峰：内蒙古科学技术出版社，2015 年。

尚衍斌、黄太勇校注：《长春真人西游记校注》，北京：中央民族大学出版社，2015年。

札奇斯钦口述：《一个蒙古老人的回忆》，呼和浩特：内蒙古大学出版社，2015年。

［日］杉山正明著，孙越译：《蒙古帝国的兴亡》，北京：社会科学文献出版社，2015年。

［俄］皮库林等著，陈弘法译：《蒙古西征研究》，呼和浩特：内蒙古人民出版社，2015年。

白翠琴：《白翠琴民族史探微集：以此追忆从事民族研究五十春秋》，北京：中国社会科学院出版社，2015年。

达力扎布：《〈喀尔喀法规〉汉译及研究》，北京：中央民族大学出版社，2015年。

那仁朝格图：《13—19世纪蒙古法制沿革史研究》，沈阳：辽宁民族出版社，2015年。

宋瞳：《清初理藩院研究——以顺治朝理藩院满文题本为中心》，上海：上海古籍出版社，2015年。

达力扎布：《清代蒙古史论稿》，北京：民族出版社，2015年。

赵令志、郭美兰：《准噶尔使者档之比较研究》，北京：中央民族大学出版社，2015年。

N. 哈斯巴根：《九白之贡：喀尔喀和清朝朝贡关系建立过程初探》，《民族研究》2015年第2期。

刘锦：《青海和硕特部蒙古与康熙末期"驱准保藏"》，《西北民族大学学报》2015年第5期。

卢本扎西：《试述清朝肢解和硕特汗国及其罗卜藏丹津亲王的军事应对》，《西部蒙古论坛》2015年第1期。

苏裕民：《罗卜藏丹津、谢尔苏反清始末》，《档案》2015年第11期。

吕文利：《由乾隆初年准噶尔三次入藏熬茶看清朝藩部的形成过程》，《中国边疆史地研究》2015年第2期。

乌云毕力格：《土尔扈特汗廷与西藏关系（1643—1732）——以军机处满文录副档记载为中心》，《西域研究》2015年第1期。

金阿拉坦苏和：《成吉思汗〈大扎撒〉相关问题探讨》（蒙古文）《中国蒙古学》2015年第3期。

文晖：《简论清代外藩蒙古的法律适用问题——以嘉庆年贾德保辜案为例》，《中央民族大学学报》2015年第1期。

张万军：《"蒙古例"与清代蒙古地区刑事法治理》，《贵州民族研究》2015年第4期。

达日吉、苏雅乐：《章嘉呼图克图传》，呼和浩特：内蒙古人民出版社，2015 年。

喜饶尼玛、王海燕：《抗战中的藏传佛教高僧章嘉呼图克图》，《中国西藏》2015 年第 6 期。

丁石庆：《新疆达斡尔族语言现状与发展趋势》，沈阳：辽宁民族出版社，2015 年。

李德洙、云峰主编：《中国民族百科全书·蒙古族、达斡尔族、鄂温克族、鄂伦春族卷》，西安：世界图书出版社西安有限公司，2015 年。

苏雅拉图、巴音主编：《杭锦旗札萨克衙门档案》（20 册），呼伦贝尔：内蒙古文化出版社，2016 年。

苏雅拉图等编：《阿拉善和硕特旗蒙古文历史档案：抄件》（23 册），呼和浩特：远方出版社，2016—2018 年。

内蒙古阿拉善左旗档案史志局编：《清代阿拉善和硕特旗满文档案选编》（10 册），北京：国家图书馆出版社，2016 年。

乌力吉陶克套整理校注：《民国〈政府公报〉蒙古资料辑录 1912.5—1928.5》（4 册），呼和浩特：内蒙古人民出版社，2016 年。

乌云毕力格、孔令伟：《论"五色四藩"的来源及其内涵》，《民族研究》2016 年第 2 期。

乌兰：《蒙古文历史文献中涉及"国"及相关概念的一些表述方式》，《民族研究》2016 年第 2 期。

［日］杉山正明著，周俊宇译：《蒙古颠覆世界史》，北京：生活·生活·新知三联书店，2016 年。

［日］冈田英弘著，陈心慧译：《世界史的诞生——蒙古帝国的文明意义》，北京：北京出版社，2016 年。

哈斯巴根：《清初满蒙关系演变研究》，北京：北京大学出版社，2016 年。

姑茹玛：《喀尔喀车臣汗部研究》，沈阳：辽宁民族出版社，2016 年。

乌云毕力格：《五色四藩——多语文本中的内亚民族史地研究》，上海：上海古籍出版社，2016 年。

屈罗木图：《清代乌兰察布盟形成考述》，《内蒙古财经大学学报》2016 年第 2 期。

苏日朦：《有关清代在内扎萨克各盟设立盟务帮办》，《内蒙古社会科学》（蒙古文版），2016 年第 4 期。

哈斯巴根：《清代札萨克旗的协理台吉》，《内蒙古大学学报》（蒙古文版）2016 年第 4 期。

齐英：《清代喀喇沁中旗比丁册及其反映的王公贵族和箭丁关系》，《蒙古史研究》第 12 辑，呼和浩特：内蒙古大学出版社，2016 年。

齐英：《清代蒙古社会中的苏木和随丁关系——以喀喇沁中旗为例》《内蒙古师范大学学报》（蒙古文版）2016 年第 3 期。

齐英：《清代蒙古王公贵族之"征取属下赋役"规定考》，蒙古国《历史研究》2016 年第 17 期。

刘迎胜：《"拔都西征"决策讨论及相关问题》，《历史研究》2016 年第 2 期。

李自然：《林丹汗病逝地——"大草滩"之所在考》，《黑龙江民族丛刊》2016 年第 6 期。

樊永贞、钢土木尔：《林丹汗改信藏传佛教萨迦派的政治意义》，《西部蒙古论坛》2016 年第 2 期。

色·斯琴毕力格：《为林丹汗灌顶的之三：尊呼图克图考》，《蒙古学研究》2016 年第 3 期。

乌兰巴根：《蒙古回部王公表传"西第什哩列传"正误》，《中国边疆学》2016 年第 2 期。

苏日塔拉图：《杭锦旗扎萨克阿尔宾巴雅尔及其政治活动述略》，《内蒙古民族大学学报》2016 年第 1 期。

周学军：《晚清与民国时期卫拉特蒙古史实考辨》，《西部蒙古论坛》2016 年第 4 期。

张星月：《乌静彬与土尔扈特蒙古教育》，《西部蒙古论坛》2016 年第 1 期。

敖佳鹏：《黑龙江省富裕县敖姓蒙古人族源考》，《西部蒙古论坛》2016 年第 1 期。

邱熠华：《罗卜藏车珠尔与清末民国藏事》，《中国藏学》2016 年第 2 期。

N. 哈斯巴根：《清初多罗特部的政治变迁》，《社会科学战线》2016 年第 6 期。

乌云毕力格：《康熙初年清朝对归附喀尔喀的设旗编佐——以理藩院满文题本为中心》，《清史研究》2016 年第 2 期。

哈斯巴根：《关于清初蒙古伊苏特部》，《元史及民族与边疆研究集刊》第 31 辑，上海：上海古籍出版社，2016 年。

青松：《乌喇特部与爱新国关系考述》，《内蒙古民族大学学报》2016 年第 1 期。

黑龙：《阿喇尼出使准噶尔部蒙古文档案译介》，《满族研究》2016 年第 2 期。

刘锦：《罗卜藏舒努与清朝首次遣使俄国研究》，《中国边疆史地研究》2016 年第 1 期。

特尔巴衣尔：《准噶尔汗国明阿特鄂托克来源与游牧地考》，《内蒙古大学学报》2016 年第 2 期。

王永健：《浅论卫拉特蒙古南下青海和和硕特固始汗征服康藏》，《四川民族学院学报》2016 年第 5 期。

于洁茹：《从文化视角分析土尔扈特部东归的因素》，《西部蒙古论坛》2016 年第 4 期。

齐光：《八旗察哈尔的编立及其与清朝汗的关系》，《中国边疆民族研究》第 9 辑，北京：中央民族大学出版社，2016 年。

赵静文：《清代八旗察哈尔对维护国家统一的贡献》，《中国边疆民族研究》第 9 辑，北京：中央民族大学出版社，2016 年。

吐娜：《清代伊犁察哈尔、厄鲁特两营旗屯述略》，《内蒙古社会科学》2016 年第 1 期。

马磊：《在政治博弈中的西伯利亚诸城俄卫贸易（1607—1653 年)》，《中国边疆史地研究》2016 年第 3 期。

阿鲁贵·萨如拉：《蒙古阿寅勒游牧经济基本形态特征考察》，《西部蒙古论坛》2016 年第 2 期。

策·巴图：《〈蒙古—卫拉特大法典〉文献学研究》，北京：民族出版社，2016 年。

达力扎布：《〈敦啰布喇什法典〉浅探》，《青海民族研究》，2016 年第 4 期。

平平：《清代蒙古地区司法审判若干问题研究——以〈土默特左旗档案馆所藏清代蒙古文档案〉所载案例为说》，《内蒙古民族大学学报》2016 年第 3 期。

张万军：《论清代蒙古土默特地区刑事法律伦理化趋势》，《社会科学论坛》2016 年第 10 期。

包思勤、苏钦：《清朝蒙古律"存留养亲"制度形成初探》，《民族研究》2016 年第 1 期。

恰嘎·旦正、桑杰尖措：《赠封"达赖喇嘛"尊号之寺院——仰华寺遗址考析》，《中国藏学》2016 年第 4 期。

阿音娜：《入藏延请五世班禅的使者：蒙古高僧内齐托音二世》，《西藏研究》2016 年第 4 期。

哈斯巴根、阿音娜：《察罕达尔汉绰尔济与清初八旗喇嘛事务管理》，《中国藏学》2016 年第 1 期。

胡日查：《大藏经〈丹珠尔〉的蒙译历史背景与经过》，《内蒙古师范大学学报》（蒙古文版）2016 年第 4 期。

黄任远：《黑龙江流域少数民族英雄叙事诗·达斡尔族卷》，哈尔滨：黑龙江人民出版社，2016 年。

内蒙古阿拉善左旗档案史志局编：《陈巴尔虎部落满文历史档案》（3 册），呼和浩特：远方出版社，2017 年。

厉声、[蒙古] S·楚仑等主编：《清代钦差驻库伦办事大臣衙门档案档册汇编》（满文，20 册），桂林：广西师范大学出版社，2017 年。

[美] 梅天穆著，马晓林、求芝蓉译：《世界历史上的蒙古征服》，北京：民主与建设出版社，2017 年。

［英］［印度］G.D·古拉提著，刘瑾玉译：《蒙古帝国中亚征服史》，北京：社会科学文献出版社，2017年。

白玉冬：《九姓达靼游牧王国史研究（8—11世纪）》，北京：中国社会科学出版社，2017年。

乌云毕力格：《青册金鬘——蒙古部族与文化史研究》，上海：上海古籍出版社，2017年。

白初一：《内喀尔喀五部历史研究》，北京：民族出版社，2017年。

吕文利：《嵌入式互动：清代蒙古入藏熬茶研究》，呼和浩特：内蒙古大学出版社，2017年。

玉海：《清代昭乌达盟的形成及其会盟问题探析——以翁牛特右翼旗印务处档案为中心》，《国学学刊》2017年第3期。

乌兰：《成吉思汗去逝及埋葬地问题再研究》，《民族研究》2017年第6期。

任崇岳：《元明鼎革之际蒙古人的去向》，《西部蒙古论坛》2017年第2期。

于默颖：《明代蒙古的济农制度》，《内蒙古社会科学》2017年。

张发贤：《1717年准噶尔部袭扰西藏探析——以清宫满文奏报为中心》，《西藏研究》2017年第5期。

杨卫：《顾实汗及其与清朝政权的关系研究》，《西南民族大学学报》2017年第9期。

刘锦：《罗卜藏丹津事件再研究》，《西北民族大学学报》2017年第6期。

塔娜：《论〈大札撒〉中的刑法制度》，《贵州民族研究》2017年第10期。

姚桂轩等：《藏传佛教寺院美岱召五当召调查与研究》，北京：中国藏学出版社，2009年。

任月海：《内蒙古汇宗寺》，北京：民族出版社，2017年。

乌云：《内齐托音二世与崇福寺的关系》，《内蒙古师范大学学报》2017年第5期。

黄全毅：《三世与四世哲布尊丹巴生平考释》，《藏学学刊》2017年第2期。

金雷：《哲布尊丹巴转世考疑》，《世界宗教文化》2017年第4期。

高春梅、吴少红：《达斡尔族传统价值观与社会主义核心价值观的契合点》，《理论观察》2017年第5期。

土默特左旗档案馆、内蒙古科技大学联合整理：《土默特左旗档案馆藏土默特历史档案汇编》（第1辑）（15册），桂林：广西师范大学出版社，2018年。

西藏自治区档案馆编：《西藏自治区档案馆馆藏蒙满文档案精选》，成都：四川民族出版社，2018年。

乌云毕力格等主编：《清代五当召蒙古文历史档案汇编》，赤峰：内蒙古科学技术出版社，2018年。

李艳玲、青格力：《土默特蒙古金氏家族契约文书整理新编》，北京：中国社会科学出版社，2018 年。

　　［清］额勒和布著，芦婷婷整理：《额勒和布日记》（上下），南京：凤凰出版社，2018 年。

　　薄音湖：《青城论丛》，呼和浩特：内蒙古人民出版社，2018 年。

　　黄治国：《漠南军府——清代绥远城驻防研究》，北京：社会科学文献出版社，2018 年。

　　蔡家艺：《西北边疆民族史地论集》，北京：中国社会科学出版社，2018 年。

　　庞绿林、谢青海：《清代乌兰察布盟（四部六旗）首次会盟考》，《内蒙古师范大学学报》（哲学社会科学版）2018 年第 1 期。

　　宝音朝克图：《清代外藩蒙古台吉爵位封袭制再探讨》，《历史档案》2018 年第 1 期。

　　玉海：《清初阿鲁蒙古伊苏特部贵族祖源考述》，《清史研究》2018 年第 3 期。

　　王希隆、杨代成：《灭法与护法——论康熙末年准噶尔部入藏事件》，《青海民族研究》2018 年第 1 期。

　　锋晖：《清朝与准噶尔汗国关系再探讨》，《西部蒙古论坛》2018 年第 1 期。

　　王力：《噶尔丹对俄国外交关系探析》，《西北师大学报》2018 年第 3 期。

　　张伯国：《康雍乾时期准噶尔归附人安置考析》，《青海民族研究》2018 年第 2 期。

　　平平：《清朝在东归土尔扈特部全面实行盟旗制度时间考》，《前沿》2018 年第 3 期。

　　杨继伟：《清乾隆时期东归土尔扈特首次朝觐筹备事宜研究》，《西部蒙古论坛》2018 年第 1 期。

　　姚金燕、谢咏梅：《阿拉善地区的民勤移民及其影响》，《内蒙古民族大学学报》2018 年第 1 期。

　　黑龙：《阿拉善和硕特蒙古附清蒙古文档案选译》，《满族研究》2018 年第 2 期。

　　李满喜：《从满文档案看 19 世纪六七十年代塔尔巴哈台察哈尔蒙古》，《西部蒙古论坛》2018 年第 4 期。

　　达力扎布：《〈1640 年蒙古—卫拉特大法典〉文本辨析》，《中央民族大学学报》2018 年第 1 期。

　　王澎：《清代中俄交涉案件的法律适用研究——以蒙古越界案为中心》，《青海民族研究》2018 年第 3 期。

　　包呼和木其尔：《清朝蒙古例财产相关规定再考——以内蒙古喀喇沁地区财产继承纠纷案为例》，《中国边疆民族研究》第 11 期，北京：中央民族大学出版社，2018 年。

　　张万军：《清代乾隆朝国家法在归化城土默特的适用研究》，《广西社会科学》

2018 年第 9 期。

纳森巴雅尔：《准噶尔汗国时期藏传佛教固尔札庙刍议》，《西部蒙古论坛》2018 年第 2 期。

宝音德力根：《初使清朝之西藏格鲁派使臣车臣绰尔济与戴青绰尔济事迹考辨》，《清史研究》2018 年第 4 期。

勒·阿拉坦咱雅：《关于喀尔喀蒙古那鲁班禅呼图克图的僧俗徒众》，《内蒙古师范大学学报》（蒙古文版）2018 年第 4 期。

双宝：《清代锡勒图库伦札萨克喇嘛旗若干问题再探》，《西北民族论丛》2018 年第 2 期。

王迟早、石美森：《分子人类学视野下的达斡尔族族源研究》，《北方民族大学学报》2018 年第 5 期。

孟志东主编：《中国达斡尔族通史》，沈阳：辽宁民族出版社，2018 年。

达力扎布：《察哈尔林丹汗病逝之"大草滩"考》，《民族研究》2018 年第 5 期。

莫力达瓦达斡尔族自治旗达斡尔学会、莫力达瓦达斡尔族自治旗达斡尔民族博物馆与中国第一历史档案馆合作出版：《清宫珍藏达斡尔族满汉文档案汇编》，沈阳：辽宁民族出版社，2018 年。

亦邻真著，乌云毕力格、乌兰编：《般若宝藏：亦邻真教授学术论文集》，上海：上海古籍出版社，2019 年。

八宝：《清朝与哲布尊丹巴·呼图克图》（蒙古文），北京：民族出版社，2019 年。

成崇德、斯仁那德米德：《卫拉特蒙古游牧地与清朝西北疆域的形成》，《西部蒙古论坛》2019 年第 1 期。

杨代成：《论和硕特部入藏与准噶尔部入藏中的几个问题》，《青海民族研究》2019 年第 2 期。

孔令伟：《从新发现的藏文文献看藏传佛教在土尔扈特东归中的历史作用》，《中国藏学》2019 年第 1 期。

平平：《清代东归土尔扈特部朝觐制度管见》，《西部蒙古论坛》2019 年第 2 期。

图雅：《〈桦树皮律令〉文书研究》，呼和浩特：内蒙古人民出版社，2019 年。

乌云：《民国时期中央政府对内蒙古地区黄教寺庙的法律调整》，世界宗教研究》2019 年第 3 期。

孟盛彬：《达斡尔族萨满教研究》，北京：社会科学文献出版社，2019 年。

李洪伟：《清达斡尔族满文本巡边诗研究》，《黑龙江史志》2019 年第 3 期。

刘彤：《达斡尔族传统音乐文献综述》，《艺术品鉴》2019 年第 36 期。

包羽、伊乐泰：《达斡尔族历史上的医学知识》，《中国民族医药杂志》2020 年第 3 期。

第五章

周伟洲：《我国近十年来西域民族史的研究特点及展望》，《西域研究》1992 年第 4 期。

林幹：《近十年来（1981—1991）国内研究中国古代北方民族史的回顾与思考》，《民族研究动态》1992 年第 1 期。

洪涛：《20 世纪哈萨克族历史资料的搜集与研究》，《中国史研究动态》1998 年第 1 期。

荣新江：《西域史研究的回顾与展望》，《历史研究》1998 年第 2 期。

杨圣敏：《近年来国内维吾尔族史研究概述》，《民族研究动态》1989 年第 2 期。

杨富学：《近年国内河西回鹘研究综述》，《敦煌研究》1992 年第 2 期。

杨富学：《回鹘景教研究百年回顾》，《敦煌研究》2001 年第 2 期。

耿世民：《西方回鹘史研究的简短回顾》，《西域研究》2004 年第 3 期。

田卫疆、马合木提·阿不都外力：《20 世纪国内维吾尔族史研究的回顾》，载《中国民族研究年鉴（2003 年）》，北京：民族出版社，2004 年。

程利英：《20 年来明代西北民族史研究综述》，《西北第二民族学院学报》2004 年第 1 期。

牛云峰：《乌孙故地的研究述评》，《昌吉学院学报》2008 年第 4 期。

刘永强：《2000 年以来两汉西域研究综述》，《黑龙江民族丛刊》2008 年第 3 期。

高占福：《回族研究的历史回顾与评述（唐宋至民国时期)》，《民族研究动态》1996 年第 3 期。

高占福：《中国回族史研究的历史轨迹（上)》，《回族研究》1997 年第 1 期。

高占福：《中国回族史研究的历史轨迹（中)》，《回族研究》1997 年第 2 期。

高占福：《中国回族史研究的历史轨迹（下)》，《回族研究》1997 年第 3 期。

丁克家：《宁夏回族历史与文化研究四十年概述》，《回族研究》1998 年第 4 期。

王伏平：《八十年代以来的西北地区回族研究》，《回族研究》1999 年第 2 期。

杨富学：《国内敦煌民族史研究述要》，载《中国民族研究年鉴（2002 年）》，北京：民族出版社，2003 年。

王天顺主编：《西夏学概论》，兰州：甘肃文化出版社，1995 年。

杜建录：《西夏与周边民族关系史》，兰州：甘肃文化出版社，1995 年。

林松：《20 世纪回族历史与文化研究的发展》，《西北民族研究》2000 年第 2 期。

杨大庆、丁明俊：《20 年来回族学热点问题研究述评》，《回族研究》2001 年第 4 期。

马兴东：《20 世纪 80 年代以来云南回族研究成果述评》，《云南民族学院学报》2000 年第 5 期。

张巨龄：《20 世纪初中国回族伊斯兰研究述补及评（上）》，《回族研究》2000 年第 1 期。

张巨龄：《20 世纪初中国回族伊斯兰研究述补及评（下）》，《回族研究》2000 年第 2 期。

丁万录：《20 世纪回族研究成果述略（续）》，《西北第二民族学院学报》2002 年第 1 期。

答振益：《1949—1999 年回族研究的回顾与思考》，《中南民族学院学报》2001 年第 1 期。

马启成、哈正利：《与时俱进的百年回族研究——20 世纪回族研究述略》，载《中国民族研究年鉴（2002 年）》，北京：民族出版社，2003 年。

芈一之：《撒拉族历史研究概述》，《民族研究动态》1987 年第 3 期。

马亚萍、王琳：《改革开放以来撒拉族研究概述（1978—2001）》，《青海民族研究》2003 年第 4 期。

马亚萍、王琳：《保安族研究概述（1978—2001）》，《西北民族研究》2004 年第 1 期。

马亚萍、王琳：《20 年来东乡族研究述评》，《西北第二民族学院学报》2003 年第 3 期。

吕建福：《土族族源研究概述》），《民族研究动态》1984 年第 2 期。

范玉梅：《建国以来裕固族历史研究概述》，《民族研究动态》1989 年第 4 期。

杨富学、李吉和：《近年国内裕固族历史、文化研究述评》，《甘肃民族研究》1994 年第 2 期。

史金波：《西夏社会》，上海：上海人民出版社，2007 年。

胡云生：《传承与认同：河南回族历史变迁研究》，银川：宁夏人民出版社，2007 年。

新疆维吾尔自治区对外文化交流协会编：《俄罗斯族民俗文化》，乌鲁木齐：新疆美术摄影出版社，2008 年。

戴春阳：《乌孙故地及相关问题考略》，《敦煌研究》2009 年第 1 期。

张铁山：《古代突厥如尼文〈铁尔痕碑〉研究》，张定京、阿布都热西提·亚库甫主编：《突厥语文学研究——耿世民教授八十华诞纪念文集》，北京：中央民族大学出版社，2009 年。

李树辉：《葛逻禄新论》，贾应逸、霍旭初主编：《龟兹学研究》第 1 辑，乌鲁木齐：新疆大学出版社，2009 年。

杨芳：《汉简所见汉代河西边郡人口来源考》，《敦煌研究》2010 年第 3 期。

王义康：《突厥世系新证——唐代墓志所见突厥世系》，《民族研究》2010 年第 5 期。

耿世民、魏萃一编著：《古代突厥语语法》，北京：中央民族大学出版社，2010 年。

黄英士：《沙陀的族属及其族史》，《德明学报》2010 年第 2 期。

蓝琪：《论喀喇汗王朝的统治制度》，《西域研究》2010 年第 1 期。

李树辉：《乌古斯和回鹘研究》，北京：民族出版社，2010 年。

钱伯泉：《维吾尔族的族源及其发祥地问题研究》，《新疆社会科学》2010 年第 4 期。

李树辉：《乌古斯和回鹘研究》，北京：民族出版社，2010 年。

洪勇明：《甘州回鹘登里可汗考辨》，《西域研究》2010 年第 2 期。

阿地力·阿帕尔、迪木拉提·奥迈尔、刘明编著：《维吾尔族萨满文化遗存调查》，北京：民族出版社，2010 年。

安俭：《试论哈萨克族封建制部落的形成与发展》，《历史教学问题》2010 年第 5 期。

杜秀丽：《汉朝时期汉族与哈萨克族先民乌孙接触的历史考察》，《吉昌学院学报》2010 年第 1 期。

木拉提艾力·买西来夫：《跨国而居的哈萨克族经济变迁比较》，《新疆师范大学学报》2010 年第 2 期。

阿班·毛力提汗：《哈萨克族的草原原始文化》，《伊犁师范学院学报》2010 年第 2 期。

洪涛：《从我国古代汉文史籍看哈萨克族原始宗教》，《新疆社科论坛》2010 年第 6 期。

窦忠平：《布鲁特在清藩属体系中的地位》，《新疆地方志》2010 年第 1 期。

袁琳英主编：《乌孜别克族》，乌鲁木齐：新疆电子音像出版社，2010 年。

雷金瑞、陈金生等主编：《西北少数民族文化》，兰州：甘肃文化出版社，2010 年。

杨富学、杨浣：《辽夏关系史》，北京：人民出版社，2010 年。

郑彦卿：《党项宗族与封建化进程探析》，《宁夏社会科学》2010 年第 5 期。

林雅琴：《西夏人的婚姻与丧葬》，《宁夏社会科学》2010 年第 6 期。

姚轩鸽：《西夏王朝捐税制探析》，《西夏研究》2010 年第 2 期。

翁乾麟：《南宁回族源流考》，《回族研究》2010 年第 1 期。

韩永静：《历史上回族人口迁移与数量变动》，《宁夏社会科学》2010 年第 1 期。

王灵桂：《中国伊斯兰教史》，北京：友谊出版社，2010 年。

林荃：《杜文秀大理政权是"封建割据政权"吗?》，《回族研究》2010年第1期。

林荃：《论大理政权的军帅制——再论大理政权的性质》，《回族研究》2010年第2期。

林荃：《遥奉太平天国革命的杜文秀大理政权——三论杜文秀大理政权的性质》，《回族研究》2010年第3期。

梁向明：《明末清初回族三大汉文译著家伦理思想研究》，北京：光明日报出版社，2010年。

马新芳：《陕西回族史话》，银川：宁夏人民出版社，2010年。

苏有文：《保安族文化概要》，兰州：甘肃人民出版社，2010年。

王灵桂：《中国伊斯兰教史》，《中国伊斯兰教史》，北京：中国友谊出版社，2010年。

朱玉麒主编：《西域文史》第6辑，北京：科学出版社，2011年。

李树辉：《回鹘文始用时间考》，《青海民族研究》2011年第3期。

尚衍斌：《说沙剌班——兼论〈山居新语〉的史料价值》，达力扎布主编：《中国边疆民族研究》第5辑，北京：中央民族大学出版社，2011年。

华锦木、赵江民：《维吾尔谚语镜射出的宗教文化》，《西域研究》2011年第2期。

伏阳：《民国时期新疆维吾尔族民事司法制度研究》，《新疆大学学报》2011年第1期。

陈高华：《元代内迁畏兀儿人与佛教》，《中国史研究》2011年第1期。

阿依登：《哈萨克族茶文化的变迁与传承》，《伊犁师范学院学报》2011年第1期。

陈冠男：《西夏建筑文化小探》，《渭南师范学院学报》2011年第3期。

姚轩鸽：《西夏相权初探》，《西夏研究》2011年第4期。

郭婷：《浅析撒拉族的社会组织"工"》，《柴达木开发研究》2011年第2期。

荣新江、朱丽双：《11世纪初于阗佛教王国灭亡新探——兼谈喀喇汗王朝的成立与发展》，朱玉麒主编：《西域文史》第6辑，北京：科学出版社，2011年。

中国伊斯兰教协会：《中国伊斯兰教简志》，北京：宗教文化出版社，2011年。

马明良：《〈古兰经〉汉译活动与伊斯兰教本土化》，《世界宗教研究》2011年第2期。

周耀明：《边缘、族群与国家：清末西北回民起义》，银川：宁夏人民出版社，2011年。

杨大业：《明清回族进士考略》，银川：宁夏回族出版社，2011年。

杨怀中主编：《辟谬与辩诬：重评杜文秀的历史地位与贡献》，银川：宁夏人民出版社，2011年。

杨晓春：《明末清初伊斯兰教学者马明龙的生平与著述》，《回族研究》2011 年第 1 期。

杨怀中：《回族经济研究》，银川：宁夏人民出版社，2011 年。

朱琳：《回族经济思想研究》，银川：宁夏人民出版社，2011 年。

李兴华：《中国名城名镇伊斯兰教研究》（上、下），银川，宁夏人民出版社，2011 年。

马安禄、翁乾麟：《南宁回族史稿》，银川：宁夏人民出版社，2011 年。

余振贵、洪长有主编：《中国伊斯兰教简志》，北京：宗教文化出版社，2011 年。

马志全：《论汉简所见汉代西域归义现象》，《中国边疆史地研究》2012 年第 4 期。

洪勇明：《回纥汗国古突厥文碑铭考释》，北京：世界图书出版公司，2012 年。

朱振宏：《阿史那婆罗门墓志笺证考释》，《魏晋南北朝隋唐史资料》第 28 辑，上海：上海古籍出版社，2012 年。

刘永连：《突厥丧葬风俗研究》，桂林：广西师范大学出版社，2012 年。

胡戟、荣新江主编：《大唐西市博物馆藏墓志》，北京：北京大学出版社，2012 年。

曹凌：《敦煌遗书〈佛性经〉残片考》，《中华文史论丛》2012 年第 2 期。

尚衍斌：《元代高昌鲁氏家族研究》，达力扎布主编：《中国边疆民族研究》第 6 辑，北京：中央民族大学出版社，2012 年。

张咏、孙岿：《从借词看伊斯兰教对维吾尔文化影响的层次》，《青海民族研究》2012 年第 1 期。

郭胜利、陈亮：《畏兀儿婚俗制度研究》，《北方民族大学学报》2012 年第 4 期。

张世才：《两份维吾尔文契约文书研究》，《新疆大学学报》2012 年第 1 期。

周伟洲：《试论清前期回疆的经济开发》，周伟洲主编：《西北民族论丛》第 8 辑，北京：中国社会科学出版社，2012 年。

古丽夏·托依肯娜、古丽南·胡斯曼：《清代中国哈萨克族习惯法初探》，《创新》2012 年第 6 期。

阿地里·居玛吐尔地：《中国柯尔克孜族》，银川：宁夏人民出版社，2012 年。

阿依先木古丽·赛来：《游牧民族与柯尔克孜族民族的关系》，《咸宁学院学报》2012 年第 9 期。

热合甫·阿巴斯：《中国塔塔尔族》，银川：宁夏人民出版社，2012 年。

西仁·库尔班：《中国塔吉克族》，银川：宁夏人民出版社，2012 年。

张春爱：《塔吉克族生活中的祆教遗存初探》，《新余学院学报》2012 年第 2 期。

米娜瓦尔·艾比布拉·努尔：《中国乌孜别克族》，银川：宁夏人民出版社，2012 年。

解志伟：《游牧：流动与变迁》，北京：知识产权出版社，2012 年。

解志伟：《试论乌兹别克族的形成过程》，《三峡论坛》2012 年第 3 期。

赵淑敏：《额尔古纳地区俄罗斯族的丧葬习俗及其宗教文化内涵——以室韦俄罗斯民族乡恩和村为例》，《内蒙古社会科学》2012 年第 6 期。

陈爱峰：《西夏与周边关系研究》，兰州：甘肃民族出版社，2012 年。

丁文斌：《从宋夏关系看西夏的政治制度》，《河北青年管理干部学院学报》2012 年第 4 期。

王守权：《初探西夏饮食文化的成因》，《南宁职业技术学院学报》2012 年第 2 期。

王小玉：《西夏节日风俗刍议》，《兰台世界》2012 年第 22 期。

张琰玲、王泽：《试论西夏党项遗裔进入中原的时间》，《河南社会科学》2012 年第 11 期。

马强主编：《民国时期粤港澳回族社会史料辑录》，兰州：甘肃民族出版社，2012 年。

王正儒、雷晓静主编：《回族历史报刊文选》，银川：宁夏人民出版社，2012 年。

马诚：《晚清云南剧变：杜文秀起义与大理政权的兴亡（1856—1873）》，成都：四川大学出版社，2012 年。

大理白族自治州回族学会与《大理回族文化丛书》编辑委员会编撰：《杜文秀研究论文选编》，昆明：云南民族出版社，2012 年。

马建钊：《广东回族历史文化》，北京：民族出版社，2012 年。

沈玉萍：《百年撒拉族族源研究述评》，《青海社会科学》2012 年第 5 期。

苏君编写：《东乡族》，北京：中国人口出版社，2012 年。

李克郁：《霍尔即蒙古，亦即蒙古尔》，《青海民族研究》2012 年第 4 期。

林梅村：《大月氏人的原始故乡——兼论西域三十六国之形成》，《西域研究》2013 年第 2 期。

王明哲：《关于西汉乌孙人口问题的研究》，《伊犁师范学院学报》2013 年第 4 期。

陈凌：《突厥汗国与欧亚文化交流的考古学研究》，上海：上海古籍出版社，2013 年。

葛承雍：《新出土〈唐故突骑施王子志铭〉考释》，《文物》2013 年第 8 期。

王洁：《汉译黠戛斯族名考释》，《古代文明》2013 年第 3 期。

朱悦梅、杨富学：《甘州回鹘史》，北京：中国社会科学出版社，2013 年。

杨富学：《回鹘与敦煌》，兰州：甘肃教育出版社，2013 年。

张铁山：《〈故回鹘葛啜王子墓志〉之突厥如尼文考释》，《西域研究》2013 年第 4 期。

吴玉贵：《回鹘"天亲可汗以上子孙"入唐考》，荣新江主编：《唐研究》第 19 卷，北京：北京大学出版社，2013 年。

荣新江：《大中十年唐朝遣使册立回鹘史事新证》，《敦煌研究》2013 年第 3 期。

陈庆英、白丽娜：《宋代西北吐蕃与甘州回鹘、辽朝、西夏的关系》，《西藏研究》2013 年第 5 期。

邢蕾：《试论清代回疆的法律控制与伯克管理》，《新疆大学学报》2013 年第 2 期。

尚衍斌：《元代江南一个畏兀儿家族的宗教信仰》，《民族研究》2013 年第 5 期。

朱玉麒：《清代新疆官办民族教育的政府反思》，《西域研究》2013 年第 1 期。

周亚成：《哈萨克族国家认同追溯——乌孙与汉朝的关系及对汉朝的认同》，《西北民族研究》2013 年第 1 期。

韩有栋：《民国时期哈萨克族人口在天山北坡东路的流迁》，《伊犁师范学院学报》2013 年第 3 期。

陈海龙：《东西布鲁特分界考》，《清史研究》2013 年第 4 期。

贺灵：《柯尔克孜族民间信仰与社会研究资料汇编》，北京：民族出版社，2013 年。

姚卫坤：《新疆散杂居塔吉克族概况及历史变迁》，《实事求是》2013 年第 5 期。

木阿拉木·米尔阿布都拉：《浅谈乌孜别克族的传统婚俗及其特征》，《新疆大学学报》2013 年第 4 期。

蔺茂奎：《中国新疆塔城俄罗斯族》，乌鲁木齐：新疆人民出版社，2013 年。

文志勇：《李继迁与夏州民族政权的兴起》，《黄河科技大学学报》2013 年第 5 期。

彭向前：《元昊改姓考》，《青海民族大学学报》2013 年第 2 期。

崔星、王东：《晚唐五道党项与灵州道关系考述》，《西夏研究》2013 年第 2 期。

许伟伟：《夏辽边界问题再讨论》，《西夏研究》2013 年第 1 期。

陈震、刘亚谏、李肇伦：《西夏遗珍》，北京：文物出版社，2013 年。

王君、杨富学：《〈龙祠乡约〉所见元末西夏遗民的乡村建设》，《宁夏社会科学》2013 年第 1 期。

邓文韬：《元代西夏遗民讹怀事迹补考》，《西夏研究》2013 年第 3 期。

汤开建：《党项西夏史探微》，北京：商务印书馆，2013 年。

高占福：《从外来侨民到本土国民——回族伊斯兰教在中国本土化的历程》，《世界宗教研究》2013 年第 1 期。

赵维玺：《湘军集团与西北回民大起义之善后研究——以甘宁青为中心》，上海：上海古籍出版社，2013 年。

许淑杰：《马注思想研究》，北京：人民出版社，2013 年。

金贵：《异而同 同而异——王岱舆对儒学的一种理解》，银川：宁夏人民出版社，2013 年。

丁汝俊：《临潭回族史》，北京：中国社会科学出版社，2013 年。

尕藏扎西、昂毛吉：《论元初撒拉族东迁及其与藏族文明的互动》，《内蒙古民族大学学报》2013 年第 2 期。

祁进玉：《历史记忆与认同重构：土族的"源"与"流"之争》，《青海民族大学学报》2013 年第 2 期。

杨卫：《"土人"考源——宋朝土人史料考辨》，《西北民族大学学报》2013 年第 5 期。

杨卫：《"土人"再考》，《青海民族大学学报》2013 年第 3 期。

魏梓秋：《试论元代甘宁青地区民族新格局的形成及特点》，《西夏研究》2013 年第 1 期。

鄂崇荣：《明清时期土族传统社会管理体制》，《青海民族大学学报》2013 年第 2 期。

高荣：《汉代张掖属国新考》，《敦煌研究》2014 年第 4 期。

阿布都沙拉木·旭库尔·诺亚：《古代突厥文碑铭文学研究——以〈暾欲谷碑〉〈阙特勤碑〉〈毗伽可汗碑〉为例》，乌鲁木齐：新疆科学技术出版社，2014 年。

朱振宏：《唐阿史那伽那墓志研究》，《唐研究》第 20 卷，北京：北京大学出版社，2014 年。

孙昊：《说"舍利"——兼论契丹、靺鞨、突厥的政治文化互动》，《中国边疆史地研究》2014 年第 4 期。

李树辉：《暨南史学》第 9 辑，桂林：广西师范大学出版社，2014 年。

周伟洲：《〈唐故突骑施王子志铭〉补考》，《中国历史地理论丛》2014 年第 1 期。

李宗俊：《唐回鹘葛啜王子墓志反映的几个问题》，杜文玉主编：《唐史论丛》第 17 辑，西安：陕西师范大学出版社总社有限公司，2014 年。

芮传明：《摩尼教敦煌吐鲁番文书译释与研究》，兰州：兰州大学出版社，2014 年。

陈玮：《唐孙杲墓志所见安史之乱后西域、回鹘史事》，《西域研究》2014 年第 4 期。

郭胜利：《元明时期内迁畏兀儿人研究》，《青海民族大学学报》2014 年第

4 期。

切排、刘晨晨：《浅谈伊斯兰教对维吾尔族社会的作用与影响——以婚葬习俗为例》，《喀什师范学院学报》2014 年第 2 期。

王东平：《清代回疆法律制度研究（1759—1884）》，哈尔滨：黑龙江教育出版社，2014 年。

陈刚：《三十年来哈萨克族宗教问题研究综述》，《新疆大学学报》2014 年第 4 期。

木拉提·黑尼亚提：《哈萨克族宗教信仰的历史演变探析》，《世界宗教文化》2014 年第 4 期。

马衣努·沙那提别克：《塔塔尔族》，沈阳：辽宁民族出版社，2014 年。

西仁·库尔班：《塔吉克族》，沈阳：辽宁民族出版社，2014 年。

刘明：《迁徙与适应：帕米尔高原塔吉克族民族志》，北京：社会科学文献出版社，2014 年。

蔡江帆：《我国塔吉克族信仰的多元共融与和谐共生特点》，《西北民族大学学报》2014 年第 4 期。

吾尔买提江·阿布都热合曼：《乌孜别克族》，沈阳：辽宁民族出版社，2014 年。

潘玉君、伊继东、孙俊等合著：《中国民族地理》，北京：科学出版社，2014 年。

潘华、李永菊：《略论黑龙江中上游地区俄罗斯族来源》，《黑龙江史志》2014 年第 23 期。

张晓兵：《内蒙古俄罗斯族》，呼伦贝尔：内蒙古文化出版社，2014 年。

谢玉琴：《新疆塔塔尔族传统体育源流考述》，《湖北科技学院学报》2014 年第 2 期。

白劲松等主编：《鄂伦春、鄂温克、达斡尔、俄罗斯民族民俗文物》，呼和浩特：内蒙古人民出版社，2014 年。

王晶主编：《新疆世居民族民俗文化概览》，北京：民族出版社，2014 年。

王茜著：《中国新疆非物质文化遗产研究》，乌鲁木齐：新疆大学出版社，2014 年。

杨正阳：《略论东正教与中国俄罗斯族民族认同》，《华章》2014 年第 25 期。

苗霖霖：《党项鲜卑关系再探讨》，《黑龙江民族丛刊》2014 年第 4 期。

何威：《唐代党项族借内迁促发展的艰辛历程》，《兰台世界》2014 年 1 月下旬。

黄兆宏：《西夏政权的奠基人——李德明》，《哈尔滨学院学报》2014 年第 12 期。

崔红芬：《文化融合与延续：11—13 世纪藏传佛教在西夏的传播与发展》，北京：民族出版社，2014 年。

牛达生：《佛教不是西夏 "国教" 论》，《西夏研究》2014 年第 3 期。

周峰：《元代西夏遗民杨朵儿只父子事迹考述》，《民族研究》2014 年第 3 期。

姚继德、雷晓静主编：《清真铎报（上、下）》，云南大学出版社，2014 年。

喇秉德、马小琴：《青海回族简史》，西宁：青海人民出版社，2014 年。

芈一之、张科编写：《撒拉族简史》，西宁：青海人民出版社，2014 年。

杨富学、张海娟、安玉军：《蒙古豳王家族与裕固族大头目》，《河西学院学报》2014 年第 3 期。

巴战龙：《关于构建 "裕固学" 的几点思考》，《河西学院学报》2014 年第 6 期。

余太山：《贵霜史研究》，北京：商务印书馆，2015 年。

甘肃省文物考古研究所：《甘肃肃北县马鬃山玉矿遗址》，《考古》2015 年第 7 期。

苏龙格德·勒·胡日查巴特尔：《暾欲谷碑所见古突厥文词汇 "腾格里" 释读》，沈卫荣主编：《西域历史语言研究集刊》第 8 辑，北京：科学出版社，2015 年。

裴成国：《论高昌国与突厥之间的关系》，周伟洲主编：《西北民族论丛》第 11 辑，北京：社会科学文献出版社，2015 年。

杜海：《敦煌归义军政权与沙州回鹘关系述论》，《敦煌学辑刊》2015 年第 4 期。

杨富学：《大唐西市博物馆藏〈回鹘米副候墓志〉考释》，《民族研究》2015 年第 2 期。

牛汝极：《从借词看粟特对回鹘语的影响》，《新疆师范大学学报（哲学社会科学版）》2015 年第 1 期。

李宗俊、周正：《唐张茂宣墓志考释》，《中国边疆史地研究》2015 年第 4 期。

杨蕤：《回鹘时代——10—13 世纪陆上丝绸之路贸易研究》，北京：中国社会科学出版社，2015 年。

李德洙主编：《中国民族百科全书》，西安：世界图书出版西安有限公司，2015 年。

张付新、张云：《浅议哈萨克族神话与原始宗教文化》，《边疆经济与文化》2015 年第 3 期。

马星辰：《新疆塔塔尔族教育思想浅论》，《黑河学刊》2015 年第 8 期。

魏淑霞：《西夏职官中的宗教首领》，《宁夏社会科学》2015 年第 5 期。

缪喜平：《西夏仁孝皇帝尚儒浅论》，《西安航空学院学报》2015 年第 2 期。

陈玮：《中古时期党项与粟特关系论考》，《中国史研究》2015 年第 4 期。

任长幸：《西夏文书法及其创作浅析》，《渭南师范学院学报》2015 年第 17 期。

尹江伟：《党项民族溯源及其最终流向探考》，《西部学刊》2015 年第 7 期。

马广德主编：《中国清真寺匾额图志》，银川：宁夏人民出版社，2015 年。

马建钊、张菽晖主编：《中国南方回族团体与宗教场所文史资料辑要》，广州：广东人民出版社，2015 年。

季芳桐：《伊儒会通研究》，银川：宁夏人民出版社，2015 年。

全国政协文史和学习委员会与青海省政协学习和文史委员会编著：《撒拉族百年实录》，北京：中国文史出版社，2015 年。

马伟：《撒拉族社会组织"工"的词源考释》，《西北民族研究》2015 年第 2 期。

杨富学：《裕固族东迁地西至哈至为瓜州沙州说》，《青海民族研究》2015 年第 6 期。

杨富学、张海娟：《蒙古豳王家族与裕固族形成》，《内蒙古社会科学（汉文版）》2015 年第 3 期。

邓锐龄：《〈中国历史地图集〉南宋、元时期西北边疆图幅地理考释》，北京：中国藏学出版社，2016 年。

张德芳：《河西汉简中的大月氏》，《粟特人在中国考古发现与出土文献的新印证》下，北京：科学出版社，2016 年。

张德芳：《悬泉汉简中的乌孙资料考证》，《出土文献研究》第 15 辑，上海：中西书局，2016 年。

吴玉贵：《〈唐故突骑施王子志铭〉再探讨——兼论突骑施黑姓及其与唐朝的关系》，《魏晋南北朝隋唐史资料》第 33 辑，上海：上海古籍出版社，2016 年。

杨富学：《回鹘摩尼教研究》，北京：中国社会科学出版社，2016 年。

乜小红：《试论回鹘文契约的前后期之分》，《西域研究》2016 年第 3 期。

刘戈：《回鹘文契约断代研究——昆山识玉》，北京：中华书局，2016 年。

彭建英：《漠北回鹘汗国境内的粟特人——以粟特人与回鹘互动关系为中心》，《中国边疆史地研究》2016 年第 4 期。

尚衍斌：《元代高昌廉氏家族研究》，达力扎布主编：《中国边疆民族研究》第 10 辑，北京：中央民族大学出版社，2016 年。

王红梅、杨富学、黎春林合著：《元代畏兀儿宗教文化研究》，北京：科学出版社，2016 年。

刘飞：《哈萨克族系谱研究概况》，《民族论坛》2016 年第 8 期。

朱仰东：《元代哈萨克作家及其著述考略》，《民族论坛》2016 年第 12 期。

张福海：《20 世纪上半叶我国哈萨克族游牧经济探析》，《新西部》2016 年第 9 期。

沈思：《21 世纪以来我国塔塔尔族人口变动分析》，《西北人口》2016 年第 6 期。

阿达来提：《我国乌孜别克族的语言使用现状》，《新疆社会科学》2016 年第 4 期。

郝振宇：《历史视角下党项人（7—13 世纪）的宗教信仰渐变述论》，《西北民族大学学报》2016 年第 6 期。

姜歆：《论西夏将兵的装备》，《西夏研究》2016 年第 4 期。

梁松涛、田晓霈：《西夏"权官"问题初探》，《敦煌学辑刊》2016 年第 4 期。

邓文韬：《元代西夏遗裔三旦八事迹考》，《宁夏社会科学》2016 年第 4 期。

海俊亮主编：《民国报刊河南回族史料辑录》，郑州：中州古籍出版社，2016 年。

马保全选编：《民国报刊山东回族资料选辑》，银川：宁夏人民出版社，2016 年。

吴丕清：《河北伊斯兰教史》，北京：宗教文化出版社，2016 年。

李林：《教法何以随国法？——从国法与教法关系看伊斯兰教的中国化》，《世界宗教研究》2016 年第 6 期。

顾玉军：《明清时期回族教育思想研究》，北京：民族出版社，2016 年。

吕建福：《关于土族史研究中若干问题的再议》，《中国土族》2016 年冬季号。

杨富学、安玉军：《藏族、蒙古族、土族因素与裕固族的形成》，《青海民族研究》2016 年第 2 期。

杨富学：《河西考古学文化与月氏乌孙之关系》，《丝绸之路研究集刊》第 1 辑，上海：商务印书馆，2017 年。

刘汉兴：《从考古资料考察乌孙的农业经济》，《农业考古》2017 年第 4 期。

唐尚书、郑炳林：《隋唐之际的气候变化与边境战争——兼论突厥社会生态韧性》，《青海民族研究》2017 年第 4 期。

王立：《试析〈阙特勤碑〉中 čïqan 一词的词源及翻译问题》，《西域研究》2017 年第 3 期。

李军：《甘州回鹘建国前史钩沉——以甘州回鹘的渊源为中心》，《中国中古史集刊》第 3 辑，北京：商务印书馆，2017 年。

刘全波、王政良：《甘州回鹘朝贡中原王朝史实考略》，《西夏研究》2017 年第 2 期。

李宗俊：《敦煌文书 P. 3931 两〈表本〉所见甘州回鹘与中原王朝之关系等史事考》，《西域研究》2017 年第 3 期。

张铁山、崔焱：《回鹘文契约文书参与者称谓考释——兼与敦煌吐鲁番汉文文书比较》，《西域研究》2017 年第 2 期。

陈高华：《元代奎章阁的两个畏兀儿人》，《中华文化》2017 年第 2 期。

李德政：《清代南疆维吾尔社会的权力结构与赋税法运行研究（1759—1884 年）》，北京：民族出版社，2017 年。

杨富学、张海娟:《儒家孝道思想在回鹘中的流播与影响》,《内蒙古社会科学》2017 年第 5 期。

王希隆:《哈萨克族》,北京:民族出版社,2017 年。

刘有安、张俊明:《民国时期哈萨克族在河西走廊的活动述论》,《敦煌学辑刊》2017 年第 4 期。

李停:《民国时期对哈萨克族的文化认知》,《边疆经济与文化》2017 年第 8 期。

陈跃:《从乾隆朝满文寄信档看乾隆帝对布鲁特的治理》,《玉溪师范学院学报》2017 年第 5 期。

潘玉君、张谦舵、肖翔等合著:《中国民族地理通论》,北京:科学出版社,2017 年。

杜建录:《西夏与周边民族关系史论》,兰州:甘肃文化出版社,2017 年。

郭冰雪:《北宋对党项贵族的赗赙之礼》,《西夏研究》2017 年第 1 期。

史金波:《西夏与开封、杭州》,《浙江学刊》2017 年第 1 期。

姜歆:《西夏司法制度略论》,南京:凤凰出版社,2017 年。

刘志月:《元代西夏遗民李朵儿赤事迹考论》,《西夏研究》2017 年第 3 期。

陈广恩:《西夏元史研究论稿》,北京:中国社会科学出版社,2017 年。

马旭俊、杨军:《李德明"臣宋"意图考——兼论"游牧"党项的抉择》,《北方文物》2017 年第 2 期。

龚方:《联合与分化:清代西北回民起义中的地域情感分析》,《北方民族大学学报》2017 年第 4 期。

屈斌:《在教门与国家之间:族源记忆与清以降"撒拉尔"的族群建构》,《宁夏社会科学》2017 年第 3 期。

全国政协文史和学习委员会、甘肃省政协文史资料和学习委员会编写:《东乡族百年实录》,北京:中国文史出版社,2017 年。

全国政协文史和学习委员会、甘肃省政协文史资料和学习委员会编:《保安族百年实录》,北京:中国文史出版社,2017 年。

董克义主编:《临夏保安族史话》,兰州:甘肃文化出版社,2017 年。

李建胜、董波:《明清时期儒学对土族政治哲学的影响》,《中国土族》2017 年冬季号。

杨富学、张海娟:《蒙古豳王家族与裕固族大头目》,兰州:甘肃文化出版社,2017 年。

杨富学:《裕固族到敦煌文化的贡献》,《河西学院学报》2017 年第 4 期。

高启安:《裕固族东迁与玉门——以〈肃镇华夷志〉为中心》,《河西学院学报》2017 年第 16 期。

陈玮:《唐炽俟汕墓志所见入唐葛逻禄人研究》,《中国边疆史地研究》2018 年第 2 期。

扎西、土登彭措：《试论八世纪上半叶吐蕃、突骑施联姻的历史缘由》，《青海社会科学》2018 年第 2 期。

王旭送：《唐代西州民族研究的两个问题》，《新疆大学学报》2018 年第 6 期。

付马：《两种回鹘语〈阿离念弥本生经〉写本比较研究——兼论西州回鹘早期的译经活动》，《西域研究》2018 年第 3 期。

吐送江·依明、白玉冬：《蒙古国出土回鹘文〈乌兰浩木碑〉考释》，《敦煌学辑刊》2018 年第 4 期。

杨富学：《回鹘文佛教文献研究》，上海：上海古籍出版社，2018 年。

王龙：《西夏文献中的回鹘——丝绸之路背景下西夏与回鹘关系补证》，《宁夏社会科学》2018 年第 1 期。

赵海霞：《清代新疆维汉文化交流与认知刍议》，周伟洲主编：《西北民族论丛》第 17 辑，北京：社会科学出版社，2018 年。

张莉：《办事大臣—小伯克：在军府制与扎萨克制之间——乾隆二十六年吐鲁番地方民众管理体系的调整》，《西域研究》2018 年第 4 期。

程珊娜：《近代南疆维吾尔族小学教育研究》，《中国边疆史地研究》2018 年第 2 期。

程珊娜：《近代南疆维吾尔族师范教育研究》，周伟洲主编：《西北民族论丛》第 18 辑，北京：社会科学出版社，2018 年。

唐淑娴：《解构与建构：跨国民族文化适应的历史人类学考察——以新疆乌孜别克族为例》，《湖北民族学院学报》2018 年第 3 期。

杨素敏、高寒：《中国俄罗斯族溯源》，《民族论坛》2018 年第 4 期。

李启华：《中国俄罗斯族发展问题研究》，呼伦贝尔：内蒙古文化出版社，2018 年。

段志凌、吕永前：《唐〈拓跋驮布墓志〉——党项拓跋氏源于鲜卑新证》，《古代史与文物研究》2018 年第 1 期。

聂鸿音：《西夏试经补议》，《北方民族大学学报》2018 年第 2 期。

尹江伟：《百年西夏移民研究综述》，《西夏研究》2018 年第 3 期。

白述礼：《灵州史研究》，银川：宁夏人民出版社，2018 年。

脱新范、姚继德、马健雄主编：《香港回民史料概览（1917—2017）》，香港：香港科技大学华南研究中心，2018 年。

杨晓春：《〈回回原来〉与中国文化背景下的回族族源建构》，《民族研究》2018 年第 3 期。

韩星：《回儒——伊斯兰教中国化的正道（上）》，《中国穆斯林》2018 年第 1 期。

韩星：《回儒——伊斯兰教中国化的正道（下）》，《中国穆斯林》2018 年第

2 期。

孙俊萍：《刘智哲学思想理论创新原因略探》，《回族研究》2018 年第 1 期。

马辉：《刘智对"伊斯兰教中国化"的理论贡献》，《回族研究》2018 年第 2 期。

米寿江：《"以儒诠经运动"的进程与刘智的贡献》，《回族研究》2018 年第 4 期。

王俊才：《回儒刘智宇宙观刍议》，《回族研究》2018 年第 4 期。

杨思远：《回族经济史》，北京：中国经济出版社，2018 年。

吴丕清：《河北回族史》，北京：民族出版社，2018 年。

马成俊编写：《撒拉族史料汇编》，北京：民族出版社，2018 年。

范景鹏编著：《中国东乡族概论》，北京：民族出版社，2018 年。

杨富学，张海娟：《欧亚视域下的裕固族历史文化》，《河西学院学报》2018 年第 6 期。

钟进文：《裕固族先民（沙州卫）内迁山东散论》，《河西学院学报》2018 年第 1 期。

姚大力：《大月氏与吐火罗的关系：一个新假设》，《复旦学报》2019 年第 2 期。

甘肃省文物考古研究所：《甘肃敦煌旱峡玉矿遗址考古调查报告》，《考古与文物》2019 年第 4 期。

张德芳、石明秀主编：《玉门关汉简》，上海：中西书局，2019 年。

刘加明、苗威：《渤海国与唐朝马都山之战考——兼论对唐北部边疆的影响》，《云南师范大学学报》2019 年第 4 期。

李锦绣：《会昌、大中年间黠戛斯来唐的翻译问题》，《欧亚学刊》新 9 辑，北京：商务印书馆，2019 年。

孙昊：《10 世纪契丹西征及其与黠戛斯人的交通》，《欧亚学刊》新 9 辑，北京：商务印书馆，2019 年。

付马：《丝绸之路上的西州回鹘王朝：9—13 世纪中亚东部历史研究》，北京：社会科学文献出版社，2019 年。

刘人铭：《莫高窟第 310 窟回鹘供养人画像阐释——兼论曹氏归义军的回鹘化》，沙武田主编：《丝绸之路研究集刊》第 3 辑，北京：商务印书馆，2019 年。

包文胜：《回鹘葛啜王子身世考——重读〈故回鹘葛啜王子墓志〉》，《敦煌研究》2019 年第 2 期。

陈新元：《速混察·阿合伊朗史事新证——兼论伊利汗国的畏兀儿人》，《西域研究》2019 年第 1 期。

多洛肯：《元代哈萨克诸部族汉语作品搜集整理研究》，上海：上海古籍出版社，2019 年。

张峰峰著：《清代新疆布鲁特历史研究》，台北：兰台出版社，2019 年。

魏淑霞：《制度史视域下的西夏监军司探析》，《宁夏师范学院学报》2019 年第 9 期。

郝振宇：《西夏基层社会管理组织问题探究》，《内蒙古社会科学》2019 年第 2 期。

张琰玲：《西夏遗民文献整理与研究》，南京：凤凰出版社，2019 年。

胡荣：《元末西夏遗民诗人王翰与东南文化》，《西北民族大学学报》2019 年第 2 期。

季芳桐：《同治年间陕甘回民战争原因探析》，《元史及民族与边疆研究集刊》2019 年第 1 期。

胡蓉、杨富学、叶凯歌：《敦煌文献与裕固族古代文学》，《民族大学研究》2019 年第 5 期。

闫天灵：《裕固族的"七族黄番"与大头目》，《民族研究》2019 年第 5 期。

第六章

刘戈、黄咸阳：《西域史地论文资料索引》，乌鲁木齐：新疆人民出版社，1988 年。

祝启源、黄颢：《解放以来国内藏族史研究概况》，《民族研究动态》1983 年第 2 期

王启龙：《二十世纪上半叶藏族史研究的回顾》，《甘肃民族研究》2002 年第 1 期。

林冠群：《近五十年来台湾的藏族史研究》，载徐正光、黄应贵主编《人类学在台湾的发展、回顾与展望篇》，台北："中央研究院"民族学研究所，1999 年。

张云：《西藏历史研究百年概述》，载《中国民族研究年鉴（2003 年）》，北京：民族出版社，2004 年。

刘洪记、孙雨志：《中国藏学论文资料索引（1872—1995）》，北京：中国藏学出版社，1999 年。

永青巴姆：《中国藏学论文资料索引（1996—2004）》，北京：中国藏学出版社，2006 年。

伍成泉：《近 20 年来（1980—1999）吐谷浑史研究述略》，《中国史研究动态》2000 年第 11 期。

李春勤主编：《羌族研究文献资料索引》，成都：巴蜀书社，2006 年。

胡戟、张弓、李斌城、葛承雍主编：《二十世纪唐史研究》，北京：中国社会科学出版社，2002 年。

江华：《我国门巴、珞巴、僜人社会研究概况》，《民族研究动态》1987 年第 2 期。

陈立明：《我国门巴族、珞巴族研究的历史回顾》，《西藏民族学院学报》2008年第 6 期。

杨铭：《论吐蕃治下的吐谷浑》，《青海民族研究》2010 年第 2 期。

范文澜：《中国通史简编》，北京：商务印书馆，2010 年。

陆离：《敦煌的吐蕃时代》，兰州：甘肃教育出版社，2010 年。

杨铭：《敦煌、西域古藏文文献所见苏毗与吐蕃关系史事》，《西域研究》2011年第 3 期。

霍巍：《吐蕃时代：考古新发现及其研究》，北京：科学出版社，2011 年。

才让太、顿珠拉杰合著：《苯教史纲要》，北京：中国藏学出版社，2012 年。

张润平、苏航、罗炤编著：《西天佛子源流录：文献与初步研究》，北京：中国社会科学出版社，2012 年。

拉巴平措：《大慈法王释迦也失》，北京：中国藏学出版社，2012 年。

邓锐龄：《清前期治藏政策探赜》，北京：中国藏学出版社，2012 年。

李裕群、仝涛：《前吐蕃与吐蕃时代》，北京：文物出版社，2013 年。

杨铭：《唐代吐蕃与西域诸族关系研究》，哈尔滨：黑龙江教育出版社，2014 年。

谢光典：《雍敦朵儿只班的元廷之行——以其自传为中心》，《西域历史语言研究集刊》第 7 辑，2014 年。

中国藏学研究中心编纂：《西藏通史》（1—8 卷），北京：中国藏学出版社，2015 年。

林冠群：《唐代吐蕃宰相制度之研究》，台北：联经出版公司，2015 年。

郑炳林、黄维忠主编：《敦煌吐蕃文献选辑》，北京：民族出版社，2016 年。

张云：《象雄王国都城琼隆银城今地考——兼论象雄文明兴衰的根本原因》，《中国藏学》2016 年第 2 期。

邓锐龄：《〈中国历史地图集〉南宋、元时期西北边疆图幅地理考释》，北京：中国藏学出版社，2016 年。

郑少雄：《汉藏之间的康定土司——清末民初末代明正土司人生史》，北京：生活·读书·新知三联书店，2016 年。

朱丽双：《民国政府的西藏专使（1912—1949）》，香港：香港中文大学出版社，2016 年。

西藏自治区档案馆编译：《清代西藏地方档案文献选编》（8 册），北京：中国藏学出版社，2017 年。

达瓦次仁：《悉立考》，《西藏研究》2017 年第 4 期。

沈琛：《入唐吐蕃论氏家族新探——以〈论惟贞墓志〉为中心》，《文史》2017年第 3 辑。

任小波：《暗军考——吐蕃王朝军政体制探例》，《中国藏学》2017 年第 2 期。

张云：《上古西藏与波斯文明》，北京：中国藏学出版社，2017 年。

扎洛：《清代西藏与布鲁克巴》，北京：中国社会科学出版社，2018 年。

周伟洲：《吐谷浑墓志通考》，《中国边疆史地研究》2019 年第 3 期。

谢光典：《蒙古袭来时的西藏掘藏师：咕噜搠思旺（1212—1270）的授记与教戒》，《蒙古学问题与争论》第 15 期，2019 年。

李文实：《西陲古地与羌藏文化》，西宁：青海人民出版社，2019 年。

西北民族大学、上海古籍出版社、法国国家图书馆联合编印：《法藏敦煌藏文文献》（全 35 册），上海：上海古籍出版社，2020 年。

西北民族大学、上海古籍出版社、英国国家图书馆联合编印：《英藏敦煌藏文文献》（1—14 册），上海：上海古籍出版社，2020 年。

郑炳林、朱建军：《汉唐时期南山亦即吐谷浑贺真城地望考》，《西北民族研究》2020 年第 4 期。

周伟洲：《吐谷浑晖华公主墓志与北朝北方民族关系》，《民族研究》2020 年第 2 期。

乌云毕力格：《乾隆皇帝与颇罗鼐家族——以西藏档案馆蒙古文档案为中心》，《中国藏学》2020 年第 1 期。

李金轲、马得汶：《珞巴族研究新论》，《中国边疆史地研究》2020 年第 3 期。

第七章

李绍明：《四川省民族研究综述》，《民族研究动态》1988 年第 4 期。

杨铭：《巴的历史与文化研究综述（1930—1993）》，《民族研究动态》1995 年第 1 期。

方铁：《40 年来我国西南民族史研究情况综述（上）》，《民族研究动态》1990 年第 3 期。

方铁：《40 年来我国西南民族史研究情况综述（下）》，《民族研究动态》1990 年第 4 期。

郭大烈：《云南民族学研究四十年》，《民族研究动态》1989 年第 3 期。

林超民：《云南民族研究四十年》，《民族研究动态》1989 年第 4 期。

管彦波：《南诏社会历史与文化研究述略（上）》，《民族研究动态》1995 年第 3 期。

管彦波：《南诏社会历史与文化研究述略》（下），《民族研究动态》1995 年第 4 期。

贾霄峰：《近百年来中国土司制度的史料整理及研究综述》，《青海民族研究》2003 年第 3 期。

贾霄锋：《二十多年来土司制度研究综述》，《中国边疆史地研究》2004 年第 4 期。

李良品：《建国以来西南地区土司问题区域研究综述》，《中南民族大学学报》200 年第 6 期。

祁庆富：《彝族史研究综述》，《民族研究动态》1986 年第 2 期。

易远谋：《20 世纪彝学研究的回顾》，载《中国民族研究年鉴（2002 年）》，北京：民族出版社，2003 年。

施立卓：《白族族源大讨论的回眸》，《大理文化》2007 年第 1 期。

毛佑全：《哈尼族研究概述》，《民族研究动态》1995 年第 3 期。

胡朝全：《近年拉祜族研究综述》，《云南民族学院学报》1998 年第 2 期。

解鲁云：《近年来国内怒族研究综述》，《云南民族学院学报》1999 年第 4 期。

解鲁云：《国内普米族研究综述》，《云南民族学院学报》2003 年第 1 期。

刘达成：《独龙族、怒族社会历史研究概述》，《民族研究动态》1986 年第 3 期。

胡朝全：《近年国内景颇族研究综述》，《云南民族学院学报》1997 年第 2 期。

宇华：《景颇族社会历史研究概述》，《民族研究动态》1990 年第 3 期。

龙晓燕、王文光：《中国西南民族史研究的回顾与展望》，《思想战线》2003 年第 1 期。

荣若曦：《佤族社会历史研究综述》，《民族研究动态》1988 年第 3 期。

编写组：《佤族研究 50 年》，昆明：云南民族出版社，2003 年。

方慧：《解放以来德昂族史研究概述》，《民族研究动态》1989 年第 4 期。

高志英：《藏彝走廊西部边缘民族关系与民族文化变迁研究》，北京：民族出版社，2010 年。

王鸿儒：《夜郎文化史》，贵阳：贵州人民出版社，2010 年。

陈绍举：《文明的力量》，贵阳：贵州人民出版社，2010 年。

谢崇文：《滇桂地区与越南北部上古青铜文化及其族群研究》，北京：民族出版社，2010 年。

尤中：《从滇国到南诏》，《大理民族文化研究论丛》第 4 辑，2010 年。

林芊：《竹王神话传说新读及其族属关系的方法论探索》，《贵州大学学报》2010 年第 3 期。

段治超：《浅析哀牢夷族群的民族流变》，《保山学院学报》2010 年第 1 期。

陈东、袁晓文：《唐以前西南民族地区的"夷""羌"之别——以汉文史籍记载为中心》，《思想战线》2010 年第 1 期。

张卉：《汉代"西南夷"行政地名考略》，《贵州民族研究》2010 年第 4 期。

肖惠华等著：《彝族文化研究》，昆明：云南人民出版社，2010 年。

李红琴：《凉山彝族毕摩文献的抢救与开发》，《四川图书馆学报》2010 年第 5 期。

马锦卫：《彝文起源及其发展考论》，西南大学博士学位论文，2010 年。

街顺宝：《彝文文献史料的年代问题》，《西南古籍研究》2010 年。

傅仕敏等：《白族百年实录》，北京：中国文史出版社，2010 年。

傅仕敏：《纳西族百年实录》，北京：中国文史出版社，2010 年。

王伟：《近百年国内外白族研究述评》，《大理民族文化研究论丛》2010 年。

周大鸣：《大理文化在西南研究中的意义》，《西南边疆民族研究》2010 年。

［日］甲斐胜二，张锡禄编：《中国白族白文文献释读》，桂林：广西师范大学出版社，2010 年。

高立士等：《傣族竜林文化研究》，昆明：云南民族出版社，2010 年。

段丽波：《中国西南氐羌民族源流史》，北京：人民出版社，2011 年。

刘复生：《西南史地与民族》，成都：巴蜀书社，2011 年。

周智生：《商人与近代中国西南边疆社会》，昆明：云南人民出版社，2011 年。

潘岳：《哀牢夷族属新考》，《黑龙江民族丛刊》2011 年第 6 期。

杨甫旺等：《楚雄彝族文化史》，昆明：云南民族出版社，2011 年。

坪井洋文等：《彝族的社会和文化》，贵阳：贵州大学出版社，2011 年。

沈乾芳：《明清时期彝族土司联姻对西南地区的影响》，《贵州民族研究》2011 年第 1 期。

赵晔：《永胜土司研究》，中央民族大学硕士学位论文，2011 年。

罗庆春等：《苏尼/嫫尼与彝族历史及其研究》，《北方民族大学学报》2011 年第 2 期。

赵启燕：《白族研究一百年》，昆明：云南大学出版社，2011 年。

杨林军：《丽江历代碑刻辑录与研究》，昆明：云南民族出版社，2011 年。

赵卫峰：《贵州白族史略》，银川：宁夏人民出版社，2011 年。

洪涵：《国家权力在民族地区的延伸——以云南德宏傣族土司制度为例》，《云南民族大学学报》2011 年第 2 期。

刘荣昆：《傣族生态文化研究》，昆明：云南大学出版社，2011 年。

阎莉：《傣族的稻作与祭祀》，《贵州民族研究》2011 年第 5 期。

瞿州莲：《从〈容美纪游〉看容美土司的对外策略》，《中南民族大学学报》2011 年第 1 期。

马国君：《论清前期漠西蒙古入藏与西南边疆"改土归流"关系——以康区的"改土归流"为视野》，《思想战线》2011 年第 2 期。

翟国强：《先秦西南民族史论》，黑龙江：黑龙江教育出版社，2012 年。

张媚琳：《中国西南边疆民族关系史研究——以政治关系为中心》，云南大学 2012 年博士论文。

赵心愚等主编：《西南少数民族历史资料集》，成都：巴蜀书社，2012 年。

史继忠：《夜郎之谜》，贵阳：贵州民族出版社，2012 年。

樊海涛：《滇青铜文化与艺术研究》，昆明：云南科技出版社，2012 年。

蒋志龙：《滇国探秘》，昆明：云南人民出版社，2012 年。

周书灿：《庄蹻王滇与云南地区文明化进程初论》，《贵州社会科学》2012 年第 12 期。

黄正良：《南诏大理国研究成果目录索引》，昆明：云南科技出版社，2012 年。

王天玺、张鑫昌主编：《中国彝族通史》（四卷本），昆明：云南人民出版社，2012 年。

李平凡：《略论元代彝族土司制度的创立》，《贵州民族研究》2012 年第 1 期。

贾霄锋：《建构与再造：明代土司承袭制度研究》，《青海民族研究》2012 年第 1 期。

杨庭硕：《"土流并治"：土司制度推行中的常态》，《贵州民族研究》2012 年第 3 期。

杨庭硕：《试论土司制度终结的标志》，《云南师范大学学报》2012 年第 3 期。

瞿州莲：《从土司通婚看土司之间的关系变化——以湖南永顺老司城碑刻为中心的考察》，《云南师范大学学报》2012 年第 1 期。

瞿州莲：《道教在明代永顺土司的兴盛及成因》，《广西民族大学学报》2012 年第 6 期。

龙晓燕、陈斌：《中国西南民族关系史纲要》，昆明：云南大学出版社，2013 年。

段丽波：《南诏时期的乌蛮》，《思想战线》2013 年第 6 期。

张合荣：《夜郎寻踪》，贵阳：贵州人民出版社，2013 年。

颜建华：《论"西南夷"中的部落族群》，《贵州民族研究》2013 年第 6 期。

陈昱文：《战国秦汉西南百濮考》，《民族史研究》2013 年。

王德华：《汉武帝时代两越西南夷开发之争及文章创作中的文化地理观》，《安徽大学学报》2013 年第 3 期。

段丽波：《南诏时期的乌蛮》，《思想战线》2013 年第 6 期。

杨甫旺：《彝族土主文化研究》，昆明：云南民族出版社，2013 年。

李平凡：《论明代彝族土司的臣服与反抗》，《贵州民族大学学报》2013 年第 3 期。

朱崇先、杨怀珍编著：《国家图书馆藏清代彝文田赋账簿研究》，北京：民族出版社，2013 年。

赵玉娇：《身份的建构——对贵州白族身份认同的研究》，《贵州大学学报》2013 年第 4 期。

白羲等译：《西方纳西学论集》，北京：民族出版社，2013 年。

杨庭硕：《永顺老司城遗址与国内同类遗址的比较研究》，《西南民族大学学报（人文社会科学版）》2013 年第 7 期。

游俊编著：《历代稽勋录笺正》，贵阳：贵州人民出版社，2013 年。

安琪：《图像的"华夷之辨"：清代百苗图与苗疆历史的视觉表述》，《云南社会科学》2013 年第 2 期。

管彦波：《中国西南民族社会生活史》，北京：中国社会科学出版社，2014 年。

张勇：《历史时期西南区域民族地理观研究》，北京：中国文史出版社，2014 年。

余嘉华：《滇文化沉思录》，北京：生活·读书·新知三联书店，2014 年。

王文光：《南诏国境内外的乌蛮》，《思想战线》2014 年第 3 期。

段丽波：《南诏时期的和蛮》，《云南师范大学学报》2014 年第 5 期。

段丽波：《南诏时期的磨些蛮》，《思想战线》2014 年第 5 期。

段丽波：《南诏时期的施蛮与顺蛮》，《广西民族大学学报》2014 年第 3 期。

段丽波：《南诏时期的寻传蛮》，《学术探索》2014 年第 10 期。

何俊伟：《南诏大理国史料事类概述》，昆明：云南科技出版社，2014 年。

李晓亮：《西方纳西学史研究（1867—1972）》，西南大学 2014 年博士论文。

阎莉：《傣族稻米饮食与文化象征意义》，《贵州民族研究》2014 年第 3 期。

游俊主编：《土司文化研究丛书》（11 册），北京：民族出版社，2014 年。

成臻铭：《土司学面对申报世界遗产的研究取向》，《民族论坛》2014 年第 1 期。

方铁：《土司制度与元明清三朝治夷》，《贵州民族研究》2014 年第 10 期。

瞿州莲等编：《金石铭文中的历史记忆——永顺土司金石铭文整理研究（一）》，北京：民族出版社，2014 年。

罗维庆等编：《土司制度与彭氏土司历史文献资料辑录（上、下）》，北京：民族出版社，2014 年。

王文光、朱映占、赵勇忠：《中国西南民族通史》（三卷本），昆明：云南大学出版社，2015 年。

段渝：《西南酋邦社会与中国早期文明》，北京：商务印书馆，2015 年。

彭丰文：《从两汉西南夷经略看中国古代疆域的形成》，《中国边疆史地研究》2015 年第 4 期。

龚伟：《战国至汉晋时期"邛""筰"及同中央王朝关系研究》，四川省社会科学院 2015 年硕士学位论文。

段丽波：《南诏国境内的金齿诸蛮》，《思想战线》2015 年第 6 期。

王明贵：《贵州彝族制度文化研究》，北京：民族出版社，2015 年。

戴玥琳：《凉山彝族土司文化探究——以甘洛县田坝地区为例》，中央民族大学 2015 年硕士论文。

关昉：《一个彝族土司的国家认同与民族认同》，中央民族大学 2015 年硕士论文。

王轩：《凉山彝族与藏族"指路经"比较研究》，《西昌学院学报》2015 年第

4 期。

王文光、王尉：《汉藏语系藏缅语族彝语支民族相关问题浅论》，《西南边疆民族研究》2015 年。

杨林军：《纳西族地区历代碑刻辑录与研究》，昆明：云南人民出版社，2015 年。

陆群：《土司政权与民族关系——基于桑植白族本主信仰的口述史分析》，《青海民族研究》2015 年第 2 期。

阎莉：《傣族"竜林"文化原生态考量》，《贵州民族研究》2015 年第 5 期。

瞿州莲：《明代永顺土司的婚姻习俗及其特点——以湖南永顺老司城碑刻为中心的历史人类学考察》，《广西民族研究》2015 年第 1 期。

李世愉：《应正确解读雍正朝的改土归流》，《青海民族研究》2015 年第 2 期。

赵永胜：《论中国西南与中南半岛古代区域民族史的构建》，《昆明学院学报》2015 年第 1 期。

张中奎：《西南民族研究》，北京：中国社会科学出版社，2016 年。

杨正权：《西南民族文化论》，昆明：云南人民出版社，2016 年。

杨正权：《彝族文化史纲》，昆明：云南人民出版社，2016 年。

赵德文等：《孟弄彝族文化概略》，昆明：云南人民出版社，2016 年。

徐海涛：《彝文文献"运尼司波"整理与研究》，中央民族大学 2016 年硕士论文。

蔡富莲：《彝族毕摩文献〈日博日帕〉与日毕溯源》，《西南民族大学学报》2016 年第 4 期。

罗曲：《彝族文献分类研究——以〈彝族毕摩经典译注〉为例》，《民族学刊》2016 年第 1 期。

杨福泉：《德国的纳西学研究学术史述略》，《思想战线》2016 年第 5 期。

者荣娜：《傣族土司制度可持续的非制度因素分析》，《民间法》2016 年第 2 期。

杨筑慧：《西双版纳傣族糯稻种植的历史变迁》，《广西民族研究》2016 年第 2 期。

罗中、罗维庆：《土司遗址：历史封存与文化传承》，《三峡论坛》2016 年第 3 期。

成臻铭：《土司制度与西南边疆治理》，北京：社科文献出版社，2016 年。

成臻铭：《论明朝时期西南边疆的土司贡纳制度》，《青海民族研究》2016 年第 3 期。

陈季君：《试论清代土司承袭中的册结及其作用》，《青海民族研究》2016 年第 4 期。

李良品：《土司制度终结的三个标志》，《吉首大学学报》2016 年第 5 期。

李世愉：《土司文化：沟通边疆与中央的桥梁》，《文史知识》2016 年第 4 期。

蓝武、蒋盛楠等编著：《〈白山司志〉点校与研究》，桂林：广西师范大学出版社，2016 年。

苍铭：《〈滇省舆地图〉与滇越边界及边防》，《中央民族大学学报》2016 年第 6 期。

张啸：《从〈汉书〉看两汉时期西南地区民族关系的演变》，《广西民族大学学报》2017 年第 4 期。

吴旋涛：《乌撒土司与中央王朝关系研究》，四川师范大学 2017 年法学硕士论文。

龙圣：《清代彝族名称考》，《历史档案》2017 年第 3 期。

王淼哲：《白族民间契约档案发掘利用研究》，云南大学硕士论文，2017 年。

李良品：《中国土司学导论》，北京：中国社会科学出版社，2017 年。

［意］白佐良著，吴合显、皇甫睿等译：《意大利地理学会图书馆珍藏的中文图志：对中国西南各族民风的图文阐释》，《贵州大学学报》2017 年第 4 期。

王文光、朱映占：《继承与突破：中国西南古代民族的历史人类学研究前景及其可能》，《西南边疆民族研究》2018 年。

王文光、朱映占：《南诏国国王世系考释——以历史人类学的视角》，《中央民族大学学报》2018 年第 4 期。

林超民：《从"西南夷"到"云南人"云南多民族文化认同的演变》，《云南社会科学》2018 年第 6 期。

金永峰等：《楚雄彝族文物概论》，昆明：云南人民出版社，2018 年。

陈季君：《清代土司承袭流转时限考——以清代 55 件档案为中心的考察》，《遵义师范学院学报》2018 年第 2 期。

黄金东：《〈云南民族图考〉版本考》，《中央民族大学学报》2018 年第 3 期。

黄秀容：《西南族群文化概论》，重庆：西南师范大学出版社，2019 年。

杨洪林：《历史移民与武陵民族地区社会变迁研究》，北京：人民出版社，2019 年。

叶成勇：《战国秦汉时期南夷社会考古学研究》，北京：文物出版社，2019 年。

蒋志龙等：《古滇文化史》，桂林：广西师范大学出版社，2019 年。

王善铸：《战国至两汉时期中央对云南管理模式初探》，《云南档案》2019 年第 7 期。

杨树美：《彝族古代社会思想研究》，北京：中国社会科学出版社，2019 年。

殷群、寸云激：《白文文献的研究与新发现》，《中央民族大学学报》2019 年第 6 期。

木艳娟：《法国纳西学史研究（1867—1965）》，西南民族大学博士论文，2019 年。

严赛：《"戛于腊"与傣族土司的跨境纷争及清廷的处置方略》，《中央民族大学学报》2019 年第 2 期。

董嘉瑜：《改土归流与区划调整——以清代酉阳直隶州为例》，《云南大学学报》2019 年第 5 期。

干小莉：《图像"滇夷"》，昆明：云南人民出版社，2019 年。

苍铭、张薇：《〈皇清职贡图〉的"大一统"与"中外一家"思想》，《云南师范大学学报》2019 年第 5 期。

黄金东：《清代民族图册〈云南民族图考〉考补》，《图书馆学刊》2019 年第 4 期。

郑晓云：《傣泰民族的历史与文化多样性研究》，《图书馆学刊》2019 年第 4 期。

第八章

陈国强：《百越民族史的研究》，《民族研究动态》1985 年第 4 期。

蒋炳钊：《20 世纪百越民族史研究概述》，载揣振宇、华祖根主编：《中国民族研究年鉴（2001 年)》，北京：民族出版社，2002 年。

蒋炳钊：《百年回眸——20 世纪百越民族史研究概述》，载蒋炳钊主编：《百越文化研究》，厦门大学出版社，2005 年。

张陈呈：《僚族研究综述（1948—2006)》，《文山师范高等专科学校学报》2007 年第 2 期。

莫俊卿：《建国以来国内壮族史研究概况》，《民族研究动态》1983 年第 3 期。

陈康：《广西民族考古研究综述》，《民族研究动态》1988 年第 1 期。

范宏贵：《研究壮族历史的今昔》，载范宏贵、顾有识编：《壮族论稿》，南宁：广西人民出版社，1989 年。

覃主元：《八十年代以来壮族史研究概述》，《民族研究动态》1991 年第 4 期。

张声震：《壮族通史·绪论》，北京：民族出版社，1997 年。

覃乃昌：《二十世纪的壮学研究（上)》，《广西民族研究》2001 年第 4 期。

覃乃昌：《二十世纪的壮学研究（下)》，《广西民族研究》2002 年第 1 期。

范宏贵、韩德明：《20 世纪的壮学研究》，载《中国民族研究年鉴（2002 年)》，北京：民族出版社，2003 年。

陈国安：《水族史研究概况》，《民族研究动态》1985 年第 4 期。

王学文：《水族研究史及其反思》，《采风论坛》第 9 期。

李干芬：《仫佬族社会历史研究综述》，《民族研究动态》1985 年第 4 期。

莫家仁：《毛南族史研究综述》，《民族研究动态》1985 年第 3 期。

熊开发：《黎族研究之综述与评价》，《民族研究动态》1992 年第 3 期。

高泽强：《黎族族源族称探讨综述》，《琼州学院学报》2008 年第 1 期。

高泽强、文珍：《海南黎族研究》，海南出版社、南方出版社，2008 年。

兴杨：《仡佬族历史研究综述》，《民族研究动态》1986 年第 1 期。

伍新福：《苗族史研究述评》，《民族研究动态》1984 年第 4 期。

武谦：《湖南苗族研究概述》，《民族研究动态》1990 年第 4 期。

胡起望、华祖根：《瑶族研究概述》，《民族研究动态》1985 年第 3 期。

胡起望：《瑶族史研究五十年》，北京：中央民族大学出版社，2009 年。

李本高：《湖南瑶族源流》，长沙：岳麓书社，2001 年。

施联朱：《畲族研究三十五年》，《民族研究动态》1985 年第 2 期。

蓝万清：《十年来畲族史研究概述》，《中国民族史研究通讯》1989 年第 10 期

丽水学院畲族文化研究所、图书馆：《畲族文献研究资料索引》，2005 年 3 月。

伍新福：《关于土家族历史研究述评》，《民族研究动态》1983 年第 4 期。

韩肇明：《京族史研究概述》，《民族研究动态》1985 年第 4 期。

陈国强、郭志超：《1949 年以来我国高山族研究简述》，《民族研究动态》1991
年第 1 期。

《中国民族研究年鉴》，中央民族大学出版社等。

曾国良：《"理番政策" 与台湾少数民族社会变迁刍议》，《中南民族学院学报》
2000 年第 2 期。

梁庭望：《壮族文化概览》，南宁：广西教育出版社，2000 年。

黄昌盛、黄何华、蒲洪琴：《广西京族体重、足长与身高的关系》，《右江民族
医学院学报》2009 年第 31 卷第 3 期。

伍新福：《湖南民族关系史》，长沙：湖南人民出版社，2010 年。

蓝武：《广西壮族土司制度研究：问题与路向》，《贺州学院学报》2010 年第
1 期。

邱国珍：《浙江畲族史》，杭州：杭州出版社，2010 年。

黄海涛主编：《侗族》，乌鲁木齐：新疆美术摄影出版社，2010 年。

毛益磊主编：《侗族》，长春：吉林文史出版社，2010 年。

张勇著：《侗族艺苑探寻》，贵阳：贵州民族出版社，2010 年。

党秀云、周晓丽：《水族水各村调查》，北京：中国经济出版社，2010 年。

王学文：《规束与共享：一个水族村寨的生活文化考察》，北京：民族出版社，
2010 年。

陈思：《水书揭秘》，北京：光明日报出版社，2010 年。

贵州省档案馆、贵州省史学会：《揭秘水书：水书先生访谈录》，贵阳：贵州民
族出版社，2010 年。

梁光华、蒙景村、蒙耀远、蒙君昌译注：《水书·婚嫁卷》，贵阳：贵州民族出
版社，2010 年。

蒙爱军：《水族经济行为的文化解释》，北京：人民出版社，2010 年。

莫俊卿：《壮侗语民族历史文化研究》，北京，中央民族大学出版社，2010 年。

王文光、龙晓燕、张媚玲：《中国民族发展史纲要》，昆明：云南大学出版社，2010 年。

李甫春、赵明龙：《"冬"与仫佬族社会变迁的轨迹》，《中国南方少数民族的变迁》，北京：民族出版社，2010 年。

孟学华、刘世彬：《明清时期贵州平塘县毛南族地区的社会组织形式探析》，《黔南民族示范学院学报》2010 年第 4 期。

程天富主编：《黎族文身新探》，北京：中国文联出版社，2010 年。

程昭星、林开耀等著：《中国共产党与黎族社会发展》，北京：中央文献出版社，2010 年。

苏庆兴主编：《黄道婆的三亚解读》，上海：学林出版社，2010 年。

李筱文、莫自省：《瑶族——盘王节文化研究》，广州：广东人民出版社，2010 年。

韦标亮：《布努瑶社会历史》，南宁：广西民族出版社，2010 年。

朱丹著：《畲族妇女口述史研究》，杭州：浙江工商大学出版社，2010 年。

陈丽文主编：《潮州凤凰山畲族文化：语言》，深圳：海天出版社，2010 年。

王逍著：《走向市场——一个浙南畲族村落的经济变迁图像》，北京：中国社会科学出版社，2010 年。

福建省少数民族古籍丛书编委会编：《福建省少数民族古籍丛书（畲族卷—家族谱牒)》，福州：海风出版社，2010 年。

钟珂：《京族鱼文化在哈节中的表征与传承》，《河池学院学报》2010 年第 4 期。

吉莉：《京族独弦琴传播现状调查与研究》，《艺术探索》2010 年第 5 期。

许晓明：《哈节：海洋文化的集体记忆》，《当代广西》2010 年第 21 期。

张瑞梅、林代松：《广西东兴京族哈节旅游营销策略的思考》，《东南亚纵横》2010 年第 6 期。

陈鹏、刘玉芳：《京族人产业模式的变化及其对教育的诉求》，《黑龙江民族丛刊》2010 年第 1 期。

廖彦博、李坤、郑连斌、栗淑媛、梁明康、蒋葵、刘鹏：《广西京族体质人类学研究》，《人类学学报》2010 年第 1 期。

牟景珊：《高山族》，长春：吉林文史出版社，2010 年。

陈文新：《高山族》，乌鲁木齐：新疆电子音像出版社，2010 年。

潘琦：《仫佬族通史》，北京：民族出版社，2011 年。

杰弗里·巴洛：《壮族：他们的历史文化与民族性》，南宁：广西人民出版社，2011 年。

陈金文：《壮族风物传说的文化研究》，北京：民族出版社，2011 年。

龙青松等著：《南北盘江红水河布依族历史文化研究》，贵阳：贵州人民出版社，2011年。

覃乃昌：《壮族经济史》，南宁：广西人民出版社，2011年。

阙跃平编：《侗族》，北京：外语教学与研究出版社，2011年。

杨介钦、韦光荣译注：《水书·麒麟正七卷》（上、下），贵阳：贵州民族出版社，2011年。

杨介钦、韦光荣译注：《水书·金用卷》，贵阳：贵州民族出版社，2011年。

陆春译注：《水书·秘籍卷》，贵阳：贵州民族出版社，2011年。

蒙邦敏、蒙君昌、韦佩君、蒙耀远译注：《水书·正五卷》，贵阳：贵州民族出版社，2011年。

蒙耀远译注：《水书·阴阳五行卷》，贵阳：贵州民族出版社，2011年。

杨胜昭、韦锦诗、陆常谦等译注：《水书·六十龙备要》（上、下），贵阳：贵州民族出版社，2011年。

潘朝霖：《邓恩铭与"男儿立志出乡关"文化现象》，《贵州民族学院学报（哲学社会科学版）》2011年第3期。

王炳江：《邓恩铭同志革命思想简要回顾》，《贵州民族学院学报（哲学社会科学版）》2011年第3期。

牟昆昊：《邓恩铭在山东的思想发展过程》，《贵州民族学院学报（哲学社会科学版）》2011年第3期。

肖先治、王旭东：《论邓恩铭早期革命思想的形成及现实指导意义》，《贵州社会科学》2011年第6期。

韦荣慧：《达地水族乡志》，北京：中央民族大学出版社，2011年。

孟凡云：《从史源学角度判断�佯僙诸史的史料价值》，《贵州文史丛刊》2011年第2期。

海南省民族研究所编：《黎族服装图释》，海口：南海出版公司，2011年。

林开耀：《黎族织锦研究》，海口：南海出版公司，2011年。

罗炳高：《都安瑶族史》，南宁：广西民族出版社，2011年。

昌立汉著：《丽水畲族古籍总目提要》，北京：民族出版社，2011年。

彭福荣、谭清宣、莫代山：《重庆世居少数民族·土家族卷》，重庆：重庆出版社，2011年。

谢娅萍：《言情于歌——清江流域土家族歌谣研究》，武汉：湖北人民出版社，2011年。

方潇：《京族"哈节"仪式中文化与传播的同构解读》，《大众文艺》2011年第19期。

廖国一、白爱萍：《从哈节看北部湾京族的跨国交往》，《西南民族大学学报》（人文社会科学版）2011年第5期。

楚卓：《论跨境民族乐器独弦琴文化的"和而不同"》，《中国音乐》2011 年第 3 期。

史莎娜、杨小雄：《京族三岛在开发中存在的问题及对策研究》，《大众科技》2011 年第 1 期。

吕俊彪：《仪式、权力与族群认同的建构——中国西南部一个京族村庄的个案研究》，《广西民族研究》2011 年第 2 期。

过伟：《台湾少数民族民间文学》，上海：上海文艺出版社，2011 年。

聂存虎：《高山族》，北京：外语教学与研究出版社，2011 年。

梁庭望编著：《中国壮族》，银川：宁夏人民出版社，2012 年。

周国炎编著：《中国布依族》，银川：宁夏人民出版社，2012 年。

杨筑慧编著：《中国侗族》，银川：宁夏人民出版社，2012 年。

韦学纯编著：《中国水族》，银川：宁夏人民出版社，2012 年。

路义旭、罗树新编著：《中国仫佬族》，银川：宁夏人民出版社，2012 年。

谭自安编著：《中国毛南族》，银川：宁夏人民出版社，2012 年。

文明英、义京编著：《中国黎族》，银川：宁夏人民出版社，2012 年。

周小艺编著：《中国仡佬族》，银川：宁夏人民出版社，2012 年。

潘琼阁编著：《中国瑶族》，银川：宁夏人民出版社，2012 年。

钟伯清、杨宏峰编著：《中国畲族》，银川：宁夏人民出版社，2012 年。

彭武麟编著：《中国土家族》，银川：宁夏人民出版社，2012 年。

何思源、杨宏峰编著：《中国京族》，银川：宁夏人民出版社，2012 年。

陈金结、姜莉芳、杨梅等编著：《中国高山族》，银川：宁夏人民出版社，2012 年。

吴春明：《从百越土著到南岛海洋文化》，北京：文物出版社，2012 年。

罗彩娟：《千年追忆：云南壮族历史表述中的侬智高》，桂林：广西师范大学出版社，2012 年。

刘婷：《壮族布洛陀文化的当代重构及其实践理性：那县的田野表述》，中南民族大学 2012 年博士论文。

杨筑慧编著：《中国侗族》，银川：宁夏人民出版社，2012 年。

吴大华等著：《侗族习惯法研究》，北京：北京大学出版社，2012 年。

石开忠：《侗族鼓楼文化研究》，北京：民族出版社，2012 年。

吴鹏毅编著：《侗族民俗风情》，南宁：广西民族出版社，2012 年。

潘琼阁：《侗族芦笙传承人——张海》，北京：民族出版社，2012 年。

刘育衡、丁锋编著：《中国侗族医药研究》，长沙：湖南科学技术出版社，2012 年。

荀利波：《基于文献学的古敢水族族源考》，《兰台世界》2012 年第 4 期。

贵州省文物考古研究所：《水族墓群调查发掘报告》，北京：科学出版社，

2012 年。

张振江：《双星水族——贵州独山双星水族调查与研究》，北京：知识产权出版社，2012 年。

韦章炳：《水书文化与中华断代文明——水书历史档案文献探究》，北京：光明日报出版社，2012 年。

韦宗林：《释读旁落的文明——水族文字研究》，北京：民族出版社，2012 年。

巍磊：《毛泽东与中共一大代表邓恩铭的革命友谊》，《中共贵州省委党校学报》2012 年第 1 期。

韦学纯：《中国水族》，《中华民族全书》，银川：宁夏人民出版社，2012 年。

王锺翰主编：《中国民族史》，武昌：武汉大学出版社，2012 年。

韩德明：《毛南族肥套》，北京：北京科学技术出版社，2012 年。

谭自安等编著：《中国毛南族》，银川：宁夏人民出版社，2012 年。

吕瑞荣、谭亚洲、覃自昆：《毛南族神话的生态阐释》，南宁：广西人民出版社，2012 年。

孟学华、刘世彬：《贵州毛南族（佯僙人）族源考》，《凯里学院学报》2012 年第 2 期。

海南省地方志办公室编：《海南省志·民俗志》，海口：南海出版公司，2012 年。

王恩著：《霸王岭黎族探源——昌江黎族自治县黎族美孚方言社会调查》，海口：海南出版社，2012 年。

中国民族博物馆和海南省民族博物馆编：《中国黎族文物集萃》，北京：民族出版社，2012 年。

萨维纳著，辛世彪译：《海南岛志》，桂林：漓江出版社，2012 年。

文明英、文京：《中国黎族》，银川：宁夏人民出版社，2012 年。

孙如强主编：《黎族原始制陶技艺》，北京：中国文联出版社，2012 年。

王献军等主编：《黎族的历史与文化》，广州：暨南大学出版社，2012 年。

安华涛、唐启翠：《"治黎"与"黎治"：黎族政治文化研究》，上海：上海大学出版社，2012 年。

张杰、张昌赋：《绣面与雕身：黎族文身文化研究》，上海：上海大学出版社，2012 年。

孙海兰、焦勇勤：《符号与记忆：黎族织锦文化研究》，上海：上海大学出版社，2012 年。

韩立收：《"查禁"与"除禁"：黎族"禁"习惯法研究》，上海：上海大学出版社，2012 年。

琼州学院海南省民族研究基地编：《黎学新论文集》（上下册），北京：中国文史出版社，2012 年。

《中国黎学大观》编委会编：《中国黎学大观》（多卷本：历史卷·文化卷），海口：海南出版社；北京：中国文史出版社，2012—2015 年。

盘艳阳：《当代云南瑶族简史》，昆明：云南人民出版社，2012 年。

潮州市民族宗教局编、马建钊、徐和主编：《凤凰山畲族志》，广州：广东人民出版社，2012 年。

福建省少数民族古籍丛书编委会编：《福建省少数民族古籍丛书（畲族卷—文书契约）》，福州：海风出版社，2012 年。

吕立汉主编：《浙江畲族民间文献资料总目提要》，北京：民族出版社，2012 年。

田志慧：《中国土家族语言研究》，北京：中央民族大学出版社，2012 年。

张永东、张登编著：《中国京族文化史略》，南宁：广西人民出版社，2012 年。

陈丽琴：《京族民间文艺与自然生态》，《钦州学院学报》2012 年第 27 卷第 1 期。

周小苑：《京族哈节：延绵不绝的海洋文化》，《农村·农业·农民（A 版）》2012 年第 10 期。

王红：《海洋文化精神的诗性表达：京族史诗研究》，《广西社会科学》2012 年第 3 期。

张灿：《京族独弦琴源流新考》，《歌海》2012 年第 3 期。

王小龙：《京族非物质文化遗产及其传承人调查：兼谈我国非遗传承制度的改革和完善》，《四川省干部函授学院学报》2012 年第 3 期。

史晖：《中越边境京族哈节文化媒介与传播——以广西东兴市江平镇京族三村与越南广宁省芒街市茶古坊考察为例》，《节日研究》2012 年第 1 期。

黎树式：《沿海边疆少数民族地区生态经济发展探析——以京族为例》，《海洋经济》2012 年第 6 期。

周庆生：《从经济社会发展看京语使用变化》，《中国社会语言学》2012 年第 2 期。

陈金结、姜莉芳、杨梅等：《中国高山族》，银川：宁夏人民出版社，2012 年。

余光弘、李莉文主编：《台湾少数民族》，福州：福建人民出版社，2012 年。

刘国旭、张嘉星、李冬哲：《邓州高山族的宗教学研究》，《闽台文化交流》2012 年第 2 期。

陈甜甜：《黎族与高山族文身的比较研究》，海南师范大学学位论文，2012 年。

《侗族通史》编委会：《侗族通史》（上下册），贵阳：贵州人民出版社，2013 年。

车越川：《俚人大族研究》，中南民族大学 2013 年硕士论文。

李富强：《村落的视角：壮族社会文化变迁的个案研究》，北京：民族出版社，2013 年。

李富强、白耀天：《壮族社会生活史》（上下卷），南宁：广西人民出版社，2013年。

陈国安：《中国各民族原始宗教资料集成·苗族卷·水族卷》，北京：中国社会科学出版社，2013年。

王军福：《邓恩铭革命思想的形成过程》，《兰台世界》2013年第19期。

孟凡云：《广西毛南族社会史》，北京：民族出版社，2013年。

中国人民政治协商会议广西壮族自治区委员会编：《毛南族百年实录》，南宁：广西民族出版社，2013年。

王建成主编：《海南省少数民族非物质文化遗产论坛文集》，海口：海南出版社，2013年。

吉明江主编：《东方黎族文化瑰宝》，海口：海南出版社，2013年。

海南省民族研究所编：《黎族民间谚语谜语提要》，海口：南方出版社，2013年。

海南省民族研究所编：《交流共享发展——首届海南省民族研究所客座研究员座谈会文集》，海口：南方出版社，2013年。

符桂花主编：《海南黎族传统工艺》，海口：海南出版社，2013年。

孙绍先、文丽敏著：《平等与包容：母系文化背景下黎族两性关系》，上海：上海大学出版社，2013年。

郭小东等著：《失落的文明——史图博〈海南岛民族志〉研究》，武汉：武汉大学出版社，2013年。

吴国富、陈明君：《再论木佬即仡佬》，中国百越民族史研究会第十六次年会，2013年。

浙江省政协文史资料委员会编：《浙江畲族百年实录》，杭州：浙江人民出版社，2013年。

福建省政协文史和学习委员会编：《福建畲族百年实录》，福州：福建人民出版社，2013年。

石峥嵘，吴广平：《土家族三千年音乐史考》，成都：西南交通大学出版社，2013年。

姚元森：《母语存留区龙山坡脚的土家语口语》，北京：民族出版社，2013年。

潘永华：《湘西土家族医药调查与临床研究》，北京：科学技术文献出版社，2013年。

楚毅：《中国土家族打溜子曲牌汇编》，广州：太平洋影音公司，2013年。

陈坤鹏、黄羽、张灿编著：《京族独弦琴艺术》，北京：北京科学技术出版社，2013年。

陈坤鹏：《广西国家级非物质文化遗产系列丛书：京族独弦琴艺术》，北京：北京科学技术出版社，2013年。

李瑞杰：《论京族的海洋文化》，《西江月》2013 年第 9 期。

黄小明：《京族哈舞之海洋文化特征》，《广西师范大学学报（哲学社会科学版）》2013 年第 6 期。

陈丽琴：《京族独弦琴艺术生态研究》，《广西民族大学学报（哲学社会科学版）》2013 年第 2 期。

吴锡明：《东兴京族文化混杂论》，《玉林师范学院学报》2013 年第 3 期。

周旺：《民族生态视角下的京族饮食文化》，《南宁职业技术学院学报》2013 年第 2 期。

王小龙：《民族文化"国家化"的侧影：族规中国家意识的凸显——以广西京族〈沥尾哈亭亭规〉为例》，《原生态民族文化学刊》2013 年第 1 期。

杜树海：《人口较少民族生产方式转型的模式研究——以环北部湾广西京族为例》，《黑龙江民族丛刊》2013 年第 2 期。

袁辰霞：《台湾原住民族语言政策与语言教育研究》，北京：中央民族大学出版社，2013 年。

姚卫：《台湾高山族群族分类研究》，《大观周刊》2013 年第 10 期。

黄佩华：《壮族》，"走近中国少数民族丛书"，沈阳：辽宁民族出版社，2014 年。

韦学纯《水族》，"走近中国少数民族丛书"，沈阳：辽宁民族出版社，2014 年。

韩德明：《毛南族》，"走近中国少数民族丛书"，沈阳：辽宁民族出版社，2014 年。

周小艺：《仡佬族》，"走近中国少数民族丛书"，沈阳：辽宁民族出版社，2014 年。

石莉云、李云兵：《苗族》，"走近中国少数民族丛书"，沈阳：辽宁民族出版社，2014 年。

钟亮：《畲族》，"走近中国少数民族丛书"，沈阳：辽宁民族出版社，2014 年。

罗中、罗午：《土家族》，"走近中国少数民族丛书"，沈阳：辽宁民族出版社，2014 年。

田阡：《句町：古壮国初探》，《社会科学战线》2014 年第 4 期。

何正廷：《壮族日鸟崇拜习俗研究》，昆明：云南民族出版社，2014 年。

陈幸良、邓敏文：《中国侗族生态文化研究》，北京：中国林业出版社，2014 年。

杨筑慧等：《侗族糯文化研究》，北京：中央民族大学出版社，2014 年。

龙运光等主编：《中国侗族医药》，北京：中医古籍出版社，2014 年。

韦仕钊、韦世方译注：《中国水书·六十年日历解读》，贵阳：中国图书出版社，2014 年。

贵州省黔南州政协：《水族百年实录》（上下），北京：中国文史出版社，2014 年。

徐杰舜、李辉：《岭南民族源流史》，昆明：云南人民出版社，2014 年。

吴国富：《再论仫佬族族称、族源及其与周边民族的关系》，《广西民族研究》2014 年第 6 期。

吕瑞荣：《神人和融的仪式——毛南族肥套的生态观照》，北京：中国社会科学出版社，2014 年。

唐玲玲、周伟民：《"凡俗"与"神圣"——海南黎峒习俗考略》，上海：上海大学出版社，2014 年。

柏贵喜主编：《黎锦研究》，海口：海南出版社，2014 年。

韦勇、武耀廷主编：《黎学新论文丛》，北京：中国文史出版社，2014 年。

张雷：《黎语替代语论析》，昆明：云南民族出版社，2014 年。

符兴恩：《黎族·美孚方言》，昆明：云南民族出版社，2014 年。

海南省五指山文化研究会：《海南民族》（1—4 辑），海口：海南出版社，2014 年。

海南省民族研究基地编：《海南首届黎学国际研讨会论文集》，昆明：云南民族出版社，2014 年。

海南省民族研究基地编：《旅游与海南民族文化资源开发利用研讨会论文集》，昆明：云南民族出版社，2014 年。

王兴骥：《播州土司辖境少数民族研究》，《贵州社会科学》2014 年第 1 期。

藤新才：《西南民族研究》，北京：民主与建设出版社，2014 年。

胡展耀：《中国仡佬族研究文献题录》，武汉：华中科技大学出版社，2014 年。

王万荣：《苗族历史文化探考》，昆明：云南民族出版社，2014 年。

朱雄全、莫纪德：《恭城瑶族历史与民俗文化》，北京：中央民族大学出版社，2014 年。

曹大明：《重塑"畲人"赣南畲族的历史记忆与族群认同》，西安：世界图书出版公司，2014 年。

蓝炯熹主编：《穆云畲族乡志》，福州：海峡书局，2014 年。

蓝荣钦、蓝文华：《图说漳台蓝氏畲族文化》，郑州：黄河水利出版社，2014 年。

施强、谭振华：《族群迁徙与文化传承——浙江畲族迁徙文化研究》，北京：民族出版社，2014 年。

林继富主编：《酉水流域土家族民俗志》，北京：民族出版社，2014 年。

游俊主编：《土司文化研究丛书》，北京：民族出版社，2014 年。

彭芳胜：《中国土家族医药学》，北京：科学出版社，2014 年。

田华咏：《土家医病证诊疗规范》，北京：中医古籍出版社，2014 年。

何绍、何荣军编著：《中国京族文化艺术之魂：独弦琴》，桂林：漓江出版社，2014 年。

邓光华：《贵州土家族傩仪式音乐研究》，北京：文化艺术出版社，2014 年。

李相：《京族文化品牌的价值与开发研究》，《经营管理者》2014 年第 13 期。

陶雄军：《论京族民居建筑的演变与文化属性》，《学术论坛》2014 年第 37 卷第 2 期。

郑直、吴莹：《广西京族曲艺唱哈生存现状调查分析》，《语文学刊》2014 年第 23 期。

吴滨：《海洋文化名市建设与京族文化的传承发展》，《广西广播电视大学学报》2014 年第 1 期。

李澜主编：《巫头村调查：京族》，北京：中国经济出版社，2014 年。

杜英蓓：《京族艺术形态商业价值挖掘》，《经营管理者》2014 年第 35 期。

吕俊彪：《京族人的族群认同与国家认同》，北京：社会科学文献出版社，2014 年。

陈锋：《海村京族国家政治认同整合研究》，《广西社会科学》2014 年第 8 期。

马木池：《边缘群体的认同——十九世纪以来广西边境上的京族地区》，《历史人类学学刊》2014 年第 12 卷第 1 期。

何源：《关于鄂西土司制度的深化研究》，《金田》2015 年第 4 期。

周国炎：《布依族》，"走近中国少数民族丛书"，沈阳：辽宁民族出版社，2015 年。

杨筑慧：《侗族》，"走近中国少数民族丛书"，沈阳：辽宁民族出版社，2015 年。

黎学锐、黎炼著：《仫佬族》，"走近中国少数民族丛书"，沈阳：辽宁民族出版社，2015 年。

罗文雄：《黎族》，"走近中国少数民族丛书"，沈阳：辽宁民族出版社，2015 年。

玉时阶：《瑶族》，"走近中国少数民族丛书"，沈阳：辽宁民族出版社，2015 年。

吕俊彪：《京族》，"走近中国少数民族丛书"，沈阳：辽宁民族出版社，2015 年。

林华：《台湾少数民族》，"走近中国少数民族丛书"，沈阳：辽宁民族出版社，2015 年。

徐松石：《粤江流域人民史》，哈尔滨：黑龙江教育出版社，2015 年。

栗文清：《侗族节日与村落社会秩序建构：以贵州黎平黄岗侗寨"喊天节"为中心的研究》，北京：民族出版社，2015 年。

陆春译注：《水书·九星卷》，贵阳：贵州大学出版社，2015 年。

黎学锐、黎炼：《仫佬族》，沈阳：辽宁民族出版社，2015 年。

韩立收：《不落夫家：黎族传统亲属习惯法》，北京：法律出版社，2015。

林日举、高泽强等：《海南少数民族宗教信仰研究》，海口：海南出版社，2015 年。

苟爽：《德国学者鲍克兰的仫佬族研究》，《民族史研究》2015 年第 1 期。

吴德盛：《仫佬族文化研究丛书：仫佬族地名研究》，北京：中国言实出版社，2015 年。

李德洙、梁庭望：《中国民族百科全书》，西安：世界图书出版西安有限公司，2015 年。

张泽洪：《中国西南的仡佬族及其宗教》，《贵州民族研究》2015 年第 12 期。

苟爽：《从鲍克兰译著探寻仡佬族迁徙及其与东南亚族群的关系》，《贵州文史丛刊》2015 年第 3 期。

李默：《瑶族历史探究》，北京：社会科学文献出版社，2015 年。

吕立汉、蓝伶俐主编：《畲族文化研究论丛 2——2012 中国—丽水畲族文化》，北京：民族出版社，2015 年。

雷伟红、陈寿灿：《畲族伦理的镜像与史话》，杭州：浙江工商大学出版社，2015 年。

陈奎元总顾问，王伟光总主编，马骍、陈建樾本卷主编：《中国民族地区经济社会调查报告——宁德畲族聚居区卷》，北京：中国财富出版社，2015 年。

王逍：《超越大山——浙南培头村钟姓畲族社会经济文化变迁》，北京：中国社会科学出版社，2015 年。

彭司礼主编：《湘西州土家族辞典》，长沙：湖南人民出版社，2015 年。

孟宪政主编、张子伟著：《湘西非物质文化遗产丛书》，长沙：湖南师范大学出版社，2015 年。

吕瑞荣、龚丽娟主编：《京族文化的生态研究》，南宁：广西人民出版社，2015 年。

苏维芳、武沛雄、苏凯编：《京族海洋文化》，南宁：广西人民出版社，2015 年。

何波：《论京族传统文化格局及其成因》，《钦州学院学报》2015 年第 6 期。

叶峰：《新时期京族音乐文化的传承与发展》，《音乐时空》2015 年第 14 期。

胡嫒：《京族文化的三重地理基因探究》，《原生态民族文化学刊》2015 年第 4 期。

谢云：《京族文化的传承与创新研究》，《广西社会主义学院学报》2015 年第 26 卷第 1 期。

吴晓明、吴滨：《京族文化名人与京族文化传承发展的探究》，《广西广播电视大学学报》2015 年第 3 期。

吕瑞荣：《京族哈节生态孕育图式中的文化象征》，《大学教育》2015 年第 6 期。

何红梅：《广西跨境民族文化传承研究——以东兴潭尾村京族"哈"文化为例》，《中国民族博览》2015 年第 10 期。

李斯颖：《从"山"到"海"：从口头传承变迁看京族文化特性的渐变》，《百色学院学报》2015 年第 3 期。

郑向春、田沐禾：《圣俗互渗：京族文化的行为文本制作》，《百色学院学报》2015 年第 3 期。

向一优：《论民歌在京族海洋文化生态构建中的功能及表现》，《黔南民族师范学院学报》2015 年第 35 卷第 1 期。

贾恒存：《民族音乐文化的传播与发展之路探析——以京族民间音乐的传承现状为例》，《歌海》2015 年第 5 期。

宋丽园、苑春光：《边民互市贸易与边关安全——以广西东兴江平镇京族村寨为例》，《漯河职业技术学院学报》2015 年第 6 期。

陈锋：《兴边富民背景下中越跨境民族农民政治认同研究：基于对广西海村京族的调研与思考》，《广西社会科学》2015 年第 2 期。

李艳峰、曾亮：《中国古代南方僚人源流史》，昆明：云南大学出版社，2016 年。

黄桂秋：《壮族传统文化与现代传承》，北京：光明日报出版社，2016 年。

陈金文：《壮族民间文学概要》，北京：民族出版社，2016 年。

唐凯兴：《壮族伦理思想研究》，北京：人民出版社，2016 年。

李艳峰：《中国南方古代僚人源流史》，昆明：云南大学出版社，2016 年。

石开忠主编：《侗族文化大观》，贵阳：贵州民族出版社，2016 年。

杨明兰、宋尧平编著：《黔东南侗族节日文化大观》，北京：中国文联出版社，2016 年。

黄玉翔、张明犀、韩东：《侗族民歌的区域文化研究》，北京：光明日报出版社，2016 年。

欧阳大霖著：《侗族民歌与民俗文化研究》，贵阳：贵州民族出版社，2016 年。

杨明兰、宋尧平编著：《黔东南侗族节日文化大观》，北京：中国文联出版社，2016 年。

吴大旬：《清代侗族地区开发研究》，北京：中央民族大学出版社，2016 年。

茅悦：《邓恩铭与红船精神》，《湘潮（下半月）》2016 年第 2 期。

韦兴恒：《邓恩铭精神——红船精神的完美体现》，《中国科技投资》2016 年第 32 期。

徐杰舜主编，张世保、罗树杰著：《中华民族史记》第 6 卷《九九归一》，福州：福建教育出版社，2016 年。

李艳峰、曾亮：《中国南方古代僚人源流史》，昆明：云南大学出版社，2016年。

徐卉：《环江毛南族隆款研究》，广西民族大学2016年硕士论文。

龙国庆：《官府、土司与土民：明清时期贵州毛南族社会生态的历史人类学考察》，《原生态民族文化学刊》2016年第1期。

史图博：《海南岛民族志》，海口：海南省民族学会重印，2016年。

王献军主编：《中国黎学》，海口：海南出版社，2016年。

黄权主编：《黎族·赛方言》，海口：南海出版公司，2016年。

詹贤武：《黎族文化主体性研究》，海口：海南出版社，2016年。

韦慎：《黎族抱怀人织锦》，昆明：云南民族出版社，2016年。

罗文雄：《霓裳艳影衣被天下——黎族纺织文化研究》，昆明：云南民族出版社，2016年。

海南省民族研究基地编：《2015年琼台少数民族文化论坛论文集》昆明：云南民族出版社，2016年。

王献军：《黎族文身——海南岛黎族的敦煌壁画》，北京：民族出版社，2016年。

文明英：《黎族民间文学概论》，昆明：云南民族出版社，2016年。

张雷、高泽强：《基础黎语教材》，昆明：云南民族出版社，2016年。

李军明、李忠斌：《京族边境贸易兴衰的原因及启示》，《三峡论坛》2016年第6期。

范文燕、张文浩：《京族传统渔业生产方式变迁原因初探——以广西防城港万尾村为例》，《当代经济》2016年第20期。

罗义群等：《黔东南苗族历史文化研究》，北京：民族出版社，2016年。

奉恒高：《瑶族史》，北京：民族出版社，2016年。

雷弯山编著：《畲族源流研究》，北京：中共中央党校出版社，2016年。

福建省少数民族古籍丛书编委会编：《福建省少数民族古籍丛书·畲族卷·民间歌谣》，北京：民族出版社，2016年。

陆群主编：《湘西土家族志》，合肥：合肥工业大学出版社，2016年。

白爱萍：《京族传统服饰文化及传承与保护》，《贺州学院学报》2016年第1期。

刘婧：《"互联网+"时代京族民歌传承发展思考》，《遵义师范学院学报》2016年第3期。

张小梅：《中越京族民歌传承之比较研究——以中国东兴与越南海防为案例研究》，《中国音乐》2016年第3期。

秦瑞莹：《"活态传承"理念下民族特色乐器的传承研究——以京族独弦琴为例》，《贵州民族研究》2016年第37卷第7期。

黄宇鸿：《论广西北部湾京族民歌艺术特色及文化价值》，《广西社会科学》2016 年第 11 期。

陈茜：《关于京族哈节节庆文化传播问题研究》，《新闻传播》2016 年第 6 期。

罗彩娟：《历史记忆与族群认同：作为壮族主源的"骆越"文化表征》，《广西民族研究》2017 年第 6 期。

罗彩娟：《从"归顺"到"靖西"：边疆地区壮族的国家认同研究》，《广西师范大学学报》2017 年第 3 期。

韦玖灵：《壮族哲学思想》，北京：知识产权出版社，2017 年。

黄雁玲：《壮族传统家庭伦理及其现代演变研究》，北京：民族出版社，2017 年。

吴德群：《社会转型期壮族民间文化变迁研究》，北京：中国社会科学出版社，2017 年。

蒋楚麟：《试从布依族历史、经济与风情习俗探其族源》，《布依族节日文化研究》，贵阳：贵州民族出版社，2017 年。

张瑾：《侗族旅游村寨协同治理研究》，上海：复旦大学出版社，2017 年。

罗康隆、吴寒婵：《侗族生计的生态人类学研究》，北京：中国社会科学出版社，2017 年。

吴波等：《侗族民间节会及知识产权保护研究》，长沙：湖南人民出版社，2017 年。

石干成：《和谐的密码：侗族大歌文化人类学诠释》，昆明：云南人民出版社，2017 年。

吴波等：《侗族民间节会及知识产权保护研究》，长沙：湖南人民出版社，2017 年。

刘亚华主编：《侗族药物彩色图谱》，贵阳：贵州科技出版社，2017 年。

荔波县档案馆：《金银·择吉卷》，贵阳：贵州人民出版社，2017 年。

莫交余：《论邓恩铭革命精神形成的历史渊源》，《魅力中国》2017 年第 39 期。

亚根、林日举：《黎族家庭制度》，海口：南方出版社，2017 年。

王学萍主编：《琼岛守望者——黎族》，上海：上海文化出版社，2017 年。

冯广艺、李庆福：《黎语生态论稿》，海口：南方出版社，2017 年。

孟凡云：《西方村美孚方言黎族宗教文化研究》，海口：南方出版社，2017 年。

周伟民、唐玲玲：《海南通史》（五卷本），北京：人民出版社，2017 年。

符昌忠、程靖等：《东方黎族民俗文化》，广州：华南理工大学出版社，2017 年。

宋汉瑞、聂森：《仡佬族宗族组织与宗谱文化》，《贵州师范学院学报》2017 年第 11 期。

贵州省民族宗教事务委员会、贵州省科技教育领导小组办公室：《贵州世居少数民族·文化史卷》，贵阳：贵州民族出版社，2017年。

伍新福：《中国苗族通史》（增订本），贵阳：贵州民族出版社，2017年。

李筱文：《走出大瑶山——瑶学研究回顾与展望（代序)》，广州：岭南书画杂志社，2017年。

玉时阶：《历史的记忆：瑶族传统文化研究》，北京：民族出版社，2017年。

邱国珍：《〈温州通史〉专题史丛书——温州畲族史》，北京：人民出版社，2017年。

《康厝畲族乡志》编委会：《康厝畲族乡志》，福州：海峡书局，2017年。

包国滔、邱海权：《惠东畲族历史文化研究》，广州：广东人民出版社，2017年。

冯筱才、周肖晓主编：《文成畲族文书集萃》，杭州：浙江大学出版社，2017年。

胡祥华：《中国土家族大百科全书》，武汉：湖北人民出版社，2017年。

神秘湘西编委会：《神秘湘西——湘西州国家级非物质文化遗产集萃》丛书，北京：中国社会出版社，2017年。

庹修明：《土家族冲寿傩仪及戏剧剧本》，贵阳：贵州民族出版社，2017年。

中共东兴市委宣传部：《中国京族经典民间故事》，南宁：广西人民出版社，2017年。

李天雪、蔡芬：《京族传统康养文化的当代价值及利用策略》，《贺州学院学报》2017年第33卷第4期。

蓝长龙、黄勤：《京族与乌拉拉维人传统婚俗比较研究》，《怀化学院学报》2017年第36卷第9期。

黄婕：《旅游视野下京族民间文化的传承和发展》，《钦州学院学报》2017年第32卷第9期。

黄家庆：《开发利用京族传统文化景观面临的问题与对策——京族传统文化开发利用研究之一》，《钦州学院学报》2017年第32卷第4期。

黄家庆：《京族传统海洋文化蕴涵的生态伦理思想及利用——京族传统文化开发利用研究之三》，《钦州学院学报》2017年第32卷第12期。

毛巧晖：《文化交流与民族特性的凝铸：基于京族口头叙事的考察》，《社会科学家》2017年第2期。

黄玲：《沿边之地与边疆家园：京族家屋与村落的空间建构——跨境民族文化遗产研究之二》，《社会科学家》2017年第2期。

吕俊彪、赵业：《后传统时代民族文化遗产保护的困境与出路——基于广西京族社会的田野考察》，《黑龙江民族丛刊》2017年第3期。

黄安辉：《北部湾地区中越京族海洋民俗研究的价值及对策探析》，《钦州学院学报》2017年第11期。

吕俊彪：《跨境民族文化遗产的"他感宣示"及社会生态建构——基于广西"京族三岛"地区的田野考察》，《民族艺术》2017 年第 2 期。

李明军：《京族经济发展与文化变迁》，武汉：华中科技大学出版社，2017 年。

钟珂：《中国京族海洋渔捞习俗变迁及其文化蕴涵》，长春：东北师范大学出版社，2017 年。

黄家庆：《浅谈京族哈节的经济价值及其实现提升——京族传统文化开发利用研究之二》，《钦州学院学报》2017 年第 8 期。

邬德利：《以人为本的西部少数民族落后地区内生发展路径思考——以广西东兴京族为例》，《文存阅刊》2017 年第 1 期。

彭兆荣：《民族学人类学专题：族群、边界与认同》，《百色学院学报》2017 年第 30 卷第 5 期。

范根平、吴昆晃：《生态文明视域下的少数民族政治认同建设——以广西沿海京族为例》，《钦州学院学报》2017 年第 32 卷第 8 期。

黄淑萍：《福建省扶持高山族发展的政策研究》，《福建省社会主义学院学报》2017 年第 2 期。

覃彩銮：《壮族简史》，桂林：漓江出版社，2018 年。

袁涓文等：《侗族村寨土地资源管理研究》，北京：中国社会科学出版社，2018 年。

陈政、陈思华：《世界非物质文化遗产侗族大歌文化产业经济研究》，北京：团结出版社，2018 年。

陆春译注：《中国水书·降善卷》，贵阳：贵州大学出版社，2018 年。

陆春译注：《中国水书·春寅卷》，贵阳：贵州大学出版社，2018 年。

吴国富：《仫佬族研究文集》，北京：民族出版社，2018 年。

郑维宽：《广西读本》，桂林：漓江出版社，2018 年。

杨园章：《再论广西罗城仫佬族社会"冬"组织的来源》，《中国文化研究》2018 年冬之卷。

王睿：《海南黎族居区民主自治研究》，长春：吉林人民出版社，2018 年。

王建成主编：《第二届黎族文化论坛论文集》，北京：民族出版社，2018 年。

陈秋云：《海南黎族社会村规民约研究》，湘潭：湘潭大学出版社，2018 年。

陈光良主编：《黄道婆文化研究论文集》，广州：中山大学出版社，2018 年。

王海、高泽强：《探寻远去的记忆——生态文化视角下的黎族民俗与民间文学》，广州：暨南大学出版社，2018 年。

李海娥、熊元斌：《黎族文化保护与开发——基于国际旅游岛建设背景》，海口：南方出版社，2018 年。

高泽强、吴小苑：《海南黎锦的故事》，海口：海南出版社，2018 年。

翁家烈：《关于夜郎研究的几点思考》，《贵州民族大学学报》（哲学社会科学版）2018 年第 2 期。

钟涛：《中国苗族》，贵阳：贵州民族出版社，2018 年。

张洪兰：《广西苗族民歌中的族群记忆研究》，《贵州民族研究》2018 年第
12 期。

焦敬超：《从苗族口碑古籍看苗族的迁徙历程》，《贵州民族研究》2018 年第
11 期。

景宁畲族自治县志编纂委员会编：《景宁畲族自治县志》，北京：方志出版社，
2018 年。

安徽省宁国市云梯畲族乡志编委会：《中国名镇志丛书：云梯畲族乡志》，北
京：方志出版社，2018 年。

方清云等：《敕木山中的畲族红寨——大张坑村社会调查》，武汉：华中科技大
学出版社，2018 年。

方清云：《重访敕木山——浙江景宁敕木山村九十年社会变迁调查》，武汉：华
中科技大学出版社，2018 年。

沈燕琼、陈增瑜编：《京族喃字民歌集》，南宁：广西民族出版社，2018 年。

李涛：《广西京族哈节祭舞的文化内涵》，《桂林师范高等专科学校学报》2018
年第 32 卷第 2 期。

覃海、马丹：《论京族"哈节"中花棍舞的美学特征》，《青年时代》2018 年第
23 期。

魏凯琪、詹盼蓉、曾乐妮：《广西京族文化特征及发展分析》，《锋绘》2018 年
第 1 期。

黄家庆：《京族传统海洋文化生态化传承发展的思考——京族传统文化开发利
用研究之四》，《钦州学院学报》2018 年第 33 卷第 2 期。

何芳东：《"一带一路"倡议视域下京族海洋文化建设研究》，《桂海论丛》
2018 年第 34 卷第 6 期。

杨军：《京族海洋文化遗产活态保护模式研究》，《广西民族大学学报（哲学社
会科学版）》2018 年第 40 卷第 3 期。

张熙、段超：《关于加强京族优秀传统文化传承的思考》，《中南民族大学学报
（人文社会科学版）》2018 年第 38 卷第 6 期。

张灿：《从节庆仪式到文化展演——京族哈节仪式音声中的民族文化认同》，
《广西民族师范学院学报》2018 年第 35 卷第 1 期。

佟义东、谢舜：《少数民族传统节庆变迁的动力机制——基于广西防城港市京
族聚居地 434 份问卷调查分析》，《广西民族研究》2018 年第 1 期。

黄家庆：《京族传统文化保护与经济发展矛盾的化解策略——京族传统文化开
发利用研究之五》，《钦州学院学报》2018 年第 9 期

黄玲：《村落在国境上：跨境民族的乡土植根与国家认同——基于广西防城京

族巫头村的调查》,《贵州社会科学》2018 年第 10 期。

戚剑玲:《文化涵化、国别区隔及族群认同的楹联表征——中越京族楹联文化分析》,《广西民族研究》2018 年第 6 期。

林先乐:《海南省黎族与台湾高山族民俗传统体育文化比较研究》,《当代体育科技》2018 年第 5 期。

黄秀卿:《百越文化研究》,新北:花木兰文化事业有限公司,2019 年。

罗彩娟:《"骆越古国"遗址与中华文化源头:壮族国家认同的路径》,《贵州大学学报》2019 年第 6 期。

白耀天:《壮族社会文化发展史》(上下册),北京:中国社会科学出版社,2019 年。

舒丽丽:《侗族行歌坐月婚恋习俗研究》,长沙:岳麓书社,2019 年。

袁涛忠、郭伟伟主编:《侗族医药文化及侗族药物》,贵阳:贵州科技出版社,2019 年。

杨正熙编著:《寻访侗族草医》,成都:四川科学技术出版社,2019 年。

陆春译注:《中国水书·贪巨卷》,贵阳:贵州民族出版社,2019 年。

戴建国:《邓恩铭研究述评》,《黔南民族师范学院学报》2019 年第 1 期。

海南省民族研究基地编:《天涯研索——海南省民族研究基地论文集》,海口:南方出版社,2019 年。

高泽强、王哲波:《黎族袍隆扣崇拜研究》,海口:南方出版社,2019 年。

夏代去、阎根齐:《黎族文化》,海口:南方出版社,2019 年。

李劲松:《丹砂古寨——贵州务川龙潭仡佬族村民族志研究》,北京:九州出版社,2019 年。

陈文元:《湘西苗疆边墙研究述评》,《民族论坛》2019 年第 4 期。

玉时阶:《瑶族盘王节文化》,北京:民族出版社,2019 年。

李筱文、许文清:《广东排瑶史料辑录》,广州:中山大学出版社,2019 年。

文成县畲族志编纂委员会编:《文成县畲族志》,北京:方志出版社,2019 年。

闫晶编著:《畲族服饰史》,北京:中国纺织出版社,2019 年。

李绍明主编:《土家族史》,成都:四川民族出版社,2019 年。

彭继德、彭南辰:《老司城土司源流考》,南昌:江西人民出版社,2019 年。

何思源编著:《京族史话》,北京:社会科学文献出版社,2019 年。

苏维芳、苏凯编著:《京族史歌》,南宁:广西民族出版社,2019 年。

赵明龙:《越南京族的起源与形成——骆越文化研究系列之七》,《广西社会主义学院学报》2019 年第 4 期。

吴小玲、林世勇、许大侠主编:《新时代京族文化传承与发展》,北京、西安:世界图书出版公司,2019 年。

廖鑫欣:《中国京族研究文献综述》,《图书馆界》2019 年第 3 期。

程鹏：《京族丧葬仪式音乐初探》，《玉林师范学院学报》2019 年第 40 卷第 6 期。

侯琳：《京族文化的传播路径与机制研究》，《广西民族大学学报（哲学社会科学版）》2019 年第 41 卷第 2 期。

丁宇诚：《京族传统服饰文化及传承与保护研究》，《文存阅刊》2019 年第 5 期。

杨熊炎、叶德辉、张飞：《京族海洋文化因子提取及设计应用》，《美与时代》2019 年第 3 期。

吴坚：《论新时代京族海洋文化的传承与保护》，《梧州学院学报》2019 年第 2 期。

张秋萍：《京族海洋文化的发展愿景及路径选择》，《北部湾大学学报》2019 年第 34 卷第 12 期。

龚红梅：《防城港京族音乐文化研究综述》，《大观》2019 年第 6 期。

戚剑玲：《重建文化自信　振奋民族精神——京族 70 年跨文化传播之进程及效应》，《南宁师范大学学报（哲学社会科学版）》2019 年第 40 卷第 5 期。

陈锋：《论新时代京族文化传承与发展策略》，《民族论坛》2019 年第 2 期。

黄家庆：《京族民间跨境交流传统文化增进中越民相亲探微——京族传统文化开发利用研究之六》，《钦州学院学报》2019 年第 34 卷第 4 期。

赵亚丽、吴力菡：《京汉民间文学的互动融合研究——以京汉民歌中"爱情"概念的隐喻构建为例》，《黑河学刊》2019 年第 2 期。

王怡诗：《"旅游凝视"理论下民俗文化符号研究——基于万尾村田野调查》，《青年文学家》2019 年第 11 期。

阮苏兰、阮大瞿越：《从中国广西东兴京族语言环境的角度窥察京语的传承方式：喃字》，《中正汉学研究》2019 年第 33 期。

郭仙芝：《京族哈节中的性别分工与性别关系——基于山心村哈节的参与式观察》，《广西民族研究》2019 年第 6 期。

华桂玲：《20 世纪 80 年代以来高山族人伦理意识的发展研究》，《贵州民族研究》2019 年第 5 期。

周相卿：《古夜郎国地域、民族及法律控制问题探索》，《地域文化研究》2020 年第 1 期。

陈贵、柏喜贵：《杞方言黎族"合亩制"地区社会文化变迁研究》，海口：南方出版社，2020 年。

玉时阶、玉璐：《中国瑶学研究七十年》，《当代中国研究期刊》2020 年第 2 期。

后　记

本书编写时间比较紧迫，幸赖各位作者不计个人得失，在百忙中抽出时间认真撰写和精诚合作，才得以顺利杀青。在此谨向诸位作者表示诚挚的谢意。本书各章节的作者如下：

前言（达力扎布）。

第一章中国民族史理论问题的探讨，通论（李鸿宾）；第一节民族识别问题研究（雷虹霁）；第二节民族平等问题研究（任石）；第三节民族战争问题研究（沙一）；第四节民族英雄问题研究（陆文洋）；第五节民族同化与民族融合问题研究（陆文洋）；第六节统一多民族国家形成问题研究（雷虹霁）；第七节统一多民族国家的疆域问题研究（李大龙、刘清涛）；第八节中华民族形成问题研究（张晨怡）。

第二章汉民族形成问题研究（王东平）。

第三章东北民族史研究，通论（赵令志）；第一节夫余、高句丽史研究（李大龙）；第二节肃慎系民族史研究（奇文瑛）；第三节女真史研究（金宝丽）；第四节满族史研究（赵令志）；第五节通古斯语族各民族史研究（祁惠君、顾松洁、毕俊锋）；第六节朝鲜族史研究（金春善）。

第四章北方民族史研究，通论（达力扎布）；第一节匈奴史研究（武沐、闵海霞）；第二节东胡史研究，乌桓、鲜卑、柔然、室韦史研究（任爱君、李月新、程嘉静、张少珊），契丹史研究（李桂芝、肖爱民）；第三节蒙古史研究（达力扎布），第四节达斡尔族史研究（祁惠君、毕俊锋）。

第五章西北民族史研究，通论（管守新）；第一节西域诸族史研究（高健），第二节突厥史研究（张世才）；第三节突厥其他各民族史研究（李海群）；第四节维吾尔族史研究（阿合买提·苏莱曼、谷景英）；第五节突厥语系其他民族史研究（吴轶群）；第六节俄罗斯族史研究（唐丰姣）；第七节党项羌历史研究（钟焓）；第八节回族史研究（丁慧倩）；第九节撒拉族、东乡族、保安族史研究（丁慧倩）；第十节土族、裕固族史研究，土族史研究（吕建福），裕固族史研究（钟进文）。

第六章青藏高原民族史研究，通论（陈楠），正文（陈楠、任小波）。

第七章西南民族史研究，通论（苍铭）；第一节西南夷史研究（张慧）；第二节南诏、大理国史研究，南诏史研究（管彦波），大理国史研究（张沁）；第三节土司制度研究（苟爽）；第四节彝族史研究（苍铭）；第五节白族、纳西族史研究（张姗）；第六节哈尼、基诺、拉祜、怒、傈僳、普米、独龙、景颇、阿昌族史研究

（马颖娜）；第七节傣族史研究（苍铭）；第八节佤族、布朗族、德昂族史研究（蒋灵斌）。

第八章中东南民族史研究，通论（吴贵飙）；第一节百越史研究（付广华）；第二节壮侗语族各民族史研究，壮族史研究（韦东超），布依族史研究（周国炎），侗族史研究（管彦波、巴晓峰、王倩），水族史研究（吴贵飙），仫佬族史研究（吴国富），毛南族史研究（孟凡云），黎族史研究（高泽强），仡佬族史研究（翁家烈）；第三节苗瑶语系各民族史研究，苗族史研究（崔岷），瑶族史研究（李筱文），畲族史研究（蓝万清）；第四节土家族、京族、高山族史研究，土家族史研究（彭武麟），京族史研究（刘建平），高山族史研究（吴贵飙）。

中央民族大学出版社策划选题，并对本书的编撰和出版给予了大力支持，在此谨向出版社同人表示衷心感谢！

达力扎布
2009 年 9 月 22 日谨识

增修后记

本书是在《中国民族史研究60年》（中央民族大学出版社2010年5月，达力扎布主编）的基础之上增补和修订而成的。

因达力扎布教授2020年在中央民族大学历史文化学院退休，本次增修由我负责组织统稿。经与达力扎布教授商议，并与尚衍斌教授、赵令志教授讨论，得到中央民族大学出版社黄修义先生认可，确定增补和修订方案。本书增补的内容，是在2010—2019年之间国内公开发表的中国民族史研究成果。全书的结构安排是，原"60年"各章的构成保持不变，小节和条目由各章负责人根据需要做适当调整。增补的内容，既可穿插于原来内容当中，也可以在原章节之后补写；对原内容的修订由作者自行把握。

由于内容庞杂作者多，各位编委、负责人非常辛苦，各位作者抽出宝贵的时间，完成各自负责的内容，对大家真诚地支持和无私付出，谨致由衷敬意。本次各部分增修的分工如下。

前言，由达力扎布负责。

第一章中国民族史理论问题的探讨，由李鸿宾负责，第1—4节的增修由胡献漳执笔，第5—8节由郑豪执笔。

第二章汉民族形成研究，由王东平负责，并与肖超宇合作完成。

第三章东北民族史研究，由赵令志负责，由张慧军、韩天阳、李璜执笔。

第四章北方民族史研究，由达力扎布负责。通论和第二节蒙古史研究部分，由达力扎布、白慧贤执笔；第一节匈奴史研究部分，由武沐、闵海霞、尹亮执笔；第二节"东胡系民族史研究"，乌桓史研究由张若开执笔，鲜卑史研究由任君宇执笔，柔然史研究由张少珊执笔，室韦史研究由阚凯执笔，契丹史研究由肖爱民、耿涛执笔，达斡尔族史研究部分由孙晓晨、祁慧军执笔。

第五章西北民族研究，由尚衍斌负责。通论由尚衍斌执笔，第1—4节由刘源执笔，第5—7节由白云敏执笔，第6节和第10节由孙诗超执笔，第8—9节由丁慧倩和王志雨执笔。

第六章青藏高原民族史研究，由陈楠负责，由任小波执笔。

第七章西南民族史研究，由苍铭负责，由张振兴执笔。

第八章中东南民族研究，由吴贵飙负责，通论由吴贵飙执笔，第一节百越史研究由付广华执笔，第二节壮族史研究由车越川、韦东超执笔，布依族史研究由周国炎、谯金亚执笔，侗族史研究由龙杰明执笔，水族史研究由吴贵飙执笔，仫佬族史研究由吴国富执笔，毛南族史研究由孟凡云执笔，黎族史研究由高泽强执笔，仡佬族史研究由李劲松执笔，第三节苗瑶语系各民族史研究，苗族史研究由崔岷执笔，瑶族史研究由李筱文执笔，畲族史研究由方清云、罗光群执笔，第四节"土家族、京族、高山族史研究"，土家族史研究由李鸿雁执笔，京族史研究由刘建平执笔，高山族史研究由吴贵飙执笔。

中央民族大学出版社以及责任编辑黄修义先生对本书的策划和出版编辑付出巨大心血，在此表示由衷的感谢。对达力扎布教授真诚的参与和实际指导，以及所有支持、参与和鼓励本书增修工作的师友表示由衷的感谢。

彭　勇

2021 年 6 月 26 日谨识